UNION 제13판

선택형
2026년 변호사시험 대비

헌 법

변호사시험 기출문제집

II. 모의편

인해

선택형
2026년 변호사시험 대비

헌 법

변호사시험 기출문제집
II. 모의편

PREFACE

갈수록 어려워지고 있는 시험환경 속에서 기출문제에 대한 완벽한 분석만큼 중요한 것은 없다고 생각합니다. 이러한 의미에서 『UNION 변호사시험 기출문제집』(선택형)은 최고의 선택으로 오랜 세월동안 수험생들과 함께하여 왔습니다. 2025년에도 가장 신뢰할 수 있는 대안으로 거듭날 수 있도록 개정판을 준비하였습니다. 그 특징을 간단하게 살펴보면 다음과 같습니다.

첫째, 지금까지 출제된 기출문제 중 최근 5개년(2020~2024, 15회분) 모의고사를 수록하고 있을 뿐만 아니라 최근 제·개정된 조문과 판례의 변경 사항까지 꼼꼼하게 반영함으로써 해설의 완성도를 극대화하였습니다.

둘째, 애매한 부분이나 불필요한 해설은 명확하게 정리하고 있을 뿐만 아니라 MGI Point를 다듬고 정확한 밑줄 등을 통하여 입체화까지 추진함으로써 수험 효과성을 극대화하였습니다.

셋째, 수록된 기출문제는 기존 해설에 만족하지 않고 전수검토를 통해 업데이트된 해설을 반영하기 위하여 노력하였을 뿐만 아니라 최상위 득점자(변호사)의 실전노하우까지 반영함으로써 교재의 신뢰성을 극대화하였습니다.

모쪼록 본 교재를 통하여 합격의 영광이 있기를 간절히 바랍니다. 도서출판인해 역시 수험생의 의견을 최우선시하여 더 좋은 교재가 될 수 있도록 노력을 멈추지 않을 것임을 약속드립니다.

끝으로 이 책이 출간되기까지 세심하게 신경써주신 도서출판인해 대표님과 연구원 그리고 예쁘게 편집하여 주신 디자이너에게도 감사의 마음을 전합니다.

2025. 02. 01. 희망이 오는 길목에서

MGI 메가고시 연구소 대표 백현관

CONTENTS

제1편 | 헌법총론 · 7

제1장 헌법과 헌법학 ──── 8
제1절 헌법의 개념과 헌법의 분류 8
제2절 헌법관의 기본 내용 9
제3절 헌법의 특성 9
제4절 헌법의 해석 9
제5절 헌법의 제정·개정·변천 9
제6절 헌법의 수호 9

제2장 대한민국헌법총설 ──── 10
제1절 한국헌법의 개정 10
제2절 헌법의 적용범위(국적·재외국민·영역) 22
제3절 대한민국의 국가형태 28
제4절 한국헌법의 기본원리 28

제2편 | 기본권 · 55

제1장 기본권총론 ──── 56
제1절 기본권보장의 역사 56
제2절 기본권의 성격 56
제3절 기본권의 주체 56
제4절 기본권의 포기 68
제5절 기본권의 효력 68
제6절 기본권의 보호의무 68
제7절 기본권의 경합과 충돌 75
제8절 기본권의 제한과 그 한계 80
제9절 기본권의 침해와 구제 82

제2장 인간의 존엄과 가치·행복추구권·평등권 ──── 82
제1절 인간의 존엄과 가치·행복추구권 82
제2절 평등권 94

제3장 자유권적 기본권 ──── 104
제1절 인신에 관한 자유 104
제2절 사생활영역의 자유 130
제3절 정신생활영역의 자유 158
제4절 경제생활영역의 자유 181

제4장 정치적 기본권 ──── 209
제1절 정치적 자유권 209
제2절 참정권 209

제5장 청구권적 기본권 ──── 217
제1절 청구권적 기본권 총론 217
제2절 청원권 220
제3절 재판청구권 222
제4절 국가배상청구권 237
제5절 형사보상청구권 243
제6절 범죄피해자구조청구권 244

제6장 사회적 기본권 ──── 246
제1절 사회적 기본권의 개관 246
제2절 인간다운 생활을 할 권리 248
제3절 교육을 받을 권리 259
제4절 근로의 권리 272
제5절 근로3권 278
제6절 환경권 282
제7절 혼인과 가족생활의 보장 282
제8절 모성의 보호와 보건권 293

제7장 국민의 기본적 의무 ──── 293

제3편 | 통치구조 • 297

제1장 통치구조의 구성원리 ── 298
제1절 대의제의 원리　298
제2절 권력분립의 원리　303
제3절 정부형태　307
제4절 정당제도　307
제5절 선거제도　312
제6절 공무원제도　332
제7절 지방자치제도　335

제2장 국 회 ── 346
제1절 의회주의　346
제2절 국회의 구성과 조직　346
제3절 국회의 운영과 의사절차　351
제4절 국회의 권한　363
제5절 국회의원의 헌법상 지위와 특권　381

제3장 대통령과 정부 ── 386
제1절 대통령　386
제2절 행정부　403
제3절 선거관리위원회　421

제4장 법 원 ── 426
제1절 사법권의 독립　426
제2절 법원의 조직과 권한　436

제5장 헌법재판소 ── 442
제1절 헌법재판소 일반론　442
제2절 위헌법률심판　468
제3절 헌법소원심판　482
제4절 권한쟁의심판　500
제5절 탄핵심판　512
제6절 정당해산심판　522

선택형

2026년 변호사시험 대비

헌 법

변호사시험 기출문제집

II. 모의편

제1편

헌법총론

제1편 헌법총론

제1장 헌법과 헌법학

제❶절 ▎헌법의 개념과 헌법의 분류

문 1 23년 6월 모의시험

관습헌법에 관한 설명 중 옳은 것을 모두 고른 것은? (다툼이 있는 경우 판례에 의함)

ㄱ. 성문헌법이라고 하여도 그 속에 모든 헌법사항을 빠짐없이 완전히 규율하는 것은 불가능하고 헌법은 국가의 기본법으로서 간결성과 함축성을 추구하기 때문에 형식적 헌법전에는 기재되지 아니한 사항이라도 이를 관습헌법으로 인정할 소지가 있다.

ㄴ. 헌법사항에 관하여 형성되는 관행 내지 관례가 전부 관습헌법이 되는 것은 아니고 강제력이 있는 헌법규범으로서 인정되려면 엄격한 요건들이 충족되어야만 하며, 이러한 요건이 충족된 관습만이 관습헌법으로서 성문의 헌법과 동일한 법적 효력을 가진다.

ㄷ. 대한민국의 주권자이자 최고의 헌법제정권력자인 국민은 성문헌법의 제·개정에 참여할 뿐만 아니라 헌법전에 포함되지 아니한 헌법사항을 필요에 따라 관습의 형태로 직접 형성할 수 있다.

ㄹ. 관습헌법은 실질적인 헌법사항에 해당하는 내용 중에서도 특히 국가의 기본적이고 핵심적인 사항으로서 법률에 의하여 규율하는 것이 적합하지 아니한 사항을 대상으로 하므로, 우리말을 국어(國語)로 하고 우리글을 한글로 하는 것은 관습헌법의 대상이 될 수 없다.

ㅁ. 관습헌법도 헌법의 일부로서 성문헌법의 경우와 동일한 효력을 가지기 때문에 그 법규범은 헌법 제130조에 의거한 헌법개정의 방법에 의하여만 개정될 수 있으며, 단순히 관습헌법을 지탱하고 있는 국민적 합의성을 상실했다는 이유만으로는 그 법적 효력을 상실하지 않는다.

① ㄱ, ㄷ
② ㄴ, ㄹ
③ ㄱ, ㄴ, ㄷ
④ ㄴ, ㄹ, ㅁ
⑤ ㄱ, ㄷ, ㄹ, ㅁ

제1편 헌법총론 | 9

> **MGI Point** **관습헌법** ★★
>
> - 형식적 헌법전에는 기재되지 아니한 사항 ⇨ 불문헌법 내지 관습헌법으로 인정할 소지 有
> - 헌법사항에 관하여 형성되는 관행 내지 관례 ⇨ 강제력이 있는 헌법규범으로서 인정되려면 엄격한 요건들이 충족되어야만 하며, 이러한 요건이 충족된 관습만이 관습헌법으로서 성문의 헌법과 동일한 법적 효력 가짐
> - 국민은 대한민국의 주권자이며, 국민은 최고의 헌법제정권력 ⇨ 성문헌법의 제·개정에 참여할 뿐만 아니라 헌법전에 포함되지 아니한 헌법사항을 필요에 따라 관습의 형태로 직접 형성 可
> - 우리말을 국어로 하고 우리글을 한글로 하는 것은 국가의 정체성에 관한 기본적 헌법사항 ⇨ 관습헌법의 대상 ○
> - 관습헌법 ⇨ 형식적인 헌법개정 외, 그것을 지탱하고 있는 국민적 합의성 상실함에 의하여 법적 효력을 상실

※ 헌법재판소 2004.10.21. 선고 2004헌마554·566(병합) 전원재판부 결정 내용을 지문화한 문제이다.

ㄱ. (○), ㄴ. (○), ㄷ. (○), ㄹ. (X), ㅁ. (X) …성문헌법이라고 하여도 그 속에 모든 헌법사항을 빠짐없이 완전히 규율하는 것은 불가능하고 또한 헌법은 국가의 기본법으로서 간결성과 함축성을 추구하기 때문에 형식적 헌법전에는 기재되지 아니한 사항이라도 이를 불문헌법(不文憲法) 내지 관습헌법으로 인정할 소지가 있다(ㄱ). 특히 헌법제정 당시 자명(自明)하거나 전제(前提)된 사항 및 보편적 헌법원리와 같은 것은 반드시 명문의 규정을 두지 아니하는 경우도 있다. 그렇다고 해서 헌법사항에 관하여 형성되는 관행 내지 관례가 전부 관습헌법이 되는 것은 아니고 강제력이 있는 헌법규범으로서 인정되려면 엄격한 요건들이 충족되어야만 하며, 이러한 요건이 충족된 관습만이 관습헌법으로서 성문의 헌법과 동일한 법적 효력을 가진다(ㄴ). …헌법기관의 소재지, 특히 국가를 대표하는 대통령과 민주주의적 통치원리에 핵심적 역할을 하는 의회의 소재지를 정하는 문제는 국가의 정체성(正體性)을 표현하는 실질적 헌법사항의 하나이다. 여기서 국가의 정체성이란 국가의 정서적 통일의 원천으로서 그 국민의 역사와 경험, 문화와 정치 및 경제, 그 권력구조나 정신적 상징 등이 종합적으로 표출됨으로써 형성되는 국가적 특성이라 할 수 있다. 수도를 설정하는 것 이외에도 국명(國名)을 정하는 것, 우리말을 국어(國語)로 하고 우리글을 한글로 하는 것(ㄹ), 영토를 획정하고 국가주권의 소재를 밝히는 것 등이 국가의 정체성에 관한 기본적 헌법사항이 된다고 할 것이다. 수도를 설정하거나 이전하는 것은 국회와 대통령 등 최고 헌법기관들의 위치를 설정하여 국가조직의 근간을 장소적으로 배치하는 것으로서, 국가생활에 관한 국민의 근본적 결단임과 동시에 국가를 구성하는 기반이 되는 핵심적 헌법사항에 속한다 …다만 이 경우 관습헌법규범은 헌법전에 그에 상반하는 법규범을 첨가함에 의하여 폐지하게 되는 점에서, 헌법전으로부터 관계되는 헌법조항을 삭제함으로써 폐지되는 성문헌법규범과는 구분된다. 한편 이러한 형식적인 헌법개정 외에도, 관습헌법은 그것을 지탱하고 있는 국민적 합의성을 상실함에 의하여 법적 효력을 상실할 수 있다(ㅁ). …이와 같이 국민이 대한민국의 주권자이며, 국민은 최고의 헌법제정권력이기 때문에 성문헌법의 제·개정에 참여할 뿐만 아니라 헌법전에 포함되지 아니한 헌법사항을 필요에 따라 관습의 형태로 직접 형성할 수 있다(ㄷ) (헌재 2004.10.21. 2004헌마554).

정답 ③

제❷절 | 헌법관의 기본 내용

제❸절 | 헌법의 특성

제❹절 | 헌법의 해석

제❺절 | 헌법의 제정·개정·변천

제❻절 | 헌법의 수호

제2장 대한민국헌법총설

제❶절 | 한국헌법의 개정

문 2 24년 10월 모의시험

헌법개정에 관한 설명 중 옳지 않은 것을 모두 고른 것은?

> ㄱ. 국회는 헌법개정안을 20일 이상 공고하여야 한다.
> ㄴ. 국회는 헌법개정안이 공고된 날로부터 90일 이내 의결하여야 한다.
> ㄷ. 헌법개정안은 국회가 의결한 후 30일 이내에 국민투표에 붙여야 한다.
> ㄹ. 대통령의 임기연장 또는 중임변경을 위한 헌법개정은 그 헌법 개정 제안 당시의 대통령에 대해서는 효력이 없다는 조항은 1987년 제9차 개정헌법에 처음 규정되었다.
> ㅁ. 헌법개정안에 대한 국민투표는 국회의원선거권자 과반수의 찬성을 얻어야 한다.

① ㄱ, ㄴ, ㄷ
② ㄴ, ㄷ, ㄹ
③ ㄷ, ㄹ, ㅁ
④ ㄱ, ㄴ, ㄹ, ㅁ
⑤ ㄱ, ㄴ, ㄷ, ㄹ, ㅁ

MGI Point 헌법개정 ★★

- 제안된 헌법개정안은 '대통령'이 20일 이상 공고해야 함
- 국회는 헌법개정안이 공고된 날로부터 '60일' 이내에 의결해야 함
- 헌법개정안은 국회 의결 후 30일 이내 국민투표에 붙여야 하고, 국회의원선거권자 과반수의 투표 및 투표자 과반수의 찬성이 필요
- '임기연장 또는 중임변경을 위한 헌법 개정은 그 헌법개정제안 당시의 대통령에게 효력이 없다'는 규정은 1980년 8차 개정헌법에서 처음 규정

ㄱ. (X) 헌법 제129조 참조.

> 헌법 제129조 제안된 헌법개정안은 대통령이 20일 이상의 기간 이를 공고하여야 한다.

ㄴ. (X) 헌법 제130조 제1항 참조.

> 헌법 제130조 ①국회는 헌법개정안이 공고된 날로부터 60일 이내에 의결하여야 하며, 국회의 의결은 재적의원 3분의 2 이상의 찬성을 얻어야 한다.

ㄷ. (○), ㅁ. (X) 헌법 제130조 제2항 참조. 헌법개정안 국민투표는 국회의원 선거권자 과반수의 투표와 투표자 과반수의 찬성이 필요하다.

> 헌법 제130조 ②헌법개정안은 국회가 의결한 후 30일 이내에 국민투표에 붙여 국회의원선거권자 과반수의 투표와 투표자 과반수의 찬성을 얻어야 한다.

ㄹ. (X) 1980년 8차 개정헌법에서 처음 규정되었다.

> 1980년 대한민국헌법 제129조 ② 대통령의 임기연장 또는 중임변경을 위한 헌법개정은 그 헌법개정제안 당시의 대통령에 대하여는 효력이 없다.

정답 ④

문 3
22년 6월 모의시험

헌법개정에 관한 설명 중 옳지 않은 것은? (다툼이 있는 경우 판례에 의함)

① 대통령의 임기연장 또는 중임변경을 위한 헌법개정은 그 헌법개정 제안 당시의 대통령에 대하여는 효력이 없다.
② 헌법개정안은 국회재적의원 과반수 또는 대통령의 발의로 제안되고, 공고의 절차를 거쳐 국회가 60일 이내에 의결하여야 하며, 국회가 의결한 후 30일 이내에 국민투표에 부쳐, 국회의원선거권자 과반수의 투표와 투표자 과반수의 찬성을 얻어야 한다.
③ 헌법개정의 한계를 무시한 개헌이 이루어지는 경우, 위헌법률심판이나 헌법소원심판 어느 절차에 의하여도 그 헌법규정에 대한 위헌심사는 불가능하다.
④ 우리 헌정사에는 한 해에 두 번 헌법개정이 이루어진 적이 있다.
⑤ 제안된 헌법개정안은 대통령에 의하여 30일 이상의 기간 공고되어야 하며, 국회는 헌법개정안에 대한 수정의결을 할 수 없다.

MGI Point 헌법개정 ★★

- 대통령의 임기연장 또는 중임변경을 위한 헌법개정 ⇨ 그 헌법개정 제안 당시의 대통령에 대하여는 효력 ×
- 헌법개정절차
  - 국회재적의원 과반수 또는 대통령의 발의로 제안
  - 대통령이 '20일' 이상 개정안 공고
  - 공고된 날로부터 60일 이내에 국회의결(국회재적의원 3분의 2 이상의 찬성), 수정의견 ×
  - 국회의결 후 30일 이내 국민투표(국회의원 선거권자 과반수 투표 + 투표자 과반수 찬성) ⇨ 확정
  - 대통령은 즉시 공포(효력요건)
- 헌법개정의 한계를 무시한 개헌이 이루어지는 경우 그 헌법규정에 대한 위헌심사 ⇨ 불가능
- 우리 헌정사에서 한 해 두 번 헌법개정이 이루어진 해 ⇨ 1960년 제3차 및 제4차 개헌

---

① (○), ② (○), ⑤ (X) 헌법 제128조 내지 130조 참조.

> 헌법 제128조 ① 헌법개정은 국회재적의원 과반수 또는 대통령의 발의로 제안된다.
> ② 대통령의 임기연장 또는 중임변경을 위한 헌법개정은 그 헌법개정 제안 당시의 대통령에 대하여는 효력이 없다.
> 헌법 제129조 제안된 헌법개정안은 대통령이 20일 이상의 기간 이를 공고하여야 한다.
> 헌법 제130조 ① 국회는 헌법개정안이 공고된 날로부터 60일 이내에 의결하여야 하며, 국회의 의결은 재적의원 3분의 2 이상의 찬성을 얻어야 한다.
> ② 헌법개정안은 국회가 의결한 후 30일 이내에 국민투표에 붙여 국회의원선거권자 과반수의 투표와 투표자 과반수의 찬성을 얻어야 한다.
> ③ 헌법개정안이 제2항의 찬성을 얻은 때에는 헌법개정은 확정되며, 대통령은 즉시 이를 공포하여야 한다.

③ (○) 개별 헌법조항에 대해서 위헌법률심판이나 헌법소원심판이 가능한지에 대해서는 우리 헌법재판소는 부정설의 입장을 취하고 있다(김유향, 기본강의 헌법 제7판, p.44).

> **판례** 헌법의 개별규정은 위헌심사의 대상이 되는 형식적 의미의 법률에 해당하지 아니할 뿐만 아니라 헌법의 개별규정 사이에 어느 특정 규정이 다른 규정의 효력을 전면 부인할 수 있는 정도의 효력상 차이를 인정할 이유가 없으므로 헌법 제29조 제2항은 위헌심판의 대상이 아니어서 이에 대한 위헌제청신청 부분은 부적법하고 국가배상법 제2조 제1항 단서는 헌법 제29조 제1항에 의하여 보장되는 국가배상청구권을 헌법 내재적으로 제한하는 헌법 제29조 제2항에 직접 근거하고, 실질적으로 그 내용을 같이 하는 것이므로 헌법에 위반된다고 할 수 없다(헌재 2005.05.26. 2005헌바28).
>
> **판례** 헌법은 전문과 단순한 개별조항의 상호관련성이 없는 집합에 지나지 않는 것이 아니고 하나의 통일된 가치체계를 이루고 있으며 헌법의 제규정 가운데는 헌법의 근본가치를 보다 추상적으로 선언한 것도 있고 이를 보다 구체적으로 표현한 것도 있으므로, 이념적·논리적으로는 헌법규범상호간의 가치의 우열을 인정할 수 있을 것이다. 그러나 이 때 인정되는 헌법규범상호간의 우열은 추상적 가치규범의 구체화에 따른 것으로서 헌법의 통일적 해석을 위하여 유용한 정도를 넘어 헌법의 어느 특정규정이 다른 규정의 효력을 전면 부인할 수 있는 정도의 효력상의 차등을 의미하는 것이라고는 볼 수 없다. 더욱이 헌법개정의 한계에 관한 규정을 두지 아니하고 헌법의 개정을 법률의 개정과는 달리 국민투표에 의하여 이를 확정하도록 규정하고 있는(헌법 제130조 제2항) 현행의 우리 헌법상으로는 과연 어떤 규정이 헌법핵 내지는 헌법제정규범으로서 상위규범이고 어떤 규정이 단순한 헌법개정규범으로서 하위규범인지를 구별하는 것이 가능하지 아니하며, 달리 헌법의 각 개별규정 사이에 그 효력상의 차이를 인정하여야 할 아무런 근거도 찾을 수 없다. 나아가 헌법은 그 전체로서 주권자인 국민의 결단 내지 국민적 합의의 결과라고 보아야 할 것으로, 헌법의 개별규정을 헌법재판소법 제68조 제1항 소정의 공권력 행사의 결과라고 볼 수도 없다(헌재 1996.06.13. 94헌바20).

④ (○) 1960년 제3차 개헌과 제4차 개헌이 있었다.

정답 ⑤

문 4
23년 8월 모의시험

대한민국 헌법의 역사에 관한 설명 중 옳지 않은 것은?

① 1919년 대한민국임시헌장은 평등·신교(信敎)·언론·이전·신체 및 소유의 자유를 규정하였으나 선거권과 피선거권은 규정하지 않았다.
② 1948년 헌법은 전문에서 기미 삼일운동으로 대한민국을 건립하여 세계에 선포한 위대한 독립정신을 계승하여 민주독립국가를 재건한다는 점을 명시하였다.
③ 1960년 헌법은 법관자격이 있는 자로 조직된 선거인단에 의한 선거제로 대법원장과 대법관을 선출하도록 하였다.
④ 1972년 헌법은 대통령이 제안한 헌법개정안은 국민투표로 확정되며, 국회의원이 제안한 헌법개정안은 국회의 의결을 거쳐 통일주체국민회의의 의결로 확정되도록 하였다.
⑤ 1980년 헌법은 국회가 국무총리에 대해 해임의결을 한 때에 대통령은 국무총리와 국무위원 전원을 해임하도록 하였다.

제1편 헌법총론 | 13

> **MGI Point** 헌법의 역사 ★★★
>
> - 대한민국임시헌장에는 선거권·피선거권 규정 ○
> - 1948년 헌법의 전문 ⇨ 기미 삼일운동, 대한민국 건립, 세계·선포·위대현독립정신, 민주독립국가 재건
> - 1960년 헌법은 조직된 선거인단으로 대법원장과 대법관 선출 ○
> - 1972년 헌법의 헌법개정의 확정
>   ① 대통령이 제안 ⇨ 국민투표
>   ② 국회의원이 제안 ⇨ 국회의 의결 ⇨ 통일주체국민회의의 의결
> - 1980년 헌법 : 국무총리에 대한 해임결의 ⇨ 대통령은 국무총리와 국무위원 전원을 해임하여야 함.

① (X) ※ 대한민국임시헌장

> 1919. 4. 11. 대한민국임시헌장
> 제5조 대한민국의 인민으로 공민자격이 있는 자는 선거권 및 피선거권이 있다.

② (○) ※ 1948년 헌법

> 1948년 헌법 전문
> 유구한 역사와 전통에 빛나는 우리들 대한국민은 기미삼일운동으로 대한민국을 건립하여 세계에 선포한 위대한 독립정신을 계승하여 이제 민주독립국가를 재건함에 있어서 정의인도와 동포애로써 민족의 단결을 공고히 하며, 모든 사회적 폐습을 타파하고 민주주의제 제도를 수립하여 정치, 경제, 사회, 문화의 모든 영역에 있어서 각인의 기회를 균등히하고 능력을 최고도로 발휘케하며 각인의 책임과 의무를 완수케하여 안으로는 국민생활의 균등한 향상을 기하고, 밖으로는 항구적인 국제평화의 유지에 노력하여 우리들과 우리들의 자손의 안전과 자유와 행복을 영원히 확보할 것을 결의하고 우리들의 정당 또 자유로이 선거된 대표로서 구성된 국회에서 단기 4281년 7월 12일 이 헌법을 제정한다.

③ (○) ※ 1960년 헌법

> 1960년 헌법 제 78조
> 대법원장과 대법관은 법관의 자격이 있는 자로써 조직되는 선거인단이 이를 선거하고 대통령이 확인한다. 전항의 선거인단의 정수, 조직과 선거에 관하여 필요한 사항은 법률로써 정한다.

④ (○) ※ 1972년 헌법

> 1972년 헌법 제 124조
> ②대통령이 제안한 헌법개정안은 국민투표로 확정되며, 국회의원이 제안한 헌법개정안은 국회의 의결을 거쳐 통일주체국민회의의 의결로 확정된다.

⑤ (○) ※ 1980년 헌법

> 1980년 헌법 제 99조
> ③제2항의 의결이 있을 때에는 대통령은 국무총리 또는 당해 국무위원을 해임하여야 한다. 다만, 국무총리에 대한 해임의결이 있을 때에는 대통령은 국무총리와 국무위원 전원을 해임하여야 한다.

정답 ①

문 5

22년 10월 모의시험

헌법전문(前文)에 관한 설명 중 옳지 않은 것은? (다툼이 있는 경우 판례에 의함)

① 현행헌법은 전문에서 "1948. 7. 12.에 제정되고 8차에 걸쳐 개정된 헌법을 이제 국회의 의결을 거쳐 국민투표에 의하여 개정한다."라고 하여, 제헌헌법 이래 현행헌법에 이르기까지 헌법의 동일성과 연속성을 선언하고 있으므로 헌법으로서의 규범적 효력을 가지고 있는 것은 오로지 현행헌법뿐이다.
② 우리 헌법의 전문과 본문 전체에 담겨 있는 최고 이념은 국민주권주의와 자유민주주의에 입각한 입헌민주헌법의 본질적 기본원리에 기초하고 있다.
③ 1972년 제7차 개정헌법은 전문에 3·1운동의 숭고한 독립정신과 4·19의거 및 5·16혁명의 이념을 계승한다고 규정하였으나, 1980년 제8차 개정헌법은 전문에 3·1운동의 숭고한 독립정신과 4·19의거의 이념을 계승한다고 규정하였다.
④ "3·1운동으로 건립된 대한민국임시정부의 법통을 계승"한다는 것이 헌법전문에 규정되어 있으므로, 국가는 독립유공자와 그 유족에 대하여 응분의 예우를 하여야 할 헌법적 의무를 지닌다.
⑤ 우리나라는 건국헌법 이래 문화국가의 원리를 헌법의 기본원리로 채택해왔고, 현행 헌법전문에서도 "문화의 … 영역에 있어서 각인의 기회를 균등히" 할 것을 선언하고 있다.

MGI Point 헌법전문 ★★

- 헌법으로서의 규범적 효력을 가지고 있는 것 ⇨ 오로지 현행헌법 ○
- 우리 헌법의 전문과 본문의 전체에 담겨있는 최고 이념은 국민주권주의와 자유민주주의에 입각한 입헌민주헌법의 본질적 기본원리에 기초하고 있음
- 헌법 전문 내용 중 4·19민주이념 계승 ⇨ 3공헌법(1962) 규정 → 5공헌법(1980) 삭제 → 현행헌법(1987) 규정
- 독립유공자와 그 유족에 대한 응분의 예우를 하여야 할 헌법상 의무
  ⇨ 헌법 전문 중 「3·1운동으로 건립된 대한민국임시정부의 법통을 계승」규정에서 도출
- 우리나라는 건국헌법 이래 문화국가의 원리를 헌법의 기본원리로 채택 ○

---

① (○) 이 사건 긴급조치들의 위헌 여부를 심사하는 기준은 유신헌법이 아니라 현행헌법이라 할 것이다. 현행헌법은 전문에서 '1948. 7. 12.에 제정되고 8차에 걸쳐 개정된 헌법을 이제 국회의 의결을 거쳐 국민투표에 의하여 개정한다.'라고 하여, 제헌헌법 이래 현행헌법에 이르기까지 헌법의 동일성과 연속성을 선언하고 있으므로 헌법으로서의 규범적 효력을 가지고 있는 것은 오로지 현행헌법뿐이라고 할 것이다(헌재 2013.03.21. 2010헌바70).
② (○) 우리 헌법의 전문과 본문의 전체에 담겨있는 최고 이념은 국민주권주의와 자유민주주의에 입각한 입헌민주헌법의 본질적 기본원리에 기초하고 있다. 기타 헌법상의 제원칙도 여기에서 연유되는 것이므로 이는 헌법전을 비롯한 모든 법령해석의 기준이 되고, 입법형성권 행사의 한계와 정책결정의 방향을 제시하며 나아가 모든 국가기관과 국민이 존중하고 지켜가야 하는 최고의 가치규범이다(헌재 1989.09.08. 88헌가6).
③ (X) 4·19민주이념의 계승 : 제3공 헌법(1962년)에서 '4·19의거~에 입각하여'라고 규정. 제5공 헌법(1980년)에서 삭제되었다가 현행헌법에서 '4·19민주이념을 계승하고'로 명시(김유향, 기본강의 헌법 제7판, p.106).

> **1962년 제5차 개정헌법 전문** 유구한 역사와 전통에 빛나는 우리 대한국민은 3·1운동의 숭고한 독립정신을 계승하고 4·19의거와 5·16혁명의 이념에 입각하여 새로운 민주공화국을 건설함에 있어서… 개정한다.
> **1972년 제7차 개정헌법 전문** 유구한 역사와 전통에 빛나는 우리 대한국민은 3·1운동의 숭고한 독립정신과 4·19의거 및 5·16혁명의 이념을 계승하고… 개정한다.
> **1980년 제8차 개정헌법 전문** 유구한 민족사, 빛나는 문화, 그리고 평화·애호의 전통을 자랑하는 우리 대한국민은 3·1운동의 숭고한 독립정신을 계승하고… 개정한다.
> 1987년 제9차 개정헌법 전문 유구한 역사와 전통에 빛나는 우리 대한국민은 3·1운동으로 건립된 대한민국임시정부의 법통과 불의에 항거한 4·19민주이념을 계승하고… 개정한다.

④ (○) 헌법은 국가유공자 인정에 관하여 명문 규정을 두고 있지 않으나 전문(前文)에서 "3·1운동으로 건립된 대한민국임시정부의 법통을 계승"한다고 선언하고 있다. 이는 대한민국이 일제에 항거한 독립운동가의 공헌과 희생을 바탕으로 이룩된 것임을 선언한 것이고, 그렇다면 국가는 일제로부터 조국의 자주독립을 위하여 공헌한 독립유공자와 그 유족에 대하여는 응분의 예우를 하여야 할 헌법적 의무를 지닌다(헌재 2005.06.30. 2004헌마859).

⑤ (○) 아래 연혁별 헌법 전문 참조.

> **1948년 제정헌법 전문** 유구한 역사와 전통에 빛나는 우리들 대한국민은… 문화의 모든 영역에 있어서 각인의 기회를 균등히 하고… 제정한다.
> **1962년 제5차 개정헌법 전문** 유구한 역사와 전통에 빛나는 우리 대한국민은… 문화의 모든 영역에 있어서 각인의 기회를 균등히 하고… 개정한다.
> **1987년 제9차 개정헌법 전문** 유구한 역사와 전통에 빛나는 우리 대한국민은…문화의 모든 영역에 있어서 각인의 기회를 균등히 하고… 개정한다.

정답 ③

문 6
22년 10월 모의시험

다음 설명 중 옳은 것을 모두 고른 것은?

> ㄱ. 1948년 헌법상 대통령은 임기 4년으로 국회에서 간접선거로 선출되었고, 대통령과 국무총리 및 국무위원으로 구성되는 국무회의는 의결기관이었다.
> ㄴ. 1952년 헌법은 대통령과 부통령 직선제 및 양원제를 도입하고, 국무총리제를 폐지하였다.
> ㄷ. 1962년 헌법상 대통령은 임기 4년의 직선제 선출기관이었고, 국무총리 임명에 국회의 동의를 요하지 않았다.
> ㄹ. 1972년 헌법상 대통령은 통일주체국민회의에서 임기 7년으로 선출되며 국회해산권을 가졌고, 대통령이 발의한 헌법개정안은 바로 국민투표로 확정되었다.
> ㅁ. 1980년 헌법은 대통령선거인단이 선출한 대통령에게 국회해산권과 비상조치권을 부여하였고, 헌법위원회를 설치하여 법률의 위헌결정기능을 맡겼다.

① ㄱ, ㄴ, ㄹ ② ㄱ, ㄴ, ㅁ
③ ㄱ, ㄷ, ㅁ ④ ㄴ, ㄷ, ㄹ
⑤ ㄷ, ㄹ, ㅁ

> **MGI Point** 헌정사 ★★
>
> ■ 1948년 제헌헌법
>   • 대통령선출방법 ⇨ 국회에서 간선, 4년 임기 + 1차 중임 허용
>   • 국무원 : 대통령, 국무총리 기타 국무위원으로 조직, 의결기관
> ■ 1952년 개정헌법
>   • 대통령과 부통령 : 직선제
>   • 양원제 국회
> ■ 1954년 개정헌법에서 국무총리제 폐지 (국무위원에 대한 개별적 불신임제 도입)
> ■ 1962년 개정헌법 : 대통령은 임기 4년의 직선제
> ■ 1972년, 1980년, 1987년 헌법 : 대통령이 국무총리를 국회의 동의를 얻어 임명하도록 규정
> ■ 1972년 개정헌법
>   • 헌법개정절차의 이원화 ⇨ i) 대통령 제안의 경우 국민투표로 확정,
>   ii) 국회의원 제안의 경우 국회의 의결 + 통일주체국민회의의 의결로 확정
>   • 대통령은 임기 6년, 국회해산권을 가짐
> ■ 1980년 개정헌법
>   • 대통령선거인단이 선출한 대통령에게 국회해산권과 비상조치권 부여
>   • 헌법위원회를 설치하여 법률의 위헌결정기능 부여

ㄱ. (○) 1948년 제헌헌법 제53조 및 제55조, 제68조 참조.

> **1948년 제헌헌법 제53조** 대통령과 부통령은 국회에서 무기명투표로써 각각 선거한다.
> **1948년 제헌헌법 제55조** 대통령과 부통령의 임기는 4년으로 한다. 단, 재선에 의하여 1차중임할 수 있다. 부통령은 대통령재임중 재임한다.
> **1948년 제헌헌법 제68조** 국무원은 대통령과 국무총리 기타의 국무위원으로 조직되는 합의체로서 대통령의 권한에 속한 중요 국책을 의결한다.

ㄴ. (×) 제1차 개정헌법은 양원제 국회, 국회의 국무원불신임제, 국무위원을 임명할 때 국무총리의 제청권 등을 규정한다(성낙인, 헌법학 제18판, p.79). 제2차 개헌(사사오입 개헌)의 주된 내용은 초대 대통령에 한하여 삼선제한(三選制限)을 철폐하고 무제한 입후보를 허용하며, 주권의 제약영토변경을 위한 개헌은 국민투표에 붙이며, 국무총리제를 폐지하고 국무위원에 대한 개별적 불신임제(제2차 개정헌법 제70조의2)를 채택하며, 대통령 궐위시에는 부통령이 그 지위를 승계하며, 경제체제를 자유경제체제로 전환하는 것이었다(한수웅, 헌법학 제7판, p.85). ▶1952년 제1차 개정헌법은 정부 측의 대통령직선제의 개헌안에 야당 측 개헌안의 내용 중 의회주의적 요소인 국무원불신임제를 혼합한 발췌개헌안이었음, 국무총리제를 폐지한 것은 1954년 제2차 개정헌법

> **1952년 헌법 제36조** 민의원은 의장 1인, 부의장 2인을 선거한다.
> 참의원은 부통령을 의장으로 하고 부의장 2인을 선거한다.
> 참의원의장은 양원합동회의의 의장이 된다.
> **1952년 헌법 제53조** 대통령과 부통령은 국민의 보통, 평등, 직접, 비밀투표에 의하여 각각 선거한다. 국회폐회중에 대통령과 부통령을 선거할 때에는 그 선거보고를 받기 위하여 양원의 의장은 국회의 집회를 공고하여야 한다.

❖ 역대헌법에서의 대통령의 선출 비교

제1공	제2공	제3공	제4공	제5공	제6공
건국헌법 : 간선제(국회), 제1차·제2차개헌 : 직선제	간선제 (국회)	직선제	간선제 (통일주체국민회의)	간선제 (선거인단)	직선제

ㄷ. (○) 1962년 헌법 제64조 및 제69조, 제84조 참조.

> 1962년 헌법 제64조 ① 대통령은 국민의 보통·평등·직접·비밀선거에 의하여 선출한다. 다만, 대통령이 궐위된 경우에 잔임 기간이 2년 미만인 때에는 국회에서 선거한다.
> 1962년 헌법 제69조 ① 대통령의 임기는 4년으로 한다.
> 1962년 헌법 제84조 ① 국무총리는 대통령이 임명하고, 국무위원은 국무총리의 제청으로 대통령이 임명한다.

ㄹ. (X) 1972년 헌법 제47조 및 제59조, 제124조 참조.

> 1972년 헌법 제47조 대통령의 임기는 6년으로 한다.
> 1972년 헌법 제59조 ① 대통령은 국회를 해산할 수 있다.
> 1972년 헌법 제124조 ① 헌법의 개정은 대통령 또는 국회재적의원 과반수의 발의로 제안된다.
> ② 대통령이 제안한 헌법개정안은 국민투표로 확정되며, 국회의원이 제안한 헌법개정안은 국회의 의결을 거쳐 통일주체국민회의의 의결로 확정된다.

ㅁ. (○) 1980년 개정헌법 제39조 및 제51조, 제57조, 제112조 참조.

> 1980년 헌법 제39조 ① 대통령은 대통령선거인단에서 무기명투표로 선거한다.
> 1980년 헌법 제51조 ① 대통령은 천재·지변 또는 중대한 재정·경제상의 위기에 처하거나, 국가의 안전을 위협하는 교전상태나 그에 준하는 중대한 비상사태에 처하여 국가를 보위하기 위하여 급속한 조치를 할 필요가 있다고 판단할 때에는 내정·외교·국방·경제·재정·사법 등 국정전반에 걸쳐 필요한 비상조치를 할 수 있다.
> 1980년 헌법 제57조 ① 대통령은 국가의 안정 또는 국민전체의 이익을 위하여 필요하다고 판단할 상당한 이유가 있을 때에는 국회의장의 자문 및 국무회의의 심의를 거친 후 그 사유를 명시하여 국회를 해산할 수 있다. 다만, 국회가 구성된 후 1년이내에는 해산할 수 없다.
> 1980년 헌법 제112조 ① 헌법위원회는 다음 사항을 심판한다.
> 1. 법원의 제청에 의한 법률의 위헌여부
> 2. 탄핵
> 3. 정당의 해산

❖ 헌법재판제도의 역사

구분	위헌법률심판	탄핵심판	위헌정당해산	권한쟁의심판	헌법소원심판
1공	헌법위원회	탄핵재판소	×	×	×
2공	헌법재판소				×
3공	대법원	탄핵심판위원회	대법원	×	×
4공	헌법위원회			×	×
5공	헌법위원회			×	×
6공	헌법재판소				

정답 ③

문 7
21년 6월 모의시험

대한민국 헌정사에 관한 설명 중 옳은 것(○)과 옳지 않은 것(×)을 올바르게 조합한 것은?

> ㄱ. 1948년 제헌헌법은 대통령과 부통령을 국회에서 선출하고, 각 임기는 4년으로 하되 1차에 한하여 중임할 수 있도록 하였다.
> ㄴ. 1954년 제2차 개정헌법은 중요정책에 대한 국민투표제를, 1962년 제5차 개정헌법은 헌법개정안에 대한 국민투표제를 최초로 도입하였다.
> ㄷ. 1972년 제7차 개정헌법은 대통령을 선거인단에 의한 간접선거로 선출하도록 하고, 그 임기를 7년 단임제로 규정하였다.
> ㄹ. 1980년 제8차 개정헌법은 체포·구속 시 이유고지 및 가족통지제도를 추가하고, 범죄피해자구조청구권을 신설하였다.
> ㅁ. 1987년 제9차 개정헌법은 대한민국 임시정부의 법통계승을 최초로 명문화하였다.

① ㄱ(○), ㄴ(○), ㄷ(×), ㄹ(×), ㅁ(○)
② ㄱ(×), ㄴ(○), ㄷ(○), ㄹ(×), ㅁ(○)
③ ㄱ(○), ㄴ(○), ㄷ(×), ㄹ(×), ㅁ(×)
④ ㄱ(×), ㄴ(○), ㄷ(×), ㄹ(○), ㅁ(○)
⑤ ㄱ(○), ㄴ(×), ㄷ(×), ㄹ(○), ㅁ(○)

MGI Point 대한민국 헌정사 ★★★

- 1948년 제헌헌법 : 대통령과 부통령은 국회에서 각각 선거, 임기 4년, 1차 중임 가능
- 1954년 제2차 개정헌법 : 주권의 제약과 영토의 변경을 가져올 중대사항에 대한 국민투표제 최초 도입
  1962년 제5차 개정헌법 : 헌법개정안에 대한 국민투표제 최초로 도입
- 1980년 제8차 개정헌법 : 대통령선거인단에서 무기명투표로 간접선거, 대통령 임기 7년, 중임 불가
- 1987년 제9차 현행헌법 : 체포·구속 시 이유고지 및 가족통지제도를 추가, 범죄피해자구조청구권 신설
- 대한민국임시정부의 법통계승 ⇨ 현행헌법 전문에 처음 규정

ㄱ. (○) 1948년 제헌헌법 제53조 및 제55조 참조.

> **1948년 제헌헌법 제53조** 대통령과 부통령은 국회에서 무기명투표로써 각각 선거한다.
> **1948년 제헌헌법 제55조** 대통령과 부통령의 임기는 4년으로 한다. 단, 재선에 의하여 1차중임할 수 있다. 부통령은 대통령재임중 재임한다.

ㄴ. (○) 1954년 제2차 개정헌법 제7조의2 및 1962년 제5차 개정헌법 제121조 제1항 참조. ▶ 1954년 제2차 개정헌법은 주권의 제약 영토의 변경을 가져올 중대사항에 대한 국민투표제를, 1962년 제5차 개정헌법은 헌법개정안에 대한 국민투표제를 최초로 도입

> **1954년 제2차 개정헌법 제7조의2** 대한민국의 주권의 제약 또는 영토의 변경을 가져올 국가안위에 관한 중대사항은 국회의 가결을 거친 후에 국민투표에 부하여 민의원의원선거권자 3분지 2이상의 투표와 유효투표 3분지 2이상의 찬성을 얻어야 한다. 전항의 국민투표의 발의는 국회의 가결이 있은 후 1개월이내에 민의원의원선거권자 50만인이상의 찬성으로써 한다. 국민투표에서 찬성을 얻지 못한 때에는 제1항의 국회의 가결사항은 소급하여 효력을 상실한다. 국민투표의 절차에 관한 사항은 법률로써 정한다.
> **1962년 제5차 개정헌법 제121조** ① 헌법개정안은 국회가 의결한 후 60일이내에 국민투표에 붙여 국회의원선거권자 과반수의 투표와 투표자 과반수의 찬성을 얻어야 한다.
> ② 헌법개정안이 전항의 찬성을 얻은 때에는 헌법개정은 확정되며 대통령은 즉시 이를 공포하여야 한다.

ㄷ. (X) 1980년 제8차 개정헌법 제39조 제1항 및 제45조 참조.

> 1980년 제8차 개정헌법 제39조 ① 대통령은 대통령선거인단에서 무기명투표로 선거한다.
> 1980년 제8차 개정헌법 제45조 대통령의 임기는 7년으로 하며, 중임할 수 없다.

ㄹ. (X) 1987년 제9차 개정헌법 제12조 제5항 및 제30조 참조. ▶현행헌법인 1987년 제9차 개정헌법은 체포·구속 시 이유고지 및 가족통지제도를 추가하였고, 범죄피해자구조청구권을 기본권으로 새로 규정

> 헌법 제12조 ⑤ 누구든지 체포 또는 구속의 이유와 변호인의 조력을 받을 권리가 있음을 고지받지 아니하고는 체포 또는 구속을 당하지 아니한다. 체포 또는 구속을 당한 자의 가족등 법률이 정하는 자에게는 그 이유와 일시·장소가 지체없이 통지되어야 한다.
> 헌법 제30조 타인의 범죄행위로 인하여 생명·신체에 대한 피해를 받은 국민은 법률이 정하는 바에 의하여 국가로부터 구조를 받을 수 있다.

ㅁ. (O) 대한민국임시정부의 법통계승은 현행헌법에서 처음으로 규정되었는바, 현행헌법 전문에는 "유구한 역사와 전통에 빛나는 우리 대한국민은 3·1운동으로 건립된 대한민국임시정부의 법통과 불의에 항거한 4·19민주이념을 계승하고,…"라고 규정하고 있다.

문 8

20년 10월 모의시험

헌정사에 관한 설명으로 옳지 않은 것은?

① 1948년 헌법과 1952년 헌법에서는 부통령에 관한 규정을 두었다.
② 1954년 헌법에서는 국무총리제도를 폐지하였다.
③ 1960년 헌법에서는 대통령의 대법원장 임명권을 배제하였다.
④ 헌법개정의 필수적 절차로 국민투표를 처음 규정한 것은 1960년 헌법에서였다.
⑤ 1952년 헌법에서 처음 도입되었던 양원제는 1962년 헌법에서 단원제로 전환되었다.

MGI Point 헌정사 ★★

- 1948년 헌법과 1952년 헌법 ⇨ 부통령에 관한 규정 有
- 1954년 제2차 개정헌법에서 국무총리제 폐지
- 1960년 제3차 개정헌법 ⇨ 대법원장과 대법관의 선거제, 이외의 법관은 대법관회의 결의에 따라 대법원장이 임명 (선거인단이 선거하고 대통령은 확인하므로, 대통령의 대법원장 임명권 배제 O)
- 1962년 제5차 개정헌법 : 헌법개정절차에서 필수적 국민투표제 도입
- 1952년 제1차 개정헌법 : 양원제 국회 / 1962년 제5차 개정헌법 : 단원제 국회

① (O) 1948년 제헌헌법 제81조, 1952년 제1차 개정헌법 제36조 참조.

> 1948년 헌법 제81조 대법원은 법률의 정하는 바에 의하여 명령, 규칙과 처분이 헌법과 법률에 위반되는 여부를 최종적으로 심사할 권한이 있다.
> 법률이 헌법에 위반되는 여부가 재판의 전제가 되는 때에는 법원은 헌법위원회에 제청하여 그 결정에 의하여 재판한다.
> 헌법위원회는 부통령을 위원장으로 하고 대법관 5인과 국회의원 5인을 위원으로 구성한다.

> **1952년 헌법 제36조** 민의원은 의장 1인, 부의장 2인을 선거한다.
> 참의원은 부통령을 의장으로 하고 부의장 2인을 선거한다.
> 참의원의장은 양원합동회의의 의장이 된다.

② (O) 제2차 개헌(사사오입 개헌)의 주된 내용은 초대 대통령에 한하여 삼선제한(三選制限)을 철폐하고 무제한 입후보를 허용하며, 주권의 제약영토변경을 위한 개헌은 국민투표에 붙이며, 국무총리제를 폐지하고 국무위원에 대한 개별적 불신임제를 채택하며, 대통령 궐위시에는 부통령이 그 지위를 승계하며, 경제체제를 자유경제체제로 전환하는 것이었다(한수웅, 헌법학 제7판, p.85).

③ (O) 1960년 제3차 개정헌법 제78조 참조.

> **1960년 헌법 제78조** 대법원장과 대법관은 법관의 자격이 있는 자로써 조직되는 선거인단이 이를 선거하고 대통령이 확인한다. 제1항 이외의 법관은 대법관회의의 결의에 따라 대법원장이 임명한다.

④ (X) 1962년 헌법의 주된 내용을 살펴보면, … 일곱째, 처음으로 개헌에 대한 국민투표제를 신설하여 헌법개정은 국회의 의결을 거쳐 국민투표로써 확정하도록 하였다(한수웅, 헌법학 제7판, p.87).

⑤ (O) 제1차 개정헌법은 양원제 국회, 국회의 국무원불신임제, 국무위원을 임명할 때 국무총리의 제청권 등을 규정한다(성낙인, 헌법학 제18판, p.79). 제5차 개정헌법은 … 대통령은 4년 중임제를, 국회는 단원제로, 위헌법률심판권은 대법원에 부여한다(성낙인, 헌법학 제18판, p.82).

 ④

문 9
20년 8월 모의시험

헌정사에 관한 설명으로 옳지 않은 것은? (헌법 명칭은 공포된 해를 기준으로 함)

① 헌법전문에서의 헌법제정 연월일을 서기(西紀)로 표기하기 시작한 것은 1962년 헌법부터였다.
② 1960년 헌법은 대법원장과 대법관은 법관의 자격이 있는 자로써 조직되는 선거인단이 이를 선거하고 대통령이 확인한다고 규정하였다.
③ 1972년 헌법은 통일주체국민회의가 국회의원 정수의 4분의 1에 해당하는 수의 국회의원을 선거한다고 규정하였다.
④ 국회의 국정감사권은 1948년 헌법에서 규정된 이후 1972년 헌법에서 폐지되었지만 1987년 헌법에서 다시 부활되었다.
⑤ 비상계엄하의 군사재판을 일정한 경우에 단심으로 할 수 있다는 규정은 1962년 헌법에서 최초로 명문화되었다.

MGI Point 헌정사 ★★

- 1962년 헌법부터 헌법전문에서의 헌법제정 연월일을 서기로 표기하기 시작(이전에는 단기로 표기)
- 1960년 헌법은 대법원장과 대법관은 법관의 자격이 있는 자로써 조직되는 선거인단이 이를 선거하고 대통령이 확인한다고 규정
- 1972년 헌법은 통일주체국민회의가 국회의원 정수의 3분의 1에 해당하는 수의 국회의원을 선거한다고 규정
- 헌법상 국정감사·조사제도

	제1공화국	제2공화국	제3공화국	제4공화국	제5공화국	현행헌법
국정감사	○	○	○	×	×	○
국정조사	×	×	×	×	○	○

- 헌법 제110조 제4항 본문 (비상계엄하의 군사재판을 일정한 경우 단심재판)
  - 1962년 헌법(제5차 개정) 최초로 명문화
  - 단서(사형선고의 경우 그러하지 아니하다)는 1987년 헌법(현행헌법)에 신설

① (○) 대한민국 정부 수립부터 1962년 개정헌법 이전까지는 헌법 전문에서의 헌법제정 연월일을 단기로 표기하였다. ▶'단기'란 단군이 즉위한 해인 서력 기원전 2333년을 원년(元年)으로 하는 기원을 의미

> **대한민국 제헌헌법 전문** 유구한 역사와 전통에 빛나는 우리들 대한국민은 … 국회에서 단기 4281년 7월 12일 이 헌법을 제정한다.
>
> **1960년 대한민국헌법 전문** 유구한 역사와 전통에 빛나는 우리들 대한국민은 … 국회에서 단기 4281년 7월 12일 이 헌법을 제정한다.
>
> **1962년 대한민국헌법 전문** 유구한 역사와 전통에 빛나는 우리 대한국민은 … 1948년 7월 12일에 제정된 헌법을 이제 국민투표에 의하여 개정한다.

② (○) 1960년 대한민국헌법 제78조 참조.

> **1960년 대한민국헌법 제78조** 대법원장과 대법관은 법관의 자격이 있는 자로써 조직되는 선거인단이 이를 선거하고 대통령이 확인한다. 전항의 선거인단의 정수, 조직과 선거에 관하여 필요한 사항은 법률로써 정한다. 제1항이외의 법관은 대법관회의의 결의에 따라 대법원장이 임명한다.

③ (×) 1972년 대한민국헌법 제40조 제1항 참조.

> **1972년 대한민국헌법 제40조** ① 통일주체국민회의는 국회의원 정수의 3분의 1에 해당하는 수의 국회의원을 선거한다.

④ (○) 제헌헌법 제43조는 "국회는 국정을 감사하기 위하여 필요한 서류를 제출케 하며 증인의 출석과 증언 또는 의견의 진술을 요구할 수 있다"고 규정하여 '국정감사'라는 용어로 제도를 도입하였다. 국정감사제도는 제헌헌법 이래 제8대 국회까지 시행되어오다가 유신헌법에 의거 폐지되고 국정감사법도 폐지되었다. … 제5공화국헌법은 "국회는 특정한 국정사안에 관하여 조사할 수 있으며, 그에 직접 관련된 서류의 제출, 증인의 출석과 증언이나 의견의 진술을 요구할 수 있다"고 하여 최초의 국정조사제도를 헌법에서 명시하였다. 현행 헌법에서는 국정감사권이 다시 부활되어 국정조사권과 함께 규정하였다. 이에 따라 국회법을 개정하여 국정감사와 국정조사를 동시에 규정하는 한편 국정감사와 조사의 절차 등을 규정한 국정감사 및 조사에 관한 법률을 제정하였다(김유향, 기본강의 헌법 전정 제7판, p.1271). ▶국정조사권은 1980년 헌법에서 최초 규정

⑤ (○) 비상계엄하의 군사재판을 일정한 경우에 단심으로 할 수 있다고 규정한 헌법 제110조 제4항 본문은 1962년 헌법에서 최초로 명문화 되었다. ▶동 조항 단서의 "사형을 선고한 경우에는 그러하지 아니하다."는 규정은 1987년 헌법에 신설

> **1962년 대한민국헌법 제106조** ③ 비상계엄하의 군사재판은 군인·군속의 범죄나 군사에 관한 간첩죄의 경우와, 초병·초소·유해음식물공급·포로에 관한 죄 중 법률에 정한 경우에 한하여 단심으로 할 수 있다.
>
> **1987년 대한민국헌법 제110조** ④ 비상계엄하의 군사재판은 군인·군무원의 범죄나 군사에 관한 간첩죄의 경우와 초병·초소·유독음식물공급·포로에 관한 죄중 법률이 정한 경우에 한하여 단심으로 할 수 있다. 다만, 사형을 선고한 경우에는 그러하지 아니하다.

정답 ③

제❷절 | 헌법의 적용범위(국적·재외국민·영역)

문 10
23년 6월 모의시험

국민에 관한 설명 중 옳은 것(○)과 옳지 않은 것(×)을 올바르게 조합한 것은? (다툼이 있는 경우 판례에 의함)

> ㄱ. 부모가 모두 분명하지 아니한 상태에서 대한민국에서 출생한 자는 출생과 동시에 대한민국 국적을 취득하는 것은 아니다.
> ㄴ. 출생에 의하여 대한민국 국적과 외국 국적을 함께 가지게 된 자가 국가안보, 외교관계 및 국민경제 등에 있어서 대한민국의 국익에 반하는 행위를 하는 경우에 법무부장관은 청문을 거쳐 해당 복수국적자의 대한민국 국적 상실을 결정할 수 있다.
> ㄷ. 「국적법 시행규칙」이 국적이탈 신고자에게 신고서에 '가족관계기록사항에 관한 증명서'를 첨부하여 제출하도록 하는 것은, 위 시행규칙에서 첨부서류의 명칭을 직접 규정하는 것이 적절하지 않을 수 있고, 첨부할 서류의 내용이나 증명 취지를 고려하여 지금과 같이 표현하는 것 외에 다른 방법을 상정하기도 어려우므로 명확성원칙에 위배되지 않는다.
> ㄹ. 병역준비역에 편입된 복수국적자에게 편입된 때부터 3개월 이내에 하나의 국적을 선택하도록 하고, 그 기간이 경과하면 국적이탈의 신고를 할 수 없도록 하여 병역의무의 해소 전에는 대한민국 국적에서 이탈할 수 없도록 하는 것은, 그 입법취지, 병역자원 손실 및 병역부담평등의 원칙 훼손 방지 필요성, 복수국적자에 미치는 규제의 정도 등을 고려할 때 해당 복수국적자의 국적이탈의 자유를 침해하지 않는다.

① ㄱ(×), ㄴ(○), ㄷ(○), ㄹ(×)
② ㄱ(○), ㄴ(○), ㄷ(×), ㄹ(○)
③ ㄱ(○), ㄴ(×), ㄷ(×), ㄹ(○)
④ ㄱ(×), ㄴ(○), ㄷ(×), ㄹ(○)
⑤ ㄱ(×), ㄴ(×), ㄷ(○), ㄹ(×)

MGI Point 국민 ★★

- 부모가 모두 분명하지 아니한 상태에서 대한민국에서 출생한 자 ⇨ 출생과 동시에 대한민국 국적을 취득 ○
- 법무부장관의 대한민국 국적의 상실결정 ⇨ 국가안보, 외교관계 및 국민경제 등에 있어서 대한민국의 국익에 반하는 행위를 하는 경우(단, 출생에 의하여 대한민국 국적을 취득한 자는 제외)
- 국적이탈 신고자에게 신고서에 '가족관계기록사항에 관한 증명서'를 첨부하여 제출하도록 하는 내용의 국적법 시행규칙 명확성 원칙에 반하지 ×
- 병역준비역에 편입된 자는 편입된 때부터 3개월 이내에 하나의 국적을 선택하도록 하고 이 기간 경과시 국적이탈신고를 할 수 없도록 하는 규정 ⇨ 해당 복수국적자의 국적이탈의 자유침해 ○

ㄱ. (X) 국적법 제2조 제1항 제3호 참조.

> **국적법 제2조(출생에 의한 국적 취득)** ① 다음 각 호의 어느 하나에 해당하는 자는 출생과 동시에 대한민국 국적 (國籍)을 취득한다.
> 1. 출생 당시에 부(父)또는 모(母)가 대한민국의 국민인 자
> 2. 출생하기 전에 부가 사망한 경우에는 그 사망 당시에 부가 대한민국의 국민이었던 자
> 3. 부모가 모두 분명하지 아니한 경우나 국적이 없는 경우에는 대한민국에서 출생한 자
> ② 대한민국에서 발견된 기아(棄兒)는 대한민국에서 출생한 것으로 추정한다.

ㄴ. (X) 국적법 제14조의4 제1항 참조.

> **국적법 제14조의4(대한민국 국적의 상실결정)** ① 법무부장관은 복수국적자가 다음 각 호의 어느 하나의 사유에 해당하여 대한민국의 국적을 보유함이 현저히 부적합하다고 인정하는 경우에는 청문을 거쳐 대한민국 국적의 상실을 결정할 수 있다. 다만, 출생에 의하여 대한민국 국적을 취득한 자는 제외한다.
> 1. 국가안보, 외교관계 및 국민경제 등에 있어서 대한민국의 국익에 반하는 행위를 하는 경우

ㄷ. (O), ㄹ.(X) "1항 본문에도 불구하고 「병역법」 제8조에 따라 병역준비역에 편입된 자는 편입된 때부터 3개월 이내에 하나의 국적을 선택하거나 제3항 각 호의 어느 하나에 해당하는 때부터 2년 이내에 하나의 국적을 선택하여야 한다"라는 심판대상 법률조항의 존재로 인하여 복수국적을 유지하게 됨으로써 대상자가 겪어야 하는 실질적 불이익은 구체적 사정에 따라 상당히 클 수 있다. 국가에 따라서는 복수국적자가 공직 또는 국가안보와 직결되는 업무나 다른 국적국과 이익충돌 여지가 있는 업무를 담당하는 것이 제한될 가능성이 있다. 현실적으로 이러한 제한이 존재하는 경우, 특정 직업의 선택이나 업무 담당이 제한되는 데 따르는 사익 침해를 가볍게 볼 수 없다. 심판대상 법률조항은 과잉금지원칙에 위배되어 청구인의 국적이탈의 자유를 침해한다. 심판대상 시행규칙조항은 국적이탈 신고자에게 신고서에 '가족관계기록사항에 관한 증명서'를 첨부하여 제출하도록 규정하는바, 실무상 국적이탈 신고자는 가족관계등록법에 따른 국적이탈자 본인의 기본증명서와 가족관계증명서, 부와 모의 기본증명서, 대한민국 국적의 부와 외국국적의 모 사이에서 출생한 경우에는 부의 혼인관계증명서 등(이하 '기본증명서 등'이라 한다)을 제출해야 한다. 국적이탈 신고자의 대한민국 국적 및 다른 국적 취득 경위, 성별, 부모의 국적 등 그 신고 당시의 구체적 사정이 다양하므로 시행규칙에서 첨부서류의 명칭을 직접 규정하는 것이 적절하지 않을 수 있고, 첨부할 서류의 내용이나 증명 취지를 고려하여 지금과 같이 표현하는 것 외에 다른 방법을 상정하기 어려우므로, 심판대상 시행규칙조항은 명확성원칙에 위배되지 않는다(헌재 2020.09.24. 2016헌마889).

 ⑤

문 11

 20년 8월 모의시험

국적에 관한 설명으로 옳지 않은 것은? (다툼이 있는 경우 판례에 의함)

① 북한지역은 대한민국의 영토에 속하므로 북한지역에 거주하는 주민이라는 사정은 그 주민이 대한민국의 국적을 취득·유지하는 데 아무런 영향을 미치지 않는다.

② 외국인이 일반귀화허가를 받으려면 '3년 이상 계속하여 대한민국에 주소가 있을 것'이라는 요건을 갖추어야 한다.

③ 「국적법」상 일반귀화허가 요건 중 '품행 단정'의 요건을 갖출 것은 용어의 사전적 의미, 법원의 해석 등에 비추어 귀화신청자를 대한민국의 구성원으로서 받아들이는 데 지장이 없을 만한 품성과 행실을 갖춘 것을 의미한다고 해석되므로 명확성원칙에 위배되지 않는다.

④ 「국적법」 등 관계 법령 어디에도 외국인에게 대한민국의 국적을 취득할 권리를 부여하였다고 볼 만한 규정이 없다.
⑤ 귀화허가는 외국인에게 대한민국 국적을 부여함으로써 국민으로서의 법적 지위를 포괄적으로 설정하는 행위이며, 귀화허가의 근거규정의 형식과 문언, 귀화허가의 내용과 특성 등을 고려해 보면, 법무부장관은 귀화신청인이 귀화요건을 갖추었다 하더라도 귀화를 허가할 것인지 여부에 관하여 재량권을 가진다.

MGI Point 국적 ★★

- 북한주민 : 대한민국 국민 ○
- 외국인이 일반귀화허가를 받으려면 '5년 이상 계속하여 대한민국에 주소가 있을 것' 要
- '품행이 단정할 것'의 요건을 갖추도록 한 국적법 제5조 제3호 ⇨ 명확성원칙 위배 ×
- 국적법 등 관계 법령 ⇨ 외국인에게 대한민국의 국적을 취득할 권리를 부여하였다고 볼 만한 규정 없음
- 법무부장관 ⇨ 귀화요건을 갖춘 귀화신청인에게 귀화를 허가할 것인지 여부에 관하여 재량권 ○

① (○) 조선인을 부친으로 하여 출생한 자는 남조선과도정부법률 제11호 국적에관한임시조례의 규정에 따라 조선국적을 취득하였다가 제헌헌법의 공포와 동시에 대한민국 국적을 취득하였다 할 것이고, 설사 그가 북한법의 규정에 따라 북한국적을 취득하여 중국 주재 북한대사관으로부터 북한의 해외공민증을 발급받은 자라 하더라도 북한지역 역시 대한민국의 영토에 속하는 한반도의 일부를 이루는 것이어서 대한민국의 주권이 미칠 뿐이고, 대한민국의 주권과 부딪치는 어떠한 국가단체나 주권을 법리상 인정할 수 없는 점에 비추어 볼 때, 그러한 사정은 그가 대한민국 국적을 취득하고 이를 유지함에 있어 아무런 영향을 끼칠 수 없다(대판 1996.11.12. 96누1221).

② (X) 국적법 제5조 제1호 참조. ▶일반귀화 신청 요건을 강화하여 종전에는 외국인이 5년 이상 계속하여 대한민국에 주소가 있으면 일반귀화 허가 신청을 할 수 있도록 하던 것을, 앞으로는 대한민국에서 영주할 수 있는 체류자격을 가지고 있고 5년 이상 계속하여 대한민국에 주소가 있어야 일반귀화 허가 신청을 할 수 있도록 하였다(김유향, 기본강의헌법 전정7판, p.75 참조).

> **국적법 제5조(일반귀화 요건)** 외국인이 귀화허가를 받기 위해서는 제6조나 제7조에 해당하는 경우 외에는 다음 각 호의 요건을 갖추어야 한다.
> 1. 5년 이상 계속하여 대한민국에 주소가 있을 것
> 1의2. 대한민국에서 영주할 수 있는 체류자격을 가지고 있을 것
> 2. 대한민국의 「민법」상 성년일 것
> 3. 법령을 준수하는 등 법무부령으로 정하는 품행 단정의 요건을 갖출 것
> 4. 자신의 자산(資産)이나 기능(技能)에 의하거나 생계를 같이하는 가족에 의존하여 생계를 유지할 능력이 있을 것
> 5. 국어능력과 대한민국의 풍습에 대한 이해 등 대한민국 국민으로서의 기본 소양(素養)을 갖추고 있을 것
> 6. 귀화를 허가하는 것이 국가안전보장·질서유지 또는 공공복리를 해치지 아니한다고 법무부장관이 인정할 것

③ (○) 심판대상조항은 외국인에게 대한민국 국적을 부여하는 '귀화'의 요건을 정한 것인데, '품행', '단정' 등 용어의 사전적 의미가 명백하고, 심판대상조항의 입법취지와 용어의 사전적 의미 및 법원의 일반적인 해석 등을 종합해 보면, '품행이 단정할 것'은 '귀화신청자를 대한민국의 새로운 구성원으로서 받아들이는 데 지장이 없을 만한 품성과 행실을 갖춘 것'을 의미하고, 구체적으로 이는 귀화신청자의 성별, 연령, 직업, 가족, 경력, 전과관계 등 여러 사정을 종합적으로 고려하여 판단될 것임을 예측할 수 있다. 따라서 심판대상조항은 명확성원칙에 위배되지 아니한다(헌재 2016.07.28. 2014헌바421).

④ (○), ⑤ (○) 국적은 국민의 자격을 결정짓는 것이고, 이를 취득한 사람은 국가의 주권자가 되는 동시에 국가의 속인적 통치권의 대상이 되므로, 귀화허가는 외국인에게 대한민국 국적을 부여함으로써 국민으로서의 법적 지위를 포괄적으로 설정하는 행위에 해당한다. 한편 국적법 등 관계 법령 어디에도 외국인에게 대한민국의 국적을 취득할 권리를 부여하였다고 볼 만한 규정이 없다. 이와 같은 귀화허가의 근거 규정의 형식과 문언, 귀화허가의 내용과 특성 등을 고려하여 보면, 법무부장관은 귀화신청인이 법률이 정하는 귀화요건을 갖추었다고 하더라도 귀화를 허가할 것인지 여부에 관하여 재량권을 가진다(대판 2010.07.15. 2009두19069).

정답 ②

문 12
24년 10월 모의시험

남북한의 법적 관계에 관한 설명 중 옳지 않은 것은? (다툼이 있는 경우 판례에 의함)

① 1992. 2. 19. 발효된 「남북사이의화해와불가침및교류협력에관한합의서」는 일종의 공동성명 또는 신사협정에 준하는 성격을 가지는 것에 불과하여 국내법과 동일한 효력이 있는 조약이나 이에 준하는 것으로 볼 수 없다.
② 헌법상의 여러 통일관련 조항들은 국가의 통일의무를 선언한 것이기는 하지만, 그로부터 국민 개개인의 통일에 대한 기본권, 특히 국가기관에 대하여 통일과 관련된 구체적인 행동을 요구하거나 일정한 행동을 할 수 있는 권리가 도출된다고 볼 수 없다.
③ 「북한이탈주민의 보호 및 정착지원에 관한 법률」에서 마약거래범죄자인 북한이탈주민을 보호대상자로 결정하지 않을 수 있도록 규정한 것은 마약거래범죄자인 북한이탈주민의 인간다운 생활을 할 권리를 침해한다.
④ 1990년 이후 「남북교류협력에관한법률」이 시행되어 남북간 화해협력 분위기가 조성되고 있으나, 아직까지 남북한의 정치·군사적 대결이나 긴장관계가 완전히 해소되지 않고 있는 현 상황에서 북한의 반국가단체성을 부정하기 어려우며, 「국가보안법」의 필요성도 여전히 인정되고 있다.
⑤ 헌법이 영토조항을 두고 있는 이상 북한지역은 당연히 대한민국의 영토이지만, 개별 법률의 적용 내지 준용에 있어서는 남북한의 특수관계적 성격을 고려하여 북한지역을 외국에 준하는 지역으로, 북한주민 등을 외국인에 준하는 지위에 있는 자로 규정할 수 있다.

MGI Point 남북한의 법적 관계 ★

- '남북기본합의서' ⇨ 법률적 효력 ×, 조약 ×
- 헌법상의 여러 통일관련 조항들로부터 국민 개개인의 통일에 대한 기본권 도출 ×
- 마약거래범죄자인 북한이탈주민을 보호대상자로 결정하지 않을 수 있도록 규정한 것 ⇨ 인간다운 생활 할 권리 침해 ×
- 북한의 반국가단체성 부정 ×, 국가보안법 필요성 ○
- 헌법상 영토조항 ⇨ 북한지역은 당연히 대한민국 영토
  개별 법률 적용시 ⇨ 북한지역을 외국에 준하는 지역으로, 북한주민 등을 외국인에 준하는 지위에 있는 자로 규정 可

① (○) 1992. 2. 19. 발효된 '남북사이의화해와불가침및교류협력에관한합의서'는 일종의 공동성명 또는 신사협정에 준하는 성격을 가짐에 불과하여 법률이 아님은 물론 국내법과 동일한 효력이 있는 조약이나 이에 준하는 것으로 볼 수 없다(헌재 2000.07.20. 98헌바63).

② (O) 헌법상의 여러 통일관련 조항들은 국가의 통일의무를 선언한 것이기는 하지만, 그로부터 국민 개개인의 통일에 대한 기본권, 특히 국가기관에 대하여 통일과 관련된 구체적인 행동을 요구하거나 일정한 행동을 할 수 있는 권리가 도출된다고 볼 수 없다(헌재 2000.07. 20. 98헌마63).

③ (X) 마약거래범죄자라는 이유로 보호대상자로 결정되지 못한 북한이탈주민도 북한이탈주민의 보호 및 정착지원에 관한 법률에 따른 정착지원시설 보호, 거주지 보호, 학력 및 자격 인정, 국민연금 특례 등의 보호 및 지원을 받을 수 있고, 일정한 요건 아래 국민기초생활 보장법에 따른 급여 등을 받을 수 있는 등으로 인간다운 생활을 위한 객관적인 최소한의 보장을 받고 있으므로, 이 사건 법률조항이 마약거래범죄자인 북한이탈주민의 인간다운 생활을 할 권리를 침해한다고 볼 수 없다(헌재 2014.03.27. 2012헌바192).

④ (O) "…국가보안법 제8조 제1항은 '이익이 된다는 정을 알면서'라는 부분을 삭제하고 그 대신 '국가의 존립·안전이나 자유민주적 기본질서를 위태롭게 한다는 정을 알면서'라는 주관적 구성요건을 추가함으로써 구 국가보안법 규정의 위헌적 요소를 제거하였다. 따라서 국가보안법 제8조 제1항은 헌법에 위반된다고 할 수 없다." 이에 관하여 청구인은 1990년 이후 남북교류협력에관한법률이 시행되어 남북간 화해협력 분위기가 조성되고 있으므로 기존의 견해를 변경해야 한다고 주장하나, 아직까지 남북한의 정치·군사적 대결이나 긴장관계가 완전히 해소되지 않고 있는 현 상황에서 북한의 반국가단체성을 부정하기 어려우며, 국가보안법의 필요성도 여전히 인정되고 있어 기존의 견해를 변경할 만한 사정변경이 있다고 볼 수 없으므로 위 판시이유를 그대로 유지하기로 한다(헌재 2014.09.25. 2011헌바358).

⑤ (O) 우리 헌법이 "대한민국의 영토는 한반도와 그 부속도서로 한다"는 영토조항을 두고 있는 이상 대한민국의 헌법은 북한 지역을 포함한 한반도 전체에 그 효력이 미치므로 북한지역은 당연히 대한민국의 영토가 되는 이상 북한을 외국환거래법 소정의 '외국'으로, 북한의 법인격체를 '비거주자'로 바로 인정하기는 어렵지만, 개별 법률의 적용 내지 준용에 있어서는 남북한의 특수관계적 성격을 고려하여 북한지역을 외국에 준하는 지역으로, 북한주민 등을 외국인에 준하는 지위에 있는 자로 규정할 수 있고, 그러한 규정 내용이 우리 헌법의 영토조항이나 평화통일조항 등에 위배되지는 않는다 할 것이다(대판 2004.11.12. 2004도4044).

 정답 ③

문 13

20년 10월 모의시험

남북관계에 관한 설명으로 옳지 않은 것은? (다툼이 있는 경우 판례에 의함)

① 1992. 2. 19. 발효된 「남북 사이의 화해와 불가침 및 교류협력에 관한 합의서」는 일종의 공동성명 또는 신사협정에 준하는 성격을 가지는 것에 불과하여 국내법과 동일한 효력이 있는 조약이나 이에 준하는 것으로 볼 수 없다.

② 헌법상의 여러 통일 관련 조항들은 국가의 통일의무를 선언한 것이기는 하지만, 그로부터 국민 개개인의 통일에 대한 기본권, 특히 국가기관에 대하여 통일과 관련된 구체적인 행동을 요구하거나 일정한 행동을 할 수 있는 권리가 도출된다고 볼 수 없다.

③ 대통령은 남북관계에 중대한 변화가 발생하거나 국가안전보장, 질서유지 또는 공공복리를 위하여 필요하다고 판단될 경우에는 기간을 정하여 남북합의서의 효력의 전부 또는 일부를 정지시킬 수 있다.

④ 국회는 국가나 국민에게 중대한 재정적 부담을 지우는 남북합의서 또는 입법사항에 관한 남북합의서의 체결·비준에 대한 동의권을 가진다.

⑤ 남한과 북한의 관계는 국가간의 관계가 아닌 통일을 지향하는 과정에서 잠정적으로 형성되는 특수관계이지만, 남한과 북한 간의 거래는 국가간의 거래로 본다.

MGI Point 남북관계 ★★

- 「남북 사이의 화해와 불가침 및 교류협력에 관한 합의서」
  - 일종의 공동성명 또는 신사협정에 준하는 성격
  - 법률적 효력 ×, 조약으로서의 성격 ×
- 헌법상의 여러 통일관련 조항들로부터 국민 개개인의 통일에 대한 기본권 도출 ×
  ⇨ 국가기관에 대하여 통일과 관련된 구체적인 행동을 요구하거나 일정한 행동을 할 수 있는 권리 도출 ×
- 대통령은 ① 남북관계에 중대한 변화가 발생하거나 ② 국가안전보장, 질서유지 또는 공공복리를 위하여 필요하다고 판단될 경우 ⇨ 기간을 정하여 남북합의서의 효력의 전부 또는 일부 정지 可
- 국회는 ① 국가나 국민에게 중대한 재정적 부담을 지우거나 ② 입법사항에 관한 남북합의서의 체결·비준에 대한 동의권 有
- 남한과 북한의 관계는 국가간의 관계가 아닌 통일을 지향하는 과정에서 잠정적으로 형성되는 특수관계
  ⇨ 남한과 북한간의 거래는 국가간의 거래 ×

① (○) 1992. 2. 19. 발효된 '남북사이의화해와불가침및교류협력에관한합의서'는 일종의 공동성명 또는 신사협정에 준하는 성격을 가짐에 불과하여 법률이 아님은 물론 국내법과 동일한 효력이 있는 조약이나 이에 준하는 것으로 볼 수 없다(헌재 2000.07.20. 98헌바63).

② (○) 헌법상의 여러 통일관련 조항들은 국가의 통일의무를 선언한 것이기는 하지만, 그로부터 국민 개개인의 통일에 대한 기본권, 특히 국가기관에 대하여 통일과 관련된 구체적인 행동을 요구하거나 일정한 행동을 할 수 있는 권리가 도출된다고 볼 수 없다(헌재 2000.07.20. 98헌바63).

③ (○) 남북관계 발전에 관한 법률 제23조 제2항 참조.

> **남북관계 발전에 관한 법률 제23조(남북합의서의 효력범위 등)** ① 남북합의서는 남한과 북한사이에 한하여 적용한다.
> ② 대통령은 남북관계에 중대한 변화가 발생하거나 국가안전보장, 질서유지 또는 공공복리를 위하여 필요하다고 판단될 경우에는 기간을 정하여 남북합의서의 효력의 전부 또는 일부를 정지시킬 수 있다.
> ③ 대통령은 국회의 체결·비준 동의를 얻은 남북합의서에 대하여 제2항의 규정에 따라 그 효력을 정지시키고자 하는 때에는 국회의 동의를 얻어야 한다.

④ (○) 남북관계 발전에 관한 법률 제21조 제3항 참조.

> **남북관계 발전에 관한 법률 제21조(남북합의서의 체결·비준)** ① 대통령은 남북합의서를 체결·비준하며, 통일부장관은 이와 관련된 대통령의 업무를 보좌한다.
> ② 대통령은 남북합의서를 비준하기에 앞서 국무회의의 심의를 거쳐야 한다.
> ③ 국회는 국가나 국민에게 중대한 재정적 부담을 지우는 남북합의서 또는 입법사항에 관한 남북합의서의 체결·비준에 대한 동의권을 가진다.
> ④ 대통령이 이미 체결·비준한 남북합의서의 이행에 관하여 단순한 기술적·절차적 사항만을 정하는 남북합의서는 남북회담대표 또는 대북특별사절의 서명만으로 발효시킬 수 있다.

⑤ (×) 남북관계 발전에 관한 법률 제3조 참조.

> **남북관계 발전에 관한 법률 제3조(남한과 북한의 관계)** ① 남한과 북한의 관계는 국가간의 관계가 아닌 통일을 지향하는 과정에서 잠정적으로 형성되는 특수관계이다.
> ② 남한과 북한간의 거래는 국가간의 거래가 아닌 민족내부의 거래로 본다.

 ⑤

제❸절 ㅣ 대한민국의 국가형태
제❹절 ㅣ 한국헌법의 기본원리

문 14
24년 10월 모의시험

헌법상 사회국가원리에 관한 설명 중 옳지 않은 것을 모두 고른 것은? (다툼이 있는 경우 판례에 의함)

ㄱ. 우리 헌법은 사회국가원리를 명문으로 규정하고 있을 뿐만 아니라, 헌법의 전문, 사회적 기본권의 보장, 경제 영역에서 적극적으로 계획하고 유도하고 재분배하여야 할 국가의 의무를 규정하는 경제에 관한 조항 등과 같이 사회국가원리의 구체화된 여러 표현을 통하여 사회국가원리를 수용하였다.

ㄴ. 국가는 헌법 제34조에 의하여 장애인의 복지를 위하여 노력하여야 할 의무가 있으므로 헌법재판소는 국가재정이 허용하는 범위 내에서 저상버스를 도입할 것을 입법자와 행정청에 강제할 수 있다.

ㄷ. 사회적 법치국가이념을 추구하는 자유민주국가에서 공직제도란 사회국가의 실현수단일 뿐 아니라 그 자체가 사회국가의 대상이며 과제라는 점을 이념적인 기초로 한다.

ㄹ. 자유시장 경제질서를 기본으로 하면서도 사회국가원리를 수용하고 있는 우리 헌법의 이념에 비추어 일반불법행위책임에 관하여는 과실책임의 원리를 기본원칙으로 하면서 특수한 불법행위책임에 관하여 위험책임의 원리를 수용하는 것은 입법정책에 관한 사항으로서 입법자의 재량에 속한다고 할 것이다.

ㅁ. 「국민건강보험법」상 휴직자도 직장가입자의 자격을 유지함을 전제로 기존의 보험료 부담을 그대로 지우고 있는 것은 일시적·잠정적 근로관계의 중단에 불과한 휴직제도의 본질, 휴직자에 대한 보험급여의 필요성, 별도의 직장가입자인 배우자 등이 있는 휴직자와 그렇지 않은 휴직자간의 형평성, 보험공단의 재정부담 등 여러 가지 사정을 고려한 것으로서, 사회국가원리에 어긋나는 것은 아니다.

① ㄱ, ㄴ
② ㄴ, ㄷ
③ ㄱ, ㄴ, ㅁ
④ ㄷ, ㄹ, ㅁ
⑤ ㄱ, ㄹ, ㅁ

MGI Point 사회국가원리 ★★

- 사회국가원리 헌법 명문 규정 ×
  ⇨ 헌법 전문, 사회적 기본권 보장 규정, 경제에 관한 조항 등을 통하여 사회국가원리를 수용
- 헌법 제34조상 장애인 복지를 위한 노력의무는 국가의 일반적 의무 ⇨ '저상버스의 도입'과 같은 구체적 의무 도출 ×
- 사회적 법치국가이념 추구 자유민주국가에서 공직제도 ⇨ 사회국가의 실현수단 + 그 자체가 사회국가의 대상이며 과제
- 일반불법행위책임에 과실책임원리 기본원칙, 특수불법행위책임에 위험책임원리 수용 ⇨ 입법자의 재량
- 휴직자도 직장가입자의 자격을 유지함을 전제로 보험료 부담 지우는 것 ⇨ 사회국가원리 어긋나는 것 ×

ㄱ. (X) 우리 헌법은 사회국가원리를 명문으로 규정하고 있지는 않지만, 헌법의 전문, 사회적 기본권의 보장(헌법 제31조 내지 제36조), 경제 영역에서 적극적으로 계획하고 유도하고 재분배하여야 할 국가의 의무를 규정하는 경제에 관한 조항(헌법 제119조 제2항 이하) 등과 같이 사회국가원리의 구체화된 여러 표현을 통하여 사회국가원리를 수용하였다(헌재 2002.12.18. 2002헌마52).

ㄴ. (X) 장애인의 복지를 향상해야 할 국가의 의무가 다른 다양한 국가과제에 대하여 최우선적인 배려를 요청할 수 없을 뿐 아니라, 나아가 헌법의 규범으로부터는 '장애인을 위한 저상버스의 도입'과 같은 구체적인 국가의 행위의무를 도출할 수 없는 것이다. 국가에게 헌법 제34조에 의하여 장애인의 복지를 위하여 노력을 해야 할 의무가 있다는 것은, 장애인도 인간다운 생활을 누릴 수 있는 정의로운 사회질서를 형성해야 할 국가의 일반적인 의무를 뜻하는 것이지, 장애인을 위하여 저상버스를 도입해야 한다는 구체적 내용의 의무가 헌법으로부터 나오는 것은 아니다(헌재 2002.12.18. 2002헌마52).

ㄷ. (○) 현대민주주의 국가에 이르러서는 사회국가원리에 입각한 공적제도의 중요성이 강조되고 있으며, 사회적 법치국가이념을 추구하는 자유민주국가에서 공직제도란 사회국가의 실현수단일 뿐 아니라, 그 자체가 사회국가의 대상이며 과제라는 점을 이념적 기초로 한다(헌재 2022.12.22. 2020헌가8).

ㄹ. (○) 자유시장 경제질서를 기본으로 하면서도 사회국가원리를 수용하고 있는 우리 헌법의 이념에 비추어, 일반불법행위책임에 관하여는 과실책임의 원리를 기본원칙으로 하던서 이 사건 법률조항과 같은 특수한 불법행위책임에 관하여 위험책임의 원리를 수용하는 것은 입법정책에 관한 사항으로서 입법자의 재량에 속한다고 할 것이므로, 이 사건 법률조항이 위험책임의 원리에 기하여 무과실책임을 지운 것만으로 자유시장 경제질서에 위반된다고 할 수 없다(헌재 1998.05.28. 96헌가4,97헌가6·7,95헌바58(병합)).

ㅁ. (○) 국민건강보험법 제63조 제2항이 휴직자도 직장가입자의 자격을 유지함을 전제로 기존의 보험료 부담을 그대로 지우고 있는 것은 일시적·잠정적 근로관계의 중단에 불과한 휴직제도의 본질, 휴직자에 대한 보험급여의 필요성, 별도의 직장가입자인 배우자 등이 있는 휴직자와 그렇지 않은 휴직자간의 형평성, 보험공단의 재정부담 등 여러 가지 사정을 고려한 것으로서, 입법형성의 범위 내에서 합리적으로 결정한 것이라 볼 수 있으므로 사회국가원리에 어긋난다거나 휴직자의 사회적 기본권 내지 평등권 등을 침해한다고 볼 수 없다(헌재 2003.06.26. 2001헌마699).

정답 ①

문 15

23년 10월 모의시험

헌법의 기본원리에 관한 설명 중 옳은 것(○)과 옳지 않은 것(×)을 올바르게 조합한 것은? (다툼이 있는 경우 판례에 의함)

ㄱ. 헌법의 기본원리는 헌법의 이념적 기초인 동시에 헌법을 지배하는 지도원리로서 입법이나 정책결정의 방향을 제시하며 구체적 기본권을 도출하는 근거가 될 수 있기 때문에, 기본권의 해석 및 기본권제한입법의 합헌성 심사에 있어 해석기준의 하나로서 작용한다.

ㄴ. 사회국가란 사회정의의 이념을 헌법에 수용한 국가로 경제·사회·문화의 모든 영역에서 사회현상에 관여하고 간섭하고 분배하고 조정하는 국가를 말하지만, 국민 각자가 실제로 자유를 행사할 수 있는 그 실질적 조건을 마련해 줄 의무까지 국가에게 부여하는 것은 아니다.

ㄷ. 헌법의 기본원리인 대의제 민주주의 하에서 국회의원 선거권이란 것은 국민의 대표자인 국회의원을 선출하는 권리에 그치고, 개별 유권자 혹은 집단으로서의 국민의 의사를 선출된 국회의원이 그대로 대리하여 줄 것을 요구할 수 있는 권리까지 포함하는 것은 아니다.

ㄹ. 헌법 제119조 제2항에 규정된 "경제주체간의 조화를 통한 경제민주화"의 이념은 경제영역에서 정의로운 사회질서를 형성하기 위하여 추구할 수 있는 국가목표로서 개인의 기본권을 제한하는 국가행위를 정당화하는 헌법규범이다.

① ㄱ(×), ㄴ(×), ㄷ(○), ㄹ(×)
② ㄱ(○), ㄴ(○), ㄷ(×), ㄹ(○)
③ ㄱ(×), ㄴ(○), ㄷ(○), ㄹ(×)
④ ㄱ(○), ㄴ(○), ㄷ(○), ㄹ(○)
⑤ ㄱ(×), ㄴ(×), ㄷ(○), ㄹ(○)

MGI Point 헌법의 기본원리 ★★

- 헌법의 기본원리 ⇨ 구체적 기본권을 도출하는 근거 × / 기본권의 해석 및 기본권제한입법의 합헌성 심사의 해석기준 ○
- 사회국가 ⇨ 경제·사회·문화의 모든 영역에서 정의로운 사회질서의 형성을 위하여 사회현상에 관여·간섭하고 분배하고 조정, 국민 각자가 실제로 자유를 행사할 수 있는 그 실질적 조건을 마련해 줄 의무가 있는 국가
- 대의제 민주주의하에서 국회의원 선거권 ⇨ 국회의원을 선거에 의해 국민의 대표자인 국회의원 선출 ○, 개별 유권자 혹은 집단으로서의 국민의 의사를 선출된 국회의원이 그대로 대리하여 줄 것을 요구할 수 있는 권리 ×
- 헌법규범인 제119조 제2항에 규정된 '경제주체간의 조화를 통한 경제민주화'의 이념 ⇨ 경제영역에서 정의로운 사회질서를 형성하기 위하여 추구할 수 있는 국가목표, 개인의 기본권을 제한하는 국가행위를 정당화하는 헌법규범

ㄱ. (×) 헌법의 기본원리는 헌법의 이념적 기초인 동시에 헌법을 지배하는 지도원리로서 입법이나 정책결정의 방향을 제시하며 공무원을 비롯한 모든 국민·국가기관이 헌법을 존중하고 수호하도록 하는 지침이 되며, 구체적 기본권을 도출하는 근거로 될 수는 없으나 기본권의 해석 및 기본권제한입법의 합헌성 심사에 있어 해석기준의 하나로서 작용한다. 그러므로 이 사건 심판대상조항의 위헌 여부를 심사함에 있어서도 우리 헌법의 기본원리를 그 기준으로 삼아야 할 것이다(헌재 1996.04.25. 92헌바47).

ㄴ. (×) 사회국가란 한마디로, 사회정의의 이념을 헌법에 수용한 국가, 사회현상에 대하여 방관적인 국가가 아니라 경제·사회·문화의 모든 영역에서 정의로운 사회질서의 형성을 위하여 사회현상에 관여하고 간섭하고 분배하고 조정하는 국가이며, 궁극적으로는 국민 각자가 실제로 자유를 행사할 수 있는 그 실질적 조건을 마련해 줄 의무가 있는 국가이다. …국가가 장애인의 복지를 위하여 저상버스를 도입하는 등 국가재정이 허용하는 범위 내에서 사회적 약자를 위하여 최선을 다하는 것은 바람직하지만, 이는 사회국가를 실현하는 일차적 주체인 입법자와 행정청의 과제로서 이를 헌법재판소가 원칙적으로 강제할 수는 없는 것이며, 국가기관간의 권력분립원칙에 비추어 볼 때 다만 헌법이 스스로 국가기관에게 특정한 의무를 부과하는 경우에 한하여, 헌법재판소는 헌법재판의 형태로써 국가기관이 특정한 행위를 하지 않은 부작위의 위헌성을 확인할 수 있을 뿐이다. 이 사건의 경우 저상버스를 도입해야 한다는 구체적인 내용의 국가 의무가 헌법으로부터 도출될 수 없으므로, 이 사건 심판청구는 부적법하다(헌재 2002.12.18. 2002헌마52).

ㄷ. (○) 헌법의 기본원리인 대의제 민주주의하에서 국회의원 선거권이란 것은 국회의원을 보통·평등·직접·비밀선거에 의하여 국민의 대표자인 국회의원을 선출하는 권리에 그치고, 개별 유권자 혹은 집단으로서의 국민의 의사를 선출된 국회의원이 그대로 대리하여 줄 것을 요구할 수 있는 권리까지 포함하는 것은 아니다(헌재 1998.10.29. 96헌마186).

ㄹ. (○) 헌법 제119조 제2항에 규정된 '경제주체간의 조화를 통한 경제민주화'의 이념은 경제영역에서 정의로운 사회질서를 형성하기 위하여 추구할 수 있는 국가목표로서 개인의 기본권을 제한하는 국가행위를 정당화하는 헌법규범이다(헌재 2004.10.28. 99헌바).

정답 ⑤

문 16
20년 6월 모의시험

국민주권에 관한 설명 중 옳은 것은? (다툼이 있는 경우 판례에 의함)

① 국민주권주의는 모든 국가권력이 국민의 의사에 기초해야 한다는 의미로 사법권의 민주적 정당성을 위한 국민참여재판 도입의 헌법적 근거가 된다.
② 100만 원 이상의 벌금형이 확정된 선거범에 대하여 5년간 선거권을 정지시키는 것은 민주주의와 국민주권을 선언한 헌법 제1조에 비추어 볼 때 해당 선거범의 선거권을 침해한다.
③ 발전용원자로 및 관계시설의 건설허가 신청 시 필요한 방사선환경영향평가서 및 그 초안을 작성하는 데 있어 '중대사고'에 대한 평가를 제외하는 것은 국민들이 원전과 관련하여 정확하고 공정한 여론을 형성하는 것을 방해하므로 국민주권주의에 위반된다.
④ 국회 위원회 단계에서 교착상태에 빠진 쟁점안건에 대하여 재적의원 과반수가 심사기간 지정 요구를 하는 경우 국회의장이 의무적으로 심사기간을 지정하도록 하는 내용의 규정을 마련하지 않는 것은 다수결원리와 의회민주주의에 위반되고, 나아가 국민주권주의에도 위반된다.
⑤ 선거범죄로 인하여 당선이 무효로 된 때를 비례대표지방의회의원의 의석 승계 제한사유로 규정한 것은 왜곡된 선거인의 의사를 바로잡기 위한 것으로 국민주권원리에 위반되지 않는다.

MGI Point 국민주권 ★★

- 국민주권주의
  - 모든 국가권력이 국민의 의사에 기초해야 함
  - 사법권의 민주적 정당성을 위해 국민참여재판을 도입한 근거
- 100만 원 이상 벌금형이 확정된 선거범에게 5년간 선거권을 정지 ○ ⇨ 선거권 침해 ×
- 발전용원자로 및 관계시설의 건설허가 신청 시 필요한 방사선환경영향평가서 및 그 초안을 작성하는 데 있어 '중대사고'에 대한 평가를 제외하고 있는 규정 ⇨ 국민주권주의 위반 ×
- 국회 재적의원 과반수의 요구가 있는 경우 국회의장이 심사기간을 지정하고 본회의에 부의해야 한다는 헌법상 의무 도출 × ⇨ 다수결의 원리, 의회민주주의에 반하지 ×
- 선거범죄로 당선이 무효로 된 때를 비례대표지방의원 의석승계 제한사유로 한 규정 ⇨ 국민주권원리 위반 ○

---

① (○) 국민주권주의는 모든 국가권력이 국민의 의사에 기초해야 한다는 의미로, 사법권의 민주적 정당성을 위한 국민참여재판을 도입한 근거가 되고 있으나, 그렇다고 하여 국민주권주의 이념이 곧 사법권을 포함한 모든 권력을 국민이 직접 행사하여야 하고 이에 따라 모든 사건을 국민참여재판으로 할 것을 요구한다고 볼 수 없다(헌재 2016.12.29. 2015헌바63).

② (X) 이 사건 선거권제한조항은 선거의 공정성을 확보하기 위한 것으로서, 선거권 제한의 대상과 요건, 기간이 제한적인 점, 선거의 공정성을 해친 바 있는 선거범으로부터 부정선거의 소지를 차단하여 공정한 선거가 이루어지도록 하기 위하여는 선거권을 제한하는 것이 효과적인 방법인 점, 법원이 선거범에 대한 형량을 결정함에 있어서는 양형의 조건뿐만 아니라 선거권의 제한 여부에 대하여도 합리적 평가를 하게 되는 점, 선거권의 제한기간이 공직선거의 참여를 1회 정도 제한하는 것에 불과한 점 등을 종합하면, 이 사건 선거권제한조항은 청구인의 선거권을 침해한다고 볼 수 없다(헌재 2011.12.29. 2009헌마476). ▶ 공직선거법(2005. 8. 4. 법률 제7681호로 개정된 것) 제18조 제1항 제3호 중 '선거범으로서 100만 원 이상의 벌금형의 선고를 받고 그 형이 확정된 후 5년을 경과하지 아니한 자' 부분이 청구인의 선거권을 침해하지 않는다고 판단한 사례

③ (X) 국가는 원자력안전규제 체계를 갖추고 원자력발전소(이하 '원전'이라 한다)의 건설·운영 전반에 걸쳐 원전의 안전관리를 위한 규제 장치들을 두면서, 예상 가능한 '자연재해'와 '인위적 사건'을 고려하여 이를

초과하는 여분의 설계를 하도록 함으로써 원전 사고의 위험에 대비하는 한편, 이러한 설계기준을 벗어나 노심의 손상을 가져오는 '중대사고'에 대하여 원자력안전위원회의 정책 등 행정적 조치를 통하여 관리해 오다가, 2015. 6. 22. 원자력안전법을 개정하면서 법령 차원에서 이를 관리하고 있다. '중대사고'를 비롯한 원전 사고가 본격적으로 문제되는 것은 원전이 운영허가를 받고 실질적으로 운영되기 시작한 이후라는 점과 그 밖에 원전의 안전 관련 조치 등을 종합적으로 고려하면, 이 사건 각 고시조항에서 평가서 초안 및 평가서 작성시 '중대사고'에 대한 평가를 제외하도록 하였다고 하여, 국가가 국민의 생명·신체의 안전을 보호하는 데 적절하고 효율적인 최소한의 조치조차 취하지 아니한 것이라고 보기는 어렵다. … 청구인들은, 이 사건 각 고시조항이 국민들의 정확하고 공정한 여론 형성을 방해하므로 민주주의 원리에도 위반된다고 주장한다. 민주주의 원리의 한 내용인 국민주권주의는 모든 국가권력이 국민의 의사에 기초해야 한다는 의미일 뿐 국민이 정치적 의사결정에 관한 모든 정보를 제공받고 직접 참여하여야 한다는 의미는 아니므로, 청구인들의 이 부분 주장 역시 이유 없다(헌재 2016.10.27. 2012헌마121).

④ (X) 국회법 제85조 제1항에 국회 재적의원 과반수가 의안에 대하여 심사기간 지정을 요청하는 경우 국회의장이 그 의안에 대하여 의무적으로 심사기간을 지정하도록 규정하지 아니한 입법부작위는 입법자가 재적의원 과반수의 요구에 의해 위원회의 심사를 배제할 수 있는 비상입법절차와 관련하여 아무런 입법을 하지 않음으로써 입법의 공백이 발생한 '진정입법부작위'에 해당한다. 따라서 이 사건 입법부작위의 위헌 여부와 국회법 제85조 제1항은 아무런 관련이 없고, 그 위헌 여부가 이 사건 심사기간 지정 거부행위에 어떠한 영향도 미칠 수 없다. 나아가 헌법실현에 관한 1차적 형성권을 갖고 있는 정치적·민주적 기관인 국회와의 관계에서 헌법재판소가 가지는 기능적 한계에 비추어 보더라도, 헌법재판소가 근거규범도 아닌 이 사건 입법부작위의 위헌 여부에 대한 심사에까지 나아가는 것은 부적절하므로 그 심사를 최대한 자제하여 의사절차에 관한 국회의 자율성을 존중하는 것이 바람직하다. 만일 이 사건 입법부작위의 위헌 여부를 선결문제로 판단하더라도, 헌법의 명문규정이나 해석상 국회 재적의원 과반수의 요구가 있는 경우 국회의장이 심사기간을 지정하고 본회의에 부의해야 한다는 의무는 도출되지 않으므로, 국회법 제85조 제1항에서 이러한 내용을 규정하지 않은 것이 다수결의 원리, 나아가 의회민주주의에 반한다고도 볼 수 없다(헌재 2016.05.26. 2015헌라1).

⑤ (X) 현행 비례대표선거제하에서 선거에 참여한 선거권자들의 정치적 의사표명에 의하여 직접 결정되는 것은, 어떠한 비례대표지방의회의원후보자가 비례대표지방의회의원으로 선출되느냐의 문제라기보다는 비례대표지방의회의원의석을 할당받을 정당에 배분되는 비례대표지방의회의원의 의석수라고 할 수 있다. 그런데 심판대상조항은 선거범죄를 범한 비례대표지방의회의원 당선인 본인의 의원직 박탈로 그치지 아니하고 그로 인하여 궐원된 의석의 승계를 인정하지 아니함으로써 결과적으로 그 정당에 비례대표지방의회의원의석을 할당받도록 한 선거권자들의 정치적 의사표명을 무시하고 왜곡하는 결과가 된다. 더욱이 117개 자치구·시·군의회의 비례대표지방의회의원 정수가 1인에 불과하여, 그 의석승계를 인정하지 않는다면 극단적으로는 상당수의 자치구·시·군의회에서 비례대표지방의회의원이 없게 될 수도 있으므로, 비례대표선거제를 둔 취지가 퇴색될 수도 있다. 또한, 당선인이 선거범죄로 당선이 무효로 된 경우를 일반적 궐원 사유인 당선인의 사직 또는 퇴직 등의 경우와 달리 취급하여야 할 합리적인 이유가 있는 것으로 보기도 어렵다. 따라서 심판대상조항은 선거권자의 의사를 무시하고 왜곡하는 결과를 초래할 수 있다는 점에서 헌법의 기본원리인 대의제 민주주의 원리에 부합되지 않는다고 할 것이다. … 심판대상조항은 선거범죄를 범한 비례대표지방의회의원 당선인 본인의 의원직 박탈로 그치지 아니하고 그로 인하여 궐원된 비례대표지방의회의원석에 대하여 소속 정당의 비례대표지방의회의원 후보자명부에 의한 의석 승계를 인정하지 아니함으로써 결과적으로 그 정당에 비례대표지방의회의원의석을 할당받도록 한 선거권자들의 정치적 의사표명을 무시하고 왜곡하는 결과가 된다. 이는 국민주권의 원리 내지 대의제 민주주의를 근간으로 하는 우리 법체계 하에서는 원칙적으로 용인되기 어려운 것이다(헌재 2009.06.25. 2007헌마40).

정답 ①

문 17

20년 6월 모의시험

문화국가원리에 관한 설명 중 옳지 않은 것은? (다툼이 있는 경우 판례에 의함)

① 오늘날 국가의 문화정책은 불편부당의 원칙이 가장 바람직한 정책으로 평가받고 있으며, 그 초점은 문화 그 자체에 있는 것이 아니라 문화가 생겨날 수 있는 문화풍토를 조성하는 데 두어야 한다.
② 국가의 문화육성의 대상에는 원칙적으로 모든 사람에게 문화창조의 기회를 부여한다는 의미에서 모든 문화가 포함되므로, 엘리트문화뿐만 아니라 서민문화와 대중문화도 그 가치를 인정하고 정책적인 배려의 대상으로 하여야 한다.
③ 가족제도가 비록 전통문화의 하나라 하더라도 가족제도에 관한 헌법이념인 개인의 존엄과 양성의 평등에 반하는 것이어서는 안 된다는 한계가 있다.
④ 헌법상 우리가 진정으로 계승·발전시켜야 할 전통문화는 이 시대의 제반 사회·경제적 환경에 맞고 또 오늘날에 있어서도 보편타당한 전통윤리 내지 도덕관념이라 할 것이다.
⑤ 국가가 민족문화유산을 보호하고자 하는 경우, 이에 관한 헌법적 보호법익은 민족문화유산의 훼손 등에 관한 가치보상에 있는 것이지 '민족문화유산의 존속' 그 자체에 있는 것은 아니다.

MGI Point 문화국가원리 ★★

- 국가의 문화정책 ⇨ 문화 그 자체 ×, 문화풍토의 조성 ○
- 문화국가원리의 실현과 문화정책
  - 문화육성의 대상 ⇨ 모든 문화 포함
  - 서민문화·대중문화 ⇨ 정책적 배려의 대상 ○
- 가족제도에 관한 전통문화
  - 헌법이념인 개인의 존엄과 양성의 평등에 반하는 것이어서는 안됨
  - 전래의 어떤 가족제도가 헌법 제36조 제1항의 개인의 존엄과 양성평등에 위반되는 경우
  ⇨ 헌법 제9조를 근거로 그 헌법적 정당성 주장 ×
- 헌법 제9조의 정신에 따라 우리가 진정으로 계승·발전시켜야 할 전통문화
  ⇨ 이 시대의 제반 사회·경제적 환경에 맞고 또 오늘날에 있어서도 보편타당한 전통윤리 내지 도덕관념
- 국가가 민족문화유산을 보호하고자 하는 경우 이에 관한 헌법적 보호법익
  - 민족문화유산의 존속 그 자체를 보장하는 것 ○
  - 원칙적으로 민족문화유산의 훼손 등에 관한 가치보상이 있는지 여부는 직접적 관련 ×

---

①(○), ②(○) 문화국가원리는 국가의 문화국가실현에 관한 과제 또는 책임을 통하여 실현되는바, 국가의 문화정책과 밀접 불가분의 관계를 맺고 있다. 과거 국가절대주의사상의 국가관이 지배하던 시대에는 국가의 적극적인 문화간섭정책이 당연한 것으로 여겨졌다. 그러나 오늘날에 와서는 국가가 어떤 문화현상에 대하여도 이를 선호하거나, 우대하는 경향을 보이지 않는 불편부당의 원칙이 가장 바람직한 정책으로 평가받고 있다. ① 오늘날 문화국가에서의 문화정책은 그 초점이 문화 그 자체에 있는 것이 아니라 문화가 생겨날 수 있는 문화풍토를 조성하는 데 두어야 한다. 문화국가원리의 이러한 특성은 문화의 개방성 내지 다원성의 표지와 연결되는데, ② 국가의 문화육성의 대상에는 원칙적으로 모든 사람에게 문화창조의 기회를 부여한다는 의미에서 모든 문화가 포함된다. 따라서 엘리트문화뿐만 아니라 서민문화, 대중문화도 그 가치를 인정하고 정책적인 배려의 대상으로 하여야 한다(헌재 2004.05.27. 2003헌가1).

③ (○) 헌법 전문과 헌법 제9조에서 말하는 "전통", "전통문화"란 역사성과 시대성을 띤 개념으로서 헌법의 가치질서, 인류의 보편가치, 정의와 인도정신 등을 고려하여 오늘날의 의미로 포착하여야 하며, 가족제도에 관한 전통·전통문화란 적어도 그것이 가족제도에 관한 헌법이념인 개인의 존엄과 양성의 평등에 반하는 것이어서는 안 된다는 한계가 도출되므로, 전래의 어떤 가족제도가 헌법 제36조 제1항이 요구하는 개인의 존엄과 양성평등에 반한다면 헌법 제9조를 근거로 그 헌법적 정당성을 주장할 수는 없다(헌재 2005. 02.03. 2001헌가9).

④ (○) 헌법재판소는 이미 "헌법 제9조의 정신에 따라 우리가 진정으로 계승·발전시켜야 할 전통문화는 이 시대의 제반 사회·경제적 환경에 맞고 또 오늘날에 있어서도 보편타당한 전통윤리 내지 도덕관념이라 할 것이다."(헌재 1997.07.16. 95헌가6)고 하여 전통의 이러한 역사성과 시대성을 확인한바 있다(헌재 2005. 02.03. 2001헌가9).

⑤ (X) 헌법 제9조의 규정취지와 민족문화유산의 본질에 비추어 볼 때, 국가가 민족문화유산을 보호하고자 하는 경우 이에 관한 헌법적 보호법익은 '민족문화유산의 존속' 그 자체를 보장하는 것이고, 원칙적으로 민족문화유산의 훼손등에 관한 가치보상이 있는지 여부는 이러한 헌법적 보호법익과 직접적인 관련이 없다 (헌재 2003.01.30. 2001헌바64).

정답 ⑤

문 18
20년 10월 모의시험

과잉금지원칙에 관한 설명으로 옳지 않은 것은? (다툼이 있는 경우 판례에 의함)

① 국가인권위원회의 인권위원이 퇴직 후 2년간 교육공무원이 아닌 공무원으로 임명될 수 없도록 하는 것은 위원의 직무상의 공정성과 염결성을 확보하기 위한 입법목적을 가진 것이지만, 그 효과와 입법목적 사이의 연관성이 객관적으로 명확하지 아니하여 수단의 적합성이 결여되었다.

② 교원노조를 설립하거나 가입하여 활동할 수 있는 자격을 초·중등교원으로 한정하는 것은 결과적으로 교육공무원 아닌 대학 교원에 대해서 근로기본권의 핵심인 단결권조차 전면적으로 부정하고 있으므로 입법목적의 정당성을 인정할 수 없다.

③ 인터넷언론사에 대하여 선거일 전 90일부터 선거일까지 후보자 명의의 칼럼이나 저술을 게재하는 보도를 제한하는 것은 인터넷 선거보도의 공정성과 선거의 공정성을 확보하려는 입법목적을 달성할 수 있는 적합한 수단이다.

④ 비례대표지방의회의원 당선인이 당선인의 선거범죄로 인한 당선무효 규정에 의하여 당선이 무효로 된 때 비례대표지방의회의원의 의석 승계를 제한하는 것은, 자동승계원칙의 예외를 규정함으로써 소속 정당에게 선거범죄 예방을 위한 책임을 더욱 엄격하게 부과하기 위한 것이므로 입법목적 달성에 기여할 수 있는 적합한 수단이 될 수 있다.

⑤ 대한민국 또는 헌법상 국가기관에 대하여 모욕, 비방, 사실 왜곡, 허위사실 유포 또는 기타 방법으로 대한민국의 안전, 이익 또는 위신을 해하거나 해할 우려가 있는 표현이나 행위를 처벌하는 국가모독죄 규정은 국가의 안전과 이익, 위신 보전을 그 입법목적으로 내세우고 있으나, 일률적인 형사처벌을 통해 그 입법목적을 달성할 수 있다고 볼 수 없으므로 수단의 적합성을 인정할 수 없다.

제1편 헌법총론

> **MGI Point** **과잉금지원칙** ★★
>
> - 국가인권위원회 인권위원은 퇴직 후 2년간 교육공무원이 아닌 공무원으로 임명 × ⇨ 과잉금지의 원칙 위배 ○
> - 교원의 노동조합 설립 및 운영 등에 관한 법률의 적용대상을 초·중등교육법 제19조 제1항의 교원이라고 규정, 고등교육법에서 규율하는 대학 교원들의 단결권 인정 × ⇨ 입법목적의 정당성 ×, 헌법 위반 ○
> - 인터넷언론사에 대하여 선거일 전 90일부터 선거일까지 후보자 명의의 칼럼이나 저술을 게재하는 보도 제한
>   - 입법목적의 정당성 및 수단의 적합성 ○
>   - 피해의 최소성 및 법익의 균형성 × ⇨ 과잉금지원칙 反, 표현의 자유 침해 ○
> - 선거범죄로 인하여 당선이 무효로 된 때를 비례대표지방의회의원의 의석 승계 제한사유로 규정
>   - 대의제 민주주의, 자기책임의 원리 위배 ○
>   - 궐원된 비례대표지방의회의원 의석을 승계 받을 후보자명부상의 차순위후보자의 공무담임권 침해 ○
> - 형법 제104조의2 국가모독죄
>   - 과잉금지원칙 위반 (입법목적 달성을 위한 수단의 적합성 ×)
>   - 표현의 자유 침해 ○

① (○) 인권위원으로 임기동안 열심히 소신껏 봉직한 다음 그 사회적 평판을 기초로 하여 위원 본인이 원하는 다른 공직으로 진출하는 것이 가능할 때 이러한 기대는 직무수행의 성실도를 높이는 긍정적인 유인책이 될 수도 있는데, 이 사건 법률조항은 인권위원이 가질 수 있는 이러한 기대를 전면적으로 차단함으로써 오히려 직무수행태도를 무기력하게 만들거나, 국민생활에 중대한 의미를 가지는 인권문제를 자의적이고 독선적으로 판단하게 할 위험성을 야기할 수 있다. 또한 퇴직한 인권위원이 국회의원등 선거직 공직뿐만 아니라 행정각부의 장·차관등 정무직 공직으로부터 각 부처에 설치되어있는 각종 연구직 공직에 이르기까지 교육공무원직을 제외한 모든 영역에서 공직활동을 하는 것을 일정기간동안 포괄적으로 봉쇄함으로써 퇴직 위원이 취임하고자 하는 공직이 인권보장 업무와 전혀 관련성이 없거나 관련성이 있더라도 밀접하지 아니한 경우에도 모두 그 취임을 제한하고 있으며 구체적 경우에 퇴직하는 당해 위원의 상황을 고려한 판단의 가능성도 전혀 인정하지 아니하고 있다. 나아가 퇴직한 위원의 개인적 인격, 전문지식과 능력, 경륜 등을 2년간 국가경영에 활용할 기회를 박탈하는 효과를 야기하여 극가적으로는 인재의 손실을 초래하게 되고, 또 국가인권위원회의 위원으로 재직하게 되면 그 이후 공직취임이 제한되는 것을 꺼려하여 유능하고 소신 있는 인물이 위원으로 임명되는 것을 회피하도록 하는 부정적 결과를 가져올 수도 있다. 그렇다면 이 사건 법률조항은 위원의 직무상의 공정성과 염결성을 확보하기 위한 입법목적을 가진 것이지만 그 효과와 입법목적 사이의 연관성이 객관적으로 명확하지 아니하여 국민생활에 기초가 되는 중요한 기본권인 참정권과 직업선택의 자유를 제한함에 있어서 갖추어야 할 수단의 적합성이 결여되었고, 위 기본권 제한으로 인한 피해가 최소화되지 못하였으며, 동 피해가 중대한 데 반하여 이 사건 법률조항을 통하여 달성하려는 공익적 효과는 상당히 불확실한 것으로서 과잉금지의 원칙에 위배된다(헌재 2004.01.29. 2002헌마788).

② (○) 대학 교원을 교육공무원 아닌 대학 교원과 교육공무원인 대학 교원으로 나누어, 각각의 단결권 침해가 헌법에 위배되는지 여부에 관하여 본다. 먼저, 심판대상조항으로 인하여 교육공무원 아닌 대학 교원들이 향유하지 못하는 단결권은 헌법이 보장하고 있는 근로3권의 핵심적이고 본질적인 권리이다. 심판대상조항의 입법목적이 재직 중인 초·중등교원에 대하여 교원노조를 인정해 줌으로써 교원노조의 자주성과 주체성을 확보한다는 측면에서는 그 정당성을 인정할 수 있을 것이나, 교원노조를 설립하거나 가입하여 활동할 수 있는 자격을 초·중등교원으로 한정함으로써 교육공무원이 아닌 대학 교원에 대해서는 근로기본권의 핵심인 단결권조차 전면적으로 부정한 측면에 대해서는 그 입법목적의 정당성을 인정하기 어렵고, 수단의 적합성 역시 인정할 수 없다. 설령 일반 근로자 및 초·중등교원과 구별되는 대학 교원의 특수성을 인정하더라도, 대학 교원에게도 단결권을 인정하면서 다만 해당 노동조합이 행사할 수 있는 권리를 다른 노동조합과 달리 강한 제약 아래 두는 방법도 얼마든지 가능하므로, 단결권을 전면적으로 부정하는 것은 필요 최소한의 제한이라고 보기 어렵다. 또 최근 들어 대학 사회가 다층적으로 변화하면서 대학 교원의 사회·경제적 지위의 향상을 위한 요구가 높아지고 있는 상황에서 단결권을 행사하지 못한 채 개별적으로만 근로조건의 향상을 도모해야 하는 불이익은 중대한 것이므로, 심판대상조항은 과잉금지원칙에 위배된다. 다음으로 교육공무원인

대학 교원에 대하여 보더라도, 교육공무원의 직무수행의 특성과 헌법 제33조 제1항 및 제2항의 정신을 종합해 볼 때, 교육공무원에게 근로3권을 일체 허용하지 않고 전면적으로 부정하는 것은 합리성을 상실한 과도한 것으로서 입법형성권의 범위를 벗어나 헌법에 위반된다(헌재 2018.08.30. 2015헌가38).

③ (○) … 국민은 선거보도를 통해 중요한 선거쟁점이나 후보자의 정책, 정치이념 등을 파악하여 선거권을 행사하게 되므로, 언론기관은 선거보도에 있어서 공정성과 객관성을 유지하여야 하며, 공정한 선거보도를 통해 선거에 관한 공정하고 자유로운 여론이 형성될 수 있도록 규율할 필요가 있다. 인터넷언론사는 다른 언론기관에 비하여 적은 자본력과 시설만으로 설립될 수 있는데, 이로 인해 객관적인 보도기능을 확보하지 못한 일부 인터넷언론사를 통해 불공정한 선거보도가 양산되어 확산되거나, 선거보도를 통해 특정 정당이나 후보자에 대한 사실상의 선거운동에 나설 가능성이 있다. 특히 공직선거의 후보자나 후보자가 되려는 사람이 선거일에 임박한 기간 동안 인터넷언론사에 자신의 명의로 칼럼 등을 게재할 경우 선거의 공정성과 인터넷 선거보도의 공정성을 해칠 우려가 있다. 따라서 이 사건 시기제한조항의 입법목적은 선거일 전 90일부터 선거일까지 후보자 명의의 칼럼 등을 게재하는 인터넷 선거보도를 금지함으로써 인터넷 선거보도의 공정성과 선거의 공정성을 확보하려는 것이므로, 그 입법목적은 정당하다. 또한 이 사건 시기제한조항은 인터넷언론사에 대하여 위와 같은 선거보도를 제한함으로써 공직선거의 후보자나 후보자가 되려는 사람이 인터넷언론사에 칼럼 등을 게재하려는 것을 제한하고, 이를 위반한 경우 이 사건 심의위원회의 심의를 거쳐 필요한 조치를 취할 수 있게 되므로, 그 입법목적을 달성하기 위하여 적합한 수단이다 (헌재 2019.11.28. 2016헌마90).

④ (X) 심판대상조항은 왜곡된 선거인의 의사를 바로잡고 선거의 공정성 확보라는 구체적 입법목적 달성에 기여하는 것이라기보다는 오로지 선거범죄에 대한 엄정한 제재를 통한 공명한 선거 분위기의 창출이라는 추상적이고도 막연한 구호에 이끌려 비례대표지방의회의원선거를 통하여 표출된 선거권자들의 정치적 의사표명을 무시, 왜곡하는 결과를 초래할 뿐이라 할 것이므로, 수단의 적합성 요건을 충족한 것으로 보기 어렵다. 또한, 선거범죄 예방을 통한 선거의 공정성 확보라는 입법목적은 선거범죄를 규정한 각종 처벌조항과 선거범죄를 범한 당선인의 당선을 무효로 하는 것만으로도 어느 정도 달성될 수 있는 것이고, 선거권자의 의사를 최대한 반영하면서도 덜 제약적인 대체수단을 통해서도 입법목적의 달성이 가능한 것이므로, 심판대상조항은 필요 이상의 지나친 규제를 정하고 있는 것이라고 보지 않을 수 없다. 따라서 심판대상조항은 과잉금지원칙에 위배하여 청구인의 공무담임권을 침해한 것이다(헌재 2009.06.25. 2007헌마40).

⑤ (○) 심판대상조항의 신설 당시 제안이유에서는 '국가의 안전과 이익, 위신 보전'을 그 입법목적으로 밝히고 있으나, 언론이 통제되고 있던 당시 상황과 위 조항의 삭제 경위 등에 비추어 볼 때 이를 진정한 입법목적으로 볼 수 있는지 의문이고, 일률적인 형사처벌을 통해 국가의 안전과 이익, 위신 등을 보전할 수 있다고 볼 수도 없으므로 수단의 적합성을 인정할 수 없다. 심판대상조항에서 규정하고 있는 "기타 방법", 대한민국의 "이익"이나 "위신" 등과 같은 개념은 불명확하고 적용범위가 지나치게 광범위하며, 이미 형법, 국가보안법, 군사기밀보호법에서 대한민국의 안전과 독립을 지키기 위한 처벌규정을 두고 있는 점, 국가의 "위신"을 훼손한다는 이유로 표현행위를 형사처벌하는 것은 자유로운 비판과 참여를 보장하는 민주주의 정신에 위배되는 점, 형사처벌조항에 의하지 않더라도 국가는 보유하고 있는 방대한 정보를 활용해 스스로 국정을 홍보할 수 있고, 허위사실 유포나 악의적인 왜곡 등에 적극적으로 대응할 수도 있는 점 등을 고려하면 심판대상조항은 침해의 최소성 원칙에도 어긋난다. 나아가 민주주의 사회에서 국민의 표현의 자유가 갖는 가치에 비추어 볼 때, 기본권 제한의 정도가 매우 중대하여 법익의 균형성 요건도 갖추지 못하였으므로, 심판대상조항은 과잉금지원칙에 위배되어 표현의 자유를 침해한다(헌재 2015.10.21. 2013헌가20).

정답 ④

문 19
23년 6월 모의시험

5억 원 이상 50억 원 미만의 벌금형을 선고하는 경우 500일 이상의 노역장유치기간을 정하도록 한 「형법」 제70조 제2항(이하 '노역장유치조항'이라 함)과 위 조항의 시행일 이후 최초로 공소가 제기되는 경우부터 적용하도록 한 「형법」 부칙 제2조 제1항(이하 '부칙조항'이라 함)에 관한 설명 중 옳지 <u>않은</u> 것을 모두 고른 것은? (다툼이 있는 경우 판례에 의함)

<참조 조문>
「형법」(1953. 9. 18. 법률 제293호로 제정된 것)
제69조(벌금과 과료) ② 벌금을 납입하지 아니한 자는 1일 이상 3년 이하, 과료를 납입하지 아니한 자는 1일 이상 30일 미만의 기간 노역장에 유치하여 작업에 복무하게 한다.

「형법」(2014. 5. 14. 법률 제12575호로 개정된 것)
제70조(노역장유치) ② 선고하는 벌금이 1억 원 이상 5억 원 미만인 경우에는 300일 이상, 5억 원 이상 50억 원 미만인 경우에는 500일 이상, 50억 원 이상인 경우에는 1,000일 이상의 유치기간을 정하여야 한다.
부칙 제2조(적용례 및 경과조치) ① 제70조 제2항의 개정규정은 이 법 시행 후 최초로 공소가 제기되는 경우부터 적용한다.

ㄱ. 노역장유치조항은 1억 원 이상의 벌금형을 규정한 특별법상 범죄들에 대하여 주로 적용되는데, 특별법상 범죄들의 노역장유치기간의 하한을 「형법」에서 규정한 것은 체계정당성에 위반되므로 비례원칙 등 헌법의 규정이나 원칙 위반 여부와 관계없이 그 자체로 헌법에 위반된다.
ㄴ. 노역장유치조항은 1억 원 이상의 벌금을 부과 받고 이를 납입하지 않은 경우 반드시 일정기간 이상 노역장에 유치되도록 하고 있으므로 과잉금지원칙에 반하여 신체의 자유를 침해한다.
ㄷ. 노역장유치조항은 벌금을 납입할 자력이 있는 자와 없는 자를 합리적인 이유 없이 차별대우하므로 평등원칙에 위반된다.
ㄹ. 부칙조항은 노역장유치조항의 시행 전에 행해진 범죄행위에 대해서도 공소제기의 시기가 노역장유치조항의 시행 이후이면 이를 적용하도록 하고 있으므로 헌법상 형벌불소급원칙에 위반된다.

① ㄱ, ㄴ
② ㄷ, ㄹ
③ ㄱ, ㄴ, ㄷ
④ ㄴ, ㄷ, ㄹ
⑤ ㄱ, ㄴ, ㄷ, ㄹ

MGI Point 　형법 부칙 제2조 제1항 위헌소원　★★

- 특별법상 범죄들의 노역유치기간을 형법에서 규정하는 것 ⇨ 체계정당성에 위반된다고 해서 곧 위헌 ×
- 1억 원 이상의 벌금을 부과 받고 이를 미납시 반드시 일정기간 동안 노역장에 유치하도록 하는 노역장유치조항 ⇨ 과잉금지원칙에 반하여 청구인들의 신체의 자유 침해×
- 형법상 노역장유치조항 ⇨ 경제적 능력이 있는 자와 없는 자를 차별대우 하여 평등원칙에 위반 ×
- 노역장유치조항의 시행 전에 행해진 범죄행위에 대해서도 공소제기의 시기가 노역장유치조항의 시행 이후이면 이를 적용하도록 하고 있는 형법의 부칙조항 ⇨ 헌법상 형벌불소급원칙에 위반 ○

※ 헌법재판소 2017.10.26. 선고 2015헌바239 전원재판부 결정 내용을 지문화한 문제이다.

ㄱ.(X), ㄴ.(X), ㄷ.(X), ㄹ.(○) … 청구인들은 노역장유치조항이 책임주의원칙에 반한다고 주장하나 이 부분 주장은 과잉금지원칙 위반 주장과 다르지 않고, 특별법이 아닌 형법에 노역장유치조항을 둔 것은 체계정당성에 위반된다고 주장하나 체계정당성에 위반된다고 해서 곧 위헌이 되는 것은 아니며(ㄱ) 비례원칙 등 헌법의 규정이나 원칙을 위반하여야 하므로 이 부분 주장 역시 과잉금지원칙 위반 여부에 대한 판단으로 족하다. 청구인들은 노역장유치조항이 벌금을 납입할 자력이 있는 자와 없는 자를 차별한다고 주장하나, 이 조항은 경제적 능력의 유무와 상관없이 모든 벌금미납자에게 적용되고, 벌금의 납입능력에 따른 노역장유치 가능성의 차이는 이 조항이 예정하고 있는 차별이 아니라 벌금형이라는 재산형이 가지고 있는 본질적인 성격에서 비롯된 것일 뿐이므로, 노역장유치조항이 경제적 능력이 있는 자와 없는 자를 차별한다고 볼 수 없다(ㄷ). … 또한 노역장유치조항은 유치기간의 하한을 정하고 있을 뿐이므로 법관은 그 범위 내에서 다양한 양형요소들을 고려하여 1일 환형유치금액과 노역장유치기간을 정할 수 있다. 이러한 점들을 종합하면 노역장유치조항은 과잉금지원칙에 반하여 청구인들의 신체의 자유를 침해한다고 볼 수 없다(ㄴ). … 부칙조항은 노역장유치조항의 시행 전에 행해진 범죄행위에 대해서도 공소제기의 시기가 노역장유치조항의 시행 이후이면 이를 적용하도록 하고 있는 바, 부칙조항은 범죄행위 당시 보다 불이익한 법률을 소급하여 적용하도록 하는 것이라고 할 수 있으므로, 헌법상 형벌불소급원칙에 위반된다(ㄹ) (헌재 2017.10.26. 2015헌바239).

문 20　　　　　　　　　　　　　　　　　　　　　　　　　　　　　　　　21년 10월 모의시험

형벌불소급의 원칙에 관한 설명 중 옳지 않은 것은? (다툼이 있는 경우 판례에 의함)

① 형벌적 성격이 강하여 신체의 자유를 박탈하거나 박탈에 준하는 정도로 신체의 자유를 제한하는 보안처분이라고 하더라도 보안처분은 형벌과 다르므로 형벌불소급의 원칙이 적용되지 않는다.
② 과거에 이미 행한 범죄에 대하여 공소시효를 정지시키는 법률이라 하더라도 그 사유만으로 형벌불소급의 원칙에 위배되는 것으로 단정할 수는 없다.
③ 노역장 유치기간의 하한을 중하게 변경시킨 개정법률조항을 그 조항 시행전에 행해진 범죄행위에 대해서 적용하는 것은 형벌불소급원칙에 위반된다.
④ 형벌불소급의 원칙은 범죄행위시의 법률보다 형의 상한 또는 하한을 높인 경우에도 적용되고, 주형 외에 부가형이나 병과형을 가중한 경우에도 적용된다.
⑤ 행위 당시의 판례에 의하면 처벌대상이 되지 아니하는 것으로 해석되었던 행위를 판례의 변경에 따라 확인된 내용의 형법 조항에 근거하여 처벌한다고 하여 그것이 형벌불소급원칙에 위반된다고 할 수 없다.

| MGI Point | **형벌불소급의 원칙** ★★

- 실질적 신체의 자유 제한하는 보안처분 ⇨ 소급효금지원칙 적용 ○
- 과거에 이미 행한 범죄에 대하여 공소시효를 정지시키는 법률
  ⇨ 그 사유만으로 형벌불소급의 원칙에 위배되는 것으로 단정할 수 ×
- 노역장 유치기간의 하한을 중하게 변경시킨 개정법률조항을 그 조항 시행 전에 행해진 범죄행위에 대해서 적용하는 것
  ⇨ 형벌불소급원칙에 위반 ○
- 범죄행위시의 법률보다 형의 상한 또는 하한을 높인 경우 ⇨ 형벌불소급의 원칙 적용 ○
  주형 외에 부가형이나 병과형을 가한 경우 ⇨ 형벌불소급의 원칙 적용 ○
- 행위 당시의 판례에 의하면 처벌대상이 되지 아니하는 것으로 해석되었던 행위를 판례의 변경에 따라 확인된 내용의 형법 조항에 근거하여 처벌하는 것 ⇨ 형벌불소급원칙 위반 ×, 평등원칙 위반 ×

① (X) 보안처분이라 하더라도 형벌적 성격이 강하여 신체의 자유를 박탈하거나 박탈에 준하는 정도로 신체의 자유를 제한하는 경우에는 소급효금지원칙을 적용하는 것이 법치주의 및 죄형법정주의에 부합한다(헌재 2012.12.27. 2010헌가82).

② (○) 형벌불소급의 원칙은 "행위의 가벌성" 즉 형사소추가 "언제부터 어떠한 조건하에서" 가능한가의 문제에 관한 것이고, "얼마동안" 가능한가의 문제에 관한 것은 아니므로, 과거에 이미 행한 범죄에 대하여 공소시효를 정지시키는 법률이라 하더라도 그 사유만으로 헌법 제12조 제1항 및 제13조 제1항에 규정한 죄형법정주의의 파생원칙인 형벌불소급의 원칙에 언제나 위배되는 것으로 단정할 수는 없다(헌재 1996.02.16. 96헌가2).

③ (○) 형벌불소급원칙에서 의미하는 '처벌'은 형법에 규정되어 있는 형식적 의미의 형벌 유형에 국한되지 않으며, 범죄행위에 따른 제재의 내용이나 실제적 효과가 형벌적 성격이 강하여 신체의 자유를 박탈하거나 이에 준하는 정도로 신체의 자유를 제한하는 경우에는 형벌불소급원칙이 적용되어야 한다. 노역장유치는 그 실질이 신체의 자유를 박탈하는 것으로서 징역형과 유사한 형벌적 성격을 가지고 있으므로 형벌불소급원칙의 적용대상이 된다. 노역장유치조항은 1억 원 이상의 벌금형을 선고받는 자에 대하여 유치기간의 하한을 중하게 변경시킨 것이므로, 이 조항 시행 전에 행한 범죄행위에 대해서는 범죄행위 당시에 존재하였던 법률을 적용하여야 한다. 그런데 부칙조항은 노역장유치조항의 시행 전에 행해진 범죄행위에 대해서도 공소제기의 시기가 노역장유치조항의 시행 이후이면 이를 적용하도록 하고 있으므로, 이는 범죄행위 당시 보다 불이익한 법률을 소급 적용하도록 하는 것으로서 헌법상 형벌불소급원칙에 위반된다(헌재 2017.10.26. 2015헌바239).

④ (○) 형벌불소급원칙은 범죄행위시의 법률에 의해 범죄를 구성하지 않는 경우뿐만 아니라, 범죄행위시의 법률보다 형을 가중한 경우에도 적용된다. 형벌불소급원칙은 범죄행위시의 법률보다 형의 상한 또는 하한을 높인 경우에도 적용되며, 주형을 가중한 경우 외에도 부가형·병과형을 가중한 경우에도 적용된다(헌재 2017.10.26. 2015헌바239).

⑤ (○) 형사처벌의 근거가 되는 것은 법률이지 판례가 아니고, 형법 조항에 관한 판례의 변경은 그 법률조항의 내용을 확인하는 것에 지나지 아니하여 이로써 그 법률조항 자체가 변경된 것이라고 볼 수는 없으므로, 행위 당시의 판례에 의하면 처벌대상이 되지 아니하는 것으로 해석되었던 행위를 판례의 변경에 따라 확인된 내용의 형법 조항에 근거하여 처벌한다고 하여 그것이 헌법상 평등의 원칙과 형벌불소급의 원칙에 반한다고 할 수는 없다(대판 1999.09.17. 97도3349).

정답 ①

문 21

20년 6월 모의시험

체계정당성에 관한 설명 중 옳은 것만을 모두 고른 것은? (다툼이 있는 경우 판례에 의함)

ㄱ. 체계정당성의 원리는 동일 규범 내에서 또는 상이한 규범 간에 (수평적 관계이건 수직적 관계이건) 그 규범의 구조나 내용 또는 규범의 근거가 되는 원칙 면에서 상호 배치되거나 모순되어서는 안 된다는 헌법적 요청이다.
ㄴ. 규범 상호간의 체계정당성을 요구하는 이유는 입법자의 자의를 금지하여 규범의 명확성, 가능성 및 규범에 대한 신뢰와 법적 안정성을 확보하기 위한 것이고, 이는 국가공권력에 대한 통제와 이를 통한 국민의 자유와 권리의 보장을 이념으로 하는 법치주의원리로부터 도출되는 것이다.
ㄷ. 공권력작용이 체계정당성에 위반한다고 해서 곧 위헌이 되는 것은 아니고 이는 비례원칙이나 평등원칙 위반 내지 입법의 자의금지 위반 등의 위헌성을 시사하는 하나의 징후일 뿐이다.
ㄹ. 입법의 체계정당성 위반과 관련하여 그러한 위반을 허용할 공익적인 사유가 존재한다면 그 위반은 정당화될 수 있어서 입법상의 자의금지원칙을 위반한 것이라고 볼 수 없다.
ㅁ. 체계정당성의 위반을 정당화할 합리적인 사유의 존재에 대하여는 입법의 재량이 어느 정도 인정되는데, 입법의 재량이 현저히 한계를 일탈한 것이 아닌 한 위헌의 문제는 생기지 않는다.

① ㄱ, ㄴ, ㄷ
② ㄱ, ㄴ, ㅁ
③ ㄱ, ㄷ, ㄹ, ㅁ
④ ㄴ, ㄷ, ㄹ, ㅁ
⑤ ㄱ, ㄴ, ㄷ, ㄹ, ㅁ

MGI Point 체계정당성의 원리 ★★

- 동일 규범 내에서 또는 상이한 규범 간에 그 규범의 구조나 내용 또는 규범의 근거가 되는 원칙 면에서 상호 배치되거나 모순되어서는 아니 된다는 하나의 헌법적 요청
  ⇨ but 체계정당성 위반 자체가 바로 위헌이 되는 것은 아니고, 위헌이 되기 위해서 비례원칙이나 평등원칙 등 일정한 헌법 규정이나 원칙을 위반하여야 함
- 규범 상호간의 체계정당성을 요구하는 이유
  - 입법자의 자의를 금지하여 규범의 명확성, 예측가능성 및 규범에 대한 신뢰와 법적 안정성 확보하기 위한 것
  - 법치주의원리로부터 도출 ○
- 입법의 체계정당성 위반을 허용할 공익적인 사유 존재 ⇨ 입법상의 자의금지원칙 위반 ×
- 입법의 재량이 현저히 한계를 일탈한 것이 아닌 한 위헌의 문제 생기지 ×

ㄱ (○), ㄴ (○), ㄷ (○), ㄹ (○), ㅁ (○)

(ㄱ) 체계정당성의 원리는 동일 규범 내에서 또는 상이한 규범 간에 그 규범의 구조나 내용 또는 규범의 근거가 되는 원칙 면에서 상호 배치되거나 모순되어서는 아니 된다는 하나의 헌법적 요청이다. (ㄴ) 이처럼 규범 상호간의 체계정당성을 요구하는 이유는 입법자의 자의를 금지하여 규범의 명확성, 예측가능성 및 규범에 대한 신뢰와 법적 안정성을 확보하기 위한 것이고, 이는 국가공권력에 대한 통제와 이를 통한 국민의 자유와 권리의 보장을 이념으로 하는 법치주의원리로부터 도출되는 것이라고 할 수 있다. (ㄷ) 그러나 일반적으로 일정한 공권력작용이 체계정당성 원리를 위반한다 해서 곧 위헌이 되는 것은 아니고, 그것이 위헌이 되기 위해서는 결과적으로 비례의 원칙이나 평등의 원칙 등 일정한 헌법의 규정이나 원칙을

위반하여야 한다. (ㄹ) 또한 입법의 체계정당성 원리의 위반과 관련하여 그러한 위반을 허용할 공익적인 사유가 존재한다면 그 위반은 정당화될 수 있으며, 따라서 입법상의 자의금지원칙을 위반한 것이라고 볼 수 없다. (ㅁ) 나아가 체계정당성 원리의 위반을 정당화할 합리적인 사유의 존재에 대하여는 입법의 재량이 인정되어야 한다. 다양한 입법의 수단 가운데서 어느 것을 선택할 것인가 하는 것은 원래 입법의 재량에 속하기 때문이다. 그러므로 이러한 점에 관한 입법의 재량이 현저히 한계를 일탈한 것이 아닌 한, 위헌의 문제는 생기지 아니한다(헌재 2015.07.30. 2013헌바120).

정답 ⑤

문 22
24년 8월 모의시험

법치국가원리에 관한 설명 중 옳지 않은 것은? (다툼이 있는 경우 판례에 의함)

① 헌법상 법치국가원리의 파생원칙인 신뢰보호원칙은 법률이나 그 하위법규 뿐만 아니라 국가관리의 입시제도와 같이 국공립대학의 입시전형을 구속하여 국민의 권리에 직접 영향을 미치는 제도운영지침의 개폐에도 적용된다.
② 실질적 법치주의는 통치의 합법성 뿐만 아니라 법률의 목적·내용도 정의에 합치될 것을 요구하는 통치의 정당성을 강조한다.
③ 법률유보원칙은 국가의 행정작용이 단순히 법률에 근거를 두기만 하면 충분하다는 것을 넘어, 적어도 헌법상 보장된 국민의 자유나 권리를 제한할 때에는 그 제한의 본질적 사항에 관한 한 입법자가 법률로 규율하여야 함을 의미한다.
④ 체계정당성의 원리는 동일 규범 내에서 또는 상이한 규범간에 그 규범의 구조나 내용 또는 규범의 근거가 되는 원칙면에서 상호 배치되거나 모순되어서는 안 된다는 헌법적 요청이므로, 일정한 공권력작용이 체계정당성에 위반되면 곧 헌법이 위반된다.
⑤ 단순히 법인이 고용한 종업원 등이 업무에 관하여 범죄행위를 하였다는 이유만으로 법인에 대하여 형사처벌을 과하는 것은 책임주의원칙에 반한다.

MGI Point 법치국가 원리 ★★

- 헌법상의 법치국가원리의 파생원칙인 신뢰보호의 원칙 ⇨ 법률이나 그 하위법규 뿐만 아니라 국가관리의 입시제도와 같이 국·공립대학의 입시전형을 구속하여 국민의 권리에 직접 영향을 미치는 제도운영지침의 개폐에도 적용 ○
- 실질적 법치주의는 통치의 합법성 뿐만 아니라 법률의 목적·내용도 정의에 합치될 것을 요구하는 통치의 정당성을 강조
- 법률유보원칙은 국가의 행정작용이적어도 헌법상 보장된 국민의 자유나 권리를 제한할 때에는 그 제한의 본질적 사항에 관한 한 입법자가 법률로 규율하여야 함을 의미 ○
- 체계정당성의 원리 ⇨ 동일 규범 내에서 또는 상이한 규범간에 그 규범의 구조나 내용 또는 규범의 근거가 되는 원칙, 상호 배치되거나 모순되어서는 안 된다는 헌법적 요청 / 일정한 공권력작용이 체계정당성에 위반되면 곧 헌법 위반 ×
- 단순히 법인이 고용한 종업원 등이 업무에 관하여 범죄행위를 하였다는 이유만으로 법인에 대하여 형사처벌을 과하는 것은 책임주의원칙에 반함

① (○) 헌법상의 법치국가원리의 파생원칙인 신뢰보호의 원칙은 국민이 법률적 규율이나 제도가 장래에도 지속할 것이라는 합리적인 신뢰를 바탕으로 이에 적응하여 개인의 법적 지위를 형성해 왔을 때에는 국가로 하여금 그와 같은 국민의 신뢰를 되도록 보호할 것을 요구한다. 따라서 법규나 제도의 존속에 대한 개

개인의 신뢰가 그 법규나 제도의 개정으로 침해되는 경우에 상실된 신뢰의 근거 및 종류와 신뢰이익의 상실로 인한 손해의 정도 등과 개정규정이 공헌하는 공공복리의 중요성을 비교교량하여 현존상태의 지속에 대한 신뢰가 우선되어야 한다고 인정될 때에는 규범정립자는 지속적 또는 과도적으로 그 신뢰보호에 필요한 조치를 취하여야 할 의무가 있다. 이 원칙은 법률이나 그 하위법규 뿐만 아니라 국가관리의 입시제도와 같이 국·공립대학의 입시전형을 구속하여 국민의 권리에 직접 영향을 미치는 제도운영지침의 개폐에도 적용되는 것이다(헌법재판소 1997. 7. 16. 선고 97헌마38 전원재판부).

② (○) … 오늘날의 법치주의(法治主義)는 국민의 권리·의무에 관한 사항을 법률(法律)로써 정해야 한다는 형식적(形式的) 법치주의(法治主義)에 그치는 것이 아니라 그 법률(法律)의 목적과 내용 또한 기본권(基本權) 보장(保障)의 헌법이념(憲法理念)에 부합되어야 한다는 실질적(實質的) 적법절차(適法節次)를 요구하는 법치주의(法治主義)를 의미하며, 헌법(憲法) 제38조, 제59조가 선언하는 조세법률주의(租稅法律主義)도 이러한 실질적(實質的) 적법절차(適法節次)가 지배하는 법치주의(法治主義)를 뜻하므로, 비록 과세요건이 법률(法律)로 명확히 정해진 것일지라도 그것만으로 충분한 것은 아니고 조세법의 목적이나 내용이 기본권 보장의 헌법이념(憲法理念)과 이를 뒷받침하는 헌법(憲法)상 요구되는 제 원칙에 합치되어야 한다(헌법재판소 1994. 6. 30. 선고 93헌바9 全員裁判部).

③ (○) 오늘날 법률유보원칙은 단순히 행정작용이 법률에 근거를 두기만 하면 충분한 것이 아니라, 국가공동체와 그 구성원에게 기본적이고도 중요한 의미를 갖는 영역, 특히 국민의 기본권실현과 관련된 영역에 있어서는 국민의 대표자인 입법자가 그 본질적 사항에 대해서 스스로 결정하여야 한다는 요구까지 내포하고 있다(의회유보원칙). 그런데 텔레비전방송수신료는 대다수 국민의 재산권 보장의 측면이나 한국방송공사에게 보장된 방송자유의 측면에서 국민의 기본권실현에 관련된 영역에 속하고, 수신료금액의 결정은 납부의무자의 범위 등과 함께 수신료에 관한 본질적인 중요한 사항이므로 국회가 스스로 행하여야 하는 사항에 속하는 것임에도 불구하고 한국방송공사법 제36조 제1항에서 국회의 결정이나 관여를 배제한 채 한국방송공사로 하여금 수신료금액을 결정해서 문화관광부장관의 승인을 얻도록 한 것은 법률유보원칙에 위반된다(헌법재판소 1999. 5. 27. 선고 98헌바70 전원재판부).

④ (X) '체계정당성'(Systemgerechtigkeit)의 원리라는 것은 동일 규범 내에서 또는 상이한 규범 간에 (수평적 관계이건 수직적 관계이건) 그 규범의 구조나 내용 또는 규범의 근거가 되는 원칙면에서 상호 배치되거나 모순되어서는 안된다는 하나의 헌법적 요청(Verfassungspostulat)이다. 즉 이는 규범 상호간의 구조와 내용 등이 모순됨이 없이 체계와 균형을 유지하도록 입법자를 기속하는 헌법적 원리라고 볼 수 있다. 이처럼 규범 상호간의 체계정당성을 요구하는 이유는 입법자의 자의를 금지하여 규범의 명확성, 예측가능성 및 규범에 대한 신뢰와 법적 안정성을 확보하기 위한 것이고 이는 국가공권력에 대한 통제와 이를 통한 국민의 자유와 권리의 보장을 이념으로 하는 법치주의원리로부터 도출되는 것이라고 할 수 있다. 그러나 일반적으로 일정한 공권력작용이 체계정당성에 위반한다고 해서 곧 위헌이 되는 것은 아니다. 즉 체계정당성 위반(Systemwidrigkeit) 자체가 바로 위헌이 되는 것은 아니고 이는 비례의 원칙이나 평등원칙위반 내지 입법의 자의금지위반 등의 위헌성을 시사하는 하나의 징후일 뿐이다. 그러므로 체계정당성위반은 비례의 원칙이나 평등원칙위반 내지 입법자의 자의금지위반 등 일정한 위헌성을 시사하기는 하지만 아직 위헌은 아니고, 그것이 위헌이 되기 위해서는 결과적으로 비례의 원칙이나 평등의 원칙 등 일정한 헌법의 규정이나 원칙을 위반하여야 한다(헌법재판소 2005. 6. 30. 선고 2004헌바40,2005헌바24(병합) 전원재판부).

⑤ (○) … 심판대상조항들은 종업원 등의 범죄행위에 관하여 비난할 근거가 되는 법인의 의사결정 및 행위구조, 즉 종업원 등이 저지른 행위의 결과에 대한 법인의 독자적인 책임에 관하여 전혀 규정하지 않은 채, 단순히 법인이 고용한 종업원 등이 업무에 관하여 범죄행위를 하였다는 이유만으로 법인에 대하여 형사처벌을 과하고 있는바, 이는 다른 사람의 범죄에 대하여 그 책임 유무를 묻지 않고 형벌을 부과하는 것으로서, 헌법상 법치국가의 원리 및 죄형법정주의로부터 도출되는 책임주의원칙에 반하여 헌법에 위반된다(헌법재판소 2011. 6. 30. 선고 2011헌가7,10(병합) 전원재판부).

정답 ④

문 23

21년 8월 모의시험

법치국가원리에 관한 설명 중 옳지 않은 것을 모두 고른 것은? (다툼이 있는 경우 판례에 의함)

> ㄱ. 신뢰보호원칙은 법률이나 그 하위법규뿐만 아니라 국가관리의 입시제도와 같이 국·공립대학의 입시전형을 구속하여 국민의 권리에 직접 영향을 미치는 제도운영지침의 개폐에도 적용된다.
> ㄴ. 「농지법」이나 그 밖의 법률에 따라 소유할 수 있는 농지로서 대통령령으로 정하는 경우는 비사업용 토지에서 제외하도록 규정한 구 「소득세법」 조항은 법률에 규정하여야 할 과세대상을 대통령령에 전반적으로 위임하므로 포괄위임금지원칙에 위배된다.
> ㄷ. 무기징역의 집행 중에 있는 자의 가석방요건을 종전의 '10년 이상'에서 '20년 이상' 형 집행 경과로 강화한 개정 「형법」 조항을 개정 당시에 이미 수용 중인 사람에게도 적용하는 것은 신뢰보호원칙에 위배되지 않는다.
> ㄹ. 중소기업중앙회 임원 선거와 관련하여 누구든지 '정관으로 정하는' 선전 벽보의 부착, 선거 공보와 인쇄물의 배부 및 합동연설회 또는 공개토론회 개최 외의 행위를 한 경우 이를 처벌하도록 규정한 구 「중소기업협동조합법」 조항은 수범자인 일반 국민이 허용되거나 금지되는 선거운동이 구체적으로 무엇인지를 예측할 수 있으므로 죄형법정주의의 명확성원칙에 위배되지 않는다.
> ㅁ. 법률에서 대법원규칙으로 위임하는 경우, 대법원규칙으로 규율될 내용들은 법원의 전문적이고 기술적인 사무에 관한 것이 대부분일 것인바, 수권법률에서의 위임의 구체성·명확성의 정도는 다른 규율영역에 비해 완화될 수 있다.

① ㄱ, ㄴ
② ㄴ, ㄹ
③ ㄷ, ㅁ
④ ㄷ, ㄹ, ㅁ
⑤ ㄱ, ㄴ, ㄷ, ㅁ

MGI Point 법치국가원리 ★★

- 신뢰보호의 원칙 ⇨ 국가관리의 입시제도와 같은 제도운영지침의 개폐에도 적용 ○
- 「농지법」이나 그 밖의 법률에 따라 소유할 수 있는 농지로서 대통령령으로 정하는 경우는 비사업용 토지에서 제외하도록 규정한 구 「소득세법」 조항 ⇨ 포괄위임입법금지원칙 위배 ×
- 무기징역의 집행 중에 있는 자의 가석방요건을 종전의 '10년 이상'에서 '20년 이상' 형 집행 경과로 강화한 개정 「형법」 조항을 개정 당시에 이미 수용 중인 사람에게도 적용하는 것 ⇨ 신뢰보호원칙 위배 ×
- 중소기업중앙회 임원 선거와 관련하여 누구든지 '정관으로 정하는' 선전 벽보의 부착, 선고 공보와 인쇄물의 배부 및 합동연설회 또는 공개토론회 개최 외의 행위를 한 경우 이를 처벌하도록 규정한 「중소기업협동조합법」 조항
  ⇨ 수범자인 일반 국민이 허용되거나 금지되는 선거운동이 구체적으로 무엇인지 예측 불가 ∴ 명확성원칙 위배 ○
- 법률에서 대법원규칙으로 위임하는 경우 수권법률에서의 위임의 구체성·명확성의 정도 ⇨ 다른 규율영역에 비해 완화 可

ㄱ. (○) 헌법상의 법치국가원리의 파생원칙인 신뢰보호의 원칙은 국민이 법률적 규율이나 제도가 장래에도 지속할 것이라는 합리적인 신뢰를 바탕으로 이에 적응하여 개인의 법적 지위를 형성해 왔을 때에는 국가로 하여금 그와 같은 국민의 신뢰를 되도록 보호할 것을 요구한다. 따라서 법규나 제도의 존속에 대한 개개인의 신뢰가 그 법규나 제도의 개정으로 침해되는 경우에 상실된 신뢰의 근거 및 종류와 신뢰이익의 상

실로 인한 손해의 정도 등과 개정규정이 공헌하는 공공복리의 중요성을 비교교량하여 현존상태의 지속에 대한 신뢰가 우선되어야 한다고 인정될 때에는 규범정립자는 지속적 또는 과도적으로 그 신뢰보호에 필요한 조치를 취하여야 할 의무가 있다. 이 원칙은 법률이나 그 하위법규 뿐만 아니라 국가관리의 입시제도와 같이 국·공립대학의 입시전형을 구속하여 국민의 권리에 직접 영향을 미치는 제도운영지침의 개폐에도 적용되는 것이다(헌재 1997.07.16. 97헌마38).

ㄴ. (X) 농지법이나 그 밖의 법률에 따라 소유할 수 있는 농지로서 대통령령으로 정하는 경우는 비사업용 토지에서 제외하도록 규정한 구 소득세법 제104조의3 제1항 제1호 가목 단서(이하 '심판대상조항'이라 한다) … 하위 법령에서는 장기보유 특별공제 제도의 취지에 반하지 않는 농지의 범위 내지 판단기준에 관한 내용이 구체화될 것임을 예측할 수 있으므로, 심판대상조항은 포괄위임금지원칙에 위배되지 아니한다(헌재 2020.11.26. 2018헌바379).

ㄷ. (O) 무기징역의 집행 중에 있는 자의 가석방 요건을 종전의 '10년 이상'에서 '20년 이상' 형 집행 경과로 강화한 개정 형법(2010. 4. 15. 법률 제10259호로 개정된 것, 이하 '개정 형법'이라 한다) 제72조 제1항을, 형법 개정 당시에 이미 수용 중인 사람에게도 적용하는 형법(2010. 4. 15. 법률 제10259호) 부칙 제2항(이하 '이 사건 부칙조항'이라 한다) … 수형자가 형법에 규정된 형 집행경과기간 요건을 갖춘 것만으로 가석방을 요구할 권리를 취득하는 것은 아니므로, 10년간 수용되어 있으면 가석방 적격심사 대상자로 선정될 수 있었던 구 형법(1953. 9. 18. 법률 제293호로 제정되고, 2010. 4. 15. 법률 제10259호로 개정되기 전의 것, 이하 '구 형법'이라 한다) 제72조 제1항에 대한 청구인의 신뢰를 헌법상 권리로 보호할 필요성이 있다고 할 수 없다. 가석방 제도의 실제 운용에 있어서도 구 형법 제72조 제1항이 정한 10년보다 장기간의 형 집행 이후에 가석방을 해 왔고, 무기징역형을 선고받은 수형자에 대하여 가석방을 한 예가 많지 않으며, 2002년 이후에는 20년 미만의 집행기간을 경과한 무기징역형 수형자가 가석방된 사례가 없으므로, 청구인의 신뢰가 손상된 정도도 크지 아니하다. 그렇다면 죄질이 더 무거운 무기징역형을 선고받은 수형자를 가석방할 수 있는 형 집행 경과기간이 개정 형법 시행 후에 유기징역형을 선고받은 수형자의 경우와 같거나 오히려 더 짧게 되는 불합리한 결과를 방지하고, 사회를 방위하기 위한 이 사건 부칙조항이 신뢰보호원칙에 위배되어 청구인의 신체의 자유를 침해한다고 볼 수 없다(헌재 2013.08.23. 2011헌마408).

ㄹ. (X) 중소기업중앙회 임원 선거와 관련하여 누구든지 '정관으로 정하는' 선전 벽보의 부착, 선거 공보와 인쇄물의 배부 및 합동 연설회 또는 공개 토론회 개최 외의 행위를 한 경우 이를 처벌하도록 규정한 구 중소기업협동조합법 … 이 사건 선거운동제한조항의 구성요건에 해당하는 중소기업협동조합법 제53조 제5항 중 '정관으로 정하는' 부분이 수식하는 범위가 불명확하여 그 의미가 여러 가지로 해석될 가능성이 있어, 위 규정만으로는 선거운동이 어느 범위에서 금지되는지에 관하여 구체적으로 알 수 없을 뿐만 아니라, 임원 선거의 과열 방지 및 선거의 공정성 확보라는 심판대상조항의 입법목적이나 입법취지, 입법연혁, 관련 법규범의 체계적 구조 등을 모두 종합하여도 이 사건 선거운동제한조항의 의미를 합리적으로 파악할 수 있는 해석기준을 얻기 어렵다. 나아가 이 사건 선거운동제한조항은 중앙회의 정회원뿐만 아니라 정관 내용에 대한 인식 또는 숙지를 기대하기 곤란한 일반 국민까지 그 수범자에 포함시키고 있는데, 이 사건 선거운동제한조항만으로는 수범자인 일반 국민이 허용되거나 금지되는 선거운동이 구체적으로 무엇인지를 예측하기 어렵다. 결국 이 사건 선거운동제한조항은 죄형법정주의 명확성원칙에 위배된다(헌재 2016.11.24. 2015헌가29).

ㅁ. (O) 대법원규칙으로 규율될 내용들은 소송에 관한 절차와 같이 법원의 전문적이고 기술적인 사무에 관한 것이 대부분일 것이므로, 법원의 축적된 지식과 실제적 경험의 활용, 규칙의 현실적 적응성과 적시성의 확보라는 측면에서 수권법률에서의 위임의 구체성·명확성의 정도는 다른 규율 영역에 비해 완화될 수 있을 것이다(헌재 2016.06.30. 2014헌바456).

정답 ②

문 24

23년 8월 모의시험

헌법상 경제질서에 관한 설명 중 옳은 것(○)과 옳지 않은 것(×)을 올바르게 조합한 것은? (다툼이 있는 경우 판례에 의함)

> ㄱ. 1948년 헌법은 "대한민국의 경제질서는 모든 국민에게 생활의 기본적 수요를 충족할 수 있게 하는 사회정의의 실현과 균형있는 국민경제의 발전을 기함을 기본으로 삼는다. 각인의 경제상 자유는 이 한계 내에서 보장된다."라고 규정하였다.
> ㄴ. 국가는 농지에 관하여 경자유전의 원칙이 달성될 수 있도록 노력하여야 하므로 농지의 임대차는 금지되나, 농업생산성의 제고와 농지의 합리적인 이용을 위하거나 불가피한 사정으로 발생하는 농지의 위탁경영은 법률이 정하는 바에 의하여 인정된다.
> ㄷ. 소비자불매운동이 객관적으로 진실한 사실을 기초로 행해지지 않고 소비자불매운동에 참여하는 소비자의 의사결정의 자유가 보장되지 않는다면 해당 소비자불매운동에 대해서는 형사책임이나 민사책임이 면제된다고 할 수 없다.
> ㄹ. 국방상 또는 국민경제상 긴절한 필요로 인하여 법률이 정하는 경우를 제외하고는, 사영기업을 국유 또는 공유로 이전하거나 그 경영을 통제 또는 관리할 수 없다.

① ㄱ(○), ㄴ(×), ㄷ(○), ㄹ(○)
② ㄱ(○), ㄴ(×), ㄷ(×), ㄹ(×)
③ ㄱ(×), ㄴ(○), ㄷ(○), ㄹ(×)
④ ㄱ(×), ㄴ(○), ㄷ(×), ㄹ(×)
⑤ ㄱ(×), ㄴ(×), ㄷ(×), ㄹ(○)

MGI Point 헌법상 경제질서 ★★

- 농지는 소작제도 금지되나 임대차와 위탁경영은 허용 可
- 소비자불매운동은 소비자의 자유로운 의사결정에 의한 경우 ⇨ 민사·형사책임 면제 可

ㄱ. (○) 1948년 헌법 ⇨ 제6장 경제 제84조

> 제84조 대한민국의 경제 질서는 모든 국민에게 생활의 기본적 수요를 충족할 수 있게 하는 사회정의의 실현과 균형 있는 국민 경제의 발전을 기함을 기본으로 삼는다. 각인의 경제상 자유는 이 한계 내에서 보장된다.

ㄴ. (X) 헌법 제121조 참조

> 헌법 제121조
> ①국가는 농지에 관하여 경자유전의 원칙이 달성될 수 있도록 노력하여야 하며, 농지의 소작제도는 금지된다.
> ②농업생산성의 제고와 농지의 합리적인 이용을 위하거나 불가피한 사정으로 발생하는 농지의 임대차와 위탁경영은 법률이 정하는 바에 의하여 인정된다

ㄷ. (○) 소비자보호운동의 일환으로서, 구매력을 무기로 소비자가 자신의 선호를 시장에 실질적으로 반영하려는 시도인 소비자불매운동은 모든 경우에 있어서 그 정당성이 인정될 수는 없고, 헌법이나 법률의 규정에 비추어 정당하다고 평가되는 범위에 해당하는 경우에만 형사책임이나 민사책임이 면제된다고 할 수 있다. 우선, ⅰ) 객관적으로 진실한 사실을 기초로 행해져야 하고, ⅱ) 소비자불매운동에 참여하는 소비자

의 의사결정의 자유가 보장되어야 하며, iii) 불매운동을 하는 과정에서 폭행, 협박, 기물파손 등 위법한 수단이 동원되지 않아야 하고, iv) 특히 물품 등의 공급자나 사업자 이외의 제3자를 상대로 불매운동을 벌일 경우 그 경위나 과정에서 제3자의 영업의 자유 등 권리를 부당하게 침해하지 않을 것이 요구된다. 이 경우 제3자의 정당한 영업의 자유 기타 권리를 부당하게 제한하거나 위축시키는지 여부는, 불매운동의 취지나 목적, 성격에 비추어 볼 때, 제3자를 불매운동 대상으로 선택해야 할 필요성이 있었는지, 또한 제3자를 대상으로 이루어진 불매운동의 내용과 그 경위 및 정도와 사이에 긴밀한 상관관계가 존재하는지를 기준으로 결정될 수 있을 것이다(헌재 2011.12.29. 2010헌바54,407).

ㄹ. (○) 헌법 제126조 참조

> **헌법 제126조**
> 국방상 또는 국민경제상 긴절한 필요로 인하여 법률이 정하는 경우를 제외하고는, 사영기업을 국유 또는 공유로 이전하거나 그 경영을 통제 또는 관리할 수 없다.

정답 ①

문 25

22년 10월 모의시험

헌법상 경제질서에 관한 설명 중 옳지 않은 것은? (다툼이 있는 경우 판례에 의함)

① 헌법 제119조는 개인의 경제적 자유를 보장하면서 사회정의를 실현하는 경제질서를 경제헌법의 지도원칙으로 표명함으로써 국가가 개인의 경제적 자유를 존중하여야 할 의무와 더불어 국민경제의 전반적인 현상에 대하여 포괄적인 책임을 지고 있다는 것을 규정하고 있다.
② 헌법 제126조에서 금지하는 '사영기업의 국유 또는 공유로의 이전'이란 일반적으로 공법적 수단에 의하여 사기업에 대한 소유권을 국가나 기타 공법인에 귀속시키고 사회정책적·국민경제적 목표를 실현할 수 있도록 그 재산권의 내용을 변형하는 것을 의미한다.
③ 농지의 소작제도는 농업생산성의 제고와 농지의 합리적인 이용을 위하여 불가피한 경우 법률이 정하는 바에 의하여 인정될 수 있다.
④ 국민연금제도는 상호부조의 원리에 입각한 사회연대성에 기초하여 국민간에 소득재분배 기능을 하므로 사회적 시장경제질서에 부합한다.
⑤ 헌법 제119조 제1항은 국가의 경제정책에 대한 헌법적 지침으로서, 이 조항의 '경제적 자유와 창의'는 직업의 자유, 재산권의 보장, 근로3권과 같은 경제에 관한 기본권 및 비례의 원칙과 같은 법치국가원리에 의하여 구체화된다.

MGI Point 헌법상 경제질서

- 헌법 제119조
  - 국가가 개인의 경제적 자유 존중해야 할 의무 + 국민경제의 전반적 현상에 대하여 포괄적인 책임 규정
  - '경제적 자유와 창의' ⇨ 직업의 자유, 재산권의 보장, 근로3권과 같은 경제에 관한 기본권 및 비례의 원칙과 같은 법치국가원리에 의하여 비로소 헌법적으로 구체화 ○
- 헌법 제126조에서 금하는 '사영기업의 국유 또는 공유로의 이전' ⇨ 일반적으로 공법적 수단에 의하여 사기업에 대한 소유권을 국가나 기타 공법인에 귀속, 사회정책적·국민경제적 목표를 실현할 수 있도록 그 재산권의 내용을 변형하는 것
- 농지에 대한 헌법적 규제
  - 소작농 ⇨ 전면 금지

- 임대차와 위탁경영 ⇨ 법률이 정하는 바에 의하여 인정
- 국민연금제도 ⇨ 국민간에 소득재분배의 기능을 함으로써 사회적 시장경제질서에 부합하는 제도

① (○) 헌법 제119조는 개인의 경제적 자유를 보장하면서 사회정의를 실현하는 경제질서를 경제헌법의 지도원칙으로 표명함으로써 국가가 개인의 경제적 자유를 존중해야 할 의무와 더불어 국민경제의 전반적인 현상에 대하여 포괄적인 책임을 지고 있다는 것을 규정하고 있다. 우리 헌법은 헌법 제119조 이하의 경제에 관한 장에서 "균형있는 국민경제의 성장과 안정, 적정한 소득의 분배, 시장의 지배와 경제력남용의 방지, 경제주체간의 조화를 통한 경제의 민주화, 균형있는 지역경제의 육성, 중소기업의 보호육성, 소비자보호 등"의 경제영역에서의 국가목표를 명시적으로 언급함으로써 국가가 경제정책을 통하여 달성하여야 할 '공익'을 구체화하고, 동시에 헌법 제37조 제2항의 기본권제한을 위한 법률유보에서의 '공공복리'를 구체화하고 있다. 따라서 헌법 제119조 제2항에 규정된 '경제주체간의 조화를 통한 경제민주화'의 이념은 경제영역에서 정의로운 사회질서를 형성하기 위하여 추구할 수 있는 국가목표로서 개인의 기본권을 제한하는 국가행위를 정당화하는 헌법규범이다(헌재 2003.11.27. 2001헌바35).

② (○) 헌법 제126조는 국방상 또는 국민경제상 긴절한 필요로 인하여 법률이 정하는 경우를 제외하고는 사영기업을 국유 또는 공유로 이전하거나 그 경영을 통제 또는 관리할 수 없다고 규정하고 있다. 여기서 '사영기업의 국유 또는 공유로의 이전'은 일반적으로 공법적 수단에 의하여 사기업에 대한 소유권을 국가나 기타 공법인에 귀속시키고 사회정책적·국민경제적 목표를 실현할 수 있도록 그 재산권의 내용을 변형하는 것을 말하며, 또 사기업의 '경영에 대한 통제 또는 관리'라 함은 비록 기업에 대한 소유권의 보유주체에 대한 변경은 이루어지지 않지만 사기업 경영에 대한 국가의 광범위하고 강력한 감독과 통제 또는 관리의 체계를 의미한다(헌재 2021.03.25. 2017헌바378).

③ (X) 헌법 제121조 참조. ▶ 현행 헌법상 농지의 소작제도는 절대적으로 금지

> **헌법 제121조** ① 국가는 농지에 관하여 경자유전의 원칙이 달성될 수 있도록 노력하여야 하며, 농지의 소작제도는 금지된다.
> ② 농업생산성의 제고와 농지의 합리적인 이용을 위하거나 불가피한 사정으로 발생하는 농지의 임대차와 위탁경영은 법률이 정하는 바에 의하여 인정된다.

④ (○) 우리 헌법의 경제질서 원칙에 비추어 보면, 사회보험방식에 의하여 재원을 조성하여 반대급부로 노후생활을 보장하는 강제저축 프로그램으로서의 국민연금제도는 상호부조의 원리에 입각한 사회연대성에 기초하여 고소득계층에서 저소득층으로, 근로세대에서 노년세대로, 현재세대에서 다음세대로 국민간에 소득재분배의 기능을 함으로써 오히려 위 사회적 시장경제질서에 부합하는 제도라 할 것이므로, 국민연금제도는 헌법상의 시장경제질서에 위배되지 않는다(헌재 2001.02.22. 99헌마365).

⑤ (○) 헌법은 제119조에서 개인의 경제적 자유를 보장하면서 사회정의를 실현하기 위한 경제질서를 선언하고 있다. 이 규정은 헌법상 경제질서에 관한 일반조항으로서 국가의 경제정책에 대한 하나의 헌법적 지침이고, 동 조항이 언급하는 '경제적 자유와 창의'는 직업의 자유, 재산권의 보장, 근로3권과 같은 경제에 관한 기본권 및 비례의 원칙과 같은 법치국가원리에 의하여 비로소 헌법적으로 구체화된다(헌재 2002.10.31. 99헌바76).

정답 ③

문 26

24년 8월 모의시험

아래 사례와 관련한 설명 중 옳지 않은 것은? (다툼이 있는 경우 판례에 의함)

> A시장은 「유통산업발전법」 조항 및 관련 지방자치단체 조례에 따라 대형마트 등에 대하여 근로자의 휴식권 보장과 지역상인의 보호라는 명목 하에 매주 토·일요일을 의무휴업일로 지정하고, 영업제한시간을 오후 8시부터 오전 12시까지로 정하는 각 처분을 하였다.

① 헌법 제119조 제2항에 규정된 '경제주체간의 조화를 통한 경제민주화'의 이념도 경제영역에서 정의로운 사회질서를 형성하기 위하여 추구할 수 있는 국가목표일 뿐이므로 개인의 기본권을 제한하는 국가행위를 정당화하는 헌법규범이 될 수는 없다.
② 우리 헌법에서는 시장경제의 원리에 입각한 경제체제를 천명하고 있으며 국가의 공권력은 특단의 사정이 없는 한 이에 대한 불개입을 원칙으로 하고 있다.
③ 입법자의 정책판단과 선택이 현저히 합리성을 결여한 것이라고 볼 수 없는 한 경제에 관한 국가적 규제·조정권한의 행사는 존중되어야 한다.
④ 헌법상 경제질서에 관한 규정은 경제질서의 형성에 개인과 사회의 자율적인 참여를 보장하는 경제적 기본권과 국가활동의 기본방향과 과제를 제시하고 적극적인 경제정책을 추진할 수 있는 권한을 부여하는 경제에 대한 간섭과 조정에 관한 규정으로 구성되어 있다.
⑤ 대형마트의 영업시간제한은 건전한 유통질서의 확립과 유통시장에서 경제주체들의 상생발전이라는 우리 헌법상 경제질서에 부합하는 공익을 달성하기 위한 것인 이상 그로 인하여 발생하는 부수적 불이익도 수인하여야 할 것이다.

MGI Point 경제질서 ★

- 헌법 제119조 제2항에 규정된 '경제주체간의 조화를 통한 경제민주화'의 이념 ⇨ 경제영역에서 정의로운 사회질서를 형성하기 위하여 추구할 수 있는 국가목표이면서 개인의 기본권을 제한하는 국가행위를 정당화하는 헌법규범
- 우리 헌법에서는 시장경제의 원리에 입각한 경제체제를 천명, 국가의 공권력은 특단의 사정이 없는 한 이에 대한 불개입을 원칙으로 함
- 입법자의 정책판단과 선택이 현저히 합리성을 결여한 것이라고 볼 수 없는 한 경제에 관한 국가적 규제·조정권한의 행사는 존중되어야 함
- 헌법상 경제질서에 관한 규정은 경제질서의 형성에 개인과 사회의 자율적인 참여를 보장하는 경제적 기본권과 국가활동의 기본방향과 과제를 제시, 적극적인 경제정책을 추진할 수 있는 권한을 부여하는 경제에 대한 간섭과 조정에 관한 규정으로 구성
- 대형마트의 영업시간제한은 건전한 유통질서의 확립과 유통시장에서 경제주체들의 상생발전이라는 우리 헌법상 경제질서에 부합하는 공익을 달성하기 위한 것인 이상 그로 인하여 발생하는 부수적 불이익도 수인 要

---

① (X), ④ (O) ··· 헌법상 경제질서에 관한 규정은 경제질서의 형성에 개인과 사회의 자율적인 참여를 보장하는 경제적 기본권과 국가활동의 기본방향과 과제를 제시하고 적극적인 경제정책을 추진할수 있는 권한을 부여하는 경제에 대한 간섭과 조정에 관한 규정으로 구성되어 있다(④). ···헌법 제119조 제2항에 규정된 '경제주체간의 조화를 통한 경제민주화'의 이념은 경제영역에서 정의로운 사회질서를 형성하기 위하여 추구할 수 있는 국가목표로서 개인의 기본권을 제한하는 국가행위를 정당화하는 헌법규범이다(①) (헌법재판소 2003. 11. 27. 선고 2001헌바35 전원재판부).

② (○) 헌법 제119조 제1항(제5공화국 헌법 제120조 제1항)은 대한민국의 경제질서는 개인과 기업의 경제상의 자유와 창의를 존중함을 기본으로 한다고 하여 시장경제의 원리에 입각한 경제체제임을 천명하였는바, 이는 기업의 생성·발전·소멸은 어디까지나 기업의 자율에 맡긴다는 기업자유의 표현이며 국가의 공권력은 특단의 사정이 없는 한 이에 대한 불개입을 원칙으로 한다는 뜻이다(헌법재판소 1993. 7. 29. 선고 89헌마31 전원재판부).

③ (○) … 이 사건 법률조항은 단지 부담금의 부과 및 그것의 가격에의 반영을 통해 먹는샘물의 수입판매 및 소비를 간접적으로 규제하는 데 그치고 있을 뿐, 이를 원천적으로 봉쇄하고 있지는 않다. 한편, 수질개선부담금은 먹는샘물의 보급 및 소비를 억제함으로써 수돗물 우선정책의 원활한 실현을 가능하게 하고 아울러 먹는물의 수질개선에 소요되는 재정을 마련하기 위한 것인바, 입법자는 이러한 공익목적과 국민의 사익을 적절히 형량하여 합리적이라고 판단되는 부과율을 책정할 수 있다 할 것이고, 그렇게 책정된 부과율은 현저히 자의적이거나 불합리하지 않은 한 존중되어야 한다(헌법재판소 2004. 7. 15. 선고 2002헌바42 전원재판부).

⑤ (○) … 그러나 경제활동에 대한 규제는 필연적으로 규제를 당하는 경제주체나 그와 같은 방향의 이해관계를 가지고 있는 사람들에게 불이익과 불편함을 수반할 수밖에 없고, 위와 같은 현상들은 대형마트 등에 대한 영업제한에 따라 부득이하게 발생하는 부수적 결과이다. 앞서 본 바와 같이 심판대상조항이 전통시장이나 중소유통업자들이 자생적 경쟁력을 갖출 때까지 필요한 범위 내에서 대형마트 등의 영업을 직접적으로 규제함으로써 건전한 유통질서의 확립과 유통시장의 경제주체들의 상생발전이라는 우리 헌법상 경제질서에 부합하는 공익을 달성하기 위한 것인 이상 그로 인하여 발생하는 위와 같은 부수적 불이익도 수인하여야 할 것이고, 해당 이해관계인들의 이익이 과도하게 제한되는 것도 아니다(헌법재판소 2018. 6. 28. 선고 2016헌바77, 78, 79(병합) 전원재판부 결정).

정답 ①

문 27
22년 10월 모의시험

사회국가원리와 인간다운 생활을 할 권리에 관한 설명 중 옳지 않은 것을 모두 고른 것은? (다툼이 있는 경우 판례에 의함)

> ㄱ. 사회국가란 경제·사회·문화의 모든 영역에서 정의로운 사회질서의 형성을 위하여 사회현상에 관여하고 간섭하며 분배하고 조정하는 국가는 아니며, 다만 국민 각자가 실제로 자유를 행사할 수 있는 실질적 조건을 마련해 줄 의무가 있는 국가를 의미한다.
> ㄴ. 국가의 사회복지·사회보장증진의 의무는 국가에게 물질적 궁핍이나 각종 재난으로부터 국민을 보호할 대책을 세울 의무를 부과함으로써, 결국 '인간다운 생활을 할 권리'의 실현을 위한 수단적인 성격을 갖는다.
> ㄷ. 헌법상 신체장애자에 대한 보호의무는 신체장애자도 인간다운 생활을 누릴 수 있도록 정의로운 사회질서를 형성해야 할 일반적인 의무를 뜻하는 것이므로 이로부터 신체장애를 가진 국민에게 어떠한 기본권이 직접 발생하는 것은 아니다.
> ㄹ. 경제적 약자나 중소기업에 대한 조세감면혜택 등과 같이 사회 정책적 고려에 기초한 차별대우가 자의적인가를 판단하는 경우 사회국가원리는 입법자의 형성권을 정당화하는 근거로 기능한다.
> ㅁ. 사회국가원리에 따라 국가는 사회복지국가를 실현하기 위하여 가능한 수단을 동원할 책무를 지므로, 입법자는 가능한 여러 가지 수단들 가운데 이러한 목적의 달성에 가장 적합한 수단을 선택할 의무를 진다.

① ㄱ, ㄴ ② ㄴ, ㄷ
③ ㄱ, ㅁ ④ ㄷ, ㄹ
⑤ ㄹ, ㅁ

MGI Point 사회국가원리·인간다운 생활을 할 권리 ★★

- 사회국가의 의의
  - 사회현상에 대해 방관 ×, 사회현상에 관여·간섭·분배·조정 ○
  - 국민의 자유 행사를 위한 실질적 조건을 마련해 줄 의무가 인정되는 국가
- 헌법 제34조 제2항 : 국가의 사회복지·사회보장증진의무
  ⇨ 인간다운 생활을 할 권리의 실현을 위한 수단적인 성격
- 헌법상 신체장애자에 대한 보호의무 의미 : 신체장애자도 인간다운 생활을 누릴 수 있는 정의로운 사회질서를 형성해야 할 일반적인 의무 ○, 이러한 헌법 규정으로부터 직접 신체장애 등을 가진 국민에게 어떠한 기본권의 발생 ×
- 공과금 부과에 있어서 사회국가원리의 기능
  - 사회정책적 고려에 기초한 차별대우(ex. 경제적 약자나 중소기업에 대한 조세감면혜택)가 자의적인가를 판단하는 경우에 있어서 입법자의 입법형성권을 정당화하는 근거
- 복지국가를 실현하기 위한 수단 선택은 입법자의 재량 ⇨ 입법 재량권을 남용하였거나 한계를 일탈하여 명백히 불공정 또는 불합리하게 자의적으로 입법형성권을 행사하였다는 특별한 사정이 있는 경우에 한하여 헌법 위반

ㄱ. (X) 사회국가란 한마디로, 사회정의의 이념을 헌법에 수용한 국가, 사회현상에 대하여 방관적인 국가가 아니라 경제·사회·문화의 모든 영역에서 정의로운 사회질서의 형성을 위하여 사회현상에 관여하고 간섭하고 분배하고 조정하는 국가이며, 궁극적으로는 국민 각자가 실제로 자유를 행사할 수 있는 그 실질적 조건을 마련해 줄 의무가 있는 국가이다(헌재 2002.12.18. 2002헌마52).

ㄴ. (○) 헌법은 제34조 제1항에서 국민에게 인간다운 생활을 할 권리를 보장하는 한편, 동조 제2항에서는 국가의 사회보장 및 사회복지증진의무를 천명하고 있다. '인간다운 생활을 할 권리'는 여타 사회적 기본권에 관한 헌법규범들의 이념적인 목표를 제시하고 있는 동시에 국민이 인간적 생존의 최소한을 확보하는 데 있어서 필요한 최소한의 재화를 국가에게 요구할 수 있는 권리를 내용으로 하고 있다. 국가의 사회복지·사회보장증진의 의무도 국가에게 물질적 궁핍이나 각종 재난으로부터 국민을 보호할 대책을 세울 의무를 부과함으로써, 결국 '인간다운 생활을 할 권리'의 실현을 위한 수단적인 성격을 갖는다고 할 것이다(헌재 1995.07.21. 93헌가14).

ㄷ. (○) 우리 헌법은 제34조 제1항에서 모든 국민은 "인간다운 생활을 할 권리"를 가진다고 규정하면서 제5항에서 "신체장애자 및 질병·노령 기타의 사유로 생활능력이 없는 국민은 법률이 정하는 바에 의하여 국가의 보호를 받는다."고 하여 생활능력이 없는 국민의 복지향상을 위하여 노력해야 할 국가의 의무를 규정하고 있다. 그러나 이러한 국가의 의무는 신체장애자 등 생활능력이 없는 국민도 인간다운 생활을 누릴 수 있도록 정의로운 사회질서를 형성해야 할 일반적인 의무를 뜻하는 것이지, 신체장애자 등을 위하여 특정한 의무를 이행해야 한다는 구체적 내용의 의무가 헌법으로부터 나오는 것은 아니다. 따라서 이러한 헌법 규정으로부터 직접 신체장애 등을 가진 국민에게 어떠한 기본권이 발생한다고 보기는 어렵다(헌재 2012.05.31. 2011헌마241).

ㄹ. (○) 조세나 보험료와 같은 공과금의 부과에 있어서 사회국가원리는 입법자의 결정이 자의적인가를 판단하는 하나의 중요한 기준을 제공하며, 일반적으로 입법자의 결정을 정당화하는 헌법적 근거로서 작용한다. 특히 경제적 약자나 중소기업에 대한 조세감면혜택 등과 같이 사회정책적 고려에 기초한 차별대우가 자의적인가를 판단하는 경우에 사회국가원리는 입법자의 형성권을 정당화하는 하나의 헌법적 가치결정을 의미한다(헌재 2000.06.29. 99헌마289).

ㅁ. (X) 우리 헌법은 그 전문에 "각인의 기회를 균등히 하고(중략) 국민생활의 균등한 향상을 기하고(후략)"라고 선언하고, 제10조에서 "모든 국민은 인간으로서의 존엄과 가치를 가지며, 행복을 추구할 권리를 가

진다", 제34조에서는 "모든 국민은 인간다운 생활을 할 권리를 가진다"라고 각 규정하며, 제119조에서는 경제주체간의 조화를 통한 경제민주화를 다짐하고 있으므로, 국가는 이러한 복지국가를 실현하기 위하여 가능한 수단을 동원할 책무를 진다고 할 것이다. 그러나 가능한 여러가지 수단들 가운데 구체적으로 어느 것을 선택할 것인가는 기본적으로 입법자의 재량에 속하는 것이고, 따라서 입법자는 그 목적을 추구함에 있어 그에게 부여된 입법재량권을 남용하였거나 그 한계를 일탈하여 명백히 불공정 또는 불합리하게 자의적으로 입법형성권을 행사하였다는 등 특별한 사정이 없는 한 헌법위반의 문제는 야기되지 아니한다고 할 것이다(헌재 2001.01.18. 2000헌바7).

정답 ③

문 28

20년 6월 모의시험

헌법상 국제질서에 관한 설명 중 옳은 것만을 모두 고른 것은? (다툼이 있는 경우 판례에 의함)

ㄱ. 가입국의 재판권 면제에 관한 국제통화기금협정 규정은 그것이 국회의 동의를 얻어 체결되었다면 성질상 국내에 바로 적용될 수 있는 법규범으로서 위헌법률심판의 대상이 된다.
ㄴ. 적법하게 체결·공포된 마라케쉬협정에 의하여 「관세법」 위반자의 처벌이 가중된다고 하더라도, 이를 들어 법률에 의하지 아니한 형사처벌이라거나 행위 시의 법률에 의하지 아니한 형사처벌이라고 할 수 없다.
ㄷ. 헌법 제6조 제1항의 국제법 존중주의는 우리나라가 가입한 조약과 일반적으로 승인된 국제법규가 국내법과 같은 효력을 가진다는 것으로서 조약이나 국제법규가 국내법에 우선한다는 것으로 볼 수 없다.
ㄹ. 국회는 선전포고, 국군의 외국에의 파견에는 동의권을 가지나 외국군대의 대한민국 영역 안에서의 주류에 대해서는 동의권을 갖지 않는다.
ㅁ. 오늘날 전쟁과 테러 혹은 무력행위로부터 자유로워야 하는 것은 인간의 존엄과 가치를 실현하고 행복을 추구하기 위한 기본 전제가 되는 것이므로 헌법 제10조와 제37조 제1항으로부터 평화적 생존권이라는 기본권이 도출된다.

① ㄱ, ㄴ
② ㄴ, ㅁ
③ ㄱ, ㄴ, ㄷ
④ ㄱ, ㄷ, ㄹ
⑤ ㄷ, ㄹ, ㅁ

MGI Point 국제질서 ★★

- 가입국의 재판권 면제에 관한 국제통화기금협정 규정 ⇨ 위헌법률심판 대상 ○
- 마라케쉬협정
  - 조약에 해당 ⇨ 국내법과 동일한 효력 ○
  - 동 협정에 의한 관세범 가중처벌 ⇨ 죄형법정주의 위반 ×
- 국제법 존중주의
  ⇨ 우리나라가 가입한 조약, 일반적으로 승인된 국제법규는 국내법과 같은 효력 ○ (국내법에 우선 ×)
- 국회 ⇨ 선전포고, 국군의 외국에의 파견 또는 외국군대의 대한민국 영역안 주류에 대한 동의권 ○
- 평화적 생존권 ⇨ 헌법상 기본권 ×

ㄱ. (○) 이 사건 조항 {국제통화기금협정 제9조(지위, 면제 및 특권) 제3항 (사법절차의 면제) 및 제8항(직원 및 피용자의 면제와 특권), 전문기구의특권과면제에관한협약 제4절, 제19절(a)}은 각 국회의 동의를 얻어 체결된 것으로서, 헌법 제6조 제1항에 따라 국내법적, 법률적 효력을 가지는 바, 가입국의 재판권 면제에 관한 것이므로 성질상 국내에 바로 적용될 수 있는 법규범으로서 위헌법률심판의 대상이 된다(헌재 2001.09.27. 2000헌바20).

ㄴ. (○) 마라케쉬협정도 적법하게 체결되어 공포된 조약이므로 국내법과 같은 효력을 갖는 것이어서 그로 인하여 새로운 범죄를 구성하거나 범죄자에 대한 처벌이 가중된다고 하더라도 이것은 국내법에 의하여 형사처벌을 가중한 것과 같은 효력을 갖게 되는 것이다. 따라서 마라케쉬협정에 의하여 관세법위반자의 처벌이 가중된다고 하더라도 이를 들어 법률에 의하지 아니한 형사처벌이라거나 행위시의 법률에 의하지 아니한 형사처벌이라고 할 수 없다(헌재 1998.11.26. 97헌바65).

ㄷ. (○) 헌법 제6조 제1항의 국제법 존중주의는 우리나라가 가입한 조약과 일반적으로 승인된 국제법규가 국내법과 같은 효력을 가진다는 것으로서 조약이나 국제법규가 국내법에 우선한다는 것은 아니다(헌재 2001.04.26. 99헌가13).

ㄹ. (X) 헌법 제60조 제2항 참조.

> **헌법 제60조** ② 국회는 선전포고, 국군의 외국에의 파견 또는 외국군대의 대한민국 영역안에서의 주류에 대한 동의권을 가진다.

ㅁ. (X) 청구인들이 평화적 생존권이란 이름으로 주장하고 있는 평화란 헌법의 이념 내지 목적으로서 추상적인 개념에 지나지 아니하고, 평화적 생존권은 이를 헌법에 열거되지 아니한 기본권으로서 특별히 새롭게 인정할 필요성이 있다거나 그 권리내용이 비교적 명확하여 구체적 권리로서의 실질에 부합한다고 보기 어려워 헌법상 보장된 기본권이라고 할 수 없다(헌재 2009.05.28. 2007헌마369). ▶ 종전에 헌법재판소가 이 결정과 견해를 달리하여 '평화적 생존권을 헌법 제10조와 제37조 제1항에 의하여 인정된 기본권으로서 침략전쟁에 강제되지 않고 평화적 생존을 할 수 있도록 국가에 요청할 수 있는 권리'라고 판시한 헌재 2003.02.23. 2005헌마268은 이 결정과 저촉되는 범위 내에서 변경함

정답 ③

선택형

2026년 변호사시험 대비

헌법

변호사시험 기출문제집

II. 모의편

제2편

기본권

제2편 기본권

제1장 기본권총론

제❶절 | 기본권보장의 역사
제❷절 | 기본권의 성격
제❸절 | 기본권의 주체

문 1
24년 10월 모의시험

외국인의 기본권 주체성에 관한 설명으로 옳은 것을 모두 고른 것은? (다툼이 있는 경우 판례에 의함)

ㄱ. 불법체류라는 것은 관련 법령에 의하여 체류자격이 인정되지 않는다는 것일 뿐이므로 불법체류 여부에 따라 외국인의 기본권주체성 인정 여부가 달라지는 것은 아니다.
ㄴ. 평등권은 원칙적으로 외국인에게 보장되는 기본권이 아니므로 외국국적의 동포들 사이에 법률상 차별이 발생한다고 하더라도 외국국적의 재외동포는 평등권의 주체가 될 수 없다.
ㄷ. 근로관계가 형성되기 전단계인 특정한 직업을 선택할 수 있는 권리는 국가정책에 따라 법률로써 외국인에게 제한적으로 허용되는 것이지 헌법상 기본권에서 유래되는 것은 아니다.
ㄹ. 인간의 존엄성을 보장받기 위하여 최소한의 근로조건을 요구할 수 있는 권리는 자유권적 기본권의 성격도 가지고 있으므로 외국인 근로자에게 기본권주체성이 인정된다.
ㅁ. 외국인의 경우 국가배상청구권은 상호주의에 입각하여 인정되고, 범죄피해자구조청구권은 성질상 인간의 권리로서 상호 보증이 없더라도 인정된다.

① ㄱ, ㄴ, ㄷ
② ㄱ, ㄷ, ㄹ
③ ㄱ, ㄹ, ㅁ
④ ㄴ, ㄷ, ㅁ
⑤ ㄴ, ㄹ, ㅁ

MGI Point 외국인의 기본권 주체성 ★★

- 불법체류 여부에 따라 외국인의 기본권 주체성 인정여부 달라지는 것 ×
- 외국인 기본권 주체성 인정되는 '인간의 권리'
  ⇨ 평등권, 인간의 존엄과 가치, 행복추구권
  ⇨ 근로의 권리 중 인간의 존엄성 보장에 필요한 최소한의 근로조건을 요구할 수 있는 '일할 환경에 관한 권리'
  ⇨ 고용허가를 받아 우리 사회에서 정당한 노동인력으로서 지위를 부여받은 외국인들의 직장선택의 자유
- 외국인이 근로관계 형성 전단계인 특정한 직업을 선택할 수 있는 권리 ⇨ 법률상 예외적 권리일 뿐 헌법상 기본권 ×

■ 외국인의 경우 국가배상청구권, 범죄피해자구조청구권은 해당 국가와 상호보증이 있는 경우에만 인정

ㄱ. (O) 헌법재판소법 제68조 제1항 소정의 헌법소원은 기본권의 주체이어야만 청구할 수 있는데, 단순히 '국민의 권리'가 아니라 '인간의 권리'로 볼 수 있는 기본권에 대해서는 외국인도 기본권의 주체가 될 수 있다. 나아가 청구인들이 불법체류 중인 외국인들이라 하더라도, 불법체류라는 것은 관련 법령에 의하여 체류자격이 인정되지 않는다는 것일 뿐이므로, '인간의 권리'로서 외국인에게도 주체성이 인정되는 일정한 기본권에 관하여 불법체류 여부에 따라 그 인정 여부가 달라지는 것은 아니다(헌재 2012.08.23. 2008헌마430).

ㄴ. (X) 외국인의 기본권 주체성 여부는 기본권의 성질에 좌우되는데, 인간의 존엄과 가치, 행복추구권, 평등권과 같은 '인간의 권리'로서의 성격을 갖는 기본권들이 외국인에게 인정된다(헌재 2001.11.29. 99헌마494). 근로의 권리 중 인간의 존엄성 보장에 필요한 최소한의 근로조건을 요구할 수 있는 '일할 환경에 관한 권리' 역시 외국인에게 보장되고(헌재 2007. 8. 30. 2004헌마670), 고용허가를 받아 우리 사회에서 정당한 노동인력으로서 지위를 부여받은 외국인들의 직장선택의 자유도 인간의 권리로서 보장된다(헌재 2011. 9. 29. 2007헌마1083등; 헌재 2011. 9. 29. 2009헌마351) (2014헌마367).

ㄷ. (O) 헌법재판소의 결정례 중에는 외국인이 대한민국 법률에 따른 허가를 받아 국내에서 일정한 직업을 수행함으로써 근로관계가 형성된 경우, 그 직업은 그 외국인의 생활의 기본적 수요를 충족시키는 방편이 되고 또한 개성신장의 바탕이 된다는 점에서 외국인은 그 근로관계를 계속 유지함에 있어서 국가의 방해를 받지 않고 자유로운 선택과 결정을 할 자유가 있고 그러한 범위에서 제한적으로 직업의 자유에 대한 기본권주체성을 인정할 수 있다고 하였다(헌재 2011. 9. 29. 2007헌마1083등 참조). 하지만 이는 이미 근로관계가 형성되어 있는 예외적인 경우에 제한적으로 인정한 것에 불과하다. 그러한 근로관계가 형성되기 전단계인 특정한 직업을 선택할 수 있는 권리는 국가정책에 따라 법률로써 외국인에게 제한적으로 허용되는 것이지 헌법상 기본권에서 유래되는 것은 아니다(헌재 2014.08.28. 2013헌마359).

ㄹ. (O) 근로의 권리가 "일할 자리에 관한 권리"만이 아니라 "일할 환경에 관한 권리"도 함께 내포하고 있는 바, 후자는 인간의 존엄성에 대한 침해를 방어하기 위한 자유권적 기본권의 성격도 갖고 있어 건강한 작업환경, 일에 대한 정당한 보수, 합리적인 근로조건의 보장 등을 요구할 수 있는 권리 등을 포함한다고 할 것이므로 외국인 근로자라고 하여 이 부분에까지 기본권 주체성을 부인할 수는 없다. 즉 근로의 권리의 구체적인 내용에 따라, 국가에 대하여 고용증진을 위한 사회적·경제적 정책을 요구할 수 있는 권리는 사회권적 기본권으로서 국민에 대하여만 인정해야 하지만, 자본주의 경제질서하에서 근로자가 기본적 생활수단을 확보하고 인간의 존엄성을 보장받기 위하여 최소한의 근로조건을 요구할 수 있는 권리는 자유권적 기본권의 성격도 아울러 가지므로 이러한 경우 외국인 근로자에게도 그 기본권 주체성을 인정함이 타당하다(헌재 2007.08.30. 2004헌마670).

ㅁ. (X) 국가배상법 제7조, 범죄피해자보호법 제23조 참조.

> 국가배상법 제7조(외국인에 대한 책임) 이 법은 외국인이 피해자인 경우에는 해당 국가와 상호 보증이 있을 때에만 적용한다.
> 범죄피해자보호법 제23조(외국인에 대한 구조) 이 법은 외국인이 구조피해자이거나 유족인 경우에는 해당 국가의 상호보증이 있는 경우에만 적용한다.

정답 ②

문 2

24년 8월 모의시험

기본권의 주체에 관한 설명 중 옳은 것(○)과 옳지 않은 것(×)을 올바르게 조합한 것은? (다툼이 있는 경우 판례에 의함)

> ㄱ. 기본권행사능력은 헌법이 직접 정할 수도 있고, 입법자가 정할 수도 있다.
> ㄴ. 일할 환경에 관한 권리는 인간의 존엄성에 대한 침해를 방어하기 위한 자유권적 성격도 갖고 있어 외국인 근로자에게도 그 기본권 주체성을 인정할 수 있다.
> ㄷ. 태아의 생명권 주체성을 인정할 수 있으나, 자궁에 착상하기 전 또는 원시선이 나타나기 전까지의 초기배아에게는 기본권의 주체성을 인정할 수 없다.
> ㄹ. 정당은 국민의 정치적 의사형성에 참여하기 위한 조직으로 성격상 권리능력 없는 단체에 속하지만, 구성원과는 독립하여 그 자체로서 기본권의 주체가 될 수 있다.
> ㅁ. 인간으로서의 존엄과 가치는 성질상 자연인에게만 인정되는 권리이나, 행복을 추구할 권리는 그 성질상 법인에게도 적용된다.

① ㄱ(○), ㄴ(○), ㄷ(○), ㄹ(○), ㅁ(×)
② ㄱ(○), ㄴ(×), ㄷ(○), ㄹ(×), ㅁ(×)
③ ㄱ(×), ㄴ(○), ㄷ(×), ㄹ(×), ㅁ(×)
④ ㄱ(×), ㄴ(×), ㄷ(○), ㄹ(○), ㅁ(○)
⑤ ㄱ(○), ㄴ(○), ㄷ(×), ㄹ(○), ㅁ(○)

MGI Point 기본권주체 ★★★

- 기본권행사능력은 헌법이 직접 정할 수도 있고 입법자가 정할 수도 있음
- 일할 환경에 관한 권리는 인간의 존엄성에 대한하기 위한 자유권적 성격도 갖고 있어 외국인 근로자에게도 그 기본권 주체성을 인정 가능
- 태아의 생명권 주체 인정 가능 / 초기배아에게는 기본권 주체성 인정 불가능
- 정당은 구성원과는 독립하여 그 자체로서 기본권의 주체가 될 수 있음
- 인간으로서의 존엄과 가치, 행복을 추구할 권리는 그 성질상 자연인에게 인정되는 기본권 / 법인에게는 적용 ×

ㄱ. (○) 기본권행사능력은 헌법이 직접 정할 수도 있고, 입법자가 정할 수도 있다. 헌법은 대통령의 피선거권을 40세로 정하고 있고(헌법 제67조 제4항), 공선법은 헌법(제24조)의 위임에 따라 선거권을 19세로, 국회의원과 지방자치 단체의 장의 피선거권을 25세로 정하고 있다.

ㄴ. (○) 근로의 권리가 "일할 자리에 관한 권리"만이 아니라 "일할 환경에 관한 권리"도 함께 내포하고 있는 바, 후자는 인간의 존엄성에 대한 침해를 방어하기 위한 자유권적 기본권의 성격도 갖고 있어 건강한 작업환경, 일에 대한 정당한 보수, 합리적인 근로조건의 보장 등을 요구할 수 있는 권리 등을 포함한다고 할 것이므로 외국인 근로자라고 하여 이 부분까지 기본권 주체성을 부인할 수는 없다. 즉 근로의 권리의 구체적인 내용에 따라, 국가에 대하여 고용증진을 위한 사회적·경제적 정책을 요구할 수 있는 권리는 사회권적 기본권으로서 국민에 대하여만 인정해야 하지만, 자본주의 경제질서하에서 근로자가 기본적 생활수단을 확보하고 인간의 존엄성을 보장받기 위하여 최소한의 근로조건을 요구할 수 있는 권리는 자유권적 기본권의 성격도 아울러 가지므로 이러한 경우 외국인 근로자에게도 그 기본권 주체성을 인정함이 타당하다(헌법재판소 2007. 8. 30. 선고 2004헌마670 전원재판부).

ㄷ. (◯) … 그런데 존엄한 인간 존재와 그 근원으로서의 생명 가치를 고려할 때 출생 전 형성 중의 생명에 대해서는 일정한 예외적인 경우 기본권 주체성이 긍정될 수 있다. 헌법재판소도 형성 중의 생명인 태아에 대하여 헌법상 생명권의 주체가 되며, 국가는 헌법 제10조에 따라 태아의 생명을 보호할 의무가 있음을 밝힌 바 있다(헌재 2008. 7. 31. 2004헌바81, 판례집 20-2상, 91, 101 참조). 다만, 출생 전 형성 중의 생명에 대해서 헌법적 보호의 필요성이 크고 일정한 경우 그 기본권 주체성이 긍정된다고 하더라도, 어느 시점부터 기본권 주체성이 인정되는지, 또 어떤 기본권에 대해 기본권 주체성이 인정되는지는 생명의 근원에 대한 생물학적 인식을 비롯한 자연과학·기술 발전의 성과와 그에 터 잡은 헌법의 해석으로부터 도출되는 규범적 요청을 고려하여 판단하여야 할 것이다. … 초기배아들에 해당하는 청구인 1, 2의 경우 헌법상 기본권 주체성을 인정할 수 있을 것인지에 대해 살피건대, 청구인 1, 2가 수정이 된 배아라는 점에서 형성 중인 생명의 첫걸음을 떼었다고 볼 여지가 있기는 하나 아직 모체에 착상되거나 원시선이 나타나지 않은 이상 현재의 자연과학적 인식 수준에서 독립된 인간과 배아 간의 개체적 연속성을 확정하기 어렵다고 봄이 일반적이라는 점, 배아의 경우 현재의 과학기술 수준에서 모태 속에서 수용될 때 비로소 독립적인 인간으로의 성장가능성을 기대할 수 있다는 점, 수정 후 착상 전의 배아가 인간으로 인식된다거나 그와 같이 취급하여야 할 필요성이 있다는 사회적 승인이 존재한다고 보기 어려운 점 등을 종합적으로 고려할 때, 초기배아에 대한 국가의 보호필요성이 있음은 별론으로 하고, 청구인 1, 2의 기본권 주체성을 인정하기 어렵다(헌법재판소 2010. 5. 27. 선고 2005헌마346 전원재판부).

ㄹ. (◯) 청구인 진보신당은 국민의 정치적 의사형성에 참여하기 위한 조직으로 성격상 권리능력 없는 단체에 속하지만, 구성원과는 독립하여 그 자체로서 기본권의 주체가 될 수 있고, 그 조직 자체의 기본권이 직접 침해당한 경우 자신의 이름으로 헌법소원심판을 청구할 수 있으나, 이 사건에서 침해된다고 하여 주장되는 기본권은 생명·신체의 안전에 관한 것으로서 성질상 자연인에게만 인정되는 것이므로, 이와 관련하여 청구인 진보신당과 같은 권리능력 없는 단체는 위와 같은 기본권의 행사에 있어 그 주체가 될 수 없고, 또한 청구인 진보신당이 그 정당원이나 일반 국민의 기본권이 침해됨을 이유로 이들을 위하거나 이들을 대신하여 헌법소원심판을 청구하는 것은 원칙적으로 허용되지 아니하므로, 이 사건에 있어 청구인 진보신당은 청구인능력이 인정되지 아니한다 할 것이다(헌법재판소 2008. 12. 26. 선고 2008헌마419,423,436(병합)전원재판부).

ㅁ. (X) 청구인들은 학교법인이다. 법인격이 있는 사법상의 사단이나 재단은 성질상 기본권주체가 될 수 있는 범위에서 청구인능력을 가진다(헌재 1991. 6. 3. 90헌마56, 판례집 3, 289, 295). 그런데 헌법 제10조의 인간으로서의 존엄과 가치, 행복을 추구할 권리는 그 성질상 자연인에게 인정되는 기본권이라고 할 것이어서, 법인인 청구인들에게는 적용되지 않는다고 할 것이다(헌법재판소 2006. 12. 28. 선고 2004헌바67 전원재판부).

문 3

23년 6월 모의시험

기본권 주체에 관한 설명 중 옳지 않은 것은? (다툼이 있는 경우 판례에 의함)

① 사자(死者)에 대한 사회적 명예와 평가의 훼손은 사자에 대한 사회적 평가와 아울러 이를 토대로 스스로의 인격상을 형성하여 온 그 유족들의 인격권을 제한한다.
② 불법체류라는 것은 관련 법령에 의하여 체류자격이 인정되지 않는다는 것일 뿐이므로, 불법체류 중인 외국인도 '인간의 권리'로서 인정되는 일정한 기본권을 향유할 수 있다.
③ 자본주의 경제질서 하에서 근로자가 기본적 생활수단을 확보하고 인간의 존엄성을 보장받기 위하여 최소한의 근로조건을 요구할 수 있는 권리는 외국인 근로자에게도 그 기본권 주체성이 인정된다.

④ 축협중앙회는 공법인성과 사법인성을 겸유한 특수한 법인이지만 회원의 임의탈퇴나 임의해산이 불가능한 점 등을 고려할 때 그 공법인성이 상대적으로 크다고 할 것이므로 기본권의 주체가 될 수 없다.
⑤ 사법인도 그 성질에 반하지 않는 범위 내에서 인격권의 한 내용인 사회적 신용이나 명예 등의 주체가 될 수 있으므로 방송사업자의 의사에 반한 사과행위를 강제하는 것은 방송사업자의 인격권을 제한한다.

> **MGI Point 기본권주체** ★★
> - 사자에 대한 사회적 명예와 평가의 훼손 ⇨ 유족들의 인격권 제한
> - 불법체류 중인 외국인 ⇨ 인간의 권리로서 인정되는 기본권을 향유 可
> - 외국인 근로자 ⇨ 자본주의 경제질서하에서 근로자가 기본적 생활수단을 확보하고 인간의 존엄성을 보장받기 위하여 최소한의 근로조건을 요구할 수 있는 자유권적 기본권의 주체성 인정 ○
> - 축협중앙회 ⇨ 공법인성과 사법인성을 겸유한 특수한 법인으로서 기존의 축협중앙회를 해산하여 신설되는 농협중앙회에 합병토록 하고 신설 농협중앙회가 기존축협중앙회의 자산·조직 및 직원을 승계하도록 규정한 위 농업협동조합법 규정에 관한 기본권의 주체성 인정 ○
> - 방송사업자의 의사에 반한 사과행위를 강제하는 내용의 조항 ⇨ 방송사업자의 인격권 제한 ○

① (○) 조사대상자가 사자(死者)의 경우에도 인격적 가치에 대한 중대한 왜곡으로부터 보호되어야 한다. 사자(死者)에 대한 사회적 명예와 평가의 훼손은 사자(死者)와의 관계를 통하여 스스로의 인격상을 형성하고 명예를 지켜온 그들의 후손의 인격권, 즉 유족의 명예 또는 유족의 사자(死者)에 대한 경애추모의 정을 제한하는 것이다(헌재 2010.10.28. 2007헌가23).

② (○) 헌법재판소법 제68조 제1항 소정의 헌법소원은 기본권의 주체이어야만 청구할 수 있는데, 단순히 '국민의 권리'가 아니라 '인간의 권리'로 볼 수 있는 기본권에 대해서는 외국인도 기본권의 주체가 될 수 있다. 나아가 청구인들이 불법체류 중인 외국인들이라 하더라도, 불법체류라는 것은 관련 법령에 의하여 체류자격이 인정되지 않는다는 것일 뿐이므로, '인간의 권리'로서 외국인에게도 주체성이 인정되는 일정한 기본권에 관하여 불법체류 여부에 따라 그 인정 여부가 달라지는 것은 아니다(헌재 2012.08.23. 2008헌마430).

③ (○) 근로의 권리의 구체적인 내용에 따라, 국가에 대하여 고용증진을 위한 사회적·경제적 정책을 요구할 수 있는 권리는 사회권적 기본권으로서 국민에 대하여만 인정해야 하지만, 자본주의 경제질서하에서 근로자가 기본적 생활수단을 확보하고 인간의 존엄성을 보장받기 위하여 최소한의 근로조건을 요구할 수 있는 권리는 자유권적 기본권의 성격도 아울러 가지므로 이러한 경우 외국인 근로자에게도 그 기본권 주체성을 인정함이 타당하다(헌재 2007.08.30. 2004헌마670).

④ (X) 축협중앙회는 지역별·업종별 축협과 비교할 때, 회원의 임의탈퇴나 임의해산이 불가능한 점 등 그 공법인성이 상대적으로 크다고 할 것이지만, 이로써 공법인이라고 단정할 수는 없을 것이고, 이 역시 그 존립목적 및 설립형식에서의 자주적 성격에 비추어 사법인적 성격을 부인할 수 없으므로, 축협중앙회는 공법인성과 사법인성을 겸유한 특수한 법인으로서 이 사건에서 기본권의 주체가 될 수 있다(헌재 2000.06.01. 99헌마553).

⑤ (○) 법인도 법인의 목적과 사회적 기능에 비추어 볼 때 그 성질에 반하지 않는 범위 내에서 인격권의 한 내용인 사회적 신용이나 명예 등의 주체가 될 수 있고 법인이 이러한 사회적 신용이나 명예 유지 내지 법인격의 자유로운 발현을 위하여 의사결정이나 행동을 어떻게 할 것인지를 자율적으로 결정하는 것도 법인의 인격권의 한 내용을 이룬다고 할 것이다. 그렇다면 이 사건 심판대상조항은 방송사업자의 의사에 반한 사과행위를 강제함으로써 방송사업자의 인격권을 제한한다(헌재 2012.08.23. 2009헌가27).

정답 ④

문 4
22년 10월 모의시험

기본권 주체에 관한 설명 중 옳지 않은 것은? (다툼이 있는 경우 판례에 의함)

① 기본권의 주체가 될 수 있는 자는 통상 출생 후의 인간을 가리키지만 존엄한 인간 존재와 그 근원으로서의 생명 가치를 고려할 때 출생 전 형성 중의 생명에 대해서도 일정한 예외적인 경우 기본권 주체성이 긍정될 수 있다.
② 법인 등 결사체도 그 조직과 의사형성 및 업무수행에 있어서 자기결정권을 가지므로 결사의 자유의 주체가 된다.
③ 외국인의 경우 불법체류 여부에 따라 기본권 주체성의 인정 여부가 달라지는 것은 아니므로, 불법체류 중인 외국인에게도 신체의 자유, 변호인의 조력을 받을 권리, 직장선택의 자유, 재판청구권 등의 기본권주체성이 인정된다.
④ 근로의 권리는 개인이 국가의 개입·간섭을 받지 않고 자유로이 근로할 자유와 국가에 대하여 근로의 기회를 제공하는 정책을 수립해줄 것을 요구할 수 있는 권리 등을 기본적 내용으로 하므로, 노동조합은 그 주체가 될 수 없다.
⑤ 지방자치단체는 기본권의 수범자로서 국민의 기본권을 보호 내지 실현해야 할 책임과 의무를 지니고 있으므로, 기본권의 주체가 될 수 없다.

MGI Point **기본권 주체** ★★

- 기본권의 주체가 될 수 있는 자
  ⇨ 출생 후의 인간 ○, but 일정한 예외적인 경우 출생 전 형성 중의 생명에 대해서 기본권 주체성 긍정
- 법인 등 결사체도 그 조직·의사형성·업무수행에 있어서 자기결정권을 가지고 있어 결사 자유의 주체 ○
- 고용허가를 받아 적법하게 우리나라에 입국한 외국인 근로자는 직장선택의 자유에 대한 기본권 주체성 인정 ○
  (cf. 신체의 자유, 주거의 자유, 변호인의 조력을 받을 권리, 재판청구권(헌법소원 청구 可) ⇨ 불법체류 여부 관계없이 기본권 주체성 인정 ○)
- 근로의 권리의 주체 ⇨ 근로자 ○, 노동조합 ×
- 지방자치단체 ⇨ 기본권주체성 ×

---

① (○) 헌법재판소법 제68조 제1항은 공권력의 행사 또는 불행사로 인하여 기본권을 침해받은 자가 헌법소원의 심판을 청구할 수 있다고 규정하고 있으므로, 기본권의 주체가 될 수 있는 자만이 헌법소원을 청구할 수 있고, 이때 기본권의 주체가 될 수 있는 '자'라 함은 통상 출생 후의 인간을 가리키는 것이다. 그런데 존엄한 인간 존재와 그 근원으로서의 생명 가치를 고려할 때 출생 전 형성 중의 생명에 대해서는 일정한 예외적인 경우 기본권 주체성이 긍정될 수 있다. 헌법재판소도 형성 중의 생명인 태아에 대하여 헌법상 생명권의 주체가 되며, 국가는 헌법 제10조에 따라 태아의 생명을 보호할 의무가 있음을 밝힌 바 있다(헌재 2008. 7. 31. 2004헌바81, 판례집 20-2상, 91, 101 참조). 다만, 출생 전 형성 중의 생명에 대해서 헌법적 보호의 필요성이 크고 일정한 경우 그 기본권 주체성이 긍정된다고 하더라도, 어느 시점부터 기본권 주체성이 인정되는지, 또 어떤 기본권에 대해 기본권 주체성이 인정되는지는 생명의 근원에 대한 생물학적 인식을 비롯한 자연과학·기술 발전의 성과와 그에 터 잡은 헌법의 해석으로부터 도출되는 규범적 요청을 고려하여 판단하여야 할 것이다(헌재 2010.05.27. 2005헌마346).
② (○) 법인 등 결사체도 그 조직과 의사형성에 있어서, 그리고 업무수행에 있어서 자기결정권을 가지고 있어 결사의 자유의 주체가 된다고 봄이 상당하므로, 축협중앙회는 그 회원조합들과 별도로 결사의 자유의 주체가 된다. 헌법상 기본권의 주체가 될 수 있는 법인은 원칙적으로 사법인에 한하는 것이고 공법인은 헌

법의 수범자이지 기본권의 주체가 될 수 없다. 축협중앙회는 지역별·업종별 축협과 비교할 때, 회원의 임의탈퇴나 임의해산이 불가능한 점 등 그 공법인성이 상대적으로 크다고 할 것이지만, 이로써 공법인이라고 단정할 수는 없을 것이고, 이 역시 그 존립목적 및 설립형식에서의 자주적 성격에 비추어 사법인적 성격을 부인할 수 없으므로, 축협중앙회는 공법인성과 사법인성을 겸유한 특수한 법인으로서 이 사건에서 기본권의 주체가 될 수 있다(헌재 2000.06.01. 99헌마553).

③ (X) 직업의 자유 중 이 사건에서 문제되는 직장 선택의 자유는 인간의 존엄과 가치 및 행복추구권과도 밀접한 관련을 가지는 만큼 단순히 국민의 권리가 아닌 인간의 권리로 보아야 할 것이므로 외국인도 제한적으로라도 직장 선택의 자유를 향유할 수 있다고 보아야 한다. 청구인들이 이미 적법하게 고용허가를 받아 적법하게 우리나라에 입국하여 우리나라에서 일정한 생활관계를 형성, 유지하는 등, 우리 사회에서 정당한 노동인력으로서의 지위를 부여받은 상황임을 전제로 하는 이상, 이 사건 청구인들에게 직장 선택의 자유에 대한 기본권 주체성을 인정할 수 있다 할 것이다(헌재 2011.09.29. 2007헌마1083).

> **참조판례** 헌법재판소법 제68조 제1항 소정의 헌법소원은 기본권의 주체이어야만 청구할 수 있는데, 단순히 '국민의 권리'가 아니라 '인간의 권리'로 볼 수 있는 기본권에 대해서는 외국인도 기본권의 주체가 될 수 있다. 나아가 청구인들이 불법체류 중인 외국인들이라 하더라도, 불법체류라는 것은 관련 법령에 의하여 체류자격이 인정되지 않는다는 것일 뿐이므로, '인간의 권리'로서 외국인에게도 주체성이 인정되는 일정한 기본권에 관하여 불법체류 여부에 따라 그 인정 여부가 달라지는 것은 아니다. 청구인들이 침해받았다고 주장하고 있는 신체의 자유, 주거의 자유, 변호인의 조력을 받을 권리, 재판청구권 등은 성질상 인간의 권리에 해당한다고 볼 수 있으므로, 위 기본권들에 관하여는 청구인들의 기본권 주체성이 인정된다(헌재 2012.08.23. 2008헌마430).

④ (○) 헌법 제32조 제1항이 규정한 근로의 권리는 근로자를 개인의 차원에서 보호하기 위한 권리로서 개인인 근로자가 그 주체가 되는 것이고 노동조합은 그 주체가 될 수 없으므로, 이 사건 법률조항이 노동조합을 비과세 대상으로 규정하지 않았다 하여 헌법 제32조 제1항에 반한다고 볼 여지는 없다(헌재 2009.02.26. 2007헌바27).

⑤ (○) 기본권 보장규정인 헌법 제2장의 제목이 "국민의 권리와 의무"이고 그 제10조 내지 제39조에서 "모든 국민은 … 권리를 가진다"고 규정하고 있으므로 이러한 기본권의 보장에 관한 각 헌법규정의 해석상 국민만이 기본권의 주체라 할 것이고, 공권력의 행사자인 국가, 지방자치단체나 그 기관 또는 국가조직의 일부나 공법인은 기본권의 "수범자"이지 기본권의 주체가 아니고 오히려 국민의 기본권을 보호 내지 실현해야 할 '책임'과 '의무'를 지니고 있을 뿐이다(헌재 2006.02.23. 2004헌바50).

정답 ③

문 5
21년 10월 모의시험

기본권 주체성에 관한 설명 중 옳은 것을 모두 고른 것은? (다툼이 있는 경우 판례에 의함)

> ㄱ. 초기배아는 수정이 된 배아라는 점에서 형성중인 생명의 첫걸음을 떼었다고 볼 여지가 있으므로, 적어도 생명권에 관한 한 기본권 주체성이 인정된다.
> ㄴ. 태아는 형성중의 생명으로서 국가의 기본권 보호의무가 작동하는 대상이므로, 성질상 자연인이 누릴 수 있는 모든 기본권에 대하여는 그 주체성이 인정된다.
> ㄷ. 외국인의 기본권 주체성 여부와 법인의 기본권 주체성 여부는 모두 기본권의 성질에 좌우되므로, 외국인은 '인간의 권리'로서의 성격을 갖는 기본권들에 대하여, 법인은 해당 결사체가 누릴 수 있는 기본권들에 대하여 그 주체성이 인정된다.

ㄹ. 지방자치단체는 원칙적으로 기본권의 수범자일 뿐 기본권의 주체가 아니나, 지방자치단체의 자치권 중의 하나인 지방재정권에 관하여는 기본권 주체성이 인정된다.
ㅁ. 공직자도 순수한 직무상의 권한행사외의 사적인 영역에 있어서는 기본권의 주체가 될 수 있으므로, 공직의 상실과 관련된 공무담임권을 다투는 경우 해당 기본권의 주체성이 인정된다.

① ㄱ, ㄴ ② ㄱ, ㄹ ③ ㄷ, ㅁ
④ ㄴ, ㄷ, ㅁ ⑤ ㄷ, ㄹ, ㅁ

MGI Point   기본권 주체성 ★★

- 초기배아 ⇨ 기본권 주체성 ×
- 태아 ⇨ 기본권 주체성 ○ but 자연인이 누릴 수 있는 모든 기본권에 대하여 주체성 인정되는 것은 ×
- 외국인 ⇨ '인간의 권리'로서의 성격을 갖는 기본권들에 대하여 그 주체성 인정 ○
  법인 ⇨ 해당 결사체가 누릴 수 있는 기본권들에 대하여 그 주체성 인정 ○
- 지방자치단체 ⇨ 기본권주체성 ×
- 공직자는 사적인 영역에 있어서는 기본권 주체성 有
  ⇨ 공직의 상실과 관련된 공무담임권을 다투는 경우 해당 기본권의 주체성 인정 ○

ㄱ. (X) 초기배아는 수정이 된 배아라는 점에서 형성 중인 생명의 첫걸음을 떼었다고 볼 여지가 있기는 하나 아직 모체에 착상되거나 원시선이 나타나지 않은 이상 현재의 자연과학적 인식 수준에서 독립된 인간과 배아 간의 개체적 연속성을 확정하기 어렵다고 봄이 일반적이라는 점, 배아의 경우 현재의 과학기술 수준에서 모체 속에서 수용될 때 비로소 독립적인 인간으로의 성장가능성을 기대할 수 있다는 점, 수정 후 착상 전의 배아가 인간으로 인식된다거나 그와 같이 취급하여야 할 필요성이 있다는 사회적 승인이 존재한다고 보기 어려운 점 등을 종합적으로 고려할 때, 기본권 주체성을 인정하기 어렵다(헌재 2010.05.27. 2005헌마346).

ㄴ. (X) 태아의 경우는 신체활동이나 정신활동이 가능한 상태가 아니기 때문에 모든 기본권의 주체가 된다는 것은 원천적으로 불가능하다. 그러나 태아의 생명과 건강에 대한 보호의 필요성이 대두되면서 생명권을 비롯한 일정한 기본권의 주체가 될 수 있다고 보는 것이 오늘날 일반적이다(김유향, 기본강의 헌법 제7판, p.203).

> **판례** 태아는 형성 중의 인간으로서 생명을 보유하고 있으므로 국가는 태아를 위하여 각종 보호조치들을 마련해야 할 의무가 있다. 하지만 그와 같은 국가의 기본권 보호의무로부터 태아의 출생 전에, 또한 태아가 살아서 출생할 것인가 와는 무관하게, 태아를 위하여 민법상 일반적 권리능력까지도 인정하여야 한다는 헌법적 요청이 도출되지는 않는다(헌재 2008.07.31. 2004헌바81).

ㄷ. (O) 인간의 존엄과 가치 및 행복추구권 등과 같이 단순히 '국민의 권리'가 아닌 '인간의 권리'로 볼 수 있는 기본권에 대해서는 외국인도 기본권 주체가 될 수 있다고 하여 인간의 권리에 대하여는 원칙적으로 외국인의 기본권 주체성을 인정하였다(헌재 2001.11.29. 99헌마494). 우리 헌법은 법인 내지 단체의 기본권 향유능력에 대하여 명문의 규정을 두고 있지는 않지만 본래 자연인에게 적용되는 기본권이라도 그 성질상 법인이 누릴 수 있는 기본권은 법인에게도 적용된다(헌재 2006.12.28. 2004헌바67).

ㄹ. (X) 기본권 보장규정인 헌법 제2장의 제목이 "국민의 권리와 의무"이고 그 제10조 내지 제39조에서 "모든 국민은 … 권리를 가진다"고 규정하고 있으므로 이러한 기본권의 보장에 관한 각 헌법규정의 해석상 국민만이 기본권의 주체라 할 것이고, 공권력의 행사인 국가, 지방자치단체나 그 기관 또는 국가조직의

일부나 공법인은 기본권의 "수범자"이지 기본권의 주체가 아니고 오히려 국민의 기본권을 보호 내지 실현해야 할 '책임'과 '의무'를 지니고 있을 뿐이다. 그렇다면 이 사건에서 지방자치단체인 청구인은 기본권의 주체가 될 수 없고 따라서 청구인의 재산권 침해 여부는 더 나아가 살펴볼 필요가 없다 … (판결이유 중) 지방자치단체의 자치권은 자치입법권·자치행정권·자치재정권으로 나눌 수 있으며, 지방재정권은 지방자치단체가 재산을 관리하며, 재산을 형성하고 유지할 권한을 의미한다. 이에 따라 지방자치단체는 행정목적의 달성을 위하여 또는 공익상 필요한 경우에는 재산을 보유하거나, 특정한 자금의 운용을 위한 기금을 설치할 수 있으며(지방자치법 제133조), 자치에 필요한 경비를 주민에게 조세로서 부과하거나(지방자치법 제126조), 공공시설의 이용 또는 재산의 사용에 대하여 사용료를 징수(지방자치법 제127조)하는 등의 권한을 가진다. 그러나 이러한 헌법상의 자치권의 범위는 법령에 의하여 형성되고 제한되며, 다만 지방자치단체의 자치권은 헌법상 보장을 받고 있으므로 비록 법령에 의하여 이를 제한하는 것이 가능하다고 하더라도 그 제한이 불합리하여 자치권의 본질을 훼손하는 정도에 이른다면 이는 헌법에 위반된다고 보아야 할 것이다(헌재 2006.02.23. 2004헌바50).

ㅁ. (〇) 국가 및 그 기관 또는 조직의 일부나 공법인은 원칙적으로는 기본권의 '수범자'로서 기본권의 주체가 되지 못하고, 다만 국민의 기본권을 보호 내지 실현하여야 할 책임과 의무를 지니는 데 그칠 뿐이므로(헌재 1994.12.29. 93헌마120), 공직자가 국가기관의 지위에서 순수한 직무상의 권한행사와 관련하여 기본권 침해를 주장하는 경우에는 기본권의 주체성을 인정하기 어렵다 할 것이나, 그 외의 사적인 영역에 있어서는 기본권의 주체가 될 수 있는 것이다. 청구인은 선출직 공무원인 하남시장으로서 이 사건 법률 조항으로 인하여 공무담임권 등이 침해된다고 주장하여, 순수하게 직무상의 권한행사와 관련된 것이라기보다는 공직의 상실이라는 개인적인 불이익과 연관된 공무담임권을 다투고 있으므로, 이 사건에서 청구인에게는 기본권의 주체성이 인정된다 할 것이다(헌재 2009.03.26. 2007헌마843).

정답

문 6
20년 8월 모의시험

기본권 주체에 관한 설명으로 옳지 않은 것은? (다툼이 있는 경우 판례에 의함)

① 정당은 국민의 정치적 의사형성에 참여하기 위한 조직으로 성격상 권리능력 없는 단체에 속하지만, 구성원과는 독립하여 그 자체로서 기본권의 주체가 될 수 있다.
② 헌법 제32조 제1항이 규정한 근로의 권리는 근로자를 개인의 차원에서 보호하기 위한 권리로서 개인인 근로자가 주체가 되는 것이고 노동조합은 그 주체가 될 수 없다.
③ 태아의 생명권 주체성을 인정할 수 있으나, 수정란이 모체에 착상되어 원시선이 나타나는 그 시점의 배아 상태에 이르지 않은 초기배아에게는 생명권 주체성을 인정할 수 없다.
④ 공법인이라 하더라도 공무를 수행하거나 고권적 행위를 하는 경우가 아닌 사경제 주체로서 활동하는 경우나 조직법상 국가로부터 독립한 고유 업무를 수행하는 경우, 그리고 다른 공권력 주체와의 관계에서 지배복종관계가 성립되어 일반 사인처럼 그 지배하에 있는 경우 등에는 기본권 주체가 될 수 있다.
⑤ 국가 조직영역 내에서 공적 과제를 수행하는 대통령은 소속 정당을 위하여 정당활동을 할 수 있는 사인으로서의 지위를 가지는 경우에도 기본권 주체성을 갖는다고 할 수 없다.

> **MGI Point** **기본권의 주체** ★★
>
> - 정당 ⇨ 성격상 권리능력 없는 단체, 구성원과는 독립하여 그 자체로서 기본권의 주체 ○
> - 노동조합 ⇨ 근로의 권리의 주체 ×
> - 태아 ⇨ 생명권 주체성 ○ / 초기배아 ⇨ 기본권 주체성 ×
> - 공법인 ⇨ 사경제 주체로서 활동하는 경우나 조직법상 국가로부터 독립한 고유 업무를 수행하는 경우, 다른 공권력 주체와의 관계에서 지배복종관계가 성립되어 일반 사인처럼 그 지배하에 있는 경우 기본권 주체 ○
> - 대통령 ⇨ 소속 정당을 위하여 정당활동을 할 수 있는 사인으로서의 지위와 관련해서는 기본권 주체성 ○

① (○) 청구인 진보신당은 국민의 정치적 의사형성에 참여하기 위한 조직으로 성격상 권리능력 없는 단체에 속하지만, 구성원과는 독립하여 그 자체로서 기본권의 주체가 될 수 있고, 그 조직 자체의 기본권이 직접 침해당한 경우 자신의 이름으로 헌법소원심판을 청구할 수 있으나, 이 사건에서 침해된다고 하여 주장되는 기본권은 생명·신체의 안전에 관한 것으로서 성질상 자연인에게만 인정되는 것이므로, 이와 관련하여 청구인 진보신당과 같은 권리능력 없는 단체는 위와 같은 기본권의 행사에 있어 그 주체가 될 수 없고, 또한 청구인 진보신당이 그 정당원이나 일반 국민의 기본권이 침해됨을 이유로 이들을 위하거나 이들을 대신하여 헌법소원심판을 청구하는 것은 원칙적으로 허용되지 아니하므로, 이 사건에 있어 청구인 진보신당은 청구인능력이 인정되지 아니한다 할 것이다(헌재 2008.12.26. 2008헌마419).

② (○) 헌법 제32조 제1항이 규정한 근로의 권리는 근로자를 개인의 차원에서 보호하기 위한 권리로서 개인인 근로자가 그 주체가 되는 것이고 노동조합은 그 주체가 될 수 없으므로, 이 사건 법률조항이 노동조합을 비과세 대상으로 규정하지 않았다 하여 헌법 제32조 제1항에 반한다고 볼 여지는 없다(헌재 2009.02.26. 2007헌바27).

③ (○) ▶ 헌법재판소는 태아의 생명권 주체성을 인정하였으나, 초기배아의 기본권주체성은 부정하였다.

> **판례** 인간의 생명은 고귀하고, 이 세상에서 무엇과도 바꿀 수 없는 존엄한 인간 존재의 근원이다. 이러한 생명에 대한 권리, 즉 생명권은 비록 헌법에 명문의 규정이 없다 하더라도 인간의 생존본능과 존재목적에 바탕을 둔 선험적이고 자연법적인 권리로서 헌법에 규정된 모든 기본권의 전제로서 기능하는 기본권 중의 기본권이다. 모든 인간은 헌법상 생명권의 주체가 되며, 형성 중의 생명인 태아에게도 생명에 대한 권리가 인정되어야 한다. 따라서 태아도 헌법상 생명권의 주체가 되며, 국가는 헌법 제10조에 따라 태아의 생명을 보호할 의무가 있다(헌재 2008.07.31. 2004헌바81).

> **판례** 초기배아는 수정이 된 배아라는 점에서 형성 중인 생명의 첫걸음을 떼었다고 볼 여지가 있기는 하나 아직 모체에 착상되거나 원시선이 나타나지 않은 이상 현재의 자연과학적 인식 수준에서 독립된 인간과 배아 간의 개체적 연속성을 확정하기 어렵다고 봄이 일반적이라는 점, 배아의 경우 현재의 과학기술 수준에서 모태 속에서 수용될 때 비로소 독립적인 인간으로의 성장가능성을 기대할 수 있다는 점, 수정 후 착상 전의 배아가 인간으로 인식된다거나 그와 같이 취급하여야 할 필요성이 있다는 사회적 승인이 존재한다고 보기 어려운 점 등을 종합적으로 고려할 때, 기본권 주체성을 인정하기 어렵다(헌재 2010.05.27. 2005헌마346).

④ (○) 공법인이나 이에 준하는 지위를 가진 자라 하더라도 공무를 수행하거나 고권적 행위를 하는 경우가 아닌 사경제 주체로서 활동하는 경우나 조직법상 국가로부터 독립한 고유 업무를 수행하는 경우, 그리고 다른 공권력 주체와의 관계에서 지배복종관계가 성립되어 일반 사인처럼 그 지배하에 있는 경우 등에는 기본권 주체가 될 수 있다(헌재 2013.09.26. 2012헌마271).

⑤ (×) 심판대상조항이나 공권력 작용이 넓은 의미의 국가 조직영역 내에서 공적 과제를 수행하는 주체의 권한 내지 직무영역을 제약하는 성격이 강한 경우에는 그 기본권 주체성이 부정될 것이지만, 그것이 일반 국민으로서 국가에 대하여 가지는 헌법상의 기본권을 제약하는 성격이 강한 경우에는 기본권 주체성을 인정할 수 있다. 개인의 지위를 겸하는 국가기관이 기본권의 주체로서 헌법소원의 청구적격을 가지는지 여부는, 심판대상조항이 규율하는 기본권의 성격, 국가기관으로서의 직무와 제한되는 기본권 간의 밀접성과 관

련성, 직무상 행위와 사적인 행위 간의 구별가능성 등을 종합적으로 고려하여 결정되어야 할 것이다. 그러므로 대통령도 국민의 한사람으로서 제한적으로나마 기본권의 주체가 될 수 있는바, 대통령은 소속 정당을 위하여 정당활동을 할 수 있는 사인으로서의 지위와 국민 모두에 대한 봉사자로서 공익실현의 의무가 있는 헌법기관으로서의 지위를 동시에 갖는데 최소한 전자의 지위와 관련하여는 기본권 주체성을 갖는다고 할 수 있다(헌재 2008.01.17. 2007헌마700).

정답 ⑤

문 7
20년 10월 모의시험

외국인의 기본권 주체성에 관한 설명으로 옳은 것을 모두 고른 것은? (다툼이 있는 경우 판례에 의함)

ㄱ. 국민 또는 국민과 유사한 지위에 있는 외국인은 기본권의 주체가 될 수 있고, 인간의 존엄과 가치, 행복추구권과 같은 '인간의 권리'에 해당하는 기본권에 대해서는 외국인도 주체가 될 수 있다.

ㄴ. 직장 선택의 자유는 인간의 존엄과 가치 및 행복추구권과도 밀접한 관련을 가지는 만큼 단순히 국민의 권리가 아닌 인간의 권리로 보아야 할 것이므로 외국인도 제한적이나마 직장 선택의 자유를 향유할 수 있다.

ㄷ. 자본주의 경제질서하에서 근로자가 기본적 생활수단을 확보하고 인간의 존엄성을 보장받기 위하여 최소한의 근로조건을 요구할 수 있는 권리는 사회권적 기본권으로서의 성질을 가지므로 외국인에 대해서는 기본권 주체성을 인정할 수 없다.

ㄹ. 변호인의 조력을 받을 권리는 성질상 인간의 권리에 해당되므로 외국인에 대해서도 그 기본권 주체성이 인정된다.

① ㄱ, ㄴ ② ㄱ, ㄷ ③ ㄷ, ㄹ
④ ㄱ, ㄴ, ㄹ ⑤ ㄴ, ㄷ, ㄹ

MGI Point 외국인의 기본권 주체성 ★★

- 인간의 존엄과 가치, 행복추구권과 같은 '인간의 권리'에 해당하는 기본권 : 외국인도 기본권의 주체 ○
- 외국인의 직장선택의 자유 : 제한적으로 인정 ○
- 최소한의 근로조건을 요구할 수 있는 권리 : 자유권적 기본권의 성질 ⇨ 외국인 근로자도 기본권 주체성 인정 ○
- 변호인의 조력을 받을 권리 : 성질상 인간의 권리이므로 기본권 주체성 인정 ○

ㄱ. (○) 국민 또는 국민과 유사한 지위에 있는 외국인은 헌법재판소법 제68조 제1항의 헌법소원을 청구할 수 있는 기본권 주체로서, 인간의 존엄과 가치 및 행복추구권 등과 같이 단순히 국민의 권리가 아닌 인간의 권리로 볼 수 있는 기본권에 대해서는 외국인도 기본권 주체가 될 수 있다(헌재 2014.04.24. 2011헌마474).

ㄴ. (○) 직업의 자유 중 이 사건에서 문제되는 직장 선택의 자유는 인간의 존엄과 가치 및 행복추구권과도 밀접한 관련을 가지는 만큼 단순히 국민의 권리가 아닌 인간의 권리로 보아야 할 것이므로 외국인도 제한적으로라도 직장 선택의 자유를 향유할 수 있다고 보아야 한다. 청구인들이 이미 적법하게 고용허가를 받아 적법하게 우리나라에 입국하여 우리나라에서 일정한 생활관계를 형성, 유지하는 등, 우리 사회에서 정

당한 노동인력으로서의 지위를 부여받은 상황임을 전제로 하는 이상, 이 사건 청구인들에게 직장 선택의 자유에 대한 기본권 주체성을 인정할 수 있다 할 것이다(헌재 2011.09.29. 2007헌마1083).

> **비교판례** 외국인이 국내에서 누리는 직업의 자유는 법률 이전에 헌법에 의해서 부여된 기본권이라고 할 수는 없고, 법률에 따른 정부의 허가에 의해 비로소 발생하는 권리이다(헌재 2014.08.28. 2013헌마359).

ㄷ. (X) 근로의 권리가 "일할 자리에 관한 권리"만이 아니라 "일할 환경에 관한 권리"도 함께 내포하고 있는 바, 후자는 인간의 존엄성에 대한 침해를 방어하기 위한 자유권적 기본권의 성격도 갖고 있어 건강한 작업환경, 일에 대한 정당한 보수, 합리적인 근로조건의 보장 등을 요구할 수 있는 권리 등을 포함한다고 할 것이므로 외국인 근로자라고 하여 이 부분에까지 기본권 주체성을 부인할 수는 없다. 즉 근로의 권리의 구체적인 내용에 따라, 국가에 대하여 고용증진을 위한 사회적·경제적 정책을 요구할 수 있는 권리는 사회권적 기본권으로서 국민에 대하여만 인정해야 하지만, 자본주의 경제질서하에서 근로자가 기본적 생활수단을 확보하고 인간의 존엄성을 보장받기 위하여 최소한의 근로조건을 요구할 수 있는 권리는 자유권적 기본권의 성격도 아울러 가지므로 이러한 경우 외국인 근로자에게도 그 기본권 주체성을 인정함이 타당하다(헌재 2007.08.30. 2004헌마670).

ㄹ. (O) 헌법재판소법 제68조 제1항 소정의 헌법소원은 기본권의 주체이어야만 청구할 수 있는데, 단순히 '국민의 권리'가 아니라 '인간의 권리'로 볼 수 있는 기본권에 대해서는 외국인도 기본권의 주체가 될 수 있다. 나아가 청구인들이 불법체류 중인 외국인들이라 하더라도, 불법체류라는 것은 관련 법령에 의하여 체류자격이 인정되지 않는다는 것일 뿐이므로, '인간의 권리'로서 외국인에게도 주체성이 인정되는 일정한 기본권에 관하여 불법체류 여부에 따라 그 인정 여부가 달라지는 것은 아니다. 청구인들이 침해받았다고 주장하고 있는 신체의 자유, 주거의 자유, 변호인의 조력을 받을 권리, 재판청구권 등은 성질상 인간의 권리에 해당한다고 볼 수 있으므로, 위 기본권들에 관하여는 청구인들의 기본권 주체성이 인정된다(헌재 2012.08.23. 2008헌마430).

문 8
20년 8월 모의시험

헌법상 대학의 자율성에 관한 설명으로 옳지 않은 것은? (다툼이 있는 경우 판례에 의함)

① 대학 설립자가 사립대학교나 학교법인을 자유롭게 운영할 자유는 비록 헌법에 명문규정은 없으나 헌법 제10조에서 보장되는 행복추구권의 한 내용을 이루는 일반적인 행동의 자유권과 교육의 자주성·전문성·정치적 중립성 및 대학의 자율성을 규정하고 있는 헌법 제31조 제4항 등에 의하여 인정되는 기본권의 하나이다.

② "대학의 자율성은 법률이 정하는 바에 의하여 보장된다."라는 규정은 1980년 헌법에서 최초로 명문화되었다.

③ 대학의 자율성은 학문의 자유의 확실한 보장수단으로 꼭 필요한 것으로서 대학에게 부여된 헌법상의 기본권이다.

④ 대학 자치의 주체는 기본적으로 대학이지만, 경우에 따라서는 교수나 교수회도 대학 자치의 주체로 인정될 수 있다.

⑤ 학문의 자유를 향유하는 대학 교원은 대학자치의 주체로서 어느 정도 대학의 운영에 적극적으로 참여할 수 있는 길이 보장되어 있으나, 임금, 근무조건, 후생복지 등 교원의 경제적·사회적 지위향상에 대해서까지 대학 구성원들이 대학의 자율성을 근거로 그 의사결정 과정에 참여할 수 있다고 보기는 어렵다.

> **MGI Point** 대학의 자율성 ★★
>
> ■ 설립자가 사립학교를 자유롭게 운영할 자유
>   ① 일반적 행동자유권 ② 헌법 제31조 제1항 ③ 헌법 제31조 제4항에 의하여 인정되는 기본권
> ■ 대학의 자율성 (헌법 제31조 제4항) ⇨ 현행 헌법에서 최초로 명문화
>   ▪ 학문의 자유의 확실한 보장수단, 기본적으로 대학에 부여된 기본권
>   ▪ 교수·교수회도 그 주체가 될 수 있음
> ■ 대학 교원은 대학자치의 주체 ⇨ 어느 정도 대학의 운영에 적극적으로 참여 可, but 임금, 근무조건, 후생복지 등 교원의 경제적·사회적 지위향상에 대해서까지 그 의사결정 과정에 참여 ×

① (O) 사립학교는 설립자의 의사와 재산으로 독자적인 교육목적을 구현하기 위해 설립되는 것이므로 사립학교설립의 자유와 운영의 독자성을 보장하는 것은 그 무엇과도 바꿀 수 없는 본질적 요체라고 할 수 있다. 따라서 설립자가 사립학교를 자유롭게 운영할 자유는 비록 헌법에 독일기본법 제7조 제4항과 같은 명문규정은 없으나 헌법 제10조에서 보장되는 행복추구권의 한 내용을 이루는 일반적인 행동의 자유권과 모든 국민의 능력에 따라 균등하게 교육을 받을 권리를 규정하고 있는 헌법 제31조 제1항 그리고 교육의 자주성·전문성·정치적 중립성 및 대학의 자율성을 규정하고 있는 <u>헌법 제31조 제4항에 의하여 인정되는 기본권</u>의 하나라 하겠다(헌재 2001.01.18. 99헌바63).

② (X) 대학의 자율성은 현행 헌법에서 규정되었다(정회철, 기본강의 헌법 개정7판, p.68 참조). ▶1987년 전문 개정된 현행헌법 제31조 제4항 참조

> <u>헌법 제31조</u> ④ 교육의 자주성·전문성·정치적 중립성 및 대학의 자율성은 법률이 정하는 바에 의하여 보장된다.

③ (O), ④ (O) 헌법재판소는 대학의 자율성은 헌법 제22조 제1항이 보장하고 있는 학문의 자유의 확실한 보장수단으로 꼭 필요한 것으로서 대학에게 부여된 헌법상의 기본권으로 보고 있다. 그러나 대학의 자치의 주체를 기본적으로 대학으로 본다고 하더라도 교수나 교수회의 주체성이 부정된다고 볼 수는 없고, 가령 학문의 자유를 침해하는 대학의 장에 대한 관계에서는 교수나 교수회가 주체가 될 수 있고, 또한 국가에 의한 침해에 있어서는 대학 자체 외에도 대학 전구성원이 자율성을 갖는 경우도 있을 것이므로 문제되는 경우에 따라서 <u>대학, 교수, 교수회 모두가 단독, 혹은 중첩적으로 주체가 될 수 있다</u>고 보아야 할 것이다(헌재 2006.04.27. 2005헌마1047).

⑤ (O) … 학문의 자유를 향유하는 대학 교원은 대학자치의 주체로서 어느 정도 대학의 운영에 적극적으로 참여할 수 있는 길이 보장되어 있으나, <u>임금, 근무조건, 후생복지 등 교원의 경제적·사회적 지위향상에 대해서까지 대학 구성원들이 대학의 자율성을 근거로 그 의사결정 과정에 참여할 수 있다고 보기는 어렵다</u>(헌재 2018.08.30. 2015헌가38). ▶『교원의 노동조합 설립 및 운영 등에 관한 법률』의 적용대상을 초·중등교육법 제19조 제1항의 교원이라고 규정함으로써, 고등교육법에서 규율하는 대학 교원들의 단결권을 인정하지 않는 교원노조법 조항에 대하여 헌법불합치결정을 하면서 잠정적용을 명한 사례

정답 ②

제❹절 | 기본권의 포기

제❺절 | 기본권의 효력

제❻절 | 기본권의 보호의무

문 9
24년 8월 모의시험

기본권보호의무에 관한 설명 중 옳지 않은 것은? (다툼이 있는 경우 판례에 의함)

① 기본권은 공동체의 객관적 가치질서로서의 성격을 가지므로, 적어도 생명·신체의 보호와 같은 중요한 기본권적 법익 침해에 대해서는 국가가 아닌 제3자로서의 사인에 의해서 유발된 것이라고 하더라도 국가가 적극적인 보호의 의무를 진다.
② 태아는 형성 중의 인간으로서 생명을 보유하고 있으므로 국가는 태아를 위하여 각종 보호조치들을 마련해야 할 의무가 있고, 그와 같은 국가의 기본권 보호의무로부터 태아를 위하여 민법상 일반적 권리능력까지도 인정하여야 한다는 헌법적 요청이 도출된다.
③ 헌법 제10조 제2문에서 "국가는 개인이 가지는 불가침의 기본적 인권을 확인하고 이를 보장할 의무를 진다"라고 규정하고 있으며, 이는 국가의 적극적인 기본권보호의무를 규정한 것이다.
④ 전국동시지방선거의 선거운동시 확성장치의 사용시간과 사용지역에 따른 확성장치의 최고출력 내지 소음 규제기준에 관한 구체적인 규정을 두지 않은 것은 국가가 국민의 기본권 보호의무를 과소하게 이행한 것이다.
⑤ 국가의 기본권보호의무를 입법자 또는 그로부터 위임받은 집행자가 어떻게 실현하여야 할 것인가 하는 문제는 원칙적으로 입법자의 책임범위에 속한다.

MGI Point 기본권 보호의무 ★★

- 기본권은 공동체의 객관적 가치질서로서의 성격 ⇨ 적어도 생명·신체의 보호와 같은 중요한 기본권적 법익 침해에 대해서는 국가가 아닌 제3자로서의 사인에 의해서 유발된 것이라고 하더라도 국가가 적극적인 보호의 의무 有
- 국가의 기본권 보호의무로부터 태아를 위하여 민법상 일반적 권리능력까지도 인정하여야 한다는 헌법적 요청이 도출 ×
- 헌법 제10조 제2문에서 "국가는 개인이 가지는 불가침의 기본적 인권을 확인하고 이를 보장할 의무를 진다"라고 규정하고 있음, 이는 국가의 적극적인 기본권보호의무 규정한 것임
- 전국동시지방선거의 선거운동시 확성장치의 사용시간과 사용지역에 따른 확성장치의 최고출력 내지 소음 규제기준에 관한 구체적인 규정을 두지 않은 것은 국가가 국민의 기본권 보호의무를 과소하게 이행한 것임
- 국가의 기본권보호의무를 입법자 또는 그로부터 위임받은 집행자가 어떻게 실현하여야 할 것인가 하는 문제는 원칙적으로 입법자의 책임범위임

①(○), ④(○) 헌법 제10조의 규정에 의하면, 국가는 개인이 가지는 불가침의 기본적 인권을 확인하고 이를 보장할 의무를 지고 기본권은 공동체의 객관적 가치질서로서의 성격을 가지므로, 적어도 생명·신체의 보호와 같은 중요한 기본권적 법익 침해에 대해서는 그것이 국가가 아닌 제3자로서의 사인에 의해서 유발된 것이라고 하더라도 국가가 적극적인 보호의 의무를 진다(①). …심판대상조항이 선거운동의 자유를 감안하여 선거운동을 위한 확성장치를 허용할 공익적 필요성이 인정된다고 하더라도 정온한 생활환경이 보장되어야 할 주거지역에서 출근 또는 등교 이전 및 퇴근 또는 하교 이후 시간대에 확성장치의 최고출력 내지 소음을 제한하는 등 사용시간과 사용지역에 따른 수인한도 내에서 확성장치의 최고출력 내지 소음 규제기준에 관한 규정을 두지 아니한 것은, 국민이 건강하고 쾌적하게 생활할 수 있는 양호한 주거환경을 위하여 노력하여야 할 국가의 의무를 부과한 헌법 제35조 제3항에 비추어 보면, 적절하고 효율적인 최소한의 보호조치를 취하지 아니하여 국가의 기본권 보호의무를 과소하게 이행한 것으로서(④), 청구인의 건강하고 쾌적한 환경에서 생활할 권리를 침해하므로 헌법에 위반된다(헌법재판소 2019. 12. 27. 선고 2018헌마730 전원재판부 결정).

② (X) 태아는 형성 중의 인간으로서 생명을 보유하고 있으므로 국가는 태아를 위하여 각종 보호조치들을 마련해야 할 의무가 있다. 하지만 그와 같은 국가의 기본권 보호의무로부터 태아의 출생 전에, 또한 태아가 살아서 출생할 것인가와는 무관하게, 태아를 위하여 민법상 일반적 권리능력까지도 인정하여야 한다는 헌법적 요청이 도출되지는 않는다. 법치국가원리로부터 나오는 법적안정성의 요청은 인간의 권리능력이 언제부터 시작되는가에 관하여 가능한 한 명확하게 그 시점을 확정할 것을 요구한다. 따라서 인간이라는 생명체의 형성이 출생 이전의 그 어느 시점에서 시작됨을 인정하더라도, 법적으로 사람의 시기를 출생의 시점에서 시작되는 것으로 보는 것이 헌법적으로 금지된다고 할 수 없다(헌법재판소 2008. 7. 31 선고 2004헌바81 전원재판부).

③ (○) 헌법 제10조 제2문은 "국가는 개인이 가지는 불가침의 기본적 인권을 확인하고 이를 보장할 의무를 진다"고 규정함으로써, 소극적으로 국가권력이 국민의 기본권을 침해하는 것을 금지하는데 그치지 아니하고 나아가 적극적으로 국민의 기본권을 타인의 침해로부터 보호할 의무를 부과하고 있다. 이러한 국가의 기본권 보호 의무로부터 국가 자체가 불법적으로 국민의 생명권, 신체의 자유 등의 기본권을 침해하는 경우 그에 대한 손해배상을 해주어야 할 국가의 행위의무가 도출된다고 볼 수 있다. 그리고 헌법 제29조 제1항 제1문은 "공무원의 불법행위로 손해를 받은 국민은 법률이 정하는 바에 의하여 국가 또는 공공단체에 정당한 배상을 청구할 수 있다"고 규정함으로써 국가의 불법행위로 인한 기본권 침해에 대한 손해배상을 위해서 필요한 입법을 하도록 규정하고 있으므로, 이 헌법 규정에 의해서도 국가는 관련 법률을 제정해야 할 의무를 직접 가진다고 볼 수 있다(헌법재판소 2003. 1. 30. 선고 2002헌마358 전원재판부).

⑤ (○) … 국가의 보호의무를 입법자가 어떻게 실현하여야 할 것인가 하는 문제는 원칙적으로 권력분립원칙과 민주주의원칙에 따라 국민에 의해 직접 민주적 정당성을 부여받고 자신의 결정에 대해 정치적 책임을 지는 입법자의 책임범위에 속한다. 따라서 헌법재판소는 단지 제한적으로만 입법자에 의한 보호의무의 이행을 심사할 수 있다(헌법재판소 1997. 1. 16. 선고 90헌마110·136(병합) 전원재판부).

 ②

문 10

22년 10월 모의시험

기본권 보호의무에 관한 설명 중 옳지 않은 것은? (다툼이 있는 경우 판례에 의함)

① 국민의 기본권에 대한 국가의 적극적 보호의무는 궁극적으로 입법자의 입법행위를 통하여 비로소 실현될 수 있는 것이기 때문에, 입법자의 입법행위를 매개로 하지 아니하고 단순히 기본권이 존재한다는 것만으로 헌법상 광범위한 방어적 기능을 갖게 되는 기본권의 소극적 방어권으로서의 측면과 근본적인 차이가 있다.

② 국민의 생명·신체의 안전이 질병 등으로부터 위협받거나 받게 될 우려가 있는 경우 국가는 위험의 원인과 정도에 따라 사회·경제적인 여건 및 재정사정 등을 감안하여 그 안전을 보호하기에 필요한 적절하고 효율적인 입법·행정상의 조치를 취하여 침해의 위험을 방지하고 생명·신체의 안전을 유지할 포괄적인 의무를 진다.

③ 기본권 보호의무는 사인인 제3자에 의한 개인의 생명이나 신체의 훼손에서 문제되므로 국가는 사인인 제3자에 의한 국민의 환경권 침해에 대해서는 적극적으로 기본권 보호조치를 취해야할 경우가 발생하지 않는다.

④ 국가의 기본권보호의무의 이행은 입법자의 입법을 통하여 비로소 구체화되는 것이고, 국가가 그 보호의무를 어떻게 어느 정도로 이행할 것인지는 입법자가 제반사정을 고려하여 입법정책적으로 판단하여야 하는 입법재량의 범위에 속한다.

⑤ 국가가 국민의 생명·신체의 안전에 대한 보호의무를 다하지 않았는지 여부를 헌법재판소가 심사할 때에는 국가가 이를 보호하기 위하여 적어도 적절하고 효율적인 최소한의 보호조치를 취하였는가 하는 이른바 '과소보호금지원칙'의 위반 여부를 기준으로 삼아야 한다.

> **MGI Point** 기본권 보호의무 ★★
>
> ■ 기본권에 대한 국가의 적극적 보호의무 ⇨ 입법자의 입법행위를 통해 비로소 실현
>   (cf. 기본권의 소극적 방어권으로서의 측면 ⇨ 입법행위 매개없이 기본권 존재만으로 가능)
> ■ 국민의 생명·신체의 안전이 질병 등으로부터 위협받거나 받게 될 우려가 있는 경우 국가의 의무
>   ⇨ 그 위험의 원인과 정도에 따라 사회·경제적인 여건 및 재정사정 등을 감안, 국민의 생명·신체의 안전을 보호하기에 필요한 적절하고 효율적인 입법·행정상의 조치를 취하여 그 침해의 위험을 방지하고 이를 유지할 포괄적인 의무 有
> ■ 기본권 보호의무
>   • 기본권적 법익을 사인에 의한 위법한 침해 또는 침해의 위험으로부터 보호하여야 하는 국가의 의무
>   • 일정한 경우 국가는 사인인 제3자에 의한 국민의 환경권 침해에 대해서도 적극적으로 기본권 보호조치를 취할 의무 有
>   • 입법자의 입법을 통하여 구체화 ⇨ 입법재량의 범위에 속하는 것
>   • 심사기준 : 과소보호금지원칙 (적어도 적절하고 효율적인 최소한의 보호조치를 취했는가)

① (○) 우리 헌법은 제10조 제2문에서 "국가는 개인이 가지는 불가침의 기본적 인권을 확인하고 이를 보장할 의무를 진다."라고 규정함으로써 국가의 적극적인 기본권보호의무를 선언하고 있는바, 이러한 국가의 기본권보호의무 선언은 국가가 국민과의 관계에서 국민의 기본권보호를 위해 노력하여야 할 의무가 있다는 의미뿐만 아니라 국가가 사인 상호간의 관계를 규율하는 사법(私法)질서를 형성하는 경우에도 헌법상 기본권이 존중되고 보호되도록 할 의무가 있다는 것을 천명한 것이다. 그런데 국민의 기본권에 대한 국가의 적극적 보호의무는 궁극적으로 입법자의 입법행위를 통하여 비로소 실현될 수 있는 것이기 때문에, 입법자의 입법행위를 매개로 하지 아니하고 단순히 기본권이 존재한다는 것만으로 헌법상 광범위한 방어적 기능을 갖게 되는 기본권의 소극적 방어권으로서의 측면과 근본적인 차이가 있다(헌재 2008.07.31. 2004헌바81).

② (○) 헌법 제10조는 "모든 국민은 인간으로서의 존엄과 가치를 가지며 행복을 추구할 권리를 가진다. 국가는 개인이 가지는 불가침의 기본적 인권을 확인하고 이를 보장할 의무를 진다."고 규정하여, 모든 국민이 인간으로서의 존엄과 가치를 지닌 주체임을 천명하고, 국가권력이 국민의 기본권을 침해하는 것을 금지함은 물론 이에서 더 나아가 적극적으로 국민의 기본권을 보호하고 이를 실현할 의무가 있음을 선언하고 있다. 또한 생명·신체의 안전에 관한 권리는 인간의 존엄과 가치의 근간을 이루는 기본권일 뿐만 아니라, 헌법은 "모든 국민은 보건에 관하여 국가의 보호를 받는다."고 규정하여 질병으로부터 생명·신체의 보호 등 보건에 관하여 특별히 국가의 보호의무를 강조하고 있으므로(제36조 제3항), 국민의 생명·신체의 안전이 질병 등으로부터 위협받거나 받게 될 우려가 있는 경우 국가로서는 그 위험의 원인과 정도에 따라 사회·경제적인 여건 및 재정사정 등을 감안하여 국민의 생명·신체의 안전을 보호하기에 필요한 적절하고 효율적인 입법·행정상의 조치를 취하여 그 침해의 위험을 방지하고 이를 유지할 포괄적인 의무를 진다 할 것이다(헌재 2008.12.26. 2008헌마419).

③ (X), ⑤ (○) 기본권 보호의무란 기본권적 법익을 기본권 주체인 사인에 의한 위법한 침해 또는 침해의 위험으로부터 보호하여야 하는 국가의 의무를 말하며, 주로 사인인 제3자에 의한 개인의 생명이나 신체의 훼손에서 문제되는데, 이는 타인에 의하여 개인의 신체나 생명 등 법익이 국가의 보호의무 없이는 무력화될 정도의 상황에서만 적용될 수 있다(헌재 2009.02.26. 2005헌마764). 일정한 경우 국가는 사인인 제3자에 의한 국민의 환경권 침해에 대해서도 적극적으로 기본권 보호조치를 취할 의무를 지나,③ 헌법재판소가 이를 심사할 때에는 국가가 국민의 기본권적 법익 보호를 위하여 적어도 적절하고 효율적인 최소한의 보호조치를 취했는가 하는 이른바 "과소보호금지원칙"의 위반 여부를 기준으로 삼아야 한다⑤(헌재 2008.07.31. 2006헌마711).

④ (○) 국가의 기본권보호의무의 이행은 입법자의 입법을 통하여 비로소 구체화되는 것이고, 국가가 그 보호의무를 어떻게 어느 정도로 이행할 것인지는 원칙적으로 한 나라의 정치·경제·사회·문화적인 제반여건과 재정사정 등을 감안하여 입법정책적으로 판단하여야 하는 입법재량의 범위에 속하는 것이기 때문이다. 국가의 보호의무를 입법자가 어떻게 실현하여야 할 것인가 하는 문제는 원칙적으로 권력분립원칙과 민주

주의원칙에 따라 국민에 의해 직접 민주적 정당성을 부여받고 자신의 결정에 대해 정치적 책임을 지는 입법자의 책임범위에 속한다. 따라서 헌법재판소는 단지 제한적으로만 입법자에 의한 보호의무의 이행을 심사할 수 있다(헌재 2008.07.31. 2004헌바81).

정답 ③

문 11
21년 8월 모의시험

기본권 보호의무에 관한 설명 중 옳은 것을 모두 고른 것은? (다툼이 있는 경우 판례에 의함)

> ㄱ. 기본권 보호의무란 기본권적 법익을 기본권 주체인 사인(私人)에 의한 위법한 침해 또는 침해의 위험으로부터 보호하여야 하는 국가의 의무를 말하며, 주로 사인인 제3자에 의한 개인의 생명이나 신체의 훼손에서 문제되는데, 이는 타인에 의하여 개인의 신체나 생명 등 법익이 국가의 보호의무 없이는 무력화될 정도의 상황에서만 적용될 수 있다.
> ㄴ. 헌법재판소는 국가의 기본권 보호의무 위반 여부를 심사함에 있어 권력분립의 관점에서 과소보호금지원칙을, 즉 국가가 국민의 기본권 보호를 위하여 적어도 적절하고 효율적인 최소한의 보호조치를 취했는가를 기준으로 심사한다.
> ㄷ. 출근 또는 등교 이전 및 퇴근 또는 하교 이후 시간대의 주거지역에서 확성장치의 최고출력 또는 소음을 제한하는 등 사용시간과 사용지역에 따른 수인한도 내에서 확성장치의 최고출력 내지 소음 규제기준에 관한 구체적인 규정을 두어야 함에도 「공직선거법」에 이러한 규정을 두고 있지 아니한 것은 적절하고 효율적인 최소한의 보호조치를 취하지 아니함으로써 국가의 기본권 보호의무를 과소하게 이행하였다고 평가된다.
> ㄹ. 자동차 운전자가 업무상 과실 또는 중대한 과실로 인한 교통사고로 말미암아 피해자로 하여금 중상해에 이르게 한 경우, 교통사고를 일으킨 차가 종합보험 등에 가입되었다면 당해 차량의 운전자에 대하여 공소를 제기할 수 없도록 한 「교통사고처리특례법」 조항은 형벌까지 동원해야 보호법익을 유효적절하게 보호할 수 있다는 의미에서 교통사고 피해자에 대한 국가의 기본권 보호의무를 위반한 것이다.

① ㄱ, ㄹ
② ㄴ, ㄷ
③ ㄱ, ㄴ, ㄷ
④ ㄴ, ㄷ, ㄹ
⑤ ㄱ, ㄴ, ㄷ, ㄹ

MGI Point 기본권 보호의무 ★★

■ 기본권 보호의무
- 기본권적 법익을 사인에 의한 위법한 침해 또는 침해의 위험으로부터 보호하여야 하는 국가의 의무
- 타인에 의하여 개인의 신체나 생명 등 법익이 국가의 보호의무 없이는 무력화될 정도의 상황에서만 적용 가

■ 국가의 기본권보장의무 위반 여부에 대한 심사기준
 ⇨ 과소보호금지원칙 (적어도 적절하고 효율적인 최소한의 보호조치를 취했는가를 기준 ○)

■ 사용시간과 사용지역에 따른 수인한도 내에서 확성장치의 소음 규제기준을 두지 아니한 공직선거법 규정
 ⇨ 국가의 기본권 보호의무를 과소하게 이행, 건강하고 쾌적한 환경에서 생활할 권리를 침해하므로 헌법 위반 ○

■ 업무상과실 또는 중대한 과실로 인한 교통사고로 인한 중상해시 공소를 제기할 수 없도록 한 「교통사고처리특례법」 규정
  ⇨ 과소보호금지원칙 위반 ×, 재판절차진술권·평등권 침해 ○

ㄱ. (○) 기본권 보호의무란 기본권적 법익을 기본권 주체인 사인에 의한 위법한 침해 또는 침해의 위험으로부터 보호하여야 하는 국가의 의무를 말하며, 주로 사인인 제3자에 의한 개인의 생명이나 신체의 훼손에서 문제되는데, 이는 타인에 의하여 개인의 신체나 생명 등 법익이 국가의 보호의무 없이는 무력화될 정도의 상황에서만 적용될 수 있다(헌재 2009.02.26. 2005헌마764).

ㄴ. (○) 국가가 적극적으로 국민의 기본권을 보장하기 위한 제반조치를 취할 의무를 부담하는 경우에는 설사 그 보호의 정도가 국민이 바라는 이상적인 수준에 미치지 못한다고 하여 언제나 헌법에 위반되는 것으로 보기 어렵다. 국가의 기본권보호의무의 이행은 입법자의 입법을 통하여 비로소 구체화되는 것이고, 국가가 그 보호의무를 어떻게 어느 정도로 이행할 것인지는 입법자가 제반사정을 고려하여 입법정책적으로 판단하여야 하는 입법재량의 범위에 속하는 것이기 때문이다. 물론 입법자가 기본권 보호의무를 최대한 실현하는 것이 이상적이지만, 그러한 이상적 기준이 헌법재판소가 위헌 여부를 판단하는 심사기준이 될 수는 없으며, 헌법재판소는 권력분립의 관점에서 소위 "과소보호금지원칙"을, 즉 국가가 국민의 기본권 보호를 위하여 적어도 적절하고 효율적인 최소한의 보호조치를 취했는가를 기준으로 심사하게 된다. 따라서 입법부작위나 불완전한 입법에 의한 기본권의 침해는 입법자의 보호의무에 대한 명백한 위반이 있는 경우에만 인정될 수 있다. 다시 말하면 국가가 국민의 법익을 보호하기 위하여 아무런 보호조치를 취하지 않았든지 아니면 취한 조치가 법익을 보호하기에 명백하게 부적합하거나 불충분한 경우에 한하여 헌법재판소는 국가의 보호의무의 위반을 확인할 수 있을 뿐이다(헌재 2008.07.31. 2004헌바81).

ㄷ. (○) 심판대상조항이 선거운동의 자유를 감안하여 선거운동을 위한 확성장치를 허용할 공익적 필요성이 인정된다고 하더라도 정온한 생활환경이 보장되어야 할 주거지역에서 출근 또는 등교 이전 및 퇴근 또는 하교 이후 시간대에 확성장치의 최고출력 내지 소음을 제한하는 등 사용시간과 사용지역에 따른 수인한도 내에서 확성장치의 최고출력 내지 소음 규제기준에 관한 규정을 두지 아니한 것은, 국민이 건강하고 쾌적하게 생활할 수 있는 양호한 주거환경을 위하여 노력하여야 할 국가의 의무를 부과한 헌법 제35조 제3항에 비추어 보면, 적절하고 효율적인 최소한의 보호조치를 취하지 아니하여 국가의 기본권 보호의무를 과소하게 이행한 것으로서, 청구인의 건강하고 쾌적한 환경에서 생활할 권리를 침해하므로 헌법에 위반된다(헌재 2019.12.27. 2018헌마730).

ㄹ. (X) 교통사고처리특례법(2003. 5. 29. 법률 제6891호로 개정된 것) 제4조 제1항 본문 중 업무상 과실 또는 중대한 과실로 인한 교통사고로 말미암아 피해자로 하여금 중상해에 이르게 한 경우에 공소를 제기할 수 없도록 규정 … 국가의 신체와 생명에 대한 보호의무는 교통과실범의 경우 발생한 침해에 대한 사후처벌뿐 아니라, 무엇보다도 우선적으로 운전면허취득에 관한 법규 등 전반적인 교통관련법규의 정비, 운전자와 일반국민에 대한 지속적인 계몽과 교육, 교통안전에 관한 시설의 유지 및 확충, 교통사고 피해자에 대한 보상제도 등 여러 가지 사전적·사후적 조치를 함께 취함으로써 이행된다 할 것이므로, 형벌은 국가가 취할 수 있는 유효적절한 수많은 수단 중의 하나일 뿐이지, 결코 형벌까지 동원해야만 보호법익을 유효적절하게 보호할 수 있다는 의미의 최종적인 유일한 수단이 될 수는 없다 할 것이다. 따라서 이 사건 법률조항은 국가의 기본권보호의무의 위반 여부에 관한 심사기준인 과소보호금지의 원칙에 위반한 것이라고 볼 수 없다(헌재 2009.02.26. 2005헌마764). ▶ 헌법재판소는 피해자의 재판절차진술권과 평등권 침해를 이유로 위헌을 선고

정답 ③

문 12
20년 10월 모의시험

국가의 기본권보호의무에 관한 설명으로 옳지 않은 것은? (다툼이 있는 경우 판례에 의함)

① 기본권보호의무는 주로 사인인 제3자에 의한 개인의 생명이나 신체가 훼손되는 경우에 문제되는데, 이는 타인에 의하여 개인의 신체나 생명 등 법익이 국가의 보호의무 없이는 무력화될 정도의 상황에서만 적용될 수 있다.

② 국가의 기본권보호의무의 이행은 입법자의 입법을 통하여 비로소 구체화되는 것이고, 국가가 그 보호의무를 어떻게 어느 정도로 이행할 것인지는 원칙적으로 한 나라의 정치·경제·사회·문화적인 제반 여건과 재정사정 등을 감안하여 입법 정책적으로 판단하여야 하는 입법재량의 범위에 속한다.

③ 국가가 국민의 생명·신체의 안전에 대한 보호의무를 다하지 않았는지 여부를 헌법재판소가 심사할 때에는 국가가 이를 보호하기 위하여 적절하고 효율적인 최대한의 보호조치를 취하였는지 여부를 기준으로 삼는다.

④ 국가의 기본권보호의무 선언은 국민과의 관계에서 국민의 기본권보호를 위해 노력하여야 할 의무가 있다는 의미뿐만 아니라 국가가 사인 상호간의 관계를 규율하는 사법(私法)질서를 형성하는 경우에도 헌법상 기본권이 존중되고 보호되도록 할 의무가 있는 것을 천명한 것이다.

⑤ 국가의 기본권보호의무로부터 태아의 출생 전에, 또한 태아가 살아서 출생할 것인가와는 무관하게, 태아를 위하여 「민법」상 일반적 권리능력까지도 인정하여야 한다는 헌법적 요청이 도출되지 않는다.

MGI Point 국가의 기본권보호의무 ★★

■ 기본권 보호의무
- 기본권적 법익을 사인에 의한 위법한 침해 또는 침해의 위험으로부터 보호하여야 하는 국가의 의무
- 타인에 의하여 개인의 신체나 생명 등 법익이 국가의 보호의무 없이는 무력화될 정도의 상황에서만 적용 可
- 입법자의 입법을 통하여 구체화 ⇨ 입법재량의 범위에 속하는 것
- 심사기준 : 과소보호금지원칙 (적어도 적절하고 효율적인 최소한의 보호조치를 취했는가)

■ 국가의 기본권보호의무 선언
: 국가가 국민과의 관계에서 국민의 기본권보호를 위해 노력하여야 할 의무 + 국가가 사인 상호간의 관계를 규율하는 사법질서를 형성하는 경우에도 헌법상 기본권 존중되고 보호되도록 할 의무

■ 태아를 위하여 민법상 일반적 권리능력까지 인정하여야 한다는 헌법적 요청 도출 x

---

① (○) 기본권 보호의무란 기본권적 법익을 기본권 주체인 사인에 의한 위법한 침해 또는 침해의 위험으로부터 보호하여야 하는 국가의 의무를 말하며, 주로 사인인 제3자에 의한 개인의 생명이나 신체의 훼손에서 문제되는데, 이는 타인에 의하여 개인의 신체나 생명 등 법익이 국가의 보호의무 없이는 무력화될 정도의 상황에서만 적용될 수 있다(헌재 2009.02.26. 2005헌마764).

② (○) 국가가 적극적으로 국민의 기본권을 보장하기 위한 제반조치를 취할 의무를 부담하는 경우에는 설사 그 보호의 정도가 국민이 바라는 이상적인 수준에 미치지 못한다고 하여 언제나 헌법에 위반한다고 판단할 수 있는 것인지는 의문이다. 왜냐하면 국가의 기본권보호의무의 이행은 입법자의 입법을 통하여 비로소 구체화되는 것이고, 국가가 그 보호의무를 어떻게 어느 정도로 이행할 것인지는 원칙적으로 한 나라의 정치·경제·사회·문화적인 제반여건과 재정사정 등을 감안하여 입법정책적으로 판단하여야 하는 입법재량의 범위에 속하는 것이기 때문이다(헌재 2008.07.31. 2004헌바81).

③ (X) 국가가 국민의 생명·신체의 안전에 대한 보호의무를 다하지 않았는지 여부를 헌법재판소가 심사할 때에는 국가가 이를 보호하기 위하여 적어도 적절하고 효율적인 최소한의 보호조치를 취하였는가 하는 이

른바 '과소보호 금지원칙'의 위반 여부를 기준으로 삼아, 국민의 생명·신체의 안전을 보호하기 위한 조치가 필요한 상황인데도 국가가 아무런 보호조치를 취하지 않았든지 아니면 취한 조치가 법익을 보호하기에 전적으로 부적합하거나 매우 불충분한 것임이 명백한 경우에 한하여 국가의 보호의무의 위반을 확인하여야 한다(헌재 2008.12.26. 2008헌마419).

④ (○) 우리 헌법은 제10조 제2문에서 "국가는 개인이 가지는 불가침의 기본적 인권을 확인하고 이를 보장할 의무를 진다."라고 규정함으로써 국가의 적극적인 기본권보호의무를 선언하고 있는바, 이러한 국가의 기본권보호의무 선언은 국가가 국민과의 관계에서 국민의 기본권보호를 위해 노력하여야 할 의무가 있다는 의미뿐만 아니라 국가가 사인 상호간의 관계를 규율하는 사법(私法)질서를 형성하는 경우에도 헌법상 기본권이 존중되고 보호되도록 할 의무가 있다는 것을 천명한 것이다(헌재 2008.07.31. 2004헌바81).

⑤ (○) 태아는 형성 중의 인간으로서 생명을 보유하고 있으므로 국가는 태아를 위하여 각종 보호조치들을 마련해야 할 의무가 있다. 하지만 그와 같은 국가의 기본권 보호의무로부터 태아의 출생 전에, 또한 태아가 살아서 출생할 것인가와는 무관하게, 태아를 위하여 민법상 일반적 권리능력까지도 인정하여야 한다는 헌법적 요청이 도출되지는 않는다(헌재 2008.07.31. 2004헌바81).

 ③

제❼절 ┃ 기본권의 경합과 충돌

문 13
22년 6월 모의시험

기본권의 충돌과 경합에 관한 설명 중 옳은 것을 모두 고른 것은? (다툼이 있는 경우 판례에 의함)

ㄱ. 하나의 규제로 인해 여러 기본권이 동시에 제약을 받는 기본권 경합의 경우에는 기본권 침해를 주장하는 당사자의 의도 및 기본권을 제한하는 입법자의 객관적 동기 등을 참작하여 사안과 가장 밀접한 관계에 있고 또 침해의 정도가 큰 주된 기본권을 중심으로 해서 그 제한의 한계를 따져보아야 한다.

ㄴ. 공무원이 일정한 법위반행위로 처벌받은 경우 당연퇴직되도록 규정한 법률조항에 의하여 공무담임권과 직업선택의 자유를 침해당했다고 주장하는 헌법소원에서, 공무담임권은 직업선택의 자유에 대하여 특별기본권이어서 후자의 적용은 배제된다.

ㄷ. 도로에서 운전 중 좌석안전띠의 착용을 의무화하는 법률조항에 대한 헌법소원에서, 자동차를 도로에서 운전하는 중 좌석안전띠를 맬 것인가의 여부는 사생활의 영역이므로, 일반적 행동자유권의 침해여부 심사는 배제되고 사생활의 자유의 침해여부가 검토되어야 한다.

ㄹ. 서로 다른 기본권 주체의 기본권이 충돌하는 경우 헌법의 통일성을 유지하기 위하여 상충하는 기본권 모두 최대한으로 그 기능과 효력을 발휘할 수 있도록 조화로운 방법이 모색되어야 하므로, 과잉금지원칙 위배여부를 심사함에 있어 한 기본권 주체의 기본권을 제한하는 정도와 다른 기본권 주체의 기본권을 보호하는 정도가 적정한 비례를 유지하고 있는지를 살펴보아야 한다.

ㅁ. 서로 다른 기본권 주체의 충돌하는 기본권을 조정하는 법률조항에 대하여 한 기본권 주체가 기본권침해를 주장하여 헌법소원을 제기한 경우, 기본권의 서열이론, 법익형량의 원칙, 형평성의 원칙, 실제적 조화의 원칙 등 기본권 충돌을 조정하는 헌법원칙을 적용하여 문제를 해결하여야 한다.

① ㄱ, ㄴ   ② ㄱ, ㄹ
③ ㄷ, ㅁ   ④ ㄴ, ㄷ, ㅁ
⑤ ㄱ, ㄴ, ㄹ, ㅁ

> **MGI Point** 기본권의 충돌과 경합 ★★
>
> ■ 기본권 경합의 해결방법 ⇨ ① 사안과 가장 밀접한 관계가 있고 ② 침해정도가 가장 큰 주된 기본권을 중심으로 판단
> ■ 공무담임권과 직업선택의 자유 경합 ⇨ 공무담임권 심사 ○ / 직업선택의 자유 심사 ×
> ■ 좌석안전띠를 맬 것인가의 문제
>   ▪ 사생활영역 ×
>   ▪ 일반적 행동자유권을 제한, but 과도하게 침해 ×
> ■ 규범조화적 해석 시 과잉금지원칙 위배여부 심사 ⇨ 한 기본권 주체의 기본권을 제한하는 정도와 다른 기본권 주체의 기본권을 보호하는 정도가 적정한 비례를 유지하고 있는지 살핌
> ■ 서로 다른 기본권 주체의 충돌하는 기본권을 조정하는 법률조항에 대하여 한 기본권 주체가 기본권침해를 주장하여 헌법소원을 제기한 경우 ⇨ 기본권의 서열이론, 법익형량의 원칙, 형평성의 원칙, 실제적 조화의 원칙 등 기본권 충돌을 조정하는 헌법원칙을 적용하여 문제 해결

ㄱ. (○) 하나의 규제로 인해 여러 기본권이 동시에 제약을 받는 기본권경합의 경우에는 기본권침해를 주장하는 제청신청인과 제청법원의 의도 및 기본권을 제한하는 입법자의 객관적 동기 등을 참작하여 사안과 가장 밀접한 관계에 있고 또 침해의 정도가 큰 주된 기본권을 중심으로 해서 그 제한의 한계를 따져 보아야 할 것이다(헌재 1998.04.30. 95헌가16).

ㄴ. (○) 청구인은 공선법 제256조 제2항 제1호 바목, 제86조 제1항 제6호, 지방공무원법 제61조 중 제31조 제6호 및 공선법 제266조 제1항 전체의 위헌확인을 구하고 있으나, 청구인이 다투고자 하는 바는 지방공무원이 선거기간 중 선거운동과 관련하여 정상적 업무 외의 출장을 하는 행위를 처벌하는 것과 그러한 행위로 100만 원 이상의 벌금형을 선고받아 확정되면 지방공무원직에서 당연퇴직하도록 한 것이 헌법에 위반된다는 것이므로, 이 사건 심판의 대상은 위 법률조항들 중 청구인과 관련 있는 부분으로 한정함이 상당하다. … 직업의 자유 침해 여부에 관하여 보건대, 침해한 기본권 주체의 행위에 적용될 수 있는 여러 기본권들 중의 하나가 다른 기본권에 대하여 특별법적 지위에 있는 경우에는 기본권의 경합은 성립되지 않고 특별법적 지위에 있는 기본권이 우선적으로 적용되고 다른 기본권은 배제되는바, 공무원직은 그 자체가 다른 사적인 직업들과는 달라서 그 수가 한정되어 있을 뿐만 아니라 일정한 자격요건을 갖추어야 하기 때문에 처음부터 주관적 및 객관적 사유에 의한 제한이 전제되어 있다. 따라서 공무원직의 선택 내지는 제한에 있어서는 공무담임권에 관한 헌법규정이 직업의 자유에 대한 특별규정으로서 우선적으로 적용되어야 하며 직업의 자유의 적용은 배제된다고 보아야 할 것이므로(헌재 2000.12.14. 99헌마112등, 판례집 12-2, 399, 408 참조), 위 부분에 대하여도 별도 판단을 하지 아니한다(헌재 2005.10.27. 2004헌바41).

ㄷ. (×) 자동차 운전자에게 좌석안전띠를 매도록 하고 이를 위반했을 때 범칙금을 납부하도록 통고하는 것은, 교통사고로부터 국민의 생명 또는 신체에 대한 위험과 장애를 방지·제거하고 사회적 부담을 줄여 교통질서를 유지하고 사회공동체의 상호이익을 보호하는 공공복리를 위한 것으로 그 입법목적이 정당하고, 운전자의 불이익은 약간의 답답함이라는 경미한 부담이고 좌석안전띠 미착용으로 부담하는 범칙금이 소액인 데 비하여 좌석안전띠 착용으로 달성하려는 공익은 동승자를 비롯한 국민의 생명과 신체를 보호하고 교통사고로 인한 사회적인 비용을 줄여 사회공동체의 이익을 증진하는 것이므로 달성하고자 하는 공익이 침해되는 청구인의 좌석안전띠를 매지 않을 자유라는 사익보다 크며, 제도의 연혁과 현황을 종합하여 볼 때 청구인의 일반적 행동자유권을 비례의 원칙에 위반되게 과도하게 침해하는 것이 아니다. … 일반 교통에 사용되고 있는 도로는 국가와 지방자치단체가 그 관리책임을 맡고 있는 영역이며, 수많은 다른 운전자 및 보행자 등의 법익 또는 공동체의 이익과 관련된 영역으로, 그 위에서 자동차를 운전하는 행위는 더 이상 개인적인 내밀한 영역에서의 행위가 아니며, 자동차를 도로에서 운전하는 중에 좌석안전띠를 착용할 것인

가 여부의 생활관계가 개인의 전체적 인격과 생존에 관계되는 '사생활의 기본조건'이라거나 자기결정의 핵심적 영역 또는 인격적 핵심과 관련된다고 보기 어려워 더 이상 사생활영역의 문제가 아니므로, 운전할 때 운전자가 좌석안전띠를 착용할 의무는 청구인의 사생활의 비밀과 자유를 침해하는 것이라 할 수 없다(헌재 2003.10.30. 2002헌마518).

ㄹ. (○) 반론권은 보도기관이 사실에 대한 보도과정에서 타인의 인격권 및 사생활의 비밀과 사유에 대한 중대한 침해가 될 직접적 위험을 초래하게 되는 경우 이러한 법익을 보호하기 위한 적극적 요청에 의하여 마련된 제도인 것이지 언론의 자유를 제한하기 위한 소극적 필요에서 마련된 것은 아니기 때문에 이에 따른 보도기관이 누리는 언론의 자유에 대한 제약의 문제는 결국 피해자의 반론권과 서로 충돌하는 관계에 있는 것으로 보아야 할 것이다. 이와 같이 두 기본권이 서로 충돌하는 경우에는 헌법의 통일성을 유지하기 위하여 상충하는 기본권 모두가 최대한으로 그 기능과 효력을 나타낼 수 있도록 하는 조화로운 방법이 모색되어야 할 것이고, 결국은 이 법에 규정한 정정보도청구제도가 과잉금지의 원칙에 따라 그 목적이 정당한 것인가 그러한 목적을 달성하기 위하여 마련된 수단 또한 언론의 자유를 제한하는 정도가 인격권과의 사이에 적정한 비례를 유지하는 것인가의 여부가 문제된다 할 것이다(헌재 1991.09.16. 89헌마165).

ㅁ. (○) 헌법재판소는 스스로 밝히고 있듯이 "기본권 충돌의 경우… 기본권의 성격과 태양에 따라 그때그때마다 적절한 해결방법을 선택, 종합하여 이를 해결하여 왔다"(2005.11.24. 2002헌바95등). 즉 헌법재판소는 이익형량에 의한 방법을 사용하기도 하고, 규범조화적 해석에 의한 방법을 사용하기도 하며, 규범조화적 해석에 의한 방법을 사용하면서도 법익형량의 원리, 입법에 의한 선택적 재량 등을 종합적으로 참작하기도 하였다(2007.10.25. 2005헌바96; 2010.12.28. 2009헌바258)(김유향, 기본강의 헌법 제7판, p.254).

 ⑤

문 14
21년 6월 모의시험

기본권의 경합과 충돌에 관한 설명 중 옳지 않은 것은? (다툼이 있는 경우 판례에 의함)

① 수용자가 작성한 집필문의 외부반출을 불허하고 이를 영치할 수 있도록 한 것은 수용자의 통신의 자유를 제한하나 표현의 자유는 제한하지 않는다.
② 학교정화구역 내 극장영업금지를 규정한 「학교보건법」 조항은 극장영업자의 직업의 자유와 예술의 자유를 제한하나, 사안과 가장 밀접한 관계에 있고 또 침해의 정도가 가장 큰 주된 기본권은 예술의 자유라는 점에서 직업의 자유의 침해 여부는 별도로 판단할 필요가 없다.
③ 학교교육에 있어서 교원의 가르치는 권리를 수업권이라고 한다면, 이것은 교원의 지위에서 생기는 학생에 대한 일차적인 교육상의 직무권한이지만 어디까지나 학생의 학습권 실현을 위하여 인정되는 것이므로, 학생의 학습권은 교원의 수업권에 대하여 우월적 지위에 있다.
④ 종교단체가 양로시설을 설치하고자 하는 경우 신고 의무를 부담시키는 것은 종교단체의 자유로운 양로시설 운영을 통한 종교의 자유를 제한하지만, 거주이전의 자유나 인간다운 생활을 할 권리를 제한한다고 볼 수 없다.
⑤ 종립학교가 고등학교 평준화정책에 따라 강제 배정된 학생들을 상대로 특정 종교의 교리를 전파하는 종파적인 종교행사와 종교과목 수업을 실시하면서, 대체과목을 개설하지 않는 등 다른 신앙을 가진 학생의 기본권을 고려하지 않는 것은 학생의 종교에 관한 인격적 법익을 침해하는 위법행위이다.

> **MGI Point** 기본권의 경합과 충돌 ★★
>
> - 수용자가 작성한 집필문의 외부반출을 불허하고 이를 영치할 수 있도록 한 것 ⇨ 수용자의 통신의 자유 제한 ○, 표현의 자유 제한 ×
> - 학교정화구역 내 극장영업금지를 규정한 「학교보건법」 조항 ⇨ 주된 기본권인 직업의 자유 침해 여부를 중심으로 살피되 표현·예술의 자유 침해 여부에 대해서도 부가적으로 판단 要
> - 학생의 학습권은 교원의 수업권에 대하여 우월한 지위에 있음
> - 종교단체가 양로시설을 설치하고자 하는 경우 신고 의무를 부담시킨 것 ⇨ 종교의 자유 제한 ○, 거주이전의 자유나 인간다운 생활을 할 권리 제한 ×
> - 종립학교가 고등학교 평준화정책에 따라 강제 배정된 학생들을 상대로 특정 종교의 교리를 전파하는 종파적인 종교행사와 종교과목 수업을 실시, 대체과목을 개설하지 않은 것 ⇨ 학생의 종교에 관한 인격적인 법익을 침해하는 위법행위 ○

① (○) 시설의 안전 또는 질서를 해칠 우려가 있는 때(제7호) 및 수형자의 교화 또는 건전한 사회복귀를 해칠 우려가 있는 때(제6호) 집필문의 외부 반출을 금지하는 심판대상조항…청구인은 심판대상조항에 의해 표현의 자유 또는 예술창작의 자유가 제한된다고 주장하나, 심판대상조항은 집필문을 창작하거나 표현하는 것을 금지하거나 이에 대한 허가를 요구하는 조항이 아니라 이미 표현된 집필문을 외부의 특정한 상대방에게 발송할 수 있는지 여부에 대해 규율하는 것이므로, 제한되는 기본권은 헌법 제18조에서 정하고 있는 통신의 자유로 봄이 상당하다. 따라서 심판대상조항이 사전검열에 해당한다는 청구인의 주장에 대해서는 판단하지 아니하고, 통신의 자유 침해 여부에 대해서만 판단하기로 한다. … 따라서 심판대상조항은 수용자의 통신의 자유를 침해하지 아니한다(헌재 2016.05.26. 2013헌바98).

② (×) 이 사건 법률조항은 누구든지 정화구역 안에서 극장시설 및 영업을 하여서는 아니 된다고 규정 … 이 사건 법률조항에 의한 표현 및 예술의 자유의 제한은 극장 운영자의 직업의 자유에 대한 제한을 매개로 하여 간접적으로 제약되는 것이라 할 것이고, 입법자의 객관적인 동기 등을 참작하여 볼 때 사안과 가장 밀접한 관계에 있고 또 침해의 정도가 가장 큰 주된 기본권은 직업의 자유라고 할 것이다. 따라서 이하에서는 직업의 자유의 침해여부를 중심으로 살피는 가운데 표현·예술의 자유의 침해여부에 대하여도 부가적으로 살펴보기로 한다(헌재 2004.05.27. 2003헌가1).

③ (○) 학교교육에 있어서 교원의 가르치는 권리를 수업권이라고 한다면, 이것은 교원의 지위에서 생기는 학생에 대한 일차적인 교육상의 직무권한이지만 어디까지나 학생의 학습권 실현을 위하여 인정되는 것이므로, 학생의 학습권은 교원의 수업권에 대하여 우월한 지위에 있다(대판 2007.09.20. 2005다25298).

④ (○) 국가 또는 지방자치단체외의 자가 양로시설을 설치하고자 하는 경우 신고하도록 규정하고 이를 위반한 경우 처벌하는 노인복지법 … 심판대상조항에 의하여 신고의 대상이 되는 양로시설에 종교단체가 운영하는 양로시설을 제외하지 않는 것은 자유로운 양로시설 운영을 통한 선교의 자유, 즉 종교의 자유 제한의 문제를 불러온다. … 청구인은 심판대상조항이 노인들의 거주·이전의 자유 및 인간다운 생활을 할 권리를 침해한다고 주장한다. 그러나 심판대상조항은 종교단체에서 운영하는 양로시설도 일정규모 이상의 경우 신고하도록 한 규정일 뿐, 거주이전의 자유나 인간다운 생활을 할 권리의 제한을 불러온다고 볼 수 없으므로 이에 대해서는 별도로 판단하지 아니한다(헌재 2016.06.30. 2015헌바46).

⑤ (○) 종립학교가 고등학교 평준화정책에 따라 강제배정된 학생들을 상대로 특정 종교의 교리를 전파하는 종파적인 종교행사와 종교과목 수업을 실시하면서 참가 거부가 사실상 불가능한 분위기를 조성하고 대체과목을 개설하지 않는 등 신앙을 갖지 않거나 학교와 다른 신앙을 가진 학생의 기본권을 고려하지 않은 것은, 우리 사회의 건전한 상식과 법감정에 비추어 용인될 수 있는 한계를 벗어나 학생의 종교에 관한 인격적 법익을 침해하는 위법한 행위이고, 그로 인하여 인격적 법익을 침해받는 학생이 있을 것임이 충분히 예견가능하고 그 침해가 회피가능하므로 과실 역시 인정된다(대판 2010.04.22. 2008다38288(전합)).

정답 ②

문 15

24년 6월 모의시험

기본권에 관한 설명 중 옳은 것을 모두 고른 것은? (다툼이 있는 경우 판례에 의함)

> ㄱ. 헌법상의 기본권은 헌법의 기본적인 결단인 객관적인 가치질서를 구체화한 것으로서, 사법(私法)을 포함한 모든 법 영역에 그 영향을 미치는 것이므로 사인간의 사적인 법률관계도 헌법상의 기본권 규정에 적합하게 규율되어야 한다.
>
> ㄴ. 국가나 국가기관은 국민의 기본권을 보호 내지 실현해야 할 책임과 의무를 지니고 있는 지위에 있을 뿐이므로, 국가기관인 국립대학은 대학의 자율성의 주체로서 「헌법재판소법」 제68조 제1항에 따른 헌법소원심판의 청구인능력을 가질 수 없다.
>
> ㄷ. 하나의 규제로 여러 기본권이 동시에 제약을 받는 경우 기본권 침해를 주장하는 제청신청인과 제청법원의 의도 및 기본권을 제한하는 입법자의 객관적 동기 등을 참작하여 사안과 가장 밀접한 관계에 있고 또 침해의 정도가 큰 주된 기본권을 중심으로 해서 그 제한의 한계를 따져야 한다.
>
> ㄹ. 근로자의 개인적 단결권(단결선택권)과 노동조합의 집단적 단결권(조직강제권)이 충돌하는 경우, 노동조합의 집단적 단결권이 근로자의 개인적 단결권보다 중시된다고 할 것이므로 기본권의 서열이론이나 법익형량의 원리에 입각하여 양자 간의 기본권 충돌을 해결하면 된다.
>
> ㅁ. 법률이 구체적인 사항을 대통령령에 위임하고 있고, 그 대통령령에 규정되거나 제외된 부분의 위헌성이 문제되는 경우, 법률조항의 위임에 따라 대통령령으로 규정한 내용이 헌법에 위반될 경우라도, 그로 인하여 정당하고 적법하게 입법권을 위임한 수권법률조항까지 위헌으로 되는 것은 아니다.

① ㄱ, ㄴ
② ㄴ, ㄹ
③ ㄱ, ㄷ, ㅁ
④ ㄱ, ㄷ, ㄹ, ㅁ
⑤ ㄴ, ㄷ, ㄹ, ㅁ

MGI Point 기본권 ★★

- 헌법상의 기본권은 헌법의 기본적인 결단인 객관적인 가치질서를 구체화한 것으로서 사법을 포함한 모든 법 영역에 그 영향을 미치는 것이므로 사인간의 사적인 법률관계도 사법상의 기본권 규정에 적합하게 규율 되어야 함
- 국립대학은 대학의 자율성의 주체로서 헌법재판소법제 68조 제1항에 따른 헌법소원심판의 청구인능력 有
- 기본권 경합 ⇨ 제청신청인과 제청법원의 의도 및 기본권을 제한하는 입법자의 객관적 동기 등을 참작하여 사안과 가장 밀접한 관계에 있고 또 침해의 정도가 큰 주된 기본권을 중심으로 해서 그 제한의 한계를 따져 보아야 함
- 근로자의 개인적 단결권(단결선택권)과 노동조합의 집단적 단결권(조직강제권)이 충돌하는 경우 ⇨ 규범조화적 해석, 법익형량의 원리, 입법에 의한 선택적 재량 등을 종합적으로 참작하여 심사 要
- 대통령령으로 규정한 내용이 헌법에 위반될 경우 ⇨ 그 대통령령의 규정이 위헌으로 되는 것은 별론으로 하고 그로 인하여 정당하고 적법하게 입법권을 위임한 수권법률조항까지 위헌되는 것 ×

ㄱ. (○) 헌법상의 기본권은 제1차적으로 개인의 자유로운 영역을 공권력의 침해로부터 보호하기 위한 방어적 권리이지만 다른 한편으로 헌법의 기본적인 결단인 객관적인 가치질서를 구체화한 것으로서, 사법(私法)을 포함한 모든 법 영역에 그 영향을 미치는 것이므로 사인간의 법률관계도 헌법상의 기본권 규정에 적합하게 규율되어야 한다. 다만 기본권 규정은 그 성질상 사법관계에 직접 적용될 수 있는 예외적인 것을

제외하고는 사법상의 일반원칙을 규정한 민법 제2조, 제103조, 제750조, 제751조 등의 내용을 형성하고 그 해석 기준이 되어 간접적으로 사법관계에 효력을 미치게 된다(대판 2011.09.02. 2008다42430(전합)).

ㄴ. (X) 헌법 제31조 제4항이 규정하는 교육의 자주성 및 대학의 자율성은 헌법 제22조 제1항이 보장하는 학문의 자유의 확실한 보장을 위해 꼭 필요한 것으로서 대학에 부여된 헌법상 기본권인 대학의 자율권이므로, 국립대학인 청구인도 이러한 대학의 자율권의 주체로서 헌법소원심판의 청구인능력이 인정된다(헌재 2015.12.23. 2014헌마149).

ㄷ. (O) … 이 사건 법률조항은 언론·출판의 자유, 직업선택의 자유 및 재산권을 경합적으로 제약하고 있다. 이처럼 하나의 규제로 인해 여러 기본권이 동시에 제약을 받는 기본권경합의 경우에는 기본권침해를 주장하는 제청신청인과 제청법원의 의도 및 기본권을 제한하는 입법자의 객관적 동기 등을 참작하여 사안과 가장 밀접한 관계에 있고 또 침해의 정도가 큰 주된 기본권을 중심으로 해서 그 제한의 한계를 따져 보아야 할 것이다(헌재 1998.04.30. 95헌가16).

ㄹ. (X) 이와 같이 개인적 단결권과 집단적 단결권이 충돌하는 경우 기본권의 서열이론이나 법익형량의 원리에 입각하여 어느 기본권이 더 상위기본권이라고 단정할 수는 없다. 왜냐하면 개인적 단결권은 헌법상 단결권의 기초이자 집단적 단결권의 전제가 되는 반면에, 집단적 단결권은 개인적 단결권을 바탕으로 조직·강화된 단결체를 통하여 사용자와 사이에 실질적으로 대등한 관계를 유지하기 위하여 필수불가결한 것이기 때문이다. 즉 개인적 단결권이든 집단적 단결권이든 기본권의 서열이나 법익의 형량을 통하여 어느 쪽을 우선시키고 다른 쪽을 후퇴시킬 수는 없다고 할 것이다. 따라서 이러한 경우 헌법의 통일성을 유지하기 위하여 상충하는 기본권 모두가 최대한으로 그 기능과 효력을 발휘할 수 있도록 조화로운 방법을 모색하되(규범조화적 해석), 법익형량의 원리, 입법에 의한 선택적 재량 등을 종합적으로 참작하여 심사하여야 한다.(헌재 2005.11.24. 2002헌바95,96,2003헌바9(병합)).

ㅁ. (O) 위임입법의 법리는 헌법의 근본원리인 권력분립주의와 의회주의 내지 법치주의에 바탕을 두는 것이기 때문에 행정부에서 제정된 대통령령에서 규정한 내용이 정당한 것인지 여부와 위임의 적법성은 직접적인 관계가 없다. 따라서 대통령령으로 규정한 내용이 헌법에 위반될 경우라도 그 대통령령의 규정이 위헌으로 되는 것은 별론으로 하고 그로 인하여 정당하고 적법하게 입법권을 위임한 수권법률조항까지 위헌으로 되는 것은 아니다(헌재 1997.09.25. 96헌바18,97헌바46·47).

 ③

제❽절 │ 기본권의 제한과 그 한계

문 16
23년 10월 모의시험

기본권에 관한 설명 중 중 옳은 것(O)과 옳지 않은 것(×)을 올바르게 조합한 것은? (다툼이 있는 경우 판례에 의함)

> ㄱ. 생명권에 대한 제한은 곧 생명권의 완전한 박탈을 의미한다 할 것이므로, 사형이 비례의 원칙에 따라서 최소한 동등한 가치가 있는 다른 생명 또는 그에 못지아니한 공공의 이익을 보호하기 위한 불가피성이 충족되는 예외적인 경우에만 적용되는 한, 그것이 비록 생명을 빼앗는 형벌이라 하더라도 헌법 제37조 제2항 단서에 위반되는 것으로 볼 수는 없다.
>
> ㄴ. 포괄위임금지원칙은 행정부에 입법을 위임하는 수권법률의 명확성원칙에 관한 것으로서 법률의 명확성원칙이 행정입법에 관하여 구체화된 특별규정이라고 할 수 있으므로, 수권법률조항의 명확성원칙 위배 여부는 포괄위임금지의 원칙의 위반 여부에 대한 심사로써 충족된다.

ㄷ. 「교통사고처리특례법」에서 업무상과실 또는 중대한 과실로 인한 교통사고로 말미암아 피해자로 하여금 중상해에 이르게 한 경우에도 공소를 제기할 수 없도록 한 것은 국가가 교통사고 피해자에 대한 기본권보호의무를 위반하여 국민의 생명과 신체의 안전에 관한 권리를 침해한다.
ㄹ. 기본권의 보장은 그 본질적 내용을 침해하지 아니하는 범위 안에서 입법자에게 기본권의 구체적인 내용과 형태의 형성권을 폭넓게 인정한다는 의미에서 '최소한 보장의 원칙'이 적용되는 것임에 반하여, 제도적 보장은 기본권 보장의 경우와 달리 '최대한 보장의 원칙'이 적용된다.
ㅁ. 텔레비전방송수신료는 국민의 재산권보장의 측면에서나 한국방송공사에게 보장된 방송자유의 측면에서나 국민의 기본권실현에 관련된 영역에 속하는 것이고, 수신료금액의 결정은 납부의무자의 범위, 징수절차 등과 함께 수신료에 관한 본질적이고도 중요한 사항이므로, 수신료금액의 결정은 입법자인 국회가 스스로 행하여야 한다.

① ㄱ(○), ㄴ(○), ㄷ(×), ㄹ(○), ㅁ(○)
② ㄱ(○), ㄴ(×), ㄷ(○), ㄹ(×), ㅁ(○)
③ ㄱ(×), ㄴ(○), ㄷ(○), ㄹ(○), ㅁ(×)
④ ㄱ(○), ㄴ(○), ㄷ(×), ㄹ(×), ㅁ(○)
⑤ ㄱ(×), ㄴ(×), ㄷ(×), ㄹ(○), ㅁ(×)

MGI Point 기본권 ★★

- 생명권에 대한 제한 ⇨ 최소한 동등한 가치가 있는 다른 생명, 그에 못지 아니한 공공의 이익을 보호하기 위한 불가피성이 충족되는 예외적인 경우에만 적용되는 한, 비록 생명을 빼앗는 형벌이라 하더라도 헌법 제37조 제2항 단서에 위반 ×
- 수권법률조항의 명확성원칙 위배 여부는 헌법 제75조의 포괄위임금지의 원칙의 위반 여부에 대한 심사로써 충족 ○
- 교통사고처리특례법에서 업무상 과실 또는 중대한 과실로 인한 교통사고로 피해자에게 중상해가 아닌 상해의 결과만을 야기한 경우에 공소를 제기할 수 없도록 한 것 ⇨ 국가의 기본권보호의무 위반 ×
- 기본권 보장은 최대한 보장의 원칙 적용, 제도적 보장은 최소한 보장의 원칙 적용
- 텔레비전 수신료금액의 결정 ⇨ 본질적인 중요한 사항이므로 국회가 스스로 행하여야 ○

ㄱ. (○) 생명권에 대한 제한은 곧 생명권의 완전한 박탈을 의미한다 할 것이므로, 사형이 비례의 원칙에 따라서 최소한 동등한 가치가 있는 다른 생명 또는 그에 못지 아니한 공공의 이익을 보호하기 위한 불가피성이 충족되는 예외적인 경우에만 적용되는 한, 그것이 비록 생명을 빼앗는 형벌이라 하더라도 헌법 제37조 제2항 단서에 위반되는 것으로 볼 수는 없다 할 것이다(헌재 1996.11.28. 95헌바1).

ㄴ. (○) 포괄위임금지의 원칙은 행정부에 입법을 위임하는 수권법률의 명확성원칙에 관한 것으로서 법률의 명확성 원칙이 위임입법에 관하여 구체화된 특별규정이라고 할 수 있다. 따라서 수권법률조항의 명확성원칙 위배 여부는 헌법 제75조의 포괄위임금지의 원칙의 위반 여부에 대한 심사로써 충족된다(헌재 2011.02.24. 2009헌바13,52,110(병합)).

ㄷ. (×) 업무상 과실 또는 중대한 과실로 인한 교통사고로 피해자에게 중상해가 아닌 상해의 결과만을 야기한 경우에는, 앞서 본 바와 같이 재판절차진술권의 행사에 있어 중상해 피해자와 비교하여 달리 취급할 만한 정당한 사유가 있다 할 것이므로 피해자 보호 및 가해운전자의 처벌에 있어서 평등의 원칙에 반하지 아니한다. 국가의 신체와 생명에 대한 보호의무는 교통과실범의 경우 발생한 침해에 대한 사후처벌뿐 아니라, 무엇보다도 우선적으로 운전면허취득에 관한 법규 등 전반적인 교통관련법규의 정비, 운전자와 일반국민에 대한 지속적인 계몽과 교육, 교통안전에 관한 시설의 유지 및 확충, 교통사고 피해자에 대한 보상제도 등 여러 가지 사전적·사후적 조치를 함께 취함으로써 이행된다 할 것이므로, 형벌은 국가가 취할 수 있는 유효적절한 수많은 수단 중의 하나일 뿐이지, 결코 형벌까지 동원해야만 보호법익을 유효적절하게 보호할 수 있다는 의미의 최종적인 유일한 수단이 될

ㄹ. (X) 제도적 보장은 객관적 제도를 헌법에 규정하여 당해 제도의 본질을 유지하려는 것으로서 헌법제정권자가 특히 중요하고도 가치가 있다고 인정되고 헌법적으로도 보장할 필요가 있다고 생각하는 국가제도를 헌법에 규정함으로써 장래의 법발전, 법형성의 방침과 범주를 미리 규율하려는데 있다. 이러한 제도적 보장은 주관적 권리가 아닌 객관적 범규범이라는 점에서 기본권과 구별되기는 하지만 헌법에 의하여 일정한 제도가 보장되면 입법자는 그 제도를 설정하고 유지할 입법의무를 지게될 뿐만 아니라 헌법에 규정되어 있기 때문에 법률로써 이를 폐지할 수 없고, 비록 내용을 제한하더라도 그 본질적 내용을 침해할 수 없다. 그러나 기본권 보장은 "최대한 보장의 원칙"이 적용됨에 반하여, 제도적 보장은 그 본질적 내용을 침해하지 아니하는 범위 안에서 입법자에게 제도의 구체적 내용과 형태의 형성권을 폭넓게 인정한다는 의미에서 "최소한 보장의 원칙"이 적용될 뿐이다(헌재 1997.04.24. 95헌바48).

ㅁ. (O) 오늘날 법률유보원칙은 단순히 행정작용이 법률에 근거를 두기만 하면 충분한 것이 아니라, 국가공동체와 그 구성원에게 기본적이고도 중요한 의미를 갖는 영역, 특히 국민의 기본권실현과 관련된 영역에 있어서는 국민의 대표자인 입법자가 그 본질적 사항에 대해서 스스로 결정하여야 한다는 요구까지 내포하고 있다(의회유보원칙). 그런데 텔레비전방송수신료는 대다수 국민의 재산권 보장의 측면이나 한국방송공사에게 보장된 방송자유의 측면에서 국민의 기본권실현에 관련된 영역에 속하고, 수신료금액의 결정은 납부의무자의 범위 등과 함께 수신료에 관한 본질적인 중요한 사항이므로 국회가 스스로 행하여야 하는 사항에 속하는 것임에도 불구하고 한국방송공사법 제36조 제1항에서 국회의 결정이나 관여를 배제한 채 한국방송공사로 하여금 수신료금액을 결정해서 문화관광부장관의 승인을 얻도록 한 것은 법률유보원칙에 위반된다(헌재 1999.05.27. 98헌바70).

제❾절 ㅣ 기본권의 침해와 구제

제2장 인간의 존엄과 가치·행복추구권·평등권

제❶절 ㅣ 인간의 존엄과 가치·행복추구권

문 17   23년 10월 모의시험

인격권에 관한 설명 중 옳은 것을 모두 고른 것은? (다툼이 있는 경우 판례에 의함)

ㄱ. 학교폭력의 가해학생에 대한 조치로 피해학생에 대한 서면사과를 규정한 「학교폭력예방 및 대책에 관한 법률」 조항은 의사에 반한 윤리적 판단이나 감정을 외부에 표명하도록 강제하여 인격 형성에 왜곡을 초래한다는 점에서 가해학생의 인격권을 침해한다.

ㄴ. 교도소장이 수용자의 외부의료시설 진료 시 해당 수용자에게 '한손수갑'과 '벨트보호대'를 착용하도록 하는 것은 교정 사고를 예방하고 의료 시설의 질서를 유지하기 위한 필요최소한의 조치로 해당 수용자의 인격권을 침해하지 않는다.

ㄷ. 거짓이나 그 밖의 부정한 방법으로 보조금을 교부받거나 보조금을 유용하여 어린이집 운영정지, 폐쇄명령 또는 과징금 처분을 받은 어린이집에 대하여 그 위반사실을 공표하도록 하는 것은 이러한 공표가 어린이집의 투명한 운영을 담보하기 위해 반드시 필요하다고 보기 어렵다는 점에서 해당 어린이집 운영자의 인격권을 침해한다.

ㄹ. 사법경찰관이 보도자료 배포 직후 기자들의 취재 요청에 응하여 피의자가 경찰서 조사실에서 양손에 수갑을 찬 채 조사받는 모습을 촬영할 수 있도록 허용하는 것은 피의사실을 널리 알려 잠재적인 피해자의 발생을 방지하고 범죄를 예방할 필요성이 크다는 점에서 해당 피의자의 인격권을 침해하지 않는다.

ㅁ. 의료인에게 임부의 임신기간과 무관하게 일반적으로 태아의 성별 고지를 금지하는 것은 임신후반기 공익에 대한 보호의 필요성이 거의 제기되지 않는 낙태 불가능 시기 이후에도 이를 금지하는 것으로 일반적 인격권으로부터 나오는 부모의 태아 성별 정보에 대한 접근을 방해받지 않을 권리를 침해한다.

① ㄱ, ㄴ
② ㄴ, ㅁ
③ ㄱ, ㄷ, ㄹ
④ ㄴ, ㄷ, ㅁ
⑤ ㄱ, ㄷ, ㄹ, ㅁ

MGI Point 인격권 ★★

- **인격권침해 ×**
  - 학교폭력 가해학생에 대한 조치로 피해학생에 대한 서면 사과를 규정한 학교폭력예방 및 대책에 관한 법률 조항
  - 교도소장이 수용자의 외부의료 시설 진료시 보호장비인 '한손수갑'과 '벨트보호대'를 착용하도록 한 행위
  - 보조금을 거짓이나 그 밖의 부정한 방법으로 부정수급하거나 유용한 어린이집에 대하여 명단 등 그 위반사실을 공표하도록 하는 것
- **인격권침해 ○**
  - 사법경찰관이 보도자료 배포 직후 기자들의 취재요청에 응하여 피의자가 경찰서 조사실에서 양손에 수갑을 찬 채 조사받는 모습을 촬영할 수 있도록 허용하는 것
  - 의료인에게 임부의 임신기간과 무관하게 일반적으로 태아의 성별 고지를 금지하는 것 (인격권으로부터 나오는 태아 성별 정보에 대한 접근을 방해받지 않을 권리 등을 침해)

ㄱ. (X) 이 사건 서면사과조항이 달성하고자 하는 공익이 제한되는 사익에 비하여 더 크므로, 법익의 균형성에 위배된다고 보기 어렵다. 따라서 이 사건 서면사과조항이 과잉금지원칙을 위반하여 가해학생의 양심의 자유와 인격권을 침해한다고 보기 어렵다(헌재 2023.02.23. 2019헌바93, 2019헌바254(병합)).

ㄴ. (○) 이 사건 보호장비 사용행위는 법익의 균형성을 갖추었다 이 사건 보호장비 사용행위는 과잉금지원칙을 위반하여 청구인의 신체의 자유와 인격권을 침해하지 않는다. …그렇다면 피청구인이 2021. 7. 2. 외부의료시설 진료 시 청구인에게 보호장비인 '한손수갑'과 '벨트보호대'를 착용하도록 한 행위에 대한 심판청구는 이유 없으므로 이를 기각하고, 나머지 심판청구는 부적법하므로 이를 각하하기로 하여, 관여 재판관 전원의 일치된 의견으로 주문과 같이 결정한다(헌재 2023.02.23. 2021헌마840).

ㄷ. (X) 영유아보육법에 따라 어린이집 설치·운영자에게 지급되는 보조금은 영유아를 건강하고 안전하게 보호·양육하고 영유아의 발달 특성에 맞는 교육을 제공할 수 있도록 그 비용을 국가나 지방자치단체가 지원하는 것이다. 이러한 보조금을 부정수급하거나 유용하는 부패행위는 영유아보육의 질과 직결되어 그로 인한 불이익이 고스란히 영유아들에게 전가되므로 이를 근절할 필요가 크다. 어린이집의 투명한 운영을 담보하고 영유아 보호자의 보육기관 선택권을 실질적으로 보장하기 위해서는 보조금을 부정수급하거나 유용한 어린이집의 명단 등을 공표하여야 할 필요성이 있으며, 심판대상조항은 공표대상이나 공표정보,

공표기간 등을 제한적으로 규정하고 공표 전에 의견진술의 기회를 부여하여 공표대상자의 절차적 권리도 보장하고 있다. 나아가 심판대상조항을 통하여 추구하는 영유아의 건강한 성장 도모 및 영유아 보호자들의 보육기관 선택권 보장이라는 공익이 공표대상자의 법 위반사실이 일정기간 외부에 공표되는 불이익보다 크다. 따라서 심판대상조항은 과잉금지원칙을 위반하여 인격권 및 개인정보자기결정권을 침해하지 아니한다(헌재 2022.03.31. 2019헌바520).

ㄹ. (X) 사람은 자신의 의사에 반하여 얼굴을 비롯하여 일반적으로 특정인임을 식별할 수 있는 신체적 특징에 관하여 함부로 촬영당하지 아니할 권리를 가지고 있으므로, 촬영허용행위는 헌법 제10조로부터 도출되는 초상권을 포함한 일반적 인격권을 제한한다고 할 것이다. … 피청구인은 그러한 조치를 전혀 취하지 아니하였으므로 침해의 최소성 원칙도 충족하였다고 볼 수 없다. 또한 촬영허용행위는 언론 보도를 보다 실감나게 하기 위한 목적 외에 어떠한 공익도 인정할 수 없는 반면, 청구인은 피의자로서 얼굴이 공개되어 초상권을 비롯한 인격권에 대한 중대한 제한을 받았고, 촬영한 것이 언론에 보도될 경우 범인으로서의 낙인 효과와 그 파급효는 매우 가혹하여 법익균형성도 인정되지 아니하므로, 촬영허용행위는 과잉금지원칙에 위반되어 청구인의 인격권을 침해하였다(헌재 2014.03.27. 2012헌마652).

ㅁ. (O) 이 사건 규정은 공익에 대한 보호의 필요성이 거의 제기되지 않는 낙태 불가능 시기 이후에도 의사가 자유롭게 직업수행을 하는 자유를 제한하고, 임부나 그 가족의 태아 성별 정보에 대한 접근을 방해하여 의사 또는 임부나 그 가족의 기본권을 침해하고 있으므로, 이는 과도한 사익의 침해로서 기본권 제한의 법익 균형성 요건을 충족시키지 못하고 있다고 할 것이다. 이상에서 본 바와 같이 이 사건 규정은 과잉금지원칙을 위반하여 의사의 직업수행의 자유 및 임부나 그 가족이 태아 성별 정보에 대한 접근을 방해받지 않을 권리 등을 침해하고 있으므로 헌법에 위반된다 할 것이다(헌재 2008.07.31. 2004헌마1010,2005헌바90(병합)). ▶ 설문 및 판례는 '낙태 불가능 시기 이후'의 태아 성 감별행위 금지가 태아 성별 정보에 대한 접근을 방해받지 않을 권리를 침해한다고 한고, 해당 헌재 판례에 따라 2009. 12. 31. 개정된 의료법 제20조 제2항은 '임신 32주 이전의 태아 성 감별행위만 금지하게 되었다. 그러나 아래 2024. 2. 28. 헌재 판례로 개정된 조항도 위헌으로 결정되었다.

> **참조판례** 심판대상조항(임신 32주 이전에 태아의 성별 고지를 금지하는 의료법 제20조 제2항)은 성별을 이유로 한 낙태를 방지함으로써 성비의 불균형을 해소하고 태아의 생명을 보호하기 위해 입법된 것으로 목적의 정당성이 인정된다. 그러나 남아선호사상이 확연히 쇠퇴하고 있고, 심판대상조항이 사문화되었음에도 불구하고 출생성비가 자연성비의 정상범위 내이므로, 심판대상조항은 더 이상 태아의 성별을 이유로 한 낙태를 방지하기 위한 목적을 달성하는 데에 적합하고 실효성 있는 수단이라고 보기 어렵고, 입법수단으로서도 현저하게 불합리하고 불공정하다. 태아의 생명 보호를 위해 국가가 개입하여 규제해야 할 단계는 성별고지가 아니라 낙태행위인데, 심판대상조항은 낙태로 나아갈 의도가 없는 부모까지 규제하여 기본권을 제한하는 과도한 입법으로 침해의 최소성에 반하고, 법익의 균형성도 상실하였다. 따라서 심판대상조항은 과잉금지원칙을 위반하여 부모가 태아의 성별 정보에 대한 접근을 방해받지 않을 권리를 침해한다(헌법재판소 2024. 2. 28. 선고 2022헌마356, 2023헌마189·1305(병합) 전원재판부 결정).

정답

문 18
23년 6월 모의시험

인간으로서의 존엄과 가치 및 행복추구권에 관한 설명 중 옳지 않은 것은? (다툼이 있는 경우 판례에 의함)

① 거짓이나 그 밖의 부정한 수단으로 운전면허를 받은 경우 해당 면허 외의 부정 취득하지 않은 다른 운전면허까지 필요적으로 취소하도록 하는 것은 과잉금지원칙에 반하여 운전자의 일반적 행동자유권을 침해한다.

② 「형법」상 자기낙태죄 조항은 「모자보건법」이 정한 일정한 예외를 제외하고는 임신기간 전체를 통틀어 모든 낙태를 전면적·일률적으로 금지하고, 이를 위반할 경우 형벌을 부과하는 것으로 과잉금지원칙을 위반하여 임신한 여성의 자기결정권을 침해한다.

③ 유사군복을 판매 목적으로 소지하는 행위를 금지하고 이를 처벌하는 것은 일회적·단발적으로 판매하기 위하여 유사군복을 소지하는 것까지 규제하는 것으로 해당 유사군복 소지자의 일반적 행동의 자유를 침해한다.

④ 성년후견개시심판이 이루어진 경우 성년후견인이 피성년후견인의 법률행위를 대리하고 신상에 관하여 결정할 수 있도록 하는 것은 피성년후견인의 자기결정권 및 일반적 행동자유권을 제한하는 것이다.

⑤ 의료분쟁 조정신청의 대상인 의료사고가 사망에 해당하는 경우, 한국의료분쟁조정중재원의 원장에게 지체 없이 조정절차를 개시하도록 하는 것은, 사망이라는 중한 결과로 인한 피해를 신속·공정하게 구제하고 환자와 보건의료인 양 당사자가 소송 외의 분쟁해결수단을 적극 활용할 수 있도록 하기 위한 것으로 보건의료인의 일반적 행동의 자유를 침해하지 않는다.

MGI Point 인간으로서의 존엄과 가치 · 행복추구권 ★★

- 거짓이나 그 밖의 부정한 수단으로 받은 운전면허를 제외한 운전면허를 필요적으로 취소하도록 하는 것 ⇨ 과잉금지원칙에 반하여 일반적 행동의 자유 또는 직업의 자유 침해 ○
- 형법상 자기낙태죄 조항 ⇨ 과잉금지원칙을 위반하여 임신한 여성의 자기결정권 침해 ○
- 유사군복의 판매목적 소지 금지·처벌 ⇨ 유사군복 소지자의 일반적 행동자유권 침해 ×
- 성년후견개시 심판이 이루어진 경우 성년후견인이 피성년후견인의 법률행위 대리, 신상에 대해 결정할 수 있도록 하는 것 ⇨ 피성년후견인의 자기결정권 및 일반적 행동 자유권 제한 ○
- 의료분쟁 조정신청의 대상인 의료사고가 사망에 해당하는 경우 한국의료분쟁조정중재원의 원장은 지체 없이 조정절차를 개시하도록 하는 것 ⇨ 보건의료인의 일반적행동의 자유권침해 ×

① (○) 심판대상조항이 '부정 취득하지 않은 운전면허'까지 필요적으로 취소하도록 한 것은, 임의적 취소·정지 사유로 함으로써 구체적 사안의 개별성과 특수성을 고려하여 불법의 정도에 상응하는 제재수단을 선택하도록 하는 등 완화된 수단에 의해서도 입법목적을 같은 정도로 달성하기에 충분하므로, 피해의 최소성 원칙에 위배된다. 나아가, 위법이나 비난의 정도가 미약한 사안을 포함한 모든 경우에 부정 취득하지 않은 운전면허까지 필요적으로 취소하고 이로 인해 2년 동안 해당 운전면허 역시 받을 수 없게 하는 것은, 공익의 중대성을 감안하더라도 지나치게 기본권을 제한하는 것이므로, 법익의 균형성 원칙에도 위배된다. 따라서 심판대상조항 중 각 '거짓이나 그 밖의 부정한 수단으로 받은 운전면허를 제외한 운전면허'를 필요적으로 취소하도록 한 부분은, 과잉금지원칙에 반하여 일반적 행동의 자유 또는 직업의 자유를 침해한다 (헌재 2020.06.25. 2019헌가9).

② (○) 자기낙태죄 조항은 모자보건법이 정한 예외를 제외하고는 임신기간 전체를 통틀어 모든 낙태를 전면적·일률적으로 금지하고, 이를 위반할 경우 형벌을 부과함으로써 임신의 유지·출산을 강제하고 있으므로, 임신한 여성의 자기결정권을 제한한다. … 따라서, 자기낙태죄 조항은 입법목적을 달성하기 위하여 필요한 최소한의 정도를 넘어 임신한 여성의 자기결정권을 제한하고 있어 침해의 최소성을 갖추지 못하였고, 태아의 생명 보호라는 공익에 대하여만 일방적이고 절대적인 우위를 부여함으로써 법익균형성의 원칙도 위반하였으므로, 과잉금지원칙을 위반하여 임신한 여성의 자기결정권을 침해한다(헌재 2019.04.11. 2017헌바127).

③ (X) '군복 및 군용장구의 단속에 관한 법률'(2006.04.28. 법률 제7933호로 전부개정된 것) 제8조 제2항 중 '판매목적 소지'에 관한 부분, '군복 및 군용장구의 단속에 관한 법률'(2014.05.09. 법률 제12555호로

개정된 것) 제13조 제1항 제2호 중 제8조 제2항의 '판매목적 소지'에 관한 부분은 헌법에 위반되지 아니한다(헌재 2019.04.11. 2018헌가14).
④ (○) 성년후견인 관련조항은 피성년후견인의 자기결정권과 일반적 행동자유권이 필요최소한의 범위 내에서 제한되도록 규정한 것으로서 기본권 침해의 최소성 원칙을 충족한다(헌재 2019.12.27. 2018헌바161).
⑤ (○) 의료분쟁 조정신청의 대상인 의료사고가 사망에 해당하는 경우 한국의료분쟁조정중재원의 원장은 지체 없이 조정절차를 개시해야 한다고 규정한 '의료사고 피해구제 및 의료분쟁 조정 등에 관한 법률' 제27조 제9항 전문 중 '사망'에 관한 부분(이하 '심판대상조항'이라 한다)이 청구인의 일반적 행동의 자유를 침해하지 않는다(헌재 2021.05.27. 2019헌마321).

정답 ③

문 19
22년 10월 모의시험

인간으로서의 존엄과 가치 및 행복추구권에 관한 설명 중 옳지 않은 것은? (다툼이 있는 경우 판례에 의함)

① 전동킥보드의 최고속도를 시속 25km이하로 제한하는 것은 운행자의 신체·생명의 안전성을 보호하기 위한 것으로 전동킥보드를 구입하고자 하는 자의 자기결정권 및 일반적 행동자유권 뿐 아니라 신체의 자유도 제한한다.
② 헌법 제10조로부터 도출되는 일반적 인격권에는 개인의 명예에 관한 권리도 포함되며, 사자(死者)에 대한 사회적 명예와 평가의 훼손은 사자와의 관계를 통하여 스스로의 인격상을 형성하고 명예를 지켜온 그 후손의 인격권을 제한한다.
③ 일반적 행동자유권은 모든 행위를 할 자유와 행위를 하지 않을 자유로 가치있는 행동만 그 보호영역으로 하는 것은 아닌 것으로 그 보호영역에는 개인의 생활방식과 취미에 관한 사항도 포함되며, 여기에는 위험한 스포츠를 즐길 권리와 같은 위험한 생활방식으로 살아갈 권리도 포함된다.
④ 인간의 존엄성은 '국가권력의 한계'로서 국가에 의한 침해로부터 보호받을 개인의 방어권일 뿐 아니라, '국가권력의 과제'로서 국민이 제3자에 의하여 인간존엄성을 위협받을 때 국가는 이를 보호할 의무를 부담한다.
⑤ 미결수용자가 가족과 접견하는 것과 마찬가지로 미결수용자의 가족이 미결수용자와 접견하는 것도 인간으로서의 존엄과 가치 및 행복추구권에 포함되는 헌법상의 기본권으로 보장된다.

MGI Point 인간으로서의 존엄과 가치 및 행복추구권 ★★

- 전동킥보드의 최고속도는 25km/h를 넘지 않아야 한다는 규정 ⇨ 전동킥보드를 구입하고자 하는 청구인의 신체의 자유를 제한 ×, 최고속도 제한이 없는 전동킥보드를 구입·사용하고자 하는 소비자의 자기결정권 및 일반적 행동자유권 제한 ○
- 사자(死者)에 대한 사회적 명예와 평가의 훼손 ⇨ 그 유족의 인격권 제한 ○
- 일반적 행동자유권의 내용 : 모든 행위를 할 자유와 행위를 하지 않을 자유
  ⇨ 가치있는 행동만 그 보호영역으로 하지 않음 (∴ 위험한 생활방식으로 살아갈 권리도 포함 ○)
- 인간의 존엄성은 '국가권력의 한계'로서 국가에 의한 침해로부터 보호받을 개인의 방어권
  + '국가권력의 과제'로서 국민이 제3자에 의하여 인간존엄성을 위협받을 때 국가는 이를 보호할 의무를 부담

■ 미결수용자가 가족과 접견하는 것과 마찬가지로 미결수용자의 가족이 미결수용자와 접견하는 것도 헌법 제10조가 보장하고 있는 인간으로서의 존엄과 가치 및 행복추구권에 포함되는 헌법상의 기본권 ○

① (X) 심판대상조항은 청구인의 신체의 자유를 제한하는 것은 아니다. 심판대상조항은 위험성을 가진 재화의 제조·판매조건을 제약함으로써 최고속도 제한이 없는 전동킥보드를 구입하여 사용하고자 하는 소비자의 자기결정권 및 일반적 행동자유권을 제한할 뿐이다(헌재 2020.02.27. 2017헌마1339).

② (○) 헌법 제10조로부터 도출되는 일반적 인격권에는 개인의 명예에 관한 권리도 포함되는바, 이 사건 법률조항에 근거하여 반민규명위원회의 조사대상자 선정 및 친일반민족행위결정이 이루어지면(이에 관하여 작성된 조사보고서 및 편찬된 사료는 일반에 공개된다), 조사대상자의 사회적 평가가 침해되어 헌법 제10조에서 유래하는 일반적 인격권이 제한받는다고 할 수 있다. 다만 이 사건 결정의 조사대상자를 비롯하여 대부분의 조사대상자는 이미 사망하였을 것이 분명하나, 조사대상자가 사자(死者)의 경우에도 인격적 가치에 대한 중대한 왜곡으로부터 보호되어야 하고, 사자(死者)에 대한 사회적 명예와 평가의 훼손은 사자(死者)와의 관계를 통하여 스스로의 인격상을 형성하고 명예를 지켜온 그들의 후손의 인격권, 즉 유족의 명예 또는 유족의 사자(死者)에 대한 경애추모의 정을 침해한다고 할 것이다. 따라서 이 사건 법률조항은 조사대상자의 사회적 평가와 아울러 그 유족의 헌법상 보장된 인격권을 제한하는 것이라고 할 것이다(헌재 2010.10.28. 2007헌가23).

③ (○) … 일반적 행동자유권은 모든 행위를 할 자유와 행위를 하지 않을 자유로 가치있는 행동만 그 보호영역으로 하는 것은 아닌 것으로, 그 보호영역에는 개인의 생활방식과 취미에 관한 사항도 포함되며, 여기에는 위험한 스포츠를 즐길 권리와 같은 위험한 생활방식으로 살아갈 권리도 포함된다(헌재 2003.10.30. 2002헌마518).

④ (○) 우리 헌법은 제10조에서 "모든 국민은 인간으로서의 존엄과 가치를 가지며, 행복을 추구할 권리를 가진다. 국가는 개인이 가지는 불가침의 기본적 인권을 확인하고 이를 보장할 의무를 진다."고 규정하고 있는데, 이 때 인간의 존엄성은 최고의 헌법적 가치이자 국가목표규범으로서 모든 국가기관을 구속하며, 그리하여 국가는 인간존엄성을 실현해야 할 의무와 과제를 안게 됨을 의미한다. 따라서 인간의 존엄성은 '국가권력의 한계'로서 국가에 의한 침해로부터 보호받을 개인의 방어권일 뿐 아니라, '국가권력의 과제'로서 국민이 제3자에 의하여 인간존엄성을 위협받을 때 국가는 이를 보호할 의무를 부담한다(헌재 2011.08.30. 2006헌마788).

⑤ (○) 미결수용자가 가족과 접견하는 것이 헌법 제10조가 보장하고 있는 인간으로서의 존엄과 가치 및 행복추구권 가운데 포함되는 헌법상의 기본권인 것과 마찬가지로 미결수용자의 가족이 미결수용자와 접견하는 것 역시 헌법 제10조가 보장하고 있는 인간으로서의 존엄과 가치 및 행복추구권 가운데 포함되는 헌법상의 기본권이라고 보아야 할 것이다(헌재 2021.11.25. 2013헌마598).

정답 ①

문 20
20년 8월 모의시험

인간의 존엄과 가치 및 행복추구권에 관한 설명으로 옳지 않은 것은? (다툼이 있는 경우 판례에 의함)

① 개인정보자기결정권은 인간의 존엄과 가치, 행복추구권을 규정한 헌법 제10조 제1문에서 도출되는 일반적 인격권 및 헌법 제17조의 사생활의 비밀과 자유에 의하여 보장된다.

② 행복추구권은 국민이 행복을 추구하기 위하여 필요한 급부를 국가에게 적극적으로 요구할 수 있는 것을 내용으로 하는 포괄적인 의미의 자유권으로서의 성격을 가진다.

③ 특정 범죄에 대한 형벌이 그 자체로는 책임과 형벌 간의 비례원칙에 위배되지 않더라도, 죄질과 보호법익이 유사한 범죄에 대한 형벌과 비교할 때 현저히 형벌체계의 균형성을 잃은 것이 명백한 경우에는, 인간의 존엄성과 가치를 보장하는 헌법의 기본원리에 위배된다.
④ 헌법 제10조로부터 도출되는 일반적 인격권에는 개인의 명예에 관한 권리도 포함되며, 법인도 법인의 목적과 사회적 기능에 비추어 볼 때 그 성질에 반하지 않는 범위 내에서 인격권의 한 내용인 사회적 신용이나 명예 등의 주체가 될 수 있다.
⑤ 환자는 장차 죽음에 임박한 상태에 이를 경우에 대비하여 미리 의료인 등에게 연명치료 거부 또는 중단에 관한 의사를 밝히는 등의 방법으로 죽음에 임박한 상태에서 인간으로서의 존엄과 가치를 지키기 위하여 연명치료의 거부 또는 중단을 결정할 수 있고, 이 결정은 헌법상 기본권인 자기결정권의 한 내용으로서 보장된다.

MGI Point 인간의 존엄과 가치 및 행복추구권 ★★

- 개인정보자기결정권 ⇨ 일반적 인격권 및 사생활의 비밀과 자유에 의하여 보장
- 행복추구권 (헌법 제10조) ⇨ 국민이 행복을 추구하기 위하여 필요한 급부를 국가에게 적극적으로 요구 ×, 포괄적인 의미의 자유권 ○
- 특정 범죄에 대한 형벌이 그 자체로는 책임과 형벌 간의 비례원칙에 위배되지 않더라도, 죄질과 보호법익이 유사한 범죄에 대한 형벌과 비교할 때 현저히 형벌체계의 균형성을 잃은 것이 명백한 경우 ⇨ 인간의 존엄성과 가치를 보장하는 헌법의 기본원리 위배
- 일반적 인격권 (헌법 제10조)
  - 개인의 명예에 관한 권리도 포함
  - 법인 ⇨ 인격권의 한 내용인 사회적 신용이나 명예 등의 주체 ○
- 연명치료 거부 또는 중단의 결정 ⇨ 헌법상 기본권인 자기결정권의 내용 ○

① (○) 인간의 존엄과 가치, 행복추구권을 규정한 헌법 제10조 제1문에서 도출되는 일반적 인격권 및 헌법 제17조의 사생활의 비밀과 자유에 의하여 보장되는 개인정보자기결정권은 자신에 관한 정보가 언제 누구에게 어느 범위까지 알려지고 또 이용되도록 할 것인지를 정보주체가 스스로 결정할 수 있는 권리이다(헌재 2005.07.21. 2003헌마282).

② (X) 헌법 제10조의 행복추구권은 국민이 행복을 추구하기 위한 활동에 대한 국가권력의 간섭을 배제하는 내용의 포괄적인 의미의 자유권으로서의 성격을 가질 뿐, 국민이 행복을 추구하기 위하여 필요한 급부를 국가에 대하여 적극적으로 요구할 수 있음을 내용으로 하는 것이 아니다(헌재 2014.03.27. 2012헌바192).

③ (○) 특정 범죄에 대한 형벌이 그 자체로는 책임과 형벌 간의 비례원칙에 위배되지 않더라도, 죄질과 보호법익이 유사한 범죄에 대한 형벌과 비교할 때 현저히 형벌체계의 균형성을 잃은 것이 명백한 경우에는, 인간의 존엄성과 가치를 보장하는 헌법의 기본원리에 위배될 뿐만 아니라 법의 내용에 있어서도 평등원칙에 반하여 위헌이라 할 수 있다(헌재 2019.07.25. 2018헌가7).

④ (○) 법인도 법인의 목적과 사회적 기능에 비추어 볼 때 그 성질에 반하지 않는 범위 내에서 인격권의 한 내용인 사회적 신용이나 명예 등의 주체가 될 수 있고 법인이 이러한 사회적 신용이나 명예 유지 내지 법인격의 자유로운 발현을 위하여 의사결정이나 행동을 어떻게 할 것인지를 자율적으로 결정하는 것도 법인의 인격권의 한 내용을 이룬다고 할 것이다(헌재 2012.08.23. 2009헌가27).

> **판례** 헌법 제10조로부터 도출되는 일반적 인격권에는 개인의 명예에 관한 권리도 포함되는바, 이 때 '명예'는 사람이나 그 인격에 대한 '사회적 평가', 즉 객관적·외부적 가치평가를 말하는 것이지 단순히 주관적·내면적인 명예감정은 법적으로 보호받는 명예에 포함된다고 할 수 없다(헌재 2010.11.25. 2009헌마147).

⑤ (○) 환자가 장차 죽음에 임박한 상태에 이를 경우에 대비하여 미리 의료인 등에게 연명치료 거부 또는 중단에 관한 의사를 밝히는 등의 방법으로 죽음에 임박한 상태에서 인간으로서의 존엄과 가치를 지키기 위하여 연명치료의 거부 또는 중단을 결정할 수 있다 할 것이고, 위 결정은 헌법상 기본권인 자기결정권의 한 내용으로서 보장된다 할 것이다(헌재 2009.11.26. 2008헌마385).

정답 ②

문 21

20년 6월 모의시험

행복추구권에 관한 설명 중 옳지 않은 것은? (다툼이 있는 경우 판례에 의함)

① 주민등록은 거주하는 사람의 결단에 따른 행동과는 무관한 것이므로, 영내에 기거하는 군인에게 그가 속한 세대의 거주지에서 주민등록을 하도록 하는 것은 영내 기거 현역병의 일반적 행동자유권을 제한하지 않는다.
② 국가가 국민을 강제로 건강보험에 가입시키고 경제적 능력에 따라 보험료를 납부하도록 하는 것은 행복추구권으로부터 파생하는 일반적 행동의 자유의 하나인 공법상 단체에 강제로 가입하지 아니할 자유를 제한한다.
③ 개별적 자유권에 의하여 보호되는 영역에서 자기책임원리가 문제되는 경우, 보충적 자유권인 일반적 행동자유권을 근거로 하는 자기결정권에서 파생된 자기책임원리가 아니라 구체적으로 제한되는 생활영역에서 자기결정권을 보장하는 개별자유권의 제한 여부에 대한 과잉금지원칙에 따른 심사를 하여야 한다.
④ 일반적 행동자유권의 보호영역에는 개인의 생활방식과 취미에 관한 사항이 포함되므로, 비어업인이 잠수용 스쿠버장비를 사용하여 수산자원을 포획·채취하는 것을 규제하는 것은, 지속적인 소득활동이 아니라 취미나 오락을 위하여 자신이 원하는 방법으로 수산자원을 포획·채취하고자 하는 자의 일반적 행동의 자유를 제한한다.
⑤ 일반적 행동자유권은 법적으로 보호가치 있는 행동만 그 보호영역으로 하는 것이므로, 술에 취한 상태로 도로 외의 곳에서 운전하는 것을 금지하고 위반 시 처벌하는 것은 해당 운전자의 일반적 행동의 자유를 제한한다고 볼 수 없다.

MGI Point 행복추구권 ★★

- 영내에 기거하는 군인은 그가 속한 세대의 거주지에서 등록하여야 한다는 주민등록법 규정 ⇨ 영내 기거 현역병의 일반적 행동자유권을 제한 ×
- 국가가 국민을 강제로 건강보험에 가입시키고 경제적 능력에 따라 보험료를 납부하도록 하는 것 ⇨ 공법상의 단체에 강제로 가입하지 아니할 자유 제한 ○
- 개별적 자유권에 의하여 보호되는 영역에서 자기책임원리가 문제되는 경우 ⇨ 자기책임원리가 아닌 과잉금지원칙에 따른 심사 要
- 비어업인이 잠수용 스쿠버장비를 사용하여 수산자원을 포획·채취하는 것을 금지하는 규정 ⇨ 일반적 행동자유권 제한 ○ but 침해 ×
- 술 취한 상태로 도로 외의 곳 운전 금지, 위반 시 처벌 규정 ⇨ 일반적 행동자유권 제한 ○ but 침해 ×

① (○) 주민등록은 거주하는 사람의 결단에 따른 행동과는 무관한 것이므로 이를 일반적 행동자유권의 내용으로 볼 수 없고, 따라서 이 사건 법률조항은 영내 기거 현역병의 일반적 행동자유권을 제한하지 않는다(헌재 2011.06.30. 2009헌마59).

② (○) 국가가 국민을 강제로 건강보험에 가입시키고 경제적 능력에 따라 보험료를 납부하도록 하는 것은 행복추구권으로부터 파생하는 일반적 행동의 자유의 하나인 공법상의 단체에 강제로 가입하지 아니할 자유와 정당한 사유 없는 금전의 납부를 강제당하지 않을 재산권에 대한 제한이 되지만, 이러한 제한은 정당한 국가목적을 달성하기 위하여 부득이한 것이고, 가입강제와 보험료의 차등부과로 인하여 달성되는 공익은 그로 인하여 침해되는 사익에 비하여 월등히 크다고 할 수 있으므로, 위의 조항들이 헌법상의 행복추구권이나 재산권을 침해한다고 볼 수 없다(헌재 2003.10.30. 2000헌마801).

③ (○) 개별자유권에 의하여 보호되는 영역에서 자기책임원리가 문제되는 경우에는, 보충적 자유권인 일반적 행동자유권을 근거로 하는 자기결정권에서 파생된 자기책임원리가 아니라, 구체적으로 제한되는 생활영역에서 자기결정권을 보장하는 개별자유권의 제한 여부에 대한 과잉금지원칙에 따른 심사를 하여야 한다(헌재 2016.12.29. 2015헌바198).

④ (○) 헌법 제10조의 행복추구권에서 파생되는 일반적 행동자유권의 보호영역에는 개인의 생활방식과 취미에 관한 사항이 포함된다. 이 사건 규칙조항은 비어업인이 잠수용 스쿠버장비를 사용하여 수산자원을 포획·채취하는 것을 규제함으로써, 지속적인 소득활동이 아니라 취미나 오락을 위하여 자신이 원하는 방법으로 수산자원을 포획·채취하고자 하는 청구인의 일반적 행동의 자유를 제한한다(헌재 2016.10.27. 2013헌마450).

⑤ (X) 일반적 행동자유권은 가치 있는 행동만 그 보호영역으로 하는 것은 아니다. 그 보호영역에는 개인의 생활방식과 취미에 관한 사항도 포함되며, 여기에는 위험한 스포츠를 즐길 권리와 같은 위험한 생활방식으로 살아갈 권리도 포함된다. 그런데 심판대상조항은 술에 취한 상태로 도로 외의 곳에서 운전하는 것을 금지하고 이에 위반했을 때 처벌하도록 하고 있으므로 일반적 행동의 자유를 제한한다(헌재 2016.02.25. 2015헌가11).

정답 ⑤

문 22
21년 6월 모의시험

헌법 제10조에 관한 설명 중 옳은 것을 모두 고른 것은? (다툼이 있는 경우 판례에 의함)

ㄱ. 출생신고시 자녀의 이름에 사용할 수 있는 한자의 범위를 '통상 사용되는 한자'로 제한하는 것은 국민으로 하여금 국가가 정한 '인명용 한자'라는 기준에 맞추도록 강제함으로써 헌법 제36조 제1항과 헌법 제10조에 의하여 보호되는 '부모가 자녀의 이름을 지을 자유'를 일률적으로 제한하고 있으므로 침해의 최소성 원칙에 위배된다.

ㄴ. 헌법 제10조로부터 도출되는 일반적 인격권에는 개인의 명예에 관한 권리도 포함되며, 사자(死者)에 대한 사회적 명예와 평가의 훼손은 사자와의 관계를 통하여 스스로의 인격상을 형성하고 명예를 지켜온 그 후손의 인격권을 제한한다.

ㄷ. 지역 방언을 자신의 언어로 선택하여 공적 또는 사적인 의사소통과 교육의 수단으로 사용하는 것은 행복추구권에서 파생되는 일반적 행동의 자유 내지 개성의 자유로운 발현의 한 내용이 된다.

ㄹ. 공공기관 등의 공문서는 어문규범에 맞추어 한글로 작성하도록 규정한「국어기본법」조항은 '공공기관 등이 작성하는 공문서'에 대하여만 적용되고, 일반 국민이 공공기관 등에 접수·제출하기 위하여 작성하는 문서나 일상생활에서 사적 의사소통을 위해 작성되는 문서에는 적용되지 아니하므로 행복추구권을 침해하지 아니한다.

① ㄱ, ㄴ　　　　　　　② ㄴ, ㄷ　　　　　　　③ ㄷ, ㄹ
④ ㄴ, ㄷ, ㄹ　　　　　⑤ ㄱ, ㄴ, ㄷ, ㄹ

> **MGI Point** 헌법 제10조 ★★
>
> ■ 출생신고시 자녀의 이름에 사용할 수 있는 한자의 범위를 '통상 사용되는 한자'로 제한하는 것
>   ⇨ 일정한 예외를 두고 있어 침해의 최소성 원칙에 위배 ×
> ■ 사자(死者)에 대한 사회적 명예와 평가의 훼손은 사자와의 관계를 통하여 스스로의 인격상을 형성하고 명예를 지켜온 그 후손의 인격권을 제한 ○
> ■ 지역 방언을 자신의 언어로 선택하여 공적 또는 사적인 의사소통과 교육의 수단으로 사용하는 것
>   ⇨ 행복추구권에서 파생되는 일반적 행동의 자유 내지 개성의 자유로운 발현의 한 내용이 됨
> ■ 공공기관 등의 공문서는 어문규범에 맞추어 한글로 작성하도록 규정한 「국어기본법」 조항 ⇨ 행복추구권 침해 ×
>   • 공공기관 등이 작성하는 공문서에 대하여만 적용 ○
>   • 일반 국민이 공공기관 등에 접수·제출하기 위하여 작성하는 문서나 일상생활에서 사적 의사소통을 위해 작성되는 문서에는 적용 ×

ㄱ. (✕) 출생신고시 자녀의 이름에 사용할 수 있는 한자의 범위를 '통상 사용되는 한자'로 제한하고 있는 '가족관계의 등록 등에 관한 법률' … 심판대상조항은 자녀의 이름에 사용할 수 있는 한자를 정함에 있어 총 8,142자를 '인명용 한자'로 지정 … 헌법에 명문으로 규정되어 있지는 않지만, '부모의 자녀의 이름을 지을 자유'는 혼인과 가족생활을 보장하는 헌법 제36조 제1항과 행복추구권을 보장하는 헌법 제10조에 의하여 보호받는다고 할 수 있다. … 심판대상조항은 출생신고 시 자녀의 이름에 사용할 수 있는 한자를 '인명용 한자'로 제한하고 있으나, '인명용 한자'가 아닌 한자를 사용하였다고 하더라도, 출생신고나 출생자 이름 자체가 불수리되는 것은 아니고, 가족관계등록부에 해당 이름이 한글로만 기재되어 종국적으로 해당 한자가 함께 기재되지 않는 제한을 받을 뿐이며(이 사건 규칙조항 제3항), 가족관계등록부나 그와 연계된 공적 장부 이외에 사적 생활의 영역에서 해당 한자 이름을 사용하는 것을 금지하는 것도 아니다. 또한 친자관계존부확인 등의 재판에 따른 등록부정정에 의하여 가족관계등록부를 폐쇄한 후 종전의 이름과 동일한 이름을 사용하여 다시 출생신고를 하거나, 출생 후 상당한 기간(약 15년)이 경과한 자녀에 대하여 졸업증서, 면허증, 보험증서 등에 의하여 사회생활에서 널리 두루 쓰이고 있다는 것이 증명되는 이름을 기재하여 출생신고를 하는 경우에는 '인명용 한자'가 아닌 한자를 사용한 이름으로도 출생신고를 할 수 있도록 하는 등 일정한 예외도 두고 있다{"이름의 기재문자와 관련된 가족관계등록사무"(가족관계등록예규 제475호) 제1항 등}. … 이상의 여러 사정들을 종합하여 보면, 심판대상조항은 침해의 최소성 원칙에 위반되지 않고, 통상 사용되지 않는 한자의 사용으로 인한 당사자나 이해관계인의 불편을 해소하고 가족관계등록업무의 전산화를 통한 행정업무의 효율성 제고라는 공익과의 형량에 있어서도 법익 간의 비례관계를 유지하고 있다고 볼 수 있다(헌재 2016.07.28. 2015헌마964).

ㄴ. (○) 헌법 제10조로부터 도출되는 일반적 인격권에는 개인의 명예에 관한 권리도 포함되는바, 이 사건 법률조항에 근거하여 반민규명위원회의 조사대상자 선정 및 친일반민족행위결정이 이루어지면(이에 관하여 작성된 조사보고서 및 편찬된 사료는 일반에 공개된다), 조사대상자의 사회적 평가가 침해되어 헌법 제10조에서 유래하는 일반적 인격권이 제한받는다고 할 수 있다. 다만 이 사건 결정의 조사대상자를 비롯하여 대부분의 조사대상자는 이미 사망하였을 것이 분명하나, 조사대상자가 사자(死者)의 경우에도 인격적 가치에 대한 중대한 왜곡으로부터 보호되어야 하고, 사자(死者)에 대한 사회적 명예와 평가의 훼손은 사자(死者)와의 관계를 통하여 스스로의 인격상을 형성하고 명예를 지켜온 그들의 후손의 인격권, 즉 유족의 명예 또는 유족의 사자(死者)에 대한 경애추모의 정을 침해한다고 할 것이다. 따라서 이 사건 법률조항은 조사대상자의 사회적 평가와 아울러 그 유족의 헌법상 보장된 인격권을 제한하는 것이라고 할 것이다(헌재 2010.10.28. 2007헌가23).

ㄷ. (○) 언어는 의사소통 수단으로서 다른 동물과 인간을 구별하는 하나의 주요한 특징으로 인식되고, 모든 언어는 지역, 세대, 계층에 따라 각기 상이한 방언을 가지고 있는바, 이들 방언은 이를 공유하는 사람들의 의사소통에 중요한 역할을 담당하며, 방언 가운데 특히 지역 방언은 각 지방의 고유한 역사와 문화 등 정서적 요소를 그 배경으로 하기 때문에 같은 지역주민들 간의 원활한 의사소통 및 정서교류의 기초가 되므로, 이와 같은 지역 방언을 자신의 언어로 선택하여 공적 또는 사적인 의사소통과 교육의 수단으로 사용하는 것은 행복추구권에서 파생되는 일반적 행동의 자유 내지 개성의 자유로운 발현의 한 내용이 된다 할 것이다(헌재 2009.05.28. 2006헌마618).

ㄹ. (○) 국어기본법 제14조 제2항은 "공공기관 등이 작성하는 공문서의 한글 사용에 관하여 그 밖에 필요한 사항은 대통령령으로 정한다."고 규정하여 위 법 제14조의 공문서 작성방식에 관한 내용이 '공공기관 등이 작성하는 공문서'에 대한 것임을 명확히 하고 있다. … 결국 이 사건 공문서 조항은 '공공기관 등이 작성하는 공문서'에 대하여만 적용되고, 일반 국민이 공공기관 등에 접수·제출하기 위하여 작성하는 문서나 일상생활에서 사적 의사소통을 위해 작성되는 문서에는 적용되지 않는다. 그러므로 이 사건 공문서 조항은 청구인들의 행복추구권을 침해하지 아니한다(헌재 2016.11.24. 2012헌마854).

정답 ④

문 23

24년 6월 모의시험

일반적 행동자유권에 관한 설명 중 옳은 것을 모두 고른 것은? (다툼이 있는 경우 판례에 의함)

ㄱ. 이동통신사업자가 제공하는 전기통신역무를 타인의 통신용으로 제공하는 것을 원칙적으로 금지하고 이를 위반할 경우 형사처벌하는 것은, 이로 인해 이동통신서비스 이용자에게 자기 명의로 이동통신서비스 이용계약을 체결한 후 실제 이용자에게 휴대전화를 양도할 수 없는 불이익을 주는 것에 불과하므로 해당 이동통신서비스 이용자의 일반적 행동자유권을 침해하지 않는다.

ㄴ. 누구든지 금융회사등에 종사하는 자에게 타인의 금융거래 내용에 관한 정보 또는 자료를 요구하는 것을 금지하고 이를 위반할 경우 형사처벌하는 것은, 금융거래의 비밀보장을 통하여 경제정의와 국민경제의 건전한 발전을 실현시킨다는 공익을 달성하고자 하는 것이므로 해당 정보 또는 자료를 요구하는 자의 일반적 행동자유권을 침해하지 않는다.

ㄷ. 거짓이나 그 밖의 부정한 수단으로 운전면허를 받은 경우, '거짓이나 그 밖의 부정한 수단으로 받은 운전면허를 제외한 운전면허'를 필요적으로 취소하도록 하는 것은, 교통상의 위험과 장해를 방지한다는 공익의 중대성을 감안하더라도 지나치게 기본권을 제한하는 것이므로 해당 운전면허자의 일반적 행동자유권 또는 직업의 자유를 침해한다.

ㄹ. 유사군복의 판매 목적 소지를 금지하는 것은 이를 허용한다고 하더라도 간첩죄나 공무원 자격사칭죄 등 형사처벌 조항들을 통하여 국방력 약화를 방지하려는 입법목적은 충분히 달성될 수 있다는 점에서 일회적·단발적 판매 목적으로 유사군복을 소지하는 자의 일반적 행동자유권을 침해한다.

① ㄱ, ㄴ
② ㄱ, ㄷ
③ ㄴ, ㄹ
④ ㄱ, ㄷ, ㄹ
⑤ ㄴ, ㄷ, ㄹ

> **MGI Point** **일반적 행동자유권** ★★
>
> - 일반적 행동자유권 침해 ×
>   - 이동통신사업자가 제공하는 전기통신역무를 타인의 통신용으로 제공하는 것을 원칙적으로 금지하고 이를 위반할 경우 형사처벌하는 것
>   - 유사군복의 판매 목적 소지를 금지하는 것
>   - 거짓이나 그 밖의 부정한 수단으로 운전면허를 받은 경우 운전면허를 필요적 취소하는 것
> - 일반적 행동자유권 침해 ○
>   - 누구든지 금융회사등에 종사하는 자에게 타인의 금융거래 내용에 관한 정보 또는 자료를 요구하는 것을 금지하고 이를 위반할 경우 형사처벌하는 것
>   - 거짓이나 그 밖의 부정한 수단으로 받은 운전면허를 제외한 운전면허를 필요적으로 취소하는 것

ㄱ. (O) 심판대상조항은 이동통신시장질서를 교란하는 행위 등을 막기 위한 것인바, 국내이동통신시장의 특수성, 보이스피싱 등 이동통신 관련 범죄 방지에 대한 정책적 요구 등에 비추어 볼 때 차명휴대전화의 생성을 억제하여 보이스피싱 등 범죄의 도구로 악용될 가능성을 방지하는 것은 매우 중대한 공익이다. 반면 이동통신서비스 이용자는 심판대상조항으로 인해 이동통신서비스 이용계약 체결에 필요한 증서 등을 타인에게 제공하거나 자기 명의로 이동통신서비스 이용계약을 체결한 후 실제 이용자에게 휴대전화를 양도할 수 없는 불이익을 입을 뿐이다. 이처럼 이동통신서비스 이용자가 제한받는 사익의 정도가 공익에 비하여 과다하다고 보기 어려우므로, 심판대상조항은 법익의 균형성도 충족한다. 심판대상조항은 이동통신서비스 이용자의 일반적 행동자유권을 침해하지 아니하므로 헌법에 위반되지 아니한다(헌재 2022.06.30. 2019헌가14).

ㄴ. (X) 심판대상조항은 정보제공요구의 사유나 경위, 행위 태양, 요구한 거래정보의 내용 등을 전혀 고려하지 아니하고 일률적으로 금지하고, 그 위반 시 형사처벌을 하도록 하고 있다. 나아가, 금융거래의 비밀보장이 중요한 공익이라는 점은 인정할 수 있으나, 심판대상조항이 정보제공요구를 하게 된 사유나 행위의 태양, 요구한 거래정보의 내용을 고려하지 아니하고 일률적으로 일반 국민들이 거래정보의 제공을 요구하는 것을 금지하고 그 위반 시 형사처벌을 하는 것은 그 공익에 비하여 지나치게 일반 국민의 일반적 행동자유권을 제한하는 것이다. 따라서 심판대상조항은 과잉금지원칙에 반하여 일반적 행동자유권을 침해한다.(헌재 2022.02.24. 2020헌가5).

ㄷ. (O) 심판대상조항은 운전면허를 취소함으로써 자유롭게 자동차를 운전할 수 없게 하므로, 일반적 행동의 자유를 제한한다. 또한 심판대상조항의 수범자 가운데 자동차의 운전을 필수불가결한 요소로 하는 일정한 직업군의 사람들에 대하여는 종래의 직업을 계속 유지하는 것을 불가능하게 하고, 자동차 운행으로도 수행 가능한 직업을 가진 사람들에 대하여는 직업을 수행하는 방법에 제한을 가하게 되므로, 좁은 의미의 직업선택의 자유와 직업수행의 자유를 포함하는 직업의 자유 역시 제한한다. 직업의 자유 또는 일반적 행동의 자유 침해 여부를 판단함에 있어서는 헌법 제37조 제2항의 과잉금지원칙 준수 여부가 그 기준이 된다. 위에서 본 바와 같이, 심판대상조항이 부정 취득한 운전면허를 필요적으로 취소하도록 한 것은 과잉금지원칙에 위반되지 아니하나, 부정 취득하지 않은 운전면허까지 필요적으로 취소하도록 한 것은 과잉금지원칙에 위반된다. 심판대상조항 중 각 '거짓이나 그 밖의 부정한 수단으로 받은 운전면허를 제외한 운전면허'를 필요적으로 취소하도록 한 부분은 헌법에 위반되므로 주문과 같이 결정한다(헌재 2020.06.25. 2019헌가9, 10(병합)).

ㄹ. (X) 유사군복이 모방하고 있는 대상인 전투복은 군인의 전투용도로 세심하게 고안되어 제작된 특수한 재화라는 특성이 있으므로, 입법자는 이를 모방한 물품이 이윤추구의 수단과 매매행위의 대상이 되는 것을 부정적으로 평가하여 이를 일반적으로 금지하고, 예외적인 경우에만 판매목적 소지를 허용하였다. 심판대상조항으로 인하여 다양한 군복 중 '전투복, 전투화, 전투모, 계급장, 장성급 장교표지, 야전상의, 방한복, 비행복, 특전복'에 한하여 그 형태·색상·구조 등이 유사하여 외관상으로는 식별이 '극히' 곤란한 유사군복의 경우에만 판매목적 소지가 금지되고 그 이외의 일반적인 밀리터리 룩 의복에 대해서는 판매목적 소지가 허용된다. 그로 인하여 유사군복 판매업자 등의 직업의 자유나 일반적 행동의 자유가 위와 같은 범위

에서 제한된다 하더라도, 그 제한의 정도가 외관상 식별이 극히 곤란한 유사군복의 유통을 금지함으로써 이를 통해 군인을 사칭하고 군사시설에 잠입하는 등의 행위가 일어날 가능성을 방지하여 국가안전보장과 질서를 유지하려는 공익에 비하여 결코 중하다고 볼 수 없다. … 심판대상조항은 과잉금지원칙을 위반하여 직업의 자유 내지 일반적 행동의 자유를 침해하지 아니한다(헌재 2019.04.11. 2018헌가14).

정답 ②

제❷절 ┃ 평등권

문 24
23년 10월 모의시험

평등권 및 평등원칙에 관한 설명 중 옳지 않은 것을 모두 고른 것은? (다툼이 있는 경우 판례에 의함)

> ㄱ. 전문과목을 표시한 치과의원에게 그 표시한 전문과목에 해당하는 환자만을 진료하도록 하는 것은, 전문과목을 표시하더라도 진료범위에 대하여 제한을 받지 않는 의사전문의나 한의사전문의에 비하여 치과전문의를 차별취급하고 있으나, 의사전문의, 한의사전문의와 치과전문의 사이에는 본질적인 차이가 있으므로 치과전문의의 평등권을 침해하지 않는다.
> ㄴ. 직장가입자와 지역가입자의 건강보험료 산정·부과를 위해 직장근로자의 경우에는 기본적으로 보수만을 기준으로 하고, 지역가입자의 경우에는 소득뿐만 아니라 재산·생활수준·경제활동참가율 등 다양한 변수를 참작한 추정소득을 기준으로 하는 것은, 동일한 보험집단을 구성하고 있음에도 합리적 이유 없이 지역가입자를 차별하는 것이므로 헌법상 평등원칙에 위배된다.
> ㄷ. 공무상 질병 또는 부상으로 인하여 퇴직한 후 장애 상태가 확정된 군인에게도 상이연금을 지급하도록 「군인연금법」을 개정하면서 개정법 시행일 이후부터 이를 적용하도록 한 것은, '퇴직 후 신법 조항 시행일 전에 장애 상태가 확정된 군인'을 '퇴직 후 신법 조항 시행일 이후에 장애 상태가 확정된 군인'과 비교하여 볼 때 합리적 이유 없이 차별하는 것으로 헌법상 평등원칙에 위배된다.
> ㄹ. 건설 근로자가 사망할 당시 대한민국 국민이 아닌 자로서 외국에서 거주하고 있던 유족에게 퇴직공제금을 지급하지 않는 것은 '외국인'이라는 사정 또는 '외국에 거주'한다는 사정이 대한민국 국민인 유족 혹은 국내거주 외국인유족과 달리 취급받을 합리적인 이유가 될 수 없다는 점에서 헌법상 평등원칙에 위반된다.
> ㅁ. 국회의원을 후원회지정권자로 정하면서 지방의회의원을 후원회지정권자에서 제외하는 것은, 지방의회의원의 전문성을 확보하고 원활한 의정활동을 지원하기 위해 지방의회의원들에게도 후원회를 허용하여 정치자금을 합법적으로 확보할 수 있는 방안을 마련해 줄 필요가 있다는 점에서 해당 지방의회의원의 평등권을 침해한다.

① ㄱ, ㄴ
② ㄱ, ㄷ
③ ㄴ, ㄷ, ㅁ
④ ㄴ, ㄹ, ㅁ
⑤ ㄱ, ㄷ, ㄹ, ㅁ

> **MGI Point** **평등권·평등원칙** ★★
>
> ■ 평등권·평등원칙 침해 내지 위반 ○
>   - 전문과목을 표시한 치과의원에게 그 표시한 진료과목에 해당하는 환자만을 진료하도록 하는 것
>   - 공무상 질병 또는 부상으로 인하여 퇴직 후 장애상태가 확정된 군인에게도 상이연금을 지급하도록 군인연금법을 개정하면서 개정법 시행 이후부터 적용하도록 하는 것
>   - 건설 근로자가 사망할 당시 대한민국 국민이 아닌 자로서 외국에서 거주하고 있던 유족에게 퇴직공제금을 지급하지 않은 것
>   - 국회의원을 후원회지정권자로 정하면서 지방의회의원을 후원회지정권자에서 제외하고 있는 것
> ■ 평등권·평등원칙 침해 내지 위반 ×
>   - 건강보험료 산정·부과를 위해 직장가입자의 경우 기본적으로 보수만을 기준으로 하고 지역가입자에게는 소득 외에 재산 등의 요소를 추가적으로 고려하는 것

ㄱ. (X) … 나아가 심판대상조항에 따라 치과일반의는 전문과목을 불문하고 모든 치과 환자를 진료할 수 있음에 반하여, 치과일반의보다 더 오랜기간의 수련과정을 거치고 치과전문의 자격시험까지 추가로 합격한 치과전문의는 치과의원에서 전문과목을 표시하였다는 이유로 자신의 전문과목 이외의 다른 모든 전문과목의 환자를 진료할 수 없게 되는바, 이는 보다 상위의 자격을 갖춘 치과의사에게 오히려 훨씬 더 좁은 범위의 진료행위만을 허용하는 것으로서 합리적인 이유를 찾기 어렵다. 따라서 심판대상조항은 치과전문의를 의사전문의와 한의사전문의에 비하여 합리적 이유 없이 차별하고, 치과의원의 치과전문의를 치과병원의 치과전문의 및 치과일반의에 비하여 합리적 이유 없이 차별함으로써 평등권을 침해한다(헌재 2015.05.28. 2013헌마799).

ㄴ. (X) 직장가입자의 대부분은 임금 생활자로 보수가 100% 파악이 되는 반면, 지역가입자의 소득은 납세자의 자발적 신고를 전제로 하고 있고 분리과세되는 금융소득이나 사적연금소득 등은 세제 개편이나 관련 법령을 개정하지 않는 한 공단이 이를 '소득'으로 파악하기에 한계가 있기 때문에 여전히 지역가입자의 소득파악율은 직장가입자의 소득파악율에 비하여 낮다고 볼 수밖에 없다. 새로운 체제로의 개편은 보험재정의 안정성을 확보할 수 있는 한도에서 이루어져야 하는데, 소득만을 기반으로 보험료를 부과할 경우 지역가입자의 재산 등을 기반으로 한 보험재정 부분에 대한 보충 방안이 확실히 마련된 것으로 보이지 않는다. 따라서 현재의 보험료 산정·부과 방식에 다소 불합리한 점이 있다 하더라도 그러한 불합리성이 부분적·단계적 제도 개선을 통해 어느 정도 해결될 수 있다면 이원적 부과체계 자체가 합리적이지 않다고 단정할 수 없다. …그렇다면, 지역가입자에 대한 보험료 산정·부과 시 소득 외에 재산 등의 요소를 추가적으로 고려하는 데에 합리적 이유가 있다 할 것이고, 재산 등의 요소를 추가적으로 고려함에 있어 발생하는 문제점은 보험재정의 안정성을 유지하는 한도 내에서 개선되어 나아가는 중이므로, 심판대상조항이 헌법상 평등원칙에 위반된다고 할 수 없다(헌재 2016.12.29. 2015헌바199).

ㄷ. (○) 어떠한 질병 또는 부상이 공무수행 중에 발생하였고, 그로 인하여 장애 상태에 이른 것이 분명하다면, '퇴직 후 2011. 5. 19. 개정된 구 군인연금법 제23조 제1항과 2013. 3. 22. 개정된 군인연금법 제23조 제1항(두 조항을 합하여 '신법 조항'이라 한다) 시행일 전에 장애 상태가 확정된 군인'과 '퇴직 후 신법 조항 시행일 이후에 장애 상태가 확정된 군인'은 모두 공무상 질병 또는 부상으로 인하여 장애 상태에 이른 사람으로서, 장애에 노출될 수 있는 가능성 및 위험성, 장애가 퇴직 이후의 생활에 미치는 영향, 보호의 필요성 등의 측면에서 본질적인 차이가 없다. …퇴직 후 신법 조항 시행일 전에 장애 상태로 된 군인에게 장애 상태가 확정된 때부터 상이연금을 지급하는 것이 국가의 재정형편상 어렵다면, 신법 조항 시행일 이후부터 상이연금을 지급하도록 하거나, 수급자의 생활수준에 따라 지급범위와 지급액을 달리 하는 등 국가의 재정능력을 감안하면서도 차별적 요소를 완화하는 입법을 할 수 있다. 그럼에도 불구하고, 퇴직 후 신법 조항 시행일 전에 장애 상태가 확정된 군인을 보호하기 위한 최소한의 조치도 하지 않은 것은 그 차별이 군인연금기금의 재정상황 등 실무적 여건이나 경제상황 등을 고려한 것이라고 하더라도, 그 차별을 정당화할 만한 합리적인 이유가 있는 것으로 보기 어렵다. 따라서 심판대상조항은 헌법상 평등원칙에 위반된다(헌재 2016.12.29. 2015헌바208, 2016헌바145(병합)).

ㄹ. (○) … 따라서 심판대상조항이 '일시금'의 형식으로 지급되는 퇴직공제금과는 지급 방식이 다른 산재보험법의 유족보상연금에 관한 규정을 준용하도록 하여 '외국거주 외국인유족'을 퇴직공제금을 지급받을 유족의 범위에서 제외한 것은 현저히 자의적인 것이라 할 것이다. 한편, 퇴직공제금은 '일시금'으로 지급되므로 '피공제자(건설근로자)의 사망 당시 유족인지 여부'만 확인하면 된다는 점은 앞서 본 바와 같으므로, 퇴직공제금 수급 자격에 있어 '외국거주 외국인유족'이 '외국인'이라는 사정 또는 '외국에 거주'한다는 사정이 '대한민국 국민인 유족' 혹은 '국내거주 외국인유족'과 달리 취급받을 합리적인 이유가 될 수 없다. 따라서 심판대상조항은 합리적 이유 없이 '외국거주 외국인유족'을 '대한민국 국민인 유족' 및 '국내거주 외국인유족'과 차별하는 것이므로 평등원칙에 위반된다(헌재 2023.03.23. 2020헌바471).

ㅁ. (○) 지방의회의원은 주민의 대표자이자 지방의회의 구성원으로서 주민들의 다양한 의사와 이해관계를 통합하여 지방자치단체의 의사를 형성하는 역할을 하므로, 지방의회의원의 전문성을 확보하고 원활한 의정활동을 지원하기 위해서는 지방의회의원들에게도 후원회를 허용하여 정치자금을 합법적으로 확보할 수 있는 방안을 마련해 줄 필요가 있다. 정치자금법은 후원회의 투명한 운영을 위한 상세한 규정을 두고 있어 지방의회의원의 염결성을 확보할 수 있고, 국회의원과 소요되는 정치자금의 차이도 후원 한도를 제한하는 등의 방법으로 규제할 수 있으므로, 후원회 지정 자체를 금지하는 것은 오히려 지방의회의원의 정치자금 모금을 음성화시킬 우려가 있다. 현재 지방의회의원에게 지급되는 의정활동비 등은 의정활동에 전념하기에 충분하지 않고, 지방의회는 유능한 신인정치인의 유입 통로가 되므로, 지방의회의원에게 후원회를 지정할 수 없도록 하는 것은 경제력을 갖추지 못한 사람의 정치입문을 저해할 수도 있다. 따라서 심판대상조항이 국회의원과 달리 지방의회의원을 후원회지정권자에서 제외하고 있는 것은 불합리한 차별로서 청구인들의 평등권을 침해한다(헌재 2022.11.24. 2019헌마528,631,632, 655(병합)).

정답 ①

문 25
23년 8월 모의시험

평등권 및 평등원칙에 관한 설명 중 옳지 않은 것은? (다툼이 있는 경우 판례에 의함)

① 국회의원과 지방의회의원은 그 지위나 성격, 기능, 활동범위, 정치적 역할, 정치자금의 수요 등에 있어서 본질적으로 다른 점이 있으므로, 국회의원을 후원회지정권자로 정하면서 지방의회의원을 후원회지정권자에서 제외한 것은 합리적인 이유가 있으므로 지방의회의원들의 평등권을 침해하지 않는다.

② 혼인한 등록의무자 모두 배우자가 아닌 본인의 직계존·비속의 재산을 등록하도록 「공직자윤리법」이 개정되었음에도 불구하고, "이 법 시행 당시 종전의 규정에 따라 재산등록을 한 혼인한 여성 등록의무자는 제4조 제1항 제3호의 개정규정에도 불구하고 종전의 규정에 따른다."라고 규정한 「공직자윤리법」 부칙 조항은 성별에 의한 차별금지 및 혼인과 가족생활에서의 양성의 평등을 천명하고 있는 헌법에 정면으로 위배되는 것으로 그 목적의 정당성을 인정할 수 없다.

③ 국가를 상대로 한 당사자소송에는 가집행선고를 할 수 없도록 하는 것은, 피고가 국가인 경우에만 가집행선고를 할 수 없도록 하여 국가가 아닌 공공단체 그 밖의 권리주체를 차별하는 것으로 이를 자의금지원칙에 따라 판단하더라도 그 차별의 합리성을 인정할 수 없다.

④ 대한민국 국민인 남자에 한하여 병역의무를 부과한 구 「병역법」 조항은 헌법이 특별히 양성평등을 요구하는 경우나 관련 기본권에 중대한 제한을 초래하는 경우의 차별취급을 그 내

용으로 하고 있다고 보기 어려우므로, 평등권 침해 여부와 관련하여 완화된 심사기준에 따라 판단하여야 한다.
⑤ 회원제로 운영하는 골프장 시설의 입장료에 대한 부가금의 부과는 일반 국민에 비해 특별히 객관적으로 밀접한 관련성을 가진다고 볼 수 없는 골프장 부가금 징수 대상 시설 이용자들을 대상으로 하는 것으로서 합리적 이유가 없는 차별을 초래하여 헌법상 평등원칙에 위배된다.

> **MGI Point** 평등권 및 평등원칙 ★
> - 국회의원과 달리 지방의회의원을 후원회지정권자에서 제외 하는 것 평등권 침해 ○
> - 혼인한 남성과 달리 혼인한 여성의 경우에만 배우자의 직계존비속의 재산등록하는 것은 평등원칙 위배 ○
> - 국가가 당사자소송의 피고인 경우 가집행선고 할 수 없도록 한 것은 차별의 합리성 인정 X
> - 남자만 병역의무는 완화된 심사기준에 따라 판단 ⇨ 평등권 침해 X
> - 골프장 시설의 입장료에 대한 부가금 부과는 평등원칙에 위배 ○

① (X) 현재 지방의회의원에게 지급되는 의정활동비 등은 의정활동에 전념하기에 충분하지 않고, 지방의회는 유능한 신인정치인의 유입 통로가 되므로, 지방의회의원에게 후원회를 지정할 수 없도록 하는 것은 경제력을 갖추지 못한 사람의 정치입문을 저해할 수도 있다. 따라서 심판대상조항이 국회의원과 달리 지방의회의원을 후원회지정권자에서 제외하고 있는 것은 불합리한 차별로서 청구인들의 평등권을 침해한다(헌재 2022.11.24. 2019헌마528, 631, 632, 655).

② (○) 혼인한 남성 등록의무자와 달리 혼인한 여성 등록의무자의 경우에만 본인이 아닌 배우자의 직계존·비속의 재산을 등록하도록 하는 것은 여성의 사회적 지위에 대한 그릇된 인식을 양산하고, 가족관계에 있어 시가와 친정이라는 이분법적 차별구조를 정착시킬 수 있으며, 이것이 사회적 관계로 확장될 경우에는 남성우위·여성비하의 사회적 풍토를 조성하게 될 우려가 있다. 이는 성별에 의한 차별금지 및 혼인과 가족생활에서의 양성의 평등을 천명하고 있는 헌법에 정면으로 위배되는 것으로 그 목적의 정당성을 인정할 수 없다. 따라서 이 사건 부칙조항은 평등원칙에 위배된다(헌재 2021.09.30. 2019헌가3).

③ (○) 재산권의 청구가 공법상 법률관계를 전제로 한다는 점만으로 국가를 상대로 하는 당사자소송에서 국가를 우대할 합리적인 이유가 있다고 할 수 없고, 집행가능성 여부에 있어서도 국가와 지방자치단체 등이 실질적인 차이가 있다고 보기 어렵다. 한편 가집행 후 상소심에서 판결이 번복되었으나 원상회복이 어려운 경우 국고손실이 발생할 수 있으나, 이는 국가가 피고일 경우에만 생기는 문제가 아니라 가집행제도의 일반적인 문제라 할 것이며, 이러한 문제는 법원이 판결을 할 때 가집행을 붙이지 아니할 상당성의 유무를 신중히 판단하고 담보제공명령이나 가집행 면제제도(민사소송법 제213조 참조)를 이용하여 사전에 예방할 수 있는 것이므로 위와 같은 문제가 국가에 대하여 예외적으로 가집행선고를 금지할 이유가 될 수 없다(헌재 1989.1.25. 88헌가7 참조). 따라서 심판대상조항은 국가가 당사자소송의 피고인 경우 가집행의 선고를 제한하여, 국가가 아닌 공공단체 그 밖의 권리주체가 피고인 경우에 비하여 합리적인 이유 없이 차별하고 있으므로 평등원칙에 반한다(헌재 2022.02.24. 2020헌가12).

④ (○) 남자만을 징병검사의 대상이 되는 병역의무자로 정한 것이 현저히 자의적인 차별취급이라 보기 어렵다. 한편 보충역이나 제2국민역 등은 국가비상사태에 즉시 전력으로 투입될 수 있는 예비적 전력으로서 병력동원이나 근로소집의 대상이 되는바, 평시에 현역으로 복무하지 않는다고 하더라도 병력자원으로서 일정한 신체적 능력이 요구된다고 할 것이므로 보충역 등 복무의무를 여자에게 부과하지 않은 것이 자의적이라 보기도 어렵다. 결국 이 사건 법률조항이 성별을 기준으로 병역의무자의 범위를 정한 것은 자의금지원칙에 위배하여 평등권을 침해하지 않는다(헌재 2010.11.25. 2006헌마328).

⑤ (○) 골프장 부가금은 일반 국민에 비해 특별히 객관적으로 밀접한 관련성을 가진다고 볼 수 없는 골프장 부가금 징수 대상 시설 이용자들을 대상으로 하는 것으로서 합리적 이유가 없는 차별을 초래하므로, 헌법상 평등원칙에 위배된다(헌재 2019.12.27. 2017헌가21).

정답 ①

문 26
22년 8월 모의시험

평등의 원칙과 평등권에 관한 설명 중 옳지 않은 것은? (다툼이 있는 경우 판례에 의함)

① 헌법상 기본권이 아닌 법률상의 권리에 해당한다 하더라도 비교집단 상호간에 차별이 존재할 경우 헌법상의 평등권 심사까지 배제되는 것은 아니다.
② 헌법상 평등의 원칙은 국가가 언제 어디서 어떤 계층을 대상으로 하여 기본권에 관한 상황이나 제도의 개선을 시작할 것인지를 선택하는 것을 방해하지 않으므로, 제도 개선의 과정에서 일시적으로 존재할 수 있는 차별은 정당화될 수 있다.
③ 시혜적인 법률의 경우 국민의 권리를 제한하거나 새로운 의무를 부과하는 법률과는 달리 입법자에게 보다 광범위한 입법형성의 자유가 인정되므로, 제정된 법률의 내용이 현저하게 합리성이 결여되었다고 보이지 아니하는 한 헌법에 위반된다 할 수 없다.
④ 평등선거의 원칙은 평등의 원칙이 선거제도에 적용된 것으로서 투표의 수적 평등과 투표의 성과가치의 평등을 내용으로 할 뿐만 아니라, 일정한 집단의 의사가 정치과정에서 반영될 수 없도록 자의적으로 선거구를 획정하는 이른바 '게리맨더링'에 대한 부정을 의미하기도 한다.
⑤ 사회적 신분에 대한 차별금지와 같이 헌법 제11조 제1항 후문에서 예시된 사유가 있는 경우에는 절대적으로 차별을 금지할 것이 요구되므로 입법자에게 인정되는 입법형성권이 제한되어 평등권 침해 여부의 심사에서 엄격한 기준을 적용해야 한다.

> **MGI Point** 평등의 원칙과 평등권 ★★
>
> ■ 헌법상 기본권이 아닌 법률상의 권리에 해당한다 하더라도 비교집단 상호간에 차별이 존재할 경우에 헌법상의 평등권 심사까지 배제되는 것은 ×
> ■ 헌법상 평등의 원칙은 국가가 언제 어디서 어떤 계층을 대상으로 하여 기본권에 관한 상황이나 제도의 개선을 시작할 것인지를 선택하는 것을 방해 × ⇨ 제도 개선의 과정에서 일시적으로 존재할 수 있는 차별은 정당화 가
> ■ 시혜적 법률 ⇨ 입법자에게 보다 광범위한 입법형성의 자유 인정 ○, 제정된 법률의 내용이 현저하게 합리성이 결여되었다고 보이지 않는 한 헌법에 위반 ×
> ■ 평등선거의 원칙의 의미 ⇨ 수적 평등 및 성과가치의 평등 인정, 게리맨더링 부정
> ■ 사회적 신분에 대한 차별금지와 같이 헌법 제11조 제1항 후문에 예시된 사유가 있는 경우
>   • 절대적으로 차별을 금지할 것을 요구함으로써 입법자에게 인정되는 입법형성권을 제한하는 것 ×
>   • '성별'을 기준으로 병역의무를 달리 부과하도록 한 규정이 평등권을 침해하는지 여부는 완화된 심사척도에 따라 자의금지원칙 위반 여부에 의하여 판단 ○

① (○) 주민투표권은 헌법상의 열거되지 아니한 권리 등 그 명칭의 여하를 불문하고 헌법상의 기본권성이 부정된다는 것이 우리 재판소의 일관된 입장이라 할 것인데, 이 사건에서 그와 달리 보아야 할 아무런 근거를 발견할 수 없다. 그렇다면 이 사건 심판청구는 헌법재판소법 제68조 제1항의 헌법소원을 통해 그 침해 여부를 다툴 수 있는 기본권을 대상으로 하고 있는 것이 아니므로 그러한 한에서 이유 없다. 하지만

주민투표권이 헌법상 기본권이 아닌 법률상의 권리에 해당한다 하더라도 비교집단 상호간에 차별이 존재할 경우에 헌법상의 평등권 심사까지 배제되는 것은 아니다(헌재 2007.06.28. 2004헌마643).

② (○) 헌법상 평등의 원칙은 국가가 언제 어디서 어떤 계층을 대상으로 하여 기본권에 관한 상황이나 제도의 개선을 시작할 것인지를 선택하는 것을 방해하지는 않는다. 말하자면 국가는 합리적인 기준에 따라 능력이 허용하는 범위 내에서 법적 가치의 상향적인 구현을 위한 제도의 단계적 개선을 추진할 수 있는 길을 선택할 수 있어야 한다. 그것이 허용되지 않는다면 모든 사항과 계층을 대상으로 하여 동시에 제도의 개선을 추진하는 예외적인 경우를 제외하고는 어떠한 제도의 개선도 평등의 원칙 때문에 그 시행이 불가능하다는 결과에 이르게 되어 불합리할 뿐만 아니라 평등의 원칙이 실현하고자 하는 가치와도 어긋나기 때문이다(헌재 2002.06.27. 2000헌마642).

③ (○) 시혜적인 법률은 국민의 권리를 제한하거나 새로운 의무를 부과하는 법률과는 달리 입법자에게 보다 광범위한 입법형성의 자유가 인정되므로, 입법자는 그 입법의 목적, 수혜자의 상황, 국가예산 등 제반사항을 고려하여 그에 합당하다고 스스로 판단하는 내용의 입법을 할 권한이 있다 할 것이고, 그렇게 하여 제정된 법률의 내용이 현저하게 합리성이 결여되어 있다고 보이지 아니하는 한 헌법에 위반된다 할 수 없다(헌재 2007.07.26. 2004헌마914).

④ (○) 평등선거의 원칙은 헌법 제11조 제1항의 평등의 원칙이 선거제도에 적용된 것으로서 투표의 수적 평등, 즉 모든 선거인에게 1인 1표(one man, one vote)를 인정함과 동시에 투표의 성과가치의 평등 즉 1표의 투표가치가 대표자선정이라는 선거의 결과에 대하여 기여한 정도에 있어서도 평등하여야 함(one vote, one value)을 의미할 뿐만 아니라, 일정한 집단의 의사가 정치과정에서 반영될 수 없도록 선거구를 확정하는 방식으로 일정한 집단을 차별하는 소위 게리맨더링이 부정됨을 의미하기도 하기 때문이다(헌재 2002.08.29. 2002헌마4).

⑤ (X) 이 사건 법률조항은 '성별'을 기준으로 병역의무를 달리 부과하도록 한 규정이고, 이는 헌법 제11조 제1항 후문이 예시하는 사유에 기한 차별임은 분명하다. 그러나 헌법 제11조 제1항 후문의 위와 같은 규정은 불합리한 차별의 금지에 초점이 있고, 예시한 사유가 있는 경우에 절대적으로 차별을 금지할 것을 요구함으로써 입법자에게 인정되는 입법형성권을 제한하는 것은 아니다. 우리 헌법은 '근로', '혼인과 가족생활' 등 인간의 활동의 주요부분을 차지하는 영역으로서 성별에 의한 불합리한 차별적 취급을 엄격하게 통제할 필요가 있는 영역에 대하여는 양성평등 보호규정(제32조 제4항. 제36조 제1항)을 별도로 두고 있으며, 헌법재판소는 위와 같이 헌법이 특별히 양성평등을 요구하는 경우에는 엄격한 심사기준을 적용하여 왔으나, 이 사건 법률조항은 그에 해당한다고 보기 어렵다. 병역법에서 구체화된 국방의 의무를 이행함에 있어서 그 의무자의 기본권이 여러 가지 면에서 제약을 받게 되는 것은 인정되나, 이는 헌법상의 국방의 의무의 규정에 의하여 이미 예정되어 있는 것으로서, 국가나 공익목적을 위하여 개인이 특별한 희생을 하는 것이라고 할 수 없으므로 관련 기본권에 대한 중대한 제한이 인정된다고 보기는 어렵다. 나아가 징집대상자의 범위를 정하는 문제는 그 목적이 국가안보와 직결되어 있고, 그 성질상 급변하는 국내외 정세 등에 탄력적으로 대응하면서 최적의 전투력을 유지할 수 있도록 합목적적으로 정해야 하는 사항이기 때문에, 본질적으로 입법자 등의 입법형성권이 매우 광범위하게 인정되어야 하는 영역이다. 결국 이 사건 법률조항이 헌법이 특별히 평등을 요구하는 경우나 관련 기본권에 중대한 제한을 초래하는 경우의 차별취급을 그 내용으로 하고 있다고 보기 어려운 점, 징집대상자의 범위 결정에 관하여는 입법자의 광범위한 입법형성권이 인정되는 점에 비추어, 이 사건 법률조항이 평등권을 침해하는지 여부는 완화된 심사척도에 따라 자의금지원칙 위반 여부에 의하여 판단하기로 한다(헌재 2010.11.25. 2006헌마328).

정답 ⑤

문 27

21년 10월 모의시험

평등권에 관한 설명 중 옳지 않은 것은? (다툼이 있는 경우 판례에 의함)

① 자치구·시·군의원 선거구 획정에 있어서는 지역대표성과 지역 간 불균형 등의 2차적 요소를 폭넓게 고려할 수 있는 인구편차 상하 50%를 기준으로 하는 방안을 선택하는 것이 해당 선거구 선거권자의 평등권을 침해한다고 볼 수 없다.

② 「국가유공자법」에서 6·25전몰군경자녀 중 나이가 많은 자를 6·25전몰군경자녀수당의 선순위 수급권자로 정했다 하더라도, 자녀 간 협의에 의하여 그들 중 1명을 지정한 경우에는 그 사람에게 수당을 지급하도록 하는 등의 일정한 예외조항이 마련되어 있으므로 불합리한 차별이라고 할 수 없다.

③ 부담금은 국민의 재산권을 제한하여 일반 국민이 아닌 특별한 의무자집단에 대하여 부과되는 특별한 재정책임으로, 평등원칙의 적용에 있어서 부담금의 문제는 합리성의 문제로서 자의금지원칙에 의한 심사 대상이다.

④ 정당가입 금지조항이 초·중등학교 교원에 대해서는 정당가입의 자유를 금지하면서 대학의 교원에게는 허용하는 것은, 양자 간 직무의 본질과 내용, 근무 태양이 다른 점을 고려한 합리적인 차별이므로 평등원칙에 위배되지 않는다.

⑤ 평등원칙은 원칙적으로 입법자에게 헌법적으로 아무런 구체적인 입법의무를 부과하지 않고, 다만 입법자가 평등원칙에 반하는 일정 내용의 입법을 하게 되면, 이로써 피해를 입게 된 자는 직접 당해 법률조항을 대상으로 하여 평등원칙의 위반여부를 다툴 수 있을 뿐이다.

MGI Point 평등권 ★★

- 시·도의회의원, 자치구·시·군의회의원 인구편차 기준 : 상하 50%로 인구비율 3 : 1 기준
- 「국가유공자 등 예우 및 지원에 관한 법률」 중 6·25전몰군경자녀수당 조항에서 협의로 그들 중 1명을 지정하여 그 사람에게 수당지급을 가능하게 예외를 둔 경우 ⇨ 일정한 예외조항을 둔 것만으로 불합리한 차별의 문제점이 해소된 것 ×
- 부담금은 국민의 재산권을 제한하여 특별한 의무집단에 대하여 부과되는 특별한 재정책임
  ⇨ 평등원칙의 적용에 있어서는 자의금지원칙에 의한 심사 대상
- 초·중등교원 정당가입 및 선거운동 금지 ⇨ 정치적 자유권 침해 ×, 평등권 침해 ×
- 평등원칙은 구체적인 입법의무 부과 × ⇨ 평등원칙의 내용에 반하는 입법을 하게 되면 피해를 입은 자가 당해 법률조항을 대상으로 평등원칙 위반여부를 다툴 수 있음

---

① (○) 인구편차 상하 33⅓%의 기준이 선거권 평등의 이상에 보다 접근하는 안이지만, 위 기준을 적용할 경우 자치구·시·군의원의 지역대표성과 도시와 농어촌 간의 인구격차를 비롯한 각 분야에 있어서의 지역 간 불균형 등 2차적 요소를 충분히 고려하기 어렵다. 반면 인구편차 상하 50%를 기준으로 하는 방안은 최대선거구와 최소선거구의 투표가치의 비율이 1차적 고려사항인 인구비례를 기준으로 볼 때의 등가의 한계인 2 : 1의 비율에 그 50%를 가산한 3 : 1 미만이 되어야 한다는 것으로서, 인구편차 상하 33⅓%를 기준으로 하는 방안보다 2차적 요소를 폭넓게 고려할 수 있다(헌재 2007.03.29. 2005헌마985등). … 그렇다면 현재의 시점에서 자치구·시·군의원 선거구 획정과 관련하여 헌법이 허용하는 인구편차의 기준을 인구편차 상하 50%(인구비례 3 : 1)로 변경하는 것이 타당하다. … 따라서 이 사건 선거구란에 의한 선거구 획정이 헌법상 허용되는 인구편차의 허용한계를 일탈하여 청구인들의 선거권 및 평등권을 침해한다고 볼 수 없다(헌재 2018.06.28. 2014헌마166).

② (X) 국가유공자법은 나이를 기준으로 이 사건 수당 지급을 달리하는 것에 따른 문제점을 시정하기 위하여 6·25전몰군경자녀 간 협의에 의하여 그들 중 1명을 이 사건 수당을 받을 사람으로 지정한 경우에는 그 사람에게 이 사건 수당을 지급하도록 하거나 국가유공자를 주로 부양한 사람을 우선하도록 하는 일정한 예외조항을 마련해 놓고 있기는 하다(국가유공자법 제13조 제2항). 그러나 6·25전몰군경자녀 간에 협의가 되지 않을 경우에는 이 사건 법률조항으로 돌아가 여전히 나이에 따른 차별이 발생하게 된다는 점, 이 사건 수당의 지급대상이 되는 6·25전몰군경자녀의 평균연령을 고려했을 때 특별한 사정이 없는 한 6·25전몰군경자녀가 1953년 7월 27일 이전 및 「참전유공자 예우 및 단체설립에 관한 법률」 별표에 따른 전투기간 중에 전사하거나 순직한 전몰군경 또는 순직군경을 직접 부양하였을 가능성이 높지 않아 주부양자를 가리는 것이 큰 의미가 없다는 점을 고려하면, 위와 같은 예외조항으로 인하여 이 사건 법률조항이 초래하는 불합리한 차별의 문제점이 해소된다고 볼 수는 없다(헌재 2021.03.25. 2018헌가6). ▸ 「국가유공자 등 예우 및 지원에 관한 법률」중 '자녀 중 1명에 한정하여 6·25전몰군경자녀수당을 지급하도록 한 부분 및 법조항에 따른 선순위인 사람 가운데 '나이가 많은' 자녀에게 6·25전몰군경자녀수당을 지급하도록 한 부분은 평등권에 침해되어 헌법에 합치되지 아니한다고 판단, 2022.12.31.을 시한으로 입법자가 개정할 때까지 계속 적용 헌법불합치 결정을 내린 사안이다. i) 헌재 2018.06.28. 2016헌가14 결정(보훈보상대상자 지원에 관한 법률 제11조 제 1항 제2호 등 위헌제청)에서 보훈보상대상자의 부모에 대한 유족보상금 지급 시 수급권자를 부모 중 1인 한정하고 연장자를 우선하도록 한 것을 합리적인 이유 없이 보상금 수급권자의 수를 일률적으로 제한하고, 부모 중 나이가 많은 자와 그렇지 않은 자를 차별하고 있으므로 나이가 적은 부모의 평등권 침해한다고 판단한 바 있다.

ii) 그러나 헌재 2018.06.28. 2015헌마304결정(독립유공자예우에 관한 법률 제12조 제2항 등 위헌확인)에서 독립유공자의 손자녀 중 '일률적으로' 1명에게만 보상금을 지급하면서, 독립유공자의 선순위 자녀의 자녀에 해당하는 손자녀가 2명 이상인 경우에 나이가 많은 손자녀를 우선하도록 규정한 것은 평등권을 침해하지 않는다고 판단한 것은 주의할 필요가 있다.

> **판례** 보훈보상대상자 지원에 관한 법률 제11조 제 1항 제2호 등 위헌계청 : 심판대상조항은 국가가 보훈보상대상자의 유족인 부모에게 보상금을 지급함에 있어 합리적인 이유 없이 보상금 수급권자의 수를 일률적으로 제한하고, 부모 중 나이가 많은 자와 그렇지 않은 자를 합리적인 이유 없이 차별하고 있으므로 나이가 적은 부모의 평등권을 침해하여 헌법에 위반된다(헌재 2018.06.28. 2016헌가14).
>
> **판례** 독립유공자예우에 관한 법률 제12조 제2항 등 위헌확인 : 이 사건 법률조항들은 독립유공자의 손자녀 중 선순위자 1명에게만 보상금을 지급하도록 하면서 같은 순위의 손자녀가 2명 이상인 경우에는 그 중 나이가 많은 자를 우선하도록 하여, 동일한 독립유공자의 손자녀간에 독립유공자법에 따른 보훈에 있어 차별 취급이 존재하는바 평등권 침해 여부가 문제된다. … 위와 같은 독립유공자법 및 그 시행령의 개정은 협의가 되지 않을 경우 보상금 수급권자 지정에 있어 손자녀의 생활수준이 우선적으로 고려되도록 한 것으로, 이는 유족의 생활 안정과 복지 향상을 도모하기 위하여 보상금이 가장 필요한 손자녀에게 보상금을 지급하여 보상금 수급권의 실효성을 보장하면서 아울러 국가의 재정부담 능력도 그려한 것으로 보인다. 아울러 독립유공자법은 2018. 4. 6. 법률 제15550호 개정으로 제14조의5를 신설하여 독립유공자의 손자녀 중 독립유공자법 제12조에 따른 보상금을 받지 아니하는 사람에게 기준 중위소득 등 생활수준을 고려하여 생활안정을 위한 지원금을 지급할 수 있도록 규정함으로써, 이 사건 법률조항들에 의해 후순위로 결정되어 보상금을 지급받지 못하는 손자녀들에 대한 생활보호 대책을 마련하고 독립유공자법에 따른 보훈에 있어 손자녀간의 형평성도 고려하였다. 위와 같은 사정을 종합해 볼 때, 이 사건 법률조항들에 나타난 입법자의 선택이 명백히 그 재량을 일탈한 것이라고 보기 어려우므로, 이 사건 법률조항들은 청구인의 평등권을 침해하지 아니한다(헌재 2018.06.28. 2015헌마304).

③ (○) 부담금은 국민의 재산권을 제한하여 일반 국민이 아닌 특별한 의무자집단에 대하여 부과되는 특별한 재정책임이므로, 납부의무자들을 일반 국민들과 달리 취급하여 이들을 불리하게 대우함에 있어서 합리적인 이유가 있어야 하며 자의적인 차별은 납부의무자들의 평등권을 침해한다. 평등원칙의 적용에 있어서 부담금의 문제는 합리성의 문제로서 자의금지원칙에 의한 심사 대상인데, 선별적 부담금의 부과라는 차별이 합리성이 있는지 여부는 그것이 행위 형식의 남용으로서 앞서 본 부담금의 헌법적 정당화 요건을 갖추었는지 여부와 관련이 있다(헌재 2019.12.27. 2017헌가21).

④ (○) 현행 교육법령은, 초·중등학교의 교원 즉 교사는 법령이 정하는 바에 따라 학생을 교육하는 자이고(교육기본법 제9조, 초·중등교육법 제20조 제3항), 반면에 대학의 교원은 학생을 교육·지도하고 학문을 연구하되 학문연구만을 전담할 수 있다(고등교육법 제15조 제2항)고 하여 양자의 직무를 달리 규정하고 있다. 뿐만 아니라, 초·중등학교의 교육은 일반적으로 승인된 기초적인 지식의 전달에 중점이 있는데 비하여, 대학의 교육은 학문의 연구·활동과 교수기능을 유기적으로 결합하여 학문의 발전과 피교육자인 대학생들에 대한 교육의 질을 높일 필요가 있기 때문에 대학교원의 자격기준도 이와 같은 기능을 수행할 수 있는 능력을 갖출 것이 요구된다. 그렇다면 초·중등학교 교원에 대해서는 정당가입과 선거운동의 자유를 금지하면서 대학교원에게는 이를 허용한다 하더라도, 이는 양자간 직무의 본질이나 내용 그리고 근무태양이 다른 점을 고려할 때 합리적인 차별이라고 할 것이므로 청구인이 주장하듯 헌법상의 평등권을 침해한 것이라고 할 수 없다(헌재 2004.03.25. 2001헌마710).

⑤ (○) 평등원칙은 원칙적으로 입법자에게 헌법적으로 아무런 구체적인 입법의무를 부과하지 않고, 다만, 입법자가 평등원칙에 반하는 일정 내용의 입법을 하게 되면, 이로써 피해를 입게 된 자는 직접 당해 법률조항을 대상으로 하여 평등원칙의 위반여부를 다툴 수 있다(헌재 1996.11.28. 93헌마258).

 ②

문 28

20년 10월 모의시험

평등원칙 및 평등권에 관한 설명으로 옳지 않은 것은? (다툼이 있는 경우 판례에 의함)

① 부담금은 국민의 재산권을 제한하여 일반 국민이 아닌 특별한 의무자집단에 대하여 부과되는 특별한 재정책임으로, 평등원칙의 적용에 있어서 부담금의 문제는 합리성의 문제로서 자의금지원칙에 의한 심사 대상이다.

② 평등원칙은 원칙적으로 입법자에게 헌법적으로 아무런 구체적인 입법의무를 부과하지 않고, 다만, 입법자가 평등원칙에 반하는 일정 내용의 입법을 하게 되면, 이로써 피해를 입게 된 자는 직접 당해 법률조항을 대상으로 하여 평등원칙의 위반여부를 다툴 수 있을 뿐이다.

③ 지역구국회의원선거와 자치구의회의원선거의 각 예비후보자는 모두 해당 공직선거에 출마한 사람들로서 그 정치적 역할 등에서 본질적으로 동일함에도 불구하고 자치구의회의원선거의 예비후보자만 후원회지정권자에서 제외하는 것은 자치구의회의원선거의 예비후보자의 평등권을 침해한다.

④ 선거방송 대담·토론회 등에 대한 구체적인 형성 및 그에 관한 초청 요건 등은 원칙적으로 입법정책의 문제로서 입법자의 입법형성의 자유에 속하는 사항이므로, 선거운동의 기회균등원칙과 관련한 평등권을 침해하는지 여부를 심사함에 있어서는 완화된 합리성 심사에 의하는 것이 타당하다.

⑤ 교사의 교수·연구활동을 지원하는 임무를 담당하고 있는 수석교사와 교무를 통할·총괄하고 소속 교직원을 지도·감독하는 관리 임무를 담당하고 있는 교장은 직무 및 직급에 있어서 차이가 있으므로, 성과상여금 등의 지급과 관련하여 수석교사와 교장을 달리 취급하더라도 수석교사들의 평등권을 침해하지 않는다.

> **MGI Point** 평등원칙 및 평등권 ★★
>
> - 부담금 : 국민의 재산권을 제한하여 특별한 의무집단에 대하여 부과되는 특별한 재정책임
>   ⇨ 평등원칙의 적용에 있어서는 자의금지원칙에 의한 심사 대상
> - 평등원칙은 구체적인 입법의무 부과 × ⇨ 평등원칙의 내용에 반하는 입법을 하게 되면 피해를 입은 자는 당해 법률조항을 대상으로 평등원칙 위반여부를 다툴 수 있음
> - 자치구의회의원선거의 예비후보자만 후원회지정권자에서 제외하는 것 ⇨ 평등권 침해 ×
>   cf. 개정 정치자금법상 지역구의회의원선거 예비후보자 후원회지정권자 ○
> - 선거방송 대담·토론회 등에 대한 구체적인 형성 및 그에 관한 초청 요건
>   - 입법정책의 문제로서 입법자의 입법형성의 자유에 속하는 사항
>   - 선거운동의 기회균등원칙과 관련한 평등권 침해 여부는 완화된 합리성 심사
> - 성과상여금 등의 지급과 관련하여 수석교사와 교장을 달리 취급하는 것 ⇨ 수석교사들의 평등권 침해 ×

① (○) 부담금은 국민의 재산권을 제한하여 일반 국민이 아닌 특별한 의무자집단에 대하여 부과되는 특별한 재정책임이므로, 납부의무자들을 일반 국민들과 달리 취급하여 이들을 불리하게 대우함에 있어서 합리적인 이유가 있어야 하며 자의적인 차별은 납부의무자들의 평등권을 침해한다. 평등원칙의 적용에 있어서 부담금의 문제는 합리성의 문제로서 자의금지원칙에 의한 심사 대상인데, 선별적 부담금의 부과라는 차별이 합리성이 있는지 여부는 그것이 행위 형식의 남용으로서 앞서 본 부담금의 헌법적 정당화 요건을 갖추었는지 여부와 관련이 있다(헌재 2019.12.27. 2017헌가21).

② (○) 평등원칙은 원칙적으로 입법자에게 헌법적으로 아무런 구체적인 입법의무를 부과하지 않고, 다만, 입법자가 평등원칙에 반하는 일정 내용의 입법을 하게 되면, 이로써 피해를 입게 된 자는 직접 당해 법률조항을 대상으로 하여 평등원칙의 위반여부를 다툴 수 있다(헌재 1996.11.28. 93헌마258).

③ (X) 자치구의회의원은 대통령, 국회의원과는 그 지위나 성격, 기능, 활동범위, 정치적 역할 등에서 본질적으로 다르다. 자치구의회의원의 활동범위는 해당 자치구의 지역 사무에 국한되고, 그에 수반하여 정치자금을 필요로 하는 정도나 소요자금의 양에서도 현격한 차이가 있을 수밖에 없다. 그리고 이러한 차이를 후원회를 둘 수 있는 자의 범위와 관련하여 입법에 어느 정도 반영할 것인가 하는 문제는 입법자가 결정할 국가의 입법정책에 관한 사항으로서 입법재량 내지 형성의 자유가 인정되는 영역이다. 자치구의회의원의 경우 선거비용 이외에 정치자금의 필요성이 크지 않으며 선거비용 측면에서도 대통령선거나 국회의원선거에 비하여 선거운동 기간이 비교적 단기여서 상대적으로 선거비용이 적게 드는 점 등에 비추어 보면, 국회의원선거의 예비후보자와 달리 자치구의회의원선거의 예비후보자에게 후원회를 통한 정치자금의 조달을 불허하는 것에는 합리적인 이유가 있다. 따라서 심판대상조항 중 자치구의회의원선거의 예비후보자에 관한 부분은 청구인들 중 자치구의회의원선거의 예비후보자 및 이들 예비후보자에게 후원금을 기부하고자 하는 자의 평등권을 침해한다고 볼 수 없다(헌재 2019.12.27. 2018헌마301·430(병합)). ▶ 해당 2019. 12. 27. 헌재 판례에서는 구 정치자금법 제6조 제6호상 광역자치단체장 선거의 예비후보자를 후원회지정권자에서 제외하고 있는 것을 평등권 침해라고 결정한 반면, 자치구의 지역구의회의원('자치구의회의원') 선거의 예비후보자를 후원회지정권자에서 제외하고 있는 것은 평등권을 침해하지 않아 합헌이라고 결정하였다. 그러나 2021. 1. 5. 개정 정치자금법 제6조 제6호·제7호에서는 광역자치단체장 선거의 예비후보자 뿐만 아니라, 지역구지방의회의원 선거의 후보자 및 예비후보자 역시 후원회지정권자에 해당한다고 명시하였다.

④ (○) 선거방송 대담·토론회 등에 대한 구체적인 형성 및 그에 관한 초청 요건 등은 원칙적으로 입법정책의 문제로서 입법자의 입법형성의 자유에 속하는 사항이다. 그렇다면 이 사건 토론회조항이 선거운동의 기회균등원칙과 관련한 평등권을 침해하는지 여부를 심사함에 있어서는 완화된 합리성 심사에 의하는 것이 타당하다(헌재 2019.09.26. 2018헌마128).

⑤ (○) 수석교사는 교수·연구 분야에 전문성이 뛰어난 교사들로서 교사의 교수·연구 활동을 지원하는 임무를 부여받고 있어, 교무를 통할·총괄하고 소속 교직원을 지도·감독하는 관리 임무가 부여된 교장 등과 부여받은 직무가 서로 다르며, 수석교사 임용을 교장 등의 승진임용과 동일시 할 수 없어 교장 등과 직급이 같다고도 할 수 없다. … 성과상여금 등과 관련하여 수석교사를 교장 등과 달리 취급하는 것은 직무 및 직급의

차이로 인한 것이고, 수석교사제도의 도입취지를 반영하여 수석교사에게 연구활동비 지급 및 수업부담 경감의 우대를 하고 있는 점을 고려하면, 위와 같은 차별에는 합리적인 이유가 있다. 따라서 심판대상조항들은 청구인들(수석교사)의 평등권을 침해하지 않는다(헌재 2020.02.27. 2019헌마526).

정답 ③

제3장 자유권적 기본권

제❶절 인신에 관한 자유
- 제1항 생명권
- 제2항 신체를 훼손당하지 않을 권리
- 제3항 신체의 자유

문 29

신체의 자유에 관한 설명 중 옳지 <u>않은</u> 것을 모두 고른 것은? (다툼이 있는 경우 판례에 의함)

ㄱ. 디엔에이감식시료 채취 대상범죄에 대하여 형의 선고를 받아 확정된 사람으로부터 디엔에이감식시료를 채취할 수 있도록 한 것은 해당 범죄자의 신체의 자유를 제한한다.
ㄴ. 「출입국관리법」상 강제퇴거명령을 받은 사람을 즉시 대한민국 밖으로 송환할 수 없으면 송환할 수 있을 때까지 보호시설에 보호할 수 있도록 한 것은 강제퇴거 대상자의 신체의 자유를 침해하지 않는다.
ㄷ. 피의자 및 피고인을 조력할 변호인의 권리 중 그것이 보장되지 않으면 그들이 변호인의 조력을 받는다는 것이 유명무실하게 되는 핵심적인 부분은 헌법상 기본권인 피의자 및 피고인이 가지는 변호인의 조력을 받을 권리와 표리의 관계에 있으므로 헌법상 기본권으로서 보호되어야 한다.
ㄹ. 행정절차상 강제처분에 의해 신체의 자유가 제한되는 경우 강제처분의 집행기관으로부터 독립된 중립적인 기관이 이를 통제하도록 하는 것은 적법절차원칙의 중요한 내용에 해당하므로 행정상 인신구속의 경우에도 헌법 제12조 제3항의 영장주의원칙이 적용되어야 한다.
ㅁ. '변호인이 되려는 자'의 접견교통권은 피체포자 등의 '변호인의 조력을 받을 권리'를 기본권으로 인정한 결과 발생하는 간접적이고 부수적인 효과로서 개별 법률을 통하여 구체적으로 형성된 법률상의 권리에 불과하고 헌법상 보장된 독자적인 기본권으로 볼 수는 없다.

① ㄱ, ㄴ, ㄷ
② ㄱ, ㄷ, ㄹ
③ ㄱ, ㄹ, ㅁ
④ ㄴ, ㄷ, ㅁ
⑤ ㄴ, ㄹ, ㅁ

MGI Point 신체의 자유 ★★

- 디엔에이감식시료 채취 대상범죄에 대하여 형의 선고를 받아 확정된 사람으로부터 디엔에이감식시료를 채취할 수 있도록 한 것은 해당 범죄자의 신체의 자유를 제한함
- 출입국관리법상 강제퇴거명령을 받은 사람을 즉시 대한민국 밖으로 송환할 수 없으면 송환할 수 있을 때까지 보호시설에 보호할 수 있도록 한 것은 강제퇴거 대상자의 신체의 자유 침해 ○
- 피의자 및 피고인을 조력할 변호인의 권리 중 그것이 보장되지 않으면 그들이 변호인의 조력을 받는다는 것이 유명무실하게 되는 핵심적인 부분은 헌법상 기본권인 피의자 및 피고인이 가지는 변호인의 조력을 받을 권리와 표리의 관계에 있으므로 헌법상 기본권으로서 보호 要
- 행정절차상 강제처분에 의해 신체의 자유가 제한되는 경우 강제처분의 집행기관으로부터 독립된 중립적인 기관이 이를 통제하도록 하는 것은 헌법 제12조 제3항의 영장주의원칙 적용 ✕
- 변호인 선임을 위하여 피의자·피고인(이하 '피의자 등'이라 한다)이 가지는 '변호인이 되려는 자'와의 접견교통권은 헌법상 기본권으로 보호 要

ㄱ. (○) 헌법 제12조 제1항의 신체의 자유는, 신체의 안정성이 외부로부터의 물리적인 힘이나 정신적인 위험으로부터 침해당하지 아니할 자유와 신체활동을 임의적이고 자율적으로 할 수 있는 자유를 말한다(1992.12.24. 92헌가8; 2005.5.26. 99헌마513 등). 디엔에이감식시료 채취의 구체적인 방법은 구강점막 또는 모근을 포함한 모발을 채취하는 방법으로 하고, 위 방법들에 의한 채취가 불가능하거나 현저히 곤란한 경우에는 분비물, 체액을 채취하는 방법으로 한다(이 사건 법률 시행령 제8조 제1항). 그렇다면 디엔에이감식시료의 채취행위는 신체의 안정성을 해한다고 볼 수 있으므로 이 사건 채취조항들은 신체의 자유를 제한한다(헌재 2014.08.28. 2011헌마28,106,141,156,326,2013헌마215,360(병합)).

ㄴ. (✕) 심판대상조항은 강제퇴거대상자를 대한민국 밖으로 송환할 수 있을 때까지 보호시설에 인치·수용하여 강제퇴거명령을 효율적으로 집행할 수 있도록 함으로써 외국인의 출입국과 체류를 적절하게 통제하고 조정하여 국가의 안전과 질서를 도모하고자 하는 것으로, 입법목적의 정당성과 수단의 적합성은 인정된다. 그러나 보호기간의 상한을 두지 아니함으로써 강제퇴거대상자를 무기한 보호하는 것을 가능하게 하는 것은 보호의 일시적·잠정적 강제조치로서의 한계를 벗어나는 것이라는 점, 보호기간의 상한을 법에 명시함으로써 보호기간의 비합리적인 장기화 내지 불확실성에서 야기되는 피해를 방지할 수 있어야 하는데, 단지 강제퇴거명령의 효율적 집행이라는 행정목적 때문에 기간의 제한이 없는 보호를 가능하게 하는 것은 행정의 편의성과 획일성만을 강조한 것으로 피보호자의 신체의 자유를 과도하게 제한하는 것인 점, 강제퇴거명령을 받은 사람을 보호함에 있어 그 기간의 상한을 두고 있는 국제적 기준이나 외국의 입법례에 비추어 볼 때 보호기간의 상한을 정하는 것이 불가능하다고 볼 수 없는 점, 강제퇴거명령의 집행 확보는 심판대상조항에 의한 보호 외에 주거지 제한이나 보고, 신원보증인의 지정, 적정한 보증금의 납부, 감독관 등을 통한 지속적인 관찰 등 다양한 수단으로도 가능한 점, 현행 보호일시해제제도나 보호명령에 대한 이의신청, 보호기간 연장에 대한 법무부장관의 승인제도만으로는 보호기간의 상한을 두지 않은 문제가 보완된다고 보기 어려운 점 등을 고려하면, 심판대상조항은 침해의 최소성과 법익균형성을 충족하지 못한다. 따라서 심판대상조항은 과잉금지원칙을 위반하여 피보호자의 신체의 자유를 침해한다(헌재 2023.03.23. 2020헌가1,2021헌가10(병합)).

ㄷ. (○), ㅁ. (✕) 변호인 선임을 위하여 피의자·피고인(이하 '피의자 등'이라 한다)이 가지는 '변호인이 되려는 자'와의 접견교통권은 헌법상 기본권으로 보호되어야 하고,(ㄷ) '변호인이 되려는 자'의 접견교통권은 피의자 등이 변호인을 선임하여 그로부터 조력을 받을 권리를 공고히 하기 위한 것으로서, 그것이 보장되지 않으면 피의자 등이 변호인 선임을 통하여 변호인으로부터 충분한 조력을 받는다는 것이 유명무실하게 될 수밖에 없다. 이와 같이 '변호인이 되려는 자'의 접견교통권은 피의자 등을 조력하기 위한 핵심적인 부분으로서, 피의자 등이 가지는 헌법상의 기본권인 '변호인이 되려는 자'와의 접견교통권과 표리의 관계에 있다. 따라서 피의자 등이 가지는 '변호인이 되려는 자'의 조력을 받을 권리가 실질적으로 확보되기 위해서는 '변호인이 되려는 자'의 접견교통권 역시 헌법상 기본권으로서 보장되어야 한다(ㅁ)(헌재 2019.02.28. 2015헌마1204).

ㄹ. (X) … 청구인은 이 사건 영창조항이 헌법상 영장주의에 위배된다는 주장도 하나, 헌법 제12조 제3항에서 규정하고 있는 영장주의란 형사절차와 관련하여 체포·구속·압수·수색의 강제처분을 할 때 신분이 보장되는 법관이 발부한 영장에 의하지 않으면 안 된다는 원칙으로(헌재 2015.09.24. 2012헌바302), 형사절차가 아닌 징계절차에도 그대로 적용된다고 볼 수 없다. 따라서 이 사건 영창조항이 헌법상 영장주의에 위반되는지 여부는 더 나아가 판단하지 아니한다(헌재 2016.03.31. 2013헌바190).

정답 ⑤

문 30

24년 6월 모의시험

신체의 자유에 관한 설명 중 옳지 않은 것은? (다툼이 있는 경우 판례에 의함)

① 「출입국관리법」상 강제퇴거명령을 받은 외국인을 보호할 수 있도록 하면서 보호기간의 상한을 마련하지 않은 것은 행정의 편의성과 획일성만을 강조한 것으로 해당 피보호자의 신체의 자유를 침해한다.
② 병(兵)에 대한 징계처분으로 일정기간 부대나 함정(艦艇) 내의 영창, 그 밖의 구금장소에 감금하는 영창처분이 가능하도록 하는 것은 병의 복무기강을 엄정히 한다는 공익에 비하여 병의 신체의 자유를 필요 이상 과도하게 제한하는 것으로 과잉금지원칙에 위배된다.
③ 수형자가 법원에 출정할 때 교도소장이 해당 수형자에게 행정법정 방청석에서 그의 변론 순서가 될 때까지 대기하는 동안 수갑 1개를 착용하도록 한 것은 행정법정 방청석에서 보호장비를 사용함으로써 영향을 받은 신체의 자유의 정도는 제한적인 반면, 행정법정 내 교정사고를 예방하기 위한 공익은 매우 중요하므로 해당 수형자의 신체의 자유를 침해하지 않는다.
④ 교도소·구치소의 수용자가 교정시설 외부로 나갈 경우 도주 방지를 위하여 해당 수용자의 발목에 전자장치를 부착하도록 한 것은 전자장치 부착을 통하여 달성하고자 하는 공익이 수용자가 수인해야 하는 기본권 제한의 정도에 비하여 크다고 할 수 있으므로 해당 수용자의 신체의 자유를 침해하지 않는다.
⑤ 외국에서 형의 전부 또는 일부의 집행을 받은 자에 대하여 형을 감경 또는 면제할 수 있도록 한 법률조항은 형벌법규가 외국에서 형의 집행을 받은 자에게 어떠한 요건 아래, 어느 정도의 혜택을 줄 것인지의 문제는 입법정책의 문제라는 점에서 외국에서 형의 집행을 받은 자의 신체의 자유를 침해하지 않는다.

MGI Point   신체의 자유   ★★

■ 신체의 자유 침해 ×
- 수형자가 법원에 출정할 때 교도소장이 해당 수형자에게 행정 법정 방청석에서 그의 변론 순서가 될 때까지 대기하는 동안 수갑 1개를 착용하도록 한 것
- 교도소·구치소의 수용자가 교정시설 외부로 나갈 경우 도주방지를 위하여 해당 수용자의 발목에 전자장치를 부착하도록한 것

■ 신체의 자유 침해 ○
- 출입국관리법 상 강제퇴거명령을 받은 외국인을 보호할 수 있도록 하면서 보호기간의 상한을 마련하지 않은 것
- 병에 대한 징계처분으로 일정기간 부대나 함정 내의 영창, 그 밖의 구금장소에 감금하는 영창처분 가능하도록 하는 것
- 외국에서 형의 전부 또는 일부의 집행을 받은 자에 대하여 형을 감경 또는 면제할 수 있도록 한 법률조항

① (○) 강제퇴거명령을 받은 사람을 보호할 수 있도록 하면서 보호기간의 상한을 마련하지 아니한 출입국관리법 제63조 제1항(이하 '심판대상조항'이라 한다)이 과잉금지원칙 및 적법절차원칙에 위배되어 피보호자의 신체의 자유를 침해한다(헌재 2023.03.23. 2020헌가1,2021헌가10(병합)).

② (○) 심판대상조항은 병(兵)을 대상으로 한 영창처분을 "부대나 함정 내의 영창, 그 밖의 구금장소에 감금하는 것을 말하며, 그 기간은 15일 이내로 한다."고 규정하고 있으므로, 심판대상조항에 의한 영창처분은 신체의 자유를 제한하는 구금에 해당하고, 이로 인해 헌법 제12조가 보호하려는 신체의 자유가 제한된다. … 따라서 심판대상조항은 병의 신체의 자유를 필요 이상으로 과도하게 제한하므로, 침해의 최소성 원칙에 어긋난다. 병의 복무기강을 엄정히 함으로써 군대 내 지휘명령체계를 확립하고 전투력을 제고한다는 공익은 국토방위와 직결된 것으로 매우 중요한 공익이다. 그러나 앞서 살펴본 바와 같이 심판대상조항은 병의 신체의 자유를 필요 이상으로 과도하게 제한할 수 있도록 규정되어 있으므로, 그로 인하여 제한되는 사익이 병의 복무기강을 엄정히 한다는 공익에 비하여 결코 가볍다고 볼 수 없다. 따라서 심판대상조항은 법익의 균형성 요건도 충족하지 못한다. 이와 같은 점을 종합할 때, 심판대상조항은 과잉금지원칙에 위배된다(헌재 2020.09.24. 2017헌바157,2018헌가10(병합)).

③ (○) … 보호장비는 수형자에 대한 직접강제로 작용하여, 이것이 사용되면 수형자는 팔·다리 등 신체의 움직임에 큰 지장을 받게 될 뿐만 아니라 종종 심리적 위축까지 수반하여 장시간 계속될 경우 심신에 고통을 주거나 나아가 건강에 악영향을 끼치고, 사용하는 방법에 따라서는 인간으로서의 품위에까지 손상을 줄 수도 있다. 그러므로 이 사건 보호장비 사용행위는 헌법 제10조에 의하여 보장되는 인격권 및 제12조에 의하여 보장되는 신체의 자유를 제한한다. … 이 사건 보호장비 사용행위는 과잉금지원칙을 위반하여 청구인의 신체의 자유와 인격권을 침해하지 않는다(헌재 2018.07.26. 2017헌마1238).

④ (○) 전자장치의 부착은 수용자에 대한 직접강제로 작용하여 신체의 움직임에 불편을 초래할 뿐만 아니라 종종 심리적 위축까지 수반하여 심신에 고통을 줄 수도 있으므로, 이 사건 부착행위가 헌법 제10조에 의하여 보장되는 인격권 및 제12조에 의하여 보장되는 신체의 자유를 침해하는지가 문제된다. … 위와 같은 사정을 종합하면 이 사건 부착행위는 과잉금지원칙에 위반되어 청구인들의 인격권과 신체의 자유를 침해하지 아니한다(헌재 2018.05.31. 2016헌마191,2016헌마330(병합),2017헌마171(병합)).

⑤ (X) 입법자는 외국에서 형의 집행을 받은 자에게 어떠한 요건 아래, 어느 정도의 혜택을 줄 것인지에 대하여 일정 부분 재량권을 가지고 있으나, 신체의 자유는 정신적 자유와 더불어 헌법이념의 핵심인 인간의 존엄과 가치를 구현하기 위한 가장 기본적인 자유로서 모든 기본권 보장의 전제조건이므로 최대한 보장되어야 하는바, 외국에서 실제로 형의 집행을 받았음에도 불구하고 우리 형법에 의한 처벌 시 이를 전혀 고려하지 않는다면 신체의 자유에 대한 과도한 제한이 될 수 있으므로 그와 같은 사정은 어느 범위에서든 반드시 반영되어야 하고, 이러한 점에서 입법형성권의 범위는 다소 축소될 수 있다. 입법자는 국가형벌권의 실현과 국민의 기본권 보장의 요구를 조화시키기 위하여 형을 필요적으로 감면하거나 외국에서 집행된 형의 전부 또는 일부를 필요적으로 산입하는 등의 방법을 선택하여 청구인의 신체의 자유를 덜 침해할 수 있음에도, 이 사건 법률조항과 같이 우리 형법에 의한 처벌 시 외국에서 받은 형의 집행을 전혀 반영하지 아니할 수도 있도록 한 것은 과잉금지원칙에 위배되어 신체의 자유를 침해한다(헌재 2015.05.28. 2013헌바129).

정답 ⑤

문 31

23년 8월 모의시험

변호인의 조력을 받을 권리 및 접견교통권에 관한 설명 중 옳은 것을 모두 고른 것은? (다툼이 있는 경우 판례에 의함)

> ㄱ. 별건으로 공소제기 후 확정되어 검사가 보관하고 있는 서류에 대하여 법원이 열람·등사를 허용하는 결정을 내렸는데도 검사가 피고인에 대한 형사사건과의 관련성을 부정하면서 해당 서류의 열람·등사를 허용하지 않았다면, 이러한 검사의 행위는 피고인의 변호인의 조력을 받을 권리를 침해하는 것이다.
> ㄴ. 구속된 피의자 또는 피고인이 변호인 아닌 타인과 접견할 수 있는 권리는, 가족 등 타인과 교류하는 인간으로서의 기본적인 생활관계가 인신의 구속으로 인하여 완전히 단절되어 파멸에 이르는 것을 방지하기 위해 보장되어야 하는 인간으로서의 기본적인 권리에 해당하므로 성질상 헌법상의 기본권에 속한다.
> ㄷ. 변호인의 조력을 받을 권리는 사법절차 전반에 걸쳐 법률전문가의 조력을 받을 권리를 의미하므로, 형사절차가 종료되어 교정시설에 수용 중인 수형자가 민사재판에서 변호사와 접견할 경우에도 헌법상 변호인의 조력을 받을 권리의 주체가 될 수 있다.
> ㄹ. '변호인이 되려는 자'의 접견교통권도 피체포자 등의 변호인의 조력을 받을 권리를 기본권으로 인정한 결과 발생하는 간접적이고 부수적인 효과로서 「형사소송법」 등 개별 법률을 통하여 구체적으로 형성된 법률상의 권리에 불과하고, 헌법상 보장된 독자적인 기본권으로 볼 수는 없다.

① ㄱ, ㄴ
② ㄱ, ㄷ
③ ㄴ, ㄷ
④ ㄴ, ㄹ
⑤ ㄷ, ㄹ

MGI Point 변호인의 조력을 받을 권리 및 접견교통권 ★

- 법원의 열람·등사결정에 대하여 검사가 이를 거부하는 행위 ⇨ 변호인의 조력을 받을 권리 침해 O
- 구속된 피고인 또는 피의자의 타인과의 접견권은 헌법상 기본권 O
- 수형자는 원칙적으로 변호인의 조력을 받을 권리 주체 X
- 변호인이 되려는 자의 피의자에 대한 접견교통권은 헌법상 기본권 O

ㄱ. (O) 법원의 열람·등사허용 결정에도 불구하고 검사가 이를 신속하게 이행하지 아니하는 경우에는 해당 증인 및 서류등을 증거로 신청할 수 없는 불이익을 받는 것에 그치는 것이 아니라, 그러한 검사의 거부행위는 피고인의 열람·등사권을 침해하고, 나아가 피고인의 신속·공정한 재판을 받을 권리 및 변호인의 조력을 받을 권리까지 침해하게 되는 것이다(헌재 2009헌마257, 2010.06.24.).

ㄴ. (O) 구속된 피고인 또는 피의자의 타인과의 접견권이 헌법상의 기본권이라 하더라도 국가안전보장, 질서유지 또는 공공복리를 위하여 필요한 경우에는 법률로 제한할 수 있음은 헌법 제37조 제2항의 규정에 의하여 명백하며 구체적으로는 접견을 허용함으로써 도주나 증거인멸의 우려 방지라는 구속의 목적에 위배되거나 또는 구금시설의 질서유지를 해칠 현저한 위험성이 있을 때와 같은 경우에는 구속된 피고인 또는 피의자의 접견권을 제한할 수 있을 것이지만, 그와 같은 제한의 필요가 없는데도 접견권을 제한하거나 또

ㄷ. (X) 수형자는 원칙적으로 변호인의 조력을 받을 권리의 주체가 될 수 없다고 하더라도(헌재 2013. 9. 26. 2011헌마398 참조), 예외적으로 교정시설 수용 중 새로 기소된 '형사사건'에 있어서는 헌법상 변호인의 조력을 받을 권리의 주체가 될 수 있다(헌재 2021.10.28. 2019헌마973).

ㄹ. (X) 피의자 등이 가지는 헌법상의 기본권인 '변호인이 되려는 자'와의 접견교통권과 표리의 관계에 있다. 따라서 피의자 등이 가지는 '변호인이 되려는 자'의 조력을 받을 권리가 실질적으로 확보되기 위해서는 '변호인이 되려는 자'의 접견교통권 역시 헌법상 기본권으로서 보장되어야 한다(헌재 2019.02.28. 2015헌마1204).

정답 ①

문 32
23년 8월 모의시험

甲은 전기통신사업자인 주식회사 A를 상대로 자신의 통신자료가 수사기관에 제공된 사실이 있는지 여부를 확인해 줄 것을 요청하였고, A는 甲의 성명, 주민등록번호, 주소, 전화번호, 가입일, 해지일의 통신자료가 B지방검찰청에 제공된 사실이 있음을 확인해주었다. 이에 甲은 수사기관 등의 요청에 따라 전기통신사업자가 이용자의 개인정보를 제공할 수 있도록 규정한 「전기통신사업법」 제83조 제3항(이하 '이 사건 법률조항'이라 함)이 헌법에 위반된다고 주장한다. 이에 관한 설명 중 옳지 않은 것은? (다툼이 있는 경우 판례에 의함)

<참조 조문>
「전기통신사업법」
제83조(통신비밀의 보호) ③ 전기통신사업자는 법원, 검사 또는 수사관서의 장, 정보수사기관의 장이 재판, 수사, 형의 집행 또는 국가안전보장에 대한 위해를 방지하기 위한 정보수집을 위하여 다음 각 호의 자료의 열람이나 제출을 요청하면 그 요청에 따를 수 있다.
1. 이용자의 성명
2. 이용자의 주민등록번호
3. 이용자의 주소
4. 이용자의 전화번호
5. 이용자의 아이디(컴퓨터시스템이나 통신망의 정당한 이용자임을 알아보기 위한 이용자 식별부호를 말한다)
6. 이용자의 가입일 또는 해지일

① 전기통신사업자가 수사기관 등의 통신자료 제공요청에 따라 수사기관 등에 제공하는 이용자의 성명, 주민등록번호, 주소, 전화번호, 아이디, 가입일 또는 해지일은 개인정보에 해당하므로 이 사건 법률조항은 甲의 개인정보자기결정권을 제한한다.

② 헌법상 영장주의는 체포·구속·압수·수색 등 기본권을 제한하는 강제처분에 적용되므로, 강제력이 개입되지 않은 임의수사에 해당하는 수사기관 등의 통신자료 취득에는 영장주의가 적용되지 않는다.

③ 이 사건 법률조항 중 "국가안전보장에 대한 위해를 방지하기 위한 정보수집"은 국가의 존립이나 헌법의 기본질서에 대한 위험을 방지하기 위한 목적을 달성함에 있어 요구되는 최소한의 범위 내에서의 정보수집을 의미하는 것으로 해석되므로 명확성원칙에 위배되지 않는다.
④ 이 사건 법률조항에 의한 통신자료 제공요청이 있는 경우, 통신자료의 정보주체인 이용자에게 사전에 통신자료 제공요청이 있었다는 점과 사후에 수사기관 등이 통신자료를 취득하였다는 점이 통지되지 않았더라도, 효율적인 수사와 정보수집의 신속성, 밀행성 등의 필요성을 고려한다면 이 사건 법률조항은 적법절차원칙에 위배되지 않는다.
⑤ 이 사건 법률조항은 국가 형벌권의 적정한 행사 및 국가안전보장에 기여하고, 수사기관 등이 통신자료 제공요청을 할 수 있는 정보의 범위를 피의자나 피해자를 특정하기 위한 불가피한 최소한의 기초정보로 한정하고 있으므로 과잉금지원칙에 위배되지 않는다.

MGI Point 적법절차원칙·개인정보자기결정권·과잉금지원칙 ★★★

- 수사기관의 통신자료 제공요청에 의한 전기통신사업자가 제공한 것은 개인정보자기결정권 제한 ○
- 통신자료 제공요청 조항 임의수사로 강제처분 X ⇨ 영장주의 적용 X
- '국가안전보장에 대한 위해를 방지하기 위한 정보수집' ⇨ 명확성원칙에 위배 X
- 수사기관의 통신자료 취득시에 정보주체자에게 통지하지 않은 것 ⇨ 적법절차원칙에 위배 ○
- 수사기관이 통신자료 제공요청할 수 있는 법률조항 ⇨ 과잉금지원칙에 위배 X

※ 헌법재판소 2022. 7. 21. 선고 2016헌마388 등 전원재판부 결정 내용을 지문화한 문제이다.
① (○), ② (○), ③ (○), ④ (X), ⑤ (○)

1. 심판대상조항(수사기관이 전기통신사업자에게 정보제공요청을 할 수 있도록 한 '통신자료 제공요청 조항')의 제한되는 기본권
전기통신사업자가 수사기관 등의 통신자료 제공요청에 따라 수사기관 등에 제공하는 이용자의 성명, 주민등록번호, 주소, 전화번호, 아이디, 가입일 또는 해지일은 청구인들의 동일성을 식별할 수 있게 해주는 개인정보에 해당하므로, 이 사건 법률조항은 개인정보자기결정권을 제한한다(①).

2. 통신자료 취득행위 및 심판대상조항의 영장주의 적용 여부
수사기관 등이 전기통신사업자에 대하여 통신자료의 제공을 요청할 수 있는 권한을 부여하면서 전기통신사업자는 '그 요청에 따를 수 있다'고 규정하고 있을 뿐, 전기통신사업자에게 수사기관 등의 통신자료 제공요청에 응하거나 협조하여야 할 의무를 부과하지 않으며, 달리 전기통신사업자의 통신자료 제공을 강제할 수 있는 수단을 마련하고 있지 아니하다. 따라서 이 사건 법률조항에 따른 통신자료 제공요청은 강제력이 개입되지 아니한 임의수사에 해당하고 이를 통한 수사기관 등의 통신자료 취득에는 영장주의가 적용되지 아니하는바, 이 사건 법률조항은 헌법상 영장주의에 위배되지 아니한다(②).

3. '국가안전보장에 대한 위해를 방지하기 위한 정보수집'의 명확성 원칙 위배 여부
특히 전기통신사업법 제83조는 통신비밀을 보호하기 위한 조항으로 제1항과 제2항에서 전기통신사업자가 취급 중에 있는 통신의 비밀이나 전기통신업무에 종사하는 사람이 재직 중에 통신에 관하여 알게 된 타인의 비밀 등을 누설하여서는 아니된다고 정하고 있는바, 통신의 비밀에 대한 엄격한 보호를 규정하고 있는 전기통신사업법 제83조의 취지에 비추어 볼 때 '국가안전보장에 대한 위해를 방지하기 위한 정보수집'은 국가의 존립이나 헌법의 기본질서에 대한 위험을 방지하기 위한 목적을 달성함에 있어 요구되는 최소한의 범위 내에서의 정보수집을 의미하는 것으로 해석된다. 그렇다면 이 사건 법률조항은 건전한 상식과 통상적인 법감정을 가진 사람이라면 그 취지를 충분히 예측할 수 있다고 할 것인바, 명확성원칙에 위배되지 아니한다(③).

4. 과잉금지원칙 위배 여부

수사기관 등이 필요한 경우 전기통신사업자에 대한 통신자료 제공요청을 통해 이용자의 통신자료를 취득하는 것은 위와 같은 목적을 달성하기 위한 적합한 수단이므로, 수단의 적합성도 인정된다. 이 사건 법률조항은 수사기관 등의 통신자료 제공요청이 수사 등 정보수집의 목적 달성에 필요한 최소한의 범위 내에서 이루어지도록 하고 있으므로, 침해의 최소성에 위배되지 않는다. 이 사건 법률조항에 따라 수사기관 등에 통신자료가 제공된다고 하여 그 자체만으로 달성하고자 하는 공익에 비하여 제한되는 사익이 더 크다고 보기 어렵다. 이 사건 법률조항은 법익의 균형성에 위배되지 않는다. 따라서 이 사건 법률조항은 과잉금지원칙을 위반하여 청구인들의 개인정보자기결정권을 침해한다고 볼 수 없다(⑤).

5. 사후 통지 절차 없는 것의 적법절차 원칙 위배 여부

이 사건 법률조항에 따른 통신자료 제공요청은 …수사기관 등이 통신자료를 취득한 이후에는 수사 등 정보수집의 목적에 방해가 되지 않는 범위 내에서 통신자료의 취득사실을 이용자에게 통지하는 것이 얼마든지 가능하다. …그럼에도 이 사건 법률조항은 정보주체인 이용자에 대해 아무런 통지절차를 두지 않아 자신의 개인정보가 수사기관 등에 제공되었음에도 이용자는 이를 알지 못한 채 자신의 개인정보에 대한 통제기회를 전혀 가질 수 없도록 하고 있다. …일부 적극적인 정보주체가 '개인정보 보호법'을 통해 통신자료 제공내역을 열람할 수 있다는 이유만으로 이것이 법령에 의한 사후통지 절차를 대체할 수 있는 것도 아니다. 따라서 이 사건 법률조항이 통신자료 취득에 대한 사후통지절차를 규정하고 있지 않은 것은 적법절차원칙에 위배하여 청구인들의 개인정보자기결정권을 침해한다(④) (헌재 2022.07.21. 2016헌마388 등).

▶ 해당 판례에서는 아래의 쟁점들도 문제된다.

> - 공권력 행사
>   ① 국가기관이나 공공단체의 고권적 작용으로 인하여 청구인의 법률관계 내지 법적 지위를 불리하게 변화要
>   ② 통신자료를 제공요청, 자발적으로 제공받은 것은 임의수사에 불과 = 공권력 행사 X
> - 직접성 판례변경
>   ① 법률조항은 구체적인 집행행위를 기다리지 아니하고 그 자체에 의하여 자유의 제한, 의무의 부과, 권리 또는 법적 지위의 박탈을 일으키는 경우 그 직접성 O
>   ② 12년 판례: 통신자료 제공행위가 재량이므로 직접성 X ▶ 22년 판례: "통신자료 취득행위에 대한 직접적인 불복수단이 존재하는지가 불분명" "이용자는 수사기관 등의 통신자료 제공요청의 직접적인 상대방이 아니어서 다른 절차를 통해 권리구제를 받지 못할 가능성이 크기" 때문에 직접성의 예외 O
> - 기간도과 정당한 사유: 사후통지를 받지 못한 이상 기간도과에 청구인들이 책임질 수 없는 정당한 사유 O

문 33

23년 6월 모의시험

신체의 자유에 관한 설명 중 옳은 것(○)과 옳지 않은 것(×)을 올바르게 조합한 것은? (다툼이 있는 경우 판례에 의함)

> ㄱ. 형벌과 보안처분을 서로 병과하여 선고하는 것은 헌법 제13조 제1항 후단 소정의 이중처벌금지의 원칙에 위반되지 않는다.
> ㄴ. 보안처분이라 하더라도 형벌적 성격이 강하여 신체의 자유를 박탈하거나 박탈에 준하는 정도로 신체의 자유를 제한하는 경우에는 형벌불소급원칙이 적용된다.
> ㄷ. 헌법 제12조 제1항의 적법절차원칙은 형사소송절차에 국한되어 적용되는 것이 아니므로, 전투경찰순경의 인신구금을 내용으로 하는 영창처분에 있어서도 적법절차원칙이 준수되어야 한다.

ㄹ. 헌법 제12조 제4항 본문에 규정된 '구속'은 형사절차에서 이루어진 구속을 의미하므로, 헌법 제12조 제4항 본문에 규정된 변호인의 조력을 받을 권리는 행정절차에서 구속을 당한 사람에게도 보장된다고 볼 수는 없다.

ㅁ. 공권력의 행사로 신체를 구속당하는 국민의 입장에서는, 그러한 구속이 형사절차에 의한 것이든, 행정절차에 의한 것이든 신체의 자유를 제한당한다는 점에서는 본질적인 차이가 없으므로, 행정절차에서 체포·구속의 방법으로 신체의 자유를 제한하는 경우에도 헌법 제12조 제3항의 영장주의가 적용된다고 보아야 한다.

① ㄱ(×), ㄴ(○), ㄷ(×), ㄹ(○), ㅁ(○)
② ㄱ(○), ㄴ(○), ㄷ(○), ㄹ(×), ㅁ(○)
③ ㄱ(○), ㄴ(○), ㄷ(○), ㄹ(×), ㅁ(×)
④ ㄱ(×), ㄴ(×), ㄷ(×), ㄹ(○), ㅁ(×)
⑤ ㄱ(○), ㄴ(○), ㄷ(×), ㄹ(×), ㅁ(○)

MGI Point 신체의 자유 ★★

- 형벌과 보안처분을 서로 병과하여 선고하는 것 ⇨ 이중처벌금지원칙 위반 ×
- 형벌적 성격이 강하여 신체의 자유를 박탈하거나 박탈에 준하는 정도로 신체의 자유를 제한하는 보안처분 ⇨ 소급처벌금지원칙 적용 ○
- 전투경찰순경의 인신구금을 내용으로 하는 영창처분 ⇨ 적법절차원칙이 준수 要 / 형사절차가 아닌 징계절차이므로 영장주의 그대로 적용 ×
- 변호인의 조력을 받을 권리 ⇨ 행정절차에서 체포·구속을 당한 사람에게도 보장 ○

ㄱ. (○) 보안처분은 그 본질, 추구하는 목적 및 기능에 있어 형벌과는 다른 독자적 의의를 가진 사회보호적인 처분이므로 형벌과 병과하여 선고한다고 해서 이중처벌금지원칙에 해당되지 아니한다는 것이 헌법재판소의 확립된 견해이고, 보안관찰법상 보안관찰처분 역시 그 본질이 헌법 제12조 제1항에 근거한 보안처분인 이상, 형의 집행종료 후 별도로 보안관찰처분을 명할 수 있다고 규정한 보안관찰처분 근거조항이 이중처벌금지원칙에 위배되지 아니한다(헌재 2015.11.26. 2014헌바475).

ㄴ. (○) 보안처분이라 하더라도 형벌적 성격이 강하여 신체의 자유를 박탈하거나 박탈에 준하는 정도로 신체의 자유를 제한하는 경우에는 소급처벌금지원칙이 적용된다(헌재 2015.09.24. 2015헌바35),

ㄷ. (○), ㅁ. (X) 헌법 제12조 제1항의 적법절차원칙은 형사소송절차에 국한되지 않고 모든 국가작용 전반에 대하여 적용되므로, 전투경찰순경의 인신구금을 내용으로 하는 영창처분에 있어서도 적법절차원칙이 준수되어야 한다(ㄷ). … 영창처분은 전투경찰순경을 일정한 시설에 구금하는 징계벌로서 전투경찰순경의 신체활동의 자유를 직접 제한하므로, 이 사건 영창조항이 적법절차원칙이나 과잉금지원칙에 위반되어 전투경찰순경의 신체의 자유를 침해하는지가 문제된다. 청구인은 이 사건 영창조항이 헌법상 영장주의에 위배된다는 주장도 하나, 헌법 제12조 제3항에서 규정하고 있는 영장주의란 형사절차와 관련하여 체포·구속·압수·수색의 강제처분을 할 때 신분이 보장되는 법관이 발부한 영장에 의하지 않으면 안 된다는 원칙으로, 형사절차가 아닌 징계절차에도 그대로 적용된다고 볼 수 없다. 따라서 이 사건 영창조항이 헌법상 영장주의에 위반되는지 여부는 더 나아가 판단하지 아니한다(ㅁ) (헌재 2016.03.31. 2013헌바190).

ㄹ. (X) 헌법 제12조 제4항 본문의 문언 및 헌법 제12조의 조문 체계, 변호인 조력권의 속성, 헌법이 신체의 자유를 보장하는 취지를 종합하여 보면 헌법 제12조 제4항 본문에 규정된 "구속"은 사법절차에서 이루어진

구속뿐 아니라, 행정절차에서 이루어진 구속까지 포함하는 개념이다. 따라서 형사절차가 아닌 징계절차에도 그대로 적용는 행정절차에서 구속을 당한 사람에게도 즉시 보장된다(헌재 2018. 05.31. 2014헌마346).

> **헌법 제12조**
> ①모든 국민은 신체의 자유를 가진다. 누구든지 법률에 의하지 아니하고는 체포·구속·압수·수색 또는 심문을 받지 아니하며, 법률과 적법한 절차에 의하지 아니하고는 처벌·보안처분 또는 강제노역을 받지 아니한다.
> ③체포·구속·압수 또는 수색을 할 때에는 적법한 절차에 따라 검사의 신청에 의하여 법관이 발부한 영장을 제시하여야 한다. 다만, 현행범인인 경우와 장기 3년 이상의 형에 해당하는 죄를 범하고 도피 또는 증거인멸의 염려가 있을 때에는 사후에 영장을 청구할 수 있다.
> ④누구든지 체포 또는 구속을 당한 때에는 즉시 변호인의 조력을 받을 권리를 가진다. 다만, 형사피고인이 스스로 변호인을 구할 수 없을 때에는 법률이 정하는 바에 의하여 국가가 변호인을 붙인다.

정답 ③

문 34
22년 6월 모의시험

신체의 자유에 관한 설명 중 옳은 것(○)과 옳지 않은 것(×)을 바르게 조합한 것은? (다툼이 있는 경우 판례에 의함)

> ㄱ. 신체의 자유는 신체의 안정성이 외부의 물리적인 힘이나 정신적인 위험으로부터 침해당하지 아니할 자유와 신체활동을 임의적이고 자율적으로 할 수 있는 자유이다.
> ㄴ. 「디엔에이신원확인정보의 이용 및 보호에 관한 법률」상 구강점막 또는 모근을 포함한 모발을 채취하는 방법이나 분비물·체액을 채취하는 방법에 의한 디엔에이감식시료의 채취행위는 신체의 안정성을 해한다고 볼 수 있으므로 과잉금지원칙에 반하여 신체의 자유를 침해한다.
> ㄷ. 징계란 공무원의 의무위반이나 비행이 있는 경우에 공무원조직의 질서유지를 위해 임용권자에 의해 부과되는 제재로서 기본적으로 공무원의 신분적 이익의 전부 또는 일부를 박탈함을 그 내용으로 하므로, 징계로서 신체의 자유를 직접적이고 전면적으로 박탈하는 구금을 행하는 것은 원칙적으로 허용되어서는 아니 된다.
> ㄹ. 변호인이 되려는 자의 접견교통권은 피의자 등의 변호인의 조력을 받을 권리를 기본권으로 인정한 결과 발생하는 간접적·부수적인 효과로서 개별 법률을 통해 구체적으로 형성된 법률상 권리에 불과하다.
> ㅁ. 신체의 자유는 그에 대한 제한이 형사절차에서 가해졌든 행정절차에서 가해졌든 간에 보장되어야 하는 자연권적 속성의 기본권이므로, 신체의 자유가 제한된 절차가 형사절차인지 아닌지는 신체의 자유의 보장 범위와 방법을 정함에 있어 부차적인 요소에 불과하다.

① ㄱ(○), ㄴ(○), ㄷ(○), ㄹ(×), ㅁ(×)
② ㄱ(×), ㄴ(○), ㄷ(○), ㄹ(○), ㅁ(×)
③ ㄱ(×), ㄴ(○), ㄷ(×), ㄹ(○), ㅁ(×)
④ ㄱ(○), ㄴ(×), ㄷ(○), ㄹ(×), ㅁ(○)
⑤ ㄱ(○), ㄴ(×), ㄷ(×), ㄹ(×), ㅁ(○)

> **MGI Point** **신체의 자유** ★★
>
> - 신체의 자유 : 신체의 안정성이 외부로부터의 물리적인 힘이나 정신적인 위험으로부터 침해당하지 아니할 자유 + 신체활동을 임의적이고 자율적으로 할 수 있는 자유
> - 구강점막 또는 모근을 포함한 모발을 채취하는 방법으로 하고, 위 방법들에 의한 채취가 불가능하거나 현저히 곤란한 경우에는 분비물, 체액을 채취하는 디엔에이법 ⇨ 신체의 자유 침해 ×
> - 징계로서 신체의 자유를 직접적이고 전면적으로 박탈하는 구금을 행하는 것 ⇨ 원칙적으로 허용 ×
> - '변호인이 되려는 자'의 피의자 접견교통권 : 헌법상 기본권 ○
> - 신체의 자유 ⇨ 자연권적 속성의 기본권이므로 신체의 자유가 제한된 절차가 형사절차인지 아닌지는 신체의 자유의 보장 범위와 방법을 정함에 있어 부차적인 요소에 불과

ㄱ. (○) 우리 헌법 제12조 제1항 전문에서 보장하는 신체의 자유는 신체의 안정성이 외부로부터의 물리적인 힘이나 정신적인 위험으로부터 침해당하지 아니할 자유와 신체활동을 임의적이고 자율적으로 할 수 있는 자유를 말하는 것이다(헌재 2005.05.26. 99헌마513).

ㄴ. (X) 디엔에이법 조항은 서면 동의 또는 영장에 의하여 디엔에이감식시료를 채취하되, 채취 이유, 채취할 시료의 종류 및 방법을 고지하도록 하고 있고, 우선적으로 구강점막, 모발에서 채취하되 부득이한 경우만 그 외의 신체부분, 분비물, 체액을 채취하게 하는 등 채취대상자의 신체나 명예에 대한 침해를 최소화하도록 규정하고 있으므로 침해의 최소성 요건도 갖추었다. 디엔에이법 조항으로 인하여 제한되는 신체의 자유의 정도는 일상생활에서 경험할 수 있는 정도의 미약한 것으로서 범죄 수사 및 예방의 공익에 비하여 크다고 할 수 없어 법익의 균형성도 인정된다. 따라서 디엔에이법 조항은 신체의 자유를 침해하지 않는다(헌재 2016.03.31. 2014헌마457).

ㄷ. (○) 징계란 공무원의 의무위반 또는 비행이 있는 경우에 공무원조직의 질서유지를 위해 임용권자에 의해 부과되는 제재로서 기본적으로 공무원의 신분적 이익의 전부 또는 일부를 박탈함을 그 내용으로 한다. 따라서 징계로서 신체의 자유를 직접적이고 전면적으로 박탈하는 구금을 행하는 것은 원칙적으로 허용되어서는 아니된다(헌재 2020.09.24. 2017헌바157).

ㄹ. (X) 변호인 선임을 위하여 피의자·피고인(이하 '피의자 등'이라 한다)이 가지는 '변호인이 되려는 자'와의 접견교통권은 헌법상 기본권으로 보호되어야 하고, '변호인이 되려는 자'의 접견교통권은 피의자 등이 변호인을 선임하여 그로부터 조력을 받을 권리를 공고히 하기 위한 것으로서, 그것이 보장되지 않으면 피의자 등이 변호인 선임을 통하여 변호인으로부터 충분한 조력을 받는다는 것이 유명무실하게 될 수밖에 없다. 이와 같이 '변호인이 되려는 자'의 접견교통권은 피의자 등을 조력하기 위한 핵심적인 부분으로서, 피의자 등이 가지는 헌법상의 기본권인 '변호인이 되려는 자'와의 접견교통권과 표리의 관계에 있다. 따라서 피의자 등이 가지는 '변호인이 되려는 자'의 조력을 받을 권리가 실질적으로 확보되기 위해서는 '변호인이 되려는 자'의 접견교통권 역시 헌법상 기본권으로서 보장되어야 한다(헌재 2019.02.28. 2015헌마1204).

ㅁ. (○) 신체의 자유는 그에 대한 제한이 형사절차에서 가해졌든 행정절차에서 가해졌든 간에 보장되어야 하는 자연권적 속성의 기본권이므로, 신체의 자유가 제한된 절차가 형사절차인지 아닌지는 신체의 자유의 보장 범위와 방법을 정함에 있어 부차적인 요소에 불과하다(헌재 2018.05.31. 2014헌마346).

정답 ④

문 35

<small>22년 8월 모의시험</small>

변호인의 조력을 받을 권리에 관한 설명 중 옳지 않은 것은? (다툼이 있는 경우 판례에 의함)

① 구속된 자의 변호인과의 접견이 배우자와의 접견과 동시에 이루어진 경우, 관계공무원을 그 접견에 참여시켜 대화내용을 듣거나 기록하게 하는 것은 구속된 자의 변호인의 조력을 받을 권리를 침해한다.

② 검찰수사관이 피의자신문에 참여한 변호인에게 피의자 후방에 앉으라고 요구한 행위는 피의자가 가지는 변호인의 조력을 받을 권리를 실현하는 수단인 변호인의 변호권을 침해한다.

③ 구속적부심 사건에서 피의자의 변호인에게 고소장과 피의자신문조서에 대한 열람 및 등사를 거부한 경찰서장의 정보비공개결정은 변호인의 피구속자를 조력할 권리 및 알권리를 침해하여 헌법에 위반된다.

④ 변호인이 되려는 자의 피의자에 대한 접견신청을 허용하기 위한 조치를 취하지 않은 검사의 행위는 헌법상 기본권인 변호인이 되려는 자의 피의자 접견교통권을 침해하지 아니한다.

⑤ 변호인의 조력을 받을 권리는 행정절차에서의 구속에도 인정되므로, 난민인정심사 불회부결정을 받은 채 송환대기실에 강제로 수용되어 있는 외국인에게도 변호인의 조력을 받을 권리가 인정된다.

MGI Point   변호인의 조력을 받을 권리   ★★

- 변호인의 조력을 받을 권리
    - 필수적 내용 ⇨ 신체구속을 당한 사람과 변호인과의 접견교통권
    - 접견교통권의 충분한 보장 ⇨ 구속된 자와 변호인의 대화내용에 대하여 비밀이 완전히 보장되고 어떠한 제한·영향·압력 또는 부당한 간섭없이 자유롭게 대화할 수 있는 접견을 통하여서만 가능
    - 자유로운 접견 ⇨ 구속된 자와 변호인의 접견에 교도관이나 수사관 등 관계공무원의 참여가 없어야 가능
- 검찰수사관이 피의자신문에 참여한 변호인에게 한 후방착석 요구행위 ⇨ 변호인의 변호권 침해 ○
- 구속적부심사건 피의자의 변호인에게 고소장과 피의자신문조서에 대한 열람·등사를 거부한 경찰서장의 정보비공개 결정
    ⇨ 변호인의 피구속자를 조력할 권리 및 알 권리 침해 ○
- 변호인이 되려는 자의 피의자에 대한 접견신청을 허용하기 위한 조치를 취하지 않은 검사의 행위
    ⇨ 헌법상 기본권인 변호인이 되려는 자의 피의자 접견교통권 침해 ○
- 변호인의 조력을 받을 권리는 행정절차에서의 구속에도 인정되므로, 난민인정심사 불회부결정을 받은 채 송환대기실에 강제로 수용되어 있는 외국인에게도 변호인의 조력을 받을 권리 인정 ○

---

① (○) 변호인의 조력을 받을 권리의 필수적 내용은 신체구속을 당한 사람과 변호인과의 접견교통권이며 이러한 접견교통권의 충분한 보장은 구속된 자와 변호인의 대화내용에 대하여 비밀이 완전히 보장되고 어떠한 제한·영향·압력 또는 부당한 간섭없이 자유롭게 대화할 수 있는 접견을 통하여서만 가능하고 이러한 자유로운 접견은 구속된 자와 변호인의 접견에 교도관이나 수사관 등 관계공무원의 참여가 없어야 가능하다 (헌재 1992.01.28. 91헌마111).

② (○) 변호인이 피의자신문에 자유롭게 참여할 수 있는 권리는 피의자가 가지는 변호인의 조력을 받을 권리를 실현하는 수단이므로 헌법상 기본권인 변호인의 변호권으로서 보호되어야 한다. 피의자신문에 참여한 변호인이 피의자 옆에 앉는다고 하여 피의자 뒤에 앉는 경우보다 수사를 방해할 가능성이 높아진다거나 수사기밀을 유출할 가능성이 높아진다고 볼 수 없으므로, 이 사건 후방착석요구행위의 목적의 정당성과 수단의 적절성을 인정할 수 없다. 이 사건 후방착석요구행위로 인하여 위축된 피의자가 변호인에게 적극적으로 조언과 상담을 요청할 것을 기대하기 어렵고, 변호인이 피의자의 뒤에 앉게 되면 피의자의 상태

를 즉각적으로 파악하거나 수사기관이 피의자에게 제시한 서류 등의 내용을 정확하게 파악하기 어려우므로, 이 사건 후방착석요구행위는 변호인인 청구인의 피의자신문참여권을 과도하게 제한한다. 그런데 이 사건에서 변호인의 수사방해나 수사기밀의 유출에 대한 우려가 없고, 조사실의 장소적 제약 등과 같이 이 사건 후방착석요구행위를 정당화할 그 외의 특별한 사정도 없으므로, 이 사건 후방착석요구행위는 침해의 최소성 요건을 충족하지 못한다. 이 사건 후방착석요구행위로 얻어질 공익보다는 변호인의 피의자신문참여권 제한에 따른 불이익의 정도가 크므로, 법익의 균형성 요건도 충족하지 못한다. 따라서 이 사건 후방착석요구행위는 변호인인 청구인의 변호권을 침해한다. 이 사건 후방착석요구행위는 그 목적의 정당성과 수단의 적절성이 인정될 수 있는지 의문이며, 침해의 최소성 및 법익의 균형성 요건을 충족하지 못한다(헌재 2017.11.30. 2016헌마503).

③ (○) 고소로 시작된 형사피의사건의 구속적부심절차에서 피구속자의 변호를 맡은 변호인으로서는 피구속자가 무슨 혐의로 고소인의 공격을 받고 있는 것인지 그리고 이와 관련하여 피구속자가 수사기관에서 무엇이라고 진술하였는지 그리고 어느 점에서 수사기관 등이 구속사유가 있다고 보았는지 등을 제대로 파악하지 않고서는 피구속자의 방어를 충분히 조력할 수 없다는 것은 사리상 너무도 명백하므로 이 사건에서 변호인은 고소장과 피의자신문조서의 내용을 알 권리가 있다. 이 사건에서는 고소사실이 사인 사이의 금전수수와 관련된 사기에 관한 것이고 증거자료를 별첨하고 있기 때문에 특별한 사정이 없는 한 고소장이나 피의자신문조서를 변호인에게 열람시켜도 이로 인하여 국가안전보장·질서유지 또는 공공복리에 위험을 가져올 우려라든지 또는 사생활침해를 초래할 우려가 있다고 인정할 아무런 자료가 없다. 또한 공공기관의정보공개에관한법률 제7조 제1항 제4호는 '수사, 공소의 제기 및 유지에 관한 사항으로서 공개될 경우 그 직무수행을 현저히 곤란하게 하거나 형사피고인의 공정한 재판을 받을 권리를 침해한다고 인정할 만한 상당한 이유가 있는 정보'를 공개거부의 대상으로 규정하고 있지만 이 사건에서는 고소장과 피의자신문조서를 공개한다고 하더라도 증거인멸, 증인협박, 수사의 현저한 지장, 재판의 불공정 등의 위험을 초래할 만한 사유 있음을 인정할 자료를 기록상 발견하기 어렵다. 결국 변호인에게 고소장과 피의자신문조서에 대한 열람 및 등사를 거부한 경찰서장의 정보비공개결정은 변호인의 피구속자를 조력할 권리 및 알 권리를 침해하여 헌법에 위반된다(헌재 2003.03.27. 2000헌마474).

④ (X) ① 청구인은 피청구인 검사에게 접견신청을 하고 검사실에서 머무르다가 이 사건 검사의 접견불허행위로 인하여 결국 피의자 윤○현을 접견하지 못하고 검사실에서 퇴실하였으므로, 청구인의 위 피의자에 대한 접견교통권이 제한되었다고 봄이 상당한 점, ② 피의자 윤○현은 당일 야간에 계속하여 피의자신문을 받을 예정이었으므로 피의자신문에 앞서 검사실 또는 별도로 마련된 변호인 접견실에서 청구인과 위 피의자의 접견교통을 허용하는 조치를 취할 수 있었다고 보이고, 당시 구체적인 시간적·장소적 상황에 비추어 볼 때 변호인이 되려는 청구인이 현실적으로 보장할 수 있는 한계를 벗어나거나 신체구속제도 본래의 취지에서 벗어나 피의자와의 접견교통권 행사를 남용하려고 했다는 사정은 엿보이지 않는 점, ③ 변호인 등의 접견교통권은 헌법으로써는 물론 법률로써도 제한하는 것이 가능하나, 헌법이나 형사소송법은 피의자신문 중 변호인 등의 접견신청이 있는 경우 이를 제한하거나 거부할 수 있는 규정을 두고 있지 아니한 점, ④ 이 사건 접견시간 조항은 검사 또는 사법경찰관이 그 허가 여부를 결정하는 피의자신문 중 변호인 등의 접견신청의 경우에는 적용되지 않으므로, 위 조항을 근거로 변호인 등의 접견신청을 불허하거나 제한할 수는 없는 점 등을 종합해 볼 때, 청구인의 피의자 윤○현에 대한 접견신청은 '변호인이 되려는 자'에게 보장된 접견교통권의 행사 범위 내에서 이루어진 것이고, 또한 이 사건 검사의 접견불허행위는 헌법이나 법률의 근거 없이 이를 제한한 것이므로 청구인의 접견교통권을 침해하였다고 할 것이다(헌재 2019.02.28. 2015헌마1204).

⑤ (○) [가] 헌법 제12조 제4항 본문의 문언 및 헌법 제12조의 조문 체계, 변호인 조력권의 속성, 헌법이 신체의 자유를 보장하는 취지를 종합하여 보면 헌법 제12조 제4항 본문에 규정된 "구속"은 사법절차에서 이루어진 구속뿐 아니라, 행정절차에서 이루어진 구속까지 포함하는 개념이다. 따라서 헌법 제12조 제4항 본문에 규정된 변호인의 조력을 받을 권리는 행정절차에서 구속을 당한 사람에게도 즉시 보장된다. … [나] 인천국제공항 송환대기실은 출입문이 철문으로 되어 있는 폐쇄된 공간이고, 인천국제공항 항공사운영협의

회에 의해 출입이 통제되기 때문에 청구인은 송환대기실 밖 환승구역으로 나갈 수 없었으며, 공중전화 외에는 외부와의 소통 수단이 없었다. 청구인은 이 사건 변호인 접견신청 거부 당시 약 5개월 째 송환대기실에 수용되어 있었고, 적어도 난민인정심사불회부 결정 취소소송이 종료될 때까지는 임의로 송환대기실 밖으로 나갈 것을 기대할 수 없었다. 청구인은 이 사건 변호인 접견신청 거부 당시 자신에 대한 송환대기실 수용을 해제해 달라는 취지의 인신보호청구의 소를 제기해 둔 상태였으므로 자신의 의사에 따라 송환대기실에 머무르고 있었다고 볼 수도 없다. 따라서 청구인은 이 사건 변호인 접견신청 거부 당시 헌법 제12조 제4항 본문에 규정된 "구속" 상태였다. [다] 이 사건 변호인 접견신청 거부는 현행법상 아무런 법률상 근거가 없이 청구인의 변호인의 조력을 받을 권리를 제한한 것이므로, 청구인의 변호인의 조력을 받을 권리를 침해한 것이다. 또한 청구인에게 변호인 접견신청을 허용한다고 하여 국가안전보장, 질서유지, 공공복리에 어떠한 장애가 생긴다고 보기는 어렵고, 필요한 최소한의 범위 내에서 접견 장소 등을 제한하는 방법을 취한다면 국가안전보장이나 환승구역의 질서유지 등에 별다른 지장을 주지 않으면서도 청구인의 변호인 접견권을 제대로 보장할 수 있다. 따라서 이 사건 변호인 접견신청 거부는 국가안전보장이나 질서유지, 공공복리를 위해 필요한 기본권 제한 조치로 볼 수도 없다(헌재 2018.05.31. 2014헌마346).

문 36

21년 6월 모의시험

신체의 자유와 관련된 설명 중 옳지 않은 것은? (다툼이 있는 경우 판례에 의함)

① 체포영장을 발부받아 피의자를 체포하는 경우에 필요한 때에는 영장 없이 타인의 주거 등 내에서 피의자 수사를 할 수 있도록 한 「형사소송법」조항은 별도로 영장을 발부받기 어려운 긴급한 사정이 있는지 여부를 구별하지 아니하고 피의자가 소재할 개연성만 소명되면 영장 없이 타인의 주거 등을 수색할 수 있도록 허용하고 있으므로 헌법 제16조의 영장주의에 위반된다.
② 동일인을 구 「석유 및 석유대체연료 사업법」조항에 따라 유사석유제품 제조행위로 처벌하고, 구 「조세범 처벌법」조항에 근거하여 유사석유제품을 제조하여 조세를 포탈한 행위로도 처벌하는 것은 기본적 사실관계로서의 행위가 동일하여 이중처벌금지원칙에 위배된다.
③ 단순히 선박소유자가 고용한 선장이 선박소유자의 업무에 관하여 범죄행위를 하였다는 이유만으로 그 선박소유자에게도 동일한 벌금형을 과하도록 하는 것은 다른 사람의 범죄에 대하여 그 책임 유무를 묻지 않고 형벌을 부과하는 것으로 책임주의원칙에 반한다.
④ 변호인이 피의자신문에 자유롭게 참여할 수 있는 권리는 피의자가 가지는 변호인의 조력을 받을 권리를 실현하는 수단이므로 헌법상 기본권인 변호인의 변호권으로서 보호되어야 한다.
⑤ 집회나 시위 해산을 위한 살수차 사용은 집회의 자유 및 신체의 자유에 대한 중대한 제한을 초래하므로 반드시 법령에 근거가 있어야 하는바, 혼합살수행위의 근거 조항인 「살수차 운용지침」에 혼합살수의 근거 규정을 둘 수 있도록 위임하고 있는 법령이 없으므로, 동 지침만을 근거로 한 혼합살수행위는 법률유보원칙에 위배되어 신체의 자유를 침해한다.

> **MGI Point** **신체의 자유** ★★
>
> - 체포영장을 발부받아 피의자 체포 시 피의자가 소재할 개연성만 소명되면 영장 없이 타인의 주거 등을 수색할 수 있도록 허용하는 형사소송법 조항 ⇨ 영장주의 위반 ○
> - 동일인을 구「석유 및 석유대체연료 사업법」조항에 따라 유사석유제품 제조행위로 처벌하고, 구「조세범 처벌법」조항에 따라 유사석유제품을 제조하여 조세를 포탈한 행위로도 처벌하는 것 ⇨ 처벌의 대상이 달라 이중처벌금지원칙 위반 ×
> - 선박소유자가 고용한 선장이 선박소유자의 업무에 관하여 범죄행위를 하면 그 선박소유자에게도 동일한 벌금형을 과하도록 규정 ⇨ 책임주의원칙 위배 ○
> - 변호인이 피의자신문에 자유롭게 참여할 수 있는 권리 ⇨ 헌법상 기본권인 변호인의 변호권 ○
> - 혼합살수행위의 근거조항인「살수차 운용 지침」에 혼합살수의 근거 규정 둘 수 있도록 위임하고 있는 법령 無
>   - 「살수차 운용 지침」⇨ 법률유보원칙 위배 ○
>   - 「살수차 운용 지침」만을 근거로 한 혼합살수행위 ⇨ 법률유보원칙 위배 ○, 청구인들의 신체의 자유 및 집회의 자유 침해 ○

① (○) 형사소송법 제216조 제1항 제1호 중 제200조의2에 관한 부분은 체포영장을 발부받아 피의자를 체포하는 경우에 필요한 때에는 영장 없이 타인의 주거 등에서 피의자 수사를 할 수 있다고 규정함으로써, 앞서 본 바와 같이 별도로 영장을 발부받기 어려운 긴급한 사정이 있는지 여부를 구별하지 아니하고 피의자가 소재할 개연성만 소명되면 영장 없이 타인의 주거 등을 수색할 수 있도록 허용하고 있다. 이는 체포영장이 발부된 피의자가 타인의 주거 등에 소재할 개연성은 소명되나, 수색에 앞서 영장을 발부받기 어려운 긴급한 사정이 인정되지 않는 경우에도 영장 없이 피의자 수색을 할 수 있다는 것이므로, 위에서 본 헌법 제16조의 영장주의 예외 요건을 벗어나는 것으로서 영장주의에 위반된다(헌재 2018.04.26. 2015헌바370).

② (×) 구 '석유 및 석유대체연료 사업법'에 의한 처벌은 유사석유제품을 제조하는 것으로써 구성요건을 충족하는 반면, 심판대상조항에 의한 처벌은 유사석유제품을 제조하여 그에 따른 세금을 포탈한 때 비로소 구성요건에 해당하는 것이므로, 양자는 처벌의 대상이 되는 행위를 달리한다. 따라서 심판대상조항은 이중처벌금지원칙에 위배되지 아니한다(헌재 2017.07.27. 2012헌바323).

③ (○) 선박소유자가 고용한 선장이 선박소유자의 업무에 관하여 범죄행위를 하면 그 선박소유자에게도 동일한 벌금형을 과하도록 규정하고 있는 구 선박안전법(2007. 1. 3. 법률 제8221호로 개정되고, 2009. 12. 29. 법률 제9871호로 개정되기 전의 것) 제84조 제2항 중 '선장이 선박소유자의 업무에 관하여 제1항 제9호의 위반행위를 한 때에는 선박소유자에 대하여도 동항의 벌금형에 처한다.'는 부분(이하 '이 사건 법률조항'이라 한다)은 책임주의원칙에 위배된다(헌재 2013.09.26. 2013헌가15).

④ (○) 변호인이 피의자신문에 자유롭게 참여할 수 있는 권리는 피의자가 가지는 변호인의 조력을 받을 권리를 실현하는 수단이므로 헌법상 기본권인 변호인의 변호권으로서 보호되어야 한다(헌재 2017.11.30. 2016헌마503).

⑤ (○) 집회나 시위 해산을 위한 살수차 사용은 집회의 자유 및 신체의 자유에 대한 중대한 제한을 초래하므로 살수차 사용요건이나 기준은 법률에 근거를 두어야 하고, 살수차와 같은 위해성 경찰장비는 본래의 사용방법에 따라 지정된 용도로 사용되어야 하며 다른 용도나 방법으로 사용하기 위해서는 반드시 법령에 근거가 있어야 한다. 혼합살수방법은 법령에 열거되지 않은 새로운 위해성 경찰장비에 해당하고 이 사건 지침에 혼합살수의 근거 규정을 둘 수 있도록 위임하고 있는 법령이 없으므로, 이 사건 지침은 법률유보원칙에 위배되고 이 사건 지침만을 근거로 한 이 사건 혼합살수행위 역시 법률유보원칙에 위배된다. 따라서 이 사건 혼합살수행위는 청구인들의 신체의 자유와 집회의 자유를 침해한다(헌재 2018.05.31. 2015헌마476).

정답 ②

문 37

20년 10월 모의시험

신체의 자유에 관한 설명으로 옳은 것은? (다툼이 있는 경우 판례에 의함)

① 현행 헌법은 형사피의자가 스스로 변호인을 구할 수 없을 때에도 국가가 변호인을 붙이도록 규정하고 있다.
② 신체의 자유는 신체의 안전성이 외부로부터의 물리적인 힘이나 정신적인 위험으로부터 침해당하지 아니할 자유와 신체활동을 임의적이고 자율적으로 할 수 있는 자유를 말한다.
③ 누구든지 체포 또는 구속의 이유와 변호인의 조력을 받을 권리가 있음을 고지받지 아니하고는 체포 또는 구속을 당하지 아니하는데, 현행범인인 경우와 장기 3년 이상의 형에 해당하는 죄를 범하고 도피 또는 증거인멸의 염려가 있을 때에는 고지하지 아니할 수 있다.
④ 헌법 제12조 제3항은 영장 발부에 관하여 검사의 신청을 필수적 절차로 규정하고 있으므로, 수사단계는 물론이고 공판단계에서도 법원은 직권에 의하여 영장을 발부할 수 없다.
⑤ '변호인이 되려는 자'의 접견교통권은 피의자 등이 가지는 '변호인의 조력을 받을 권리'를 기본권으로 인정한 결과 발생하는 간접적이고 부수적인 효과로서 개별 법률을 통하여 구체적으로 형성된 법률상의 권리에 불과하므로, '헌법상 보장된 독자적인 기본권'으로 볼 수는 없다.

MGI Point 신체의 자유 ★★

- 국선변호인의 조력을 받을 권리 : 피의자 ×, 피고인 ○
  cf. 변호인의 조력을 받을 권리 : 피의자 ○, 피고인 ○
- 신체의 자유 : 신체의 안정성이 외부로부터의 물리적인 힘이나 정신적인 위험으로부터 침해당하지 아니할 자유 + 신체활동을 임의적이고 자율적으로 할 수 있는 자유
- 영장주의와 예외 (헌법 제12조 제3항)
  - 전단 : 영장주의 - 수사기관이 강제처분을 함에 있어 중립적 기관인 법원의 허가를 얻어야 함을 의미 ○
  - 후단 : 영장주의의 예외 - '현행범 또는 장기 3년 이상의 형에 해당하는 범죄' ⇨ 사후영장 청구 可
- 구속이유 등의 고지제도 (헌법 제12조 제5항)
  - 체포 또는 구속의 이유와 변호인의 조력을 받을 권리가 있음을 고지하지 않은 경우 ⇨ 체포 또는 구속 ×
  - 체포 또는 구속을 당한 자의 가족 등 법률이 정하는 자에게 그 이유와 일시·장소 지체없이 통지 要
- 헌법 제12조 제3항이 영장의 발부에 관하여 검사의 신청에 의할 것을 규정한 취지
  - 수사단계에서 영장 발부를 신청할 수 있는 자를 검사로 한정
  - 공판단계에서는 법원이 직권에 의하여 구속영장 발부 可
- '변호인이 되려는 자'의 피의자 접견교통권 : 헌법상 기본권 ○

---

① (X) 헌법 제12조 제4항 참조.

> **헌법 제12조** ④ 누구든지 체포 또는 구속을 당한 때에는 즉시 변호인의 조력을 받을 권리를 가진다. 다만, 형사피고인이 스스로 변호인을 구할 수 없을 때에는 법률이 정하는 바에 의하여 국가가 변호인을 붙인다.

② (○) 우리 헌법 제12조 제1항 전문에서 보장하는 신체의 자유는 신체의 안정성이 외부로부터의 물리적인 힘이나 정신적인 위험으로부터 침해당하지 아니할 자유와 신체활동을 임의적이고 자율적으로 할 수 있는 자유를 말하는 것이다(헌재 2005.05.26. 99헌마513).

③ (X) 헌법 제12조 제3항, 제5항 참조.

> **헌법 제12조** ③ 체포·구속·압수 또는 수색을 할 때에는 적법한 절차에 따라 검사의 신청에 의하여 법관이 발부한 영장을 제시하여야 한다. 다만, 현행범인인 경우와 장기 3년 이상의 형에 해당하는 죄를 범하고 도피 또는 증거인멸의 염려가 있을 때에는 사후에 영장을 청구할 수 있다.
> ⑤ 누구든지 체포 또는 구속의 이유와 변호인의 조력을 받을 권리가 있음을 고지받지 아니하고는 체포 또는 구속을 당하지 아니한다. 체포 또는 구속을 당한 자의 가족등 법률이 정하는 자에게는 그 이유와 일시·장소가 지체없이 통지되어야 한다.

④ (X) 헌법 제12조 제3항이 영장의 발부에 관하여 "검사의 신청"에 의할 것을 규정한 취지는 모든 영장의 발부에 검사의 신청이 필요하다는 데에 있는 것이 아니라 수사단계에서 영장의 발부를 신청할 수 있는 자를 검사로 한정함으로써 검사 아닌 다른 수사기관의 영장신청에서 오는 인권유린의 폐해를 방지하고자 함에 있으므로, 공판단계에서 법원이 직권에 의하여 구속영장을 발부할 수 있음을 규정한 형사소송법 제70조 제1항 및 제73조 제1항 중 "피고인을 … 구인 또는 구금함에는 구속영장을 발부하여야 한다." 부분은 헌법 제12조 제3항에 위반되지 아니한다(헌재 1997.03.27. 96헌바28).

⑤ (X) 변호인 선임을 위하여 피의자·피고인(이하 '피의자 등'이라 한다)이 가지는 '변호인이 되려는 자'와의 접견교통권은 헌법상 기본권으로 보호되어야 하고, '변호인이 되려는 자'의 접견교통권은 피의자 등이 변호인을 선임하여 그로부터 조력을 받을 권리를 공고히 하기 위한 것으로서, 그것이 보장되지 않으면 피의자 등이 변호인 선임을 통해서 변호인으로부터 충분한 조력을 받는다는 것이 유명무실하게 될 수밖에 없다. 이와 같이 '변호인이 되려는 자'의 접견교통권은 피의자 등을 조력하기 위한 핵심적인 부분으로서, 피의자 등이 가지는 헌법상의 기본권인 '변호인이 되려는 자'와의 접견교통권과 표리의 관계에 있다. 따라서 피의자 등이 가지는 '변호인이 되려는 자'의 조력을 받을 권리가 실질적으로 확보되기 위해서는 '변호인이 되려는 자'의 접견교통권 역시 헌법상 기본권으로서 보장되어야 한다(헌재 2019.02.28. 2015헌마1204).

 ②

문 38

20년 8월 모의시험

헌법상 영장주의에 관한 설명으로 옳지 않은 것은? (다툼이 있는 경우 판례에 의함)

① 영장주의의 본질은 강제처분을 함에 있어 중립적인 법관의 구체적 판단을 거쳐야 한다는 점에 있다.
② 영장주의란 형사절차와 관련한 원칙이므로, 형사절차가 아닌 전투경찰순경에 대한 징계절차에는 그대로 적용된다고 볼 수 없다.
③ 영장주의는 구속개시 시점에 있어서 신체의 자유에 대한 박탈의 허용만이 아니라 그 구속영장의 효력을 계속 유지할 것인지 아니면 정지 또는 실효시킬 것인지 여부의 결정도 오직 법관의 판단에 의하여만 결정되어야 한다는 것을 의미한다.
④ 각급선거관리위원회 위원·직원의 선거범죄 조사에 있어서 피조사자에게 자료제출을 요구하는 것은 행정조사의 성격을 가지는 것으로, 피조사자에 대하여 직접적으로 어떠한 물리적 강제력을 행사하는 강제처분을 수반하는 것이 아니므로 영장주의의 적용대상이 아니다.
⑤ 헌법 제12조 제3항과는 달리 헌법 제16조 후문은 "주거에 대한 압수나 수색을 할 때에는 검사의 신청에 의하여 법관이 발부한 영장을 제시하여야 한다."라고 규정하고 있을 뿐 영장주의에 대한 예외를 명문화하고 있지 않으므로 영장주의가 예외 없이 관철되어야 함을 의미한다.

> **MGI Point** 헌법상 영장주의 ★★★
>
> - 영장주의의 본질 ⇨ 기본권 제한의 강제처분을 함에 있어 중립적인 법관의 구체적인 판단 거쳐야 한다는 점
> - 전투경찰순경에 대한 징계처분으로 영창을 규정 ⇨ 영장주의 적용 ×
> - 영장주의 : 구속영장 효력의 유지, 정지 또는 실효 여부도 오직 법관의 판단에 의하여 결정되어야 한다는 것
> - 각급선거관리위원회 위원·직원의 선거범죄 조사에 있어서 피조사자에게 자료제출의무를 부과
>   ⇨ 행정조사의 성격을 가지므로 영장주의 적용대상 ×
> - 헌법 제16조의 영장주의에 대해서도 그 예외를 인정하되, ① 그 장소에 범죄혐의 등을 입증할 자료나 피의자가 존재할 개연성 소명 ② 사전에 영장을 발부받기 어려운 긴급한 사정이 있는 경우에만 제한적으로 허용

① (○) 헌법 제12조 제3항은 '체포·구속·압수 또는 수색을 할 때에는 적법한 절차에 따라 검사의 신청에 의하여 법관이 발부한 영장을 제시하여야 한다.'라고 규정하고, 헌법 제16조는 '주거에 대한 압수나 수색을 할 때에는 검사의 신청에 의하여 법관이 발부한 영장을 제시하여야 한다.'라고 규정함으로써 영장주의를 헌법적 차원에서 보장하고 있다. 우리 헌법이 채택하여 온 영장주의는 형사절차와 관련하여 체포·구속·압수·수색의 강제처분을 함에 있어서는 사법권 독립에 의하여 신분이 보장되는 법관이 발부한 영장에 의하지 않으면 아니 된다는 원칙이다. 따라서 헌법상 영장주의의 본질은 체포·구속·압수·수색 등 기본권을 제한하는 강제처분을 함에 있어서는 중립적인 법관의 구체적 판단을 거쳐야 한다는 데에 있다(헌재 2018.06. 28. 2012헌마191).

② (○) 영창처분은 전투경찰순경을 일정한 시설에 구금하는 징계벌로서 전투경찰순경의 신체활동의 자유를 직접 제한하므로, 이 사건 영창조항이 적법절차원칙이나 과잉금지원칙에 위반되어 전투경찰순경의 신체의 자유를 침해하는지가 문제된다. 청구인은 이 사건 영창조항이 헌법상 영장주의에 위배된다는 주장도 하나, 헌법 제12조 제3항에서 규정하고 있는 영장주의란 형사절차와 관련하여 체포·구속·압수·수색의 강제처분을 할 때 신분이 보장되는 법관이 발부한 영장에 의하지 않으면 안 된다는 원칙으로, 형사절차가 아닌 징계절차에도 그대로 적용된다고 볼 수 없다(헌재 2016.03.31. 2013헌바190).

③ (○) 헌법에 명문으로 규정된 영장주의는 구속의 개시시점에 한하지 않고 구속영장의 효력을 계속 유지할 것인지 아니면 취소 또는 실효시킬 것인지의 여부도 사법권 독립의 원칙에 의하여 신분이 보장되고 있는 법관의 판단에 의하여만 결정되어야 한다는 것을 의미하고 그 밖에 검사나 다른 국가기관의 의견에 의하여 좌우되도록 하는 것은 헌법상의 적법절차의 원칙에 위배된다(헌재 1992.12.24. 92헌가8).

④ (○) 선거관리위원회의 본질적 기능은 선거의 공정한 관리 등 행정기능이고, 그 효과적인 기능 수행과 집행의 실효성을 확보하기 위한 수단으로서 선거범죄 조사권을 인정하고 있다. 심판대상조항에 의한 자료제출요구는 위와 같은 조사권의 일종으로서 행정조사에 해당하고, 선거범죄 혐의 유무를 명백히 하여 공소의 제기와 유지 여부를 결정하려는 목적으로 범인을 발견·확보하고 증거를 수집·보전하기 위한 수사기관의 활동인 수사와는 근본적으로 그 성격을 달리한다. 심판대상조항에 의한 자료제출요구는 그 성질상 대상자의 자발적 협조를 전제로 할 뿐이고 물리적 강제력을 수반하지 아니한다. 심판대상조항은 피조사자로 하여금 자료제출요구에 응할 의무를 부과하고, 허위 자료를 제출한 경우 형사처벌하고 있으나, 이는 형벌에 의한 불이익이라는 심리적, 간접적 강제수단을 통하여 진실한 자료를 제출하도록 함으로써 조사권 행사의 실효성을 확보하기 위한 것이다. 이와 같이 심판대상조항에 의한 자료제출요구는 행정조사의 성격을 가지는 것으로 수사기관의 수사와 근본적으로 그 성격을 달리하며, 청구인에 대하여 직접적으로 어떠한 물리적 강제력을 행사하는 강제처분을 수반하는 것이 아니므로 영장주의의 적용대상이 아니다(헌재 2019. 09.26. 2016헌바381).

⑤ (X) 헌법 제12조 제3항은 "체포·구속·압수 또는 수색을 할 때에는 적법한 절차에 따라 검사의 신청에 의하여 법관이 발부한 영장을 제시하여야 한다. 다만, 현행범인 경우와 장기 3년 이상의 형에 해당하는 죄를 범하고 도피 또는 증거인멸의 염려가 있을 때에는 사후에 영장을 청구할 수 있다."라고 규정함으로써, 사전영장주의에 대한 예외를 명문으로 인정하고 있다. 이와 달리 헌법 제16조 후문은 "주거에 대한 압수나 수색을 할 때에는 검사의 신청에 의하여 법관이 발부한 영장을 제시하여야 한다."라고 규정하고 있을 뿐

영장주의에 대한 예외를 명문화하고 있지 않다. 그러나 헌법 제16조에서 영장주의에 대한 예외를 마련하지 아니하였다고 하여, 주거에 대한 압수나 수색에 있어 영장주의가 예외 없이 반드시 관철되어야 함을 의미하는 것은 아닌 점, … 등을 종합하면, 헌법 제16조의 영장주의에 대해서도 그 예외를 인정하되, 이는 ① 그 장소에 범죄혐의 등을 입증할 자료나 피의자가 존재할 개연성이 소명되고, ② 사전에 영장을 발부받기 어려운 긴급한 사정이 있는 경우에만 제한적으로 허용될 수 있다고 보는 것이 타당하다(헌재 2018.04.26. 2015헌바370).

정답 ⑤

문 39
20년 8월 모의시험

헌법 제13조 제3항의 연좌제금지에 관한 설명으로 옳은 것을 모두 고른 것은? (다툼이 있는 경우 판례에 의함)

> ㄱ. 헌법 제13조 제3항은 친족의 행위와 본인 간에 실질적으로 의미 있는 아무런 관련성을 인정할 수 없음에도 불구하고 오로지 친족이라는 사유로 형사처벌을 가하는 경우에만 적용된다.
> ㄴ. 공직선거에서 후보자의 회계책임자가 300만 원 이상의 벌금형을 선고 받은 경우 후보자의 당선을 무효로 하는 것은, 원칙적으로 회계책임자가 친족이 아닌 이상, 헌법 제13조 제3항의 규범적 실질내용에 위배된다고 할 수 없다.
> ㄷ. 배우자의 중대 선거범죄를 이유로 후보자의 당선을 무효로 하는 것은 배우자의 실질적 지위와 역할을 근거로 후보자에게 연대책임을 부여한 것이므로, 헌법이 금지하고 있는 연좌제에 해당하지 아니한다.
> ㄹ. 반국가행위자가 검사의 소환에 2회 이상 불응한 때에는 반국가행위자 친족의 재산에 대해서도 반국가행위자의 재산이라는 검사의 적시만 있으면 증거조사 없이 몰수형을 선고하도록 한 「반국가행위자의 처벌에 관한 특별조치법」 조항은 헌법 제13조 제3항에 위반된다.

① ㄱ, ㄴ ② ㄴ, ㄹ ③ ㄷ, ㄹ
④ ㄱ, ㄴ, ㄷ ⑤ ㄴ, ㄷ, ㄹ

MGI Point 연좌제금지 ★★

■ 연좌제금지조항은 오로지 친족이라는 사유 그 자체만으로 '불이익한 처우'를 가하는 경우에만 적용
■ 회계책임자가 300만 원 이상의 벌금을 선고받은 경우 후보자의 당선 무효 ⇨ 헌법 제13조 제3항 反 ✕
■ 배우자의 중대 선거범죄를 이유로 후보자의 당선을 무효화 ⇨ 연좌제 ✕
■ 친족의 재산까지도 반국가행위자의 재산이라고 검사가 적시만 하면 증거조사 없이 몰수형 선고하는 특조법 조항 ⇨ 헌법 제13조 제3항 연좌제 反

ㄱ. (✕), ㄴ. (○) 헌법 제13조 제3항은 '친족의 행위와 본인간에 실질적으로 의미있는 아무런 관련성을 인정할 수 없음에도 불구하고 오로지 친족이라는 사유 그 자체만으로' 불이익한 처우를 가하는 경우에만 적용

(ㄱ)되기 때문에 원칙적으로 회계책임자가 친족이 아닌 이상, 이 사건 법률조항은 적어도 헌법 제13조 제3항의 규범적 실질내용에 위배될 수는 없다(ㄴ)(헌재 2010.03.25. 2009헌마170).

ㄷ. (○) 배우자는 후보자와 일상을 공유하는 자로서 선거에서는 후보자의 분신과도 같은 역할을 하게 되는바, 배우자의 중대 선거범죄를 이유로 후보자의 당선을 무효로 하는 이 사건 법률조항은 배우자가 죄를 저질렀다는 이유만으로 후보자에게 불이익을 주는 것이 아니라, 후보자와 불가분의 선거운명공동체를 형성하여 활동하게 마련인 배우자의 실질적 지위와 역할을 근거로 후보자에게 연대책임을 부여한 것이므로 헌법 제13조 제3항에서 금지하고 있는 연좌제에 해당하지 아니한다(헌재 2005.12.22. 2005헌마19).

ㄹ. (○) 특조법 제8조는 제2조 제2항에서 "이법에서 반국가행위자의 재산이라 함은 행위자가 실질적으로 소유하고 있는 동산·부동산·유가증권 기타 일체의 재산적 가치있는 물건 또는 권리를 말한다"고 규정하고 있고, 10조에서 몰수판결의 효력은 몰수대상물의 명의자 또는 점유자에 대하여도 효력이 있다고 규정한 점과 종합하여 보면, 친족의 재산까지도 반국가행위자의 재산이라고 검사가 적시하기만 하면 특조법 제7조 제7항에 의하여 증거조사 없이 몰수형이 선고되게 되어 있으므로, 헌법 제13조 제3항에서 금지한 연좌형이 될 소지도 크다. 따라서 특조법 제8조는 헌법 제13조 제3항에도 위반된다(헌재 1996.01.25. 95헌가5).

 ⑤

문 40

20년 6월 모의시험

이중처벌금지와 연좌제금지에 관한 설명 중 옳지 않은 것은? (다툼이 있는 경우 판례에 의함)

① 보안처분은 그 본질과 목적 및 기능에 있어서 형벌과 다른 독자적 의의를 가지고 있기 때문에 형과 보호감호를 병과하여 선고한다고 해서 헌법 제13조 제1항 후단의 일사부재리의 원칙에 위배되는 것은 아니다.

② 헌법 제13조 제3항에서 명문으로 '친족의 행위로 인하여'라는 표현을 사용하고 있지만, 친족 사이가 아닌 타인의 행위로 인한 불이익한 처우도 연좌제금지의 법리가 적용된다.

③ 배우자의 중대 선거범죄를 이유로 후보자의 당선을 무효로 하는 「공직선거법」 조항은 후보자와 불가분의 선거운명공동체를 형성하여 활동하게 마련인 배우자의 실질적 지위와 역할을 근거로 후보자에게 연대책임을 부여한 것이므로, 헌법 제13조 제3항에서 금지하고 있는 연좌제에 해당하지 아니한다.

④ 헌법 제13조 제1항 후단에 규정된 이중처벌금지의 원칙에 있어서 '처벌'에는 국가가 행하는 일체의 제재나 경제적인 불이익처분이 모두 포함된다고는 할 수 없으므로, 공무원이 재직 중의 사유로 인하여 형을 선고받거나 파면되는 경우에 해당 공무원의 퇴직급여를 감액한다고 하더라도 이중적인 처벌에 해당하는 것이라고는 볼 수 없다.

⑤ 행정법상의 질서벌인 과태료의 부과처분과 형사처벌은 그 성질이나 목적을 달리하는 별개의 것이므로, 행정법상의 질서벌인 과태료를 납부한 후에 형사처벌을 한다고 하여 이를 일사부재리의 원칙에 반하는 것이라고 할 수는 없다.

> **MGI Point** 이중처벌금지와 연좌제금지 ★★
>
> ■ 형벌과 보호감호 병과 ⇨ 헌법 제13조 제1항 후단 일사부재리 원칙 위배 ✕
> ■ 연좌제금지조항은 오로지 친족이라는 사유 그 자체만으로 불이익한 처우를 가하는 경우에만 적용 ○
>   • 배우자의 중대 선거범죄를 이유로 후보자의 당선을 무효화 ⇨ 연좌제 ✕
> ■ 공무원의 범죄행위에 대하여 형벌을 과하는 외에 다시 급여를 제한 ⇨ 이중처벌금지원칙 위배 ✕
> ■ 행정법상의 질서벌인 과태료 납부한 후 형사처벌 ⇨ 일사부재리의 원칙 反 ✕

① (○) 보호감호와 형벌은 다 같이 신체의 자유를 박탈하는 수용처분이라는 점에서 서로 유사한 점이 있기는 하지만, 보호감호처분은 재범의 위험성이 있고 특수한 교육·개선 및 치료가 필요하다고 인정되는 자에 대하여 사회복귀를 촉진하고 사회를 보호하기 위하여 헌법 제12조 제1항을 근거로 한 보안처분으로서, 그 본질과 목적 및 기능에 있어 형벌과는 다른 독자적 의의를 가진 사회보호적 처분이므로, 형벌과 보호감호를 서로 병과하여 선고한다고 해서 그것이 헌법 제13조 제1항 후단 소정의 이중처벌금지원칙에 해당되지 아니한다(헌재 2015.09.24. 2014헌바222).

② (X), ③ (○) "모든 국민은 자기의 행위가 아닌 친족의 행위로 인하여 불이익한 처우를 받지 아니한다."고 규정하고 있는 헌법 제13조 제3항은 '친족의 행위와 본인 간에 실질적으로 의미 있는 아무런 관련성을 인정할 수 없음에도 불구하고 오로지 친족이라는 사유 그 자체만으로' 불이익한 처우를 가하는 경우에만 적용된다.② 배우자는 후보자와 일상을 공유하는 자로서 선거에서는 후보자의 분신과도 같은 역할을 하게 되는바, 배우자의 중대 선거범죄를 이유로 후보자의 당선을 무효로 하는 이 사건 법률조항은 배우자가 죄를 저질렀다는 이유만으로 후보자에게 불이익을 주는 것이 아니라, 후보자와 불가분의 선거운명공동체를 형성하여 활동하게 마련인 배우자의 실질적 지위와 역할을 근거로 후보자에게 연대책임을 부여한 것이므로 헌법 제13조 제3항에서 금지하고 있는 연좌제에 해당하지 아니한다③(헌재 2005.12.22. 2005헌마19).

④ (○) 청구인은 이 사건 법률조항이 공무원 또는 공무원이었던 자의 범죄행위에 대하여 형벌을 과하는 외에 다시 급여를 제한함으로써 헌법정신에 반하여 이중적으로 처벌하는 것이라고 주장하는바, 이 사건 법률조항이 일정한 범죄를 범한 공무원에 대하여 형벌이나 공무원법상의 징계 외에 추가적인 경제적 불이익을 부과하는 것이기는 하나, 헌법 제13조 제1항 후단에 규정된 일사부재리 또는 이중처벌금지의 원칙에 있어서 처벌이라고 함은 원칙적으로 범죄에 대한 국가의 형벌권 실행으로서의 과벌을 의미하는 것이고 국가가 행하는 일체의 제재나 불이익처분이 모두 그에 포함된다고는 할 수 없으므로 이 사건 법률조항에 의하여 급여를 제한한다고 하더라도 그것이 헌법이 금하고 있는 이중적인 처벌에 해당하는 것은 아니라고 할 것이다(헌재 2002.07.18. 2000헌바57).

⑤ (○) 행정법상의 질서벌인 과태료의 부과처분과 형사처벌은 그 성질이나 목적을 달리하는 별개의 것이므로 행정법상의 질서벌인 과태료를 납부한 후에 형사처벌을 한다고 하여 이를 일사부재리의 원칙에 반하는 것이라고 할 수는 없으며, … 만일 임시운행허가기간을 넘어 운행한 자가 등록된 차량에 관하여 그러한 행위를 한 경우라면 과태료의 제재만을 받게 되겠지만, 무등록 차량에 관하여 그러한 행위를 한 경우라면 과태료와 별도로 형사처벌의 대상이 된다(대판 1996.04.12. 96도158).

정답 ②

문 41

22년 6월 모의시험

죄형법정주의 등에 관한 설명 중 옳은 것을 모두 고른 것은? (다툼이 있는 경우 판례에 의함)

> ㄱ. 죄형법정주의와 형벌불소급원칙의 근본 취지는, 허용된 행위와 금지된 행위의 경계를 명확히 설정하여 어떤 행위가 금지되고 그에 위반한 경우 어떤 처벌이 있는가를 미리 국민에게 알려 행위를 그에 맞출 수 있도록 하고, 사후입법에 의한 처벌이나 가중처벌을 금지함으로써 법적 안정성, 예측가능성 및 국민의 신뢰를 보호하기 위한 데 있으므로, 형벌불소급원칙에서 의미하는 '처벌'은 형사법에 규정되어 있는 형식적 의미의 형벌 유형에 국한된다.
> ㄴ. 현대국가의 사회적 기능 증대와 사회현상의 복잡화에 따라 국민의 권리·의무에 관한 사항이라도 모두 입법부에서 제정한 법률만으로 정할 수는 없어서 불가피하게 예외적으로 하위법령에 위임하는 것이 허용되지만, 위임입법의 형식은 원칙적으로 헌법 제75조, 제95조에서 예정하고 있는 대통령령, 총리령 또는 부령 등의 법규명령의 형식을 벗어나서는 안 된다.
> ㄷ. 법률에 의한 처벌법규의 위임은 반드시 구체적이고 개별적으로 한정된 사항에 대하여 행해져야 하고 그 요건과 범위가 더 엄격하게 제한적으로 적용되어야 하므로, 처벌법규의 위임은 특히 긴급한 필요가 있거나 미리 법률로써 자세히 정할 수 없는 부득이한 사정이 있는 경우에 한정되어야 한다.
> ㄹ. 공중도덕상 유해한 업무에 취업시킬 목적으로 근로자를 파견한 사람을 형사처벌하도록 규정한 구 「파견근로자보호 등에 관한 법률」 조항에서 처벌기준으로 제시된 '공중도덕'이 그 자체로 '사회구성원들이 질서를 유지하고 서로의 행복과 이익을 위해 스스로 마땅히 지켜야 할 행동 준칙이나 규범 일반'을 의미함을 건전한 상식과 통상적 법감정을 가진 사람이라면 충분히 인식할 수 있어, 위 법률조항은 죄형법정주의의 명확성원칙에 위배되지 않는다.
> ㅁ. 형사처벌에 관련되는 주요사항을 특수법인의 자치규범인 정관에 위임하는 것은 헌법이 위임입법의 형식으로 인정하고 있지 않은 형식에 해당하고, 사실상 그 정관 작성권자에게 처벌법규의 내용을 형성할 권한을 준 것이나 다름없으므로, 죄형법정주의에 비추어 허용되기 어렵다.

① ㄱ, ㄴ, ㄷ
② ㄱ, ㄷ, ㄹ
③ ㄱ, ㄹ, ㅁ
④ ㄴ, ㄷ, ㅁ
⑤ ㄴ, ㄹ, ㅁ

| MGI Point | **죄형법정주의** | ★★★ |

- 형벌불소급원칙에서 의미하는 '처벌' ⇨ 형법에 규정되어 있는 형식적 의미의 형벌 유형에 국한 ×
- 위임입법의 형식 : 기본권을 제한하는 내용의 입법을 위임할 때에는 법규명령에 위임하는 것이 원칙
- 처벌법규의 위임 : 특히 긴급한 필요가 있거나 미리 법률로써 자세히 정할 수 없는 부득이한 사정이 있는 경우로 한정 ○
- 파견근로자보호 등에 관한 법률상 '공중도덕상 유해한 업무' ⇨ 명확성원칙 위배 ○
- 형사처벌과 관련한 주요사항을 헌법이 위임입법의 형식으로 예정하고 있지도 않은 특수법인의 정관에 위임한 경우
  ⇨ 죄형법정주의에 비추어 허용 ×

ㄱ. (X) 헌법 제12조 제1항 후문은 "… 법률과 적법한 절차에 의하지 아니하고는 처벌·보안처분 또는 강제노역을 받지 아니한다."라고 규정하고, 헌법 제13조 제1항 전단은 "모든 국민은 행위시의 법률에 의하여 범죄를 구성하지 아니하는 행위로 소추되지 아니하며…"라고 하여 죄형법정주의와 형벌불소급원칙을 규정하고 있다. 위 조항들의 근본 취지는, 허용된 행위와 금지된 행위의 경계를 명확히 설정하여 어떠한 행위가 금지되어 있고 그에 위반한 경우 어떠한 처벌이 정해져 있는가를 미리 국민에게 알려 자신의 행위를 그에 맞출 수 있도록 하고, 사후입법에 의한 처벌이나 가중처벌을 금지함으로써 법적 안정성, 예측가능성 및 국민의 신뢰를 보호하기 위한 데 있다(헌재 1996. 2. 16. 96헌가2등 참조). 그런데 형벌불소급원칙이 적용되는 '처벌'의 범위를 형법이 정한 형벌의 종류에만 한정되는 것으로 보게 되면, 형법이 정한 형벌 외의 형태로 가해질 수 있는 형사적 제재나 불이익은 소급적용이 허용되는 결과가 되어, 법적 안정성과 예측가능성을 보장하여 자의적 처벌로부터 국민을 보호하고자 하는 형벌불소급원칙의 취지가 몰각될 수 있다. 형벌불소급원칙에서 의미하는 '처벌'은 단지 형법에 규정되어 있는 형식적 의미의 형벌 유형에 국한되지 않는다(헌재 2017.10.26. 2015헌바239)

ㄴ. (○) 사회적 변화에 대응한 입법수요의 급증과 종래의 형식적 권력분립주의로는 현대사회에 대응할 수 없다는 기능적 권력분립론을 감안하여 헌법 제40조·제75조·제95조의 의미를 살펴보면, 국회가 입법으로 행정기관에게 구체적인 범위를 정하여 위임한 사항에 관하여는 당해 행정기관이 법 정립의 권한을 갖게 되고, 입법자가 그 규율의 형식도 선택할 수 있다고 보아야 하므로, 헌법이 인정하고 있는 위임입법의 형식은 예시적인 것으로 보아야 한다. 법률이 일정한 사항을 행정규칙에 위임하더라도 그 행정규칙은 위임된 사항만을 규율할 수 있으므로, 국회입법의 원칙과 상치되지 않는다. 다만, 행정규칙은 법규명령과 같은 엄격한 제정 및 개정절차를 필요로 하지 아니하므로, 기본권을 제한하는 내용의 입법을 위임할 때에는 법규명령에 위임하는 것이 원칙이고, 고시와 같은 형식으로 입법위임을 할 때에는 법령이 전문적·기술적 사항이나 경미한 사항으로서 업무의 성질상 위임이 불가피한 사항에 한정된다(헌재 2014.07.24. 2013헌바183).

ㄷ. (○) 법률의 위임은 반드시 구체적이고 개별적으로 한정된 사항에 대하여 행해져야 한다. 그렇지 아니하고 일반적이고 포괄적인 위임을 한다면 이는 사실상 입법권을 백지위임하는 것이나 다름없어 의회입법의 원칙이나 법치주의를 부인하는 것이 되고 행정권의 부당한 자의와 기본권 행사에 대한 무제한적 침해를 초래할 위험이 있기 때문이다. … 따라서 처벌법규의 위임은 특히 긴급한 필요가 있거나 미리 법률로써 자세히 정할 수 없는 부득이한 사정이 있는 경우에 한정되어야 하고 이러한 경우일지라도 법률에서 범죄의 구성요건은 처벌대상인 행위가 어떠한 것일 것이라고 이를 예측할 수 있을 정도로 구체적으로 정하고 형벌의 종류 및 그 상한과 폭을 명백히 규정하여야 한다(헌재 1991.07.08. 91헌가4).

ㄹ. (X) '공중도덕'은 시대상황, 사회가 추구하는 가치 및 관습 등 시간적·공간적 배경에 따라 그 내용이 얼마든지 변할 수 있는 규범적 개념이므로, 그것만으로는 구체적으로 무엇을 의미하는지 설명하기 어렵다. '파견근로자보호 등에 관한 법률'(이하 '파견법'이라 한다)의 입법목적에 비추어보면, 심판대상조항은 공중도덕에 어긋나는 업무에 근로자를 파견할 수 없도록 함으로써 근로자를 보호하고 올바른 근로자파견사업 환경을 조성하려는 취지임을 짐작해 볼 수 있다. 하지만 이것만으로는 '공중도덕'을 해석함에 있어 도움이 되는 객관적이고 명확한 기준을 얻을 수 없다. 파견법은 '공중도덕상 유해한 업무'에 관한 정의조항은 물

론 그 의미를 해석할 수 있는 수식어를 두지 않았으므로, 심판대상조항이 규율하는 사항을 바로 알아내기도 어렵다. 심판대상조항과 관련하여 파견법이 제공하고 있는 정보는 파견사업주가 '공중도덕상 유해한 업무'에 취업시킬 목적으로 근로자를 파견한 경우 불법파견에 해당하여 처벌된다는 것뿐이다. 파견법 전반에 걸쳐 심판대상조항과 유의미한 상호관계에 있는 다른 조항을 발견할 수 없고, 파견법 제5조, 제16조 등 일부 관련성이 인정되는 규정은 심판대상조항 해석기준으로 활용하기 어렵다. 결국, 심판대상조항의 입법목적, 파견법의 체계, 관련조항 등을 모두 종합하여 보더라도 '공중도덕상 유해한 업무'의 내용을 명확히 알 수 없다. 아울러 심판대상조항에 관한 이해관계기관의 확립된 해석기준이 마련되어 있다거나, 법관의 보충적 가치판단을 통한 법문 해석으로 심판대상조항의 의미내용을 확인할 수 있다는 사정을 발견하기도 어렵다. 심판대상조항은 건전한 상식과 통상적 법감정을 가진 사람으로 하여금 자신의 행위를 결정해 나가기에 충분한 기준이 될 정도의 의미내용을 가지고 있다고 볼 수 없으므로 죄형법정주의의 명확성원칙에 위배된다(헌재 2016.11.24. 2015헌가23).

ㅁ. (○) 호별방문금지조항은 형사처벌과 관련한 주요사항을 헌법이 위임입법의 형식으로 예정하고 있지도 않은 특수법인의 정관에 위임하고 있는데, 이는 사실상 그 정관 작성권자에게 처벌법규의 내용을 형성할 권한을 준 것이나 다름없으므로 죄형법정주의에 비추어 허용되기 어렵다(헌재 2016.11.24. 2015헌가29).

 ④

문 42

23년 8월 모의시험

명확성원칙에 관한 설명 중 옳은 것은? (다툼이 있는 경우 판례에 의함)

① 영화업자가 영화근로자와 계약을 체결할 때 영화근로자의 임금, 근로시간 및 그 밖의 근로조건을 "구체적으로 밝혀야 한다"고 규정한 것은 얼마나 구체적으로 밝혀야 하는지 불분명하므로 명확성원칙에 위배된다.

② 음주 또는 약물의 영향으로 "정상적인 운전이 곤란한 상태"에서 자동차를 운전하여 사람을 상해에 이르게 한 사람을 형사처벌하도록 규정한 것은 최소한의 객관적 기준조차 정하고 있지 않아 담당경찰관, 검사, 법관의 주관적 판단으로 처벌을 가능하게 하므로 죄형법정주의 명확성원칙에 위배된다.

③ 국민건강보험공단에게 "속임수나 그 밖의 부당한 방법"으로 보험급여를 받은 사람이나 보험급여 비용을 받은 요양기관에 대하여 그 보험급여나 보험급여 비용에 상당하는 금액의 전부 또는 일부를 징수하도록 규정한 것은, 지나치게 포괄적이고 추상적인 표현을 사용한 것으로 명확성원칙에 위배된다.

④ 「노동조합 및 노동관계조정법」에서 징계의 사유와 중요한 절차에 관한 사항을 정한 "단체협약을 위반한 경우" 형사처벌하도록 규정한 것은 법률이 범죄구성요건을 사실상 단체협약에 전부 위임한 것으로 죄형법정주의의 명확성원칙에 위배된다.

⑤ 중소기업중앙회 임원 선거와 관련하여 누구든지 "정관으로 정하는" 선전 벽보의 부착, 선거공보와 인쇄물의 배부 및 합동 연설회 또는 공개 토론회 개최 외의 행위를 한 경우에 이를 형사처벌하도록 규정한 것은, 수범자인 일반 국민이 허용되거나 금지되는 선거운동이 구체적으로 무엇인지를 예측하기 어렵다는 점에서 죄형법정주의의 명확성원칙에 위배된다.

> **MGI Point** 명확성원칙 ★★
>
> - 영화근로자 계약시의 '구체적으로 밝혀야 한다'는 규정은 명확성원칙에 위배 X
> - "정상적인 운전이 곤란한 상태" ⇨ 명확성원칙에 위배 X
> - 국민건강보험공단에게 '속임수나 그 밖의 부당한 방법' 받은 보험급여 징수는 ⇨ 명확성원칙에 위배 X
> - 노동조합 및 노동관계조정법(노동위원회의 의결을 얻어) + 단체협약을 위반한 자 처벌 ⇨ 명확성원칙 위배 X
> - 선거운동제한조항 중 '정관으로 정하는' 부분은 명확성원칙에 위배 ○

① (X) 청구인은 의무조항 중 "근로시간을 구체적으로 밝혀야 한다."라고 규정한 부분이 죄형법정주의 명확성원칙에 위배된다고도 주장한다. 그러나 '실제적이고 세밀한 부분까지 담고 있는 것'을 뜻하는 '구체적'의 사전적 의미 및 사용자가 근로자와 근로계약을 체결할 때 소정근로시간 등을 반드시 명시하도록 하고 있는 근로기준법 제17조 제1항 제2호 등을 고려하면, 의무조항 중 "근로시간을 구체적으로 밝혀야 한다."라고 규정한 부분은 근로시간의 탄력적 운영이 필요한 영화제작과정의 특수성에도 불구하고 적어도 근로시간의 조정이 이루어질 수 있는 범위를 근로자가 충분히 예측할 수 있도록 명시적으로 알리라는 의미로 이해될 수 있으므로, 이에 관해서는 별도로 판단하지 아니한다(헌재 2022.11.24. 2018헌바514).

② (X) 이 사건 법률조항이 가중처벌의 근거로 삼고 있는 "음주의 영향으로 정상적인 운전이 곤란한 상태에서 자동차를 운전하여"란 음주로 인하여 운전자가 현실적으로 전방 주시력, 운동능력이 저하되고 판단력이 흐려짐으로써 도로교통법상 운전에 요구되는 주의의무를 다할 수 없거나, 자동차의 운전에 필수적인 조향 및 제동장치, 등화장치 등의 기계장치의 조작방법 등을 준수하지 못하게 되는 경우를 의미하는 것이므로 그 개념이 불명확하다고 할 수 없고, 알코올이 사람에 미치는 영향은 사람에 따라 다르므로 "정상적인 운전이 곤란한 상태"에 해당되는지 여부는 구체적인 교통사고에 관하여 운전자의 주취정도 뿐만 아니라 알코올 냄새, 말할 때 혀가 꼬부라졌는지 여부, 똑바로 걸을 수 있는지 여부, 교통사고 전후의 행태 등과 같은 운전자의 상태 및 교통사고의 발생 경위, 교통상황에 대한 주의력·반응속도·운동능력이 저하된 정도, 자동차 운전장치의 조작을 제대로 조절했는지 여부 등을 종합하여 판단하여야 하므로 이 사건 법률조항이 주취의 정도를 명확한 수치로 규정하지 않았다고 하여 형사처벌요건이 갖추어야 할 명확성의 요건을 충족시키지 못하였다고 보기도 어렵다(헌재 2009.05.28. 2008헌가11).

③ (X) 심판대상조항들은 '사위 기타 부당한 방법' 및 '속임수 그 밖의 부당한 방법'으로 받은 급여비용을 부당이득 징수의 요건으로 정하고 있다. 이 중 '사위(詐僞)'의 사전적 의미는 '양심을 속이고 거짓을 꾸미는 것'이고, '속임수'의 사전적 의미는 '남을 속이는 것'으로서, '사위' 및 '속임수'로 급여비용을 받는다는 것은 급여비용의 청구원인이 되는 사실관계가 존재하지 않음에도 불구하고 관련 서류를 거짓 작성하는 등의 방법으로 급여비용을 지급받는다는 의미로 해석될 수 있어 그 내용이 명확하다(헌재 2015.07.30. 2014헌바298·357, 2015헌바120).

④ (X) "행정관청이 단체협약 중 위법한 내용에 대하여 노동위원회의 의결을 얻어 그 시정을 명한 경우에 그 명령에 위반한 행위"로서, 범죄의 구성요건과 그에 대한 형벌을 법률에서 스스로 규정하고 있으므로 죄형법정주의의 법률주의에 위반된다고 할 수 없고, 행정관청의 시정명령은 그 성격상 단체협약 중 위법하다고 판단한 부분을 구체적으로 특정하여 시정하도록 요구하는 내용이 될 수밖에 없으므로 단체협약 중 위법한 내용이 있는 경우가 광범위하고 다양할 수 있다고 해서 처벌되는 행위가 불명확하다거나 그 범위가 지나치게 포괄적이고 광범위하고 할 수 없어 형벌법규의 명확성 원칙에 반한다고 볼 수 없다(헌재 2012. 08.23. 2011헌가22).

⑤ (○) '정관으로 정하는' 부분이 수식하는 범위가 불명확하여 그 의미가 여러 가지로 해석될 가능성이 있어, 위 규정만으로는 선거운동이 어느 범위에서 금지되는지에 관하여 구체적으로 알 수 없을 뿐만 아니라, 임원 선거의 과열 방지 및 선거의 공정성 확보라는 심판대상조항의 입법목적이나 입법취지, 입법연혁, 관련 법규범의 체계적 구조 등을 모두 종합하여도 이 사건 선거운동제한조항의 의미를 합리적으로 파악할 수

있는 해석기준을 얻기 어렵다. 나아가 이 사건 선거운동제한조항은 중앙회의 정회원뿐만 아니라 정관 내용에 대한 인식 또는 숙지를 기대하기 곤란한 일반 국민까지 그 수범자에 포함시키고 있는데, 이 사건 선거운동제한조항만으로는 수범자인 일반 국민이 허용되거나 금지되는 선거운동이 구체적으로 무엇인지를 예측하기 어렵다. 결국 이 사건 선거운동제한조항은 죄형법정주의의 명확성원칙에 위배된다(헌재 2016.11.24. 2015헌가29).

정답 ⑤

문 43

20년 8월 모의시험

명확성원칙에 관한 설명으로 옳지 않은 것은? (다툼이 있는 경우 판례에 의함)

① '여러 사람의 눈에 뜨이는 곳에서 공공연하게 알몸을 지나치게 내놓거나 가려야 할 곳을 내놓아 다른 사람에게 부끄러운 느낌이나 불쾌감을 준 사람'을 처벌하는「경범죄 처벌법」조항은 구성요건의 내용을 불명확하게 규정하여 명확성원칙에 위배된다.
②「민주화운동 관련자 명예회복 및 보상 등에 관한 법률」에 따른 보상금 등의 지급결정에 신청인이 동의한 때에는 민주화운동과 관련하여 입은 피해에 대하여「민사소송법」에 따른 재판상 화해가 성립된 것으로 간주하는 경우, '민주화운동과 관련하여 입은 피해'의 의미를 합리적으로 파악할 수 있으므로 명확성원칙에 위배되지 않는다.
③「아동·청소년의 성보호에 관한 법률」에서 성인대상 성범죄로 형 또는 치료감호를 선고받아 확정된 자의 취업을 제한하는 경우, '성인대상 성범죄' 부분은 그 의미를 파악하는 데 어려움이 없으므로 명확성원칙에 위배되지 않는다.
④ 법규범의 문언은 어느 정도 가치개념을 포함한 일반적, 규범적 개념을 사용하지 않을 수 없는 것이기 때문에 명확성의 원칙이란 기본적으로 최대한이 아닌 최소한의 명확성을 요구하는 것으로서, 법 문언이 법관의 보충적인 가치판단을 통하여 그 의미 내용을 확인할 수 있고, 그러한 보충적 해석이 해석자의 개인적인 취향에 따라 좌우될 가능성이 없다면 명확성의 원칙에 위배되지 않는다.
⑤ 수범자에 대한 행위규범으로서의 법령이 명확하여야 한다는 것은 일반 국민 누구나 그 뜻을 명확히 알게 하여야 한다는 것을 의미하므로, 일정한 신분이나 직업을 가진 사람들에게만 적용되는 법령의 경우에도 그 사람들 중의 평균인이 아니라 사회의 평균인을 기준으로 하여 판단하여야 한다.

MGI Point 명확성원칙 ★★

- '여러 사람의 눈에 뜨이는 곳에서 공공연하게 알몸을 지나치게 내놓거나 가려야 할 곳을 내놓아 다른 사람에게 부끄러운 느낌이나 불쾌감을 준 사람' 처벌하는 경범죄처벌법 조항 ⇨ 명확성원칙 위배 ○
- 과거사 민주화보상법 '재판상 화해 간주' 사건 ⇨ 명확성원칙 위배 ×
- 아청법상 "성인대상 성범죄" 부분 ⇨ 명확성원칙 위배 ×
- 명확성원칙 ⇨ 최대한이 아닌 최소한의 명확성 요구
- 수범자에 대한 행위규범으로서 법령이 명확할 것
  · 일반 국민 누구나 그 뜻을 명확히 알게 하여야 ×, 사회의 평균인이 그 뜻을 이해하고 위반에 대한 위험을 고지받을 수 있을 정도면 충분 ○

- 일정한 신분 내지 직업 또는 지역에 거주하는 사람들에게만 적용되는 법령의 경우 ⇨ 그 사람들 중의 평균인을 기준으로 판단

① (○) 심판대상조항은 알몸을 '지나치게 내놓는' 것이 무엇인지 그 판단 기준을 제시하지 않아 무엇이 지나친 알몸노출행위인지 판단하기 쉽지 않고, '가려야 할 곳'의 의미도 알기 어렵다. 심판대상조항 중 '부끄러운 느낌이나 불쾌감'은 사람마다 달리 평가될 수밖에 없고, 노출되었을 때 부끄러운 느낌이나 불쾌감을 주는 신체부위도 사람마다 달라 '부끄러운 느낌이나 불쾌감'을 통하여 '지나치게'와 '가려야 할 곳' 의미를 확정하기도 곤란하다. … 심판대상조항의 불명확성을 해소하기 위해 노출이 허용되지 않는 신체부위를 예시적으로 열거하거나 구체적으로 특정하여 분명하게 규정하는 것이 입법기술상 불가능하거나 현저히 곤란하지도 않다. 예컨대 이른바 '바바리맨'의 성기노출행위를 규제할 필요가 있다면 노출이 금지되는 신체부위를 '성기'로 명확히 특정하면 될 것이다. 따라서 심판대상조항은 죄형법정주의의 명확성원칙에 위배된다(헌재 2016.11.24. 2016헌가3).

② (○) 민주화보상법의 입법취지, 관련 규정의 내용, 신청인이 작성·제출하는 동의 및 청구서의 기재내용 등을 종합하면, 심판대상조항의 '민주화운동과 관련하여 입은 피해'란 공무원의 직무상 불법행위로 인한 정신적 손해를 포함하여 그가 보상금 등을 지급받은 민주화운동과 관련하여 입은 피해 일체를 의미하는 것으로 합리적으로 파악할 수 있다. 따라서 심판대상조항은 명확성원칙에 위반되지 아니한다(헌재 2018.08.30. 2014헌바180). ▶ 과거사 민주화보상법 '재판상 화해 간주' 사건에서 명확성원칙에 위배되지 않고 재판청구권을 침해하지 않는다고 판단하였으나, 심판대상조항 중 정신적 손해에 관한 부분은 관련자와 유족의 국가배상청구권을 침해한다고 판시

③ (○) "성인대상 성범죄"는 그 문언에 비추어 성인 피해자를 범죄대상으로 한 성에 관련된 범죄로서 타인의 성적 자기결정권을 침해하여 가해지는 위법행위 혹은 성인이 연루되어 있는 사회의 건전한 성풍속을 침해하는 위법행위를 일컫는 것으로 보이고, 이러한 범죄들 중에서도 이 사건 법률조항의 입법목적에 비추어, 의료기관 취업을 제한할 필요가 있는 범죄로 해석된다. 또한, 청소년성보호법에 이미 규정된 "아동·청소년대상 성범죄"의 내용들을 살펴봄으로써 "성인대상 성범죄"의 내용도 "아동·청소년대상 성범죄"와 유사하게 규율될 것임을 어느 정도 예상할 수 있고, 성범죄를 예방하고 피해자를 보호한다는 측면에서 청소년성보호법과 긴밀한 법적 연관성이 있는 '성폭력범죄의 처벌 등에 관한 특례법'의 내용들도 "성인대상 성범죄"의 내용을 파악하는 데에 도움이 된다. 이상의 내용을 종합하면 "성인대상 성범죄" 부분은 불명확하다고 볼 수 없어 헌법상 명확성원칙에 위배되지 않는다(헌재 2016.03.31. 2013헌마585).

④ (○) 명확성원칙은 기본권을 제한하는 법규범의 내용은 명확하여야 한다는 헌법상의 원칙인바, 만일 법규범의 의미내용이 불확실하다면 법적 안정성과 예측가능성을 확보할 수 없고 법집행 당국의 자의적인 법해석과 집행을 가능하게 할 것이기 때문이다. 다만 법규범의 문언은 어느 정도 일반적·규범적 개념을 사용하지 않을 수 없기 때문에 기본적으로 최대한이 아닌 최소한의 명확성을 요구하는 것으로서, 법문언이 법관의 보충적인 가치판단을 통해서 그 의미내용을 확인할 수 있고, 그러한 보충적 해석이 해석자의 개인적인 취향에 따라 좌우될 가능성이 없다면 명확성원칙에 반한다고 할 수 없다(헌재 2010.06.24. 2007헌바101).

⑤ (X) 수범자에 대한 행위규범으로서의 법령이 명확하여야 한다는 것은 일반 국민 누구나 그 뜻을 명확히 알게 하여야 한다는 것을 의미하지는 않고, 사회의 평균인이 그 뜻을 이해하고 위반에 대한 위험을 고지받을 수 있을 정도면 충분하며, 일정한 신분 내지 직업 또는 지역에 거주하는 사람들에게만 적용되는 법령의 경우에는 그 사람들 중의 평균인을 기준으로 하여 판단하여야 한다(헌재 2012.02.23. 2009헌바34).

정답 ⑤

제❷절 ㅣ 사생활영역의 자유

제1항 사생활의 비밀과 자유

문 44
24년 8월 모의시험

사생활의 비밀과 자유에 관한 설명 중 옳지 않은 것은? (다툼이 있는 경우 판례에 의함)

① 변호사로서의 직업 활동은 공적인 성격과 사경제 주체의 성격도 함께 지니므로, 공·사적인 성격을 공유하는 정보들의 경우 일단 사적인 성격의 부분은 사생활의 비밀에 해당된다는 점을 고려할 때, 변호사에게 전년도에 처리한 수임사건의 건수 및 수임액을 소속 지방변호사회에 보고하도록 한 것은 해당 변호사의 영업의 자유뿐만 아니라 사생활의 비밀도 침해한다.

② 보안관찰처분 전단계에 있는 보안관찰처분대상자가 교도소 등에서 출소한 후 거주예정지 등 정보에 변동이 생길 때마다 7일 이내에 신고하도록 하고 이를 위반할 경우 처벌하는 것은 재범의 위험성이 없거나 낮은 자들까지도 불필요한 의무와 제재를 가할 수 있다는 점에서, 해당 대상자의 사생활의 비밀과 자유를 침해한다.

③ 오늘날 이메일, 메신저, 전화 등 통신뿐 아니라, 각종 구매, 게시물 등록, 금융서비스 이용 등 생활의 전 영역이 인터넷을 기반으로 이루어지기 때문에, 인터넷회선 감청은 타인과의 관계를 전제로 하는 개인의 사적 영역을 보호하는 헌법 제18조의 통신의 비밀과 자유 외에 헌법 제17조의 사생활의 비밀과 자유도 제한한다.

④ 개인 사이에 이루어지는 전화, 우편, 컴퓨터, 그 밖의 통신매체를 통하여 성적 수치심이나 혐오감을 일으키는 표현을 전달하는 행위를 처벌하는 것은 국가가 개인의 의사에 반하여 개인정보를 공개하는 것이 아니고, 개인의 인격권의 핵심영역에 속한 사생활을 스스로 형성할 수 없도록 간섭하거나 개인이 사회적 인격상을 형성할 수 있는 자기결정권의 행사를 저해할 우려가 없으므로 사생활의 자유를 침해하지 않는다.

⑤ 교도소장이 미결수용자가 변호인 아닌 자와의 접견 시 그 대화내용을 녹음·녹화할 수 있도록 한 것은 접견내용을 녹음·녹화함으로써 미결수용자가 증거인멸이나 형사 법령 저촉 행위의 위험에 처하는 것을 방지하고, 교정시설 내의 안전과 질서유지를 유지하기 위한 것으로 미결수용자의 사생활의 비밀과 자유를 침해하지 않는다.

MGI Point 사생활의 비밀과 자유 ★

- 변호사에게 전년도에 처리한 수임사건의 건수 및 수임액을 소속 지방변호사회에 보고하도록 한 것은 해당 변호사의 영업의 자유, 사생활의 비밀 침해 ×
- 보안관찰처분 전단계에 있는 보안관찰처분대상자가 교도소 등에서 출소한 후 거주예정지 등 정보에 변동이 생길 때마다 7일 이내에 신고하도록 하고 이를 위반할 경우 처벌하는 것은 사생활의비밀과 자유 침해
- 인터넷회선 감청은 타인과의 관계를 전제로 하는 개인의 사적 영역을 보호하는 헌법 제18조의 통신의 비밀과 자유, 헌법 제17조의 사생활의비밀과 자유 제한
- 개인 사이에 이루어지는 전화, 우편, 컴퓨터, 그 밖의 통신매체를 통하여 성적 수치심이나 혐오감을 일으키는 표현을 전달하는 행위를 처벌하는 것은 사생활의 자유 침해 ×
- 교도소장이 미결수용자가 변호인 아닌 자와의 접견 시 그 대화내용을 녹음·녹화할 수 있도록 한 것은 미결수용자의 사생활의 비밀과 자유 침해 ×

① (X) 오늘날 조세제도는 국가의 재정적 수요를 해결하는 근본적인 수단인바, 이에 국가라는 정치적 공동체의 통합 및 지속적인 유지, 발전을 위해서 공평하고 투명한 조세제도의 실현은 매우 중요한 가치라고 할 것이다. 그러므로 탈세로 인하여 국가가 입는 재정적 피해를 줄이고, 납세의 불투명성 및 불공정성을 해소

하며, 불공평한 조세의 부담 및 불성실한 납세 문화로 발생하게 되는 조세행정에 대한 불신과 냉소를 극복하는 일은 그 공익적 중대성이 막중하다 할 수 있다. 비록 이 사건 법률조항으로 인해 청구인들의 영업의 자유와 같은 헌법상 기본권이 다소 제한된다고 하더라도 그 제한의 정도가 이 사건 법률조항에 의하여 추구되는 공익에 비하여 결코 중하다고 볼 수 없다. 따라서 이 사건 법률조항은 공익과 사익간의 균형성을 도외시한 것이라고 보기 어려우므로, 법익의 균형성의 원칙에 반하지 아니한다. 그렇다면, 이 사건 법률조항이 청구인들의 영업의 자유를 침해한다고 할 수 없다. …일반적으로 경제적 내지 직업적 활동은 복합적인 사회적 관계를 전제로 하여 다수 주체간의 상호작용을 통하여 이루어지는 것이고, 특히 변호사의 업무는 앞서 본 바와 같이 다른 어느 직업적 활동보다도 강한 공공성을 내포한다는 점 등을 감안하여 볼 때, 변호사의 업무와 관련된 수임사건의 건수 및 수임액이 변호사의 내밀한 개인적 영역에 속하는 것이라고 보기 어렵고, 따라서 이 사건 법률조항이 청구인들의 사생활의 비밀과 자유를 침해하는 것이라 할 수 없다(헌법재판소 2009. 10. 29. 선고 2007헌마667 전원재판부).

② (○) 보안관찰처분 전단계에 있는 보안관찰처분대상자가 교도소등에서 출소한 후 거주예정지 등 정보에 변동이 생길 때마다 7일 이내에 신고하도록 하고 이를 위반할 경우 처벌하는 것은 재범의 위험성이 없거나 낮은 자들까지도 불필요한 의무와 제재를 가할 수 있다는 점에서 해당 대상자의 사생활의비밀과 자유를 침해한다(헌법재판소 2021. 6. 24. 선고 2017헌바479 전원재판부 결정).

③ (○) 인터넷회선감청은, 인터넷회선을 통하여 흐르는 전기신호 형태의 '패킷'을 중간에 확보한 다음 재조합 기술을 거쳐 그 내용을 파악하는 이른바 '패킷감청'의 방식으로 이루어진다. 따라서 이를 통해 개인의 통신뿐만 아니라 사생활의 비밀과 자유가 제한된다(헌법재판소 2018. 8. 30. 선고 2016헌마263 전원재판부 결정).

④ (○) … 한편 심판대상조항은 성행위 여부 및 그 상대방 등을 스스로 결정할 수 있는지를 내용으로 하는 성적 자기결정권과 관련이 있다고 할 수 없고, 청구인이 스스로 타인에게 메시지를 전송한 이상 청구인의 의사에 반하여 사적인 생활영역이 공개되었다거나 심판대상조항으로 인하여 청구인의 성적 영역 등 사생활을 스스로 형성할 수 없도록 국가가 간섭한다고 보기도 어려우므로, 사생활의 비밀이나 자유가 제한되었다고 볼 수 없다(헌법재판소 2019. 5. 30. 선고 2018헌바489 전원재판부 결정).

⑤ (○) … 이 사건 녹음조항은 수용자의 증거인멸의 가능성 및 추가범죄의 발생 가능성을 차단하고, 교정시설 내의 안전과 질서유지를 위한 것으로 목적의 정당성이 인정되며, 수용자는 증거인멸 또는 형사 법령 저촉 행위를 할 경우 쉽게 발각될 수 있다는 점을 예상하여 이를 억제하게 될 것이므로 수단의 적합성도 인정된다. 미결수용자는 접견 시 지인 등을 통해 자신의 범죄에 대한 증거를 인멸할 가능성이 있고, 마약류 사범의 경우 그 중독성으로 인하여 교정시설 내부로 마약을 반입하여 복용할 위험성도 있으므로 교정시설 내의 안전과 질서를 유지할 필요성은 매우 크다. 또한, 교정시설의 장은 미리 접견내용의 녹음 사실 등을 고지하며, 접견기록물의 엄격한 관리를 위한 제도적 장치도 마련되어 있는 점 등을 고려할 때 침해의 최소성 요건도 갖추고 있다. 나아가 청구인의 접견내용을 녹음·녹화함으로써 증거인멸이나 형사 법령 저촉 행위의 위험을 방지하고, 교정시설 내의 안전과 질서유지에 기여하려는 공익은 미결수용자가 받게 되는 사익의 제한보다 훨씬 크고 중요하므로 법익의 균형성도 인정된다. 따라서 이 사건 녹음조항은 과잉금지원칙에 위배되어 청구인의 사생활의 비밀과 자유 및 통신의 비밀을 침해하지 아니한다(헌법재판소 2016. 11. 24. 선고 2014헌바401 결정).

정답 ①

문 45

23년 10월 모의시험

사생활의 비밀과 자유에 관한 설명 중 옳지 않은 것은? (다툼이 있는 경우 판례에 의함)

① 보안관찰처분대상자가 교도소 등에서 출소한 후 7일 이내에 출소사실을 신고하도록 하고 이를 위반할 경우에 처벌하는 것은 보안관찰처분대상자에게 보안관찰처분의 개시 여부를

결정한다는 공익을 위하여 지나치게 장기간 형사처벌의 부담이 있는 신고의무를 지도록 하는 것으로 해당 대상자의 사생활의 비밀과 자유를 침해한다.

② 어린이집에 폐쇄회로 텔레비전(CCTV)을 원칙적으로 설치하도록 하는 것은 보육교사 등의 기본권에 가해지는 제약이 어린이집에서 아동학대근절과 보육환경의 안전성을 확보한다는 공익에 비하여 크다고 볼 수 없으므로 해당 보육교사 등의 사생활의 비밀과 자유를 침해하지 않는다.

③ 공적 관심의 정도가 약한 4급 이상의 공무원들까지 대상으로 삼아 관보와 인터넷을 통해 모든 질병명을 아무런 예외 없이 공개토록 한 것은 입법목적 실현에 치중한 나머지 사생활 보호의 헌법적 요청을 현저히 무시한 것으로 해당 공무원들의 사생활의 비밀과 자유를 침해한다.

④ 청소년과 전기통신서비스 제공에 관한 계약을 체결하는 전기통신사업자에게 해당 청소년의 이동통신단말장치에 청소년유해매체물 등을 차단하는 수단을 제공하도록 하고, 그 차단수단이 청소년의 이동통신단말장치에 설치되었다가 삭제되거나 15일 이상 작동하지 아니하는 경우 매월 법정대리인에게 그 사실을 통지하도록 하는 것은, 청소년유해매체물 등으로부터 청소년을 보호하기 위한 필요최소한의 조치로 해당 청소년의 사생활의 비밀과 자유를 침해하지 않는다.

⑤ 징벌혐의의 조사를 받고 있는 수형자가 변호인 아닌 자와 접견할 당시 교도관이 참여하여 대화내용을 기록하는 것은 해당 수형자의 사생활의 비밀로서의 보호가치에 비해 증거인멸의 위험을 방지하고 교정시설 내의 안전과 질서유지에 기여하려는 공익이 크고 중요하다는 점 등에 비추어 해당 수형자의 사생활의 비밀과 자유를 침해하지 않는다.

MGI Point 사생활의 비밀과 자유 ★★

■ 사생활의 비밀과 자유 침해 ×
- 보호관찰처분 대상자가 교도소 등에서 출소한 후 7일 이내에 출소사실을 신고하도록 하고 이를 위반시 처벌하는 것
- 어린이집에 폐쇄회로 텔레비전(CCTV)을 원칙적으로 설치하도록 하는 것
- 이동통신사업자로 하여금 청소년에게 차단수단을 제공하게 하고 법정대리인에게 그 차단수단이 삭제되거나 15일 이상 작동하지 아니하는 사실을 통지하도록 한 것
- 징벌혐의를 받고 있는 수형자가 변호인 아닌 자와 접견할 당시 교도관이 참여하여 대화내용을 기록하는 것

■ 사생활의 비밀과 자유 침해 ○
- 4급이상의 공무원에게 관보나 인터넷을 통해 모든 질병명을 아무런 예외없이 공개토록 하는 것

---

① (X) 어떤 행정법규 위반행위에 대하여 이를 단지 간접적으로 행정상의 질서에 장애를 줄 위험성이 있음에 불과한 경우로 보아 행정질서벌인 과태료를 과할 것인지, 아니면 직접적으로 행정목적과 공익을 침해한 행위로 보아 행정형벌을 과할 것인지는 기본적으로 입법권자가 제반사정을 고려하여 결정할 입법재량에 속하는 문제이다. 그런데 보안관찰처분해당범죄는 대부분 중범죄로 이루어져 있는 점, 국가의 안전보장 및 질서유지를 해하는 죄는 그 특성상 은밀히 이루어지므로 재범 발생 방지를 위해서는 출소 후에도 해당 범죄자에 대한 관리가 필요하며, 그 기초자료를 획득하기 위한 조치로서 대상자의 신고의무 이행을 확보하는 것이 중요한 점 등에 비추어 신고의무 위반을 행정질서벌로 제재하는 방안은 충분치 않고, 신고의무의 미이행을 적발하기 위해 강제수사조치를 동원할 수 없다는 점에서도 그 실효성을 기대하기 어렵다 할 것이므로 출소후신고의무위반에 대한 처벌조항이 제재의 수단으로 형벌을 택한 것이 과도하다고도 할 수 없다. 따라서 출소후신고조항 및 위반 시 처벌조항은 과잉금지원칙을 위반하여 청구인의 사생활의 비밀과 자유 및 개인정보자기결정권을 침해하지 아니한다(헌재 2021.06.24. 2017헌바479).

② (○) … CCTV 설치 조항으로 인해 보호자 전원이 반대하지 않는 한 어린이집 설치·운영자는 어린이집에 CCTV를 설치할 의무를 지게 되고 CCTV 설치 시 녹음기능 사용을 할 수 없으므로, 위 조항은 어린이집 설치·운영자인 청구인들의 직업수행의 자유를 제한한다. … 그리고 어린이집에 CCTV 설치로 어린이집 원

장을 포함하여 보육교사 및 영유아의 신체나 행동이 그대로 CCTV에 촬영·녹화되므로 CCTV 설치 조항은 이들의 사생활의 비밀과 자유를 제한하며, 어린이집에 CCTV 설치를 원하지 않는 부모의 자녀교육권도 제한한다. … 한편 CCTV 설치 조항에 의해 어린이집 내 CCTV 설치를 반대하는 어린이집 설치·운영자나 부모의 기본권, 보육교사 및 영유아의 사생활의 비밀과 자유 등이 제한되는 것은 사실이나, 앞서 본 바와 같이 관련 기본권 침해가 최소화되도록 여러 가지 조치가 마련되어 있어 CCTV 설치 조항으로 인하여 침해되는 사익이 위에서 본 공익보다 크다고 보기는 어렵다. 따라서 CCTV 설치 조항은 법익의 균형성이 인정된다. 그러므로 CCTV 설치 조항은 과잉금지원칙을 위반하여 청구인들의 기본권을 침해하지 않는다(헌재 2017.12.28. 2015헌마994).

③ (○) 질병명 공개와 같은 처방을 통한 병역풍토의 쇄신이 필요하다 하더라도 특별한 책임과 희생을 추궁할 수 있는 소수 사회지도층에 한정하여야 할 것이다. 4급 공무원이면 주로 과장급 또는 계장급 공무원에 해당하여 주요 정책이나 기획의 직접적·최종적 결정권을 가진다고는 할 수 없고, 사회의 일반적 관념에 비추어 보면 평범한 직업인의 하나에 불과한 경우도 많을 것이다. 이런 점에서 이들의 병역정보가 설사 공적 관심의 대상이 된다 할지라도 그 정도는 비교적 약하다고 하지 않을 수 없고, 그렇다면 공무원 개인을 위한 정보 보호의 요청을 쉽사리 낮추어서는 아니되며 그 정보가 질병명과 같이 인격 또는 사생활의 핵심에 관련되는 것일 때는 더욱 그러하다. 결론적으로, 이 사건 법률조항이 공적 관심의 정도가 약한 4급 이상의 공무원들까지 대상으로 삼아 모든 질병명을 아무런 예외 없이 공개토록 한 것은 입법목적 실현에 치중한 나머지 사생활 보호의 헌법적 요청을 현저히 무시한 것이고, 이로 인하여 청구인들을 비롯한 해당 공무원들의 헌법 제17조가 보장하는 기본권인 사생활의 비밀과 자유를 침해하는 것이다(헌재 2007.05.31. 2005헌마1139).

④ (○) 이동통신사업자로 하여금 청소년에게 차단수단을 제공하게 하여 이 차단수단이 청소년의 이동통신단말장치에 설치되면, 차단수단을 통해 청소년의 청소년유해매체물 등과의 접촉을 최종적인 단계에서 차단함으로써 기존 규제의 맹점이었던 해외로부터 공급되는 청소년유해매체물 등뿐만 아니라, 새로운 유형의 다양한 청소년유해매체물 등으로부터 청소년을 보다 효과적으로 보호할 수 있게 된다. 이 사건 통지조항이 이동통신사업자로 하여금 법정대리인에게 차단수단이 삭제되거나 15일 이상 작동하지 아니하는 사실을 통지하도록 한 것은 차단수단 제공의무의 실효성을 확보하기 위한 최소한의 조치이고, 이 사건 통지조항의 입법목적을 달성하기 위해 덜 제약적인 수단이 있다고 보기 어려우므로, 침해의 최소성이 인정된다. 이 사건 통지조항으로 제한되는 사익의 정도가 크지 않은 반면, 이 사건 통지조항으로 달성되는 청소년유해매체물 등으로부터의 청소년 보호라는 공익은 매우 중대하므로, 법익의 균형성도 인정된다. 따라서 이 사건 통지조항은 청소년인 청구인들의 사생활의 비밀과 자유 및 개인정보자기결정권을 침해하지 않는다(헌재 2020.11.26. 2016헌마738).

⑤ (○) 접견내용을 녹음·녹화하는 경우 수용자 및 그 상대방에게 그 사실을 말이나 서면 등으로 알려주어야 하고 취득된 접견기록물은 법령에 의해 보호·관리되고 있으므로 사생활의 비밀과 자유에 대한 침해를 최소화하는 수단이 마련되어 있다는 점, 청구인이 나눈 접견내용에 대한 사생활의 비밀로서의 보호가치에 비해 증거인멸의 위험을 방지하고 교정시설 내의 안전과 질서유지에 기여하려는 공익이 크고 중요하다는 점에 비추어 볼 때, 이 사건 접견참여·기록이 청구인의 사생활의 비밀과 자유를 침해하였다고 볼 수 없다(헌재 2014.09.25. 2012헌마523).

정답 ①

문 46

24년 10월 모의시험

개인정보자기결정권에 관한 설명 중 옳은 것은? (다툼이 있는 경우 판례에 의함)

① 환자들에게 정보제공 여부에 관하여 결정할 수 있는 권리를 전혀 보장하지 않은 채 의료기관의 장으로 하여금 보건복지부장관에게 비급여 진료비용에 관한 사항을 보고하도록 한 것은 환자의 개인정보자기결정권을 침해한다.

② 정보주체의 권리보장을 위한 재식별의 예외를 두지 않고 가명정보를 처리하는 자로 하여금 특정 개인을 알아보기 위한 가명정보처리를 일률적으로 금지하는 것은 정보주체의 개인정보자기결정권을 침해한다.
③ 정보주체의 배우자나 직계혈족이 정보주체의 위임 없이도 정보주체의 가족관계 상세증명서의 교부 청구를 할 수 있도록 하는 것은 혼인 외 자녀에 대한 정보와 같이 정보주체의 민감한 개인정보에 대한 공개여부를 정보주체가 결정할 수 없도록 한다는 점에서 정보주체의 개인정보자기결정권을 침해한다.
④ 통신자료 취득에 대한 사후통지절차를 두지 않은 채 수사기관이 전기통신사업자에게 이용자의 성명 등 통신자료의 열람이나 제출을 요청할 수 있도록 한 것은 개인정보자기결정권을 침해한다.
⑤ 거짓이나 그 밖의 부정한 방법으로 보조금을 교부받거나 보조금을 유용하여 어린이집 운영정지, 폐쇄명령 또는 과징금 처분을 받은 어린이집에 대하여 그 위반사실을 필요적으로 공표하도록 하는 것은 어린이집 운영자의 개인정보자기결정권을 침해한다.

MGI Point 개인정보자기결정권 ★★★

- **개인정보자기결정권 침해 ✕**
  - 의료기관의 장으로 하여금 환자의 동의 없이 비급여 진료정보를 국가에 보고하도록 한 것
  - 재식별의 예외를 두지 않고 특정 개인을 알아보기 위한 가명정보처리 일률적 금지(개인정보자기결정권을 침해하지 않는 이유: 정보주체 권리 보장, 예외를 두면 입법목적 달성 불가)
  - 정보주체의 배우자나 직계혈족이 위임 없이 가족관계 상세증명서 청구할 수 있게 한 것
  - 보조금부정수급으로 운영정지 등 처분받은 어린이집 위반사실 필요적 공표
- **통신자료 제공요청 판례 (사후통지절차가 없는 것에 개인정보자기결정권 침해 ○)**
  - 통신자료 제공요청 조항 임의수사로 강제처분 ✕ ⇨ 영장주의 적용 ✕ (통신자료 취득행위는 공권력 행사 ✕)
  - '국가안전보장에 대한 위해를 방지하기 위한 정보수집' ⇨ 명확성원칙에 위배 ✕
  - 통신자료 제공요청 조항 ⇨ 과잉금지원칙에 위배 ✕
  - 사후통지절차가 없는 것 ⇨ 적법절차원칙 위배 ○, 개인정보자기결정권 침해 ○

---

① (✕) …개인을 식별할 수 없도록 가명처리를 하여야만 개인정보를 정보주체의 동의 없이 공익목적으로 처리할 수 있도록 한 '개인정보 보호법'의 취지와 관련 규정에 비추어 보면(개인정보 보호법 제2조 제1호 다목·제1호의2, 제28조의2 참조), 보고의무조항(의료법 제45조의2 제1항 중 '비급여 진료비용'에 관한 부분)에 따라 환자의 동의 없이 수집하는 '진료내역'에는 환자 개인을 알아볼 수 있게 하는 신상정보 등이 포함되지 않을 것임을 예상할 수 있다. …보고의무조항에 따른 보고대상인 비급여 진료비용의 '진료내역'에는 비급여 진료의 정확한 실태파악을 위하여 필요한 상병명, 수술·시술명, 주된 증상 등과 같은 객관적인 진료정보만 포함될 뿐, 해당 정보가 누구에 관한것인지를 특정할 수 있게 하는 환자의 개인정보는 제외된다고 해석되므로 환자의 개인정보자기결정권에 대한 중대한 제한을 초래한다고 보기도 어렵다. …그러므로 보고의무조항은 과잉금지원칙에 반하여 청구인들의 기본권을 침해하지 아니한다(헌재 2023.02.23. 2021헌마374등).

> 의료법 제45조의2(비급여 진료비용 등의 보고 및 현황조사 등) ① 의료기관의 장은 보건복지부령으로 정하는 바에 따라 비급여 진료비용 및 제45조 제2항에 따른 제증명수수료(이하 이 조에서 "비급여 진료비용 등"이라 한다)의 항목, 기준, 금액 및 진료내역 등에 관한 사항을 보건복지부장관에게 보고하여야 한다.<신설 2020.12.29.>

② (✕) 추가 정보를 이용하는 등의 방법으로도 특정 개인을 알아볼 수 없는 이른바 익명정보와는 달리 가명정보는 추가 정보의 사용·결합과 같은 방법으로 다시 원래의 상태로 복원하여 특정 개인을 알아볼 수 있는

가능성이 있다. 가명처리가 되었음에도 불구하고 이후의 처리 과정에서 정보주체를 다시 식별하는 것이 자유롭게 허용된다면, 가명정보가 사실상 특정 개인을 알아볼 수 있는 정보나 다름없게 되어 정보주체를 충분히 보호할 수 없다. 이러한 위험을 방지하기 위해 재식별금지조항(개인정보 보호법 제28조의5)은 개인정보처리자가 …경우에 특정 개인을 알아보기 위한 목적으로 가명정보를 처리해서는 아니 된다고 규정하고 있다. …재식별금지조항은 최초로 가명처리를 한 개인정보처리자에 대해서도 예외 없이 재식별을 금지하고 있다. …최초 가명처리자에 대해 예외를 두는 방법으로는 정보주체의 개인정보자기결정권을 보호하고자 하는 입법목적을 동일한 정도로 달성할 수 없다. …재식별금지조항은 정보주체의 권리를 보호하기 위하여 필요한 경우 또는 정보주체의 요청에 의한 경우 등에 대해서도 예외를 두지 않고 모든 경우에 재식별을 금지하고 있다. …만일 정보주체 1인이 자신의 가명정보에 대한 권리 행사를 이유로 재식별을 요청하면, …자신에 관한 가명정보가 재식별되기를 원하지 않는 다른 정보주체들의 가명정보도 모두 함께 재식별되는 불합리한 결과가 발생하게 된다. 이는 결국 …입법목적을 충분히 달성할 수 없게 된다. …따라서 재식별금지조항은 과잉금지원칙에 위배되어 청구인들의 개인정보자기결정권을 침해하지 않는다(헌재 2023.10.26. 2020헌마1477).

> **개인정보 보호법 〈개정 2023. 3. 14.〉**
> **제2조(정의)** 이 법에서 사용하는 용어의 뜻은 다음과 같다.
> 1. "개인정보"란 살아 있는 개인에 관한 정보로서 다음 각 목의 어느 하나에 해당하는 정보를 말한다.
> 가. 성명, 주민등록번호 및 영상 등을 통하여 개인을 알아볼 수 있는 정보
> 나. 해당 정보만으로는 특정 개인을 알아볼 수 없더라도 다른 정보와 쉽게 결합하여 알아볼 수 있는 정보. 이 경우 쉽게 결합할 수 있는지 여부는 다른 정보의 입수 가능성 등 개인을 알아보는 데 소요되는 시간, 비용, 기술 등을 합리적으로 고려하여야 한다.
> 다. 가목 또는 나목을 제1호의2에 따라 가명처리함으로써 원래의 상태로 복원하기 위한 추가 정보의 사용·결합 없이는 특정 개인을 알아볼 수 없는 정보(이하 "가명정보"라 한다)
> 1의2. "가명처리"란 개인정보의 일부를 삭제하거나 일부 또는 전부를 대체하는 등의 방법으로 추가 정보가 없이는 특정 개인을 알아볼 수 없도록 처리하는 것을 말한다.
> **제28조의2(가명정보의 처리 등)** ① 개인정보처리자는 통계작성, 과학적 연구, 공익적 기록보존 등을 위하여 정보주체의 동의 없이 가명정보를 처리할 수 있다.
> ② 개인정보처리자는 제1항에 따라 가명정보를 제3자에게 제공하는 경우에는 특정 개인을 알아보기 위하여 사용될 수 있는 정보를 포함해서는 아니 된다.
> **제28조의5(가명정보 처리 시 금지의무 등)** ① 제28조의2 또는 제28조의3에 따라 가명정보를 처리하는 자는 특정 개인을 알아보기 위한 목적으로 가명정보를 처리해서는 아니 된다.
> ② 개인정보처리자는 제28조의2 또는 제28조의3에 따라 가명정보를 처리하는 과정에서 특정 개인을 알아볼 수 있는 정보가 생성된 경우에는 즉시 해당 정보의 처리를 중지하고, 지체 없이 회수·파기하여야 한다.

③ (X) 심판대상조항은 정보주체의 배우자나 직계혈족이 스스로의 정당한 법적 이익을 지키기 위하여 정보주체 본인의 위임 없이도 가족관계 상세증명서를 간편하게 발급받을 수 있게 해 주는 것이므로, 상세증명서 추가 기재 자녀의 입장에서 보아도 자신의 개인정보가 공개되는 것을 중대한 불이익이라고 평가하기는 어렵다. 나아가 가족관계 관련 법령은 가족관계증명서 발급 청구에 관한 부당한 목적을 파악하기 위하여 '청구사유기재'라는 나름의 소명절차를 규정하는 점 등을 아울러 고려하면 심판대상조항은 그 입법목적과 그로 인해 제한되는 개인정보자기결정권 사이에 적절한 균형을 달성한 것으로 평가할 수 있다. 심판대상조항은 과잉금지원칙에 위배되어 청구인의 개인정보자기결정권을 침해하지 아니한다(헌재 2022.11.24. 2021헌마130).

④ (○) 전기통신사업자가 수사기관 등의 통신자료 제공요청에 따라 수사기관 등에 제공하는 이용자의 성명, 주민등록번호, 주소, 전화번호, 아이디, 가입일 또는 해지일은 청구인들의 동일성을 식별할 수 있게 해주는 개인정보에 해당하므로, 이 사건 법률조항은 개인정보자기결정권을 제한한다. …이 사건 법률조항에 따른 통신자료 제공요청은 …수사기관 등이 통신자료를 취득한 이후에는 수사 등 정보수집의 목적에 방해가 되지 않는 범위 내에서 통신자료의 취득사실을 이용자에게 통지하는 것이 얼마든지 가능하다. …그럼에도 이

사건 법률조항은 정보주체인 이용자에 대해 아무런 통지절차를 두지 않아 자신의 개인정보가 수사기관 등에 제공되었음에도 이용자는 이를 알지 못한 채 자신의 개인정보에 대한 통제기회를 전혀 가질 수 없도록 하고 있다. …일부 적극적인 정보주체가 '개인정보 보호법'을 통해 통신자료 제공내역을 열람할 수 있다는 이유만으로 이것이 법령에 의한 사후통지 절차를 대체할 수 있는 것도 아니다. 따라서 이 사건 법률조항이 통신자료 취득에 대한 사후통지절차를 규정하고 있지 않은 것은 적법절차원칙에 위배하여 청구인들의 개인정보자기결정권을 침해한다(헌재 2022.07.21. 2016헌마388 등).

⑤ (X) 심판대상조항(거짓이나 그 밖의 부정한 방법으로 보조금을 교부받거나 보조금을 유용하여 어린이집 운영정지, 폐쇄명령 또는 과징금 처분을 받은 어린이집에 대하여 그 위반사실을 공표하도록 한 구 영유아보육법 제49조의3 제1항 제1호)을 통하여 추구하는 영유아의 건강한 성장 도모 및 영유아 보호자들의 보육기관 선택권 보장이라는 공익이 공표대상자의 법 위반사실이 일정기간 외부에 공표되는 불이익보다 크다. 따라서 심판대상조항은 과잉금지원칙을 위반하여 인격권 및 개인정보자기결정권을 침해하지 아니한다(헌재 2022.03.31. 2019헌바520).

문 47
23년 6월 모의시험

개인정보자기결정권에 관한 설명 중 옳지 않은 것은? (다툼이 있는 경우 판례에 의함)

① 거짓이나 그 밖의 부정한 방법으로 보조금을 교부받거나 보조금을 유용하여 운영정지, 폐쇄명령 또는 과징금 처분을 받은 어린이집에 대하여 그 위반사실을 공표하도록 하는 것은 과잉금지원칙을 위반하여 해당 어린이집 운영자의 개인정보자기결정권을 침해하지 않는다.
② 보안관찰처분의 대상자가 교도소 등에서 출소한 후 7일 이내에 출소사실을 신고하도록 하고 이를 위반할 경우 처벌하도록 하는 것은 보다 완화된 방법으로 입법목적을 달성할 수 있다는 점에서 그 대상자의 개인정보자기결정권을 침해한다.
③ 보안관찰처분의 대상자가 교도소 등에서 출소한 후 기존에 신고한 거주예정지 등 정보에 변동이 생길 때마다 7일 이내에 이를 신고하도록 하는 것은 그 대상자에게 무기한의 변동신고의무를 부담하게 한다는 점에서 그 대상자의 개인정보자기결정권을 침해한다.
④ 법원에서 불처분결정된 소년부송치 사건에 대한 수사경력자료의 삭제와 보존기간에 대하여 규정하지 않은 것은 소년부송치된 모든 사건의 수사경력자료를 당사자가 사망할 때까지 일률적으로 보존할 필요는 없다는 점에서 소년부송치 후 불처분결정을 받은 자의 개인정보자기결정권을 침해한다.
⑤ 가정폭력 가해자인 직계혈족도 그 자녀의 가족관계증명서 및 기본증명서의 발급을 청구할 수 있도록 하여 가정폭력 피해자인 전(前) 배우자의 개인정보를 알 수 있게 하는 것은 개인정보를 이용하여 추가 가해를 끼칠 수 있다는 점에서 가정폭력 피해자의 개인정보자기결정권을 침해하는 것이다.

MGI Point 개인정보자기결정권 ★★

- 거짓이나 그 밖의 부정한 방법으로 보조금 교부받거나 보조금을 유용하여 어린이집 운영정지, 폐쇄명령 또는 과징금 처분을 받은 어린이집에 대해 그 위반사실 공표하도록 하는것 ⇨ 어린이집운영자의 인격권 및 개인정보자기결정권을 침해 ×
- 보안처분 대상자에게 출소 후 7일 이내에 거주예정지 관할경찰서장에 대하여 출소사실을 신고하여야 한다는 의무를 부과하고 위반 시 이를 처벌하도록 하는 것 ⇨ 개인정보자기결정권 침해 ×
- 보안처분 대상자에게 출소한 후 법 제6조 제1항의 신고사항 정보에 변동이 생기면 그로부터 7일 이내에 신고하도록 하는 것 ⇨ 개인정보자기결정권을 침해 ○
- 법원에서 불처분결정된 소년부송치 사건에 대한 수사경력자료의 보존기간과 삭제에 대한 규정을 두지 않은 것 ⇨ 소년부송치 후 불처분결정을 받은 자의 개인정보자기결정권을 침해 ○
- 가정폭력 가해자인 직계혈족이 그 자녀의 가족관계증명서 및 기본증명서를 청구하여 발급 받을 수 있게 하는 것 ⇨ 가정폭력피해자의 개인정보자기결정권을 침해 ○

① (○) 거짓이나 그 밖의 부정한 방법으로 보조금을 교부받거나 보조금을 유용하여 어린이집 운영정지, 폐쇄명령 또는 과징금 처분을 받은 어린이집에 대하여 그 위반사실을 공표하도록 한 구 영유아보육법 제49조의3 제1항 제1호가 과잉금지원칙을 위반하여 인격권 및 개인정보자기결정권을 침해하지 않는다(헌재 2022.03.31. 2019헌바520).

② (×), ③ (○) … 대상자에게 출소 후 7일 이내에 거주예정지 관할경찰서장에 대하여 출소사실을 신고하여야 한다는 의무를 부과하고 위반 시 이를 처벌하도록 규정한 법 제6조 제1항 전문 중 후단 부분 및 제27조 제2항 부분은 … 그런데 보안관찰처분 해당 범죄는 대부분 중범죄로 이루어져 있는 점, 국가의 안전보장 및 질서유지를 해하는 죄는 그 특성상 은밀히 이루어지므로 재범 발생 방지를 위해서는 출소 후에도 해당 범죄자에 대한 관리가 필요하며, 그 기초자료를 획득하기 위한 조치로서 대상자의 신고의무 이행을 확보하는 것이 중요한 점 등에 비추어 신고의무 위반을 행정질서벌로 제재하는 방안은 충분치 않고, 신고의무의 미이행을 적발하기 위해 강제수사조치를 동원할 수 없다는 점에서도 그 실효성을 기대하기 어렵다 할 것이므로 출소 후 신고의무 위반에 대한 처벌조항이 제재의 수단으로 형벌을 택한 것이 과도하다고도 할 수 없다. 따라서 출소 후 신고조항 및 위반 시 처벌조항은 과잉금지원칙을 위반하여 청구인의 사생활의 비밀과 자유 및 개인정보자기결정권을 침해하지 아니한다(②). … 대상자는 출소한 후 법 제6조 제1항의 신고사항 정보에 변동이 생기면 그로부터 7일 이내에 신고하여야 하는데, 법 제6조 제2항에서 정한 이러한 변동사항신고의무는 종료시점이 규정되어 있지 아니하다. 그 결과 대상자는 보안관찰처분을 받은 자가 아님에도 불구하고 재범을 저지르지 않고 일정 기간을 경과하게 되면 재범의 위험성이 감소한다는 점조차 반영되지 않은 채 무기한 신고의무를 부담하게 된다. … 보안관찰해당범죄로 인한 형의 집행을 마치고 출소하여 이미 과거 범죄에 대한 대가를 치른 대상자에게 보안관찰처분의 개시 여부를 결정하기 위함이라는 공익을 위하여 재범의 위험성과 무관하게 무기한으로 과도한 범위의 신고의무를 부과하고 위반 시 피보안관찰자와 동일한 형으로 형사처벌하는 것은, 달성하고자 하는 공익에 비하여 그들의 기본권을 과도하게 제한하여 법익의 균형성에도 위반된다. 따라서 변동신고조항 및 위반 시 처벌조항은 과잉금지원칙을 위반하여 청구인의 사생활의 비밀과 자유 및 개인정보자기결정권을 침해한다(③) (헌재 2021.06.24. 2017헌바479).

④ (○) 기소유예 처분에 대하여는 그 처분일로부터 3년간 수사경력자료를 보존하고 이후 삭제하도록 하고 있음에 반해, 이 사건 구법 조항은 불처분결정된 소년부송치 사건에 대해서는 수사경력자료 삭제 및 보존기간을 규정하지 않고 있다. … 혐의없음 처분이나 무죄 확정 판결에 대하여는 그 처분 시 또는 무죄 판결 확정 시까지만 수사경력자료를 보존하도록 하고 있음에 반해, 이 사건 구법 조항은 불처분결정된 소년부송치 사건에 대한 수사경력자료 삭제 및 보존기간을 규정하지 않아 이를 당사자의 사망 시까지 보존하게 하고 있다. 이와 같은 점에서 법원에서 불처분결정된 소년부송치 사건에 대한 수사경력자료를 범죄의 종류와 경중, 결정 이후 시간의 경과 등 일체의 사정에 대한 고려 없이 일률적으로 당사자의 사망 시까지 보존하는 것은 입법목적을 달성하기 위하여 필요한 범위를 넘어선 것으로 침해의 최소성에 위배된다. … 이

사건 구법 조항이 추구하는 공익에 비해 법원에서 불처분결정된 소년부송치 사건의 수사경력자료가 삭제되지 않고 당사자의 사망 시까지 보존됨으로 인하여 당사자가 입게 되는 불이익이 더 크다고 할 것이다. 따라서 법원에서 불처분결정된 소년부송치 사건에 대한 수사경력자료의 보존기간과 삭제에 대한 규정을 두지 않은 이 사건 구법 조항은 과잉금지원칙을 위반하여 소년부송치 후 불처분결정을 받은 자의 개인정보자기결정권을 침해한다(헌재 2021.06.24. 2018헌가2).

⑤ (○) 이 사건 법률조항을 통해 달성하려는 것은 직계혈족과 그 자녀의 편익 증진인바, 이러한 공익의 중요성은 직계혈족이 가정폭력의 가해자인 경우에는 그다지 크다고 볼 수 없고, 이를 통해 달성되는 공익 실현의 효과 또한 크지 않다. 반면, 이 사건 법률조항으로 말미암아 가정폭력 가해자인 직계혈족이 그 자녀의 가족관계증명서 및 기본증명서를 청구하여 발급받음으로써 거기에 기재되어 있는 가정폭력 피해자인 (전) 배우자의 개인정보가 유출됨으로써 (전) 배우자가 입는 피해는 실로 중대하다고 볼 수 있으므로 이 사건 법률조항에 대해서는 법익의 균형성을 인정하기 어렵다. 따라서 이 사건 법률조항이 불완전·불충분하게 규정되어, 직계혈족이 가정폭력의 가해자로 판명된 경우 주민등록법 제29조 제6항 및 제7항과 같이 가정폭력 피해자가 가정폭력 가해자를 지정하여 가족관계증명서 및 기본증명서의 교부를 제한하는 등의 가정폭력 피해자의 개인정보를 보호하기 위한 구체적 방안을 마련하지 아니한 부진정입법부작위가 과잉금지원칙을 위반하여 청구인의 개인정보자기결정권을 침해한다(헌재 2020.08.28. 2018헌마927).

문 48

사생활의 비밀과 자유에 관한 설명 중 옳지 않은 것은? (다툼이 있는 경우 판례에 의함)

① 보호자 전원이 CCTV 설치의 필요성이 없거나 보육교사와 영유아 사이에 진정한 교감을 저해하고 신뢰관계를 방해한다는 판단 아래 설치에 반대하는 경우에는 CCTV를 설치하지 않을 수 있는 가능성을 열어두었다면, 어린이집에 의무적으로 CCTV를 설치하도록 규정하고 있는 「영유아보육법」 조항은 보육교사나 영유아의 사생활의 비밀과 자유를 침해한다고 할 수 없다.
② 미결수용자가 변호인 아닌 자와의 접견 시 그 대화내용을 녹음·녹화할 수 있도록 하는 것은 내밀한 대화내용의 비밀을 유지하기 어렵게 하고 자유롭게 대화하는 것을 제한하지만, 증거인멸 또는 형사 법령 저촉 행위의 위험 방지 및 교정시설 내의 안전과 질서유지 기여 등을 고려할 때 사생활의 비밀과 자유에 대한 침해라고 할 수 없다.
③ 개인 사이에 이루어지는 전화, 우편, 컴퓨터, 그 밖의 통신매체를 통하여 성적 수치심이나 혐오감을 일으키는 표현을 전달하는 행위를 처벌하는 것은 행위자의 성적 영역 등 사생활을 스스로 형성할 수 없도록 국가가 간섭한 것으로서 사생활의 비밀이나 자유가 제한되었다고 할 수 있다.
④ 청소년을 대상으로 한 요철식 특수콘돔 및 약물주입 콘돔의 판매금지는 개인의 성생활이라는 내밀한 사적 생활영역에서의 행위를 제한하므로, 청소년의 사생활의 비밀과 자유를 제한한다고 볼 수 있다.
⑤ 구치소장이 수용자의 거실에 폐쇄회로 텔레비전을 설치하여 계호한 행위는 수용자의 사생활에 상당한 제약이 가하여진 것이지만, 해당인의 행동을 상시적으로 관찰함으로써 그의 생명·신체를 보호하고 교정시설 내의 안전과 질서를 보호하려는 공익적 조치라는 점에서 수용자의 사생활의 비밀 및 자유를 침해하였다고는 볼 수 없다.

> **MGI Point** **사생활의 비밀과 자유** ★★
>
> - 영유아보육법상 CCTV 설치조항 ⇨ 어린이집 원장, 보육교사 및 영유아의 사생활의 비밀과 자유를 침해 × (제한 ○)
> - 구치소장이 미리 고지한 후 미결수용자의 배우자와의 접견을 녹음한 행위 ⇨ 미결수용자의 사생활의 비밀과 자유 침해 ×
> - 개인 사이에 이루어지는 전화, 우편, 컴퓨터, 그 밖의 통신매체를 통하여 성적 수치심이나 혐오감을 일으키는 표현을 전달하는 행위를 처벌하는 것 ⇨ 사생활의 비밀이나 자유의 제한 ×
> - 청소년을 대상으로 한 요철식 특수콘돔, 약물주입 콘돔의 판매 금지 ⇨ 사생활의 비밀과 자유를 제한 ○
> - 구치소장이 수용자의 거실에 폐쇄회로 텔레비전을 설치하여 계호한 행위 ⇨ 수용자 사생활의 비밀 및 자유 침해 ×

① (○) 어린이집에 CCTV 설치로 어린이집 원장을 포함하여 보육교사 및 영유아의 신체나 행동이 그대로 CCTV에 촬영·녹화되므로 CCTV 설치 조항은 이들의 사생활의 비밀과 자유를 제한하며, 어린이집에 CCTV 설치를 원하지 않는 부모의 자녀교육권도 제한한다. … 보호자 전원이 CCTV 설치의 필요성이 없거나 보육교사와 영유아 사이에 진정한 교감을 저해하고 신뢰관계를 방해한다는 판단 아래, 설치 반대에 동의하는 경우에는 CCTV를 설치하지 않을 수 있는 가능성을 열어두고 있으므로, 어린이집 CCTV 설치가 법으로 무조건 강제된다고 볼 수도 없다. 이러한 점들을 종합하여 보면, CCTV 설치 조항의 입법목적의 효과적인 달성을 위하여 달리 덜 제약적인 수단이 있다고 보기 어렵고, CCTV 설치 조항은 입법목적 달성을 위하여 필요한 범위 내에서 기본권을 제한하고 있다고 할 수 있으므로 침해의 최소성이 인정된다. … 한편 CCTV 설치 조항에 의해 어린이집 내 CCTV 설치를 반대하는 어린이집 설치·운영자나 부모의 기본권, 보육교사 및 영유아의 사생활의 비밀과 자유 등이 제한되는 것은 사실이나, 앞서 본 바와 같이 관련 기본권 침해가 최소화되도록 여러 가지 조치가 마련되어 있어 CCTV 설치 조항으로 인하여 침해되는 사익이 위에서 본 공익보다 크다고 보기는 어렵다. 따라서 CCTV 설치 조항은 법익의 균형성이 인정된다. … 그러므로 CCTV 설치 조항은 과잉금지원칙을 위반하여 청구인들의 기본권을 침해하지 않는다(헌재 2017.12.28. 2015헌마994).

② (○) 이 사건 녹음행위는 미결수용자인 청구인이 배우자와 접견시 그 대화내용을 녹음한 것으로서 청구인의 내밀한 대화내용의 비밀유지를 어렵게 하고, 대화의 자유로운 형성 등을 위축시킬 수 있다. 따라서 이 사건 녹음행위가 헌법 제17조에서 보장하는 사생활의 비밀과 자유를 침해하는지 여부가 문제된다. … 증거인멸 가능성과 교정질서에 대한 위험성이 상존하는 이상 미결수용자이면서 마약류수용자인 청구인의 접견내용을 녹음한 것은 증거인멸의 가능성과 추가범죄의 발생 가능성을 차단하고, 교정시설 내의 안전과 질서유지에 기여하는 측면이 높다는 점에서 그 목적이 정당할 뿐만 아니라 수단 역시 적합하다 할 것이다. 이 사건 녹음행위는 접견내용이 녹음·녹화 등의 방법으로 기록된다는 사실이 미리 고지되고 있으므로, 청구인이 나눈 접견내용에 대한 사생활의 비밀로서의 보호가치 역시 그리 크지 않다고 할 것이다. 결국 청구인의 접견내용을 녹음함으로써 증거인멸이나 형사법령 저촉행위의 위험을 방지하고, 교정시설 내의 안전과 질서유지에 기여하려는 공익은 청구인의 사익의 제한보다 훨씬 크고 중요한 것이라고 할 것이므로, 법익의 불균형을 인정하기도 어렵다. 따라서 이 사건 녹음행위는 과잉금지원칙에 위반하여 청구인의 사생활의 비밀과 자유를 침해하였다고 볼 수 없다(헌재 2012.12.27. 2010헌마153).

③ (X) 개인 사이에 이루어지는 전화, 우편, 컴퓨터, 그 밖의 통신매체를 통하여 성적 수치심이나 혐오감을 일으키는 표현을 전달하는 행위를 처벌함으로써 일정한 내용의 표현 자체를 금지하고 있는 심판대상조항은 성행위 여부 및 그 상대방 등을 스스로 결정할 수 있는지를 내용으로 하는 성적 자기결정권과 관련이 있다고 할 수 없고, 청구인이 스스로 타인에게 메시지를 전송한 이상 청구인의 의사에 반하여 사적인 생활 영역이 공개되었다거나 심판대상조항으로 인하여 청구인의 성적 영역 등 사생활을 스스로 형성할 수 없도록 국가가 간섭한다고 보기도 어려우므로, 사생활의 비밀이나 자유가 제한되었다고 볼 수 없다(헌재 2019.05.30. 2018헌바489).

④ (○) 심판대상조항은 청소년을 대상으로 한 요철식 특수콘돔, 약물주입 콘돔의 판매를 금지하므로, 이 사건 성기구를 판매하고자 하는 청구인 성○○의 직업수행의 자유를 제한한다. 요철식 특수콘돔 또는 약물주입 콘돔의 판매를 금지하면 청소년이 이 사건 성기구를 구하는 것은 불가능하거나 매우 어려워진다. 청구인 한○○은 심판대상조항이 성적 자기결정권을 제한한다고 주장하나, 이 사건 성기구의 구매와 사용은

성행위 여부 및 그 상대방을 결정하는 것과 같이 성적 자기운명을 결정하는 것이라기보다는 개인의 성생활이라는 내밀한 사적 생활영역에서의 행위를 제한하는 것으로서 심판대상조항은 헌법 제17조가 보장하는 사생활의 비밀과 자유를 제한한다(헌재 2021.06.24. 2017헌마408).

⑤ (O) 구치소장이 수용자의 거실에 폐쇄회로 텔레비전(이하 'CCTV'라 한다)을 설치하여 계호한 행위(이하 '이 사건 CCTV 계호행위'라 한다)는 청구인의 생명·신체의 안전을 보호하기 위한 것으로서 그 목적이 정당하고, 교도관의 시선에 의한 감시만으로는 자살·자해 등의 교정사고 발생을 막는 데 시간적·공간적 공백이 있으므로 이를 메우기 위하여 CCTV를 설치하여 수형자를 상시적으로 관찰하는 것은 위 목적 달성에 적합한 수단이라 할 것이며, '형의 집행 및 수용자의 처우에 관한 법률'(2007. 12. 21. 법률 제8728호로 개정되어 2008. 12. 22. 시행된 것) 및 동법 시행규칙은 CCTV 계호행위로 인하여 수용자가 입게 되는 피해를 최소화하기 위하여 CCTV의 설치·운용에 관한 여러 가지 규정을 하고 있고, 이에 따라 피청구인은 청구인의 사생활의 비밀 및 자유에 대한 제한을 최소화하기 위한 조치를 취하고 있는 점, 상시적으로 청구인을 시선계호할 인력을 확보하는 것이 불가능한 현실에서 자살이 시도되는 경우 신속하게 이를 파악하여 응급조치를 실행하기 위하여는 CCTV를 설치하여 청구인의 행동을 지속적으로 관찰하는 방법 외에 더 효과적인 다른 방법을 찾기 어려운 점 등에 비추어 보면, 이 사건 CCTV 계호행위는 피해의 최소성 요건을 갖추었다 할 것이고, 이로 인하여 청구인의 사생활에 상당한 제약이 가하여진다고 하더라도, 청구인의 행동을 상시적으로 관찰함으로써 그의 생명·신체를 보호하고 교정시설 내의 안전과 질서를 보호하려는 공익 또한 그보다 결코 작다고 할 수 없으므로, 법익의 균형성도 갖추었다. 따라서 이 사건 CCTV 계호행위가 과잉금지원칙을 위배하여 청구인의 사생활의 비밀 및 자유를 침해하였다고는 볼 수 없다(헌재 2011.09.29. 2010헌마413).

정답 ③

문 49

21년 10월 모의시험

개인정보자기결정권에 대한 침해로 볼 수 있는 것을 모두 고른 것은? (다툼이 있는 경우 판례에 의함)

> ㄱ. 법원에서 불처분결정된 소년부송치 사건에 대한 수사경력자료에 기록된 개인정보가 당사자의 사망 시까지 보존되면서 이용되도록 하는 것
> ㄴ. 검사 또는 사법경찰관이 수사 또는 형의 집행을 위하여 필요한 경우 「전기통신사업법」에 의한 전기통신사업자에게 통신사실 확인자료의 열람이나 제출 요청을 허용하는 것
> ㄷ. 청소년이 이동통신사업자와 전기통신서비스 제공에 관한 계약을 체결하면서 청소년유해매체물등 차단수단 설치에 동의하여 차단수단을 설치한 경우, 이동통신사업자가 차단수단이 삭제되거나 차단수단이 15일 이상 작동하지 아니할 경우 매월 법정대리인에 대하여 그 사실을 통지하도록 규정한 것
> ㄹ. 「성폭력범죄의 처벌 등에 관한 특례법」상 신상정보 등록대상자인 카메라등이용촬영죄로 유죄판결이 확정된 성범죄자가 제출한 기본신상정보가 변경된 경우에 그 사유와 변경내용을 변경사유가 발생한 날부터 20일 이내에 제출하도록 한 것
> ㅁ. 「공직선거법」상 실명인증자료 관리조항에 의하여 행정안전부장관 및 신용정보업자가 그 실명인증자료를 실명인증을 받은 자 및 인터넷홈페이지별로 관리하고, 중앙선거관리위원회가 그 실명인증자료의 제출을 요구하는 경우 지체 없이 이에 따라야 하는 것

① ㄱ, ㄴ, ㄷ
② ㄱ, ㄴ, ㅁ
③ ㄱ, ㄷ, ㄹ
④ ㄴ, ㄹ, ㅁ
⑤ ㄷ, ㄹ, ㅁ

> **MGI Point** 개인정보자기결정권 ★★
>
> ■ 개인정보자기결정권 침해 ○
> - 법원에서 불처분결정된 소년부송치 사건에 대한 수사경력자료의 보존기간과 삭제에 대한 규정을 두지 않은 경우
> - 수사에 필요한 경우 전기통신사업법에 의한 전기통신사업자에게 통신사실 확인자료의 열람이나 제출 요청을 허용하는 규정
> - 실명확인 조항을 비롯하여, 행정안전부장관 및 신용정보업자는 실명인증자료를 관리하고 중앙선거관리위원회가 요구하는 경우 지체없이 그 자료를 제출해야 하는 공직선거법 조항
>
> ■ 개인정보자기결정권 침해 ×
> - 이동통신사업자로 하여금 이동통신사업자로부터 제공받은 차단수단이 청소년의 이동통신단말장치에 설치되었다가 삭제되거나 15일 이상 작동하지 아니하는 경우 매월 법정대리인에게 그 사실을 통지하도록 규정
> - 등록대상자는 등록대상 성범죄의 유죄판결이 확정된 날부터 30일 이내에 신상정보를 제출하여야 하며, 변경정보가 있는 때에는 사유발생일로부터 20일 이내에 제출하여야 하는 규정

ㄱ. (○) 법원에서 불처분결정된 소년부송치 사건에 대한 수사경력자료를 범죄의 종류와 경중, 결정 이후 시간의 경과 등 일체의 사정에 대한 고려 없이 일률적으로 당사자의 사망 시까지 보존하는 것은 입법목적을 달성하기 위하여 필요한 범위를 넘어선 것으로 침해의 최소성에 위배된다. … 따라서 법원에서 불처분결정된 소년부송치 사건에 대한 수사경력자료의 보존기간과 삭제에 대한 규정을 두지 않은 이 사건 구법 조항은 과잉금지원칙을 위반하여 소년부송치 후 불처분결정을 받은 자의 개인정보자기결정권을 침해한다(헌재 2021.06.24. 2018헌가2).

ㄴ. (○) 이 사건 요청조항은 수사활동을 보장하기 위한 목적으로 범죄수사를 위하여 필요한 경우 수사기관이 법원의 허가를 얻어 전기통신사업자에게 해당 가입자의 전기통신일시, 상대방의 전화번호 등 통신사실 확인자료를 제공요청 할 수 있도록 하고 있으므로, 그 입법목적이 정당하고 수단도 적정하다. … 이 사건 요청조항은 정보주체의 기본권 제한을 최소화하려는 노력은 전혀 하지 아니한 채 수사기관의 수사편의 및 효율성만을 도모하고 있다 할 것이므로, 침해의 최소성이 인정되지 아니한다. … 이 사건 요청조항이 기지국 수사를 허용함으로써 달성하려는 공익은 수사의 효율성 및 신속성이라 할 것이나, 그것이 앞서 침해의 최소성 부분에서 살펴본 바와 같이 광범위한 통신사실 확인자료가 정보주체의 의사와 무관하게 수사기관에 제공됨으로써 정보주체가 입게 되는 개인정보자기결정권 및 통신의 자유에 대한 중대한 불이익에 비하여 결코 중하다고 보기 어렵다. 그러므로 이 사건 요청조항으로 인하여 달성하려는 공익과 제한되는 사익 사이의 법익 균형성도 인정되지 아니한다. … 따라서 이 사건 요청조항은 과잉금지원칙에 반하여 청구인의 개인정보자기결정권 및 통신의 자유를 침해한다(헌재 2018.06.28. 2012헌마538).

ㄷ. (×) 이 사건 통지조항은 청소년유해매체물 등으로부터 청소년을 보호하기 위하여, 이동통신사업자로 하여금 이동통신사업자로부터 제공받은 차단수단이 청소년의 이동통신단말장치에 설치되었다가 삭제되거나 15일 이상 작동하지 아니하는 경우 매월 법정대리인에게 그 사실을 통지하도록 규정한 것으로, 입법목적의 정당성 및 수단의 적합성이 인정된다. 이동통신사업자로 하여금 청소년에게 차단수단을 제공하게 하여 이 차단수단이 청소년의 이동통신단말장치에 설치되면, 차단수단을 통해 청소년의 청소년유해매체물 등과의 접촉을 최종적인 단계에서 차단함으로써 기존 규제의 맹점이었던 해외로부터 공급되는 청소년유해매체물 등뿐만 아니라, 새로운 유형의 다양한 청소년유해매체물 등으로부터 청소년을 보다 효과적으로 보호할 수 있게 된다. 이 사건 통지조항이 이동통신사업자로 하여금 법정대리인에게 차단수단이 삭제되거나 15일 이상 작동하지 아니하는 사실을 통지하도록 한 것은 차단수단 제공의무의 실효성을 확보하기 위

한 최소한의 조치이고, 이 사건 통지조항의 입법목적을 달성하기 위해 덜 제약적인 수단이 있다고 보기 어려우므로, 침해의 최소성이 인정된다. 이 사건 통지조항으로 제한되는 사익의 정도가 크지 않은 반면, 이 사건 통지조항으로 달성되는 청소년유해매체물 등으로부터의 청소년 보호라는 공익은 매우 중대하므로, 법익의 균형성도 인정된다. 따라서 이 사건 통지조항은 청소년인 청구인들의 사생활의 비밀과 자유 및 개인정보자기결정권을 침해하지 않는다(헌재 2020.11.26. 2016헌마738).

ㄹ. (X) 등록대상자는 등록대상 성범죄의 유죄판결이 확정된 날부터 30일 이내에 신상정보를 제출하여야 하며, 변경정보가 있는 때에는 사유발생일로부터 20일 이내에 제출하여야 하고 … 국가기관이 일정한 성범죄를 저지른 자로부터 일정한 신상정보를 제출받아 보존·관리하는 것은, 등록대상자가 다시 성범죄를 저지를 경우 쉽게 검거될 수 있다는 점을 예상하게 하여 성범죄를 억제하고, 재범이 현실적으로 이루어진 경우에는 그에 대한 수사의 효율성과 신속성을 제고하는 데 기여한다. 따라서 이 사건 등록조항은 위와 같은 입법목적의 달성을 위한 적합한 수단에 해당한다. … 이 사건 등록조항의 입법목적을 효과적으로 달성을 위하여 달리 덜 제약적인 수단이 있다고 보기 어렵고, 이 사건 등록조항은 목적 달성을 위하여 필요한 범위 내의 것이라 할 것이므로 침해의 최소성이 인정된다. … 등록정보는 등록대상 성범죄의 예방과 수사라는 한정된 목적 하에 검사 또는 각급 경찰관서의 장과 같이 한정된 범위의 사람들에게만 배포될 수 있고, 등록정보의 보존·관리 업무에 종사하거나 종사하였던 자가 직무상 알게 된 등록정보를 누설할 경우 형사처벌된다는 점을 고려할 때, 이 사건 등록조항으로 인하여 침해되는 사익은 크지 않다고 할 수 있다. 반면 이 사건 등록조항을 통하여 달성되는 성범죄자의 재범 방지 및 사회 방위의 공익이 매우 중요한 것임은 명백하다. 따라서 이 사건 등록조항으로 인해 제한되는 사익에 비하여 달성되는 공익이 크다는 점에서, 법익의 균형성은 인정된다. … 이 사건 등록조항은 청구인들의 개인정보자기결정권을 침해하지 않는다(헌재 2015.07.30. 2014헌마340).

ㅁ. (O) 인터넷언론사 인터넷홈페이지의 게시판 등 이용자가 심판대상조항에 따른 실명인증을 받은 경우, 실명인증자료 관리조항에 의하여 행정안전부장관 및 신용정보업자로서는 그 실명인증자료를 실명인증을 받은 자 및 인터넷홈페이지별로 관리하여야 하고, 중앙선거관리위원회가 그 실명인증자료의 제출을 요구하는 경우 지체 없이 이에 따라야 한다. … 실명인증자료 관리조항은 도든 익명표현에 대해 행정안전부장관 및 신용정보업자로 하여금 실명인증자료를 수집·관리하고, 중앙선거관리위원회의 요구에 따라 지체 없이 이를 제출하도록 정하고 있다. 이는 익명표현의 부정적 효과가 익명성 때문에 발생하는 것만은 아니라는 점을 간과하고, 모든 익명표현을 규제할 경우 책임 있는 의견이 개진되거나 위법한 표현행위가 감소할 것이라는 추상적 가능성에 의존하여 모든 익명표현을 사전적·포괄적으로 규율하려는 것이다. 선거관리위원회가 애초 선거의 공정한 관리를 위하여 설치되는 기관이라는 점(헌법 제114조 제1항, 선거관리위원회법 제1조 참조)을 고려하면, 심판대상조항은 표현의 자유보다 행정편의와 단속편의를 우선하고 있다. 따라서 심판대상조항은 익명표현의 자유와 개인정보자기결정권 등을 지나치게 제한한다(헌재 2021.01.28. 2018헌마456). ▶ 과잉금지원칙에 반하여 인터넷언론사 홈페이지 게시판 등 이용자의 익명표현의 자유와 개인정보자기결정권, 인터넷언론사의 언론의 자유를 침해한다고 본 사례

문 50
21년 8월 모의시험

개인정보자기결정권에 관한 설명 중 옳지 않은 것은? (다툼이 있는 경우 판례에 의함)

① 가족관계등록부 등의 기록사항에 관한 증명서 교부청구권을 형제자매에게도 부여하는 「가족관계의 등록 등에 관한 법률」 규정은 증명서 발급에 있어 형제자매에게 정보주체인 본인과 거의 같은 지위를 부여하고 있으므로 정보주체의 개인정보자기결정권을 침해한다.

② 구치소장이 검사의 요청에 따라 미결수용자와 그 배우자의 접견녹음파일을 미결수용자의 동의 없이 제공하더라도, 이러한 제공행위는 형사사법의 실체적 진실을 발견하고 이를 통해 형사사법의 적정한 수행을 도모하기 위한 것으로 미결수용자의 개인정보자기결정권을 침해하지 않는다.

③ 아동·청소년대상 성폭력범죄를 저지른 자에 대한 신상정보 고지제도는 성범죄자가 거주하는 읍·면·동에 사는 지역주민 중 아동·청소년 자녀를 둔 가구 및 교육기관의 장 등을 상대로 이루어져 고지상대방을 제한하고 있고, 고지대상자가 신상정보를 최초 등록한 날로부터 또는 출소 후 거주할 지역에 전입한 날로부터 1개월 이내에 한 번 우편 고지될 뿐, 최초 고지 이후 전출이 없는 경우에는 추가고지를 하지 않으므로 개인정보자기결정권을 침해하지 않는다.

④ 보호자가 자녀 또는 보호아동의 안전을 확인할 목적으로 CCTV 영상정보 열람을 할 수 있도록 정한 「영유아보육법」 조항은 CCTV 열람의 활용 목적을 제한하고 있고, 어린이집 원장이 열람시간 지정 등을 통해 보육활동에 지장이 없도록 보호자의 열람 요청에 적절히 대응할 수 있으므로, 보육교사의 개인정보자기결정권을 침해하지 않는다.

⑤ 수사경력자료의 보존 및 보존기간을 정하면서 범죄경력자료의 삭제에 대해 규정하지 않은 것은 해당 범죄자에게 평생 전과자라는 낙인을 가지고 살게 하고 이들의 원활한 사회복귀를 저해하므로 과잉금지원칙을 위반하여 해당 범죄자의 개인정보자기결정권을 침해한다.

> **MGI Point 개인정보자기결정권** ★★
>
> - 형제자매에게 가족관계등록부 등의 기록사항에 관한 증명서 교부청구권을 부여하는 '가족관계등록법'상 법률조항
>   ⇨ 개인정보자기결정권 침해 ○
> - 구치소장이 검사의 요청에 따라 청구인과 배우자의 접견녹음파일을 정보주체의 동의없이 제공한 행위
>   ⇨ 개인정보자기결정권 침해 ×
> - 아동·청소년대상 성폭력범죄를 저지른 자에 대한 신상정보 고지제도 ⇨ 개인정보자기결정권 침해 ×
> - 영아보육법상 CCTV 열람청구 조항 ⇨ 보육교사나 다른 영유아들의 개인정보자기결정권 침해 × (제한 ○)
> - 수사경력자료의 보존 및 보존기간을 정하면서 범죄경력자료의 삭제에 대해 규정하지 않은 것
>   ⇨ 개인정보자기결정권 침해 ×

① (○) 형제자매에게 가족관계등록부 등의 기록사항에 관한 증명서 교부청구권을 부여하는 '가족관계의 등록 등에 관한 법률'은 본인이 스스로 증명서를 발급받기 어려운 경우 형제자매를 통해 증명서를 간편하게 발급받게 하고, 친족·상속 등과 관련된 자료를 수집하려는 형제자매가 본인에 대한 증명서를 편리하게 발급받을 수 있도록 하기 위한 것으로, 목적의 정당성 및 수단의 적합성이 인정된다. 그러나 가족관계등록법상 각종 증명서에 기재된 개인정보가 유출되거나 오남용될 경우 정보의 주체에게 가해지는 타격은 크므로 증명서 교부청구권자의 범위는 가능한 한 축소하여야 하는데, 형제자매는 언제나 이해관계를 같이 하는 것은 아니므로 형제자매가 본인에 대한 개인정보를 오남용 또는 유출할 가능성은 얼마든지 있다. 그런데 이 사건 법률조항은 증명서 발급에 있어 형제자매에게 정보주체인 본인과 거의 같은 지위를 부여하고 있으므로, 이는 증명서 교부청구권자의 범위를 필요한 최소한도로 한정한 것이라고 볼 수 없다. 본인은 인터넷을 이용하거나 위임을 통해 각종 증명서를 발급받을 수 있으며, 가족관계등록법 제14조 제1항 단서 각 호에서 일정한 경우에는 제3자도 각종 증명서의 교부를 청구할 수 있으므로 형제자매는 이를 통해 각종 증명서를 발급받을 수 있다. 따라서 이 사건 법률조항은 침해의 최소성에 위배된다. 또한, 이 사건 법률조항을 통해 달성하려는 공익에 비해 초래되는 기본권 제한의 정도가 중대하므로 법익의 균형성도 인정하기 어려워, 이 사건 법률조항은 청구인의 개인정보자기결정권을 침해한다(헌재 2016.06.30. 2015헌마924).

② (○) 구치소장이 검사의 요청에 따라 청구인과 배우자의 접견녹음파일을 제공한 행위(이하 '이 사건 제공행위'라 한다)에 의하여 제공된 접견녹음파일로 특정개인을 식별할 수 있고, 그 대화내용 등은 인격주체성을 특징짓는 사항으로 그 개인의 동일성을 식별할 수 있게 하는 정보이므로, 정보주체인 청구인의 동의 없이 접견녹음파일을 관계기관에 제공하는 것은 청구인의 개인정보자기결정권을 제한하는 것이다. 그런데 이 사건 제공행위는 형사사법의 실체적 진실을 발견하고 이를 통해 형사사법의 적정한 수행을 도모하기 위한 것으로 그 목적이 정당하고, 수단 역시 적합하다. 또한, 접견기록물의 제공은 제한적으로 이루어지고, 제공된 접견내용은 수사와 공소제기 등에 필요한 범위 내에서만 사용하도록 제도적 장치가 마련되어 있으며, 사적 대화내용을 분리하여 제공하는 것은 그 구분이 실질적으로 불가능하고, 범죄와 관련 있는 대화내용을 쉽게 파악하기 어려워 전체제공이 불가피한 점 등을 고려할 때 침해의 최소성 요건도 갖추고 있다. 나아가 접견내용이 기록된다는 사실이 미리 고지되어 그에 대한 보호가치가 그리 크다고 볼 수 없는 점 등을 고려할 때, 법익의 불균형을 인정하기도 어려우므로, 과잉금지원칙에 위반하여 청구인의 개인정보자기결정권을 침해하였다고 볼 수 없다(헌재 2012.12.27. 2010헌마153).

③ (○) 신상정보 고지조항은 성폭력범죄자가 살고 있는 같은 최소한의 행정단위(읍·면·동)에 사는 지역주민 중 19세 미만의 미성년자녀를 둔 가구 및 교육기관의 장 등으로 고지상대방을 제한하고 있고, 고지대상자가 신상정보를 최초 등록한 날로부터 또는 출소 후 거주하는 지역에 전입한 날로부터 1개월 이내에 한번 우편 고지될 뿐, 최초 고지 이후 전출이 없는 경우에는 추가고지를 하지 않는다. … 신상정보 고지제도는 구체적으로 현존하는 아동·청소년에 대한 성폭력의 위험으로부터 사회 공동체를 지키려는 인식을 제고하기 위하여 도입된 것으로서, 이를 통하여 달성하고자 하는 '아동·청소년의 성보호'라는 목적은 매우 중요한 공익이다. 이에 비하여 신상정보 고지조항으로 인하여 고지되는 정보는 대부분 형사재판에서 유죄가 확정된 형사판결이라는 공적 기록의 내용 중 일부로서, 이를 고지한다고 하여 아동·청소년 대상 성폭력범죄자의 인격권 등이 과도하게 제한되는 것이라고 보기는 어렵다. 따라서 신상정보 고지조항으로 인하여 아동·청소년 대상 성폭력범죄자가 입게 되는 불이익이 아동·청소년의 성보호라는 공익에 비하여 결코 크다고 볼 수 없으므로, 신상정보 고지조항은 법익의 균형성도 갖추었다. … 결국 신상정보 고지조항이 과잉금지원칙을 위반하여 청구인들의 인격권, 개인정보자기결정권을 침해한다고 볼 수 없다(헌재 2016.05.26. 2014헌바68).

④ (○) CCTV 열람 조항은 보호자가 자녀 또는 보호아동의 안전을 확인할 목적으로만 열람 요청을 할 수 있도록 사유를 제한하고 있고, '개인정보 보호법'에 따르더라도 CCTV 관리자인 원장은 어린이집에 CCTV를 설치한 목적 범위를 초과하여 보호자에게 CCTV 영상정보를 제공할 수 없으며(제17조 제1항 제1, 2호 및 제18조 제1항), 영상 열람을 청구한 보호자도 어린이집 내에서 발생하였다고 의심되는 안전사고 내지 아동학대 여부를 확인하기 위한 목적 이외의 용도로 이를 이용하거나 제3자에게 그 정보를 제공할 수 없다(제18조 제2항, 제19조). 어린이집 원장은 정당한 이유가 없는 경우 열람 요청을 거부할 수 있으며 열람 시간 지정 등을 통해 어린이집 운영이나 보육활동에 지장이 없도록 보호자의 CCTV 열람 요청에 대해 적절히 대응할 수 있으므로, CCTV 열람 조항으로 인해 보육교사와 영유아, 어린이집 원장의 기본권이 필요 이상으로 과도하게 제한된다고 볼 수 없다. 어린이집 내 안전사고 및 아동학대 사례가 의심되는 경우 보호자가 어린이집 CCTV 열람을 통해 그 진위 여부 및 책임 소재를 분명히 할 수 있고, 이러한 제도가 영유아 보육을 위탁한 보호자의 불안을 해소하고 어린이집 아동학대 근절에 기여할 것임은 분명하므로, CCTV 열람 조항으로 인해 달성할 수 있는 공익은 매우 중대하다. 반면, 앞서 본 바와 같이 보호자의 CCTV 열람으로 다른 정보주체들이 입게 되는 개인정보자기결정권의 제한이나 어린이집 원장의 직업수행의 자유 제한의 정도는 크지 아니하다. 따라서 CCTV 열람 조항으로 인하여 제한되는 사익에 비하여 달성되는 공익이 크다는 점에서, CCTV 열람 조항은 법익의 균형성이 인정된다. 그러므로 CCTV 열람 조항은 과잉금지원칙을 위반하여 청구인들의 기본권을 침해하지 아니한다(헌재 2017.12.28. 2015헌마994).

⑤ (X) 범죄경력자료를 범인 추적과 실체적 진실 발견, 각종 결격사유 판단 등을 위한 자료로 사용하기 위해 보존하는 것은 그 목적에 있어 정당하고 수단의 적합성을 갖추고 있다. 벌금형에 해당하는 전과나 실효된 전과라고 하여 그 범죄경력자료를 보존할 필요가 없게 되는 것이 아니고 범죄경력을 보존할 필요가 있는

지 여부를 결정하는 다양한 요소들을 모두 고려해 각개의 전과마다 개별화된 보존기간을 설정하는 것 또한 현실적으로 가능하지 않으므로, 입법자가 범죄경력자료의 보존기간을 세분화하지 않았다는 사정만으로 기본권을 덜 침해하는 가능한 수단을 택하지 않았다고 볼 수 없다. 또한 형실효법은 범죄경력자료의 불법 조회나 누설에 대한 금지 및 벌칙 규정을 두고 있고 범죄경력자료를 조회·회보할 수 있는 사유를 제한하고 있으므로 개인의 범죄경력에 관한 정보가 수사나 재판 등에 필요한 정도를 넘어 외부의 일반인들에게까지 공개될 가능성은 극히 적고, 범죄경력자료의 보존 그 자체만으로 전과자들의 사회복귀가 저해되는 것도 아니다. 따라서 이 사건 수사경력자료 정리조항에서 범죄경력자료의 삭제를 규정하지 않은 것이 청구인의 개인정보 자기결정권을 침해한다고 볼 수 없다(헌재 2012.07.26. 2010헌마446). ▶지문은 재판관 목영준, 재판관 이정미의 반대의견

정답 ⑤

문 51

20년 10월 모의시험

사생활의 비밀과 자유에 관한 설명으로 옳은 것을 모두 고른 것은? (다툼이 있는 경우 판례에 의함)

ㄱ. 「특정 범죄자에 대한 위치추적 전자장치 부착 등에 관한 법률」상 전자장치부착제도는 피부착자의 위치와 이동경로를 실시간으로 파악하여 피부착자를 24시간 감시할 수 있도록 하고 있으므로 피부착자의 사생활의 비밀과 자유를 제한한다.
ㄴ. 인터넷언론사의 공개된 게시판·대화방에서 스스로의 의사에 의하여 정당·후보자에 대한 지지·반대의 글을 게시하는 행위는 사생활 비밀의 자유에 의하여 보호되는 영역이므로, 그 과정에서 실명확인 절차의 부담을 지도록 하는 것은 사생활 비밀의 자유를 제한하는 것이다.
ㄷ. 구치소장이 교정시설 내의 안전과 질서유지 그리고 접견기록물의 엄격한 관리를 위하여 미리 접견내용의 녹음 사실 등을 고지한 후 미결수용자의 배우자와의 접견을 녹음한 행위는 미결수용자의 사생활의 비밀과 자유를 침해하였다고 볼 수 없다.
ㄹ. 교도소장이 사생활 영역이거나 사생활에 연결될 수 있는 수용자의 거실 또는 작업장을 수용자가 없는 상태에서 검사하는 행위는, 교도소의 안전과 질서를 유지하고 수형자의 교화·개선에 지장을 초래할 수 있는 물품을 차단하기 위한 것으로서 사생활의 비밀 및 자유를 침해하였다고 볼 수 없다.

① ㄱ, ㄴ   ② ㄴ, ㄹ   ③ ㄷ, ㄹ
④ ㄱ, ㄴ, ㄷ   ⑤ ㄱ, ㄷ, ㄹ

MGI Point 사생활의 비밀과 자유 ★★

- 「특정 범죄자에 대한 위치추적 전자장치 부착 등에 관한 법률」상 전자장치부착제도
  ⇨ 사생활의 비밀과 자유 제한 ○, 개인정보자기결정권 및 인격권 제한 ○
- 인터넷언론사의 공개된 게시판·대화방에서 정당·후보자에 대한 지지·반대의 글을 게시하는 행위
  • 양심의 자유나 사생활 비밀의 자유 보호 영역 × ⇨ 양심의 자유나 사생활 비밀의 자유 제한 ×

- 구치소장이 미리 고지한 후 미결수용자의 배우자와의 접견을 녹음한 행위 ⇨ 미결수용자의 사생활의 비밀과 자유 침해 ✕
- 교도소장이 수용자가 없는 상태에서 실시한 거실 및 작업장 검사행위 ⇨ 수용자의 사생활 비밀 및 자유 침해 ✕

ㄱ. (○) 이 사건 전자장치부착조항은 피부착자의 위치와 이동경로를 실시간으로 파악하여 피부착자를 24시간 감시할 수 있도록 하고 있으므로 피부착자의 사생활의 비밀과 자유를 제한하며, 피부착자의 위치와 이동경로 등 '위치 정보'를 수집, 보관, 이용한다는 측면에서 개인정보자기결정권도 제한한다. 한편 전자장치를 강제로 착용하게 함으로써 피부착자는 옷차림이나 신체활동의 자유가 제한되고, 24시간 전자장치 부착에 의한 위치 감시 그 자체로 모욕감과 수치심을 느낄 수 있으므로 헌법 제10조로부터 유래하는 인격권을 제한한다(헌재 2012.12.27. 2011헌바89).

ㄴ. (✕) 인터넷언론사의 공개된 게시판·대화방에서 스스로의 의사에 의하여 정당·후보자에 대한 지지·반대의 글을 게시하는 행위는 정당·후보자에 대한 단순한 의견 등의 표현행위에 불과하여 양심의 자유나 사생활 비밀의 자유에 의하여 보호되는 영역이라고 할 수 없으므로, 그 과정에서 실명확인 절차의 부담을 진다고 하더라도 이를 두고 양심의 자유나 사생활 비밀의 자유를 제한받는 것이라고 볼 수 없어 그 침해 여부에 관하여 더 나아가 판단하지 아니한다(헌재 2010.02.25. 2008헌마324). ▶ 헌재 2021.01.28. 2018헌마456 등 결정으로 게시판 등 이용자의 익명표현의 자유 및 개인정보자기결정권과 인터넷언론사의 언론의 자유를 침해한다고 판단한 것을 주의할 것

ㄷ. (○) 구치소장이 청구인과 배우자의 접견을 녹음한 행위는 교정시설 내의 안전과 질서유지에 기여하기 위한 것으로서 그 목적이 정당할 뿐 아니라 수단이 적절하다. 또한, 소장은 미리 접견내용의 녹음 사실 등을 고지하며, 접견기록물의 엄격한 관리를 위한 제도적 장치도 마련되어 있는 점 등을 고려할 때 침해의 최소성 요건도 갖추었고, 이 사건 녹음행위는 미리 고지되어 청구인의 접견내용은 사생활의 비밀로서의 보호가치가 그리 크지 않다고 할 것이므로 법익의 불균형을 인정하기도 어려워, 과잉금지원칙에 위반하여 청구인의 사생활의 비밀과 자유를 침해하였다고 볼 수 없다(헌재 2012.12.27. 2010헌마153).

ㄹ. (○) 교도소장이 수용자가 없는 상태에서 실시한 거실 및 작업장 검사행위는 교도소의 안전과 질서를 유지하고, 수형자의 교화·개선에 지장을 초래할 수 있는 물품을 차단하기 위한 것으로서 그 목적이 정당하고, 수단도 적절하며, 검사의 실효성을 확보하기 위한 최소한의 조치로 보이고, 달리 덜 제한적인 대체수단을 찾기 어려운 점 등에 비추어 보면 이 사건 검사행위가 과잉금지원칙에 위배하여 사생활의 비밀 및 자유를 침해하였다고 할 수 없다(헌재 2011.10.25. 2009헌마691).

- 제2항 주거의 자유
- 제3항 거주·이전의 자유

문 52

24년 10월 모의시험

거주·이전의 자유에 관한 설명 중 옳지 않은 것은? (다툼이 있는 경우 판례에 의함)

① 거주·이전의 자유는 국내에서 체류지와 거주지를 자유롭게 정할 수 있는 자유뿐 아니라 국외에서 체류지와 거주지를 자유롭게 정할 수 있는 해외여행 및 해외 이주의 자유를 포함한다.

② 직업에 관한 규정이나 공직취임의 자격에 관한 제한규정이 그 직업 또는 공직을 선택하거나 행사하려는 자로 하여금 원하지 않는 지역으로 이주할 것을 강요하게 된다 하더라도, 그 조치가 특정한 직업 내지 공직의 선택 또는 행사에 있어서의 필요와 관련되어 있는 한, 해당자의 거주·이전의 자유를 제한하지 않는다.

③ 영내에 기거하는 군인의 경우 그가 속한 세대의 거주지에 주민등록을 하도록 한 「주민등록법」은 영내에 기거하는 현역병의 거주·이전의 자유를 제한하지 않는다.
④ 「국적법」상 '직계존속이 외국에서 영주할 목적 없이 체류한 상태에서 출생한 자'의 경우 반드시 병역의무를 해소해야만 국적이탈을 신고할 수 있도록 한 것은, 해당 출생자의 국적이탈의 자유를 침해한다.
⑤ 복수국적자가 외국에 주소를 두지 않은 경우에는 국적이탈을 신고할 수 없도록 한 것은 기회주의적 국적이탈을 방지하기 위한 최소한의 제한이므로 해당 복수국적자의 국적이탈의 자유를 침해하지 않는다.

> **MGI Point** 거주·이전의 자유 ★
>
> ■ 거주·이전의 자유의 내용
>   ▪ 국내에서 체류지와 거주지를 자유롭게 정할 수 있는 자유 포함 ○
>   ▪ 해외여행 및 해외 이주의 자유, 국적변경의 자유 포함 ○
> ■ 직업규정·공직취임 자격제한규정이 원하지 않는 지역으로 이주 강요
>   ⇨ 그 조치가 특정 직업상 필요와 관련되어 있는 한, 거주·이전의 자유 제한 ×
> ■ 영내에 기거하는 군인은 그가 속한 세대의 거주지에서 등록하여야 한다는 주민등록법 규정
>   ⇨ 영내 기거 현역병의 거주·이전의 자유 제한×
> ■ '직계존속이 외국에서 영주할 목적 없이 체류한 상태에서 출생한 자'는 반드시 병역의무 해소해야만 국적이탈 신고할 수 있도록 한 것 ⇨ 국적이탈의 자유 침해 ×
> ■ 복수국적자가 외국에 주소를 두지 않을 경우 국적이탈 신고할 수 없도록 한 것 ⇨ 국적이탈의 자유 침해 ×

① (○) 거주·이전의 자유는 국가의 간섭없이 자유롭게 거주와 체류지를 정할 수 있는 자유로서 정치·경제·사회·문화 등 모든 생활영역에서 개성신장을 촉진함으로써 헌법상 보장되고 있는 다른 기본권들의 실효성을 증대시켜주는 기능을 한다. 구체적으로는 국내에서 체류지와 거주지를 자유롭게 정할 수 있는 자유영역뿐 아니라 나아가 국외에서 체류지와 거주지를 자유롭게 정할 수 있는 '해외여행 및 해외 이주의 자유'를 포함하고 덧붙혀 대한민국의 국적을 이탈할 수 있는 '국적변경의 자유' 등도 그 내용에 포섭된다고 보아야 한다(헌재 2004.10.28. 2003헌가18).

② (○) 직업에 관한 규정이나 공직취임의 자격에 관한 제한규정이 그 직업 또는 공직을 선택하거나 행사하려는 자의 거주·이전의 자유를 간접적으로 어렵게 하거나 불가능하게 하거나 원하지 않는 지역으로 이주할 것을 강요하게 될 수 있다 하더라도, 그와 같은 조치가 특정한 직업 내지 공직의 선택 또는 행사에 있어서의 필요와 관련되어 있는 것인 한, 그러한 조치에 의하여 직업의 자유 내지 공무담임권이 제한될 수는 있어도 거주·이전의 자유가 제한되었다고 볼 수는 없다.(헌재 1996.06.26. 96헌마200).

③ (○) 영내에 기거하는 군인은 그가 속한 세대의 거주지에서 등록하여야 한다고 규정하고 있는 주민등록법(2007.5.11. 법률 제8422호로 전부 개정된 것) 제6조 제2항(이하 '이 사건 법률조항'이라 한다)이, 누구든지 주민등록 여부와 무관하게 거주지를 자유롭게 이전할 수 있으므로 주민등록 여부가 거주·이전의 자유와 직접적인 관계가 있다고 보기 어려우며, 영내 기거하는 현역병은 병역법으로 인해 거주·이전의 자유를 제한받게 되므로 이 사건 법률조항은 영내 기거 현역병의 거주·이전의 자유를 제한하지 않는다(헌재 2011.06.30. 2009헌마59). ▶ 헌법재판소는 또한 '이 사건 법률조항'이 선거권, 일반적 행동자유권을 제한하지 않으며, 평등권을 침해하지 않는다고 판시하였다(다만, 영내 기거 현역병은 병역법에 의해 거주·이전의 자유를 제한받는다).

④ (X) 심판대상조항은 '직계존속이 외국에서 영주할 목적 없이 체류한 상태에서 출생한 자'에 대해서는 병역의무를 해소한 경우에만 대한민국 국적이탈을 신고할 수 있도록 하므로, 위와 같이 출생한 사람의 국적이탈의 자유를 제한한다. …심판대상조항은 국적이탈을 이용한 편법적 병역기피를 방지하면서도, 출생할 무

렵 직계존속에게 외국에 영주할 목적이 인정되어 장차 성장과정에서 대한민국과의 유대관계가 인정되기 어려울 것으로 예상되는 사람에게는 국적이탈에 과도한 부담을 지우지 않도록 필요한 최소한의 범위에서 조화롭게 국적이탈을 규제하려는 것이므로, 침해의 최소성도 충족한다. …심판대상조항은 과잉금지원칙에 위배되지 아니하므로 국적이탈의 자유를 침해하지 아니한다(헌재 2023.02.23. 2019헌바462).

⑤ (○) 심판대상조항은 국민으로서의 권리와 이익을 향유하며 대한민국과의 실질적 유대관계를 유지하던 복수국적자가 국민으로서의 의무이행을 요구받을 때 국적을 이탈함으로써 의무를 면탈하지 못하도록, 국적이탈 신고 요건으로 '외국에 주소'가 있을 것을 요구한다. 이는 기회주의적 국적이탈을 방지하기 위한 최소한의 제한으로서, …심판대상조항은 과잉금지원칙에 위배되지 아니하므로 국적이탈의 자유를 침해하지 아니한다(헌재 2023.02.23. 2020헌바603)

  ④

문 53

20년 8월 모의시험

거주·이전의 자유에 관한 설명으로 옳지 않은 것은? (다툼이 있는 경우 판례에 의함)

① 「주민등록법」이 영내에 기거하는 군인은 그가 속한 세대의 거주지에서 등록하도록 규정하고 있지만, 영내 기거 현역병이 거주·이전의 자유를 제한받게 되는 것은 「병역법」 조항 때문이므로, 위 「주민등록법」 조항에 의해 영내 기거 현역병의 거주·이전의 자유가 제한되지 않는다.
② 서울광장에 출입하고 통행하는 행위는 그 장소를 중심으로 생활을 형성해 나가는 행위에 속하지 않으므로, 경찰청장이 경찰버스들로 서울광장을 둘러싸 통행을 제지한 행위는 서울광장을 통행하려는 사람들의 거주·이전의 자유를 제한하지 않는다.
③ 거주·이전의 자유에는 국내에서의 거주·이전의 자유와 귀국의 자유는 포함되나 해외 이주의 자유와 해외여행의 자유는 포함되지 않는다.
④ 거주·이전의 자유에는 국적을 자유로이 이탈하거나 변경하는 것이 포함되므로, 복수국적자에게 국적선택의 시기 또는 요건의 제한을 두는 것은 거주·이전의 자유의 한 내용인 국적이탈의 자유를 제한한다.
⑤ 아동·청소년 대상 성범죄자로 하여금 1년마다 정기적으로 새로 촬영한 사진을 자신의 주소지를 관할하는 경찰관서의 장에게 제출할 의무를 부과하는 것은, 이와 무관하게 사진제출의무자가 거주를 자유롭게 이전할 수 있으므로, 사진제출의무자의 거주·이전의 자유를 제한하지 않는다.

MGI Point 거주·이전의 자유 ★★

- 영내에 기거하는 군인은 그가 속한 세대의 거주지에 등록하도록 규정하고 있는 주민등록법 ⇨ 영내 기거 현역병의 거주이전의 자유 제한 × (∵ 병역법으로 인해 거주·이전의 자유 제한 ○)
- 경찰청장이 경찰버스로 서울광장을 둘러싸 통행을 제지한 행위
  ① 거주·이전의 자유를 제한 ×
  ② 일반적 행동자유권을 침해 ○
- 거주·이전의 자유 내용
  - 국내에서 체류지와 거주지를 자유롭게 정할 수 있는 자유 포함 ○

- 해외여행 및 해외 이주의 자유, 국적변경의 자유 포함 ○
■ 이중국적자에게 국적선택의 시기·요건의 제한을 두는 것 ⇨ 국적 이탈의 자유 제한 ○, 과잉금지원칙 위배하여 침해 ○
■ 아동·청소년 대상 성범죄자로 하여금 1년마다 정기적으로 새로 촬영한 사진을 자신의 주소지에 관할하는 경찰서의 장에게 제출할 의무를 부과 ⇨ 거주·이전의 자유 제한 ×

① (○) 누구든지 주민등록 여부와 무관하게 거주지를 자유롭게 이전할 수 있으므로 주민등록 여부가 거주·이전의 자유와 직접적인 관계가 있다고 보기 어려우며, 영내 기거하는 현역병은 병역법으로 인해 거주·이전의 자유를 제한받게 되므로 이 사건 법률조항은 영내 기거 현역병의 거주·이전의 자유를 제한하지 않는다 (헌재 2011.06.30. 2009헌마59).

② (○) 거주·이전의 자유는 거주지나 체류지라고 볼 만한 정도로 생활과 밀접한 연관을 갖는 장소를 선택하고 변경하는 행위를 보호하는 기본권인바, 이 사건에서 서울광장이 청구인들의 생활형성의 중심지인 거주지나 체류지에 해당한다고 할 수 없고, 서울광장에 출입하고 통행하는 행위가 그 장소를 중심으로 생활을 형성해 나가는 행위에 속한다고 볼 수도 없으므로 청구인들의 거주·이전의 자유가 제한되었다고 할 수 없다 (헌재 2011.06.30. 2009헌마406).

③ (X) 거주·이전의 자유는 국가의 간섭없이 자유롭게 거주와 체류지를 정할 수 있는 자유로서 정치·경제·사회·문화 등 모든 생활영역에서 개성신장을 촉진함으로써 헌법상 보장되고 있는 다른 기본권들의 실효성을 증대시켜주는 기능을 한다. 구체적으로는 국내에서 체류지와 거주지를 자유롭게 정할 수 있는 자유영역뿐 아니라 나아가 국외에서 체류지와 거주지를 자유롭게 정할 수 있는 '해외여행 및 해외 이주의 자유'를 포함하고 덧붙여 대한민국의 국적을 이탈할 수 있는 '국적변경의 자유'등도 그 내용에 포섭된다고 보아야 한다(헌재 2004.10.28. 2003헌가18).

④ (○) 심판대상 법률조항의 입법목적은 병역준비역에 편입된 사람이 병역의무를 면탈하기 위한 수단으로 국적을 이탈하는 것을 제한하여 병역의무 이행의 공평을 확보하려는 것이다. 복수국적자의 주된 생활근거지나 대한민국에서의 체류 또는 거주 경험 등 구체적 사정에 따라서는 사회통념상 심판대상 법률조항이 정하는 기간 내에 국적이탈 신고를 할 것으로 기대하기 어려운 사유가 인정될 여지가 있다. 주무관청이 구체적 심사를 통하여, 주된 생활근거를 국내에 두고 상당한 기간 대한민국 국적자로서의 혜택을 누리다가 병역의무를 이행하여야 할 시기에 근접하여 국적을 이탈하려는 복수국적자를 배제하고 병역의무 이행의 공평성이 훼손되지 않는다고 볼 수 있는 경우에만 예외적으로 국적선택 기간이 경과한 후에도 국적이탈을 허가하는 방식으로 제도를 운용한다면, 병역의무 이행의 공평성이 훼손될 수 있다는 우려는 불식될 수 있다. 병역준비역에 편입된 복수국적자의 국적선택 기간이 지났다고 하더라도, 그 기간 내에 국적이탈 신고를 하지 못한 데 대하여 사회통념상 그에게 책임을 묻기 어려운 사정 즉, 정당한 사유가 존재하고, 병역의무 이행의 공평성 확보라는 입법목적을 훼손하지 않음이 객관적으로 인정되는 경우라면, 병역준비역에 편입된 복수국적자에게 국적선택 기간이 경과하였다고 하여 일률적으로 국적이탈을 할 수 없다고 할 것이 아니라, 예외적으로 국적이탈을 허가하는 방안을 마련할 여지가 있다. 심판대상 법률조항의 존재로 인하여 복수국적을 유지하게 됨으로써 대상자가 겪어야 하는 실질적 불이익은 구체적 사정에 따라 상당히 클 수 있다. 국가에 따라서는 복수국적자가 공직 또는 국가안보와 직결되는 업무나 다른 국적국과 이익충돌 여지가 있는 업무를 담당하는 것이 제한될 가능성이 있다. 현실적으로 이러한 제한이 존재하는 경우, 특정 직업의 선택이나 업무 담당이 제한되는 데 따르는 사익 침해를 가볍게 볼 수 없다. 심판대상 법률조항은 과잉금지원칙에 위배되어 청구인의 국적이탈의 자유를 침해한다(헌재 2020.09.24. 2016헌마889). ▶ 국적법 제12조 제2항 본문 등 위헌확인사건에서 국적법 제12조 제2항 본문, 국적법 제14조 제1항 단서 중 제12조 제2항 본문에 관한 부분은 국적이탈의 자유를 침해한다고 변경, 잠정적용 헌법불합치결정을 내렸음

⑤ (○) 이 사건 심판대상조항은 신상정보 등록대상자가 신상정보의 최초 등록일부터 1년마다 새로 촬영한 사진을 제출하도록 규정하고, 이를 이행하지 아니할 경우에 관한 제재를 정하고 있을 뿐, 청구인은 위 조항에 관계없이 자유롭게 거주를 이전할 수 있으므로 이 사건 심판대상조항은 청구인의 거주·이전의 자유를 제한하지 아니한다(헌재 2015.07.30. 2014헌바257).

정답 ③

– 제4항 통신의 자유

문 54
24년 6월 모의시험

통신의 자유에 관한 설명 중 옳지 않은 것은? (다툼이 있는 경우 판례에 의함)

① 법원·검찰청 등이 수용자에게 보낸 문서를 교도소장이 열람하고 열람한 후에 해당 수용자에게 그대로 신속하게 전달하는 것은, 법원 등 관계기관이 발송한 문서를 정확히 전달하여 수용자들의 소송상 지위 기타 법률관계에 불이익이나 혼선이 발생하지 않도록 하는 중대한 공익이 있는 반면, 사익 침해는 최소화되어 있으므로 해당 수용자의 통신의 자유를 침해하지 않는다.

② 검사 또는 사법경찰관이 수사 또는 형의 집행을 위하여 필요한 경우 전기통신사업자에게 통신사실 확인자료의 열람이나 제출을 요청할 수 있도록 하는 것은, 기지국수사를 통한 통신사실 확인자료는 비내용적 정보로서 기본권 제한의 정도가 심각하지 않다는 점에서 해당 전기통신 가입자의 통신의 자유를 침해하지 않는다.

③ 온라인서비스제공자가 자신이 관리하는 정보통신망에서 아동·청소년이용음란물을 발견하기 위하여 대통령령으로 정하는 조치를 취하지 아니하거나 발견된 아동·청소년이용음란물을 즉시 삭제하고 전송을 방지 또는 중단하는 기술적인 조치를 취하지 아니한 경우 처벌하는 것은, 아동음란물의 광범위한 유통·확산을 사전적으로 차단하고 이를 통해 아동음란물이 초래하는 각종 폐해를 방지하는 공익이 사적 불이익보다 더 크다는 점에서 온라인서비스이용자의 통신의 비밀을 침해하지 않는다.

④ 시설의 안전 또는 질서를 해칠 우려가 있는 때 및 수형자의 교화 또는 건전한 사회복귀를 해칠 우려가 있는 때에 수용자가 작성한 집필문의 외부 반출을 금지하는 「형의 집행 및 수용자의 처우에 관한 법률」 조항은 수용자의 건전한 사회 복귀를 위해 필요최소한의 범위 내에서 수용자의 통신의 자유를 제한하는 것으로 해당 수용자의 통신의 자유를 침해하지 않는다.

⑤ 「우편법」상 정형적인 우편사고에 있어서 손해배상을 청구할 수 있는 자를 발송인의 승인을 받은 수취인으로 제한한 것은 수취인이 서신을 수발하는 것 자체를 금지하거나 제한하는 것이 아니므로 해당 수취인의 통신의 자유를 제한하지 않는다.

MGI Point　통신의 자유 ★★

- ■ 통신의 자유 제한 ×
  - 우편법 상 정형적인 우편사고에 있어서 손해배상을 청구할 수 있는 자를 발송인의 승인을 받은 수취인으로 제한한 것
- ■ 통신의 자유 침해 ×
  - 법원·검찰청 등이 수용자에게 보낸 문서를 교도소장이 열람, 열람한 후에 해당 수용자에게 그대로 신속하게 전달하는 것
  - 온라인서비스제공자가 자신이 관리하는 정보통신망에서 아동·청소년이용음란물을 발견하기 위하여 대통령령으로 정하는 조치를 취하지 아니하거나 발견된 아동·청소년이용음란물을 즉시 삭제하고 전송을 방지 또는 중단하는 기술적인 조치를 취하지 아니한 경우 처벌하는 것
  - 시설의 안전 또는 질서를 해칠 우려가 있는 때 및 수형자의 교화 또는 건전한 사회복귀를 해칠 우려가 있는 때에 수용자가 작성한 집필문의 외부 반출을 금지하는 형의 집행 및 수용자의 처우에 관한 법률 조항
- ■ 통신의 자유 침해 ○
  - 검사 또는 사법경찰관이 수사 또는 형의 집행을 위하여 필요한 경우 전기통신사업자에게 통신사실 확인자료의 열람이나 제출을 요청할 수 있도록 하는 것

① (○) 법원 등 관계기관이 수용자에게 보내온 문서를 소장이 열람함으로써 소송관계서류 및 처분에 관한 통지를 비롯하여 법원 등 관계기관이 발송한 문서를 정확히 전달하여 수용자들의 소송상 지위 기타 법률관계에 불이익이나 혼선이 발생하지 않도록 하는 것은 중대한 공익인 반면, 앞서 살펴본 바와 같이 소장이 문서를 열람한 후에는 반드시 수용자 본인에게 신속하게 그대로 전달하여야 하므로 이로 인한 사익 침해는 최소화되어 있다. 따라서 피청구인의 문서열람행위는 법익의 균형성을 갖추었다. 문서열람행위는 청구인의 통신의 자유를 침해하지 않는다(헌재 2021.09.30. 2019헌마919).

② (X) … 이 사건 요청조항이 기지국 수사를 허용함으로써 달성하려는 공익은 수사의 효율성 및 신속성이라 할 것이나, 그것이 앞서 침해의 최소성 부분에서 살펴본 바와 같이 광범위한 통신사실 확인자료가 정보주체의 의사와 무관하게 수사기관에 제공됨으로써 정보주체가 입게 되는 개인정보자기결정권 및 통신의 자유에 대한 중대한 불이익에 비하여 결코 중하다고 보기 어렵다. 그러므로 이 사건 요청조항으로 인하여 달성하려는 공익과 제한되는 사익 사이의 법익 균형성도 인정되지 아니한다. 따라서 이 사건 요청조항은 과잉금지원칙에 반하여 청구인의 개인정보자기결정권 및 통신의 자유를 침해한다(헌재 2018.06.28. 2012헌마538).

③ (○) … 심판대상조항을 통하여 달성되는 이익, 즉 아동음란물의 광범위한 유통·확산을 사전적으로 차단하고 이를 통해 아동음란물이 초래하는 각종 폐해를 방지하며 특히 관련된 아동·청소년의 인권 침해 가능성을 사전적으로 차단하는 공익이 위와 같이 초래되는 사적 불이익보다 더 크며, 서비스이용자의 통신의 비밀, 표현의 자유가 침해될 수 있는 점은 온라인서비스제공자에게 비밀 유지 의무 등을 부과하는 별도의 법령을 통하여 보장함으로써 대처할 문제이다. 따라서 심판대상조항은 법익의 균형성 원칙에 위배되지 아니한다. 심판대상조항은 온라인서비스제공자의 영업수행의 자유, 서비스이용자의 통신의 비밀과 표현의 자유를 침해하지 아니한다(헌재 2018.06.28. 2016헌가15).

④ (○) 사생활의 비밀이 침해된 이후에는 이에 대해 형사처벌을 하거나 손해배상청구를 하는 것만으로는 피해자의 권리를 충분히 구제하기 어려우므로, 이러한 위험을 예방하기 위해서 해당 집필문의 반출을 금지하는 것은 피해자의 권리보호를 위한 가장 효과적인 수단이 될 수 있다. 형집행법상 수용자들의 집필활동은 특별한 사정이 없는 한 자유롭게 허용되고, 작성된 집필문의 외부 반출도 원칙적으로 허용되며, 예외적으로 금지되는 사유도 구체적이고 한정되어 있으므로 그 제한의 정도도 최소한에 그치고 있다. 또한 집필문의 외부반출이 불허되고 영치처분이 내려진 경우에도 수용자는 행정소송 등을 통해 이러한 처분의 취소를 구할 수 있는 등의 불복수단도 마련되어 있으므로, 심판대상조항은 수용자의 통신의 자유를 침해하지 않는다(헌재 2016.05.26. 2013헌바98).

⑤ (○) 청구인은 심판대상조항이 자유로운 통신을 침해받은 경우에 대한 구제를 불가능하게 하므로 통신의 자유를 침해한다고 주장하나, 심판대상조항은 수취인이 서신을 수발하는 것 자체를 금지하거나 제한하는 것이 아니므로 통신의 자유를 제한한다고 볼 수 없다(헌재 2015.04.30. 2013헌바383).

> 우편법(2011. 12. 2. 법률 제11116호로 개정된 것) 제42조 (손해배상 청구권자) 제38조에 따른 손해배상을 청구할 수 있는 자는 그 우편물의 발송인이나 그 승인을 받은 수취인으로 한다.
> 우편법(2013. 3. 23. 법률 제11690호로 개정된 것) 제38조 (손해배상의 범위) ① 미래창조과학부장관은 다음 각 호의 어느 하나에 해당하는 사유가 발생한 경우에는 그 손해를 배상하여야 한다.
> 1. 우편역무 중 취급과정을 기록취급하는 우편물을 잃어버리거나 못 쓰게 하거나 지연 배달한 경우
> 2~4. 생략

정답 ②

문 55

23년 8월 모의시험

통신의 자유에 관한 설명 중 옳지 않은 것은? (다툼이 있는 경우 판례에 의함)

① 오늘날 이메일, 메신저, 전화 등 통신뿐 아니라, 각종 구매, 게시물 등록, 금융서비스 이용 등 생활의 전 영역이 인터넷을 기반으로 이루어지기 때문에, 인터넷회선 감청은 타인과의 관계를 전제로 하는 개인의 사적 영역을 보호하려는 헌법 제18조의 통신의 비밀과 자유와 함께 헌법 제17조의 사생활의 비밀과 자유도 제한하게 된다.

② 교도소장이 법원 등 관계기관이 수용자에게 보내온 문서의 내용을 법령에 근거하여 열람한 후 본인에게 전달한 경우, 그로 인하여 통신의 상대방 및 내용이 수용자 본인의 의사에 반하여 공개되는 결과를 초래하였다면, 그러한 문서열람행위는 수용자의 통신의 자유를 제한한다.

③ 전기통신역무제공에 관한 계약을 체결하는 경우, 전기통신사업자로 하여금 가입자에게 본인임을 확인할 수 있는 증서 등을 제시하도록 요구하고 부정가입방지시스템 등을 이용하여 본인인지 여부를 확인하도록 하는 것은 익명으로 통신하고자 하는 사람들의 통신의 자유를 제한한다.

④ 수용자가 집필한 문서의 내용이 사생활의 비밀 또는 자유를 침해하는 등의 우려가 있는 때 교정시설의 장이 문서의 외부반출을 금지하는 것은, 집필문을 창작하거나 표현하는 것을 금지하거나 이에 대한 허가를 요구하므로 통신의 자유가 아니라 표현의 자유를 제한한다.

⑤ 수사기관이 수사를 위하여 필요한 경우 법원의 허가를 얻어 전기통신사업자에게 정보주체의 위치정보 추적자료의 제공을 요청할 수 있게 하는 것은, 수사의 필요성만을 그 요건으로 하고 있어 절차적 통제마저도 제대로 이루어지기 어려우므로 정보주체인 전기통신가입자의 통신의 자유를 침해한다.

MGI Point 통신의 자유 ★

- 인터넷회선 감청은 통신의 비밀과 자유·사생활의 비밀과 자유 제한 ○
- 수용자에 대한 교도소장의 문서열람행위는 통신의 자유 제한 ○
- 전기통신사용시에 가입자에게 본인확인요구는 통신의 자유 제한 ○
- 집필문의 외부반출금지규정 ⇨ 통신의 자유 제한 ○ (표현의 자유는 심판대상 X)
- 수사기관의 정보주체의 위치정보 요청 조항은 통신의 자유 침해 ○

---

① (○) 오늘날 이메일, 메신저, 전화 등 통신뿐 아니라, 각종 구매, 게시물 등록, 금융서비스 이용 등 생활의 전 영역이 인터넷을 기반으로 이루어지기 때문에, 인터넷회선 감청은 타인과의 관계를 전제로 하는 개인의 사적 영역을 보호하려는 헌법 제18조의 통신의 비밀과 자유 외에 헌법 제17조의 사생활의 비밀과 자유도 제한하게 된다. …인터넷회선 감청으로 수사기관은 타인 간 통신 및 개인의 내밀한 사생활의 영역에 해당하는 통신자료까지 취득할 수 있게 된다. 따라서 통신제한조치에 대한 법원의 허가 단계에서는 물론이고, 집행이나 집행 이후 단계에서도 수사기관의 권한 남용을 방지하고 관련 기본권 제한이 최소화될 수 있도록 입법적 조치가 제대로 마련되어 있어야 한다(헌재 2018.08.30. 2016헌마263).

② (○) 피청구인은 청구인에게 온 서신을 개봉함으로써 통신의 내용 등이 공개될 수 있는 상태에 놓이게 하였으므로, 서신개봉행위는 청구인의 통신의 자유를 제한한다(헌재 2012. 2. 23. 2009헌마333 참조). …개봉하는 발신자나 수용자를 한정하거나 엑스레이 기기 등으로 확인하는 방법 등으로는 금지물품 동봉 여부를 정확하게 확인하기 어려워, 입법목적을 같은 정도로 달성하면서, 소장이 서신을 개봉하여 육안으로 확인하는 것보다 덜 침해적인 수단이 있다고 보기 어렵다. 또한 서신을 개봉하더라도 그 내용에 대한 검열은

원칙적으로 금지된다. 따라서 서신개봉행위는 청구인의 통신의 자유를 침해하지 아니한다(헌재 2021.09.30. 2019헌마919).

③ (○) 휴대전화를 통한 문자·전화·모바일 인터넷 등 통신기능을 사용하고자 하는 자에게 반드시 사전에 본인확인 절차를 거치는 데 동의해야만 이를 사용할 수 있도록 한다. 통신의 자유란 통신수단을 자유로이 이용하여 의사소통할 권리(헌재 2010. 10. 28. 2007헌마890 참조)이고, 이러한 '통신수단의 자유로운 이용'에는 자신의 인적사항을 누구에게도 밝히지 않는 상태로 통신수단을 이용할 자유, 즉 통신수단의 익명성 보장도 포함된다. 따라서 심판대상조항은 익명으로 통신하고자 하는 청구인들의 통신의 자유를 제한한다(헌재 2019.09.26. 2017헌마1209).

④ (X) 청구인은 심판대상조항에 의해 표현의 자유 또는 예술창작의 자유가 제한된다고 주장하나, 심판대상조항은 집필문을 창작하거나 표현하는 것을 금지하거나 이에 대한 허가를 요구하는 조항이 아니라 이미 표현된 집필문을 외부의 특정한 상대방에게 발송할 수 있는지 여부에 대해 규율하는 것이므로, 제한되는 기본권은 헌법 제18조에서 정하고 있는 통신의 자유로 봄이 상당하다. …심판대상조항이 규정하고 있는 시설의 안전 또는 질서를 해칠 우려가 있는 때(제7호) 및 수형자의 교화 또는 건전한 사회복귀를 해칠 우려가 있는 때(제6호)는 그 자체로 기본적인 행형제도의 목적, 즉 수형자를 사회로부터 일정기간 시설에 격리하여 교정하고, 이 기간이 지나면 다시 사회로 건전하게 복귀하도록 하는 두 가지 측면을 해칠 우려가 있는 경우이다. 이러한 행형의 목적 자체를 훼손할 수 있는 집필문의 외부 반출을 금지하는 것은 당연히 가장 필요하고 최소한도의 범위 내에서 수용자의 통신의 자유를 제한하는 것이라 할 수 있다(헌재 2016.05.26. 2013헌바98).

⑤ (○) 이 사건 요청조항은 수사기관이 수사를 위하여 필요한 경우 법원의 허가를 얻어 전기통신사업자에게 정보주체의 위치정보 추적자료의 제공을 요청할 수 있도록 하고 있다. …통신사실 확인자료 제공요청 허가신청에 대한 법원의 기각률은 약 1%에 불과한데, 이는 이 사건 요청조항이 보충성 등을 요구하지 않은 채 수사의 필요성만을 요건으로 규정하고 있음에도 그 원인이 있다. 따라서 현재와 같이 통신사실 확인자료 제공요청에 대한 요건이 완화되어 있는 상태에서는 법원이 허가를 담당한다는 사정만으로 수사기관의 위치정보 추적자료 제공요청 남용에 대한 통제가 충분히 이루어지고 있다고 할 수 없다. …이 사건 요청조항은 과잉금지원칙을 위반하여 청구인들의 개인정보자기결정권 및 통신의 자유를 침해한다(헌재 2018.06.28. 2012헌마191,550(병합),2014헌마357(병합))

 ④

문 56

22년 8월 모의시험

통신의 자유에 관한 설명 중 옳은 것은? (다툼이 있는 경우 판례에 의함)

① 정보통신망 등을 이용하여 공포심이나 불안감을 유발하는 문언을 반복적으로 상대방에게 도달하도록 한 경우를 처벌하는 법률조항은 정보통신망 이용 주체의 통신의 자유를 침해한다.

② 오늘날 이메일, 메신저, 전화 등 통신뿐 아니라, 각종 구매, 게시물 등록, 금융서비스 이용 등 생활의 전 영역이 인터넷을 기반으로 이루어지기 때문에, 인터넷회선 감청은 타인과의 관계를 전제로 하는 개인의 사적 영역을 보호하려는 헌법 제18조의 통신의 비밀과 자유 외에 헌법 제17조의 사생활의 비밀과 자유도 제한한다.

③ 통신의 자유는 구체적인 통신으로 발생하는 외형적인 사실관계, 특히 통신관여자의 인적 동일성·통신시간·통신장소·통신횟수 등 통신의 외형을 구성하는 통신이용의 전반적 상황의 비밀을 보장의 대상으로 하는 것은 아니다.

④ 개인 사이에 이루어지는 전화, 우편, 컴퓨터, 그 밖의 통신매체를 통하여 성적 수치심이나 혐오감을 일으키는 표현을 전달하는 행위를 처벌하는 조항은 발신인의 통신의 자유를 제한한다.
⑤ 휴대전화 통신계약 체결 단계에서 이동통신서비스 가입자의 인적사항이 공개되는 경우 통신의 자유와 함께 통신의 비밀도 제한된다.

MGI Point 통신의 자유 ★★★

- 정보통신망 등을 이용하여 공포심이나 불안감을 유발하는 문언을 반복적으로 상대방에게 도달하도록 한 경우를 처벌하는 정보통신망법조항 ⇨ 정보통신망 이용 주체의 표현의 자유 침해 × (통신의 자유 판단 ×)
- 인터넷회선감청 ⇨ 개인의 통신뿐만 아니라 사생활의 비밀과 자유도 제한 ○
- 통신의 자유의 내용 ⇨ 통신내용의 비밀 + 통신의 외형을 구성하는 통신이용의 전반적 상황의 비밀
- 개인 사이에 이루어지는 전화, 우편, 컴퓨터, 그 밖의 통신매체를 통하여 성적 수치심이나 혐오감을 일으키는 표현을 전달하는 행위를 처벌함으로써 일정한 내용의 표현 자체를 금지하고 있는 성폭력처벌법조항 ⇨ 발신인의 표현의 자유 제한 ○
- 휴대전화 통신계약 체결 단계에서 이동통신서비스 가입자의 인적사항이 공개되는 경우
  ⇨ 통신의 자유 제한 ○, 통신의 비밀은 제한 ×

① (X) 심판대상조항은 개인 간 정보통신망을 통한 표현의 전달행위를 처벌함으로써 일정한 내용의 표현 자체를 금지하고 있으므로 청구인과 같은 발신인의 표현의 자유를 제한한다. 한편, 청구인은 심판대상조항에 의하여 통신의 자유와 행복추구권이 침해되었다고 주장하나, 통신의 자유는 개인이 그들의 의사나 정보를 자유롭게 전달·교환하는 경우에 그 내용이 공권력에 의해 침해당하지 아니하는 자유, 즉 통신의 비밀보장을 의미하는데, 심판대상조항에 의해 청구인의 통신의 비밀이 침해된 바 없고, 행복추구권은 다른 기본권에 대한 보충적 기본권으로서의 성격을 지니므로, 표현의 자유 침해 여부에 대하여 판단하는 이상 행복추구권 침해 여부에 대해서는 별도로 판단하지 아니한다(헌재 2016.12.29. 2014헌바434).

② (○) 헌법 제17조에서 보장하는 사생활의 비밀이란 사생활에 관한 사항으로 일반인에게 아직 알려지지 아니하고 일반인의 감수성을 기준으로 할 때 공개를 원하지 않을 사항을 말한다. 감시, 도청, 비밀녹음, 비밀촬영 등에 의해 다른 사람의 사생활의 비밀을 탐지하거나 사생활의 평온을 침입하는 행위, 사적 사항의 무단 공개 등은 타인의 사생활의 비밀과 자유의 불가침을 해하는 것이다. 인터넷회선 감청은 해당 인터넷회선을 통하여 흐르는 모든 정보가 감청 대상이 되므로, 이를 통해 드러나게 되는 개인의 사생활 영역은 전화나 우편물 등을 통하여 교환되는 통신의 범위를 넘는다. 더욱이 오늘날 이메일, 메신저, 전화 등 통신뿐 아니라, 각종 구매, 게시물 등록, 금융서비스 이용 등 생활의 전 영역이 인터넷을 기반으로 이루어지기 때문에, 인터넷회선 감청은 타인과의 관계를 전제로 하는 개인의 사적 영역을 보호하려는 헌법 제18조의 통신의 비밀과 자유 외에 헌법 제17조의 사생활의 비밀과 자유도 제한하게 된다(헌재 2018.08.30. 2016헌마263).

③ (X) 헌법 제18조는 '모든 국민은 통신의 비밀을 침해받지 아니한다.'라고 규정하여 통신의 비밀보호를 그 핵심내용으로 하는 통신의 자유를 기본권으로 보장하고 있다. 사생활의 비밀과 자유에 포섭될 수 있는 사적 영역에 속하는 통신의 자유를 헌법이 별개의 조항을 통해 기본권으로 보장하는 이유는 우편이나 전기통신의 운영이 전통적으로 국가독점에서 출발하였기 때문에 개인 간의 의사소통을 전제로 하는 통신은 국가에 의한 침해가능성이 여타의 사적 영역보다 크기 때문이다(헌재 2001.03.21. 2000헌바25 참조). 자유로운 의사소통은 통신내용의 비밀을 보장하는 것만으로는 충분하지 아니하고 구체적인 통신관계의 발생으로 야기된 모든 사실관계, 특히 통신관여자의 인적 동일성·통신장소·통신횟수·통신시간 등 통신의 외형을 구성하는 통신이용의 전반적 상황의 비밀까지도 보장한다(헌재 2018.06.28. 2012헌마538).

④ (X) 개인 사이에 이루어지는 전화, 우편, 컴퓨터, 그 밖의 통신매체를 통하여 성적 수치심이나 혐오감을 일으키는 표현을 전달하는 행위를 처벌함으로써 일정한 내용의 표현 자체를 금지하고 있는 심판대상조항은 청구인과 같은 발신인의 표현의 자유를 제한한다고 볼 수 있다(헌재 2009.05.28. 2006헌바109등 참

조). … 헌법 제18조는 '모든 국민은 통신의 비밀을 침해받지 아니한다.'라고 규정하여 통신의 비밀보호를 그 핵심내용으로 하는 통신의 자유를 기본권으로 보장하고 있다(헌재 2001.03.21. 2000헌바25 참조). 그런데 이 사건에서 문제되는 것은 국가가 심판대상조항에 따라 청구인의 통신에 관한 정보를 수집하거나 처리하는 것이 아니라, 통신의 상대방에 대하여 통신매체를 이용한 음란표현행위를 하는 것을 금지하는 것이므로, 심판대상조항으로 인해 청구인의 통신의 자유가 제한되었다고 볼 수 없다(헌재 2019.05.30. 2018헌바489).

⑤ (X) 헌법 제18조로 보장되는 기본권인 통신의 자유란 통신수단을 자유로이 이용하여 의사소통할 권리이다. '통신수단의 자유로운 이용'에는 자신의 인적 사항을 누구에게도 밝히지 않는 상태로 통신수단을 이용할 자유, 즉 통신수단의 익명성 보장도 포함된다. 심판대상조항은 휴대전화를 통한 문자·전화·모바일 인터넷 등 통신기능을 사용하고자 하는 자에게 반드시 사전에 본인확인 절차를 거치는 데 동의해야만 이를 사용할 수 있도록 하므로, 익명으로 통신하고자 하는 청구인들의 통신의 자유를 제한한다. 반면, 심판대상조항이 통신의 비밀을 제한하는 것은 아니다. 가입자의 인적사항이라는 정보는 통신의 내용·상황과 관계없는 '비 내용적 정보'이며 휴대전화 통신계약 체결 단계에서는 아직 통신수단을 통하여 어떠한 의사소통이 이루어지는 것이 아니므로 통신의 비밀에 대한 제한이 이루어진다고 보기는 어렵기 때문이다(헌재 2019.09.26. 2017헌마1209).

정답 ②

문 57
21년 10월 모의시험

통신의 자유에 관한 설명 중 옳은 것은? (다툼이 있는 경우 판례에 의함)

① 전기통신역무제공에 관한 계약을 체결하는 경우 전기통신사업자로 하여금 가입자에게 본인임을 확인할 수 있는 증서 등을 제시하도록 하는 휴대전화 가입 본인확인제는 익명으로 통신하고자 하는 자의 통신의 비밀을 제한한다.
② 자유로운 의사소통은 통신내용의 비밀을 보장하는 것만으로도 충분하고, 구체적인 통신관계의 발생으로 야기된 모든 사실관계, 특히 통신관여자의 인적 동일성·통신장소·통신횟수·통신시간 등 통신의 외형을 구성하는 통신이용의 전반적 상황의 비밀까지도 보장하는 것은 아니다.
③ 수용자가 밖으로 내보내는 모든 서신을 봉함하지 않은 상태로 교정시설에 제출하도록 하는 것은, 교정시설의 안전과 질서유지, 수용자의 교화 및 사회복귀를 원활하게 하기 위한 보안 검색의 필요성에 기한 것으로서 수용자의 통신의 자유를 침해하지 않는다.
④ 이른바 '패킷감청'의 방식으로 이루어지는 인터넷회선감청은, 인터넷통신 감청을 통신제한조치의 하나로 인정하면서 집행 단계나 그 이후에 인터넷회선 감청을 통해 수사기관이 취득한 자료에 대한 권한 남용을 방지하거나 개인의 통신의 자유의 침해를 최소화하기 위한 조치를 제대로 마련하고 있지 않으므로 패킷감청 대상자의 통신의 자유를 침해한다.
⑤ 사생활의 비밀과 자유에 포섭될 수 있는 사적 영역에 속하는 통신의 자유를 헌법이 별개의 조항을 통해 기본권으로 보장하는 이유는, 개인 간의 의사소통을 전제로 하는 통신의 경우 사인에 의한 침해가능성이 국가에 의한 침해가능성보다 더 크기 때문이다.

> **MGI Point** 통신의 자유 ★★
>
> - 전기통신역무제공에 관한 계약 체결시 전기통신사업자로 하여금 가입자에게 본인임을 확인할 수 있는 증서 등 제시요구하고 부정가입방지시스템 등을 이용하여 본인인지 여부를 확인하도록 한 전기통신사업법이 제한하는 기본권
>   ⇨ 개인정보자기결정권 ○ (통신의 비밀 ×)
> - 자유로운 의사소통이 보장하는 내용 ⇨ 통신내용의 비밀 + 통신의 외형을 구성하는 통신이용의 전반적 상황의 비밀
> - 통신비밀의 자유가 침해된 경우
>   - 수용자가 밖으로 내보내는 모든 서신을 봉함하지 않은 상태로 교정시설에 제출토록 하는 규정
>   - 패킷감청의 방식으로 이루어지는 인터넷회선감청
> - 통신의 자유를 헌법이 별개의 조항을 통해서 기본권으로 보호하고 있는 이유
>   ⇨ 국가에 의한 침해의 가능성이 여타의 사적 영역보다 크기 때문 ○

① (X) 전기통신역무제공에 관한 계약을 체결하는 경우 전기통신사업자로 하여금 가입자에게 본인임을 확인할 수 있는 증서 등을 제시하도록 요구하고 부정가입방지시스템 등을 이용하여 본인인지 여부를 확인하도록 한 전기통신사업법(2014. 10. 15. 법률 제12761호로 개정된 것) 제32조의4 제2항, 제3항 및 전기통신사업법 시행령(2015. 4. 14. 대통령령 제26191호로 개정된 것) 제37조의6 제1항, 제2항 제1호, 제3항, 제4항(이를 전부 합하여 '심판대상조항'이라 한다)에 의하여 제한되는 기본권은 통신의 비밀을 제한하는 것은 아니다. 가입자의 인적사항이라는 정보는 통신의 내용·상황과 관계없는 '비 내용적 정보'이며 휴대전화 통신계약 체결 단계에서는 아직 통신수단을 통하여 어떠한 의사소통이 이루어지는 것이 아니므로 통신의 비밀에 대한 제한이 이루어진다고 보기는 어렵기 때문이다. 심판대상조항에 의하여 휴대전화 통신계약 체결을 원하는 자가 이동통신사에 제공하는 데 동의해야 하는 정보는 성명, 생년월일, 주소(여기까지는 온라인·대면 가입 공통), 대면 가입의 경우에는 주민등록번호와 신분증 발급일자, 온라인 가입의 경우에는 공인인증정보나 신용카드정보로서, 개인의 동일성을 식별할 수 있게 하는 정보에 해당한다. 가입자가 이러한 정보 제공에 동의하지 않으면 이동통신사는 휴대전화 통신계약 체결을 거부할 수 있다. 따라서 심판대상조항은 가입자의 개인정보에 대한 제공·이용 여부를 스스로 결정할 권리를 제한하고 있으므로, 개인정보자기결정권을 제한한다(헌재 2019.09.26. 2017헌마1209).

② (X) … 자유로운 의사소통은 통신내용의 비밀을 보장하는 것만으로는 충분하지 아니하고 구체적인 통신관계의 발생으로 야기된 모든 사실관계, 특히 통신관여자의 인적 동일성·통신장소·통신횟수·통신시간 등 통신의 외형을 구성하는 통신이용의 전반적 상황의 비밀까지도 보장한다(헌재 2018.06.28. 2012헌마538).

③ (X) 이 사건 시행령조항은 교정시설의 안전과 질서유지, 수용자의 교화 및 사회복귀를 원활하게 하기 위해 수용자가 밖으로 내보내는 서신을 봉함하지 않은 상태로 제출하도록 한 것이나, 이와 같은 목적은 교도관이 수용자의 면전에서 서신에 금지물품이 들어 있는지를 확인하고 수용자로 하여금 서신을 봉함하게 하는 방법, 봉함된 상태로 제출된 서신을 X-ray 검색기 등으로 확인한 후 의심이 있는 경우에만 개봉하여 확인하는 방법, 서신에 대한 검열이 허용되는 경우에만 무봉함 상태로 제출하도록 하는 방법 등으로도 얼마든지 달성할 수 있다고 할 것인바, 위 시행령 조항이 수용자가 보내려는 모든 서신에 대해 무봉함 상태의 제출을 강제함으로써 수용자의 발송 서신 모두를 사실상 검열 가능한 상태에 놓이도록 하는 것은 기본권 제한의 최소 침해성 요건을 위반하여 수용자인 청구인의 통신비밀의 자유를 침해하는 것이다(헌재 2012.02.23. 2009헌마333).

④ (○) 인터넷회선감청은, 인터넷회선을 통하여 흐르는 전기신호 형태의 '패킷'을 중간에 확보한 다음 재조합 기술을 거쳐 그 내용을 파악하는 이른바 '패킷감청'의 방식으로 이루어진다. 따라서 이를 통해 개인의 통신뿐만 아니라 사생활의 비밀과 자유가 제한된다. … 현행법은 관련 공무원 등에게 비밀준수의무를 부과하고(법 제11조), 통신제한조치로 취득한 자료의 사용제한(법 제12조)을 규정하고 있는 것 외에 수사기관이 감청 집행으로 취득하는 막대한 양의 자료의 처리 절차에 대해서 아무런 규정을 두고 있지 않다. 현행법상 전기통신 가입자에게 집행 통지는 하게 되어 있으나 집행 사유는 알려주지 않아야 되고, 수사가 장기화되

거나 기소중지 처리되는 경우에는 감청이 집행된 사실조차 알 수 있는 길이 없도록 되어 있어(법 제9조의 2), 더욱 객관적이고 사후적인 통제가 어렵다. 또한 현행법상 감청 집행으로 인하여 취득된 전기통신의 내용은 법원으로부터 허가를 받은 범죄와 관련되는 범죄를 수사·소추하거나 그 범죄를 예방하기 위하여도 사용이 가능하므로(법 제12조 제1호) 특정인의 동향 파악이나 정보수집을 위한 목적으로 수사기관에 의해 남용될 가능성도 배제하기 어렵다. … 이상을 종합하면, 이 사건 법률조항은 인터넷회선 감청의 특성을 고려하여 그 집행 단계나 집행 이후에 수사기관의 권한 남용을 통제하고 관련 기본권의 침해를 최소화하기 위한 제도적 조치가 제대로 마련되어 있지 않은 상태에서, 범죄수사 목적을 이유로 인터넷회선 감청을 통신제한조치 허가 대상 중 하나로 정하고 있으므로 침해의 최소성 요건을 충족한다고 할 수 없다(헌재 2018.08.30. 2016헌마263).

⑤ (X) 헌법 제18조에서는 "모든 국민은 통신의 비밀을 침해받지 아니한다"라고 규정하여 통신의 비밀보호를 그 핵심내용으로 하는 통신의 자유를 기본권으로 보장하고 있다. 통신의 자유를 기본권으로서 보장하는 것은 사적 영역에 속하는 개인간의 의사소통을 사생활의 일부로서 보장하겠다는 취지에서 비롯된 것이라 할 것이다. 그런데 개인과 개인간의 관계를 전제로 하는 통신은 다른 사생활의 영역과 비교해 볼 때 국가에 의한 침해의 가능성이 매우 큰 영역이라 할 수 있다. 왜냐하면 오늘날 개인과 개인간의 사적인 의사소통은 공간적인 거리로 인해 우편이나 전기통신을 통하여 이루어지는 경우가 많은데, 이러한 우편이나 전기통신의 운영이 전통적으로 국가독점에서 출발하였기 때문이다. 사생활의 비밀과 자유에 포섭될 수 있는 사적 영역에 속하는 통신의 자유를 헌법이 별개의 조항을 통해서 기본권으로 보호하고 있는 이유는, 이와 같이 국가에 의한 침해의 가능성이 여타의 사적 영역보다 크기 때문이라고 할 수 있다(헌재 2001.03.21. 2000헌바25).

제❸절 ▎정신생활영역의 자유

- 제1항 양심의 자유

문 58

24년 6월 모의시험

양심의 자유에 관한 설명 중 옳은 것(○)과 옳지 않은 것(×)을 올바르게 조합한 것은? (다툼이 있는 경우 판례에 의함)

> ㄱ. 육군 장교가 민간법원에서 약식명령을 받아 확정되면 자진신고할 의무를 부과한 것은 개인의 인격형성에 관계되는 내심의 가치적·윤리적 판단이 개입될 여지가 있다는 점에서 해당 장교의 양심의 자유를 제한한다.
> ㄴ. 현역 입영 또는 소집 통지서를 받은 사람이 정당한 사유 없이 입영일이나 소집일부터 3일이 지나도 입영하지 아니하거나 소집에 응하지 아니한 경우를 처벌하는 것은, 양심적 병역거부자에 대한 형사처벌이 특별예방효과나 일반예방효과를 가지지 못하는 반면, 형사처벌로 인한 불이익은 매우 크므로 양심적 병역거부자의 양심의 자유를 침해한다.
> ㄷ. 인터넷언론사의 공개된 게시판·대화방에서 스스로의 의사에 의하여 정당·후보자에 대한 지지·반대의 글을 게시하는 행위는 정당·후보자에 대한 단순한 의견 등의 표현행위에 불과하므로, 그 과정에서 실명확인 절차의 부담을 진다고 하더라도 이를 두고 양심의 자유를 제한받는 것이라고 할 수 없다.

ㄹ. 내용상 단순히 국법질서나 헌법체제를 준수하겠다는 취지의 서약을 할 것을 요구하는 준법서약은 어떤 구체적이거나 적극적인 내용을 담지 않은 채 단순한 헌법적 의무의 확인·서약에 불과하다 할 것이어서 양심의 영역을 건드리는 것이 아니다.

① ㄱ(○), ㄴ(○), ㄷ(○), ㄹ(×)
② ㄱ(○), ㄴ(○), ㄷ(×), ㄹ(×)
③ ㄱ(×), ㄴ(×), ㄷ(×), ㄹ(○)
④ ㄱ(×), ㄴ(○), ㄷ(×), ㄹ(○)
⑤ ㄱ(×), ㄴ(×), ㄷ(○), ㄹ(○)

MGI Point   양심의 자유   ★★

- **양심의 자유 제한 ×**
  - 육군 장교가 민간법원에서 약식명령을 받아 확정되면 자진신고할 의무를 부과한 것
  - 인터넷언론사의 공개된 게시판·대화방에서 스스로의 의사에 의하여 정당·후보자에 대한 지지·반대의 글을 게시하는 경우 실명확인 절차의 부담
  - 내용상 단순히 국법질서나 헌법체제를 준수하겠다는 취지의 서약을 할 것을 요구하는 준법서약
- **양심의 자유 침해 ×**
  - 현역 입영 또는 소집 통지서를 받은 사람이 정당한 사유 없이 입영일이나 소집일부터 3일이 지나도 입영하지 아니하거나 소집에 응하지 아니한 경우를 처벌하는 것

ㄱ. (X) … 청구인 김○○은 20년도 육군지시 자진신고조항이 양심의 자유도 제한한다고 주장한다. 그러나 민간법원에서 약식명령을 받아 확정된 사실을 자진신고 하는 것은, 개인의 인격형성에 관계되는 내심의 가치적·윤리적 판단이 개입될 여지가 없는 단순한 사실관계의 확인에 불과하므로, 헌법 제19조에 의하여 보호되는 양심에 포함되지 아니한다. 따라서 20년도 육군지시 자진신고조항은 양심의 자유도 제한하지 아니한다(헌재 2021.08.31. 2020헌마12등).

ㄴ. (X) "처벌조항"은 현역입영 또는 소집 통지서를 받은 사람이 입영하지 아니하거나 소집에 응하지 아니한 경우 3년 이하의 징역에 처하도록 하고 있다. … 결국 양심적 병역거부자에 대한 처벌은 대체복무제를 규정하지 아니한 병역종류조항의 입법상 불비와 양심적 병역거부는 처벌조항의 '정당한 사유'에 해당하지 않는다는 법원의 해석이 결합되어 발생한 문제일 뿐, 처벌조항 자체에서 비롯된 문제가 아니다(대법원 2004. 7. 15. 선고 2004도2965 전원합의체 판결 참조). 따라서 처벌조항이 과잉금지원칙을 위반하여 양심적 병역거부자의 양심의 자유를 침해한다고 볼 수는 없다(헌재 2018.06.28. 2011헌바379등).

> **비교판례** 양심적 병역거부자에 대한 대체복무제를 규정하지 아니한 "병역종류조항"은 과잉금지원칙에 위배하여 양심적 병역거부자의 양심의 자유를 침해한다(헌재 2018.06.28. 2011헌바379등). ▶ 양심적 병역거부자에 대한 대체복무제를 규정하지 아니한 "병역종류조항"은 과잉금지원칙에 위배하여 양심적 병역거부자의 양심의 자유를 침해한다고 판단하였으나, 처벌조항은 합헌으로 판단하였음에 주의할 것, 이 헌법불합치 결정에 따라 2020년 10월부터 대체복무제가 시행되고 있음
> **참조판례** 자신의 내면에 형성된 양심을 이유로 집총과 군사훈련을 수반하는 병역의무를 이행하지 않는 사람에게 형사처벌 등 제재를 해서는 안 된다. 양심적 병역거부자에게 병역의무의 이행을 일률적으로 강제하고 그 불이행에 대하여 형사처벌 등 제재를 하는 것은 양심의 자유를 비롯한 헌법상 기본권 보장체계와 전체 법질서에 비추어 타당하지 않을 뿐만 아니라 소수자에 대한 관용과 포용이라는 자유민주주의 정신에도 위배된다. 따라서 진정한 양심에 따른 병역거부라면, 이는 병역법 제88조 제1항의 '정당한 사유'에 해당한다. … 이와 달리 양심적 병역거부가 병역법 제88조 제1항에서 정한 '정당한 사유'에 해당하지 않는다고 판단한 대

법원 2004. 7. 15. 선고 2004도2965 전원합의체 판결, …등을 비롯하여 그와 같은 취지의 판결들은 이 판결의 견해에 배치되는 범위에서 이를 모두 변경하기로 한다(대판 2018.11.01. 2016도10912(전합)).

ㄷ. (○) … 인터넷언론사의 공개된 게시판·대화방에서 스스로의 의사에 의하여 정당·후보자에 대한 지지·반대의 글을 게시하는 행위는 정당·후보자에 대한 단순한 의견 등의 표현행위에 불과하여 양심의 자유나 사생활 비밀의 자유에 의하여 보호되는 영역이라고 할 수 없으므로, 그 과정에서 실명확인 절차의 부담을 진다고 하더라도 이를 두고 양심의 자유나 사생활 비밀의 자유를 제한받는 것이라고 볼 수 없어 그 침해 여부에 관하여 더 나아가 판단하지 아니한다(헌재 2010.02.25. 2008헌마324등).

ㄹ. (○) 내용상 단순히 국법질서나 헌법체제를 준수하겠다는 취지의 서약을 할 것을 요구하는 이 사건 준법서약은 국민이 부담하는 일반적 의무를 장래를 향하여 확인하는 것에 불과하며, 어떠한 가정적 혹은 실제적 상황하에서 특정의 사유(思惟)를 하거나 특별한 행동을 할 것을 새로이 요구하는 것이 아니다. 따라서 이 사건 준법서약은 어떤 구체적이거나 적극적인 내용을 담지 않은 채 단순한 헌법적 의무의 확인·서약에 불과하다 할 것이어서 양심의 영역을 건드리는 것이 아니다(헌재 2002.04.25. 98헌마425등).

정답 ⑤

문 59

22년 6월 모의시험

양심의 자유에 관한 설명 중 옳은 것을 모두 고른 것은? (다툼이 있는 경우 판례에 의함)

ㄱ. 「소득세법」에 따라 세무사가 행하는 성실신고확인은 확인대상사업자의 소득금액에 대하여 관련 법령에 따라 확인하는 것으로 단순한 사실관계의 확인에 불과한 것이어서 헌법 제19조에 의하여 보장되는 양심의 영역에 포함되지 않는다.

ㄴ. 헌법재판소는 양심적 병역거부자에 대한 대체복무제를 도입하라는 취지로 「병역법」 제5조 제1항에 대하여 헌법불합치결정을 하면서 그 입법시한을 2019. 12. 31.로 하였고, 이에 따라 입법자는 위 시한까지 대체복무제를 도입하는 내용의 입법을 할 의무뿐만 아니라 기존에 유죄판결을 받은 양심적 병역거부자에 대해 전과기록 말소 등의 구제조치에 대한 입법의무까지 부담하게 되었다.

ㄷ. 양심은 민주적 다수의 사고나 가치관과 일치하는 것으로 지극히 객관적인 것이어야 하는데, 양심은 그 대상이나 내용 또는 동기에 의하여 판단되어야 하며, 특히 양심상의 결정이 이성적·합리적인가, 타당한가 또는 법질서나 사회규범·도덕률과 일치하는가 하는 관점은 양심의 존재를 판단하는 기준이 된다.

ㄹ. 양심의 자유에는 널리 사물의 시시비비나 선악과 같은 윤리적 판단에 국가가 개입해서는 안 되는 내심적 자유는 물론, 이와 같은 윤리적 판단을 국가권력에 의하여 외부에 표명하도록 강제받지 않는 자유 즉 윤리적 판단사항에 관한 침묵의 자유까지 포괄한다.

ㅁ. 당해 실정법이 특정의 행위를 금지하거나 명령하는 것이 아니라 단지 특별한 혜택을 부여하거나 권고 내지 허용하고 있는 데에 불과하다면, 수범자는 수혜를 스스로 포기하거나 권고를 거부함으로써 법질서와 충돌하지 아니한 채 자신의 양심을 유지, 보존할 수 있으므로 양심의 자유가 침해되는 것은 아니다.

① ㄱ, ㄴ
② ㄴ, ㄷ
③ ㄱ, ㄴ, ㄹ
④ ㄱ, ㄹ, ㅁ
⑤ ㄷ, ㄹ, ㅁ

> **MGI Point 양심의 자유** ★★
>
> ■ 세무사가 행하는 성실신고확인은 단순한 사실관계의 확인 ⇨ 헌법 제19조에 의하여 보장되는 양심의 영역에 포함 ×
> ■ 유죄판결을 받은 양심적 병역거부자에 대한 전과기록 말소 등 구제조치를 하지 않는 입법부작위
>   ⇨ 입법자에게 광범위한 입법재량 有, 구체적인 입법의무 발생 ×
> ■ 양심은 민주적 다수의 사고나 가치관과 일치하는 것이 아니라 개인적 현상으로서 지극히 주관적인 것
>   ▪ 그 대상이나 내용 또는 동기에 의하여 판단 不可
>   ▪ 양심상의 결정이 이성적·합리적인가, 타당한가 또는 법질서나 사회규범·도덕률과 일치하는가 하는 관점
>   ⇨ 양심의 존재를 판단하는 기준이 될 수 없음
> ■ 양심의 자유의 내용 ⇨ 사물의 시시비비나 선악과 같은 윤리적 판단에 국가가 개입해서는 안되는 내심적 자유 + 윤리적 판단을 국가권력에 의하여 외부에 표명하도록 강제받을 않을 자유까지 포함 ○
> ■ 실정법이 특정의 행위를 금지하거나 명령하는 것이 아니라 단지 특별한 혜택을 부여하거나 권고 내지 허용하고 있는 경우
>   ⇨ 수범자는 수혜를 스스로 포기하거나 권고를 거부함으로써 법질서와 충돌하지 아니한 채 자신의 양심을 유지·보존 可
>   ∴ 양심의 자유에 대한 침해 ×

ㄱ. (○) 심판대상조항은 확인대상사업자에게 소득신고를 할 때 세무사 등이 작성한 성실신고확인서를 제출할 의무를 부과하고, 세무사의 직무에 소득세법에 따른 성실신고확인업무를 포함시키고 있는바, 심판대상조항이 과잉금지원칙에 위배하여 확인대상사업자나 세무사의 직업수행의 자유를 침해하는지 여부가 문제된다. … 청구인은 심판대상조항이 세무사의 양심의 자유를 침해한다고 주장하나 헌법 제19조의 양심의 자유는 옳고 그른 것에 대한 판단을 추구하는 가치적·도덕적 마음가짐으로 인간의 윤리적 내심영역인바, 세무사가 행하는 성실신고확인은 확인대상사업자의 소득금액에 대하여 심판대상조항 및 관련 법령에 따라 확인하는 것으로 단순한 사실관계의 확인에 불과한 것이어서 헌법 제19조에 의하여 보장되는 양심의 영역에 포함되지 않는다(헌재 2019.07.25. 2016헌바392).

ㄴ. (×) 우리 헌법재판소는 지난 2018. 6. 28. 선고한 2011헌바379등 사건에서 양심적 병역거부자에 대한 대체복무제를 도입하라는 취지로 병역법 제5조 제1항에 대하여 헌법불합치 결정을 하면서 그 입법시한을 2019. 12. 31.로 하였고, 이에 따라 입법자는 위 시한까지 대체복무제를 도입하는 내용의 입법을 할 의무를 부담하게 되었다. 이에 더하여 입법자가 기존에 유죄판결을 받은 양심적 병역거부자에 대해 전과기록 말소 등의 구제조치를 할 것인지에 대하여는 입법자에게 광범위한 입법재량이 부여되어 있다고 보아야 한다. 따라서 우리나라가 자유권규약의 당사국으로서 자유권규약위원회의 견해를 존중하고 고려하여야 한다는 점을 감안하더라도, 피청구인에게 이 사건 견해에 언급된 구제조치를 그대로 이행하는 법률을 제정할 구체적인 입법의무가 발생하였다고 보기는 어렵다. 헌법의 명문규정이나 헌법해석상 피청구인에게 청구인들이 주장하는 입법의무가 발생하였다고 볼 수 없으므로, 이 사건 심판청구는 헌법소원심판의 대상이 될 수 없는 입법부작위를 대상으로 한 것으로서 부적법하다(헌재 2018.07.26. 2011헌마306(병합)).

> **판례** … 앞서 본 것처럼 병역종류조항의 위헌성은 양심적 병역거부자에 대한 대체복무제를 규정하지 아니한 부작위에 있다. 그런데 위와 같은 부작위의 위헌성을 이유로 병역종류조항에 대해 단순위헌 결정을 할 경우 병역의 종류와 각 병역의 구체적인 범위에 관한 근거규정이 사라지게 되어 일체의 병역의무를 부과할 수 없게 되므로, 용인하기 어려운 법적 공백이 생기게 된다. 더욱이 입법자는 대체복무제를 형성함에 있어 그 신청절차, 심사주체 및 심사방법, 심사결과에 대한 이의신청절차, 복무분야, 복무기간 등을 어떻게 설정할지 등에 관하여 광범위한 입법재량을 가진다. 따라서 병역종류조항에 대하여 단순위헌 결정을 하는 대신 헌법불합치 결정을 선고하되, 다만 입법자의 개선입법이 이루어질 때까지 계속적용을 명하기로 한다. 입법자는

가능한 한 빠른 시일 내에 양심적 병역거부자에 대한 대체복무제를 도입하는 내용의 개선입법을 해야 할 의무가 있으므로, 늦어도 2019. 12. 31.까지는 개선입법을 이행하여야 하고, 그때까지 개선입법이 이루어지지 않으면 병역종류조항은 2020. 1. 1.부터 효력을 상실한다(헌재 2018.06.28. 2011헌바379(병합)). ▶ 양심적 병역거부자에 대한 대체복무제를 규정하지 아니한 병역종류조항은 과잉금지원칙에 위배하여 양심적 병역거부자의 양심의 자유를 침해한다고 판단하였으나, 처벌조항은 합헌으로 판단하였음에 주의할 것, 이 헌법불합치 결정에 따라 2020년 10월부터 대체복무제가 시행되고 있음

ㄷ. (X) '양심'은 민주적 다수의 사고나 가치관과 일치하는 것이 아니라, 개인적 현상으로서 지극히 주관적인 것이다. 양심은 그 대상이나 내용 또는 동기에 의하여 판단될 수 없으며, 특히 양심상의 결정이 이성적·합리적인가, 타당한가 또는 법질서나 사회규범·도덕률과 일치하는가 하는 관점은 양심의 존재를 판단하는 기준이 될 수 없다(헌재 2018.06.28. 2011헌바379).

ㄹ. (O) 헌법 제19조는 모든 국민은 양심의 자유를 가진다고 규정하여 양심의 자유를 기본권의 하나로 보장하고 있는바, 여기서 말하는 양심이란 세계관·인생관·주의·신조 등은 물론 이에 이르지 아니하여도 보다 널리 개인의 인격형성에 관계되는 내심에 있어서의 가치적·윤리적 판단도 포함된다. 그러므로 양심의 자유에는 널리 사물의 시시비비나 선악과 같은 윤리적 판단에 국가가 개입해서는 아니되는 내심적 자유는 물론, 이와 같은 윤리적 판단을 국가권력에 의하여 외부에 표명하도록 강제받지 아니할 자유까지 포괄한다(헌재 1998.07.16. 96헌바35).

ㅁ. (O) 양심의 자유는 내심에서 우러나오는 윤리적 확신과 이에 반하는 외부적 법질서의 요구가 서로 회피할 수 없는 상태로 충돌할 때에만 침해될 수 있다. 그러므로 당해 실정법이 특정의 행위를 금지하거나 명령하는 것이 아니라 단지 특별한 혜택을 부여하거나 권고 내지 허용하고 있는 데에 불과하다면, 수범자는 수혜를 스스로 포기하거나 권고를 거부함으로써 법질서와 충돌하지 아니한 채 자신의 양심을 유지, 보존할 수 있으므로 양심의 자유에 대한 침해가 된다할 수 없다(헌재 2002.04.25. 98헌마425).

정답 ④

문 60
21년 6월 모의시험

양심의 자유에 관한 설명 중 옳은 것을 모두 고른 것은? (다툼이 있는 경우 판례에 의함)

ㄱ. 「국가보안법」상 이적행위조항은 반국가단체 등에 대한 동조행위를 처벌하는 것으로 개인의 사상과 이념을 근거로 처벌하는 것이 되어 양심의 자유를 침해한다.
ㄴ. 법적 강제수단이 아닌 사실상 내지 간접적인 강제 수단에 의해서도 양심의 자유는 제한될 수 있다.
ㄷ. 헌법에 의해 보호받는 양심은 법질서와 도덕에 부합하는 사고를 가진 다수의 양심이 아니라 '소수자'의 양심이다.
ㄹ. 보안관찰처분은 보안관찰처분대상자의 내심의 작용을 문제 삼는 것이 아니라, 보안관찰처분대상자가 보안관찰 해당범죄를 다시 저지를 위험성이 내심의 영역을 벗어나 외부에 표출되는 경우에 재범의 방지를 위하여 내려지는 특별예방적 목적의 처분이므로, 보안관찰처분 근거규정은 해당 보안관찰처분대상자의 양심의 자유를 침해하지 아니한다.

① ㄱ, ㄴ
② ㄱ, ㄹ
③ ㄴ, ㄷ
④ ㄷ, ㄹ
⑤ ㄴ, ㄷ, ㄹ

MGI Point 양심의 자유 ★★★

- 반국가단체 등에 대한 동조행위를 처벌하는 「국가보안법」상 이적행위 조항 ⇨ 주된 기본권인 표현의 자유 침해 ×
  (양심형성의 자유 그 자체를 직접 제한 × ⇨ 양심의 자유 침해 여부는 별도로 판단 ×)
- 법적 강제수단이 없더라도 사실상 내지 간접적인 강제수단에 의하여 양심의 자유 제한 可
- 헌법에 의해 보호받는 양심 ⇨ 다수가 아니라 '소수자'의 양심 ○
- 보안관찰처분 근거규정 ⇨ 양심의 자유를 침해 ×

ㄱ. (X) 이적행위 조항은 반국가단체 등에 대한 찬양·고무·선전·동조행위를 처벌함으로써, 자발적인 결단에 따라 형성한 의사를 위 행위들을 통하여 타인에게 알리고자 하는 표현의 자유를 제한한다. 이적행위 조항에 의해 양심에 따른 행동을 할 자유가 제한되는 측면이 있기는 하나 이러한 행동이 표현행위를 통해 이루어지는 이상 위 조항으로 인하여 보다 직접적으로 제한되는 기본권은 표현의 자유라고 할 것이고, 위 조항은 개인의 결단이 내심에 머무르는 한 양심을 형성하고 양심상의 결정을 내리는 자유, 즉 양심형성의 자유 그 자체를 직접 제한하지는 아니하므로, 이적행위 조항의 위헌성은 표현의 자유 침해 여부를 기준으로 판단하기로 한다. …이적행위 조항과 관련하여 주된 기본권인 표현의 자유 침해 여부에 대하여 판단하는 이상 보충적 기본권인 일반적 행동자유권 침해 여부는 별도로 판단하지 아니한다. … 이적행위 조항은 표현의 자유를 침해하지 아니한다(헌재 2015.04.30. 2012헌바95).

ㄴ. (○) 비록 법적 강제수단이 없더라도 사실상 내지 간접적인 강제 수단에 의하여 인간 내심과 다른 내용의 실현을 강요하고 인간의 정신활동의 자유를 제한하며 인격의 자유로운 형성과 발현을 방해한다면, 이 또한 양심의 자유를 제한하는 것이라고 보아야 한다. 앞에서 본 바와 같이 소득공제증빙서류 제출의무자들인 의료기관 등으로서는 과세자료를 제출하지 않을 경우 국세청으로부터 행정지도와 함께 세무조사와 같은 불이익을 받을 수 있다는 심리적 강박감을 가지게 되는바, 결국 이 사건 법령조항에 대하여는 의무불이행에 대하여 간접적이고 사실적인 강제수단이 존재하므로 법적 강제수단의 존부와 관계없이 청구인들의 양심의 자유를 제한한다(헌재 2008.10.30. 2006헌마1401).

ㄷ. (○) 개인의 양심은 사회 다수의 정의관·도덕관과 일치하지 않을 수 있으며, 오히려 헌법상 양심의 자유가 문제되는 상황은 개인의 양심이 국가의 법질서나 사회의 도덕률에 부합하지 않는 경우이므로, 헌법에 의해 보호받는 양심은 법질서와 도덕에 부합하는 사고를 가진 다수가 아니라 이른바 '소수자'의 양심이 되기 마련이다(헌재 2018.06.28. 2011헌바379).

ㄹ. (○) 보안관찰처분은 보안관찰처분대상자의 내심의 작용을 문제 삼는 것이 아니라, 보안관찰처분대상자가 보안관찰해당범죄를 다시 저지를 위험성이 내심의 영역을 벗어나 외부에 표출되는 경우에 재범의 방지를 위하여 내려지는 특별예방적 목적의 처분이므로, 보안관찰처분 근거규정은 양심의 자유를 침해하지 아니한다(헌재 2015.11.26. 2014헌바475).

제2항 종교의 자유

문 61
23년 6월 모의시험

양심의 자유와 종교의 자유에 관한 설명 중 옳지 않은 것은? (다툼이 있는 경우 판례에 의함)

① 양심의 자유도 내재적 한계가 있는 것이므로, 양심상의 결정이 동 시대의 보편적 가치관이나 종교관 또는 세계관과 부합될 수 없는 것이라면, 그러한 내용의 양심상의 결정은 양심의 자유에 의하여 보장될 수 없다.

② 양심형성의 자유와 양심적 결정의 자유는 내심에 머무르는 한 절대적 자유라고 할 수 있지만, 양심실현의 자유는 타인의 기본권이나 다른 헌법적 질서와 저촉되는 경우 법률에 의하여 제한될 수 있는 상대적 자유라고 할 수 있다.

③ 전통사찰의 소유로서 전법(傳法)에 제공되는 경내지의 건조물과 토지에 관하여는 저당권이나 그 밖의 물권의 실행을 위한 경우 또는 파산한 경우 외에는 전통사찰의 등록 후에 발생한 사법(私法)상의 금전채권으로 압류하지 못하도록 한 것은, 전통사찰 소유의 일정 재산에 대한 압류를 금지할 뿐이므로 전통사찰에 대하여 채무명의를 가진 일반 채권자의 종교의 자유를 제한하지 않는다.

④ 사업자단체의 공정거래법 위반행위가 있을 때 공정거래위원회가 당해 사업자단체에 대하여 "법위반사실의 공표"를 명할 수 있도록 한 것은 단순히 법위반사실 자체를 공표하라는 것일 뿐, 사죄 내지 사과하라는 의미요소를 가지고 있지 않으므로 양심의 자유의 침해문제는 발생하지 않는다.

⑤ 종교적 행위의 자유에는 종교상의 의식·예배 등 종교적 행위를 각 개인이 임의로 할 수 있는 등 종교적인 확신에 따라 행동하고 교리에 따라 생활할 수 있는 자유와 소극적으로는 자신의 종교적인 확신에 반하는 행위를 강요당하지 않을 자유 그리고 선교의 자유, 종교교육의 자유 등이 포함된다.

MGI Point 양심의 자유 · 종교의 자유 ★★

- 양심의 자유에 의하여 보장되는 양심상의 결정 ⇨ 어떠한 종교관·세계관 또는 그 외의 가치체계에 기초하고 있는가와 관계없이 양심의 자유에 의하여 보장 ○
- 양심형성의 자유와 양심적 결정의 자유 : 내심에 머무르는 한 절대적 자유 / 양심실현의 자유 : 헌법적 질서와 저촉되는 경우 법률에 의하여 제한될 수 있는 상대적 자유
- 불교 전통사찰 소유의 재산만의 압류 금지규정 ⇨ 전통사찰에 대해 채무명의를 가진 채권자의 종교의 자유 제한 ×
- 공정거래 위원회가 공정거래법 위반행위를 한 당해 사업자 단체에 대해 법위반사실의 공표를 명할 수 있도록 하는 것 ⇨ 양심의 자유침해 문제 발생 ×
- 종교적 행위의 자유의 내용 ⇨ 종교상의 의식·예배 등 종교적 행위를 각 개인이 임의로 할 수 있는 등 종교적인 확신에 따라 행동하고 교리에 따라 생활할 수 있는 자유 + 소극적으로는 자신의 종교적인 확신에 반하는 행위를 강요당하지 않을 자유, 선교의 자유, 종교교육의 자유 등이 포함

① (X) 일반적으로 민주적 다수는 법질서와 사회질서를 그의 정치적 의사와 도덕적 기준에 따라 형성하기 때문에, 그들이 국가의 법질서나 사회의 도덕률과 양심상의 갈등을 일으키는 것은 예외에 속한다. 양심의 자유에서 현실적으로 문제가 되는 것은 사회적 다수의 양심이 아니라, 국가의 법질서나 사회의 도덕률에서 벗어나려는 소수의 양심이다. 따라서 <u>양심상의 결정이 어떠한 종교관·세계관 또는 그 외의 가치체계에 기초하고 있는가와 관계없이, 모든 내용의 양심상의 결정이 양심의 자유에 의하여 보장된다</u>(헌재 2004.08.26. 2002헌가1).

② (○) 헌법 제19조가 보호하고 있는 양심의 자유는 양심형성의 자유와 양심적 결정의 자유를 포함하는 내심적 자유(forum internum)뿐만 아니라, 양심적 결정을 외부로 표현하고 실현할 수 있는 양심실현의 자유(forum externum)를 포함한다고 할 수 있다. 내심적 자유, 즉 양심형성의 자유와 양심적 결정의 자유는 내심에 머무르는 한 절대적 자유라고 할 수 있지만, <u>양심실현의 자유는 타인의 기본권이나 다른 헌법적 질서와 저촉되는 경우 헌법 제37조 제2항에 따라 국가안전보장 질서유지 또는 공공복리를 위하여 법률에 의하여 제한될 수 있는 상대적 자유라고 할 수 있다.</u> 그리고 양심실현은 적극적인 작위의 방법으로도 실현될 수 있지만 소극적으로 부작위에 의해서도 그 실현이 가능하다 할 것이다(헌재 1998.07.16. 96헌바35).

③ (○) 청구인은 이 사건 법률조항이 다른 종교단체의 재산과는 달리 불교 전통사찰 소유의 재산만을 압류금지 재산으로 규정함으로써 청구인의 종교의 자유를 침해한다고 주장한다. 그러나 종교의 자유는 신앙의 자유, 종교적 행위의 자유 및 종교적 집회·결사의 자유를 그 내용으로 하는바, 이 사건 법률조항은 전통사찰 소유의 일정 재산에 대한 압류를 금지할 뿐이므로 그로 인하여 위와 같은 종교의 자유의 내용 중 어떠한 것도 제한되지는 아니한다(헌재 2012.06.27. 2011헌바34).

④ (○) 이 사건의 경우와 같이 경제규제법적 성격을 가진 공정거래법에 위반하였는지 여부에 있어서도 각 개인의 소신에 따라 어느 정도의 가치판단이 개입될 수 있는 소지가 있고 그 한도에서 다소의 윤리적 도덕적 관련성을 가질 수도 있겠으나, 이러한 법률판단의 문제는 개인의 인격형성과는 무관하며, 대화와 토론을 통하여 가장 합리적인 것으로 그 내용이 동화되거나 수렴될 수 있는 포용성을 가지는 분야에 속한다고 할 것이므로 헌법 제19조에 의하여 보장되는 양심의 영역에 포함되지 아니한다고 봄이 상당하다(헌재 2002.01.31. 2001헌바43).

⑤ (○) 종교적 행위의 자유는 종교상의 의식·예배 등 종교적 행위를 각 개인이 임의로 할 수 있는 등 종교적인 확신에 따라 행동하고 교리에 따라 생활할 수 있는 자유와 소극적으로는 자신의 종교적인 확신에 반하는 행위를 강요당하지 않을 자유 그리고 선교의 자유, 종교교육의 자유 등이 포함된다. 종교적 집회·결사의 자유는 종교적 목적으로 같은 신자들이 집회하거나 종교단체를 결성할 자유를 말한다(헌재 2011.12.29. 2009헌마527).

정답 ①

제3항 언론·출판과 집회·결사의 자유

문 62   24년 10월 모의시험

표현의 자유에 관한 설명 중 옳은 것을 모두 고른 것은? (다툼이 있는 경우 판례에 의함)

ㄱ. 전단 등을 살포하여 국민의 생명·신체에 위해를 끼치거나 심각한 위험을 발생시키는 것을 남북합의서 위반행위로서 금지하고 이를 위반하는 자를 처벌하는 것은 해당 전단 등 살포자의 표현의 자유를 침해한다.

ㄴ. 변호사 또는 소비자로부터 경제적 대가를 받고 법률상담 또는 사건 등을 소개·알선·유인하기 위하여 변호사와 소비자를 연결하거나 변호사를 광고·홍보·소개하는 행위를 포괄적으로 금지하는 것은, 공정한 수임질서를 해치거나 소비자에게 피해를 줄 수 있는 내용의 광고를 제한하는 등 기본권을 덜 제한하는 완화된 수단에 의해서도 입법목적을 같은 정도로 달성할 수 있다는 점에서 해당 변호사의 표현의 자유를 침해한다.

ㄷ. 선거일 전 180일부터 선거일까지 선거에 영향을 미치게 하기 위하여 화환을 설치하는 행위를 금지하고 이를 위반한 자를 처벌하는 것은, 화환의 경우 투입되는 비용에 따라 홍보효과에도 상당한 차이가 발생할 수 있고 이에 따라 초래할 수 있는 선거에서의 기회 불균형을 방지하기 위한 불가피한 제한이므로 정치적 표현의 자유를 침해하지 않는다.

ㄹ. 공연히 사실을 적시하여 사람의 명예를 훼손한 자를 형사처벌하는 것은, 진실한 사실이 가려진 채 형성된 허위·과장된 명예가 표현의 자유에 대한 위축효과를 야기하면서까지 보호해야 할 법익이라고 보기 어려운 점을 고려하면 해당 표현자의 표현의 자유를 침해한다.

ㅁ. 인터넷언론사는 선거운동기간 중 당해 홈페이지 게시판 등에 정당·후보자에 대한 지지·반대 등의 정보를 게시하는 경우 실명을 확인받는 기술적 조치를 하도록 정한 것은 해당 게시판이용자의 익명표현의 자유와 인터넷언론사의 언론의 자유를 침해한다.

① ㄱ, ㄴ
② ㄷ, ㄹ
③ ㄱ, ㄴ, ㅁ
④ ㄱ, ㄷ, ㅁ
⑤ ㄴ, ㄹ, ㅁ

MGI Point 표현의 자유 ★★★

- **표현의 자유 침해 ○**
  - 대북 전단등 살포하여 '국민의 생명·신체에 위해를 끼치거나 심각한 위험을 발생시키는 경우' 처벌하는 것
  - 경제적 대가를 받고 법률상담 또는 사건 등을 소개·알선·유인하기 위하여 변호사를 광고·홍보·소개하는 행위를 포괄적으로 금지하는 것
  - 선거일 전 180일부터 선거에 영향을 미치게 하기위한 화환 설치를 금지하는 것
  - 인터넷언론사는 선거운동기간 중 홈페이지 등에 정당·후보자에 대한 지지·반대 등의 정보를 게시하는 경우 실명을 확인받는 기술적 조치를 하도록 정한 것
- **표현의 자유 침해 ×**
  - 사실적시 명예훼손죄

ㄱ. (○) 이 사건 금지조항은 정부와 북한 당국간에 문서의 형식으로 체결된 모든 합의, 즉 '남북합의서' 위반행위로서 전단등을 살포하여 국민의 생명·신체에 위해를 끼치거나 심각한 위험을 발생시키는 것을 금지하고, 이 사건 처벌조항은 이를 위반한 경우 그 미수범까지 처벌하고 있다. … 1) 표현의 자유는 민주주의의 근간이 되는 중요한 헌법적 가치이므로 표현의 자유의 사전적 제한을 정당화하기 위해서는 그 제한으로 인하여 달성하려는 공익의 효과가 명백하여야 한다. … 정전협정이 체결된 이후 지금까지 지속적으로 접경지역에서 도발을 감행하였는데, 전단등 살포와 직접적인 관련성을 찾기는 어렵다. 2) 반면 심판대상조항이 초래하는 표현의 자유의 제한은 매우 중대하다. … 이상과 같은 사정을 종합하면, 심판대상조항이 달성하고자 하는 공익보다 이로 인하여 제한되는 사익이 더 크다고 할 수 있어, 법익의 균형성도 인정되지 않는다. 심판대상조항은 과잉금지원칙에 위배되어 청구인들의 표현의 자유를 침해한다(헌재 2023. 9. 26. 선고 2020헌마1724·1733(병합)).

ㄴ. (○) 변호사 광고에 관한 규정 제5조 제2항 제1호 중 '변호사등을 광고·홍보·소개하는 행위' 부분(이하 '이 사건 대가수수 광고금지규정') : 이 사건 대가수수 광고금지규정이 규제하는 행위는 …불특정 다수의 변호사를 동시에 광고·홍보·소개하는 행위도 이 사건 대가수수 광고금지규정이 예정하는 행위라고 해석하는 것이 타당하다. …광고업자에게 대가를 지급하고 광고를 의뢰하는 행위를 일률적으로 금지하는 이 사건 대가수수 광고금지규정은 앞서 본 입법목적인 변호사의 공공성, 공정한 수임질서 유지, 소비자 피해 방지 등을 달성하기 위한 적합한 수단으로 보기 어렵다. …이 사건 대가수수 광고금지규정에서 경제적 대가를 지급하고 변호사들을 광고·홍보·소개하는 행위를 포괄적으로 금지하는 것은 침해의 최소성 요건을 충족하지 못하였다. …이 사건 대가수수 광고금지규정으로 인하여 청구인 변호사들은 광고업자에게 유상으로 광고를 의뢰하는 것이 사실상 금지되어 표현의 자유, 직업의 자유에 중대한 제한을 받게 되고, 청구인 회사로서도 변호사들로부터 광고를 수주하지 못하게 되어 영업에 중대한 제한을 받게 된다. 따라서 위 규정은 법익의 균형성도 갖추지 못하였다. 그러므로 이 사건 대가수수 광고금지규정은 과잉금지원칙을 위반하여 청구인들의 표현의 자유, 직업의 자유를 침해한다(헌재 2022.05.26. 2021헌마619).

▶ 헌법재판소는 변호사 광고에 관한 규정 제5조 제2항 제1호에 대하여, '변호사와 소비자를 연결' 부분은 특정 변호사와 소비자를 직접 이어주는 형태의 광고를 금지하는 규정으로 해석하여 합헌으로 판단하였다. 반면, '변호사등을 광고·홍보·소개하는 행위' 부분

('이 사건 대가수수 광고금지규정')은 불특정 다수의 변호사를 동시에 광고·홍보·소개하는 행위를 포괄적으로 금지하는 규정으로 해석하여 위헌이라고 판단하였다.

> **[심판대상조항] 변호사 광고에 관한 규정(2021.5.3. 전부개정된 것)**
> **제5조[광고방법 등에 관한 제한]** ② 변호사등은 다음 각 호의 행위를 하는 자(개인·법인·기타단체를 불문한다)에게 광고·홍보·소개를 의뢰하거나 참여 또는 협조하여서는 아니 된다.
> 1. 변호사 또는 소비자로부터 금전·기타경제적 대가(알선료, 중개료, 수수료, 회비, 가입비, 광고비 등 명칭과 정기·비정기 형식을 불문한다)를 받고 법률상담 또는 사건 등을 소개·알선·유인하기 위하여 변호사등과 소비자를 연결하거나 변호사등을 광고·홍보·소개하는 행위

ㄷ. (X) 심판대상조항은 선거일 전 180일부터 선거일까지라는 장기간 동안 선거와 관련한 정치적 표현의 자유를 광범위하게 제한하고 있다. 화환의 설치는 경제적 차이로 인한 선거 기회 불균형을 야기할 수 있으나, 그러한 우려가 있다고 하더라도 공직선거법상 선거비용 규제 등을 통해서 해결할 수 있다. 또한 공직선거법상 후보자 비방 금지 규정 등을 통해 무분별한 흑색선전 등의 방지도 가능하다. 이러한 점들을 종합하면, 심판대상조항은 목적 달성에 필요한 범위를 넘어 장기간 동안 선거에 영향을 미치게 하기 위한 화환의 설치를 금지하는 것으로, 과잉금지원칙에 위반되어 정치적 표현의 자유를 침해한다(헌재 2023.06.29. 2023헌가12).

ㄹ. (X) 공연히 사실을 적시하여 사람의 명예를 훼손한 자를 형사처벌하도록 규정한 형법 제307조 제1항이 표현의 자유를 침해하는지 여부(소극) : 헌법 제21조가 표현의 자유를 보장하면서도 타인의 명예와 권리를 그 한계로 선언하는 점, 타인으로부터 부당한 피해를 받았다고 생각하는 사람이 법률상 허용된 민·형사상 절차에 따르지 아니한 채 사적 제재수단으로 명예훼손을 악용하는 것을 규제할 필요성이 있는 점, 공익성이 인정되지 않음에도 불구하고 단순히 타인의 명예가 허명임을 드러내기 위해 개인의 약점과 허물을 공연히 적시하는 것은 자유로운 논쟁과 의견의 경합을 통해 민주적 의사형성에 기여한다는 표현의 자유의 목적에도 부합하지 않는 점 등을 종합적으로 고려하면, 형법 제307조 제1항은 과잉금지원칙에 반하여 표현의 자유를 침해하지 아니한다(헌재 2021.02.25. 2017헌마1113, 2018헌바330(병합)).

ㅁ. (O) 심판대상조항('인터넷언론사는 선거운동기간 중 당해 홈페이지 게시판 등에 정당·후보자에 대한 지지·반대 등의 정보를 게시하는 경우 실명을 확인받는 기술적 조치를 하도록 정한 공직선거법 조항' 등)은 정치적 의사표현이 가장 긴요한 선거운동기간 중에 인터넷언론사 홈페이지 게시판 등 이용자로 하여금 실명확인을 하도록 강제함으로써 익명표현의 자유와 언론의 자유를 제한하고, 모든 익명표현을 규제함으로써 대다수 국민의 개인정보자기결정권도 광범위하게 제한하고 있다는 점에서 이와 같은 불이익은 선거의 공정성 유지라는 공익보다 결코 과소평가될 수 없다. 그러므로 심판대상조항은 과잉금지원칙에 반하여 인터넷언론사 홈페이지 게시판 등 이용자의 익명표현의 자유와 개인정보자기결정권, 인터넷언론사의 언론의 자유를 침해한다(헌재 2021.01.28. 2018헌마456,2020헌마406,2018헌가16(병합))

정답 ③

문 63

23년 10월 모의시험

표현의 자유에 관한 설명 중 옳은 것(○)과 옳지 않은 것(×)을 올바르게 조합한 것은? (다툼이 있는 경우 판례에 의함)

> ㄱ. 국회의장 공관의 경계 지점으로부터 100미터 이내의 장소에서의 옥외집회 또는 시위를 일률적으로 금지하고 이를 위반한 집회·시위의 참가자를 처벌하는 것은, 국회의장 공관 인근 일대를 광범위하게 전면적인 집회 금지 장소로 설정함으로써 입법목적 달성에 필

요한 범위를 넘어 집회의 자유를 과도하게 제한하는 것으로 해당 집회·시위 참가자의 집회의 자유를 침해한다.
ㄴ. 정보통신망을 통하여 음란한 화상 또는 영상을 공공연하게 전시하여 유통하는 것을 금지하고 이를 위반하는 자를 처벌하는 것은 음란물이나 청소년에 대한 음란물의 유통 등으로 규제 대상을 좁게 설정하여야 함에도, 필연적으로 규제되지 않아야 할 표현까지 전부 금지하면서 위반 시 과태료·과징금의 제재를 넘어 형사처벌까지 한다는 점에서 해당 전시자의 표현의 자유를 침해한다.
ㄷ. 지방공단의 상근직원이 당원이 아닌 자에게도 투표권을 부여하는 당내경선에서 경선운동을 할 수 없도록 하는 것은, 정치적 표현의 자유의 중대한 제한에 비하여, 지방공단의 상근직원이 당내경선에서 공무원에 준하는 영향력이 있다고 볼 수 없다는 점 등을 고려하면 이는 당내경선의 형평성과 공정성의 확보라는 공익에 기여하는 바가 크다고 보기 어려우므로 해당 지방공단 상근직원의 정치적 표현의 자유를 침해한다.
ㄹ. 인터넷언론사에 대하여 선거일 전 90일부터 선거일까지 후보자 명의의 칼럼이나 저술을 게재하는 보도를 제한하는 것은 선거의 공정성을 해치지 않는 보도까지 광범위하게 제한한다는 점에서 해당 후보자의 표현의 자유를 침해한다.

① ㄱ(○), ㄴ(×), ㄷ(○), ㄹ(○)
② ㄱ(○), ㄴ(×), ㄷ(×), ㄹ(×)
③ ㄱ(×), ㄴ(○), ㄷ(○), ㄹ(×)
④ ㄱ(×), ㄴ(○), ㄷ(×), ㄹ(×)
⑤ ㄱ(○), ㄴ(×), ㄷ(×), ㄹ(○)

> **MGI Point** 표현의 자유 ★★
>
> ■ 집회의 자유 침해 ○ ⇨ 국회의장 공관의 경계 지점으로부터 100미터 이내의 장소에서의 옥외집회·시위를 일률적으로 금지하고 위반시 처벌하는 것
> ■ 표현의 자유 침해 × ⇨ 정보통신망을 통하여 음란한 화상 또는 영상을 공공연하게 전시하는 것을 금지하고 이를 위반시 처벌하는 것
> ■ 표현의 자유 침해 ○
>   • 지방공단의 상근직원이 당내경선에서 경선운동을 할 수 없도록 하는 것
>   • 인터넷 언론사에 대하여 선거일 전 90일부터 선거일까지 후보자 명의의 칼럼이나 저술을 게재하는 보도를 제한하는 것

ㄱ. (○) '집회 및 시위에 관한 법률'은 국회의장 공관의 기능과 안녕을 보호할 다양한 규제 수단을 마련하고 있고, 집회·시위 과정에서의 폭력행위나 업무방해 행위 등은 형사법상의 범죄행위로 처벌되므로, 국회의장 공관 인근에서 예외적으로 옥외집회·시위를 허용한다고 하더라도 국회의장 공관의 기능과 안녕은 충분히 보장될 수 있다. 그럼에도 심판대상조항은 국회의장 공관 인근 일대를 광범위하게 전면적인 집회 금지 장소로 설정함으로써 입법목적 달성에 필요한 범위를 넘어 집회의 자유를 과도하게 제한하고 있는바, 과잉금지원칙에 반하여 집회의 자유를 침해한다(헌재 2023.03.23. 2021헌가1).

ㄴ. (×) 이 사건 법률조항에 의한 표현의 자유 제한은 음란표현이 헌법상 표현의 자유에 의한 보호대상이 되고 따라서 음란물 정보의 배포 등의 행위에 대하여 형사상 중한 처벌을 가하는 것이 이러한 기본권을 다소 제한하게 되는 결과가 된다 하더라도 이는 공공복리를 위하여 필요한 제한으로서 헌법 제37조 제2항의 과잉금지의 원칙에 반하는 것이라고 보기 어렵다(헌재 2009.05.28. 2006헌바109,2007헌바49,57,83,129(병합)).

ㄷ. (○) 당내경선의 형평성과 공정성을 확보하기 위한 심판대상조항의 목적의 정당성 및 수단의 적합성이 인정된다. 그러나 이 사건 공단의 상근직원은 이 사건 공단의 경영에 관여하거나 실질적인 영향력을 미칠 수 있는 권한을 가지고 있지 아니하므로, 경선운동을 한다고 하여 그로 인한 부작용과 폐해가 크다고 보기 어렵다. 또한 공직선거법은 이미 이 사건 공단의 상근직원이 당내경선에 직·간접적으로 영향력을 행사하는 행위들을 금지·처벌하는 규정들을 마련하고 있다. 이 사건 공단의 상근직원이 그 지위를 이용하여 경선운동을 하는 행위를 금지·처벌하는 규정을 두는 것은 별론으로 하고, 이 사건 공단의 상근직원의 경선운동을 일률적으로 금지·처벌하는 것은 정치적 표현의 자유를 과도하게 제한하는 것이다. 정치적 표현의 자유의 중대한 제한에 비하여, 이 사건 공단의 상근직원이 당내경선에서 공무원에 준하는 영향력이 있다고 볼 수 없는 점 등을 고려하면 심판대상조항이 당내경선의 형평성과 공정성의 확보라는 공익에 기여하는 바가 크다고 보기 어렵다. 따라서 심판대상조항은 과잉금지원칙에 반하여 정치적 표현의 자유를 침해한다.(헌재 2021.04.29. 2019헌가11).

ㄹ. (○) 이 사건 시기제한조항은 선거일 전 90일부터 선거일까지 후보자 명의의 칼럼 등을 게재하는 인터넷 선거보도가 불공정하다고 볼 수 있는지에 대해 구체적으로 판단하지 않고 이를 불공정한 선거보도로 간주하여 선거의 공정성을 해치지 않는 보도까지 광범위하게 제한한다. 공직선거법상 인터넷 선거보도 심의의 대상이 되는 인터넷언론사의 개념은 매우 광범위한데, 이 사건 시기제한조항이 정하고 있는 일률적인 규제와 결합될 경우 이로 인해 발생할 수 있는 표현의 자유 제한이 작다고 할 수 없다. 인터넷언론의 특성과 그에 따른 언론시장에서의 영향력 확대에 비추어 볼 때, 인터넷언론에 대하여는 자율성을 최대한 보장하고 언론의 자유에 대한 제한을 최소화하는 것이 바람직하고, 계속 변화하는 이 분야에서 규제 수단 또한 헌법의 틀 안에서 다채롭고 새롭게 강구되어야 한다. 이 사건 시기제한조항의 입법목적을 달성할 수 있는 덜 제약적인 다른 방법들이 이 사건 심의기준 규정과 공직선거법에 이미 충분히 존재한다. 따라서 이 사건 시기제한조항은 과잉금지원칙에 반하여 청구인의 표현의 자유를 침해한다(헌재 2019.11.28. 2016헌마90).

 정답 ①

문 64
23년 6월 모의시험

표현의 자유에 관한 설명 중 옳지 않은 것은? (다툼이 있는 경우 판례에 의함)

① 대한민국을 모욕할 목적으로 국기를 손상, 제거 또는 오욕한 자를 처벌하는 것은 국가가 가지는 고유의 상징성과 위상을 고려하여 일정한 표현방법을 규제하는 것에 불과하므로 국기를 모독한 자의 표현의 자유를 침해한다고 볼 수 없다.

② 「서울특별시 학생인권조례」에서 학교 구성원은 성별 등의 사유를 이유로 차별적 언사나 행동, 혐오적 표현 등을 통해 다른 사람의 인권을 침해하여서는 아니 된다는 점을 규정한 것은 학교 구성원들의 표현의 자유를 침해한다고 볼 수 없다.

③ 초·중등학교의 교육공무원에 대해 정당이 아닌 '그 밖의 정치단체'의 결성에 관여하거나 이에 가입하는 행위를 금지한 「국가공무원법」 조항에 있어서 '정치단체'라는 용어는 건전한 상식과 통상적인 법 감정을 가진 교원의 경우 그 의미와 내용을 충분히 이해할 수 있으므로, 동 조항이 명확성원칙에 위배되어 교원의 정치적 표현의 자유를 침해한다고 볼 수 없다.

④ 이미 변호사시험에 합격한 사람의 변호사시험 성적 공개 청구기간을 개정 「변호사시험법」 시행일로부터 6개월로 제한하는 것은, 변호사시험 성적의 의미와 기능, 변호사시험 합격자의 취업과 이직에 관한 현실 등을 고려할 때 성적 공개 청구기간이 지나치게 짧다고 볼 수 있으므로, 변호사시험 합격자의 정보공개청구권을 침해한다.

⑤ 건강기능식품의 기능성 광고는 인체의 구조 및 기능에 대하여 보건용도에 유용한 효과를 준다는 기능성 등에 관한 정보를 널리 알려 해당 건강기능식품의 소비를 촉진시키기 위한 상

업광고이지만, 헌법 제21조 제1항의 표현의 자유의 보호 대상이 됨과 동시에 같은 조 제2항의 사전검열 금지 대상도 된다.

> **MGI Point 표현의 자유** ★★
>
> - 대한민국을 모독할 목적으로 국기를 손상, 제거 또는 오욕한 자를 처벌하는 것 ⇨ 표현의 자유 침해 ×
> - 서울특별시 학생인권조례에서 차별적 언사나 행동, 혐오적 표현 등을 통해 다른 사람의 인권을 침해하지 못하도록 규정한 것 ⇨ 표현의 자유 침해 ×
> - 초·중등학교의 교육공무원이 아닌 '그 밖의 정치단체'의 결정에 관여하거나 이에 가입하는 행위를 금지한 국가공무원 조항에 있어서 정치단체라는 용어 ⇨ 명확성원칙에 위배되어 정치적 표현의 자유 침해 ○
> - 이미 변호사 시험에 합격한 사람의 변호사시험 성적 공개 청구기간을 개정 변호사시험법 시행일부터 6개월로 제한하는 것 ⇨ 변호사시험 합격자의 정보공개청구권 침해 ○
> - 건강기능식품의 기능성 광고 ⇨ 상업광고로서 헌법 제21조 제1항의 표현의 자유의 보호 대상이 됨과 동시에 같은 조 제2항의 사전검열 금지 대상 ○

① (○) 심판대상조항은 국기가 가지는 고유의 상징성과 위상을 고려하여 일정한 표현방법을 규제하는 것에 불과하므로, 국기모독 행위를 처벌한다고 하여 이를 정부나 정권, 구체적 국가기관이나 제도에 대한 비판을 허용하지 않거나 이를 곤란하게 하는 것으로 볼 수 없다. 만약 표현의 자유만을 강조하여 국기모독 행위를 금지·처벌하지 않는다면, 국가가 상징하는 국가의 권위와 체면이 훼손되고 국민이 국기에 대하여 가지는 존중의 감정이 손상되며 국민을 극단적 대립과 갈등 상황으로 몰아넣을 수 있다. 국기모독 행위를 경범죄로 취급하거나 형벌 이외의 다른 수단으로 제재하여서는 입법목적을 효과적으로 달성하기 어렵다. 형법 제정 이후 국기모독죄로 기소되거나 처벌된 사례가 거의 없으며, 심판대상조항의 법정형은 법관이 구체적 사정을 고려하여 합리적으로 양형할 수 있도록 규정되어 있다. 그러므로 심판대상조항은 과잉금지원칙에 위배되어 청구인의 표현의 자유를 침해한다고 볼 수 없고, 표현의 자유의 본질적 내용을 침해한다고도 할 수 없다(헌재 2019.12.27. 2016헌바96).

② (○) 이 사건 조례 제5조 제3항은 학교 운영자나 학교의 장, 교사, 학생 등(이하 '학교 구성원'이라 한다)으로 하여금 성별 등의 사유를 이유로 한 차별적 언사나 행동, 혐오적 표현 등을 통해 다른 사람의 인권을 침해하지 못하도록 규정하고 있는바, 이는 표현의 자유 제한과 연결된다. … 이와 같은 점을 종합할 때, 이 사건 조례 제5조 제3항은 입법목적의 달성을 위하여 필요한 범위에서 학교 구성원으로 하여금 성별 등의 사유를 이유로 한 차별적 언사나 행동, 혐오적 표현 등을 통해 타인의 인권을 침해하는 것을 금지하고 있는바, 침해의 최소성도 충족하였다고 할 것이다. 이 사건 조례 제5조 제3항은 학내 구성원의 존엄성 보호, 학생의 올바른 가치관 형성과 인권의식 함양을 위한 것으로서 달성되는 공익이 매우 중대한 반면, 제한되는 표현은 타인의 인권을 침해하는 정도에 이르는 차별·혐오표현으로, 그러한 침해가능성을 인식하면서 표현하는 것으로 보호가치가 매우 낮으므로, 법익 간 균형이 인정된다. 따라서 이 사건 조례 제5조 제3항은 과잉금지원칙에 위배되어 청구인 1 내지 14의 표현의 자유를 침해하지 아니한다.(헌재 2019.11.28. 2017헌마1356).

③ (X) 국가공무원법조항 중 '그 밖의 정치단체'에 관한 부분은 가입 등이 금지되는 '정치단체'가 무엇인지 그 규범 내용이 확정될 수 없을 정도로 불분명하여, 헌법상 그 가입 등이 마땅히 보호받아야 할 단체까지도 수범자인 나머지 청구인들이 가입 등의 행위를 하지 못하게 위축시키고 있고, 법 집행 공무원이 지나치게 넓은 재량을 행사하여 금지되는 '정치단체'와 금지되지 않는 단체를 자의적으로 판단할 위험이 있다. 따라서 국가공무원법조항 중 '그 밖의 정치단체'에 관한 부분은 명확성원칙에 위배되어 나머지 청구인들의 정치적 표현의 자유, 결사의 자유를 침해한다(헌재 2020.04.23. 2018헌마551).

④ (○) 이 법 시행일부터 6개월 내라는 기간은 변호사시험 합격자가 취업시장에서 성적 정보에 접근하고 이를 활용하기에 지나치게 짧다. 변호사시험 합격자는 성적 공개 청구기간 내에 열람한 성적 정보를 인쇄하

는 등의 방법을 통해 개별적으로 자신의 성적 정보를 보관할 수 있으나, 성적 공개 청구기간이 지나치게 짧아 정보에 대한 접근을 과도하게 제한하는 이상, 이러한 점을 들어 기본권 제한이 충분히 완화되어 있다고 보기도 어렵다. 이상을 종합하면, 특례조항은 과잉금지원칙에 위배되어 청구인의 정보공개청구권을 침해한다(헌재 2019.07.25. 2017헌마1329).

⑤ (○) 건강기능식품의 기능성 광고는 인체의 구조 및 기능에 대하여 보건용도에 유용한 효과를 준다는 기능성 등에 관한 정보를 널리 알려 해당 건강기능식품의 소비를 촉진시키기 위한 상업광고로서 헌법 제21조 제1항의 표현의 자유의 보호 대상이 됨과 동시에 같은 조 제2항의 사전검열 금지 대상도 된다(헌재 2018.06.28. 2016헌가8, 2017헌바476(병합)).

  ③

문 65

22년 6월 모의시험

집회·결사의 자유에 관한 설명 중 옳지 않은 것은? (다툼이 있는 경우 판례에 의함)

① 농협중앙회장 선출행위는 결사 내 업무집행 및 의사결정기관의 구성에 관한 자율적인 활동이라 할 수 있고, 중앙회장선거 후보자의 선거운동에 관한 사항은 결사의 자유의 보호범위에 속한다.

② 헌법재판소는 근로자가 노동조합을 결성하지 아니할 자유의 근거를 결사의 자유 또는 일반적 행동의 자유에서 찾고 있다.

③ 헌법 제21조 제1항이 보장하고 있는 결사의 자유에 의하여 보호되는 '결사' 개념에는 법이 특별한 공공목적에 의하여 구성원의 자격을 정하고 있는 특수단체의 조직활동까지 그에 해당하는 것으로 볼 수 없다.

④ 자연인 약사만이 약국을 개설할 수 있도록 하는 「약사법」 규정은 약사가 아닌 자들이 법인을 설립하여 약사를 고용하는 방법으로 약국을 운영할 수 있음에도 불구하고 이를 금지하고 있으므로 약사가 아닌 자연인의 결사의 자유를 침해한다.

⑤ 학문, 예술, 체육, 종교, 의식, 친목, 오락, 관혼상제 및 국경행사에 관한 집회에는 「집회 및 시위에 관한 법률」상의 옥외집회 신고 규정은 적용되지 않는다.

| MGI Point | **집회·결사의 자유** | ★★ |

- 농협중앙회장 선출행위는 결사 내 업무집행 및 의사결정기관의 구성에 관한 자율적인 활동, 중앙회장선거 후보자의 선거운동에 관한 사항은 결사의 자유의 보호범위 ○
- 근로자가 노동조합을 결성하지 아니할 자유 헌법상 근거 ⇨ 일반적 행동의 자유 또는 제21조 제1항의 결사의 자유
- 헌법 제21조 제1항의 "결사"의 개념 ⇨ 법이 특별한 공공목적에 의하여 구성원의 자격을 정하고 있는 특수단체의 조직활동까지 그에 해당 ×
- "약사 또는 한약사가 아니면 약국을 개설할 수 없다."고 규정한 약사법 제16조 제1항 ⇨ 법인을 구성하여 약국을 개설·운영하려고 하는 '약사'들 및 이들 '약사로 구성된 법인'의 직업선택의 자유와 결사의 자유 침해 ○
- 학문, 예술, 체육, 종교, 의식, 친목, 오락, 관혼상제 및 국경행사에 관한 집회 ⇨ 집시법상 옥외집회신고규정 적용 ×

① (○) 농협중앙회장은 농협중앙회를 대표하여 업무를 집행하는 사람으로서, 총회와 이사회의 의장이자 소집권자이다(농협법 제122조 제2항, 제3항, 제125조 제7항, 농협중앙회정관 제40조 제2항, 제48조 제2항). 그러므로 농협중앙회장 선출행위는 결사 내 업무집행 및 의사결정기관의 구성에 관한 자율적인 활동

이라 할 수 있고, 중앙회장선거 후보자의 선거운동에 관한 사항은 결사의 자유의 보호범위에 속한다(헌재 2019.07.25. 2018헌바85).

② (○) 근로자가 노동조합을 결성하지 아니할 자유나 노동조합에 가입을 강제당하지 아니할 자유, 그리고 가입한 노동조합을 탈퇴할 자유는 근로자에게 보장된 단결권의 내용에 포섭되는 권리로서가 아니라 헌법 제10조의 행복추구권에서 파생되는 일반적 행동의 자유 또는 제21조 제1항의 결사의 자유에서 그 근거를 찾을 수 있다(헌재 2005.11.24. 2002헌바95).

③ (○) 헌법 제21조 제1항이 보장하고 있는 결사의 자유에 의하여 보호되는 "결사"개념에는 법이 특별한 공공목적에 의하여 구성원의 자격을 정하고 있는 특수단체의 조직활동까지 그에 해당하는 것으로 볼 수 없다(헌재 1994.02.24. 92헌바43).

④ (X) "약사 또는 한약사가 아니면 약국을 개설할 수 없다."고 규정한 약사법 제16조 제1항은 자연인 약사만이 약국을 개설할 수 있도록 함으로써, 약사가 아닌 자연인 및 일반법인은 물론, 약사들로만 구성된 법인의 약국 설립 및 운영도 금지하고 있는바, 국민의 보건을 위해서는 약국에서 실제로 약을 취급하고 판매하는 사람은 반드시 약사이어야 한다는 제한을 둘 필요가 있을 뿐, 약국의 개설 및 운영 자체를 자연인 약사에게만 허용할 합리적 이유는 없다. 입법자가 약국의 개설 및 운영을 일반인에게 개방할 경우에 예상되는 장단점을 고려한 정책적 판단의 결과 약사가 아닌 일반인 및 일반법인에게 약국개설을 허용하지 않는 것으로 결정하는 것은 그 입법형성의 재량권 내의 것으로서 헌법에 위반된다고 볼 수 없지만, 법인의 설립은 그 자체가 간접적인 직업선택의 한 방법으로서 직업수행의 자유의 본질적 부분의 하나이므로, 정당한 이유 없이 본래 약국개설권이 있는 약사들만으로 구성된 법인에게도 약국개설을 금지하는 것은 입법목적을 달성하기 위하여 필요하고 적정한 방법이 아니고, 입법형성권의 범위를 넘어 과도한 제한을 가하는 것으로서, 법인을 구성하여 약국을 개설·운영하려고 하는 약사들 및 이들로 구성된 법인의 직업선택(직업수행)의 자유의 본질적 내용을 침해하는 것이고, 동시에 약사들이 약국경영을 위한 법인을 설립하고 운영하는 것에 관한 결사의 자유를 침해하는 것이다(헌재 2002.09.19. 2000헌바84).

⑤ (○) 집회 및 시위에 관한 법률 제15조 참조.

> 집회 및 시위에 관한 법률 제6조(옥외집회 및 시위의 신고 등) ① 옥외집회나 시위를 주최하려는 자는 그에 관한 다음 각 호의 사항 모두를 적은 신고서를 옥외집회나 시위를 시작하기 720시간 전부터 48시간 전에 관할 경찰서장에게 제출하여야 한다. (단서 생략)
> 집회 및 시위에 관한 법률 제15조(적용의 배제) 학문, 예술, 체육, 종교, 의식, 친목, 오락, 관혼상제 및 국경행사에 관한 집회에는 제6조부터 제12조까지의 규정을 적용하지 아니한다.

정답 ④

문 66

20년 6월 모의시험

집회의 자유에 관한 설명 중 옳지 <u>않은</u> 것은? (다툼이 있는 경우 판례에 의함)

① 집회의 자유는 집회를 통하여 형성된 의사를 집단적으로 표현하고 이를 통하여 불특정 다수인의 의사에 영향을 줄 자유를 포함하므로, 이를 내용으로 하는 시위의 자유 또한 집회의 자유를 규정한 헌법 제21조 제1항에 의하여 보호되는 기본권이다.

② 시위란 여러 사람이 공동목적을 가지고 도로, 광장, 공원 등 일반인이 자유로이 통행할 수 있는 장소를 진행하거나 위력 또는 기세를 보여 불특정한 여러 사람의 의견에 영향을 주거나 제압을 가하는 행위이다.

③ 국무총리 공관의 경계 지점으로부터 100미터 이내의 장소에서 옥외집회·시위를 금지하고 위반 시 처벌하는 것은 해당 집회나 시위에 참여한 자의 집회의 자유를 침해하지 않는다.
④ 집회장소가 바로 집회의 목적과 효과에 대하여 중요한 의미를 가지기 때문에, 누구나 '어떤 장소에서' 자신이 계획한 집회를 할 것인가를 원칙적으로 자유롭게 결정할 수 있어야만 집회의 자유가 비로소 효과적으로 보장되는 것이다.
⑤ 일반적으로 집회는 일정한 장소를 전제로 하여 특정 목적을 가진 다수인이 일시적으로 회합하는 것을 말하는 것으로, 그 공동의 목적은 '내적인 유대 관계'로 족하다.

> **MGI Point 집회의 자유** ★★
>
> - 시위의 자유 ⇨ 집회의 자유를 규정한 헌법 제21조 제1항에 의하여 보호되는 기본권
> - 시위(집시법 제2조 제2호) ⇨ 다수인이 공동목적을 가지고 ① 공중이 자유로이 통행할 수 있는 장소를 행진함으로써 불특정한 여러 사람의 의견에 영향을 주거나 제압을 가하는 행위 또는 ② 위력 또는 기세를 보여 불특정한 여러 사람의 의견에 영향을 주거나 제압을 가하는 행위
> - 국무총리 공관 100미터 이내의 옥외집회 전면금지 ⇨ 집회의 자유 침해 ○
> - 집회의 자유 ⇨ 집회의 시간, 장소, 방법과 목적을 스스로 결정할 권리를 보장
> - 집회 ⇨ 일정한 장소를 전제로 하여 특정 목적을 가진 다수인이 일시적으로 회합하는 것 (공동의 목적 ⇨ 내적 유대관계로 足)

① (○) 집회의 자유는 집회를 통하여 형성된 의사를 집단적으로 표현하고 이를 통하여 불특정 다수인의 의사에 영향을 줄 자유를 포함하므로 이를 내용으로 하는 시위의 자유 또한 집회의 자유를 규정한 헌법 제21조 제1항에 의하여 보호되는 기본권이다(헌재 2005.11.24. 2004헌가17).

② (○) 집시법상의 시위는, 다수인이 공동목적을 가지고 ① 도로·광장·공원 등 공중이 자유로이 통행할 수 있는 장소를 행진함으로써 불특정한 여러 사람의 의견에 영향을 주거나 제압을 가하는 행위와 ② 위력 또는 기세를 보여 불특정한 여러 사람의 의견에 영향을 주거나 제압을 가하는 행위를 말한다고 풀이해야 할 것이다. 따라서 집시법상의 시위는 반드시 '일반인이 자유로이 통행할 수 있는 장소'에서 이루어져야 한다거나 '행진' 등 장소 이동을 동반해야만 성립하는 것은 아니다(헌재 2014.03.27. 2010헌가2).

③ (X) 국무총리 공관 인근에서의 옥외집회·시위를 예외적으로 허용한다고 하더라도 위와 같은 수단들을 통하여 이 사건 금지장소 조항이 달성하려는 국무총리 공관의 기능과 안녕은 충분히 보장될 수 있다고 할 것이므로, 단지 폭력적 옥외집회·시위의 가능성이 있다는 이유만으로 이 사건 금지장소 조항에 의한 일률적·절대적 옥외집회·시위의 금지가 정당화되는 것은 아니다. 이러한 사정들을 종합하여 볼 때, 이 사건 금지장소 조항은 그 입법목적을 달성하는 데 필요한 최소한도의 범위를 넘어, 규제가 불필요하거나 또는 예외적으로 허용하는 것이 가능한 집회까지도 이를 일률적·전면적으로 금지하고 있다고 할 것이므로 침해의 최소성 원칙에 위배된다. 표현의 자유에 속하는 집회의 자유를 제한하는 경우에는 그 제한을 통해 보호하려는 공익이 그로 인해 침해되는 사익보다 우월하여야 한다. 앞서 본 바와 같이 이 사건 금지장소 조항은 국무총리의 업무수행이나 신체적 안전을 저해할 우려가 있는 옥외집회·시위를 금지하는 것에 머무르지 않고, 그 밖의 평화적이고 정당한 옥외집회·시위까지 전면적으로 제한함으로써 구체적인 상황을 고려하여 상충하는 법익간의 조화를 이루려는 노력을 전혀 기울이지 않고 있다. 이처럼 이 사건 금지장소 조항을 통한 국무총리 공관의 기능과 안녕 보장이라는 목적과 집회의 자유에 대한 제약 정도를 비교할 때, 이 사건 금지장소 조항으로 달성하려는 공익이 제한되는 집회의 자유 정도보다 크다고 단정할 수는 없다고 할 것이므로 이 사건 금지장소 조항은 법익의 균형성 원칙에도 위배된다. 이 사건 금지장소 조항은 입법 목적의 정당성과 수단의 적절성이 인정된다고 하더라도, 침해의 최소성 및 법익의 균형성 원칙에 반한다고 할 것이므로 과잉금지원칙을 위반하여 집회의 자유를 침해한다(헌재 2018.06.28. 2015헌가28).

> **집회 및 시위에 관한 법률 제11조(옥외집회와 시위의 금지 장소)** 누구든지 다음 각 호의 어느 하나에 해당하는 청사 또는 저택의 경계 지점으로부터 100미터 이내의 장소에서는 옥외집회 또는 시위를 하여서는 아니 된다. <개정 2020. 6. 9.>
> 1. 국회의사당. 다만, 다음 각 목의 어느 하나에 해당하는 경우로서 국회의 기능이나 안녕을 침해할 우려가 없다고 인정되는 때에는 그러하지 아니하다.
>   가. 국회의 활동을 방해할 우려가 없는 경우
>   나. 대규모 집회 또는 시위로 확산될 우려가 없는 경우
> 2. 각급 법원, 헌법재판소. 다만, 다음 각 목의 어느 하나에 해당하는 경우로서 각급 법원, 헌법재판소의 기능이나 안녕을 침해할 우려가 없다고 인정되는 때에는 그러하지 아니하다.
>   가. 법관이나 재판관의 직무상 독립이나 구체적 사건의 재판에 영향을 미칠 우려가 없는 경우
>   나. 대규모 집회 또는 시위로 확산될 우려가 없는 경우
> 3. 대통령 관저(官邸), 국회의장 공관, 대법원장 공관, 헌법재판소장 공관
> 4. 국무총리 공관. 다만, 다음 각 목의 어느 하나에 해당하는 경우로서 국무총리 공관의 기능이나 안녕을 침해할 우려가 없다고 인정되는 때에는 그러하지 아니하다.
>   가. 국무총리를 대상으로 하지 아니하는 경우
>   나. 대규모 집회 또는 시위로 확산될 우려가 없는 경우
> 5. 국내 주재 외국의 외교기관이나 외교사절의 숙소. 다만, 다음 각 목의 어느 하나에 해당하는 경우로서 외교기관 또는 외교사절 숙소의 기능이나 안녕을 침해할 우려가 없다고 인정되는 때에는 그러하지 아니하다.
>   가. 해당 외교기관 또는 외교사절의 숙소를 대상으로 하지 아니하는 경우
>   나. 대규모 집회 또는 시위로 확산될 우려가 없는 경우
>   다. 외교기관의 업무가 없는 휴일에 개최하는 경우
> [2020. 6. 9. 법률 제17393호에 의하여 헌법재판소에서 헌법불합치 결정된 이 조 제1호 및 제3호를 개정함.]
> [헌법불합치, 2018헌바48 2018헌바48,2019헌가1(병합), 2022.12.22,집회 및 시위에 관한 법률(2020. 6. 9. 법률 제17393호로 개정된 것) 제11조 제3호 중 '대통령 관저(官邸)' 부분 및 제23조 제1호 중 제11조 제3호 가운데 '대통령 관저(官邸)'에 관한 부분은 헌법에 합치되지 아니한다. 위 법률조항은 2024. 5. 31.을 시한으로 개정될 때까지 계속 적용된다.]

④ (○) 집회의 목적·내용과 집회의 장소는 일반적으로 밀접한 내적인 연관관계에 있기 때문에, 집회의 장소에 대한 선택이 집회의 성과를 결정짓는 경우가 적지 않다. 집회장소가 바로 집회의 목적과 효과에 대하여 중요한 의미를 가지기 때문에, 누구나 '어떤 장소에서' 자신이 계획한 집회를 할 것인가를 원칙적으로 자유롭게 결정할 수 있어야만 집회의 자유가 비로소 효과적으로 보장되는 것이다. 따라서 집회의 자유는 다른 법익의 보호를 위하여 정당화되지 않는 한, 집회장소를 항의의 대상으로부터 분리시키는 것을 금지한다(헌재 2003.10.30. 2000헌바67).

⑤ (○) 일반적으로 집회는, 일정한 장소를 전제로 하여 특정 목적을 가진 다수인이 일시적으로 회합하는 것을 말하는 것으로 일컬어지고 있고, 그 공동의 목적은 '내적인 유대 관계'로 족하다(헌재 2009.05.28. 2007헌바22).

정답 ③

문 67

20년 8월 모의시험

알 권리에 관한 설명으로 옳은 것을 모두 고른 것은? (다툼이 있는 경우 판례에 의함)

> ㄱ. 알 권리는 적어도 이미 생성되어 존재하는 정보원(情報源)을 전제로 하는 것이므로, 현존하는 정보원에 대한 접근을 넘어 적극적으로 새로운 정보의 생성을 구하는 것은 알 권리의 보호대상에 포함된다고 볼 수 없다.
> ㄴ. 알 권리는 국가권력의 간섭을 받지 아니하고 국민이 원하는 정보를 자유롭게 수집할 수 있는 정보의 자유와 국가기관 등 공공기관이 보유하고 있는 정보에 대하여 공개를 요구할 수 있는 정보공개청구권을 내용으로 한다.
> ㄷ. 「공공기관의 정보공개에 관한 법률」에 따라 정보의 공개를 청구하려는 자는 해당 정보를 보유하거나 관리하고 있는 공공기관에 정보공개 청구서를 제출하여야 하며, 말로써는 정보공개를 청구할 수 없다.
> ㄹ. 알 권리는 모든 정보원으로부터 일반적 정보를 수집하고 이를 처리할 수 있는 권리를 말하는데, 여기서 '일반적'이란 신문, 잡지, 방송 등 불특정다수인에게 개방될 수 있는 것을, '정보'란 양심, 사상, 의견, 지식 등의 형성에 관련이 있는 일체의 자료를 말한다.

① ㄱ, ㄴ ② ㄱ, ㄷ ③ ㄷ, ㄹ
④ ㄱ, ㄴ, ㄹ ⑤ ㄴ, ㄷ, ㄹ

MGI Point 알 권리 ★★

- **알 권리의 보호대상**
  - 적어도 이미 생성되어 존재하는 정보원(情報源)을 전제로 함
  - 현존하는 정보원에 대한 접근을 넘어 적극적으로 새로운 정보의 생성을 구하는 것 ×
- **알 권리의 법적 성질**
  - 정보에 접근하고 수집·처리함에 있어서 국가권력의 방해를 받지 아니하는 자유권적 성질
  - 공공기관이 보유하고 있는 정보에 대해 공개 요구 할 수 있는 청구권적 성질 공유 (ex. 정보공개청구권)
- **정보공개의 청구방법** ⇨ 정보공개청구자가 정보공개 청구서를 제출하거나 말로써 청구 가
- **알 권리는 모든 정보원으로부터 '일반적 정보'를 수집하고 이를 처리할 수 있는 권리**
  - 일반적 ⇨ 신문, 잡지, 방송 등 불특정다수인에게 개방될 수 있는 것 ○
  - 정보 ⇨ 양심, 사상, 의견, 지식 등의 형성에 관련이 있는 일체의 자료 ○

ㄱ. (○) 알 권리는 적어도 이미 생성되어 존재하는 정보원(情報源)을 전제로 하는 것이며, 인식의 대상이 되는 정보원이 존재하지 아니하는 경우에는 알 권리가 제한될 여지가 없다. 청구인들의 주장은 결국 사업시행자인 조합이 토지 등 소유자에게 통지하여야 하는 정보의 범위를 개략적인 부담금내역'보다 더 확대·구체화하여야 한다는 것으로, 현존하는 정보원에 대한 접근을 넘어 적극적으로 새로운 정보의 생성을 구하는 것은 헌법이 보장하는 알 권리의 보호대상에 포함된다고 볼 수 없다(헌재 2015.12.23. 2015헌바66).

ㄴ. (○) "알 권리"는 표현의 자유와 표리일체의 관계에 있으며 자유권적 성질과 청구권적 성질을 공유하는 것이다. 자유권적 성질은 일반적으로 정보에 접근하고 수집·처리함에 있어서 국가권력의 방해를 받지 아니한다는 것을 말하며, 청구권적 성질을 의사형성이나 여론 형성에 필요한 정보를 적극적으로 수집하고 수집을 방해하는 방해제거를 청구할 수 있다는 것을 의미하는 바 이는 정보수집권 또는 정보공개청구권으로 나타난다(헌재 1991.05.13. 90헌마133).

ㄷ. (X) 공공기관의 정보공개에 관한 법률 제10조 참조.

> **공공기관의 정보공개에 관한 법률 제10조(정보공개의 청구방법)** ① 정보의 공개를 청구하는 자(이하 "청구인"이라 한다)는 해당 정보를 보유하거나 관리하고 있는 공공기관에 다음 각 호의 사항을 적은 정보공개 청구서를 제출하거나 말로써 정보의 공개를 청구할 수 있다.
> 1. 청구인의 성명·주민등록번호·주소 및 연락처(전화번호·전자우편주소 등을 말한다)
> 2. 공개를 청구하는 정보의 내용 및 공개방법
> ② 제1항에 따라 청구인이 말로써 정보의 공개를 청구할 때에는 담당 공무원 또는 담당 임직원(이하 "담당공무원등"이라 한다)의 앞에서 진술하여야 하고, 담당공무원등은 정보공개 청구조서를 작성하여 이에 청구인과 함께 기명날인하거나 서명하여야 한다.

ㄹ. (O) 헌법 제21조 등에서 도출되는 기본권인 알 권리는 모든 정보원으로부터 일반적 정보를 수집하고 이를 처리할 수 있는 권리를 말하는데, 여기서 '일반적'이란 신문, 잡지, 방송 등 불특정다수인에게 개방될 수 있는 것을, '정보'란 양심, 사상, 의견, 지식 등의 형성에 관련이 있는 일체의 자료를 말한다(헌재 2016. 05.26. 2014헌마45).

정답 ④

문 68

20년 8월 모의시험

집회의 자유에 관한 설명으로 옳은 것은? (다툼이 있는 경우 판례에 의함)

① 해가 뜨기 전이나 해가 진 후의 옥외집회를 원칙적으로 금지하고, 주최자가 질서유지인을 두고 미리 신고한 경우 관할경찰관서장이 이를 예외적으로 허용할 수 있도록 한 것은 헌법 제21조 제2항에서 금지하는 집회에 대한 허가제에 해당된다.
② 「집회 및 시위에 관한 법률」상 옥외집회에 해당하려면, 사방이 폐쇄되어 있지 않을 뿐 아니라 천장이 없는 장소이어야 한다.
③ 집회·시위 등 현장에서 집회·시위 참가자에 대한 사진이나 영상촬영 등의 행위는 집회·시위 참가자들에게 심리적 부담으로 작용하여 여론형성 및 민주적 토론절차에 영향을 주고 집회의 자유를 전체적으로 위축시키는 결과를 가져올 수 있으므로, 과잉금지원칙에 위반하여 참가자들의 집회의 자유를 침해한다.
④ 일반적으로 집회는 일정한 장소를 전제로 하여 특정 목적을 가진 다수인이 일시적으로 회합하는 것을 말하는 것이므로, 그 공동의 목적은 '내적인 유대 관계'에 그쳐서는 안 된다.
⑤ 집회의 자유에는 집회를 통하여 형성된 의사를 집단적으로 표현하고 이를 통하여 불특정 다수인의 의사에 영향을 줄 자유를 포함하므로, 이를 내용으로 하는 시위의 자유 또한 집회의 자유에 의하여 보호되는 기본권이다.

MGI Point 집회의 자유

- 일출시간 전, 일몰시간 후에는 옥외집회 또는 시위를 금지하고, 다만 옥외집회의 경우 예외적으로 관할 경찰관서장이 허용할 수 있도록 한 규정 ⇨ 헌법 제21조 제2항의 사전허가제 ×
- 옥외집회 ⇨ 천장이 없거나 사방이 폐쇄되지 아니한 장소에서 하는 집회
- 집회·시위 등 현장에서 집회·시위 참가자에 대한 사진이나 영상촬영 등의 행위 ⇨ 집회의 자유 제한 ○

- 집회의 공동의 목적 ⇨ 내적인 유대 관계로 足
- 시위의 자유 ⇨ 집회의 자유를 규정한 헌법 제21조 제1항에 의하여 보호되는 기본권

① (X) 이 사건 집회조항은 본문에서 "누구든지 일출시간 전, 일몰시간 후에는 옥외집회를 하여서는 아니된다."라고 규정하여 옥외집회를 시간적으로 제한하면서, 단서에서 "다만, 집회의 성격상 부득이하여 주최자가 질서유지인을 두고 미리 신고하는 경우에는 관할경찰관서장은 질서 유지를 위한 조건을 붙여 일출시간 전, 일몰시간 후에도 옥회집회를 허용할 수 있다."라고 규정하여 행정청의 허가를 받아 야간 옥외집회를 할 수 있도록 하고 있다. 이와 같은 단서의 규정은 본문에 의한 제한을 완화시키려는 것이므로, 본문에 의한 시간적 제한이 집회의 자유를 과도하게 제한하는지 여부는 별론으로 하고, 단서의 '관할경찰관서장의 허용'이 '옥외집회에 대한 일반적인 사전허가'라고는 볼 수 없는 것이다. 결국 이 사건 집회조항은 법률에 의하여 옥외집회의 시간적 제한을 규정한 것으로서 그 단서 조항의 존재에 관계없이 헌법 제21조 제2항의 '사전허가금지'에 위반되지 않는다고 할 것이다(헌재 2014.04.24. 2011헌가29).

② (X) 집회 및 시위에 관한 법률 제2조 참조.

> **집회 및 시위에 관한 법률 제2조(정의)** 이 법에서 사용하는 용어의 뜻은 다음과 같다.
> 1. "옥외집회"란 천장이 없거나 사방이 폐쇄되지 아니한 장소에서 여는 집회를 말한다.

③ (X) 집회의 자유는 그 내용에 있어 집회참가자가 기본권행사를 이유로 혹은 기본권행사와 관련하여 국가의 감시를 받게 되거나, 경우에 따라서는 어떠한 불이익을 받을 수도 있다는 것을 걱정할 필요가 없는, 즉 자유로운 심리상태의 보장이 전제되어야 한다. 개인이 가능한 외부의 영향을 받지 않고 집회의 준비와 실행에 참여할 수 있고, 집회참가자 상호간 및 공중과의 의사소통이 가능한 방해받지 않아야 한다. 따라서 집회·시위 등 현장에서 집회·시위 참가자에 대한 사진이나 영상촬영 등의 행위는 집회·시위 참가자들에게 심리적 부담으로 작용하여 여론형성 및 민주적 토론절차에 영향을 주고 집회의 자유를 전체적으로 위축시키는 결과를 가져올 수 있으므로 집회의 자유를 제한한다고 할 수 있다. … 이러한 기본권 제한은 헌법 제37조 제2항에 따라 국가안전보장·질서유지 또는 공공복리를 위해 필요한 경우에 한하여 허용될 수 있다. 따라서 경찰의 촬영행위는 과잉금지원칙을 위반하여 국민의 일반적 인격권, 개인정보자기결정권 및 집회의 자유를 침해해서는 아니 된다(헌재 2018.08.30. 2014헌마843).

④ (X) 일반적으로 집회는 일정한 장소를 전제로 하여 특정 목적을 가진 다수인이 일시적으로 회합하는 것을 말하는 것으로 일컬어지고 있고, 그 공동의 목적은 '내적인 유대 관계'로 족하다(헌재 2014.01.28. 2011헌바174).

⑤ (O) 헌법 제21조 제1항은 "모든 국민은 언론·출판의 자유와 집회·결사의 자유를 가진다."고 규정하여 집회의 자유를 표현의 자유로서 언론·출판의 자유와 함께 국민의 기본권으로 보장하고 있다. 집회의 자유에는 집회를 통하여 형성된 의사를 집단적으로 표현하고 이를 통하여 불특정 다수인의 의사에 영향을 줄 자유를 포함한다. 따라서 이를 내용으로 하는 시위의 자유 또한 집회의 자유를 규정한 헌법 제21조 제1항에 의하여 보호되는 기본권이다(헌재 2014.03.27. 2010헌가2).

제4항 학문과 예술의 자유

문 69
23년 8월 모의시험

학문과 예술의 자유에 관한 설명 중 옳지 않은 것은? (다툼이 있는 경우 판례에 의함)

① 학문과 예술의 자유는 1948년 헌법에서부터 규정되었으나, 과학기술자의 권리는 1987년 헌법에서 추가되었다.

② 1962년 헌법에서는 언론·출판뿐만 아니라 영화·연예에 대해서도 검열을 금지하는 명문의 규정을 두었다.
③ 학문의 자유는 진리탐구의 자유와 결과발표의 자유 내지 수업의 자유를 포함하는 것으로서, 진리탐구의 자유는 신앙의 자유·양심의 자유처럼 절대적인 자유라고 할 수 있으나, 결과발표 내지 수업의 자유는 경우에 따라 헌법 제37조 제2항에 따른 제약이 있을 수 있는 것이다.
④ 극장의 자유로운 운영에 대한 제한은 공연물·영상물이 지니는 표현물, 예술작품으로서의 성격에 기하여 직업의 자유에 대한 제한으로서의 측면 이외에 표현의 자유 및 예술의 자유의 제한과도 관련성을 가지고 있다.
⑤ 헌법 제22조 제2항은 저작자·발명가·과학기술자와 예술가의 권리를 법률로써 보호한다고 규정하여 입법자에게 지식재산권을 형성할 수 있는 광범위한 입법형성권을 부여하고 있으므로, 컴퓨터프로그램을 업무상 창작하는 경우 어떠한 요건 하에서 누구에게 저작권을 귀속시킬지에 관하여는 입법자에게 광범위한 형성의 여지가 인정된다.

MGI Point 학문과 예술의 자유 ★★

- 학문과 예술의 자유는 1948년 제헌헌법에 규정 ○, 과학기술자의 권리는 1987년 헌법에서 추가 ○
- 1962년 헌법 ⇨ 사전검열금지 원칙 명문규정 ○ / 단, 영화나 연예는 검열 가능 可
- 학문의 자유 중 진리탐구의 자유는 절대적 자유에 해당 ○ / 결과발표 내지 수업의 자유는 37②으로 제한 可
- 극장의 자유로운 운영에 대한 제한은 직업의 자유 침해에 대한 제한 ○, 표현의 자유·예술의 자유 제한과도 관련성 ○
- 헌법 제22조②은 입법자에게 광범위한 형성의 여지 인정 ○

① (○) 1948년 제정된 제헌헌법 제14조의 내용은 "모든 국민은 학문과 예술의 자유를 가진다. 저작자, 발명가와 예술가의 권리는 법률로써 보호한다."이다. 1987년 개정된 현행 헌법 제22조의 내용은 "①모든 국민은 학문과 예술의 자유를 가진다. ②저작자·발명가·과학기술자와 예술가의 권리는 법률로써 보호한다."이다. 정부 수립부터 지금까지 예술가의 권리는 법률로 보호하는 것을 헌법에 명시하고 있다.
② (X) 사전검열금지의 원칙을 처음 명문화한 1962년 개정 제2공화국 헌법은 "언론·출판에 대한 허가나 검열과 집회·결사에 대한 허가는 인정되지 아니한다. 다만, 공중도덕과 사회윤리를 위하여는 영화나 연예에 대한 검열을 할 수 있다."고 규정하였다(동법 제18조 제2항).
③ (○) 학문의 자유라 함은 진리를 탐구하는 자유를 의미하는데, 그것은 단순히 진리탐구의 자유에 그치지 않고 탐구한 결과에 대한 발표의 자유 내지 가르치는 자유(편의상 대학의 교수의 자유와 구분하여 수업(授業)의 자유로 한다) 등을 포함하는 것이라 할 수 있다. 다만, 진리탐구의 자유와 결과발표 내지 수업의 자유는 같은 차원에서 거론하기가 어려우며, 전자는 신앙의 자유·양심의 자유처럼 절대적인 자유라고 할 수 있으나, 후자는 표현의 자유와도 밀접한 관련이 있는 것으로서 경우에따라 헌법 제21조 제4항은 물론 제37조 제2항에 따른 제약이 있을 수 있는 것이다(헌재 1992.11.12. 89헌마88).
④ (○) 극장의 자유로운 운영에 대한 제한은 공연물·영상물이 지니는 표현물, 예술작품으로서의 성격에 기하여 직업의 자유에 대한 제한으로서의 측면 이외에 표현의 자유 및 예술의 자유의 제한과도 관련성을 가지고 있다(헌재 2004.05.27. 2003헌가1,2004헌가4).
⑤ (○) 프로그램을 업무상 창작함에 있어서는 기획하는 법인 등과 작성하는 피용자가 모두 개입하게 된다. 그런데 헌법 제22조 제2항은 저작자·발명가·과학기술자와 예술가의 권리를 '법률로써' 보호한다고 규정하여 입법자에게 지식재산권을 형성할 수 있는 광범위한 입법형성권을 부여하고 있으므로, 프로그램을 업무상 창작하는 경우 어떠한 요건 하에서 누구에게 저작권을 귀속시킬지에 관하여는 입법자에게 광범위한 형성의 여지가 인정된다(헌재 2018.08.30. 2016헌가12).

정답 ②

문 70

22년 10월 모의시험

교원지위 법정주의에 관한 설명 중 옳지 않은 것은? (다툼이 있는 경우 판례에 의함)

① 교육제도 법정주의는 의회민주주의 내지 법치주의 이념에서 비롯된 것으로 교육제도와 교원의 지위를 행정권력에 의한 부당한 침해로부터 보호하고 국민의 균등한 교육을 받을 기본권을 실효성 있게 보장하기 위한 것이다.
② 입법자가 교육제도와 교원의 지위를 정하는 법률을 제정함에 있어서는 국민의 균등한 교육을 받을 권리를 효율적으로 보장하기 위한 규정과 함께 교원의 신분보장 등 교원의 권리에 관한 사항이 반드시 규정되어야 한다.
③ 교원지위 법정주의를 근거로 하여 제정되는 법률에는 국민의 교육을 받을 권리의 실효적 보장을 저해할 우려 있는 행위의 금지 등 교원의 기본권을 제한하는 사항은 규정할 수 없다.
④ 교원의 지위에 관련된 사항에 관한 한 교원지위 법정주의에 관한 헌법 제31조 제6항이 근로기본권에 관한 헌법 제33조 제1항에 우선하여 적용된다.
⑤ 입법자는 공교육을 담당하는 사립학교에 대한 감독과 사립학교 교원의 지위 보장과 관련하여 교육제도 및 교원지위 법정주의에 의하여 교육의 본질을 침해하지 아니하는 범위에서 입법형성의 자유를 가진다.

MGI Point 교원지위 법정주의 ★★

- 교육법정주의 ⇨ 교육제도와 교원의 지위를 행정권력에 의한 부당한 침해로부터 보호, 국민의 균등한 교육을 받을 기본권을 실효성 있게 보장하기 위하여 교육제도 및 교원지위에 관한 기본적인 사항을 법률로 정하도록 한 것
- 입법자가 교육제도와 교원의 지위를 정하는 법률을 제정함에 있어서는 국민의 균등한 교육을 받을 권리를 효율적으로 보장하기 위한 규정과 함께 교원의 신분보장 등 교원의 권리에 관한 사항이 반드시 규정되어야 함
- 입법부가 교원의 지위를 정하는 법률을 제정할 때 교원의 의무에 관한 사항을 포함하여 교원의 기본권을 제한하는 사항까지도 규율 可
- 교원의 지위에 관련된 사항에 대해서는 헌법 제31조 제6항이 근로기본권에 관한 헌법 제33조 제1항에 우선하여 적용 ○
- 입법자는 공교육을 담당하는 사립학교에 대한 감독과 교원의 지위 보장과 관련하여 교육제도 및 교원지위 법정주의에 의하여 교육의 본질을 침해하지 아니하는 범위 내에서 입법형성의 자유를 가짐

---

① (○), ② (○) 헌법 제31조 제1항은 "모든 국민은 능력에 따라 균등하게 교육을 받을 권리를 가진다"고 규정하여 국민의 균등한 교육을 받을 권리를 보장하는 한편, 제31조 제6항은 "학교교육 및 평생교육을 포함한 교육제도와……교원의 지위에 관한 기본적인 사항은 법률로 정한다"라고 규정하여 교육제도 및 교원지위 법정주의(이하 "교육법정주의"라 한다)를 교육에 관한 기본원칙으로 선언하고 있다. 교육법정주의는 교육제도와 교원의 지위를 행정권력에 의한 부당한 침해로부터 보호하고, 국민의 균등한 교육을 받을 기본권을 실효성 있게 보장하기 위하여 교육제도 및 교원지위에 관한 기본적인 사항을 법률로 정하도록 한 것이지만, 입법자가 교육제도와 교원의 지위를 정하는 법률을 제정함에 있어서는 국민의 균등한 교육을 받을 권리를 효율적으로 보장하기 위한 규정과 함께 교원의 신분보장 등 교원의 권리에 관한 사항이 반드시 규정되어야 한다(헌재 1998.07.16. 95헌바19).

③ (X) 교원지위법정주의는 단순히 교원의 권익보장만을 위한다거나 교원의 지위를 행정권력에 의한 부당한 침해로부터 보호하는 것만을 목적으로 한 것은 아니고, 국민의 교육을 받을 권리를 실효성 있게 보장하는 것도 그 중요한 목적이라 할 것이므로, 입법부가 교원의 지위를 정하는 법률을 제정함에 있어 교원의 신분보장이나 경제적·사회적 지위보장과 함께 국민의 교육을 받을 권리를 저해할 우려가 있는 행위의 금지 등 교원의 의무에 관한 사항을 포함하여 교원의 기본권을 제한하는 사항까지도 규율할 수 있다(헌재 2008.11.27. 2005헌가21).

④ (○) 헌법재판소는 국민의 교육받을 권리를 효과적으로 보장하기 위하여 교원의 지위에 관한 사항을 법률로 정하도록 한 헌법 제31조 제6항이 근로기본권에 관한 헌법 제33조 제1항에 우선하여 적용된다고 보고, 사립학교 교원의 근로3권을 제한 또는 금지하고 있던 당시의 사립학교법 규정이 교원 지위의 특수성과 역사적 현실을 종합하여 교육제도의 본질을 지키기 위하여 입법자가 결정한 것으로 헌법에 위반되지 아니한다고 판단하였다(헌재 2015.05.28. 2013헌마671).

⑤ (○) 교육제도와 교원의 지위에 관한 기본적인 사항을 법률로 정함에 있어 국가가 공교육을 담당하는 사립학교에 대하여 어느 정도 감독하고 사립학교 교원의 지위를 어떤 수준으로 보장할 것인지의 문제는 교육의 본질을 침해하지 아니하는 한 궁극적으로는 입법권자의 입법형성의 자유에 속하는 것이라고 할 것이다(헌재 1998.07.16. 95헌바19).

정답 ③

문 71

22년 8월 모의시험

학문의 자유와 대학의 자치에 관한 설명 중 옳지 않은 것은? (다툼이 있는 경우 판례에 의함)

① 국립대학 교원의 성과연봉 지급에 대하여 규정한 공무원보수규정이 교육공무원법, 국가공무원법 등 관련 법률조항들의 위임에 따라서 교원 보수의 결정 기준이 되는 '자격, 경력, 직무의 곤란성 및 책임의 정도'를 보다 구체화하여 정한 것이라면 교원지위 법정주의에 반하지 않는다.

② 헌법 제31조 제4항이 규정하는 교육의 자주성 및 대학의 자율성은 헌법 제22조 제1항이 보장하는 학문의 자유의 확실한 보장을 위해 꼭 필요한 것으로서 대학에 부여된 헌법상 기본권인 대학의 자율권이므로, 국립대학은 대학의 자율권의 주체로서 헌법소원심판의 청구인 능력이 인정된다.

③ 대학의 자율권의 보호영역에는 대학시설의 관리·운영만이 아니라 연구와 교육의 내용, 방법과 대상, 교과과정의 편성, 학생의 선발과 전형 및 교원의 임면에 관한 사항도 포함되나, 교원의 보수에 관한 사항은 포함되지 않는다.

④ 사립대학을 운영하는 학교법인으로 하여금 대학자치의 범위에 속하는 사항들 중 중요사항에 관하여 심의·자문하도록 하는 대학평의원회를 의무적으로 설치하도록 한 사립학교법 조항은 학교법인의 사학의 자유를 제한한다.

⑤ 일반적으로 부모의 자녀에 대한 교육권으로부터 바로 학부모의 학교참여권(참가권)이 도출되는 것은 아니나 학부모가 미성년자인 학생의 교육과정에 참여할 당위성은 부정할 수 없으므로 입법자가 학부모의 집단적인 교육참여권을 법률로써 인정하는 것은 헌법상 당연히 허용된다.

MGI Point 학문의 자유와 대학의 자치 ★★

- 국립대학 교원의 성과연봉 지급에 대하여 규정한 공무원보수규정 ⇨ 교원지위 법정주의에 반하지 않음
- 국립대학은 대학의 자율권의 주체 ⇨ 헌법소원심판의 청구인능력 인정 ○
- 헌법 제31조 제4항 '대학의 자율'의 범위 ⇨ 대학시설의 관리 운영만이 아니라 연구와 교육의 내용, 방법과 대상, 교과과

> 정의 편성, 학생의 선발과 전형 및 교원의 임면에 관한 사항, 교원의 보수에 관한 사항 포함 ○
> - 사립대학을 운영하는 학교법인에게 대학자치의 범위에 속하는 사항들 중 중요사항에 관하여 심의·자문하도록 하는 대학평의회를 의무적으로 설치하도록 한 사립학교법 조항 ⇨ 학교법인의 사학의 자유를 제한 ○, 침해 ✕
> - 입법자가 학부모의 집단적인 교육참여권을 법률로써 인정하는 것 ⇨ 헌법상 당연히 허용

① (○) 이 사건 조항은 교육공무원법 제34조 및 제35조, 국가공무원법 제46조, 제47조 등의 위임에 따라서 교원 보수의 결정 기준이 되는 '자격, 경력, 직무의 곤란성 및 책임의 정도'를 보다 구체화하여 정한 것이므로, 교원지위 법정주의에 반하여 청구인들의 학문의 자유를 침해한다고 볼 수 없다(헌재 2013.11.28. 2011헌마282).

② (○) 헌법 제31조 제4항이 규정하는 교육의 자주성 및 대학의 자율성은 헌법 제22조 제1항이 보장하는 학문의 자유의 확실한 보장을 위해 꼭 필요한 것으로서 대학에 부여된 헌법상 기본권인 대학의 자율권이므로, 국립대학인 청구인도 이러한 대학의 자율권의 주체로서 헌법소원심판의 청구인능력이 인정된다(헌재 2015.12.23. 2014헌마1149).

③ (✕) 헌법 제31조 제4항은 헌법상의 기본권으로 대학의 자율성을 보장하고 있고, 여기서 대학의 자율은 대학시설의 관리·운영만이 아니라 전반적인 것이어야 하므로 연구와 교육의 내용, 방법과 대상, 교과과정의 편성, 학생의 선발과 전형 및 교원의 임면에 관한 사항도 자율의 범위에 속하며, 이는 교원의 보수에 관한 사항도 마찬가지이다(대판 2018.11.29. 2018다207854).

④ (○) 사립대학을 운영하는 학교법인은 법 제26조의2 제1항에 의하여 대학평의회를 의무적으로 설치하여야 하므로, 위 법률조항은 사립대학을 운영하는 청구인 ○○학원의 사학의 자유를 제한한다. … 대학평의회에 관한 사립학교법 제26조의2 제1항은, 대학평의회가 대학자치의 범위에 속하는 사항들 중 중요사항에 한하여 심의 또는 자문하는 데 불과해 이사회의 결정권한을 제약하지 않는 점, 학교법인에 정관을 통한 자율적 형성의 여지가 부여되어 있는 점 등을 고려하면, 학교법인의 사학의 자유를 침해한다고 볼 수 없다(헌재 2013.11.28. 2007헌마1189).

⑤ (○) 헌법상 부모의 자녀에 대한 교육권은, 비록 명문으로 규정되어 있지는 아니하지만, 이는 모든 인간이 국적과 관계없이 누리는 양도할 수 없는 불가침의 인권으로서, 혼인과 가족생활을 보장하는 헌법 제36조 제1항, 행복추구권을 보장하는 헌법 제10조 및 "국민의 자유와 권리는 헌법에 열거되지 아니한 이유로 경시되지 아니한다"고 규정하는 헌법 제37조 제1항에서 나오는 중요한 기본권이다(헌재 2000.04.27. 98헌가16등, 판례집 12-1, 427, 446-448). 일반적으로 부모의 그러한 교육권으로부터 바로 학부모의 학교참여권(참가권)이 도출된다고 보기는 어렵겠지만, 학부모가 미성년자인 학생의 교육과정에 참여할 당위성은 부정할 수 없다. 그러므로 입법자가 학부모의 집단적인 교육참여권을 법률로써 인정하는 것은 헌법상 당연히 허용된다고 할 것이다(헌재 2001.11.29. 2000헌마278).

  ③

제❹절 ┃ 경제생활영역의 자유

– 제1항 재산권

문 72 24년 10월 모의시험

재산권에 관한 설명 중 옳은 것은? (다툼이 있는 경우 판례에 의함)

① 제외지를 포함하여 하천을 국유로 하는 「하천법」 조항은 법률에 의한 수용이라는 헌법적 요청을 충족하지만, 수용의 범위나 절차 등에 대한 행정청의 개별적·구체적 판단이 없거나 생략된다는 점에서 재산권을 침해한다.

② 습지의 보호와 국제협약의 이행 등을 위하여 습지보호지역 내에서 광물의 채굴행위를 제한한 것과 관련하여 행정청이 토지, 광업권을 매수할 수 있도록 하는 「습지보전법」 조항은 헌법 제23조 제3항이 정하는 공용수용에 따른 손실보상의 성격을 가진다.

③ 청중이나 관중으로부터 당해 공연에 대한 반대급부를 받지 아니하는 경우 상업용 목적으로 공표된 음반 또는 영상저작물을 재생하여 공중에게 공연할 수 있도록 한 「저작권법」 조항은, 구체적 사안에서 저작재산권자 등의 재산권 보장과 공중의 문화적 혜택 향수라는 공익이 조화롭게 달성되도록 하기 위한 것으로 저작재산권자 등의 재산권을 침해하지 아니한다.

④ 무면허 매립자가 시행한 매립공사 구역 내의 시설 기타 물건을 국유로 하는 「공유수면매립법」 조항은 매립공사를 위해 매립자가 투입한 토사 등 물건에 대한 권리를 그 의사에 반해 강제적으로 취득하는 것으로 공용수용에 해당한다.

⑤ 법무법인 구성원변호사의 재산을 법무법인 채무를 위한 책임재산에 제공하게 하는 「변호사법」 조항은 구성원변호사의 구체적인 재산권적 지위의 사용, 수익, 처분 등의 제한이 아니라 단지 총체적인 재산의 감소라는 사실적 변동만을 가져올 뿐이므로 재산권을 제한하는 것은 아니다.

MGI Point 재산권 ★★★

- 재산권 침해 ×
  - 제외지를 포함하여 하천을 국유로 하는 「하천법」 조항
  - 청중·관중에게 당해 공연 반대급부 받지 않는 경우 '상업용 음반등' 공중에 공연할 수 있도록 한 「저작권법」 조항
  - 재산권 제한 ○ : 「변호사법」상 법무법인 구성원변호사의 재산을 법무법인 채무를 위한 책임재산에 제공하게 한 것
- 「습지보전법」상 광물의 채굴행위 제한 관련 행정청 토지·광업권 매수할 수 있도록 하는 조항
  ⇨ 헌법 제23조 제3항 공용수용에 따른 손실보상 ×
- 「공유수면매립법」상 무면허매립자가 시행한 공사구역 내 시설등 국유화 ⇨ 공용수용 × (∵무면허매립자는 원상회복과 국유화 중 선택 가능)

① (X) 하천법에 따른 수용은 "법률에 의한 수용"이라는 헌법적 요청을 충족하였다 할 것이고, 비록 1971년에 개정된 하천법에는 국유화된 제외지의 종전 소유자에 대한 보상규정이 없었으나 1984년의 하천법 개정과 여러 특별조치법을 통하여 뒤늦게나마 보상청구권을 2013. 12. 31.까지 행사할 수 있도록 연장하였으므로 이는 헌법 제23조 제3항이 요구하는 "법률에 의한 보상"의 요건을 충족하였다 할 것이다. 또한 보상을 규정한 법령을 종합하여 보면 헌법이 요구하는 정당한 보상의 원리에도 위배된다고 볼 수 없다. …이와 같이 국유화 조치가 헌법 제23조 제3항의 요청을 충족하는 이상 최소 침해의 원칙에 반한다고 할 수 없고, 이는 우월한 공익목적을 위한 것으로서 헌법적으로 이미 정당화되는 것이므로, 과잉금지원칙에 위배된다고 할 수 없다. …입법자는 하천관리의 공익 목적을 국가가 하천을 국유화하는 방법을 선택하였고, 이러한 입법자의 결정이 현저히 자의적이거나 비례의 원칙에 반하지 않는 한 이는 존중되어야 할 것이므로, 순전히 행정청의 수용처분이 아닌 입법에 의한 수용방식을 채택하였다는 이유만으로 평등의 원칙에 반한다고 할 수 없으며… 자의적인 차별이 있다고 볼 수 없다(헌재 2010.02.25. 2008헌바6).

② (X) 습지보전법 제13조 제1항 제4호(이하 '이 사건 행위제한조항'이라 한다)는 습지의 보호와 국제협약의 이행 등을 위하여 습지보호지역 내에서 광물의 채굴 행위를 제한하고 있다. 이 사건 행위제한조항은 입법자가 광업권이라는 재산권에 관한 권리와 의무를 일반·추상적으로 확정하는, 재산권의 내용과 한계에 관한 규정이면서 동시에 공익적 요청에 따른 재산권의 사회적 제약을 구체화하는 규정이고(헌법 제23조 제1항 및 제2항), 이미 형성된 구체적인 재산권을 공익을 위하여 개별적·구체적으로 박탈하거나 제한하는 것이

아니므로 보상을 요하는 헌법 제23조 제3항의 수용·사용 또는 제한을 규정한 것이라고 할 수는 없다(헌재 2015.10.21. 2014헌바170).

③ (○) 심판대상조항(청중이나 관중으로부터 당해 공연에 대한 반대급부를 받지 아니하는 경우에는 상업용 목적으로 공표된 음반 또는 상업용 목적으로 공표된 영상저작물(이하 '상업용 음반 등'이라 한다)을 재생하여 공중에게 공연할 수 있다고 규정한 저작권법 조항 등)으로 인하여 저작재산권자 등이 상업용 음반 등을 재생하는 공연을 허락할 권리를 행사하지 못하거나 그러한 공연의 대가를 받지 못하게 되는 불이익이 상업용 음반 등을 재생하는 공연을 통하여 공중이 문화적 혜택을 누릴 수 있게 한다는 공익보다 크다고 보기도 어려우므로, 심판대상조항은 법익의 균형성도 갖추었다. 따라서 심판대상조항이 비례의 원칙에 반하여 저작재산권자 등의 재산권을 침해한다고 볼 수 없다(헌재 2019.11.28. 2016헌마1115등).

④ (X) 구 공유수면매립법 (1962. 1. 20. 법률 제986호로 제정되고 1986. 12. 31. 법률 3901호로 개정된 후 1997. 4. 10. 법률 제5337호로 개정되기 전의 것) 제26조 제2항에 따라 면허없이 공유수면을 매립한 자에 대하여 원상회복의무를 면제하면서 공유수면에 있는 시설 기타 물건을 국가의 소유로 하는 것이 헌법 제23조 제3항의 보상을 필요로 하는 재산권의 수용에 해당하는지 여부(소극) : …무면허 매립자는 원상회복을 위하여 투입될 비용과 자신이 수거할 수 있는 시설 및 토사 등의 가치를 비교하여 그 이익교량에 따라 매립공사 시행구역내의 공유수면을 원상회복하고 매립지역 내에 있는 시설 기타 물건을 수거함으로써 원상회복의무를 이행함과 동시에 시설 기타 물건의 국유화를 피할 수도 있고, 반대로 원상회복의무를 면제받을 수도 있으므로 후자의 경우에 취하는 이 사건 법률조항에 따른 국유화 조치는 국가가 국민의 재산권을 그 의사에 반하여 강제적으로 취득하는 강제수용에 해당한다고 보기 어렵다(헌재 2000.06.01. 98헌바34).

⑤ (X) 심판대상조항은 법무법인 구성원변호사의 재산을 법무법인 채무를 위한 책임재산에 제공하게 한다는 점에서 재산권을 제한하고, 이러한 무한연대책임의 부과는 법무법인 구성원변호사로서 변호사 업무를 수행하거나 법무법인을 결성함에 실질적인 제약이 되기 때문에 직업선택의 자유와 결사의 자유를 제한하며, 자기책임의 원칙 및 사적자치의 원칙에도 위반될 소지가 있다. …심판대상조항은 법무법인 구성원변호사에게 무조건 무한연대책임을 부담시키는 조항이 아니라, 법무법인의 재산으로 법무법인의 채무를 완제할 수 없는 경우에 한하여 2차적, 보충적으로 구성원변호사들에게 연대하여 변제할 책임을 부담시킨다. …심판대상조항은 청구인들의 재산권을 침해하지 아니한다(헌재 2016.11.24. 2014헌바203등).

정답 ③

문 73

24년 8월 모의시험

재산권에 관한 설명 중 옳은 것은? (다툼이 있는 경우 판례에 의함)

① 「감염병예방법」에 근거한 일반음식점에 대한 집합제한 조치로 인하여 재산적 가치가 있는 구체적 권리로서 영업이익이 감소되었으므로 이로 인한 재산적 손실에 대한 보상규정의 부재는 일반음식점 영업주의 재산권을 제한한다.
② 약사면허는 약국의 개설과 관련하여 약품의 판매, 조제 등으로 경제적 활동을 할 수 있고 이를 근거로 의약품을 적법하게 조제·판매함으로써 재산상 이득을 취득·보유할 수 있으므로 그 자체로 헌법상 재산권의 보호영역에 해당한다.
③ 공직선거에서 당선된 자가 선거범죄 등으로 벌금 100만 원 이상의 유죄판결을 선고받아 당선이 무효로 된 경우에 이미 반환받은 기탁금과 보전받은 선거비용을 다시 반환하도록 하는 것은 당선된 자의 공무담임권을 제한할 뿐 재산권을 제한하는 것은 아니다.

④ 대통령의 개성공단 전면 중단 결정 및 통일부장관의 이행조치는 국민의 생명·신체의 안전 보장이라는 공공목적을 위해 개성공단 내 토지나 건물, 생산설비 등의 사용·수익을 개별적·구체적으로 제한하므로 이에 따른 재산상 손실에는 정당한 보상이 따라야 한다.

⑤ 행정청이 아닌 개발행위허가를 받은 자가 새로 설치한 공공시설은 관리청에 무상으로 귀속되도록 하면서, 용도가 폐지되는 공공시설은 행정청이 사업주체에게 재량으로 설치비용에 상당하는 범위에서 무상으로 양도할 수 있도록 한 것은 경제적인 기회 내지 이익을 제한하는 것에 불과하여 재산권을 침해한다고 볼 수 없다.

> **MGI Point 재산권** ★★
>
> - 감염병예방법 제49조 제1항 제2호에 근거한 집합제한 조치로 인하여 청구인들의 일반음식점 영업이 제한되어 영업이익이 감소는 재산권 제한 ×
> - 약사면허는 그 자체로 헌법상 재산권의 보호영역에 해당 ×
> - 공직선거에서 당선된 자가 선거범죄 등으로 벌금 100만 원이상의 유죄판결을 선고받아 당선이 무효로 된 경우에 이미 반환받은 기탁금과 보전받은 선거비용을 다시 반환하도록 하는 것은 공무담임권 제한 ×, 재산권 제한 ○
> - 개성공단 전면중단조치에 의한 영업중단으로 영업상 손실이나 주식 등 권리의 가치하락이 발생은 헌법 제23조의 재산권 보장의 범위 ×
> - 행정청이 아닌 개발행위허가를 받은 자가 새로 설치한 공공시설은 관리청에 무상으로 귀속되도록 하면서, 용도가 폐지되는 공공시설은 행정청이 사업주체에게 재량으로 설치비용에 상당하는 범위에서 무상으로 양도할 수 있도록 한 것은 경제적인 기회 내지 이익을 제한하는 것에 불과하여 재산권 침해 ×

① (X) 헌법 제23조에서 보장하는 재산권은 사적 유용성 및 그에 대한 원칙적 처분권을 내포하는 재산가치 있는 구체적 권리이므로, 구체적인 권리가 아닌 단순한 이익이나 재화의 획득에 관한 기회 또는 기업활동의 사실적·법적 여건 등은 재산권보장의 대상에 포함되지 아니한다(헌재 1996. 8. 29. 95헌바36; 헌재 1997. 11. 27. 97헌바10 참조). 감염병예방법 제49조 제1항 제2호에 근거한 집합제한 조치로 인하여 청구인들의 일반음식점 영업이 제한되어 영업이익이 감소되었다 하더라도, 청구인들이 소유하는 영업 시설·장비 등에 대한 구체적인 사용·수익 및 처분권한을 제한받는 것은 아니므로, 보상규정의 부재가 청구인들의 재산권을 제한한다고 볼 수 없다(헌법재판소 2023. 6. 29. 선고 2020헌마1669 전원재판부 결정).

② (X) … 살피면, 위 헌법조항들에 의하여 보호되는 재산권은 사적유용성 및 그에 대한 원칙적 처분권을 내포하는 재산가치있는 구체적 권리이므로 구체적인 권리가 아닌 단순한 이익이나 재화의 획득에 관한 기회 등은 재산권 보장의 대상이 아니라 할 것이다(헌법재판소 1996. 8. 29. 선고, 95헌바36 결정 참조). 그런데 약사면허는 약국의 개설과 관련하여 약품의 판매, 조제 등으로 경제적 활동을 할 수 있다는 점에서 경제적 가치와 무관하다고 볼 수는 없으나, 약사는 단순히 의약품의 판매뿐만 아니라 의약품의 분석, 관리 등의 업무를 다루며, 약사면허 그 자체는 양도·양수할 수 없고 상속의 대상도 되지 아니한다. 또한 약사의 한약조제권이란 그것이 타인에 의하여 침해되었을 때 방해를 배제하거나 원상회복 내지 손해배상을 청구할 수 있는 이른바 권리(청구권)가 아니라, 법률에 의하여 약사의 지위에서 인정되는 하나의 권능에 불과하다. 더욱이 의약품을 판매하여 얻게 되는 이익이란 장래의 불확실한 기대이익에 불과한 것이다. 그렇다면 약사의 한약조제권은 위 헌법조항들이 말하는 재산권의 범위에 속하지 아니한다 할 것이므로 위 약조제권이 재산권임을 전제로 소급입법에 의한 재산권 침해라고 주장하는 청구인의 주장은 이유가 없다고 할 것이다(헌법재판소 1997. 11. 27. 선고 97헌바10 전원재판부).

③ (X) … 살피건대, 이 사건 법률조항에서 규정한 제재는 이미 선거에 입후보하여 당선된 사람 즉, 공직취임의 기회를 이미 보장받았던 사람을 대상으로 하는 것이라서 공직취임의 기회를 배제하는 내용이라고 볼 수 없고, 그 제재의 내용도 금전적 불이익의 부과뿐이라서 공무원 신분의 부당한 박탈에 관한 규정이라고

할 수 없으므로 공무담임권의 보호영역에 속하는 사항을 규정한 것이 아니다. 그리고 이 사건 법률조항은 선거범죄를 저질러 벌금 100만 원 이상의 형을 선고받은 당선자만을 제재대상으로 하고 있어 선거범죄를 저지르지 않고 선거를 치르려는 대부분의 후보자는 제재대상에 포함될 여지가 없으므로 청구인의 주장과 같이 자력이 충분하지 못한 국민의 입후보를 곤란하게 하는 효과를 갖는다고 할 수도 없다. 따라서 이 사건 법률조항에 의하여 공무담임권이 제한된다고 할 수 없다. 이 사건 법률조항은 공직선거에서 당선되어 기탁금과 선거비용을 모두 반환 내지 보전받은 사람에게 자신의 재산으로 되었던 위 금액들을 다시 반환할 의무를 부담시키는 것이므로 재산권이 제한되는 경우에 해당한다. 따라서 과잉금지원칙을 위반하여 재산권을 침해하는지 여부가 문제된다(헌법재판소 2011. 4. 28. 선고 2010헌바232 전원재판부).

④ (X) 청구인들은 개성공단에서 영업을 계속하지 못하여 발생한 기업들의 영업손실이나 개성공단 자회사나 영업소에 대하여 가지고 있던 주식 등 권리의 가치 하락 등도 재산권 제한으로서 보상이 이루어져야 한다는 취지의 주장도 한다. 그러나 헌법상 보장된 재산권은 사적 유용성 및 그에 대한 원칙적인 처분권을 내포하는 재산가치 있는 구체적인 권리이므로, 구체적 권리가 아닌 영리획득의 단순한 기회나 기업활동의 사실적·법적 여건은 기업에게는 중요한 의미를 갖는다고 하더라도 재산권보장의 대상이 아니다(헌재 1996. 8. 29. 95헌바36; 헌재 2006. 1. 26. 2005헌마424 등 참조). 이 사건 중단조치에 의한 영업중단으로 영업상 손실이나 주식 등 권리의 가치하락이 발생하였더라도 이는 영리획득의 기회나 기업활동의 여건 변화에 따른 재산적 손실일 뿐이므로, 헌법 제23조의 재산권보장의 범위에 속한다고 보기 어렵다(헌법재판소 2022. 1. 27. 선고 2016헌마364 전원재판부 결정).

⑤ (○) 청구인들은 심판대상조항이 사업주체가 새로 설치한 공공시설은 무조건적으로 행정청에 귀속시키면서도 용도폐지되는 공공시설을 행정청의 재량에 따라 사업주체에게 무상양도할 수 있다고 규정하여 청구인들의 재산권을 침해한다고 주장한다. 심판대상조항은 공공시설의 설치에 소요되는 비용부담의 형평을 위하여 행정청이 사업주체에게 용도폐지되는 공공시설의 소유권을 무상으로 양도할 수 있도록 규정한 시혜적 입법에 해당하고, 사업주체인 청구인들이 심판대상조항에 따라 용도폐지되는 공공시설을 무상으로 양도받는 것은 단순한 경제적인 기회 내지 이익에 불과할 뿐 헌법이 보호하는 재산권의 영역에 포함된다고 볼 수 없다(헌법재판소 2015. 3. 26. 선고 2014헌바156 전원재판부).

정답 ⑤

문 74
23년 10월 모의시험

재산권에 관한 설명 중 옳은 것은? (다툼이 있는 경우 판례에 의함)

① 개발제한구역 내에서 허가받지 않은 건축물을 건축하는 등 개발행위를 한 토지 소유자에게 이행강제금을 부과하는 것은, 농·축산업을 제외한 일체의 개발행위를 이행강제금을 부과하는 방식으로 금지하는 것이어서 해당 토지소유자들의 재산권을 침해한다.

② 다른 법률에 따라 설치가 금지된 장소에 대기오염물질 배출시설을 설치한 경우 그 배출시설에 대해 필요적으로 폐쇄를 명하도록 하는 구「대기환경보전법」조항은 그 위법의 정도나 환경에 미치는 영향의 정도가 미약한 경우까지도 획일적으로 해당 시설을 폐쇄하도록 하는 것으로 해당 배출시설 설치·사용자의 재산권을 침해한다.

③ 공익사업을 위한 토지 등의 취득 및 보상에 있어서 환매권의 발생기간을 토지의 협의취득일 또는 수용의 개시일부터 10년 이내로 제한하는 것은, 발생기간을 제한하지 않거나 더 길게 규정하면서 행사기간 제한 또는 토지에 현저한 변경이 있을 때 환매거절권을 부여하는 등 보다 덜 침해적인 방법으로 입법목적을 달성할 수 있다는 점에서 종전 토지소유자의 재산권을 침해한다.

④ 토지소유자의 승낙 없이 분묘를 설치한 경우에도 20년간 평온·공연하게 그 분묘의 기지를 점유하였다는 사실만으로 물권인 분묘기지권의 시효취득을 인정하고 분묘의 수호와 봉사를 계속하는 한 분묘기지권의 계속 존속을 인정하는 분묘기지권에 관한 관습법은, 악의의 무단점유인 경우에도 아무런 보상 없이 사실상 영구·무상의 분묘기지권을 인정하는 것으로 해당 토지소유자의 재산권을 침해한다.

⑤ 공무원이거나 공무원이었던 사람이 재직 중의 사유로 금고 이상의 형을 받거나 형이 확정된 경우 퇴직급여 및 퇴직수당의 일부를 감액하여 지급함에 있어 그 이후 형의 선고의 효력을 상실하게 하는 특별사면 및 복권을 받은 경우를 달리 취급하는 규정을 두지 아니한 것은, 특별사면 및 복권을 받은 사람과 그렇지 않은 사람을 구별하지 아니하고 일률적으로 공무원의 퇴직급여청구권을 제한하는 것으로 해당 공무원의 재산권을 침해한다.

> **MGI Point 재산권** ★★
>
> ■ 재산권 침해 ×
> - 개발제한구역 내에서 허가받지 않은 건축물을 건축하는 등 개발행위를 한 토지소유자에게 이행강제금을 부과하는 것
> - 다른 법률에 따라 설치가 금지된 장소에 대기오염물질 배출시설을 설치한 경우 그 배출시설에 대해 필요적으로 폐쇄를 명하도록 하는 구 대기환경법 조항
> - 분묘기지권의 계속 존속을 인정하는 분묘기지권에 관한 관습법
>
> ■ 재산권 침해 ○
> - 공익사업을 위한 토지 등의 취득 및 보상에 있어서 환매권의 발생기간을 토지의 협의취득일 또는 수용 개시일부터 10년 이내로 제한하는 것
> - 공무원이거나 공무원이었던 사람이 재직 중의 사유로 금고 이상의 형을 받거나 형이 확정된 경우 퇴직급여 및 퇴직수당의 일부를 감액하여 지급함에 있어 그 이후의 특별사면 및 복권을 받은 경우를 달리 취급하는 규정을 두지 않은 것

① (X) 도시의 무질서한 확산을 방지하고 도시주변의 자연환경을 보전하여 도시민의 건전한 생활환경을 확보하기 위하여 도시의 개발을 제한할 필요가 있으므로 개발제한구역지정으로 인한 토지재산권의 제한은 그 목적의 정당성이 인정되고, 개발제한구역 내에서 그 구역지정의 목적에 위배되는 건축물의 건축, 공작물의 설치 등을 원칙적으로 그리고 전면적으로 금지하는 것은 위와 같은 개발제한구역의 입법목적을 달성하는데 기여하므로 수단의 적정성도 인정되며, 개발제한구역 내의 토지에 대한 선별적, 부분적, 예외적 이용제한의 수단만을 선택하여서는 목적의 효율적인 달성을 기대하기 어려우므로 전면적인 규제수단은 입법목적을 달성하기 위해 필요한 최소한의 조치인 것으로 인정된다. 그리고 같은 법이 개발제한구역의 지정으로 인하여 토지의 효용이 현저히 감소하거나 그 사용·수익이 사실상 불가능한 토지소유자에게 토지매수청구권을 인정하는 등 보상규정을 두고 있는 점에 비추어, 이 사건 특조법 조항이 토지재산권의 제한을 통하여 실현하고자 하는 공익의 비중과 이 사건 특조법 조항에 의하여 발생하는 토지재산권의 침해의 정도를 비교형량할 때 양자 사이에 적정한 비례관계가 성립한다고 보이므로 법익균형성도 충족된다. 따라서 개발제한구역내에서 건축물의 건축 및 용도변경 등의 행위를 제한하는 이 사건 특조법 조항이 비례의 원칙을 위반하여 <u>청구인들의 재산권을 과도하게 침해한 것으로 보기 어렵다</u>(헌재 2004.02.26. 2001헌바80,84,102,103,2002헌바26(병합)).

② (X) … 이 사건 시행령 조항에 의하면, 특정대기유해물질 배출시설을 설치하기 위해서는 행정청의 허가를 받아야 하는데, 계획관리지역에서는 특정대기유해물질을 배출하는 시설의 설치가 금지되기 때문에 허가를 받을 수 없으므로, 그 범위에서 특정대기유해물질을 배출하는 공장시설을 설치하여 운영하려는 자의 직업수행의 자유, 계획관리지역에서 토지나 건물을 소유하고 있는 자의 재산권이 제한받을 수 있다. 그러나 이 사건 시행령 조항이 헌법 제37조 제2항의 과잉금지원칙을 위반하였다고 볼 수는 없다(대판 2019.10.18. 2018두34497).

③ (○) … 이 사건 법률조항으로 제한되는 사익은 헌법상 재산권인 환매권의 발생 제한이고, 이 사건 법률조항으로 환매권이 발생하지 않는 경우에는 환매권 통지의무도 발생하지 않기 때문에 환매권 상실에 따른 손해배상도 받지 못하게 되므로, 사익 제한 정도가 상당히 크다. 그런데 10년 전후로 토지가 필요 없게 되는 것은 취득한 토지가 공익목적으로 실제 사용되지 못한 경우가 대부분이고, 토지보상법은 부동산등기부상 협의취득이나 토지수용의 등기원인 기재가 있는 경우 환매권의 대항력을 인정하고 있어 공익사업에 참여하는 이해관계인들은 환매권이 발생할 수 있음을 충분히 알 수 있다. 토지보상법은 이미 환매대금증감소송을 인정하여 당해 공익사업에 따른 개발이익이 원소유자에게 귀속되는 것을 차단하고 있다. 이 사건 법률조항이 추구하고자 하는 공익은 원소유자의 사익침해 정도를 정당화할 정도로 크다고 보기 어려우므로, 법익의 균형성을 충족하지 못한다. 결국 이 사건 법률조항은 헌법 제37조 제2항에 반하여 재산권을 침해한다(헌재 2020.11.26. 2019헌바131).

> **구 토지보상법 제91조(환매권)** ① 토지의 협의취득일 또는 수용의 개시일(이하 이 조에서 "취득일"이라 한다)부터 10년 이내에 해당 사업의 폐지·변경 또는 그 밖의 사유로 취득한 토지의 전부 또는 일부가 필요 없게 된 경우 취득일 당시의 토지소유자 또는 그 포괄승계인(이하 "환매권자"라 한다)은 그 토지의 전부 또는 일부가 필요 없게 된 때부터 1년 또는 그 취득일부터 10년 이내에 그 토지에 대하여 받은 보상금에 상당하는 금액을 사업시행자에게 지급하고 그 토지를 환매할 수 있다.
> [헌법불합치, 2019헌바131, 2020.11.26., 공익사업을 위한 토지 등의 취득 및 보상에 관한 법률(2011.8.4.법률 제11017호로 개정된 것) 제91조 제1항 중 '토지의 협의취득일 또는 수용의 개시일(이하 이 조에서 "취득일"이라 한다)부터 10년 이내에' 부분은 헌법에 합치되지 아니한다. 법원 기타 국가기관 및 지방자치단체는 입법자가 개정할 때까지 위 법률조항의 적용을 중지하여야 한다.]
>
> **토지보상법 제91조(환매권)** ① 공익사업의 폐지·변경 또는 그 밖의 사유로 취득한 토지의 전부 또는 일부가 필요 없게 된 경우 토지의 협의취득일 또는 수용의 개시일(이하 이 조에서 "취득일"이라 한다) 당시의 토지소유자 또는 그 포괄승계인(이하 "환매권자"라 한다)은 다음 각 호의 구분에 따른 날부터 10년 이내에 그 토지에 대하여 받은 보상금에 상당하는 금액을 사업시행자에게 지급하고 그 토지를 환매할 수 있다.
> 1. 사업의 폐지·변경으로 취득한 토지의 전부 또는 일부가 필요 없게 된 경우: 관계 법률에 따라 사업이 폐지·변경된 날 또는 제24조에 따른 사업의 폐지·변경 고시가 있는 날
> 2. 그 밖의 사유로 취득한 토지의 전부 또는 일부가 필요 없게 된 경우: 사업완료일
> [2021.8.10.법률 제18386호에 의하여 2020.11.26.헌법재판소에서 헌법불합치 결정된 이 조 제1항을 개정함.]

④ (X) 분묘기지권에 관한 관습법 중 "타인 소유의 토지에 소유자의 승낙 없이 분묘를 설치한 경우에는 20년간 평온·공연하게 그 분묘의 기지를 점유하면 지상권과 유사한 관습상의 물권인 분묘기지권을 시효로 취득하고, 이를 등기 없이 제3자에게 대항할 수 있다." 는 부분 및 "분묘기지권의 존속기간에 관하여 당사자 사이에 약정이 있는 등 특별한 사정이 없는 경우에는 권리자가 분묘의 수호와 봉사를 계속하는 한 그 분묘가 존속하고 있는 동안은 분묘기지권은 존속한다."는 부분은 헌법에 위반되지 아니한다(헌재 2020.10.29. 2017헌바208).

⑤ (X) 심판대상조항은 재직 중 직무와 관련 있는 범죄 혹은 직무와 관련 없는 고의범으로 금고 이상의 형을 받거나 확정된 경우라면 그 후 형의 선고의 효력을 상실하게 하는 특별사면 및 복권을 받아 형의 선고의 효력이 상실된 경우에도 마찬가지로 퇴직급여 등을 감액하고 있는바, … 한편, 청구인은 퇴직급여수급권은 계속적으로 이행기가 도래하므로 특별사면 및 복권을 받은 때부터 퇴직급여 등을 수급할 수 있다는 취지로도 주장하나, 앞서 살펴본 바와 같이 심판대상조항에 의한 퇴직급여 등의 감액은 재직 중 범죄사실에 대한 제재인 것이고, 형의 선고의 효력을 상실하게 하는 특별사면 및 복권을 받았다 하더라도 그것이 범죄사실에 기초한 형의 선고가 기왕에 있었다는 사실 그 자체까지 부정하는 것은 아닌 이상 제재의 근거가 소멸되는 것은 아니므로 특별사면 및 복권을 받았다 하더라도 퇴직급여 등에 대한 계속적인 감액을 함이 상당하다. 이상의 점들을 종합할 때, 심판대상조항이 형의 선고의 효력을 상실하게 하는 특별사면 및 복권을 받은 경우에도 퇴직급여 등을 여전히 감액하는 것은 그 합리적인 이유가 인정되는바, 재산권 및 인간다운 생활을 할 권리를 침해한다고 볼 수 없다(헌재 2020.04.23. 2018헌바402).

정답 ③

문 75

23년 8월 모의시험

재산권에 관한 설명 중 옳지 않은 것은? (다툼이 있는 경우 판례에 의함)

① 건강보험수급권은 보험사고로 초래되는 재산상 부담을 전보하여 주는 경제적 유용성을 가지므로 헌법상 재산권의 보호범위에 속한다고 볼 수 있다.

② 헌법 제23조에 의하여 재산권을 제한하는 형태에는 제1항 및 제2항에 근거하여 재산권의 내용과 한계를 정하는 것과 제3항에 따른 수용·사용 또는 제한을 하는 것의 두 가지 형태가 있는데, 전자는 "입법자가 장래에 있어서 추상적이고 일반적인 형식으로 재산권의 내용을 형성하고 확정하는 것"을 의미하고, 후자는 "국가가 구체적인 공적 과제를 수행하기 위하여 이미 형성된 구체적인 재산적 권리를 전면적 또는 부분적으로 박탈하거나 제한하는 것"을 의미한다.

③ 재혼을 유족연금수급권 상실사유로 하는 것은 한정된 재원의 범위 내에서 부양의 필요성과 중요성 등을 고려하여 유족들을 보다 효과적으로 보호하기 위한 것이므로, 입법재량의 한계를 벗어나 재혼한 배우자의 재산권을 침해하였다고 볼 수 없다.

④ 토지수용 등 절차를 종료하였다고 하더라도 공익사업에 해당 토지가 필요 없게 된 경우에는 토지수용 등의 헌법상 정당성이 장래를 향하여 소멸한 것이므로, 이러한 경우 종전 토지소유자가 소유권을 회복할 수 있는 권리인 환매권은 헌법이 보장하는 재산권의 내용에 포함된다.

⑤ 「2018년 적용 최저임금 고시」 및 「2019년 적용 최저임금 고시」에서 정한 최저임금액 부분은, 그로 인하여 중소상공인들이 근로자에게 지급하여야 할 임금이 늘어나거나 생산성 저하, 이윤 감소 등 불이익을 겪을 우려가 있으므로 중소상공인들의 재산권 침해가 문제된다.

MGI Point 재산권 ★

- 건강보험수급권은 헌법상 재산권에 해당 ○
- 헌법 제23조 ①②항의 재산권 제한은 추상적·일반적인 형식으로 재산권의 내용을 확정을 의미, ③은 국가가 구체적인 공적 과제를 수행하기 위하여 이미 형성된 구체적인 재산권 권리를 전면적 또는 부분적으로 박탈·제한을 의미
- 배우자의 재혼을 유족연금수급권 상실사유로 규정한 조항은 재산권 침해 X
- 환매권은 재산권에 해당 ○
- 최저임금고시는 중소상공인들의 재산권 문제 X (계약의 자유·기업의 자유 제한○-침해X)

---

① (○) 건강보험수급권은 가입자가 납부한 보험료에 대한 반대급부의 성격을 가지며, 보험사고로 초래되는 재산상 부담을 전보하여 주는 경제적 유용성을 가지므로, 헌법상 재산권의 보호범위에 속한다고 볼 수 있다(헌재 2003.12.18. 2002헌바1).

② (○) 헌법 제23조에 의하여 재산권을 제한하는 형태에는, 제1항 및 제2항에 근거하여 재산권의 내용과 한계를 정하는 것과, 제3항에 따른 수용·사용 또는 제한을 하는 것의 두 가지 형태가 있다. 전자는 "입법자가 장래에 있어서 추상적이고 일반적인 형식으로 재산권의 내용을 형성하고 확정하는 것"을 의미하고, 후자는 "국가가 구체적인 공적 과제를 수행하기 위하여 이미 형성된 구체적인 재산적 권리를 전면적 또는 부분적으로 박탈하거나 제한하는 것"을 의미한다(헌재 1999.04.29. 94헌바37외66).

③ (○) 배우자의 재혼을 유족연금수급권 상실사유로 규정한 것은 배우자가 재혼을 통하여 새로운 부양관계를 형성함으로써 재혼 상대방 배우자를 통한 사적 부양이 가능해짐에 따라 더 이상 사망한 공무원의 유족으로서의 보호의 필요성이나 중요성을 인정하기 어렵다고 보았기 때문이다. 이는 한정된 재원의 범위 내에서 부양의 필요성과 중요성 등을 고려하여 유족들을 보다 효과적으로 보호하기 위한 것이므로, 입법재

량의 한계를 벗어나 재혼한 배우자의 인간다운 생활을 할 권리와 재산권을 침해하였다고 볼 수 없다(헌재 2022.08.31. 2019헌가31).

④ (○) 토지수용 등 절차를 종료하였다고 하더라도 공익사업에 해당 토지가 필요 없게 된 경우에는 토지수용 등의 헌법상 정당성이 장래를 향하여 소멸한 것이므로, 이러한 경우 종전 토지소유자가 소유권을 회복할 수 있는 권리인 환매권은 헌법이 보장하는 재산권의 내용에 포함되는 권리이다(헌재 2020.11.26. 2019헌바131).

⑤ (X) 최저임금 고시 부분은 사용자가 최저임금의 적용을 받는 근로자에게 지급하여야 할 임금의 최저액을 정한 것으로 청구인들이 이로 인하여 계약의 자유와 기업의 자유를 제한 받는 결과 근로자에게 지급하여야 할 임금이 늘어나거나 생산성 저하, 이윤 감소 등 불이익을 겪을 우려가 있거나, 그 밖에 사업상 어려움이 발생할 수 있다고 하더라도 이는 기업활동의 사실적·법적 여건에 관한 것으로 재산권 침해는 문제되지 않는다(헌재 2019.12.27. 2017헌마1366, 2018헌마1072).

 ⑤

문 76 21년 10월 모의시험

재산권에 관한 설명 중 옳은 것(○)과 옳지 않은 것(×)을 올바르게 조합한 것은? (다툼이 있는 경우 판례에 의함)

> ㄱ. 환매권의 발생기간을 '취득일로부터 10년 이내'로 제한한 「공익사업을 위한 토지 등의 취득 및 보상에 관한 법률」 규정은 토지수용 등의 원인이 된 공익사업의 폐지 등으로 공공필요가 소멸하였음에도 단지 10년이 경과하였다는 사정만으로 환매권이 배제되는 결과가 초래될 수 있으므로 환매권자의 재산권을 침해한다.
> ㄴ. 예비군 교육훈련에 참가한 예비군대원이 훈련 과정에서 식비, 여비 등을 스스로 지출함으로써 생기는 경제적 부담은 헌법에서 보장하는 재산권의 범위에 포함된다고 할 수 없고, 예비군 교육훈련 기간 동안의 일실수익과 같은 기회비용 역시 경제적인 기회에 불과하여 재산권의 범위에 포함되지 아니한다.
> ㄷ. 재산권에 대한 제약이 비례의 원칙에 합치하는 것이라면 그 제약은 재산권자가 수인하여야 하는 사회적 제약의 범위 내에 있는 것이고, 반대로 비례의 원칙에 위배되는 과잉제한이라면 그 제약은 재산권자가 수인하여야 하는 사회적 제약의 한계를 넘는 것이다.
> ㄹ. 재산권의 내용과 한계를 정할 입법자의 권한은 장래에 발생할 사실관계에 적용될 새로운 권리를 형성하고 그 내용을 규정할 권한을 가질 뿐, 과거의 법에 의하여 취득한 구체적인 법적 지위에 대하여 그 내용을 새로이 형성할 수 있는 권한을 포함하고 있다고 볼 수는 없다.
> ㅁ. 소급입법에 의한 재산권박탈금지는 헌법에는 규정을 두고 있지 않으나, 법치국가원리에서 파생되는 소급입법금지원칙에 의하여 당연히 인정되고 있다.

① ㄱ(○), ㄴ(○), ㄷ(×), ㄹ(×), ㅁ(○)
② ㄱ(×), ㄴ(○), ㄷ(×), ㄹ(○), ㅁ(×)
③ ㄱ(○), ㄴ(×), ㄷ(○), ㄹ(×), ㅁ(○)
④ ㄱ(○), ㄴ(○), ㄷ(○), ㄹ(×), ㅁ(×)
⑤ ㄱ(×), ㄴ(○), ㄷ(○), ㄹ(○), ㅁ(×)

> **MGI Point** 재산권 ★★
>
> - 환매권의 발생기간을 제한하고 있는 『공익사업을 위한 토지 등의 취득 및 보상에 관한 법률』 중 '토지의 취득일부터 10년 이내에' 부분 ⇨ 재산권 침해 ○
> - 예비군 교육훈련에 참가한 예비군대원이 훈련 과정에서 식비·여비 등을 스스로 지출함으로써 생기는 경제적 부담, 예비군 교육훈련 기간 동안의 일실수익과 같은 기회비용 ⇨ 헌법에서 보장하는 재산권의 범위에 포함 ×
> - 재산권에 대한 사회적 제약과 비례원칙과의 관계
>   - 재산권에 대한 제약이 비례원칙에 합치 ⇨ 그 제약은 재산권자가 수인하여야 하는 사회적 제약의 범위 內
>   - 재산권에 대한 제약이 비례원칙에 반하여 과잉인 경우 ⇨ 재산권자가 수인하여야 하는 사회적 제약의 한계를 넘는 것
> - 재산권의 내용과 한계를 정할 입법자의 권한 ⇨ 장래에 발생할 사실관계에 적용될 새로운 권리를 형성하고 그 내용을 규정할 권한 + 과거의 법에 의하여 취득한 구체적인 법적 지위에 대하여 그 내용을 새로이 형성할 수 있는 권한을 포함 ○
> - 소급입법에 의한 재산권박탈금지 ⇨ 헌법에 명문규정 有 (헌법 제13조 제2항)

ㄱ. (○) 토지수용 등 절차를 종료하였다고 하더라도 공익사업에 해당 토지가 필요 없게 된 경우에는 토지수용 등의 헌법상 정당성이 장래를 향하여 소멸한 것이므로, 이러한 경우 종전 토지소유자가 소유권을 회복할 수 있는 권리인 환매권은 헌법이 보장하는 재산권의 내용에 포함되는 권리이다. 환매권의 발생기간을 제한한 것은 사업시행자의 지위나 이해관계인들의 토지이용에 관한 법률관계 안정, 토지의 사회경제적 이용 효율 제고, 사회일반에 돌아가야 할 개발이익이 원소유자에게 귀속되는 불합리 방지 등을 위한 것인데, 그 입법목적은 정당하고 이와 같은 제한은 입법목적 달성을 위한 유효적절한 방법이라 할 수 있다. 그러나 2000년대 이후 다양한 공익사업이 출현하면서 공익사업 간 중복·상충 사례가 발생하였고, 산업구조 변화, 비용 대비 편익에 대한 지속적 재검토, 인근 주민들의 반대 등에 직면하여 공익사업이 지연되다가 폐지되는 사례가 다수 발생하고 있다. 이와 같은 상황에서 이 사건 법률조항의 환매권 발생기간 '10년'을 예외 없이 유지하게 되면 토지수용 등의 원인이 된 공익사업의 폐지 등으로 공공필요가 소멸하였음에도 단지 10년이 경과하였다는 사정만으로 환매권이 배제되는 결과가 초래될 수 있다. 다른 나라의 입법례에 비추어 보아도 발생기간을 제한하지 않거나 더 길게 규정하면서 행사기간 제한 또는 토지에 현저한 변경이 있을 때 환매거절권을 부여하는 등 보다 덜 침해적인 방법으로 입법목적을 달성하고 있다. 이 사건 법률조항은 침해의 최소성 원칙에 어긋난다. 이 사건 법률조항으로 제한되는 사익은 헌법상 재산권인 환매권의 발생 제한이고, 이 사건 법률조항으로 환매권이 발생하지 않는 경우에는 환매권 통지의무도 발생하지 않기 때문에 환매권 상실에 따른 손해배상도 받지 못하게 되므로, 사익 제한 정도가 상당히 크다. 그런데 10년 전후로 토지가 필요 없게 되는 것은 취득한 토지가 공익목적으로 실제 사용되지 못한 경우가 대부분이고, 토지보상법은 부동산등기부상 협의취득이나 토지수용의 등기원인 기재가 있는 경우 환매권의 대항력을 인정하고 있어 공익사업에 참여하는 이해관계인들은 환매권이 발생할 수 있음을 충분히 알 수 있다. 토지보상법은 이미 환매대금증감소송을 인정하여 당해 공익사업에 따른 개발이익이 원소유자에게 귀속되는 것을 차단하고 있다. 이 사건 법률조항이 추구하고자 하는 공익은 원소유자의 사익침해 정도를 정당화할 정도로 크다고 보기 어려우므로, 법익의 균형성을 충족하지 못한다. 결국 이 사건 법률조항은 헌법 제37조 제2항에 반하여 재산권을 침해한다(헌재 2020.11.26. 2019헌바131). ▶ 헌법불합치결정을 선고하면서 적용중지를 명한 사례

ㄴ. (○) 예비군 교육훈련에 참가한 예비군대원이 훈련 과정에서 식비, 여비 등을 스스로 지출함으로써 생기는 경제적 부담은 헌법에서 보장하는 재산권의 범위에 포함된다고 할 수 없고, 예비군 교육훈련 기간 동안의 일실수익과 같은 기회비용 역시 경제적인 기회에 불과하여 재산권의 범위에 포함되지 아니한다. 그렇다면 심판대상조항으로 인하여 청구인의 재산권이 침해될 가능성을 인정할 수 없다(헌재 2019.08.29. 2017헌마828).

ㄷ. (○) 재산권에 대한 제약이 비례원칙에 합치하는 것이라면 그 제약은 재산권자가 수인하여야 하는 사회적 제약의 범위 내에 있는 것이고, 반대로 재산권에 대한 제약이 비례원칙에 반하여 과잉된 것이라면 그 제

약은 재산권자가 수인하여야 하는 사회적 제약의 한계를 넘는 것이라 하겠다. 토지재산권에 대한 사회적 제약이 수인할 수 있는 정도인가에 관하여 우리 재판소는 이미 그 판단기준을 제시한 바 있다. … 요컨대, 토지를 종래의 목적으로도 사용할 수 없거나 더 이상 법적으로 허용된 토지이용방법이 없어서 실질적으로 사용·수익을 할 수 없는 경우에 해당하지 않는 제약은 토지소유자가 수인하여야 하는 사회적 제약의 범주 내에 있는 것이고, 그러하지 아니한 제약은 손실을 완화하는 보상적 조치가 있어야 비로소 허용되는 범주 내에 있다는 것이다(헌재 2005.09.29. 2002헌바84).

ㄹ. (X) 헌법 제23조에 의하여 재산권을 제한하는 형태에는, 제1항 및 제2항에 근거하여 재산권의 내용과 한계를 정하는 것과, 제3항에 따른 수용·사용 또는 제한을 하는 것의 두 가지 형태가 있다. 전자는 "입법자가 장래에 있어서 추상적이고 일반적인 형식으로 재산권의 내용을 형성하고 확정하는 것"을 의미하고, 후자는 "국가가 구체적인 공적 과제를 수행하기 위하여 이미 형성된 구체적인 재산적 권리를 전면적 또는 부분적으로 박탈하거나 제한하는 것"을 의미한다. 그런데 법은, 택지의 소유에 상한을 두거나 그 소유를 금지하고, 허용된 소유상한을 넘은 택지에 대하여는 처분 또는 이용·개발의무를 부과하며, 이러한 의무를 이행하지 아니하였을 때에는 부담금을 부과하는 등의 제한 및 의무부과 규정을 두고 있는바, 위와 같은 규정은 헌법 제23조 제1항 및 제2항에 의하여 토지재산권에 관한 권리와 의무를 일반·추상적으로 확정함으로써 재산권의 내용과 한계를 정하는 규정이라고 보아야 한다. 한편 재산권이 헌법 제23조에 의하여 보장된다고 하더라도, 입법자에 의하여 일단 형성된 구체적 권리가 그 형태로 영원히 지속될 것이 보장된다고까지 하는 의미는 아니다. 재산권의 내용과 한계를 정할 입법자의 권한은, 장래에 발생할 사실관계에 적용될 새로운 권리를 형성하고 그 내용을 규정할 권한뿐만 아니라, 더 나아가 과거의 법에 의하여 취득한 구체적인 법적 지위에 대하여까지도 그 내용을 새로이 형성할 수 있는 권한을 포함하고 있는 것이다(헌재 1999.04.29. 94헌바37).

ㅁ. (X) 헌법 제13조 제2항 참조.

> 헌법 제13조 ② 모든 국민은 소급입법에 의하여 참정권의 제한을 받거나 재산권을 박탈당하지 아니한다.

 ④

문 77
21년 8월 모의시험

재산권에 관한 설명 중 옳지 않은 것은? (다툼이 있는 경우 판례에 의함)

① 농지의 경우 그 사회성과 공공성은 일반적인 토지의 경우보다 더 강하다고 할 수 있으므로, 농지 재산권을 제한하는 입법에 대한 헌법심사의 강도는 다른 토지 재산권을 제한하는 입법에 대한 것보다 낮다.

② '공공필요'의 요건과 관련한 공익성은 추상적인 공익 일반 또는 국가의 이익 이상의 중대한 공익을 요구하므로 기본권 일반의 제한사유인 '공공복리'보다 좁게 보는 것이 타당하다.

③ 재산권에 대한 제약이 재산권자가 수인하여야 하는 사회적 제약의 한계를 넘는 경우, 입법자는 재산권에 대한 제한의 비례성을 회복할 수 있도록 수인의 한계를 넘어 가혹한 부담이 발생하는 예외적인 때에는 이를 완화하거나 조정하는 등의 보상규정을 두어야 한다.

④ 헌법적으로 가혹한 부담의 조정이란 '목적'을 달성하기 위하여 이를 완화·조정할 수 있는 '방법'의 선택에 있어서는 반드시 직접적인 금전적 보상의 방법에 한정되지 아니하고, 입법자에게 광범위한 형성의 자유가 부여된다.

⑤ 청중이나 관중으로부터 당해 공연에 대한 반대급부를 받지 아니하는 경우에는 상업용 목적으로 공표된 음반 또는 상업용 목적으로 공표된 영상저작물을 재생하여 공중에게 공연할 수 있도록 하는 것은 저작권자의 정당한 수익을 비(非)권리자에게 이전한다는 점에서 저작권자의 재산권을 침해한다.

> **MGI Point** **재산권** ★★
>
> ■ 농지의 경우 그 사회성과 공공성은 일반적인 토지의 경우보다 더 강함 ⇨ 농지 재산권을 제한하는 입법에 대한 헌법심사의 강도는 다른 토지 재산권을 제한하는 입법에 대한 것보다 낮음
> ■ 공공필요의 요건 중 '공익성' ⇨ 기본권 일반의 제한사유인 '공공복리'보다 좁게 보는 것이 타당 ○
> ■ 재산권에 대한 제약이 재산권자가 수인하여야 하는 사회적 제약의 한계를 넘는 경우 ⇨ 완화하는 보상규정 要
> ■ 헌법적으로 가혹한 부담의 조정이란 '목적'을 달성하기 위하여 이를 완화·조정할 수 있는 '방법'의 선택
>   ⇨ 금전적 보상의 방법에 한정 ×, 입법자에게 광범위한 형성의 자유 ○
> ■ 청중이나 관중으로부터 당해 공연에 대한 반대급부를 받지 아니하는 경우, 상업용 목적으로 공표된 음반 또는 상업용 목적으로 공표된 영상저작물을 재생하여 공중에게 공연할 수 있도록 하는 것 ⇨ 저작권자의 재산권 침해 ×

① (○) 토지재산권에 대하여는 강한 사회성 내지는 공공성으로 말미암아 다른 재산권에 비하여 더 강한 제한과 의무가 부과될 수 있으나, 그렇다고 하더라도 토지재산권에 대한 제한입법 역시 다른 기본권을 제한하는 입법과 마찬가지로 과잉금지의 원칙을 준수해야 하고, 재산권의 본질적 내용인 사용·수익권과 처분권을 부인해서는 아니 된다. 다만 농지의 경우 그 사회성과 공공성은 일반적인 토지의 경우보다 더 강하다고 할 수 있으므로, 농지 재산권을 제한하는 입법에 대한 헌법심사의 강도는 다른 토지 재산권을 제한하는 입법에 대한 것보다 낮다고 봄이 상당하다(헌재 2010.02.25. 2008헌바80).

② (○) 오늘날 공익사업의 범위가 확대되는 경향에 대응하여 재산권의 존속보장과의 조화를 위해서는, '공공필요'의 요건에 관하여, 공익성은 추상적인 공익 일반 또는 국가의 이익 이상의 중대한 공익을 요구하므로 기본권 일반의 제한사유인 '공공복리'보다 좁게 보는 것이 타당하며, 공익성의 정도를 판단함에 있어서는 공용수용을 허용하고 있는 개별법의 입법목적, 사업내용, 사업이 입법목적에 이바지 하는 정도는 물론, 특히 그 사업이 대중을 상대로 하는 영업인 경우에는 그 사업 시설에 대한 대중의 이용·접근가능성도 아울러 고려하여야 한다(헌재 2014.10.30. 2011헌바129,172(병합)).

③ (○) 입법자가 도시계획법 제21조를 통하여 국민의 재산권을 비례의 원칙에 부합하게 합헌적으로 제한하기 위해서는, 수인의 한계를 넘어 가혹한 부담이 발생하는 예외적인 경우에는 이를 완화하는 보상규정을 두어야 한다. 이러한 보상규정은 입법자가 헌법 제23조 제1항 및 제2항에 의하여 재산권의 내용을 구체적으로 형성하고 공공의 이익을 위하여 재산권을 제한하는 과정에서 이를 합헌적으로 규율하기 위하여 두어야 하는 규정이다. 재산권의 침해와 공익간의 비례성을 다시 회복하기 위한 방법은 헌법상 반드시 금전보상만을 해야 하는 것은 아니다. 입법자는 지정의 해제 또는 토지매수청구권 제도와 같이 금전보상에 갈음하거나 기타 손실을 완화할 수 있는 제도를 보완하는 등 여러 가지 다른 방법을 사용할 수 있다(헌재 1998.12.24. 89헌바214).

④ (○) 헌법적으로 가혹한 부담의 조정이란 '목적'을 달성하기 위하여 이를 완화·조정할 수 있는 '방법'의 선택에 있어서는 반드시 직접적인 금전적 보상의 방법에 한정되지 아니하고, 입법자에게 광범위한 형성의 자유가 부여된다(헌재 2019.11.28. 2016헌마1115,2019헌가18(병합)).

⑤ (X) 청중이나 관중으로부터 당해 공연에 대한 반대급부를 받지 아니하는 경우에는 상업용 목적으로 공표된 음반 또는 상업용 목적으로 공표된 영상저작물(이하 '상업용 음반 등'이라 한다)을 재생하여 공중에게 공연할 수 있다고 규정한 저작권법(2016. 3. 22. 법률 제14083호로 개정된 것) … 심판대상조항은 공중이 저작물의 이용을 통한 문화적 혜택을 누릴 수 있도록 하기 위한 것으로 입법목적이 정당하고, 일정한 요건

하에 누구든지 상업용 음반 등을 재생하여 공중에게 공연할 수 있도록 하는 것은 상업용 음반 등에 대한 공중의 접근성을 향상시켜 위와 같은 입법목적 달성에 적합한 수단이 된다. 심판대상조항이 적용되는 공연의 경우 영리의 목적 유무를 불문하고 저작재산권자 등은 해당 상업용 음반 등에 관한 권리를 행사할 수 없으나, 저작권법 제29조 제2항 단서 및 저작권법 시행령에서 정한 예외사유에 해당하는 경우에는 저작재산권자 등이 여전히 해당 상업용 음반 등에 관한 권리를 행사할 수 있다. 비록 위 조항들은 재산권의 원칙적 제한 및 예외적 보장의 형식을 취하고 있으나, 이는 입법자가 구체적 사안에서 저작재산권자 등의 재산권 보장과 공중의 문화적 혜택 향수라는 공익이 조화롭게 달성되도록 하기 위하여 이와 같은 규율형식을 택한 것으로 볼 수 있다. 또한, 심판대상조항에 의한 공연을 통해 해당 상업용 음반 등이 공중에 널리 알려짐으로써 판매량이 증가하는 등 저작재산권자 등이 간접적인 이익을 얻을 가능성도 있다. 이상을 고려하여 보면, 심판대상조항이 침해의 최소성 원칙에 위반된다고 단정하기 어렵다. 나아가, 심판대상조항으로 인하여 저작재산권자 등이 상업용 음반 등을 재생하는 공연을 허락할 권리를 행사하지 못하거나 그러한 공연의 대가를 받지 못하게 되는 불이익이 상업용 음반 등을 재생하는 공연을 통하여 공중이 문화적 혜택을 누릴 수 있게 한다는 공익보다 크다고 보기도 어려우므로, 심판대상조항은 법익의 균형성도 갖추었다. 따라서 심판대상조항이 비례의 원칙에 반하여 저작재산권자 등의 재산권을 침해한다고 볼 수 없다(헌재 2019.11.28. 2016헌마1115,2019헌가18(병합)).

문 78   20년 6월 모의시험

재산권에 관한 설명 중 옳지 않은 것은? (다툼이 있는 경우 판례에 의함)

① 헌법 제23조의 재산권은 「민법」상의 소유권뿐만 아니라, 재산적 가치가 있는 사법상의 물권, 채권 등 모든 권리를 포함하며, 국가로부터의 일방적인 급부가 아닌 자기 노력의 대가나 자본의 투자 등 특별한 희생을 통하여 얻은 공법상의 권리도 포함한다.

② 도로의 지표 지하 50미터 이내의 장소에서는 관할 관청의 허가나 소유자 또는 이해관계인의 승낙이 없으면 광물을 채굴할 수 없도록 하는 것은, 다른 권리와의 충돌가능성이 내재되어 있는 광업권의 특성을 감안할 때 광업권자가 수인해야 하는 사회적 제약의 범주를 벗어나지 않아 해당 광업권자의 재산권을 침해하지 않는다.

③ 「군인연금법」상 퇴역연금수급권과 같이 연금수급인 자신이 기여금의 납부를 통해 연금의 재원형성에 일부 기여하는 경우에는 이러한 연금수급권은 사회적 기본권의 하나인 사회보장수급권의 성격을 지니면서도 재산권의 성격도 아울러 지닌다.

④ 중학교 학교환경위생정화구역 안에서 여관과 관련한 행위의 금지의무를 위반한 자를 처벌하는 것은, 구체적·개별적으로 형성된 재산권인 여관영업권을 사회적 수인한도를 넘어 박탈하거나 제한하여 사실상 수용하면서 아무런 보상규정을 두지 않은 것으로 해당 여관영업자의 재산권을 침해한다.

⑤ 개인파산절차에서 면책을 받은 채무자가 악의로 채권자목록에 기록하지 않은 청구권에 대해서만 면책의 예외를 인정하고, 파산채권자에게 채무자의 악의를 입증하도록 하는 것은 파산채권자의 재산권을 침해하지 않는다.

> **MGI Point** 재산권 ★★
>
> - 헌법 제23조의 재산권
>   - 민법상의 소유권 ○, 재산적 가치있는 사법상의 물권·채권 등 모든 권리 ○
>   - 자기 노력의 대가나 자본의 투자 등 특별한 희생을 통해 얻은 공법상 권리 ○
> - 도로 등 영조물 주변 일정 범위에서 관할 관청·소유자 등의 허가·승낙 하에서만 채굴행위 허용
>   ⇨ 광업권자의 재산권 침해 ×
> - 퇴역연금수급권 ⇨ 사회보장수급권의 성격 + 재산권의 성격
> - 중학교 학교환경위생정화구역 안에서 여관영업 금지 ⇨ 직업수행의 자유 및 재산권 침해 ×
> - 개인파산절차에서 면책을 받은 채무자가 악의로 채권자목록에 기재하지 않은 청구권에 대해서만 면책의 예외 인정, 파산채권자에게 채무자의 악의를 입증하도록 하는 규정 ⇨ 파산채권자의 재산권 침해 ×

① (○) 재산권은 자유의 실현과 물질적 삶의 기초이고, 자유실현의 물질적 바탕을 보호하는 재산권의 자유보장적 기능으로 말미암아 자유와 재산권은 불가분의 관계이자 상호보완관계에 있다. 자본주의적 산업사회의 발전과 함께 개인의 경제적 생활기반이 더 이상 소유물이 아니라, 임금이나 그에서 파생하는 연금과 같이 사회보장적 성격의 권리 등이 되었고, 이로써 필연적으로 헌법 제23조의 재산권의 개념은 자유실현의 물질적 바탕이 될 수 있는 모든 권리로 점점 더 확대되었다. 따라서 헌법 제23조의 재산권은 민법상의 소유권뿐만 아니라, 재산적 가치있는 사법상의 물권, 채권 등 모든 권리를 포함하며, 또한 국가로부터의 일방적인 급부가 아닌 자기 노력의 댓가나 자본의 투자 등 특별한 희생을 통하여 얻은 공법상의 권리도 포함한다(헌재 2000.06.29. 99헌마289).

② (○) 심판대상조항은 광업권이 정당한 토지사용권 등 공익과 충돌하는 것을 조정하는 정당한 입법목적이 있고, 도로와 일정 거리 내에서는 허가 또는 승낙 하에서만 채굴할 수 있도록 하는 것은 적절한 수단이 되며, 정당한 이유 없이 허가 또는 승낙을 거부할 수 없도록 하여 광업권이 합리적인 이유 없이 제한되는 일이 없도록 하므로 최소침해성의 원칙에도 부합하고, 실현하고자 하는 공익과 광업권의 침해 정도를 비교형량할 때 적정한 비례관계가 성립하므로 법익균형성도 충족된다. 또한 광업권의 특성을 감안할 때 심판대상조항에 의한 제한은 광업권자가 수인하여야 하는 사회적 제약의 범주에 속하는 것이다. 따라서 심판대상조항은 광업권자의 재산권을 침해하지 아니한다(헌재 2014.02.27. 2010헌바483).

③ (○) 퇴역연금수급권은 사회보장수급권과 재산권이라는 양 권리의 성격이 불가분적으로 혼화되어 있으므로 전체적으로 재산권적 보호의 대상이 되면서도 순수한 재산권만은 아니라는 특성을 가지고 있다. 다만, 퇴역연금 중 본인의 기여금에 해당하는 부분은 복무중 근무의 대가로 지급하였어야 할 임금의 후불적 성격이 강하고, 국고의 부담금에 해당하는 부분은 은혜적 급여 또는 사회보장적 급여의 성격이 강하다. 따라서 퇴역연금의 사회보장적 성격에 비추어 볼 때, 퇴역연금의 지급정도는 원칙적으로 입법자가 사회정책적 측면과 국가의 재정 및 기금의 상황 등 여러 가지 사정을 참작하여 폭넓은 재량으로 결정할 수 있는 사항이긴 하지만 임금후불적 성격이 강한 기여금 부분에 관해서는 재산권적 보호가 더욱 강조되어야 하므로 입법형성의 여지가 보다 좁다고 보아야 할 것이다(헌재 2005.12.22. 2004헌가24).

④ (X) 이 사건 법률조항은 여관의 유해환경으로부터 중학교 학생들을 보호하여 중학교 교육의 능률화를 기하려는 것으로서 그 입법목적의 정당성이 인정되고, 유해환경으로서의 특성을 갖는 여관영업을 정화구역 안에서 금지한 것은 위와 같은 입법목적을 달성하기 위하여 효과적이고 적절한 방법의 하나라고 할 수 있어서 수단의 적정성도 인정된다. 또한 학교환경위생정화위원회의 심의를 거쳐 학습과 학교보건위생에 나쁜 영향을 주지 않는다고 인정하는 경우에는 상대정화구역 안에서의 여관영업이 허용되며, 건물의 소유주로서는 건물을 "여관" 이외의 다른 용도로는 사용할 수 있으므로 건물의 기능에 합당한 사적인 효용성은 그대로 유지된다고 할 것이고, 재산권 침해를 최소화하고 사전에 여관영업을 정리할 수 있도록 기존시설에 대하여 2회에 걸쳐 각각 5년 가량의 유예기간을 주는 규정이 있었음을 고려하면, 피해최소성의 원칙에도 부합될 뿐 아니라, 여관영업을 금지함으로써 건물소유자 내지 여관업자가 입게 될 불이익보다는 이를 허용함으로 인하여 중학교 교육의 능률화를 기할 수 없는 결과가 더 크다고 할 것이므로, 법익균형성도 충

족하고 있다. 따라서 이 사건 법률조항은 비례의 원칙을 위반하여 직업수행의 자유 및 재산권을 침해하지 않는다(헌재 2011.10.25. 2010헌바384).

⑤ (○) 개인파산절차에서 면책을 받은 채무자가 악의로 채권자목록에 기재하지 않은 청구권에 대해서만 면책의 예외를 인정하고, 파산채권자에게 채무자의 악의를 입증하도록 하는 '채무자 회생 및 파산에 관한 법률' 제566조 단서 제7호는 채권의 공평한 변제와 채무자의 경제적 재기를 목적으로 하면서도, 채권자목록에 기재되지 아니함으로 인하여 채권이 상실될 채권자를 보호하기 위한 것으로 목적의 정당성이 인정되고, 채무자가 악의로 채권자목록에서 누락한 채권을 면책 대상에서 제외하는 것은 위 목적달성을 위한 적합한 수단에 해당한다. 만약 채권자목록에 기재되지 않은 모든 채권을 면책의 대상에서 제외한다면, 파산 및 면책 본연의 기능을 수행하기 어렵고, 면책 여부가 채권자목록에 기재하였는지 여부에 좌우된다는 불합리한 점이 생길 수 있으며, 면책제도의 취지와 실제 면책이 이루어지는 채무자의 상황 등을 고려할 때, 입증책임을 채권자에게 부담시켰다 하더라도 재산권에 대한 과도한 제한으로 보기는 어렵다(헌재 2014.06.26. 2012헌가22).

정답 ④

제2항 직업의 자유

문 79

24년 10월 모의시험

직업의 자유에 관한 설명 중 옳지 <u>않은</u> 것을 모두 고른 것은? (다툼이 있는 경우 판례에 의함)

> ㄱ. 공법인에 해당되는 농지개량조합에서의 조합원이라는 지위는 생활의 기본적 수요를 충족시키기 위한 계속적인 소득활동으로 직업의 자유에서 말하는 직업에 해당한다.
> ㄴ. 직업수행의 자유는 직업결정의 자유에 비하여 상대적으로 그 제한의 정도가 작으므로 비교적 넓은 법률상의 규제가 가능하지만, 직업수행의 자유를 제한할 때에도 헌법 제37조 제2항에 의거한 비례원칙에 위배되어서는 안 된다.
> ㄷ. 보호자 전원이 반대하지 않는 한 어린이집에 의무적으로 CCTV를 설치하도록 한 것은 해당 어린이집 설치·운영자의 직업수행의 자유를 제한한다.
> ㄹ. 시설경비업을 허가받은 경비업자로 하여금 허가받은 경비업무 외의 업무에 경비원을 종사하게 하는 것을 금지하고, 이를 위반한 경비업자에 대한 허가를 취소하도록 정한 것은 해당 시설경비업자의 직업의 자유를 침해하지 않는다.
> ㅁ. 접촉차단시설이 설치되지 않은 장소에서의 수용자 접견 대상을 소송사건의 대리인인 변호사로 한정하고 소송사건의 대리인이 되고자 하는 변호사를 배제한 것은 소송사건의 대리인이 되고자 하는 변호사의 직업수행의 자유를 침해한다.

① ㄱ, ㄴ
② ㄷ, ㅁ
③ ㄱ, ㄹ, ㅁ
④ ㄴ, ㄹ, ㅁ
⑤ ㄱ, ㄴ, ㄷ, ㄹ

> **MGI Point** 직업의 자유 ★★★
>
> - 농지개량조합에서 조합원이라는 지위 ⇨ 직업의 자유에서 말하는 직업 ×
> - 단계이론
>   - 1단계 : 직업행사의 자유의 제한 ⇨ 과잉금지원칙 적용(비례의 원칙)
>   - 2단계 : 주관적 사유에 의한 직업결정의 자유의 제한 ⇨ 과잉금지원칙 적용(비례의 원칙)
>   - 3단계 : 객관적 사유에 의한 직업결정의 자유의 제한 ⇨ 과잉금지원칙 적용(엄격한 비례의 원칙)
>   - 제한의 정도 : 1단계 < 2단계 < 3단계
>   - 제한의 정도가 클수록 입법형성의 자유 축소
> - 보호자 전원이 반대하지 않는 한 어린이집에 CCTV 의무화 조항
>   ⇨ 어린이집 설치·운영자의 직업수행의 자유 제한 ○
> - 경비업무 외의 업무에 경비원 종사하게 하는 것 금지 및 위반시 경비업 허가 취소 조항
>   ⇨ 경비업자의 직업의 자유 침해 ○
> - 접촉차단시설이 설치되지 않은 장소에서의 수용자접견 대상에, 소송사건의 대리인이 되려는 변호사를 배제한 것
>   ⇨ 변호사의 직업수행의 자유 침해 ×

ㄱ. (X) 청구인들 대리인은 농조(농지개량조합)해산으로 청구인 甲이 조합원으로서의 업무수행을 하지 못하게 됨으로써 그의 직업의 자유를 침해받았다고 주장하여, 법인의 설립·존속과 무관하게 조합원의 지위 자체가 직업이라는 것을 전제로 하는 듯한 주장을 하나, 조합원이라는 지위는 "생활의 기본적 수요를 충족시키기 위한 계속적인 소득활동"으로 정의되는 직업의 자유에서 말하는 직업에 해당한다고 할 수 없으므로, 이 부분 주장은 더 나아가 살펴볼 필요도 없이 이유없다(헌재 2000.11.30. 99헌마190). ▶해당 판례에서 농림부장관은 "임원이 아닌 조합원이 농조와 관련하여 수행하는 업무란 총회에서의 의결권행사와 임원의 선출행위 뿐이므로, 이를 생활의 기본적 수요를 충족시키기 위한 계속적 소득활동이라고 할 직업의 범주에 포함된다고 볼 수 없"다고 주장하였다.

ㄴ. (O) 직업수행의 자유는 직업선택의 자유에 비하여 성질상 상대적으로 그 침해의 정도가 작다고 할 수 있어 이에 대하여는 공공복리 등 공익상의 이유로 비교적 넓은 법률상의 규제가 가능하지만, 그 경우에도 헌법 제37조 제2항에 따른 비례의 원칙은 지켜져야 한다(헌재 2018.01.25. 2016헌바201).

ㄷ. (O) … CCTV 설치 조항으로 인해 보호자 전원이 반대하지 않는 한 어린이집 설치·운영자는 어린이집에 CCTV를 설치할 의무를 지게 되고 CCTV 설치 시 녹음기능 사용을 할 수 없으므로, 위 조항은 어린이집 설치·운영자인 청구인들의 직업수행의 자유를 제한한다. … CCTV 설치 조항은 이들의 사생활의 비밀과 자유를 제한하며, …기본권 침해가 최소화되도록 여러 가지 조치가 마련되어 있어 CCTV 설치 조항으로 인하여 침해되는 사익이 위에서 본 공익보다 크다고 보기는 어렵다. …그러므로 CCTV 설치 조항은 과잉금지원칙을 위반하여 청구인들의 기본권을 침해하지 않는다(헌결 2017.12.28. 2015헌마994).

ㄹ. (X) 심판대상조항은 시설경비업을 허가받은 경비업자로 하여금 허가받은 경비업무 외의 업무에 경비원을 종사하게 하는 것을 금지하고, 이를 위반한 경비업자에 대한 허가를 취소함으로써 시설경비업무에 종사하는 경비원으로 하여금 경비업무에 전념하게 하여 국민의 생명·신체 또는 재산에 대한 위험을 방지하고자 하는 것으로 입법목적의 정당성 및 수단의 적합성은 인정된다. 그러나 …심판대상조항은 경비업무의 전념성이 훼손되는 정도를 고려하지 아니한 채 경비업자가 경비원으로 하여금 비경비업무에 종사하도록 하는 것을 일률적·전면적으로 금지하여 …침해의 최소성에 위배되고, 경비업무의 전념성을 중대하게 훼손하지 않는 경우에도 경비원에게 비경비업무를 수행하도록 하면 허가받은 경비업 전체를 취소하도록 하여 경비업을 전부 영위할 수 없도록 하는 것은 법익의 균형성에도 반한다. 따라서 심판대상조항은 과잉금지원칙에 위반하여 시설경비업을 수행하는 경비업자의 직업의 자유를 침해한다(헌재 2023.03.23. 2020헌가19).

ㅁ. (X) 접견 제한에 따른 변호사의 직업수행의 자유 제한에 대한 심사에서는 변호사 자신의 직업 활동에 가해진 제한의 정도를 살펴보아야 할 뿐 아니라 그로 인해 접견의 상대방인 수용자의 재판청구권이 제한되는 효과도 함께 고려되어야 하나, 소송대리인이 되려는 변호사의 수용자 접견의 주된 목적은 소송대리인 선임 여부를 확정하는 것이고 소송준비와 소송대리 등 소송에 관한 직무활동은 소송대리인 선임 이후에 이루어지는 것이 일반적이므로 소송대리인 선임 여부를 확정하기 위한 단계에서는 접촉차단시설이 설치

된 장소에서 접견하더라도 그 접견의 목적을 수행하는데 필요한 의사소통이 심각하게 저해될 것이라고 보기 어렵다. …소송대리인이 되려는 변호사의 경우 변호인이 되려는 사람이나 소송사건의 대리인인 변호사와 비교하여 지위, 역할, 접견의 필요성 등에 차이가 있으므로, 접견제도의 운영에 있어 이들과 달리 취급할 필요가 있다. 소송대리인이 되려는 변호사는 이미 선임된 소송사건의 대리인과 달리 해당 범위가 상당히 넓어 접견의 수요를 예측하기 어려운 점도 양자를 달리 취급하여야 할 사정이 된다. …따라서 심판대상조항은 변호사인 청구인의 업무를 원하는 방식으로 자유롭게 수행할 수 있는 자유를 침해한다고 할 수 없다(헌재 2022.02.24. 2018헌마1010).

정답 ③

문 80
24년 8월 모의시험

직업의 자유에 관한 설명 중 옳은 것을 모두 고른 것은? (다툼이 있는 경우 판례에 의함)

> ㄱ. 직업의 자유에 의한 보호의 대상이 되는 직업은 '생활의 기본적 수요를 충족시키기 위한 계속적 소득활동'을 의미하며, 휴가기간 중에 하는 일, 수습직 활동, 겸업, 부업도 직업에 포함된다.
> ㄴ. 성매매는 그 사회적 유해성과는 별개로 성판매자의 입장에서 생활의 기본적 수요를 충족하기 위한 소득활동에 해당하므로 성매매를 형사처벌하는 것은 해당 성판매자의 직업선택의 자유를 제한한다.
> ㄷ. 세무사 자격 보유 변호사에 대하여 세무조정업무의 수행을 위한 전문성과 능력 여부에 대한 고려 없이 단지 세무사등록부에 등록될 수 없다는 이유만으로 세무사의 업무 중 핵심적인 업무인 세무조정업무를 일체 수행할 수 없도록 전면 금지하는 것은 세무사 자격 보유 변호사의 직업선택의 자유를 침해하는 것이다.
> ㄹ. 소송사건의 대리인인 변호사가 수형자를 접견하고자 하는 경우 소송계속 사실을 소명할 수 있는 자료를 제출하도록 하는 것은 변호사가 접견권을 남용하여 소를 제기하지도 아니한 채 수형자와 접견하는 것을 방지하기 위해 필요한 최소한의 범위 내에 있으므로 해당 변호사의 직업수행의 자유를 침해하지 않는다.
> ㅁ. 아동·청소년대상 성범죄로 형 또는 치료감호를 선고받아 확정된 자에 대하여, 그 형 또는 치료감호의 전부 또는 일부의 집행을 종료하거나 집행이 유예·면제된 날부터 10년간 아동·청소년 관련기관 등을 운영하거나 이에 취업 또는 사실상 노무를 제공할 수 없도록 한 것은 해당 성범죄자의 직업선택의 자유를 침해하지 않는다.

① ㄱ, ㄴ, ㄷ
② ㄱ, ㄴ, ㄹ
③ ㄱ, ㄹ, ㅁ
④ ㄴ, ㄷ, ㅁ
⑤ ㄷ, ㄹ, ㅁ

> **MGI Point** 직업의 자유 ★★
>
> ■ 직업의 자유에 의한 보호의 대상인 직업 ⇨ '생활의 기본적 수요를 충족시키기 위한 계속적 소득활동'을 의미, 휴가기간 중에 하는 일, 수습직 활동, 겸업, 부업도 포함
> ■ 성매매를 형사처벌하는 것은 성판매자의 직업선택의 자유 제한함
> ■ 세무사 자격 보유 변호사에 대하여 세무조정업무의 수행을 위한 전문성과 능력 여부에 대한 고려 없이 단지 세무사등록부에 등록될 수 없다는 이유만으로 세무사의 업무 중 핵심적인 업무인 세무조정업무를 일체 수행할 수 없도록 전면 금지하는 것은 세무사 자격 보유 변호사의 직업선택의 자유를 침해
> ■ 소송사건의 대리인인 변호사라 하더라도 변호사접견을 하기 위해서는 소송계속 사실 소명자료를 제출하도록 규정은 변호사의 직업수행의 자유 침해
> ■ 아동·청소년대상 성범죄로 형 또는 치료감호를 선고받아 확정된 자에 대하여, 그 형 또는 치료감호의 전부 또는 일부의 집행을 종료하거나 집행이 유예·면제된 날부터 10년간 아동·청소년 관련기관 등을 운영하거나 이에 취업 또는 사실상 노무를 제공할 수 없도록 한 것은 해당 성범죄자의 직업선택의 자유를 침해

ㄱ. (○) 직업의 자유에 의한 보호의 대상이 되는 직업은 '생활의 기본적 수요를 충족시키기 위한 계속적 소득활동'을 의미하며 그 종류나 성질은 묻지 아니한다. 이러한 직업의 개념표지들은 개방적 성질을 지녀 엄격하게 해석할 필요는 없다. '계속성'에 관해서는 휴가기간 중에 하는 일, 수습직으로서의 활동 등도 이에 포함되고, '생활수단성'에 관해서는 단순한 여가활동이나 취미활동은 직업의 개념에 포함되지 않으나 겸업이나 부업은 삶의 수요를 충족하기에 적합하므로 직업에 해당한다고 본다(헌재 2003. 9. 25. 2002헌마519 참조).

ㄴ. (○) 성매매를 한 자를 형사처벌 하도록 규정한 '성매매알선 등 행위의 처벌에 관한 법률'(2011. 5. 23. 법률 제10697호로 개정된 것, 이하 성매매처벌법이라 한다) 제21조 제1항은 성매매를 형사처벌하여 성매매 당사자의 성적 자기결정권, 사생활의 비밀과 자유 및 성판매자의 직업선택의 자유를 제한하고 있다(헌법재판소 2016. 3. 31. 선고 2013헌가2 결정).

ㄷ. (○) 세무사 자격 보유 변호사가 법률에 의해 세무사의 자격을 부여받았다는 것은 그 자격에 따른 업무를 수행할 자유를 회복하였다는 것을 의미하는 점, 세무조정업무는 세법 및 관련 법령에 대한 해석·적용을 그 업무의 내용으로 하고 있으므로, 세무사 자격 보유 변호사에게 그 전문성과 능력이 인정되는 점, 세무조정업무는 세무사의 업무 중 가장 핵심적인 업무에 속하는 점 등을 고려할 때, 심판대상조항이 세무사 자격 보유 변호사에 대하여 세무조정업무를 일체 수행할 수 없도록 전면 금지하는 것은 세무사 자격 부여의 의미를 상실시키는 것일 뿐만 아니라, 세무사 자격에 기한 직업선택의 자유를 지나치게 제한하는 것이다. 또한 소비자가 세무사, 공인회계사, 변호사 중 가장 적합한 자격사를 선택할 수 있도록 하는 것이 세무조정업무의 전문성을 확보하고 납세자의 권익을 보호하고자 하는 입법목적에 보다 부합한다. 따라서 심판대상조항은 침해의 최소성에도 반한다. 세무사로서 세무조정업무를 일체 수행할 수 없게 됨으로써 세무사 자격 보유 변호사가 받게 되는 불이익이 심판대상조항으로 달성하려는 공익보다 경미하다고 보기 어려우므로, 심판대상조항은 법익의 균형성도 갖추지 못하였다. 그렇다면, 심판대상조항은 과잉금지원칙을 위반하여 청구인 신O우의 직업선택의 자유를 침해하므로 헌법에 위반된다(헌재 2018. 4. 26. 2016헌마116).

ㄹ. (X) 헌법재판소는 2015. 11. 26. 2012헌마858 결정에서 소송대리인인 변호사와의 접견 시간 및 횟수에 대한 별도의 규정을 두지 않고 일반접견에 포함시켜 이를 제한하는 것은 수형자의 재판청구권을 침해한다는 이유로 그러한 내용의 형집행법 시행령조항에 대하여 헌법불합치결정을 하였고, 이후 구 형집행법 시행령(2016. 6. 28. 대통령령 제27262호로 개정되고 2019. 10. 22. 대통령령 제30134호로 개정되기 전의 것) 제59조의2 제1항, 제2항으로 변호사접견이 도입되면서 소송사건의 대리인인 변호사는 더 이상 법무부 내부 지침이 아닌 위 시행령조항에 따라 별도의 접견 시간 및 횟수를 이용할 수 있게 되었다. 그러나 …심판대상조항이 소송사건의 대리인인 변호사라 하더라도 변호사접견을 하기 위해서는 소송계속 사실 소명자료를 제출하도록 규정함으로써 이를 제출하지 못하는 변호사는 일반접견을 이용할 수밖에 없게 되

었는바, 이 경우 여타 일반접견과 동일한 시간(30분 이내, 보통 10분 내외) 동안 변호인접견실이 아니라 접촉차단시설이 설치된 일반접견실에서 접견이 진행되었고, 수형자와의 대화 내용은 청취·기록·녹음·녹화의 대상이 되는 등 변호사와 수형자 사이의 접견이 다시금 열악한 여건 속에서 이루어지게 되었다. … 따라서 수형자가 소송사건의 대리인인 변호사와 서신수수, 전화통화를 하는 것이 가능하다 하더라도, 변호사가 소 제기 전 단계에서 효율적이고도 충실한 소송준비를 할 수 있을 만큼 접견이 실효적으로 보장되어 있다고 보기 어렵다. 이상의 점들에 비추어 보면, 심판대상조항은 침해의 최소성에 위배된다. … 심판대상조항은 과잉금지원칙에 위배되어 변호사인 청구인의 직업수행의 자유를 침해한다(헌재 2021.10.28. 2018헌마60).

ㅁ. (X) 이 사건 법률조항은 의료기관의 운영자나 종사자의 자질을 일정 수준으로 담보하도록 함으로써, 아동·청소년을 잠재적 성범죄로부터 보호하고, 의료기관의 윤리성과 신뢰성을 높여 아동·청소년 및 그 보호자가 이들 기관을 믿고 이용할 수 있도록 하는 입법목적을 지니는바 이러한 입법목적은 정당하다. 그러나 이 사건 법률조항이 성범죄 전력만으로 그가 장래에 동일한 유형의 범죄를 다시 저지를 것을 당연시하고, 형의 집행이 종료된 때부터 10년이 경과하기 전에는 결코 재범의 위험성이 소멸하지 않는다고 보며, 각 행위의 죄질에 따른 상이한 제재의 필요성을 간과함으로써, 성범죄 전력자 중 재범의 위험성이 없는 자, 성범죄 전력이 있지만 10년의 기간 안에 재범의 위험성이 해소될 수 있는 자, 범행의 정도가 가볍고 재범의 위험성이 상대적으로 크지 않은 자에게까지 10년 동안 일률적인 취업제한을 부과하고 있는 것은 침해의 최소성 원칙과 법익의 균형성 원칙에 위배된다. 따라서 이 사건 법률조항은 청구인들의 직업선택의 자유를 침해한다(헌재 2016.3.31. 2013헌마585·786, 등).

문 81

24년 6월 모의시험

직업의 자유에 관한 설명 중 옳지 않은 것은? (다툼이 있는 경우 판례에 의함)

① 어린이집 원장 또는 보육교사가 아동학대관련범죄로 처벌을 받은 경우 행정청이 재량으로 그 자격을 취소할 수 있도록 하는 것은 이로 인하여 어린이집 원장 또는 보육교사 자격을 취득하였던 사람이 일정 기간 어린이집에 근무하지 못하는 제한을 받더라도, 그 제한의 정도가 공익에 비하여 더 중대하다고 할 수 없으므로 해당 어린이집 원장 또는 보육교사의 직업선택의 자유를 침해하지 않는다.

② 다른 사람에게 자기의 건설업 등록증을 빌려준 경우 그 건설업자의 건설업 등록을 필요적으로 말소하도록 하는 것은 임의적 등록말소만으로 건설공사의 적정한 시공과 시설물의 안전을 충분히 확보하기 어렵다는 점에서 해당 건설업자의 직업의 자유를 침해하지 않는다.

③ 폐기물처리업자로 하여금 환경부령으로 정하는 바에 따라 폐기물을 허가받은 사업장 내 보관시설이나 승인받은 임시보관시설 등 적정한 장소에 보관하도록 하고 이를 위반할 경우 형사처벌하도록 하는 것은, 입법자가 이러한 위반행위에 의해 환경보전과 국민생활의 질적 향상에 초래되는 위험의 정도가 크다고 판단하여 형사처벌을 부과한 것으로 해당 폐기물처리업자의 직업의 자유를 침해하지 않는다.

④ 경비업자가 시설경비업무 또는 신변보호업무 중 집단민원현장에 일반경비원을 배치하는 경우 경비원을 배치하기 48시간 전까지 배치허가를 신청하고 허가를 받도록 하는 것은, 이를 통해 달성되는 공익인 국민의 생명과 안전 및 재산이 제한되는 경비업자의 사익보다 월등히 크다는 점에서 해당 경비업자의 직업수행의 자유를 침해하지 않는다.
⑤ 세무사 자격 보유 변호사로 하여금 세무사로서 세무사의 업무를 할 수 없도록 하는 「세무사법」 조항은 세무대리 영역 업무만 수행하지 못하는 해당 변호사의 불이익이 부실한 세무대리를 방지하고 납세자에게 적정한 서비스를 제공한다는 공익보다 크다고 볼 수 없으므로 해당 변호사의 직업의 자유를 침해하지 않는다.

> **MGI Point** 직업의 자유 ★★
>
> ■ 직업의 자유 침해 ✕
> - 어린이집원장 또는 보육교사가 아동학대관련범죄로 처벌을 받은 경우 행정청이 재량으로 그 자격을 취소할 수 있도록 하는 것
> - 다른 사람에게 자기의 건설업 등록증을 빌려준 경우 그 건설업자의 건설업 등록을 필요적으로 말소하도록 하는 것
> - 폐기물처리업자로 하여금 환경부령으로 정하는 바에 따라 폐기물을 허가받은 사업장 내 보관시설이나 승인받은 임시보관시설 등 적정한 장소에 보관하도록 하고 이를 위반할 경우 형사처벌하도록 하는 것
> - 경비업자가 시설경비업무 또는 신변보호업무 중 집단민원현장에 일반경비원을 배치하는 경우 경비원을 배치하기 48시간 전까지 배치허가를 신청하고 허가를 받도록 하는 것
>
> ■ 직업의 자유 침해 ○
> - 세무사 자격 보유 변호사로 하여금 세무사로서 세무사의 업무를 할 수 없도록 하는 세무사법 조항

① (○) 어린이집 원장 또는 보육교사는 6세 미만의 취학 전 아동인 영유아와 상시적으로 접촉하면서 긴밀한 생활관계를 형성하므로, 이들에 의한 아동학대관련범죄는 영유아의 신체·정서 발달에 치명적 영향을 미칠 수 있다. 어린이집의 안전성에 대한 사회적 신뢰를 지키고 영유아의 완전하고 조화로운 인격 발달을 도모하기 위해서는, 아동학대관련범죄로 처벌받은 어린이집 원장 또는 보육교사의 자격을 취소하여 보육현장에서 배제할 필요가 크다. 심판대상조항은 행정청에 자격취소에 관한 재량을 부여하는 임의적 규정이고, 재량권 행사의 당부를 법원에서 사후적으로 판단받을 수도 있다. 심판대상조항으로 실현하고자 하는 공익은 영유아를 건강하고 안전하게 보육하는 것으로서, 이로 인하여 어린이집 원장 또는 보육교사 자격을 취득하였던 사람이 그 자격을 취소당한 결과 일정 기간 어린이집에 근무하지 못하는 제한을 받더라도, 그 제한의 정도가 위 공익에 비하여 더 중대하다고 할 수 없다. 따라서 심판대상조항은 과잉금지원칙에 반하여 직업선택의 자유를 침해하지 아니한다(헌재 2023.05.25. 2021헌바23).

② (○) 건설업자가 명의대여행위를 한 경우 그 건설업 등록을 필요적으로 말소하도록 한 이 사건 법률조항은 건설업등록제도의 근간을 유지하고 부실공사를 방지하여 국민의 생명과 재산을 보호하려는 것으로 그 목적의 정당성이 인정되고, 명의대여행위가 국민의 생명과 재산에 미치는 위험과 그 위험방지의 긴절성을 고려할 때 반드시 필요하며, 또한 등록이 말소된 후에도 5년이 경과하면 다시 건설업등록을 할 수 있도록 하는 등 기본권 제한을 완화하는 규정을 두고 있음을 고려하면 피해최소성의 원칙에도 부합될 뿐 아니라, 유기적 일체로서의 건설공사의 특성으로 말미암아 경미한 부분의 명의대여행위라도 건축물 전체의 부실로 이어진다는 점을 고려할 때 이로 인해 명의대여행위를 한 건설업자가 더 이상 건설업을 영위하지 못하는 등 손해를 입는다고 하더라도 이를 두고 침해되는 사익이 더 중대하다고 할 수는 없으므로 청구인의 직업수행의 자유 및 재산권을 침해한다고 할 수 없다(헌재 2001.03.21. 2000헌바27).

③ (○) …그러나 심판대상조항이 정하고 있는 준수사항 자체가 폐기물처리업자로 하여금 폐기물처리업을 영위하는 것이 불가능할 정도로 과도한 부담이라고 보기 어려우므로, 심판대상조항에 의하여 제한받게 되는 사익의 정도가 매우 중대하다고 보기 어렵다. 반면, 폐기물처리업자로 하여금 허가 또는 승인받은 보관장

소 내에 폐기물을 보관하게 하고, 또한 환경부령으로 정하는 양을 초과하여 폐기물을 보관할 수 없게 함으로써 달성되는 환경보전과 국민건강 보호라는 공익은 폐기물처리업자가 입게 되는 불이익보다 더 크다고 할 것이므로, 심판대상조항은 법익의 균형성도 갖추었다. 심판대상조항은 과잉금지원칙을 위반하여 폐기물처리업자의 직업수행의 자유를 침해하지 않는다(헌재 2023.02.23. 2020헌바504).

④ (○) 심판대상조항으로 인해 경비업자는 집단민원현장에 경비원을 배치하기 48시간 전까지 배치허가를 신청하여야 하는바, 위 기한을 준수하지 못하는 경우 경비원을 배치할 수 없게 되는 불이익을 입는다. 그런데 심판대상조항을 통해 달성되는 공익은 집단민원현장에서 안전을 담당해야 할 경비원이 오히려 위험을 발생시키는 상황을 억제 및 방지하고 그러한 위험이 현실화되는 경우 이를 효과적으로 규제함으로써 보장되는 국민의 생명과 안전 및 재산이다. 그렇다면 심판대상조항을 통해 달성되는 공익은 이로 인해 제한되는 사익보다 월등히 크므로, 심판대상조항은 법익의 균형성도 충족한다. 심판대상조항은 과잉금지원칙을 위반하여 경비업자의 직업수행의 자유를 침해하지 아니한다(헌재 2023.02.23. 2018헌마246).

⑤ (X) 소비자가 세무사, 공인회계사, 변호사 중 가장 적합한 자격사를 선택할 수 있도록 하는 것이 세무대리의 전문성을 확보하고 납세자의 권익을 보호하고자 하는 입법목적에 보다 부합한다. 따라서 심판대상조항은 침해의 최소성에도 반한다. 세무사로서 세무대리를 일체 할 수 없게 됨으로써 세무사 자격 보유 변호사가 받게 되는 불이익이 심판대상조항으로 달성하려는 공익보다 경미하다고 보기 어려우므로, 심판대상조항은 법익의 균형성도 갖추지 못하였다. 그렇다면, 심판대상조항은 과잉금지원칙을 위반하여 세무사 자격 보유 변호사의 직업선택의 자유를 침해하므로 헌법에 위반된다(헌재 2018.04.26. 2015헌가19).

 ⑤

문 82

21년 10월 모의시험

직업의 자유에 관한 설명 중 옳지 않은 것을 모두 고른 것은? (다툼이 있는 경우 판례에 의함)

ㄱ. 「공직선거법」상 인터넷게시판 실명확인 조항은 인터넷언론사에게 인터넷홈페이지 게시판 등을 운영함에 있어서 선거운동기간 중 이용자의 실명확인 조치의무, 실명인증표시 조치의무 및 실명인증표시가 없는 게시물에 대한 삭제의무를 부과하여 인터넷언론사의 직업의 자유도 제한한다.

ㄴ. 「도로교통법」상 운전면허 부정 취득시 모든 운전면허에 대한 필요적 취소는, 상시 자동차 운전을 담당하는 직업의 경우에는 도로교통과 관련한 공공 안전에 미치는 효과가 다른 직업보다 더 크고 국민의 생명·신체를 보호할 필요성이 크므로 직업의 자유를 침해하지 않는다.

ㄷ. 아동학대 관련 범죄자의 경우, 형이 확정된 때부터 형의 집행이 종료되거나 집행을 받지 아니하기로 확정된 후 10년까지의 기간 동안 아동관련기관인 체육시설 또는 「초·중등교육법」 제2조 각 호의 학교를 운영하거나 그에 취업할 수 없게 한 것은, 일정한 직업을 선택함에 있어 법률에 의한 제한에 해당하므로 객관적 사유에 의한 직업선택의 자유에 대한 제한단계에 해당한다.

ㄹ. 청원경찰이 저지른 범죄의 종류나 내용을 불문하고 범죄 행위로 금고 이상의 형의 선고유예를 받게 되면 당연히 퇴직되도록 규정한 것은, 그것이 달성하려는 공익의 비중에도 불구하고 청원경찰의 직업의 자유를 과도하게 제한하는 것이다.

ㅁ. 세무사 자격과 변호사 자격을 동시에 가지고 있는 세무사 자격 보유 변호사로 하여금 세무사로서 세무조정업무를 수행하기 위해서는 별도로 세무사 자격시험에 합격하여 세무사등록부에 등록할 것을 요구하는 것은, 직업수행의 자유를 제한하지만 직업선택의 자유를 제한하는 것은 아니다.

① ㄱ, ㄴ, ㄷ ② ㄱ, ㄷ, ㄹ ③ ㄱ, ㄹ, ㅁ
④ ㄴ, ㄷ, ㅁ ⑤ ㄴ, ㄹ, ㅁ

> **MGI Point 직업의 자유** ★★
>
> - 공직선거법상 인터넷게시판 실명확인 조항 ⇨ 인터넷언론사의 직업수행의 자유 제한 ○
> - 운전면허 부정 취득시 모든 운전면허에 대한 필요적 취소 ⇨ 헌법 위반 ○
> - 아동학대관련범죄 전력자가 형의 집행이 종료되거나 집행을 받지 아니하기로 확정된 후 10년까지의 기간 동안 아동관련기관인 체육시설 또는 '초·중등교육법'상 학교를 운영하거나 그에 취업할 수 없도록 제한한 조항 ⇨ '주관적' 요건에 의한 좁은 의미의 직업선택의 자유에 대한 제한 ○
> - 청원경찰이 금고 이상의 형의 선고유예를 받은 경우 당연퇴직 되도록 규정한 청원경찰법 ⇨ 직업의 자유 침해 ○
> - 세무사 자격과 변호사 자격을 동시에 가지고 있는 세무사 자격 보유 변호사가 세무사로서 세무대리를 하기 위해서는 별도로 세무사 자격시험에 합격하여 세무사등록부에 등록할 것을 요구 ⇨ 직업선택의 자유 제한 ○

ㄱ. (○) 실명확인조항은 인터넷언론사에게 인터넷홈페이지 게시판을 운영함에 있어서 선거운동기간 중 이용자의 실명확인조치의무, 실명인증 표시조치의무 및 실명인증 표시가 없는 게시물에 대한 삭제의무를 부과하여 인터넷언론사의 직업수행의 자유도 제한하나, 이 사건과 가장 밀접한 관계에 있고 또 침해의 정도가 큰 주된 기본권은 언론의 자유라 할 것이고, 인터넷언론사의 언론의 자유의 제한은 게시판 이용자의 정치적 익명표현의 자유의 제한에 수반되는 결과라고 할 수 있으므로, 이하에서는 게시판 이용자의 정치적 익명표현의 자유 침해 여부를 중심으로 하여 인터넷언론사의 언론의 자유 등 침해 여부를 함께 판단하기로 한다(헌재 2015.07.30. 2012헌마734).

ㄴ. (X) 심판대상조항은 운전면허를 취소함으로써 자유롭게 자동차를 운전할 수 없게 하므로, 일반적 행동의 자유를 제한한다. 또한 심판대상조항의 수범자 가운데 자동차의 운전을 필수불가결한 요소로 하는 일정한 직업군의 사람들에 대하여는 종래의 직업을 계속 유지하는 것을 불가능하게 하고, 자동차 운행으로도 수행 가능한 직업을 가진 사람들에 대하여는 직업을 수행하는 방법에 제한을 가하게 되므로, 좁은 의미의 직업선택의 자유와 직업수행의 자유를 포함하는 직업의 자유 역시 제한한다. 직업의 자유 또는 일반적 행동의 자유 침해 여부를 판단함에 있어서는 헌법 제37조 제2항의 과잉금지원칙 준수 여부가 그 기준이 된다. … 한편 심판대상조항은 특정한 운전면허를 거짓이나 그 밖의 부정한 수단으로 받으면, '거짓이나 그 밖의 부정한 수단으로 받은 운전면허'(이하 '부정 취득한 운전면허'라 한다)뿐만 아니라, 적법하게 취득하여 보유하고 있는 다른 운전면허, 즉 '거짓이나 그 밖의 부정한 수단으로 받은 운전면허를 제외한 운전면허'(이하 '부정 취득하지 않은 운전면허'라 한다)까지 필요적으로 취소하도록 하고 있다. … 부정 취득하지 않은 운전면허까지 필요적으로 취소하도록 한 것은, 법익의 균형성 원칙에 위배된다(헌재 2020.06.25. 2019헌가9). ▶ 부정 취득하지 않은 운전면허까지 필요적으로 취소하도록 한 것은 과잉금지원칙에 위반된다고 본 사례

ㄷ. (X) 헌법 제15조는 "모든 국민은 직업선택의 자유를 가진다."라고 규정함으로써 개인이 원하는 직업을 자유롭게 선택하는 '좁은 의미의 직업선택의 자유'와 그가 선택한 직업을 자기가 원하는 방식으로 자유롭게 수행할 수 있는 '직업수행의 자유'를 보장하고 있다. 청구인들은 심판대상조항에 의하여 형이 확정된 때부터 형의 집행이 종료되거나 집행을 받지 아니하기로 확정된 후 10년까지의 기간 동안 아동관련기관인 체

육시설 또는 '초·중등교육법' 제2조 각 호의 학교를 운영하거나 그에 취업할 수 없게 되었다. 이는 일정한 직업을 선택함에 있어 기본권 주체의 능력과 자질에 따른 제한에 해당하므로 이른바 '주관적 요건에 의한 좁은 의미의 직업선택의 자유'에 대한 제한에 해당한다(헌재 2018.06.28. 2017헌마130).

ㄹ. (O) 금고 이상의 형의 선고유예를 받은 경우 사회적 비난가능성이 크거나 직무수행에 대한 국민의 신뢰 등에 미치는 부정적인 영향이 크다고 일률적으로 단정하기 어렵고, 같은 금고 이상의 형의 선고유예를 받은 경우라고 하여도 범죄의 종류, 죄질, 내용이 지극히 다양하므로, 그에 따라 국민의 청원경찰직에 대한 신뢰 등에 미치는 영향도 큰 차이가 있다. … 그럼에도 불구하고 심판대상조항은 청원경찰이 저지른 범죄의 종류나 내용을 불문하고 금고 이상의 형의 선고유예를 받게 되면 당연히 퇴직되도록 규정함으로써 청원경찰에게 공무원보다 더 가혹한 제재를 가하고 있으므로, 침해의 최소성 원칙에 위배된다. 심판대상조항은 청원경찰이 저지른 범죄의 종류나 내용을 불문하고 범죄행위로 금고 이상의 형의 선고유예를 받게 되면 당연히 퇴직되도록 규정함으로써 그것이 달성하려는 공익의 비중에도 불구하고 청원경찰의 직업의 자유를 과도하게 제한하고 있어 법익의 균형성 원칙에도 위배된다. 다라서, 심판대상조항은 과잉금지원칙에 반하여 직업의 자유를 침해한다(헌재 2018.01.25. 2017헌가26).

ㅁ. (X) 헌법 제15조는 "모든 국민은 직업선택의 자유를 가진다."고 규정함으로써, 개인이 원하는 직업을 자유롭게 선택하는 '좁은 의미의 직업선택의 자유'와 그가 선택한 직업을 자기가 원하는 방식으로 자유롭게 수행할 수 있는 '직업수행의 자유'를 보장하고 있다. 앞서 본 바와 같이 심판대상조항은 세무사 자격 보유 변호사로 하여금 '세무사로서'는 세무사의 업무(세무대리)를 일체 수행할 수 없도록 규정하고 있다. 이는 세무사 자격과 변호사 자격을 동시에 가지고 있는 세무사 자격 보유 변호사로 하여금, 세무사로서 세무대리를 하기 위해서는 별도로 세무사 자격시험에 합격하여 세무사등록부에 등록할 것을 요구하는 것이므로, 세무사라는 직업을 선택할 수 있는 자유를 제한하는 것이다(헌재 2018.04.26. 2015헌가19).

문 83

21년 8월 모의시험

직업의 자유에 관한 설명 중 옳지 않은 것은? (다툼이 있는 경우 판례에 의함)

① 제조업의 직접생산공정업무를 근로자파견의 대상 업무에서 제외하는 법률조항은 근로자 파견을 허용하되 파견기간을 제한하는 방법 등의 대안이 존재하므로, 침해의 최소성 원칙에 위배되어 제조업의 직접생산공정업무에 관하여 근로자파견의 역무를 제공받고자 하는 사업주의 직업수행의 자유를 침해한다.

② 세무사 자격 보유 변호사가 세무사로서 세무조정업무를 일체 수행할 수 없도록 한 규정은 이들에게 세무사 자격을 부여한 의미를 상실시키는 것일 뿐만 아니라 세무사 자격에 기한 직업선택의 자유를 지나치게 제한하는 것으로 헌법에 위반된다.

③ 청원경찰이 저지른 범죄의 종류나 내용을 불문하고 범죄행의로 금고 이상의 형의 선고유예를 받게 되면 당연히 퇴직되도록 규정한 것은 이를 통해 달성하려는 공익의 비중에도 불구하고 청원경찰의 직업의 자유를 과도하게 제한하고 있어 헌법에 위반된다.

④ 아동학대 관련 범죄전력자가 아동 관련 기관인 체육시설 등을 운영하거나 학교에 취업하는 것을 형이 확정된 때부터 형의 집행이 종료되거나 집행을 받지 아니하기로 확정된 후 10년까지의 기간 동안 제한하는 것은 과잉금지원칙에 반하여 직업의 자유를 침해한다.

⑤ 약사 또는 한약사가 아닌 자연인의 약국 개설을 금지하고 위반 시 형사처벌 하는 것은 과잉금지원칙에 반하여 약국 개설을 원하는 자연인의 직업의 자유를 침해한다고 볼 수 없다.

> **MGI Point** 직업의 자유 ★★★
>
> ■ 제조업의 직접생산공정업무를 근로자파견의 대상 업무에서 제외하는 규정 ⇨ 사업주의 직업수행의 자유 침해 ✕
> ■ 세무사 자격 보유 변호사에 대하여 세무사로서의 세무대리를 할 수 없도록 전면 금지하는 것
>   ⇨ 세무사 자격 부여의 의미를 상실시키는 것, 세무사 자격에 기한 직업선택의 자유 침해 ○
> ■ 청원경찰이 금고 이상의 형의 선고유예를 받은 경우 당연퇴직되도록 규정한 청원경찰법 ⇨ 직업의 자유 침해 ○
> ■ 아동학대관련 범죄전력자가 아동관련 체육시설 등을 운영하거나 학교에 취업하는 것을 10년간 금지한 규정
>   ⇨ 직업의 자유 침해 ○
> ■ 약사 또는 한약사가 아닌 자연인의 약국 개설을 금지하고 위반시 형사처벌하는 것 ⇨ 직업의 자유 침해 ✕

① (✕) 심판대상조항은 제조업의 직접생산공정업무를 근로자파견의 대상 업무에서 제외하고, 이에 관하여 근로자파견의 역무를 제공받는 것을 금지하며, 위반 시 형사처벌하도록 함으로써 제조업의 직접생산공정업무에 파견근로자를 사용하고자 하는 사업주의 직업수행의 자유를 제한한다. … 심판대상조항이 과잉금지원칙에 위반하여 제조업의 직접생산공정업무에 파견근로자를 사용하고자 하는 사업주의 직업수행의 자유를 침해한다고 볼 수 없다(헌재 2017.12.28. 2016헌바346).

② (○) 세무사의 업무에는 세법 및 관련 법령에 대한 전문 지식과 법률에 대한 해석·적용능력이 필수적으로 요구되는 업무가 포함되어 있다. 세법 및 관련 법령에 대한 해석·적용에 있어서는 세무사나 공인회계사보다 변호사에게 오히려 전문성과 능력이 인정됨에도 불구하고, 심판대상조항은 세무사 자격 보유 변호사로 하여금 세무대리를 일체 할 수 없도록 전면적으로 금지하고 있으므로, 수단의 적합성을 인정할 수 없다. 세무사 자격 보유 변호사는 법률에 의해 세무사의 자격을 부여받은 이상 그 자격에 따른 업무를 수행할 자유를 회복한 것이고, 세무사의 업무 중 세법 및 관련 법령에 대한 해석·적용이 필요한 업무에 대한 전문성과 능력이 인정됨에도 불구하고, 심판대상조항이 세무사 자격 보유 변호사에 대하여 세무사로서의 세무대리를 일체 할 수 없도록 전면 금지하는 것은 세무사 자격 부여의 의미를 상실시키는 것일 뿐만 아니라, 세무사 자격에 기한 직업선택의 자유를 지나치게 제한하는 것이다. 또한 소비자가 세무사, 공인회계사, 변호사 중 가장 적합한 자격사를 선택할 수 있도록 하는 것이 세무대리의 전문성을 확보하고 납세자의 권익을 보호하고자 하는 입법목적에 보다 부합한다. 따라서 심판대상조항은 침해의 최소성에도 반한다. 세무사로서 세무대리를 일체 할 수 없게 됨으로써 세무사 자격 보유 변호사가 받게 되는 불이익이 심판대상조항으로 달성하려는 공익보다 경미하다고 보기 어려우므로, 심판대상조항은 법익의 균형성도 갖추지 못하였다. 그렇다면, 심판대상조항은 과잉금지원칙을 위반하여 세무사 자격 보유 변호사의 직업선택의 자유를 침해하므로 헌법에 위반된다(헌재 2018.04.26. 2015헌가19).

③ (○) 금고 이상의 형의 선고유예를 받은 경우 사회적 비난가능성이 크거나 직무수행에 대한 국민의 신뢰 등에 미치는 부정적인 영향이 크다고 일률적으로 단정하기 어렵고, 같은 금고 이상의 형의 선고유예를 받은 경우라고 하여도 범죄의 종류, 죄질, 내용이 지극히 다양하므로, 그에 따라 국민의 청원경찰직에 대한 신뢰 등에 미치는 영향도 큰 차이가 있다. … 그럼에도 불구하고 심판대상조항은 청원경찰이 저지른 범죄의 종류나 내용을 불문하고 금고 이상의 형의 선고유예를 받게 되면 당연히 퇴직되도록 규정함으로써 청원경찰에게 공무원보다 더 가혹한 제재를 가하고 있으므로, 침해의 최소성 원칙에 위배된다. 심판대상조항은 청원경찰이 저지른 범죄의 종류나 내용을 불문하고 범죄행위로 금고 이상의 형의 선고유예를 받게 되면 당연히 퇴직되도록 규정함으로써 그것이 달성하려는 공익의 비중에도 불구하고 청원경찰의 직업의 자유를 과도하게 제한하고 있어 법익의 균형성 원칙에도 위배된다. 따라서, 심판대상조항은 과잉금지원칙에 반하여 직업의 자유를 침해한다(헌재 2018.01.25. 2017헌가26).

④ (○) 아동학대관련범죄전력자가 어느 정도 재범의 위험성이 있다는 입법자의 판단을 받아들인다 하더라도, 재범의 위험성은 사람에 따라 얼마든지 달라질 수 있다. 따라서 여러 사정에 비추어 재범의 위험성이 사라졌거나 현저히 낮아졌음이 입증된다면, 단지 그가 아동학대관련범죄전력자라는 이유만으로 계속해서 아동관련기관인 체육시설 또는 학교에 취업할 수 없도록 하는 것은 부당하다. 심판대상조항은 아동학대관련범죄전력에 기초하여 어떠한 예외도 없이 그 대상자의 재범 위험성을 당연시할 뿐만 아니라, 형이 확정된 때부터 형의 집행이 종료되거나 집행을 받지 아니하기로 확정된 후 10년이 경과하기 전에는 결코 재범의 위험성이 소멸하지 않는다는 입장에 서 있다. 이처럼 아동학대관련범죄전력만으로 재범의 위험성이 있다고 간주하고 일률적·편의적인 시각에서 아동학대관련범죄전력자에 대하여 아동관련기관인 체육시설 또는 학교에 10년간 취업을 금지하는 것은, 아동학대관련범죄전력이 있지만 10년의 기간 안에 재범의 위험성이 해소될 수 있는 자들에게 과도한 기본권 제한에 해당한다. … 심판대상조항은 그 목적의 정당성 및 수단의 적합성이 인정되지만, 침해의 최소성 및 법익의 균형성 요건을 충족하지 아니하므로 과잉금지원칙에 위반되어 청구인들의 직업선택의 자유를 침해한다(헌재 2018.06.28. 2017헌마130).

⑤ (○) 심판대상조항이 '약사 또는 한약사가 아닌 자연인'인 비약사의 약국 개설을 금지하고 위반 시 형사처벌하는 것 … 과잉금지원칙에 반하여 직업의 자유를 침해하지 아니한다(헌재 2020.10.29. 2019헌바249).

정답 ①

문 84

20년 10월 모의시험

직업의 자유에 관한 설명으로 옳은 것은? (다툼이 있는 경우 판례에 의함)

① 직업의 자유에는 직업선택의 자유와 직업수행의 자유가 포함되지만, 자신이 원하는 직업 내지 직종에 종사하는 데 필요한 전문지식을 습득하기 위한 직업교육장을 임의로 선택할 수 있는 '직업교육장 선택의 자유'까지 포함된다고 볼 수 없다.
② 교통사고로 사람을 사상한 후 필요한 조치를 하지 아니한 경우 운전면허를 취소 또는 정지시킬 수 있도록 한 것은 자동차 등의 운전을 불가결의 요건으로 하는 직업을 수행하는 사람들에게는 직업을 박탈하는 것과 같은 효과를 발생시키므로, 그들의 직업의 자유를 침해한다.
③ 직업행사의 자유에 대한 제한에 있어서는 직업선택의 자유에 비하여 상대적으로 그 침해의 정도가 작다고 할 것이고 공공복리 등 공익상의 이유로 비교적 넓은 법률상의 규제가 가능하므로, 이 경우에는 과잉금지원칙이 아니라 자의금지원칙의 위반 여부를 심사하게 된다.
④ 「신용정보의 이용 및 보호에 관한 법률」상 사생활 등 조사업 금지조항은 특정인의 소재 및 연락처를 알아내거나 사생활 등을 조사하는 일을 업으로 할 수 없게 함으로써 탐정업의 개설·운영을 전면 금지하는 것이므로 직업수행의 자유를 침해한다.
⑤ 청원경찰이 금고 이상의 형의 선고유예를 받은 경우 범죄의 종류나 내용을 불문하고 당연퇴직하도록 하는 것은 과잉금지원칙에 반하여 청원경찰의 직업의 자유를 침해한다.

| MGI Point | 직업의 자유 | ★★ |

- 직업교육장 선택의 자유 ⇨ 직업선택의 자유에 포함 ○
- 교통사고로 사람을 사상한 후 필요한 조치를 하지 아니한 경우 운전면허를 취소 또는 정지시킬 수 있도록 한 구 도로교통법 ⇨ 직업의 자유를 침해 ×

- 단계이론
  - 1단계 : 직업행사의 자유의 제한 ⇨ 과잉금지원칙 적용(비례의 원칙)
  - 2단계 : 주관적 사유에 의한 직업결정의 자유의 제한 ⇨ 과잉금지원칙 적용(비례의 원칙)
  - 3단계 : 객관적 사유에 의한 직업결정의 자유의 제한 ⇨ 과잉금지원칙 적용(엄격한 비례의 원칙)
  - 제한의 정도 : 1단계 < 2단계 < 3단계
  - 제한의 정도가 클수록 입법형성의 자유 축소
- 「신용정보의 이용 및 보호에 관한 법률」상 사생활 등 조사업 금지조항 ⇨ 직업수행의 자유 침해 ×
- 청원경찰이 금고 이상의 형의 선고유예를 받은 경우 당연 퇴직되도록 규정한 청원경찰법 직업의 자유 침해 ○

① (X) 헌법 제15조에 의한 직업선택의 자유라 함은 자신이 원하는 직업 내지 직종을 자유롭게 선택하는 직업선택의 자유뿐만 아니라 그가 선택한 직업을 자기가 결정한 방식으로 자유롭게 수행할 수 있는 직업수행의 자유를 포함한다. 그리고 직업선택의 자유에는 자신이 원하는 직업 내지 직종에 종사하는데 필요한 전문지식을 습득하기 위한 직업교육장을 임의로 선택할 수 있는 '직업교육장 선택의 자유'도 포함된다(헌재 2009.02.26. 2007헌마1262).

② (X) 교통사고로 사람을 사상한 후 필요한 조치를 하지 아니한 경우 운전면허를 취소 또는 정지시킬 수 있도록 한 것은 교통사고로 타인의 생명 또는 신체를 침해하고도 구호조치를 하지 아니한 사람이 계속하여 교통에 관여하는 것을 금지함으로써 궁극적으로 국민의 생명·신체를 보호하고 도로교통에 관련한 공공의 안전을 확보하고자 하는 입법목적을 가진다. 이러한 입법목적은 정당하고, 수단의 적합성 또한 인정된다. 교통사고로 인하여 사람을 사상한 후 교통상의 위험과 장해를 제거하거나 방지하기 위한 구호조치를 하지 않은 사람은 자동차 등 운전에 요구되는 안전의식 및 책임의식이 결여되어 있음을 징표하는 행위를 한 사람이므로 이러한 자들을 교통 관여에서 배제하는 것은 일응 불가피한 측면이 있다. 나아가 이 사건 취소조항은 사상 후 미조치를 운전면허의 임의적 취소사유로 규정하여 구체적·개별적 사정을 고려할 수 있는 길을 열어 두고 있으므로, 위 조항이 침해최소성 원칙에 반한다고 할 수 없다. 이 사건 취소조항으로 인하여 제한되는 사익에 상응하는 정도 이상의 중대한 공익이 인정되므로, 법익균형성 요건 또한 충족하였다. 그렇다면 이 사건 취소조항이 과잉금지원칙에 반하여 일반적 행동의 자유 또는 직업의 자유를 침해한다고 할 수 없다(헌재 2019.08.29. 2018헌바4).

③ (X) 직업수행의 자유는 직업선택의 자유에 비하여 성질상 상대적으로 그 침해의 정도가 작다고 할 수 있어 이에 대하여는 공공복리 등 공익상의 이유로 비교적 넓은 법률상의 규제가 가능하지만, 그 경우에도 헌법 제37조 제2항에 따른 비례의 원칙은 지켜져야 한다(헌재 2018.01.25. 2016헌바201).

④ (X) 청구인은 '사생활 등 조사업 금지조항'에 의하여 특정인의 소재 및 연락처를 알아내거나 사생활 등을 조사하는 일을 업으로 할 수 없게 됨으로써 직업선택의 자유가 제한되고, '탐정 등 명칭사용 금지조항'에 의하여 탐정명칭을 사용할 수 없게 됨으로써 직업수행의 자유가 제한되므로, 이 사건 금지조항이 청구인의 직업의 자유를 침해하는지 여부가 문제된다. … 청구인은 탐정업의 업무영역에 속하지만 위 조항에 의해 금지되지 않는 업무를 수행하는 것이 불가능하지 않다. 예를 들어, 청구인은 현재에도 도난·분실 등으로 소재를 알 수 없는 물건 등을 찾아주는 일을 직업으로 삼을 수 있고, 개별 법률이 정한 요건을 갖추어 신용조사업, 경비업, 손해사정사 등 법이 특별히 허용하는 범위에서 탐정업 유사직역에 종사할 수 있다. 따라서 위 조항은 과잉금지원칙을 위반하여 직업선택의 자유를 침해하지 아니한다(헌재 2018.06.28. 2016헌마473).

⑤ (○) 금고 이상의 형의 선고유예를 받은 경우 사회적 비난가능성이 크거나 직무수행에 대한 국민의 신뢰 등에 미치는 부정적인 영향이 크다고 일률적으로 단정하기 어렵고, 같은 금고 이상의 형의 선고유예를 받은 경우라고 하여도 범죄의 종류, 죄질, 내용이 지극히 다양하므로, 그에 따라 국민의 청원경찰직에 대한 신뢰 등에 미치는 영향도 큰 차이가 있다. … 그럼에도 불구하고 심판대상조항은 청원경찰이 저지른 범죄의 종류나 내용을 불문하고 금고 이상의 형의 선고유예를 받게 되면 당연히 퇴직되도록 규정함으로써 청원경찰에게 공무원보다 더 가혹한 제재를 가하고 있으므로, 침해의 최소성 원칙에 위배된다. 심판대상조항은 청원경찰이 저지른 범죄의 종류나 내용을 불문하고 범죄행위로 금고 이상의 형의 선고유예를 받게 되

면 당연히 퇴직되도록 규정함으로써 그것이 달성하려는 공익의 비중에도 불구하고 청원경찰의 직업의 자유를 과도하게 제한하고 있어 법익의 균형성 원칙에도 위배된다. 따라서, 심판대상조항은 과잉금지원칙에 반하여 직업의 자유를 침해한다(헌재 2018.01.25. 2017헌가26).

정답 ⑤

문 85
20년 6월 모의시험

직업의 자유에 관한 설명 중 옳지 않은 것은? (다툼이 있는 경우 판례에 의함)

① 로스쿨에 입학하는 자들에 대하여 학사 전공별로, 그리고 출신 대학별로 로스쿨 입학정원의 비율을 각각 규정한 것은 변호사가 되기 위하여 필요한 전문지식을 습득할 수 있는 로스쿨에 입학하는 것을 제한하는 것이므로, 로스쿨에 입학하려는 자의 직업선택의 자유를 제한하는 것이다.

② 직업의 자유에는 해당 직업에 합당한 보수를 받을 권리까지 포함되어 있으므로, 일정한 법령에서 특정 직역의 급여를 당사자가 원하는 수준보다 적은 봉급월액을 규정하고 있는 경우에는 직업의 자유가 제한되는 것으로 볼 수 있다.

③ 직업수행의 자유는 직업선택의 자유에 비하여 비교적 넓은 법률상의 규제가 가능하지만, 이 경우에도 헌법 제37조 제2항에 따른 비례의 원칙은 지켜야 한다.

④ 게임물을 이용하여 도박, 그 밖의 사행행위를 하게 하거나 이를 하도록 방치한 게임물 관련사업자가 소유 또는 점유하는 게임물을 필요적으로 몰수하도록 하는 것은 게임물 관련사업자의 직업수행의 자유를 침해하지 않는다.

⑤ 정원제로 사법시험 합격자를 결정하는 방법은 객관적 사유에 의한 직업선택의 자유의 제한이 아니라 주관적 사유에 의한 직업선택의 자유의 제한에 해당한다.

MGI Point 직업의 자유 ★★

- 로스쿨에 입학하는 자들에 대하여 학사 전공별, 출신 대학별로 로스쿨 입학정원의 비율을 각각 규정한 것
  ⇨ 직업선택의 자유 제한 ○
- 해당 직업에 합당한 보수를 받을 권리 ⇨ 직업의 자유에 포함 ×
- 단계이론
  - 1단계 : 직업행사의 자유의 제한 ⇨ 과잉금지원칙 적용(비례의 원칙)
  - 2단계 : 주관적 사유에 의한 직업결정의 자유의 제한 ⇨ 과잉금지원칙 적용(비례의 원칙)
  - 3단계 : 객관적 사유에 의한 직업결정의 자유의 제한 ⇨ 과잉금지원칙 적용(엄격한 비례의 원칙)
  - 제한의 정도가 클수록 입법형성의 자유 축소
- 게임물을 이용하여 도박, 그 밖의 사행행위를 하게 하거나 이를 하도록 방치한 게임물 관련사업자의 소유 또는 점유하는 게임물에 대한 필요적 몰수 ⇨ 게임물 관련 사업자의 직업수행의 자유 침해 ×
- 사법시험 정원제 ⇨ 주관적 사유에 의한 제한

① (○) 헌법 제15조에 의한 직업선택의 자유라 함은 자신이 원하는 직업 내지 직종을 자유롭게 선택하는 직업선택의 자유뿐만 아니라 그가 선택한 직업을 자기가 결정한 방식으로 자유롭게 수행할 수 있는 직업수행의 자유를 포함한다. 그리고 직업선택의 자유에는 자신이 원하는 직업 내지 직종에 종사하는데 필요한 전문지식을 습득하기 위한 직업교육장을 임의로 선택할 수 있는 '직업교육장 선택의 자유'도 포함된다. 그런데 법 제26조 제2항 및 제3항이 로스쿨에 입학하는 자들에 대하여 학사 전공별로, 그리고 출신 대학별로 로스쿨 입학정원의 비율을 각각 규정한 것은 변호사가 되기 위하여 필요한 전문지식을 습득할 수 있는

로스쿨에 입학하는 것을 제한하는 것이기 때문에 직업교육장 선택의 자유 내지 직업선택의 자유를 제한한다고 할 것이다(헌재 2009.02.26. 2007헌마1262).

② (X) 직업의 자유에 '해당 직업에 합당한 보수를 받을 권리'까지 포함되어 있다고 보기 어려우므로 이 사건 법령조항이 청구인이 원하는 수준보다 적은 봉급월액을 규정하고 있다고 하여 이로 인해 청구인의 직업선택이나 직업수행의 자유가 침해되었다고 할 수 없다(헌재 2008.12.26. 2007헌마444).

③ (○) 직업수행의 자유는 직업선택의 자유에 비하여 성질상 상대적으로 그 침해의 정도가 작다고 할 수 있어 이에 대하여는 공공복리 등 공익상의 이유로 비교적 넓은 법률상의 규제가 가능하지만, 그 경우에도 헌법 제37조 제2항에 따른 비례의 원칙은 지켜져야 한다(헌재 2018.01.25. 2016헌바201).

④ (○) 게임물을 이용한 사행행위를 근절하고 재범을 방지하여 건전한 게임문화를 조성하고자 하는 것으로 그 입법목적의 정당성이 인정되고, 게임물을 필요적으로 몰수하게 되면 해당 게임물을 사행행위 등에 제공하는 것을 차단함으로써 재범을 방지할 수 있으므로 입법목적을 달성하는 적절한 수단이 된다. 심판대상조항에 의하면 게임물이 위반행위의 수행에 실질적으로 기여하였다고 인정되는 한도 내에서 필요적 몰수의 대상이 된다고 해석되고, 몰수의 범위가 다소 광범위하다는 이유로 몰수의 대상이 되는 게임물을 사행행위에 직접 이용된 게임물 등으로 한정한다면 점점 다양해지고 지능화되어 가는 사행행위 행태들에 대하여 효과적으로 대응할 수 없어 입법목적을 달성하기 어렵게 된다. 또한 심판대상조항에 의하면 제3자 소유의 게임물도 몰수의 대상이 될 수 있으나, 이를 몰수의 대상에서 제외할 경우 게임물 관련사업자가 제3자소유의 게임물을 이용하여 사행행위를 하는 데 아무런 지장을 받지 않게 되고, 임의적 몰수의 방법으로는 입법목적을 실현하기에 부족하다. 심판대상조항은 침해의 최소성 원칙에 위반된다고 볼 수 없다. 심판대상조항으로 달성하고자 하는 공익은 게임물을 이용한 사행행위를 근절하고 재범을 방지하여 건전한 게임문화를 조성하는 것이고, 심판대상조항으로 제한되는 사익은 게임물 관련사업자가 소유 또는 점유하는 게임물을 몰수당하는 것인데, 이러한 사익이 심판대상조항으로 달성하려는 공익에 비해서 중하다고 보기 어려우므로, 심판대상조항은 법익의 균형성도 갖추고 있다. 따라서 심판대상조항은 과잉금지원칙에 위배하여 게임물 관련사업자의 재산권 및 직업수행의 자유를 침해하지 않는다(헌재 2019.02.28. 2017헌바401).

⑤ (○) 사법시험은 판사, 검사, 변호사 또는 군법무관이 되려고 하는 자에게 필요한 학식과 능력의 유무 등을 검정하기 위한 것인바(사법시험법 제1조), 선발인원의 제한을 두는 취지는 상대평가라는 방식을 통하여 응시자의 주관적 자질과 능력을 검정하려 하는 것이므로, 이는 객관적 사유에 의한 제한이 아니라 주관적 사유에 의한 제한이라고 하여야 할 것이다(헌재 2010.05.27. 2008헌바110).

정답 ②

- 제3항 소비자의 권리

제4장 정치적 기본권

제❶절 | 정치적 자유권

제❷절 | 참정권

문 86
24년 8월 모의시험

참정권에 관한 설명 중 옳은 것을 모두 고른 것은? (다툼이 있는 경우 판례에 의함)

ㄱ. 지방자치단체의 대표인 단체장이 지방의회의원과 마찬가지로 주민의 자발적 지지에 기초를 둔 선거를 통해 선출되어야 한다는 것은 지방자치제도의 본질에서 당연히 도출되는 원리이다.
ㄴ. 공무원에 대한 고도의 윤리성 및 신뢰성 확보의 필요성, 불량한 죄질과 높은 비난가능성 등을 고려하면 아동·청소년이용음란물소지죄로 형을 선고받아 확정된 사람을 일반직공무원에 임용될 수 없도록 하는 것은 공무담임권을 침해하지 않는다.
ㄷ. 개별적으로 대면하여 말로 하는 선거운동이 시기를 불문하고 제한 없이 가능하게 되면 이를 계기로 유권자와의 개별 접촉에 따른 각종 탈법적인 선거운동이 발생하게 되므로 이를 선거운동기간 내로 제한하는 것은 선거운동의 자유를 침해하지 아니한다.
ㄹ. 선거의 공정성은 국민의 정치적 의사를 정확하게 반영하는 선거를 실현하기 위한 수단적 가치이고 그 자체가 헌법적 목표는 아니므로 선거의 공정성은 정치적 표현의 자유에 대한 전면적·포괄적 제한을 정당화할 수 있는 공익이라고 볼 수 없다.
ㅁ. 변호사, 공인회계사, 세무사 등 자격증 소지자들에게 세무직 7급 시험에서 가산점을 부여하는 것은 세무영역에서 업무능력을 갖춘 사람을 우대하여 직업공무원제도의 능력주의를 구현하는 측면이 있으므로 과잉금지원칙 위반 여부를 심사할 때 이를 고려할 필요가 있다.

① ㄱ, ㄴ, ㄷ
② ㄱ, ㄴ, ㄹ
③ ㄱ, ㄹ, ㅁ
④ ㄴ, ㄷ, ㅁ
⑤ ㄷ, ㄹ, ㅁ

MGI Point 참정권 ★★

- 지방자치단체의 대표인 단체장은 지방의회의원과 마찬가지로 주민의 자발적 지지에 기초를 둔 선거를 통해 선출되어야 한다는 것은 지방자치제도의 본질에서 당연히 도출 ○
- 아동·청소년이용 음란물소지죄의 형이 확정된 사람을 일반직공무원에 임용될 수 없도록 하는 것은 공무담임권 침해 ○
- 개별적으로 대변하여 말로 하는 선거운동을 선거운동기간 내로 제한하는 것은 선거운동의 자유 침해 ○
- 선거의 공정성은 국민의 정치적 의사를 정확하게 반영하는 선거를 실현하기 위한 수단적 가치이고 그 자체가 헌법적 목표는 아니므로 선거의 공정성은 정치적 표현의 자유에 대한 전면적·포괄적 제한을 정당화할 수 있는 공익 아님
- 변호사, 공인회계사, 세무사 등 자격증 소지자들에게 세무직 7급 시험에서 가산점을 부여하는 것은 세무영역에서 업무능력을 갖춘 사람을 우대하여 직업공무원제도의 능력주의를 구현하는 측면이 있으므로 과잉금지원칙 위반 여부 심사할 때 이를 고려 要

ㄱ. (O) 헌법에서 지방자치제를 제도적으로 보장하고 있고, 지방자치는 지방자치단체가 독자적인 자치기구를 설치해서 그 자치단체의 고유사무를 국가기관의 간섭 없이 스스로의 책임 아래 처리하는 것을 의미한다는 점에서 지방자치단체의 대표인 단체장은 지방의회의원과 마찬가지로 주민의 자발적 지지에 기초를 둔 선거를 통해 선출되어야 한다는 것은 지방자치제도의 본질에서 당연히 도출되는 원리이다(헌재 2016.10.27. 2014헌마797).

ㄴ. (X) 아동·청소년이용음란물소지죄로 형을 선고받아 확정된 자에 대하여 일반직공무원에 임용되는 것을 제한하는 것이 입법목적을 달성하는 데 적합한 수단이라고 하더라도, 범죄의 경중이나 재범의 위험성 등 구체적 사정을 고려하지 아니하고 직무의 종류에 상관없이 일반직공무원에 임용되는 것을 영구적으로 제한하고 있는 심판대상조항은 침해의 최소성에 위반된다. …심판대상조항은 과잉금지원칙에 위반되어 청구인들의 공무담임권을 침해한다(헌재 2023.06.29. 2020헌마1605,2022헌마1276(병합)).

> **판례** 심판대상조항('아동에게 성적 수치심을 주는 성희롱 등의 성적 학대행위로 형을 선고받아 그 형이 확정된 사람'이 일반직공무원 및 부사관으로 임용될 수 없도록 한 것)은 아동과 관련이 없는 직무를 포함하여 모든 일반직공무원 및 부사관에 임용될 수 없도록 하므로, 제한의 범위가 지나치게 넓고 포괄적이다. 또한, 심판대상조항은 영구적으로 임용을 제한하고, 결격사유가 해소될 수 있는 어떠한 가능성도 인정하지 않는다. 아동에 대한 성희롱 등의 성적 학대행위로 형을 선고받은 경우라고 하여도 범죄의 종류, 죄질 등은 다양하므로, 개별 범죄의 비난가능성 및 재범 위험성 등을 고려하여 상당한 기간 동안 임용을 제한하는 덜 침해적인 방법으로도 입법목적을 충분히 달성할 수 있다. 따라서 심판대상조항은 과잉금지원칙에 위배되어 청구인의 공무담임권을 침해한다(헌재 2022.11.24. 2020헌마1181).

ㄷ. (X) 심판대상조항은 입법목적을 달성하는 데 지장이 없는 선거운동방법, 즉 돈이 들지 않는 방법으로서 '후보자 간 경제력 차이에 따른 불균형 문제'나 '사회·경제적 손실을 초래할 위험성'이 낮은, 개별적으로 대면하여 말로 지지를 호소하는 선거운동까지 금지하고 처벌함으로써, 과잉금지원칙에 반하여 선거운동 등 정치적 표현의 자유를 과도하게 제한하고 있다. 결국 이 사건 선거운동기간조항 중 선거운동기간 전에 개별적으로 대면하여 말로 하는 선거운동에 관한 부분, 이 사건 처벌조항 중 '그 밖의 방법'에 관한 부분 가운데 개별적으로 대면하여 말로 하는 선거운동을 한 자에 관한 부분은 과잉금지원칙에 반하여 선거운동 등 정치적 표현의 자유를 침해한다(헌재 2022.02.24. 2018헌바146).

ㄹ. (O) 선거의 공정성은 국민의 정치적 의사를 정확하게 반영하는 선거를 실현하기 위한 수단적 가치이고, 그 자체가 헌법적 목표는 아니다. 그러므로 선거의 공정성은 정치적 표현의 자유에 대한 전면적·포괄적 제한을 정당화할 수 있는 공익이라고 볼 수 없고, 선거의 공정성이 정치적 표현의 자유를 보장하는 전제조건이 되는 것도 아니므로 이를 이유로 선거에서 표현의 자유가 과도하게 제한되어서는 안 된다(헌재 2023.06.29. 2023헌가12).

ㅁ. (O) 이 사건 가산점제도는 가산 대상 자격증을 소지하지 아니한 사람들에게는 공직으로의 진입에 장애를 초래하지만, 변호사, 공인회계사, 관세사의 업무능력을 갖춘 사람을 우대하여 헌법 제7조에서 보장하는 직업공무원제도의 능력주의를 구현하는 측면이 있으므로 헌법 제37조 제2항에 따른 과잉금지원칙 위반 여부를 심사할 때 이를 고려할 필요가 있다(헌재 2023.02.23. 2019헌마401).

  정답 ③

문 87

23년 10월 모의시험

국민투표권에 관한 설명 중 옳지 않은 것은? (다툼이 있는 경우 판례에 의함)

① 대의기관의 선출주체가 곧 대의기관의 의사결정에 대한 승인주체가 되는 것은 당연한 논리적 귀결이므로, 국민투표권자의 범위는 대통령선거권자·국회의원선거권자와 일치되어야 한다.

② 선거권이 국가기관의 형성에 간접적으로 참여할 수 있는 간접적인 참정권이라면, 국민투표권은 국민이 국가의 의사형성에 직접 참여하는 헌법에 의해 보장되는 직접적인 참정권이라 할 수 있다.
③ 국민투표권의 제한은 그 제한을 불가피하게 요청하는 개별적·구체적 사유가 존재함이 명백한 경우에만 정당화될 수 있으며, 막연하고 추상적인 위험이라든지 국가의 노력에 의해 극복될 수 있는 기술상의 어려움이나 장애 등의 사유로는 그 제한이 정당화될 수 없다.
④ 특정의 국가정책에 대하여 다수의 국민들이 국민투표를 원하고 있음에도 불구하고 대통령이 이러한 희망과는 달리 국민투표에 회부하지 아니한다고 하여도 이를 헌법에 위반된다고 할 수 없으나, 국민에게 특정의 국가정책에 관하여 국민투표에 회부할 것을 요구할 권리는 기본권으로 인정된다고 할 수 있다.
⑤ 외교·국방·통일 기타 국가안위에 관한 중요정책에 관한 국민투표 규정인 헌법 제72조는 국민투표권자에 관하여 규정하고 있지 않지만, 헌법개정에 관한 국민투표 규정인 헌법 제130조 제2항은 국민투표권자에 관하여 규정하고 있다.

MGI Point 국민투표권 ★★

- 국민투표권자의 범위는 대통령선거권자·국회의원선거권자와 일치되어야 ○
- 선거권은 국가기관의 형성에 간접적으로 참여할 수 있는 간접적 참정권인 반면 국민투표권은 국민이 국가의 의사형성에 직접 참여하는 헌법에 의해 보장되는 직접적 참정권
- 국민투표권의 제한의 정당화 사유인지 여부
  - 제한을 불가피하게 요청하는 개별적·구체적 사유가 존재함이 명백한 경우 ○
  - 막연하고 추상적인 위험이라든지 국가의 노력에 의해 극복될 수 있는 기술상의 어려움이나 장애 등의 사유 ×
- 국민투표권자에 관한 헌법규정 유무
  ⇨ 정책국민투표에 관한 헌법 제72조에는 없고, 헌법개정국민투표에 관한 제130조 제2항에는 있음

① (○), ② (○), ③ (○) 헌법 제72조의 중요정책 국민투표와 헌법 제130조의 헌법개정안 국민투표는 대의기관인 국회와 대통령의 의사결정에 대한 국민의 승인절차에 해당한다. 대의기관의 선출주체가 곧 대의기관의 의사결정에 대한 승인주체가 되는 것은 당연한 논리적 귀결이므로, 국민투표권자의 범위는 대통령선거권자·국회의원선거권자와 일치되어야 한다.(①). 공직선거법 제15조 제1항은 19세 이상의 국민에게 대통령 및 국회의원의 선거권을 인정하고 있는바, 재외선거인에게도 대통령선거권과 국회의원선거권이 인정되고 있다. 따라서 재외선거인은 대의기관을 선출할 권리가 있는 국민으로서 대의기관의 의사결정에 대해 승인할 권리가 있고, 국민투표권자에는 재외선거인이 포함된다고 보아야 한다.
…선거권이 국가기관의 형성에 간접적으로 참여할 수 있는 간접적 참정권이라면, 국민투표권은 국민이 국가의 의사형성에 직접 참여하는 헌법에 의해 보장되는 직접적인 참정권이다(②) …국민투표권의 제한은 그 제한을 불가피하게 요청하는 개별적·구체적 사유가 존재함이 명백한 경우에만 정당화될 수 있으며, 막연하고 추상적인 위험이라든지 국가의 노력에 의해 극복될 수 있는 기술상의 어려움이나 장애 등의 사유로는 그 제한이 정당화될 수 없다(③) (헌재 2014.07.24. 2009헌마256,2010헌마394(병합)).

④ (X) 특정의 국가정책에 대하여 다수의 국민들이 국민투표를 원하고 있음에도 불구하고 대통령이 이러한 희망과는 달리 국민투표에 회부하지 아니한다고 하여도 이를 헌법에 위반된다고 할 수 없으며, 국민에게 특정의 국가정책에 관하여 국민투표에 회부할 것을 요구할 권리가 인정된다고 할 수도 없다. 결국 헌법 제72조의 국민투표권은 대통령이 어떠한 정책을 국민투표에 부의한 경우에 비로소 행사가 가능한 기본권이라 할 수 있다. 대통령이 이 사건 고시를 승인하기 이전에 그에 관한 국민투표를 실시하지 아니하였다고 하더라도, 국민투표권이 행사될 수 있는 계기인 대통령의 중요정책 국민투표 부의가 행해지지 않은 이상,

청구인들의 국민투표권이 행사될 수 있을 정도로 구체화되었다고 할 수 없으므로 그 침해의 가능성은 인정되지 않는다. 따라서 이 사건 심판청구는 청구인들의 자기관련성 내지 기본권침해 가능성이 인정되지 않는다(헌재 2016.03.15. 2016헌마115).

⑤ (○) 우리 헌법은 정책국민투표에 관한 제72조에서는 의결정족수를 규정하고 있지 않으나 헌법개정국민투표에 관한 제130조 제2항에서 국회의원선거권자 과반수의 투표와 투표자 과반수의 찬성을 얻어야 한다고 규정하고 있으므로, 이를 제72조의 경우에 유추 적용한다고 할 때, 투표에의 불참은 국민투표의 부결에 귀결될 수 있다(헌재 2003.11.27. 2003헌마694,700,742(병합)).

> **헌법 제72조** 대통령은 필요하다고 인정할 때에는 외교·국방·통일 기타 국가안위에 관한 중요정책을 국민투표에 붙일 수 있다.
> **헌법 제130조** ②헌법개정안은 국회가 의결한 후 30일 이내에 국민투표에 붙여 국회의원선거권자 과반수의 투표와 투표자 과반수의 찬성을 얻어야 한다.

정답 ④

문 88
23년 8월 모의시험

참정권에 관한 설명 중 옳은 것은? (다툼이 있는 경우 판례에 의함)

① 「지방자치법」상 주민투표권은 주민생활에 영향을 미치는 지방자치단체의 정책결정 및 집행과정에 참여하는 권리이므로 헌법상 보장되는 참정권에 해당한다.
② 선거에 참여한 선거권자들의 정치적 의사표명에 의하여 직접 결정되는 것은 어떠한 후보자가 비례대표국회의원으로 선출되는가라기보다는 비례대표국회의원을 할당받을 정당에 배분되는 비례대표국회의원의 의석수이지만, 비례대표국회의원선거 역시 전체국민의 대표로서 국회의원을 선출하는 데 그 본질이 있으므로 정당보다는 인물에 대한 선거의 성격이 여전히 더 강조된다.
③ 선거와 국민투표는 민주주의원리를 실현하는 핵심적인 수단이라는 점에서 동일할 뿐 그 본질에서 서로 다르므로, 국내거소신고를 한 재외국민에게만 국민투표권을 인정한다고 하더라도 반드시 국민투표권을 침해하는 것은 아니다.
④ 인터넷투표의 경우 본인확인의 어려움, 투표의 조작이나 위조, 투표 프로그램의 오류 가능성 등으로 도입에 어려움이 있으나 우편투표의 경우에는 이러한 위험성이 해소될 수 있으므로, 재외선거에서 우편투표를 허용하지 않는 것은 재외선거인의 선거권을 침해한다.
⑤ 변호사, 공인회계사, 세무사 등 자격증 소지자들에게 세무직 7급 시험에서 가산점을 부여하는 것은 이를 소지하지 아니한 사람들에게는 공직 진입에 장애를 초래하지만, 세무영역에서 업무능력을 갖춘 사람을 우대하여 직업공무원제도의 능력주의를 구현하는 측면이 있으므로 과잉금지원칙 위반 여부를 심사할 때 이를 고려할 필요가 있다.

MGI Point 참정권

- 「지방자치법」상 주민투표권 ⇨ 헌법상 보장되는 기본권 ✕
- 비례대표국회의원선거

- 선거에 참여한 선거권자들의 정치적 의사표명에 의하여 직접 결정되는 것은 비례대표국회의원을 할당받을 정당에 배분되는 비례대표국회의원의 의석수
- 정당에 대한 선거로서의 성격을 가짐
■ 국내거소신고가 되어 있는 재외국민에게만 국민투표권을 인정하는 것 ⇨ 재외선거인의 국민투표권을 침해 ○
■ 인터넷투표방법이나 우편투표방법을 채택하지 아니하는 재외선거 투표절차조항 ⇨ 재외선거인의 선거권 침해 ×
■ 변호사, 공인회계사, 세무사의 업무능력을 갖춘 사람을 우대하여 세무직 7급시험에서 가산점 부여시 ⇨ 헌법 제37조 제2항에 따른 과잉금지원칙 위반 여부를 심사할 때 헌법 제7조에서 보장하는 직업공무원제도의 능력주의를 고려할 필요 ○

① (X) 우리 헌법은 간접적인 참정권으로 선거권(헌법 제24조), 공무담임권(헌법 제25조)을, 직접적인 참정권으로 국민투표권(헌법 제72조, 제130조)을 규정하고 있을 뿐 주민투표권을 기본권으로 규정한 바가 없고 제117조, 제118조에서 제도적으로 보장하고 있는 지방자치단체의 자치의 내용도 자치단체의 설치와 존속 그리고 그 자치기능 및 자치사무로서 지방자치단체의 자치권의 본질적 사항에 관한 것이므로 주민투표권을 헌법상 보장되는 기본권이라고 하거나 헌법 제37조 제1항의 "헌법에 열거되지 아니한 권리"의 하나로 보기 어렵다(헌재 2005.12.22. 2004헌마530).

② (X) 선거에 참여한 선거권자들의 정치적 의사표명에 의하여 직접 결정되는 것은 어떠한 비례대표국회의원 후보자가 비례대표국회의원으로 선출되느냐의 문제라기보다는 비례대표국회의원을 할당받을 정당에 배분되는 비례대표국회의원의 의석수이고, 비례대표국회의원선거는 인물에 대한 선거가 아닌 정당에 대한 선거로서의 성격을 갖는다(헌재 2016.12.29. 2015헌마509, 2015헌마1160(병합)).

③ (X) 재외선거인의 국민투표권을 제한한 국민투표법(2009. 2. 12. 법률 제9467호로 개정된 것) 제14조 제1항 중 '그 관할 구역 안에 주민등록이 되어 있는 투표권자 및 「재외동포의 출입국과 법적 지위에 관한 법률」 제2조에 따른 재외국민으로서 같은 법 제6조에 따른 국내거소신고가 되어 있는 투표권자' 부분(이하 '국민투표법조항'이라 한다)이 재외선거인의 국민투표권을 침해하는지 여부(적극) : 국민투표권이란 국민이 국가의 특정 사안에 대해 직접 결정권을 행사하는 권리로서, 각종 선거에서의 선거권 및 피선거권과 더불어 국민의 참정권의 한 내용을 이루는 헌법상 기본권이다. …대한민국 국민인 재외선거인의 의사는 국민투표에 반영되어야 하고, 재외선거인의 국민투표권을 배제할 이유가 없다. …국민투표권의 제한은 그 제한을 불가피하게 요청하는 개별적·구체적 사유가 존재함이 명백한 경우에만 정당화될 수 있으며, 막연하고 추상적인 위험이라든지 국가의 노력에 의해 극복될 수 있는 기술상의 어려움이나 장애 등의 사유로는 그 제한이 정당화될 수 없다. 재외국민투표를 실시하게 될 경우 예상되는 문제점은 막연하고 추상적인 위험에 지나지 않거나 국가의 노력에 의해 충분히 극복가능한 선거기술상의 사유에 불과하다. …민주주의 국가에서 참정권은 국민주권의 원칙을 실현하기 위한 가장 기본적이고 필수적인 권리로서 다른 기본권에 대하여 우월적인 지위를 갖는다. 이처럼 국민의 본질적 지위에서 도출되는 국민투표권을 위와 같은 추상적 위험 내지 선거기술상의 사유로 배제하는 것은 헌법이 부여한 참정권을 사실상 박탈한 것과 다름없다. 따라서 국민투표법조항은 재외선거인인 나머지 청구인들의 국민투표권을 침해한다(헌재 2014.07.24. 2009헌마256,2010헌마394(병합)).

④ (X) 입법자가 선거 공정성 확보의 측면, 투표용지 배송 등 선거기술적인 측면, 비용 대비 효율성의 측면을 종합적으로 고려하여, 인터넷투표방법이나 우편투표방법을 채택하지 아니하고 원칙적으로 공관에 설치된 재외투표소에 직접 방문하여 투표하는 방법을 채택한 것이 현저히 불공정하고 불합리하다고 볼 수는 없으므로, 재외선거 투표절차조항은 재외선거인의 선거권을 침해하지 아니한다(헌재 2014.07.24. 2009헌마256,2010헌마394(병합)).

⑤ (○) 이 사건 가산점제도는 가산 대상 자격증을 소지하지 아니한 사람들에 대하여는 공직으로의 진입에 장애를 초래하지만, 변호사, 공인회계사, 세무사의 업무능력을 갖춘 사람을 우대하여 헌법 제7조에서 보장하는 직업공무원제도의 능력주의를 구현하는 측면이 있으므로 헌법 제37조 제2항에 따른 과잉금지원칙 위반 여부를 심사할 때 이를 고려할 필요가 있다(헌재 2020.06.25. 2017헌마1178).

정답 ⑤

문 89

20년 10월 모의시험

공무담임권에 관한 설명으로 옳지 않은 것은? (다툼이 있는 경우 판례에 의함)

① 공무담임권은 국민이 국가나 공공단체의 구성원으로서 직무를 담당할 수 있는 권리를 뜻하고, 여기서 직무를 담당한다는 것은 공무담임에 관하여 능력과 적성에 따라 평등한 기회를 보장받는 것을 의미한다.

② 공무담임권의 보호영역에는 일반적으로 공직취임의 기회보장, 신분박탈, 직무의 정지가 포함되는 것일 뿐, 특별한 사정도 없이 공무원이 특정의 장소에서 근무하는 것 또는 특정의 보직을 받아 근무하는 것을 포함하는 일종의 '공무수행의 자유'까지 그 보호영역에 포함된다고 보기는 어렵다.

③ 승진시험의 응시제한이나 이를 통한 승진기회의 보장 등 공직신분의 유지나 업무수행에 영향을 주지 않는 단순한 내부 승진인사에 관한 문제는 공무담임권의 보호영역에 포함되지 않는다.

④ 행정5급 일반임기제공무원을 채용하는 경력경쟁채용시험공고를 하면서 그 응시자격요건으로 '변호사 자격 등록'을 요구한 것은, 변호사 자격을 갖추었음에도 불구하고 변호사 자격 등록을 하지 않는 자에게 국가공무원으로 임용될 수 있는 기회를 갖지 못하도록 하는 것이므로 공무담임권을 침해한다.

⑤ 기능직공무원들에게 일반직공무원으로 우선 임용될 기회를 주지 않는다고 하여도 기능직공무원으로서 그대로 신분을 유지하게 되므로, 일반직공무원으로 우선 임용될 권리 내지 기회 보장은 공무담임권의 보호영역에 속하지 않는다.

MGI Point 공무담임권 ★★

- 공무담임권 : 국민이 국가, 공공단체의 구성원으로서 그 직무를 담당할 수 있는 권리
  ⇨ '직무를 담당'한다는 것은 국민이 공무담임에 관한 자의적이지 않고 평등한 기회를 보장받음을 의미
- 공무수행의 자유 ⇨ 공무담임권의 보호영역에 포함 ×
- 승진시험의 응시제한·승진기회의 보장 ⇨ 공무담임권의 보호영역 ×
- 행정5급 일반임기제공무원의 응시자격요건으로 '변호사 자격 등록'을 요구 ⇨ 공무담임권 침해 ×
- 기능직공무원들에게 일반직공무원으로 우선 임용될 기회 주지 않는 것 ⇨ 공무담임권의 보호영역 ×

① (O) 공무담임권은, 국민이 국가나 공공단체의 구성원으로서 직무를 담당할 수 있는 권리를 뜻하고, 여기서 직무를 담당한다는 것은 공무담임에 관하여 능력과 적성에 따라 평등한 기회를 보장받는 것을 의미한다(헌재 2018.07.26. 2017헌마1183).

② (O) 공무담임권의 보호영역에는 일반적으로 공직취임의 기회보장, 신분박탈, 직무의 정지가 포함되는 것일 뿐, 여기서 더 나아가 공무원이 특정의 장소에서 근무하는 것 또는 특정의 보직을 받아 근무하는 것을 포함하는 일종의 '공무수행의 자유'까지 포함된다고 보기 어렵다(헌재 2014.01.28. 2011헌마239).

③ (O) 공무담임권의 보호영역에는 공직취임 기회의 자의적인 배제뿐 아니라, 공무원 신분의 부당한 박탈이나 권한(직무)의 부당한 정지도 포함된다. 다만, 승진시험의 응시제한이나 이를 통한 승진기회의 보장 문제는 공직신분의 유지나 업무수행에는 영향을 주지 않는 단순한 내부 승진인사에 관한 문제에 불과하여 공무담임권의 보호영역에 포함된다고 보기는 어렵다고 할 것이다(헌재 2010.03.25. 2009헌마538).

④ (X) 피청구인 방위사업청장이 행정5급 일반임기제공무원을 채용하는 경력경쟁채용시험공고를 하면서, 그

응시자격요건으로 '변호사 자격 등록'을 요구한 것은, 대한변호사협회에 등록한 변호사로서 실제 변호사의 업무를 수행한 경력이 있는 사람을 우대하는 한편, 임용예정자에게 변호사등록 거부사유 등이 있는지를 대한변호사협회의 검증절차를 통하여 확인받도록 하는 데 목적이 있다. 이 사건 공고가 응시자격요건으로 변호사 자격 등록을 요구하는 것은 이러한 목적, 그리고 지원자가 채용예정직위에서 수행할 업무 등에 비추어 합리적이다. 인사권자인 피청구인은 경력경쟁채용시험을 실시하면서 응시자격요건을 구체적으로 어떻게 정할 것인지를 판단하고 결정하는 데 재량이 인정되는데, 이 사건 공고가 그 재량권을 현저히 일탈하였다고 볼 수 없다. 이 사건 공고는 청구인들의 공무담임권을 침해하지 않는다(헌재 2019.08.29. 2019헌마616).

⑤ (○) 기능직공무원이 일반직공무원으로 우선 임용될 수 있는 기회의 보장은 공무담임권에서 당연히 파생되는 것으로 볼 수 없다. 특히 공개경쟁시험이나 일반적인 경력경쟁시험보다 유리한 조건으로 청구인들과 같은 조무직렬 기능직공무원들에게 일반직공무원으로 우선 임용될 기회를 주지 않는다고 하여도 청구인들은 기능직공무원으로서 그대로 신분을 유지하게 되므로, 심판대상조항이 청구인들의 공직신분의 유지나 업무수행과 같은 법적 지위에 직접 영향을 미치는 것도 아니다. 따라서 청구인들이 주장하는 일반직공무원으로 우선 임용될 권리 내지 기회보장은 공무담임권의 보호영역에 속하지 아니하고, 심판대상조항으로 인하여 청구인들의 공무담임권 침해 문제가 생길 여지가 없다(헌재 2013.11.28. 2011헌마565).

문 90
20년 6월 모의시험

공무담임권에 관한 설명 중 옳지 않은 것은? (다툼이 있는 경우 판례에 의함)

① 공무원으로 임용되기 전에 병역의무를 이행한 기간을 승진소요 최저연수에 포함하는 규정을 두지 않는 것은 승진임용기회에 과도한 제한을 가한다고 볼 수 있으므로 병역의무 이행자의 공무담임권을 침해한다.
② 국회의원선거 및 지방의회의원선거에 있어서 피선거권 행사 연령을 25세 이상으로 정한 것은 입법형성권의 한계 내에 있으므로, 25세 미만인 사람들의 공무담임권을 침해한다고 볼 수 없다.
③ 공무담임권의 보호영역에는 공무원이 특정의 장소에서 근무하는 것 또는 특정의 보직을 받아 근무하는 것을 포함하는 일종의 '공무수행의 자유'까지 포함된다고 보기는 어렵다.
④ 간접선거제를 채택하고 있는 국립대학교 총장후보자 선정과정에서 후보자에 지원하려는 사람에게 기탁금 1,000만원을 납부하도록 하고, 기탁금을 납입하지 않을 경우 총장후보자에 지원하는 기회가 주어지지 않도록 하는 것은 총장후보에 지원하려는 자의 공무담임권을 침해한다.
⑤ 금고 이상의 형의 선고유예를 받고 그 기간 중에 있는 자를 임용결격사유로 삼고 이러한 사유에 해당하는 자가 임용되더라도 이를 당연무효로 하는 것은 해당 임용결격 공무원의 공무담임권을 침해한 것이라고 볼 수는 없다.

MGI Point 공무담임권 ★★

- 공무원 임용 전 병역의무 이행 기간을 승진소요 최저연수에 포함 × ⇨ 공무담임권 침해 ×
- 국회의원선거 및 지방의원선거의 피선거권 행사 연령을 25세 이상으로 定 ⇨ 공무담임권 침해 ×
- 공무수행의 자유 ⇨ 공무담임권의 보호영역에 포함 ×
- 국립대학 교수의 대학총장 후보자 등록을 위한 기탁금 1000만원 규정 ⇨ 공무담임권 침해 ○

■ 금고 이상의 형의 선고유예를 받고 그 기간 중에 있는 자를 임용결격사유로 삼고, 위 사유에 해당하는 자가 임용되더라도 이를 당연무효로 하는 조항 ⇨ 공무담임권 침해 ×

① (X) 승진기간조항은 직무 난이도 증가에 대비해 능력을 배양할 최소한의 재직기간이 필요하다는 취지에서 재직하지 않고도 승진기간을 채울 수 있는 예외를 병역휴직과 같이 공무원 휴직으로만 한정하고 청구인의 병역의무 이행기간을 포함시키지 않았다. 승진소요 최저연수를 충족하였다는 의미는 승진임용자로 결정된다는 것이 아니라 경력평정을 실시하는 등 승진임용을 위한 절차가 개시될 수 있다는 의미에 불과하다. 승진소요 최저연수에 공무원 임용 전 병역의무 이행기간을 포함시키지 않았다 하여 청구인의 승진임용기회에 과도한 제한을 가한다고 보기는 어려우므로, 승진기간조항은 공무담임권을 침해하지 않는다(헌재 2018. 07.26. 2017헌마1183).

② (O) 헌법 제25조 및 제118조 제2항에 따라 입법자는 국회의원 및 지방의회의원 선거 피선거권 행사연령을 정함에 있어 선거의 의미와 기능, 국회의원 및 지방의회의원의 지위와 직무 등을 고려하여 재량에 따라 결정할 수 있다. 그러한 재량에는 피선거권 연령 설정을 통하여 달성하려는 공익과 그로 인한 공무담임권 등에 대한 제한 사이에 균형과 조화를 이루어야 하는 헌법적 한계가 존재하지만, 입법자가 정한 구체적인 연령기준이 입법형성권의 범위와 한계 내의 것으로 그 기준이 현저히 높거나 불합리하지 않다면 헌법에 위반되지 않는다. 입법자가 국회의원 및 지방의회의원에게 요구되는 능력 및 이러한 능력을 갖추기 위하여 요구되는 교육과정 등에 소요되는 최소한의 기간, 선출직공무원에게 납세 및 병역의무의 이행을 요구하는 국민의 기대와 요청을 고려하여 국회의원 및 지방의회의원의 피선거권 행사연령을 25세 이상으로 정한 것은 합리적이고 입법형성권의 한계 내에 있으므로 25세 미만인 사람의 공무담임권 및 평등권을 침해한다고 볼 수 없다(헌재 2013.08.29. 2012헌마288).

③ (O) 헌법 제25조의 공무담임권의 보호영역에는 일반적으로 공직취임의 기회보장, 신분박탈, 직무의 정지에 관련된 사항이 포함되지만, 특별한 사정도 없이 공무원이 특정의 장소에서 근무하는 것이나 특정의 보직을 받아 근무하는 것을 포함하는 일종의 '공무수행의 자유'까지 포함된다고 보기 어렵다(헌재 2014.01.28. 2011헌마239).

④ (O) 이 사건 기탁금조항은 총장후보자 지원자들의 무분별한 난립을 방지하고 그 책임성과 성실성을 확보함으로써 선거의 과열을 예방하기 위한 것이므로 목적의 정당성은 인정된다. 총장후보자 지원자들에게 1,000만 원의 기탁금을 납부하게 하는 것은 지원자가 무분별하게 총장후보자에 지원하는 것을 예방하는데 기여할 수 있으므로 수단의 적합성도 인정된다. 현행 총장후보자 선정규정에 따르면 총장후보자는 간선제 방식인데, 이러한 방식 하에서는 지원자들의 무분별한 난립과 선거 과열 문제가 발생할 여지가 적다. 그리고 총장후보자의 자격요건을 강화하는 등 지원자들의 무분별한 난립을 막을 대체수단이 있다. 또한 이 사건 기탁금조항의 1,000만 원이라는 액수는 총장후보자에 지원하려는 의사를 단념토록 할 수 있을 정도로 과다한 액수이다. 이러한 사정들을 종합하면 이 사건 기탁금조항은 침해의 최소성에 반한다. 현행 총장후보자 선정규정에 따른 간선제 방식에서는 이 사건 기탁금조항으로 달성하려는 공익은 제한적이다. 반면 이 사건 기탁금조항으로 인하여 기탁금을 납입할 자력이 없는 교원 등 학내 인사 및 일반 국민들은 총장후보자에 지원하는 것 자체를 단념하게 되므로, 이 사건 기탁금조항으로 제약되는 공무담임권의 정도는 결코 과소평가될 수 없다. 이 사건 기탁금조항으로 달성하려는 공익이 제한되는 공무담임권 정도보다 크다고 단정할 수 없으므로, 이 사건 기탁금조항은 법익의 균형성에도 반한다. 따라서, 이 사건 기탁금조항은 과잉금지원칙에 반하여 청구인의 공무담임권을 침해한다(헌재 2018.04.26. 2014헌마274).

⑤ (O) 이 사건 법률조항은 금고 이상의 형의 선고유예의 판결을 받아 그 기간 중에 있는 사람이 공무원으로 임용되는 것을 금지하고 이러한 사람이 공무원으로 임용되더라도 그 임용을 당연무효로 하는 것으로서, 공직에 대한 국민의 신뢰를 보장하고 공무원의 원활한 직무수행을 도모하기 위하여 마련된 조항이다. 청구인과 같이 임용결격사유에도 불구하고 임용된 임용결격공무원은 상당한 기간 동안 근무한 경우라도 적법한 공무원의 신분을 취득하여 근무한 것이 아니라는 이유로 공무원연금법상 퇴직급여의 지급대상이 되지 못하는 등 일정한 불이익을 받기는 하지만, 재직기간 중 사실상 제공한 근로에 대하여는 그 대가에 상응하는

금액의 반환을 부당이득으로 청구하는 등의 민사적 구제수단이 있는 점을 고려하면, 공직에 대한 국민의 신뢰보장이라는 공익과 비교하여 임용결격공무원의 사익 침해가 현저하다고 보기 어렵다. 따라서 이 사건 법률조항은 입법자의 재량을 일탈하여 공무담임권을 침해한 것이라고 볼 수 없다(헌재 2016.07.28. 2014헌바437).

정답 ①

제5장 청구권적 기본권

제❶절 | 청구권적 기본권 총론

문 91 24년 10월 모의시험

청구권적 기본권에 관한 설명 중 옳은 것은? (다툼이 있는 경우 판례에 의함)

① 100명 이상 국민의 사전동의와 10만 명 이상 국민의 동의를 얻어 국회에 청원서를 제출하도록 한 것은 국회 청원의 방법 및 절차를 규정하면서 그 찬성·동의요건을 지나치게 까다롭게 설정함으로써 입법형성권의 한계를 넘어 청원권을 침해한다.
② 공무원의 직무에 속하는 사항에 관하여 금품을 대가로 다른 사람을 중개하거나 대신하여 그 이해관계나 의견 또는 희망을 해당 기관에 진술하는 것을 금지하는 것은 의뢰인과 의뢰를 받은 변호사의 청원권을 제한하지 않는다.
③ 범죄인인도 여부에 관한 법원의 결정은 법원이 범죄인을 해당 국가에 인도하여야 할 것인지 아닌지를 판단하는 것일 뿐 그 자체가 형사처벌이라거나 그에 준하는 처벌로 보기 어려우므로 그 결정에 대하여 상소할 수 없다고 해서 재판청구권이 제한된다고 볼 수 없다.
④ 형사보상청구의 제척기간을 "무죄재판이 확정된 때로부터 1년 이내"로 정한 것은 그 권리의 행사를 현저히 곤란하게 하는 것이라고 보기 어렵고, 단기간에 법률관계를 안정시켜야 할 필요성이 비교적 크므로 형사보상청구권 침해라고 볼 수 없다.
⑤ 보상금증감청구소송의 제소기간을 "토지수용위원회의 수용재결서를 받은 날로부터 60일 이내"로 정한 것은 공익사업의 신속한 시행이라는 목적을 고려하더라도 지나치게 단기간이어서 보상금증감청구소송을 제기하려는 토지소유자의 재판청구권을 침해한다.

MGI Point 청구권적 기본권 ★

- 100명 이상 사전동의와 10만 명 이상 동의로 국회에 청원서 제출하도록 한 것 ⇨ 청원권 침해 ×
- 공무원의 직무에 속하는 사항에 관하여 금품을 대가로 다른 사람을 중개하거나 대신하여 그 이해관계나 의견 또는 희망을 해당기관에 진술하는 것을 금지하는 것 ⇨ 청원권 제한 ○ (청원권 침해 ×)
- '범죄인인도 여부에 관한 법원의 결정'은 그 자체가 형사처벌이라거나 그에 준하는 처벌 ×
  ⇨ 그 결정에 대해 상소할 수 없다고 해서 재판청구권 제한 ×
- 형사보상청구의 제척기간을 '무죄재판이 확정된 때로부터 1년 이내'로 정한 것 ⇨ 형사보상청구권 침해 ○
- 보상금증감청구소송의 제소기간을 '토지수용위원회의 수용재결서를 받은 날로부터 60일 이내'로 정한 것
  ⇨ 토지소유자 재판청구권 침해 ×

① (X) 국민동의법령조항들은 국민의 동의를 받아 국회에 청원서를 제출할 수 있도록 정하고 있는데, 전자청원시스템에 등록된 청원서가 등록일부터 30일 이내에 100명 이상의 찬성을 받아 일반인에게 공개되면, 공개된 날부터 30일 이내에 10만 명 이상의 동의를 받은 경우 국민동의청원으로 접수된 것으로 본다. 이는 의원소개조항에 더하여 추가적으로 국민동의 방식의 청원방법을 허용하면서 그 구체적인 요건과 절차를 규정하고 있는 것으로, 청원권의 구체적인 입법형성에 해당한다. …국회에 대한 청원은 법률안 등과 같이 의안에 준하여 위원회 심사를 거쳐 처리되고, 다른 행정부 등 국가기관에서 단독으로 의사결정을 할 수 있는 것과 달리 국회는 합의제 기관이라는 점에서 청원 심사의 실효성을 확보할 필요성 또한 크다. 이와 같은 점에서 국민동의법령조항들이 설정하고 있는 청원찬성·동의를 구하는 기간 및 그 인원수는 불합리하다고 보기 어렵다. …따라서 국민동의법령조항들은 입법재량을 일탈하여 청구인 박○○의 청원권을 침해하였다고 볼 수 없다(헌재 2023.03.23. 2018헌마460).

② (X) 이 사건 법률조항은 공무원의 직무에 속하는 사항에 관하여 금품을 대가로 다른 사람을 중개하거나 대신하여 그 이해관계나 의견 또는 희망을 해당 기관에 진술할 수 없게 하므로, 일반적 행동자유권 및 청원권을 제한한다. …한편 이 사건 법률조항은 공무원이 취급하는 사건이나 사무에 관하여 청탁을 명목으로 금품을 수수하는 행위를 근절시켜 공무집행의 공정성과 신뢰성을 확보하고 건전한 사회풍토를 조성하기 위한 것으로서, 이러한 공익이 위 행위를 하고자 하는 자가 기본권을 제한받음으로써 입게 되는 불이익 보다 크다고 할 것이므로, 이 사건 법률조항은 법익균형성도 충족한다. 따라서 이 사건 법률조항이 과잉금지원칙을 위반하여 청구인의 일반적 행동자유권 및 청원권을 침해한다고 할 수 없다(헌재 2012.04.24. 2011헌바40).

③ (○) 범죄인인도 여부에 관한 법원의 결정은 법원이 범죄인을 해당 국가에 인도하여야 할 것인지 아닌지를 판단하는 것일 뿐 그 자체가 형사처벌이라거나 그에 준하는 처벌로 보기 어렵다. 그렇다면 애초에 재판청구권의 보호대상이 되지 않는 사항에 대하여 법원의 심사를 인정한 경우, 이에 대하여 상소할 수 없다고 해서 재판청구권이 새로이 제한될 수 있다고는 통상 보기 어려울 것이다. …그렇다면 결국 이 사건 조항은 재판청구권을 제한하지 않거나, 달리 보더라도 재판청구권을 과잉 제한하는 것이라 할 수 없다(헌재 2003.01.30. 2001헌바95).

④ (X) 형사보상의 청구는 무죄재판이 확정된 때로부터 1년 이내에 하도록 규정하고 있는 형사보상법 제7조(이하 '이 사건 법률조항'이라 한다)가 헌법 제28조에 위반되는지 여부(적극) : 권리의 행사가 용이하고 일상 빈번히 발생하는 것이거나 권리의 행사로 인하여 상대방의 지위가 불안정해지는 경우 또는 법률관계를 보다 신속히 확정하여 분쟁을 방지할 필요가 있는 경우에는 특별히 짧은 소멸시효나 제척기간을 인정할 필요가 있으나, 이 사건 법률조항은 위의 어떠한 사유에도 해당하지 아니하는 등 달리 합리적인 이유를 찾기 어렵고, 일반적인 사법상의 권리보다 더 확실하게 보호되어야 할 권리인 형사보상청구권의 보호를 저해하고 있다. …형사피고인이 책임질 수 없는 사유에 의하여 제척기간을 도과할 가능성이 있는바, 이는 국가의 잘못된 형사사법작용에 의하여 신체의 자유라는 중대한 법익을 침해받은 국민의 기본권을 사법상의 권리보다도 가볍게 보호하는 것으로서 부당하다(헌재 2010.07.29. 2008헌가4).

⑤ (X) 공익사업의 안정적인 시행을 위하여서는 수용대상토지의 수용여부 못지않게 보상금을 둘러싼 분쟁 역시 조속히 확정하여야 할 필요가 있다. 또한 토지소유자는 협의 및 수용재결 단계를 거치면서 오랜 기간 보상금 액수에 대하여 다투어 왔으므로, 수용재결의 보상금 액수에 관하여 보상금증감청구소송을 제기할 것인지 결정하는 데에 많은 시간이 필요하지 않다. 따라서 이 사건 법률조항이 정한 60일의 제소기간은 입법재량의 한계를 벗어났다고 보기 어려우므로, 보상금증감청구소송을 제기하려는 토지소유자의 재판청구권을 침해한다고 볼 수 없다(헌재 2016.07.28. 2014헌바206).

정답 ③

문 92
20년 6월 모의시험

청구권적 기본권에 관한 설명 중 옳지 않은 것은? (다툼이 있는 경우 판례에 의함)

① 국가배상청구권의 성립요건으로서 공무원의 고의 또는 과실을 규정함으로써 무과실책임을 인정하지 않는 것은 해당 청구권자의 국가배상청구권을 침해하지 않는다.
② 범죄피해자구조청구권은 생존권적 기본권으로서의 성격을 가지는 청구권적 기본권이므로 구조금청구권의 행사대상을 우선적으로 대한민국의 영역 안의 범죄피해에 한정하는 것은 입법형성의 재량의 범위 내에 있다.
③ 형사보상청구에 대한 보상의 결정에 대하여는 불복을 신청할 수 없도록 하여 형사보상의 결정을 단심재판으로 하는 것은 해당 청구인들의 형사보상청구권을 침해한다.
④ 재판청구권은 법적 분쟁의 해결을 가능하게 하는 적어도 한 번의 권리구제절차가 개설될 것을 요청할 뿐 아니라, 실효성 있는 권리보호를 위하여 필요한 절차적 요건을 갖추어야 한다.
⑤ 국민이 자신의 의견이나 희망을 해당 기관에 직접 진술할 수 있는 청원권은 헌법상 기본권으로 보장되지만, 본인을 대리하거나 중개하는 제3자를 통해 청원사항을 진술하는 경우에는 청원권으로 보호되지 않는다.

MGI Point 청구권적 기본권 ★★

- 국가배상청구권의 성립 요건으로서 공무원의 고의 또는 과실을 규정함으로써 무과실책임을 인정하지 않은 것
  ⇨ 헌법상 국가배상청구권 침해 ×
- 범죄피해자구조청구권의 법적 성격 ⇨ 생존권적 기본권으로서의 성격을 가지는 청구권적 기본권
  - but 구조금청구권의 행사대상을 우선적으로 대한민국의 영역 안의 범죄피해에 한정, 향후 구조금의 확대에 따라서 해외에서 발생한 범죄피해의 경우에도 구조를 하는 방향으로 운영하는 것 ⇨ 입법형성의 재량의 범위 內
- 형사보상의 청구에 대한 형사보상의 결정을 단심재판으로 규정한 것 ⇨ 형사보상청구권 및 재판청구권 침해
- 헌법 제27조 제1항 재판청구권 (입법형성권의 한계로서 '효율적인 권리보호') ⇨ 법적 분쟁의 해결을 가능하게 하는 적어도 한 번의 권리구제절차가 개설될 것을 요청할 뿐 아니라 그를 넘어서 소송절차의 형성에 있어서 실효성있는 권리보호를 제공하기 위하여 그에 필요한 절차적 요건을 갖출 것을 요청
- 청원권은 헌법상 기본권 ⇨ 직접 진술하는 외에 본인을 대리하거나 중개하는 제3자를 통해 진술하더라도 보호 ○

① (○) 헌법 제29조 제1항 제1문은 '공무원의 직무상 불법행위'로 인한 국가 또는 공공단체의 책임을 규정하면서 제2문은 '이 경우 공무원 자신의 책임은 면제되지 아니한다'고 규정하여 헌법상 국가배상책임은 공무원의 책임을 일정 부분 전제하는 것으로 해석될 수 있고, 헌법 제29조 제1항에 법률유보 문구를 추가한 것은 국가재정을 고려하여 국가배상책임의 범위를 법률로 정하도록 한 것으로 해석된다. 공무원의 고의 또는 과실이 없는데도 국가배상을 인정할 경우 피해자 구제가 확대되기는 하겠지만 현실적으로 원활한 공무수행이 저해될 수 있어 이를 입법정책적으로 고려할 필요성이 있다. 외국의 경우에도 대부분 국가에서 국가배상책임에 공무수행자의 유책성을 요구하고 있으며, 최근에는 국가배상법상의 과실관념의 객관화, 조직과실의 인정, 과실 추정과 같은 논리를 통하여 되도록 피해자에 대한 구제의 폭을 넓히려는 추세에 있다. 이러한 점들을 고려할 때, 이 사건 법률조항이 국가배상청구권의 성립요건으로서 공무원의 고의 또는 과실을 규정한 것을 두고 입법형성의 범위를 벗어나 헌법 제29조에서 규정한 국가배상청구권을 침해한다고 보기는 어렵다(헌재 2015.04.30. 2013헌바395).

② (○) 헌법 제30조는 "타인의 범죄행위로 인하여 생명·신체에 대한 피해를 받은 국민은 법률이 정하는 바에 의하여 국가로부터 구조를 받을 수 있다."라고 규정하고 있다. 범죄피해자구조청구권이라 함은 타인의 범

죄행위로 말미암아 생명을 잃거나 신체상의 피해를 입은 국민이나 그 유족이 가해자로부터 충분한 피해배상을 받지 못한 경우에 국가에 대하여 일정한 보상을 청구할 수 있는 권리이며, 그 법적 성격은 생존권적 기본권으로서의 성격을 가지는 청구권적 기본권이라고 할 것이다(헌재 2011.12.29. 2009헌마354). 범죄피해구조금은 국가의 재정에 기반을 두고 있는 바, 위와 같은 이유들을 고려하면, 구조금청구권의 행사대상을 우선적으로 대한민국의 영역 안의 범죄피해에 한정하고, 향후 구조금의 확대에 따라서 해외에서 발생한 범죄피해의 경우에도 구조를 하는 방향으로 운영하는 것은 입법형성의 재량의 범위 내라고 할 수 있다(헌재 2011.12.29. 2009헌마354).

③ (○) 보상액의 산정에 기초되는 사실인정이나 보상액에 관한 판단에서 오류나 불합리성이 발견되는 경우에도 그 시정을 구하는 불복신청을 할 수 없도록 하는 것은 형사보상청구권 및 그 실현을 위한 기본권으로서의 재판청구권의 본질적 내용을 침해하는 것이라 할 것이고, 나아가 법적안정성만을 지나치게 강조함으로써 재판의 적정성과 정의를 추구하는 사법제도의 본질에 부합하지 아니하는 것이다. 또한, 불복을 허용하더라도 즉시항고는 절차가 신속히 진행될 수 있고 사건수도 과다하지 아니한데다 그 재판내용도 비교적 단순하므로 불복을 허용한다고 하여 상급심에 과도한 부담을 줄 가능성은 별로 없다고 할 것이어서, 이 사건 불복금지조항은 형사보상청구권 및 재판청구권을 침해한다고 할 것이다(헌재 2010.10.28. 2008헌마514).

④ (○) 헌법 제27조 제1항은 권리구제절차에 관한 구체적 형성을 완전히 입법자의 형성권에 맡기지는 않는다. 입법자가 단지 법원에 제소할 수 있는 형식적인 권리나 이론적인 가능성만을 제공할 뿐 권리구제의 실효성이 보장되지 않는다면 권리구제절차의 개설은 사실상 무의미할 수 있다. 그러므로 재판청구권은 법적 분쟁의 해결을 가능하게 하는 적어도 한번의 권리구제절차가 개설될 것을 요청할 뿐 아니라 그를 넘어서 소송절차의 형성에 있어서 실효성있는 권리보호를 제공하기 위하여 그에 필요한 절차적 요건을 갖출 것을 요청한다. 비록 재판절차가 국민에게 개설되어 있다 하더라도, 절차적 규정들에 의하여 법원에의 접근이 합리적인 이유로 정당화될 수 없는 방법으로 어렵게 된다면, 재판청구권은 사실상 형해화될 수 있으므로, 바로 여기에 입법형성권의 한계가 있다(헌재 2002.10.31. 2001헌바40).

⑤ (X) 우리 헌법 제26조에서 "모든 국민은 법률이 정하는 바에 의하여 국가기관에 문서로 청원할 권리를 가진다. 국가는 청원에 대하여 심사할 의무를 진다."고 하여 청원권을 기본권으로 보장하고 있으므로 국민은 여러 가지 이해관계 또는 국정에 관하여 자신의 의견이나 희망을 해당 기관에 직접 진술하는 외에 그 본인을 대리하거나 중개하는 제3자를 통해 진술하더라도 이는 청원권으로서 보호된다(헌재 2012.04.24. 2011헌바40).

 ⑤

제❷절 ‖ 청원권

문 93
22년 8월 모의시험

청원권에 관한 설명 중 옳지 않은 것은? (다툼이 있는 경우 판례에 의함)

① 국회에 청원을 하려는 자는 국회규칙으로 정하는 기간 동안, 국회규칙으로 정하는 일정한 수 이상의 국민의 동의를 받아 청원서를 제출할 수 있다.

② 국민은 여러 가지 이해관계 또는 국정에 관하여 자신의 의견이나 희망을 해당 기관에 직접 진술하는 외에 그 본인을 대리하거나 중개하는 제3자를 통해 진술하는 것도 청원권으로 보호된다.

③ 헌법상 청원권은 문서로 행사하도록 하고 있으나 청원법은 국민의 기본권 보장을 강화하기 위하여 구두로도 청원할 수 있도록 하고 있다.

④ 적법한 청원에 대하여 국가기관이 수리·심사하여 그 결과를 청원인에게 통지하였다면 이로써 당해 국가기관은 헌법 및 청원법상의 의무이행을 다한 것이라 할 것이고, 비록 그 처리내용이 청원인이 기대한 바에 미치지 않는다고 하더라도 헌법소원의 대상이 되는 공권력의 불행사가 있다고 볼 수 없다.

⑤ 입법자는 수용 목적 달성을 저해하지 않는 범위 내에서 교도소 수용자에게 청원권을 보장하는 합리적인 수단을 선택할 수 있으므로, 국가기관에 대한 청원을 내용으로 하는 수용자의 서신도 교도소장의 허가를 반드시 받도록 하고 있는 행형법 조항은 수용 목적 달성을 위한 불가피한 것으로서 청원권의 본질적 내용을 침해하지 않는다.

MGI Point 청원권 ★★

- 국회에 청원을 하는 경우
    - 의원소개청원과 국민동의청원으로 구분
    - 국민동의청원의 경우 ⇨ 국회규칙으로 정하는 기간 + 국회규칙으로 정하는 일정한 수 이상의 국민의 동의 + 청원서 제출 要
- 청원권은 헌법상 기본권 ⇨ 직접 진술하는 외에 본인을 대리하거나 중개하는 제3자를 통해 진술하더라도 보호 ○
- 청원은 문서로 하여야 함 (헌법·청원법 모두 규정 ○) ⇨ 개정하여 이제 온라인으로도 可
- 적법한 청원에 대하여 국가기관이 수리·심사하여 그 결과를 청원인에게 통보하였다면 당해 국가기관은 헌법 및 청원법상의 의무이행을 다한 것 ⇨ 통보내용이 청원인의 기대에 미치지 못하더라도 헌법소원의 대상이 되는 구체적인 공권력의 행사 내지 불행사에 해당 ×
- 수용자가 발송하는 서신이 국가기관에 대한 청원적 성격을 가지고 있는 경우에도 교도소장의 허가를 받도록 한 것 ⇨ 청원권 침해 ×

① (○) 국회법 제123조, 국회청원심사규칙 제1조의2 참조. ▶ 국회법의 개정으로 국회에 하는 청원은 의원소개청원과 국민동의청원으로 구분하고, 국민동의청원의 경우 국회의원의 소개를 받지 않더라도 국회에 청원이 가능하도록 함

> **국회법 제123조(청원서의 제출)** ① 국회에 청원을 하려는 자는 의원의 소개를 받거나 국회규칙으로 정하는 기간 동안 국회규칙으로 정하는 일정한 수 이상의 국민의 동의를 받아 청원서를 제출하여야 한다.
> **국회청원심사규칙 제1조의2(청원의 종류)** 청원은 다음 각 호와 같이 구분한다.
> 1. "의원소개청원"이란 국회에 청원을 하려는 자가 국회의원(이하 "의원"이라 한다)의 소개를 받아 서면으로 제출하는 청원을 말한다.
> 2. "국민동의청원"이란 국회에 청원을 하려는 자가 「국회법」 제123조의2에 따른 전자청원시스템(이하 "전자청원시스템"이라 한다)을 이용하여 전자적 방식으로 등록하고 국민의 동의를 받아 제출하는 청원을 말한다.

② (○) 우리 헌법 제26조에서 "모든 국민은 법률이 정하는 바에 의하여 국가기관에 문서로 청원할 권리를 가진다. 국가는 청원에 대하여 심사할 의무를 진다."고 하여 청원권을 기본권으로 보장하고 있으므로 국민은 여러 가지 이해관계 또는 국정에 관하여 자신의 의견이나 희망을 해당 기관에 직접 진술하는 외에 그 본인을 대리하거나 중개하는 제3자를 통해 진술하더라도 이는 청원권으로서 보호된다(헌재 2012.04.24. 2011헌바40).

③ (X) 헌법 제26조 제1항, 청원법 제9조 참조. ▶ 청원법에서도 청원은 문서(전자문서 포함)로 하도록 규정

> **헌법 제26조** ① 모든 국민은 법률이 정하는 바에 의하여 국가기관에 문서로 청원할 권리를 가진다.
> **청원법 제9조(청원방법)** ① 청원은 청원서에 청원인의 성명(법인인 경우에는 명칭 및 대표자의 성명을 말한다)과 주소 또는 거소를 적고 서명한 문서(「전자문서 및 전자거래 기본법」에 따른 전자문서를 포함한다)로 하여야 한다.
> ② 제1항에 따라 전자문서로 제출하는 청원(이하 "온라인청원"이라 한다)은 본인임을 확인할 수 있는 전자적 방법을 통해 제출하여야 한다. 이 경우 서명이 대체된 것으로 본다.

③ 제2항에 따른 본인임을 확인할 수 있는 전자적 방법은 대법원규칙, 헌법재판소규칙, 중앙선거관리위원회규칙 및 대통령령으로 정한다. [시행일: 2022. 12. 23.]

④ (○) 헌법상의 청원권은 공권력과의 관계에서 일어나는 여러가지 이해관계, 의견, 희망 등에 관하여 적법한 청원을 한 국민에게 국가기관이 이를 수리·심사하여 그 심사결과를 통보하여 줄 것을 요구할 수 있는 권리를 의미한다. 따라서 적법한 청원에 대하여 국가기관이 이를 수리·심사하여 그 결과를 청원인에게 통보하였다면, 이로써 당해 국가기관은 헌법 및 청원법상의 의무이행을 다한 것이고, 그 통보 자체에 의하여 청구인의 권리의무나 법률관계가 직접 영향을 받는 것도 아니므로 비록 그 통보내용이 청원인이 기대하는 바에는 미치지 못한다고 하더라도 그러한 통보조치가 헌법소원의 대상이 되는 구체적인 공권력의 행사 내지 불행사라고 볼 수는 없다(헌재 2004.10.28. 2004헌마512).

⑤ (○) 헌법상 청원권이 보장된다 하더라도 청원권의 구체적 내용은 입법활동에 의하여 형성되며 입법형성에는 폭넓은 재량권이 있으므로 입법자는 수용 목적 달성을 저해하지 않는 범위 내에서 교도소 수용자에게 청원권을 보장하는 합리적인 수단을 선택할 수 있다고 할 것인바, 서신을 통한 수용자의 청원을 아무런 제한 없이 허용한다면 수용자가 이를 악용하여 검열 없이 외부에 서신을 발송하는 탈법수단으로 이용할 수 있게 되므로 이에 대한 검열은 수용 목적 달성을 위한 불가피한 것으로서 청원권의 본질적 내용을 침해한다고 할 수 없다(헌재 2001.11.29. 99헌마713).

정답 ③

제③절 ❘ 재판청구권

문 94

24년 8월 모의시험

재판을 받을 권리에 관한 설명 중 옳지 않은 것은? (다툼이 있는 경우 판례에 의함)

① 기피신청에 대한 재판을 그 신청을 받은 법관의 소속 법원 합의부에서 하도록 한 「민사소송법」 조항은 공정한 재판을 받을 권리를 침해하지 아니한다.
② 미결수용자의 형사사건 변호인 접견과 달리 수형자의 변호사 접견 시 접촉차단시설이 설치된 장소에서 접견하도록 하는 것은 수형자의 재판청구권을 침해하지 아니한다.
③ 19세 미만 성폭력범죄 피해자의 진술내용을 촬영한 영상물에 수록된 피해자진술에 대해, 조사과정에 동석하였던 신뢰관계에 있는 사람에 의해 공판절차에서 그 성립의 진정함이 인정된 경우 증거로 할 수 있도록 하는 것은 피고인의 공정한 재판을 받을 권리를 침해한다.
④ 「인신보호법」상 수용에 대한 피수용자의 구제신청을 법원이 기각한 경우 이에 불복하여 제기하는 즉시항고의 제기기간을 3일로 정한 것은 피수용자의 재판청구권을 침해한다.
⑤ 국민참여재판의 대상 사건을 법률이 정하는 특정한 사건으로 제한함으로써 국민참여재판을 받을 기회를 박탈하더라도 재판을 받을 권리의 침해 문제는 발생하지 아니한다.

MGI Point 재판을 받을 권리 ★★

■ 기피신청에 대한 재판을 그 신청을 받은 법관의 소속 법원 합의부에서 하도록 한 민사소송법 조항은 공정한 재판 받을 권리 침해 ×
■ 미결수용자의 형사사건 변호인 접견과 달리 수형자의 변호사 접견 시 접촉차단시설이 설치된 장소에서 접견 하도록 하는 것은 수형자의 재판청구권 침해 ○

- 19세 미만 성폭력범죄 피해자의 진술내용을 촬영한 영상물에 수록된 피해자진술에 대해 조사과정에 동석하였던 신뢰관계에 있는 사람에 의해 공판절차에서 그 성립의 진정함이 인정된 경우 증거로 할 수 있도록 하는 것은 피고인의 공정한 재판 받을 권리 침해 ○
- 인신보호법상 수용에 대한 피수용자의 구제신청을 법원이 기각한 경우 이에 불복하여 제기하는 즉시항고의 제기기간 3일로 정한 것은 피수용자의 재판청구권 침해 ○
- 국민참여재판의 대상 사건을 법률이 정하는 특정한 사건으로 제한함으로써 국민참여재판을 받을 기회를 박탈하더라도 재판을 받을 권리의 침해 문제 발생 ×

① (○) 기피신청에 대한 재판을 그 신청을 받은 법관의 소속 법원 합의부에서 하도록 한 민사소송법 제46조 제1항 중 '기피신청에 대한 재판의 관할'에 관한 부분이 공정한 재판을 받을 권리를 침해하지 않는다(헌재 2013.03.21. 2011헌바219).

② (X) 변호사와 접견하는 경우에도 수용자의 접견은 원칙적으로 접촉차단시설이 설치된 장소에서 하도록 규정하고 있는 형의 집행 및 수용자의 처우에 관한 법률 시행령(2008.10.29. 대통령령 제21095호로 개정된 것) 제58조 제4항(이하 '이 사건 접견조항'이라 한다) …수용자는 효율적인 재판준비를 하는 것이 곤란하게 되고, 특히 교정시설 내에서의 처우에 대하여 국가 등을 상대로 소송을 하는 경우에는 소송의 상대방에게 소송자료를 그대로 노출하게 되어 무기대등의 원칙이 훼손될 수 있다. 변호사 직무의 공공성, 윤리성 및 사회적 책임성은 변호사 접견권을 이용한 증거인멸, 도주 및 마약 등 금지물품 반입 시도 등의 우려를 최소화시킬 수 있으며, 변호사접견이라 하더라도 교정시설의 질서 등을 해할 우려가 있는 특별한 사정이 있는 경우에는 예외를 두도록 한다면 악용될 가능성도 방지할 수 있다. 따라서 이 사건 접견조항은 과잉금지원칙에 위배하여 청구인의 재판청구권을 지나치게 제한하고 있으므로, 헌법에 위반된다(헌재 2013.08.29. 2011헌마122).

③ (○) 성폭력범죄의 처벌 등에 관한 특례법(2012.12.18. 법률 제11556호로 전부개정된 것) 제30조 제6항 중 '제1항에 따라 촬영한 영상물에 수록된 피해자의 진술은 공판준비기일 또는 공판기일에 조사 과정에 동석하였던 신뢰관계에 있는 사람 또는 진술조력인의 진술에 의하여 그 성립의 진정함이 인정된 경우에 증거로 할 수 있다' 부분 가운데 19세 미만 성폭력범죄 피해자에 관한 부분은 잉금지원칙을 위반하여 청구인의 공정한 재판을 받을 권리를 침해한다(헌재 2021.12.23. 2018헌바524).

④ (○) 인신보호법상으로는 국선변호인이 선임될 수 있지만, 변호인의 대리권에 상소권까지 포함되어 있다고 단정하기 어렵고, 그의 대리권에 상소권이 포함되어 있다고 하더라도 법정기간의 연장 등 형사소송법 제345조 등과 같은 특칙이 적용될 여지가 없으므로 3일의 즉시항고기간은 여전히 과도하게 짧은 기간이다. 즉시항고 대신 재청구를 할 수도 있으나, 즉시항고와 재청구는 개념적으로 구분되는 것이므로 재청구가 가능하다는 사실만으로 즉시항고 기간의 과도한 제약을 정당화할 수는 없다. 나아가 즉시항고 제기기간을 3일보다 조금 더 긴 기간으로 정한다고 해도 피수용자의 신병에 관한 법률관계를 조속히 확정하려는 이 사건 법률조항의 입법목적이 달성되는 데 큰 장애가 생긴다고 볼 수 없으므로, 이 사건 법률조항은 피수용자의 재판청구권을 침해한다(헌재 2015.09.24. 2013헌가21).

⑤ (○) 헌법 제27조 제1항에서 "모든 국민은 헌법과 법률이 정한 법관에 의하여 법률에 의한 재판을 받을 권리를 가진다."고 규정하고 있다. …여기서 재판이라고 함은 구체적 사건에 관하여 사실의 확정과 그에 대한 법률의 해석적용을 보장한다는 것으로서 결국 법관이 사실을 확정하고 법률을 해석·적용하는 재판을 받을 권리를 보장한다는 것을 의미한다. 따라서 우리 헌법상 헌법과 법률이 정한 법관에 의한 재판을 받을 권리라 함은 직업법관에 의한 재판을 주된 내용으로 하는 것이므로 '국민참여재판을 받을 권리'가 헌법 제27조 제1항에서 규정한 재판을 받을 권리의 보호범위에 속한다고 볼 수 없다(헌재 2009.11.26. 2008헌바12).

정답 ②

문 95

23년 10월 모의시험

재판청구권에 대한 설명 중 옳은 것은? (다툼이 있는 경우 판례에 의함)

① 항소심 기일에 2회 불출석한 경우 항소취하로 본다고 규정한 「민사소송법」 조항은 항소심에서 2회 불출석하였다고 하더라도 항소심으로서는 원심기록과 항소심에서 소송당사자가 제출한 서면을 가지고도 충분한 심리를 할 수 있다는 점에서 해당 항소심 당사자의 재판청구권을 침해한다.

② 공정한 재판이란 헌법과 법률이 정한 자격이 있고, 헌법이 정한 절차에 의하여 임명되고 신분이 보장되어 독립하여 심판하는 법관으로부터 헌법과 법률에 의하여 그 양심에 따라 적법절차에 의하여 이루어지는 재판을 의미하는 것으로, 공개된 법정의 법관의 면전에서 모든 증거자료가 조사·진술되고, 이에 대하여 검사와 피고인이 서로 공격·방어할 수 있는 공평한 기회가 보장되는 재판을 받을 권리까지 그로부터 파생되는 것은 아니다.

③ 재판청구권은 법적 분쟁의 해결을 가능하게 하는 적어도 한 번의 권리구제절차가 개설될 것을 요청하는 것으로, 이를 넘어서 소송절차의 형성에 있어서 실효성 있는 권리보호를 제공하기 위하여 그에 필요한 절차적 요건을 갖출 것까지 요청하는 것은 아니다.

④ 재판청구권은 권리보호절차의 개설과 개설된 절차에의 접근의 효율성에 관한 절차법적 요청이므로 절차법에 의하여 구체적으로 형성되고 실현된다.

⑤ 군대 입대 전에 범죄를 저지른 현역병에 대해 군사법원의 재판권을 인정하는 것은 단지 군복무 중이라는 이유만으로 「군형법」 및 「군사법원법」의 보호법익과 무관한 범죄에 대해서까지 포괄적으로 군사재판을 받도록 하는 것으로서, 해당 군인의 재판청구권을 침해한다.

MGI Point 재판청구권 ★★

- **재판청구권 침해 ×**
  - 항소심 기일에 2회 불출석한 경우 항소취하 간주를 규정한 민사소송법 조항
  - 현역병의 군대 입대 전 범죄에 대하여 군사법원의 재판권을 인정하는 것
- **공정한 재판을 받을 권리** ⇨ 공개된 법정의 법관의 면전에서 모든 증거자료가 조사·진술되고, 이에 대하여 검사와 피고인이 서로 공격·방어할 수 있는 공평한 기회가 보장되는 재판을 받을 권리도 포함 ○
- **재판청구권**
  - 소송절차의 형성에 있어 실효성 있는 권리보호를 제공하기 위해 그에 필요한 절차적 요건을 갖출 것을 요청할 권리 ○
  - 권리보호절차의 개설과 개설된 절차에의 접근의 효율성에 관한 절차법적 요청으로서, 권리구제절차 내지 소송절차를 규정하는 절차법에 의하여 구체적으로 형성·실현됨

---

① (X) 항소심 기일에 2회 불출석한 경우 항소취하 간주를 규정한 민사소송법(2002. 1. 26. 법률 제6626호로 개정된) 제268조 제4항 중 같은 조 제2항을 준용하는 이 사건 법률조항은 민사소송절차에 있어 당사자의 기일 해태로 인한 소송지연을 방지하기 위한 것으로서 그 입법목적의 정당성이 인정되고, 항소취하간주가 되기 위해서는 당사자가 변론기일에 2회 불출석한 후에도 1개월이 경과하여야 그 효과가 발생하는 점 등을 고려하면 항소취하간주의 요건과 효과를 정함에 있어 입법재량의 범위를 일탈하였다고 볼 수 없으므로, 청구인의 재판청구권을 침해하지 아니한다(헌재 2013.07.25. 2012헌마656).

② (X) '공정한 재판'이란 헌법과 법률이 정한 자격이 있고, 헌법 제104조 내지 헌법 제106조에 정한 절차에 의하여 임명되고 신분이 보장되어 독립하여 심판하는 법관으로부터 헌법과 법률에 의하여 그 양심에 따라 적법절차에 의하여 이루어지는 재판을 의미하며, 공개된 법정의 법관의 면전에서 모든 증거자료가 조사·진

술되고, 이에 대하여 검사와 피고인이 서로 공격·방어할 수 있는 공평한 기회가 보장되는 재판을 받을 권리도 그로부터 파생되어 나온다(헌재 2001.08.30. 99헌마496).

③ (X) 재판청구권은 법적 분쟁의 해결을 가능하게 하는 적어도 한번의 권리구제절차가 개설될 것을 요청할 뿐 아니라 그를 넘어서 소송절차의 형성에 있어서 실효성 있는 권리보호를 제공하기 위하여 그에 필요한 절차적 요건을 갖출 것을 요청한다. 비록 재판절차가 국민에게 개설되어 있다 하더라도 절차적 규정들에 의하여 법원에의 접근이 합리적인 이유로 정당화될 수 없는 방법으로 어렵게 된다면 재판청구권은 사실상 형해화될 수 있으므로 바로 여기에 입법형성권의 한계가 있다(헌재 2006.02.23. 2005헌가7,2005헌마1163(병합)).

④ (O) 재판청구권은 권리보호절차의 개설과 개설된 절차에의 접근의 효율성에 관한 절차법적 요청으로서, 권리구제절차 내지 소송절차를 규정하는 절차법에 의하여 구체적으로 형성·실현되며, 또한 이에 의하여 제한되는 것인바, 이 사건 법률조항은 행정상 즉시강제에 관한 근거규정으로서 권리구제절차 내지 소송절차를 규정하는 절차법적 성격을 전혀 갖고 있지 아니하기 때문에, 이 사건 법률조항에 의하여는 재판청구권이 침해될 여지가 없다(헌재 2002.10.31. 2000헌가12).

⑤ (X) 현역병의 군대 입대 전 범죄에 대한 군사법원의 재판권을 규정하고 있는 군사법원법 제2조 제2항 중 제1항 제1호의 '군형법 제1조 제2항의 현역에 복무하는 병' 부분(이하 '이 사건 법률조항'이라 한다)이 재판청구권을 침해하여 헌법에 위반되지 아니한다(헌재 2009.07.30. 2008헌바162).

정답 ④

문 96
23년 8월 모의시험

재판을 받을 권리에 관한 설명 중 옳은 것은? (다툼이 있는 경우 판례에 의함)

① 「인신보호법」상 수용이 위법하다는 것을 이유로 한 피수용자의 구제신청을 법원이 기각한 경우 이에 불복하여 제기하는 즉시항고의 제기기간을 3일로 정한 것은 피수용자의 재판청구권을 침해한다.
② 심급제도는 재판청구권을 보장하기 위한 하나의 수단이므로, 범죄인의 인도심사를 서울고등법원의 전속관할로 하고 그 심사결정에 대한 불복절차를 인정하지 않는 것은 입법재량의 범위를 벗어나 재판청구권을 침해한다.
③ 청소년보호위원회가 청소년유해매체물로 결정한 영상물을 청소년에게 판매하였다는 이유로 처벌하는 것은 범죄구성요건으로서 청소년유해매체물인지 여부에 대한 사실확정의 권한을 행정기관인 청소년보호위원회에 위임하는 것으로 법관에 의한 재판을 받을 권리를 침해한다.
④ 「디엔에이신원확인정보의 이용 및 보호에 관한 법률」상 디엔에이감식시료 채취대상자가 채취에 동의하지 않는 경우, 검사의 청구에 따라 판사가 발부한 감식시료 채취영장만으로 감식시료를 채취할 수 있도록 하더라도 이는 채취대상자의 재판을 받을 권리를 침해하지 않는다.
⑤ 재판을 받을 권리에서 재판이라 함은 법관에 의한 사실적 측면과 법률적 측면의 한 차례의 심리검토의 기회가 보장될 것을 요구하므로 헌법재판을 받을 권리는 재판을 받을 권리에 포함되지 아니한다.

> **MGI Point** 재판을 받을 권리 ★★
>
> ■ 피수용자의 재판청구권 침해 ○
>   • 인신보호법상 수용자의 구제신청을 법원이 기각하는 경우 즉시항고 기간을 '3일'로 정한 것
>   • 디엔에이감식시료채취 대상자가 채취에 거부하는 경우 판사가 발부한 감식자료 채취영장만으로 감식자료를 채취할 수 있도록 하는 것
> ■ 피수용자의 재판청구권 침해 ✕
>   • 범죄인인도법 제3조가 법원의 범죄인인도심사를 서울고등법원의 전속관할로 하고 그 심사결정에 대한 불복절차를 인정하지 않은 것
>   • 청소년유해매체물의 결정을 청소년보호위원회가 결정하도록 위임하는 것
> ■ 헌법재판을 받을 권리 ⇨ 재판을 받을 권리에 포함 ○

① (○) 즉시항고 제기기간을 3일보다 조금 더 긴 기간으로 정한다고 해도 피수용자의 신병에 관한 법률관계를 조속히 확정하려는 이 사건 법률조항의 입법목적이 달성되는 데 큰 장애가 생긴다고 볼 수 없으므로, 이 사건 법률조항은 피수용자의 재판청구권을 침해한다(헌재 2015.09.24. 2013헌가21).

② (✕) 범죄인인도법 제3조(이하, '이 사건 법률조항'이라 한다)가 법원의 범죄인인도심사를 서울고등법원의 전속관할로 하고 그 심사결정에 대한 불복절차를 인정하지 않은 것이 적법절차원칙에 위배하거나, 재판청구권 등을 침해하지 않는다(헌재 2003.01.30. 2001헌바95).

③ (✕) 이 사건 법률조항은 범죄의 구성요건의 일부인 청소년유해매체물의 결정을 행정기관인 청소년보호위원회 등에 위임하고 있어 법관에 의한 재판을 받을 권리를 규정하고 있는 헌법 제27조 제1항에 위반되는 것이 아닌지 문제될 수 있으나, 청소년보호위원회 등의 결정이 이 사건 법률조항에 따라 그 위임의 범위 내에서 행하여지는 이상 그것은 법률상 구성요건의 내용을 일부 보충하는 것에 불과하므로 이를 토대로 재판이 행하여진다 하더라도 그로 인하여 사실확정과 법률의 해석·적용에 관한 법관의 고유권한이 박탈된 것이라 할 수 없으며, 더욱이 법관은 청소년보호위원회 등의 결정이 적법하게 이루어진 것인지에 관하여 독자적으로 판단하여 이를 기초로 재판할 수도 있는 것이다. 따라서 청소년유해매체물의 결정권한을 청소년보호위원회 등에 부여하고 있다는 점만으로 "법관에 의한" 재판을 받을 권리를 침해하는 것이라 볼 수 없다(헌재 2000.06.29. 99헌가16).

④ (✕) 디엔에이감식시료채취영장 발부 여부는 채취대상자에게 자신의 디엔에이감식시료가 강제로 채취당하고 그 정보가 영구히 보관·관리됨으로써 자신의 신체의 자유, 개인정보자기결정권 등의 기본권이 제한될 것인지 여부가 결정되는 중대한 문제이다. 그럼에도 불구하고 이 사건 영장절차 조항은 채취대상자에게 디엔에이감식시료채취영장 발부 과정에서 자신의 의견을 진술할 수 있는 기회를 절차적으로 보장하고 있지 않을 뿐만 아니라, 발부 후 그 영장 발부에 대하여 불복할 수 있는 기회를 주거나 채취행위의 위법성 확인을 청구할 수 있도록 하는 구제절차마저 마련하고 있지 않다. 위와 같은 입법상의 불비가 있는 이 사건 영장절차 조항은 채취대상자인 청구인들의 재판청구권을 과도하게 제한하므로, 침해의 최소성 원칙에 위반된다. 이 사건 영장절차 조항에 따라 발부된 영장에 의하여 디엔에이신원확인정보를 확보할 수 있고, 이로써 장래 범죄수사 및 범죄예방 등에 기여하는 공익적 측면이 있으나, 이 사건 영장절차 조항의 불완전·불충분한 입법으로 인하여 채취대상자의 재판청구권이 형해화되고 채취대상자가 범죄수사 및 범죄예방의 객체로만 취급받게 된다는 점에서, 양자 사이에 법익의 균형성이 인정된다고 볼 수도 없다. 따라서 이 사건 영장절차 조항은 과잉금지원칙을 위반하여 청구인들의 재판청구권을 침해한다(헌재 2018.08.30. 2016헌마344·2017헌마630(병합)).

⑤ (✕) 공정한 재판을 받을 권리는 헌법 제27조의 재판청구권에 의하여 함께 보장되고, 재판청구권에는 민사재판, 형사재판, 행정재판뿐만 아니라 헌법재판을 받을 권리도 포함되므로, 헌법상 보장되는 기본권인 '공정한 재판을 받을 권리'에는 '공정한 헌법재판을 받을 권리'도 포함된다(헌재 2014.04.24. 2012헌마2).

정답 ①

문 97

23년 6월 모의시험

재판을 받을 권리에 관한 설명 중 옳지 않은 것은? (다툼이 있는 경우 판례에 의함)

① 재판청구권은 법적 분쟁의 해결을 가능하게 하는 적어도 한 번의 권리구제절차가 개설될 것을 요청할 뿐 아니라, 그를 넘어서 소송절차의 형성에 있어서 실효성 있는 권리보호를 제공하기 위하여 그에 필요한 절차적 요건을 갖출 것을 요청한다.

② 각급 사립학교 교원이 학교법인의 징계처분에 불복하여 교원소청심사위원회에 소청심사를 청구한 경우, 심사위원회의 결정에 대하여 학교법인의 불복을 금지하는 것은 학교법인에 대한 국가의 실효적인 감독권 행사를 보장하고, 사립학교 교원의 신분보장과 지위향상을 위한 「교원의 지위 향상 및 교육활동 보호를 위한 특별법」의 입법취지에도 부합하므로 학교법인의 재판청구권을 침해하지 아니한다.

③ 수형자와 그가 제기한 헌법소원 사건의 국선대리인인 변호사 간의 접견 시 교도소장이 접견내용을 녹음, 기록하는 것은 제3자인 교도소 측에 접견내용이 그대로 노출된다는 점에서 재판을 받을 권리를 침해한다.

④ 공판기일전 증인신문절차에서의 피고인의 참여권을 판사의 재량사항으로 정한 것은 피고인의 공격·방어권을 과다하게 제한하는 것으로 공정한 재판을 받을 권리를 침해한다.

⑤ 19세 미만 성폭력범죄 피해자의 진술내용을 촬영한 영상물에 수록된 피해자 진술에 대해 공판기일에 조사과정에 동석하였던 신뢰관계에 있는 사람에 의해 그 성립의 진정함이 인정된 경우 증거로 할 수 있도록 하는 것은 피고인의 반대신문권 행사를 제한하여 공정한 재판을 받을 권리를 침해한다.

> **MGI Point 재판을 받을 권리**
>
> - 헌법 제27조 제1항 재판청구권 (입법형성권의 한계로서 '효율적인 권리보호') ⇨ 법적 분쟁의 해결을 가능하게 하는 적어도 한 번의 권리구제절차가 개설될 것을 요청할 뿐 아니라 그를 넘어서 소송절차의 형성에 있어서 실효성 있는 권리보호를 제공하기 위하여 그에 필요한 절차적 요건을 갖출 것을 요청
> - 교원이 소청심사 청구한 경우 이에 대한 심사위원회의 결정에 대하여 학교법인의 불복을 금지하는 것 ⇨ 학교법인의 재판청구권 침해 ○
> - 수형자와 국선대리인의 접견내용을 녹음·기록 ⇨ 재판청구권 침해 ○
> - 공판기일 전 증인신문절차에서 피고인의 참여권 보장이 판사의 재량사항인 것은 공정한 재판을 받을 권리 침해 ○
> - 19세 미만 성폭력범죄 피해자의 진술내용을 촬영한 영상물상 피해자 진술 ⇨ 신뢰관계 있는 동석자의 진술로 성립의 진정함이 인정된 경우 증거인정 하는 것은 피고의 공정한 재판을 받을 권리를 침해 ○

① (○) 재판청구권은 법적 분쟁의 해결을 가능하게 하는 적어도 한번의 권리구제절차가 개설될 것을 요청할 뿐 아니라 그를 넘어서 소송절차의 형성에 있어서 실효성 있는 권리보호를 제공하기 위하여 그에 필요한 절차적 요건을 갖출 것을 요청한다. 비록 재판절차가 국민에게 개설되어 있다 하더라도 절차적 규정들에 의하여 법원에의 접근이 합리적인 이유로 정당화될 수 없는 방법으로 어렵게 된다면 재판청구권은 사실상 형해화될 수 있으므로 바로 여기에 입법형성권의 한계가 있다(헌재 2006.02.23. 2005헌가7,2005헌마1163).

② (X) 교원이 제기한 민사소송에 대하여 응소하거나 피고로서 재판절차에 참여함으로써 자신의 권리를 주장하는 것은 어디까지나 상대방인 교원이 교원지위법이 정하는 재심절차와 행정소송절차를 포기하고 민사소송을 제기하는 경우에 비로소 가능한 것이므로 이를 들어 학교법인에게 자신의 침해된 권익을 구제받을

수 있는 실효적인 권리구제절차가 제공되었다고 볼 수 없고, 교원지위부존재확인 등 민사소송절차도 교원이 처분의 취소를 구하는 재심을 따로 청구하거나 또는 재심결정에 불복하여 행정소송을 제기하는 경우에는 민사소송의 판결과 재심결정 또는 행정소송의 판결이 서로 모순·저촉될 가능성이 상존하므로 이 역시 간접적이고 우회적인 권리구제수단에 불과하다. 그리고 학교법인에게 재심결정에 불복할 제소권한을 부여한다고 하여 이 사건 법률조항이 추구하는 사립학교 교원의 신분보장에 특별한 장애사유가 생긴다든가 그 권리구제에 공백이 발생하는 것도 아니므로 이 사건 법률조항은 분쟁의 당사자이자 재심절차의 피청구인인 학교법인의 재판청구권을 침해한다(헌재 2006.02.23. 2005헌가7,2005헌마1163).

③ (○) 수형자와 변호사와의 접견내용을 녹음, 녹화하게 되면 그로 인해 제3자인 교도소 측에 접견내용이 그대로 노출되므로 수형자와 변호사는 상담과정에서 상당히 위축될 수밖에 없고, 특히 소송의 상대방이 국가나 교도소 등의 구금시설로서 그 내용이 구금시설 등의 부당처우를 다투는 내용일 경우에 접견내용에 대한 녹음, 녹화는 실질적으로 당사자대등의 원칙에 따른 무기평등을 무력화시킬 수 있다. … 이 사건에 있어서 청구인과 헌법소원 사건의 국선대리인인 변호사의 접견내용에 대해서는 접견의 목적이나 접견의 상대방 등을 고려할 때 녹음, 기록이 허용되어서는 아니 될 것임에도, 이를 녹음, 기록한 행위는 청구인의 재판을 받을 권리를 침해한다(헌재 2013.09.26. 2011헌마398).

④ (○) 피고인 등의 반대신문권을 제한하고 있는 법 제221조의2 제5항은 피고인들의 공격·방어권을 과다히 제한하는 것으로써 그 자체의 내용이나 대법원의 제한적 해석에 의하더라도 그 입법목적을 달성하기에 필요한 입법수단으로서의 합리성 내지 정당성이 인정될 수는 없다고 할 것이므로, 헌법상의 적법절차의 원칙 및 청구인의 공정한 재판을 받을 권리를 침해하고 있다(헌재 1996.12.26. 94헌바1).

⑤ (○) 심판대상조항은 영상물에 수록된 미성년 피해자의 진술에 대하여 원진술자의 법정진술 없이도 증거능력이 부여될 수 있도록 정함으로써 피고인의 반대신문권 행사를 제한하고 있다. …성폭력범죄의 특성상 영상물에 수록된 미성년 피해자 진술이 사건의 핵심 증거일 경우가 적지 않고, 이러한 진술증거에 대한 탄핵의 필요성이 여전히 인정됨에도 심판대상조항은 그러한 주요 증거의 왜곡이나 오류를 탄핵할 수 있는 효과적인 방법인 피고인의 반대신문권을 보장하지 않고 있으며, 이를 대체할 만한 수단도 마련하고 있지 못하다. 그 결과 피고인은 사건의 핵심적인 진술증거에 관하여 충분히 탄핵할 기회를 갖지 못한 채 유죄판결을 받을 수 있게 되므로, 심판대상조항으로 인한 피고인의 방어권 제한의 정도는 매우 중대하다고 할 것이다. …심판대상조항은 과잉금지원칙을 위반하여 청구인의 공정한 재판을 받을 권리를 침해한다(헌재 2021.12.23. 2018헌바524).

 ②

문 98
22년 8월 모의시험

재판을 받을 권리에 관한 설명 중 옳지 <u>않은</u> 것은? (다툼이 있는 경우 판례에 의함)

① 공정한 재판을 받을 권리에는 공개된 법정의 법관의 면전에서 모든 증거자료가 조사·진술되고 이에 대하여 피고인이 공격·방어할 수 있는 기회가 보장되는 재판을 받을 권리가 포함된다.

② 재판을 받을 권리란 법관에 의하여 사실적 측면과 법률적 측면의 심리검토의 기회가 보장되어야 한다는 것을 의미하며, 그러한 법관에 의한 심리검토의 기회가 한차례 이상 보장되어야 한다.

③ 권리보호이익은 소송제도에 필연적으로 내재하는 요청으로 헌법소원제도의 목적상 필수적인 요건이며 권리보호이익이 없다는 이유로 본안판단을 받지 못한다고 하여도 곧바로 재판을 받을 권리의 침해가 있다고 보기는 어렵다.

④ 재판을 받을 권리는 신분이 보장되고 독립된 법관에 의한 재판의 보장을 주된 내용으로 하지만 국민참여재판을 받을 권리도 헌법 제27조 제1항에서 규정한 재판을 받을 권리의 보호범위에 속한다.

⑤ 자기에게 불리하게 진술한 증인에 대하여 반대신문의 기회를 부여하여야 한다는 절차적 권리의 보장은 '공정한 재판을 받을 권리'의 핵심적인 내용을 이루는 것이다.

> **MGI Point 재판을 받을 권리** ★★
> - 공정한 재판을 받을 권리 ⇨ 신속하고 공개된 법정의 법관의 면전에서 모든 증거자료가 조사·진술되고 이에 대하여 피고인이 공격·방어할 수 있는 기회가 보장되는 재판을 받을 권리 포함
> - 사실적 측면과 법률적 측면에서 법관에 의한 적어도 한 차례의 심리검토의 기회 보장 要
> - 권리보호이익 ⇨ 소송제도에 필연적으로 내재하는 요청으로 헌법소원제도의 목적상 필수적인 요건 ○, 이로 인하여 본안판단을 받지 못한다고 하여도 재판을 받을 권리의 본질적인 부분에 대한 침해 ×
> - 국민참여재판 받을 권리 ⇨ 헌법 제27조 1항 재판받을 권리 보호영역 ×
> - 자기에게 불리하게 진술한 증인에 대하여 반대신문의 기회를 부여하여야 한다는 절차적 권리의 보장
>   ⇨ '공정한 재판을 받을 권리'의 핵심적인 내용 ○

① (○) 재판청구권은 재판절차를 규율하는 법률과 재판에서 적용될 실체적 법률이 모두 합헌적이어야 한다는 의미에서의 법률에 의한 재판을 받을 권리뿐만 아니라, 비밀재판을 배제하고 일반 국민의 감시 하에서 심리와 판결을 받음으로써 공정한 재판을 받을 수 있는 권리를 포함하고 있다. 이 공정한 재판을 받을 권리 속에는 신속하고 공개된 법정의 법관의 면전에서 모든 증거자료가 조사·진술되고 이에 대하여 피고인이 공격·방어할 수 있는 기회가 보장되는 재판, 즉 원칙적으로 당사자주의와 구두변론주의가 보장되어 당사자가 공소사실에 대한 답변과 입증 및 반증하는 등 공격, 방어권이 충분히 보장되는 재판을 받을 권리가 포함되어 있다(헌재 2005.12.22. 2004헌바45).

② (○) 재판은 사실확정과 법률의 해석·적용을 본질로 하므로 헌법상 재판청구권은 사실적 측면과 법률적 측면에서 법관에 의한 적어도 한 차례의 심리검토의 기회가 보장될 것을 요한다(헌재 2015.09.24. 2012헌마798).

③ (○) 권리보호이익은 소송제도에 필연적으로 내재하는 요청으로 헌법소원제도의 목적상 필수적인 요건이라고 할 것이어서 이로 인하여 본안판단을 받지 못한다고 하여도 재판을 받을 권리의 본질적인 부분에 대한 침해가 있다고 보기 어렵다. 다만, 권리보호이익을 지나치게 좁게 인정하면 헌법재판소의 본안판단의 부담을 절감할 수는 있지만 반면에 재판을 받을 권리를 부당하게 박탈하는 결과에 이르게 될 것이므로 권리보호이익을 판단함에 있어 다른 분쟁의 해결수단, 행정적 구제·입법적 구제의 유무 등을 기준으로 신중히 판단하여야 할 것인바, 헌법재판소는 비록 권리보호이익이 없을 때에도 반복위험이나 헌법적 해명이 필요한 경우에는 본안판단을 할 수 있는 예외를 인정하고 있다. 따라서 헌법소원심판청구의 적법요건 중의 하나로 권리보호이익을 요구하는 것이 청구인의 재판을 받을 권리를 침해한다고 볼 수는 없다(헌재 2001.09.27. 2001헌마152).

④ (X) 우리 헌법상 헌법과 법률이 정한 법관에 의한 재판을 받을 권리는 직업법관에 의한 재판을 주된 내용으로 하는 것이므로 국민참여재판을 받을 권리가 헌법 제27조 제1항에서 규정한 재판을 받을 권리의 보호범위에 속한다고 볼 수 없다(헌재 2009.11.26. 2008헌바12).

⑤ (○) 자기에게 불리하게 진술한 증인에 대하여 반대신문의 기회를 부여하여야 한다는 절차적 권리의 보장은 '공정한 재판을 받을 권리'의 핵심적인 내용을 이루는 것이다. 이처럼 반대신문권의 보장이 강조되는 것은, 전문증거의 내용이 되는 '진술증거'는 불완전한 인간의 지각과 기억에 기초한 것일 뿐 아니라 그 표현

과 전달에 잘못이 있을 수 있고 신문자의 신문방식에 의해서도 진술자의 원래 의사나 기억과 다른 내용이 전달될 가능성이 커서 본질적으로 오류가 개입할 가능성이 큰 증거방법이기 때문이다(헌재 2021.12.23. 2018헌바524).

정답 ④

문 99
22년 6월 모의시험

재판청구권에 관한 설명 중 옳지 않은 것은? (다툼이 있는 경우 판례에 의함)

① 「치료감호 등에 관한 법률」에 따른 '피고인 스스로 치료감호를 청구할 수 있는 권리'와 '법원으로부터 직권으로 치료감호를 선고받을 수 있는 권리'는 헌법상 재판청구권의 보호범위에 포함된다.
② 즉시항고 제기기간을 3일로 제한한 「형사소송법」 조항은 즉시항고 제도를 단지 형식적이고 이론적인 권리로서만 기능하게 함으로써 헌법상 재판청구권을 공허하게 하므로 입법재량의 한계를 일탈하여 항고인의 재판청구권을 침해한다.
③ 법관에 의한 재판을 받을 권리를 보장한다고 함은 결국 법관이 사실을 확정하고 법률을 해석·적용하는 재판을 받을 권리를 보장한다는 뜻이고, 그와 같은 법관에 의한 사실확정과 법률의 해석적용의 기회에 접근하기 어렵도록 제약이나 장벽을 쌓아서는 아니 된다.
④ 국민은 법률에 의한 정당한 재판을 받을 권리가 있고 하급심에서 잘못된 재판을 하였을 때에는 상소심으로 하여금 이를 바로 잡게 하는 것이 재판청구권을 실질적으로 보장하는 방법이 된다는 의미에서, 심급제도는 재판청구권을 보장하기 위한 하나의 수단으로 이해할 수 있다.
⑤ 법률에 의한 재판을 받을 권리를 보장하기 위해서는 입법자에 의한 재판청구권의 구체적인 형성이 불가피한데, 이는 단지 법원에 제소할 수 있는 형식적인 권리나 이론적인 가능성만을 허용하는 것이어서는 아니 되며, 상당한 정도로 권리구제의 실효성이 보장되도록 하는 것이어야 한다.

MGI Point 재판청구권 ★★

- 피고인 스스로 치료감호를 청구할 수 있는 권리, 법원으로부터 직권으로 치료감호를 선고받을 수 있는 권리
  ⇨ 헌법상 재판청구권의 보호범위에 포함 ×
- 즉시항고 제기기간을 3일로 제한하고 있는 형사소송법 제405조 ⇨ 재판청구권 침해 ○
- 법관에 의한 재판을 받을 권리의 의미 ⇨ 법관이 사실을 확정하고 법률을 해석·적용하는 재판을 받을 권리를 보장
- 국민은 법률에 의한 정당한 재판을 받을 권리 有, 하급심에서 잘못된 재판을 하였을 때에는 상소심으로 하여금 이를 바로 잡게 하는 것이 재판청구권을 실질적으로 보장하는 방법 ⇨ 심급제도는 재판청구권을 보장하기 위한 하나의 수단 ○
- "법률에 의한" 재판을 받을 권리를 보장하기 위하여 입법자에게 광범위한 입법재량 허용
  ⇨ 법원에 제소할 수 있는 형식적인 권리나 이론적인 가능성만을 허용 ×, 상당한 정도로 권리구제의 실효성 보장 要

① (X) 피고인 스스로 치료감호를 청구할 수 있는 권리나, 법원으로부터 직권으로 치료감호를 선고받을 수 있는 권리는 헌법상 재판청구권의 보호범위에 포함되지 않는다. 공익의 대표자로서 준사법기관적 성격을 가지고 있는 검사에게만 치료감호 청구권한을 부여한 것은, 본질적으로 자유박탈이고 침익적 처분인 치료감호와 관련하여 재판의 적정성 및 합리성을 기하기 위한 것이므로 적법절차원칙에 반하지 않는다.

그렇다면 이 사건 법률조항들은 재판청구권을 침해하거나 적법절차원칙에 반한다고 보기 어렵다(헌재 2021.01.28. 2019헌가24,2019헌바404(병합)).

② (○) 형사재판 중 결정절차에서는 그 결정 일자가 미리 당사자에게 고지되는 것이 아니기 때문에 결정에 대한 불복 여부를 결정하고 즉시항고 절차를 준비하는데 있어 상당한 기간을 부여할 필요가 있다. 또한 심판대상조항의 제정 당시와 비교할 때, 오늘날의 형사사건은 그 내용이 더욱 복잡해져 즉시항고 여부를 결정함에 있어서도 많은 시간이 소요될 수 있고, 근로기준법의 개정으로 주 40시간 근무가 확대, 정착됨에 따라 금요일 오후에 결정문을 송달받을 경우 주말동안 공공기관이나 변호사로부터 법률적 도움을 구하는 것도 쉽지 않게 되었으며, 우편 접수를 통해 즉시항고를 한다고 하더라도 사실상 월요일 하루 안에 발송 및 도달을 완료해야 한다. 그럼에도 심판대상조항은 변화된 사회 현실을 제대로 반영하지 못하여, 당사자가 어느 한 순간이라도 지체할 경우 즉시항고권 자체를 행사할 수 없게 하는 부당한 결과를 초래하고 있다. 형사재판절차의 당사자가 직접 또는 다른 사람의 도움을 받아 인편으로 법원에 즉시항고장을 제출하기 어려운 상황은 얼마든지 발생할 수 있고, 교도소 또는 구치소에 있는 피고인에게 적용되는 형사소송법 제344조의 재소자 특칙 규정은 개별적으로 준용규정이 있는 경우에만 그 적용을 받게 되며, 형사소송법상의 법정기간 연장조항이나 상소권회복청구 조항들만으로는 3일이라는 지나치게 짧은 즉시항고 제기기간의 도과를 보완하기에 미흡하다. 나아가 민사소송, 민사집행, 행정소송, 형사보상절차 등의 즉시항고기간 1주나, 외국의 입법례와 비교하더라도 3일이라는 제기기간은 지나치게 짧다. 즉시항고 자체가 형사소송법상 명문의 규정이 있는 경우에만 허용되므로 기간 연장으로 인한 폐해가 크다고 볼 수도 없는 점 등을 고려하면, 심판대상조항은 즉시항고 제도를 단지 형식적이고 이론적인 권리로서만 기능하게 함으로써 헌법상 재판청구권을 공허하게 하므로 입법재량의 한계를 일탈하여 재판청구권을 침해하는 규정이다(헌재 2018.12.27. 2015헌바77,2015헌마832(병합)).

③ (○) 법관에 의한 재판을 받을 권리를 보장한다고 함은 법관이 사실을 확정하고 법률을 해석·적용하는 재판을 받을 권리를 보장한다는 뜻이고, 그와 같은 법관에 의한 사실확정과 법률의 해석적용의 기회에 접근하기 어렵도록 제약이나 장벽을 쌓아서는 아니되며, 만일 그러한 보장이 제대로 이루어지지 아니한다면 헌법상 보장된 재판을 받을 권리의 본질적 내용을 침해하는 것으로서 우리 헌법상 허용되지 아니한다(헌재 2000.06.29. 99헌가9).

④ (○) 헌법 제27조 제1항은 "모든 국민은 헌법과 법률이 정한 법관에 의하여 법률에 의한 재판을 받을 권리를 가진다."라고 규정하고 있으므로 국민은 법률에 의한 정당한 재판을 받을 권리가 있고, 하급심에서 잘못된 재판을 하였을 때에는 상소심으로 하여금 이를 바로 잡게 하는 것이 재판청구권을 실질적으로 보장하는 방법이 된다는 의미에서 심급제도는 재판청구권을 보장하기 위한 하나의 수단으로 이해할 수 있다(헌재 2010.02.25. 2008헌바67).

⑤ (○) "법률에 의한" 재판을 받을 권리를 보장하기 위하여 입법자에 의한 재판청구권의 구체적 형성이 불가피하여 입법자에게 광범위한 입법재량이 허용되고, 일정한 경우 법률로서 항소심재판을 받을 기회를 제한하는 것도 가능하지만, 그러한 입법을 함에 있어서도 입법자는 헌법 제37조 제2항의 비례의 원칙을 준수하여야 하고, 특히 당해 입법이 단지 법원에 제소할 수 있는 형식적인 권리나 이론적인 가능성만을 허용하는 것이어서는 아니되며 상당한 정도로 권리구제의 실효성이 보장되도록 하는 것이어야 한다(헌재 2005.03.31. 2003헌바34).

정답 ①

문 100

재판받을 권리 내용에 관한 설명 중 옳지 않은 것은? (다툼이 있는 경우 판례에 의함)

① 특허청의 심판절차에 의한 심결은 특허청 행정공무원에 의한 것으로서, 이를 헌법과 법률이 정한 법관에 의한 재판이라고 볼 수 없으므로, 특허청의 항고심판심결에 대하여 곧바로 대법원에 상고하도록 규정한 것은, 법관에 의한 재판받을 권리의 본질적 내용을 침해하는 것이다.

② 헌법이 대법원을 최고법원으로 규정하였으므로 대법원은 모든 사건을 상고심으로서 관할하며, 대법원이 상고이유에 관하여 일정한 요건에 해당하지 않는다고 인정하면서 더 이상 심리를 하지 않는다고 판결로 상고를 기각하는 것은 헌법에 위반된다.

③ 의견제출 기한 내에 감경된 과태료를 자진납부한 경우 해당 질서위반행위에 대한 과태료 부과 및 징수절차는 종료한다고 규정하여, 당사자가 질서위반행위에 대한 의견제출이나 이의제기를 할 수 없도록 하더라도 재판청구권을 침해한 것은 아니다.

④ 변호사보수를 소송비용에 산입하여 패소한 당사자의 부담으로 한 것은 정당한 권리행사를 하려는 당사자의 실효적 권리구제를 보장하고, 남소와 남상소를 방지하여 사법제도의 적정하고 합리적 운영을 도모하려는 것으로서, 과잉금지원칙에 위반되어 소송당사자의 재판을 받을 권리를 침해한다고 할 수 없다.

⑤ 소취하간주의 경우도 소송이 재판에 의하여 종료된 경우와 마찬가지로 변호사보수를 소송비용에 산입하여 원고가 부담하도록 한 규정은, 원고로 하여금 부당한 제소 및 방어를 자제하게 하는 효과를 갖는다는 점에서 원고의 재판을 받을 권리를 침해하지 않는다.

MGI Point 재판받을 권리 ★★

- 특허청의 항고심판절차에 의한 항고심결에 대하여 불복이 있는 경우 그 심결의 법령위반을 이유로 하는 경우에만 법률심인 대법원에 상고 可 ⇨ 헌법상 국민에게 보장된 "법관에 의한" 재판을 받을 권리의 본질적 내용 침해 ○
- 재판을 받을 권리에 상고심 재판을 받을 권리 포함 × ⇨ 심리불속행 상고기각은 재판청구권 침해 ×
- 의견제출 기한 내에 감경된 과태료를 자진납부한 경우 해당 질서위반행위에 대한 과태료 부과 및 징수절차는 종료한다고 규정한 질서위반행위규제법 조항 ⇨ 재판청구권 침해 ×
- 변호사보수를 소송비용에 산입하여 패소한 당사자의 부담으로 하는 변호사보수 산입 조항 ⇨ 과잉금지원칙에 위반되어 소송당사자의 재판을 받을 권리를 침해 ×
- 소취하간주의 경우에도 변호사보수를 소송비용에 산입하도록 한 변호사보수조항 ⇨ 재판청구권 침해 ×

① (○) 헌법 제27조 제1항은 "모든 국민은 헌법과 법률이 정한 법관에 의하여 법률에 의한 재판을 받을 권리를 가진다"고 규정함으로써 모든 국민은 헌법과 법률이 정한 자격과 절차에 의하여 임명되고(헌법 제101조 제3항, 제104조, 법원조직법 제41조 내지 제43조), 물적 독립(헌법 제103조)과 인적 독립(헌법 제106조, 법원조직법 제46조)이 보장된 법관에 의하여 합헌적인 법률이 정한 내용과 절차에 따라 재판을 받을 권리를 보장하고 있다. 한편, 재판이라 함은 구체적 사건에 관하여 사실의 확정과 그에 대한 법률의 해석적용을 그 본질적인 내용으로 하는 일련의 과정이다. 따라서 법관에 의한 재판을 받을 권리를 보장한다고 함은 결국 법관이 사실을 확정하고 법률을 해석·적용하는 재판을 받을 권리를 보장한다는 뜻이고, 그와 같은 법관에 의한 사실확정과 법률의 해석적용의 기회에 접근하기 어렵도록 제약이나 장벽을 쌓아서는 아니된다고 할 것이며, 만일 그러한 보장이 제대로 이루어지지 아니한다면 헌법상 보장된 재판을 받을 권리의 본질적 내용을 침해하는 것으로서 우리 헌법상 허용되지 아니한다(헌법 제37조 제2항). 그런데 특허법 제186조 제1항은 특허청의 항고심판절차에 의한 항고심결 또는 보정각하결정에 대하여 불복이 있는 경우

에도 법관에 의한 사실확정 및 법률적용의 기회를 주지 아니하고 단지 그 심결이나 결정이 법령에 위반된 것을 이유로 하는 경우에 한하여 곧바로 법률심인 대법원에 상고할 수 있도록 하고 있는바, 특허청의 심판절차에 의한 심결이나 보정각하결정은 특허청의 행정공무원에 의한 것으로서 이를 헌법과 법률이 정한 법관에 의한 재판이라고 볼 수 없다(헌재 1995.09.28. 92헌가11).

② (X) 헌법이 대법원을 최고법원으로 규정하였다고 하여 대법원이 곧바로 모든 사건을 상고심으로서 관할하여야 한다는 결론이 당연히 도출되는 것은 아니며, "헌법과 법률이 정하는 법관에 의하여 법률에 의한 재판을 받을 권리"가 사건의 경중을 가리지 않고 모든 사건에 대하여 대법원을 구성하는 법관에 의한 균등한 재판을 받을 권리를 의미한다거나 또는 상고심재판을 받을 권리를 의미하는 것이라고 할 수는 없다. 또한 심급제도는 사법에 의한 권리보호에 관하여 한정된 법발견자원의 합리적인 분배의 문제인 동시에 재판의 적정과 신속이라는 서로 상반되는 두 가지의 요청을 어떻게 조화시키느냐의 문제로 돌아가므로, 원칙적으로 입법자의 형성의 자유에 속하는 사항이다(헌재 2007.07.26. 2006헌마551). ▶ 심리불속행제도를 규정하고 있는 '상고심절차에 관한 특례법' 규정이 헌법에 위반되지 않고, 심리불속행 상고기각판결의 경우 판결이유를 생략할 수 있도록 규정한 특례법 조항이 헌법 제27조 제1항에서 보장하는 재판청구권 등을 침해하지 않는다고 본 사례

③ (○) 행정청이 과태료를 부과하기 전에 미리 당사자에게 사전통지를 하면서 의견제출 기한을 부여하고, 그 기한 내에 과태료를 자진납부한 당사자에게 과태료 감경의 혜택을 부여하는 주된 목적은 과태료를 신속하고 효율적으로 징수하려는 것인 점, 당사자는 의견제출 기간 내에 과태료를 자진납부하여 과태료의 감경을 받을 것인지, 아니면 과태료의 부과 여부나 그 액수를 다투어 법원을 통한 과태료 재판을 받을 것인지를 선택할 수 있는 점 등을 고려하면, 의견제출 기한 내에 감경된 과태료를 자진 납부하는 경우 해당 질서위반행위에 대한 과태료 부과 및 징수절차가 종료되도록 함으로써 당사자가 질서위반행위규제법에 따라 의견을 제출하거나 이의를 제기할 수 없도록 하였다고 하더라도, 이것이 입법형성의 한계를 일탈하여 재판청구권을 침해하였다거나 당사자의 의견제출 권리를 충분히 보장하지 않음으로써 적법절차원칙을 위반하였다고 보기 어렵다(헌재 2019.12.27. 2017헌바413).

④ (○) 변호사보수 산입 조항이 변호사보수를 소송비용에 산입하여 패소한 당사자의 부담으로 한 것은 정당한 권리행사를 하려는 당사자의 실효적 권리구제를 보장하고, 남소와 남상소를 방지하여 사법제도의 적정하고 합리적 운영을 도모하려는 데 취지가 있다. 민사소송법 관련 규정에는 소송비용에 산입될 변호사보수의 범위를 합리적으로 제한하도록 하고 있고, 변호사보수 산입 조항은 이와 같은 중대한 공익을 추구하고 있으므로 피해의 최소성과 법익의 균형성을 갖추고 있다. 공익 소송 또는 전문 분야와 관련한 소송 등이라고 하더라도 모든 경우 소송 상대방의 실효적인 권리구제의 필요 또는 남소, 남상소의 우려가 없다고 단정할 수는 없다. 따라서 변호사보수 산입 조항이 과잉금지원칙에 위반되어 소송당사자의 재판을 받을 권리를 침해한다고 할 수 없다(헌재 2019.11.28. 2018헌바235·391·460·471,2019헌바56·95·145(병합)).

⑤ (○) 이 사건 변호사보수조항은 정당한 권리행사를 위하여 소송을 제기하거나 부당한 제소에 대하여 응소하려는 당사자를 위하여 실효적인 권리구제를 보장하고, 부당한 제소를 방지하여 사법제도의 적정하고 합리적인 운영을 도모하려는 데에 그 취지가 있으므로 그 입법목적이 정당하고, 이로써 정당한 권리실행을 위하여 소송을 제기하거나 응소한 사람의 경우 지출한 변호사비용을 상환받을 수 있게 되는 반면 패소할 경우 비교적 고액인 변호사비용을 부담하게 될 수도 있다는 점 때문에 부당한 제소 및 방어를 자제하게 되어 입법목적의 달성에 실효적인 수단이 된다고 할 것이므로 수단의 적절성도 인정된다. 소취하간주의 경우를 소송이 재판에 의하여 종료된 경우와 달리 취급하여 변호사비용을 소송비용에 산입하지 않을 합리적 근거도 없다. 이 사건 변호사보수조항 및 '변호사보수의 소송비용 산입에 관한 규칙'은 당사자가 부담하게 되는 구체적인 소송비용의 상환범위를 당사자가 수인할 수 있는 범위 내로 제한하고 있으므로, 침해의 최소성과 법익의 균형성도 갖추고 있다. 따라서 이 사건 변호사보수조항은 재판청구권을 침해하지 아니한다(헌재 2017.07.27. 2015헌바1).

정답 ②

문 101

21년 8월 모의시험

재판청구권에 관한 설명 중 옳은 것을 모두 고른 것은? (다툼이 있는 경우 판례에 의함)

ㄱ. 형사보상의 청구에 대하여 한 보상의 결정에 대하여는 불복을 신청할 수 없도록 하여 형사보상의 결정을 단심재판으로 규정한 「형사보상법」 조항은 해당 형사보상을 청구한 자의 재판청구권을 침해하지 않는다.

ㄴ. 「민주화운동 관련자 명예회복 및 보상 등에 관한 법률」상 민주화운동과 관련하여 희생된 자와 그 유족이 민주화운동 관련자 명예회복 및 보상심의 위원회의 보상금 등 지급 결정에 동의한 때에 재판상 화해의 성립으로 간주하는 것은 해당 민주화운동 관련자의 재판청구권을 침해하지 않는다.

ㄷ. 「4·16세월호참사 피해구제 및 지원 등을 위한 특별법」상 배상금 등을 지급받으려는 신청인이 '4·16세월호참사 배상 및 보상 심의위원회'의 배상금 등 지급결정에 동의한 때에 국가와 해당 신청인 사이에 민사소송법에 따른 재판상 화해가 성립된 것으로 보는 것은 해당 신청인의 재판청구권을 침해한다.

ㄹ. 「학교안전사고 예방 및 보상에 관한 법률」상 학교안전사고에 대한 공제급여결정에 대하여 학교안전공제중앙회 소속의 학교안전공제보상재심사위원회가 재결을 행한 경우 재심사청구인이 공제급여와 관련된 소를 제기하지 아니하거나 소를 취하한 때에는 학교안전공제회와 해당 재심사청구인 간에 당해 재결 내용과 동일한 합의가 성립된 것으로 간주하는 것은 학교안전공제회의 재판청구권을 침해한다.

① ㄱ, ㄴ
② ㄴ, ㄹ
③ ㄱ, ㄴ, ㄷ
④ ㄱ, ㄷ, ㄹ
⑤ ㄴ, ㄷ, ㄹ

MGI Point 재판청구권 ★★★

- 형사보상의 청구에 대한 형사보상의 결정을 단심재판으로 규정한 것 ⇨ 형사보상청구권 및 재판청구권 침해 ○
- 과거사 민주화보상법 '재판상 화해 간주' 사건
  - 명확성원칙 위배 ×, 재판청구권 침해 ×
  - 심판대상조항 중 정신적 손해에 관한 부분 ⇨ 국가배상청구권 침해 ○
- 세월호피해지원법상 배상 및 보상심의위원회의 배상금 등 지급결정에 동의한 때 국가와 신청인 사이에 민사소송법에 따른 재판상 화해가 성립된 것으로 간주 ⇨ 과잉금지원칙을 위반하여 청구인들의 재판청구권 침해 ×
  cf. '4·16세월호참사에 관하여 어떠한 방법으로도 일체의 이의를 제기하지 않을 것임을 서약합니다'라는 내용이 기재된 배상금 등 동의 및 청구서를 제출하도록 규정한 세월호피해지원법 시행령 제15조 중 '이의제기금지조항'
  ⇨ 법률유보원칙 위반, 청구인들의 일반적 행동의 자유 침해 ○
- 학교안전법상 학교안전사고에 대한 공제급여결정에 대하여 학교안전공제중앙회 소속 재심위원회가 재결을 행한 경우, 재심사청구인이 공제급여와 관련된 소를 제기하지 아니하거나 소를 취하한 경우 학교안전공제회와 해당 재심사청구인 간에 당해 재결 내용과 동일한 합의간주조항 ⇨ 재판청구권 침해 ○

ㄱ. (X) 보상액의 산정에 기초되는 사실인정이나 보상액에 관한 판단에서 오류나 불합리성이 발견되는 경우에도 그 시정을 구하는 불복신청을 할 수 없도록 하는 것은 형사보상청구권 및 그 실현을 위한 기본권으로서의 재판청구권의 본질적 내용을 침해하는 것이라 할 것이고, 나아가 법적안정성만을 지나치게 강조함으로

써 재판의 적정성과 정의를 추구하는 사법제도의 본질에 부합하지 아니하는 것이다. 또한, 불복을 허용하더라도 즉시항고는 절차가 신속히 진행될 수 있고 사건수도 과다하지 아니한데다 그 재판내용도 비교적 단순하므로 불복을 허용한다고 하여 상급심에 과도한 부담을 줄 가능성은 별로 없다고 할 것이어서, 이 사건 불복금지조항은 형사보상청구권 및 재판청구권을 침해한다고 할 것이다(헌재 2010.10.28. 2008헌마514).

ㄴ. (○) 민주화보상법은 관련규정을 통하여 보상금 등을 심의·결정하는 위원회의 중립성과 독립성을 보장하고 있고, 심의절차의 전문성과 공정성을 제고하기 위한 장치를 마련하고 있으며, 신청인으로 하여금 위원회의 지급결정에 대한 동의 여부를 자유롭게 선택하도록 정하고 있다. 따라서 심판대상조항은 관련자 및 유족의 재판청구권을 침해하지 아니한다(헌재 2018.08.30. 2014헌바180등). ▶과거사 민주화보상법 '재판상 화해 간주' 사건에서 명확성원칙에 위배되지 않고 재판청구권을 침해하지 않는다고 판단하였으나, 심판대상조항 중 정신적 손해에 관한 부분은 관련자와 유족의 국가배상청구권을 침해한다고 판시

ㄷ. (X) 세월호피해지원법 제16조는 지급절차를 신속히 종결함으로써 세월호 참사로 인한 피해를 신속하게 구제하기 위한 것이다. 세월호피해지원법에 따라 배상금 등을 지급받고도 또 다시 소송으로 다툴 수 있도록 한다면, 신속한 피해구제와 분쟁의 조기종결 등 세월호피해지원법의 입법목적은 달성할 수 없게 된다. 세월호피해지원법 규정에 의하면, 심의위원회의 제3자성, 중립성 및 독립성이 보장되어 있다고 인정되고, 그 심의절차에 공정성과 신중성을 제고하기 위한 장치도 마련되어 있다. 세월호피해지원법은 소송절차에 준하여 피해에 상응하는 충분한 배상과 보상이 이루어질 수 있도록 관련 규정을 마련하고 있다. 신청인에게 지급결정 동의의 법적 효과를 안내하는 절차를 마련하고 있으며, 신청인은 배상금 등 지급에 대한 동의에 관하여 충분히 생각하고 검토할 시간이 보장되어 있고, 배상금 등 지급결정에 대한 동의 여부를 자유롭게 선택할 수 있다. 따라서 심의위원회의 배상금 등 지급결정에 동의한 때 재판상 화해가 성립한 것으로 간주하더라도 이것이 재판청구권 행사에 대한 지나친 제한이라고 보기 어렵다. 세월호피해지원법 제16조가 지급결정에 재판상 화해의 효력을 인정함으로써 확보되는 배상금 등 지급을 둘러싼 분쟁의 조속한 종결과 이를 통해 확보되는 피해구제의 신속성 등의 공익은 그로 인한 신청인의 불이익에 비하여 작다고 보기는 어려우므로, 법익의 균형성도 갖추고 있다. 따라서 세월호피해지원법 제16조는 청구인들의 재판청구권을 침해하지 않는다(헌재 2017.06.29. 2015헌마654). ▶배상금 등을 지급받으려는 신청인으로 하여금 '4·16세월호참사에 관하여 어떠한 방법으로도 일체의 이의를 제기하지 않을 것임을 서약합니다'라는 내용이 기재된 배상금 등 동의 및 청구서를 제출하도록 규정한 세월호피해지원법 시행령 제15조 중 '이의제기금지조항은 법률유보원칙을 위반, 청구인들의 일반적 행동의 자유를 침해

ㄹ. (○) 공제중앙회는 공제회의 상급기관이라거나 지휘·감독기관으로 볼 수 없으므로 공제중앙회 소속 재심위원회의 재심사절차는 제3자적 입장에서 공제회와 재심사청구인 사이의 사법적 분쟁을 해결하기 위한 간이분쟁해결절차에 불과하다. 따라서 이러한 재심사절차에서 공제회는 재심사청구인과 마찬가지로 공제급여의 존부 및 범위에 관한 법률상 분쟁의 일방당사자의 지위에 있으므로, 공제회 역시 이에 관하여 법관에 의하여 재판받을 기회를 보장받아야 함에도 불구하고 이를 박탈하는 것은 헌법상 용인될 수 없다. 그런데 합의간주조항은 실질적으로 재심사청구인에게만 재결을 다툴 수 있도록 하고 있으므로, 합리적인 이유 없이 분쟁의 일방당사자인 공제회의 재판청구권을 침해한다(헌재 2015.07.30. 2014헌가7).

문 102
20년 8월 모의시험

재판청구권 등에 관한 설명으로 옳은 것을 모두 고른 것은? (다툼이 있는 경우 판례에 의함)

ㄱ. 디엔에이감식시료채취영장 발부 과정에서 채취대상자에게 자신의 의견을 밝히거나 영장 발부 후 불복할 수 있는 절차 등에 관하여 규정하지 아니한 「디엔에이신원확인정보의 이용 및 보호에 관한 법률」조항은 채취대상자의 재판청구권을 침해한다.

ㄴ. 헌법 제27조 제5항은 형사피해자의 재판절차진술권을 헌법상 기본권으로 보장함으로써 형사피해자의 공판절차 참여권을 보장하고 있는바, 형사피해자를 약식명령의 고지 대상자에서 제외하고 있는 「형사소송법」 조항은 형사피해자의 재판절차진술권을 침해한다.

ㄷ. 특허무효심결에 대한 소를 심결의 등본을 송달받은 날부터 30일 이내에 제기하도록 한 「특허법」 조항은 제소기간이 지나치게 짧아 재판청구권 행사를 불가능하게 하거나 현저히 곤란하게 한다고 할 수 있으므로, 특허무효심결에 대하여 소송으로 다투고자 하는 당사자의 재판청구권을 침해한다.

ㄹ. 구체적인 상속분의 확정과 분할의 방법에 관하여서는 가정법원이 당사자의 주장에 구애받지 않고 후견적 재량을 발휘하여 합목적으로 판단하여야 할 필요성이 인정되므로, 상속재산분할에 관한 사건을 가사비송사건으로 분류하는 것은 상속재산분할에 관한 사건을 제기하고자 하는 자의 공정한 재판을 받을 권리를 침해하지 않는다.

① ㄱ, ㄴ
② ㄱ, ㄷ
③ ㄱ, ㄹ
④ ㄴ, ㄷ
⑤ ㄷ, ㄹ

MGI Point 재판청구권 ★★

- 디엔에이감식시료채취영장 발부 과정에서 채취대상자에게 자신의 의견을 밝히거나 영장 발부 후 불복할 수 있는 절차 등에 관하여 규정하지 아니한 조항 ⇨ 재판청구권 침해 ○
- 형사피해자를 약식명령의 고지 대상자에서 제외하고 있는 「형사소송법」 조항 ⇨ 재판절차진술권 침해 ×
- 특허무효심결에 대한 소는 심결 등본을 송달받은 날부터 30일 내에 제기하도록 한 조항 ⇨ 재판청구권 침해 ×
- 상속재산분할에 관한 사건을 가사비송사건으로 분류하고 있는 가사소송법 조항 ⇨ 공정한 재판을 받을 권리 침해 ×

ㄱ. (○) 이 사건 영장절차 조항은 이와 같이 신체의 자유를 제한하는 디엔에이감식시료 채취 과정에서 중립적인 법관이 구체적 판단을 거쳐 발부한 영장에 의하도록 함으로써 법관의 사법적 통제가 가능하도록 한 것이므로, 그 목적의 정당성 및 수단의 적합성은 인정된다. … 디엔에이감식시료채취영장 발부 여부는 채취대상자에게 자신의 디엔에이감식시료가 강제로 채취당하고 그 정보가 영구히 보관·관리됨으로써 자신의 신체의 자유, 개인정보자기결정권 등의 기본권이 제한될 것인지 여부가 결정되는 중대한 문제이다. 그럼에도 불구하고 이 사건 영장절차 조항은 채취대상자에게 디엔에이감식시료채취영장 발부 과정에서 자신의 의견을 진술할 수 있는 기회를 절차적으로 보장하고 있지 않을 뿐만 아니라, 발부 후 그 영장 발부에 대하여 불복할 수 있는 기회를 주거나 채취행위의 위법성 확인을 청구할 수 있도록 하는 구제절차마저 마련하고 있지 않다. 위와 같은 입법상의 불비가 있는 이 사건 영장절차 조항은 채취대상자인 청구인들의 재판청구권을 과도하게 제한하므로, 침해의 최소성 원칙에 위반된다. … 이 사건 영장절차 조항에 따라 발부된 영장에 의하여 디엔에이신원확인정보를 확보할 수 있고, 이로써 장래 범죄수사 및 범죄예방 등에 기여하는 공익적 측면이 있으나, 이 사건 영장절차 조항의 불완전·불충분한 입법으로 인하여 채취대상자의 재판청구권이 형해화되고 채취대상자가 범죄수사 및 범죄예방의 객체로만 취급받게 된다는 점에서, 양자 사이에 법익의 균형성이 인정된다고 볼 수도 없다. … 따라서 이 사건 영장절차 조항은 과잉금지원칙을 위반하여 청구인들의 재판청구권을 침해한다(헌재 2018.08.30. 2016헌마344).

ㄴ. (X) 형사피해자는 약식명령을 고지받지 않으나, 신청을 하는 경우 형사사건의 진행 및 처리 결과에 대한 통지를 받을 수 있고, 고소인인 경우에는 신청 없이도 검사가 약식명령을 청구한 사실을 알 수 있어, 법원이나 수사기관에 자신의 진술을 기재한 진술서나 탄원서 등을 제출하는 등 의견을 밝힐 수 있는 기회를 가질 수 있다. 또한, 약식명령은 경미하고 간이한 사건을 대상으로 하기 때문에, 대부분 범죄사실에 다툼

이 없는 경우가 많고, 형사피해자도 이미 범죄사실을 충분히 인지하고 있어, 범죄사실에 대한 별도의 확인 없이도 얼마든지 법원이나 수사기관에 의견을 제출할 수 있으며, 직접 범죄사실의 확인을 원하는 경우에는 소송기록의 열람·등사를 신청하는 것도 가능하므로, 형사피해자가 약식명령을 고지받지 못한다고 하여 형사재판절차에서의 참여기회가 완전히 봉쇄되어 있다고 볼 수 없다. 따라서 이 사건 고지조항은 형사피해자의 재판절차진술권을 침해하지 않는다(헌재 2019.09.26. 2018헌마1015).

> **판례** 우리 헌법 제27조 제5항은 형사피해자의 재판절차진술권을 헌법상 기본권으로 보장함으로써 형사피해자의 공판절차 참여권을 보장하고 있는바, 현행 형사소송법 및 '범죄피해자 보호법'에서는 형사피해자의 절차상 참여기회를 보장하기 위하여 형사피해자의 요청에 따라 형사사건의 진행 및 처리결과에 대한 정보를 형사피해자에게 제공할 수 있도록 규정하고 있다(헌재 2019.09.26. 2018헌마1015).

ㄷ. (X) 특허권의 효력 여부에 대한 분쟁은 신속히 확정할 필요가 있는 점, 특허무효심판에 대한 심결은 특허법이 열거하고 있는 무효사유에 대해 특허법이 정한 방법과 절차에 따라 청구인과 특허권자가 다툰 후 심결의 이유를 기재한 서면에 의하여 이루어지는 것이므로, 당사자가 그 심결에 대하여 불복할 것인지를 결정하고 이를 준비하는 데 그리 많은 시간이 필요하지 않은 점, 특허법은 심판장으로 하여금 30일의 제소기간에 부가기간을 정할 수 있도록 하고 있고, 제소기간 도과에 대하여 추후보완이 허용되기도 하는 점 등을 종합하여 보면, 이 사건 제소기간 조항이 정하고 있는 30일의 제소기간이 지나치게 짧아 특허무효심결에 대하여 소송으로 다투고자 하는 당사자의 재판청구권 행사를 불가능하게 하거나 현저히 곤란하게 한다고 할 수 없으므로, 재판청구권을 침해하지 아니한다(헌재 2018.08.30. 2017헌바258).

ㄹ. (O) 상속재산분할에 관한 사건의 결과는 가족공동체의 안정에 커다란 영향을 미친다는 특수성을 감안할 때, 구체적인 상속분의 확정과 분할의 방법에 관하여서는 가정법원이 당사자의 주장에 구애받지 않고 후견적 재량을 발휘하여 합목적적으로 판단하여야 할 필요성이 인정된다. 이와 같은 점을 고려하여 가사비송 조항은 상속재산분할에 관한 사건을 법원의 후견적 재량이 인정되는 가사비송절차에 의하도록 한 것이다. 따라서 가사비송 조항이 입법재량의 한계를 일탈하여 상속재산분할에 관한 사건을 제기하고자 하는 자의 공정한 재판을 받을 권리를 침해한다고 볼 수 없다(헌재 2017.04.27. 2015헌바24).

제❹절 ▎국가배상청구권

문 103
24년 6월 모의시험

국가배상청구권에 관한 설명 중 옳은 것은? (다툼이 있는 경우 판례에 의함)

① 「국가배상법」이 국가배상청구권의 성립요건으로서 공무원의 고의 또는 과실을 규정한 것은 이미 형성된 국가배상청구권의 행사 및 존속을 법률로 제한하는 것이지, 국가배상청구권의 내용을 형성하는 것으로 볼 수 없다.

② 국가배상청구권의 시효소멸을 통한 법적 안정성의 요청은 헌법 제10조의 국가의 기본권 보호의무와 헌법 제29조 제1항의 국가배상청구권 보장 필요성을 완전히 희생시킬 정도로 중요한 것이다.

③ 공무원의 법 집행 행위가 유효한 법률에 근거하여 이루어진 이상, 사후적으로 해당 근거 법률이 헌법재판소의 위헌결정을 받았다 하더라도 그 공무원이 해당 법률의 위헌·무효를 알거나 알 수 없었을 것이라는 이유로 고의 또는 과실을 인정할 수 없는 경우에는 국가배상청구가 받아들여지지 않는다.

④ 헌법에서는 공무원의 불법행위로 인한 손해배상과 영조물 설치·관리의 하자로 인한 손해배상에 대하여 규정하고 있다.
⑤ 국가배상청구권에서 의미하는 손해란 물질적인 피해를 말하는 것으로 정신적인 피해는 국가배상청구의 대상이 되지 않는다.

> **MGI Point** 국가배상청구권 ★★
>
> - 국가배상법 국가배상청구권의 성립요건인 공무원의 고의 또는 과실을 규정 ⇨ 국가배상청구권의 내용을 형성하는 것 ○
> - 국가배상청구권의 시효소멸을 통한 법적 안정성의 요청 ⇨ 헌법 제10조의 국가의 기본권 보호의무와 헌법 제29조 제1항의 국가배상청구권 보장 필요성을 완전히 희생시킬 정도로 중요한 것 ✕
> - 공무원의 법 집행 행위가 유효한 법률에 근거하여 이루어진 이상 사후적으로 해당 근거 법률이 헌법재판소의 위헌결정을 받았다 하더라도 ⇨ 그 공무원이 해당 법률의 위헌·무효를 알거나 알 수 없었을 것이라는 이유로 고의 또는 과실을 인정할 수 없는 경우에는 국가배상청구 불가능
> - 영조물 설치·관리의 하자로 인한 손해배상에 대해서는 헌법 규정이 아닌 국가배상법 제5조에 규정 ○
> - 물질적인 피해·정신적인 피해 모두 국가배상청구의 대상 ○

① (✕) 헌법상 국가배상청구권은 청구권적 기본권이고, 앞에서 본 바와 같이 그 요건인 '불법행위'는 법률에서 구체적으로 형성할 수 있는 개념이라 할 것이다. 따라서 이 사건 법률조항이 국가배상청구권의 성립요건으로서 공무원의 고의 또는 과실을 규정한 것은 법률로 이미 형성된 국가배상청구권의 행사 및 존속을 제한한다고 보기 보다는 국가배상청구권의 내용을 형성하는 것이라고 할 것이므로, 헌법상 국가배상제도의 정신에 부합하게 국가배상청구권을 형성하였는지의 관점에서 심사하여야 한다(헌재 2015.04.30. 2013헌바395).

② (✕) 국가배상청구권은 단순한 재산권 보장의 의미를 넘어 헌법 제29조 제1항에서 특별히 보장한 기본권으로서, 헌법 제10조 제2문에 따라 개인이 가지는 기본권을 보장할 의무를 지는 국가가 오히려 국민에 대해 불법행위를 저지른 경우 이를 사후적으로 회복·구제하기 위해 마련된 특별한 기본권인 점을 고려할 때, 국가배상청구권의 시효소멸을 통한 법적 안정성의 요청이 헌법 제10조의 국가의 기본권 보호의무와 헌법 제29조 제1항의 국가배상청구권 보장 필요성을 완전히 희생시킬 정도로 중요한 것이라 보기 어렵다(헌재 2018.08.30. 2014헌바148등).

③ (○) 심판대상조항은 국가배상청구권의 성립 요건으로서 공무원의 고의 또는 과실을 요구하고 있다. 그 결과, 공무원의 법 집행 행위가 유효한 법률에 근거하여 이루어진 이상, 사후적으로 해당 근거 법률이 헌법재판소의 위헌결정을 받았다 하더라도 위헌인 법률에 근거한 집행행위에 의해 손해를 입은 자는 그 공무원이 해당 법률의 위헌·무효를 알거나 알 수 없었을 것이라는 이유로 고의 또는 과실을 인정할 수 없는 경우에는 국가배상청구가 받아들여지지 않게 된다(헌재 2020.03.26. 2016헌바55등).

④ (✕) 영조물 설치·관리의 하자로 인한 손해배상에 대해서는 국가배상법 제5조에 규정되어 있다.

> **헌법 제29조** ① 공무원의 직무상 불법행위로 손해를 받은 국민은 법률이 정하는 바에 의하여 국가 또는 공공단체에 정당한 배상을 청구할 수 있다. 이 경우 공무원 자신의 책임은 면제되지 아니한다.
> ② 군인·군무원·경찰공무원 기타 법률이 정하는 자가 전투·훈련등 직무집행과 관련하여 받은 손해에 대하여는 법률이 정하는 보상 외에 국가 또는 공공단체에 공무원의 직무상 불법행위로 인한 배상은 청구할 수 없다.
> **국가배상법 제5조(공공시설 등의 하자로 인한 책임)** ① 도로·하천, 그 밖의 공공의 영조물(營造物)의 설치나 관리에 하자(瑕疵)가 있기 때문에 타인에게 손해를 발생하게 하였을 때에는 국가나 지방자치단체는 그 손해를 배상하여야 한다. 이 경우 제2조제1항 단서, 제3조 및 제3조의2를 준용한다.
> ② 제1항을 적용할 때 손해의 원인에 대하여 책임을 질 자가 따로 있으면 국가나 지방자치단체는 그 자에게 구상할 수 있다.

⑤ (X) 국가배상청구권에서 의미하는 손해란 물질적인 피해든 정신적인 피해든 불문한다(김유향, 기본강의 헌법 p.809).

> **판례** 이처럼 정신적 손해에 대해 적절한 배상이 이루어지지 않은 상태에서 적극적·소극적 손해에 상응하는 배상이 이루어졌다는 사정만으로 정신적 손해에 대한 국가배상청구마저 금지하는 것은, 해당 손해에 대한 적절한 배상이 이루어졌음을 전제로 하여 국가배상청구권 행사를 제한하려 한 민주화보상법의 입법목적에도 부합하지 않으며, 국가의 기본권 보호의무를 규정한 헌법 제10조 제2문의 취지에도 반하는 것으로서, 국가배상청구권에 대한 지나치게 과도한 제한에 해당한다. 따라서 심판대상조항 중 정신적 손해에 관한 부분은 민주화운동 관련자와 유족의 국가배상청구권을 침해한다(헌재 2018.08.30. 2014헌바180등).

정답 ③

문 104

22년 6월 모의시험

국가배상청구권에 관한 설명 중 옳지 않은 것은? (다툼이 있는 경우 판례에 의함)

① 공무원이 직무수행 중 불법행위로 타인에게 손해를 입힌 경우 국가가 국가배상책임을 부담하는 외에 공무원 개인도 고의 또는 중과실이 있는 경우에는 불법행위로 인한 손해배상책임을 지지만, 공무원에게 경과실뿐인 경우 공무원 개인은 손해배상책임을 부담하지 아니한다.
② 국회의원의 입법행위는 그 입법 내용이 헌법의 문언에 명백히 위배됨에도 불구하고 국회가 굳이 당해 입법을 한 것과 같은 특수한 경우가 아닌 한 「국가배상법」 제2조 제1항 소정의 위법행위에 해당한다고 볼 수 없다.
③ 도로·하천, 그 밖의 공공의 영조물의 설치나 관리에 하자가 있기 때문에 타인에게 손해를 발생하게 하였을 때에는 국가나 지방자치단체는 그 손해를 배상하여야 하고, 손해의 원인에 대하여 책임을 질 자가 따로 있으면 국가나 지방자치단체는 그 자에게 구상할 수 있다.
④ 국가나 지방자치단체에 대한 배상신청사건을 심의하기 위하여 법무부에 본부심의회를 두지만, 군인이나 군무원이 타인에게 입힌 손해에 대한 배상신청사건을 심의하기 위하여는 국방부에 특별심의회를 둔다.
⑤ 소멸시효를 배제하는 특별규정을 두지 아니함으로써 국가배상청구권에 대하여 「민법」 또는 그 외의 법률상의 소멸시효 규정이 적용되도록 하는 것은, 국가의 불법행위에 대한 국민의 배상청구권을 보장하려는 헌법상 기본권 보장 정신에 위배되는 것으로서, 국가배상청구권의 본질적인 내용에 대한 침해라고 볼 수 있다.

MGI Point 국가배상청구권 ★★

- **가해공무원의 피해자에 대한 배상책임**
  - 공무원 경과실 : 공무원 배상책임 ×
  - 공무원 고의·중과실 : 공무원 배상책임 ○
- 국회의원의 입법행위는 그 입법 내용이 헌법의 문언에 명백히 위배됨에도 불구하고 국회가 굳이 당해 입법을 한 것과 같은 특수한 경우가 아닌 한 국가배상법 제2조 제1항 소정의 위법행위에 해당 ×
- 도로·하천, 그 밖의 공공의 영조물의 설치나 관리에 하자가 있어 타인에게 손해가 발생하였을 때
  - 국가나 지방자치단체는 손해배상 要

- 손해의 원인에 대하여 책임을 질 자가 따로 있으면 국가나 지방자치단체는 그 자에게 구상 可
- 국가나 지방자치단체에 대한 배상신청사건 심의 ⇨ 법무부에 본부심의회를 둠
  vs. 군인이나 군무원이 타인에게 입힌 손해에 대한 배상신청사건 심의 ⇨ 국방부에 특별심의회를 둠
- 소멸시효를 배제하는 등의 특별규정을 두지 아니함으로써 국가배상청구권에 대하여 민법 또는 그 외의 법률상의 소멸시효 규정이 적용되도록 한 국가배상법 제8조 ⇨ 헌법 위반 ×

① (○) 국가배상법 제2조 제1항 본문 및 제2항의 입법 취지는 공무원의 직무상 위법행위로 타인에게 손해를 끼친 경우에는 변제자력이 충분한 국가 등에게 선임감독상 과실 여부에 불구하고 손해배상책임을 부담시켜 국민의 재산권을 보장하되, 공무원이 직무를 수행함에 있어 경과실로 타인에게 손해를 입힌 경우에는 그 직무수행상 통상 예기할 수 있는 흠이 있는 것에 불과하므로, 이러한 공무원의 행위는 여전히 국가 등의 기관의 행위로 보아 그로 인하여 발생한 손해에 대한 배상책임도 전적으로 국가 등에만 귀속시키고 공무원 개인에게는 그로 인한 책임을 부담시키지 아니하여 공무원의 공무집행의 안정성을 확보하고, 반면에 공무원의 위법행위가 고의·중과실에 기한 경우에는 비록 그 행위가 그의 직무와 관련된 것이라고 하더라도 그와 같은 행위는 그 본질에 있어서 기관행위로서의 품격을 상실하여 국가 등에게 그 책임을 귀속시킬 수 없으므로 공무원 개인에게 불법행위로 인한 손해배상책임을 부담시키되, 다만 이러한 경우에도 그 행위의 외관을 객관적으로 관찰하여 공무원의 직무집행으로 보여질 때에는 피해자인 국민을 두텁게 보호하기 위하여 국가 등이 공무원 개인과 중첩적으로 배상책임을 부담하되 국가 등이 배상책임을 지는 경우에는 공무원 개인에게 구상할 수 있도록 함으로써 궁극적으로 그 책임이 공무원 개인에게 귀속되도록 하려는 것이라고 봄이 합당하다(대판 1996.02.15. 95다38677(전합)).

② (○) 우리 헌법이 채택하고 있는 의회민주주의하에서 국회는 다원적 의견이나 각가지 이익을 반영시킨 토론과정을 거쳐 다수결의 원리에 따라 통일적인 국가의사를 형성하는 역할을 담당하는 국가기관으로서 그 과정에 참여한 국회의원은 입법에 관하여 원칙적으로 국민 전체에 대한 관계에서 정치적 책임을 질 뿐 국민 개개인의 권리에 대응하여 법적 의무를 지는 것은 아니므로, 국회의원의 입법행위는 그 입법 내용이 헌법의 문언에 명백히 위배됨에도 불구하고 국회가 굳이 당해 입법을 한 것과 같은 특수한 경우가 아닌 한 국가배상법 제2조 제1항 소정의 위법행위에 해당한다고 볼 수 없고, 같은 맥락에서 국가가 일정한 사항에 관하여 헌법에 의하여 부과되는 구체적인 입법의무를 부담하고 있음에도 불구하고 그 입법에 필요한 상당한 기간이 경과하도록 고의 또는 과실로 이러한 입법의무를 이행하지 아니하는 등 극히 예외적인 사정이 인정되는 사안에 한정하여 국가배상법 소정의 배상책임이 인정될 수 있으며, 위와 같은 구체적인 입법의무 자체가 인정되지 않는 경우에는 애당초 부작위로 인한 불법행위가 성립할 여지가 없다(대판 2008.05.29. 2004다33469).

③ (○) 국가배상법 제5조 참조.

> **국가배상법 제5조(공공시설 등의 하자로 인한 책임)** ① 도로·하천, 그 밖의 공공의 영조물의 설치나 관리에 하자가 있기 때문에 타인에게 손해를 발생하게 하였을 때에는 국가나 지방자치단체는 그 손해를 배상하여야 한다. 이 경우 제2조제1항 단서, 제3조 및 제3조의2를 준용한다.
> ② 제1항을 적용할 때 손해의 원인에 대하여 책임을 질 자가 따로 있으면 국가나 지방자치단체는 그 자에게 구상할 수 있다.

④ (○) 국가배상법 제10조 제1항 참조.

> **국가배상법 제10조(배상심의회)** ① 국가나 지방자치단체에 대한 배상신청사건을 심의하기 위하여 법무부에 본부심의회를 둔다. 다만, 군인이나 군무원이 타인에게 입힌 손해에 대한 배상신청사건을 심의하기 위하여 국방부에 특별심의회를 둔다.

⑤ (×) … 민법상의 소멸시효제도의 존재이유는 그대로 국가배상청구권의 경우에도 적용되는 것이다. 즉, 국가배상청구에 있어서도 오랜 기간의 경과로 인한 과거사실에 대한 증명의 곤란으로부터 채무자를 구제하

고 또 권리행사를 게을리 한 자에 대한 제재 및 장기간 불안정한 상태에 놓이게 되는 가해자의 보호를 위하여 소멸시효제도의 적용은 필요하므로 그대로 인정되어야 하기 때문이다. 따라서 국가배상법 제8조가 국가배상청구권에도 소멸시효제도를 적용하도록 하여 국가배상청구권의 행사를 일정한 경우에 제한하고 있다 하더라도 이는 위와 같은 불가피한 필요성에 기인하는 것이고, 나아가 그 소멸시효기간을 정함에 있어서 민법상의 규정을 준용하도록 함으로써 결과에 있어서 민법상의 소멸시효기간과 같도록 규정하였다 하더라도 그것은 국가배상청구권의 성격과 책임의 본질, 소멸시효제도의 존재이유 등을 종합적으로 고려한 결과로서의 입법자의 결단의 산물인 것이고, 그것이 청구인이 주장하는 바와 같이 국가배상청구권의 특성을 전혀 도외시한 결과라고 단정할 수는 없는 것이다. 결국 국가배상법 제8조는 그것이 헌법 제29조 제1항이 규정하는 국가배상청구권을 일부 제한하고 있다 하더라도 일정한 요건하에 그 행사를 제한하고 있는 점에서 그 본질적인 내용에 대한 침해라고는 볼 수 없을뿐더러, 앞에서 본 바와 같이 그 제한의 목적과 수단 및 방법에 있어서 정당하고 상당한 것이며 그로 인하여 침해되는 법익과의 사이에 입법자의 자의라고 볼 정도의 불균형이 있다고 볼 수도 없어서 기본권제한의 한계를 규정한 헌법 제37조 제2항에 위반된다고 볼 수도 없다(헌재 1997.02.20. 96헌바24).

 ⑤

문 105

21년 6월 모의시험

승용차를 운전하던 민간인 甲의 과실과 오토바이를 운전하여 직무를 집행하던 육군 중사 乙의 과실이 경합하여 오토바이 뒷좌석에 타고 있던 직무집행중인 육군 중사 丙에게 전치 약 10주의 상해를 입힌 경우, 국가배상청구권에 관한 설명 중 옳지 <u>않은</u> 것은?

① 피해자 丙은 「군인연금법」 등에 의하여 보상을 받을 수 있으므로 헌법 제29조 제2항과 「국가배상법」 제2조 제1항 단서에 따라 국가의 배상책임이 인정되지 않는다.
② 헌법재판소 판례에 따르면, 甲이 丙에게 손해 전부를 배상한 경우 국가에 대하여 자신의 부담부분을 넘어선 부분에 대해 구상권이 인정된다.
③ 대법원 판례에 의하면, 가해자인 乙에게 고의 중과실이 인정되는 경우에는 피해자 丙에 대한 乙의 배상책임이 인정되지만, 경과실에 불과한 경우에는 乙의 丙에 대한 배상책임이 인정되지 않는다.
④ 대법원 판례에 의하면, 이중배상금지규정은 절대적 효력을 가지므로 국가에 대한 甲의 구상권은 인정될 수 없다.
⑤ 대법원 판례에 의하면, 피해자가 경비교도대원인 경우에도 국가의 배상책임은 인정될 수 없다.

MGI Point 국가배상청구권 ★★

- 공상을 입은 군인·경찰공무원 등이 별도의 국가보상을 받을 수 있는 경우 ⇨ 국가배상법 제2조 제1항 단서의 적용 ○
- 이중배상금지규정과 민간인 공동불법행위자 : 민간인과 군인의 공동불법행위문제에 있어서 민간인이 피해자인 군인 등에게 자신의 귀책부분을 넘어서 배상한 경우 국가 등에게 구상권을 행사할 수 있는지 여부
  - 헌법재판소 : 민간인의 구상권을 인정하지 않는 한 위헌 (긍정적 입장)
  - 대법원 : 민간인의 구상권 인정 ×
- 가해공무원의 피해자에 대한 배상책임
  - 공무원 경과실 : 공무원 배상책임 ×

- 공무원 고의·중과실 : 공무원 배상책임 ○
- 경비교도로 임용된 자 ⇨ 국가배상법 제2조 제1항 단서 소정의 군인 또는 경찰공무원에 해당 × (∴ 국가배상책임 인정)

① (○) 국가배상법 제2조 제1항 단서 참조.

> **국가배상법 제2조(배상책임)** ① 국가나 지방자치단체는 공무원 또는 공무를 위탁받은 사인(이하 "공무원"이라 한다)이 직무를 집행하면서 고의 또는 과실로 법령을 위반하여 타인에게 손해를 입히거나, 「자동차손해배상 보장법」에 따라 손해배상의 책임이 있을 때에는 이 법에 따라 그 손해를 배상하여야 한다. 다만, 군인·군무원·경찰공무원 또는 예비군대원이 전투·훈련 등 직무 집행과 관련하여 전사·순직하거나 공상을 입은 경우에 본인이나 그 유족이 다른 법령에 따라 재해보상금·유족연금·상이연금 등의 보상을 지급받을 수 있을 때에는 이 법 및 「민법」에 따른 손해배상을 청구할 수 없다.

② (○) 국가배상법 제2조 제1항 단서 중 군인에 관련되는 부분을, 일반국민이 직무집행 중인 군인과의 공동불법행위로 직무집행 중인 다른 군인에게 공상을 입혀 그 피해자에게 공동의 불법행위로 인한 손해를 배상한 다음 공동불법행위자인 군인의 부담부분에 관하여 국가에 대하여 구상권을 행사하는 것을 허용하지 않는다고 해석한다면, 이는 위 단서 규정의 헌법상 근거규정인 헌법 제29조가 구상권의 행사를 배제하지 아니하는데도 이를 배제하는 것으로 해석하는 것으로서 합리적인 이유 없이 일반국민을 국가에 대하여 지나치게 차별하는 경우에 해당하므로 헌법 제11조, 제29조에 위반되며, 또한 국가에 대한 구상권은 헌법 제23조 제1항에 의하여 보장되는 재산권이고 위와 같은 해석은 그러한 재산권의 제한에 해당하며 재산권의 제한은 헌법 제37조 제2항에 의한 기본권제한의 한계 내에서만 가능한데, 위와 같은 해석은 헌법 제37조 제2항에 의하여 기본권을 제한할 때 요구되는 비례의 원칙에 위배하여 일반국민의 재산권을 과잉제한하는 경우에 해당하여 헌법 제23조 제1항 및 제37조 제2항에도 위반된다(헌재 1994.12.29. 93헌바21).

③ (○) 사고차량을 운전한 피고에게 경과실만 인정되는 경우에는 공무원 개인인 피고에게는 불법행위로 인한 손해배상책임을 물을 수 없지만 피고에게 중과실이 있는 것으로 인정되는 경우에는 피고 개인에게도 손해배상책임을 물을 수 있다고 할 것이다(대판 1996.02.15. 95다38677(전합)).

> **국가배상법 제2조(배상책임)** ② 제1항 본문의 경우에 공무원에게 고의 또는 중대한 과실이 있으면 국가나 지방자치단체는 그 공무원에게 구상할 수 있다.

④ (○) 헌법 제29조 제2항, 국가배상법 제2조 제1항 단서의 입법 취지를 관철하기 위하여는, 국가배상법 제2조 제1항 단서가 적용되는 공무원의 직무상 불법행위로 인하여 직무집행과 관련하여 피해를 입은 군인 등에 대하여 위 불법행위에 관련된 일반국민(법인을 포함한다. 이하 '민간인'이라 한다)이 공동불법행위책임, 사용자책임, 자동차운행자책임 등에 의하여 그 손해를 자신의 귀책부분을 넘어서 배상한 경우에도, 국가 등은 피해 군인 등에 대한 국가배상책임을 면할 뿐만 아니라, 나아가 민간인에 대한 국가의 귀책비율에 따른 구상의무도 부담하지 않는다고 하여야 할 것이다. 그러나 위와 같은 경우, … 각 당사자의 이해관계의 실질을 고려하여, 위와 같은 경우에는 공동불법행위자 등이 부진정연대채무자로서 각자 피해자의 손해 전부를 배상할 의무를 부담하는 공동불법행위의 일반적인 경우와 달리 예외적으로 민간인은 피해 군인 등에 대하여 그 손해 중 국가 등이 민간인에 대한 구상의무를 부담한다면 그 내부적인 관계에서 부담하여야 할 부분을 제외한 나머지 자신의 부담부분에 한하여 손해배상의무를 부담하고, 한편 국가 등에 대하여는 그 귀책부분의 구상을 청구할 수 없다고 해석함이 상당하다 할 것이고, 이러한 해석이 손해의 공평·타당한 부담을 그 지도원리로 하는 손해배상제도의 이상에도 맞는다 할 것이다(대판 2001.02.15. 96다42420(전합)).

⑤ (X) 현역병으로 입대한 후 경비교도로 전임되어 군인신분을 상실함으로써 사망 당시에는 국가배상법 제2조 제1항 단서 소정의 군인 등 어느 신분에도 속하지 아니하고, 비록 국가기관이 위 망인을 국가유공자예우등에관한법률의 순직군경에 해당한다 하여 국가유공자로 결정, 사망급여금 등을 지급하였다 하더라도 위 망인의 신분이 군인 또는 경찰공무원으로 바뀌는 것은 아니므로 위 국가배상법 제2조 제1항 단서의 규

정이 적용되지 아니한다고 판시하고 위 국가배상법의 규정이 적용됨을 전제로 이중배상에 해당되어 이 사건 청구를 할 수 없다고 하는 피고의 주장을 배척하였다. … 같은 취지로 한 원심의 판단은 정당하고 피고 주장과 같은 법리를 오해한 위법이 있다고 할 수 없다(대판 1993.04.09. 92다43395).

정답 ⑤

제❺절 ❙ 형사보상청구권

문 106
24년 6월 모의시험

형사보상청구권에 관한 설명 중 옳은 것은? (다툼이 있는 경우 판례에 의함)

① 헌법은 형사보상청구를 할 수 있는 자를 형사피고인에 한정하고 있으나, 해석상 당연히 형사피의자도 형사보상청구를 할 수 있다고 보아야 한다.
② 형사보상청구권은 범죄피해자구조청구권과 함께 1987년 개정 헌법에서 처음으로 헌법에 규정되었다.
③ 형사보상청구권을 규정하고 있는 헌법 제28조에서의 '정당한 보상'이란 완전한 보상을 가리키고, 이는 곧 구금으로 인한 상태를 만회하여 구금 전의 상태로 회복시킬 수 있는 보상을 의미한다.
④ 형사보상은 과실책임의 원리에 의하여 고의·과실로 인한 위법행위와 인과관계 있는 모든 손해를 배상하는 손해배상과 마찬가지로, 형사사법절차에 내재하는 위험에 대하여 형사사법기관의 고의·과실을 따져 형사보상청구권자가 입은 손해를 보상하는 것이다.
⑤ 헌법 제28조의 형사보상청구권이 국가의 형사사법작용에 의하여 신체의 자유가 침해된 국민에게 그 구제를 인정하여 국민의 기본권 보호를 강화하는 데 그 목적이 있는 점에 비추어 보면, 외형상·형식상으로 무죄재판이 없다고 하더라도 형사사법절차에 내재하는 불가피한 위험으로 인하여 국민의 신체의 자유에 관하여 피해가 발생한 경우에는 형사보상청구권을 인정하는 것이 타당하다.

MGI Point 형사보상청구권 ★★

- 헌법은 형사보상청구를 할 수 있는 자를 형사피고인, 형사피의자 규정함
- 우리헌법은 제헌헌법 이래 형사보상청구권을 보장하고 있음
- 형사보상청구권을 규정하고 있는 헌법 제28조에서의 정당한 보상 ⇨ 완전한 보상 의미 ×
- 형사보상은 형사사법절차에 내재하는 위험에 대하여 형사사법기관의 고의·과실을 따져 형사보상청구권자가 입은 손해 보상하는 것 ×
- 외형상·형식상으로 무죄재판이 없다고 하더라도 형사사법절차에 내재하는 불가피한 위험으로 인하여 국민의 신체의 자유에 관하여 피해가 발생한 경우 ⇨ 형사보상청구권을 인정하는 것이 타당 ○

① (X) 헌법 제28조 참조.

> **헌법 제28조** 형사피의자 또는 형사피고인으로서 구금되었던 자가 법률이 정하는 불기소처분을 받거나 무죄판결을 받은 때에는 법률이 정하는 바에 의하여 국가에 정당한 보상을 청구할 수 있다.

② (X) 우리헌법은 제헌헌법 이래 형사보상청구권을 보장하고 있다.

③ (X) 형사보상은 형사피고인 등의 신체의 자유를 제한한 것에 대하여 사후적으로 그 손해를 보상하는 것인바, 구금으로 인하여 침해되는 가치는 객관적으로 평가하기 어려운 것이므로, 그에 대한 보상을 어떻게 할 것인지는 국가의 경제적, 사회적, 정책적 사정들을 참작하여 입법재량으로 결정할 수 있는 사항이라 할 것이다. 이러한 점에서 헌법 제28조에서 규정하는 '정당한 보상'은 헌법 제23조 제3항에서 재산권의 침해에 대하여 규정하는 '정당한 보상'과는 차이가 있다 할 것이다. 헌법 제23조 제3항에서 규정하는 '정당한 보상'이란 원칙적으로 피수용재산의 객관적 재산가치를 완전하게 보상하는 것이어야 하는바(헌재 1995. 4. 20. 93헌바20, 판례집 7-1, 519, 533 참조), 토지수용 등과 같은 재산권의 제한은 물질적 가치에 대한 제한이므로 제한되는 가치의 범위가 객관적으로 산정될 수 있어 이에 대한 완전한 보상이 가능하다. 그런데 헌법 제28조에서 문제되는 신체의 자유에 대한 제한인 구금으로 인하여 침해되는 가치는 객관적으로 산정할 수 없으므로, 일단 침해된 신체의 자유에 대하여 어느 정도의 보상을 하여야 완전한 보상을 하였다고 할 것인지 단언하기 어렵다. 헌법 제23조 제3항에 '보상을 하여야 한다.'라고 규정하는 반면, 헌법 제28조는 '법률이 정하는 바에 의하여 …… 보상을 청구할 수 있다.'라고 규정하고 있는 것은 이러한 점을 반영하는 것이라 할 수 있다(헌재 2010.10.28. 2008헌마514,2010헌마220(병합)).

④ (X) 이 사건 보상금조항은 …형사사법절차에 의해 신체의 자유를 제한받은 자에게 형사사법기관의 고의·과실을 따지지 않고 일정한 범위 내의 금액을 지급하도록 하여 신속하고 안정적으로 형사보상을 받도록 하고, 국가의 형사보상지급의 법률관계를 조기에 확정하여 예산수립의 불안정성을 제거함으로써 국가재정이 합리적으로 운영되도록 하며, 나아가 형사보상금의 금액이 지나치게 확대됨으로 인한 국가의 재정부담을 방지하기 위한 것으로서, 이는 공공복리를 추구하기 위한 정당한 입법목적이라 할 것이다. …형사보상은 과실책임의 원리에 의하여 고의·과실로 인한 위법행위와 인과관계 있는 모든 손해를 배상하는 손해배상과는 달리, 형사사법절차에 내재하는 불가피한 위험에 대하여 형사사법기관의 귀책사유를 따지지 않고 형사보상청구권자가 입은 손실을 보상하는 것이다(헌재 2010.10.28. 2008헌마514,2010헌마220(병합)).

⑤ (O) 원판결의 근거가 된 가중처벌규정에 대하여 헌법재판소의 위헌결정이 있었음을 이유로 개시된 재심절차에서, 공소장의 교환적 변경을 통해 위헌결정된 가중처벌규정보다 법정형이 가벼운 처벌규정으로 적용법조가 변경되어 피고인이 무죄판결을 받지는 않았으나 원판결보다 가벼운 형으로 유죄판결이 확정됨에 따라 원판결에 따른 구금형 집행이 재심판결에서 선고된 형을 초과하게 된 경우, 재심판결에서 선고된 형을 초과하여 집행된 구금에 대하여 보상요건을 규정하지 아니한 '형사보상 및 명예회복에 관한 법률' 제26조 제1항(이하 '심판대상조항'이라 한다)이 평등원칙을 위반하여 청구인들의 평등권을 침해하는지 여부(적극) …헌법 제28조의 형사보상청구권이 국가의 형사사법작용에 의하여 신체의 자유가 침해된 국민에게 그 구제를 인정하여 국민의 기본권 보호를 강화하는 데 그 목적이 있는 점에 비추어 보면, 외형상·형식상으로 무죄재판이 없다고 하더라도 형사사법절차에 내재하는 불가피한 위험으로 인하여 국민의 신체의 자유에 관하여 피해가 발생하였다면 형사보상청구권을 인정하는 것이 타당하다(헌재 2022.02.24. 2018헌마998, 2019헌가16, 2021헌바167(병합)).

 ⑤

제❻절 ┃ 범죄피해자구조청구권

문 107   23년 10월 모의시험

범죄피해자구조청구권에 대한 설명 중 옳지 않은 것은? (다툼이 있는 경우 판례에 의함)

① 범죄피해자구조청구권을 규정한 헌법 제30조는 생명, 신체에 대한 피해를 입은 경우에 적용되는 것으로서 재산상 피해를 입는 경우에는 적용될 수 없다.

② 국내에서 외국인의 범죄행위로 피해를 입은 사람은 범죄피해자구조청구권을 행사할 수 없다.
③ 범죄피해자구조청구권은 1987년 개정헌법에서 처음으로 헌법에 규정되었다.
④ 범죄행위 당시 구조피해자와 가해자가 부부관계(사실상의 혼인관계를 포함한다)에 있는 경우에는 구조금을 지급하지 아니한다.
⑤ 국가는 구조피해자나 유족이 해당 구조대상 범죄피해를 원인으로 하여 손해배상을 받았으면 그 범위에서 구조금을 지급하지 않는다.

MGI Point 범죄피해자구조청구권 ★★

- 범죄피해자구조청구권 ⇨ 생명·신체에 대한 피해를 받은 경우에 적용 ○, 재산상 피해를 입은 경우에는 적용 ×
- 국내에서 외국인의 범죄로 피해를 입은 사람 ⇨ 범죄피해자 구조청구권 행사 가능
- 범죄피해자구조청구권은 제6공화국헌법(1987년 개정헌법)에서 신설
- 범죄행위 당시 구조피해자와 가해자 사이에 부부관계(사실상의 혼인관계 포함)있는 경우 ⇨ 구조금을 지급 아니함
- 구조피해자나 유족이 해당 구조대상 범죄피해를 원인으로 하여 손해배상을 받은 경우 ⇨ 국가는 그 범위에서 구조금을 지급 이니함

① (○) 헌법 제30조 참조.

> 헌법 제30조 타인의 범죄행위로 인하여 생명·신체에 대한 피해를 받은 국민은 법률이 정하는 바에 의하여 국가로부터 구조를 받을 수 있다.

② (X) 범죄피해자 보호법 제3조 제1항 제4호 참조.

> 범죄피해자 보호법 제3조(정의) ① 이 법에서 사용하는 용어의 뜻은 다음과 같다.
> 4. "구조대상 범죄피해"란 대한민국의 영역 안에서 또는 대한민국의 영역 밖에 있는 대한민국의 선박이나 항공기 안에서 행하여진 사람의 생명 또는 신체를 해치는 죄에 해당하는 행위(「형법」 제9조, 제10조제1항, 제12조, 제22조제1항에 따라 처벌되지 아니하는 행위를 포함하며, 같은 법 제20조 또는 제21조제1항에 따라 처벌되지 아니하는 행위 및 과실에 의한 행위는 제외한다)로 인하여 사망하거나 장해 또는 중상해를 입은 것을 말한다.

③ (○) 범죄피해자구조청구권은 제6공화국헌법(1987년 개정헌법)에서 신설되었다.

④ (○) 범죄피해자 보호법 제19조 제1호 참조.

> 범죄피해자 보호법 제19조(구조금을 지급하지 아니할 수 있는 경우) ① 범죄행위 당시 구조피해자와 가해자 사이에 다음 각 호의 어느 하나에 해당하는 친족관계가 있는 경우에는 구조금을 지급하지 아니한다.
> 1. 부부(사실상의 혼인관계를 포함한다)

⑤ (○) 범죄피해자 보호법 제21조 제1항 참조.

> 범죄피해자 보호법 제21조(손해배상과의 관계) ① 국가는 구조피해자나 유족이 해당 구조대상 범죄피해를 원인으로 하여 손해배상을 받았으면 그 범위에서 구조금을 지급하지 아니한다.

제6장 사회적 기본권

제❶절 | 사회적 기본권의 개관

문 108
24년 8월 모의시험

사회권에 관한 설명 중 옳은 것은? (다툼이 있는 경우 판례에 의함)

① 직장선택의 자유는 한번 선택한 직장의 존속보호를 청구할 권리를 보장하지 않으나 근로의 권리는 사용자의 처분에 따른 직장 상실의 위험에 대하여 필요하고 적절한 보호를 요청할 수 있는 구체적 권리를 내용으로 한다.
② 「국민건강보험법」상 직장가입자가 월별 보수를 기준으로 하는 보수월액보험료를 납부하였더라도 보수외 소득을 기준으로 하는 소득월액보험료를 1개월 이상 체납한 경우 보험급여를 실시하지 아니할 수 있도록 하는 것은 건강보험수급권을 침해한다.
③ 태어난 즉시 '출생등록될 권리'는 개인의 인격을 발현하는 첫단계로 행사되는 권리이자 인격을 형성해 나가는 전제가 되는 권리이고, 아동이 부모와 가족 등의 보호하에 건강한 성장과 발달을 할 수 있도록 보장을 요구할 수 있는 권리로서 자유권과 사회적 기본권의 복합적 성격을 갖는다.
④ 검사에게만 치료감호청구권을 인정하고 실제 치료가 필요한 마약중독자인 피고인에게는 이를 인정하지 않는 「치료감호 등에 관한 법률」 조항은 치료감호대상자에게 최소한의 치료대책도 제공하지 않은 것으로 보건에 관한 권리를 침해한다.
⑤ 입법자는 근로조건의 기준을 정함에 있어 인간의 존엄성을 보장하도록 한 헌법 제32조 제3항에 위반되어서는 안 되므로 헌법재판소는 근로조건을 정한 법률이 근로의 권리를 침해하는지 여부에 대해 인간의 존엄성을 기준으로 입법목적과 수단 간의 엄격한 비례관계를 심사하여야 한다.

> **MGI Point** 사회권 ★★
> ■ 직장선택의 자유, 근로의 권리는 사용자의 처분에 따른 직장 상실의 위험에 대하여 필요하고 적절한 보호를 요청할 수 있는 구체적 권리 보장 ✕
> ■ 국민건강보험상 직장가입자가 월별 보수를 기준으로 하는 보수월액보험료 납부하였더라도 보수외 소득을 기준으로 하는 소득월액보험료를 1개월 이상 체납한 경우 보험급여를 실시하지 아니할 수 있도록 하는 것은 건강보험수급권 침해 ✕
> ■ 태어 난 즉시 출생등록될 권리는 개인의 인격을 발현하는 첫단계로 행사되는 권리이자 인격을 형성해 나가는 전제가 되는 권리, 아동이 부모와 가족 등의 보호하에 건강한 성장과 발달을 할 수 있도록 보장을 요구할 수 있는 권리로서 자유권과 사회적 기본권의 복합적 성격 지님
> ■ 검사에게만 치료감호청구권을 인정하고 실제 치료가 필요한 마약중독자인 피고인에게는 이를 인정하지 않는 치료감호 등에 관한 법률 조항은 보건에 관한 권리 침해 ✕
> ■ 헌법재판소는 근로조건을 정한 법률이 근로의 권리를 침해하는지 여부에 대해 인간의 존엄성을 기준으로 입법목적과 수단 간의 엄격한 비례관계 심사 ✕

① (X) 청구인들은 심판대상조항이 기존 직장에서 계속 근무하기를 원하는 기간제근로자들에게 정규직으로 전환되지 않는 한 2년을 초과하여 계속적으로 근무할 수 없도록 함으로써 직업선택의 자유, 근로의 권리를 침해하고 있다고 주장한다. 이러한 청구인들의 주장은 기간제근로자라 하더라도 한 직장에서 계속해서

일할 자유를 보장해야(근로관계의 존속보장) 한다는 취지로 읽는다. 그런데 헌법 제15조 직업의 자유와 제32조 근로의 권리는 국가에게 단지 사용자의 처분에 따른 직장 상실에 대하여 최소한의 보호를 제공해 줄 의무를 지울 뿐이고, 여기에서 직장 상실로부터 근로자를 보호하여 줄 것을 청구할 수 있는 권리가 나오지는 않는다. 따라서 직업의 자유, 근로의 권리 침해 문제는 이 사건에서 발생하지 않는다(헌재 2013.10.24. 2010헌마219,265(병합)).

② (X) 심판대상조항은 소득월액보험료를 체납한 기간이 1개월 미만이거나, 월별 보험료의 총체납횟수가 6회 미만인 경우에는 보험급여를 제한할 수 없도록 하고 있다(심판대상조항 및 구법 시행령 제26조 제1항, 제2항 참조). 또한 보험료를 3회 이상 체납한 사람은 국민건강보험공단에 분할납부를 신청할 수 있는데(구법 제82조 제1항), 분할납부 승인을 받고 그 승인된 보험료를 1회 이상 납부한 경우에는 국민건강보험공단이 보험급여를 지급할 수 있다(구법 제53조 제5항). 심판대상조항에 따라 보험급여를 하지 아니하는 기간(급여제한기간)에 받은 보험급여의 경우에도, 국민건강보험공단이 위 기간에 보험급여를 받은 사실이 있음을 가입자에게 통지한 날부터 2개월이 지난 날이 속한 달의 납부기한 이내에 체납된 보험료를 완납하거나, 분할납부 승인을 받은 체납보험료를 1회 이상 낸 경우에는 보험급여로 인정하는 등(구법 제53조 제6항), 국민건강보험법은 심판대상조항으로 인하여 가입자가 과도한 불이익을 입지 않도록 배려하고 있다. 이상의 내용을 종합하면, 심판대상조항은 청구인의 인간다운 생활을 할 권리나 재산권을 침해하지 아니한다(헌재 2020.04.23. 2017헌바244).

③ (O) 태어난 즉시 '출생등록될 권리'는 '출생 후 아동이 보호를 받을 수 있을 최대한 빠른 시점'에 아동의 출생과 관련된 기본적인 정보를 국가가 관리할 수 있도록 등록할 권리로서, 아동이 사람으로서 인격을 자유로이 발현하고, 부모와 가족 등의 보호하에 건강한 성장과 발달을 할 수 있도록 최소한의 보호장치를 마련하도록 요구할 수 있는 권리이다. 이는 헌법에 명시되지 아니한 독자적 기본권으로서, 자유로운 인격실현을 보장하는 자유권적 성격과 아동의 건강한 성장과 발달을 보장하는 사회적 기본권의 성격을 함께 지닌다(헌재 2023.03.23. 2021헌마975).

④ (X) … 이상과 같이 이미 여러 제도들을 통하여 국민의 정신건강을 유지하는 데 필요한 국가적 급부와 배려가 이루어지고 있다는 점을 감안하면, 이 사건 법률조항들에서 치료감호대상자의 치료감호 청구권이나 법원의 직권에 의한 치료감호를 인정하지 않고 있다 하더라도 국민의 보건에 관하여 국가가 보호할 의무를 위반한 것이라고 볼 수는 없다(헌재 2021.01.28. 2019헌가24,2019헌바404(병합)).

⑤ (X) 입법자는 헌법 제32조 제3항에 의하여 인간의 존엄성에 부합하는 근로조건의 기준을 정하여야 하나, 심판대상조항이 근로의 권리를 침해하는지 여부는, 부당해고제한제도를 형성함에 있어 해고로부터 근로자를 보호할 의무를 전혀 이행하지 아니하거나 그 내용이 현저히 불합리하여 헌법상 용인될 수 있는 재량의 범위를 벗어난 것인지 여부에 달려 있다고 보아야 한다(헌재 2019.04.11. 2017헌마820).

> **판례** … 이처럼 헌법이 근로조건의 기준을 법률로 정하도록 한 것은 인간의 존엄에 상응하는 근로조건에 관한 기준의 확보가 사용자에 비하여 경제적·사회적으로 열등한 지위에 있는 개별 근로자의 인간존엄성 실현에 중요한 사항일 뿐만 아니라, 근로자와 그 사용자들 사이에 이해관계가 첨예하게 대립될 수 있는 사항이어서 사회적 평화를 위해서도 민주적으로 정당성이 있는 입법자가 이를 법률로 정할 필요가 있으며, 인간의 존엄성에 관한 판단기준도 사회적·경제적 상황에 따라 변화하는 상대적 성격을 띠는 만큼 그에 상응하는 근로조건에 관한 기준도 시대상황에 부합하게 탄력적으로 구체화하도록 법률에 유보한 것이다. 입법자는 헌법 제32조 제3항에 의거하여 근로조건의 최저기준을 근로기준법에 규정하고 있다. 인간의 존엄에 상응하는 근로조건의 기준이 무엇인지를 구체적으로 정하는 것은 일차적으로 입법자의 형성의 자유에 속한다고 할 것인데, 앞서 본 바와 같이 이 사건 법률조항이 '계속근로기간 1년 이상인 근로자인지 여부'라는 기준에 따라 퇴직급여법의 적용 여부를 달리한 것에는 합리적 이유가 있다고 인정되고, 그 기준이 인간의 존엄성을 전혀 보장할 수 없을 정도라고도 보기 어려우므로, 이 사건 법률조항이 헌법 제32조 제3항에 위반된다고 할 수 없다(헌재 2011.07.28. 2009헌마408).

정답 ③

제❷절 | 인간다운 생활을 할 권리

문 109
23년 10월 모의시험

사회보장수급권에 관한 설명 중 옳지 않은 것은? (다툼이 있는 경우 판례에 의함)

① 산업재해보상보험수급권은 사회보장수급권의 하나로서 국가에 대하여 적극적으로 급부를 요구하는 권리이나 헌법규정만으로는 실현될 수 없고 법률에 의한 형성을 필요로 한다.
② 「공무원연금법」상의 각종 급여는 모두 사회보장수급권으로서의 성격과 아울러 재산권으로서의 성격도 가지는데, 그 중 퇴직연금수급권은 후불임금 내지 재산권적 성격을 많이 띠는 반면, 퇴직일시금 및 퇴직수당수급권은 상대적으로 사회보장적 급여로서의 성격이 강하다.
③ 사회보장수급권은 국가에게 적극적으로 급부를 요구할 수 있는 권리를 주된 내용으로 하기 때문에, 국가가 인간다운 생활을 할 권리를 보장하기 위하여 사회보장수급권에 관한 입법을 할 경우에는 국가의 재정부담 능력, 전체적인 사회보장수준과 국민감정 등 다양한 요소를 함께 고려해야 한다.
④ 사회보장수급권이 헌법상의 재산권보장의 보호를 받기 위해서는, 사회보장수급권이 권리주체에게 귀속되어 개인의 이익을 위하여 이용가능해야 하고, 국가의 일방적인 급부에 의한 것이 아니라 권리주체의 노동이나 투자, 특별한 희생에 의하여 획득되어 자신이 행한 급부의 등가물에 해당하는 것이어야 하며, 수급자의 생존의 확보에 기여해야 한다.
⑤ 업무상 질병으로 인한 업무상 재해를 인정함에 있어 업무와 재해 사이의 상당인과관계에 대한 입증책임을 이를 주장하는 근로자나 그 유족에게 부담시키는 「산업재해보상보험법」 규정은 통상적으로 업무상 재해를 직접 경험한 당사자가 이를 입증하는 것이 용이하다는 점 등을 고려할 때 해당 근로자나 유족의 사회보장수급권을 침해하지 않는다.

MGI Point 사회보장수급권 ★★

- 산업재해보상보험수급권 ⇨ 헌법규정만으로는 이를 실현할 수 없고 법률에 의한 형성 필요 ○
- 공무원연금법상 퇴직일시금 및 퇴직수당 수급권은 후불임금 내지 재산권적 성격이 강한 반면, 퇴직연금 수급권은 상대적으로 사회보장적 급여로서의 성격이 강함
- 사회보장수급권
  - 입법을 할 경우 국가의 재정능력, 국민 전체의 소득 및 생활수준, 기타 여러 가지 사회적·경제적 여건 등을 종합하여 합리적인 수준에서 결정 가능
  - 재산권보장의 보호를 받기 위해서는 사적 유용성, 수급자의 상당한 자기기여, 수급자의 생존의 확보에 기여해야 ○
- 업무상 재해의 인정요건 중 하나로 '업무와 재해 사이에 상당인과관계'를 요구하고 근로자 측에게 그에 대한 입증을 부담시키는 산험재해보상보험법 규정 ⇨ 유족의 사회보장수권 침해 ×

---

① (○) 산재보험제도는 보험가입자(사업주)가 납부하는 보험료와 국고부담을 재원으로 하여 근로자에 발생하는 업무상 재해라는 사회적 위험을 보험방식에 의하여 대처하는 사회보험제도(사회보장기본법 제3조 제2호)이므로 이 제도에 따른 산재보험수급권은 이른바 사회보장수급권의 하나에 속한다. 그런데 이러한 산재보험수급권은 국가에 대하여 적극적으로 급부를 요구하는 것이므로 헌법규정만으로는 이를 실현할 수 없고 법률에 의한 형성을 필요로 한다. 즉, 산재보험수급권의 구체적 내용인 수급요건·수급권자의 범위·급여금액 등은 법률에 의하여 비로소 확정된다(헌재 2004.11.25. 2002헌바52).
② (X) 공무원연금법상의 각종 급여는 모두 사회보장 수급권으로서의 성격과 아울러 재산권으로서의 성격도 가지고, 그 중 퇴직일시금 및 퇴직수당 수급권은 후불임금 내지 재산권적 성격을 많이 띠고 있는 데 비하여,

퇴직연금 수급권은 상대적으로 사회보장적 급여로서의 성격이 강하다. 따라서 퇴직연금 수급자가 퇴직 후에 사업소득이나 근로소득을 얻게 된 경우 입법자는 사회 정책적 측면과 국가의 재정 및 기금의 상황 등 여러 가지 사정을 참작하여 일반적인 재산권에 비하여 폭넓은 재량으로 소득과 연계하여 퇴직연금 지급 정도를 결정할 수 있으므로, 소득심사제에 의하여 퇴직연금 중 일부의 지급을 정지하는 것은 포괄위임금지의 원칙에 위배되는 등 특별한 사정이 없는 한 위헌이라고 볼 수 없다(헌재 2008.02.28. 2005헌마872,918(병합)).

③ (○) 헌법 제34조 제1항은 "모든 국민은 인간다운 생활을 할 권리를 가진다"고 하고, 제2항은 "국가는 사회보장·사회복지의 증진에 노력할 의무를 진다"고 규정하고 있는바, 이 법상의 연금수급권과 같은 사회보장수급권은 이 규정들로부터 도출되는 사회적 기본권의 하나이다. 이와 같이 사회적 기본권의 성격을 가지는 연금수급권은 국가에 대하여 적극적으로 급부를 요구하는 것이므로 헌법규정만으로는 이를 실현할 수 없고, 법률에 의한 형성을 필요로 한다. 연금수급권의 구체적 내용, 즉 수급요건, 수급권자의 범위, 급여금액 등은 법률에 의하여 비로소 확정된다. 그런데 연금수급권과 같은 사회적 기본권을 법률로 형성함에 있어 입법자는 광범위한 형성의 자유를 누린다. 국가의 재정능력, 국민 전체의 소득 및 생활수준, 기타 여러 가지 사회적·경제적 여건 등을 종합하여 합리적인 수준에서 결정할 수 있고, 그 결정이 현저히 자의적이거나, 사회적 기본권의 최소한의 내용마저 보장하지 않은 경우에 한하여 헌법에 위반된다고 할 것이다(헌재 1999.04.29. 97헌마333).

④ (○) 사회보장수급권인 공법상의 권리가 헌법상의 재산권보장의 보호를 받기 위해서는 다음과 같은 요건을 갖추어야 한다. 첫째, 공법상의 권리가 권리주체에게 귀속되어 개인의 이익을 위하여 이용가능해야 하며(사적 유용성), 둘째, 국가의 일방적인 급부에 의한 것이 아니라 권리주체의 노동이나 투자, 특별한 희생에 의하여 획득되어 자신이 행한 급부의 등가물에 해당하는 것이어야 하며(수급자의 상당한 자기기여), 셋째, 수급자의 생존의 확보에 기여해야 한다. 이러한 요건을 통하여 사회부조와 같이 국가의 일방적인 급부에 대한 권리는 재산권의 보호대상에서 제외되고, 단지 사회법상의 지위가 자신의 급부에 대한 등가물에 해당하는 경우에 한하여 사법상의 재산권과 유사한 정도로 보호받아야 할 공법상의 권리가 인정된다. 즉 공법상의 법적 지위가 사법상의 재산권과 비교될 정도로 강력하여 그에 대한 박탈이 법치국가원리에 반하는 경우에 한하여, 그러한 성격의 공법상의 권리가 재산권의 보호대상에 포함되는 것이다(헌재 2000.06.29. 99헌마289)

⑤ (○) 업무상 재해의 인정요건 중 하나로 '업무와 재해 사이에 상당인과관계'를 요구하고 근로자 측에게 그에 대한 입증을 부담시키는 것은 재해근로자와 그 가족에 대한 보상과 생활보호를 필요한 수준으로 유지하면서도 그와 동시에 보험재정의 건전성을 유지하기 위한 것으로서 그 합리성이 있다. 입증책임분배에 있어 권리의 존재를 주장하는 당사자가 권리근거사실에 대하여 입증책임을 부담한다는 것은 일반적으로 받아들여지고 있고, 통상적으로 업무상 재해를 직접 경험한 당사자가 이를 입증하는 것이 용이하다는 점을 감안하면, 이러한 입증책임의 분배가 입법재량을 일탈한 것이라고는 보기 어렵다. 또한 산업재해보상보험법 시행령 별표 3은 업무상 질병에 대한 구체적인 인정기준을 규정하면서 각 질환별로 업무상 질병에 해당하는 경우를 예시하고 있는바, 적어도 그에 해당하는 질병에 대하여는 근로자 측의 입증부담이 어느 정도 완화되어 있다고 볼 수 있는 점, 대법원도 업무상 질병으로 인한 업무상 재해에 있어 업무와 재해 사이의 상당인과관계에 대한 입증 정도를 완화하는 판시를 하고 있는 점, 산업재해보상보험법 등은 근로복지공단으로 하여금 사업장 조사 등 업무상 재해 여부를 판단할 수 있는 자료를 실질적으로 조사·수집하게 하도록 하고 있는데 이는 근로자 측의 입증부담을 사실상 완화하는 역할을 할 수 있는 점 등을 고려할 때, 근로자 측이 현실적으로 부담하는 입증책임이 근로자 측의 보호를 위한 산업재해보상보험제도 자체를 형해화시킬 정도로 과다하다고 보기도 어렵다. 따라서 심판대상조항이 사회보장수급권을 침해한다고 볼 수 없다(헌재 2015.06.25. 2014헌바269).

정답 ②

문 110
23년 6월 모의시험

인간다운 생활을 할 권리에 관한 설명 중 옳지 않은 것은? (다툼이 있는 경우 판례에 의함)

① 「공무원연금법」상 유족연금수급권의 상실사유로 수급권자인 배우자의 재혼을 규정한 것은 한정된 재원의 범위 내에서 부양의 필요성과 중요성 등을 고려하여 유족들을 보다 효과적으로 보호하기 위한 것이므로, 인간다운 생활을 할 권리를 침해하였다고 볼 수 없다.

② 「공무원연금법」상의 연금수급권은 사회보장수급권의 성격과 아울러 재산권적 성격을 가지고 있다는 점에서 양 권리의 성격이 불가분적으로 혼재되어 있으므로, 입법자로서는 연금수급권의 구체적 내용을 정함에 있어 이를 하나의 전체로서 파악하여 어느 한 쪽의 요소에 보다 중점을 둘 수 있다.

③ 「국민건강보험법」상 직장가입자가 월별 보수를 기준으로 하는 보수월액보험료를 납부하였더라도 보수외 소득을 기준으로 하는 소득월액보험료를 1개월 이상 체납한 경우 가입자 및 피부양자에 대하여 보험급여를 실시하지 아니할 수 있도록 하는 것은 재산권으로서 건강보험수급권을 침해하고 보험원리의 본질에도 반한다.

④ 「공무원연금법」상 본인의 퇴직연금과 유족연금을 동시에 받게 될 경우 유족연금액의 2분의 1을 감액하여 지급하도록 한 것은, 유족연금의 특성이나 사회보장의 기본원리 등을 종합적으로 고려한 것으로 인간다운 생활을 할 권리를 침해하였다고 볼 수 없다.

⑤ 「국민연금법」상 유족연금 또는 반환일시금을 지급받지 못하는 가입자 등의 가족에게 사망으로 소요되는 비용의 일부로써 지급되는 사망일시금은 사회보장적 급여에 해당할 뿐 재산권의 보장대상은 아니다.

MGI Point 인간다운 생활을 할 권리 ★

- 배우자의 재혼을 유족연금수급권 상실사유로 규정한 것 ⇨ 인간다운 생활을 할 권리와 재산권 침해 X
- 연금수급권 = 사회보장수급권성격 + 재산권적 성격 ⇨ 입법자는 하나를 전체로 파악 可, 어느 한 요소를 중점파악可
- 소득월액보험료 1개월 이상 체납시 보험급여 미실시 ⇨ 건강보험수급권 침해 X
- 퇴직연금과 유족연금 동시에 수령할 경우 ⇨ 2분의 1 감액지급은 인간다운 생활을 할 권리 침해 X
- 사망일시금 ⇨ 사회보장적 급여 ○, 헌법상 재산권 X

---

① (○) 배우자의 재혼을 유족연금수급권 상실사유로 규정한 것은 배우자가 재혼을 통하여 새로운 부양관계를 형성함으로써 재혼 상대방 배우자를 통한 사적 부양이 가능해짐에 따라 더 이상 사망한 공무원의 유족으로서의 보호의 필요성이나 중요성을 인정하기 어렵다고 보았기 때문이다. 이는 한정된 재원의 범위 내에서 부양의 필요성과 중요성 등을 고려하여 유족들을 보다 효과적으로 보호하기 위한 것이므로, 입법재량의 한계를 벗어나 재혼한 배우자의 인간다운 생활을 할 권리와 재산권을 침해하였다고 볼 수 없다(헌재 2022.08.31. 2019헌가31).

② (○) 공무원연금법상의 연금수급권은 사회보장수급권의 성격과 아울러 재산권적 성격을 가지고 있다는 점에서 양 권리의 성격이 불가분적으로 혼재되어 있으므로, 비록 연금수급권에 재산권의 성격이 일부 있다 하더라도 그것은 사회보장법리의 강한 영향을 받지 않을 수 없다. 사회보장수급권과 재산권의 두 요소가 불가분적으로 혼재되어 있다면, 입법자로서는 연금수급권의 구체적 내용을 정함에 있어 이를 하나의 전체로서 파악하여 어느 한 쪽의 요소에 보다 중점을 둘 수도 있다(헌재 2020.05.27. 2018헌바129).

③ (X) 소득월액보험료는 근로소득을 제외한 보수외소득이 상당한 수준에 이르는 경우에만 부과된다는 점을 감안하면, 심판대상조항으로 인하여 저소득 체납자가 보험급여 제한의 불이익을 받을 가능성은 매우 낮다고 볼 수 있다. …심판대상조항은 소득월액보험료를 체납한 기간이 1개월 미만이거나, 월별 보험료의 총체납횟수가 6회 미만인 경우에는 보험급여를 제한할 수 없도록 하고 있다(심판대상조항 및 구 국민건강보험법 시행령 제26조 제1항, 제2항 참조). 또한 보험료를 3회 이상 체납한 사람은 국민건강보험공단에 분할납부를 신청할 수 있는데(구법 제82조 제1항), 분할납부 승인을 받고 그 승인된 보험료를 1회 이상 납부한 경우에는 국민건강보험공단이 보험급여를 지급할 수 있다(구법 제53조 제5항). 심판대상조항에 따라 보험급여를 하지 아니하는 기간(급여제한기간)에 받은 보험급여의 경우에도, 국민건강보험공단이 위 기간에 보험급여를 받은 사실이 있음을 가입자에게 통지한 날부터 2개월이 지난 날이 속한 달의 납부기한 이내에 체납된 보험료를 완납하거나, 분할납부 승인을 받은 체납보험료를 1회 이상 낸 경우에는 보험급여로 인정하는 등(구법 제53조 제6항), 국민건강보험법은 심판대상조항으로 인하여 가입자가 과도한 불이익을 입지 않도록 배려하고 있다. 이상의 내용을 종합하면, 심판대상조항은 청구인의 인간다운 생활을 할 권리나 재산권을 침해하지 아니한다(헌재 2020.04.23. 2017헌바244).

④ (○) 공무원연금법상 본인의 퇴직연금과 유족연금을 동시에 받게 될 경우 유족연금액의 2분의 1을 감액하여 지급하도록 한 것은, 점차 악화되는 공무원연금재정의 안정을 도모하고, 연금제도의 기본원리에 충실한 급여의 적절성을 확보하기 위한 것이다. 공무원연금법상 퇴직연금 수급자는 이미 퇴직연금에 의하여 상당한 생활보장을 받고 있는 사람이므로 갑작스런 소득 상실에 대비하여 유족의 생활안정을 도모하고자 하는 유족급여가 긴절하게 필요한 사람이라고 보기 어렵다. 따라서 심판대상조항이 공무원연금법상 퇴직연금 수급자에게 유족연금액을 감액하여 지급한다고 하여 불합리하다고 보기 어렵다(헌재 2020.06.25. 2018헌마865).

⑤ (○) 사망일시금 제도는 유족연금 또는 반환일시금을 지급받지 못하는 가입자 등의 가족에게 사망으로 소요되는 비용의 일부를 지급함으로써 국민연금제도의 수혜범위를 확대하고자 하는 차원에서 도입되었는데, 국민연금제도가 사회보장에 관한 헌법규정인 제34조 제1항, 제2항, 제5항을 구체화한 제도로서, 국민연금법상 연금수급권 내지 연금수급기대권이 재산권의 보호대상인 사회보장적 급여라고 한다면 사망일시금은 사회보험의 원리에서 다소 벗어난 장제부조적·보상적 성격을 갖는 급여로 사망일시금은 헌법상 재산권에 해당하지 아니하므로, 이 사건 사망일시금 한도 조항이 청구인들의 재산권을 제한한다고 볼 수 없다(헌재 2019.02.28. 2017헌마432).

정답 ③

문 111

22년 8월 모의시험

인간다운 생활을 할 권리에 관한 설명 중 옳지 않은 것은? (다툼이 있는 경우 판례에 의함)

① 인간다운 생활을 할 권리로부터 인간의 존엄에 상응하는 '최소한의 물질적인 생활'의 유지에 필요한 그 이상의 급부를 내용으로 하는 구체적인 권리가 직접 발생한다고 볼 수 없다.

② 국가가 인간다운 생활을 보장하기 위한 헌법적인 의무를 다하였는지의 여부가 사법적 심사의 대상이 된 경우에는, 국가가 생계보호에 관한 입법을 할 때 과잉금지원칙을 위반하여 그 내용이 지나치게 보장 내용을 제한하고 불합리하여 헌법상 용인될 수 있는 범위를 일탈한 경우에 한하여 헌법에 위반된다고 할 수 있다.

③ 국민이 공동의 목표로 삼고 있는 일정한 방향으로 국가사회를 유도하고 그러한 상태를 형성하는 현대 조세의 기능은 인간다운 생활을 할 권리를 보장한 헌법 제34조 제1항에 의하여 헌법적 정당성이 뒷받침된다.

④ 주거의 안정은 인간다운 생활을 위한 필수불가결한 요소이며 국가는 경제적 약자인 소액임차인을 보호하고 사회복지 증진에 노력할 의무를 진다는 점에서, 소액임차인을 보호하는 것은 헌법 제34조 제1항 및 제2항에 의해 정당화될 수 있다.

⑤ 입법부와 행정부는 인간다운 생활을 할 권리의 보장을 위해 국민소득, 국가의 재정능력과 정책 등을 고려하여 가능한 범위 안에서 최대한으로 모든 국민이 물질적인 최저생활을 넘어서 인간의 존엄성에 맞는 건강하고 문화적인 생활을 누릴 수 있도록 하여야 한다.

MGI Point 인간다운 생활을 할 권리 ★★

- **인간다운 생활을 할 권리**
  - 최소한의 물질적인 생활의 유지에 필요한 급부를 요구할 수 있는 구체적인 권리 직접 도출 ○
  - 그 이상의 급부를 내용으로 하는 구체적인 권리 발생 ×
- **국가가 인간다운 생활을 보장하기 위한 헌법적 의무를 다하였는지의 여부가 사법적 심사의 대상이 된 경우**
  ⇨ 생계보호에 관한 입법이 전혀 없거나 헌법상 용인될 수 있는 재량의 범위를 명백히 일탈한 경우에 한하여 헌법에 위반 ○
- 조세의 유도적·형성적 기능은 헌법상 제34조 제1항, 제119조 제2항, 제122조 등에 의하여 헌법적 정당성이 뒷받침 ○
- 소액임차인 보호 ⇨ 헌법 제34조 제1항 및 제2항에 의해 정당화 可
- 입법부나 행정부에 대하여는 국민소득, 국가의 재정능력과 정책 등을 고려하여 가능한 범위 안에서 최대한으로 모든 국민이 물질적인 최저생활을 넘어서 인간의 존엄성에 맞는 건강하고 문화적인 생활을 누릴 수 있도록 하여야 함

---

① (○) 인간다운 생활을 할 권리로부터는 인간의 존엄에 상응하는 생활에 필요한 "최소한의 물질적인 생활"의 유지에 필요한 급부를 요구할 수 있는 구체적인 권리가 상황에 따라서는 직접 도출될 수 있다고 할 수는 있어도, 동 기본권이 직접 그 이상의 급부를 내용으로 하는 구체적인 권리를 발생케 한다고는 볼 수 없다(헌재 2003.05.15. 2002헌마90).

② (X) 국가가 인간다운 생활을 보장하기 위한 헌법적 의무를 다하였는지의 여부가 사법적 심사의 대상이 된 경우에는, 국가가 생계보호에 관한 입법을 전혀 하지 아니하였다든가 그 내용이 현저히 불합리하여 헌법상 용인될 수 있는 재량의 범위를 명백히 일탈한 경우에 한하여 헌법에 위반된다고 할 수 있다(헌재 1997.05.29. 94헌마33).

③ (○) 현대에 있어서의 조세의 기능은 국가재정 수요의 충당이라는 고전적이고도 소극적인 목표에서 한걸음 더 나아가, 국민이 공동의 목표로 삼고 있는 일정한 방향으로 국가사회를 유도하고 그러한 상태를 형성한다는 보다 적극적인 목적을 가지고 부과되는 것이 오히려 일반적인 경향이 되고 있다. 이러한 조세의 유도적·형성적 기능은 우리 헌법상 "국민생활의 균등한 향상"을 하도록 한 헌법 전문(前文), 모든 국민으로 하여금 "인간다운 생활을 할 권리"를 보장한 제34조 제1항, "균형 있는 국민경제의 성장 및 안정과 적정한 소득의 분배를 유지하고, 시장의 지배와 경제력의 남용을 방지하며, 경제주체간의 조화를 통한 경제의 민주화를 위하여" 국가로 하여금 경제에 관한 규제와 조정을 할 수 있도록 한 제119조 제2항, "국토의 효율적이고 균형 있는 이용·개발과 보전을 위하여" 국가로 하여금 필요한 제한과 의무를 과할 수 있도록 한 제122조 등에 의하여 그 헌법적 정당성이 뒷받침되고 있다(헌재 1994.07.29. 92헌바49).

④ (○) 주거의 안정은 인간다운 생활을 위한 필수불가결한 요소이며 국가는 경제적 약자인 소액임차인을 보호하고 사회복지의 증진에 노력할 의무를 진다는 점에서, 소액임차인을 보호하는 것은 헌법 제34조 제1항 및 제2항에 의해 정당화될 수 있다(헌재 2019.12.27. 2018헌마825).

⑤ (○) 입법부나 행정부에 대하여는 국민소득, 국가의 재정능력과 정책 등을 고려하여 가능한 범위안에서 최대한으로 모든 국민이 물질적인 최저생활을 넘어서 인간의 존엄성에 맞는 건강하고 문화적인 생활을 누릴 수 있도록 하여야 한다는 행위의 지침 즉 행위규범으로서 작용하지만, 헌법재판에 있어서는 다른 국가기관

즉 입법부나 행정부가 국민으로 하여금 인간다운 생활을 영위하도록 하기 위하여 객관적으로 필요한 최소한의 조치를 취할 의무를 다하였는지를 기준으로 국가기관의 행위의 합헌성을 심사하여야 한다는 통제규범으로 작용하는 것이다(헌재 1997.05.29. 94헌마33).

정답 ②

문 112

22년 6월 모의시험

인간다운 생활을 할 권리에 관한 설명 중 옳지 않은 것은? (다툼이 있는 경우 판례에 의함)

① 보건복지부장관이 최저생계비를 고시함에 있어 장애로 인한 추가지출비용을 반영한 별도의 최저생계비를 결정하지 않은 채 가구별 인원수만을 기준으로 최저생계비를 결정한 경우에는 생활능력 없는 장애인가구 구성원의 인간다운 생활을 할 권리를 침해한 것이다.
② 국가의 사회복지·사회보장증진의 의무는 국가에게 물질적 궁핍이나 각종 재난으로부터 국민을 보호할 대책을 세울 의무를 부과함으로써 결국 인간다운 생활을 할 권리의 실현을 위한 수단적인 성격을 갖는다.
③ 연금보험료를 낸 기간이 그 연금보험료를 낸 기간과 연금보험료를 내지 아니한 기간을 합산한 기간의 3분의 2보다 짧은 경우에 유족연금 지급을 제한하는 규정은 유족의 인간다운 생활을 할 권리를 침해하는 것은 아니다.
④ 인간다운 생활을 할 권리는 입법부와 행정부에 대하여 국민소득, 국가의 재정능력과 정책 등을 고려하여 가능한 범위 안에서 최대한으로 모든 국민이 물질적인 최저생활을 넘어서 인간의 존엄성에 맞는 건강하고 문화적인 생활을 누릴 수 있도록 하여야 한다는 행위규범으로 작용한다.
⑤ 「산업재해보상보험법」과 「근로기준법시행령」에서 근로자의 평균임금을 산정할 수 없는 경우에 노동부장관으로 하여금 평균임금을 정하여 고시하도록 규정하고 있음에도 노동부장관이 그 취지에 따른 행정입법을 하지 않는 것은, 헌법적 의무를 위반하여 「산업재해보상보험법」상 유족급여 및 장의비 수급권자들의 인간다운 생활을 할 권리를 침해한 것이다.

MGI Point 인간다운 생활을 할 권리 ★

- 보건복지부장관이 2002년도 최저생계비를 고시함에 있어 장애로 인한 추가지출비용을 반영한 별도의 최저생계비를 결정하지 않은 채 가구별 인원수만을 기준으로 최저생계비를 결정한 경우 ⇨ 생활능력 없는 장애인가구 구성원의 인간의 존엄과 가치 및 행복추구권, 인간다운 생활을 할 권리, 평등권 침해 ×
- 국가의 사회복지·사회보장증진의무는 국가에게 물질적 궁핍이나 각종 재난으로부터 국민을 보호할 대책을 세울 의무 부과 ⇨ '인간다운 생활을 할 권리'의 실현을 위한 수단적인 성격 ○
- 연금보험료를 낸 기간이 그 연금보험료를 낸 기간과 연금보험료를 내지 아니한 기간을 합산한 기간의 3분의 2보다 짧은 경우 유족연금 지급을 제한하는 규정 ⇨ 유족의 인간다운 생활을 할 권리 침해 ×
- 입법부와 행정부에 대하여 가능한 범위 안에서 최대한으로 모든 국민이 물질적 최저생활을 넘어서 인간의 존엄성에 맞는 건강하고 문화적인 생활을 누릴 수 있도록 하여야 한다는 행위규범으로 작용 ○
- 근로자의 평균임금을 산정할 수 없는 경우 노동부장관으로 하여금 평균임금을 정하여 고시하도록 규정하고 있음에도 노동부장관이 그 취지에 따른 행정입법을 하지 않는 것 ⇨ 헌법적 의무를 위반하여 「산업재해보상보험법」상 유족급여 및 장의비 수급권자들의 인간다운 생활을 할 권리 침해 ○

① (X) 보건복지부장관이 2002년도 최저생계비를 고시함에 있어서 장애인가구의 추가지출비용을 반영한 최저생계비를 별도로 정하지 아니한 채 가구별 인원수를 기준으로 한 최저생계비만을 결정·공표함으로써 장애인가구의 추가지출비용이 반영되지 않은 최저생계비에 따라 장애인가구의 생계급여 액수가 결정되었다 하더라도 그 생계급여액수는 최저생계비와 동일한 액수로 결정되는 것이 아니라 최저생계비에서 개별가구의 소득평가액 등을 공제한 차액으로 지급되기 때문에 장애인가구와 비장애인가구에게 지급되는 생계급여까지 동일한 액수가 되는 것은 아니라는 점, 이때 공제되는 개별가구의 소득평가액은 장애인가구의 실제소득에서 장애인가구의 특성에 따른 지출요인을 반영한 금품인 장애인복지법에 의한 장애수당, 장애아동부양수당 및 보호수당, 만성질환 등의 치료·요양·재활로 인하여 6개월 이상 지속적으로 지출하는 의료비를 공제하여 산정하므로 결과적으로 장애인가구는 비장애인가구에 비교하여 볼 때 최저생계비에 장애로 인한 추가비용을 반영하여 생계급여액을 상향조정함과 비슷한 효과를 나타내고 있는 점, 장애인가구는 비장애인가구와 비교하여 각종 법령 및 정부시책에 따른 각종 급여 및 부담감면으로 인하여 최저생계비의 비목에 포함되는 보건의료비, 교통·통신비, 교육비, 교양·오락비, 비소비지출비를 추가적으로 보전받고 있는 점을 고려할 때, 국가가 생활능력 없는 장애인의 인간다운 생활을 보장하기 위한 조치를 취함에 있어서 국가가 실현해야 할 객관적 내용의 최소한도의 보장에도 이르지 못하였다거나 헌법상 용인될 수 있는 재량의 범위를 명백히 일탈하였다고 보기 어렵고, 또한 장애인가구와 비장애인가구에게 일률적으로 동일한 최저생계비를 적용한 것을 자의적인 것으로 볼 수는 없다. 따라서, 보건복지부장관이 2002년도 최저생계비를 고시함에 있어 장애로 인한 추가지출비용을 반영한 별도의 최저생계비를 결정하지 않은 채 가구별 인원수만을 기준으로 최저생계비를 결정한 것은 생활능력 없는 장애인가구 구성원의 인간의 존엄과 가치 및 행복추구권, 인간다운 생활을 할 권리, 평등권을 침해하였다고 할 수 없다(헌재 2004.10.28. 2002헌마328).

② (O) 헌법은 제34조 제1항에서 국민에게 인간다운 생활을 할 권리를 보장하는 한편, 동조 제2항에서는 국가의 사회보장 및 사회복지증진의무를 천명하고 있다. '인간다운 생활을 할 권리'는 여타 사회적 기본권에 관한 헌법규범들의 이념적인 목표를 제시하고 있는 동시에 국민이 인간적 생존의 최소한을 확보하는 데 있어서 필요한 최소한의 재화를 국가에게 요구할 수 있는 권리를 내용으로 하고 있다. 국가의 사회복지·사회보장증진의 의무도 국가에게 물질적 궁핍이나 각종 재난으로부터 국민을 보호할 대책을 세울 의무를 부과함으로써, 결국 '인간다운 생활을 할 권리'의 실현을 위한 수단적인 성격을 갖는다고 할 것이다(헌재 2000.06.01. 98헌마216).

③ (O) 연금수급권의 구체적 내용 즉, 수급요건, 수급권자의 범위, 급여금액 등을 법률로 형성함에 있어 입법자는 광범위한 형성의 자유를 누리므로, 입법자가 가입기간의 상당 부분을 성실하게 납부한 사람의 유족만을 유족연금 지급대상에 포함시키기 위하여 연금보험료 납입비율을 다소 높은 3분의 2 이상으로 설정하였다고 하여 이를 입법재량의 한계를 일탈하였을 정도로 불합리하다고 볼 수 없다. 더 나아가 심판대상조항에 따라 유족연금을 지급받지 못하게 된 유족들은 구 국민연금법 제77조에 따라 국민연금가입자가 납부한 연금보험료(사업장가입자의 경우에는 사용자의 부담금을 포함)에 대통령령으로 정하는 이자를 더한 금액에 상당하는 반환일시금을 받을 수 있으므로, 유족연금 지급대상에서 제외되었다고 하여 유족들에게 가혹한 손해나 심대한 불이익이 발생한다고 보기도 어렵다. … 심판대상조항에서 연금보험료를 낸 기간이, 연금보험료를 낸 기간과 연금보험료를 내지 아니한 기간을 합산한 기간의 3분의 2보다 짧은 경우 유족연금의 지급을 제한한 것이 입법형성의 한계를 벗어나 청구인의 인간다운 생활을 할 권리 및 재산권을 침해한다고 볼 수 없다(헌재 2020.05.27. 2018헌바129).

④ (O) 모든 국민은 인간다운 생활을 할 권리를 가지며 국가는 생활능력 없는 국민을 보호할 의무가 있다는 헌법의 규정은 모든 국가기관을 기속하지만 그 기속의 의미는 동일하지 아니한데, 입법부나 행정부에 대하여는 국민소득, 국가의 재정능력과 정책 등을 고려하여 가능한 범위 안에서 최대한으로 모든 국민이 물질적인 최저생활을 넘어서 인간의 존엄성에 맞는 건강하고 문화적인 생활을 누릴 수 있도록 하여야 한다는 행위의 지침, 즉 행위규범으로서 작용하지만, 헌법재판에 있어서는 다른 국가기관, 즉 입법부나 행정부가 국민으로 하여금 인간다운 생활을 영위하도록 하기 위하여 객관적으로 필요한 최소한의 조치를 취할 의무를 다하였는지를 기준으로 국가기관의 행위의 합헌성을 심사하여야 한다는 통제규범으로 작용하는 것이다(헌재 2004.10.28. 2002헌마328).

⑤ (○) 청구인들은 업무상 재해로 인하여 사망한 것으로 추정되는 위 실종자들의 유족으로서 모두 산업재해보상보험법에 의한 유족급여 및 장의비의 최선순위 수급권자들이다. 그리고 그 유족급여 및 장의비는 모두 위 실종자들의 평균임금을 기초로 하여 산정된다. 그런데 위 실종자들은 모두 위 어선에 처음으로 승선하여 임금을 한 번도 받아보지 못한 채 실종되어 근로기준법의 관계규정에 의하여 위 실종자들의 평균임금을 산정하기가 곤란한 경우에 해당하므로 피청구인이 정하여 고시하는 바에 따라 이를 산정할 수 밖에 없음에도 불구하고 그에 관한 피청구인의 정함이나 고시가 아직 없는 것이다. 즉 <u>산업재해보상보험법 제4조 제2호 단서에 관한 입법자의 의사는 청구인들과 같은 경우에는 피청구인의 정함이나 고시를 적용받아 구체적인 권리구제를 받을 수 있도록 한 것인데도, 그 부존재로 말미암아 그러한 권리를 침해당하고 있는 것이다.</u> 물론 청구인들이 행정소송을 통하여 권리구제를 받을 수 있는 것이고 피청구인의 정함이나 고시를 대신할 수 있는 대법원 판례가 형성되어 있지만, 그와 같은 간접적·보충적·사후적 권리구제 방법이 존재하고 피청구인의 정함이나 고시를 대신할 재판규범이 마련되어 있다는 점만으로는 청구인들의 기본권 침해가 부정된다고 할 수 없다. 왜냐하면 <u>청구인들로서는 피청구인의 정함이나 고시가 부존재함으로 인하여 이를 직접 적용받아 권리구제를 받을 기회를 원천적으로 박탈</u>당하였고, 그 대신 근로복지공단의 처분 또는 이에 대한 법원의 재판 등 그 처분에 대한 불복방법에 의하여 우회적이고 비경제적인 권리구제방법을 택하지 않을 수 없게 되었기 때문이다. 결국 청구인들은 피청구인의 위와 같은 부작위로 말미암아 <u>산업재해보상보험법에 따른 정당한 유족급여 및 장의비를 받게될 재산권 및 인간다운 생활을 할 권리를 침해</u>당하고 있는 것이다(헌재 2002.07.18. 2000헌마707).

정답

문 113
21년 8월 모의시험

인간다운 생활을 할 권리에 관한 설명 중 옳지 않은 것은? (다툼이 있는 경우 판례에 의함)

① 직장가입자가 소득월액보험료를 일정 기간 이상 체납한 경우 그 체납한 보험료를 완납할 때까지 국민건강보험공단이 그 가입자 및 피부양자에 대하여 브험급여를 실시하지 아니할 수 있도록 하는 것은 해당 직장가입자의 인간다운 생활을 할 권리를 침해하는 것이다.
② 구「종합부동산세법」이 공시가격을 기준으로 주택분의 경우에는 6억 내지 9억 원, 종합합산 토지분의 경우에는 3억 내지 6억 원을 초과하여 보유한 자를 납세의무자로 규정한 것은 납세의무자의 인간다운 생활을 할 권리를 제한하거나 침해하지 않는다.
③ 일정 범위의 사업을「산업재해보상보험법」의 적용 대상에서 제외하면서 그 적용제외사업을 대통령령으로 정하도록 규정한 것은 적용제외사업에 종사하는 근로자의 인간다운 생활을 할 권리를 침해하지 않는다.
④ 헌법상의 사회보장권은 그에 관한 수급요건, 수급자의 범위, 수급액 등 구체적인 사항이 법률에 규정됨으로써 비로소 구체적인 법적 권리로 형성된다고 보아야 할 것이다.
⑤ 통상의 출퇴근 재해를 업무상 재해로 인정하여 근로자를 보호해 주는 것이 산업재해보상보험의 생활보장적 성격에 부합한다.

MGI Point 인간다운 생활을 할 권리 ★★★

■ 직장가입자가 소득월액보험료를 일정 기간 이상 체납한 경우 체납보험료 완납시까지 국민건강보험공단이 그 가입자 및 피부양자에게 보험급여를 실시하지 아니할 수 있도록 하는 것 ⇨ 해당 직장가입자의 인간다운 생활을 할 권리의 침해 ✕

- 구 종합부동산세법이 공시가격을 기준으로 주택분의 경우 6억 내지 9억 원, 종합합산 토지분의 경우 3억 내지 6억 원을 초과하여 보유한 자를 납세의무자로 규정한 것 ⇨ 납세의무자의 인간다운 생활을 할 권리를 제한하거나 침해 ×
- 산업재해보상보험법상 적용제외사업에 종사하는 근로자
  ⇨ 법 소정의 수급자격을 갖추지 못한 근로자로서는 헌법상의 인간다운 생활을 할 권리를 내세워 국가에 대하여 적용대상사업에 관한 적극적 행위를 요구할 지위 × (∴ 인간다운 생활을 할 권리 침해 ×)
- 헌법상의 사회보장권 ⇨ 수급요건, 수급자의 범위, 수급액 등 구체적인 사항이 법률에 규정되어야 법적 권리로 형성 ○
- 통상의 출퇴근 재해 ⇨ 업무상 재해로 인정하여 근로자를 보호해 주는 것이 산재보험의 생활보장적 성격에 부합

① (X) 입법자는 건강보험수급권의 구체적인 내용을 형성함에 있어서 국가의 재정부담 능력, 국민 전체의 소득과 전체적인 사회보장수준, 상충하는 국민 각 계층의 이해관계, 그 밖에 여러 가지 사회·경제적 여건 등 복잡 다양한 요소를 종합하여 합리적인 수준에서 결정할 수 있는 광범위한 형성의 자유를 가진다. 그러므로 심판대상조항은 그 내용이 현저히 불합리하여 입법형성권의 범위를 벗어난 경우에 한하여 헌법에 위반된다고 할 수 있다(헌재 2013.09.26. 2010헌마204 등 참조). … 가입자들에 대한 안정적인 보험급여 제공을 보장하기 위해서는 소득월액보험료 체납에 따른 보험재정의 악화를 방지할 필요가 있다. … 보험급여는 건강보험의 가입자가 누릴 수 있는 가장 핵심적인 혜택이므로, 보험료를 체납한 사람에게 보험급여 자체를 제한하는 것은 보험료 납부를 보장하는 실효적인 수단이라고 할 수 있다. … 행정벌 등을 부과하거나 의무이행을 민사적으로 집행하는 방법은, 건강보험이 전 국민을 대상으로 하기에 보험료 체납 건수가 매우 많다는 점을 고려하면 과도하게 많은 시간과 비용을 필요로 하는 반면, 보험료의 지급을 강제하는 효과는 보험급여 제한에 비하여 현저히 낮을 것으로 보인다. 게다가 행정벌 등 부과의 경우에는 보험급여 제한에 비하여 기본권의 제한 정도가 덜하다고 단정하기도 어렵다. … 소득월액보험료는 근로소득을 제외한 보수외소득이 상당한 수준(이 사건 청구 당시인 2017년을 기준으로 연간 7,200만 원 초과)에 이르는 경우에만 부과된다는 점을 감안하면, 심판대상조항으로 인하여 저소득 체납자가 보험급여 제한의 불이익을 받을 가능성은 매우 낮다고 볼 수 있다. … 국민건강보험법은 심판대상조항으로 인하여 가입자가 과도한 불이익을 입지 않도록 배려하고 있다. 이상의 내용을 종합하면, 심판대상조항은 청구인의 인간다운 생활을 할 권리나 재산권을 침해하지 아니한다(헌재 2020.04.23. 2017헌바244).
② (○) 종합부동산세법은 공시가격을 기준으로 주택분의 경우에는 6억 내지 9억 원, 종합합산 토지분의 경우에는 3억 내지 6억 원을 초과하여 보유한 자를 납세의무자로 하고 있는바, 위 과세대상 주택 등의 가액에 비추어 보면, 종합부동산세의 납세의무자는 인간의 존엄에 상응하는 최소한의 물질적인 생활을 유지할 수 있는 지위에 있다 할 것이므로, 이 사건 종합부동산세 부과규정으로 인하여 납세의무자의 생존권이나 인간다운 생활을 할 권리를 제한하거나 침해한다고 보기 어렵다 할 것이다(헌재 2008.11.13. 2006헌바112).
③ (○) 일정 범위의 사업을 산업재해보상보험법의 적용 대상에서 제외하면서 그 적용제외사업을 대통령령으로 정하도록 규정한 산업재해보상보험법 제5조 단서 … 헌법 제34조의 인간다운 생활을 할 권리나 국가의 사회보장·사회복지 증진의무 등의 성질에 비추어 볼 때 국가가 어떠한 내용의 산업재해보상보험제도를 어떠한 범위에서, 어떠한 방법으로 시행할 것인지는 입법자의 재량영역에 속하는 문제라 할 것이고, 근로자에게 인정되는 보험수급권도 그와 같은 입법재량권의 행사에 따라 제정되는 산업재해보상보험법에 의하여 비로소 구체화되는 법률상의 권리라고 볼 것인바, 그렇다면 처음부터 적용제외사업에 종사함으로써 위 법 소정의 수급자격을 갖추지 못한 근로자로서는 헌법상의 인간다운 생활을 할 권리나 산업재해보상보험법에 기한 권리를 내세워 국가에 대하여 적용대상사업 획정과 관련한 적극적 행위를 요구할 지위에 있다고 볼 수 없으므로, 이 사건 법률조항은 헌법 제34조에 위반되지 않는다(헌재 2003.07.24. 2002헌바51).
④ (○) 헌법상의 사회보장권은 그에 관한 수급요건, 수급자의 범위, 수급액 등 구체적인 사항이 법률에 규정됨으로써 비로소 구체적인 법적 권리로 형성된다고 보아야 할 것이다(헌재 1995.07.21. 93헌가14).
⑤ (○) 산재보험제도는 사업주의 무과실배상책임을 전보하는 기능도 있지만, 오늘날 산업재해로부터 피재근로자와 그 가족의 생활을 보장하는 기능의 중요성이 더 커지고 있다. 그런데 근로자의 출퇴근 행위는 업무

의 전 단계로서 업무와 밀접·불가분의 관계에 있고, 사실상 사업주가 정한 출퇴근 시각과 근무지에 기속된다. 대법원은 출장행위 중 발생한 재해를 사업주의 지배관리 아래 발생한 업무상 재해로 인정하는데, 이러한 출장행위도 이동방법이나 경로선택이 근로자에게 맡겨져 있다는 점에서 통상의 출퇴근행위와 다를 바 없다. 따라서 통상의 출퇴근 재해를 업무상 재해로 인정하여 근로자를 보호해 주는 것이 산재보험의 생활보장적 성격에 부합한다(헌재 2016.09.29. 2014헌바254).

정답 ①

문 114
20년 8월 모의시험

인간다운 생활을 할 권리에 관한 설명으로 옳지 않은 것은? (다툼이 있는 경우 판례에 의함)

① 인간다운 생활을 할 권리로부터는 인간의 존엄에 상응하는 생활에 필요한 '최소한의 물질적인 생활'의 유지에 필요한 급부를 요구할 수 있는 구체적인 권리가 상황에 따라서는 직접 도출될 수 있다고 할 수는 있어도, 동 기본권이 직접 그 이상의 급부를 내용으로 하는 구체적인 권리를 발생케 한다고는 볼 수 없다.

② 모든 국민은 인간다운 생활을 할 권리를 가지며 국가는 생활능력 없는 국민을 보호할 의무가 있다는 헌법의 규정은 모든 국가기관을 기속하므로 그 기속의 의미는 국회와 헌법재판소에 대하여 동일하다.

③ 사회적 기본권의 성격을 가지는 기초연금수급권은 법률에 의해서 구체적으로 형성되는 권리로서, 국가가 재정부담능력과 전체적인 사회보장 수준 등을 고려하여 그 내용과 범위를 정하는 것이므로 폭넓은 입법형성의 자유가 인정된다.

④ 도시환경정비사업의 시행으로 인하여 철거되는 주택의 소유자를 위하여 사업시행기간 동안 거주할 임시수용시설을 설치하는 것은 국가에 대하여 최소한의 물질적 생활을 요구할 수 있는 인간다운 생활을 할 권리의 향유와 관련되어 있다고 할 수 없다.

⑤ 참전명예수당이 참전유공자의 노고와 명예를 고양하기 위하여 70세 이상 노령의 참전유공자에게 경제적 지원을 하는 것이라는 점을 고려하면, 참전유공자 예우와 관련하여 70세 되지 않은 참전유공자를 참전명예수당 지급대상에서 제외하였다 하여 70세 되지 않은 참전유공자의 인간다운 생활을 할 권리가 침해당하였다고 보기는 어렵다.

MGI Point 인간다운 생활을 할 권리 ★★

- 인간다운 생활을 할 권리
  - 최소한의 물질적인 생활의 유지에 필요한 급부를 요구할 수 있는 구체적인 권리 직접 도출 ○
  - 그 이상의 급부를 내용으로 하는 구체적인 권리 발생 ×
- 모든 국민은 인간다운 생활을 할 권리를 가지며 국가는 생활능력 없는 국민을 보호할 의무가 있다는 헌법의 규정
  ⇨ 모든 국가기관을 기속 / 기속의 의미는 相異 (입법부와 행정부 → 행위규범, 헌법재판 → 통제규범)
- 기초연금수급권 ⇨ 사회적 기본권의 성격, 법률에 의해서 구체적으로 형성되는 권리, 폭넓은 입법형성의 자유 ○
- 도시환경정비사업의 시행으로 인하여 철거되는 주택의 소유자를 위한 임시수용시설 설치하는 것
  ⇨ 국가에 대하여 최소한의 물질적 생활을 요구할 수 있는 인간다운 생활을 할 권리의 향유와 관련 ×
- 70세 되지 않은 참전유공자를 참전명예수당 지급대상에서 제외하는 규정 ⇨ 인간다운 생활을 할 권리 침해 ×

① (○) 인간다운 생활을 할 권리로부터는 인간의 존엄에 상응하는 생활에 필요한 "최소한의 물질적인 생활"의 유지에 필요한 급부를 요구할 수 있는 구체적인 권리가 상황에 따라서는 직접 도출될 수 있다고 할 수는 있어도, 동 기본권이 직접 그 이상의 급부를 내용으로 하는 구체적인 권리를 발생케 한다고는 볼 수 없다(헌재 2003.05.15. 2002헌마90).

② (X) 모든 국민은 인간다운 생활을 할 권리를 가지며 국가는 생활능력 없는 국민을 보호할 의무가 있다는 헌법의 규정은 모든 국가기관을 기속하지만, 그 기속의 의미는 적극적·형성적 활동을 하는 입법부 또는 행정부의 경우와 헌법재판에 의한 사법적 통제기능을 하는 헌법재판소에 있어서 동일하지 아니하다. 위와 같은 헌법의 규정이, 입법부나 행정부에 대하여는 국민소득, 국가의 재정능력과 정책 등을 고려하여 가능한 범위안에서 최대한으로 모든 국민이 물질적인 최저생활을 넘어서 인간의 존엄성에 맞는 건강하고 문화적인 생활을 누릴 수 있도록 하여야 한다는 행위의 지침 즉 행위규범으로서 작용하지만, 헌법재판에 있어서는 다른 국가기관 즉 입법부나 행정부가 국민으로 하여금 인간다운 생활을 영위하도록 하기 위하여 객관적으로 필요한 최소한의 조치를 취할 의무를 다하였는지를 기준으로 국가기관의 행위의 합헌성을 심사하여야 한다는 통제규범으로 작용하는 것이다(헌재 1997.05.29. 94헌마33).

③ (○) 기초연금은 노인에게 안정적인 소득기반을 제공함으로써 노인의 생활안정을 지원하고 복지를 증진하기 위한 목적으로 지급되는 것으로, 헌법규정만으로는 이를 실현할 수 없고, 법률에 의한 형성을 필요로 한다. 즉 기초연금수급권의 구체적 내용인 수급요건·수급권자의 범위·급여금액 등은 법률에 의해서 비로소 확정된다. 이와 같이 사회적 기본권의 성격을 가지는 기초연금수급권은 법률에 의해서 구체적으로 형성되는 권리로서, 국가가 재정부담능력과 전체적인 사회보장 수준 등을 고려하여 그 내용과 범위를 정하는 것이므로 폭넓은 입법형성의 자유가 인정된다(헌재 2016.02.25. 2015헌바191).

④ (○) 헌법 제34조 제1항에 따른 인간다운 생활을 할 권리는 사회권적 기본권의 일종으로서 인간의 존엄에 상응하는 최소한의 물질적인 생활의 유지에 필요한 급부를 국가에게 적극적으로 요구할 수 있는 권리를 의미한다. 그런데 도시환경정비사업의 시행으로 인하여 철거되는 주택의 소유자를 위하여 사업시행기간 동안 거주할 임시수용시설을 설치하는 것은 국가에 대하여 최소한의 물질적 생활을 요구할 수 있는 인간다운 생활을 할 권리의 향유와 관련되어 있다고 할 수 없다. 또한, 청구인과 같은 주택의 소유자는 정비사업에 의하여 건설되는 주택을 자신의 선택에 따라 분양받을 수 있는 우선적 권리를 향유하게 되고, 정비사업의 완료 후에는 종전보다 주거환경이 개선된 기존의 생활근거지에서 계속 거주할 수 있으므로 청구인의 주장처럼 생활의 근거를 상실하는 것도 아니다. 그렇다면 이 사건 법률조항이 인간다운 생활을 할 권리를 제한하거나 침해한다고 할 수 없다(헌재 2014.03.27. 2011헌바396).

⑤ (○) 인간다운 생활이라고 하는 개념이 사회의 경제적 수준 등에 따라 달라질 수 있는 상대적 개념이고 이 사건 참전명예수당이 소득수준을 기준으로 하는 것이 아니며 단지 참전유공자의 노고와 명예를 고양하기 위하여 70세 이상 노령의 참전유공자에게 경제적 지원을 하는 것이라는 점을 고려하면, 이 사건 법률조항이 70세 되지 않은 참전유공자를 참전명예수당 지급대상에서 제외하였다 하여 그들의 생계보호에 관한 입법을 전혀 하지 않은 것으로 볼 것은 아니므로 인간의 존엄에 상응하는 최소한의 물질생활의 보장을 내용으로 하는 청구인들의 인간다운 생활을 할 권리가 침해당하였다고 보기는 어렵다 할 것이다(헌재 2003.07.24. 2002헌마522).

정답 ②

제❸절 ㅣ 교육을 받을 권리

문 115
24년 10월 모의시험

교육을 받을 권리에 관한 설명 중 옳은 것은? (다툼이 있는 경우 판례에 의함)

① 대학의 자율은 학생선발, 학사운영뿐 아니라 교원의 임면에 관한 사항을 자율적으로 규율하는 것도 포함하므로 교원의 기간임용제를 채택하면서 재임용에 관한 사항을 정하지 않더라도 교원지위 법정주의에 반하는 것은 아니다.
② 자율형 사립고등학교는 국가 및 지방자치단체로부터 재정적으로 독립하는 대신 일반 사립고등학교보다 폭넓은 자율권을 향유하고 학생선발권에 대한 규제도 되도록 받지 않는다고 보아야 하므로 자율형 사립고등학교의 신입생을 일반 고등학교와 동시에 선발하도록 한 것은 사학운영의 자유를 침해한다.
③ 국민의 교육을 받을 권리를 보호하는 차원에서 학년과 과목에 따라 교과용 도서에 대하여 이를 자유발행제로 하는 것이 온당하지 못한 경우가 있다고 하여, 국가가 저작권을 가지는 국정도서만을 허용하는 것은 헌법 제31조 제4항에 반하여 교육을 받을 권리를 침해한다.
④ 사립학교의 설립자·경영자가 「고등교육법」 또는 그 밖의 교육관계법령에 따른 교육부장관의 명령을 여러 번 위반한 경우를 학교법인에 대한 학교폐쇄명령의 사유로 규정한 것은 자기책임원리에 반하여 사학의 자유를 침해한다.
⑤ 자녀교육권을 실질적으로 보장하기 위해서는 부모에게 자녀의 교육에 필요한 교육정보에 대한 알 권리가 인정되는바, 여기에는 자신의 자녀를 가르치는 교원이 어떠한 자격과 경력을 가진 사람인지는 물론 어떠한 정치성향과 가치관을 가지고 있는 사람인지에 대한 정보도 포함된다.

MGI Point 교육을 받을 권리 ★★

- 교원의 기간임용제를 택하면서 재임용에 대한 사항을 정하지 않은 것 ⇨ 교원지위법정주의 위반 ○
- 대학 자율형 사립고등학교를 일반고와 동시에 선발하도록 한 것 ⇨ 학교법인의 사학운영의 자유 침해 ✕
- 교과용 도서에 대하여 국정도서만을 허용하는 것 ⇨ 헌법 31④에 반하지 ✕
- 사립학교의 설립자·경영자가 교육부 장관의 명령을 여러 번 위반한 경우를 학교폐쇄명령 사유로 규정한 것
  ⇨ 사학의 자유를 침해 ✕
- 자녀교육권상 교육에 필요한 '교육정보'에 대한 알 권리
  ⇨ 자녀를 가르치는 교원이 어떠한 정치성향과 가치관을 가지고 있는 사람인지에 대한 정보 포함

---

① (✕) 대학의 자율은 대학시설의 관리·운영만이 아니라 전반적인 것이어야 하므로 연구와 교육의 내용, 그 방법과 대상, 교과과정의 편성, 학생의 선발과 전형 및 특히 교원의 임면에 관한 사항도 자율의 범위에 속한다(헌재 1992.10.01. 92헌마68등 참조). …이상 본 바와 같이 객관적인 기준의 재임용 거부사유와 재임용에서 탈락하게 되는 교원이 자신의 입장을 진술할 수 있는 기회 그리고 재임용거부를 사전에 통지하는 규정 등이 없으며, 나아가 재임용이 거부되었을 경우 사후에 그에 대해 다툴 수 있는 제도적 장치를 전혀 마련하지 않고 있는 이 사건 법률조항은, 현대사회에서 대학교육이 갖는 중요한 기능과 그 교육을 담당하고 있는 대학교원의 신분의 부당한 박탈에 대한 최소한의 보호요청에 비추어 볼 때 헌법 제31조 제6항에서 정하고 있는 교원지위법정주의에 위반된다고 볼 수밖에 없다(헌재 1998.07.16. 96헌바33).

② (X) 이 사건 동시선발 조항이 신입생 선발시기를 후기로 정함으로써 청구인 학교법인의 사학운영의 자유를 제한하고 있더라도 그 위헌 여부는 헌법 제37조 제2항에 의한 기본권 제한의 한계를 벗어나 자의적으로 그 본질적인 내용을 침해하였는지 여부에 따라 판단되어야 할 것이다. …개별 자사고에 적합한 학생을 선발함에 있어서 핵심적 요소는 선발 방법인바, 자사고와 일반고가 동시선발하더라도 해당 학교의 장이 입학전형 방법을 정할 수 있으므로 해당 자사고의 교육에 적합한 학생을 선발하는 데 지장이 없고, 시행령은 입학전형 실시권자나 학생 모집 단위 등도 그대로 유지하여 자사고의 사학운영의 자유 제한을 최소화하였다. 또한 일반고 경쟁력 강화만으로 고교서열화 및 입시경쟁 완화에 충분하다고 단정할 수 없다. 따라서 이 사건 동시선발 조항은 국가가 학교 제도를 형성할 수 있는 재량 권한의 범위 내에 있다. 그렇다면 이 사건 동시선발 조항이 기본권 제한의 한계를 벗어나 자의적으로 그 본질적인 내용을 침해하였다고 볼 수 없다(헌재 2019.04.11. 2018헌마221). ▶ 사실관계 : 2018학년도까지의 고등학교 입시 일정에서는 자사고가 전기에 선발하는 고등학교 또는 학과에 포함되어 학생들이 전기에 자사고를 지원하고 불합격할 경우 후기에 선발하는 고등학교 또는 학과를 지원하는 것이 가능하였다. 그러나 2017. 12. 29. 초·중등교육법 시행령이 개정되면서 자사고를 (일반고와 동일하게) 후기학교로 정하고('동시선발 조항'), 자사고를 지원한 학생에게는 초·중등교육법 특수목적고등학교 및 자사고를 제외한 평준화지역의 후기학교에 중복지원하는 것을 금지하였다('중복지원금지 조항').
▶ 참고 : 청구인 학교법인(자사고)는 이 사건 개정 전 법령에 따른 고등학교 선발시기 내지 입학전형 제도에 따라 우수한 학생을 일반고에 우선하여 선점해 왔다고 하더라도, 이는 법령이 부여한 기회를 활용하여 얻은 반사적인 이익일 뿐이므로 '우선선발권'은 헌법상 기본권인 사학운영의 자유의 한 내용으로 보호된다고 볼 수 없다.

> **비교판례** 이 사건 중복지원금지 조항은 중복지원금지 원칙만을 규정하고 자사고 불합격자에 대하여 아무런 고등학교 진학 대책을 마련하지 않았다. 따라서 자사고 불합격자는 고등학교에 진학할 수 있는지 여부가 시·도별 교육감의 재량에 의해 좌우되는 매우 불안정한 상태에 처하게 되었다. …이 사건 중복지원금지 조항은 청구인 학생 및 학부모의 평등권을 침해하여 헌법에 위반된다(헌재 2019.04.11. 2018헌마221).
> ▶ 결론 : 헌법재판소는 '동시선발 조항'은 합헌, '중복지원금지 조항'은 위헌으로 결정했다.

③ (X) 국정교과서제도는 교과서라는 형태의 도서에 대하여 국가가 이를 독점하는 것이지만, 국민의 수학권의 보호라는 차원에서 학년과 학과에 따라 어떤 교과용 도서에 대하여 이를 자유발행제로 하는 것이 온당하지 못한 경우가 있을 수 있고 그러한 경우 국가가 관여할 수밖에 없다는 것과 관여할 수 있는 헌법적 근거가 있다는 것을 인정한다면 그 인정의 범위내에서 국가가 이를 검·인정제로 할 것인가 또는 국정제로 할 것인가에 대하여 재량권을 갖는다고 할 것이다(헌재 1992.11.12. 89헌마88).

④ (X) 학교법인은 사립학교만을 설치·경영할 목적으로 사립학교법에 따라 설립허가를 받아 설립되는 법인이다(사립학교법 제2조 제2호, 제10조 제1항). 따라서 사립학교를 설치·경영한다는 목적의 달성이 불가능한 경우 학교법인으로서는 존립 근거가 사라지는 것이고, 이에 해산되는 것은 당연하다. 이와 같이 이 사건 해산명령조항은 사립학교를 설치·경영한다는 목적의 달성이 불가능한 학교법인을 퇴출시켜 학교법인으로 하여금 사립학교의 설치·경영이라는 목적 달성에 충실하도록 하며, 비정상적으로 운영되는 사립학교의 존립 가능성을 사전에 차단함으로써, 전체 교육의 수준을 일정 수준 이상으로 유지하기 위한 것으로서 해산명령조항이 과잉금지원칙을 위반하여 사학의 자유를 침해한다고 볼 수도 없다(헌재 2018.12.27. 2016헌바217).

⑤ (O) 부모는 자녀의 교육에 관하여 전반적인 계획을 세우고 자신의 인생관·사회관·교육관에 따라 자녀의 교육을 자유롭게 형성할 권리, 즉 자녀교육권을 가진다. 그리고 자녀교육권을 실질적으로 보장하기 위해서는 자녀의 교육에 필요한 정보가 제공되어야 하는바 학부모는 교육정보에 대한 알 권리를 가진다. 이러한 정보 속에는 자신의 자녀를 가르치는 교원이 어떠한 자격과 경력을 가진 사람인지는 물론 어떠한 정치성향과 가치관을 가지고 있는 사람인지에 대한 정보도 포함되는 것이므로, 교원의 교원단체 및 노동조합 가입에 관한 정보도 알 권리의 한 내용이 될 수 있다(헌재 2011.12.29. 2010헌마293).

정답 ⑤

문 116
23년 10월 모의시험

교육기본권과 교육제도에 관한 설명 중 옳은 것은? (다툼이 있는 경우 판례에 의함)

① 헌법 제31조의 능력에 따라 균등한 교육을 받을 권리는 국가에 의한 교육제도의 정비·개선 외에도 의무교육의 도입 및 확대, 교육비의 보조나 학자금의 융자 등 교육영역에서의 사회적 급부의 확대와 같은 국가의 적극적인 활동을 통하여 사인간의 출발기회에서의 불평등을 완화해야 할 국가의 의무를 규정한 것으로, 교육의 모든 영역, 특히 학교교육 밖에서의 사적인 교육영역에까지 균등한 교육이 이루어질 수 있도록 하는 수권규범이 된다.

② 의무교육의 무상성을 규정한 헌법 제31조 제3항은 의무교육비용을 학령아동의 보호자 개개인의 직접적 부담에서 공동체 전체의 부담으로 이전하라는 명령으로, 의무교육비용의 비용을 오로지 국가 또는 지방자치단체의 예산이나 조세로 해결해야 함을 의미하는 것이다.

③ 교육을 받을 권리는 자신의 교육환경이 상대적으로 열악해질 수 있거나 자신의 교육시설 참여 기회가 축소될 수 있다는 우려를 이유로 타인의 교육시설 참여 기회를 제한할 것을 청구할 수 있는 권리까지 포함한다.

④ 설립자가 사립학교를 자유롭게 운영할 자유는 비록 헌법에 명문규정은 없으나 헌법 제10조에서 보장되는 행복추구권의 한 내용을 이루는 일반적인 행동의 자유권과 모든 국민의 능력에 따라 균등하게 교육을 받을 권리를 규정하고 있는 헌법 제31조 제1항 그리고 교육의 자주성·전문성·정치적 중립성 및 대학의 자율성을 규정하고 있는 헌법 제31조 제3항에 의하여 인정되는 기본권이다.

⑤ 학교 교육의 범주 내에서 국가는 헌법 제31조에 의하여 부모의 교육권으로부터 원칙적으로 독립된 독자적인 교육권한을 부여받음으로써 부모의 교육권과 함께 자녀의 교육을 담당하는 것은 물론이고, 학교 밖의 교육영역에서도 국가는 부모와 함께 자녀의 교육을 담당하므로 부모의 교육권이 우위를 차지한다고 할 수는 없다.

MGI Point 교육기본권·교육제도 ★★

- **능력에 따라 균등한 교육을 받을 권리(헌법 제31조)**
  - 국가의 적극적인 활동을 통하여 사인간의 출발기회에서의 불평등을 완화해야 할 국가의 의무를 규정 ○
  - 학교교육 밖에서의 사적인 교육영역에까지 균등한 교육이 이루어지도록 하는 수권규범 ×
  - 자신의 교육시설 참여 기회가 축소될 수 있다는 우려를 이유로 타인의 교육시설 참여 기회를 제한할 것을 청구할 수 있는 권리 ×
- **국가의 교육권한(헌법 제31조)**
  - 학교교육의 범주내에서는 헌법적으로 독자적인 지위를 부여받음으로써 부모의 교육권과 함께 자녀의 교육을 담당
  - 학교 밖의 교육영역에서는 원칙적으로 부모의 교육권이 우위를 차지
- **의무교육의 무상성(헌법 재31조 제3항)**
  - ⇨ 의무교육의 비용을 오로지 국가 또는 지방자치단체의 예산, 즉 조세로 해결해야 함을 의미 ×
- **설립자가 사립학교를 자유롭게 운영할 자유** ⇨ 일반적인 행동의 자유권(헌법 제10조), 모든 국민의 능력에 따라 균등하게 교육을 받을 권리(헌법 제31조 제1항), 교육의 자주성·전문성·정치적 중립성 및 대학의 자율성 규정(헌법 제31조 제3항)에 의하여 인정되는 기본권

---

① (X), ⑤ (X) 헌법은 자유권적 기본권의 보장을 통하여 개인이 자유를 행사함으로써 필연적으로 발생하는 사회내에서의 개인간의 불평등을 인정하면서 다른 한편, 사회적 기본권의 보장을 통하여 되도록 국민 누구나가 자력으로 자신의 기본권을 행사할 수 있는 실질적인 조건을 형성해야 할 국가의 의무, 특히 헌법 제31조의 '교육을 받을 권리'의 보장을 통하여 교육영역에서의 기회균등을 이룩할 의무를 부과하고 있다. 따라서 헌법 제31조의 '능력에 따라 균등한 교육을 받을 권리'는 국가에 의한 교육제도의 정비·개선 외에도 의무교육의 도입 및 확대, 교육비의 보조나 학자금의 융자 등 교육영역에서의 사회적 급부의 확대와

같은 국가의 적극적인 활동을 통하여 사인간의 출발기회에서의 불평등을 완화해야 할 국가의 의무를 규정한 것이다. 그러나 위 조항은 교육의 모든 영역, 특히 학교교육 밖에서의 사적인 교육영역에까지 균등한 교육이 이루어지도록 개인이 별도로 교육을 시키거나 받는 행위를 국가가 금지하거나 제한할 수 있는 근거를 부여하는 수권규범이 아니다(①). …자녀의 양육과 교육에 있어서 부모의 교육권은 교육의 모든 영역에서 존중되어야 하며 다만, 학교교육의 범주내에서는 국가의 교육권한이 헌법적으로 독자적인 지위를 부여받음으로써 부모의 교육권과 함께 자녀의 교육을 담당하지만, 학교 밖의 교육영역에서는 원칙적으로 부모의 교육권이 우위를 차지한다(⑤) (헌재 2000.04.27. 98헌가16,98헌마429(병합)).

② (X) 헌법 제31조 제3항이 "의무교육은 무상으로 한다."라고 규정한 것은 교육을 받을 권리를 보다 실효성 있게 보장하기 위하여 의무교육 비용을 학령아동의 보호자 개개인의 직접적 부담에서 공동체 전체의 부담으로 이전하라는 명령일 뿐, 의무교육의 비용을 오로지 국가 또는 지방자치단체의 예산, 즉 조세로 해결해야 함을 의미하는 것은 아니다(헌재 2008.09.25. 2007헌가1, 대판 2015.01.29. 2012두7387).

③ (X) 헌법 제31조 제1항에 의해 보장되는 교육을 받을 권리는 교육영역에서의 기회균등을 내용으로 하며, 국가로 하여금 능력이 있는 국민이 여러 가지 사회적·경제적 이유로 교육을 받지 못하는 일이 없도록 재정능력이 허용하는 범위 내에서 모든 국민에게 취학의 기회가 골고루 주어지도록 그에 필요한 교육시설 및 제도를 마련할 의무를 부과한다. 그러나 교육을 받을 권리는 국민이 국가에 대해 직접 특정한 교육제도나 학교시설을 요구할 수 있음을 뜻하지 않는다. 또한 교육을 받을 권리는 자신의 교육환경이 상대적으로 열악해질 수 있음을 이유로 타인의 교육시설 참여 기회를 제한할 것을 청구하거나, 자신의 교육시설 참여 기회가 축소될 수 있다는 우려를 이유로 타인의 교육시설 참여 기회를 제한할 것을 청구할 수 있는 권리가 아니다(헌재 2019.02.28. 2018헌마37·38(병합)).

④ (○) 진리탐구와 인격도야의 본산이며 자유로운 인간형성을 본분으로 하는 학교에서야말로 학생들의 다양한 자질과 능력이 자유롭게 발현될 수 있는 교육제도가 마련되어야 한다. 특히 사립학교는 설립자의 의사와 재산으로 독자적인 교육목적을 구현하기 위해 설립되는 것이므로 사립학교설립의 자유와 운영의 독자성을 보장하는 것은 그 무엇과도 바꿀 수 없는 본질적 요체라고 할 수 있다. 따라서 설립자가 사립학교를 자유롭게 운영할 자유는 비록 헌법에 독일기본법 제7조 제4항과 같은 명문규정은 없으나 헌법 제10조에서 보장되는 행복추구권의 한 내용을 이루는 일반적인 행동의 자유권과 모든 국민의 능력에 따라 균등하게 교육을 받을 권리를 규정하고 있는 헌법 제31조 제1항 그리고 교육의 자주성·전문성·정치적 중립성 및 대학의 자율성을 규정하고 있는 헌법 제31조 제3항에 의하여 인정되는 기본권의 하나라 하겠다(헌재 2001.01.18. 99헌바63).

정답 ④

문 117
23년 8월 모의시험

교육을 받을 권리에 관한 설명 중 옳은 것은? (다툼이 있는 경우 판례에 의함)

① 능력에 따라 균등하게 교육을 받을 권리를 규정한 헌법 제31조 제1항은 헌법 제11조의 일반적 평등조항에 대한 특별규정으로서 교육의 영역에서 평등원칙을 실현하고자 하는 것인 바, 교육시설의 입학에서 능력 외의 다른 요소에 근거한 차별에 대해서는 엄격한 비례성 심사가 요청된다.

② 사립학교의 설립자·경영자가「고등교육법」또는 그 밖의 교육관계법령에 따른 교육부장관의 명령을 여러 번 위반한 경우를 학교법인에 대한 학교폐쇄명령의 사유로 규정한 것은 자기책임원리에 반하여 사학의 자유를 침해한다.

③ 자율형 사립고등학교는 국가 및 지방자치단체로부터 재정적으로 독립하는 대신 일반 사립고보다 폭넓은 자율권을 향유하고 학생선발권에 대한 규제도 되도록 받지 않는다고 보아야 하므로 자율형 사립고등학교를 후기학교로 정하여 신입생을 일반고와 동시에 선발하도록 한 것은 학교법인의 사학운영의 자유를 침해한다.

④ 교원지위 법정주의를 근거로 하여 제정되는 법률에는 교원의 신분보장·경제적·사회적 지위 보장 등 교원의 권리에 해당하는 사항뿐만 아니라 국민의 교육을 받을 권리를 저해할 우려가 있는 행위의 금지 등 교원의 의무에 관한 사항도 당연히 규정할 수 있는 것이므로 결과적으로 교원의 기본권을 제한하는 사항까지도 규정할 수 있다.

⑤ 대학의 자율은 학생선발, 학사운영뿐만 아니라 교원의 임면에 관한 사항을 자율적으로 규율하는 것도 포함하므로, 교원의 기간임용제를 채택하면서 재임용에 관한 사항을 정하지 않더라도 교원지위 법정주의에 반하는 것은 아니다.

MGI Point 교육을 받을 권리 ★★

- 각자의 능력에 따라 교육시설에 입학하여 배울 수 있는 권리 ⇨ 자의금지심사, 입법적 재량범위가 넓은 영역
- 사립학교의 설립자·경영자가 교육부 장관의 명령을 여러 번 위반한 경우를 학교폐쇄명령 사유로 규정한 것 ⇨ 사학의 자유를 침해 ×
- 자율형 사립고등학교를 일반고와 동시에 선발하도록 한 것 ⇨ 학교법인의 사학운영의 자유 침해 ×
- 교원법정주의를 규정한 헌법 제36조 제항 ⇨ 사회적 지위보장 등 교원의 권리에 해당하는 사항뿐만 아니라 국민의 교육을 받을 권리를 저해할 우려있는 행위의 금지 등 교원의 의무에 관한 사항도 규정 ○
- 교원의 기간임용제를 택하면서 재임용에 대한 사항을 정하지 않은 것 ⇨ 교원지위법정주의 위반 ○

① (X) 이 사건 시행령조항(단축된 고등학교과정에 입학할 수 있는 자를 만 16세를 넘은 자로 규정한 평생교육법 시행령 조항)은 헌법에서 특별히 평등을 요구하고 있는 경우이거나 차별적 취급으로 인하여 관련 기본권에 대한 중대한 제한을 초래하게 되는 경우가 아니므로, 자의금지 원칙을 적용하여 차별을 정당화하는 합리적인 이유가 있는지를 심사하기로 한다. …헌법 제31조 제1항은 "모든 국민은 능력에 따라 균등하게 교육을 받을 권리를 가진다."라고 규정하여 국민의 교육을 받을 권리를 보장하고 있고, 그 '교육을 받을 권리'는 국가로부터 교육에 필요한 시설의 제공을 요구할 수 있는 권리 및 각자의 능력에 따라 교육시설에 입학하여 배울 수 있는 권리를 국민의 기본권으로서 보장하면서, 한편, 국민 누구나 능력에 따라 균등한 교육을 받을 수 있게끔 노력해야 할 의무와 과제를 국가에게 부과하고 있는 것이다. 그런데, '각자의 능력에 따라 교육시설에 입학하여 배울 수 있는 권리'의 대상인 국가의 교육시설은 그 물적, 인적 한계 등으로 말미암아 입학자격조건을 정하는 데 있어서 능력에 따른 차별이 가능한 영역으로서, 입법적 재량범위가 넓은 영역이라고 할 것이다(헌재 2011.06.30. 2010헌마503).

② (X) 학교법인은 사립학교만을 설치·경영할 목적으로 사립학교법에 따라 설립허가를 받아 설립되는 법인이다(사립학교법 제2조 제2호, 제10조 제1항). 따라서 사립학교를 설치·경영한다는 목적의 달성이 불가능한 경우 학교법인으로서는 존립 근거가 사라지는 것이고, 이에 해산되는 것은 당연하다. 이와 같이 이 사건 해산명령조항은 사립학교를 설치·경영한다는 목적의 달성이 불가능한 학교법인을 퇴출시켜 학교법인으로 하여금 사립학교의 설치·경영이라는 목적 달성에 충실하도록 하며, 비정상적으로 운영되는 사립학교의 존립 가능성을 사전에 차단함으로써, 전체 교육의 수준을 일정 수준 이상으로 유지하기 위한 것으로서 해산명령조항이 과잉금지원칙을 위반하여 사학의 자유를 침해한다고 볼 수도 없다(헌재 2018.12.27. 2016헌바217).

③ (X) 이 사건 동시선발 조항이 신입생 선발시기를 후기로 정함으로써 청구인 학교법인의 사학운영의 자유를 제한하고 있더라도 그 위헌 여부는 헌법 제37조 제2항에 의한 기본권 제한의 한계를 벗어나 자의적으

로 그 본질적인 내용을 침해하였는지 여부에 따라 판단되어야 할 것이다. …개별 자사고에 적합한 학생을 선발함에 있어서 핵심적 요소는 선발 방법인바, 자사고와 일반고가 동시선발하더라도 해당 학교의 장이 입학전형 방법을 정할 수 있으므로 해당 자사고의 교육에 적합한 학생을 선발하는 데 지장이 없고, 시행령은 입학전형 실시권자나 학생 모집 단위 등도 그대로 유지하여 자사고의 사학운영의 자유 제한을 최소화하였다. 또한 일반고 경쟁력 강화만으로 고교서열화 및 입시경쟁 완화에 충분하다고 단정할 수 없다. 따라서 이 사건 동시선발 조항은 국가가 학교 제도를 형성할 수 있는 재량 권한의 범위 내에 있다. 그렇다면 이 사건 동시선발 조항이 기본권 제한의 한계를 벗어나 자의적으로 그 본질적인 내용을 침해하였다고 볼 수 없다(헌재 2019.04.11. 2018헌마221). ▶ 사실관계 : 2018학년도까지의 고등학교 입시 일정에서는 자사고가 전기에 선발하는 고등학교 또는 학과에 포함되어 학생들이 전기에 자사고를 지원하고 불합격할 경우 후기에 선발하는 고등학교 또는 학과를 지원하는 것이 가능하였다. 그러나 2017. 12. 29. 초·중등교육법 시행령이 개정되면서 자사고를 (일반고와 동일하게) 후기학교로 정하고('동시선발 조항'), 자사고를 지원한 학생에게는 초·중등교육법 특수목적고등학교 및 자사고를 제외한 평준화지역의 후기학교에 중복지원하는 것을 금지하였다('중복지원금지 조항').
▶ 참고 : 청구인 학교법인(자사고)는 이 사건 개정 전 법령에 따른 고등학교 선발시기 내지 입학전형 제도에 따라 우수한 학생을 일반고에 우선하여 선점해 왔다고 하더라도, 이는 법령이 부여한 기회를 활용하여 얻은 반사적인 이익일 뿐이므로 '우선선발권'은 헌법상 기본권인 '사학운영의 자유'의 한 내용으로 보호된다고 볼 수 없다.

> 비교판례 이 사건 중복지원금지 조항은 중복지원금지 원칙만을 규정하고 자사고 불합격자에 대하여 아무런 고등학교 진학 대책을 마련하지 않았다. 따라서 자사고 불합격자는 고등학교에 진학할 수 있는지 여부가 시·도별 교육감의 재량에 의해 좌우되는 매우 불안정한 상태에 처하게 되었다. …이 사건 중복지원금지 조항은 청구인 학생 및 학부모의 평등권을 침해하여 헌법에 위반된다(헌재 2019.04.11. 2018헌마221).
> ▶ 결론 : 헌법재판소는 '동시선발 조항'은 합헌, '중복지원금지 조항'은 위헌으로 결정했다.

④ (○), ⑤ (X) 교원법정주의를 규정한 헌법 제36조 제항은 사회적 지위보장 등 교원의 권리에 해당하는 사항뿐만 아니라 국민의 교육을 받을 권리를 저해할 우려있는 행위의 금지 등 교원의 의무에 관한 사항도 규정할 수 있다(④). … 이상 본 바와 같이 객관적인 기준의 재임용 거부사유와 재임용에서 탈락하게 되는 교원이 자신의 입장을 진술할 수 있는 기회 그리고 재임용거부를 사전에 통지하는 규정 등이 없으며, 나아가 재임용이 거부되었을 경우 사후에 그에 대해 다툴 수 있는 제도적 장치를 전혀 마련하지 않고 있는 이 사건 법률조항은, 현대사회에서 대학교육이 갖는 중요한 기능과 그 교육을 담당하고 있는 대학교원의 신분의 부당한 박탈에 대한 최소한의 보호요청에 비추어 볼 때 헌법 제31조 제6항에서 정하고 있는 교원지위법정주의에 위반된다고 볼 수밖에 없다(⑤) (헌재 1998.07.16. 96헌바33).

정답 ④

문 118

23년 6월 모의시험

교육을 받을 권리에 관한 설명 중 옳은 것은? (다툼이 있는 경우 판례에 의함)

① 사립학교의 설립자가 사립학교를 자유롭게 운영할 자유는 헌법 제10조에서 보장되는 일반적 행동 자유권의 보호범위에 포함되지 않으며, 모든 국민의 능력에 따라 균등하게 교육을 받을 권리를 규정하고 있는 헌법 제31조 제1항, 교육의 자주성·전문성·정치적 중립성 및 대학의 자율성을 규정하고 있는 헌법 제31조 제4항에 의하여 인정되는 기본권이다.

② 고등학교에서 퇴학된 날로부터 6월이 지나지 아니한 자를 고등학교 졸업학력 검정고시를 받을 수 있는 자의 범위에서 제외하는 것은 의사와 능력에 따라 균등하게 교육받을 것을 국가로부터 방해받지 않을 권리, 즉 자유권으로서의 교육을 받을 권리를 제한하는 것이다.

③ 고졸검정고시 또는 '고등학교 입학자격 검정고시'에 합격했던 자를 해당 검정고시에 다시 응시할 수 없도록 응시자격을 제한하는 것은 상급학교 진학 시 검정고시 출신자와 정규학교 출신자 간의 형평성을 도모하고자 하는 것으로 검정고시 재응시자들의 교육을 받을 권리를 침해하지 않는다.

④ 교육부장관이 선임하는 학교법인 임시이사의 재임기간을 2년 이내로 하되, 1차에 한하여 연임할 수 있도록 한 것은 임시이사 개인의 직업의 자유 등 기본권을 제한할 수 있을 뿐 학교법인 자체의 사립학교 운영의 자유를 제한하지 않는다.

⑤ 국민의 교육을 받을 권리를 보호하는 차원에서 학년과 과목에 따라 교과용 도서에 대하여 이를 자유발행제로 하는 것이 온당하지 못한 경우가 있을 수 있지만, 그렇다고 하여 국가가 저작권을 가지는 국정도서만을 허용하는 것은 헌법 제31조 제4항에 반한다.

MGI Point 교육을 받을 권리 ★★

- 설립자가 학교를 자유롭게 운영할 자유 ⇨ 일반적 행동자유권 보호범위에 포함 ○, 헌법 제31조의 기본권에 해당 ○
- 고등학교에서 퇴학된 날로부터 6월이 지나지 않은 자를 검정고시 제외하는 것 ⇨ 교육을 받을 권리 제한 ○
- 검정고시 합격한 자를 다시 검정고시 응시 할 수 없게 하는 것 ⇨ 교육을 받을 권리 침해 ○
- 학교법인 임시이사의 재임기간 2년, 1차 연임 규정 ⇨ 임시이사 체제의 존속기한 정하지 않아 학교운영의 자유 제한 ○
- 교과용 도서에 대하여 국정도서만을 허용하는 것 ⇨ 헌법 31④에 반하지 ×

① (X) 설립자가 사립학교나 학교법인을 자유롭게 운영할 자유, 즉 사학의 자유는 비록 헌법에 명문규정은 없으나 헌법 제10조에서 보장되는 행복추구권의 한 내용을 이루는 일반적인 행동의 자유권과 교육의 자주성·전문성·정치적 중립성 및 대학의 자율성을 규정하고 있는 헌법 제31조 제4항 등에 의하여 인정되는 기본권의 하나이다(헌재 2016.02.25. 2013헌마692).

② (○) 헌법 제31조 제1항의 교육을 받을 권리는, 국민이 능력에 따라 균등하게 교육받을 것을 공권력에 의하여 부당하게 침해받지 않을 권리와, 국민이 능력에 따라 균등하게 교육받을 수 있도록 국가가 적극적으로 배려하여 줄 것을 요구할 수 있는 권리로 구성되는바, 전자는 자유권적 기본권의 성격이, 후자는 사회권적 기본권의 성격이 강하다고 할 수 있다. 그런데 이 사건 규칙조항과 같이 검정고시응시자격을 제한하는 것은, 국민의 교육받을 권리 중 그 의사와 능력에 따라 균등하게 교육받을 것을 국가로부터 방해받지 않을 권리, 즉 자유권적 기본권을 제한하는 것이다. …이 사건 규칙조항은 청구인의 교육을 받을 권리를 제한함에 있어서 과잉금지원칙에 위배된다 할 수 있다.(헌재 2008.04.24. 2007헌마1456).

③ (X) '검정고시에 합격한 자'에 대하여만 응시자격 제한을 공고에 위임했다고 볼 근거도 없으므로, 이 사건 응시제한은 위임받은 바 없는 응시자격의 제한을 새로이 설정한 것으로서 기본권 제한의 법률유보원칙에 위배하여 청구인의 교육을 받을 권리 등을 침해한다 …이 사건 응시제한은 정규 교육과정의 학생이 검정고시제도를 입시전략에 활용하는 것을 방치함으로써 발생할 수 있는 공교육의 붕괴를 막고, 상급학교 진학 시 검정고시 출신자와 정규학교 출신자 간의 형평성을 도모하고자 하는 것으로서 그 입법목적의 정당성은 인정할 수 있으나, …검정고시 제도 도입 이후 허용되어 온 합격자의 재응시를 아무런 경과조치 없이 무조건적으로 금지함으로써 응시자격을 단번에 영구히 박탈한 것이어서 최소침해성의 원칙에 위배되고 법익의 균형성도 상실하고 있다 할 것이므로 과잉금지원칙에 위배된다(헌재 2012.05.31. 2010헌마139,157,408,409,423).

④ (X) 이 사건 법률조항은 임시이사 개개인의 임기에 관하여만 규정하고 있을 뿐 임시이사 체제의 존속기한에 관하여는 명시적인 규정을 두고 있지 않아 임시이사 선임사유의 해소 여부에 관하여 교육인적자원부장관이 자의적으로 판단할 경우 임시이사 체제가 무한정 길어질 여지가 있음을 완전히 배제할 수는 없으므

로, 이 사건 법률조항은 학교법인의 사립학교 운영의 자유를 제한하는 조항으로 볼 수 있다. …임시이사는 설립 목적의 본질적인 변경이나 임시이사 선임사유 해소 시의 정식이사 선임과 같이 학교법인의 일반적인 운영을 넘어서는 사항을 결의할 수 없는 등 그 권한에 내재적인 한계가 있으며, 학교법인의 이해관계인은 교육인적자원부장관에게 임시이사 해임신청을 하고 그 거부처분에 대하여 항고소송으로 다툴 수 있는 등 임시이사 체제가 부당히 장기화되는 것을 방지하기 위한 법적 수단들이 마련되어 있다. …따라서 이 사건 법률조항이 임시이사 체제의 존속기한을 따로 정하고 있지 않다 하더라도 이로써 학교법인의 사립학교 운영의 자유를 과잉 침해한다고 할 수 없다(헌재 2009.04.30. 2005헌바101).

⑤ (X) 국정교과서제도는 교과서라는 형태의 도서에 대하여 국가가 이를 독점하는 것이지만, 국민의 수학권의 보호라는 차원에서 학년과 학과에 따라 어떤 교과용 도서에 대하여 이를 자유발행제로 하는 것이 온당하지 못한 경우가 있을 수 있고 그러한 경우 국가가 관여할 수밖에 없다는 것과 관여할 수 있는 헌법적 근거가 있다는 것을 인정한다면 그 인정의 범위내에서 국가가 이를 검·인정제로 할 것인가 또는 국정제로 할 것인가에 대하여 재량권을 갖는다고 할 것이다(헌재 1992.11.12. 89헌마88).

정답 ②

문 119
21년 6월 모의시험

교육제도 및 교육을 받을 권리에 관한 설명 중 옳은 것(○)과 옳지 않은 것(×)을 올바르게 조합한 것은? (다툼이 있는 경우 판례에 의함)

> ㄱ. 헌법 제31조 제6항 소정의 교육제도 법정주의는 교육제도에 관한 기본방침을 제외한 나머지 세부적인 사항까지 반드시 형식적 의미의 법률만으로 정하여야 한다는 의미는 아니다.
> ㄴ. 사립학교도 공교육의 일익을 담당한다는 점에서 국·공립학교와 본질적인 차이가 있을 수 없기 때문에 그 규율의 정도는 그 시대의 사정과 각급 학교의 형편에 따라 다를 수밖에 없는 것이므로, 교육의 본질을 침해하지 않는 한 궁극적으로는 입법권자의 형성의 자유에 속하는 것이라 할 수 있다.
> ㄷ. 검정고시로 고등학교 졸업학력을 취득한 사람들의 수시모집 지원을 제한하는 내용의 국립교육대학교 수시모집요강은 검정고시 출신자들을 합리적인 이유 없이 차별함으로써 해당 검정고시 출신자의 균등하게 교육을 받을 권리를 침해한다.
> ㄹ. 초·중등교육법은 고등학교 교육제도와 그 운영에 관하여 기본적인 사항을 이미 규정하고 있고, 다만 고등학교의 입학방법과 절차 등 입학전형에 관한 사항은 각 지역과 시점에 따라 달라지는 고등학교 교육에 대한 수요 및 공급의 상황과, 각종 고등학교별 특성 등을 고려하여야 할 필요성으로 인하여 행정입법에 위임하고 있으므로, 신입생 선발시기와 지원 방법을 대통령령으로 규정한 것은 교육제도 법정주의에 위반되지 않는다.
> ㅁ. 교육을 받을 권리는 '국민이 그 의사와 능력에 따라 균등하게 교육받을 것을 공권력에 의하여 부당하게 침해받지 않을 권리'와 '국민이 능력에 따라 균등하게 교육받을 수 있도록 국가가 적극적으로 배려하여 줄 것을 요구할 수 있는 권리'를 포함한다.

① ㄱ(○), ㄴ(×), ㄷ(○), ㄹ(○), ㅁ(×)
② ㄱ(○), ㄴ(○), ㄷ(×), ㄹ(×), ㅁ(×)

③ ㄱ(×), ㄴ(○), ㄷ(×), ㄹ(×), ㅁ(×)
④ ㄱ(×), ㄴ(×), ㄷ(○), ㄹ(○), ㅁ(○)
⑤ ㄱ(○), ㄴ(○), ㄷ(○), ㄹ(○), ㅁ(○)

> **MGI Point** **교육제도 및 교육을 받을 권리** ★★
>
> - 헌법 제31조 제6항 소정의 교육제도 법정주의 ⇨ 교육제도에 관한 기본방침을 제외한 나머지 세부적인 사항까지 반드시 형식적 의미의 법률만으로 정하여야 한다는 의미 ×
> - 사립학교도 공교육의 일익을 담당하는 점에서 국·공립학교와 본질적인 차이 無, 그 규율의 정도는 교육의 본질을 침해하지 않는 한 궁극적으로 입법자의 형성의 자유 ○
> - 검정고시로 고등학교 졸업한 사람들의 수시모집 제한하는 입시요강 ⇨ 균등하게 교육을 받을 권리 침해 ○
> - 고등학교의 입학방법과 절차 등 입학전형에 관한 사항은 상황과 특성상 행정입법에 위임 ○
>   ⇨ 고등학교별 특성과 필요에 따라 신입생 선발시기와 지원 방법을 대통령령으로 규정 ∴ 교육제도 법정주의 위반 ×
> - 헌법 제31조 제1항의 교육을 받을 권리
>   ⇨ 국민이 그 의사와 능력에 따라 균등하게 교육받을 것을 공권력에 의하여 부당하게 침해받지 않을 권리
>   + 국민이 능력에 따라 균등하게 교육받을 수 있도록 국가가 적극적으로 배려하여 줄 것을 요구할 수 있는 권리

ㄱ. (○) 헌법 제31조 제6항 소정의 교육제도 법정주의는 교육제도에 관한 기본방침을 제외한 나머지 세부적인 사항까지 반드시 형식적 의미의 법률만으로 정하여야 한다는 의미는 아니다. 그러므로 입법자가 정한 기본방침을 구체화하거나 이를 집행하기 위한 세부시행 사항은 하위법령에 위임이 가능하다(헌재 2016.02.25. 2013헌마838).

ㄴ. (○) 사립학교 운영의 자유가 헌법 제10조, 제31조 제1항, 제4항에서 도출되는 기본권이기는 하나, 사립학교도 공교육의 일익을 담당한다는 점에서 국·공립학교와 본질적인 차이가 있을 수 없다. 따라서 공적인 학교 제도를 보장하여야 할 책무를 진 국가가 일정한 범위 안에서 사립학교의 운영을 감독·통제할 권한과 책임을 지는 것은 당연한바, 그 규율의 정도는 시대적 상황과 각급 학교의 형편에 따라 다를 수밖에 없는 것이므로, 교육의 본질을 침해하지 않는 한 궁극적으로는 입법자의 형성의 자유에 속한다(대판 2014.01.23. 2012두6629).

ㄷ. (○) 이 사건 수시모집요강은 기초생활수급자·차상위계층, 장애인 등을 대상으로 하는 일부 특별전형에만 검정고시 출신자의 지원을 허용하고 있을 뿐 수시모집에서의 검정고시 출신자의 지원을 일률적으로 제한함으로써 실질적으로 검정고시 출신자의 대학입학 기회의 박탈이라는 결과를 초래하고 있다. 수시모집의 학생선발방법이 정시모집과 동일할 수는 없으나, 이는 수시모집에서 응시자의 수학능력이나 그 정도를 평가하는 방법이 정시모집과 다른 것을 의미할 뿐, 수학능력이 있는 자들에게 동등한 기회를 주고 합리적인 선발 기준에 따라 학생을 선발하여야 한다는 점은 정시모집과 다르지 않다. 따라서 수시모집에서 검정고시 출신자에게 수학능력이 있는지 여부를 평가받을 기회를 부여하지 아니하고 이를 박탈한다는 것은 수학능력에 따른 합리적인 차별이라고 보기 어렵다. 피청구인들은 정규 고등학교 학교생활기록부가 있는지 여부, 공교육 정상화, 비교내신 문제 등을 차별의 이유로 제시하고 있으나 이러한 사유가 차별취급에 대한 합리적인 이유가 된다고 보기 어렵다. 그렇다면 이 사건 수시모집요강은 검정고시 출신자인 청구인들을 합리적인 이유 없이 차별함으로써 청구인들의 균등하게 교육을 받을 권리를 침해한다(헌재 2017.12.28. 2016헌마649).

ㄹ. (○) 초·중등교육법(이하 '법'이라 한다)은 고등학교 교육제도와 그 운영에 관하여 교육의 목적(제45조), 수업연한(제46조), 입학자격(제47조), 학과와 교과 및 교육과정(제48조) 등 기본적인 사항을 이미 규정하고 있다. 또한 법 제61조 제1항은 '학교교육제도를 포함한 교육제도의 개선과 발전을 위하여 특히 필요하다고 인정되는 경우 한시적으로' 대통령령으로 정하는 바에 따라 초·중등교육법 조항의 일부를 적용받

지 않는 학교 또는 교육과정을 운영할 수 있도록 규정함으로써 다양한 고등학교 교육제도를 운영할 수 있는 근거를 마련하고 있다. 다만 고등학교의 입학방법과 절차 등 입학전형에 관한 사항은 각 지역과 시점에 따라 달라지는 고등학교 교육에 대한 수요 및 공급의 상황과 각종 고등학교별 특성 등을 고려하여야 할 필요성으로 인하여 행정입법에 위임하고 있다(법 제47조 제2항). 따라서 심판대상조항이 고등학교별 특성과 필요성에 따라 신입생 선발시기와 지원 방법을 대통령령으로 규정한 것 자체가 교육제도 법정주의에 위반된다고 보기는 어렵다(헌재 2019.04.11. 2018헌마221).

ㅁ. (○) 헌법 제31조 제1항에 규정된 교육을 받을 권리는 기본적으로 교육영역에서 평등원칙을 구체화하는 것으로서, '국민이 그 의사와 능력에 따라 균등하게 교육받을 것을 공권력에 의하여 부당하게 침해받지 않을 권리'와 '국민이 능력에 따라 균등하게 교육받을 수 있도록 국가가 적극적으로 배려하여 줄 것을 요구할 수 있는 권리'를 포함한다. 전자는 자유권적 기본권의 성격이, 후자는 사회권적 기본권의 성격을 가진다(헌재 2017.12.28. 2016헌마649).

정답

문 120

20년 10월 모의시험

교육을 받을 권리에 관한 설명으로 옳은 것을 모두 고른 것은? (다툼이 있는 경우 판례에 의함)

ㄱ. 청소년의 자유롭게 교육을 받을 권리는 국가의 교육권한과 부모의 교육권의 범주 내에서 인정되는 것이므로, 구체적 사정에 따라 다양한 조치를 취할 수 있도록 하기 위해 마련된 「학교폭력예방 및 대책에 관한 법률」상의 기간제한 없는 출석정지조치는 청소년의 자유롭게 교육을 받을 권리를 침해하지 않는다.
ㄴ. 헌법 제22조 제1항이 보장하고 있는 학문의 자유와 헌법 제31조 제4항에서 보장하고 있는 대학의 자율성에 따라 대학이 학생의 선발 및 전형 등 대학입시제도를 자율적으로 마련할 수 있으므로, 대학의 자율적 학생 선발권에 대한 제약은 허용되지 않는다.
ㄷ. 헌법 제31조 제3항의 의무교육무상의 원칙이 의무교육을 위탁받은 사립학교를 설치·운영하는 학교법인 등과의 관계에서 관련 법령에 의하여 이미 학교법인이 부담하도록 규정되어 있는 경비까지 종국적으로 국가나 지방자치단체의 부담으로 한다는 취지로 볼 수는 없다.
ㄹ. 교원노조에게 일반적인 정치활동을 허용할 경우 교육을 통해 책임감 있고 건전한 인격체로 성장해가야 할 학생들의 교육을 받을 권리는 중대한 침해를 받을 수 있는 점 등에 비추어 보면, 교원노조라는 집단성을 이용하여 행하는 정치활동을 금지하는 것이 과잉금지원칙에 위반된다고 볼 수 없다.

① ㄱ, ㄷ
② ㄴ, ㄹ
③ ㄱ, ㄴ, ㄷ
④ ㄱ, ㄷ, ㄹ
⑤ ㄴ, ㄷ, ㄹ

> **MGI Point** 교육을 받을 권리 ★★
>
> ■ 「학교폭력예방 및 대책에 관한 법률」상 기간제한 없는 출석정지조치 ⇨ 학습의 자유 침해 ✕
> ■ 대학의 자율적 학생 선발권에 대한 제약 可
> ■ 헌법 제31조 제3항 의무교육 무상의 원칙 ⇨ 이미 학교법인이 부담하도록 규정되어 있는 경비까지 종국적으로 국가나 지방자치단체의 부담으로 한다는 취지 ✕
> ■ 교원노조에게 일반적인 정치활동을 금지하는 것 ⇨ 과잉금지원칙 위반 ✕

ㄱ. (○) 이 사건 징계조치 조항은 가해학생에 대하여 수개의 단계별 조치를 병과할 수 있도록 하고 출석정지조치를 취함에 있어 그 기간의 상한을 두지 않음으로써, 개개의 학교폭력사안마다 적정한 수준의 조치를 취하여 피해학생의 보호 및 가해학생의 선도·교육을 도모할 수 있도록 하고 있다. 따라서 이 사건 징계조치 조항의 입법목적은 정당하고, 수단의 적절성 또한 인정된다. … 또한 학교폭력예방법에 따른 학교폭력사안 처리 절차 및 기준, 그 처리 과정에서 가해학생측에게 보장된 각종 기회 및 권리구제절차 등에 비추어 볼 때, 이 사건 징계조치 조항이 가해학생에 대하여 수개의 조치를 병과할 수 있도록 하고 출석정지조치를 취함에 있어 기간의 상한을 두고 있지 않다고 하더라도, 가해학생의 학습의 자유에 대한 제한이 입법 목적 달성에 필요한 최소한의 정도를 넘는다고 볼 수 없다. 따라서 이 사건 징계조치 조항은 침해의 최소성 원칙에 위반되지 아니한다. … 앞서 본 학교폭력의 심각성, 피해학생 및 가해학생에게 미치는 영향 등을 고려해 볼 때, 학교폭력을 행사하거나 이에 가담한 가해학생에 대하여 수개의 조치를 병과하거나 장기간의 출석정지조치를 하는 근거조항인 이 사건 징계조치 조항으로 인해 가해학생이 받게 되는 학교에서 교육받을 학습권의 제한 정도가, 학생의 인권 보호 및 건전한 사회구성원 육성 등 이 사건 징계조치 조항으로 달성하고자 하는 공익에 비하여 크다고 할 수 없다. 따라서 이 사건 징계조치 조항은 법익의 균형성 원칙에 위반되지 아니한다. … 이 사건 징계조치 조항은 학습의 자유를 침해하지 아니한다(헌재 2019.04.11. 2017헌바140).

ㄴ. (✕) 헌법 제22조 제1항이 보장하고 있는 학문의 자유와 헌법 제31조 제4항에서 보장하고 있는 대학의 자율성에 따라 대학이 학생의 선발 및 전형 등 대학입시제도를 자율적으로 마련할 수 있다 하더라도, 이러한 대학의 자율적 학생 선발권을 내세워 국민의 '균등하게 교육을 받을 권리'를 침해할 수 없으며, 이를 위해 대학의 자율권은 일정부분 제약을 받을 수 있다(헌재 2017.12.28. 2016헌마649).

ㄷ. (○) 헌법 제31조 제3항의 의무교육 무상의 원칙이 의무교육을 위탁받은 사립학교를 설치·운영하는 학교법인 등과의 관계에서 관련 법령에 의하여 이미 학교법인이 부담하도록 규정되어 있는 경비까지 종국적으로 국가나 지방자치단체의 부담으로 한다는 취지로 볼 수는 없다. 따라서 사립학교를 설치·경영하는 학교법인이 공유재산을 점유하는 목적이 의무교육 실시라는 공공 부문과 연결되어 있다는 점만으로 그 점유자를 변상금 부과대상에서 제외하여야 한다고 할 수 없고, 심판대상조항이 공익 목적 내지 공적 용도로 무단점유한 경우와 사익추구의 목적으로 무단점유한 경우를 달리 취급하지 않았다 하더라도 평등원칙에 위반되지 아니한다(헌재 2017.07.27. 2016헌바374).

ㄹ. (○) 교원의 행위는 교육을 통해 건전한 인격체로 성장해 가는 과정에 있는 미성숙한 학생들의 인격형성에 지대한 영향을 미칠 수 있는 점, 교원의 정치적 표현행위가 교원노조와 같은 단체의 이름으로 교원의 지위를 전면에 드러낸 채 대규모로 행해지는 경우 다양한 가치관을 조화롭게 소화하여 건전한 세계관·인생관을 형성할 능력이 미숙한 학생들에게 편향된 가치관을 갖게 할 우려가 있는 점, 교원노조에게 일반적인 정치활동을 허용할 경우 교육을 통해 책임감 있고 건전한 인격체로 성장해가야 할 학생들의 교육을 받을 권리는 중대한 침해를 받을 수 있는 점 등에 비추어 보면, 교원노조라는 집단성을 이용하여 행하는 정치활동을 금지하는 것이 과잉금지원칙에 위반된다고 볼 수 없다(헌재 2014.08.28. 2011헌바32).

정답 ④

문 121

20년 6월 모의시험

교육기본권에 관한 설명 중 옳은 것은? (다툼이 있는 경우 판례에 의함)

① 학교급식은 의무교육의 실질적인 균등보장을 위한 본질적이고 핵심적인 부분이라고까지는 할 수 없으므로, 의무교육 대상인 중학생의 학부모에게 급식관련비용 일부를 부담하도록 하는 것은 의무교육의 무상원칙에 위배되지 않는다.
② 검정고시로 고등학교 졸업학력을 취득한 사람들은 정규 고등학교의 학교생활기록부가 없어 초등교사로서의 품성과 자질 등을 다방면에서 평가할 자료가 없으므로, 해당 검정고시 출신자들에게 국립교육대학교의 수시모집에 지원할 수 없도록 하는 것은 이들의 교육을 받을 권리를 침해하지 않는다.
③ 부모의 자녀에 대한 교육권은 비록 헌법에 명문으로 규정되어 있지 않지만, 모든 인간이 국적과 관계없이 누리는 양도할 수 없는 불가침의 인권으로서 헌법 제10조의 인간의 존엄에서 나오는 중요한 기본권이다.
④ 「학교폭력예방 및 대책에 관한 법률」상 징계조치 조항에서 출석정지기간의 상한을 규정하지 않는 것은 가해학생에 대하여 무기한 내지 장기간의 출석정지조치를 가능하게 하는 것으로 가해학생의 교육을 받을 권리인 학습의 자유를 침해한다.
⑤ 학교법인의 사학운영의 자유는 교육을 받을 권리와 마찬가지로 헌법상 기본권으로 보장되므로, 자율형 사립고등학교를 후기학교로 정하여 신입생을 일반고와 동시에 선발하도록 하는 것은 사학운영의 자유를 침해한다.

MGI Point 교육기본권 ★★

- 중학생의 학부모에게 급식관련비용 일부를 부담시킨 것 ⇨ 의무교육의 무상원칙 위반 ✕
- 검정고시로 고등학교 졸업한 사람들의 수시모집 제한하는 입시요강 ⇨ 헌법 31조 1항의 균등하게 교육을 받을 권리 침해 ○
- 부모의 자녀교육권
  - 헌법에 명문으로 규정 ✕, but 불가침의 인권
  - 헌법적 근거 : 혼인과 가족의 보호(제36조 제1항), 행복추구권(제10조), 열거되지 아니한 자유와 권리 경시 금지(제37조 제1항)
- 「학교폭력예방 및 대책에 관한 법률」상 징계조치 조항에서 출석정지기간의 상한을 두지 않은 것 ⇨ 학습의 자유 침해 ✕
- 자율형 사립고등학교를 후기학교로 정하여 신입생을 일반고와 동시에 선발하도록 하는 것 (동시선발 조항) ⇨ 합헌
  cf. 중복지원금지 조항 ⇨ 평등권을 침해하여 위헌 ○

---

① (○) 학교급식은 학생들에게 한 끼 식사를 제공하는 영양공급 차원을 넘어 교육적인 성격을 가지고 있지만, 이러한 교육적 측면은 기본적이고 필수적인 학교 교육 이외에 부가적으로 이루어지는 식생활 및 인성 교육으로서의 보충적 성격을 가지므로 의무교육의 실질적인 균등보장을 위한 본질적이고 핵심적인 부분이라고까지는 할 수 없다. 이 사건 법률조항들은 비록 중학생의 학부모들에게 급식관련 비용의 일부를 부담하도록 하고 있지만, 학부모에게 급식에 필요한 경비의 일부를 부담시키는 경우에 있어서도 학교급식 실시의 기본적 인프라가 되는 부분은 배제하고 있으며, 국가나 지방자치단체의 지원으로 학부모의 급식비 부담을 경감하는 조항이 마련되어 있고, 특히 저소득층 학생들을 위한 지원방안이 마련되어 있다는 점 등을 고려해 보면, 이 사건 법률조항들이 입법형성권의 범위를 넘어 헌법상 의무교육의 무상원칙에 반하는 것으로 보기는 어렵다(헌재 2012.04.24. 2010헌바164).

② (X) 이 사건 수시모집요강은 기초생활수급자·차상위계층, 장애인 등을 대상으로 하는 일부 특별전형에만 검정고시 출신자의 지원을 허용하고 있을 뿐 수시모집에서의 검정고시 출신자의 지원을 일률적으로 제한함으로써 실질적으로 검정고시 출신자의 대학입학 기회의 박탈이라는 결과를 초래하고 있다. 수시모집의 학생 선발방법이 정시모집과 동일할 수는 없으나, 이는 수시모집에서 응시자의 수학능력이나 그 정도를 평가하는 방법이 정시모집과 다른 것을 의미할 뿐, 수학능력이 있는 자들에게 동등한 기회를 주고 합리적인 선발 기준에 따라 학생을 선발하여야 한다는 점은 정시모집과 다르지 않다. 따라서 수시모집에서 검정고시 출신자에게 수학능력이 있는지 여부를 평가받을 기회를 부여하지 아니하고 이를 박탈한다는 것은 수학능력에 따른 합리적인 차별이라고 보기 어렵다. 피청구인들은 정규 고등학교 학교생활기록부가 있는지 여부, 공교육 정상화, 비교내신 문제 등을 차별의 이유로 제시하고 있으나 이러한 사유가 차별취급에 대한 합리적인 이유가 된다고 보기 어렵다. 그렇다면 이 사건 수시모집요강은 검정고시 출신자인 청구인들을 합리적인 이유 없이 차별함으로써 청구인들의 균등하게 교육을 받을 권리를 침해한다(헌재 2017.12.28. 2016헌마649).

③ (X) 자녀의 양육과 교육은 일차적으로 부모의 천부적인 권리인 동시에 부모에게 부과된 의무이기도 하다. '부모의 자녀에 대한 교육권'은 비록 헌법에 명문으로 규정되어 있지는 아니하지만, 이는 모든 인간이 누리는 불가침의 인권으로서 혼인과 가족생활을 보장하는 헌법 제36조 제1항, 행복추구권을 보장하는 헌법 제10조 및 "국민의 자유와 권리는 헌법에 열거되지 아니한 이유로 경시되지 아니한다"고 규정하는 헌법 제37조 제1항에서 나오는 중요한 기본권이다. 부모는 자녀의 교육에 관하여 전반적인 계획을 세우고 자신의 인생관·사회관·교육관에 따라 자녀의 교육을 자유롭게 형성할 권리를 가지며, 부모의 교육권은 다른 교육의 주체와의 관계에서 원칙적인 우위를 가진다(헌재 2000.04.27. 93헌가16).

④ (X) 학교폭력의 사안이 심각하여 가해학생에게 전학·퇴학처분 등의 조치를 취하는 경우에는 그 절차가 마무리될 때까지 피해학생과 격리함으로써 피해학생을 보호할 필요가 있는데, 출석정지기간의 상한을 둔다면 가해학생과 피해학생이 함께 생활하는 경우가 있을 수 있어 피해학생이 다시 학교폭력에 노출될 위험성이 있고, 이는 가해학생에 대하여 출석정지조치를 취할 수 있도록 한 취지에 부합하지 아니한다. 이 사건 징계조치 조항에서 출석정지기간의 상한을 두지 않은 것은 바로 이러한 취지에서 이해할 수 있다. 가해학생에 대해서 출석정지조치와 함께 학내외 전문가에 의한 특별 교육이수 또는 심리치료를 병행할 수 있으므로 이러한 경우에도 가해학생의 선도·교육이 도외시된다고 볼 수 없다(헌재 2019.04.11. 2017헌바140).
▶ ④번 지문은 재판관 서기석, 재판관 이선애의 반대의견

⑤ (X) 헌법 제10조, 제31조 제1항, 제4항에서 도출되는 사학의 자유는 학교법인을 설립하고 이를 통하여 사립학교를 설립·경영하는 것을 내용으로 하는바, 사립학교의 설립 취지에 맞는 교육을 실시하기 위해서는 학생선발에 있어서도 일정한 자유를 인정할 필요가 있다. 따라서 이 사건 동시선발 조항이 자사고를 전기학교에 포함시키지 아니한 것이 청구인 학교법인의 사학운영의 자유를 침해하는지 여부를 살펴본다. … 이 사건 동시선발 조항이 신입생 선발시기를 후기로 정함으로써 청구인 학교법인의 사학운영의 자유를 제한하고 있더라도 그 위헌 여부는 헌법 제37조 제2항에 의한 기본권 제한의 한계를 벗어나 자의적으로 그 본질적인 내용을 침해하였는지 여부에 따라 판단되어야 할 것이다. … 이 사건 동시선발 조항이 기본권 제한의 한계를 벗어나 자의적으로 그 본질적인 내용을 침해하였다고 볼 수 없다(헌재 2019.04.11. 2018헌마221).

제❹절 | 근로의 권리

문 122
24년 6월 모의시험

노동기본권에 관한 설명 중 옳은 것은? (다툼이 있는 경우 판례에 의함)

① 헌법 제32조 제1항이 규정한 근로의 권리는 국가의 개입·간섭을 받지 않고 자유로이 근로를 할 자유를 의미하는 것으로, 국가에 대하여 근로의 기회를 제공하는 정책을 수립해줄 것을 요구할 수 있는 권리까지 기본적 내용으로 하고 있는 것은 아니다.
② 기본권 주체성의 인정 문제와 기본권 제한의 정도는 밀접한 관련성이 있으므로, 외국인에게 근로의 권리에 대한 기본권 주체성을 인정한다는 것은 곧바로 우리 국민과 동일한 수준의 보장을 한다는 것을 의미하는 것이다.
③ 근로3권의 성격은 국가가 단지 근로자의 단결권을 존중하고 부당한 침해를 하지 아니함으로써 보장되는 자유권적 측면인 국가로부터의 자유를 의미하는 것으로, 근로자의 권리행사의 실질적 조건을 형성하고 유지해야 할 국가의 적극적인 활동을 필요로 한다고 볼 수는 없다.
④ 헌법은 법률이 정하는 주요방위산업체에 종사하는 근로자의 근로3권을 법률이 정하는 바에 의하여 인정하지 않을 수 있도록 규정하고 있다.
⑤ 근로조건의 결정은 사용자와 근로자의 계약에 의하여 또는 실질적으로 사용자의 의사에 의하여 결정되는 것이고, 근로조건의 최소 보장이나 개선은 국가가 침해 작용을 중지함으로써 실현되는 것이 아니라 근로조건 개선을 위한 법제의 정비, 자금 지원 등 국가의 적극적인 급부와 배려를 통하여 비로소 이루어진다.

MGI Point 노동기본권 ★★

- 헌법 제32조 제1항이 규정하는 근로의 권리 ⇨ 자유로이 근로를 할 자유를 의미하는 것 뿐만 아니라 고용증진을 위한 사회적·경제적 정책을 요구할 수 있는 권리
- 외국인에게 근로의 권리에 대한 기본권 주체성을 인정한다는 것이 곧바로 우리 국민과 동일한 수준의 보장을 한다는 것을 의미하는 것 ×
- 근로3권의 성격 ⇨ 국가가 단지 근로자의 단결권을 존중하고 부당한 침해를 하지 아니함으로써 보장되는 자유권적 측면인 국가로부터의 자유뿐이 아니라, 근로자의 권리행사의 실질적 조건을 형성하고 유지해야 할 국가의 적극적인 활동 要
- 법률이 정하는 주요방위산업체에 종사하는 근로자의 단체행동권은 법률이 정하는 바에 의하여 이를 제한하거나 인정하지 아니할 수 있음
- 근로조건의 결정은 사용자와 근로자의 계약에 의하여 또는 실질적으로 사용자의 의사에 의하여 결정되는 것이고 근로조건 개선을 위한 법제의 정비, 자금 지원 등 국가의 적극적인 급부와 배려를 통하여 비로소 이루어 짐

---

① (X) 헌법 제32조 제1항이 규정하는 근로의 권리는 사회적 기본권으로서 국가에 대하여 직접 일자리를 청구하거나 일자리에 갈음하는 생계비의 지급청구권을 의미하는 것이 아니라 고용증진을 위한 사회적·경제적 정책을 요구할 수 있는 권리에 그치며, 근로의 권리로부터 국가에 대한 직접적인 직장존속청구권이 도출되는 것도 아니다. 나아가 근로자가 퇴직급여를 청구할 수 있는 권리도 헌법상 바로 도출되는 것이 아니라 퇴직급여법 등 관련 법률이 구체적으로 정하는 바에 따라 비로소 인정될 수 있는 것이므로 계속근로기간 1년 미만인 근로자가 퇴직급여를 청구할 수 있는 권리가 헌법 제32조 제1항에 의하여 보장된다고 보기는 어렵다(헌재 2011.07.28. 2009헌마408).

② (X) … 한편, 기본권 주체성의 인정 문제와 기본권 제한의 정도는 별개의 문제이므로 외국인에게 근로의 권리에 대한 기본권 주체성을 인정한다는 것이 곧바로 우리 국민과 동일한 수준의 보장을 한다는 것을 의미하는 것은 아니다(헌재 2016.03.31. 2014헌마367).

③ (X) … 이러한 근로3권의 성격은 국가가 단지 근로자의 단결권을 존중하고 부당한 침해를 하지 아니함으로써 보장되는 자유권적 측면인 국가로부터의 자유뿐이 아니라, 근로자의 권리행사의 실질적 조건을 형성하고 유지해야 할 국가의 적극적인 활동을 필요로 한다. 따라서 근로3권의 사회권적 성격은 입법조치를 통하여 근로자의 헌법적 권리를 보장할 국가의 의무에 있다. 이는 곧, 입법자가 근로자단체의 조직, 단체교섭, 단체협약, 노동쟁의 등에 관한 노동조합관련법의 제정을 통하여 노사간의 세력균형이 이루어지고 근로자의 근로3권이 실질적으로 기능할 수 있도록 하기 위하여 필요한 법적 제도와 법규범을 마련하여야 할 의무가 있다는 것을 의미한다(헌재 1998.02.27. 94헌바13·26,95헌바44(병합)).

④ (X) 헌법 제33조 제3항 참조.

> 헌법 제33조 ③ 법률이 정하는 주요방위산업체에 종사하는 근로자의 단체행동권은 법률이 정하는 바에 의하여 이를 제한하거나 인정하지 아니할 수 있다.

⑤ (○) … 그런데 근로조건의 결정은 사용자와 근로자의 계약에 의하여 또는 실질적으로 사용자의 의사에 의하여 결정되는 것이고, 근로조건의 최소 보장이나 개선은 국가가 침해작용을 중지함으로써 실현되는 것이 아니라 근로조건 개선을 위한 법제의 정비, 자금 지원 등 국가의 적극적인 급부와 배려를 통하여 비로소 이루어진다(헌재 2017.05.25. 2016헌마640).

 정답 ⑤

문 123 23년 8월 모의시험

근로의 권리에 관한 설명 중 옳은 것은? (다툼이 있는 경우 판례에 의함)

① 상시 4명 이하의 근로자를 사용하는 사업 또는 사업장에 적용되는 「근로기준법」 조항을 대통령령에서 정하도록 위임하는 것은 근로조건의 기준을 인간의 존엄성을 보장하도록 법률로 정하도록 규정한 헌법 제32조 제3항에 위배된다.

② 입법자가 근로조건의 기준을 정함에 있어 인간의 존엄성을 보장하도록 한 헌법 제32조 제3항에 위반되어서는 안 되므로, 헌법재판소는 근로조건을 정한 법률이 근로의 권리를 침해하는지 여부에 대해서는, 입법 재량의 범위를 벗어난 것인지 여부에 달려 있는 것이 아니라 입법목적과 수단 간의 엄격한 비례관계를 심사하여야 한다.

③ 직업의 자유에서 도출되는 직장선택의 자유는 원하는 직장을 제공하여 줄 것을 청구하거나 한번 선택한 직장의 존속보호를 청구할 권리를 보장하지 않으나, 근로의 권리는 사용자의 처분에 따른 직장 상실의 위험에 대하여 필요하고 적절한 보호를 요청할 수 있는 구체적 권리를 내용으로 한다.

④ 월급근로자로서 6개월이 되지 못한 근로자에게 미리 해고를 예고하도록 하는 해고예고제도를 적용하지 않는 것은 월급제근로자의 근무형태 특수성과 근로관계의 단기성을 고려한 것으로 합리적인 이유가 있으므로 근로의 권리를 침해하지 아니한다.

⑤ 「근로기준법」상 부당해고제한조항과 노동위원회의 구제절차를 4인 이하의 근로자를 사용하는 사업 또는 사업장에 적용하지 않더라도, 개별 근로관계법상의 해고금지조항과 해고예고제도 등이 4인 이하 사업장에도 적용되므로, 이는 근로의 권리를 침해하지 아니한다.

> **MGI Point** 근로의 권리 ★★
>
> ■ 상시 4명이하의 근로자를 사용하는 사업 또는 사업장에 적용되는 조항을 대통령령에서 정하도록 위임하는 것 위헌심사
>   ⇨ 헌법 제32조 제3항 위반 여부 별도 판단 ×
> ■ 헌법 제32조 제3항의 위헌심사 기준 ⇨ 근로자를 보호할 의무를 전혀 이행하지 아니하거나 그 내용이 현저히 불합리하여 헌법상 용인될 수 있는 재량의 범위를 벗어난 지 여부
> ■ 헌법 제32조 제1항이 규정하는 근로의 권리 ⇨ 국가에 대한 직접적인 직장존속청구권 도출 ×
> ■ 월급근로자로서 6개월이 되지 못한 자를 해고예고제도의 적용대상에서 제외한 법률조항 ⇨ 근로의 권리를 침해 ○
> ■ 4인 이하 사업장에 부당해고제한조항이나 노동위원회 구제절차를 적용 안하는 것 ⇨ 근로의 권리 침해 ×

① (X) … 위 주장은 결국 심판대상조항이 구체적인 위임기준을 정하지 않은 채 하위규범인 대통령령에 백지위임함으로써 결과적으로 근로기준법 시행령 제7조 [별표 1]에서 근로기준법 제23조 제1항을 나열하지 않은 등 하위규범의 입법이 불충분하게 이루어졌음을 지적하는 것이다. 청구인도 심판청구서를 통하여 근로기준법 시행령이 법 제23조 제1항을 누락한 점의 위헌을 다투는 것이 아니라 심판대상조항의 위헌을 다투는 점임을 명시하고 있고, 대통령령인 위 시행령 조항에 위헌성이 있더라도 그로 인하여 수권법률 조항인 심판대상조항이 당연히 위헌으로 되는 것은 아니다. 따라서 심판대상조항에 대하여 법률유보원칙과 포괄위임금지원칙 위배 여부로 판단하는 이상 위와 같은 헌법 제11조 제1항의 평등원칙, 근로조건의 기준은 인간의 존엄성을 보장하도록 법률로 정할 것을 규정한 헌법 제32조 제3항 위반 주장은 별도로 판단하지 아니한다(헌재 2019.04.11. 2013헌바112).

② (X) 헌법 제32조 제3항은 "근로조건의 기준은 인간의 존엄성을 보장하도록 법률로 정한다."라고 규정하고 있다. …인간의 존엄성에 관한 판단기준도 사회적·경제적 상황에 따라 변화하는 상대적 성격을 띠는 만큼 그에 상응하는 근로조건에 관한 기준도 시대상황에 부합하게 탄력적으로 구체화할 필요가 있기 때문이다. …여기서 인간의 존엄에 상응하는 근로조건의 기준이 무엇인지를 구체적으로 정하는 것은 입법자의 형성의 자유에 속하는 것으로, 퇴직급여제도의 적용대상에서 …그 내용이 현저히 불합리하여 헌법상 용인될 수 있는 재량의 범위를 벗어난 것인지 여부에 달려 있다(헌재 2021.11.25. 2015헌바334,2018헌바42(병합)).

③ (X) 헌법 제15조가 보장하는 직업선택의 자유에는 직장선택의 자유가 포함되며, 이러한 직장선택의 자유는 자신이 선택한 직업분야에서 구체적인 취업의 기회를 가지거나 이미 형성된 근로관계를 계속 유지하거나 포기함에 있어 국가의 방해를 받지 않는 자유로운 선택과 결정을 보호하는 것을 내용으로 한다. 그러나, 이 기본권은 원하는 직장을 제공하여 줄 것을 청구하거나 한번 선택한 직장의 존속보호를 청구할 권리를 보장하지 않으며, 또한 사용자의 처분에 따른 직장 상실로부터 직접 보호하여 줄 것을 청구할 수도 없다. … 헌법 제32조 제1항이 규정하는 근로의 권리는 사회적 기본권으로서 국가에 대하여 직접 일자리를 청구하거나 일자리에 갈음하는 생계비의 지급청구권을 의미하는 것이 아니라 고용증진을 위한 사회적·경제적 정책을 요구할 수 있는 권리에 그치며, 근로의 권리로부터 국가에 대한 직접적인 직장존속청구권이 도출되는 것도 아니다. 나아가 근로자가 퇴직급여를 청구할 수 있는 권리도 헌법상 바로 도출되는 것이 아니라 퇴직급여법 등 관련 법률이 구체적으로 정하는 바에 따라 비로소 인정될 수 있는 것이므로 계속근로기간 1년 미만인 근로자가 퇴직급여를 청구할 수 있는 권리가 헌법 제32조 제1항에 의하여 보장된다고 보기는 어렵다(헌재 2011.07.28. 2009헌마408).

④ (X) "월급근로자로서 6월이 되지 못한 자"는 대체로 기간의 정함이 없는 근로계약을 한 자들로서 근로관계의 계속성에 대한 기대가 크다고 할 것이므로, 이들에 대한 해고 역시 예기치 못한 돌발적 해고에 해당한다. 따라서 6개월 미만 근무한 월급근로자 또한 전직을 위한 시간적 여유를 갖거나 실직으로 인한 경제적 곤란으로부터 보호받아야 할 필요성이 있다. 그럼에도 불구하고 합리적 이유 없이 "월급근로자로서 6개월이 되지 못한자"를 해고예고제도의 적용대상에서 제외한 이 사건 법률조항은 근무기간이 6개월 미만인 월급근로자의 근로의 권리를 침해하고, 평등원칙에도 위배된다(헌재 2015.12.23. 2014헌바3).

⑤ (○) 개별 근로관계법에서 정하는 특별형태의 부당해고는 4인 이하 사업장에도 금지되고 있어 부당해고 금지의 일반조항인 근로기준법 제23조 제1항이 적용되지 않는 부분을 일부 보완하고 있다. 또한 4인 이하 사업장에도 근로기준법 제35조의 해고예고제도가 적용되므로, 해고예고를 받은 날부터 30일분의 임금청구가 가능한 것을 감안하면 4인 이하 사업장에 대한 최소한의 근로자 보호는 이루어지고 있다. … 심판대상조항이 근로기준법 제11조 제2항의 위임에 따라 4인 이하 사업장에 적용될 근로기준법 조항을 정하면서, 4인 이하 사업장에 부당해고제한조항이나 노동위원회 구제절차를 적용되는 조항으로 나열하지 않았다 하여 근로자에 대한 보호의무에서 요구되는 최소한의 절차적 규율마저 하지 아니하였다거나, 그 내용이 현저히 불합리하여 헌법상 용인될 수 있는 재량의 범위를 벗어난 것이라고 볼 수 없다(헌재 2019.04.11. 2017헌마820).

정답 ⑤

문 124
22년 10월 모의시험

근로의 권리에 관한 설명 중 옳지 않은 것은? (다툼이 있는 경우 판례에 의함)

① 근로의 권리는 사회적 기본권으로서 국가에 대하여 직접 일자리를 청구하거나 일자리에 갈음하는 생계비의 지급청구권을 의미하는 것이 아니라 고용증진을 위한 사회적·경제적 정책을 요구할 수 있는 권리에 그친다.

② 근로자가 퇴직급여를 청구할 수 있는 권리는 퇴직급여법 등 관련 법률이 구체적으로 정하는 바에 따라 비로소 인정될 수 있는 것이므로, 근로의 권리를 보장하는 헌법 제32조 제1항에 의하여 계속근로기간 1년 미만인 근로자가 퇴직급여를 청구할 수 있는 권리가 당연히 보장되는 것은 아니다.

③ 근로의 권리는 '일할 자리에 관한 권리'와 '일할 환경에 관한 권리'를 말하며, 후자는 건강한 작업환경, 일에 대한 정당한 보수, 합리적인 근로조건의 보장 등을 요구할 수 있는 권리 등을 의미하므로 외국인 근로자의 직장변경 횟수를 제한하고 있는 법률조항은 근로의 권리를 제한한다.

④ 근로의 권리의 내용에 따라, 자본주의 경제질서 하에서 근로자가 기본적 생활수단을 확보하고 인간의 존엄성을 보장받기 위하여 최소한의 근로조건을 요구할 수 있는 권리는 자유권적 기본권의 성격도 아울러 가지므로 외국인 근로자도 이를 기본권으로 주장할 수 있다.

⑤ 국가는 근로의 권리를 보장하기 위하여 사용자의 처분에 따른 직장 상실에 대하여 최소한의 보호를 제공하여야 할 의무를 부담하나, 이러한 경우에도 입법자가 그 보호의무를 전혀 이행하지 않거나 사용자와 근로자의 상충하는 기본권적 지위나 이익을 현저히 부적절하게 형량한 때에만 위헌 여부가 문제될 수 있다.

MGI Point 근로의 권리 ★★

■ 근로의 권리의 성격
  • 국가에 대하여 직접 일자리를 청구하거나 일자리에 갈음하는 생계비의 지급청구권 ✕
  • 고용증진을 위한 사회적·경제적 정책을 요구할 수 있는 권리 ○
■ 계속근로기간 1년 미만인 근로자가 퇴직급여를 청구할 수 있는 권리 ⇨ 근로의 권리에 포함 ✕

- 외국인 근로자의 직장변경 횟수를 제한하는 것 ⇨ 근로의 권리 제한 ×
- 근로의 권리에 대한 기본권주체성
  - "일할 자리에 관한 권리"만이 아니라 "일할 환경에 관한 권리"도 함께 내포
  - 후자의 경우는 자유권적 기본권의 성격 有 ⇨ 외국인 근로자에게도 기본권 주체성을 인정 ○
- 근로의 권리로부터 국가에 대한 직접적인 직장존속보장청구권이 도출되는지 여부 ⇨ 인정 ×

① (○), ② (○) 헌법 제32조 제1항이 규정하는 근로의 권리는 사회적 기본권으로서 국가에 대하여 직접 일자리를 청구하거나 일자리에 갈음하는 생계비의 지급청구권을 의미하는 것이 아니라 고용증진을 위한 사회적·경제적 정책을 요구할 수 있는 권리에 그치며, 근로의 권리로부터 국가에 대한 직접적인 직장존속청구권이 도출되는 것도 아니다. 나아가 근로자가 퇴직급여를 청구할 수 있는 권리도 헌법상 바로 도출되는 것이 아니라 퇴직급여법 등 관련 법률이 구체적으로 정하는 바에 따라 비로소 인정될 수 있는 것이므로 계속근로기간 1년 미만인 근로자가 퇴직급여를 청구할 수 있는 권리가 헌법 제32조 제1항에 의하여 보장된다고 보기는 어렵다(헌재 2011.07.28. 2009헌마408).

③ (X) 근로의 권리란 "일할 자리에 관한 권리"와 "일할 환경에 관한 권리"를 말하며, 후자는 건강한 작업환경, 일에 대한 정당한 보수, 합리적인 근로조건의 보장 등을 요구할 수 있는 권리 등을 의미하는바, 직장변경의 횟수를 제한하고 있는 이 사건 법률조항은 위와 같은 근로의 권리를 제한하는 것은 아니라 할 것이다(헌재 2011.09.29. 2007헌마1083).

④ (○) 근로의 권리가 "일할 자리에 관한 권리"만이 아니라 "일할 환경에 관한 권리"도 함께 내포하고 있는 바, 후자는 인간의 존엄성에 대한 침해를 방어하기 위한 자유권적 기본권의 성격도 갖고 있어 건강한 작업환경, 일에 대한 정당한 보수, 합리적인 근로조건의 보장 등을 요구할 수 있는 권리 등을 포함한다고 할 것이므로 외국인 근로자라고 하여 이 부분에까지 기본권 주체성을 부인할 수는 없다. 즉 근로의 권리의 구체적인 내용에 따라, 국가에 대하여 고용증진을 위한 사회적·경제적 정책을 요구할 수 있는 권리는 사회권적 기본권으로서 국민에 대하여만 인정해야 하지만, 자본주의 경제질서하에서 근로자가 기본적 생활수단을 확보하고 인간의 존엄성을 보장받기 위하여 최소한의 근로조건을 요구할 수 있는 권리는 자유권적 기본권의 성격도 아울러 가지므로 이러한 경우 외국인 근로자에게도 그 기본권 주체성을 인정함이 타당하다(헌재 2007.08.30. 2004헌마670).

⑤ (○) … 근로의 권리로부터 국가에 대한 직접적인 직장존속청구권을 도출할 수도 없다. 단지 위에서 본 직업의 자유에서 도출되는 보호의무와 마찬가지로 사용자의 처분에 따른 직장 상실에 대하여 최소한의 보호를 제공하여야 할 의무를 국가에 지우는 것으로 볼 수는 있을 것이나, 이 경우에도 입법자가 그 보호의무를 전혀 이행하지 않거나 사용자와 근로자의 상충하는 기본권적 지위나 이익을 현저히 부적절하게 형량한 경우에만 위헌 여부의 문제가 생길 것이다(헌재 2002.11.28. 2001헌바50).

정답 ③

문 125

20년 10월 모의시험

근로의 권리에 관한 설명으로 옳은 것(○)과 옳지 않은 것(×)을 올바르게 조합한 것은? (다툼이 있는 경우 판례에 의함)

ㄱ. 근로자의 건강하고 문화적인 생활의 실현에 이바지할 수 있도록 여가를 부여하는 데 그 목적이 있는 연차유급휴가는 인간의 존엄성을 보장하기 위한 합리적인 근로조건에 해당하므로, 연차유급휴가에 관한 권리는 근로의 권리의 내용에 포함된다.

ㄴ. 해고예고제도는 근로조건의 핵심적 부분인 해고와 관련된 사항이며 근로자가 갑자기 직장을 잃어 생활이 곤란해지는 것을 막는 데 목적이 있으므로 근로자의 인간 존엄성을 보장하기 위한 최소한의 근로조건에 해당하고, 이러한 해고예고에 대한 권리는 근로의 권리의 내용에 포함된다.

ㄷ. 근로자가 퇴직급여를 청구할 수 있는 권리는 헌법상 바로 도출되는 것이 아니라 「근로자퇴직급여 보장법」 등 관련 법률이 구체적으로 정하는 바에 따라 비로소 인정될 수 있는 것이므로, 계속근로기간 1년 미만인 근로자가 퇴직급여를 청구할 수 있는 권리는 근로의 권리의 내용에 포함되지 않는다.

ㄹ. 부당해고에 대한 노동위원회 구제절차의 적용대상에서 4인 이하 사업장을 제외한 것은 헌법상 용인될 수 있는 재량의 범위를 벗어난 것으로 볼 수 있으므로 4인 이하 사업장에서 근무하는 사람의 근로의 권리를 침해한다.

① ㄱ(○), ㄴ(×), ㄷ(×), ㄹ(×)
② ㄱ(×), ㄴ(○), ㄷ(○), ㄹ(○)
③ ㄱ(○), ㄴ(○), ㄷ(×), ㄹ(○)
④ ㄱ(×), ㄴ(×), ㄷ(○), ㄹ(○)
⑤ ㄱ(○), ㄴ(○), ㄷ(○), ㄹ(×)

MGI Point 근로의 권리 ★★

- 연차유급휴가 ⇨ 근로의 권리에 포함 ○
- 해고예고제도 ⇨ 근로의 권리에 포함 ○
- 계속근로기간 1년 미만인 근로자가 퇴직급여를 청구할 수 있는 권리 ⇨ 근로의 권리에 포함 ×
- 부당해고제한조항과 노동위원회 구제절차를 4인 이하 사업장에는 제외
  ⇨ 입법 재량의 범위 內, 근로의 권리 침해 ×

ㄱ. (○) 헌법 제32조 제3항은 위와 같은 근로의 권리가 실효적인 것이 될 수 있도록 "근로조건의 기준은 인간의 존엄성을 보장하도록 법률로 정한다."고 하여 근로조건의 법정주의를 규정하고 있고, 이에 따라 근로기준법 등에 규정된 연차유급휴가는 근로자의 건강하고 문화적인 생활의 실현에 이바지할 수 있도록 여가를 부여하는데 그 목적이 있으므로 이는 인간의 존엄성을 보장하기 위한 합리적인 근로조건에 해당한다. 따라서 연차유급휴가에 관한 권리는 인간의 존엄성을 보장받기 위한 최소한의 근로조건을 요구할 수 있는 권리로서 근로의 권리의 내용에 포함된다 할 것이다(헌재 2008.09.25. 2005헌마586).

ㄴ. (○) 해고예고제도는 근로조건의 핵심적 부분인 해고와 관련된 사항일 뿐만 아니라, 근로자가 갑자기 직장을 잃어 생활이 곤란해지는 것을 막는 데 목적이 있으므로 근로자의 인간 존엄성을 보장하기 위한 최소한의 근로조건으로서 근로의 권리의 내용에 포함된다(헌재 2015.12.23. 2014헌바3).

ㄷ. (○) 헌법 제32조 제1항이 규정하는 근로의 권리는 사회적 기본권으로서 국가에 대하여 직접 일자리를 청구하거나 일자리에 갈음하는 생계비의 지급청구권을 의미하는 것이 아니라 고용증진을 위한 사회적·경제적 정책을 요구할 수 있는 권리에 그치며, 근로의 권리로부터 국가에 대한 직접적인 직장존속청구권이 도출되는 것도 아니다. 나아가 근로자가 퇴직급여를 청구할 수 있는 권리도 헌법상 바로 도출되는 것이 아니라 퇴직급여법 등 관련 법률이 구체적으로 정하는 바에 따라 비로소 인정될 수 있는 것이므로 계속근로기간 1년 미만인 근로자가 퇴직급여를 청구할 수 있는 권리가 헌법 제32조 제1항에 의하여 보장된다고 보기는 어렵다(헌재 2011.07.28. 2009헌마408).

ㄹ. (X) 심판대상조항이 4인 이하 사업장에 부당해고제한조항 및 노동위원회 구제절차를 적용되는 조항으로 나열하지 않은 결과 민법이 적용되므로, 고용기간의 약정이 없는 때에는 원칙적으로 사용자는 근로자를 자유로이 해고할 수 있다. 단, 민법 제660조 제1항은 임의규정이므로 개별 사업장에서 해고사유를 열거한 해고제한의 특약을 한 경우에는 해고의 자유가 제한된다. … 또한 4인 이하 사업장에도 근로기준법 제35조의 해고예고제도가 적용되므로, 해고예고를 받은 날부터 30일분의 임금청구가 가능한 것을 감안하면 4인 이하 사업장에 대한 최소한의 근로자 보호는 이루어지고 있다. … 심판대상조항이 근로기준법 제11조 제2항의 위임에 따라 4인 이하 사업장에 적용될 근로기준법 조항을 정하면서, 4인 이하 사업장에 부당해고제한조항이나 노동위원회 구제절차를 적용되는 조항으로 나열하지 않았다 하여 근로자에 대한 보호의무에서 요구되는 최소한의 절차적 규율마저 하지 아니하였다거나, 그 내용이 현저히 불합리하여 헌법상 용인될 수 있는 재량의 범위를 벗어난 것이라고 볼 수 없다. 심판대상조항은 청구인의 근로의 권리를 침해하지 아니한다(헌재 2019.04.11. 2017헌마820).

정답 ⑤

제❺절 ┃ 근로3권

문 126

근로3권에 관한 설명 중 옳지 않은 것은? (다툼이 있는 경우 판례에 의함)

① 헌법 제33조 제2항이 직접 '법률이 정하는 자'만이 노동3권을 향유할 수 있다고 규정하고 있어서 '법률이 정하는 자' 이외의 공무원은 노동3권의 주체가 되지 못하므로, 공무원인 근로자의 단결권 등을 정하는 법률조항의 위헌심사에 헌법 제37조 제2항의 과잉금지원칙은 적용되지 아니한다.
② 헌법 제31조 제6항은 국민의 교육을 받을 기본적 권리를 보다 효과적으로 보장하기 위하여 교원의 보수 및 근무조건 등을 포함하는 개념인 '교원의 지위'에 관한 기본적인 사항을 법률로써 정하도록 한 것이므로, 교원의 지위에 관련된 사항에 관한 한 위 헌법조항이 근로기본권에 관한 헌법 제33조 제1항에 우선하여 적용된다.
③ 근로자가 노동조합에 가입을 강제당하지 아니할 자유와 노동조합의 조직강제가 충돌하게 되더라도, 근로자에게 보장되는 적극적 단결권이 단결하지 아니할 자유보다 특별한 의미를 갖고 있다고 볼 수 있고, 노동조합의 조직강제권도 이른바 자유권을 수정하는 의미의 생존권(사회권)적 성격을 함께 가지는 만큼 근로자 개인의 자유권에 비하여 보다 특별한 가치로 보장된다.
④ 사용자가 노동조합의 운영비를 원조하는 행위를 부당노동행위로 금지하는 것은, 단체교섭의 장에서 대립관계에 있는 노동조합이 사용자로부터 경비원조를 받는 경우 대립단체로서의 노동조합의 자주성을 퇴색시켜 근로3권의 실질적 행사에 방해가 될 수 있다는 점에서 노동조합의 단체교섭권을 침해하지 않는다.
⑤ 단체행동권에 있어서 쟁의행위는 고용주의 업무에 지장을 초래하는 것을 당연한 전제로 하므로, 정당화될 수 있는 업무의 지장 초래가 당연히 업무방해에 해당하여 원칙적으로 불법한 것이라 볼 수는 없다.

> **MGI Point** **근로3권** ★
>
> - 법률이 정하는 자 이외의 공무원은 노동3권의 주체가 되지 못하므로 ⇨ 37②의 과잉금지원칙 적용 ×
> - 헌법 31⑥이 헌법 31① 보다 우선하여 적용 ○
> - 적극적 단결권(특별한 의미○+특별한 가치 ○)은 소극적 단결권에 우선 ○
> - 운영비금지조항은 노동조합의 단체교섭권을 침해 ○
> - 단체행동권에 기한 쟁의행위는 원칙적으로 업무방해죄에 해당 ×

① (○) 헌법 제33조 제2항이 직접 '법률이 정하는 자'만이 노동3권을 향유할 수 있다고 규정하고 있어서 '법률이 정하는 자' 이외의 공무원은 노동3권의 주체가 되지 못하므로, '법률이 정하는 자' 이외의 공무원에 대해서도 노동3권이 인정됨을 전제로 하여 헌법 제37조 제2항의 과잉금지원칙을 적용할 수는 없는 것이다. 한편, 법 제66조 제1항은 근로3권이 보장되는 공무원의 범위를 사실상 노무에 종사하는 공무원에 한정하고 있으나, 이는 헌법 제33조 제2항에 근거한 것이고, 전체국민의 공공복리와 사실상 노무에 공무원의 직무의 내용, 노동조건 등을 고려해 보았을 때 입법자에게 허용된 입법재량권의 범위를 벗어난 것이라 할 수 없다(헌재 2007.08.30. 2003헌바51,2005헌가5(병합)).

② (○) 교원의 지위에 관련된 사항에 관한 한 헌법 제31조 제6항이 근로기본권에 관한 헌법 제33조 제1항에 우선하여 적용되기 때문에, 입법자가 교원에 대하여 일반노동조합과 유사한 형태의 조합을 결성할 수 있음을 규정하되 그 규율방식을 달리하여 근로조건의 향상 등을 목적으로 하는 단결권 및 단체교섭권은 허용하면서도 단체행동권의 행사는 전면적으로 금지하거나, 혹은 개별 직장이 아닌 광역단위에 한하여 노동조합을 설립할 수 있도록 하는 등 이에 대하여 특별한 규율을 하는 것도 허용된다(대판 2006.05.26. 2004다62597).

③ (○) 근로자의 단결하지 아니할 자유와 노동조합의 적극적 단결권(조직강제권)이 충돌하게 되나, 근로자에게 보장되는 적극적 단결권이 단결하지 아니할 자유보다 특별한 의미를 갖고 있고, 노동조합의 조직강제권도 이른바 자유권을 수정하는 의미의 생존권(사회권)적 성격을 함께 가지는 만큼 근로자 개인의 자유권에 비하여 보다 특별한 가치로 보장되는 점 등을 고려하면, 노동조합의 적극적 단결권은 근로자 개인의 단결하지 않을 자유보다 중시된다고 할 것이고, 또 노동조합에게 위와 같은 조직강제권을 부여한다고 하여 이를 근로자의 단결하지 아니할 자유의 본질적인 내용을 침해하는 것으로 단정할 수는 없다(헌재 2005.11.24. 2002헌바95,96,2003헌바9).

④ (X) 노동조합의 자주성을 저해하거나 저해할 위험이 현저하지 않은 운영비 원조 행위를 부당노동행위로 규제하는 것은 입법목적 달성에 기여하는 바가 전혀 없는 반면, 운영비원조금지조항으로 인하여 청구인은 사용자로부터 운영비를 원조받을 수 없을 뿐만 아니라 궁극적으로 노사자치의 원칙을 실현할 수 없게 되므로, 운영비원조금지조항은 법익의 균형성에도 반한다. 따라서 운영비원조금지조항은 과잉금지원칙을 위반하여 청구인의 단체교섭권을 침해하므로 헌법에 위반된다(헌재 2018.05.31. 2012헌바90).

> **구 노동조합 및 노동관계조정법 제81조 (부당노동행위)** 사용자는 다음 각호의 1에 해당하는 행위(이하 "不當勞動行爲"라 한다)를 할 수 없다.
> 4. 근로자가 노동조합을 조직 또는 운영하는 것을 지배하거나 이에 개입하는 행위와 노동조합의 전임자에게 급여를 지원하거나 노동조합의 운영비를 원조하는 행위. 다만, 근로자가 근로시간중에 제24조제4항에 따른 활동을 하는 것을 사용자가 허용함은 무방하며, 또한 근로자의 후생자금 또는 경제상의 불행 기타 재액의 방지와 구제등을 위한 기금의 기부와 최소한의 규모의 노동조합사무소의 제공은 예외로 한다.
> **노동조합 및 노동관계조정법 제81조 (부당노동행위)** ① 사용자는 다음 각 호의 어느 하나에 해당하는 행위(이하 "不當勞動行爲"라 한다)를 할 수 없다.
> 4. 근로자가 노동조합을 조직 또는 운영하는 것을 지배하거나 이에 개입하는 행위와 근로시간 면제한도를 초과하여 급여를 지급하거나 노동조합의 운영비를 원조하는 행위. 다만, 근로자가 근로시간 중에 제24조제2항에 따른 활동을 하는 것을 사용자가 허용함은 무방하며, 또한 근로자의 후생자금 또는 경제상의 불행 그 밖에 재해의

방지와 구제 등을 위한 기금의 기부와 최소한의 규모의 노동조합사무소의 제공 및 그 밖에 이에 준하여 노동조합의 자주적인 운영 또는 활동을 침해할 위험이 없는 범위에서의 운영비 원조행위는 예외로 한다.

⑤ (○) 헌법 제33조 제1항은 근로자의 단체행동권을 헌법상 기본권으로 보장하면서, 단체행동권에 대한 어떠한 개별적 법률유보 조항도 두고 있지 않으며, 단체행동권에 있어서 쟁의행위는 핵심적인 것인데, 쟁의행위는 고용주의 업무에 지장을 초래하는 것을 당연한 전제로 하므로, 헌법상 기본권 행사에 본질적으로 수반되는 것으로서 정당화될 수 있는 업무의 지장 초래의 경우에는 당연히 업무방해죄의 구성요건에 해당하여 원칙적으로 불법한 것이라고 볼 수는 없다. 단체행동권의 행사로서 노동법상의 요건을 갖추어 헌법적으로 정당화되는 행위를 범죄행위의 구성요건에 해당하는 행위임을 인정하되, 다만 위법성을 조각하도록 한 취지라는 해석은 헌법상 기본권의 보호영역을 하위 법률을 통해 지나치게 축소시키는 것이기 때문이다(헌재 2010.04.29. 2009헌바168).

정답 ④

문 127 21년 10월 모의시험

노동3권에 관한 설명 중 옳지 않은 것은? (다툼이 있는 경우 판례에 의함)

① 「노동조합 및 노동관계조정법 시행령」에 법률의 위임 없이 법률이 정하지 아니한 법외노조 통보에 관하여 규정한 것은 헌법상 노동3권을 본질적으로 제한하고 있어 그 자체로 무효이다.
② 노동3권은 법률의 제정이라는 국가의 개입을 통하여 비로소 실현될 수 있는 권리로서, 법률이 없으면 헌법의 규정만으로 직접 법규범으로서 효력을 발휘할 수 있는 구체적 권리라고 보기는 어렵다.
③ 대학 교원에게도 단결권을 인정하면서 다만 해당 노동조합이 행사할 수 있는 권리를 다른 노동조합과 달리 강한 제약 아래 두는 방법도 얼마든지 가능하므로, 「고등교육법」에서 규율하는 대학 교원들의 단결권을 인정하지 않는 것은 대학 교원의 단결권을 침해한다.
④ 제한된 구역의 경비를 목적으로 필요한 범위에서 경찰관의 직무를 수행할 뿐이며 그 신분보장은 공무원에 비해 취약한 청원경찰의 근로3권을 경찰공무원과 유사하게 전면적으로 제한하는 것은, 과잉금지원칙을 위반하여 노동3권을 침해하는 것이다.
⑤ 노동3권 중 단결권은 결사의 자유가 근로의 영역에서 구체화된 것으로서, 연혁적·개념적으로 자유권으로서의 본질을 가지고 있으므로, '국가에 의한 자유'가 아니라 '국가로부터의 자유'가 보다 강조되어야 한다.

MGI Point 노동3권

- 노동조합 및 노동관계조정법 시행령에 법률의 위임없이 법률이 정하지 아니한 법외노조 통보에 관하여 규정
  ⇨ 헌법상 노동3권을 본질적으로 제한, 그 자체로 무효 ○
- 노동3권은 법률의 제정이라는 국가의 개입을 통하여 비로소 실현될 수 있는 권리 ×
  ⇨ 법률이 없더라도 헌법의 규정만으로 직접 법규범으로서 효력을 발휘할 수 있는 구체적 권리 ○
- 「교원의 노동조합 설립 및 운영 등에 관한 법률」의 적용대상을 초·중등교육법 제19조 제1항의 교원이라고 규정함으로써, 고등교육법에서 규율하는 대학 교원들의 단결권을 인정하지 않는 교원노조법 조항 ⇨ 헌법 위반 ○

- 청원경찰의 복무에 관하여 국가공무원법 제66조 제1항을 준용함으로써 노동운동을 금지하는 청원경찰법 조항
  ⇨ 국가기관이나 지방자치단체 이외의 곳에서 근무하는 청원경찰의 근로3권 침해 ○
- 단결권은 결사의 자유가 근로의 영역에서 구체화된 것 ⇨ 연혁적·개념적으로 자유권으로서의 본질을 가지고 있으므로, '국가에 의한 자유'가 아니라 '국가로부터의 자유'가 보다 강조되어야함

① (○) 법외노조 통보는 적법하게 설립된 노동조합의 법적 지위를 박탈하는 중대한 침익적 처분으로서 원칙적으로 국민의 대표자인 입법자가 스스로 형식적 법률로써 규정하여야 할 사항이고, 행정입법으로 이를 규정하기 위하여는 반드시 법률의 명시적이고 구체적인 위임이 있어야 한다. 그런데 노동조합 및 노동관계조정법 시행령(이하 '노동조합법 시행령'이라 한다) 제9조 제2항은 법률의 위임 없이 법률이 정하지 아니한 법외노조 통보에 관하여 규정함으로써 헌법상 노동3권을 본질적으로 제한하고 있으므로 그 자체로 무효이다. … 법외노조 통보는 이미 법률에 의하여 법외노조가 된 것을 사후적으로 고지하거나 확인하는 행위가 아니라 그 통보로써 비로소 법외노조가 되도록 하는 형성적 행정처분이다. 이러한 법외노조 통보는 단순히 노동조합에 대한 법률상 보호만을 제거하는 것에 그치지 않고 헌법상 노동3권을 실질적으로 제약한다. 그런데 노동조합 및 노동관계조정법(이하 '노동조합법'이라 한다)은 법상 설립요건을 갖추지 못한 단체의 노동조합 설립신고서를 반려하도록 규정하면서도, 그보다 더 침익적인 설립 후 활동 중인 노동조합에 대한 법외노조 통보에 관하여는 아무런 규정을 두고 있지 않고, 이를 시행령에 위임하는 명문의 규정도 두고 있지 않다. 더욱이 법외노조 통보 제도는 입법자가 반성적 고려에서 폐지한 노동조합 해산명령 제도와 실질적으로 다를 바 없다. 결국 노동조합법 시행령 제9조 제2항은 법률이 정하고 있지 아니한 사항에 관하여, 법률의 구체적이고 명시적인 위임도 없이 헌법이 보장하는 노동3권에 대한 본질적인 제한을 규정한 것으로서 법률유보원칙에 반한다(대판 2020.09.03. 2016두32992(전합)).

② (X), ⑤ (○) 헌법 제33조 제1항은 "근로자는 근로조건의 향상을 위하여 자주적인 단결권·단체교섭권 및 단체행동권을 가진다."라고 규정함으로써 노동3권을 기본권으로 보장하고 있다. 노동3권은 법률의 제정이라는 국가의 개입을 통하여 비로소 실현될 수 있는 권리가 아니라, 법률이 없더라도 헌법의 규정만으로 직접 법규범으로서 효력을 발휘할 수 있는 구체적 권리라고 보아야 한다(②). 노동조합법 제1조가 '이 법은 헌법에 의한 근로자의 단결권·단체교섭권 및 단체행동권을 보장하여' 근로조건의 유지·개선과 근로자의 경제적·사회적 지위 향상을 도모함을 목적으로 한다고 규정하고 있는 것도 이러한 차원에서 이해할 수 있다. 특히 노동3권 중 단결권은 결사의 자유가 근로의 영역에서 구체화된 것으로서, 연혁적·개념적으로 자유권으로서의 본질을 가지고 있으므로, '국가에 의한 자유'가 아니라 '국가로부터의 자유'가 보다 강조되어야 한다(⑤). 따라서 노동관계법령을 입법할 때에는 이러한 노동3권, 특히 단결권의 헌법적 의미와 직접 규범력을 존중하여야 하고, 이렇게 입법된 법령의 집행과 해석에 있어서도 단결권의 본질과 가치가 훼손되지 않도록 하여야 한다(대판 2020.09.03. 2016두32992(전합)).

③ (○) 대학 교원을 교육공무원 아닌 대학 교원과 교육공무원인 대학 교원으로 나누어, 각각의 단결권 침해가 헌법에 위배되는지 여부에 관하여 본다. 먼저, 심판대상조항으로 인하여 교육공무원 아닌 대학 교원들이 향유하지 못하는 단결권은 헌법이 보장하고 있는 근로3권의 핵심적이고 본질적인 권리이다. 심판대상조항의 입법목적이 재직 중인 초·중등교원에 대하여 교원노조를 인정해 줌으로써 교원노조의 자주성과 주체성을 확보한다는 측면에서는 그 정당성을 인정할 수 있을 것이나, 교원노조를 설립하거나 가입하여 활동할 수 있는 자격을 초·중등교원으로 한정함으로써 교육공무원이 아닌 대학 교원에 대해서는 근로기본권의 핵심인 단결권조차 전면적으로 부정한 측면에 대해서는 그 입법목적의 정당성을 인정하기 어렵고, 수단의 적합성 역시 인정할 수 없다. 설령 일반 근로자 및 초·중등교원과 구별되는 대학 교원의 특수성을 인정하더라도, 대학 교원에게도 단결권을 인정하면서 다만 해당 노동조합이 행사할 수 있는 권리를 다른 노동조합과 달리 강한 제약 아래 두는 방법도 얼마든지 가능하므로, 단결권을 전면적으로 부정하는 것은 필요 최소한의 제한이라고 보기 어렵다. 또 최근 들어 대학 사회가 다층적으로 변화하면서 대학 교원의 사회·경제적 지위의 향상을 위한 요구가 높아지고 있는 상황에서 단결권을 행사하지 못한 채 개별적으로만

근로조건의 향상을 도모해야 하는 불이익은 중대한 것이므로, 심판대상조항은 과잉금지원칙에 위배된다. 다음으로 교육공무원인 대학 교원에 대하여 보더라도, 교육공무원의 직무수행의 특성과 헌법 제33조 제1항 및 제2항의 정신을 종합해 볼 때, 교육공무원에게 근로3권을 일체 허용하지 않고 전면적으로 부정하는 것은 합리성을 상실한 과도한 것으로서 입법형성권의 범위를 벗어나 헌법에 위반된다(헌재 2018.08.30. 2015헌가38). ▶ 헌법불합치결정을 하면서 잠정적용을 명한 사례

④ (○) 청원경찰은 일반근로자일 뿐 공무원이 아니므로 원칙적으로 헌법 제33조 제1항에 따라 근로3권이 보장되어야 한다. 청원경찰은 제한된 구역의 경비를 목적으로 필요한 범위에서 경찰관의 직무를 수행할 뿐이며, 그 신분보장은 공무원에 비해 취약하다. 또한 국가기관이나 지방자치단체 이외의 곳에서 근무하는 청원경찰은 근로조건에 관하여 공무원뿐만 아니라 국가기관이나 지방자치단체에 근무하는 청원경찰에 비해서도 낮은 수준의 법적 보장을 받고 있으므로, 이들에 대해서는 근로3권이 허용되어야 할 필요성이 크다. 청원경찰에 대하여 직접행동을 수반하지 않는 단결권과 단체교섭권을 인정하더라도 시설의 안전 유지에 지장이 된다고 단정할 수 없다. 헌법은 주요방위산업체 근로자들의 경우에도 단체행동권만을 제한하고 있고, 경비업법은 무기를 휴대하고 국가중요시설의 경비 업무를 수행하는 특수경비원의 경우에도 쟁의행위를 금지할 뿐이다. 청원경찰은 특정 경비구역에서 근무하며 그 구역의 경비에 필요한 한정된 권한만을 행사하므로, 청원경찰의 업무가 가지는 공공성이나 사회적 파급력은 군인이나 경찰의 그것과는 비교하여 견주기 어렵다. 그럼에도 심판대상조항은 군인이나 경찰과 마찬가지로 모든 청원경찰의 근로3권을 획일적으로 제한하고 있다. 이상을 종합하여 보면, 심판대상조항이 모든 청원경찰의 근로3권을 전면적으로 제한하는 것은 과잉금지원칙을 위반하여 청구인들의 근로3권을 침해하는 것이다(헌재 2017.09.28. 2015헌마653). ▶ 근로3권의 제한이 필요한 청원경찰까지 근로3권 모두를 행사하게 되는 혼란이 발생할 우려가 있으므로 잠정적용 헌법불합치결정을 선고한 사례 (심판대상조항의 위헌성은 모든 청원경찰에 대해 획일적으로 근로3권 전부를 제한하는 점이고, 입법자는 청원경찰의 구체적 직무내용, 근무장소의 성격, 근로조건이나 신분보장 등을 고려하여 심판대상조항의 위헌성을 제거할 재량 有)

 ②

제❻절 | 환경권

제❼절 | 혼인과 가족생활의 보장

문 128
23년 8월 모의시험

다음 설명 중 옳지 않은 것을 모두 고른 것은? (다툼이 있는 경우 판례에 의함)

> ㄱ. 환경권을 행사함에 있어 국민은 국가에 대하여 건강하고 쾌적한 환경을 향유할 수 있는 자유를 침해당하지 않을 권리를 행사할 수 있고, 일정한 경우 건강하고 쾌적한 환경에서 생활할 수 있도록 요구하는 권리도 행사할 수 있다.
> ㄴ. 공직선거에서 확성장치를 통한 선거운동으로 유발되는 소음공해로부터의 환경보호는 국가에 대한 건강하고 쾌적한 환경의 조성을 요구하는 권리로서 과잉금지원칙을 기준으로 그 침해 여부를 심사하여야 한다.
> ㄷ. 유족의 사후 부양과 상속재산에 대한 기여의 청산이라는 상속제도의 존재의의에 비추어 사실혼 배우자와 법률혼 배우자 사이에 본질적인 차이가 없으므로 사실혼 배우자 역시 헌법 제36조 제1항의 보호범위에 포함된다고 할 것이다.

ㄹ. 독신자에게 친양자 입양을 허용하지 않는 것은 헌법 제36조 제1항에 의해 특별히 보호되는 독신자의 가족생활의 자유를 침해한다.

ㅁ. 헌법 제36조 제1항으로부터 도출되는 혼인과 가족생활에 대한 차별금지의 명령은 헌법 제11조 제1항의 평등원칙이 혼인과 가족생활의 영역에서 구체화된 것으로, 혼인이나 가족생활을 근거로 한 합리적 이유 없는 자의적인 차별을 금지하는 것으로 국한되며, 차별의 이유와 차별의 내용 사이에 적정한 비례적 균형관계가 이루어져 있는지에 대해서까지 심사할 필요는 없다.

① ㄱ, ㄴ, ㄷ
② ㄱ, ㄴ, ㅁ
③ ㄱ, ㄷ, ㄹ
④ ㄴ, ㄹ, ㅁ
⑤ ㄴ, ㄷ, ㄹ, ㅁ

MGI Point 종합문제 ★★

- 환경권 행사시 ⇨ 일정한 경우 국가에 대하여 건강하고 쾌적한 환경에서 생활할 수 있도록 요구 권리 有
- 확성장치를 통한 선거운동으로 유발되는 소음공해로부터 보호되는 환경권 침해 판단기준 ⇨ 과소보호금지원칙 위반 여부
- 헌법 제36조 제1항의 보호범위 ⇨ 사실혼 배우자 ×
- 독신자에게 친양자 입양을 불허하는 것 ⇨ 가족생활의 자유 침해 ×
- 혼인과 가족생활 차별금지 위반여부의 판단시 ⇨ 차별이유와 차별의 내용 사이에 적정한 비례적 균형관계가 이루어져 있는지 심사할 필요 有

ㄱ. (○) 헌법은 "모든 국민은 건강하고 쾌적한 환경에서 생활할 권리를 가지며, 국가와 국민은 환경보전을 위하여 노력하여야 한다."고 규정하여(제35조 제1항) 국민의 환경권을 보장함과 동시에 국가에게 국민이 건강하고 쾌적하게 생활할 수 있는 양호한 환경을 유지하기 위하여 노력하여야 할 의무를 부여하고 있다. 이러한 환경권은 생명·신체의 자유를 보호하는 토대를 이루며, 궁극적으로 '삶의 질' 확보를 목표로 하는 권리이다. 환경권을 행사함에 있어 국민은 국가로부터 건강하고 쾌적한 환경을 향유할 수 있는 자유를 침해당하지 않을 권리를 행사할 수 있고, 일정한 경우 국가에 대하여 건강하고 쾌적한 환경에서 생활할 수 있도록 요구할 수 있는 권리가 인정되기도 하는바, 환경권은 그 자체 종합적 기본권으로서의 성격을 지닌다(헌재 2019.12.27. 선고 2018헌마730).

ㄴ. (X) 심판대상조항은 공직선거법상 전국동시지방선거의 선거운동 시 확성장치를 사용할 수 있도록 허용하면서도 그 사용에 따른 소음의 규제기준을 두지 아니하는 등 그 입법 내용이 불완전·불충분하여 환경권을 침해하는지 문제된다. …국가가 국민의 건강하고 쾌적한 환경에서 생활할 권리에 대한 보호의무를 다하지 않았는지 여부를 헌법재판소가 심사할 때에는 국가가 이를 보호하기 위하여 적어도 적절하고 효율적인 최소한의 보호조치를 취하였는가 하는 이른바 '과소보호금지원칙'의 위반 여부를 기준으로 삼아야 한다(헌재 2019.12.27. 선고 2018헌마730).

ㄷ. (X) 법적으로 승인되지 아니한 사실혼은 헌법 제36조 제1항의 보호범위에 포함되지 아니하므로, 이 사건 법률조항은 헌법 제36조 제1항에 위반되지 않는다(헌재 2014.08.28. 2013헌바119).

ㄹ. (X) 심판대상조항으로 인하여 양자가 혼인관계를 바탕으로 한 안정된 가정에 입양되어 더 나은 양육조건에서 성장할 수 있게 되므로 양자의 복리가 증진되는 반면, 독신자는 친양자 입양을 할 수 없게 되어 가족생활의 자유가 다소 제한되지만 여전히 일반입양은 할 수 있으므로 제한되는 사익이 위 공익보다 결코 크다고 할 수 없다. 결국 심판대상조항은 과잉금지원칙에 위반하여 독신자의 가족생활의 자유를 침해한다고 볼 수 없다(헌재 2013.09.26. 2011헌가42).

ㅁ. (X) 혼인으로 새로이 1세대를 이루는 자를 위하여 상당한 기간 내에 보유 주택수를 줄일 수 있도록 하고 그러한 경과규정이 정하는 기간 내에 양도하는 주택에 대해서는 혼인 전의 보유 주택수에 따라 양도소득세를 정하는 등의 완화규정을 두는 것과 같은 손쉬운 방법이 있음에도 이러한 완화규정을 두지 아니한 것은 최소침해성원칙에 위배된다고 할 것이고, 이 사건 법률조항으로 인하여 침해되는 것은 헌법이 강도 높게 보호하고자 하는 헌법 제36조 제1항에 근거하는 혼인에 따른 차별금지 또는 혼인의 자유라는 헌법적 가치라 할 것이므로 이 사건 법률조항이 달성하고자 하는 공익과 침해되는 사익 사이에 적절한 균형관계를 인정할 수 없어 법익균형성원칙에도 반한다. 결국 이 사건 법률조항은 과잉금지원칙에 반하여 헌법 제36조 제1항이 정하고 있는 혼인에 따른 차별금지원칙에 위배되고, 혼인의 자유를 침해한다(헌재 2011.11.24. 2009헌바146).

정답 ⑤

문 129

24년 6월 모의시험

혼인과 가족에 관한 설명 중 옳은 것(○)과 옳지 않은 것(×)을 올바르게 조합한 것은? (다툼이 있는 경우 판례에 의함)

ㄱ. 태어난 즉시 '출생등록될 권리'는 출생 후 아동이 보호를 받을 수 있을 최대한 빠른 시점에 아동의 출생과 관련된 기본적인 정보를 국가가 관리할 수 있도록 등록할 권리로서, 아동이 사람으로서 인격을 자유로이 발현하고 부모와 가족 등의 보호 하에 건강한 성장과 발달을 할 수 있도록 최소한의 보호장치를 마련하도록 요구할 수 있는 권리이다.

ㄴ. 헌법 제36조 제1항은 혼인과 가족에 관련되는 공법의 영역에 영향을 미치는 헌법원리 내지 원칙규범으로서의 성격을 가지는 것으로 사법의 영역에는 적용되기 어렵다.

ㄷ. 8촌 이내의 혈족 사이에서는 혼인할 수 없도록 하는 것은 금지 범위가 너무 광범위하여 혼인의 자유를 침해하고, 이를 위반한 혼인을 무효로 하는 것은 근친혼의 구체적 양상을 살피지 아니한 채 8촌 이내 혈족 사이의 혼인을 일률적·획일적으로 혼인무효사유로 규정하고 혼인관계의 형성과 유지를 신뢰한 당사자나 그 자녀의 법적 지위를 보호하기 위한 예외조항을 두고 있지 않으므로 혼인의 자유를 침해한다.

ㄹ. 헌법 제36조 제1항의 헌법원리로부터 도출되는 차별금지의 명령은 헌법 제11조 제1항의 평등원칙과 결합하여 혼인과 가족을 부당한 차별로부터 보호하고자 하는 목적을 지니고 있으므로, 특정한 조세 법률조항이 혼인이나 가족생활을 근거로 부부 등 가족이 있는 자를 혼인하지 아니한 자 등에 비하여 차별 취급하는 경우, 자의금지원칙에 의한 심사에 의하여 정당화된다면 헌법에 위반된다고 할 수 없다.

ㅁ. 국립묘지 안장 대상자의 배우자 가운데 안장 대상자 사후에 재혼한 자를 합장 대상에서 제외하는 것은 국립묘지에 안장 대상자와 합장될 수 있는 권리를 소멸시킴으로써 재혼을 제한하는 결과를 초래하여 헌법 제36조 제1항에 위배된다.

① ㄱ(○), ㄴ(○), ㄷ(×), ㄹ(×), ㅁ(○)
② ㄱ(×), ㄴ(○), ㄷ(×), ㄹ(○), ㅁ(×)
③ ㄱ(○), ㄴ(×), ㄷ(○), ㄹ(×), ㅁ(○)
④ ㄱ(○), ㄴ(×), ㄷ(×), ㄹ(×), ㅁ(×)
⑤ ㄱ(×), ㄴ(○), ㄷ(○), ㄹ(○), ㅁ(×)

MGI Point | 혼인과 가족 ★★

- 태어난 즉시 출생등록될 권리 ⇨ 출생 후 아동이 보호를 받을 수 있을 최대한 빠른 시점에 아동의 출생과 관련된 기본적인 정보를 국가가 관리할 수 있도록 등록할 권리, 아동이 사람으로서 인격을 자유로이 발현하고, 부모와 가족 등의 보호하에 건강한 성장과 발달을 할 수 있도록 최소한의 보호장치를 마련하도록 요구할 수 있는 권리
- 헌법 제36조 제1항은 혼인과 가족에 관련되는 공법 및 사법의 모든 영역에 영향을 미치는 헌법원리 내지 원칙규범으로서의 성격
- 8촌 이내의 혈족 사이에서는 혼인할 수 없도록 하는 것은 혼인의 자유 침해 ×
- 특정한 조세법률조항이 혼인을 근거로 혼인한 부부를 혼인하지 아니한 자에 비해 차별취급 ⇨ 비례의 원칙에 의한 심사에 의해 정당화되지 않는 한 헌법 제36조 제1항에 위반 ○
- 국립묘지 안장 대상자의 배우자 가운데 안장 대상자 사후에 재혼한 자를 합장 대상에서 제외하는 것 ⇨ 헌법 제36조 제1항이 문제 ×

ㄱ. (○) 태어난 즉시 '출생등록될 권리'는 '출생 후 아동이 보호를 받을 수 있을 최대한 빠른 시점'에 아동의 출생과 관련된 기본적인 정보를 국가가 관리할 수 있도록 등록할 권리로서, 아동이 사람으로서 인격을 자유로이 발현하고, 부모와 가족 등의 보호하에 건강한 성장과 발달을 할 수 있도록 최소한의 보호장치를 마련하도록 요구할 수 있는 권리이다(헌재 2023.03.23. 2021헌마975).

ㄴ. (X) 헌법 제36조 제1항은 혼인과 가족에 관련되는 공법 및 사법의 모든 영역에 영향을 미치는 헌법원리 내지 원칙규범으로서의 성격도 가지는데, 이는 적극적으로는 적절한 조치를 통해서 혼인과 가족을 지원하고 제삼자에 의한 침해 앞에서 혼인과 가족을 보호해야 할 국가의 과제를 포함하며, 소극적으로는 불이익을 야기하는 제한조치를 통해서 혼인과 가족을 차별하는 것을 금지해야 할 국가의 의무를 포함한다(헌재 2002.08.29. 2001헌바82).

ㄷ. (X) … 이 사건 금혼조항으로 인하여 법률상의 배우자 선택이 제한되는 범위는 친족관계 내에서도 8촌 이내의 혈족으로, 넓다고 보기 어렵다. 그에 비하여 8촌 이내 혈족 사이의 혼인을 금지함으로써 가족질서를 보호하고 유지한다는 공익은 매우 중요하다. 따라서 이 사건 금혼조항은 법익균형성의 원칙에 위반되지 아니한다. 그렇다면 이 사건 금혼조항은 과잉금지원칙에 위배하여 혼인의 자유를 침해하지 않는다(헌재 2022.10.27. 2018헌바115).

ㄹ. (X) 헌법 제36조 제1항은 "혼인과 가족생활은 개인의 존엄과 양성의 평등을 기초로 성립되고 유지되어야 하며, 국가는 이를 보장한다."고 규정하여 혼인과 가족생활에 불이익을 주지 않도록 국가에게 명령하고 있다. 이는 적극적으로는 적절한 조치를 통해서 혼인과 가족을 지원하고 제3자에 의한 침해 앞에서 혼인과 가족을 보호해야 할 국가의 과제를 포함하고, 소극적으로는 불이익을 야기하는 제한조치를 통해서 혼인과 가족을 차별하는 것을 금지해야 할 국가의 의무를 포함한다. 이러한 헌법원리로부터 도출되는 차별금지명령은 헌법 제11조 제1항의 평등원칙과 결합하여 혼인과 가족을 부당한 차별로부터 특별히 더 보호하고자 하는 목적을 가진다. 따라서 특정한 조세법률조항이 혼인을 근거로 혼인한 부부를 혼인하지 아니한 자에 비해 차별취급하는 것이라면 비례의 원칙에 의한 심사에 의해 정당화되지 않는 한 헌법 제36조 제1항에 위반된다. 이는 단지 차별의 합리적 이유의 유무만을 확인하는 정도를 넘어, 차별의 이유와 차별의 내용 사이에 적정한 균형관계가 이루어져 있는지에 대해서도 심사하여야 함을 의미한다(헌재 2005. 05.26. 2004헌가6).

ㅁ. (X) …청구인은, 심판대상조항이 안장 대상자의 배우자가 재혼한 경우에는 종전 혼인에서 발생한, 국립묘지에 안장 대상자와 합장될 수 있는 권리를 소멸시킴으로써 재혼을 제한하는 결과를 초래하여 헌법 제36조 제1항을 위반한다고 주장한다. 그러나 심판대상조항이 안장 대상자의 배우자가 재혼하는 것을 법적으로 금지하고 있지 않는 이상, 재혼으로 인해 국립묘지에 합장되지 못한다 하더라도 혼인과 가족생활 보장에 관한 헌법 제36조 제1항이 문제되는 것은 아니므로, 이에 대해서는 판단하지 않는다(헌재 2022. 11.24. 2020헌바463).

정답 ④

문 130

22년 10월 모의시험

헌법 제36조 제1항 혼인과 가족생활 규정에 관한 설명 중 옳지 않은 것은? (다툼이 있는 경우 판례에 의함)

① 부모가 자녀의 이름을 지어주는 것은 자녀의 양육과 가족생활을 위하여 필수적인 것이며 가족생활의 핵심적 요소이므로, 헌법에 명문으로 규정되어 있지는 않지만 '부모의 자녀의 이름을 지을 자유'는 혼인과 가족생활을 보장하는 헌법 제36조 제1항 등에 의하여 보호받는다.

② 헌법 제36조 제1항은 소극적으로는 국가권력이 혼인과 가정이란 사적인 영역을 침해하는 것을 금지하면서, 적극적으로는 개인의 존엄과 양성의 평등을 바탕으로 성립되는 혼인·가족제도를 실현해야 할 국가의 과제를 부과하고 있다.

③ 헌법 제36조 제1항에서 규정하는 '혼인'이란 양성이 평등하고 존엄한 개인으로서 자유로운 의사의 합치에 의하여 생활공동체를 이루는 것을 의미하고 법적 승인까지 요구하는 것은 아니므로 사실혼도 헌법 제36조 제1항의 보호범위에 포함된다.

④ 부모는 어떠한 방향으로 자녀의 인격이 형성되어야 하는가에 관한 목표를 정하고, 자녀의 개인적 성향·능력·정신적, 신체적 발달상황 등을 고려하여 교육목적을 달성하기에 적합한 교육수단을 선택할 권리를 가진다.

⑤ 헌법상 혼인과 가족생활에서의 차별금지명령은 헌법 제11조 제1항에서 보장되는 평등원칙을 혼인과 가족생활영역에서 더욱 더 구체화함으로써 혼인과 가족을 부당한 차별로부터 특별히 더 보호하려는 목적을 가진다.

> **MGI Point** 헌법 제36조 제1항 ★★
>
> - 부모가 자녀의 이름을 지을 자유 ⇨ 헌법 제36조 제1항, 헌법 제10조에 의하여 보호 ○
> - 혼인 및 가족에 대한 기본권 보장 & 제도보장
>   - 소극적으로 국가권력의 부당한 침해에 대한 개인의 주관적 방어권 ⇨ 국가권력이 혼인과 가정이란 사적인 영역을 침해하는 것이나 불이익을 야기하는 제한조치를 통해서 혼인과 가족을 차별하는 것을 금지
>   - 적극적으로 혼인과 가정을 제3자 등으로부터 보호 + 개인의 존엄과 양성의 평등을 바탕으로 성립되고 유지되는 혼인·가족제도를 실현해야 할 국가의 과제를 부과 ○
> - 법적으로 승인되지 아니한 사실혼 ⇨ 헌법 제36조 제1항의 보호범위에 포함 ×
> - 부모의 자녀교육권 ⇨ 부모는 자녀의 교육목적을 달성하기에 적합한 교육수단을 선택할 권리를 가짐
> - 헌법상 혼인과 가족생활에서의 차별금지명령 ⇨ 헌법 제11조 제1항에서 보장되는 평등원칙을 혼인과 가족생활영역에서 더욱 더 구체화함으로써 혼인과 가족을 부당한 차별로부터 특별히 더 보호하려는 목적을 가짐

① (○) 부모가 자녀의 이름을 지어주는 것은 자녀의 양육과 가족생활을 위하여 필수적인 것이고, 가족생활의 핵심적 요소라 할 수 있으므로, '부모가 자녀의 이름을 지을 자유'는 혼인과 가족생활을 보장하는 헌법 제36조 제1항과 행복추구권을 보장하는 헌법 제10조에 의하여 보호받는다(헌재 2016.07.28. 2015헌마964).

② (○) 헌법 제36조 제1항은 "혼인과 가족생활은 개인의 존엄과 양성의 평등을 기초로 성립되고 유지되어야 하며, 국가는 이를 보장한다"고 하여 혼인 및 그에 기초하여 성립된 부모와 자녀의 생활공동체인 가족생활이 국가의 특별한 보호를 받는다는 것을 규정하고 있다. 이 헌법규정은 소극적으로는 국가권력의 부당한 침해에 대한 개인의 주관적 방어권으로서 국가권력이 혼인과 가정이란 사적인 영역을 침해하는 것을 금지하면서, 적극적으로는 혼인과 가정을 제3자 등으로부터 보호해야 할 뿐이 아니라 개인의 존엄과 양성의 평등을 바탕으로 성립되고 유지되는 혼인·가족제도를 실현해야 할 국가의 과제를 부과하고 있다(헌재 2000.04.27. 98헌가16).

③ (X) 헌법 제36조 제1항에서 규정하는 '혼인'이란 양성이 평등하고 존엄한 개인으로서 자유로운 의사의 합치에 의하여 생활공동체를 이루는 것으로서, 법적으로 승인받은 것을 말하므로, 법적으로 승인되지 아니한 사실혼은 헌법 제36조 제1항의 보호범위에 포함된다고 보기 어렵다(헌재 2014.08.28. 2013헌바119).

④ (O) 부모는 자녀의 교육에 관하여 전반적인 계획을 세우고 자신의 인생관·사회관·교육관에 따라 자녀의 교육을 자유롭게 형성할 권리를 가지며, 부모의 교육권은 다른 교육의 주체와의 관계에서 원칙적인 우위를 가진다. 한편, 자녀의 교육에 관한 부모의 '권리와 의무'는 서로 불가분의 관계에 있고 자녀교육권의 본질을 결정하는 구성요소이기 때문에, 부모의 자녀교육권은 '자녀교육에 대한 부모의 책임'으로도 표현될 수 있다. 따라서 자녀교육권은 부모가 자녀교육에 대한 책임을 어떠한 방법으로 이행할 것인가에 관하여 자유롭게 결정할 수 있는 권리로서 교육의 목표와 수단에 관한 결정권을 뜻한다. 즉, 부모는 어떠한 방향으로 자녀의 인격이 형성되어야 하는가에 관한 목표를 정하고, 자녀의 개인적 성향·능력·정신적, 신체적 발달상황 등을 고려하여 교육목적을 달성하기에 적합한 교육수단을 선택할 권리를 가진다. 부모의 이러한 일차적인 결정권은, 누구보다도 부모가 자녀의 이익을 가장 잘 보호할 수 있다는 사고에 기인하는 것이다(헌재 2000.04.27. 98헌가16).

⑤ (O) 헌법 제36조 제1항은 "혼인과 가족생활은 개인의 존엄과 양성의 평등을 기초로 성립되고 유지되어야 하며, 국가는 이를 보장한다."라고 규정하고 있는데, 헌법 제36조 제1항은 혼인과 가족생활을 스스로 결정하고 형성할 수 있는 자유를 기본권으로서 보장하고, 혼인과 가족에 대한 제도를 보장한다. 그리고 헌법 제36조 제1항은 혼인과 가족에 관련되는 공법 및 사법의 모든 영역에 영향을 미치는 헌법원리 내지 원칙규범으로서의 성격도 가지는데, 이는 적극적으로는 적절한 조치를 통해서 혼인과 가족을 지원하고 제삼자에 의한 침해 앞에서 혼인과 가족을 보호해야 할 국가의 과제를 포함하며, 소극적으로는 불이익을 야기하는 제한조치를 통해서 혼인과 가족을 차별하는 것을 금지해야 할 국가의 의무를 포함한다. 이러한 헌법원리로부터 도출되는 차별금지명령은 헌법 제11조 제1항에서 보장되는 평등원칙을 혼인과 가족생활영역에서 더욱 더 구체화함으로써 혼인과 가족을 부당한 차별로부터 특별히 더 보호하려는 목적을 가진다. 이 때 특정한 법률조항이 혼인한 자를 불리하게 하는 차별취급은 중대한 합리적 근거가 존재하여 헌법상 정당화되는 경우에만 헌법 제36조 제1항에 위배되지 아니한다(헌재 2002.08.29. 2001헌바82).

 ③

문 131
21년 10월 모의시험

혼인과 가족생활에 관한 설명 중 옳지 않은 것은? (다툼이 있는 경우 판례에 의함)

① 헌법 제36조 제1항에서 규정하는 '혼인'이란 양성이 평등하고 존엄한 개인으로서 자유로운 의사의 합치에 의하여 생활공동체를 이루는 것으로서 법적으로 승인받은 것을 말하므로, 법적으로 승인되지 아니한 사실혼은 헌법 제36조 제1항의 보호범위에 포함된다고 보기 어렵다.

② 헌법 제36조 제1항은 소극적으로는 국가권력의 부당한 침해에 대한 개인의 주관적 방어권으로서 국가권력이 혼인과 가정이란 사적인 영역을 침해하는 것을 금지하면서, 적극적으로는 혼인과 가정을 제3자 등으로부터 보호해야 할 뿐 아니라 개인의 존엄과 양성의 평등을 바탕으로 성립되고 유지되는 혼인·가족제도를 실현해야 할 국가의 과제를 부과하고 있다.

③ 헌법 제36조 제1항은 혼인과 가족에 관련되는 공법 및 사법의 모든 영역에 영향을 미치는 헌법원리 내지 원칙규범으로서의 성격도 가지는데, 이는 적극적으로는 적절한 조치를 통해서 혼인과 가족을 지원하고 제3자에 의한 침해 앞에서 혼인과 가족을 보호해야 할 국가의

과제를 포함하며, 소극적으로는 불이익을 야기하는 제한조치를 통해서 혼인과 가족을 차별하는 것을 금지해야 할 국가의 의무를 포함한다.

④ 1세대 3주택 이상 보유자에 대하여 양도소득세 중과세를 하는 것은 재산권을 침해하는 것은 아니지만, 혼인으로 새로이 1세대를 이루는 자를 위하여 상당한 기간 내에 보유 주택수를 줄일 수 있도록 하고 그러한 경과규정이 정하는 기간 내에 양도하는 주택에 대해서는 혼인 전의 보유 주택수에 따라 양도소득세를 정하는 등의 완화규정을 두지 않는 것은 헌법 제36조 제1항이 정하고 있는 혼인에 따른 차별금지원칙에 위배되고, 혼인의 자유를 침해한다.

⑤ 부모가 자녀의 이름을 지어주는 것은 자녀의 양육과 가족생활을 위하여 필수적인 것이며 가족생활의 핵심적 요소라 할 수 있으므로, '부모의 자녀의 이름을 지을 자유'는 헌법 제36조 제1항에 의하여 보호되는 것이지, 행복추구권을 보장하는 헌법 제10조에 의하여 보호되는 것은 아니다.

MGI Point — 혼인과 가족생활 ★

- 법적으로 승인되지 아니한 사실혼 ⇨ 헌법 제36조 제1항의 보호범위에 포함 ×
- 헌법 제36조 제1항 : 혼인 및 가족에 대한 기본권 보장 & 제도보장
  - 혼인과 가족에 관련되는 공법 및 사법의 모든 영역에 영향을 미치는 헌법원리 내지 원칙규범으로서의 성격
  - 소극적으로 국가권력의 부당한 침해에 대한 개인의 주관적 방어권 ⇨ 국가권력이 혼인과 가정이란 사적인 영역을 침해하는 것이나 불이익을 야기하는 제한조치를 통해서 혼인과 가족을 차별하는 것을 금지
  - 적극적으로 혼인과 가정을 제3자 등으로부터 보호 + 개인의 존엄과 양성의 평등을 바탕으로 성립되고 유지되는 혼인·가족제도를 실현해야 할 국가의 과제를 부과 ○
- 1세대 3주택 이상에 해당하는 주택에 대하여 양도소득세 중과세를 규정하고 있는 구 소득세법 조항
  - 특정한 조세 법률조항이 혼인이나 가족생활을 근거로 부부 등 가족이 있는 자를 혼인하지 아니한 자 등에 비하여 차별취급하는 경우 ⇨ 비례의 원칙 反 ∴ 과잉금지원칙에 반하여 헌법 제36조 제1항 위배 ○
- 부모가 자녀의 이름을 지을 자유 ⇨ 헌법 제36조 제1항, 헌법 제10조에 의하여 보호 ○

① (○) 헌법 제36조 제1항에서 규정하는 '혼인'이란 양성이 평등하고 존엄한 개인으로서 자유로운 의사의 합치에 의하여 생활공동체를 이루는 것으로서 법적으로 승인받은 것을 말하므로, 법적으로 승인되지 아니한 사실혼은 헌법 제36조 제1항의 보호범위에 포함된다고 보기 어렵다(헌재 2014.08.28. 2013헌바119).

② (○) 헌법 제36조 제1항은 "혼인과 가족생활은 개인의 존엄과 양성의 평등을 기초로 성립되고 유지되어야 하며, 국가는 이를 보장한다"고 하여 혼인 및 그에 기초하여 성립된 부모와 자녀의 생활공동체인 가족생활이 국가의 특별한 보호를 받는다는 것을 규정하고 있다. 이 헌법규정은 소극적으로는 국가권력의 부당한 침해에 대한 개인의 주관적 방어권으로서 국가권력이 혼인과 가정이란 사적인 영역을 침해하는 것을 금지하면서, 적극적으로는 혼인과 가정을 제3자 등으로부터 보호해야 할 뿐이 아니라 개인의 존엄과 양성의 평등을 바탕으로 성립되고 유지되는 혼인·가족제도를 실현해야 할 국가의 과제를 부과하고 있다(헌재 2000.04.27. 98헌가16).

③ (○) 헌법 제36조 제1항은 "혼인과 가족생활은 개인의 존엄과 양성의 평등을 기초로 성립되고 유지되어야 하며, 국가는 이를 보장한다."라고 규정하고 있는데, 헌법 제36조 제1항은 혼인과 가족생활을 스스로 결정하고 형성할 수 있는 자유를 기본권으로서 보장하고, 혼인과 가족에 대한 제도를 보장한다. 그리고 헌법 제36조 제1항은 혼인과 가족에 관련되는 공법 및 사법의 모든 영역에 영향을 미치는 헌법원리 내지 원칙규범으로서의 성격도 가지는데, 이는 적극적으로는 적절한 조치를 통해서 혼인과 가족을 지원하고 제삼자에 의한 침해 앞에서 혼인과 가족을 보호해야 할 국가의 과제를 포함하며, 소극적으로는 불이익을 야기하는 제한조치를 통해서 혼인과 가족을 차별하는 것을 금지해야 할 국가의 의무를 포함한다(헌재 2002.08.29. 2001헌바82).

④ (○) 주택 양도소득세 과세에 있어 '1세대'를 과세단위로 한 것이 적절한지에 관하여 보면, ㉠ 이 사건 법률조항이 3주택 이상에 해당하는 자의 인적 범위를 정함에 있어 주로 생계를 같이하는 '1세대'를 기준으로 한 것은, 세대별로 주택이 사용되어지고, 세대의 개념상 1주택을 넘는 주택은 일시적 1세대 2주택자 등의 예외를 제외하고는 보유자의 주거용으로 사용되지 않을 개연성이 높은 점을 고려한 것이며, 주택이 다른 재산권과 구별되는 위와 같은 특성을 고려하여 오로지 보유 주택수를 제한하고자 '세대'를 주택 양도소득세의 과세단위로 규정하고 있는 점, ㉡ 이 사건 법률조항이 1세대 3주택 이상 보유자에 대한 양도소득세 중과세로 인하여 사실상 보유 주택수를 제한하는 것은 맞으나, 주택 이외의 다른 재산을 소유하는 것까지 막는 것은 아니어서 세대별 보유 재산권에 대한 제한이 상대적으로 크다고 할 수 없는 점 등을 합쳐 보면, 이 사건 법률조항이 정하고 있는 '1세대'를 기준으로 하여 3주택 이상 보유자에 대해 중과세하는 방법은 보유 주택수를 억제하여 주거생활의 안정을 꾀하고자 하는 이 사건 법률조항의 입법목적을 위하여 일응 합리적인 방법이라 할 수 있다. 그러나 혼인으로 새로이 1세대를 이루는 자를 위하여 상당한 기간 내에 보유 주택수를 줄일 수 있도록 하고 그러한 경과규정이 정하는 기간 내어 양도하는 주택에 대해서는 혼인 전의 보유 주택수에 따라 양도소득세를 정하는 등의 완화규정을 두는 것과 같은 손쉬운 방법이 있음에도 이러한 완화규정을 두지 아니한 것은 최소침해성원칙에 위배된다고 할 것이고, 이 사건 법률조항으로 인하여 침해되는 것은 헌법이 강도 높게 보호하고자 하는 헌법 제36조 제1항에 근거하는 혼인에 따른 차별금지 또는 혼인의 자유라는 헌법적 가치라 할 것이므로 이 사건 법률조항이 달성하고자 하는 공익과 침해되는 사익 사이에 적절한 균형관계를 인정할 수 없어 법익균형성원칙에도 반한다. 결국 이 사건 법률조항은 과잉금지원칙에 반하여 헌법 제36조 제1항이 정하고 있는 혼인에 따른 차별금지원칙에 위배되고, 혼인의 자유를 침해한다(헌재 2011.11.24. 2009헌바146).

⑤ (X) 부모가 자녀의 이름을 지어주는 것은 자녀의 양육과 가족생활을 위하여 필수적인 것이고, 가족생활의 핵심적 요소라 할 수 있으므로, '부모가 자녀의 이름을 지을 자유'는 혼인과 가족생활을 보장하는 헌법 제36조 제1항과 행복추구권을 보장하는 헌법 제10조에 의하여 보호받는다(헌재 2016.07.28. 2015헌마964).

정답 ⑤

문 132
21년 6월 모의시험

혼인과 가족생활의 보호에 관한 설명 중 옳은 것(○)과 옳지 않은 것(×)을 올바르게 조합한 것은? (다툼이 있는 경우 판례에 의함)

ㄱ. 헌법 제31조는 부모 외에 국가에게도 자녀의 교육에 대한 과제와 의무가 있다는 것을 규정하고 있으므로 국가는 부모의 자녀교육권을 제한할 수 있다.
ㄴ. 헌법 전문과 헌법 제9조에서 말하는 전통, 전통문화란 역사성과 시대성을 띤 개념으로서 헌법의 가치질서, 인류의 보편가치, 정의와 인도정신 등을 고려하여 오늘날의 의미로 포착하여야 한다.
ㄷ. 헌법 제36조 제1항은 소극적으로 불이익을 야기하는 제한조치를 통해서 혼인과 가족을 차별하는 것을 금지해야 할 국가의 의무를 포함하나, 적극적으로 적절한 조치를 통해서 혼인과 가족을 지원하고 제3자에 의한 침해 앞에서 혼인과 가족을 보호해야 할 국가의 과제를 포함하지 않는다.
ㄹ. 육아휴직신청권은 헌법 제36조 제1항 등으로부터 개인에게 직접 주어지는 헌법적 차원의 권리라고 볼 수 없다.

ㅁ. 헌법 제36조 제1항에서 규정하는 혼인이란 법적으로 승인받은 것을 말하므로, 사실혼은 그 보호범위에 포함되지 않는다.

① ㄱ(○), ㄴ(○), ㄷ(○), ㄹ(○), ㅁ(○)
② ㄱ(○), ㄴ(×), ㄷ(×), ㄹ(×), ㅁ(×)
③ ㄱ(×), ㄴ(○), ㄷ(×), ㄹ(×), ㅁ(×)
④ ㄱ(×), ㄴ(×), ㄷ(○), ㄹ(○), ㅁ(○)
⑤ ㄱ(○), ㄴ(○), ㄷ(×), ㄹ(○), ㅁ(○)

> **MGI Point 혼인과 가족생활의 보호** ★★
>
> - 헌법 제31조는 국가에게도 자녀의 교육에 대한 과제와 의무가 있다는 것을 규정 ⇨ 국가는 부모의 자녀교육권 제한 가
> - 헌법 제9조의 전통문화 ⇨ 역사성과 시대성을 띤 개념, 헌법의 가치질서를 고려하여 오늘날의 의미로 포착함
> - 헌법 제36조 제1항
>   · 혼인 및 가족에 대한 기본권 보장 & 제도보장
>   · 적극적 – 제3자의 침해에 의한 혼인과 가족을 보호해야할 국가적 과제
>   소극적 – 불이익을 야기하는 제한조치를 통해 혼인과 가족을 차별하는 것을 금지해야 할 국가의 의무
> - 육아휴직신청권 ⇨ 헌법상 기본권 ×, 법률상의 권리 ○
> - 사실혼 ⇨ 헌법 제36조 제1항의 보호범위에 포함 ×

ㄱ. (○) 부모는 자녀의 교육에 있어서 자녀의 정신적, 신체적 건강을 고려하여 교육의 목적과 그에 적합한 수단을 선택해야 할 것이고, 부모가 자녀의 건강에 반하는 방향으로 자녀교육권을 행사할 경우에는 헌법 제31조는 부모 외에도 국가에게 자녀의 교육에 대한 과제와 의무가 있다는 것을 규정하고 있으므로 국가는 부모의 자녀교육권을 제한할 수 있다(헌재 2009.10.29. 2008헌마635).

ㄴ. (○) 헌법 전문과 헌법 제9조에서 말하는 '전통', '전통문화'란 역사성과 시대성을 띤 개념으로서 헌법의 가치질서, 인류의 보편가치, 정의와 인도정신 등을 고려하여 오늘날의 의미로 포착하여야 하며, 가족제도에 관한 전통·전통문화란 적어도 그것이 가족제도에 관한 헌법이념인 개인의 존엄과 양성의 평등에 반하는 것이어서는 안 된다는 한계가 도출되므로, 전래의 어떤 가족제도가 헌법 제36조 제1항이 요구하는 개인의 존엄과 양성평등에 반한다면 헌법 제9조를 근거로 그 헌법적 정당성을 주장할 수는 없다(헌재 2005.02.03. 2001헌가9).

ㄷ. (×) 헌법 제36조 제1항은 혼인과 가족에 관련되는 공법 및 사법의 모든 영역에 영향을 미치는 헌법원리 내지 원칙규범으로서의 성격도 가지는데, 이는 적극적으로는 적절한 조치를 통해서 혼인과 가족을 지원하고 제삼자에 의한 침해 앞에서 혼인과 가족을 보호해야 할 국가의 과제를 포함하며, 소극적으로는 불이익을 야기하는 제한조치를 통해서 혼인과 가족을 차별하는 것을 금지해야 할 국가의 의무를 포함한다(헌재 2002.08.29. 2001헌바82).

ㄹ. (○) 육아휴직신청권은 헌법 제36조 제1항 등으로부터 개인에게 직접 주어지는 헌법적 차원의 권리라고 볼 수는 없고, 입법자가 입법의 목적, 수혜자의 상황, 국가예산, 전체적인 사회보장수준, 국민정서 등 여러 요소를 고려하여 제정하는 입법에 적용요건, 적용대상, 기간 등 구체적인 사항이 규정될 때 비로소 형성되는 법률상의 권리이다(헌재 2008.10.30. 2005헌마1156).

ㅁ. (○) 헌법 제36조 제1항에서 규정하는 '혼인'이란 양성이 평등하고 존엄한 개인으로서 자유로운 의사의 합치에 의하여 생활공동체를 이루는 것으로서 법적으로 승인받은 것을 말하므로, 법적으로 승인되지 아니한 사실혼은 헌법 제36조 제1항의 보호범위에 포함된다고 보기 어렵다(헌재 2014.08.28. 2013헌바119).

정답 ⑤

문 133

20년 8월 모의시험

헌법상 혼인과 가족생활 보장에 관한 설명으로 옳지 않은 것은? (다툼이 있는 경우 판례에 의함)

① 헌법 제36조 제1항에서 규정하는 '혼인'이란 양성이 평등하고 존엄한 개인으로서 자유로운 의사의 합치에 의하여 생활공동체를 이루는 것으로서 법적으로 승인받은 것을 말하므로, 법적으로 승인되지 아니한 사실혼은 헌법 제36조 제1항의 보호범위에 포함되지 않는다.
② 출생신고시 자녀의 이름에 사용할 수 있는 한자의 범위를 '통상 사용되는 한자'로 제한하고 있는 것은 국민으로 하여금 국가가 정한 '인명용 한자'라는 기준에 맞추도록 일률적으로 강제함으로써 '부모가 자녀의 이름을 지을 자유'를 침해한다.
③ 중혼을 혼인취소의 사유로 정하면서 그 취소청구권의 제척기간 또는 소멸사유를 규정하지 않은 것은 헌법 제36조 제1항으로부터 도출되는 일부일처제를 실현하기 위한 것이므로 후혼배우자의 인격권 및 행복추구권을 침해하지 않는다.
④ 아무런 예외 없이 혼인 종료 후 300일 이내에 출생한 자를 전남편의 친생자로 추정하는 것은 입법형성의 한계를 벗어나 모가 가정생활과 신분관계에서 누려야 할 혼인과 가족생활에 관한 기본권을 침해한다.
⑤ 헌법 제36조 제1항은 친양자로 될 자가 그의 의사에 의해 스스로 입양의 대상이 될 것인지 여부를 결정할 수 있는 자유, 나아가 친생부모가 사실상 부로서의 자격을 상실하였거나 양육의 의지가 없는 경우에는 입양이라는 제도를 통해 열악한 양육환경에서 적극적으로 벗어나 양부모에 의해 양육받을 수 있는 자유를 보장한다.

MGI Point 혼인과 가족생활 보장 ★★

- 사실혼 ⇨ 헌법 제36조 제1항의 보호범위에 포함 ×
- 출생신고 시 자녀의 이름에 사용할 수 있는 한자의 범위 제한 ⇨ 부모가 자녀의 이름을 지을 자유 침해 ×
- 중혼을 혼인취소의 사유로 정하면서 그 취소청구권의 제척기간 또는 소멸사유를 규정하지 않은 조항 ⇨ 후혼배우자의 인격권 및 행복추구권 침해 ×
- 혼인 종료 후 300일 이내에 출생한 자를 전남편의 친생자로 추정 ⇨ 母의 가정생활과 신분관계에서 누려야 할 인격권 및 혼인과 가족생활에 관한 기본권 침해 ○
- 친양자 입양의 경우 헌법 제36조 제1항의 보장 내용
  - 친양자로 될 자가 그의 의사에 의해 스스로 입양의 대상이 될 것인지 여부를 결정할 수 있는 자유 ○
  - 입양이라는 제도를 통해 열악한 양육환경에서 적극적으로 벗어나 양부모에 의해 양육 받을 수 있는 자유 ○

① (O) 헌법 제36조 제1항에서 규정하는 '혼인'이란 양성이 평등하고 존엄한 개인으로서 자유로운 의사의 합치에 의하여 생활공동체를 이루는 것으로서 법적으로 승인받은 것을 말하므로, 법적으로 승인되지 아니한 사실혼은 헌법 제36조 제1항의 보호범위에 포함된다고 보기 어렵다(헌재 2014.08.28. 2013헌바119).

② (X) 부모가 자녀의 이름을 지어주는 것은 자녀의 양육과 가족생활을 위하여 필수적인 것이고, 가족생활의 핵심적 요소라 할 수 있으므로, '부모가 자녀의 이름을 지을 자유'는 혼인과 가족생활을 보장하는 헌법 제36조 제1항과 행복추구권을 보장하는 헌법 제10조에 의하여 보호받는다. … 한자는 그 숫자가 방대하고 범위가 불분명한데다가, 우리나라는 한글 전용 정책을 주축으로 하여 한자에 익숙하지 못한 사람이 증가하고 있는바, 이름에 통상 사용되지 아니하는 한자를 사용하는 경우에는 그와 사회적·법률적 관계를 맺는 사람들이 그 이름을 인식하고 사용하는 데 상당한 불편을 겪게 될 뿐만 아니라, 그 범위조차 불분명한 한자를 가족관계등록 전산시스템에 모두 구현하는 것도 현실적으로 어려우므로, 자녀의 이름에 사용할 수 있는 한자의 범위를 제한하는 것은 불가피한 측면이 있다. 심판대상조항은 자녀의 이름에 사용할 수 있는 한자를 정함에 있어 총 8,142자를 '인명용 한자'로 지정하고 있는데 이는 결코 적지 아니하고, '인명용 한자'의 범위를 일정한 절차를 거쳐 계속 확대함으로써 이름에 한자를 사용함에 있어 불편함이 없도록 하는 보완장치를 강구하고 있다. 또한 '인명용 한자'가 아닌 한자를 사용하였다고 하더라도, 출생신고나 출생자 이름 자체가 불수리되는 것은 아니고, 가족관계등록부에 해당 이름이 한글로만 기재되어 종국적으로 해당 한자가 함께 기재되지 않는 제한을 받을 뿐이며, 가족관계등록부나 그와 연계된 공적 장부 이외에 사적 생활의 영역에서 해당 한자 이름을 사용하는 것을 금지하는 것도 아니다. 따라서 심판대상조항은 자녀의 이름을 지을 자유를 침해하지 않는다(헌재 2016.07.28. 2015헌마964).

③ (O) 이 사건 법률조항은 우리 사회의 중대한 공익이며 헌법 제36조 제1항으로부터 도출되는 일부일처제를 실현하기 위한 것이다. 이 사건 법률조항은 중혼을 혼인무효사유가 아니라 혼인취소사유로 정하고 있는데, 혼인 취소의 효력은 기왕에 소급하지 아니하므로 중혼이라 하더라도 법원의 취소판결이 확정되기 전까지는 유효한 법률혼으로 보호받는다. 후혼의 취소가 가혹한 결과가 발생하는 경우에는 구체적 사건에서 법원이 권리남용의 법리 등으로 해결하고 있다. 따라서 중혼 취소청구권의 소멸에 관하여 아무런 규정을 두지 않았다 하더라도, 이 사건 법률조항이 현저히 입법재량의 범위를 일탈하여 후혼배우자의 인격권 및 행복추구권을 침해하지 아니한다(헌재 2014.07.24. 2011헌바275).

④ (O) 오늘날 이혼 및 재혼이 크게 증가하였고, 여성의 재혼금지기간이 2005년 민법개정으로 삭제되었으며, 이혼숙려기간 및 조정전치주의가 도입됨에 따라 혼인 파탄으로부터 법률상 이혼까지의 시간간격이 크게 늘어나게 됨에 따라, 여성이 전남편 아닌 생부의 자를 포태하여 혼인 종료일로부터 300일 이내에 그 자를 출산할 가능성이 과거에 비하여 크게 증가하게 되었으며, 유전자검사 기술의 발달로 부자관계를 의학적으로 확인하는 것이 쉽게 되었다. 그런데 심판대상조항에 따르면, 혼인 종료 후 300일 내에 출생한 자녀가 전남편의 친생자가 아님이 명백하고, 전남편이 친생추정을 원하지도 않으며, 생부가 그 자를 인지하려는 경우에도, 그 자녀는 전남편의 친생자로 추정되어 가족관계등록부에 전남편의 친생자로 등록되고, 이는 엄격한 친생부인의 소를 통해서만 번복될 수 있다. 그 결과 심판대상조항은 이혼한 모와 전남편이 새로운 가정을 꾸리는 데 부담이 되고, 자녀와 생부가 진실한 혈연관계를 회복하는 데 장애가 되고 있다. 이와 같이 민법 제정 이후의 사회적·법률적·의학적 사정변경을 전혀 반영하지 아니한 채, 이미 혼인관계가 해소된 이후에 자가 출생하고 생부가 출생한 자를 인지하려는 경우마저도, 아무런 예외 없이 그 자를 전남편의 친생자로 추정함으로써 친생부인의 소를 거치도록 하는 심판대상조항은 입법형성의 한계를 벗어나 모가 가정생활과 신분관계에서 누려야 할 인격권, 혼인과 가족생활에 관한 기본권을 침해한다(헌재 2015.04.30. 2013헌마623).

⑤ (O) 친양자 입양의 경우에도 헌법 제36조 제1항은 친양자로 될 자가 그의 의사에 의해 스스로 입양의 대상이 될 것인지 말 것인지를 결정할 수 있는 자유, 나아가 친생부모가 사실상 부모로서의 자격을 상실하였거나 양육의 의지가 없는 경우에는 입양이라는 제도를 통해 열악한 양육환경에서 적극적으로 벗어나 양부모에 의해 양육받을 수 있는 자유를 보장하고, 국가는 그러한 개인의 자유가 최대한 보장되도록 입양제도를 형성할 의무가 있다(헌재 2012.05.31. 2010헌바87).

정답 ②

제8절 | 모성의 보호와 보건권

제7장 국민의 기본적 의무

문 134
21년 8월 모의시험

국민의 의무에 관한 설명 중 옳은 것을 모두 고른 것은? (다툼이 있는 경우 판례에 의함)

> ㄱ. 우리 헌법상 납세의 의무, 국방의 의무, 교육을 받게 할 의무, 근로의 의무, 환경보전의 의무가 명시적으로 규정되어 있다.
> ㄴ. 환경보전의무는 1980년 제8차 개정헌법에서 처음 규정되었으나, 교육을 받게 할 의무는 1948년 제헌헌법에서부터 규정되었다.
> ㄷ. 조세의 부과·징수는 국민의 납세의무에 기초하는 것으로서 재산권을 제한하는 것이 아니므로 과잉금지원칙이 적용되지 않는다.
> ㄹ. 헌법 제39조 제2항은 누구든지 병역의무의 이행으로 인하여 불이익한 처우를 받지 아니한다고 규정하고 있으며 이는 병역의무를 이행한 사람에게 보상조치를 취하거나 특혜를 부여할 의무를 국가에게 지우는 것은 아니다.
> ㅁ. 교육을 받게 할 의무의 주체는 우리나라의 국민으로서 교육을 받아야 할 자녀, 즉 학령 아동을 가진 친권자 또는 후견인이나, 헌법 제31조 제3항의 의무교육 무상제의 책임주체는 국가 또는 지방자치단체이다.

① ㄴ, ㄷ
② ㄱ, ㄴ, ㄷ
③ ㄱ, ㄹ, ㅁ
④ ㄷ, ㄹ, ㅁ
⑤ ㄱ, ㄴ, ㄹ, ㅁ

MGI Point 국민의 의무 ★

- 납세의 의무, 국방의 의무, 교육을 받게 할 의무, 근로의 의무, 환경보전의무는 모두 헌법에 명시적으로 규정
- 환경보전의무 ⇨ 1980년 제8차 개정헌법에서 처음 규정
  교육을 받게 할 의무 ⇨ 1962년 제5차 개정헌법에서부터 규정
- 조세의 부과징수 입법 ⇨ 재산권을 제한하는 것이므로 과잉금지의 원칙에 저촉되는지 여부의 판단 필요
- 병역의무를 이행한 사람에게 보상조치를 취하거나 특혜를 부여할 국가의 의무 ×, 다만 병역의무의 이행을 이유로 불이익한 처우를 하는 것은 금지 ○
- 헌법상 교육을 받게 할 의무의 주체 ⇨ 보호자 (친권자, 후견인 등)
  cf. 의무교육 무상제의 책임 주체 ⇨ 국가, 지방자치단체

ㄱ. (○) 헌법 제31조, 제32조, 제35조, 제38조, 제39조 참조.

> 헌법 제38조 모든 국민은 법률이 정하는 바에 의하여 납세의 의무를 진다.
> 헌법 제39조 ① 모든 국민은 법률이 정하는 바에 의하여 국방의 의무를 진다.
> 헌법 제31조 ② 모든 국민은 그 보호하는 자녀에게 적어도 초등교육과 법률이 정하는 교육을 받게 할 의무를 진다.

> 헌법 제32조 ② 모든 국민은 근로의 의무를 진다. 국가는 근로의 의무의 내용과 조건을 민주주의원칙에 따라 법률로 정한다.
> 헌법 제35조 ① 모든 국민은 건강하고 쾌적한 환경에서 생활할 권리를 가지며, 국가와 국민은 환경보전을 위하여 노력하여야 한다.

ㄴ. (X) 1960년대 이후 공업화·산업화의 부작용으로 환경문제의 중요성이 부각되기 시작한 이래, 1980년 헌법에서는 헌법상 기본권으로서 환경권(環境權)을 명시하기에 이르렀다(성낙인, 헌법학 제18판, p.1431).
▶ 1980년 제8차 개정헌법 제33조 및 1962년 제5차 개정헌법 제27조 참조.

> 1980년 제8차 개정헌법 제33조 모든 국민은 깨끗한 환경에서 생활할 권리를 가지며, 국가와 국민은 환경보전을 위하여 노력하여야 한다.
> 1962년 제5차 개정헌법 제27조 ② 모든 국민은 그 보호하는 어린이에게 초등교육을 받게 할 의무를 진다.

ㄷ. (X) 조세의 부과·징수는 국민의 납세의무에 기초하는 것으로서 원칙으로 재산권의 침해가 되지 않지만 그로 인하여 납세의무자의 사유재산에 관한 이용, 수익, 처분권이 중대한 제한을 받게 되는 경우에는 그것도 재산권의 침해가 될 수 있다(헌재 1997.12.24. 96헌가19).

> [판례] 헌법은 제23조 제1항에서 "모든 국민의 재산권은 보장된다. 그 내용과 한계는 법률로 정한다."고 규정하여 국민의 재산권을 보장하면서, 이에 대한 일반적 법률유보조항(一般的 法律留保條項)으로 헌법 제37조 제2항에서 "국민의 모든 자유와 권리는 국가안전보장·질서유지 또는 공공복리를 위하여 필요한 경우에 한하여 법률로서 제한할 수 있으며, 제한하는 경우에도 자유와 권리의 본질적인 내용을 침해할 수 없다."고 규정하고 있다. 이와 같은 헌법의 규정취지는, 국민의 재산권은 원칙적으로 보장되어야 하고, 예외적으로 공공복리 등을 위하여 법률로써 이것이 제한될 수도 있겠으나 그 본질적인 내용은 침해가 없을지라도 비례의 원칙 내지는 과잉금지의 원칙에 위배되어서는 아니되는 것을 확실히 하는데 있는 것이다. … 따라서 위 국세기본법 제35조 제1항 제3호가 규정하고 있는 조세우선(優先)조항의 위헌여부를 판단함에 있어서는, 위 규정에 따른 조세채권의 1년 소급우선이 담보물권의 본질적인 내용을 침해하고 있는지의 여부와 기본권 제한입법이 가지는 방법상의 한계, 즉 과잉금지의 원칙에 저촉되는지의 여부의 판단을 필요로 하고, 그 판단을 함에 있어서는 재산권의 본질적인 내용이 무엇이며 어느 정도일 때 그 침해가 있다고 할 것인지의 여부를 따져 보아야 할 것인바, 이를 가리는 판단기준은 헌법의 기본정신과 일반원칙 즉, 조세의 합법률성의 원칙과 조세의 합형평성의 원칙이라고 할 것이다(헌재 1990.09.03. 89헌가95).

ㄹ. (O) 헌법 제39조 제1항에서 국방의 의무를 국민에게 부과하고 있는 이상 병역법에 따라 군복무를 하는 것은 국민이 마땅히 하여야 할 이른바 신성한 의무를 다 하는 것일 뿐, 그러한 의무를 이행하였다고 하여 이를 특별한 희생으로 보아 일일이 보상하여야 한다고 할 수는 없는 것이므로, 헌법 제39조 제2항은 병역의무를 이행한 사람에게 보상조치를 취하거나 특혜를 부여할 의무를 국가에게 지우는 것이 아니라, 법문 그대로 병역의무의 이행을 이유로 불이익한 처우를 하는 것을 금지하고 있을 뿐인데, 제대군인지원에관한법률 제8조 제1항 및 제3항, 동법시행령 제9조에 의한 가산점제도는 이러한 헌법 제39조 제2항의 범위를 넘어 제대군인에게 일종의 적극적 보상조치를 취하는 제도라고 할 것이므로 이를 헌법 제39조 제2항에 근거한 제도라고 할 수 없고, 제대군인은 헌법 제32조 제6항에 규정된 "국가유공자·상이군경 및 전몰군경의 유가족"에 해당하지 아니하므로 이 헌법조항도 가산점제도의 근거가 될 수 없으며, 달리 헌법상의 근거를 찾아볼 수 없다(헌재 1999.12.23. 98헌마363).

ㅁ. (○) 헌법 제31조 제2항 및 제3항은 "모든 국민은 그 보호하는 자녀에게 적어도 초등교육과 법률이 정하는 교육을 받게 할 의무를 진다." "의무교육은 무상으로 한다."고 규정함으로써 독립하여 생활할 수 없는 취학연령에 있는 미성년자의 교육을 받을 권리를 실효성 있게 확보하기 위하여 학령아동의 친권자 또는 후견인에 대해 그 보호아동에게 교육을 받게 할 의무를 부과하고, 그 의무교육을 무상으로 하고 있다(헌재 1994.02.24. 93헌마192). 의무교육의 무상성과 비용 부담에 관한 법령의 내용과 취지, 체계를 종합해 보면, 의무교육 등에 소요되는 경비의 재원에 관한 지방교육자치에 관한 법률 제37조, 지방교육재정교부금법 제11조 제1항은 헌법이 규정한 의무교육 무상의 원칙에 따라 경제적 능력에 관계없이 교육기회를 균등하게 보장하기 위하여 의무교육대상자의 학부모 등이 교직원의 보수 등 의무교육에 관련된 경비를 부담하지 않도록 국가와 지방자치단체에 교육재정을 형성·운영할 책임을 부여하고, 그 재원 형성의 구체적인 내용을 규정하고 있는 데 그칠 뿐, 더 나아가 의무교육을 위탁받은 사립학교를 설치·운영하는 학교법인 등과의 관계에서 관련 법령에 의하여 이미 학교법인이 부담하도록 규정되어 있는 경비까지 종국적으로 국가나 지방자치단체의 부담으로 한다는 취지까지 규정한 것으로 볼 수 없다(대판 2015.01.29. 2012두7387).

정답 ③

선택형
2026년 변호사시험 대비

헌 법

변호사시험 기출문제집

II. 모의편

제3편

통치구조

제3편 통치구조

제1장 통치구조의 구성원리

제❶절 대의제의 원리

문 1 22년 8월 모의시험

대의제와 자유위임원리에 관한 설명 중 옳지 않은 것을 모두 고른 것은? (다툼이 있는 경우 판례에 의함)

> ㄱ. 국회의원이 교섭단체의 결정에 위반하는 정치활동을 한 이유로 제재를 받는 경우, 자유위임원칙에 비추어 국회의원의 신분을 상실하게 할 수는 없을 뿐만 아니라 소속 정당으로부터의 제명도 불가능하다.
> ㄴ. 직접민주제를 헌법에 규정하는 것은 별론으로 하더라도 법률에 의하여 직접민주제를 도입하는 경우에는 기본적으로 대의제와 조화를 이루어야 하고, 대의제의 본질적인 요소나 근본적인 취지를 부정하여서는 아니 된다.
> ㄷ. 자유위임원칙은 무제한적으로 보장되는 것이 아니며, 국회의 기능을 수행하기 위해서 필요한 범위 내에서 불가피하게 제한될 수밖에 없다.
> ㄹ. 헌법이 자유위임원리에 입각하고 있는 이상, 법률에서 비례대표국회의원이 소속 정당을 탈당할 때 의원직을 상실한다는 규정을 둘 수 없다.
> ㅁ. 국민과 국회의원은 자유위임의 관계에 있으므로, 유권자가 설정한 국회의석분포에 국회의원들을 구속시키는 것을 내용으로 하는 '국회구성권'을 기본권으로 인정하는 것은 대의제의 본질에 반한다.

① ㄱ, ㄷ
② ㄱ, ㄹ
③ ㄴ, ㄷ
④ ㄴ, ㄹ
⑤ ㄹ, ㅁ

MGI Point 대의제와 자유위임원리 ★★

- 특정 정당에 소속된 국회의원이 정당기속 내지는 교섭단체의 결정(당론)에 위반하는 정치활동을 한 경우
  - 국회의원 신분 상실은 불가
  - '정당내부의 사실상의 강제' 또는 소속 '정당으로부터의 제명' 가
- 법률에 의하여 직접민주제를 도입하는 경우에는 기본적으로 대의제와 조화를 이루어야 하고, 대의제의 본질적인 요소나 근본적인 취지를 부정하여서는 아니된다는 내재적인 한계를 지님

> - 자유위임원칙은 무제한적으로 보장되는 것은 아니며, 국회의 기능을 수행하기 위해서 필요한 범위 내에서 불가피하게 제한될 수 밖에 없는 것
> - 비례대표의원이 소속 정당을 탈당할 때 의원직 상실 여부
>   - 원칙 ⇨ 상실 × (∵ 헌법은 자유위임제도를 명문으로 채택)
>   - 예외 ⇨ 별도의 법률규정이 있는 경우 상실 可
> - 기본권으로서의 국회구성권 ⇨ 대의제 본질 반하는 것으로 헌법상 인정 ×

ㄱ. (X) 국회의원의 원내활동을 기본적으로 각자에 맡기는 자유위임은 자유로운 토론과 의사형성을 가능하게 함으로써 당내민주주의를 구현하고 정당의 독재화 또는 과두화를 막아주는 순기능을 갖는다. 그러나 자유위임은 의회내에서의 정치의사형성에 정당의 협력을 배척하는 것이 아니며, 의원이 정당과 교섭단체의 지시에 기속되는 것을 배제하는 근거가 되는 것도 아니다. 또한 국회의원의 국민대표성을 중시하는 입장에서도 특정 정당에 소속된 국회의원이 정당기속 내지는 교섭단체의 결정(소위 '당론')에 위반하는 정치활동을 한 이유로 제재를 받는 경우, 국회의원 신분을 상실하게 할 수는 없으나 "정당내부의 사실상의 강제" 또는 소속 "정당으로부터의 제명"은 가능하다고 보고 있다. 그렇다면 당론과 다른 견해를 가진 소속 국회의원을 당해 교섭단체의 필요에 따라 다른 상임위원회로 전임(사·보임)하는 조치는 특별한 사정이 없는 한 헌법상 용인될 수 있는 "정당내부의 사실상 강제"의 범위내에 해당한다고 할 것이다(헌재 2003.10.30. 2002헌라1).

ㄴ. (O) 근대국가가 대부분 대의제를 채택하고도 후에 이르러 직접민주제적인 요소를 일부 도입한 역사적인 사정에 비추어 볼 때, 직접민주제는 대의제가 안고 있는 문제점과 한계를 극복하기 위하여 예외적으로 도입된 제도라 할 것이므로, 헌법적인 차원에서 직접민주제를 직접 헌법에 규정하는 것은 별론으로 하더라도 법률에 의하여 직접민주제를 도입하는 경우에는 기본적으로 대의제와 조화를 이루어야 하고, 대의제의 본질적인 요소나 근본적인 취지를 부정하여서는 아니된다는 내재적인 한계를 지닌다 할 것이다(헌재 2009.03.26. 2007헌마843).

ㄷ. (O) 헌법 제46조 제2항은 "국회의원은 국가이익을 우선하여 양심에 따라 직무를 행한다."라고 규정하고 있다. 국회의원은 단독으로 국회의 의사를 결정하여 국회의 권한을 행사하는 것이 아니라 국회의 구성원으로서 국회의 의사절차에 참여하는 것이므로, 국회의원의 직무는 국회의 기능 수행을 위해서 정해진 의사절차와 그에 필요한 내부조직의 구성방법에 의하여 구체화될 수밖에 없다. 이와 같은 의사절차와 내부조직을 정할 때에도 국회의원의 자유위임에 기한 권한을 충분히 보장하여야 하는 것이나, 국회 내 다수형성의 가능성을 높이고 의사결정의 능률성을 확보하는 것 역시 중대한 헌법적 요청이므로 자유위임원칙이 언제나 최우선적으로 고려되어야 하는 것은 아니다. 나아가 자유위임원칙이 개별 국회의원이 국회 내부에서 구체적으로 어떠한 직무를 담당하는 것까지 보장하는 원리는 아니다. 통치구조의 구성원리는 자기목적적인 것이 아니라 국민의 기본권과 헌법이 추구하는 가치를 보장하고 실현하기 위한 수단의 성격을 가지는 것이다. 따라서 자유위임원칙 역시 무제한적으로 보장되는 것은 아니며, 국회의 기능을 수행하기 위해서 필요한 범위 내에서 불가피하게 제한될 수밖에 없는 것이다(헌재 2020.05.27. 2019헌라).

ㄹ. (X) 국회의원의 법적 지위 특히 전국구의원이 그를 공천한 정당을 탈당할 때 의원직을 상실하는 여부는 그 나라의 헌법과 법률이 국회의원을 이른바 자유위임(또는 무기속위임)하에 두었는가, 명령적 위임(또는 기속위임)하에 두었는가, 양 제도를 병존하게 하였는가에 달려있다. 자유위임제도를 명문으로 채택하고 있는 헌법하에서는 국회의원은 선거모체인 선거구의 선거인이나 정당의 지령에도 법적으로 구속되지 아니하며, 정당의 이익보다 국가의 이익을 우선한 양심에 따라 그 직무를 집행하여야 하며, 국회의원의 정통성은 정당과 독립된 정통성이다. 이런 자유위임하의 국회의원의 지위는 그 의원직을 얻은 방법 즉 전국구로 얻었는가, 지역구로 얻었는가에 의하여 차이가 없으며, 전국구의원도 그를 공천한 정당을 탈당하였다고 하여도 별도의 법률규정이 있는 경우는 별론으로 하고 당연히 국회의원직을 상실하지는 않는다는 것이다(헌재 1994.04.28. 92헌마153).

ㅁ. (○) 대의제 민주주의하에서 국민의 국회의원 선거권이란 국회의원을 보통·평등·직접·비밀선거에 의하여 국민의 대표자로 선출하는 권리에 그치며, 국민과 국회의원은 명령적 위임관계에 있는 것이 아니라 자유위임관계에 있으므로, 유권자가 설정한 국회의석분포에 국회의원들을 기속시키고자 하는 내용의 "국회구성권"이라는 기본권은 오늘날 이해되고 있는 대의제도의 본질에 반하는 것이어서 헌법상 인정될 여지가 없고, 청구인들 주장과 같은 대통령에 의한 여야 의석분포의 인위적 조작행위로 국민주권주의라든지 복수정당제도가 훼손될 수 있는지의 여부는 별론으로 하고 그로 인하여 바로 헌법상 보장된 청구인들의 구체적 기본권이 침해당하는 것은 아니다(헌재 1998.10.29. 96헌마186).

정답 ②

문 2
22년 6월 모의시험

대의제에 관한 설명 중 옳지 않은 것은? (다툼이 있는 경우 판례에 의함)

① 자유위임원칙은 개별 국회의원이 국회 내부에서 구체적으로 어떠한 직무를 담당하는 것까지 보장하는 원리는 아니다.
② 유권자가 설정한 국회의석분포에 국회의원들을 기속시키고자 하는 국회구성권은 대의제도의 본질에 반하는 것이므로 헌법상 인정될 여지가 없다.
③ 대의제 민주주의하에서 국회의원 선거권은 국회의원을 선출하는 권리에 그치고, 선출된 국회의원이 국민의 의사를 그대로 대리하여 줄 것을 요구할 수 있는 권리까지 포함하는 것은 아니다.
④ 당론과 다른 견해를 가진 소속 국회의원을 다른 상임위원회로 사·보임하는 조치는 헌법상 용인될 수 있는 정당내부의 사실상의 강제의 범위 내에 해당하는 것으로 자유위임원칙에 반하지 않는다.
⑤ 비례대표지방의회의원 당선인이 선거범죄로 의원직을 상실하여 결원이 생긴 때 후보자명부에 기재된 순위에 따른 승계를 인정하지 않는 것이 대의제 민주주의원리에 위배되는 것은 아니다.

| MGI Point | 대의제 | |

- 자유위임원칙 ⇨ 개별 국회의원이 국회 내부에서 구체적으로 어떠한 직무를 담당하는 것까지 보장하는 원리는 아님
- 국회구성권 ⇨ 헌법상 인정될 여지 ×
- 대의제 민주주의하에서 국회의원 선거권 ⇨ 국회의원을 선출하는 권리에 그치고, 개별 유권자 혹은 집단으로서의 국민의 의사를 선출된 국회의원이 그대로 대리하여 줄 것을 요구할 수 있는 권리까지 포함하는 것 ×
- 사·보임 조치 ⇨ 정당내부의 사실상 강제의 범위 내에 해당 ○, 자유위임원칙에 반하지 ×
- 비례대표지방의회의원 당선인이 선거범죄로 의원직을 상실하여 결원이 생긴 때 후보자명부에 기재된 순위에 따른 승계 불인정 ⇨ 대의제 민주주의 원리에 위배 ○

① (○) 헌법 제46조 제2항은 "국회의원은 국가이익을 우선하여 양심에 따라 직무를 행한다."라고 규정하고 있다. 국회의원은 단독으로 국회의 의사를 결정하여 국회의 권한을 행사하는 것이 아니라 국회의 구성원으로서 국회의 의사절차에 참여하는 것이므로, 국회의원의 직무는 국회의 기능 수행을 위해서 정해진 의사절차와 그에 필요한 내부조직의 구성방법에 의하여 구체화될 수밖에 없다. 이와 같은 의사절차와 내부조직을 정할 때에도 국회의원의 자유위임에 기한 권한을 충분히 보장하여야 하는 것이나, 국회 내 다수형

성의 가능성을 높이고 의사결정의 능률성을 확보하는 것 역시 중대한 헌법적 요청이므로 자유위임원칙이 언제나 최우선적으로 고려되어야 하는 것은 아니다. 나아가 자유위임원칙이 개별 국회의원이 국회 내부에서 구체적으로 어떠한 직무를 담당하는 것까지 보장하는 원리는 아니다. 통치구조의 구성원리는 자기목적적인 것이 아니라 국민의 기본권과 헌법이 추구하는 가치를 보장하고 실현하기 위한 수단의 성격을 가지는 것이다. 따라서 자유위임원칙 역시 무제한적으로 보장되는 것은 아니며, 국회의 기능을 수행하기 위해서 필요한 범위 내에서 불가피하게 제한될 수밖에 없는 것이다(헌재 2020.05.27. 2019헌라).

② (○) 대의제 민주주의하에서 국민의 국회의원 선거권이란 국회의원을 보통·평등·직접·비밀선거에 의하여 국민의 대표자로 선출하는 권리에 그치며, 국민과 국회의원은 명령적 위임관계에 있는 것이 아니라 자유위임관계에 있으므로, 유권자가 설정한 국회의석분포에 국회의원들을 기속시키고자 하는 내용의 "국회구성권"이라는 기본권은 오늘날 이해되고 있는 대의제도의 본질에 반하는 것이어서 헌법상 인정될 여지가 없고, 청구인들 주장과 같은 대통령에 의한 여야 의석분포의 인위적 조작행위로 국민주권주의라든지 복수정당제도가 훼손될 수 있는지의 여부는 별론으로 하고 그로 인하여 바로 헌법상 보장된 청구인들의 구체적 기본권이 침해당하는 것은 아니다(헌재 1998.10.29. 96헌마186).

③ (○) 헌법의 기본원리인 대의제 민주주의하에서 국회의원 선거권이란 것은 국회의원을 보통·평등·직접·비밀선거에 의하여 국민의 대표자인 국회의원을 선출하는 권리에 그치고, 개별 유권자 혹은 집단으로서의 국민의 의사를 선출된 국회의원이 그대로 대리하여 줄 것을 요구할 수 있는 권리까지 포함하는 것은 아니다(헌재 1998.10.29. 96헌마186).

④ (○) 자유위임은 의회내에서의 정치의사형성에 정당의 협력을 배척하는 것이 아니며, 의원이 정당과 교섭단체의 지시에 기속되는 것을 배제하는 근거가 되는 것도 아니다. 또한 국회의원의 국민대표성을 중시하는 입장에서도 특정 정당에 소속된 국회의원이 정당기속 내지는 교섭단체의 결정(소위 '당론')에 위반하는 정치활동을 한 이유로 제재를 받는 경우, 국회의원 신분을 상실하게 할 수는 없으나 "정당내부의 사실상의 강제" 또는 소속 "정당으로부터의 제명"은 가능하다고 보고 있다. 그렇다면, 당론과 다른 견해를 가진 소속 국회의원을 당해 교섭단체의 필요에 따라 다른 상임위원회로 전임(사·보임)하는 조치는 특별한 사정이 없는 한 헌법상 용인될 수 있는 "정당내부의 사실상 강제"의 범위내에 해당한다고 할 것이다(헌재 2003.10.30. 2002헌라1).

⑤ (X) 현행 비례대표선거제하에서 선거에 참여한 선거권자들의 정치적 의사표명에 의하여 직접 결정되는 것은, 어떠한 비례대표지방의회의원후보자가 비례대표지방의회의원으로 선출되느냐의 문제라기보다는 비례대표지방의회의원의석을 할당받을 정당에 배분되는 비례대표지방의회의원의 의석수라고 할 수 있다. 그런데 심판대상조항은 선거범죄를 범한 비례대표지방의회의원 당선인 본인의 의원직 박탈로 그치지 아니하고 그로 인하여 궐원된 의석의 승계를 인정하지 아니함으로써 결과적으로 그 정당에 비례대표지방의회의원의석을 할당받도록 한 선거권자들의 정치적 의사표명을 무시하고 왜곡하는 결과가 된다. 더욱이 117개 자치구·시·군의회의 비례대표지방의회의원 정수가 1인에 불과하여, 그 의석승계를 인정하지 않는다면 극단적으로는 상당수의 자치구·시·군의회에서 비례대표지방의회의원이 없게 될 수도 있으므로, 비례대표선거제를 둔 취지가 퇴색될 수도 있다. 또한, 당선인이 선거범죄로 당선이 무효로 된 경우를 일반적 궐원 사유인 당선인의 사직 또는 퇴직 등의 경우와 달리 취급하여야 할 합리적인 이유가 있는 것으로 보기도 어렵다. 따라서 심판대상조항은 선거권자의 의사를 무시하고 왜곡하는 결과를 초래할 수 있다는 점에서 헌법의 기본원리인 대의제 민주주의 원리에 부합되지 않는다고 할 것이다(헌재 2009.06.25. 2007헌마40).

정답 ⑤

문 3
21년 6월 모의시험

대의제에 관한 설명 중 옳은 것을 모두 고른 것은? (다툼이 있는 경우 판례에 의함)

> ㄱ. 국회 위원회에서 소속 상임위원이 당론에 반하는 의사를 표시하였다는 이유로 해당 상임위원의 의사에 반하여 상임위원 개선(改選)이 이루어졌다면, 이는 국회의원이 국민의 대표자로서 갖는 지위보다 특정 정당의 당원으로서 갖는 지위를 우선순위에 두는 것으로 대의제 헌법원리에 위배된다.
> ㄴ. 1972년 제7차 개정헌법은 대한민국 주권자인 국민은 그 대표자나 국민투표에 의하여 주권을 행사한다는 점을 명시하였다.
> ㄷ. 회계책임자가 300만 원 이상의 벌금을 선고받은 경우 후보자의 당선을 무효로 하는 것은 유권자의 의사를 크게 왜곡하여 대의제 이념에 반한다.
> ㄹ. 대의제 민주주의 하에서 국민의 국회의원 선거권이란 국회의원을 보통·평등·직접·비밀선거에 의하여 국민의 대표자로 선출하는 권리에 그친다는 점에서 유권자가 설정한 국회의석분포에 국회의원들을 기속시키는 것은 대의제도의 본질에 반한다.

① ㄱ, ㄴ
② ㄴ, ㄹ
③ ㄷ, ㄹ
④ ㄱ, ㄴ, ㄷ
⑤ ㄴ, ㄷ, ㄹ

MGI Point 대의제 ★★

- 당론과 다른 견해 가진 소속 국회의원을 교섭단체의 필요에 따라 다른 상임위원회로 전임(사·보임)하는 조치
  ⇨ 헌법상 용인될 수 있는 "정당내부의 사실상 강제"의 범위 内, 법률안 심의·표결 권한 침해 ×
- 1972년 제7차 개정헌법 ⇨ 대한민국의 주권은 국민에게 있고, 국민은 그 대표자나 국민투표에 의하여 주권 행사함을 명시
- 회계책임자가 300만 원 이상의 벌금을 선고받은 경우 후보자의 당선 무효 ⇨ 헌법 위반 ×
- 대의제 민주주의 하에서 국민의 국회의원 선거권의 의미
  - 국회의원을 보통·평등·직접·비밀선거에 의하여 국민의 대표자로 선출하는 권리에 그침
  - 국회구성권 ⇨ 대의제도의 본질에 반함, 헌법상 인정 ×

ㄱ. (X) 현대의 민주주의가 종래의 순수한 대의제 민주주의에서 정당국가적 민주주의의 경향으로 변화하고 있음은 주지하는 바와 같다. 다만, 국회의원의 국민대표성보다는 오늘날 복수정당제하에서 실제적으로 정당에 의하여 국회가 운영되고 있는 점을 강조하려는 견해와, 반대로 대의제 민주주의 원리를 중시하고 정당국가적 현실은 기본적으로 국회의원의 전체국민대표성을 침해하지 않는 범위내에서 인정하려는 입장이 서로 맞서고 있다. 국회의원의 원내활동을 기본적으로 각자에 맡기는 자유위임은 자유로운 토론과 의사형성을 가능하게 함으로써 당내민주주의를 구현하고 정당의 독재화 또는 과두화를 막아주는 순기능을 갖는다. 그러나 자유위임은 의회내에서의 정치의사형성에 정당의 협력을 배척하는 것이 아니며, 의원이 정당과 교섭단체의 지시에 기속되는 것을 배제하는 근거가 되는 것도 아니다. 또한 국회의원의 국민대표성을 중시하는 입장에서도 특정 정당에 소속된 국회의원이 정당기속 내지는 교섭단체의 결정(소위 '당론')에 위반하는 정치활동을 한 이유로 제재를 받는 경우, 국회의원 신분을 상실하게 할 수는 없으나 "정당내부의 사실상의 강제" 또는 소속 "정당으로부터의 제명"은 가능하다고 보고 있다. 그렇다면, 당론과 다른 견해를 가진 소속 국회의원을 당해 교섭단체의 필요에 따라 다른 상임위원회로 전임(사·보임)하는 조치는 특별한 사정이 없는 한 헌법상 용인될 수 있는 "정당내부의 사실상 강제"의 범위내에 해당한다고 할 것이다(헌재 2003.10.30. 2002헌라1).

ㄴ. (○) 제7차 개정헌법 제1조 참조.

> **1972년 제7차 개정헌법 제1조** ② 대한민국의 주권은 국민에게 있고, 국민은 그 대표자나 국민투표에 의하여 주권을 행사한다.

ㄷ. (X) 회계책임자가 300만 원 이상의 벌금을 선고받은 경우 후보자의 당선을 무효로 하고 있는 구 공직선거법 … 헌법 제13조 제3항은 '친족의 행위와 본인간에 실질적으로 의미있는 아무런 관련성을 인정할 수 없음에도 불구하고 오로지 친족이라는 사유 그 자체만으로' 불이익한 처우를 가하는 경우에만 적용되기 때문에 원칙적으로 회계책임자가 친족이 아닌 이상, 이 사건 법률조항은 적어도 헌법 제13조 제3항의 규범적 실질내용에 위배될 수는 없다. … 이 사건 법률조항은 후보자에게 회계책임자의 형사책임을 연대하여 지게 하는 것이 아니라, 선거의 공정성을 해치는 객관적 사실(회계책임자의 불법행위)에 따른 선거결과를 교정하는 것에 불과하고, 또한 후보자는 공직선거법을 준수하면서 공정한 경쟁이 되도록 할 의무가 있는 자로서 후보자 자신뿐만 아니라 최소한 회계책임자 등에 대하여는 선거범죄를 범하지 않도록 지휘·감독할 책임을 지는 것이므로, 이 사건 법률조항은 후보자 '자신의 행위'에 대하여 책임을 지우고 있는 것에 불과하기 때문에, 헌법상 자기책임의 원칙에 위반되지 아니한다. … 이 사건 법률조항에 의한 후보자 책임의 법적 구조의 특징, 회계책임자에게 재판절차라는 완비된 절차적 보장이 주어진다는 점, 별도 절차의 채부에 따른 장·단점이 나뉜다는 점 등을 종합하면 후보자에 대하여 변명·방어의 기회를 따로 부여하는 절차를 마련하지 않았다는 점만으로 적법절차원칙에 어긋나고 재판청구권을 침해한 것이라고 볼 수 없다. … 회계책임자와 후보자는 선거에 임하여 분리하기 어려운 운명공동체라고 보아 회계책임자의 행위를 곧 후보자의 행위로 의제함으로써 선거부정 방지를 도모하고자 한 입법적 결단이 현저히 잘못되었거나 부당하다고 보기 어려운 이상, 감독상의 주의의무 이행이라는 면책사유를 인정하지 않고 후보자에게 법정 연대책임을 지우는 제도를 형성한 것이 반드시 필요 이상의 지나친 규제를 가하여 가혹한 연대책임을 부과함으로써 후보자의 공무담임권을 침해한다고 볼 수 없다(헌재 2010.03.25. 2009헌마170).

▶ 지문은 재판관 조대현, 재판관 김종대의 반대의견에 대한 보충의견

ㄹ. (○) 대의제 민주주의하에서 국민의 국회의원 선거권이란 국회의원을 보통·평등·직접·비밀선거에 의하여 국민의 대표자로 선출하는 권리에 그치며, 국민과 국회의원은 명령적 위임관계에 있는 것이 아니라 자유위임관계에 있으므로, 유권자가 설정한 국회의석분포에 국회의원들을 기속시키고자 하는 내용의 "국회구성권"이라는 기본권은 오늘날 이해되고 있는 대의제도의 본질에 반하는 것이어서 헌법상 인정될 여지가 없고, 청구인들 주장과 같은 대통령에 의한 여야 의석분포의 인위적 조작행위로 국민주권주의라든지 복수정당제도가 훼손될 수 있는지의 여부는 별론으로 하고 그로 인하여 바로 헌법상 보장된 청구인들의 구체적 기본권이 침해당하는 것은 아니다(헌재 1998.10.29. 96헌마186).

 ②

제❷절 ㅣ 권력분립의 원리

문 4
24년 6월 모의시험

권력분립원칙에 관한 설명 중 옳지 않은 것은? (다툼이 있는 경우 판례에 의함)

① 권력분립원칙은 권력의 분할뿐만 아니라 권력 간의 상호작용과 통제의 원리로 형성된 것으로, 국가기관 상호간의 통제 및 협력과 공조는 헌법상 권력분립원칙을 구성하는 하나의 요소가 된다.

② 특별검사제도의 도입 여부를 입법부가 독자적으로 결정하고, 대법원장이 특별검사 후보자 2인을 추천하여 대통령으로 하여금 추천된 후보자 중에서 1인을 특별검사로 임명하도록 하는 것은 권력분립의 원칙에 반한다고 볼 수 없다.

③ 특정 사안에 있어 법관으로 하여금 증거조사에 의한 사실판단도 하지 말고, 최초의 공판기일에 공소사실과 검사의 의견만을 듣고 결심하여 형을 선고하도록 한다 하더라도, 이는 법관의 권한을 본질적으로 침해한 것으로 볼 수 없어 권력분립원칙에 반하지 않는다.
④ 행정과 사법은 법률에 기속되므로 국회가 법률에서 특정한 사항을 명시적으로 행정부에 위임하였음에도 불구하고 행정부가 정당한 이유 없이 이를 이행하지 않는다면 권력분립의 원칙에 위배되는 것이다.
⑤ 권력분립의 원칙은 인적(人的)인 측면에서도 입법과 행정의 분리를 요청하므로, 만일 행정공무원이 지방입법기관에서라도 입법에 참여한다면 권력분립의 원칙에 배치되게 된다.

MGI Point 권력분립원칙 ★★

- 권력분립원칙은 권력의 분할뿐만 아니라 권력 간의 상호작용과 통제의 원리로 형성된 것으로, 국가기관 상호간의 통제 및 협력과 공조는 헌법상 권력분립원칙을 구성하는 하나의 요소 ○
- 특별검사제도의 도입 여부를 입법부가 독자적으로 대법원장이 특별검사 후보자 2인을 추천하여 대통령으로 하여금 추천된 후보자 중에서 1인을 특별검사로 임명하도록 하는 것은 권력분립의 원칙에 위반 ×
- 권력분립의 원칙에 위반한 경우
  - 특정 사안에 있어 법관으로 하여금 증거조사에 의한 사실판단도 하지 말고, 최초의 공판기일에 공소사실과 검사의 의견만을 듣고 결심하여 형을 선고하도록 하는 것
  - 국회가 법률에서 사항을 명시적으로 행정부에 위임하였음에도 불구, 행정부가 정당한 이유 없이 이를 불이행 하는 것
  - 행정공무원이 지방입법기관에서라도 입법에 참여하는 것

① (○) … 우리 헌법에서 권력분립원칙은 권력의 분할뿐만 아니라 권력간의 상호작용과 통제의 원리로 형성되어 국가기관 상호간의 통제 및 협력과 공조는 권력분립원칙에 대한 예외가 아니라 헌법상 권력분립원칙을 구성하는 하나의 요소가 된 것이다(헌재 2021.01. 28. 2020헌마264).

② (○) 대법원장은 법관의 임명권자이지만(헌법 제104조 제3항) 대법원장이 각급 법원의 직원에 대하여 지휘·감독할 수 있는 사항은 사법행정에 관한 사무에 한정되므로(법원조직법 제13조 제2항) 구체적 사건의 재판에 대하여는 어떠한 영향도 미칠 수 없고, 나아가 이 사건 법률 제3조에 의하면 대법원장은 변호사 중에서 2인의 특별검사후보자를 대통령에게 추천하는 것에 불과하고 특별검사의 임명은 대통령이 하도록 되어 있으므로 소추기관과 심판기관이 분리되지 않았다거나, 자기 자신의 사건을 스스로 심판하는 구조라고 볼 수는 없다. 결국 이 사건 법률 제3조에 의한 특별검사의 임명절차가 소추기관과 심판기관의 분리라는 근대 형사법의 대원칙이나 적법절차원칙 등을 위반하였다고 볼 수 없다. (2) 본질적으로 권력통제의 기능을 가진 특별검사제도의 취지와 기능에 비추어 볼 때, 특별검사제도의 도입 여부를 입법부가 독자적으로 결정하고 특별검사 임명에 관한 권한을 헌법기관 간에 분산시키는 것이 권력분립원칙에 반한다고 볼 수 없다. 한편 정치적 중립성을 엄격하게 지켜야 할 대법원장의 지위에 비추어 볼 때 정치적 사건을 담당하게 될 특별검사의 임명에 대법원장을 관여시키는 것이 과연 바람직한 것인지에 대하여 논란이 있을 수 있으나, 그렇다고 국회의 이러한 정치적·정책적 판단이 헌법상 권력분립원칙에 어긋난다거나 입법재량의 범위에 속하지 않는다고는 할 수 없다. (3) 그렇다면 이 사건 법률 제3조는 적법절차원칙에 위반되거나 권력분립원칙에 위반되지 아니하므로 청구인들의 기본권을 침해하지 않는다(헌재 2008.01.10. 2007헌마1468).

③ (×) … 그런데 특조법 제7조 제7항이 특정 사안에 있어 법관으로 하여금 증거조사에 의한 사실판단도 하지 말고, 최초의 공판기일에 공소사실과 검사의 의견만을 듣고 결심하여 형을 선고하라는 것은 입법에 의해서 사법의 본질적인 중요부분을 대체시켜 버리는 것에 다름 아니어서 우리 헌법상의 권력분립원칙에 어긋나는 것이다. 우리 헌법은 권력 상호간의 견제와 균형을 위하여 명시적으로 규정한 예외를 제외하고는 입법부에게 사법작용을 수행할 권한을 부여하지 않고 있다. 그런데도 입법자가 법원으로 하여금 증거조사도 하

지 말고 형을 선고하도록 하는 법률을 제정한 것은 헌법이 정한 입법권의 한계를 유월하여 사법작용의 영역을 침범한 것이라고 할 것이다(헌재 1996.01.25. 95헌가5).
④ (○) 입법부가 법률로써 행정부에게 특정한 사항을 위임했음에도 불구하고 행정부가 정당한 이유 없이 이를 이행하지 않는다면 권력분립의 원칙과 법치국가 내지 법치행정의 원칙에 위배되는 것으로서 위법함과 동시에 위헌인 것이 되는바, 구 군법무관임용법(1967. 3. 3. 법률 제1904호로 개정되어 2000. 12. 26. 법률 제6291호로 전문 개정되기 전의 것) 제5조 제3항과 군법무관임용 등에 관한 법률(2000. 12. 26. 법률 제6291호로 개정된 것) 제6조가 군법무관의 보수를 법관 및 검사의 예에 준하도록 규정하면서 그 구체적 내용을 시행령에 위임하고 있는 이상, 위 법률의 규정들은 군법무관의 보수의 내용을 법률로써 일차적으로 형성한 것이고, 위 법률들에 의해 상당한 수준의 보수청구권이 인정되는 것이므로, 위 보수청구권은 단순한 기대이익을 넘어서는 것으로서 법률의 규정에 의해 인정된 재산권의 한 내용이 되는 것으로 봄이 상당하고, 따라서 행정부가 정당한 이유 없이 시행령을 제정하지 않은 것은 위 보수청구권을 침해하는 불법행위에 해당한다(대판 2007.11.29. 2006다3561).
⑤ (○) 권력분립의 원리는 인적 측면에서도 입법과 행정의 분리를 요청하고, 만일 행정공무원이 지방입법기관에서라도 입법에 참여하면 권력분립의 원칙에 배치되게 되는 것으로, 공무원의 경우는 지방의회의원의 입후보제한이나 겸직금지가 필요하다(헌재 1991.03.11. 90헌마28).

문 5
23년 6월 모의시험

국가권력의 조직과 구성에 관한 설명 중 옳지 않은 것은? (다툼이 있는 경우 판례에 의함)

① 사회적 변화에 대응한 입법수요의 급증과 종래의 형식적 권력분립주의로는 현대사회에 대응할 수 없다는 기능적 권력분립론을 감안하면, 국회가 입법으로 행정기관에 구체적인 범위를 정하여 위임한 사항에 관하여는 당해 행정기관이 법 정립의 권한을 갖게 되고, 입법자가 그 규율의 형식도 선택할 수 있다고 보아야 하므로, 헌법이 인정하고 있는 위임입법의 형식은 예시적인 것으로 보아야 한다.
② 지방자치단체의 장에게 지방의회 사무직원의 임용권을 부여하더라도 지방의회 의장의 추천권이 적극적이고 실질적으로 발휘된다면 그것이 곧바로 지방의회와 집행기관 사이의 상호 견제와 균형의 원리를 침해하는 것은 아니다.
③ 권력분립원칙은 입법권, 행정권, 사법권의 분할과 이들 간의 견제와 균형의 원리이므로, 설령 고위공직자범죄수사처의 설치로 말미암아 고위공직자범죄수사처와 기존의 다른 수사기관과의 관계가 문제된다 하더라도 동일하게 행정부 소속인 수사처와 다른 수사기관 사이의 권한 배분의 문제는 헌법상 권력분립원칙의 문제라고 볼 수 없다.
④ 권력분립원칙은 국가권력의 집중과 남용의 위험을 방지하여 국민의 자유와 권리를 보호하고자 하는 데에 근본적인 목적이 있는바, 이를 위해서는 국가권력을 분할하는 것으로 족하고 분할된 권력 상호간의 견제와 균형을 통한 권력간 통제까지 요구하는 것은 아니다.
⑤ 중앙행정기관이란 '국가의 행정사무를 담당하기 위하여 설치된 행정기관으로서 그 관할권의 범위가 전국에 미치는 행정기관'을 말하는데, 어떤 행정기관이 중앙행정기관에 해당하는지 여부는 기관 설치의 형식이 아니라 해당 기관이 실질적으로 수행하는 기능에 따라 결정되어야 한다.

> **MGI Point** 국가권력의 조직과 구성 ★★
>
> - 국회가 행정기관에 구체적인 범위 정하여 위임한 사항은 ⇨ 헌법에서 인정되는 위임입법의 형식에 해당 ○ (예시설)
> - 지방자치단체의 장이 지방의회 사무직원의 임용권을 부여한 것은 ⇨ 상호견제와 균형의 원리 침해 ×
> - 고위공직자범죄수사처의 설치는 헌법상 권력분립원칙 위반 ×
> - 권력분립원칙은 국가권력 분할 + 분할된 권력 상호간의 견제·균형을 통한 권력간 통제까지 요구 ○
> - 중앙행정기관에 해당하는지 여부의 판단 : 기관의 설치 형식 ×, 기관이 실질적 수행하는 기능 ○

① (○) 오늘날 의회의 입법독점주의에서 입법중심주의로 전환하여 일정한 범위 내에서 행정입법을 허용하게 된 동기가 사회적 변화에 대응할 입법수요의 급증과 종래의 형식적 권력분립주의로는 현대사회에 대응할 수 없다는 기능적 권력분립론에 있다는 점 등을 감안하여 헌법 제40조와 헌법 제75조, 제95조의 의미를 살펴보면, 국회입법에 의한 수권이 입법기관이 아닌 행정기관에게 법률 등으로 구체적인 범위를 정하여 위임한 사항에 관하여는 당해 행정기관에게 법정립의 권한을 갖게 되고, 입법자가 규율의 형식도 선택할 수 있다 할 것이므로, 헌법이 인정하고 있는 위임입법의 형식은 예시적인 것으로 보아야 할 것이고, 그것은 법률이 행정규칙에 위임하더라도 그 행정규칙은 위임된 사항만을 규율할 수 있으므로, 국회입법의 원칙과 상치되지도 않는다(헌재 2006.12.28. 2005헌바59).

② (○) 지방자치단체의 장에게 지방의회 사무직원의 임용권을 부여하고 있는 심판대상조항은 지방자치법 제101조, 제105조 등에서 규정하고 있는 지방자치단체의 장의 일반적 권한의 구체화로서 우리 지방자치의 현황과 실상에 근거하여 지방의회 사무직원의 인력수급 및 운영 방법을 최대한 효율적으로 규율하고 있다고 할 것이다. 심판대상조항에 따른 지방의회 의장의 추천권이 적극적이고 실질적으로 발휘된다면 지방의회 사무직원의 임용권이 지방자치단체의 장에게 있다고 하더라도 그것이 곧바로 지방의회와 집행기관 사이의 상호견제와 균형의 원리를 침해할 우려로 확대된다거나 또는 지방자치제도의 본질적 내용을 침해한다고 볼 수는 없다(헌재 2014.01.28. 2012헌바216).

③ (○), ④ (X), ⑤ (○) 권력분립원칙은 국가기능을 입법·행정·사법으로 분할하여 이를 각각 독립된 국가기관에 귀속시키고, 국가기관 상호간의 견제와 균형을 통하여 국가권력을 통제함으로써 국민의 자유와 권리를 보호하고자 하는 원리이다. 권력분립원칙은 국가권력의 집중과 남용의 위험을 방지하여 국민의 자유와 권리를 보호하고자 하는 데에 근본적인 목적이 있는바, 이를 위해서는 단순히 국가권력을 분할하는 것만으로는 충분하지 않고 분할된 권력 상호간의 견제와 균형을 통한 권력간 통제가 이루어져야 한다(④).… 중앙행정기관이란 '국가의 행정사무를 담당하기 위하여 설치된 행정기관으로서 그 관할권의 범위가 전국에 미치는 행정기관'을 말하는데(행정기관의 조직과 정원에 관한 통칙 제2조 제1호), 어떤 행정기관이 중앙행정기관에 해당하는지 여부는 기관 설치의 형식이 아니라 해당 기관이 실질적으로 수행하는 기능에 따라 결정되어야 한다(⑤). 법률에 근거하여 수사처라는 행정기관을 설치하는 것이 헌법상 금지되지 않는바, 검찰의 기소독점주의 및 기소편의주의를 견제할 별도의 수사기관을 설치할지 여부는 국민을 대표하는 국회가 검찰 기소독점주의의 적절성, 검찰권 행사의 통제 필요성, 별도의 수사기관 설치의 장단점, 고위공직자범죄 수사 등에 대한 국민적 관심과 요구 등 제반 사정을 고려하여 결정할 문제로서, 그 판단에는 본질적으로 국회의 폭넓은 재량이 인정된다. … 또한 수사처의 설치로 말미암아 수사처와 기존의 다른 수사기관과의 관계가 문제된다 하더라도 동일하게 행정부 소속인 수사처와 다른 수사기관 사이의 권한 배분의 문제는 헌법상 권력분립원칙의 문제라고 볼 수 없다(③)(헌재 2021.01.28. 2020헌마264,681).

정답 ④

제❸절 | 정부형태

제❹절 | 정당제도

문 6
23년 6월 모의시험

정당제도에 관한 설명 중 옳지 않은 것은? (다툼이 있는 경우 판례에 의함)

① 누구든지 2 이상의 정당의 당원이 되지 못하도록 하는 것은 정당 가입·활동의 자유 제한의 정도가 정당정치를 보호·육성하고자 하는 공익에 비하여 중하다고 볼 수 없으므로 2 이상의 정당의 당원이 되려는 자의 정당 가입·활동의 자유를 침해하지 않는다.
② 초·중등학교의 교육공무원이 정당의 결성에 관여하거나 이에 가입하는 행위를 금지하는 것은, 교원의 직무와 관련이 없거나 그 지위를 이용한 것으로 볼 수 없는 결성 관여행위 및 가입행위까지 금지하므로 해당 교육공무원의 정당설립의 자유 및 정당가입의 자유를 침해한다.
③ 헌법재판소의 해산결정으로 정당이 해산되는 경우에 그 정당 소속 국회의원의 의원직은 정당해산결정의 실효성을 확보하는 차원에서 그 당선 방식을 불문하고 모두 상실된다.
④ 국회의원선거에 참여하여 의석을 얻지 못하고 유효투표총수의 100분의 2 이상을 득표하지 못한 정당에 대해 그 등록을 취소하도록 하는 것은 어느 정당이 대통령선거나 지방자치선거에서 아무리 좋은 성과를 올리더라도 국회의원선거에서 일정 수준의 지지를 얻는 데 실패하면 등록이 취소될 수밖에 없어 불합리하여 해당 정당의 정당설립의 자유를 침해한다.
⑤ 정당은 국회의원지역구 및 자치구·시·군, 읍·면·동별로 당원협의회를 둘 수 있으나 시·도당 하부조직의 운영을 위한 당원협의회 등의 사무소는 둘 수 없다.

MGI Point 정당제도 ★★

- 누구든지 2 이상의 정당의 당원이 되지 못한다는 내용의 정당법 규정 ⇨ 정당 가입·활동의 자유를 침해 ×
- 초·중등학교의 교육공무원이 정당의 결성에 관여하거나 이에 가입하는 행위를 금지한 규정 ⇨ 교육공무원의 정당설립의 자유 및 정당가입의 자유침해 ×
- 헌법재판소의 정당해산결정이 있는 경우 그 정당 소속 국회의원의 의원직 ⇨ 당선 방식을 불문 모두 상실 ○
- 국회의원선거에 참여하여 의석수를 얻지 못하고 유효투표총수의 100분의2 이상 득표하지 못한 정당의 등록 취소하도록 하는 정당법 규정 ⇨ 정당설립의 자유 침해 ○
- 정당 ⇨ 국회의원지역구 및 자치구·시·군, 읍·면·동별로 당원협의회를 둘 수 ○ / 시·도당 하부조직의 운영을 위하여 당원협의회 등의 사무소를 둘 수 ×

---

① (○) "누구든지 2 이상의 정당의 당원이 되지 못한다."라고 규정하고 있는 정당법 제42조 제2항(이하 '심판대상조항'이라 한다)은 예외 없이 복수 당적 보유를 금지하고 있으나, 정당법상 당원의 입당, 탈당 또는 재입당이 제한되지 아니하는 점, 복수 당적 보유를 허용하면서도 예상되는 부작용을 실효적으로 방지할 수 있는 대안을 상정하기 어려운 점, 어느 정당의 당원이라 하더라도 일반에 개방되는 다른 정당의 경선에 참여하는 등 다양한 방법으로 정치적 의사를 표현할 수 있다는 점 등을 고려하면, 심판대상조항이 침해의 최소성에 반한다고 보기 어렵다. 나아가, 정당의 당원인 청구인들로 하여금 다른 정당의 당원이 될 수 없도록 하는 정당 가입·활동 자유 제한의 정도가 정당정치를 보호·육성하고자 하는 공익에 비하여 중하다고 볼 수 없다. 따라서 심판대상조항이 정당의 당원인 청구인들의 정당 가입·활동의 자유를 침해한다고 할 수 없다(헌재 2022.03.31. 2020헌마1729).

② (X) 초·중등학교의 교육공무원이 정당의 발기인 및 당원이 될 수 없도록 규정한 정당법(2013. 12. 30. 법률 제12150호로 개정된 것) 제22조 제1항 단서 제1호 본문 중 국가공무원법 제2조 제2항 제2호의 교육공무원 가운데 초·중등교육법 제19조 제1항의 교원에 관한 부분(이하 '정당법조항'이라 한다) 및 초·중등학교의 교육공무원이 정당의 결성에 관여하거나 이에 가입하는 행위를 금지한 국가공무원법(2008. 3. 28. 법률 제8996호로 개정된 것) 제65조 제1항 중 '국가공무원법 제2조 제2항 제2호의 교육공무원 가운데 초·중등교육법 제19조 제1항의 교원은 정당의 결성에 관여하거나 이에 가입할 수 없다.' 부분(이하 "국가공무원법조항 중 '정당'에 관한 부분"이라 한다)이 나머지 청구인들의 정당가입의 자유 등을 침해하지 않는다(헌재 2020.04.23. 2018헌마551).

③ (O) 헌법재판소의 해산결정으로 정당이 해산되는 경우에 그 정당 소속 국회의원이 의원직을 상실하는지에 대하여 명문의 규정은 없으나, 정당해산심판제도의 본질은 민주적 기본질서에 위배되는 정당을 정치적 의사형성과정에서 배제함으로써 국민을 보호하는 데에 있는데 해산정당 소속 국회의원의 의원직을 상실시키지 않는 경우 정당해산결정의 실효성을 확보할 수 없게 되므로, 이러한 정당해산제도의 취지 등에 비추어 볼 때 헌법재판소의 정당해산결정이 있는 경우 그 정당 소속 국회의원의 의원직은 당선 방식을 불문하고 모두 상실되어야 한다(헌재 2014.12.19. 2013헌다1).

④ (O) 정당등록취소조항은 어느 정당이 대통령선거나 지방자치선거에서 아무리 좋은 성과를 올리더라도 국회의원선거에서 일정 수준의 지지를 얻는 데 실패하면 등록이 취소될 수밖에 없어 불합리하고, 신생·군소정당으로 하여금 국회의원선거에의 참여 자체를 포기하게 할 우려도 있어 법익의 균형성 요건도 갖추지 못하였다. 따라서 정당등록취소조항은 과잉금지원칙에 위반되어 청구인들의 정당설립의 자유를 침해한다(헌재 2014.01.28. 2012헌마431).

⑤ (O) 정당법 제37조 제3항 참조.

> 정당법 제37조(활동의 자유) ③ 정당은 국회의원지역구 및 자치구·시·군, 읍·면·동별로 당원협의회를 둘 수 있다. 다만, 누구든지 시·도당 하부조직의 운영을 위하여 당원협의회 등의 사무소를 둘 수 없다.

문 7

22년 8월 모의시험

정당제도에 관한 설명 중 옳은 것(○)과 옳지 않은 것(×)을 올바르게 조합한 것은? (다툼이 있는 경우 판례에 의함)

> ㄱ. 헌법 제8조 제1항은 정당설립의 자유만을 명시적으로 규정하고 있으므로 정당 존속의 자유는 그 보호대상이 아니다.
> ㄴ. 입법자는 정당설립과 관련하여 형식적 요건을 설정할 수는 있으나, 일정한 내용적 요건을 구비해야만 정당을 설립할 수 있다는 소위 '허가절차'는 헌법적으로 허용되지 않는다.
> ㄷ. 정당이 국회의원선거에 처음 참여하여 의석을 얻지 못하고 유효투표총수의 100분의 2 이상을 득표하지 못한 때에 그 정당의 등록을 취소하도록 하는 것은 군소정당 난립으로 인한 정치질서의 혼란을 방지하기 위한 것으로서 정당설립의 자유를 침해하지 않는다.
> ㄹ. 정당에 대한 재정적 후원을 금지하는 「정치자금법」조항은 정치자금 조달의 투명성을 확보하고 정경유착의 위험을 방지하고자 하는 것으로서 정당활동의 자유를 침해하지 않는다.
> ㅁ. 정당의 명칭은 그 정당의 정책과 정치적 신념을 나타내는 대표적인 표지에 해당하므로, 정당설립의 자유는 자신들이 원하는 명칭을 사용하여 정당을 설립하는 것을 포함한다.

① ㄱ(○), ㄴ(○), ㄷ(×), ㄹ(×), ㅁ(×)
② ㄱ(○), ㄴ(×), ㄷ(○), ㄹ(×), ㅁ(×)
③ ㄱ(×), ㄴ(○), ㄷ(○), ㄹ(×), ㅁ(○)
④ ㄱ(×), ㄴ(○), ㄷ(×), ㄹ(×), ㅁ(○)
⑤ ㄱ(×), ㄴ(○), ㄷ(×), ㄹ(○), ㅁ(×)

MGI Point 정당제도 ★★

- 정당설립의 자유
  - 정당존속의 자유와 정당활동의 자유를 포함
  - 자신들이 원하는 명칭을 사용하여 정당을 설립하거나 정당활동을 할 자유 포함
- 입법자가 정당설립과 관련하여 형식적 요건을 설정할 수는 있으나, 일정한 내용적 요건을 구비해야만 정당을 설립할 수 있다는 소위 '허가절차'는 헌법적으로 허용되지 아니함
- 국회의원선거에 참여하여 의석을 얻지 못하고 유효투표총수의 100분의 2 이상을 득표하지 못한 정당에 대한 등록취소조항
  - 국회의원선거에서의 의석 확보 여부 및 득표율은 정당이 실질적으로 국민의 정치적 의사형성에 참여할 진지한 의사와 역량을 갖추었는지를 가늠할 수 있는 하나의 표지 ⇨ 목적의 정당성 ○, 수단의 적합성 ○
  - 한 번의 국회의원선거에서 의석을 얻지 못하고 일정 수준의 득표를 하지 못하였다는 이유로 정당등록을 취소 ⇨ 침해의 최소성 ×, 법익의 균형성 ×
  - 정당설립의 자유 침해 ○, 위헌
- 정당에 대한 재정적 후원을 금지하는 구 정치자금법 조항 ⇨ 정당의 정당활동의 자유와 국민의 정치적 표현의 자유 침해 ○

ㄱ. (×), ㅁ. (○) 헌법 제8조 제1항 전단은 단지 정당설립의 자유만을 명시적으로 규정하고 있지만, 정당의 설립만이 보장될 뿐 설립된 정당이 언제든지 해산될 수 있거나 정당의 활동이 임의로 제한될 수 있다면 정당설립의 자유는 사실상 아무런 의미가 없게 되므로, 정당설립의 자유는 당연히 정당존속의 자유와 정당활동의 자유를 포함하는 것이다(ㄱ). 한편, 정당의 명칭은 그 정당의 정책과 정치적 신념을 나타내는 대표적인 표지에 해당하므로, 정당설립의 자유는 자신들이 원하는 명칭을 사용하여 정당을 설립하거나 정당활동을 할 자유도 포함한다(ㅁ)(헌재 2014.01.28. 2012헌가19).

ㄴ. (○) 헌법은 제8조 제2항에서 "정당은 그 목적·조직과 활동이 민주적이어야 하며, 국민의 정치적 의사형성에 참여하는 데 필요한 조직을 가져야 한다."고 규정하고 있다. 이로써 헌법은 헌법상 부여된 정당의 과제와 기능을 '국민의 정치적 의사형성에의 참여'로 규정하면서, 입법자에게 정당이 헌법상 부여된 과제를 민주적인 내부질서를 통하여 이행할 수 있도록 그에 필요한 입법을 해야할 의무를 부과하고 있다. 즉, 헌법 제8조 제2항은 정당의 내부질서가 민주적이 아니거나 국민의 정치적 의사형성과정에 참여하기 위하여 갖추어야 할 필수적인 조직을 갖추지 못한 정당은 자유롭게 설립되어서는 아니된다는 요청을 하고 있다. 따라서 헌법 제8조 제1항의 정당설립의 자유와 제2항의 헌법적 요청을 함께 고려하여 볼 때, 입법자가 정당으로 하여금 헌법상 부여된 기능을 이행하도록 하기 위하여 그에 필요한 절차적·형식적 요건을 규정함으로써 정당의 자유를 구체적으로 형성하고 동시에 제한하는 경우를 제외한다면, 정당설립에 대한 국가의 간섭이나 침해는 원칙적으로 허용되지 아니한다. 이는 곧 입법자가 정당설립과 관련하여 형식적 요건을 설정할 수는 있으나(정당법 제16조), 일정한 내용적 요건을 구비해야만 정당을 설립할 수 있다는 소위 '허가절차'는 헌법적으로 허용되지 아니한다는 것을 뜻한다(헌재 1999.12.23. 99헌마135).

ㄷ. (×) 실질적으로 국민의 정치적 의사형성에 참여할 의사나 능력이 없는 정당을 정치적 의사형성과정에서 배제함으로써 정당제 민주주의 발전에 기여하고자 하는 한도에서 정당등록취소조항의 입법목적의 정당성과 수단의 적합성을 인정할 수 있다. 그러나 정당등록의 취소는 정당의 존속 자체를 박탈하여 모든 형태의 정당활동을 불가능하게 하므로, 그에 대한 입법은 필요최소한의 범위에서 엄격한 기준에 따라 이루어져야 한다. 그런데 일정기간 동안 공직선거에 참여할 기회를 수 회 부여하고 그 결과에 따라 등록취소 여부를 결정하는 등 덜 기본권 제한적인 방법을 상정할 수 있고, 정당법에서 법정의 등록요건을 갖추지 못하게 된 정당이나 일정 기간 국회의원선거 등에 참여하지 아니한 정당의 등록을 취소하도록 하는 등 현재

의 법체계 아래에서도 입법목적을 실현할 수 있는 다른 장치가 마련되어 있으므로, 정당등록취소조항은 침해의 최소성 요건을 갖추지 못하였다. 나아가, 정당등록취소조항은 어느 정당이 대통령선거나 지방자치선거에서 아무리 좋은 성과를 올리더라도 국회의원선거에서 일정 수준의 지지를 얻는 데 실패하면 등록이 취소될 수밖에 없어 불합리하고, 신생·군소정당으로 하여금 국회의원선거에의 참여 자체를 포기하게 할 우려도 있어 법익의 균형성 요건도 갖추지 못하였다. 따라서 정당등록취소조항은 과잉금지원칙에 위반되어 청구인들의 정당설립의 자유를 침해한다(헌재 2014.01.28. 2012헌마431).

ㄹ. (X) 정당에 대한 재정적 후원을 금지하고 위반 시 형사처벌하는 구 정치자금법 … 이 사건 법률조항은 정당 후원회를 금지함으로써 불법 정치자금 수수로 인한 정경유착을 막고 정당의 정치자금 조달의 투명성을 확보하여 정당 운영의 투명성과 도덕성을 제고하기 위한 것으로, 입법목적의 정당성은 인정된다. 그러나 정경유착의 문제는 일부 재벌기업과 부패한 정치세력에 국한된 것이고 대다수 유권자들과는 직접적인 관련이 없으므로 일반 국민의 정당에 대한 정치자금 기부를 원천적으로 봉쇄할 필요는 없고, 기부 및 모금한도액의 제한, 기부내역 공개 등의 방법으로 정치자금의 투명성을 충분히 확보할 수 있다. 정치자금 중 당비는 반드시 당원으로 가입해야만 납부할 수 있어 일반 국민으로서 자신이 지지하는 정당에 재정적 후원을 하기 위해 반드시 당원이 되어야 하므로, 정당법상 정당 가입이 금지되는 공무원 등의 경우에는 자신이 지지하는 정당에 재정적 후원을 할 수 있는 방법이 없다. 그리고 현행 기탁금 제도는 중앙선거관리위원회가 국고보조금의 배분비율에 따라 각 정당에 배분·지급하는 일반기탁금제도로서, 기부자가 자신이 지지하는 특정 정당에 재정적 후원을 하는 것과는 전혀 다른 제도이므로 이로써 정당 후원회를 대체할 수 있다고 보기도 어렵다. 나아가 정당제 민주주의 하에서 정당에 대한 재정적 후원이 전면적으로 금지됨으로써 정당이 스스로 재정을 충당하고자 하는 정당활동의 자유와 국민의 정치적 표현의 자유에 대한 제한이 매우 크다고 할 것이므로, 이 사건 법률조항은 정당의 정당활동의 자유와 국민의 정치적 표현의 자유를 침해한다(헌재 2015.12.23. 2013헌바168).

정답 ④

문 8
21년 8월 모의시험

정당제도에 관한 설명 중 옳지 않은 것은? (다툼이 있는 경우 판례에 의함)

① 어떠한 정당을 엄격한 요건 아래 위헌정당으로 판단하여 해산을 명하는 것은 헌법을 수호한다는 방어적 민주주의 관점에서 비롯되는 것이고, 이에 따라 정당이 해산되는 상황에서는 국회의원의 국민대표성은 부득이 희생될 수밖에 없다.

② 정당설립의 자유는 헌법 제8조 제1항 전단에 규정되어 있지만, 국민 개인과 정당 그리고 권리능력 없는 사단의 실체를 가지고 있는 등록 취소된 정당이 주장할 수 있는 기본권이다.

③ 특정 정당에 소속된 국회의원이 정당기속 내지는 교섭단체의 결정에 위반되는 정치활동을 한 이유로 제재를 받는 경우, 국회의원 신분을 상실하게 할 수는 없으나, 소속 정당으로부터의 제명은 가능하다.

④ 경상보조금을 지급받은 정당은 그 경상보조금 총액의 100분의 30 이상은 「정당법」상의 정책연구소에, 100분의 10 이상은 시·도당에 배분·지급하여야 하며, 100분의 10 이상은 여성정치발전을 위하여 사용하여야 한다.

⑤ 정당이 국회 내 교섭단체가 되는 경우, 그 교섭단체는 국회의 원활한 운영을 위하여 소속의원의 의사를 수렴·집약하여 의견을 조정하는 교섭창구의 역할을 하므로, 「국회법」 절차를 무시하고 법률안의 가결을 선포한 국회의장을 상대로 권한쟁의심판을 청구할 수 있다.

> **MGI Point** **정당제도** ★★★
>
> - 정당해산심판제도는 방어적 민주주의 관점에서 비롯되는 것
>   ⇨ 정당이 해산되는 상황에서 국회의원의 국민대표성은 부득이 희생될 수 밖에 없음
> - 정당설립의 자유 ⇨ 등록취소된 정당에게 인정되는 기본권 ○
> - 특정 정당에 소속된 국회의원이 정당기속 내지는 교섭단체의 결정(당론)에 위반하는 정치활동을 한 경우
>   - 국회의원 신분 상실은 불가
>   - '정당내부의 사실상의 강제' 또는 소속 '정당으로부터의 제명' 可
> - 경상보조금을 지급받은 정당은 그 경상보조금의 총액의 100분의 30 이상은 「정당법」상의 정책연구소에, 100분의 10 이상은 시·도당에 배분·지급 要, 100분의 10 이상은 여성정치발전을 위하여 사용 要
> - 정당이 국회 내에서 교섭단체를 구성하고 있다고 하더라도, 헌법 제111조 제1항 제4호 및 헌법재판소법 제62조 제1항 제1호의 '국가기관'에 해당 × ⇨ 권한쟁의심판의 당사자능력 인정 ×

① (○) 정당해산심판제도의 본질은 그 목적이나 활동이 민주적 기본질서에 위배되는 정당을 국민의 정치적 의사 형성과정에서 미리 배제함으로써 국민을 보호하고 헌법을 수호하기 위한 것이다. 어떠한 정당을 엄격한 요건 아래 위헌정당으로 판단하여 해산을 명하는 것은 헌법을 수호한다는 방어적 민주주의 관점에서 비롯되는 것이고, 이러한 비상상황에서는 국회의원의 국민대표성은 부득이 희생될 수밖에 없다(헌재 2014.12.19. 2013헌다1).

② (○) 정당설립의 자유는 헌법 제8조 제1항 전단에 규정되어 있지만, 국민 개인과 정당 그리고 '권리능력 없는 사단'의 실체를 가지고 있는 등록취소된 정당에게 인정되는 '기본권'이다(헌재 2014.01.28. 2012헌마431).

③ (○) 국회의원의 원내활동을 기본적으로 각자에 맡기는 자유위임은 자유로운 토론과 의사형성을 가능하게 함으로써 당내민주주의를 구현하고 정당의 독재화 또는 과두화를 막아주는 순기능을 갖는다. 그러나 자유위임은 의회내에서의 정치의사형성에 정당의 협력을 배척하는 것이 아니며, 의원이 정당과 교섭단체의 지시에 기속되는 것을 배제하는 근거가 되는 것도 아니다. 또한 국회의원의 국민대표성을 중시하는 입장에서도 특정 정당에 소속된 국회의원이 정당기속 내지는 교섭단체의 결정(소위 '당론')에 위반하는 정치활동을 한 이유로 제재를 받는 경우, 국회의원 신분을 상실하게 할 수는 없으나 "정당내부의 사실상의 강제" 또는 소속 "정당으로부터의 제명"은 가능하다고 보고 있다. 그렇다면, 당론과 다른 견해를 가진 소속 국회의원을 당해 교섭단체의 필요에 따라 다른 상임위원회로 전임(사·보임)하는 조치는 특별한 사정이 없는 한 헌법상 용인될 수 있는 "정당내부의 사실상 강제"의 범위내에 해당한다고 할 것이다(헌재 2003.10.30. 2002헌라1).

④ (○) 정치자금법 제28조 제2항 참조.

> **정치자금법 제28조(보조금의 용도제한 등)** ② 경상보조금을 지급받은 정당은 그 경상보조금 총액의 100분의 30 이상은 정책연구소 [「정당법」 제38조(정책연구소의 설치·운영)에 의한 정책연구소를 말한다. 이하 같다]에, 100분의 10 이상은 시·도당에 배분·지급하여야 하며, 100분의 10 이상은 여성정치발전을 위하여 사용하여야 한다.

⑤ (X) 정당은 국민의 자발적 조직으로, 그 법적 성격은 일반적으로 사적·정치적 결사 내지는 법인격 없는 사단으로서 공권력의 행사 주체로서 국가기관의 지위를 갖는다고 볼 수 없다. 정당이 국회 내에서 교섭단체를 구성하고 있다고 하더라도, 헌법은 권한쟁의심판청구의 당사자로서 국회의원들의 모임인 교섭단체에 대해서 규정하고 있지 않고, 교섭단체의 권한 침해는 교섭단체에 속한 국회의원 개개인의 심의·표결권 등 권한 침해로 이어질 가능성이 높아 그 쟁의를 해결할 적당한 기관이나 방법이 없다고 할 수 없다. 따라서 정당은 헌법 제111조 제1항 제4호 및 헌법재판소법 제62조 제1항 제1호의 '국가기관'에 해당한다고 볼 수 없으므로, 권한쟁의심판의 당사자능력이 인정되지 아니한다(헌재 2020.05.27. 2019헌라6).

정답 ⑤

제❺절 ❘ 선거제도

문 9
24년 10월 모의시험

선거권에 관한 설명 중 옳은 것은? (다툼이 있는 경우 판례에 의함)

① 재외선거인에게 국회의원 재·보궐선거에 선거권을 부여하지 않는 것은 보통선거원칙에 위배되어 재외선거인의 선거권을 침해한다.
② 지역구국회의원이든 비례대표국회의원이든 국회의원은 지역구 주민의 대표가 아니라 국민전체의 대표이므로 국회의원을 선출하는 선거권의 요건은 보통선거원칙 등 헌법상 선거원칙에 따라 법률로써 동일하게 형성되어야 한다.
③ 선거권은 국민주권의 개념과 불가분의 관계에 있는 것으로서 입법자는 선거권을 최대한 보장하는 방향으로 입법을 하여야 할 것이므로, 선거권 행사의 방법이나 절차 등을 규정하여 선거권의 행사를 제한하는 법률에 대한 위헌심사에서 당시의 기술 수준이나 사회적·경제적 여건 등은 원칙적으로 고려되어서는 안 된다.
④ 신체장애로 인해 스스로 기표할 수 없는 경우 투표보조인이 가족이 아닌 경우 투표보조인 2인을 동반하여 보조하게 할 수 있도록 하는 것은 선거의 공정성을 확보하는 데 치우친 나머지 비밀선거의 중요성을 간과하고 있으므로 선거권을 침해한다.
⑤ 대의기관의 선출주체가 곧 대의기관의 의사결정에 대한 승인주체가 되는 것은 당연한 논리적 귀결이므로, 국민투표권자의 범위는 대통령선거권자·국회의원선거권자와 일치되어야 한다.

> **MGI Point 선거권** ★★
>
> ■ 재외선거인에게 국회의원의 재·보궐선거권을 부여하지 않는 재외선거인 등록신청조항
>   ⇨ 선거권 침해 ×, 보통선거원칙 위배 ×
> ■ 지역구국회의원은 국민의 대표임과 동시에 소속지역구의 이해관계를 대변
>   ⇨ 지역구국회의원·비례대표국회의원 선거권의 요건 동일하게 형성 ×
> ■ 선거권 행사 방법·절차를 규정하여 선거권 행사를 제한하는 법률
>   ⇨ 당시의 기술 수준이나, 사회적·경제적 여건을 종합적으로 고려하여 위헌심사
> ■ 신체의 장애로 인하여 자신이 기표할 수 없는 선거인에 대해 투표보조인이 가족이 아닌 경우 반드시 투표보조인 2인을 동반하여서만 투표를 보조하게 할 수 있도록 정한 공직선거법 조항 ⇨ 선거권 침해 ×
> ■ 대의기관의 선출주체가 곧 대의기관의 의사결정에 대한 승인주체가 되는 것은 당연한 논리적 귀결
>   ⇨ 국민투표권자의 범위는 대통령선거권자·국회의원선거권자와 일치 要

① (X) 입법자는 재외선거제도를 형성하면서, 잦은 재·보궐선거는 재외국민으로 하여금 상시적인 선거체제에 직면하게 하는 점, 재외 재·보궐선거의 투표율이 높지 않을 것으로 예상되는 점, 재·보궐선거 사유가 확정될 때마다 전 세계 해외 공관을 가동하여야 하는 등 많은 비용과 시간이 소요된다는 점을 종합적으로 고려하여 재외선거인에게 국회의원의 재·보궐선거권을 부여하지 않았다고 할 것이고, 이와 같은 선거제도의 형성이 현저히 불합리하거나 불공정하다고 볼 수 없다. 따라서 재외선거인 등록신청조항은 재외선거인의 선거권을 침해하거나 보통선거원칙에 위배된다고 볼 수 없다(헌재 2014.07.24. 2009헌마256).

② (X) 지역구국회의원은 국민의 대표임과 동시에 소속지역구의 이해관계를 대변하는 역할을 하고 있다. 전국을 단위로 선거를 실시하는 대통령선거와 비례대표국회의원선거에 투표하기 위해서는 국민이라는 자격만으로 충분한 데 반해, 특정한 지역구의 국회의원선거에 투표하기 위해서는 '해당 지역과의 관련성'이 인정되어야 한다(헌재 2014.07.24. 2009헌마256).

③ (X) 선거권은 국민주권의 개념과 불가분의 관계에 있는 것으로서 가장 중요한 참정권 중의 하나라고 할 수 있으므로 헌법 제24조의 법률유보는 국민의 기본권인 선거권을 법률을 통해 구체적으로 실현하라는 의미로 이해해야 할 것이고, 입법자는 선거권을 최대한 보장하는 방향으로 입법을 하여야 할 것이다). …다만 <u>선거권의 부여나 박탈과 같이 선거권 자체를 제한하는 것이 아니라 선거권 행사의 방법이나 절차 등을 규정하여 선거권의 행사를 제한하는 법률의 경우, 선거권 행사를 용이하게 하는 여러 다양한 수단과 방법 중에 어떠한 방법을 채택하고 결합할 것인지는 당시의 기술 수준이나, 사회적·경제적 여건을 종합적으로 고려하지 않을 수 없는 것으로서 입법자에게 일정한 형성의 자유가 인정된다고 볼 수 있으므로, 이를 심사에 고려할 필요가 있다</u>(헌재 2013.07.25. 2012헌마815).

④ (X) 중앙선거관리위원회는 실무상 선거인이 가족이 아닌 투표보조인 2인을 동반하지 않은 경우 투표참관인의 입회 아래 투표사무원 중 1인 또는 2인을 투표보조인으로 선정하여 투표보조인 2인이 투표를 보조할 수 있도록 함으로써 선거인이 투표보조인을 섭외해야 하는 불편을 해소하고 있고, 이러한 투표보조인 2인은 중증장애인의 선거권 행사를 실질적으로 보장하고 선거의 공정성을 확보하기 위한 최소한의 인원이라는 점에서 그 불이익이 크다고 보기 어렵다. 나아가 공직선거법은 형사처벌을 통해 투표보조인이 선거인의 투표의 비밀을 침해하는 것을 방지하여 투표의 비밀이 유지되도록 하고 있다. 따라서 심판대상조항으로 달성하고자 하는 공익이 청구인이 받는 불이익보다 더 크다고 할 수 있으므로, 심판대상조항은 법익의 균형성원칙에 반하지 않는다. 그러므로 <u>심판대상조항은 비밀선거의 원칙에 대한 예외를 두고 있지만 필요하고 불가피한 예외적인 경우에 한하고 있으므로, 과잉금지원칙에 반하여 청구인의 선거권을 침해하지 않는다</u>(헌결 2020.05.27. 2017헌마867).

⑤ (○) 헌법 제72조의 중요정책 국민투표와 헌법 제130조의 헌법개정안 국민투표는 대의기관인 국회와 대통령의 의사결정에 대한 국민의 승인절차에 해당한다. 대의기관의 선출주체가 곧 대의기관의 의사결정에 대한 승인주체가 되는 것은 당연한 논리적 귀결이므로, 국민투표권자의 범위는 대통령선거권자·국회의원선거권자와 일치되어야 한다. 공직선거법 제15조 제1항은 19세 이상의 국민에게 대통령 및 국회의원의 선거권을 인정하고 있는바, 재외선거인에게도 대통령선거권과 국회의원선거권이 인정되고 있다. 따라서 <u>재외선거인은 대의기관을 선출할 권리가 있는 국민으로서 대의기관의 의사결정에 대해 승인할 권리가 있고, 국민투표권자에는 재외선거인이 포함된다고 보아야 한다</u>(헌재 2014.07.24. 2009헌마256). ▶ 현행 공직선거법 제15조에 의하면 선거연령은 만 18세로 하향되었음에 주의

정답 ⑤

문 10 24년 6월 모의시험

선거권과 선거제도에 관한 설명 중 옳은 것을 모두 고른 것은? (다툼이 있는 경우 판례에 의함)

ㄱ. 헌법이 명문으로 규정하고 있는 선거권은 대통령선거권, 국회의원선거권, 지방의회의원선거권, 지방자치단체의 장 선거권이지만, 이 밖에도 법률에 의하여 특정 공무원에 대한 선거권을 부여할 수 있다.
ㄴ. 대통령은 헌법개정 없이 간접선거로 선출할 수 없으나, 국회의원은 헌법개정 없이도 간접선거로 선출할 수 있다.
ㄷ. 국회의원선거에서 후보자의 배우자가 외국인인 경우 후보자의 배우자는 선거운동을 할 수 있으나, 17세인 후보자의 직계비속은 선거운동을 할 수 없다.
ㄹ. 한국철도공사의 상근직원에 대하여 선거운동을 금지하고 이를 위반한 경우 처벌하도록 한 「공직선거법」 조항은 한국철도공사의 상근직원의 경우, 그 직을 유지한 채 공직선거

에 입후보하여 자신을 위한 선거운동을 할 수 있음에도 타인을 위한 선거운동이 전면적으로 금지된다는 점에서 해당 상근직원의 선거운동의 자유를 침해한다.

ㅁ. 선거권을 제한하는 법률의 합헌성은 원칙적으로 헌법 제37조 제2항의 과잉금지원칙에 의거하여 심사함이 상당하나, 선거권 부여나 박탈과 같이 선거권 자체를 제한하는 것이 아니라 선거권 행사 방법이나 절차 등을 규정하여 선거권 행사를 제한하는 법률의 경우, 선거권 행사를 용이하게 하는 여러 다양한 수단과 방법 중에 어떠한 방법을 채택하고 결합할 것인지는 당시의 기술 수준이나, 사회적·경제적 여건을 종합적으로 고려하지 않을 수 없는 것으로서 입법자에게 일정한 형성의 자유가 인정된다고 볼 수 있다.

① ㄱ, ㄴ
② ㄹ, ㅁ
③ ㄱ, ㄴ, ㅁ
④ ㄴ, ㄷ, ㄹ
⑤ ㄷ, ㄹ, ㅁ

MGI Point 선거권과 선거제도 ★★

- 헌법이 명문으로 규정하고 있는 선거권 ⇨ 대통령선거권, 국회의원선거권, 지방의회의원선거권
- 대통령·국회의원은 헌법개정 없이 간접선거로 선출할 수 없음
- 국회의원선거에서 후보자의 배우자가 외국인인 경우 후보자의 배우자는 선거운동을 할 수 있으나, 17세인 후보자의 직계비속은 선거운동을 할 수 없음
- 한국철도공사의 상근직원에 대하여 선거운동을 전면적 금지하고 이를 위반한 경우 처벌하도록 한 공직선거법 조항 ⇨ 선거운동의 자유를 침해
- 선거권을 제한하는 법률의 합헌성은 원칙적으로 헌법 제37조 제2항의 과잉금지원칙에 의거 심사, 선거권 행사 방법이나 절차 등을 규정하여 선거권 행사 제한하는 법률은 입법자에게 일정한 형성의 자유가 인정

ㄱ. (X), ㄴ. (X) 국민대표기관의 선출을 위한 대통령, 국회의원 선거와 지방의회의원 및 지방자치단체의 장 선출을 위한 지방선거는 대의제 민주주의의 구현방법이라는 점에서는 동일한 의미의 선거라고 할 수 있으나, 헌법은 이러한 선거제도를 규정하는 방식에 차이를 두고 있다. 즉, 국회의원(제41조 제1항)과 대통령(제67조 제1항) 선출에 관하여는 헌법이 직접적으로 보통·평등·직접·비밀선거의 원칙을 명문화(ㄴ)하였고, 지방의회의원에 대해서는 헌법 제118조 제2항에서 "지방의회의 …의원 '선거' …에 관한 사항은 법률로 정한다."라고 하여 지방의회의원의 선출은 선거를 통해야 함을 천명하고 그 구체적인 방법이나 내용은 법률에 유보하여, 이러한 선거권이 헌법 제24조가 보장하는 기본권임을 분명히 하고 있다. 반면에 지방자치단체의 장에 대해서는 헌법 제118조 제2항에서 "…지방자치단체의 장의 '선임방법' …에 관한 사항은 법률로 정한다."라고만 규정하여 지방의회의원의 '선거'와는 문언상 구별하고 있으므로(ㄱ), 지방자치단체의 장 선거권이 헌법상 보장되는 기본권인지 여부가 문제된다(헌재 2016.10.27. 2014헌마797).

ㄷ. (○) 공직선거법 제60조 참조.

> 공직선거법 제60조(선거운동을 할 수 없는 자) ① 다음 각 호의 어느 하나에 해당하는 사람은 선거운동을 할 수 없다. 다만, 제1호에 해당하는 사람이 예비후보자·후보자의 배우자인 경우와 제4호부터 제8호까지의 규정에 해당하는 사람이 예비후보자·후보자의 배우자이거나 후보자의 직계존비속인 경우에는 그러하지 아니하다.
> 1. 대한민국 국민이 아닌 자. 다만, 제15조제2항제3호에 따른 외국인이 해당 선거에서 선거운동을 하는 경우에는 그러하지 아니하다.
> 2. 미성년자(18세 미만의 자를 말한다. 이하 같다)

ㄹ. (○) … 그러나 한국철도공사 상근직원의 지위와 권한에 비추어볼 때, 특정 개인이나 정당을 위한 선거운동을 한다고 하여 그로 인한 부작용과 폐해가 일반 사기업 직원의 경우보다 크다고 보기 어려우므로, 직

급이나 직무의 성격에 대한 검토 없이 일률적으로 모든 상근직원에게 선거운동을 전면적으로 금지하고 이에 위반한 경우 처벌하는 것은 선거운동의 자유를 지나치게 제한하는 것이다. 또한, 한국철도공사의 상근직원은 공직선거법의 다른 조항에 의하여 직무상 행위를 이용하여 선거운동을 하거나 하도록 하는 행위를 할 수 없고, 선거에 영향을 미치는 전형적인 행위도 할 수 없다. 더욱이 그 직을 유지한 채 공직선거에 입후보할 수 없는 상근임원과 달리, 한국철도공사의 상근직원은 그 직을 유지한 채 공직선거에 입후보하여 자신을 위한 선거운동을 할 수 있음에도 타인을 위한 선거운동을 전면적으로 금지하는 것은 과도한 제한이다. 따라서 심판대상조항은 선거운동의 자유를 침해한다(헌재 2018.02.22. 2015헌바124).

ㅁ. (○) … 선거권의 부여나 박탈과 같이 선거권 자체를 제한하는 것이 아니라 선거권 행사의 방법이나 절차 등을 규정하여 선거권의 행사를 제한하는 법률의 경우, 선거권 행사를 용이하게 하는 여러 다양한 수단과 방법 중에 어떠한 방법을 채택하고 결합할 것인지는 당시의 기술 수준이나, 사회적·경제적 여건을 종합적으로 고려하지 않을 수 없는 것으로서 입법자에게 일정한 형성의 자유가 인정된다(헌재 2020.08. 28. 2017헌마813).

정답 ⑤

문 11

23년 6월 모의시험

선거권에 관한 설명 중 옳은 것은? (다툼이 있는 경우 판례에 의함)

① 지방자치단체의 대표인 단체장이 지방의회의원과 마찬가지로 주민의 자발적 지지에 기초를 둔 선거를 통해 선출되어야 한다는 것은 지방자치제도의 본질에서 당연히 도출되는 원리이다.
② 지방자치단체장 선거에서 후보자가 1명인 경우 당선인 결정방식을 무투표 당선으로 규정한 것은 유권자의 자유로운 정치적 의사표현의 기회를 막아 사실상 선거권을 형해화하고, 지방자치제도의 본질과 정당성을 훼손하는 것이다.
③ 지역구국회의원이든 비례대표국회의원이든 국회의원은 국민전체의 대표이므로 '특정한 지역의 국회의원을 선출할 수 있는 권리'의 요건은 '대한민국 국회의 국회의원을 선출할 수 있는 권리'와 다르게 형성될 수 없다.
④ 지방자치단체의 장에 대해서는 헌법 제118조 제2항에서 " …… 지방자치단체의 장의 '선임방법' …… 에 관한 사항은 법률로 정한다."라고만 규정하고 있으므로 지방자치단체의 장 선거권은 법률상 권리에 불과하다.
⑤ 재외선거인에게 국회의원 재보궐선거에 선거권을 부여하지 않는 것은 보통선거원칙에 위배되어 재외선거인의 선거권을 침해한다.

MGI Point   선거권   ★

- 지방자치단체장, 지방의회의원 선거권 ⇨ 지방자치제도의 본질에서 도출되는 원리 ○
- 지방자치단체장 선거의 후보자가 1명인 경우 ⇨ 무투표 선거방식 可
- 지역구국회의원은 특정한 지역과 관련성 ○ ⇨ 대한민국 국회의 국회의원을 선출할 수 있는 권리와 다르게 형성可
- 지방자치단체의 장의 선거권 ⇨ 헌법상 권리 ○
- 재외국민에게 재보궐선거권 부여 하지 않는 것 ⇨ 보통선거원칙의 위배 X, 선거권 침해 X

① (○) 헌법에서 지방자치제를 제도적으로 보장하고 있고, 지방자치는 지방자치단체가 독자적인 자치기구를 설치해서 그 자치단체의 고유사무를 국가기관의 간섭 없이 스스로의 책임 아래 처리하는 것을 의미한다는 점에서 지방자치단체의 대표인 단체장은 지방의회의원과 마찬가지로 주민의 자발적 지지에 기초를 둔 선거를 통해 선출되어야 한다는 것은 지방자치제도의 본질에서 당연히 도출되는 원리이다(헌재 2016.10.27. 2014헌마797).

② (X) 후보자가 1인일 경우 선거 비용감소 및 절차의 간소화를 위한 제도 정비 차원에서 무투표 당선 제도가 효율적이므로 이를 도입한 것으로 보인다. 다득표당선제를 채택하고 있는 우리나라의 선거는 후보자등록기한까지 후보자가 1명이 된 경우에는 투표 여부와는 관계없이 당선자가 확정된 것으로 볼 수 있다. 심판대상조항의 입법목적은 선거에 소요되는 여러 가지 절차를 간소화하여 행정적 편의를 도모하고 선거 비용을 절감하는 등 선거제도의 효율성을 제고하기 위한 것으로 그 정당성을 인정할 수 있으며, 후보자등록기한까지 후보자가 1인일 경우 투표를 생략하고 해당 후보자를 당선자로 결정하는 것은 이러한 입법목적을 달성하기 위한 적절한 수단이라 할 수 있다(헌재 2016.10.27. 2014헌마797).

③ (X) 지역구국회의원은 해당 선거구 지역과 관련성이 있다. 즉, 지역구국회의원은 국민의 대표임과 동시에 소속지역구의 이해관계를 대변하는 역할을 하고 있다. 이에 따라 '특정한 지역의 국회의원을 선출할 수 있는 권리'의 요건은 '대한민국 국회의 국회의원을 선출할 수 있는 권리'와 다르게 형성될 수 있다. 전국을 단위로 선거를 실시하는 대통령선거와 비례대표국회의원선거에 투표하기 위해서는 국민이라는 자격만으로 충분한 데 반해, 특정한 지역구의 국회의원선거에 투표하기 위해서는 '해당 지역과의 관련성'이 인정되어야 한다. 결국 '특정 지역구의 국회의원'이라면 '지역에 이해를 가지는 자'가 지역의 이익을 대표하는 국회의원을 선출하여야 하는 것이다(헌재 2014.07.24. 2009헌마256,2010헌마394).

④ (X) 주민자치제를 본질로 하는 민주적 지방자치제도가 안정적으로 뿌리내린 현 시점에서 지방자치단체의 장 선거권을 지방의회의원 선거권, 나아가 국회의원 선거권 및 대통령 선거권과 구별하여 하나는 법률상의 권리로, 나머지는 헌법상의 권리로 이원화하는 것은 허용될 수 없다. 그러므로 지방자치단체의 장 선거권 역시 다른 선거권과 마찬가지로 헌법 제24조에 의해 보호되는 기본권으로 인정하여야 한다(헌재 2016.10.27. 2014헌마797).

⑤ (X) 입법자는 재외선거제도를 형성하면서, 잦은 재·보궐선거는 재외국민으로 하여금 상시적인 선거체제에 직면하게 하는 점, 재외 재·보궐선거의 투표율이 높지 않을 것으로 예상되는 점, 재·보궐선거 사유가 확정될 때마다 전 세계 해외 공관을 가동하여야 하는 등 많은 비용과 시간이 소요된다는 점을 종합적으로 고려하여 재외선거인에게 국회의원의 재·보궐선거권을 부여하지 않았다고 할 것이고, 이와 같은 선거제도의 형성이 현저히 불합리하거나 불공정하다고 볼 수 없다. 따라서 재외선거인 등록신청조항은 재외선거인의 선거권을 침해하거나 보통선거원칙에 위배된다고 볼 수 없다(헌재 2014.07.24. 2009헌마256,2010헌마394).

정답 ①

문 12

22년 8월 모의시험

선거에 관한 설명 중 옳지 않은 것은? (다툼이 있는 경우 판례에 의함)

① 직무의 기능이나 영향력을 이용하여 선거에서 국민의 자유로운 의사형성과정에 영향을 미치고 정당간의 경쟁관계를 왜곡할 가능성은 정부나 지방자치단체의 집행기관에 있어서 더욱 크므로, 대통령, 지방자치단체의 장 등에게는 다른 공무원보다도 선거에서의 정치적 중립성이 특히 요구된다.

② 정치적 표현의 자유의 헌법상 지위, 그 성격과 중요성, 선거의 공정성과의 관계 등에 비추어 볼 때, 선거의 공정성을 위하여 부득이하게 선거 국면에서의 정치적 표현의 자유를 제한하더라도, 그 침해 여부를 판단함에 있어서는 엄격한 심사기준을 적용하여야 한다.

③ 당내경선은 공직선거 자체와는 구별되는 정당 내부의 자발적인 의사결정에 해당하고 경선운동은 원칙적으로 공직선거에서의 당선 또는 낙선을 위한 행위인 선거운동에 해당하지 않으므로 당내경선의 형평성과 공정성을 담보하기 위해서 국가가 개입하여야 하는 정도는 공직선거와 동등하다고 보기 어렵다.

④ 득표율에 따라 반환금액을 차등적으로 정하고 있는 기탁금 반환 조항은 이미 납부한 기탁금을 사후적으로 반환받을 수 있는 요건을 정한 것일 뿐, 선거 전에 후보자로 등록하는 것을 제한하여 공직취임의 기회를 제한하는 것은 아니므로, 후보자의 공무담임권 또는 피선거권을 제한하지 않는다.

⑤ 대통령선거경선후보자가 후보자로 등록하고 선거운동을 하였으나 결국 당내경선에 참여하지 아니한 경우 후원회로부터 기부받은 자금 총액을 국고에 귀속하도록 함으로써 경선에 참여한 대통령선거경선후보자와 차별하는 「정치자금법」 조항은, 후원회 제도의 남용을 방지하기 위한 것으로서 합리적 이유가 있으므로 평등권을 침해하지 않는다.

MGI Point 선거 ★★

- 대통령, 지방자치단체의 장 등에게는 다른 공무원보다도 선거에서의 정치적 중립성이 특히 요구 ○
- 선거 국면에서의 정치적 표현의 자유 제한 ⇨ 침해 여부 판단에서 엄격한 심사기준 적용
- 당내경선의 형평성과 공정성을 담보하기 위해서 국가가 개입하여야 하는 정도 ⇨ 공직선거와 동등하지 않음
  - 당내경선은 공직선거 자체와는 구별되는 정당 내부의 자발적인 의사결정
  - 경선운동은 원칙적으로 공직선거에서의 당선 또는 낙선을 위한 행위인 선거운동 ×
- 득표율에 따라 반환금액을 차등적으로 정하고 있는 기탁금반환조항 ⇨ 후보자의 공무담임권 또는 피선거권을 제한 ×
- 대통령선거경선후보자가 당내경선 과정에서 탈퇴함으로써 후원회를 둘 수 있는 자격을 상실할 경우 후원회로부터 후원받은 후원금 전액을 국고에 귀속하는 정치자금법조항 ⇨ 평등권 침해 ○, 선거의 자유 침해 ○

① (○) 공무원의 정치활동은 원칙적으로 금지되어 있다. 헌법 제7조 제2항은 "공무원의 신분과 정치적 중립성은 법률이 정하는 바에 의하여 보장된다"고 규정하고 있고, 이와 같은 공무원의 정치적 중립성을 보장하는 법률적 실현으로서 국가공무원법 제65조 및 지방공무원법 제57조는 공무원의 정치활동을 원칙적으로 금지하고 있다. 나아가 공선법 제9조 제1항은 "공무원은 선거에 대한 부당한 영향력 행사 기타 선거 결과에 영향을 미치는 행위를 하여서는 아니된다."고 규정하고 있는바, 이는 '선거에서의 공무원의 중립의무'를 구체화하고 실현하는 법규정이다. 공선법 제9조의 '공무원'이란 원칙적으로 국가와 지방자치단체의 모든 공무원 즉, 좁은 의미의 직업공무원은 물론이고, 적극적인 정치활동을 통하여 국가에 봉사하는 정치적 공무원(예컨대, 대통령, 국무총리, 국무위원, 도지사, 시장, 군수, 구청장 등 지방자치단체의 장)을 포함한다. 특히 직무의 기능이나 영향력을 이용하여 선거에서 국민의 자유로운 의사형성과정에 영향을 미치고 정당 간의 경쟁관계를 왜곡할 가능성은 정부나 지방자치단체의 집행기관에 있어서 더욱 크다고 판단되므로, 대통령, 지방자치단체의 장 등에게는 다른 공무원보다도 선거에서의 정치적 중립성이 특히 요구된다(헌재 2005.06.30. 2004헌바33).

② (○) 선거에 있어서 균등한 기회가 보장되지 아니하거나, 여론조작과 흑색선전 등으로 인하여 유권자가 올바른 선택을 할 수 없게 된다면 선거제도의 본래적 기능과 대의민주주의의 본질이 훼손되는 결과를 초래할 수 있으므로, 선거의 공정성은 정치적 표현의 자유의 한정원리로 기능할 수 있다. 다만 선거의 공정성을 위하여 정치적 표현의 자유를 제한함에 있어서는 선거에 있어 자유와 공정이 반드시 상충관계에 있는 것만이 아니라 서로 보완하는 기능도 함께 가지고 있다는 점을 고려하여야 한다. 이와 같은 정치적 표현의 자유의 헌법상 지위, 그 성격과 중요성, 선거의 공정성과의 관계 등에 비추어 볼 때, 선거의 공정성을 위하여 부득이하게 선거 국면에서의 정치적 표현의 자유를 제한하더라도, 이러한 제한이 정치적 표현의 자유를 침해하는지 여부를 판단함에 있어서는 엄격한 심사기준을 적용하여야 한다(헌재 2021.12.23. 2018헌바152).

③ (○) 당내경선은 정당이 추천하는 공직선거후보자를 선출하는 절차로서(공직선거법 제57조의2 제1항 및 제2항), 국민의 정치적 의사 형성에 참여하는 정당의 중요한 활동 중 하나이고, 정당의 규모와 역할이 중대됨에 따라, 당내경선이 공직선거에 있어 중요한 부분을 차지하게 된 점은 부인하기 어렵다. 그러나 당내경선은 공직선거 자체와는 구별되는 정당 내부의 자발적인 의사결정에 해당하고, 경선운동은 원칙적으로 공직선거에서의 당선 또는 낙선을 위한 행위인 선거운동에 해당하지 않는다. 따라서 당내경선의 형평성과 공정성을 담보하기 위해서 국가가 개입하여야 하는 정도가 공직선거와 동등하다고 보기 어려우므로, 심판대상조항이 과잉금지원칙에 반하는지 여부를 판단할 때에는 엄격한 심사기준이 적용되어야 한다(헌재 2021.04.29. 2019헌가11).

④ (○) 청구인은 기탁금 반환 조항이 공무담임권을 제한한다는 취지로 주장하나, 기탁금 반환 조항은 이미 납부한 기탁금을 사후적으로 반환받을 수 있는 요건을 정한 것일 뿐, 선거 전에 청구인이 후보자로 등록하는 것을 제한하여 공직취임의 기회를 제한하는 것은 아니므로, 청구인의 공무담임권 내지 피선거권을 제한하지 않는다(헌재 2021.09.30. 2020헌마899).

⑤ (X) 대통령선거경선후보자가 후보자가 될 의사를 갖고 당내경선 후보자로 등록을 하고 선거운동을 한 경우라고 한다면, 비록 경선에 참여하지 아니하고 포기하였다고 하여도 대의민주주의의 실현에 중요한 의미를 가지는 정치과정이라는 점을 부인할 수 없다. 따라서 경선을 포기한 대통령선거경선후보자에 대하여도 정치자금의 적정한 제공이라는 입법목적을 실현할 필요가 있는 것이며, 이들에 대하여 후원회로부터 지원받은 후원금 총액을 회수함으로써 경선에 참여한 대통령선거경선후보자와 차별하는 이 사건 법률조항의 차별은 합리적인 이유가 있는 차별이라고 하기 어렵다(헌재 2009.12.29. 2007헌마1412).

 ⑤

문 13
21년 10월 모의시험

선거제도와 선거원칙에 관한 설명 중 옳지 않은 것은? (다툼이 있는 경우 판례에 의함)

① 모사전송 시스템을 이용한 선상투표 제도는 직접선거의 원칙이나 비밀선거의 원칙에 위배되지 않는다.
② 지역구 후보자에 대한 투표를 해당 후보 소속정당 비례대표후보자에 대한 투표로 의제하는 1인 1표제는 직접선거의 원칙에 위배된다.
③ 집행유예자와 수형자에 대하여 전면적·획일적으로 선거권을 제한하는 것은 평등원칙에 위배되지 않으나 보통선거원칙에 위배된다.
④ 공직선거권 행사 연령을 19세 이상으로 획일적으로 제한한 것은 보통선거의 원칙에 위배되지 않는다.
⑤ 국회의원 선거구구역표 중 인구편차 상하 33⅓%의 기준을 넘어서는 선거구에 관한 부분은 평등선거의 원칙에 위배된다.

MGI Point 선거제도와 선거원칙 ★★★

■ 해상에 장기 기거하는 선원이 모사전송 시스템을 이용한 선상 투표를 하도록 하는 것
  ⇨ 비밀선거원칙 위반 ×, 직접선거의 원칙 위반 ×
■ 지역구 후보자에 대한 투표를 해당 후보 소속정당 비례대표 후보자에 대한 투표로 의제하는 1인 1표제
  ⇨ 직접선거 원칙에 위배 ○

> - 집행유예자와 수형자의 선거권을 전면적·획일적으로 제한
>   - 선거권 침해 ○, 보통선거원칙 위반 ○, 평등권 침해 ○
>   - 수형자에 대한 선거권 제한 ⇨ 헌법불합치
>   - 집행유예자에 대한 선거권 제한 ⇨ 위헌
> - 공직선거권 행사 연령을 19세 이상으로 획일적으로 제한한 것
>   ⇨ 보통선거 원칙에 위반 ×, 평등권 침해 ×
> - 헌법상 허용되는 선거구 획정의 인구편차 기준
>   - 국회의원선거 ⇨ 국회의원선거구 평균인구수 기준 상하 33⅓%
>   - 시·도의회의원선거 ⇨ 시·도선거구의 평균인구수 기준 상하 50%
>   - 자치구·시·군의원선거 ⇨ 해당 선거구가 속한 각 자치구·시·군의원 1인당 평균인구수 대비 상하 50%

① (○) 통상 모사전송 시스템의 활용에는 특별한 기술을 요하지 않고, 당사자들이 스스로 이를 이용하여 투표를 한다면 비밀 노출의 위험이 적거나 없을 뿐만 아니라, 설사 투표 절차나 그 전송 과정에서 비밀이 노출될 우려가 있다 하더라도, 이는 국민주권원리나 보통선거원칙에 따라 선원들이 선거권을 행사할 수 있도록 충실히 보장하기 위한 불가피한 측면이라 할 수도 있고, 더욱이 선원들로서는 자신의 투표결과에 대한 비밀이 노출될 위험성을 스스로 용인하고 투표에 임할 수도 있을 것이므로, 선거권 내지 보통선거원칙과 비밀선거원칙을 조화적으로 해석할 때, 이를 두고 헌법에 위반된다 할 수 없다. … 직접선거의 원칙은 선거 결과가 선거권자의 투표에 의하여 직접 결정될 것을 요구하는 것인데(헌재 2001.07.10. 2000헌마91 등), 이러한 선상투표도 선거권자가 직접 의사결정을 하고 단지 그 송부만이 모사전송 시스템에 의하여 이루어지는 것이므로, 직접선거원칙에 위배되는 것이 아니다(헌재 2007.06.28. 2005헌마772).

② (○) 공선법은 이른바 1인 1표제를 채택하여(제146조 제2항) 유권자에게 별도의 정당투표를 인정하지 않고 있으며, 지역구선거에서 표출된 유권자의 의사를 그대로 정당에 대한 지지의사로 의제하여 비례대표의석을 배분토록 하고 있는바(제189조 제1항), … 비례대표제를 채택하는 경우 직접선거의 원칙은 의원의 선출 뿐만 아니라 정당의 비례적인 의석확보도 선거권자의 투표에 의하여 직접 결정될 것을 요구하는바, 비례대표의원의 선거는 지역구의원의 선거와는 별도의 선거이므로 이에 관한 유권자의 별도의 의사표시, 즉 정당명부에 대한 별도의 투표가 있어야 함에도 현행제도는 정당명부에 대한 투표가 따로 없으므로 결국 비례대표의원의 선출에 있어서는 정당의 명부작성행위가 최종적·결정적인 의의를 지니게 되고, 선거권자들의 투표행위로써 비례대표의원의 선출을 직접·결정적으로 좌우할 수 없으므로 직접선거의 원칙에 위배된다(헌재 2001.07.19. 2000헌마91).

③ (X) 심판대상조항은 집행유예자와 수형자에 대하여 전면적·획일적으로 선거권을 제한하고 있다. 심판대상조항의 입법목적에 비추어 보더라도, 구체적인 범죄의 종류나 내용 및 불법성의 정도 등과 관계없이 일률적으로 선거권을 제한하여야 할 필요성이 있다고 보기는 어렵다. 범죄자가 저지른 범죄의 경중을 전혀 고려하지 않고 수형자와 집행유예자 모두의 선거권을 제한하는 것은 침해의 최소성원칙에 어긋난다. 특히 집행유예자는 집행유예 선고가 실효되거나 취소되지 않는 한 교정시설에 구금되지 않고 일반인과 동일한 사회생활을 하고 있으므로, 그들의 선거권을 제한해야 할 필요성이 크지 않다. 따라서 심판대상조항은 청구인들의 선거권을 침해하고, 보통선거원칙에 위반하여 집행유예자와 수형자를 차별취급하는 것이므로 평등원칙에도 어긋난다(헌재 2014.01.28. 2012헌마409).

④ (○) 보통선거의 원칙은 일정한 연령에 도달한 사람이라면 누구라든 당연히 선거권을 갖는 것을 요구하는데 그 전제로서 일정한 연령에 이르지 못한 국민에 대하여는 선거권을 제한하는바, 선거권 행사는 일정한 수준의 정치적인 판단능력이 전제되어야 하기 때문이다. 헌법 제24조는 "모든 국민은 '법률이 정하는 바'에 의하여 선거권을 가진다."라고 규정함으로써, 선거권 연령을 어떻게 정할 것인지는 입법자에게 위임하고 있다. 입법자는 우리의 현실상 19세 미만의 미성년자의 경우, 아직 정치적·사회적 시각을 형성하는 과정에 있거나, 일상생활에 있어서도 현실적으로 부모나 교사 등 보호자에게 의존할 수밖에 없는 상황이므로 독자적인 정치적 판단을 할 수 있을 정도로 정신적·신체적 자율성을 충분히 갖추었다고 보기 어렵다고 보고, 선거권 연령을 19세 이상으로 정한 것이다. 또한 많은 국가에서 선거권 연령을 18세 이상으로 정하고 있으나, 선거권 연령은 국가마다 특수한 상황 등을 고려하여 결정할 사항이고, 다른 법령에서 18세

이상의 사람에게 근로능력이나 군복무능력 등을 인정한다고 하여 선거권 행사능력과 반드시 동일한 기준에 따라 정하여야 하는 것은 아니므로 선거권 연령을 19세 이상으로 정한 것이 불합리하다고 볼 수 없다. 따라서 선거권 연령을 19세 이상으로 정한 것이 입법자의 합리적인 입법재량의 범위를 벗어난 것으로 볼 수 없으므로, 19세 미만인 사람의 선거권 및 평등권을 침해하였다고 볼 수 없다(헌재 2013.07.25. 2012헌마174). ▶ 현재 선거연령은 만 18세 이상의 국민으로 하향되었음(공직선거법 제15조 참조).

⑤ (○) 인구편차 상하 33⅓%를 넘어 인구편차를 완화하는 것은 지나친 투표가치의 불평등을 야기하는 것으로, 이는 대의민주주의의 관점에서 바람직하지 아니하고, 국회를 구성함에 있어 국회의원의 지역대표성이 고려되어야 한다고 할지라도 이것이 국민주권주의의 출발점인 투표가치의 평등보다 우선시 될 수는 없다. 특히, 현재는 지방자치제도가 정착되어 지역대표성을 이유로 헌법상 원칙인 투표가치의 평등을 현저히 완화할 필요성이 예전에 비해 크지 아니하다(헌재 2014.10.30. 2012헌마190).

> **판례** 시·도의회의원 : 과거 헌법재판소 결정에 의한 기준(인구편차 상하 60%)에 의하면 투표가치의 불평등이 지나치고, 위 기준을 채택한지 11년이 지났으며, 이 결정에서 제시하는 기준은 2022년에 실시되는 시·도의회의원선거에 적용될 것인 점 등을 고려하면, 현시점에서 인구편차의 허용한계를 보다 엄격하게 설정할 필요가 있다. 다만 시·도의원은 주로 지역적 사안을 다루는 지방의회의 특성상 지역대표성도 겸하고 있고, 우리나라는 도시와 농어촌 간의 인구격차가 크고 각 분야에 있어서의 개발불균형이 현저하다는 특수한 사정이 존재하므로, 시·도의원지역구 획정에 있어서는 행정구역 내지 지역대표성 등 2차적 요소도 인구비례의 원칙에 못지않게 함께 고려해야 할 필요성이 크다. 인구편차 상하 50%를 기준으로 하는 방안은 투표가치의 비율이 인구비례를 기준으로 볼 때의 등가의 한계인 2 : 1의 비율에 그 50%를 가산한 3 : 1 미만이 되어야 한다는 것으로서 인구편차 상하 33⅓%를 기준으로 하는 방안보다 2차적 요소를 폭넓게 고려할 수 있고, 인구편차 상하 60%의 기준에서 곧바로 인구편차 상하 33⅓%의 기준을 채택하는 경우 시·도의원지역구를 조정함에 있어 예기치 않은 어려움에 봉착할 가능성이 매우 크므로, 현시점에서는 시·도의원지역구 획정에서 허용되는 인구편차 기준을 인구편차 상하 50%(인구비례 3 : 1)로 변경하는 것이 타당하다(헌재 2018.06.28. 2014헌마189).
>
> **판례** 자치구·시·군의원 : 인구편차 상하 33⅓%(인구비례 2 : 1)의 기준을 적용할 경우 자치구·시·군의원의 지역대표성과 각 분야에 있어서의 지역 간 불균형 등 2차적 요소를 충분히 고려하기 어려운 반면, 인구편차 상하 50%(인구비례 3 : 1)를 기준으로 하는 방안은 2차적 요소를 보다 폭넓게 고려할 수 있다. 인구편차 상하 60%의 기준에서 곧바로 인구편차 상하 33⅓%의 기준을 채택하는 경우 선거구를 조정하는 과정에서 예기치 않은 어려움에 봉착할 가능성이 크므로, 현재의 시점에서 자치구·시·군의원 선거구 획정과 관련하여 헌법이 허용하는 인구편차의 기준을 인구편차 상하 50%(인구비례 3 : 1)로 변경하는 것이 타당하다(헌재 2018.06.28. 2014헌마166).

정답 ③

문 14
21년 6월 모의시험

선거권에 관한 설명 중 옳은 것을 모두 고른 것은? (다툼이 있는 경우 판례에 의함)

> ㄱ. 1년 이상의 징역의 형의 선고를 받고 그 집행이 종료되지 아니한 사람의 선거권을 제한하는 것은 해당 수형자의 선거권을 침해하지 않는다.
> ㄴ. 동시계표 투표함 수를 제한하지 아니하는 것은 개표참관인들의 실질적 개표참관을 불가능하게 하고 선거의 공정성을 현저히 해함으로써 선거인들의 선거권을 침해한다.
> ㄷ. 사법인(私法人)적인 성격을 지니는 농협·축협의 조합장선거에서 선거운동기간을 후보자등록마감일의 다음 날부터 선거일 전일까지로 한정하면서 예비후보자 제도를 두지 아니한 것은 헌법상 보장되는 선거권을 침해한다.

ㄹ. 신체의 장애로 인하여 자신이 기표할 수 없는 선거인에 대해 투표보조인이 가족이 아닌 경우에 반드시 2인을 동반하여서만 투표를 보조하게 할 수 있도록 하는 것은 해당 선거인의 선거권을 침해하지 않는다.

ㅁ. 지방자치단체의 장 선거에서 후보자가 1인일 경우 투표를 실시하지 않고 해당 후보자를 당선자로 정하도록 하는 것은 해당 선거인의 선거권을 침해하지 않는다.

ㅂ. 청각장애선거인에 대하여 '후보자·정당에 관한 정치적 정보 및 의견'에 대한 알 권리를 내포하는 선거권을 실질적으로 보장하는 것의 헌법적 의의를 고려할 때 선거방송토론위원회 주관 대담·토론회의 방송에서 한국수화언어 또는 자막의 방영을 재량사항으로 규정한 것은 청각장애인의 선거권을 침해한다.

① ㄱ, ㄴ, ㄷ
② ㄱ, ㄹ, ㅁ
③ ㄱ, ㄷ, ㅂ
④ ㄴ, ㄹ, ㅁ
⑤ ㄷ, ㄹ, ㅂ

MGI Point 선거권 ★★

- 1년 이상의 징역형을 선고 받고 그 집행이 종료되지 않은 사람의 선거권 제한 ⇨ 해당 수형자의 선거권 침해 ×
- 동시계표 투표함 수를 제한하지 아니하는 법률조항 ⇨ 선거권 침해 ×
- 사법인적인 성격을 지니는 농협·축협의 조합장선거에서 조합장을 선출하거나 선거운동을 하는 것
  ⇨ 헌법에 의하여 보호되는 선거권의 범위에 포함 ×
- 신체의 장애로 인하여 자신이 기표할 수 없는 선거인은 투표보조인이 가족이 아닌 경우 반드시 2인을 동반하여 투표를 보조하도록 하는 것 ⇨ 선거권 침해 ×
- 지자체장 선거에서 후보자가 1인일 경우 투표를 실시하지 않고 해당 후보자를 당선자로 정하는 것 ⇨ 선거권 침해 ×
- 선거방송토론위원회 주관 대담·토론회의 방송에서 한국수화언어 또는 자막의 방영을 재량사항으로 규정한 것
  ⇨ 청각장애인의 선거권 침해 ×

ㄱ. (○) 심판대상조항은 공동체 구성원으로서 기본적 의무를 저버린 수형자에 대하여 사회적·형사적 제재를 부과하고, 수형자와 일반국민의 준법의식을 제고하기 위한 것이다. 법원의 양형관행을 고려할 때 1년 이상의 징역형을 선고받은 사람은 공동체에 상당한 위해를 가하였다는 점이 재판 과정에서 인정된 자이므로, 이들에 한해서는 사회적·형사적 제재를 가하고 준법의식을 제고할 필요가 있다. 심판대상조항에 따른 선거권 제한 기간은 각 수형자의 형의 집행이 종료될 때까지이므로, 형사책임의 경중과 선거권 제한 기간은 비례하게 된다. 심판대상조항이 과실범, 고의범 등 범죄의 종류를 불문하고, 침해된 법익의 내용을 불문하며, 형 집행 중에 이뤄지는 재량적 행정처분인 가석방 여부를 고려하지 않고 선거권을 제한한다고 하여 불필요한 제한을 부과한다고 할 수 없다. 1년 이상의 징역형을 선고받은 사람의 선거권을 제한함으로써 형사적·사회적 제재를 부과하고 준법의식을 강화한다는 공익이, 형 집행기간 동안 선거권을 행사하지 못하는 수형자 개인의 불이익보다 작다고 할 수 없다. 따라서 심판대상조항은 과잉금지원칙을 위반하여 청구인의 선거권을 침해하지 아니한다(헌재 2017.05.25. 2016헌마292).

ㄴ. (X) 이 사건 법률조항에 의하면, 신고된 개표참관인의 수가 많지 않을 경우 동시에 계표되는 투표함의 수에 비하여 상대적으로 적은 수의 개표참관인이 참관을 하게 될 수도 있다. 그러나 개표부정에 대하여 가장 큰 이해관계를 가진 정당 및 후보자들은 공직선거법이 허용하는 범위 내에서 스스로 개표참관인을 선정·신고함으로써 개표절차를 감시할 수 있고, 그 외에도 개표사무원을 중립적인 자들로 위촉하고, 개표관람을 실시하는 등 개표의 공정성을 확보하기 위해 다양한 조치들이 시행되고 있는 점에 비추어, 동시계표

투표함 수에 대한 제한을 두지 아니한 것은 입법자의 합리적 재량의 범위 안에 있는 것으로 인정되고, 일부 개표소에서 동시계표 투표함 수에 비하여 상대적으로 적은 수의 개표참관인이 선정될 수 있다는 사정만으로 입법자의 선택이 현저히 불합리하거나 불공정하여 청구인들의 선거권이 침해되었다고 볼 수 없다(헌재 2013.08.29. 2012헌마326).

ㄷ. (X) 직선제 조합장선거의 경우 선거운동기간을 후보자등록마감일의 다음 날부터 선거일 전일까지로 한정하면서 예비후보자 제도를 두지 아니한 구 '공공단체등 위탁선거에 관한 법률'(2014. 6. 11. 법률 제12755호로 제정되고, 2015. 12. 24. 법률 제13619호로 개정되기 전의 것) 제24조 제2항(이하 '기간조항'이라 한다) 및 법정된 선거운동방법만을 허용하면서 합동연설회 또는 공개토론회의 개최나 언론기관 및 단체가 주최하는 대담·토론회를 허용하지 아니하는 같은 조 제3항 제1호(이하 '방법조항'이라 하고, 기간조항과 방법조항을 합하여 '심판대상조항들'이라 한다)가 조합장선거의 후보자 및 선거인인 조합원의 결사의 자유 등을 침해하지 않는다. … 사법인적인 성격을 지니는 농협·축협의 조합장선거에서 조합장을 선출하거나 선거운동을 하는 것은 헌법에 의하여 보호되는 선거권의 범위에 포함되지 아니한다(헌재 2017.07.27. 2016헌바372).

ㄹ. (O) 심판대상조항은 투표보조인이 가족이 아닌 경우 선거인이 투표보조인 2인을 동반하여서만 투표를 보조하게 할 수 있도록 정하고 … 심판대상조항은 비밀선거의 원칙에 대한 예외를 두고 있지만 필요하고 불가피한 예외적인 경우에 한하고 있으므로, 과잉금지원칙에 반하여 청구인의 선거권을 침해하지 않는다(헌재 2020.05.27. 2017헌마867).

ㅁ. (O) 지방자치단체의 장 선거에서 후보자 등록 마감시간까지 후보자 1인만이 등록한 경우 투표를 실시하지 않고 그 후보자를 당선인으로 결정하도록 하는 공직선거법(2010. 1. 25. 법률 제9974호로 개정된 것) 제191조 제3항 중 제188조 제2항의 '후보자등록 마감시각에 지역구국회의원 후보자가 1인'이 된 때에 관한 부분을 준용하는 것은 청구인의 선거권을 침해하지 않는다(헌재 2016.10.27. 2014헌마797).

ㅂ. (X) 선거운동기간 중의 방송광고, 방송시설주관 후보자연설의 방송, 선거방송토론위원회 주관 대담·토론회의 방송에 있어서 청각장애 선거인을 위한 자막 또는 수화통역의 방영을 의무사항으로 규정하지 아니한 공직선거법 제70조 제6항, 제72조 제2항(각 2000. 2. 16. 법률 제6265호로 개정된 것, 구 '공직선거 및 선거부정방지법'), 제82조의2 제12항(2005. 8. 4. 법률 제7681호로 개정된 것)은 청각장애 선거인 청구인들의 참정권 등 헌법상 기본권을 침해하지 않는다(헌재 2009.05.28. 2006헌마285).

정답 ②

문 15

24년 8월 모의시험

표현의 자유에 관한 설명 중 옳은 것(○)과 옳지 않은 것(×)을 올바르게 조합한 것은? (다툼이 있는 경우 판례에 의함)

ㄱ. 「공직선거법」상 당선되지 못하게 할 목적으로 후보자에 관한 허위사실공표행위를 금지한 것은 공표된 사실의 내용 전체의 취지를 살펴 중요한 부분이 객관적 사실과 합치되면 세부에 있어서 진실과 약간 차이가 나거나 다소 과장되더라도 허위의 사실이라고 볼 수 없다는 점을 고려할 때 해당 공표행위자의 표현의 자유를 침해하지 않는다.

ㄴ. 선거일 전 180일부터 선거일까지 정당 또는 후보자를 지지·추천하거나 반대하는 내용이 포함되어 있거나 정당의 명칭 또는 후보자의 성명을 나타내는 인쇄물살포를 금지하고 이를 위반하는 자를 처벌하는 것은, 인쇄물의 경우 전달되는 정보 및 의견에 대해 즉

시 교정이 쉽지 않은 특성으로 인해 선거비용규제만으로 그 폐해를 실효적으로 예방하거나 규제하기 어렵다는 점에서 필요최소한의 제한에 해당하므로, 해당 인쇄물살포자의 정치적 표현의 자유를 침해하지 않는다.

ㄷ. 공공기관이 정보통신망에 설치·운영하는 게시판에 이용자의 본인확인을 위해 필요한 조치를 하도록 한 것은 게시판에 자신의 견해를 표현하고자 하는 사람에 대해서는 표현의 내용과 수위 등에 대해 자기검열을 할 가능성을 높인다는 점에서 게시판 이용자의 익명표현의 자유를 침해한다.

ㄹ. 대통령 관저의 경계 지점으로부터 100미터 이내 장소에서 옥외집회 또는 시위를 금지하고 위반 시 형사처벌하는 것은 대통령 관저 인근 일대를 광범위하게 집회금지장소로 설정함으로써 집회가 금지될 필요가 없는 장소까지도 집회금지장소에 포함되게 한다는 점에서 해당 집회·시위 참가자의 집회의 자유를 침해한다.

ㅁ. 공무원의 공무 외의 일을 위한 집단행위를 금지하는 것은 공무원이 집단적으로 정치적 의사표현을 하는 경우 공무원이라는 집단의 이익을 대변하기 위한 것으로 비춰질 수 있고 정치적 중립성의 훼손으로 공무의 공정성과 객관성에 대한 신뢰를 저하시킬 수 있다는 점을 고려할 때 해당 공무원의 표현의 자유를 침해하지 않는다.

① ㄱ(○), ㄴ(○), ㄷ(○), ㄹ(○), ㅁ(×)
② ㄱ(○), ㄴ(×), ㄷ(○), ㄹ(×), ㅁ(×)
③ ㄱ(×), ㄴ(○), ㄷ(×), ㄹ(×), ㅁ(×)
④ ㄱ(×), ㄴ(×), ㄷ(○), ㄹ(○), ㅁ(○)
⑤ ㄱ(○), ㄴ(×), ㄷ(×), ㄹ(○), ㅁ(○)

MGI Point 표현의 자유 ★★

- 공직선거법상 당선되지 못하게 할 목적으로 후보자에 관한 허위사실공표행위를 금지한 것은 표현의 자유 침해 ×
- 선거일 전 180일부터 선거일까지 정당 또는 후보자를 지지·추천하거나 반대하는 내용이 포함되어 있거나 정당의 명칭, 후보자의 성명을 나타내는 인쇄물살포를 금지하고 이를 위반하는 자를 처벌하는 것은 정치적 표현의 자유를 침해 ○
- 공공기관이 정보통신망에 설치·운영하는 게시판에 이용자의 본인확인을 위해 필요한 조치를 하도록 한 것은 게시판 이용자의 익명표현의 자유를 침해 ×
- 대통령 관저의 경계 지점으로부터 100미터 이내 장소에서 옥외집회 또는 시위를 금지하고 위반 시 형사처벌하는 것은 해당 집회·시위 참가자의 집회의 자유 침해 ○
- 공무원의 공무 외의 일을 위한 집단행위를 금지하는 것 공무원의 표현의 자유를 침해 ×

ㄱ. (○) 여기서는 공표된 사실의 내용 전체의 취지를 살펴 중요한 부분이 객관적 사실과 합치되면 세부에 있어서 진실과 약간 차이가 나거나 다소 과장되더라도 이를 허위의 사실이라 볼 수 없으므로, 위와 같은 허위사실공표행위를 금지하는 것이 표현에 대한 지나친 제약이 된다고 보기 어렵다. 선거의 공정성을 보장하기 위해서는 후보자가 되고자 하는 자에 관하여 허위사실을 공표하는 것을 금지하는 것이 필요하고, 심판대상조항의 문언, 입법취지 등에 의해 금지되는 행위의 유형이 제한된다는 점을 고려하면, 심판대상조항이 필요 이상으로 정치적 표현의 자유를 제한한다고 볼 수 없고, 그 입법목적을 효과적으로 달성하면서도 예상되는 부작용을 실효적으로 방지할 수 있는 대안을 상정하기도 어려우므로, 침해의 최소성에 반한다고 보기 어렵다. 심판대상조항으로 인하여 후보자가 되고자 하는 자에 관하여 비판 내지 의혹을 제기하

려는 자의 정치적 표현의 자유가 일부 제한된다 하더라도, 그 제한의 정도가 선거인들에게 후보자가 되고자 하는 자의 능력, 자질 등을 올바르게 판단할 수 있는 기회를 제공함으로써 선거의 공정성을 보장하고자 하는 공익에 비하여 중하다고 볼 수 없다. 따라서 심판대상조항은 법익의 균형성도 충족한다. 심판대상조항은 과잉금지원칙에 위배되어 정치적 표현의 자유를 침해하지 않는다(헌법재판소 2023. 7. 20. 선고 2022헌바299 전원재판부 결정).

ㄴ. (X) 심판대상조항은 선거에서의 균등한 기회를 보장하고 선거의 공정성을 확보하기 위한 것으로서 입법목적의 정당성 및 수단의 적합성이 인정된다. 그러나 인쇄물은 시설물 등과 비교하여 보더라도 투입되는 비용이 상대적으로 적어 경제력 차이로 인한 선거 기회 불균형의 문제가 크지 않고, 그러한 우려도 공직선거법상 선거비용 규제나 인쇄물의 종류 또는 금액을 제한하는 수단을 통해서 방지할 수 있다. 또한 공직선거법상 후보자 비방 금지 규정이나 허위사실공표 금지 규정 등을 통해 무분별한 흑색선전 등의 방지도 가능한 점을 종합하면, 심판대상조항은 목적 달성에 필요한 범위를 넘어 장기간 동안 인쇄물 살포를 금지·처벌하는 것으로서 침해의 최소성에 반한다. 또한 심판대상조항으로 인하여 일반 유권자나 후보자가 받는 정치적 표현의 자유에 대한 제약이 위 조항을 통하여 달성되는 공익보다 중대하므로 심판대상조항은 법익의 균형성에도 위배된다. 따라서 심판대상조항은 과잉금지원칙에 반하여 정치적 표현의 자유를 침해한다(헌법재판소 2023. 3. 23. 선고 2023헌가4 전원재판부 결정).

ㄷ. (X) 심판대상조항에 따른 본인확인조치는 정보통신망의 익명성 등에 따라 발생하는 부작용을 최소화하여 공공기관등의 게시판 이용에 대한 책임성을 확보·강화하고, 게시판 이용자로 하여금 언어폭력, 명예훼손, 불법정보의 유통 등의 행위를 자제하도록 함으로써 건전한 인터넷 문화를 조성하기 위한 것이다. 심판대상조항이 규율하는 게시판은 그 성격상 대체로 공공성이 있는 사항이 논의되는 곳으로서 공공기관등이 아닌 주체가 설치·운영하는 게시판에 비하여 통상 누구나 이용할 수 있는 공간이므로, 공동체 구성원으로서의 책임이 더욱 강하게 요구되는 곳이라고 할 수 있다. 공공기관등이 설치·운영하는 게시판에 언어폭력, 명예훼손, 불법정보 등이 포함된 정보가 게시될 경우 그 게시판에 대한 신뢰성이 저하되고 결국에는 게시판 이용자가 피해를 입을 수 있으며, 공공기관등의 정상적인 업무 수행에 차질이 빚어질 수도 있다. 따라서 공공기관등이 설치·운영하는 게시판의 경우 본인확인조치를 통해 책임성과 건전성을 사전에 확보함으로써 해당 게시판에 대한 공공성과 신뢰성을 유지할 필요성이 크며, 그 이용 조건으로 본인확인을 요구하는 것이 과도하다고 보기는 어렵다. 게시판의 활용이 공공기관등을 상대방으로 한 익명표현의 유일한 방법은 아닌 점, 공공기관등에 게시판을 설치·운영할 일반적인 법률상 의무가 존재한다고 보기 어려운 점, 심판대상조항은 공공기관등이 설치·운영하는 게시판이라는 한정적 공간에 적용되는 점 등에 비추어 볼 때 심판대상조항으로 인한 기본권 제한의 정도가 크지 않다. 그에 반해 공공기관등이 설치·운영하는 게시판에 언어폭력, 명예훼손, 불법정보의 유통이 이루어지는 것을 방지함으로써 얻게 되는 건전한 인터넷 문화 조성이라는 공익은 중요하다. 따라서 심판대상조항은 청구인의 익명표현의 자유를 침해하지 않는다(헌법재판소 2022. 12. 22. 선고 2019헌마654 전원재판부 결정).

ㄹ. (O) 심판대상조항은 대통령과 그 가족의 신변 안전 및 주거 평온을 확보하고, 대통령 등이 자유롭게 대통령 관저에 출입할 수 있도록 하며 경우에 따라서는 대통령의 원활한 직무수행을 보장함으로써, 궁극적으로는 대통령의 헌법적 기능 보호를 목적으로 한다. 심판대상조항은 대통령 관저 인근 일대를 광범위하게 집회금지장소로 설정함으로써, 집회가 금지될 필요가 없는 장소까지도 집회금지장소에 포함되게 한다. 대규모 집회 또는 시위로 확산될 우려가 없는 소규모 집회의 경우, 심판대상조항에 의하여 보호되는 법익에 대해 직접적인 위협이 될 가능성은 낮고, 이러한 집회가 대통령 등의 안전이나 대통령 관저 출입과 직접적 관련이 없는 장소에서 열릴 경우에는 위험성은 더욱 낮아진다. 또한, '집회 및 시위에 관한 법률' 및 '대통령 등의 경호에 관한 법률'은 폭력적이고 불법적인 집회에 대처할 수 있는 다양한 수단을 두고 있다. 이러한 점을 종합하면, 심판대상조항은 과잉금지원칙에 위배되어 집회의 자유를 침해한다(헌법재판소 2022. 12. 22. 선고 2018헌바48, 2019헌가1(병합) 전원재판부 결정).

ㅁ. (○) 이 사건 심판대상조항에서 공무원의 정치적 의사표현이 집단적으로 이루어지는 것을 금지하는 것은, 다수의 집단행동은 그 행위의 속성상 개인행동보다 공공의 안녕질서나 법적 평화와 마찰을 빚을 가능성이 크고, 공무원이 집단적으로 정치적 의사표현을 하는 경우에는 이것이 공무원이라는 집단의 이익을 대변하기 위한 것으로 비춰질 수 있으며, 정치적 중립성의 훼손으로 공무의 공정성과 객관성에 대한 신뢰를 저하시킬 수 있기 때문인데, 특히 우리나라의 정치 현실에서는 집단적으로 이루어지는 정부 정책에 대한 비판이나 반대가 특정 정당이나 정파 등을 지지하는 형태의 의사표시로 나타나지 않더라도 그러한 주장 자체로 현실정치에 개입하려 한다거나, 정파적 또는 당파적인 것으로 오해 받을 소지가 큰 바, 지방공무원의 집단적인 의사표현을 제한하는 것은 불가피하므로 이것이 과잉금지원칙에 위반된다고 볼 수 없다(헌법재판소 2014. 8. 28. 선고 2011헌바50 전원재판부).

정답 ⑤

문 16

21년 6월 모의시험

표현의 자유에 관한 설명 중 옳지 않은 것은? (다툼이 있는 경우 판례에 의함)

① 인터넷언론사에 대하여 선거일 전 90일부터 선거일까지 후보자 명의의 칼럼이나 저술을 게재하는 보도를 제한하는 것은 해당 후보자의 표현의 자유를 침해한다.
② 탈법방법에 의한 광고의 배부를 금지하고 이를 위반한 경우 처벌하는 「공직선거법」 조항은 일반 유권자의 정치적 표현을 원천적으로 봉쇄하는 것으로 과잉금지원칙에 위반된다.
③ 선거에서의 정치적 중립의무를 지지 않는 지방의회의원의 지위를 이용한 선거운동을 금지하고 위반 시 형사처벌하는 것은 지방의회의원의 정치적 표현의 자유를 침해하지 않는다.
④ 비(非)의료인의 의료에 관한 광고를 금지하고 처벌하는 것은 국민의 생명권과 건강권을 보호하고 국민의 보건에 관한 국가의 보호의무를 이행하기 위하여 필요한 최소한도 내의 제한이므로 비의료인의 표현의 자유를 침해한다고 볼 수 없다.
⑤ 구체적 위험이 현존하지는 않더라도 그 위험성이 명백한 단계에서 반국가단체 등에 대한 찬양·고무·선전·동조 행위 등을 규제하는 것은 국가의 안전과 존립, 국민의 생존과 자유를 보호하기 위한 불가피한 선택으로 표현의 자유에 대한 지나친 제한이 아니다.

MGI Point 표현의 자유 ★★

- 인터넷언론사에 대하여 선거일 전 90일부터 선거일까지 후보자 명의의 칼럼이나 저술을 게재하는 보도를 제한하는 것
  ⇨ 과잉금지원칙에 반하여 표현의 자유 침해 ○
- 탈법에 의한 광고의 배부를 금지하고 위반한 경우 처벌하는 「공직선거법」 조항
  ⇨ 유권자의 선거운동의 자유 내지 정치적 표현의 자유 침해 ×
- 선거에서의 정치적 중립의무를 지지 않는 지방의회의원의 지위를 이용한 선거운동을 금지하고 위반 시 형사처벌하는 것
  ⇨ 지방의회의원의 정치적 표현의 자유 침해 ×
- 비의료인의 의료에 관한 광고를 금지하고 처벌하는 것 ⇨ 표현의 자유 침해 ×
- 구체적 위험이 현존하지는 않더라도 그 위험성이 명백한 단계에서 반국가단체 등에 대한 찬양·고무·선전·동조 행위 등을 규제하는 것 ⇨ 표현의 자유에 대한 지나친 제한 ×

① (○) 이 사건 시기제한조항은 선거일 전 90일부터 선거일까지 후보자 명의의 칼럼 등을 게재하는 인터넷 선거보도가 불공정하다고 볼 수 있는지에 대해 구체적으로 판단하지 않고 이를 불공정한 선거보도로 간주

하여 선거의 공정성을 해치지 않는 보도까지 광범위하게 제한한다. 공직선거법상 인터넷 선거보도 심의의 대상이 되는 인터넷언론사의 개념은 매우 광범위한데, 이 사건 시기제한조항이 정하고 있는 일률적인 규제와 결합될 경우 이로 인해 발생할 수 있는 표현의 자유 제한이 작다고 할 수 없다. 인터넷언론의 특성과 그에 따른 언론시장에서의 영향력 확대에 비추어 볼 때, 인터넷언론에 대하여는 자율성을 최대한 보장하고 언론의 자유에 대한 제한을 최소화하는 것이 바람직하고, 계속 변화하는 이 분야에서 규제 수단 또한 헌법의 틀 안에서 다채롭고 새롭게 강구되어야 한다. 이 사건 시기제한조항의 입법목적을 달성할 수 있는 덜 제약적인 다른 방법들이 이 사건 심의기준 규정과 공직선거법에 이미 충분히 존재한다. 따라서 이 사건 시기제한조항은 과잉금지원칙에 반하여 청구인의 표현의 자유를 침해한다(헌재 2019.11.28. 2016헌마90). ▶ 인터넷언론사에 대하여 선거일 전 90일부터 선거일까지 후보자 명의의 칼럼이나 저술을 게재하는 보도를 제한하는 구 '인터넷선거보도 심의기준 등에 관한 규정' 제8조 제2항 본문과 '인터넷선거보도 심의기준 등에 관한 규정' 제8조 제2항은 법률유보원칙에 반하지 않지만, 과잉금지원칙에 반하여 표현의 자유를 침해한다고 판시

② (X) 광고는 일방적으로 배부되고 불특정 다수의 사람들이 그들의 의도와 상관없이 광고에 노출된다는 점에서는 문서, 인쇄물 등 다른 방식과 마찬가지이지만, 대중매체를 이용할 경우 광범위한 표현의 상대방을 두기 때문에 그 파급효과가 문서, 인쇄물 등 다른 방식에 비하여 훨씬 크다. 또한 광고는 표현 방법을 금전적으로 구매하는 것이기 때문에 문서, 인쇄물 등 다른 방식에 비하여 후보자 본인의 특별한 노력은 필요로 하지 않으면서 비용은 많이 드는 매체이므로, 경제력에 따라 그 이용 가능성에 큰 차이가 있을 수 있다. 이와 같은 사정 등을 종합하여 볼 때, 광고는 문서, 인쇄물 등 다른 방식에 비하여 선거의 공정성을 훼손할 우려가 더 크다고 할 것이므로, 탈법방법에 의한 광고의 배부를 금지하는 것은 과잉금지원칙에 위배되어 선거운동의 자유 및 정치적 표현의 자유를 침해한다고 볼 수 없다(헌재 2016.03.31. 2013헌바26).

③ (○) 공무원 지위이용 선거운동죄 조항이 선거에서의 정치적 중립의무를 지지 않는 지방의회의원의 지위를 이용한 선거운동을 금지하고 위반 시 형사처벌하면서 5년 이하의 징역형만을 법정형으로 규정한 것은 과잉금지원칙을 위반하여 정치적 표현의 자유를 침해하지 않는다(헌재 2020.03.26. 2018헌바3).

④ (○) 의료기관 또는 의료인이 아닌 자가 의료에 관한 광고를 할 경우에 이를 형사처벌 하도록 규정한 의료법(2010. 7. 23. 법률 제10387호로 개정된 것) 제89조 중 제56조 제1항에 관한 부분(이하 '이 사건 법률조항'이라 한다) … 이 사건 법률조항은 무면허 의료행위의 조장 및 확산을 방지함으로써, 국민의 생명권과 건강권을 보호하고 국민의 보건에 관한 국가의 보호의무를 이행하기 위한 것으로 입법목적의 정당성 및 수단의 적절성이 인정된다. 의료인이 아닌 자가 행하는 잘못된 광고 내용에 현혹된 일반인들은 올바른 의료 선택을 하지 못하게 되므로 무면허 의료행위의 조장 및 확산이 유발되고, 의약품 등을 취급, 판매하는 업무에 종사하는 자가 단순 판매로 위장하여 무면허 의료행위로 나아갈 위험이 있는 점, 광고내용 심사만으로는 무면허 의료행위 확산을 사전에 차단할 수 없는 점, 의료인에 해당하지 않는 자도 약사법이나 의료기기법 등이 허용하는 한도에서 의약품이나 의료기기에 관한 광고는 허용되는 점 등에 비추어 침해의 최소성 원칙에도 반하지 않는다. 나아가 사람의 생명, 신체나 일반 공중위생상의 위해 방지라는 공익은 의료인이 아닌 자가 제한받게 되는 표현의 자유와 직업 수행의 자유에 비하여 현저히 크다고 할 것이므로 법익 균형성 요건도 충족한다. 따라서 이 사건 법률조항은 의료인이 아닌 자의 표현의 자유 및 직업수행의 자유를 침해하지 아니한다(헌재 2014.03.27. 2012헌바293).

⑤ (○) 우리나라가 처한 이와 같은 특수한 안보현실에서 반국가단체 등에 대한 찬양·고무·선전·동조 등의 행위로 야기된 명백한 위험은 그것이 반드시 현재 시점에 당장 현실화된 것은 아닐지라도 언제든지 국가안보에 상당한 위협이 될 수 있고, 이와 같은 행위로 인한 위험이 구체적이고 현존하는 단계에는 이미 국가의 존립이나 안전에 막대한 피해가 초래되어 돌이킬 수 없거나 공권력의 개입이 무의미해질 가능성도 있다. 따라서 구체적 위험이 현존하지는 않더라도 그 위험성이 명백한 단계에서 반국가단체 등에 대한 찬양·고무·선전·동조 행위 등을 규제하는 것은 공권력을 시의적절하게 발동함으로써 국가의 안전과 존립, 국민의 생존과 자유를 보호하기 위한 불가피한 선택으로 결코 표현의 자유에 대한 지나친 제한이 아니다(헌재 2015.04.30. 2012헌바95).

정답 ②

문 17
20년 8월 모의시험

선거원칙에 관한 설명으로 옳지 않은 것은? (다툼이 있는 경우 판례에 의함)

① 보통선거라 함은 개인의 납세액이나 소유하는 재산, 사회적 신분, 인종, 성별, 종교, 교육 등을 요건으로 하지 않고 일정한 연령에 달한 모든 국민에게 선거권을 인정하는 제도를 말한다.
② 투표가치의 평등은 모든 투표가 선거의 결과에 미치는 기여도 내지 영향력에 있어서 숫자적으로 완전히 동일할 것까지를 요구하는 것이 아니다.
③ 자의적인 선거구 획정으로 말미암아 특정 지역의 선거인이 정치과정에 참여할 기회를 잃게 되었거나 그가 지지하는 후보가 당선될 가능성을 의도적으로 박탈하는 것이 명확하다면 평등선거원칙에 위반된다.
④ 직접선거원칙은 비례대표제를 채택하는 경우 정당의 비례적인 의석확보까지 선거권자의 투표에 의하여 직접 결정될 것을 요구하는 것은 아니다.
⑤ 자유선거원칙은 선거의 전 과정에 요구되는 선거권자의 의사형성의 자유와 의사실현의 자유를 말하고, 구체적으로는 투표의 자유, 입후보의 자유 나아가 선거운동의 자유를 뜻한다.

MGI Point 선거원칙 ★★

- 보통선거의 원칙 : 일정한 연령에 달한 모든 국민에게 선거권을 인정
- 투표가치의 평등 ⇨ 모든 투표가 선거결과에 미치는 영향력에 있어 숫자적으로 완전히 동일할 것까지 요구 ×
- 게리멘더링(① 특정 지역의 선거인들이 자의적인 선거구획정으로 정치과정에 참여할 기회 × ② 지지하는 후보가 당선될 가능성을 의도적으로 박탈당하는 경우)에 해당 ⇨ 그 선거구획정은 입법재량의 한계를 벗어난 것으로 헌법 위반 ○
- 비례대표제를 채택하는 경우 직접선거의 원칙 ⇨ 의원의 선출 뿐만 아니라 정당의 비례적인 의석확보도 선거권자의 투표에 의하여 직접 결정 要
- 자유선거의 원칙 ⇨ 선거의 전 과정에 요구되는 선거권자의 의사형성의 자유와 의사실현의 자유, 구체적으로는 투표의 자유, 입후보의 자유 나아가 선거운동의 자유를 뜻함

---

① (○) 우리 헌법은 제24조에서 '모든 국민은 법률이 정하는 바에 의하여 선거권을 가진다'고 규정하고 제41조 제1항(제67조 제1항)은 '보통·평등·직접·비밀선거'를 선거의 기본원칙으로 규정하고 있다. 여기서 말하는 보통선거라 함은 개인의 납세액이나 소유하는 재산을 선거권의 요건으로 하는 제한선거에 대응하는 것으로 이러한 요건뿐만 아니라 그밖에 사회적 신분·인종·성별·종교·교육 등을 요건으로 하지 않고 일정한 연령에 달한 모든 국민에게 선거권을 인정하는 제도를 말한다(헌재 1997.06.26. 96헌마89).

② (○) 평등선거의 원칙은 평등의 원칙이 선거제도에 적용된 것으로서 투표의 수적(數的) 평등 즉 복수투표제 등을 부인하고 모든 선거인에게 1인 1표(one man, one vote)를 인정함을 의미할 뿐만 아니라 투표의 성과가치(成果價値)의 평등 즉 1표의 투표가치가 대표자선정이라는 선거의 결과에 대하여 기여한 정도에 있어서도 평등하여야 함(one vote, one value)을 의미한다. 그러나 이러한 투표가치의 평등은 모든 투표가 선거의 결과에 미치는 기여도 내지 영향력에 있어서 숫자적으로 완전히 동일할 것까지를 요구하는 것이라고는 보기 어렵다. 왜냐하면 투표가치는 그 나라의 선거제도의 구조와 밀접하게 관련되어 있고 따라서 그 구조가 어떠하냐에 따라 결과적으로 선거의 결과에 미치는 투표의 영향력에 어느 정도의 차이가 생기는 것은 면할 수 없기 때문이다(헌재 1995.12.27. 95헌마224).

③ (○) 선거구획정에 관하여 국회의 광범한 재량이 인정되지만 그 재량에는 평등선거의 실현이라는 헌법적 요청에 의하여 일정한 한계가 있을 수밖에 없는바, 첫째, 선거구획정에 있어서 인구비례원칙에 의한 투표가치의 평등은 헌법적 요청으로서 다른 요소에 비하여 기본적이고 일차적인 기준이기 때문에, 합리적

이유없이 투표가치의 평등을 침해하는 선거구획정은 자의적인 것으로서 헌법에 위반된다는 것이고, 둘째로, 특정 지역의 선거인들이 자의적인 선거구획정으로 인하여 정치과정에 참여할 기회를 잃게 되었거나, 그들이 지지하는 후보가 당선될 가능성을 의도적으로 박탈당하고 있음이 입증되어 특정 지역의 선거인들에 대하여 차별하고자 하는 국가권력의 의도와 그 집단에 대한 실질적인 차별효과가 명백히 드러난 경우, 즉 게리맨더링에 해당하는 경우에는, 그 선거구획정은 입법재량의 한계를 벗어난 것으로서 헌법에 위반된다는 것이다(헌재 2001.10.25. 2000헌마92).

④ (X) 비례대표제를 채택하는 경우 직접선거의 원칙은 의원의 선출 뿐만 아니라 정당의 비례적인 의석확보도 선거권자의 투표에 의하여 직접 결정될 것을 요구하는바, 비례대표의원의 선거는 지역구의원의 선거와는 별도의 선거이므로 이에 관한 유권자의 별도의 의사표시, 즉 정당명부에 대한 별도의 투표가 있어야 함에도 현행제도는 정당명부에 대한 투표가 따로 없으므로 결국 비례대표의원의 선출에 있어서는 정당의 명부작성행위가 최종적·결정적인 의의를 지니게 되고, 선거권자들의 투표행위로써 비례대표의원의 선출을 직접·결정적으로 좌우할 수 없으므로 직접선거의 원칙에 위배된다(헌재 2001.07.19. 2000헌마91).

⑤ (O) 자유선거의 원칙은 비록 우리 헌법에 명문으로 규정되지는 아니하였지만 민주국가의 선거제도에 내재하는 법 원리로서, 국민주권의 원리, 의회민주주의의 원리 및 참정권에 관한 규정에서 그 근거를 찾을 수 있다. 이러한 자유선거의 원칙은 선거의 전과정에 요구되는 선거권자의 의사형성의 자유와 의사실현의 자유를 말하고, 구체적으로는 투표의 자유, 입후보의 자유 나아가 선거운동의 자유를 뜻한다(헌재 2009.12.29. 2007헌마1412).

 ④

문 18
20년 6월 모의시험

선거제도에 관한 설명 중 옳지 않은 것은? (다툼이 있는 경우 판례에 의함)

① 선거운동은 국민주권 행사의 일환일 뿐 아니라 정치적 표현의 자유의 한 형태로서 민주사회를 구성하고 움직이게 하는 요소이므로, 그 제한입법에 있어서 엄격한 심사기준이 적용된다.
② 선거제도는 국민의 주권행사 내지 참정권행사의 과정으로서 국가권력의 창출과 국가 내에서 행사되는 모든 권력의 정당성을 국민의 정치적인 합의에 근거하게 하는 통치기구의 조직원리이다.
③ 선거운동의 기회균등의 원칙은 무소속후보자를 포함한 모든 후보자가 불합리한 차별을 받지 않도록 하는 것이므로, 정당의 기본적 활동을 보장하기 위한 상대적인 차별도 허용되지 않는다.
④ 선거공영제의 내용은 선거문화와 풍토, 정치문화 및 국가의 재정상황과 국민의 법 감정 등 여러 가지 요소를 종합적으로 고려하여 입법자가 정책적으로 결정할 사항으로서 넓은 입법형성권이 인정되는 영역이다.
⑤ 선거는 주권자인 국민이 그 주권을 행사하는 통로이므로 정당의 공직선거 후보자의 결정과정이 민주적이지 않으면 민주주의원리와 국민주권원리에 부합한다고 볼 수 없다.

MGI Point 선거제도 ★★

- 선거운동의 자유를 제한하는 입법의 위헌여부 ⇨ 엄격한 심사기준이 적용 ○
- 선거제도 ⇨ 국민의 주권행사 내지 참정권행사의 과정으로서 국가권력의 창출과 국가 내에서 행사되는 모든 권력의 정당성을 국민의 정치적인 합의에 근거하게 하는 통치기구의 조직원리
- 선거운동의 기회균등 원칙
  - 무소속후보자를 포함한 모든 후보자에게 균등한 선거운동의 기회를 부여, 불합리한 차별을 받지 않도록 보장
  - 정당제도와 관련하여 정당의 본질적 기능과 기본적 활동을 보장하기 위한 합리적이고 상대적인 차별은 허용
- 선거공영제의 내용 ⇨ 넓은 입법형성권이 인정되는 영역
- 선거는 주권자인 국민이 주권을 행사하는 통로 ⇨ 정당의 공직선거 후보자의 결정과정이 민주적이어야 하며, 그렇지 않으면 민주주의 원리 나아가 국민주권의 원리에 부합 ×

① (○) 선거운동의 자유도 무제한일 수는 없는 것이고, 선거의 공정성이라는 또 다른 가치를 위하여 어느 정도 선거운동의 주체, 기간, 방법 등에 대한 규제가 행하여지지 않을 수 없다. 다만 선거운동은 국민주권 행사의 일환일 뿐 아니라 정치적 표현의 자유의 한 형태로서 민주사회를 구성하고 움직이게 하는 요소이므로 그 제한입법의 위헌여부에 대하여는 엄격한 심사기준이 적용되어야 할 것이다(헌재 2016.12.29. 2013헌가1).

② (○) 대의제민주주의에 바탕을 둔 우리 헌법의 통치구조에서 선거제도는 국민의 주권행사 내지 참정권행사의 과정으로서 국가권력의 창출과 국가 내에서 행사되는 모든 권력의 정당성을 국민의 정치적인 합의에 근거하게 하는 통치기구의 조직원리이다(헌재 1996.08.29. 96헌마99).

③ (X) 대의제민주주의에 바탕을 둔 우리 헌법의 통치구조에서 선거제도는 통치기구의 조직원리이므로 모든 국민이 선거에 평등하게 참여할 수 있는 기회를 보장하는 것은 필수불가결할 뿐만 아니라 헌법상 선거운동의 기회균등 원칙은 무소속후보자를 포함한 모든 후보자에게 균등한 선거운동의 기회를 부여하고 불합리한 차별을 받지 않도록 보장하는 것이라고 할 것이나, 위에서 본 정당제도와 관련하여 정당의 본질적 기능과 기본적 활동을 보장하기 위한 합리적이고 상대적인 차별은 허용된다 할 것이다(헌재 1996.03.28. 96헌마9).

④ (○) 선거공영제는 선거 자체가 국가의 공적 업무를 수행할 국민의 대표자를 선출하는 행위이므로 이에 소요되는 비용은 원칙적으로 국가가 부담하는 것이 바람직하다는 점과 선거경비를 개인에게 모두 부담시키는 것은 경제적으로 넉넉하지 못한 자의 입후보를 어렵거나 불가능하게 하여 국민의 공무담임권을 부당하게 제한하는 결과를 초래할 수 있다는 점을 고려하여, 선거의 관리 운영에 필요한 비용을 후보자 개인에게 부담시키지 않고 국민 모두의 공평부담으로 하고자 하는 원칙이다. 이러한 선거공영제의 내용은 우리의 선거문화와 풍토, 정치문화 및 국가의 재정상황과 국민의 법감정 등 여러 가지 요소를 종합적으로 고려하여 입법자가 정책적으로 결정할 사항으로서 넓은 입법형성권이 인정되는 영역이라고 할 것이다(헌재 2012.02.23. 2010헌바485).

⑤ (○) 선거는 주권자인 국민이 그 주권을 행사하는 통로이므로 선거제도는 첫째, 국민의 의사를 제대로 반영하고, 둘째, 국민의 자유로운 선택을 보장하여야 하고, 셋째, 정당의 공직선거 후보자의 결정과정이 민주적이어야 하며, 그렇지 않으면 민주주의 원리 나아가 국민주권의 원리에 부합한다고 볼 수 없다(헌재 2009.06.25. 2007헌마40).

 ③

문 19

20년 6월 모의시험

선거관리위원회에 관한 설명 중 옳지 않은 것은? (다툼이 있는 경우 판례에 의함)

① 중앙선거관리위원회 위원장은 위원 중에서 호선하며, 9인의 위원 중 대통령이 임명하는 3인과 대법원장이 지명하는 3인은 국회 소관상임위원회의 인사청문절차를, 국회에서 선출하는 3인은 국회 인사청문특별위원회의 인사청문절차를 거쳐야 한다.
② 각급 선거관리위원회는 선거인명부의 작성 등 선거사무에 관하여 관계 행정기관에 필요한 지시를 할 수 있으나, 국민투표사무에 관해서는 그러하지 아니하다.
③ 중앙선거관리위원회는 법률에 저촉되지 아니하는 범위 안에서 내부규율에 관한 규칙을 제정할 수 있다.
④ 각급 선거관리위원회는 위원 과반수의 출석으로 개의하고 출석위원 과반수의 찬성으로 의결하며, 위원장은 표결권을 가지고 가부동수인 때에는 결정권을 가진다.
⑤ 중앙선거관리위원회 위원장이 대통령에게 통고한 '대통령의 선거중립의무 준수요청 조치' 및 '대통령의 선거중립의무 준수 재촉구 조치'는 「헌법재판소법」 제68조 제1항에 의한 헌법소원의 대상인 공권력행사에 해당한다.

MGI Point 선거관리위원회 ★★

- 중앙선거관리위원회
  - 구성 : 대통령이 임명하는 3인, 국회에서 선출하는 3인과 대법원장이 지명하는 3인
  - 위원장 : 위원 중에서 호선
  - 국회에서 선출하는 중앙선거관리위원회 위원 ⇨ 국회 인사청문특별위원회의 인사청문
    대통령이 임명하거나 대법원장이 지명하는 위원 ⇨ 소관 상임위원회(행정안전위원회)의 인사청문
- 각급 선거관리위원회는 선거인명부의 작성 등 선거사무와 국민투표사무에 관하여 관계 행정기관에 필요한 지시권 / 행정부의 지시준수의무 有
- 중앙선거관리위원회 규칙제정권
  - 법령의 범위 안 ⇨ 선거관리·국민투표관리 또는 정당사무에 관한 규칙
  - 법률에 저촉되지 아니하는 범위 안 ⇨ 내부규율에 관한 규칙
- 각급선거관리위원회
  - 위원회 의결정족수 : 위원과반수 출석으로 개의, 출석위원 과반수 찬성으로 의결
  - 위원장 ⇨ 표결권 및 가부동수인 때 결정권 有
- 중앙선거관리위원회의 대통령의 선거중립의무 준수 요청조치 및 대통령의 선거중립의무 준수 재촉구 조치
  ⇨ 단순한 권고적·비권력적 행위 ×, 기본권침해 가능성 있는 공권력의 행사 ○

---

① (○) 헌법 제114조, 국회법 제46조의3 제1항 제2호, 국회법 제65조의2 제2항 제1호, 제3호 참조.

> **헌법 제114조** ① 선거와 국민투표의 공정한 관리 및 정당에 관한 사무를 처리하기 위하여 선거관리위원회를 둔다.
> ② 중앙선거관리위원회는 대통령이 임명하는 3인, 국회에서 선출하는 3인과 대법원장이 지명하는 3인의 위원으로 구성한다. 위원장은 위원중에서 호선한다.
> **국회법 제46조의3(인사청문특별위원회)** ① 국회는 다음 각 호의 임명동의안 또는 의장이 각 교섭단체 대표의원과 협의하여 제출한 선출안 등을 심사하기 위하여 인사청문특별위원회를 둔다. 다만, 「대통령직 인수에 관한 법률」 제5조제2항에 따라 대통령당선인이 국무총리 후보자에 대한 인사청문의 실시를 요청하는 경우에 의장은 각 교섭단체 대표의원과 협의하여 그 인사청문을 실시하기 위한 인사청문특별위원회를 둔다.
>   2. 헌법에 따라 국회에서 선출하는 헌법재판소 재판관 및 중앙선거관리위원회 위원에 대한 선출안
> **국회법 제65조의2(인사청문회)** ② 상임위원회는 다른 법률에 따라 다음 각 호의 어느 하나에 해당하는 공직후보

자에 대한 인사청문 요청이 있는 경우 인사청문을 실시하기 위하여 각각 인사청문회를 연다.
1. 대통령이 임명하는 헌법재판소 재판관, 중앙선거관리위원회 위원, 국무위원, 방송통신위원회 위원장, 국가정보원장, 공정거래위원회 위원장, 금융위원회 위원장, 국가인권위원회 위원장, 국세청장, 검찰총장, 경찰청장, 합동참모의장, 한국은행 총재, 특별감찰관 또는 한국방송공사 사장의 후보자
3. 대법원장이 지명하는 헌법재판소 재판관 또는 중앙선거관리위원회 위원의 후보자

② (X) 헌법 제115조 참조.

> **헌법 제115조** ① 각급 선거관리위원회는 선거인명부의 작성등 선거사무와 국민투표사무에 관하여 관계 행정기관에 필요한 지시를 할 수 있다.
> ② 제1항의 지시를 받은 당해 행정기관은 이에 응하여야 한다.

③ (○) 헌법 제114조 제6항 참조.

> **헌법 제114조** ⑥ 중앙선거관리위원회는 법령의 범위안에서 선거관리·국민투표관리 또는 정당사무에 관한 규칙을 제정할 수 있으며, 법률에 저촉되지 아니하는 범위안에서 내부규율에 관한 규칙을 제정할 수 있다.

④ (○) 선거관리위원회법 제10조 참조.

> **선거관리위원회법 제10조(위원회의 의결정족수)** ① 각급선거관리위원회는 위원과반수의 출석으로 개의하고 출석위원 과반수의 찬성으로 의결한다.
> ② 위원장은 표결권을 가지며 가부동수인 때에는 결정권을 가진다.

⑤ (○) (1) 중앙선거관리위원회 위원장(피청구인)이 청구인에게 한 2007. 6. 7.자의 '대통령의 선거중립의무 준수요청 조치'와 2007. 6. 18.자의 '대통령의 선거중립의무 준수 재촉구 조치'(이하 위 각 조치를 '이 사건 조치'라 한다)의 법적 근거 / (2) 이 사건 조치가 기본권침해 가능성 있는 공권력의 행사인지 여부(적극) : (1) 헌법 제115조와 공직선거법 제5조, 공직선거법 제272조의2 제5항의 내용을 살펴볼 때 이들 규정은 이 사건 조치의 근거조항이라고 할 수 없으며, 이 사건 조치는 선거관리위원회법 제14조의2에 근거한 것이라고 볼 수밖에 없고, 청구인의 과거 발언이 공직선거법을 위반하였다고 확인한 후 재발방지를 촉구하는 내용이 주를 이루고 있으므로 위 조항에 열거된 행위유형 중 '경고'에 해당한다고 봄이 상당하다. (2) 선거관리위원회법 제14조의2의 '경고'는 선거법 위반행위에 대한 제재적 조치의 하나로서 법률에 규정된 것이므로 피경고자는 이러한 경고를 준수하여야 할 의무가 있고, 피경고자가 경고를 불이행하는 경우 선거관리위원회 위원·직원에 의하여 관할 수사기관에 수사의뢰 또는 고발될 수 있으므로(위 조항 후문), 위 '경고'가 청구인의 법적 지위에 영향을 주지 않는다고는 할 수 없다. 중앙선거관리위원회 위원장이 중앙선거관리위원회 전체회의의 심의를 거쳐 대통령의 위법사실을 확인한 후 그 재발방지를 촉구하는 내용의 이 사건 조치를 청구인인 대통령에 대하여 직접 발령한 것이 단순한 권고적·비권력적 행위라든가 대통령인 청구인의 법적 지위에 불리한 효과를 주지 않았다고 보기는 어렵다(탄핵소추사유는 근본적으로 청구인의 행위가 이 사건 법률조항에 위반되었다는 점이 되지만, 이 사건 조치에 의하여 청구인의 위법사실이 유권적으로 확인됨으로써 탄핵발의의 계기가 부여된다). 청구인이 이 사건 조치를 따르지 않음으로써 형사적으로 처벌될 가능성은 없다고 하더라도, 이 사건 조치가 그 자체로 청구인에게 그러한 위축효과를 줄 수 있음은 명백하다고 볼 것이고, 나아가 이 사건 조치에 대하여 법원에서 소송으로 구제받기는 어렵다는 점에서 헌법기관인 피청구인이 청구인의 위 발언내용이 위법이라고 판단한 이 사건 조치는 최종적·유권적인 판단으로서 기본권 제한의 효과를 발생시킬 가능성이 높다고 할 것이다(헌재 2008.01.17. 2007헌마700).

정답 ②

제❻절 | 공무원제도

문 20
22년 10월 모의시험

공무원의 정치적 중립성에 관한 설명 중 옳지 않은 것은? (다툼이 있는 경우 판례에 의함)

① 공무원의 정치적 중립성 요청은 공무원이 정치적 압력이나 영향력으로부터 벗어나 소신껏 공직을 수행할 수 있도록 보장하고, 직무집행과 관련하여 공무원의 정치적 편향성을 배제하기 위함이다.
② 교육은 그 본질상 이상적이고 비권력적임에 반하여 정치는 현실적이고 권력적이기 때문에 서로 일정한 거리를 유지하는 것이 바람직하므로 공무원에 대한 정치적 중립성은 교육 분야에서 종사하는 교육공무원의 경우 더욱 강력히 요청된다.
③ 지방의회의원은 주민의 선거에 의하여 취임하는 선출직 공무원이지만 선거에서의 정치적 중립성이 요구되므로 선거결과에 영향을 미치는 행위를 금지하는 공직선거법상의 '공무원'에 해당한다.
④ 공무원은 공직자인 동시에 국민의 한 사람이기도 하므로, 공무원은 공인으로서의 지위와 사인으로서의 지위, 국민전체에 대한 봉사자로서의 지위와 기본권을 향유하는 기본권주체로서의 지위라는 이중적 지위를 가진다.
⑤ 지방공사는 지방직영기업처럼 지방의회의 직접적 통제를 받지는 않지만, 지방자치단체의 영향력하에 있는 지방공사의 직원이 지방의회에 진출할 수 있도록 하는 것은 정치적 중립성 보장의 원칙에 위반된다.

MGI Point 공무원의 정치적 중립성 ★★

- 공무원의 정치적 중립성 요청 ⇨ 공무원이 정치적 압력이나 영향력으로부터 소신껏 공직을 수행할 수 있도록 보장, 직무집행과 관련하여 공무원의 정치적 편향성을 배제
- 공무원에 대한 정치적 중립성은 교육 분야에서 종사하는 교육공무원의 경우 더욱 강력히 요청
- 선거에서의 정치적 중립의무를 지지 않는 지방의회의원 ⇨ 선거결과에 영향을 미치는 행위를 금지하는 공직선거법 제9조 제1항의 '공무원'에 해당 ×
- 공직자인 동시에 국민으로서의 공무원의 이중적 지위 ⇨ 일반 국민보다 넓고 강한 기본권 제한 가
- 지방공사의 직원이 지방의회의원직을 겸할 수 있도록 하는 것 ⇨ 정치적 중립성 보장의 원칙 위배 ○

---

① (○) 헌법 제7조 제2항은 "공무원의 정치적 중립성은 법률이 정하는 바에 의하여 보장된다."고 명시하고 있다. 이와 같은 공무원의 정치적 중립성의 요청은 정권교체로 인한 행정의 일관성과 계속성이 상실되지 않도록 하고, 공무원의 정치적 신조에 따라서 행정이 좌우되지 않도록 함으로써 공무집행에서의 혼란의 초래를 예방하고 국민의 신뢰를 확보하기 위함이다. 헌법재판소는 1995. 5. 25. 선고한 91헌마67 결정에서 공무원에 대한 정치적 중립성의 필요성에 관하여, "공무원은 국민전체에 대한 봉사자이므로 중립적 위치에서 공익을 추구하고(국민전체의 봉사자설), 행정에 대한 정치의 개입을 방지함으로써 행정의 전문성과 민주성을 제고하고 정책적 계속성과 안정성을 유지하며(정치와 행정의 분리설), 정권의 변동에도 불구하고 공무원의 신분적 안정을 기하고 엽관제로 인한 부패·비능률 등의 폐해를 방지하며(공무원의 이익보호설), 자본주의의 발달에 따르는 사회경제적 대립의 중재자·조정자로서의 기능을 적극적으로 담당하기 위하여 요구되는 것(공적 중재자설)"이라고 하면서, 공무원의 정치적 중립성 요청은 결국 위 각 근거를 종합적으로 고려하여 "공무원의 직무의 성질상 그 직무집행의 중립성을 유지하기 위하여 필요한 것"이라고 판시한 바 있다(판례집 7-1, 722, 759)(헌재 2004.03.25. 2001헌마710).

② (O) 공무원에 대한 정치적 중립성의 요청은 교육 분야에서 종사하는 교육공무원에게까지 제도적으로 보장되고 있다. 즉 헌법 제31조 제4항은 "교육의 … 정치적 중립성 … 은 법률이 정하는 바에 의하여 보장된다."고 선언함으로써 헌법적 차원에서 이를 강력히 보장하고 있다. 이는 교육이 국가권력이나 정치적 세력으로부터 부당한 간섭을 받지 아니할 뿐만 아니라 그 본연의 기능을 벗어나 정치영역에 개입하지 않아야 한다는 것을 뜻한다. 교육은 그 본질상 이상적이고 비권력적임에 반하여 정치는 현실적이고 권력적이기 때문에 서로 일정한 거리를 유지하는 것이 바람직한 까닭이다(헌재 2020.04.23. 2018헌마551).

③ (X) 지방의회의원은 정무직 공무원 중 주민의 선거에 의하여 취임하는 선출직으로서(지방공무원법 제2조 제3항), 자신의 정치적 주장을 펼쳐 주민의 표를 획득함으로써 지방자치행정에 참여하게 되는 대의제민주주의의 핵심 주역이므로, 정치적 중립을 요구받지 아니한다. 개별 법령에서도 지방의회의원의 정치활동의 자유를 일반적으로 보장하고 있으며(지방공무원법 제3조 제2항, 제57조, 지방공무원 복무규정 제8조 제1호) 선거운동을 할 수 있다고 규정하고 있다(공직선거법 제60조 제1항 제4호 단서, 정당법 제22조 제1항 제1호 단서). 이렇듯 지방의회의원은 정당의 대표자이자 선거운동의 주체로서 선거에서의 정치적 중립성이 요구될 수 없으므로, 선거결과에 영향을 미치는 행위를 금지하는 공직선거법 제9조 제1항의 '공무원'에 해당하지 않는다(헌재 2020.03.26. 2018헌바3).

④ (O) 공무원은 공직자인 동시에 국민의 한 사람이기도 하므로, 공무원은 공인으로서의 지위와 사인으로서의 지위, 국민전체에 대한 봉사자로서의 지위와 기본권을 향유하는 기본권주체로서의 지위라는 이중적 지위를 가진다. 따라서 공무원이라고 하여 기본권이 무시되거나 경시되어서는 안 되지만, 공무원의 신분과 지위의 특수성상 공무원에 대해서는 일반 국민에 비해 보다 넓고 강한 기본권 제한이 가능하게 된다(헌재 2016.02.25. 2013헌바435).

⑤ (O) 지방공사에 강한 공법적 특수성이 인정되는 이상, 지방공사의 직원 역시 정치적 중립성이 보장되어야 함에 있어서는 지방공무원과 차이가 없다. 따라서 지방공사의 직원이 지방의회의원직을 겸할 수 있도록 하는 것은 정치적 중립성 보장의 원칙에도 위배된다. 따라서 이 사건 법률조항은 지방의회의원으로 하여금 지방공사 직원의 직을 겸하지 못하도록 규정함으로써, 입법과 행정간의 권력 분립이라는 헌법상 원칙을 유지하고 실현하며, 공직자의 정치적 중립성을 보장하고자 한다(헌재 2012.04.24. 2010헌마605).

정답 ③

문 21
21년 8월 모의시험

공무원의 표현의 자유에 관한 설명 중 옳은 것은? (다툼이 있는 경우 판례에 의함)

① 공무원에 대하여 직무 수행 중 정치적 주장을 표시·상징하는 복장 등 착용행위를 금지하는 것은 해당 공무원의 정치적 표현의 자유를 침해한다.
② 군무원이 연설, 문서 또는 그 밖의 방법으로 정치적 의견을 공표하는 것을 금지하는 것은 해당 군무원의 정치적 표현의 자유를 침해한다.
③ 공무원의 '공무 외의 일을 위한 집단 행위'를 금지하여 공무원의 집단적인 정치적 표현을 제한하는 것은 해당 공무원의 표현의 자유를 침해한다.
④ 공무원에 대하여 국가 또는 지방자치단체의 정책에 대한 집단적인 반대·방해 행위를 금지하는 것은 해당 공무원의 표현의 자유를 침해한다.
⑤ 초·중등학교의 교육공무원이 정당을 제외한 '그 밖의 정치단체'의 결성에 관여하거나 이에 가입하는 행위를 금지하는 것은 명확성의 원칙에 위배되어 해당 교육공무원의 정치적 표현의 자유를 침해한다.

> **MGI Point** 공무원의 표현의 자유 ★★
>
> - 공무원에 대해 정치적 주장을 표시·상징하는 복장 등 착용행위 금지 ⇨ 정치적 표현의 자유 침해 ×
> - 군무원이 연설, 문서 또는 그 밖의 방법으로 정치적 의견을 공표하는 것을 금지하는 구 군형법 ⇨ 군무원의 정치적 표현의 자유 침해 ×
> - 공무원의 '공무 외의 일을 위한 집단 행위' 금지 ⇨ 해당 공무원의 정치적 표현의 자유 침해 ×
> - 공무원에 대하여 국가 또는 지자체의 정책에 대한 집단적 반대·방해 행위 금지 ⇨ 해당 공무원의 표현의 자유 침해 ×
> - 초·중등학교의 교육공무원이 정당을 제외한 '그 밖의 정치단체'의 결성에 관여하거나 이에 가입하는 행위를 금지하는 것 ⇨ 명확성의 원칙에 위배되어 해당 교육공무원의 정치적 표현의 자유 침해 ○

① (X) '국가공무원 복무규정' 제8조의2 제2항 및 '지방공무원 복무규정' 제1조의3 제2항은 공무원의 직무 수행 중 정치적 주장을 표시·상징하는 복장 등 착용행위를 금지하고 있는바 … 위 규정들이 금지하는 '정치적 주장을 표시 또는 상징하는 행위'에서의 '정치적 주장'이란, 정당활동이나 선거와 직접적으로 관련되거나 특정 정당과의 밀접한 연계성을 인정할 수 있는 경우 등 공무원의 정치적 중립성을 훼손할 가능성이 높은 주장에 한정된다고 해석되므로, 명확성원칙에 위배되지 아니한다. 위 규정들은 공무원의 근무기강을 확립하고 공무원의 정치적 중립성을 확보하려는 입법목적을 가진 것으로서, 공무원이 직무 수행 중 정치적 주장을 표시·상징하는 복장 등을 착용하는 행위는 그 주장의 당부를 떠나 국민으로 하여금 공무집행의 공정성과 정치적 중립성을 의심하게 할 수 있으므로 공무원이 직무수행 중인 경우에는 그 활동과 행위에 더 큰 제약이 가능하다고 하여야 할 것인바, 위 규정들은 오로지 공무원의 직무수행 중의 행위만을 금지하고 있으므로 침해의 최소성원칙에 위배되지 아니한다. 따라서 위 규정들은 과잉금지원칙에 반하여 공무원의 정치적 표현의 자유를 침해한다고 할 수 없다(헌재 2012.05.31. 2009헌마705).

② (X) 심판대상조항은 군무원이 연설, 문서 또는 그 밖의 방법으로 정치적 의견을 공표하는 것을 금지함으로써 군무원의 정치적 표현의 자유를 제한하고 있다. … 헌법 제21조 제1항에 따라 군무원에게도 정치적 표현의 자유가 원칙적으로 인정되지만, 헌법 제5조 제2항과 제7조에 따라 그 정치적 표현의 자유에 대해 일반 국민보다 엄격한 제한을 받을 수밖에 없다. … 심판대상조항이 죄형법정주의 명확성원칙에 위반된다고 할 수 없다. … 심판대상조항이 과잉금지원칙에 반하여 군무원의 정치적 표현의 자유를 침해한다고 볼 수도 없다(헌재 2018.07.26. 2016헌바139).

③ (X) 이 사건 국가공무원법 규정은 공무원의 '공무 외의 일을 위한 집단 행위'를 금지하여 정치적 표현행위를 포함한 공무원의 집단적인 표현행위를 제한하고 있다. … 이하에서는 이 사건 국가공무원법 규정이 표현의 자유를 제한함에 있어 명확성원칙과 과잉금지원칙을 준수하고 있는지 여부에 관하여 본다. … '공익에 반하는 목적을 위하여 직무전념의무를 해태하는 등의 영향을 가져오거나, 공무에 대한 국민의 신뢰에 손상을 가져올 수 있는 공무원 다수의 결집된 행위'를 말하는 것으로 한정 해석되므로 명확성원칙에 위반된다고 볼 수 없다. … 이 사건 국가공무원법 규정에서 공무원의 정치적 의사표현이 집단적으로 이루어지는 것을 금지하는 것은, 다수의 집단행동은 그 행위의 속성상 개인행동보다 공공의 안녕질서나 법적 평화와 마찰을 빚을 가능성이 크고, 공무원이 집단적으로 정치적 의사표현을 하는 경우에는 이것이 공무원이라는 집단의 이익을 대변하기 위한 것으로 비춰질 수 있으며, 정치적 중립성의 훼손으로 공무의 공정성과 객관성에 대한 신뢰를 저하시킬 수 있기 때문이다. 특히 우리나라의 정치 현실에서는 집단적으로 이루어지는 정부 정책에 대한 비판이나 반대가 특정 정당이나 정파 등을 지지하는 형태의 의사표시로 나타나지 않더라도 그러한 주장 자체로 현실정치에 개입하려 한다거나, 정파적 또는 당파적인 것으로 오해 받을 소지가 크다. 따라서 공무원의 집단적인 의사표현을 제한하는 것은 불가피하고 이것이 과잉금지원칙에 위반된다고 볼 수 없다(헌재 2014.08.28. 2011헌바32).

④ (X) … 위 규정들은 국가 또는 지방자치단체의 정책에 대한 공무원의 집단적인 반대·방해 행위를 금지함으로써 공무원의 근무기강을 확립하고 공무원의 정치적 중립성을 확보하려는 입법목적을 가진 것으로서, 위 규정들은 그러한 입법목적 달성을 위한 적합한 수단이 된다. 한편, 공무원의 신분과 지위의 특수성에

비추어 볼 때 공무원에 대해서는 일반 국민에 비해 보다 넓고 강한 기본권제한이 가능한바, 위 규정들은 공무원의 정치적 의사표현이 집단적인 행위가 아닌 개인적·개별적인 행위인 경우에는 허용하고 있고, 공무원의 행위는 그것이 직무 내의 것인지 직무 외의 것인지 구분하기 어려운 경우가 많으며, 설사 공무원이 직무 외에서 집단적인 정치적 표현 행위를 한다 하더라도 공무원의 정치적 중립성에 대한 국민의 신뢰는 유지되기 어려우므로 직무 내외를 불문하고 금지한다 하더라도 침해의 최소성원칙에 위배되지 아니한다. 만약 국가 또는 지방자치단체의 정책에 대한 공무원의 집단적인 반대·방해 행위가 허용된다면 원활한 정책의 수립과 집행이 불가능하게 되고 공무원의 정치적 중립성이 훼손될 수 있는바, 위 규정들이 달성하려는 공익은 그로 말미암아 제한받는 공무원의 정치적 표현의 자유에 비해 작다고 할 수 없으므로 법익의 균형성 또한 인정된다. 따라서 위 규정들은 과잉금지원칙에 반하여 공무원의 정치적 표현의 자유를 침해한다고 할 수 없다(헌재 2012.05.31. 2009헌마705).

⑤ (○) 국가공무원법조항 중 '그 밖의 정치단체'에 관한 부분은 법적용기관인 법관의 보충적 법해석을 통하여도 그 규범내용이 확정될 수 없는 모호하고 막연한 개념을 사용하고 있으므로 명확성원칙에 위배되어 나머지 청구인들의 정치적 표현의 자유 및 결사의 자유를 침해한다(헌재 2020.04.23. 2018헌마551).

제❼절 | 지방자치제도

문 22

23년 10월 모의시험

지방자치에 관한 설명 중 옳은 것은? (다툼이 있는 경우 판례에 의함)

① 국회의 입법에 의하여 지방자치권이 침해되었는지 여부를 심사함에 있어서는 지방자치권의 본질적 내용이 침해되었는지 여부뿐만 아니라 기본권 침해를 심사하는 데 적용되는 과잉금지원칙이나 평등원칙 위반 여부도 심사하여야 한다.
② 헌법이 지방자치단체에 대해 포괄적인 자치권을 보장하고 있는 취지로 볼 때 조례제정권에 대한 지나친 제약은 바람직하지 않으므로, 조례에 대한 법률의 위임은 법규명령에 대한 법률의 위임과 같이 반드시 구체적으로 범위를 정하여 할 필요가 없으며 포괄적인 것으로 족하다.
③ 헌법상 지방자치제도보장의 핵심 영역 내지 본질적 부분이 특정 지방자치단체의 존속을 보장하는 것이므로, 일정구역에 한하여 당해 지역 내의 지방자치단체인 시·군을 모두 폐지하여 중층구조를 단층화하는 것은 입법자의 입법형성권의 범위에 포함되지 않는다.
④ 조례제정·개폐청구권은 헌법상 보장되는 지방자치제도에 근거하므로 헌법 제117조 및 제118조에서 도출되는 헌법상 기본권 및 헌법 제37조 제1항의 '헌법에 열거되지 아니한 권리'라고 할 수 있다.
⑤ 조례가 집행행위의 개입 없이도 그 자체로서 직접 국민의 구체적인 권리의무나 법적 이익에 영향을 미치는 등의 법률상 효과를 발생하는 경우 그 조례는 항고소송의 대상이 되는 행정처분에 해당하고, 이러한 조례에 대한 무효확인소송을 제기함에 있어서 피고는 지방자치단체의 의결기관인 지방의회가 된다.

> **MGI Point** 지방자치 ★★
>
> - 국회의 입법에 의한 지방자치권 침해 여부 심사 ⇨ 지방자치권의 본질적 내용이 침해되었는지 여부 심사로 족함, 과잉금지원칙이나 평등원칙 위반 여부 적용 ×
> - 헌법이 지방자치단체에 대해 포괄적인 자치권 보장 ⇨ 조례에 대한 법률의 위임은 포괄적으로도 가능
> - 헌법상 지방자치제도보장의본질적 부분은 특정 지방자치단체의 존속 보장 × ⇨ 일정구역에 한하여 당해 지역 내의 지방자치단체인 시·군을 모두 폐지하여 중층구조를 단층화하는 것은 입법자의 선택범위 내 ○
> - 주민투표권이나 조례제정·개폐청구권 ⇨ 헌법상 기본권 ×
> - 조례가 집행행위의 개입 없이도 그 자체로서 직접 국민의 구체적인 권리의무나 법적 이익에 영향을 미치는 등의 법률상 효과를 발생하는 경우 ⇨ 조례는 항고소송인 무효확인소송의 대상 ○, 피고는 지방자치단체의 장 ○

① (X) 헌법 제117조 제1항에 의해 지방자치단체에게 보장된 지방자치권은 절대적인 것이 아니고 법령에 의하여 형성되는 것이므로, 입법자는 지방자치에 관한 사항을 형성하면서 지방자치단체의 지방자치권을 제한할 수 있다. 그러나 법령에 의하여 지방자치단체의 지방자치권을 제한하는 것이 가능하다고 하더라도, 지방자치단체의 존재 자체를 부인하거나 각종 권한을 말살하는 것과 같이 그 제한이 불합리하여 지방자치권의 본질적인 내용을 침해하여서는 아니된다. 따라서 국회의 입법에 의하여 지방자치권이 침해되었는지 여부를 심사함에 있어서는 지방자치권의 본질적 내용이 침해되었는지 여부만을 심사하면 족하고, 기본권침해를 심사하는 데 적용되는 과잉금지원칙이나 평등원칙 등을 적용할 것은 아니다(헌재 2010.10.28. 2007헌라4).

② (○) 대통령령의 경우는 헌법 제75조에서 위임의 구체적인 방법까지 명시하고 있음에 반하여 조례에 대하여는 이를 명시적으로 규정하지 않고 있고, 또 조례의 제정권자인 지방의회는 선거를 통해서 그 지역적인 민주적 정당성을 지니고 있는 주민의 대표기관이고, 헌법이 지방자치단체에 대해 포괄적인 자치권을 보장하고 있는 취지로 볼 때 조례제정권에 대한 지나친 제약은 바람직하지 않으므로, 조례에 대한 법률의 위임은 반드시 구체적으로 범위를 정하여 할 필요가 없으며 포괄적으로도 가능하다고 할 것이다(헌재 2012.11.29. 2012헌바97).

③ (X) 헌법 제117조 제2항은 지방자치단체의 종류를 법률로 정하도록 규정하고 있을 뿐 지방자치단체의 종류 및 구조를 명시하고 있지 않으므로 이에 관한 사항은 기본적으로 입법자에게 위임된 것으로 볼 수 있다. 헌법상 지방자치제도보장의 핵심영역 내지 본질적 부분이 특정 지방자치단체의 존속을 보장하는 것이 아니며 지방자치단체에 의한 자치행정을 일반적으로 보장하는 것이므로, 현행법에 따른 지방자치단체의 중층구조 또는 지방자치단체로서 특별시·광역시 및 도와 함께 시·군 및 구를 계속하여 존속하도록 할지 여부는 결국 입법자의 입법형성권의 범위에 들어가는 것으로 보아야 한다. 같은 이유로 일정구역에 한하여 당해 지역 내의 지방자치단체인 시·군을 모두 폐지하여 중층구조를 단층화하는 것 역시 입법자의 선택범위에 들어가는 것이다(헌재 2006.04.27. 2005헌마1190).

④ (X) 주민투표권이나 조례제정·개폐청구권은 헌법상 기본권으로 보기 어려우므로, 주민투표권 조항 및 조례제정·개폐청구권 조항에 대한 청구는 이 조항들로 인한 청구인들의 기본권 침해 가능성이 인정되지 않아 부적법하다(헌재 2014.04.24. 2012헌마287).

⑤ (X) 조례가 집행행위의 개입 없이도 그 자체로서 직접 국민의 구체적인 권리의무나 법적 이익에 영향을 미치는 등의 법률상 효과를 발생하는 경우 그 조례는 항고소송의 대상이 되는 행정처분에 해당하고, 이러한 조례에 대한 무효확인소송을 제기함에 있어서 행정소송법 제38조 제1항, 제13조에 의하여 피고적격이 있는 처분 등을 행한 행정청은, 행정주체인 지방자치단체 또는 지방자치단체의 내부적 의결기관으로서 지방자치단체의 의사를 외부에 표시한 권한이 없는 지방의회가 아니라, 구 지방자치법(1994. 3. 16. 법률 제4741호로 개정되기 전의 것) 제19조 제2항, 제92조에 의하여 지방자치단체의 집행기관으로서 조례로서의 효력을 발생시키는 공포권이 있는 지방자치단체의 장이다(대판 1996.09.20. 95누8003).

정답 ②

문 23
22년 10월 모의시험

지방자치제도에 관한 설명 중 옳은 것을 모두 고른 것은? (다툼이 있는 경우 판례에 의함)

> ㄱ. 지방자치제도의 헌법적 보장은 국민주권의 기본원리에서 출발하여 주권의 지역적 주체로서의 주민에 의한 자기통치의 실현으로 요약될 수 있고, 이러한 지방자치의 본질적 내용인 핵심영역은 입법 기타 중앙정부의 침해로부터 보호되어야 한다.
> ㄴ. 조례에 의한 규제가 지역 여건이나 환경 등 그 특성에 따라 다르게 나타나는 것은 헌법이 지방자치단체의 자치입법권을 인정한 이상 당연히 예상되는 결과이므로, 자신들이 거주하는 지역의 학원 심야교습을 제한하는 학원조례조항으로 인하여 다른 지역 주민들에 비하여 더한 규제를 받게 되었다고 하여 평등권이 침해되었다고 볼 수 없다.
> ㄷ. 지방자치법 제15조 단서는 "주민의 권리제한 또는 의무투과에 관한 사항이나 벌칙을 정할 때에는 법률의 위임이 있어야 한다"고 규정하고 있는데, 여기서 주민의 권리제한, 의무부과 또는 벌칙에 관한 사항은 주민의 기본권제한을 그 내용으로 하는 것이므로, 법치국가원칙상 이 경우 조례에 대한 법률의 위임은 법규명령에 대한 법률의 위임의 경우와 마찬가지로 구체적으로 범위를 정하여 할 필요가 있다.
> ㄹ. 지방의회의원과 지방자치단체장을 선출하는 지방선거는 지방자치단체의 기관을 구성하고 그 기관의 각종 행위에 정당성을 부여하는 행위이므로 지방선거사무는 지방자치단체의 존립을 위한 자치사무에 해당한다.

① ㄴ, ㄹ
② ㄱ, ㄴ, ㄷ
③ ㄱ, ㄴ, ㄹ
④ ㄴ, ㄷ, ㄹ
⑤ ㄱ, ㄴ, ㄷ, ㄹ

MGI Point 지방자치제도 ★★

- **지방자치제도의 헌법적 보장**
  - 주권의 지역적 주체로서의 주민에 의한 자기통치의 실현
  - 지방자치의 본질적 내용인 핵심영역(자치단체·자치기능·자치사무의 보장)은 어떠한 경우라도 입법 기타 중앙정부의 침해로부터 보호되어야 한다는 것을 의미
- 자신들이 거주하는 지역의 학원 심야교습을 제한하는 학원조례조항으로 인하여 다른 지역 주민들에 비해 더한 규제를 받게 되는 경우 ⇨ 평등권 침해 ×
- **조례제정과 법률유보**
  - 주민의 권리제한·의무부과에 관한 사항, 벌칙을 정할 때에는 법률의 위임 要
  - 조례에 대한 법률의 위임은 구체적으로 범위를 정하여야 할 필요가 없으며 포괄적인 것으로 족함
- 지방의회의원과 지방자치단체장을 선출하는 지방선거사무 ⇨ 지방자치단체의 존립을 위한 자치사무에 해당 ○

ㄱ. (○) 지방자치제도의 헌법적 보장의 구체적인 내용을 확정하려면 위의 헌법규정의 규범적 의미내용을 검토하고 그것에 따라서 지방자치의 이념과 이의를 분명하게 밝혀내는 것이 중요하다고 하겠다. 이 헌법적 보장은 한마디로 국민주권의 기본원리에서 출발하여 주권의 지역적 주체로서의 주민에 의한 자기통치의 실현으로 요약할 수 있고, 이러한 지방자치의 본질적 내용인 핵심영역은 어떠한 경우라도 입법 기타 중앙정부의 침해로부터 보호되어야 한다는 것을 의미한다. 다시 말하면 중앙정부의 권력과 지방자치단체간의 권력의 수직적 분배는 서로 조화가 요청되고 그 조화과정에서 지방자치의 핵심영역은 침해되어서는 안되

는 것이므로, 이와 같은 권력분립적·지방분권적인 기능을 통하여 지역주민의 기본권 보장에도 이바지하는 것이다(헌재 1998.04.30. 96헌바62).

ㄴ. (O) 조례에 의한 규제가 지역 여건이나 환경 등 그 특성에 따라 다르게 나타나는 것은 헌법이 지방자치단체의 자치입법권을 인정한 이상 당연히 예상되는 결과이다. 청구인들이 자신들이 거주하는 지역의 학원 조례조항으로 인하여 다른 지역 주민들에 비하여 더한 규제를 받게 되었다 하여 평등권이 침해되었다고 볼 수는 없다(헌재 2016.05.26. 2014헌마374).

ㄷ. (X) 지방자치법 제22조, 행정규제기본법 제4조 제3항에 따르면 지방자치단체가 조례를 제정할 때 내용이 주민의 권리 제한 또는 의무 부과에 관한 사항이나 벌칙인 경우에는 법률의 위임이 있어야 한다. 법률의 위임 없이 주민의 권리를 제한하거나 의무를 부과하는 사항을 정한 조례는 효력이 없다. 그러나 법률에서 조례에 위임하는 방식에 관해서는 법률상 제한이 없다. 조례의 제정권자인 지방의회는 선거를 통해서 지역적인 민주적 정당성을 지니고 있는 주민의 대표기관이다. 헌법 제117조 제1항은 지방자치단체에 포괄적인 자치권을 보장하고 있다. 따라서 조례에 대한 법률의 위임은 법규명령에 대한 법률의 위임과 같이 반드시 구체적으로 범위를 정하여 할 필요가 없다. 법률이 주민의 권리의무에 관한 사항에 관하여 구체적으로 범위를 정하지 않은 채 조례로 정하도록 포괄적으로 위임한 경우에도 지방자치단체는 법령에 위반되지 않는 범위 내에서 주민의 권리의무에 관한 사항을 조례로 제정할 수 있다(대판 2017.12.05. 2016추5162).

> 헌법 제117조 ① 지방자치단체는 주민의 복리에 관한 사무를 처리하고 재산을 관리하며, 법령의 범위 안에서 자치에 관한 규정을 제정할 수 있다.
> 지방자치법 제28조(조례) ① 지방자치단체는 법령의 범위에서 그 사무에 관하여 조례를 제정할 수 있다. 다만, 주민의 권리 제한 또는 의무 부과에 관한 사항이나 벌칙을 정할 때에는 법률의 위임이 있어야 한다.
> ② 법령에서 조례로 정하도록 위임한 사항은 그 법령의 하위 법령에서 그 위임의 내용과 범위를 제한하거나 직접 규정할 수 없다.

ㄹ. (O) 지방의회의원과 지방자치단체장을 선출하는 지방선거는 지방자치단체의 기관을 구성하고 그 기관의 각종 행위에 정당성을 부여하는 행위라 할 것이므로 지방선거사무는 지방자치단체의 존립을 위한 자치사무에 해당하고, 따라서 법률을 통하여 예외적으로 다른 행정주체에게 위임되지 않는 한, 원칙적으로 지방자치단체가 처리하고 그에 따른 비용도 지방자치단체가 부담하여야 한다. 다만 국가적 통일성을 유지하기 위하여 국가의 관여가 필요하거나 특정 사안이 해당 지방자치단체의 문제에 그치지 않고 국가 전체의 문제와 직결되는 등의 경우에는 지방자치단체의 독자성을 보장하는 범위 내에서 필요에 따라 국가가 관여할 수 있다(헌재 2008.06.26. 2005헌라7).

 ③

문 24

22년 8월 모의시험

지방자치제도에 관한 설명 중 옳지 않은 것을 모두 고른 것은? (다툼이 있는 경우 판례에 의함)

> ㄱ. 지방자치단체의 장이 '공소 제기된 후 구금상태에 있는 경우' 부단체장이 그 권한을 대행하도록 규정한 것은, 공소 제기된 자로서 구금되었다는 사실만을 유일한 요건으로 하여 자치단체장으로서의 직무를 정지시키는 불이익을 가하고 있으므로 무죄추정의 원칙에 위배된다.
> ㄴ. 지방의회의 의결에 대하여 지방자치단체의 장이 재의를 요구하였으나 지방의회가 전과 같은 의결을 한 경우, 지방자치단체의 장은 그 재의결된 사항이 법령에 위반되거나 공익을 현저히 해친다고 판단되면 대법원에 소를 제기할 수 있다.

ㄷ. 주민소환제는 대표자에 대한 신임을 묻는 것으로 그 속성이 재선거와 같아 그 사유를 묻지 않는 것이 제도의 취지에도 부합하며, 비민주적, 독선적인 정책추진 등을 광범위하게 통제한다는 주민소환제의 필요성에 비추어 청구사유에 제한을 둘 필요가 없다.
ㄹ. 헌법 제117조 제1항에서 규정하고 있는 '법령'에는 법률 이외에 '대통령령', '총리령' 및 '부령'과 같은 법규명령이 포함되는 것은 물론 법규명령으로서 기능하는 행정규칙도 포함된다.

① ㄱ
② ㄱ, ㄴ
③ ㄴ, ㄷ
④ ㄷ, ㄹ
⑤ ㄱ, ㄴ, ㄷ

MGI Point 지방자치제도 ★★

- 자치단체장이 '공소 제기된 후 구금상태에 있는 경우' 부단체장의 권한대행 ⇨ 무죄추정의 원칙 위반 ×
- 지방의회의 의결에 대한 재의 요구와 제소
  - 지방자치단체의 장은 지방의회의 의결이 ① 월권이거나 ② 법령에 위반되거나 ③ 공익을 현저히 해친다고 인정되는 경우
    ⇨ 그 의결사항을 이송받은 날부터 20일 이내에 이유를 붙여 재의 요구 可
  - 지방자치단체의 장은 재의결된 사항이 '법령에 위반'된다고 인정되면 대법원에 소 제기 可
- 주민소환제는 속성이 재선거와 같아 그 사유를 묻지 않는 것이 제도의 취지에도 부합 ○ ⇨ 청구사유에 제한 無
- 헌법 제117조 제1항에서 규정하고 있는 '법령'의 의미
  ⇨ 형식적 법률과 대통령령, 총리령, 부령과 같은 법규명령 + 법규명령으로 기능하는 행정규칙 포함 ○

ㄱ. (X) 이 사건 법률조항은 공소 제기된 자로서 구금되었다는 사실 자체에 사회적 비난의 의미를 부여한다거나 그 유죄의 개연성에 근거하여 직무를 정지시키는 것이 아니라, 구금의 효과, 즉 구속되어 있는 자치단체장의 물리적 부재상태로 말미암아 자치단체행정의 원활하고 계속적인 운영에 위험이 발생할 것이 명백하여 이를 미연에 방지하기 위하여 직무를 정지시키는 것이므로, '범죄사실의 인정 또는 유죄의 인정에서 비롯되는 불이익'이라거나 '유죄를 근거로 하는 사회윤리적 비난'이라고 볼 수 없다. 따라서 무죄추정의 원칙에 위반되지 않는다(헌재 2011.04.28. 2010헌마474).

ㄴ. (X) 지방자치법 제120조 참조.

> **지방자치법 제120조(지방의회의 의결에 대한 재의 요구와 제소)** ① 지방자치단체의 장은 지방의회의 의결이 월권이거나 법령에 위반되거나 공익을 현저히 해친다고 인정되면 그 의결사항을 이송받은 날부터 20일 이내에 이유를 붙여 재의를 요구할 수 있다.
> ② 제1항의 요구에 대하여 재의한 결과 재적의원 과반수의 출석과 출석의원 3분의 2 이상의 찬성으로 전과 같은 의결을 하면 그 의결사항은 확정된다.
> ③ 지방자치단체의 장은 제2항에 따라 재의결된 사항이 법령에 위반된다고 인정되면 대법원에 소(訴)를 제기할 수 있다. 이 경우에는 제192조제4항을 준용한다.

ㄷ. (○) 대의민주주의 아래에서 대표자에 대한 선출과 신임은 선거의 형태로 이루어지는 것이 바람직하고, 주민소환은 대표자에 대한 신임을 묻는 것으로서 그 속성은 재선거와 다를 바 없으므로 선거와 마찬가지로 그 사유를 묻지 않는 것이 제도의 취지에 부합한다. 또한, 주민소환제는 역사적으로도 위법·탈법행위에 대한 규제보다 비민주적·독선적행위에 대한 광범위한 통제의 필요성이 강조되어 왔으므로 주민소환의 청구사유에 제한을 둘 필요가 없고, 또 업무의 광범위성이나 입법기술적 측면에서 소환사유를 구체적으로 적시하는 것도 쉽지 않다. 다만, 청구사유에 제한을 두지 않음으로써 주민소환제가 남용될 소지는

있으나, 법에서 그 남용의 가능성을 제도적으로 방지하고 있을 뿐만 아니라, 현실적으로도 시민의식 또한 성장하여 남용의 위험성은 점차 줄어들 것으로 예상할 수 있다. 그리고 청구사유를 제한하는 경우 그 해당여부를 사법기관에서 심사하는 것이 과연 가능하고 적정한지 의문이고, 이 경우 절차가 지연됨으로써 조기에 문제를 해결하지 못할 위험성이 크다 할 수 있으므로 법이 주민소환의 청구사유에 제한을 두지 않는 데에는 상당한 이유가 있고, 입법자가 주민소환제 형성에 있어서 반드시 청구사유를 제한하여야 할 의무가 있다고 할 수도 없으며, 달리 그와 같이 청구사유를 제한하지 아니한 입법자의 판단이 현저하게 잘못되었다고 볼 사정 또한 찾아볼 수 없다(헌재 2011.03.31. 2008헌마355).

ㄹ. (○) 헌법 제117조 제1항에서 규정하고 있는 '법령'에 법률 이외에 헌법 제75조 및 제95조 등에 의거한 '대통령령', '총리령' 및 '부령'과 같은 법규명령이 포함되는 것은 물론이지만, 헌법재판소의 "법령의 직접적인 위임에 따라 수임행정기관이 그 법령을 시행하는데 필요한 구체적 사항을 정한 것이면, 그 제정형식은 비록 법규명령이 아닌 고시, 훈령, 예규 등과 같은 행정규칙이더라도, 그것이 상위법령의 위임한계를 벗어나지 아니하는 한, 상위법령과 결합하여 대외적인 구속력을 갖는 법규명령으로서 기능하게 된다고 보아야 한다"고 판시 한 바에 따라, 헌법 제117조 제1항에서 규정하는 '법령'에는 법규명령으로서 기능하는 행정규칙이 포함된다(헌재 2002.10.31. 2001헌라1).

문 25

21년 6월 모의시험

지방자치제도에 관한 설명 중 옳지 않은 것은? (다툼이 있는 경우 판례에 의함)

① 중앙행정기관의 자치사무에 관한 감사범위는 위법성 감사에 한정되며, 이를 넘어선 포괄적인 감사는 지방자치권을 침해하는 것으로 허용될 수 없다.
② 지방자치단체의 사무에 관한 그 장(長)의 명령이나 처분이 법령에 위반되거나 현저히 부당하여 공익을 해친다고 인정되면 시·도에 대하여는 주무부장관이, 시·군 및 자치구에 대하여는 시·도지사가 기간을 정하여 서면으로 시정할 것을 명하고, 그 기간에 이행하지 아니하면 이를 취소하거나 정지할 수 있다. 이 경우 자치사무에 관한 명령이나 처분에 대하여는 법령을 위반하는 것에 한한다.
③ 지방자치단체의 폐치·분합에 관한 것은 지방자치단체의 자치행정권 중 지역고권의 보장문제이나, 대상지역 주민들은 그로 인하여 인간다운 생활공간에서 살 권리 등을 침해받게 될 수도 있다는 점에서 헌법소원의 대상이 될 수 있다.
④ 대통령이 법률안에 대해서만 재의를 요구할 수 있는 것과 같이, 지방자치단체의 장은 자치단체의 법(法)인 조례안에 대해서만 재의를 요구할 수 있고, 이를 제외한 나머지 지방의회 의결사항에 대해서는 재의를 요구할 수 없다.
⑤ 주민소환투표가 발의되어 공고되었다는 이유만으로 곧바로 주민소환투표 대상자의 권한 행사가 정지되도록 한 것은 주민소환투표 대상자의 공무담임권을 침해하는 것이 아니다.

MGI Point 지방자치제도 ★★

■ 중앙행정기관의 자치사무에 관한 감사범위
 • 위법성 감사에 한정
 • 이를 넘어선 포괄적 감사 ⇨ 지방자치권을 침해하는 것으로 허용 불가

- 법령에 위반하거나 현저히 부당하여 공익을 해친다고 인정되는 지방자치단체의 사무에 관한 그 장의 명령이나 처분
  - 시·도에 대하여는 주무부장관이, 시·군 및 자치구에 대하여는 시·도지사가 기간을 정하여 시정명령
  - if. 기간 내에 시정하지 않으면 ⇨ 취소 또는 정지 可
  - 이 경우 자치사무에 관한 명령이나 처분에 대하여는 법령을 위반하는 것에 한정
- 지방자치단체의 폐치·분합에 관한 것 ⇨ 헌법소원의 대상이 될 수 있음
- 대통령의 재의요구권 ⇨ 법률안에 대해서만 가능
  cf. 지방자치단체장의 재의요구권 ⇨ 조례와 지방의회의 의결사항 전체에 대하여 재의요구 가능
- 주민소환투표가 발의되어 공고되었다는 이유로 주민소환투표대상자의 권한행사가 정지되도록 한 『주민소환에 관한 법률』조항 ⇨ 청구인의 공무담임권 침해 ×, 평등권 침해 ×

① (○) 중앙행정기관이 구 지방자치법 제158조 단서 규정상의 감사에 착수하기 위해서는 자치사무에 관하여 특정한 법령위반행위가 확인되었거나 위법행위가 있었으리라는 합리적 의심이 가능한 경우이어야 하고, 또한 그 감사대상을 특정해야 한다. 따라서 전반기 또는 후반기 감사와 같은 포괄적·사전적 일반감사나 위법사항을 특정하지 않고 개시하는 감사 또는 법령위반사항을 적발하기 위한 감사는 모두 허용될 수 없다(헌재 2009.05.28. 2006헌라6).

② (○) 지방자치법 제169조 제1항 참조.

> 지방자치법 제169조(위법·부당한 명령·처분의 시정) ① 지방자치단체의 사무에 관한 그 장의 명령이나 처분이 법령에 위반되거나 현저히 부당하여 공익을 해친다고 인정되면 시·도에 대하여는 주무부장관이, 시·군 및 자치구에 대하여는 시·도지사가 기간을 정하여 서면으로 시정할 것을 명하고, 그 기간에 이행하지 아니하면 이를 취소하거나 정지할 수 있다. 이 경우 자치사무에 관한 명령이나 처분에 대하여는 법령을 위반하는 것에 한한다.

③ (○) 지방자치단체의 폐치·분합에 관한 것은 지방자치단체의 자치행정권 중 지역고권의 보장문제이나, 대상지역 주민들은 그로 인하여 인간다운 생활공간에서 살 권리, 평등권, 정당한 청문권, 거주이전의 자유, 선거권, 공무담임권, 인간다운 생활을 할 권리, 사회보장·사회복지수급권 및 환경권 등을 침해받게 될 수도 있다는 점에서 기본권과도 관련이 있어 헌법소원의 대상이 될 수 있다(헌재 1994.12.29. 94헌마201).

④ (X) 지방자치법 제107조 및 제108조 참조. ▶대통령은 법률안에 대해서만 재의요구가 가능하나, 지방자치단체장은 조례안 뿐만 아니라 지방의회의 의결사항 전체에 대하여 재의요구 가능

> 지방자치법 제107조(지방의회의 의결에 대한 재의요구와 제소) ① 지방자치단체의 장은 지방의회의 의결이 월권이거나 법령에 위반되거나 공익을 현저히 해친다고 인정되면 그 의결사항을 이송받은 날부터 20일 이내에 이유를 붙여 재의를 요구할 수 있다.
> ② 제1항의 요구에 대하여 재의한 결과 재적의원 과반수의 출석과 출석의원 3분의 2 이상의 찬성으로 전과 같은 의결을 하면 그 의결사항은 확정된다.
> ③ 지방자치단체의 장은 제2항에 따라 재의결된 사항이 법령에 위반된다고 인정되면 대법원에 소(訴)를 제기할 수 있다. 이 경우에는 제172조제3항을 준용한다.
> 지방자치법 제108조(예산상 집행 불가능한 의결의 재의요구) ① 지방자치단체의 장은 지방의회의 의결이 예산상 집행할 수 없는 경비를 포함하고 있다고 인정되면 그 의결사항을 이송받은 날부터 20일 이내에 이유를 붙여 재의를 요구할 수 있다.
> ② 지방의회가 다음 각 호의 어느 하나에 해당하는 경비를 줄이는 의결을 할 때에도 제1항과 같다.
>   1. 법령에 따라 지방자치단체에서 의무적으로 부담하여야 할 경비
>   2. 비상재해로 인한 시설의 응급 복구를 위하여 필요한 경비
> ③ 제1항과 제2항의 경우에는 제107조제2항을 준용한다.
> 헌법 제53조 ① 국회에서 의결된 법률안은 정부에 이송되어 15일 이내에 대통령이 공포한다.
> ② 법률안에 이의가 있을 때에는 대통령은 제1항의 기간내에 이의서를 붙여 국회로 환부하고, 그 재의를 요구할 수 있다. 국회의 폐회중에도 또한 같다.

⑤ (○) 법 제21조 제1항의 입법목적은 행정의 정상적인 운영과 공정한 선거관리라는 정당한 공익을 달성하려는데 있고, 주민소환투표가 공고된 날로부터 그 결과가 공표될 때까지 주민소환투표 대상자의 권한행사

를 정지하는 것은 위 입법목적을 달성하기 위한 상당한 수단이 되는 점, 위 기간 동안 권한행사를 일시 정지한다 하더라도 이로써 공무담임권의 본질적인 내용이 침해된다고 보기 어려운 점, 권한행사의 정지기간은 통상 20일 내지 30일의 비교적 단기간에 지나지 아니하므로, 이 조항이 달성하려는 공익과 이로 인하여 제한되는 주민소환투표 대상자의 공무담임권이 현저한 불균형 관계에 있지 않은 점 등을 고려하면, 위 조항이 과잉금지의 원칙에 반하여 과도하게 공무담임권을 제한하는 것으로 볼 수 없다. 또 대통령 등 탄핵소추 대상 공무원의 권한행사 정지와 주민소환대상 공무원의 권한행사 정지는 성격과 차원을 달리하여, 양자를 평등권 침해 여부 판단에 있어 비교의 대상으로 삼을 수 없으므로, 탄핵소추대상 공무원과 비교하여 평등권이 침해된다는 청구인의 주장도 이유 없다(헌재 2009.03.26. 2007헌마843).

정답 ④

문 26

24년 8월 모의시험

지방자치단체의 감사에 관한 설명 중 옳지 않은 것을 모두 고른 것은? (다툼이 있는 경우 판례에 의함)

> ㄱ. 시·도지사 등이 제보나 언론보도 등을 통해 감사대상 지방자치단체의 자치사무의 위법성에 관한 정보를 수집하고, 객관적인 자료에 근거하여 해당 정보가 믿을 만하다고 판단함으로써 위법행위가 있었으리라는 합리적 의심이 가능한 경우라면, 의혹이 제기된 사실관계가 존재하지 않거나 위법성이 문제되지 않는다는 점이 명백하지 아니한 이상 감사를 개시할 수 있을 정도의 위법성 확인은 있었다고 봄이 타당하다.
> ㄴ. 지방자치단체의 자치사무에 대한 감사는 원칙적으로 사전에 감사대상으로 특정되지 아니한 사항에 관하여 위법사실이 발견되었다고 하더라도 감사대상을 확장하거나 추가할 수 없으나, 당초 특정된 감사대상과 관련성이 인정되는 것으로서 당해 절차에서 함께 감사를 진행하더라도 감사대상 지방자치단체가 절차적인 불이익을 받을 우려가 없고, 해당 감사대상을 적발하기 위한 목적으로 감사가 진행된 것으로 볼 수 없는 사항에 대하여는 감사대상의 확장 내지 추가가 허용된다.
> ㄷ. 광역지방자치단체가 기초지방자치단체의 자치사무 처리와 관련된 문제점을 발견하거나 취약 분야를 확인하여 감사대상을 발굴할 목적으로 자치사무 전반에 대한 사전적·일반적 자료제출을 요청하는 것은 법치국가의 원리상 요구되는 비례원칙 등 헌법원칙에 부합하는 이상 적법한 보고수령권의 행사에 해당된다.
> ㄹ. 중앙행정기관이 「지방자치법」상의 감사에 착수하기 위해서는 자치사무에 관하여 특정한 법령위반행위가 확인되었거나 위법행위가 있었으리라는 합리적 의심이 가능한 경우이어야 하고, 또한 그 감사대상을 특정해야 한다.
> ㅁ. 광역지방자치단체가 기초지방자치단체의 자치사무에 대한 감사에 착수하기 위해서는 감사대상을 특정하여야 하고, 감사대상 지방자치단체에게 특정된 감사대상을 사전에 통보하여야 한다.

① ㄱ, ㄷ, ㄹ
② ㄱ, ㄴ, ㄷ, ㅁ
③ ㄴ, ㄹ, ㅁ
④ ㄷ, ㄹ, ㅁ
⑤ ㄷ, ㅁ

> **MGI Point 지방자치단체의 감사** ★
>
> - 시·도지사 등이 제보나 언론보도 등을 통해 감사대상 지방자치단체의 자치사무의 위법성에 관한 정보를 수집하고, 객관적인 자료에 근거하여 해당 정보가 믿을 만하다고 판단함으로써 위법행위가 있었으리라는 합리적 의심이 가능한 경우라면 의혹이 제기된 사실관계가 존재하지 않거나 위법성이 문제되지 않는다는 점이 명백하지 아니한 이상 감사를 개시할 수 있을 정도의 위법성 확인은 있었음
> - 지방자치단체의 자치사무에 대한 감사는 원칙적으로 감사대상 확장·추가 불허, 당초 특정된 감사대상과 관련성이 인정되는 것으로서 감사대상 지방자치단체가 절차적인 불이익을 받을 우려가 없고, 해당 감사대상을 적발하기 위한 목적으로 감사가 진행된 것으로 볼 수 없는 사항은 감사대상 확장·추가가 허용
> - 광역지방자치단체가 기초지방자치단체의 자치사무 처리와 관련된 문제점을 발견하거나 취약 분야를 확인하여 감사대상을 발굴할 목적으로 자치사무 전반에 대한 사전적·일반적 자료제출을 요청하는 것은 적법한 보고수령권의 행사 ×
> - 중앙행정기관이 「지방자치법」상의 감사에 착수 ⇨ 자치사무에 관하여 특정한 법령위반 행위가 확인되었거나 위법행위가 있었으리라는 합리적 의심이 가능한 경우이어야 하고, 그 감사대상을 특정해야 함
> - 광역지방자치단체가 기초지방자치단체의 자치사무에 대한 감사에 착수하기 위해서는 감사대상을 특정하여야 하나, 이에 더하여 감사대상 지방자치단체에게 특정된 감사대상을 사전에 통보할 것까지 요구 ×

ㄱ.(○), ㄴ.(○), ㄷ.(X) 연간 감사계획에 포함되지 아니하고 사전조사가 수행되지 아니한 감사의 경우 지방자치법에 따른 감사의 절차와 방법 등에 관한 사항을 규정하는 '지방자치단체에 대한 행정감사규정' 등 관련 법령에서 감사대상이나 내용을 통보할 것을 요구하는 명시적인 규정이 없다. 광역지방자치단체가 자치사무에 대한 감사에 착수하기 위해서는 감사대상을 특정하여야 하나, 특정된 감사대상을 사전에 통보할 것까지 요구된다고 볼 수는 없다(ㄷ).

지방자치단체의 자치사무에 대한 무분별한 감사권의 행사는 헌법상 보장된 지방자치권을 침해할 가능성이 크므로, 원칙적으로 감사 과정에서 사전에 감사대상으로 특정되지 아니한 사항에 관하여 위법사실이 발견되었다고 하더라도 감사대상을 확장하거나 추가하는 것은 허용되지 않는다. 다만, 자치사무의 합법성 통제라는 감사의 목적이나 감사의 효율성 측면을 고려할 때, 당초 특정된 감사대상과 관련성이 인정되는 것으로서 당해 절차에서 함께 감사를 진행하더라도 감사대상 지방자치단체가 절차적인 불이익을 받을 우려가 없고, 해당 감사대상을 적발하기 위한 목적으로 감사가 진행된 것으로 볼 수 없는 사항에 대하여는 감사대상의 확장 내지 추가가 허용된다(ㄴ).

시·도지사 등이 제보나 언론보도 등을 통해 감사대상 지방자치단체의 자치사무의 위법성에 관한 정보를 수집하고, 객관적인 자료에 근거하여 해당 정보가 믿을만하다고 판단함으로써 위법행위가 있었으리라는 합리적 의심이 가능한 경우라면, 의혹이 제기된 사실관계가 존재하지 않거나 위법성이 문제되지 않는다는 점이 명백하지 아니한 이상 감사를 개시할 수 있을 정도의 위법성 확인은 있었다고 봄이 타당하다(ㄱ) (헌법재판소 2023. 3. 23. 선고 2020헌라5 전원재판부 결정).

ㄷ.(X) 자치사무에 대한 감사는 합법성 감사로 제한되어야 하는바, 포괄적·사전적 일반감사나 법령위반사항을 적발하기 위한 감사는 합목적성 감사에 해당하므로 구 지방자치법 제171조 제1항 후문 상 허용되지 않는다(헌재 2009. 5. 28. 2006헌라6) … 이 사건 자료제출요구는 피청구인의 청구인에 대한 감사 절차의 일환으로서 청구인의 자치사무 전반에 대한 일반적·사전적 자료제출요청이고, 피청구인은 이를 통하여 청구인의 사무처리와 관련된 문제점을 발견하거나 취약 분야를 확인하여 감사대상을 발굴할 목적이 있었음을 인정할 수 있다. 이는 그 목적이나 범위에서 감독관청의 일상적인 감독권 행사를 크게 벗어난 것으로 구 지방자치법 제171조 제1항 전문 전단에서 예정하고 있는 보고수령 권한의 한계를 준수하였다고 볼 수 없다. … 이 사건 자료제출요구는 헌법재판소가 위 결정(2006헌라6)에서 허용될 수 없다고 확인한 자치사무에 대한 포괄적·사전적 감사나 법령위반사항을 적발하기 위한 감사 절차와 그 양태나 효과가 동일하고, 감사자료가 아닌 사전조사자료 명목으로 해당 자료를 요청하였다고 하여 그 성질이 달라진다고 볼 수 없다. 따라서, 이 사건 자료제출요구는 합법성 감사로 제한되는 자치사무에 대한 감사의 한계를 벗어난 것으로서 헌법상 청구인에게 보장된 지방자치권을 침해한다(헌법재판소 2022. 8. 31. 선고 2021헌라1 전원재판부 결정). ▶ '중앙행정기관의 지방자치단체 자치사무에 대한 감사'를 합법성 감사로 제한하며 합목적성 감사를 인정하지 않은 기존 판례(2006헌라6) 법리를, '광역지방자치단체의 기초지방자치단체 자치사무에 대한 감사'에 대하여도 동일하게 적용하였다.

ㄹ. (○) 중앙행정기관이 구 지방자치법 제158조 단서 규정상의 감사에 착수하기 위해서는 자치사무에 관하여 특정한 법령위반행위가 확인되었거나 위법행위가 있었으리라는 합리적 의심이 가능한 경우이어야 하고, 또한 그 감사대상을 특정해야 한다. 따라서 전반기 또는 후반기 감사와 같은 포괄적·사전적 일반감사나 위법사항을 특정하지 않고 개시하는 감사 또는 법령위반사항을 적발하기 위한 감사는 모두 허용될 수 없다(헌법재판소 2009. 5. 28. 선고 2006헌라6 전원재판부).

정답 ⑤

문 27
20년 10월 모의시험

조례에 관한 설명으로 옳지 않은 것은? (다툼이 있는 경우 판례에 의함)

① 지방자치단체는 그 내용이 주민의 권리 제한이나 의무 부과에 관한 사항이거나 벌칙에 관한 사항이 아니면 국가의 사무와 성질에 비추어 전국적으로 통일되어야 할 사항을 제외한 모든 사무에 관해서 법률의 위임이 없더라도 조례를 제정할 수 있다.
② 지방자치단체의 장은 이송받은 조례안에 대하여 이의가 있으면 조례안을 이송받은 후 20일 이내에 이유를 붙여 지방의회로 환부하여 재의를 요구할 수 있다.
③ 조례 제정은 지방자치단체의 고유사무인 자치사무와 국가사무로서 지방자치단체의 장에게 위임된 기관위임사무에 관해서 허용되며, 개별 법령이 지방자치단체에 위임한 단체위임사무에 관해서는 조례를 제정할 수 없다.
④ 조례 제정은 법령의 범위 안에서만 허용되는데, 여기서 법령은 형식적 법률과 대통령령, 총리령, 부령과 같은 법규명령뿐 아니라 법규명령으로 기능하는 행정규칙까지 포함한다.
⑤ 조례제정권에 대한 법률의 위임은 법규명령에 대한 법률의 위임과 같이 반드시 구체적으로 범위를 정하여 할 필요가 없으며 포괄적인 것으로 충분하다.

MGI Point 조례 ★★

■ 지방자치단체의 자치입법권
  • 헌법은 별도의 독립적인 규정(헌법 제117조 제1항)을 통해 지방자치단체의 자치입법권 규정 ○
  • 법률의 근거나 위임을 요구하지 아니하여 자치사무에 관한 한 지자체의 포괄적이고 자율적인 입법권 보장
    (cf. 행정입법권 - '법률의 구체적인 위임의 존재'라는 제한 有)
■ 지방자치단체의 장은 이송받은 조례안에 대하여 이의가 있는 경우
  • 조례안을 이송받은 후 20일 이내 공포 要
  • 이의가 있으면 ⇨ 이유를 붙여 지방의회로 환부, 재의 요구 可
■ 조례제정사항 : 자치사무 ○, 단체위임사무 ○, 기관위임사무 × (예외적 인정)
■ 헌법 제117조 제1항에서 규정하고 있는 '법령'의 의미
  ⇨ 형식적 법률과 대통령령, 총리령, 부령과 같은 법규명령 + 법규명령으로 기능하는 행정규칙 포함 ○
■ 조례제정과 법률유보
  • 주민의 권리제한·의무부과에 관한 사항, 벌칙을 정할 때에는 법률의 위임 必要
  • 조례에 대한 법률의 위임은 구체적으로 범위를 정하여야 할 필요가 없으며 포괄적인 것으로 족함

① (○) 헌법 제117조 제1항은 "지방자치단체는 …… 법령의 범위 안에서 자치에 관한 규정을 제정할 수 있다"고 규정하여 지방자치단체의 자치입법권을 명시적으로 보장하고 있다. 헌법은 제40조에서 입법권을

국회에 부여하고 있고 제75조와 제95조에서 행정입법권을 대통령과 국무총리, 행정 각부의 장에게 부여하면서, 이와 별도의 독립적인 규정을 통해 지방자치단체의 자치입법권을 규정하고 있는 것이다. 특히 행정입법권에 대해서는 '법률의 구체적인 위임의 존재'라는 제한을 둔 반면, 지방자치단체의 자치입법권에 대해서는 법률의 근거나 위임을 요구하지 아니하여 자치사무에 관한 한 지방자치단체의 포괄적이고 자율적인 입법권을 보장하고 있다. 그러므로 지방자치단체의 자치입법은 대통령령, 총리령, 부령 등(이하 '대통령령 등'이라 함)과 같은 행정입법의 하나로 볼 수 없으며, 나아가 그러한 행정입법의 하위 규범으로 볼 수도 없다. 지방자치단체의 자치입법은 대통령령 등과 같은 행정입법과는 헌법적 근거를 전혀 달리 하는 독자적인 규범으로서 자치입법과 행정입법 상호간에 수직적인 우열 관계는 존재하지 않는다고 보아야 한다. 따라서 지방자치단체의 자치입법이 대통령령 등의 하위에 있는 행정입법의 하나에 불과한 것으로 보고, 하나의 수직적인 규범체계 하에서 행정입법의 우위를 전제로 대통령령 등의 행정입법과 지방자치단체의 자치입법을 논하는 것은 헌법이 법률이나 행정입법과는 독자적인 근거를 통해 자치입법권을 보장한 취지를 무시하는 것으로 아무런 헌법적 근거가 없는 태도이다. 다만, 지방자치 역시 궁극적으로 국법질서의 테두리를 벗어나 존재할 수는 없으므로 자치입법과 국법질서가 상충하는 경우에는 부득이 국법질서를 우선해야 한다는 당연한 원리에 따라, 국법질서인 법률 및 행정입법의 내용과 상충하지 않는 범위 내에서 자치입법이 허용된다는 의미로, 헌법 제117조 제1항이 자치입법권의 한계를 "법령의 범위 안에서"로 제한한 것이다. 그러나 자치입법권이 헌법 제117조 제1항에 따라 "법령의 범위 안에서"라는 제한을 받는다고 해서, 법령에 의한 것이기만 하면 자치입법권을 제한하는 모든 입법이 정당화되는 것으로 볼 수는 없다. 왜냐하면 헌법 제117조 제1항이 규정한 "법령의 범위 안에서"라는 규정은 '자치입법권의 한계'를 정한 것일 뿐 '자치입법권을 제한하는 법령의 한계'를 정한 것은 아니기 때문이다. 결국 자치입법권을 제한하는 법령의 헌법적 한계는, 자치입법권을 제한하고 있는 법령의 내용과 형식이 자치입법권을 보장하고 있는 헌법조항의 의미와 취지에 비추어 볼 때 허용될 수 있는 것인지 여부에 대한 심사를 통해 판단하여야 한다(헌재 2007.12.27. 2004헌바98).

② (○) 지방자치법 제26조 제2항, 제3항 참조.

> **지방자치법 제26조(조례와 규칙의 제정 절차 등)** ① 조례안이 지방의회에서 의결되면 의장은 의결된 날부터 5일 이내에 그 지방자치단체의 장에게 이를 이송하여야 한다.
> ② 지방자치단체의 장은 제1항의 조례안을 이송받으면 20일 이내에 공포하여야 한다.
> ③ 지방자치단체의 장은 이송받은 조례안에 대하여 이의가 있으면 제2항의 기간에 이유를 붙여 지방의회로 환부(還付)하고, 재의(再議)를 요구할 수 있다. 이 경우 지방자치단체의 장은 조례안의 일부에 대하여 또는 조례안을 수정하여 재의를 요구할 수 없다.

③ (X) 지방자치단체는 주민의 복리에 관한 사무를 처리하고 재산을 관리하며, 법령의 범위 안에서 자치에 관한 규정을 제정할 수 있다(헌법 제117조 제1항). 지방자치법 제22조, 제9조에 따르면, 지방자치단체가 조례를 제정할 수 있는 사항은 지방자치단체의 고유사무인 자치사무와 개별 법령에 따라 지방자치단체에 위임된 단체위임사무에 한정된다. 국가사무가 지방자치단체의 장에게 위임되거나 상위 지방자치단체의 사무가 하위 지방자치단체의 장에게 위임된 기관위임사무에 관한 사항은 원칙적으로 조례의 제정범위에 속하지 않는다. 법령상 지방자치단체의 장이 처리하도록 규정하고 있는 사무가 자치사무인지 기관위임사무인지를 판단할 때 그에 관한 법령의 규정 형식과 취지를 우선 고려하여야 하지만, 그 밖에도 사무의 성질이 전국적으로 통일적인 처리가 요구되는 사무인지 여부나 그에 관한 경비부담과 최종적인 책임귀속의 주체 등도 아울러 고려하여야 한다(대판 2017.12.05. 2016추5162).

> **참조판례** 지방자치단체는 그 고유사무인 자치사무와 법령에 따라 지방자치단체에 속하는 사무에 관하여 법령에 위반되지 않는 범위 안에서 스스로 조례를 제정할 수 있지만(지방자치법 제22조, 제9조 제1항), 국가사무인 기관위임사무에 관하여는 개별 법령에서 일정한 사항을 조례로 정하도록 위임하고 있는 경우에 한하여 조례를 제정할 수 있다(대판 2009.12.24. 2007추141).

④ (○) 헌법 제117조 제1항에서 규정하고 있는 '법령'에 법률 이외에 헌법 제75조 및 제95조 등에 의거한 '대통령령', '총리령' 및 '부령'과 같은 법규명령이 포함되는 것은 물론이지만, 헌법재판소의 "법령의 직접적인 위임에 따라 수임행정기관이 그 법령을 시행하는데 필요한 구체적 사항을 정한 것이면, 그 제정형식은 비록 법규명령이 아닌 고시, 훈령, 예규 등과 같은 행정규칙이더라도, 그것이 상위법령의 위임한계를 벗어나지 아니하는 한, 상위법령과 결합하여 대외적인 구속력을 갖는 법규명령으로서 기능하게 된다고 보아야 한다"고 판시 한 바에 따라, 헌법 제117조 제1항에서 규정하는 '법령'에는 법규명령으로서 기능하는 행정규칙이 포함된다(헌재 2002.10.31. 2001헌라1).

⑤ (○) 지방자치법 제22조, 행정규제기본법 제4조 제3항에 따르면 지방자치단체가 조례를 제정할 때 내용이 주민의 권리 제한 또는 의무 부과에 관한 사항이나 벌칙인 경우에는 법률의 위임이 있어야 한다. 법률의 위임 없이 주민의 권리를 제한하거나 의무를 부과하는 사항을 정한 조례는 효력이 없다. 그러나 법률에서 조례에 위임하는 방식에 관해서는 법률상 제한이 없다. 조례의 제정권자인 지방의회는 선거를 통해서 지역적인 민주적 정당성을 지니고 있는 주민의 대표기관이다. 헌법 제117조 제1항은 지방자치단체에 포괄적인 자치권을 보장하고 있다. 따라서 조례에 대한 법률의 위임은 법규명령에 대한 법률의 위임과 같이 반드시 구체적으로 범위를 정하여 할 필요가 없다. 법률이 주민의 권리의무에 관한 사항에 관하여 구체적으로 범위를 정하지 않은 채 조례로 정하도록 포괄적으로 위임한 경우에도 지방자치단체는 법령에 위반되지 않는 범위 내에서 주민의 권리의무에 관한 사항을 조례로 제정할 수 있다(대판 2017.12.05. 2016추5162).

 ③

제2장 국 회

제❶절 | 의회주의

제❷절 | 국회의 구성과 조직

문 28
22년 10월 모의시험

국회에 관한 설명 중 옳지 않은 것은? (다툼이 있는 경우 판례에 의함)

① 금융위원회에 속하는 소관 사항과 공정거래위원회에 속하는 소관 사항은 국회 정무위원회의 소관이다.

② 헌법 제50조 제1항 본문이 천명한 국회 의사공개의 원칙은 위원회의 회의에도 적용되며, 소위원회의 회의에도 당연히 적용된다.

③ 대통령이 국회의 동의 없이 조약을 체결·비준하였다 하더라도 국회의 조약 체결·비준에 대한 동의권이 침해될 수는 있어도 조약 체결·비준 동의안에 대한 국회의원의 심의·표결권이 침해될 수는 없다.

④ 국회의 자율권도 헌법이나 법률을 위반하지 않는 범위 내에서 허용되어야 하므로, 국회의 의사절차나 입법절차에 헌법이나 법률의 규정을 명백히 위반한 흠이 있는 경우에도 국회가 자율권을 가진다고 할 수는 없다.

⑤ 국회는 정부가 제출한 법률안을 심의하는 경우 정부의 동의 없이 법률안을 수정할 수 있고, 예산안을 심의하는 경우에도 정부의 동의 없이 정부가 제출한 지출예산 각항의 금액을 증가하거나 새 비목을 설치할 수 있다.

> **MGI Point 국회** ★★
>
> - 공정거래위원회 소관에 속하는 사항, 금융위원회 소관에 속하는 사항 ⇨ 국회 정무위원회 담당
> - 헌법 제50조 제1항 의사공개원칙 ⇨ 국회의 헌법적 기능과 관련된 모든 회의 ○ (본회의 ○, 위원회 ○, 소위원회 ○)
> - 대통령이 국회의 동의없이 조약을 체결·비준한 경우 ⇨ 국회의원의 심의·표결권 침해 ×
> - 국회의 자율권
>   - 국민의 대표기관·입법기관으로서 폭넓은 자율권 ○
>   - but 국회의 의사절차·입법절차에 헌법·법률을 명백히 위반한 흠이 있는 경우 ⇨ 자율권 ×
> - 국회는 정부의 동의 없이 정부가 제출한 지출예산 각 항의 금액을 증가하거나 새 비목 설치 不可

① (○) 국회법 제37조 제1항 제3호 참조.

> **국회법 제37조(상임위원회와 그 소관)** ① 상임위원회의 종류와 소관 사항은 다음과 같다.
> 3. 정무위원회
>   다. 공정거래위원회 소관에 속하는 사항
>   라. 금융위원회 소관에 속하는 사항

② (○) 헌법 제50조 제1항은 "국회의 회의는 공개한다"라고 하여 의사공개의 원칙을 규정하고 있는바, 이는 단순한 행정적 회의를 제외하고 국회의 헌법적 기능과 관련된 모든 회의는 원칙적으로 국민에게 공개되어야 함을 천명한 것으로서, 의사공개원칙의 헌법적 의미, 오늘날 국회기능의 중점이 본회의에서 위원회로 옮겨져 위원회중심주의로 운영되고 있는 점, 국회법 제75조 제1항 및 제71조의 규정내용에 비추어 본회의든 위원회의 회의든 국회의 회의는 원칙적으로 공개되어야 하고, 원하는 모든 국민은 원칙적으로 그 회의를 방청할 수 있다(헌재 2000.06.29. 98헌마443).

> **헌법 제50조** ① 국회의 회의는 공개한다. 다만, 출석의원 과반수의 찬성이 있거나 의장이 국가의 안전보장을 위하여 필요하다고 인정할 때에는 공개하지 아니할 수 있다.
> **국회법 제57조(소위원회)** ⑤ 소위원회의 회의는 공개한다. 다만, 소위원회의 의결로 공개하지 아니할 수 있다.
> **국회법 제75조(회의의 공개)** ① 본회의는 공개한다. 다만, 의장의 제의 또는 의원 10명 이상의 연서에 의한 동의로 본회의 의결이 있거나 의장이 각 교섭단체 대표의원과 협의하여 국가의 안전보장을 위하여 필요하다고 인정할 때에는 공개하지 아니할 수 있다.

③ (○) 국회가 헌법 제60조 제1항에 따라서 조약의 체결·비준에 대한 동의권한을 행사하는 경우에, 국회의원은 헌법 제40조 및 제41조 제1항과 국회법 제93조 및 제109조 내지 제112조에 따라서 조약의 체결·비준 동의안에 대하여 심의·표결할 권한을 가진다. 그런데 국회의 동의권과 국회의원의 심의·표결권은 비록 국회의 동의권이 개별 국회의원의 심의·표결절차를 거쳐 행사되기는 하지만 그 권한의 귀속주체가 다르고, 또 심의·표결권의 행사는 국회의 의사를 형성하기 위한 국회 내부의 행위로서 구체적인 의안 처리와 관련하여 각 국회의원에게 부여되는데 비하여, 동의권의 행사는 국회가 그 의결을 통하여 다른 국가기관에 대한 의사표시로서 행해지며 대외적인 법적 효과가 발생한다는 점에서 구분된다. 따라서 국회의 동의권이 침해되었다고 하여 동시에 국회의원의 심의·표결권이 침해된다고 할 수 없고, 또 국회의원의 심의·표결권은 국회의 대내적인 관계에서 행사되고 침해될 수 있을 뿐 다른 국가기관과의 대외적인 관계에서는 침해될 수 없는 것이므로, 국회의원들 상호간 또는 국회의원과 국회의장 사이와 같이 국회 내부적으로만 직접적인 법적 연관성을 발생시킬 수 있을 뿐이고 대통령 등 국회 이외의 국가기관과 사이에서는 권한침해의 직접적인 법적 효과를 발생시키지 아니한다. 따라서 피청구인 대통령이 국회의 동의 없이 조약을 체결·비준하였다 하더라도 국회의 체결·비준 동의권이 침해될 수는 있어도 국회의원인 청구인들의 심의·표결권이 침해될 가능성은 없다고 할 것이므로, 청구인들의 이 부분 심판청구 역시 부적법하다(헌재 2007.07.26. 2005헌라8).

④ (○) 국회는 국민의 대표기관, 입법기관으로서 폭넓은 자율권을 가지고 있고, 그 자율권은 권력분립의 원칙이나 국회의 지위, 기능에 비추어 존중되어야 하는 것이지만, 한편 법치주의의 원리상 모든 국가기관은 헌법과 법률에 의하여 기속을 받는 것이므로 국회의 자율권도 헌법이나 법률을 위반하지 않는 범위내에서 허용되어야 하고 따라서 국회의 의사절차나 입법절차에 헌법이나 법률의 규정을 명백히 위반한 흠이 있는 경우에도 국회가 자율권을 가진다고는 할 수 없다(헌재 1997.07.16. 96헌라2).

⑤ (X) 헌법 제57조 참조.

> **헌법 제57조** 국회는 정부의 동의없이 정부가 제출한 지출예산 각항의 금액을 증가하거나 새 비목을 설치할 수 없다.

정답 ⑤

문 29
22년 6월 모의시험

국회의 위원회에 관한 설명 중 옳은 것은?

① 국회운영위원회는 본회의 의결이 있거나 국회의장이 필요하다고 인정하여 각 교섭단체 대표의원과 협의한 경우를 제외하고는 본회의 중에는 개회할 수 없다.
② 국회의원은 둘 이상의 상임위원이 될 수 있으며, 국회의장은 국회운영위원회 위원이 된다.
③ 상임위원회 위원 정수는 국회법에서 정하며, 정보위원회 위원 정수는 14명으로 한다.
④ 상임위원은 교섭단체 소속 의원 수의 비율에 따라 각 교섭단체 대표의원의 요청으로 국회의 장이 선임하거나 개선한다.
⑤ 국회는 둘 이상의 상임위원회와 관련된 안건이거나 특히 필요하다고 인정한 안건을 효율적으로 심사하기 위한 경우라고 하더라도 본회의 상정 이후에는 전원위원회를 개회할 수 없다.

MGI Point 국회의 위원회 ★★

- 본회의 중 위원회의 개회
  - 원칙 ⇨ 개회 불가
  - 예외 ⇨ 본회의 의결이 있는 경우, 의장이 필요하다고 인정하여 각 교섭단체 대표의원과 협의한 경우, 국회운영위원회
- 상임위원회의 위원
  - 국회의원 ⇨ 둘 이상의 상임위원회의 위원 될 수 ○
  - 의장 ⇨ 상임위원이 될 수 ×
  - 각 교섭단체 대표의원 ⇨ 국회운영위원회의 위원이자 정보위원회의 위원
- 상임위원회의 위원 정수 ⇨ 국회규칙으로 定 / 단, 정보위원회의 위원정수는 12명
- 상임위원의 선임 및 개선 ⇨ 교섭단체 소속 의원 수의 비율에 따라 각 교섭단체 대표의원의 요청으로 의장이 선임하거나 개선
- 정부조직에 관한 법률안, 조세 또는 국민에게 부담을 주는 법률안 등 주요 의안 ⇨ 본회의 상정 전후 재적의원 1/4 이상 요구 시 전원위원회 개회 可, 이 경우 전원위원회는 해당 의안에 대한 수정안 제출 可

① (X) 국회법 제56조 단서 참조.

> **국회법 제56조(본회의 중 위원회의 개회)** 위원회는 본회의 의결이 있거나 의장이 필요하다고 인정하여 각 교섭단체 대표의원과 협의한 경우를 제외하고는 본회의 중에는 개회할 수 없다. 다만, 국회운영위원회는 그러하지 아니하다.

② (X) 국회법 제39조 참조. ▶ 국회운영위원회의 위원이 되는 것은 각 교섭단체의 대표이다. 각 교섭단체의 대표는 국회운영위원회의 위원뿐만아니라 정보위원회의 위원이 된다.

> **국회법 제39조(상임위원회의 위원)** ① 의원은 둘 이상의 상임위원회의 위원(이하 "상임위원"이라 한다)이 될 수 있다.
> ② 각 교섭단체 대표의원은 국회운영위원회의 위원이 된다.
> ③ 의장은 상임위원이 될 수 없다.
> **국회법 제48조(위원의 선임 및 개선)** ③ 정보위원회의 위원은 의장이 각 교섭단체 대표의원으로부터 해당 교섭단체 소속 의원 중에서 후보를 추천받아 부의장 및 각 교섭단체 대표의원과 협의하여 선임하거나 개선한다. 다만, 각 교섭단체 대표의원은 정보위원회의 위원이 된다.

③ (X) 국회법 제38조 참조.

> **국회법 제38조(상임위원회의 위원 정수)** 상임위원회의 위원 정수(定數)는 국회규칙으로 정한다. 다만, 정보위원회의 위원 정수는 12명으로 한다.

④ (O) 국회법 제48조 제1항 본문 참조.

> **국회법 제48조(위원의 선임 및 개선)** ① 상임위원은 교섭단체 소속 의원 수의 비율에 따라 각 교섭단체 대표의원의 요청으로 의장이 선임하거나 개선한다. 이 경우 각 교섭단체 대표의원은 국회의원 총선거 후 첫 임시회의 집회일부터 2일 이내에 의장에게 상임위원 선임을 요청하여야 하고, 처음 선임된 상임위원의 임기가 만료되는 경우에는 그 임기만료일 3일 전까지 의장에게 상임위원 선임을 요청하여야 하며, 이 기한까지 요청이 없을 때에는 의장이 상임위원을 선임할 수 있다.

⑤ (X) 국회법 제44조 제1항 및 제63조의2 제1항 참조.

> **국회법 제44조(특별위원회)** ① 국회는 둘 이상의 상임위원회와 관련된 안건이거나 특히 필요하다고 인정한 안건을 효율적으로 심사하기 위하여 본회의의 의결로 특별위원회를 둘 수 있다.
> **국회법 제63조의2(전원위원회)** ① 국회는 위원회의 심사를 거치거나 위원회가 제안한 의안 중 정부조직에 관한 법률안, 조세 또는 국민에게 부담을 주는 법률안 등 주요 의안의 본회의 상정 전이나 본회의 상정 후에 재적의원 4분의 1 이상이 요구할 때에는 그 심사를 위하여 의원 전원으로 구성되는 전원위원회를 개회할 수 있다. 다만, 의장은 주요 의안의 심의 등 필요하다고 인정하는 경우 각 교섭단체 대표의원의 동의를 받아 전원위원회를 개회하지 아니할 수 있다.

정답 ④

문 30
21년 6월 모의시험

국회의 구성과 조직에 관한 설명 중 옳은 것은? (다툼이 있는 경우 판례에 의함)

① 의장이 사고(事故)가 있을 때에는 의장이 지정하는 부의장이 그 직무를 대리하며, 의장이 심신상실 등 부득이한 사유로 의사표시를 할 수 없게 되어 직무대리자를 지정할 수 없을 때에는 연장자인 부의장의 순으로 의장의 직무를 대행한다.

② 「국회법」은 상임위원회 상임위원을 개선할 때 임시회의 경우에는 회기 중에 개선될 수 없도록 하고 있는데, 여기에서의 '회기'는 '개선의 대상이 되는 해당 위원이 선임 또는 개선된 임시회의 회기'를 의미하는 것으로 해석된다.
③ 국회는 위원회의 심사를 거치거나 위원회가 제안한 의안 중 정부조직에 관한 법률안, 조세 또는 국민에게 부담을 주는 법률안 등 주요 의안의 본회의 상정 전이나 본회의 상정 후에 재적의원 4분의 1 이상이 요구할 때에는 그 심사를 위하여 의원 전원으로 구성되는 전원위원회(全院委員會)를 개회할 수 있으나, 전원위원회는 해당 의안에 대한 수정안을 제출할 수 없다.
④ 국회의원은 둘 이상의 상임위원회의 위원이 될 수 있지만 국회의장과 부의장은 상임위원이 될 수 없다.
⑤ 소관 위원회는 다른 위원회와 협의하여 연석회의(連席會議)를 열고 의견을 교환하고 표결을 할 수 있다.

> **MGI Point 국회의 구성과 조직** ★★
>
> ■ 의장 직무대리
>   - 의장이 사고가 있을 때 ⇨ 의장이 지정하는 부의장
>   - 의장이 심신상실 등 부득이한 사유로 의사표시를 할 수 없게 되어 직무대리자를 지정할 수 없는 때
>   ⇨ 소속의원수가 많은 교섭단체소속인 부의장
> ■ 국회법 제48조 제6항 본문 중 '회기'의 의미
>   ⇨ 개선의 대상이 되는 해당 위원이 선임 또는 개선된 임시회의 회기
> ■ 정부조직에 관한 법률안, 조세 또는 국민에게 부담을 주는 법률안 등 주요 의안 ⇨ 본회의 상정 전후 재적의원 1/4 이상 요구 시 전원위원회 개회 可, 이 경우 전원위원회는 해당 의안에 대한 수정안 제출 可
> ■ 국회의원은 둘 이상의 상임위원회의 위원 可, 국회의장은 상임위원 不可
> ■ 소관 위원회는 다른 위원회와 협의하여 연석회의를 열고 의견 교환 可, 다만 표결은 不可

① (X) 국회법 제12조 참조.

> **국회법 제12조(부의장의 의장 직무대리)** ① 의장이 사고가 있을 때에는 의장이 지정하는 부의장이 그 직무를 대리한다.
> ② 의장이 심신상실 등 부득이한 사유로 의사표시를 할 수 없게 되어 직무대리자를 지정할 수 없을 때에는 소속 의원 수가 많은 교섭단체 소속 부의장의 순으로 의장의 직무를 대행한다.

② (○) 국회법 제48조 제6항의 입법목적은 '위원이 일정 기간 재임하도록 함으로써 위원회의 전문성을 강화'하는 것이므로, 국회법 제48조 제6항은 '위원이 된(선임 또는 보임된) 때'로부터 일정 기간 동안 '위원이 아니게 되는(사임되는) 것'을 금지하는 형태로 규정되어야 한다. 따라서 국회법 제48조 제6항 본문 중 "위원을 개선할 때 임시회의 경우에는 회기 중에 개선될 수 없고" 부분은 개선의 대상이 되는 해당 위원이 '위원이 된(선임 또는 보임된) 임시회의 회기 중'에 개선을 금지하는 것이다. 이는 국회법 제48조 제6항 본문 중 "정기회의 경우에는 선임 또는 개선 후 30일 이내에는 개선될 수 없다." 부분이 '선임 또는 개선된 때로부터' '30일' 동안 개선을 금지하는 것과 마찬가지이다. 그러므로 국회법 제48조 제6항 본문 중 "임시회의 경우에는 회기 중에 개선될 수 없고"라는 문언에서 개선될 수 없는 '회기'는 '개선의 대상이 되는 해당 위원이 선임 또는 개선된 임시회의 회기'를 의미하는 것으로 해석된다(헌재 2020.05.27. 2019헌라1).

③ (X) 국회법 제63조의2 참조.

> **국회법 제63조의2(전원위원회)** ① 국회는 위원회의 심사를 거치거나 위원회가 제안한 의안 중 정부조직에 관한 법률안, 조세 또는 국민에게 부담을 주는 법률안 등 주요 의안의 본회의 상정 전이나 본회의 상정 후에 재적의원 4분의 1 이상이 요구할 때에는 그 심사를 위하여 의원 전원으로 구성되는 전원위원회를 개회할 수 있다. 다만, 의장은 주요 의안의 심의 등 필요하다고 인정하는 경우 각 교섭단체 대표의원의 동의를 받아 전원위원회를 개회하지 아니할 수 있다.
> ② 전원위원회는 제1항에 따른 의안에 대한 수정안을 제출할 수 있다. 이 경우 해당 수정안은 전원위원장이 제안자가 된다.

④ (X) 국회법 제39조 참조.

> **국회법 제39조(상임위원회의 위원)** ① 의원은 둘 이상의 상임위원회의 위원(이하 "상임위원"이라 한다)이 될 수 있다.
> ③ 의장은 상임위원이 될 수 없다.

⑤ (X) 국회법 제63조 참조.

> **국회법 제63조(연석회의)** ① 소관 위원회는 다른 위원회와 협의하여 연석회의를 열고 의견을 교환할 수 있다. 다만, 표결은 할 수 없다.

 ②

제❸절 ┃ 국회의 운영과 의사절차

문 31
24년 10월 모의시험

국회의 회의 운영 및 의사 원칙에 관한 설명 중 옳지 않은 것은? (다툼이 있는 경우 판례에 의함)

① 헌법과 「국회법」에서 임시회 회기, 특히 회기의 하한에 관한 규정을 두고 있지 않다 하더라도, 회기를 본회의가 개회된 당일로 종료되도록 하거나 단 하루로 정하는 것은 헌법과 「국회법」의 취지에 비추어 볼 때 허용될 수 없다.
② '회기결정의 건'에 대한 무제한토론은 '회기결정의 건'의 처리 자체를 봉쇄하는 것이어서, 당초 특정 안건에 대한 처리 자체를 불가능하게 하는 것이 아니라 최대 다음 회기까지 처리를 지연시키는 수단으로 도입된 무제한토론제도의 취지에 반한다.
③ 표결이 종료되어 '재적의원 과반수의 출석'에 미달하였다는 결과가 확인된 이상, '출석의원 과반수의 찬성'에 미달한 경우와 마찬가지로 국회의 의사는 부결로 확정되었다고 보아야 한다.
④ 「국회법」상 수정동의는 원안 또는 위원회에서 심사보고한 안의 취지 및 내용과 직접 관련이 있어야 하는데, 직접 관련성 여부는 '원안에서 개정하고자 하는 조문에 관한 추가, 삭제 또는 변경으로서, 원안에 대한 위원회의 심사절차에서 수정안의 내용까지 심사할 수 있었는지'를 기준으로 판단하는 것이 타당하다.
⑤ 의회민주주의국가에서 의사절차는 공개와 이성적 토론의 원리, 합리적 결정, 다원적 개방성, 즉 토론과 다양한 고려를 통하여 의안의 내용이 변경될 가능성, 잠재적인 통제를 가능케 하는 절차의 개방성, 다수결의 원리에 따른 의결 등 여러 가지 요소에 의하여 이루어져야 하지만, 무엇보다도 중요한 요소는 헌법 제49조의 다수결의 원리와 제50조의 의사공개의 원칙이다.

> **MGI Point** 국회의 회의 운영 및 의사원칙 ★
>
> - 헌법과 국회법에서 임시회 회기의 하한에 관한 규정 두고 있지 않음
>   ⇨ 회기를 본회의가 개회된 당일로 종료되도록 하거나 단 하루로 정하였다 하더라도 헌법, 국회법상 허용 ○
> - '회기결정의 건'에 대한 무제한토론은 '회기결정의 건' 처리 자체를 봉쇄 ⇨ 다음 회기까지 처리를 지연시키는 수단으로 도입된 무제한토론 취지에 反
> - 표결이 종료되어 '재적의원 과반수의 출석'에 미달하였다는 결과가 확인된 이상, 국회의 의사는 부결로 확정 ○
> - 국회법상 수정동의 '직접 관련' 여부 ⇨ '원안에서 개정하고자 하는 조문에 관한 추가, 삭제 또는 변경으로서, 원안에 대한 위원회의 심사절차에서 수정안의 내용까지 심사할 수 있었는지'를 기준으로 판단
> - 의사절차는 공개와 이성적 토론의 원리, 합리적 결정, 다원적 개방성 등 여러 가지 요소에 의하여 이루어져야 하지만,
>   ⇨ 무엇보다도 중요한 요소는 헌법 제49조의 다수결의 원리와 제50조의 의사공개의 원칙

① (X) 피청구인 국회의장이 회기결정의 건을 가결선포한 행위가 무제한토론권한을 침해하는지 여부 : 헌법과 국회법에서 임시회 회기, 특히 회기의 하한에 관한 규정을 두고 있지 않으므로, 회기를 본회의가 개회된 당일로 종료되도록 하거나 단 하루로 정하였다 하더라도 헌법과 국회법을 위반한 회기로 볼 수 없다(헌재 2023.03.23. 2022헌라2).

② (○) '회기결정의 건'에 대하여 무제한토론이 실시되는 경우, 무제한토론으로 인하여 '회기결정의 건'이 폐기되는 결과가 발생한다. 이는 무제한토론이 '회기결정의 건'의 처리 자체를 봉쇄하는 것이어서, 당초 특정 안건에 대한 처리 자체를 불가능하게 하는 것이 아니라 최대 다음 회기까지 처리를 지연시키는 수단으로 도입된 무제한토론제도의 취지에 반할 뿐만 아니라, 국회가 집회 후 즉시 의결로 회기를 정하도록 규정한 국회법 제7조에도 정면으로 위배된다(헌재 2020.05.27. 2019헌라6,2020헌라1(병합)).

③ (○) 표결이 종료되어 '재적의원 과반수의 출석'에 미달하였다는 결과가 확인된 이상, '출석의원 과반수의 찬성'에 미달한 경우와 마찬가지로 국회의 의사는 부결로 확정되었다고 보아야 한다(헌재 2009.10.29. 2009헌라8,9,10(병합)).

④ (○) 국회법 제95조 제5항 본문은 "제1항에 따른 수정동의는 원안 또는 위원회에서 심사보고(제51조에 따라 위원회에서 제안하는 경우를 포함한다)한 안의 취지 및 내용과 직접 관련이 있어야 한다."라고 규정하고 있다. …직접 관련이 있어야 한다는 것은 원안과 수정안이 바로 연결되는 관계에 있어야 한다는 것을 의미한다. 위 조항의 문언의 의미와 앞서 본 입법취지, 입법경과를 종합적으로 고려하면, 위원회의 심사를 거쳐 본회의에 부의된 법률안의 취지 및 내용과 직접 관련이 있는지 여부는 '원안에서 개정하고자 하는 조문에 관한 추가, 삭제 또는 변경으로서, 원안에 대한 위원회의 심사절차에서 수정안의 내용까지 심사할 수 있었는지 여부'를 기준으로 판단하는 것이 타당하다(헌재 2020.05.27. 2019헌라6, 2020헌라1(병합)).

⑤ (○) 의회민주주의원리는 국가의 정책결정에 참여할 권한을 국민의 대표기관인 의회에 유보하는 것에 그치지 않고 나아가 의사결정과정의 민주적 정당성까지 요구한다. 절차의 민주성과 공개성이 보장되어야만 민주적 정당성도 획득될 수 있다. 의회민주주의국가에서 의사절차는 공개와 이성적 토론의 원리, 합리적 결정, 다원적 개방성, 즉 토론과 다양한 고려를 통하여 의안의 내용이 변경될 가능성, 잠재적인 통제를 가능케 하는 절차의 개방성, 다수결의 원리에 따른 의결 등 여러 가지 요소에 의하여 이루어져야 하지만, 무엇보다도 중요한 요소는 헌법 제49조의 다수결의 원리와 제50조의 의사공개의 원칙이라 할 것이다(헌재 2010.12.28. 2008헌라7).

정답 ①

문 32

23년 6월 모의시험

국회 운영에 관한 설명 중 옳은 것은? (다툼이 있는 경우 판례에 의함)

① 「국회법」상 국회의원이 아닌 사람이 위원회를 방청하려면 위원장의 허가를 받도록 하는 것은 비공개를 원칙으로 하여 위원장이 자의에 따라 공개여부를 결정케 한 것으로 보아야 하므로, 위원장은 임의로 방청불허 결정을 할 수 있다.
② 일사부재의 원칙은 헌법에 규정되어 있는 원칙으로 본회의는 물론 소위원회에까지 적용되는 원칙이다.
③ 전원위원회는 재적위원 5분의 1 이상의 출석으로 개회하고, 재적위원 4분의 1 이상의 출석과 출석위원 과반수의 찬성으로 의결한다.
④ 본회의 1차 투표에서 재적의원 과반수 출석에 미달한 경우 이에 대하여 재표결을 실시하는 것은, 1차 투표에서 표결이 유효하게 성립되지 못하였으므로 일사부재의 원칙에 위배되는 것은 아니다.
⑤ 「국회법」에 따른 기간을 계산할 때에는 초일불산입원칙이 적용되어 첫날을 산입하지 아니한다.

MGI Point 국회 ★★

- 위원회 공개원칙, 위원장은 '임의로' 방청불허 결정 × '질서유지를 위해서' 방청긴의 퇴장명령 可
- 일사부재의 원칙 : 헌법에 규정 × , 국회법 92조에 규정 ○
- 전원위원회의 ① 개회 : 재적위원 5분의 1이상 출석 ② 의결 : 재적위원 4분의 1이상 출석 + 출석위원 과반수 찬성
  ⇨ 위원회 ① 개회 : 재적위원 5분의 1이상 출석 ② 의결 : 재적위원 과반수 출석 + 출석위원 과반수 찬성
- 위원회의 의결정족수 미달시 재투표는 일사부재의 원칙에 위배 ○
- 국회법에 따른 기간계산시 초일산입 ○

---

① (X) 국회법 제55조 제1항은 위원회의 공개원칙을 전제로 한 것이지, 비공개를 원칙으로 하여 위원장의 자의에 따라 공개여부를 결정케 한 것이 아닌바, 위원장이라고 하여 아무런 제한없이 임의로 방청불허 결정을 할 수 있는 것이 아니라, 회의장의 장소적 제약으로 불가피한 경우, 회의의 원활한 진행을 위하여 필요한 경우 등 결국 회의의 질서유지를 위하여 필요한 경우에 한하여 방청을 불허할 수 있는 것으로 제한적으로 풀이되며, 이와 같이 이해하는 한, 위 조항은 헌법에 규정된 의사공개의 원칙에 저촉되지 않으면서도 국민의 방청의 자유와 위원회의 원활한 운영간에 적절한 조화를 꾀하고 있다고 할 것이므로 국민의 기본권을 침해하는 위헌조항이라 할 수 없다(헌재 2000.06.29. 98헌마443,99헌마583(병합)).

② (X) 일사부재의원칙은 헌법에 규정된 원칙이 아닌 법률상 원칙이다(국회법 제92조).

> **국회법 제92조(일사부재의)** 부결된 안건은 같은 회기 중에 다시 발의하거나 제출할 수 없다.

③ (○) 국회법 제63조의2 참조.

> **국회법 제63조의2(전원위원회)** ④ 전원위원회는 제54조에도 불구하고 재적위원 5분의 1 이상의 출석으로 개회하고, 재적위원 4분의 1 이상의 출석과 출석위원 과반수의 찬성으로 의결한다.

④ (X) 전자투표에 의한 표결의 경우 국회의장의 투표종료선언에 의하여 투표 결과가 집계됨으로써 안건에 대한 표결 절차는 실질적으로 종료되므로, 투표의 집계 결과 출석의원 과반수의 찬성에 미달한 경우는 물론 재적의원 과반수의 출석에 미달한 경우에도 국회의 의사는 부결로 확정되었다고 볼 수밖에 없다. 결국 방송법 수정안에 대한 1차 투표가 종료되어 재적의원 과반수의 출석에 미달되었음이 확인된 이상, 방송법 수정안에 대한 국회의 의사는 부결로 확정되었다고 보아야 하므로, 피청구인이 이를 무시하고 재표결을 실시하여 그 표결 결과에 따라 방송법안의 가결을 선포한 행위는 일사부재의 원칙(국회법 제92조)에 위배하여 청구인들의 표결권을 침해한 것이다(헌재 2009.10.29. 2009헌라8,9,10).

⑤ (X) 국회법 제165조 참조.

> **국회법 제165조 (기간의 기산일)** 이 법에 의한 기간의 계산에는 초일을 산입한다.

문 33

22년 6월 모의시험

국회 의사절차에 관한 설명 중 옳지 않은 것은?

① 표결을 할 때 회의장에 있지 아니한 국회의원은 표결에 참가할 수 없으며, 국회의원은 표결한 후에도 표결에 대하여 표시한 의사를 변경할 수 있다.
② 같은 의제에 대하여 여러 건의 수정안이 제출되었을 때에는 가장 늦게 제출된 수정안부터 먼저 표결한다.
③ 국회의장이 토론에 참가할 때에는 의장석에서 물러나야 하며, 그 안건에 대한 표결이 끝날 때까지 의장석으로 돌아갈 수 없다.
④ 무제한토론을 위하여 재적의원 3분의 1 이상이 서명한 요구서가 국회의장에게 제출되면, 국회의장은 해당 안건에 대하여 무제한토론을 실시하여야 한다.
⑤ 표결할 때에는 국회의장이 표결할 안건의 제목을 의장석에서 선포하여야 하며, 국회의장이 표결을 선포한 후에는 누구든지 그 안건에 관하여 발언할 수 없다.

MGI Point · 국회의 의사절차 ★★

- **표결의 참가와 의사변경의 금지**
  - 회의장에 있지 아니한 의원은 표결 참가 불가, 단 기명·무기명투표 시 투표함이 폐쇄될 때까지는 가능
  - 의원은 표결에 있어서 표시한 의사를 변경 불가
- **같은 의제에 대하여 여러 건의 수정안이 제출되었을 때** ⇨ 가장 늦게 제출된 수정안부터 먼저 표결
- **의장의 토론 참가**
  - 의장이 토론에 참가할 때에는 의장석에서 물러나야 함
  - 그 안건에 대한 표결이 끝날 때까지 의장석으로 돌아갈 수 ×
- **본회의에 부의된 안건에 대한 무제한토론의 실시**
  - 재적의원 3분의 1 이상이 서명한 요구서를 의장에게 제출 要
  - 이 경우 의장은 해당 안건에 대하여 무제한토론을 실시 要
- **표결의 선포**
  - 표결할 때에는 의장이 표결할 안건의 제목을 의장석에서 선포 要
  - 의장이 표결을 선포한 때에는 누구든지 그 안건에 관하여 발언 不可

① (X) 국회법 제111조 참조.

> **국회법 제111조 (표결의 참가와 의사변경의 금지)** ① 표결을 할 때에는 회의장에 있지 아니한 의원은 표결에 참가할 수 없다. 그러나 기명·무기명투표에 의하여 표결할 때에는 투표함이 폐쇄될 때까지 표결에 참가할 수 있다.
> ② 의원은 표결에 있어서 표시한 의사를 변경할 수 없다.

② (○) 국회법 제96조 참조.

> **국회법 제96조(수정안의 표결 순서)** ① 같은 의제에 대하여 여러 건의 수정안이 제출되었을 때에는 의장은 다음 각 호의 기준에 따라 표결의 순서를 정한다.
>   1. 가장 늦게 제출된 수정안부터 먼저 표결한다.
>   2. 의원의 수정안은 위원회의 수정안보다 먼저 표결한다.
>   3. 의원의 수정안이 여러 건 있을 때에는 원안과 차이가 많은 것부터 먼저 표결한다.
> ② 수정안이 전부 부결되었을 때에는 원안을 표결한다.

③ (○) 국회법 제107조 참조.

> **국회법 제107조(의장의 토론 참가)** 의장이 토론에 참가할 때에는 의장석에서 물러나야 하며, 그 안건에 대한 표결이 끝날 때까지 의장석으로 돌아갈 수 없다.

④ (○) 국회법 제106조의2 제1항 참조.

> **국회법 제106조의2(무제한토론의 실시 등)** ① 의원이 본회의에 부의된 안건에 대하여 이 법의 다른 규정에도 불구하고 시간의 제한을 받지 아니하는 토론(이하 이 조에서 "무제한토론"이라 한다)을 하려는 경우에는 재적의원 3분의 1 이상이 서명한 요구서를 의장에게 제출하여야 한다. 이 경우 의장은 해당 안건에 대하여 무제한토론을 실시하여야 한다.

⑤ (○) 국회법 제110조 참조.

> **국회법 제110조 (표결의 선포)** ① 표결할 때에는 의장이 표결할 안건의 제목을 의장석에서 선포하여야 한다.
> ② 의장이 표결을 선포한 때에는 누구든지 그 안건에 관하여 발언할 수 없다.

문 34
21년 8월 모의시험

국회의 운영과 의사원칙에 관한 설명 중 옳은 것을 모두 고른 것은? (다툼이 있는 경우 판례에 의함)

> ㄱ. 국회의원 총선거 후 처음으로 의장과 부의장을 선거할 때에는 출석의원 중 최다선(最多選) 의원이, 최다선 의원이 2명 이상인 경우에는 그 중 연장자가 의장의 직무를 대행한다.
> ㄴ. 헌법 제49조에 따라 어떠한 사항을 일반정족수가 아닌 특별정족수에 따라 의결할 것인지 여부는 국회 스스로 판단하여 법률에 정할 사항이 아니기 때문에 가중다수결은 헌법이 명시적으로 허용한 경우에만 인정된다.
> ㄷ. 표결이 종료되어 '재적의원 과반수의 출석'에 미달하였다는 결과가 확인된 이상, '출석의원 과반수의 찬성'에 미달한 경우와 마찬가지로 국회의 의사는 부결로 확정되었다고 보아야 한다.

ㄹ. 헌법개정안과 대통령으로부터 환부된 법률안은 무기명투표로 표결한다.

① ㄱ, ㄴ
② ㄱ, ㄷ
③ ㄴ, ㄹ
④ ㄷ, ㄹ
⑤ ㄱ, ㄷ, ㄹ

MGI Point 국회의 운영과 의사절차 ★★

- 국회의원 총선거 후 처음으로 의장과 부의장을 선거할 때 의장의 직무대행 순서
  ① 출석의원 중 최다선 의원 ② 최다선 의원이 2명 이상인 경우에는 그 중 연장자
- 헌법 제49조에 따라 어떠한 사항을 일반정족수가 아닌 특별정족수에 따라 의결할 것인지 여부 ⇨ 국회 스스로 판단하여 법률에 정할 사항 ○
- 표결이 종료되어 재적의원 과반수의 출석에 미달한 경우는 출석의원 과반수의 찬성에 미달한 경우와 마찬가지 ⇨ 국회의 의사는 부결로 확정 ○
- 헌법개정안은 기명표결 cf. 대통령으로부터 환부된 법률안은 무기명투표로 표결

ㄱ. (○) 국회법 제18조 참조.

> **국회법 제18조(의장 등 선거 시의 의장 직무대행)** 의장 등의 선거에서 다음 각 호의 어느 하나에 해당할 때에는 출석의원 중 최다선 의원이, 최다선 의원이 2명 이상인 경우에는 그 중 연장자가 의장의 직무를 대행한다.
> 1. 국회의원 총선거 후 처음으로 의장과 부의장을 선거할 때

ㄴ. (X) 헌법 제49조에 따라 어떠한 사항을 일반정족수가 아닌 특별정족수에 따라 의결할 것인지 여부는 국회 스스로 판단하여 법률에 정할 사항이다. 국회법 제109조도 "의사는 헌법 또는 이 법에 특별한 규정이 없는 한, 재적의원 과반수의 출석과 출석의원 과반수의 찬성으로 의결한다."라고 규정하여 국회법에 의결의 요건을 달리 규정할 수 있음을 밝히고 있다(헌재 2016.05.26. 2015헌라1).

> **헌법 제49조** 국회는 헌법 또는 법률에 특별한 규정이 없는 한 재적의원 과반수의 출석과 출석의원 과반수의 찬성으로 의결한다. 가부동수인 때에는 부결된 것으로 본다.

ㄷ. (○) 헌법 제49조 및 국회법 제109조에서는 의결정족수에 관하여 "…… 재적의원 과반수의 출석과 출석의원의 과반수의 찬성으로 의결한다."라고 규정하여, 일부 다른 입법례와는 달리(독일과 일본 등은 의결을 위한 출석정족수와 찬성을 위한 정족수를 단계적으로 규정하고 있다), 의결을 위한 출석정족수와 찬성정족수를 병렬적으로 규정하고 있다. 나아가 '재적의원 과반수의 출석'과 '출석의원의 과반수의 찬성'이라는 규정의 성격이나 흠결의 효과를 별도로 구분하여 규정하고 있지도 아니한다. 따라서 표결이 종료되어 '재적의원 과반수의 출석'에 미달하였다는 결과가 확인된 이상, '출석의원 과반수의 찬성'에 미달한 경우와 마찬가지로 국회의 의사는 부결로 확정되었다고 보아야 한다(헌재 2009.10.29. 2009헌라8).

ㄹ. (X) 국회법 제112조 제4항 및 제5항 참조. ▶ 헌법개정안은 기명투표로 표결

> **국회법 제112조(표결방법)** ④ 헌법개정안은 기명투표로 표결한다.
> ⑤ 대통령으로부터 환부된 법률안과 그 밖에 인사에 관한 안건은 무기명투표로 표결한다. 다만, 겸직으로 인한 의원 사직과 위원장 사임에 대하여 의장이 각 교섭단체 대표의원과 협의한 경우에는 그러하지 아니하다.

정답 ②

문 35
24년 8월 모의시험

다수결원칙에 관한 설명 중 옳은 것(○)과 옳지 않은 것(×)을 올바르게 조합한 것은? (다툼이 있는 경우 판례에 의함)

> ㄱ. 의회민주주의의 기본원리의 하나인 다수결의 원리는 의사형성과정에서 소수파에게 토론에 참가하여 다수파의 견해를 비판하고 반대의견을 밝힐 수 있는 기회를 보장하여 다수파와 소수파가 공개적이고 합리적인 토론을 거쳐 다수의 의사로 결정한다는 데 그 정당성의 근거가 있다.
> ㄴ. 헌법 제49조는 의회민주주의의 기본원리인 다수결의 원리를 선언한 것으로서 이는 단순히 재적의원 과반수의 출석과 출석의원 과반수에 의한 찬성을 형식적으로 요구하는 것에 그치지 않고, 국회의 의결은 통지가 가능한 국회의원 모두에게 회의에 출석할 기회가 부여된 바탕 위에 재적의원 과반수의 출석과 출석의원 과반수의 찬성으로 이루어져야 한다는 것으로 해석하여야 한다.
> ㄷ. 우리 헌법상 국회 내 회의의 의결정족수 충족에 있어 회의의 주재자가 다른 구성원과 동등한 지위의 표결권을 넘어서는 결정권을 갖지 못하도록 하고 있지만, 「국회법」상 위원회의 위원장은 가부동수인 경우 결정권을 가진다.
> ㄹ. 재적의원 과반수의 출석과 출석의원 과반수의 찬성을 요하는 일반정족수는 다수결의 원리를 실현하는 국회의 의결방식 중 하나로서 국회의 의사결정시 합의에 도달하기 위한 최소한의 기준일 뿐 이를 헌법상 절대적 원칙이라고 보기는 어렵다.
> ㅁ. 「국회법」상 안건의 신속처리를 위한 요건으로 재적의원 5분의 3 이상의 찬성이라는 가중다수결을 요구하면서도, 재적의원 과반수가 심사기간 지정요구를 하는 경우 국회의장이 의무적으로 심사기간을 지정하도록 하는 내용의 규정을 마련하지 않은 것은 헌법 제49조의 다수결원리에 위반된다.

① ㄱ(○), ㄴ(×), ㄷ(○), ㄹ(○), ㅁ(○)
② ㄱ(○), ㄴ(×), ㄷ(×), ㄹ(○), ㅁ(○)
③ ㄱ(○), ㄴ(○), ㄷ(○), ㄹ(×), ㅁ(×)
④ ㄱ(○), ㄴ(○), ㄷ(×), ㄹ(○), ㅁ(×)
⑤ ㄱ(×), ㄴ(×), ㄷ(○), ㄹ(×), ㅁ(○)

MGI Point 다수결원칙 ★★

- 의회민주주의의 기본원리의 하나인 다수결원리 ⇨ 의사형성과정에서 소수파에게 토론에 참가하여 다수파의 견해를 비판하고 반대의견을 밝힐 수 있는 기회를 보장하여 다수파와 소수파가 공개적이고 합리적인 토론을 거쳐 다수의 의사로 결정을 한다는데 그 정당성의 근거가 있음
- 헌법 제49조는 의회민주주의의 기본원리인 다수결의 원리를 선언한 것으로서 이는 단순히 재적의원 과반수의 출석과 출석의원 과반수에 의한 찬성을 형식적으로 요구하는 것에 그치지 않고, 국회의 의결은 통지가 가능한 국회의원 모두에게 회의에 출석할 기회가 부여된 바탕 위에 재적의원 과반수의출석과 출석의원 과반수의 찬성으로 이루어져야 한다는 것으로 해석 要
- 우리 헌법상 국회법상 국회 내 회의의 의결정족수 충족에 있어 회의의주재자가 다른 구성원과 동등한 지위의 표결권을 넘

> 어서는 결정권을 갖지 못함
> ■ 다수결의 원리를 실현하는 국회의 의결방식 중 하나로서 국회의 의사결정시 합의에 도달하기 위한 최소한 기준일 뿐 헌법상 절대적 원칙이 아님
> ■ 국회법 상 안건의 신속처리를 위한 요건으로 재적의원 5분의 3 이상의 찬성이라는 가중다수결을 요구하면서도, 재적의원 과반수가 심사기간 지정요구를 하는 경우 국회의장이 의무적으로 심사기간을 지정하도록 하는 내용의 규정을 마련하지 않은 것은 헌법 제49조의 다수결원리에 위반 아님

ㄱ. (○) 의회민주주의의 기본원리의 하나인 다수결원리는 의사형성과정에서 소수파에게 토론에 참가하여 다수파의 견해를 비판하고 반대의견을 밝힐 수 있는 기회를 보장하여 다수파와 소수파가 공개적이고 합리적인 토론을 거쳐 다수의 의사로 결정을 한다는데 그 정당성의 근거가 있는 것이다. 따라서 입법과정에서 소수파에게 출석할 기회를 주지 않고 토론과정을 거치지 아니한 채 다수파만으로 단독 처리하는 것은 다수결원리에 의한 의사결정이라고 볼 수 없다(헌법재판소 1997. 7. 16. 선고 96헌라2 전원재판부).

ㄴ. (○), ㄹ. (○) … 헌법 제 49조는 의회민주주의의 기본원리인 다수결의 원리를 선언한 것으로서 이는 단순히 재적의원 과반수의 출석과 출석의원 과반수에 의한 찬성을 형식적으로 요구하는 것에 그치지 않고, 국회의 의결은 통지가 가능한 국회의원 모두에게 회의에 출석할 기회가 부여된 바탕 위에 재적의원 과반수의 출석과 출석의원 과반수의 찬성으로 이루어져야 한다는 것으로 해석하여야 한다. …이러한 다수결의 원리를 실현하는 국회의 의결방식은 헌법이나 법률에 특별한 규정이 없는 한 재적의원 과반수의 출석과 출석의원 과반수의 찬성을 요하는 일반정족수를 기본으로 한다. 일반정족수는 국회의 의결이 유효하기 위한 최소한의 출석의원 또는 찬성의원의 수를 의미하므로, 의결대상 사안의 중요성과 의미에 따라 헌법이나 법률에 의결의 요건을 달리 규정할 수 있다. 즉 일반정족수는 다수결의 원리를 실현하는 국회의 의결방식 중 하나로서 국회의 의사결정시 합의에 도달하기 위한 최소한의 기준일 뿐 이를 헌법상 절대적 원칙이라고 보기는 어렵다(헌법재판소 2016. 5. 26. 선고 2015헌라1 결정).

ㄷ. (X) 헌법 제49조, 국회법 제109조 참조.

> **헌법 제49조** 국회는 헌법 또는 법률에 특별한 규정이 없는 한 재적의원 과반수의 출석과 출석의원 과반수의 찬성으로 의결한다. 가부동수인 때에는 부결된 것으로 본다.
> **국회법 제109조(의결정족수)** 의사는 헌법이나 이 법에 특별한 규정이 없으면 재적의원 과반수의 출석과 출석의원 과반수의 찬성으로 의결한다.

ㅁ. (X) 헌법재판소가 근거규범도 아닌 이 사건 입법부작위의 위헌 여부에 대한 심사에까지 나아가는 것은 부적절하므로 그 심사를 최대한 자제하여 의사절차에 관한 국회의 자율성을 존중하는 것이 바람직할 것이나, 위에서 살펴본 바와 같이 헌법의 규정이나 해석에 의하더라도 국회에게 국회 재적의원 과반수가 의안에 대하여 심사기간 지정을 요청하면 국회의장이 의무적으로 심사기간을 지정하고 본회의에 부의하는 방법으로 비상입법절차를 마련해야 할 의무는 도출되지 않으므로 국회법 제85조 제1항에서 이러한 내용을 규정하지 않은 것이 다수결의 원리, 나아가 의회민주주의에 반한다고 볼 수 없다(헌법재판소 2016. 5. 26. 선고 2015헌라1 결정).

정답 ④

문 36

22년 8월 모의시험

국회의 입법권과 입법절차에 관한 설명 중 옳은 것을 모두 고른 것은? (다툼이 있는 경우 판례에 의함)

> ㄱ. 법치주의원칙에 비추어 국회의 입법절차는 헌법과 법률이 정한 절차를 따라야 하므로 법률의 제정절차에 헌법이나 국회법을 위반한 하자가 존재한다는 이유만으로도 국민은 그러한 하자를 헌법소원심판을 통해 다툴 수 있다.
> ㄴ. 국회의원의 법률안 심의·표결권은 국민에 의하여 선출된 국가기관으로서 국회의원이 그 본질적인 임무인 입법에 관한 직무를 수행하기 위하여 보유하는 권한으로서의 성격을 갖고 있으므로 국회의원의 개별적인 의사에 따라 이를 포기할 수 있는 것이 아니다.
> ㄷ. 의회주의 이념에 따르면 국회는 법률을 제정할 때 전체 국회의원을 구성원으로 하는 회의에서 심의절차를 거친 이후의 표결에 의하여 다수결로 결정해야 하고, 이러한 의사결정과정은 국회의 의사를 국민의 의사로 간주하는 대의효과(代議效果)의 실질적인 요건이다.
> ㄹ. 같은 의제에 대하여 여러 건의 수정안이 제출되었을 때에는, 가장 늦게 제출된 수정안부터 먼저 표결하며, 의원의 수정안은 위원회의 수정안보다 먼저 표결한다.
> ㅁ. 법률안에 이의가 있을 때에는 대통령은 정부에 이송된 후 15일 이내에 이의서를 붙여 국회로 환부하고 재의를 요구할 수 있으나, 국회의 폐회 중에는 환부할 수 없다.

① ㄱ, ㄴ, ㄹ
② ㄱ, ㄴ, ㅁ
③ ㄱ, ㄷ, ㅁ
④ ㄴ, ㄷ, ㄹ
⑤ ㄷ, ㄹ, ㅁ

MGI Point 국회의 입법권과 입법절차 ★★

- 국민이 입법절차의 하자만을 주장하며 법률에 대한 헌법소원심판을 청구할 수 없음
- 국회의원의 법률안 심의·표결권 ⇨ 국회의원 개별적인 의사로 포기 不可
- 국회가 법률을 제정할 때 전체 국회의원을 구성원으로 하는 회의에서 심의절차를 거친 이후의 표결에 의하여 다수결로 결정 要
  ⇨ 국회의 의사를 국민의 의사로 간주하는 대의효과(代議效果)의 실질적인 요건
- 같은 의제에 대하여 여러 건의 수정안이 제출되었을 때 수정안의 표결 순서
  - 가장 늦게 제출된 수정안부터 먼저 표결
  - 의원의 수정안은 위원회의 수정안보다 먼저 표결
- 법률안에 이의가 있을 때 대통령은 15일 내 이의서를 붙여 국회로 환부하여 재의 요구 可, 국회의 폐회 중에도 동일 ○

ㄱ. (X) 법률의 입법절차가 헌법이나 국회법에 위반된다고 하더라도 그러한 사유만으로는 그 법률로 인하여 국민의 기본권이 현재, 직접적으로 침해받는다고 볼 수 없으므로 헌법소원심판을 청구할 수 없다. 청구인들이 주장하는 입법절차의 하자는 야당소속 국회의원들에게는 개의시간을 알리지 않음으로써 법률안의 심의에 참여할 수 있는 기회를 주지 아니한 채 여당소속 국회의원들만 출석한 가운데 국회의장이 본회의를 개의하고 법률안을 상정하여 가결선포하였다는 것이므로 그와같은 입법절차의 하자를 둘러싼 분쟁은 본질적으로 법률안의 심의 표결에 참여하지 못한 국회의원이 국회의장을 상대로 권한쟁의에 관한 심판을 청구하여 해결하여야 할 사항이다(헌재 1998.08.27. 97헌마8).

ㄴ. (○) 국회의원의 법률안 심의·표결권은 국민에 의하여 선출된 국가기관으로서 국회의원이 그 본질적 임무인 입법에 관한 직무를 수행하기 위하여 보유하는 권한으로서의 성격을 갖고 있으므로 국회의원의 개별적인 의사에 따라 포기할 수 있는 것은 아니다(헌재 2009.10.29. 2009헌라8).

ㄷ. (○) 심의와 표결을 통한 국회 의사결정의 원리인 의회주의 이념의 핵심은 국민을 대표하는 의원들이 국정에 관하여 자유로이 의견을 개진하는 심의(제안·질의·토론) 과정을 거친 후 표결에 따라 국정에 관한 의사결정을 한다는 데 있다. 그런데 의회주의 이념이 제대로 실현되기 되기 위해서는 자유로운 질의와 토론, 소수의견의 존중과 반대의견에 대한 설득이 전제되어야 한다. 따라서 질의·토론 과정에서 소수파의 토론 기회를 박탈하거나 또는 아예 토론절차를 열지 아니한 채 표결을 진행하여 결론을 내리게 된다면, 다양한 견해에 입각한 의안의 심의 및 타협은 불가능하고, 결과적으로 의회주의 이념에 입각한 국회의 기능은 형해화될 수밖에 없다. 따라서 국회가 법률을 제정함에 있어서도 전체 국회의원을 구성원으로 하는 회의에서 심의절차를 거친 이후의 표결에 의하여 다수결로 결정해야 하는 것이고, 이러한 의사결정과정은 국회의 의사를 국민의 의사로 간주하는 대의효과(代議效果)의 실질적인 요건이라 할 것이다. 그러므로 국회의 심의절차는 표결 절차와 마찬가지로 국회에 의한 의사결정절차에서 생략할 수 없는 핵심절차이며, 의회주의 이념을 기초로 하는 국회 입법절차의 본질적인 부분이라 할 것이다(헌재 2009.10.29. 2009헌라8등).

ㄹ. (○) 국회법 제96조 참조.

> **국회법 제96조(수정안의 표결 순서)** ① 같은 의제에 대하여 여러 건의 수정안이 제출되었을 때에는 의장은 다음 각 호의 기준에 따라 표결의 순서를 정한다.
> 1. 가장 늦게 제출된 수정안부터 먼저 표결한다.
> 2. 의원의 수정안은 위원회의 수정안보다 먼저 표결한다.
> 3. 의원의 수정안이 여러 건 있을 때에는 원안과 차이가 많은 것부터 먼저 표결한다.
> ② 수정안이 전부 부결되었을 때에는 원안을 표결한다.

ㅁ. (X) 헌법 제53조 참조.

> **헌법 제53조** ① 국회에서 의결된 법률안은 정부에 이송되어 15일 이내에 대통령이 공포한다.
> ② 법률안에 이의가 있을 때에는 대통령은 제1항의 기간내에 이의서를 붙여 국회로 환부하고, 그 재의를 요구할 수 있다. 국회의 폐회 중에도 또한 같다.

문 37
24년 8월 모의시험

헌법상 의사공개의 원칙에 관한 설명 중 옳지 않은 것은? (다툼이 있는 경우 판례에 의함)

① 모든 국회의 회의는 원칙적으로 공개하여야 하지만, 출석의원 과반수의 찬성이 있거나 의장이 국가의 안전보장을 위하여 필요하다고 인정할 때에는 공개하지 아니할 수 있다.

② 모든 국민은 원하는 경우 본회의든 위원회의 회의든 국회의 회의를 원칙적으로 방청할 수 있다.

③ 소위원회 회의의 공개 여부는 헌법상 의사공개원칙의 취지에 따라 소위원회가 관장하는 업무의 성격, 심사대상인 의안의 특성, 회의공개로 인한 장단점, 그간의 의사관행 등 여러 가지 사정을 종합하여 소위원회 의결로 합리적으로 결정할 수 있다.

④ 헌법상 회의의 비공개를 위한 절차나 사유는 그 문언이 매우 구체적이어서, 의사공개원칙에 대한 예외는 엄격하게 인정되어야 한다.
⑤ 국회는 헌법 제50조 제1항 단서가 적시한 출석의원 과반수의 찬성이라는 요건보다 더 엄격한 요건을 요구하는 법률의 형식으로 위원회 회의의 비공개를 결정할 수 있다.

MGI Point 헌법상 의사공개의 원칙

- 모든 국회의 회의는 원칙적으로 공개 要 / 출석의원 과반수의 찬성이 있거나 의장이 국가의 안전보장을 위하여 필요하다고 인정할 때에는 비공개 가능
- 모든 국민은 원하는 경우 본회의든 위원회의 회의든 국회의 회의를 원칙적으로 방청할 수 있음
- 소위원회 회의의 공개여부는 소위원회 또는 소위원회가 속한 위원회에서 여러 가지 사정을 종합하여 합리적 결정 가능
- 헌법상 회의의 비공개를 위한 절차나 사유는 그 문언이 매우 구체적이어서 의사공개원칙에 대한 예외는 엄격하게 인정 要
- 국회는 헌법 제50조 제1항 단서 상 출석의원 과반수의 찬성이라는 요건보다 더 엄격한 요건을 요구하는 법률의 형식으로 위원회 회의의 비공개 결정 가능 ×

① (○), ② (○), ④ (○), ⑤ (X) 헌법 제50조 제1항은 본문에서 국회의 회의를 공개한다는 원칙을 규정하면서, 단서에서 '출석의원 과반수의 찬성이 있거나 의장이 국가의 안전보장을 위하여 필요하다고 인정할 때'에는 이를 공개하지 아니할 수 있다는 예외를 두고 있다(①). …또한 헌법 제50조 제1항 단서가 정하고 있는 회의의 비공개를 위한 절차나 사유는 그 문언이 매우 구체적이므로, 예외적인 비공개 사유는 문언에 따라 엄격하게 해석되어야 한다(④). …헌법 제50조 제1항으로부터 일체의 공개를 불허하는 절대적인 비공개가 허용된다고 볼 수는 없다. 회의의 내용이 국가안전보장에 영향을 미치지 아니하는 경우나 회의의 구성원인 출석의원 과반수가 회의의 공개에 찬성하는 경우에도 회의를 공개할 수 없도록 정하여, 국회의 회의의 공개를 원천적으로 차단하는 것은 헌법 제50조 제1항의 문언에 정면으로 반하기 때문이다. 따라서 특정한 내용의 국회의 회의나 특정 위원회의 회의를 일률적으로 비공개한다고 정하면서 공개의 여지를 차단하는 것은 헌법 제50조 제1항에 부합하지 아니한다.
심판대상조항(정보위원회 회의는 공개하지 아니한다고 정하고 있는 국회법 제54조의2 제1항 본문)은 정보위원회의 회의 일체를 비공개 하도록 정함으로써 정보위원회 활동에 대한 국민의 감시와 견제를 사실상 불가능하게 하고 있다. 또한 헌법 제50조 제1항 단서에서 정하고 있는 비공개사유는 각 회의마다 충족되어야 하는 요건으로 입법과정에서 재적의원 과반수의 출석과 출석의원 과반수의 찬성으로 의결되었다는 사실만으로 헌법 제50조 제1항 단서의 '출석위원 과반수의 찬성'이라는 요건이 충족되었다고 볼 수도 없다(⑤). 따라서 심판대상조항은 헌법 제50조 제1항에 위배되는 것으로 과잉금지원칙 위배 여부에 대해서는 더 나아가 판단할 필요 없이 청구인들의 알 권리를 침해한다(헌재 2022.01.27. 2018헌마1162,2020헌바428(병합)). ▶반면, 재판관 2인의 반대의견은 "헌법 제50조 제1항 단서가 정하고 있는 출석의원 과반수의 찬성보다 더 엄격한 본회의 의결을 통해 민주적 정당성을 갖춘 법률의 형식으로 위원회의 회의의 비공개를 결정할 수 있다"고 한다.

헌법 제50조 ① 국회의 회의는 공개한다. 다만, 출석의원 과반수의 찬성이 있거나 의장이 국가의 안전보장을 위하여 필요하다고 인정할 때에는 공개하지 아니할 수 있다.
② 공개하지 아니한 회의내용의 공표에 관하여는 법률이 정하는 바에 의한다.

국회법 제54조의2(정보위원회에 대한 특례) ① 정보위원회의 회의는 공개하지 아니한다. 다만, 공청회 또는 제65조의2에 따른 인사청문회를 실시하는 경우에는 위원회의 의결로 이를 공개할 수 있다.
[단순위헌, 2018헌마1162, 2022.1.27, 국회법(2018. 4. 17. 법률 제15620호로 개정된 것) 제54조의2 제1항 본문은 헌법에 위반된다.]

③ (○) 소위원회의 회의도 가능한 한 국민에게 공개하는 것이 바람직하나, 전문성과 효율성을 위한 제도인 소위원회의 회의를 공개할 경우 우려되는 부정적 측면도 외면할 수 없고, 헌법은 국회회의의 공개여부에

관하여 회의 구성원의 자율적 판단을 허용하고 있으므로, 소위원회 회의의 공개여부 또한 소위원회 또는 소위원회가 속한 위원회에서 여러 가지 사정을 종합하여 합리적으로 결정할 수 있다 할 것인바, 예산결산특별위원회의 계수조정소위원회는 예산의 각 장·관·항의 조정과 예산액 등의 수치를 종합적으로 조정·정리하는 소위원회로서, 예산심의에 관하여 이해관계를 가질 수 밖에 없는 많은 국가기관과 당사자들에게 계수조정 과정을 공개하기는 곤란하다는 점과, 계수조정소위원회를 비공개로 진행하는 것이 국회의 확립된 관행이라는 점을 들어 방청을 불허한 것이고, 한편 절차적으로도 계수조정소위원회를 비공개로 함에 관하여는 예산결산특별위원회 위원들의 실질적인 합의 내지 찬성이 있었다고 볼 수 있으므로, 이 사건 소위원회 방청불허행위를 헌법이 설정한 국회 의사자율권의 범위를 벗어난 위헌적인 공권력의 행사라고 할 수 없다(헌재 2000.06.29. 98헌마443,99헌마583(병합)).

정답 ⑤

문 38

21년 10월 모의시험

국회의 의사공개원칙에 관한 설명 중 옳은 것을 모두 고른 것은? (다툼이 있는 경우 판례에 의함)

> ㄱ. 헌법과 「국회법」에 의하면 의사공개의 원칙은 본회의뿐만 아니라 위원회, 청문회에도 적용된다.
> ㄴ. 의사공개의 원칙은 방청과 보도의 자유를 그 내용으로 하며, 회의록의 공표까지 포함하는 것은 아니다.
> ㄷ. 의사공개원칙은 국회의 헌법적 기능과 관련된 회의뿐만 아니라 단순한 행정적 회의도 공개되어야 한다는 것이다.
> ㄹ. 위원회 회의가 공개되는 경우에도 방청을 허용하여서는 아니 될 사유가 있다는 이유로 위원장이 방청을 허가하지 않는 것은 의사공개원칙에 반한다.
> ㅁ. 출석의원 과반수의 찬성이 있거나 국회의장이 국가의 안전보장을 위하여 필요하다고 인정할 때에는 국회의 회의를 공개하지 아니할 수 있다.

① ㄱ, ㄴ
② ㄱ, ㅁ
③ ㄱ, ㄷ, ㄹ
④ ㄴ, ㄷ, ㄹ
⑤ ㄴ, ㄷ, ㄹ, ㅁ

MGI Point 국회의 의사공개원칙 ★★

- 의사공개원칙 적용여부 : 본회의 ○, 위원회 ○, 소위원회 ○, 청문회 ○
- 의사공개의 원칙
  ⇨ 방청·보도의 자유 + 회의록 공표 포함
  ⇨ 단순한 행정적 회의는 제외하고, 국회의 헌법적 기능과 관련된 모든 회의 ○
- 위원회 회의가 공개되는 경우에도 방청을 허용해서는 안 될 사유가 있다는 이유로 방청을 불허가한 경우
  ⇨ 의사공개원칙에 반하지 않음
- 국회의 회의비공개 요건 ⇨ ① 출석의원 과반수 찬성 ② 의장이 국가 안전보장 위해 필요하다고 인정할 때

ㄱ. (O), ㄴ. (X), ㄷ. (X), ㄹ. (X), ㅁ. (O) 헌법 제50조 제1항은 "국회의 회의는 공개한다"라고 하여 의사공개의 원칙을 규정하고 있는바, 이는 단순한 행정적 회의를 제외하고(ㄷ) 국회의 헌법적 기능과 관련된 모든 회의는 원칙적으로 국민에게 공개되어야 함을 천명한 것으로서, 의사공개원칙의 헌법적 의미, 오늘날 국회기능의 중점이 본회의에서 위원회로 옮겨져 위원회중심주의로 운영되고 있는 점, 국회법 제75조 제1항 및 제71조의 규정내용에 비추어 본회의든 위원회의 회의든 국회의 회의는 원칙적으로 공개되어야 하고(ㄱ), 원하는 모든 국민은 원칙적으로 그 회의를 방청할 수 있다. … 국회법 제55조 제1항은 위원회의 공개원칙을 전제로 한 것이지, 비공개를 원칙으로 하여 위원장의 자의에 따라 공개여부를 결정케 한 것이 아닌바, 위원장이라고 하여 아무런 제한없이 임의로 방청불허 결정을 할 수 있는 것이 아니라, 회의장의 장소적 제약으로 불가피한 경우, 회의의 원활한 진행을 위하여 필요한 경우 등 결국 회의의 질서유지를 위하여 필요한 경우에 한하여 방청을 불허할 수 있는 것으로 제한적으로 풀이되며, 이와 같이 이해하는 한, 위 조항은 헌법에 규정된 의사공개의 원칙에 저촉되지 않으면서(ㄹ) 국민의 방청의 자유와 위원회의 원활한 운영간에 적절한 조화를 꾀하고 있다고 할 것이므로 국민의 기본권을 침해하는 위헌조항이라 할 수 없다. …의사공개의 원칙은 방청 및 보도의 자유와 회의록의 공표를 그 내용으로 하는데(ㄴ) 다만, 의사공개의 원칙은 절대적인 것이 아니므로, 출석의원 과반수의 찬성이 있거나 의장이 국가의 안전보장을 위하여 필요하다고 인정할 때에는 공개하지 아니할 수 있다(헌법 제50조 제1항 단서)(ㅁ)(헌재 2000.06.29. 98헌마443).

> 헌법 제50조 ① 국회의 회의는 공개한다. 다만, 출석의원 과반수의 찬성이 있거나 의장이 국가의 안전보장을 위하여 필요하다고 인정할 때에는 공개하지 아니할 수 있다.
> 국회법 제57조(소위원회) ⑤ 소위원회의 회의는 공개한다. 다만, 소위원회의 의결로 공개하지 아니할 수 있다.
> 국회법 제65조(청문회) ④ 청문회는 공개한다. 다만, 위원회의 의결로 청문회의 전부 또는 일부를 공개하지 아니할 수 있다.
> 국회법 제75조(회의의 공개) ① 본회의는 공개한다. 다만, 의장의 제의 또는 의원 10명 이상의 연서에 의한 동의로 본회의 의결이 있거나 의장이 각 교섭단체 대표의원과 협의하여 국가의 안전보장을 위하여 필요하다고 인정할 때에는 공개하지 아니할 수 있다.

제❹절 ┃ 국회의 권한

문 39
22년 6월 모의시험

국회와 행정부의 관계에 관한 설명 중 옳지 않은 것은?

① 대통령은 국회에 출석하여 발언하거나 서한으로 의견을 표시할 수 있다.
② 국회나 위원회의 요구가 있을 때에는 대통령·국무총리·국두위원은 출석·답변하여야 한다.
③ 국회는 정부의 동의 없이 정부가 제출한 지출예산 각항의 금액을 증가하거나 새 비목을 설치할 수 없다.
④ 국회는 선전포고, 국군의 외국에의 파견 또는 외국군대의 대한민국 영역 안에서의 주류에 대한 동의권을 가진다.
⑤ 국무총리·국무위원 또는 정부위원은 국회나 그 위원회에 출석하여 국정처리상황을 보고하거나 의견을 진술할 수 있다.

> **MGI Point 국회와 행정부**
> - 대통령은 국회에 출석하여 발언하거나 서한으로 의견 표시 可
> - 국회나 그 위원회가 요구시 국무총리·국무위원·정부위원은 출석·답변 要
> - 국회는 정부의 동의 없이 정부가 제출한 지출예산 각항의 금액을 증가하거나 새 비목 설치 ×
> - 국회는 선전포고, 국군의 외국에의 파견 또는 외국군대의 대한민국 영역안 주류에 대한 동의권 ○
> - 국무총리·국무위원 또는 정부위원은 국회나 그 위원회에 출석하여 국정처리상황을 보고 or 의견 진술 可

① (○) 헌법 제81조 참조.

> 헌법 제81조 대통령은 국회에 출석하여 발언하거나 서한으로 의견을 표시할 수 있다.

② (×), ⑤ (○) 헌법 제62조 참조.

> 헌법 제62조 ① 국무총리·국무위원 또는 정부위원은 국회나 그 위원회에 출석하여 국정처리상황을 보고하거나 의견을 진술하고 질문에 응답할 수 있다.
> ② 국회나 그 위원회의 요구가 있을 때에는 국무총리·국무위원 또는 정부위원은 출석·답변하여야 하며, 국무총리 또는 국무위원이 출석요구를 받은 때에는 국무위원 또는 정부위원으로 하여금 출석·답변하게 할 수 있다.

③ (○) 헌법 제57조 참조.

> 헌법 제57조 국회는 정부의 동의 없이 정부가 제출한 지출예산 각항의 금액을 증가하거나 새 비목을 설치할 수 없다.

④ (○) 헌법 제60조 참조.

> 헌법 제60조 ② 국회는 선전포고, 국군의 외국에의 파견 또는 외국군대의 대한민국 영역 안에서의 주류에 대한 동의권을 가진다.

정답 ②

문 40 20년 10월 모의시험

조세에 관한 설명으로 옳지 않은 것은? (다툼이 있는 경우 판례에 의함)

① 국회는 위원회가 제안한 조세에 관한 법률안의 본회의 상정 전이나 본회의 상정 후에 재적의원 4분의 1 이상이 요구할 때에는 그 심사를 위하여 의원 전원으로 구성되는 전원위원회를 개회할 수 있다.
② 우리나라는 조세입법에서 영구세주의를 따르기 때문에 국회가 조세에 관한 법률을 제정하면 그 법률에 따라 국가나 지방자치단체가 계속하여 조세를 부과·징수할 수 있다.
③ 조세법률주의의 이념은 과세요건을 법률로 명확하게 규정함으로써 국민의 재산권을 보장함과 동시에 국민의 경제생활에 법적 안정성과 예측가능성을 보장함에 있으므로, 조세법률주의는 조세의 부과·징수에 관한 규정뿐 아니라 조세감면규정에도 적용된다.
④ 조세감면 등의 조세우대조치를 내용으로 하는 경우, 조세평등주의 위반 여부를 판단함에 있어서는 입법재량의 범위를 벗어났는지에 관하여 합리성 심사기준이 아니라 엄격심사기준을 적용하여야 한다.

⑤ 납세의무의 중요한 사항 내지 본질적인 내용에 관련된 것이라 하더라도 그 중 경제현실의 변화나 전문적 기술의 발달 등에 즉응하여야 하는 세부적인 사항에 관하여는 국회 제정의 형식적 법률보다 더 탄력성이 있는 행정입법에 이를 위임할 필요가 있다.

> **MGI Point | 조세** ★★
> - 조세에 관한 법률안 ⇨ 본회의 상정 전후 재적의원 1/4 이상 요구 시 전원위원회 개회 可
> - 우리나라는 조세입법에서 영구세주의 채택 ⇨ 국회가 조세에 관한 법률 제정하면 그 법률에 따라 국가나 지방자치단체가 계속하여 조세 부과·징수 可
> - 조세법률주의는 조세의 부과·징수에 관한 규정뿐 아니라 조세감면규정에도 적용 ○
> - 조세우대조치를 내용으로 하는 법률조항의 조세평등주의 위반 여부 판단 ⇨ 합리성 심사기준을 적용
> - 납세의무의 중요한 사항 내지 본질적인 내용에 관련된 것이라도 그 중 경제현실의 변화나 전문적 기술의 발달 등 즉응하여야 하는 세부적인 사항 ⇨ 행정입법에 위임할 필요 ○

① (○) 국회법 제63조의2 제1항 참조.

> **국회법 제63조의2(전원위원회)** ① 국회는 위원회의 심사를 거치거나 위원회가 제안한 의안 중 정부조직에 관한 법률안, 조세 또는 국민에게 부담을 주는 법률안 등 주요 의안의 본회의 상정 전이나 본회의 상정 후에 재적의원 4분의 1 이상이 요구할 때에는 그 심사를 위하여 의원 전원으로 구성되는 전원위원회를 개회할 수 있다. 다만, 의장은 주요 의안의 심의 등 필요하다고 인정하는 경우 각 교섭단체 대표의원의 동의를 받아 전원위원회를 개회하지 아니할 수 있다.

② (○) 우리 헌법 제59조에서 "조세의 종목과 세율은 법률로 정한다"라고 할 뿐이기 때문에 입법례상 영구세주의를 채택한다. 그러나 그 실제에 있어서 조세는 예산과 불가분의 관계에 있기 때문에 사실상 매년 개정이 불가피하다(성낙인, 헌법학 제18판, p.475). ▶ 영구세주의란 의회가 조세에 관한 법률을 제정하면 그 법률에 따라 국가나 공공단체가 계속하여 조세를 부과·징수할 수 있는 방식이다. 반면에 일년세주의란 국가나 공공단체가 조세를 부과·징수하기 위하여서는 의회가 매년 그에 관한 법률을 새로이 의결하는 방식이다.

③ (○) 조세는 국가 또는 지방자치단체가 재정수요의 충족을 위한 경비를 조달하기 위하여 일반 국민에게 반대급부 없이 일방적·강제적으로 징수하는 것이어서 국민의 재산권에 침해가 되므로, 헌법은 모든 국민은 법률이 정하는 바에 의하여 납세의 의무를 지고 조세의 종목과 세율은 법률로 정하도록 규정함으로써(제38조, 제59조) 조세법률주의를 선언하고 있는바, 조세법률주의는 조세의 부과·징수에 관한 규정뿐 아니라 조세감면규정에도 적용된다(헌재 2012.07.26. 2011헌바365).

④ (X) 이 사건 법률조항은 양도소득세의 전부 또는 일부를 감면하는 조세우대조치를 내용으로 하고 있으므로, 이 사건 법률조항이 조세평등주의에 위반되는지 여부를 판단함에 있어서는 그 내용이 입법목적 등에 비추어 현저하게 입법재량의 범위를 벗어나 합리성을 결여한 것인지 여부, 즉 합리성 심사기준을 적용하여 판단할 수 있다(헌재 2011.06.30. 2010헌바430).

⑤ (○) 납세의무의 중요한 사항 내지 본질적인 내용에 관련된 것이라 하더라도 그 중 경제현실의 변화나 전문적 기술의 발달 등에 즉응하여야 하는 세부적인 사항에 관하여는 국회제정의 형식적 법률보다 더 탄력성이 있는 행정입법에 이를 위임할 필요가 있다(헌재 2006.02.23. 2004헌바32).

정답 ④

문 41

21년 6월 모의시험

입법절차에 관한 설명 중 옳지 않은 것을 모두 고른 것은? (다툼이 있는 경우 판례에 의함)

> ㄱ. 위원회는 그 소관에 속하는 사항에 관하여 법률안과 그 밖의 의안을 제출할 수 있으며, 이 경우에 해당 의안은 위원장이 제안자가 된다.
> ㄴ. 「국회법」에서 수정동의의 요건으로 규정한 '원안의 취지 및 내용과의 직접 관련성'은 '원안의 취지와 수정안 취지 사이의 직접 관련성', '원안의 취지와 수정안의 내용 사이의 직접 관련성', '원안의 내용과 수정안의 내용 사이의 직접 관련성'을 모두 갖추어야 하며, 그 중 하나의 직접 관련성이라도 흠결할 경우에는 수정동의를 통해 발의할 수 있는 적법한 수정안이 될 수 없다.
> ㄷ. 정기회 기간 중에 위원회 또는 본회의에 상정하는 법률안은 긴급하고 불가피한 사유로 위원회 또는 본회의 의결이 있는 경우를 제외하고는 다음 연도의 예산안처리에 부수하는 법률안에 한한다.
> ㄹ. 현행 「국회법」상으로는 '회기결정의 건'과 관련하여 무제한토론을 배제하는 명문의 규정이 없다는 점에서 '회기결정의 건'도 무제한토론의 대상이 될 수 있다.

① ㄱ, ㄴ
② ㄱ, ㄹ
③ ㄷ, ㄹ
④ ㄱ, ㄴ, ㄷ
⑤ ㄴ, ㄷ, ㄹ

MGI Point 입법절차 ★★

- 위원회는 그 소관에 속하는 사항에 관하여 법률안과 그 밖의 의안을 제출 可, 이 경우 위원장이 제안자 ○
- 국회법 제95조 제5항 소정의 '원안의 취지 및 내용과의 직접 관련성' ⇨ 원안에서 개정하고자 하는 조문에 관한 추가, 삭제 또는 변경으로서, 원안에 대한 위원회의 심사절차에서 수정안의 내용까지 심사할 수 있었는지 여부를 기준으로 판단
- 본회의 의사일정 상정 ⇨ 정기회 기간 중에는 예산안 처리에 부수하는 법률안만 위원회 또는 본회의에 상정할 수 있도록 제한하는 규정을 삭제함
- '회기결정의 건'은 국회법상 무제한토론의 대상이 되지 않는다고 보는 것이 타당 ○

ㄱ. (○) 국회법 제51조 참조.

> **국회법 제51조(위원회의 제안)** ① 위원회는 그 소관에 속하는 사항에 관하여 법률안과 그 밖의 의안을 제출할 수 있다.
> ② 제1항의 의안은 위원장이 제안자가 된다.

ㄴ. (×) 국회법 제95조 제5항 본문은 "제1항에 따른 수정동의는 원안 또는 위원회에서 심사보고(제51조에 따라 위원회에서 제안하는 경우를 포함한다)한 안의 취지 및 내용과 직접 관련이 있어야 한다."라고 규정하고 있다. 위 조항의 문언의 의미를 살펴보면, 수정이란 원안에 대하여 다른 의사를 가하는 것으로 새로 추가, 삭제 또는 변경하는 것을 모두 포함하는 개념이다. 의안의 취지는 의안이 달성하고자 하는 근본 목적을 의미하고, 의안의 내용은 국회의 의결을 통하여 시행하고자 하는 사항을 의미하며, 직접 관련이 있어야 한다는 것은 원안과 수정안이 바로 연결되는 관계에 있어야 한다는 것을 의미한다. 위 조항의 문언의 의미와 앞서 본 입법취지, 입법경과를 종합적으로 고려하면, 위원회의 심사를 거쳐 본회의에 부의된 법률안의 취지 및 내용과 직접 관련이 있는지 여부는 '원안에서 개정하고자 하는 조문에 관한 추가, 삭제 또는

변경으로서, 원안에 대한 위원회의 심사절차에서 수정안의 내용까지 심사할 수 있었는지 여부'를 기준으로 판단하는 것이 타당하다(헌재 2020.05.27. 2019헌라6등). ▶지문은 반대의견

> **국회법 제95조(수정동의)** ⑤ 제1항에 따른 수정동의는 원안 또는 위원회에서 심사보고(제51조에 따라 위원회에서 제안하는 경우를 포함한다)한 안의 취지 및 내용과 직접 관련이 있어야 한다. 다만, 의장이 각 교섭단체 대표의원과 합의를 하는 경우에는 그러하지 아니하다.

ㄷ. (X) 국회법 제93조의2 참조. ▶법률안의 효율적인 심사를 위하여 정기 국회기간중에는 원칙적으로 예산부수법안만 처리하되, 긴급하고 불가피한 사유로 위원회 또는 본회의 의결이 있는 경우에는 예산부수법안이 아닌 경우에도 처리할 수 있도록 했던 법 제93조의2 제2항 삭제됨

> **국회법 제93조의2(법률안의 본회의 상정시기)** 본회의는 위원회가 법률안에 대한 심사를 마치고 의장에게 그 보고서를 제출한 후 1일이 지나지 아니하였을 때에는 그 법률안을 의사일정으로 상정할 수 없다. 다만, 의장이 특별한 사유로 각 교섭단체 대표의원과의 협의를 거쳐 이를 정한 경우에는 그러하지 아니하다.

ㄹ. (X) 무제한토론제도의 입법취지는 소수 의견이 개진될 수 있는 기회를 보장하면서도 안건에 대한 효율적인 심의가 이루어지도록 하는 것인 점, 국회법 제7조가 집회 후 즉시 의결로 회기를 정하도록 한 취지와 회기제도의 의미, 헌법과 국회법이 예정하고 있는 국회의 정상적인 운영 절차, '회기결정의 건'에 대한 무제한토론을 허용할 경우 국회의 운영에 심각한 장애가 초래될 수 있는 점, 국회법 제106조의2의 규정, 국회 선례 등을 체계적·종합적으로 고려하면, '회기결정의 건'은 그 본질상 국회법 제106조의2에 따른 무제한 토론의 대상이 되지 않는다고 보는 것이 타당하다(헌재 2020.05.27. 2019헌라6등).

 ⑤

문 42
20년 10월 모의시험

「국회법」상의 법률안 심의 및 의결에 관한 설명으로 옳지 <u>않은</u> 것을 모두 고른 것은?

> ㄱ. 위원회 위원장은 간사와 협의하여 회부된 법률안의 입법 취지와 주요 내용 등을 국회공보 또는 국회 인터넷 홈페이지 등에 게재하는 방법 등으로 입법예고해야 하며, 그 기간은 20일 이상으로 한다.
> ㄴ. 의장은 천재지변이나 전시·사변 또는 이에 준하는 국가비상사태의 경우 각 교섭단체 대표의원과 협의하여 관련 안건의 심사기간을 지정할 수 있다.
> ㄷ. 위원회에 회부된 안건을 신속처리대상안건으로 지정하려는 경우 의원은 재적의원 3분의 1 이상이 서명한 신속처리대상안건 지정요구 동의(動議)를 의장에게 제출하고, 의장은 지체 없이 이를 무기명투표로 표결하되, 재적의원 5분의 3 이상의 찬성으로 의결한다.
> ㄹ. 신속처리대상안건은 본회의에 부의된 것으로 보는 날부터 60일 이내에 본회의에 상정되어야 하며, 신속처리대상안건이 60일 이내에 본회의에 상정되지 아니하였을 때에는 그 기간이 지난 후 처음으로 개의되는 본회의에 상정된다.
> ㅁ. 위원회에서 본회의에 부의할 필요가 없다고 결정된 의안은 본회의에 부의하지 않지만, 위원회의 결정이 본회의에 보고된 날부터 폐회 또는 휴회 중의 기간을 제외한 7일 이내에 의원 20명 이상의 요구가 있을 때에는 그 의안을 본회의에 부의해야 한다.

① ㄱ, ㄴ, ㄷ   ② ㄱ, ㄴ, ㄹ   ③ ㄱ, ㄷ, ㅁ
④ ㄴ, ㄹ, ㅁ   ⑤ ㄷ, ㄹ, ㅁ

> **MGI Point** 국회법상의 법률안 심의 및 의결 ★★★
>
> - 입법예고 기간 ⇨ 10일 이상 / 특별한 사정이 있는 경우 단축 可
> - 의장은 천재지변이나 전시·사변 또는 이에 준하는 국가비상사태의 경우 각 교섭단체 대표의원과 협의하여 관련 안건의 심사기간 지정 可
> - 위원회에 회부된 안건(법제사법위원회에 회부된 안건 포함)을 신속처리대상안건으로 지정하려는 경우
>   - 재적의원 과반수 지정동의 제출 ⇨ 의장이 지체없이 무기명투표 ⇨ 재적의원 3/5 이상의 찬성으로 의결
> - 신속처리대상안건 기간
>
> | 신속처리
대상안건 | 기간 | if. 기간 內 심사 × | 본회의에 부의 간주된
신속처리대상안건 |
> |---|---|---|---|
> | 위원회 | 180일 | ⇨ 그 기간이 끝난 다음날 법제사법위원회 회부 간주
⇨ 법률안·국회규칙안이 아닌 안건은 바로 본회의 부의 간주 | ⇨ 60일 內 본회의 상정 要
⇨ if. 상정 ×
그 기간이 지난 후 처음 개의되는 본회의에 상정 |
> | 법제사법
위원회 | 90일 | ⇨ 그 기간이 끝난 다음날 본회의 부의 간주 | |
>
> - 위원회에서 폐기된 의안
>   - 위원회에서 본회의에 부의할 필요가 없다고 결정된 의안 ⇨ 본회의 부의 × (폐기)
>   - 위원회의 결정이 본회의에 보고된 날부터 폐회 또는 휴회 중의 기간을 제외한 7일 이내 의원 30명 이상의 요구가 있을 때 ⇨ 그 의안 본회의에 부의 要

ㄱ. (X) 국회법 제82조의2 제1항 및 제2항 참조.

> **국회법 제82조의2(입법예고)** ① 위원장은 간사와 협의하여 회부된 법률안(체계·자구 심사를 위하여 법제사법위원회에 회부된 법률안은 제외한다)의 입법 취지와 주요 내용 등을 국회공보 또는 국회 인터넷 홈페이지 등에 게재하는 방법 등으로 입법예고하여야 한다. 다만, 다음 각 호의 어느 하나에 해당하는 경우에는 위원장이 간사와 협의하여 입법예고를 하지 아니할 수 있다.
>   1. 긴급히 입법을 하여야 하는 경우
>   2. 입법 내용의 성질 또는 그 밖의 사유로 입법예고가 필요 없거나 곤란하다고 판단되는 경우
> ② 입법예고기간은 10일 이상으로 한다. 다만, 특별한 사정이 있는 경우에는 단축할 수 있다.
> ③ 입법예고의 시기·방법·절차, 그 밖에 필요한 사항은 국회규칙으로 정한다.

ㄴ. (○) 국회법 제85조 제1항 참조.

> **국회법 제85조(심사기간)** ① 의장은 다음 각 호의 어느 하나에 해당하는 경우에는 위원회에 회부하는 안건 또는 회부된 안건에 대하여 심사기간을 지정할 수 있다. 이 경우 제1호 또는 제2호에 해당할 때에는 의장이 각 교섭단체 대표의원과 협의하여 해당 호와 관련된 안건에 대해서만 심사기간을 지정할 수 있다.
>   1. 천재지변의 경우
>   2. 전시·사변 또는 이에 준하는 국가비상사태의 경우
>   3. 의장이 각 교섭단체 대표의원과 합의하는 경우

ㄷ. (X) 국회법 제85조의2 제1항 참조.

> **국회법 제85조의2(안건의 신속 처리)** ① 위원회에 회부된 안건(체계·자구 심사를 위하여 법제사법위원회에 회부된 안건을 포함한다)을 제2항에 따른 신속처리대상안건으로 지정하려는 경우 의원은 재적의원 과반수가 서명한 신속처리대상안건 지정요구 동의(動議)(이하 이 조에서 "신속처리안건 지정동의"라 한다)를 의장에게 제출하고, 안건의 소관 위원회 소속 위원은 소관 위원회 재적위원 과반수가 서명한 신속처리안건 지정동의를 소관 위원회 위원장에게 제출하여야 한다. 이 경우 의장 또는 안건의 소관 위원회 위원장은 지체 없이 신속처리안건 지정동의를 무기명투표로 표결하되, 재적의원 5분의 3 이상 또는 안건의 소관 위원회 재적위원 5분의 3 이상의 찬성으로 의결한다.

ㄹ. (○) 국회법 제85조의2 제6항 및 제7항 참조.

> **국회법 제85조의2(안건의 신속 처리)** ② 의장은 제1항 후단에 따라 신속처리안건 지정동의가 가결되었을 때에는 그 안건을 제3항의 기간 내에 심사를 마쳐야 하는 안건으로 지정하여야 한다. 이 경우 위원회가 전단에 따라 지정된 안건(이하 "신속처리대상안건"이라 한다)에 대한 대안을 입안한 경우 그 대안을 신속처리대상안건으로 본다.
> ③ 위원회는 신속처리대상안건에 대한 심사를 그 지정일부터 180일 이내에 마쳐야 한다. 다만, 법제사법위원회는 신속처리대상안건에 대한 체계·자구 심사를 그 지정일, 제4항에 따라 회부된 것으로 보는 날 또는 제86조 제1항에 따라 회부된 날부터 90일 이내에 마쳐야 한다.
> ④ 위원회(법제사법위원회는 제외한다)가 신속처리대상안건에 대하여 제3항 본문에 따른 기간 내에 심사를 마치지 아니하였을 때에는 그 기간이 끝난 다음 날에 소관 위원회에서 심사를 마치고 체계·자구 심사를 위하여 법제사법위원회로 회부된 것으로 본다. 다만, 법률안 및 국회규칙안이 아닌 안건은 바로 본회의에 부의된 것으로 본다.
> ⑤ 법제사법위원회가 신속처리대상안건(체계·자구 심사를 위하여 법제사법위원회에 회부되었거나 제4항 본문에 따라 회부된 것으로 보는 신속처리대상안건을 포함한다)에 대하여 제3항 단서에 따른 기간 내에 심사를 마치지 아니하였을 때에는 그 기간이 끝난 다음 날에 법제사법위원회에서 심사를 마치고 바로 본회의에 부의된 것으로 본다.
> ⑥ 제4항 단서 또는 제5항에 따른 신속처리대상안건은 본회의에 부의된 것으로 보는 날부터 60일 이내에 본회의에 상정되어야 한다.
> ⑦ 제6항에 따라 신속처리대상안건이 60일 이내에 본회의에 상정되지 아니하였을 때에는 그 기간이 지난 후 처음으로 개의되는 본회의에 상정된다.

ㅁ. (X) 국회법 제87조 제1항 참조.

> **국회법 제87조(위원회에서 폐기된 의안)** ① 위원회에서 본회의에 부의할 필요가 없다고 결정된 의안은 본회의에 부의하지 아니한다. 다만, 위원회의 결정이 본회의에 보고된 날부터 폐회 또는 휴회 중의 기간을 제외한 7일 이내에 의원 30명 이상의 요구가 있을 때에는 그 의안을 본회의에 부의하여야 한다.
> ② 제1항 단서의 요구가 없을 때에는 그 의안은 폐기된다.

정답 ③

문 43

20년 8월 모의시험

국회의 입법절차 및 의사절차에 관한 설명으로 옳은 것을 모두 고른 것은? (다툼이 있는 경우 판례에 의함)

> ㄱ. 입법절차상 하자가 문제된 경우, 해당 법률의 실체적 내용으로 인하여 기본권을 침해받은 자가 헌법소원심판을 청구하여 그 심판절차에서 입법절차 하자를 이유로 해당 법률이 위헌임을 주장하는 것은 별론으로 하고, 단순히 입법절차 하자로 인한 기본권 침해를 주장하는 헌법소원심판청구는 부적법하다.
> ㄴ. 법률안 표결과정에서 권한 없는 자에 의한 임의 투표행위와 위법한 무권·대리투표행위로 의심받을 만한 행위가 있었다면, 이러한 법률안 표결과정의 현저한 무질서와 불합리·불공정은 그 표결 결과의 정당성에 영향을 미쳤을 개연성이 있으므로, 국회의장의 법률안 가결선포행위는 국회의원의 표결권을 침해한다.

ㄷ. 국회의 회의는 공개하는 것이 원칙이지만, 출석 의원 3분의 1 이상의 찬성이 있거나 국회의장이 국가의 안전보장 또는 안녕질서를 유지하기 위하여 필요하다고 인정할 때에는 공개하지 아니할 수 있다.
ㄹ. 헌법재판소가 국회의장의 법률안 가결선포행위에 대하여 입법절차상 하자를 이유로 국회의원의 법률안 심의·표결권 침해를 인정하였음에도 국회의장이 그 하자를 치유하기 위한 아무런 조치를 취하지 않았다면, 이는 권한침해확인결정의 기속력에 반하여 국회의원의 법률안 심의·표결권을 침해하는 것이다.

① ㄱ, ㄴ   ② ㄱ, ㄹ   ③ ㄷ, ㄹ
④ ㄱ, ㄴ, ㄷ   ⑤ ㄴ, ㄷ, ㄹ

MGI Point | 국회의 입법절차 및 의사절차 ★★

- 국민이 입법절차의 하자만을 주장하며 법률에 대한 헌법소원심판을 청구할 수 ×
- 법률안 표결과정의 현저한 무질서와 불합리·불공정은 표결 결과의 정당성에 영향 미쳤을 개연성 有
  ⇨ 국회의장의 가결선포행위는 국회의원의 표결권 침해 ○
- 국회의 회의 : 의사공개의 원칙 (출석의원 과반수 찬성 or 의장이 국가안전보장 위해 필요 시 비공개 可)
- 권한침해확인결정 이후 국회의장의 부작위 ⇨ 국회의원의 법률안 심의·표결권 침해 ×

ㄱ. (○) 이 사건 법률의 입법절차가 헌법이나 국회법에 위반된다고 하더라도 그와 같은 사유만으로는 이 사건 법률로 인하여 청구인들이 현재, 직접적으로 기본권을 침해받은 것으로 볼 수는 없다. 청구인들이 주장하는 이 사건 법률의 입법절차의 하자로 인하여 직접 침해되는 것은 청구인들의 기본권이 아니라 이 사건 법률의 심의 표결에 참여하지 못한 국회의원의 법률안심의, 표결 등 권한이라고 할 것이다. … 따라서 청구인들은 이 사건 법률의 실체적 내용으로 인하여 현재, 직접적으로 기본권을 침해받은 경우에 헌법소원심판을 청구하거나 이 사건 법률이 구체적 소송사건에서 재판의 전제가 된 경우에 위헌여부심판의 제청신청을 하여 그 심판절차에서 입법절차에 하자가 있음을 이유로 이 사건 법률이 위헌임을 주장하는 것은 별론으로 하고 단순히 입법절차의 하자로 인하여 기본권을 현재, 직접적으로 침해받았다고 주장하여 헌법소원심판을 청구할 수는 없다고 할 것이다(헌재 1998.08.27. 97헌마8).

ㄴ. (○) 신문법 수정안에 대한 표결 과정에 권한 없는 자에 의한 임의 투표행위, 위법한 무권 또는 대리투표행위로 의심받을 만한 여러 행위, 투표방해 또는 반대 투표행위 등 정상적인 절차에서 나타날 수 없는 투표행위가 다수 확인되는바, 신문법 수정안에 대한 표결 절차는 자유와 공정이 현저히 저해되었다. 신문법 수정안 표결 전후 상황, 위법의 의심이 있는 투표행위의 횟수 및 정도 등을 종합하면, 신문법 수정안의 표결 결과는 극도로 무질서한 상황에서 발생한 위법한 투표행위, 정당한 표결권 행사에 의한 것인지를 객관적으로 가릴 수 없는 다수의 투표행위들이 그대로 반영된 것으로서, 표결과정의 현저한 무질서와 불합리 내지 불공정이 표결 결과의 정당성에 영향을 미쳤을 개연성이 있다. 결국, 피청구인의 신문법안 가결선포행위는 헌법 제49조 및 국회법 제109조의 다수결 원칙에 위배되어 청구인들의 표결권을 침해한 것이다(헌재 2009.10.29. 2009헌라8).

ㄷ. (X) 헌법 제50조 참조.

> 헌법 제50조 ① 국회의 회의는 공개한다. 다만, 출석의원 과반수의 찬성이 있거나 의장이 국가의 안전보장을 위하여 필요하다고 인정할 때에는 공개하지 아니할 수 있다.

ㄹ. (X) 권한쟁의심판은 본래 청구인의 「권한의 존부 또는 범위」에 관하여 판단하는 것이므로, 입법절차상의 하자에 대한 종전 권한침해확인결정이 갖는 기속력의 본래적 효력은 피청구인의 이 사건 각 법률안 가결선포행위가 청구인들의 법률안 심의·표결권을 위헌·위법하게 침해하였음을 확인하는 데 그친다. 그 결정의 기속력에 의하여 법률안 가결선포행위에 내재하는 위헌·위법성을 어떤 방법으로 제거할 것인지는 전적으로 국회의 자율에 맡겨져 있다. 따라서 헌법재판소가 「권한의 존부 또는 범위」의 확인을 넘어 그 구체적 실현방법까지 임의로 선택하여 가결선포행위의 효력을 무효확인 또는 취소하거나 부작위의 위법을 확인하는 등 기속력의 구체적 실현을 직접 도모할 수는 없다(헌재 2010.11.25. 2009헌라12).

정답

문 44
21년 10월 모의시험

국회의 자율권에 관한 설명 중 옳지 않은 것은? (다툼이 있는 경우 판례에 의함)

① 국회는 법률에 저촉되지 아니하는 범위 안에서 의사와 내부규율에 관한 규칙을 제정할 수 있다.
② 국회의 자율권은 권력분립의 원칙에 입각한 것으로 의회주의사상에 뿌리를 둔 국회기능의 하나로 간주된다.
③ 헌법은 국회의원의 자격심사·징계·제명에 관하여 법원에 제소할 수 없음을 규정함으로써 국회의 자율권을 보장하고 있다.
④ 헌법은 교섭단체와 위원회를 구성할 수 있는 국회의 권한을 직접 규정함으로써 국회의 내부조직에 관한 자율권을 보장하고 있다.
⑤ 의사진행에 관한 폭넓은 재량권은 국회의 자율권에 속하므로 국회의장의 의사절차 진행 행위가 헌법이나 법률에 명백히 위배되지 않는 한 다른 국가기관은 이를 존중하여야 한다.

MGI Point **국회의 자율권** ★★

■ 국회는 법률에 저촉되지 아니하는 범위 안에서 의사와 내부규율에 관한 규칙을 제정 可
■ 국회의 자율권 ⇨ 의회주의 사상에 뿌리를 두고, 권력분립 원칙에 입각한 국회기능의 하나로 간주 ○
■ 국회의원의 자격심사·징계·제명 ⇨ 법원에 제소 不可
■ 교섭단체와 위원회를 구성할 수 있는 국회의 권한 ⇨ 국회법에서 규정
■ 국회의 의사진행에 관한 폭넓은 재량권은 국회의 자율권의 일종이므로 다른 국가기관은 헌법이나 법률에 명백히 위배되지 않는 한 국회의장의 의사절차 진행행위 존중 要

---

① (○) 헌법 제64조 제1항 참조.

> **헌법 제64조** ① 국회는 법률에 저촉되지 아니하는 범위안에서 의사와 내부규율에 관한 규칙을 제정할 수 있다.

② 국회의 자율권은 의회주의사상에 그 뿌리를 두고 권력분립의 원칙에 입각한 것으로, 현대국가의 의회에서는 국회가 갖는 입법·재정·견제·인사기능의 실효성을 높이기 위해서 필요불가결한 국회기능의 하나로 간주되고 있다(헌재 2020.05.27. 2019헌라1).

③ (○) 헌법 제64조 제2항 내지 제4항 참조.

> **헌법 제64조** ② 국회는 의원의 자격을 심사하며, 의원을 징계할 수 있다.
> ③ 의원을 제명하려면 국회재적의원 3분의 2 이상의 찬성이 있어야 한다.
> ④ 제2항과 제3항의 처분에 대하여는 법원에 제소할 수 없다.

④ (X) 헌법이 아닌 국회법에서 규정하고 있다. 국회법 "제5장 교섭단체·위원회와 위원" 제33조 이하 참조.
⑤ (○) 국회의장의 의사진행에 관한 폭넓은 재량권은 국회의 자율권의 일종이므로, 다른 국가기관은 헌법이나 법률에 명백히 위배되지 않는 한 국회의장의 의사절차 진행 행위를 존중하여야 한다(헌재 2020.05.27. 2019헌라6,2020헌라1(병합)).

정답 ④

문 45 21년 8월 모의시험

국회의 국정감사권 및 국정조사권에 관한 설명 중 옳은 것을 모두 고른 것은? (다툼이 있는 경우 판례에 의함)

> ㄱ. 1972년 제7차 개정헌법은 1948년 제헌헌법이 규정한 국정감사권을 폐지하였고, 1980년 제8차 개정헌법은 국정조사권을 규정하였으며, 현행 헌법은 국정감사권과 국정조사권을 규정하고 있다.
> ㄴ. 국정감사의 대상은 지방자치단체 중 특별시·광역시·도의 경우에는 국가위임사무와 국가가 보조금 등 예산을 지원하는 사업으로 제한된다.
> ㄷ. 국회는 재적의원 4분의 1 이상의 요구가 있는 때에는 특별위원회 또는 상임위원회로 하여금 국정의 특정사안에 관하여 국정조사를 하게 한다.
> ㄹ. 「국회에서의 증언·감정 등에 관한 법률」상의 증인이 허위의 진술을 한 경우 위증죄로 처벌하는 것은 해당 증인의 진술거부권을 제한하지만 과잉금지원칙에 위반되는 것은 아니다.
> ㅁ. 국회로부터 공무원이 국가기밀 사항에 대한 증언의 요구를 받은 경우에 이로부터 5일 이내에 그 발표로 말미암아 국가안위에 중대한 영향을 미칠 수 있음이 명백하다는 주무부장관의 소명이 있으면 해당 증언을 거부할 수 있으나, 국회가 주무부장관의 소명을 수락하지 아니할 경우에는 해당 증언을 거부할 수 없다.

① ㄴ, ㄷ ② ㄹ, ㅁ
③ ㄱ, ㄴ, ㄷ ④ ㄷ, ㄹ, ㅁ
⑤ ㄱ, ㄴ, ㄷ, ㄹ

MGI Point 국회의 국정감사·조사권 ★★

■ 헌정사

	제1공화국	제2공화국	제3공화국	제4공화국	제5공화국	현행헌법
국정감사	○	○	○	×	×	○
국정조사	×	×	×	×	○	○

- 지방자치단체에 대한 국정감사의 대상 ⇨ 특별시·광역시·도의 경우 국가위임사무와 국가가 예산을 지원하는 사업
- 국정조사 발의 ⇨ 국회 재적의원 4분의 1 이상
- 국회에서 허위의 진술을 한 증인을 위증죄로 처벌하는 구『국회증언감정법』제14조 제1항 본문 중 증인에 관한 부분
  ⇨ 진술거부권 제한 ×
- 국회증언감정법상 공무상 비밀에 관한 증언·서류 등의 제출
  ① 국회로부터 공무원 또는 공무원이었던 사람이 증언의 요구를 받거나, 국가기관이 서류 등의 제출을 요구받은 경우
    ⇨ 증언할 사실이나 제출할 서류 등 내용이 직무상 비밀에 속한다는 이유로 증언이나 서류 등 제출을 거부 불가
    ⇨ 다만, 군사·외교·대북 관계의 국가기밀에 관한 사항으로서 국가안위에 중대한 영향을 미칠 수 있음이 명백하다고 주무부장관이 증언 등의 요구를 받은 날부터 5일 이내 소명하는 경우 可
  ② 국회가 소명을 수락하지 아니할 경우
    ⇨ 본회의 의결로, 폐회 중에는 해당 위원회의 의결로 국회가 요구한 증언 또는 서류 등의 제출이 국가의 중대한 이익을 해친다는 취지의 국무총리의 성명 요구
  ③ 국무총리가 성명 요구를 받은 날부터 7일 이내 그 성명을 발표하지 아니하는 경우
    ⇨ 증언이나 서류 등의 제출을 거부 불가

ㄱ. (○) 제헌헌법 제43조는 "국회는 국정을 감사하기 위하여 필요한 서류를 제출케 하며 증인의 출석과 증언 또는 의견의 진술을 요구할 수 있다"고 규정하여 '국정감사'라는 용어로 제도를 도입하였다. 국정감사제도는 제헌헌법 이래 제8대 국회까지 시행되어오다가 유신헌법에 의해 폐지되고 국정감사법도 폐지되었다. … 제5공화국 헌법은 "국회는 특정한 국정사안에 관하여 조사할 수 있으며, 그에 직접 관련된 서류의 제출, 증인의 출석과 증언이나 의견의 진술을 요구할 수 있다"고 하여 최초의 국정조사제도를 헌법에서 명시하였다. 현행 헌법에서는 국정감사권이 다시 부활되어 국정조사권과 함께 규정하였다. 이에 따라 국회법을 개정하여 국정감사와 국정조사를 동시에 규정하는 한편 국정감사와 조사의 절차 등을 규정한 국정감사 및 조사에 관한 법률을 제정하였다(김유향, 기본강의 헌법 전정 제7판, p.1271).

ㄴ. (○) 국정감사 및 조사에 관한 법률 제7조 참조.

> **국정감사 및 조사에 관한 법률 제7조(감사의 대상)** 감사의 대상기관은 다음 각 호와 같다.
> 2. 지방자치단체 중 특별시·광역시·도. 다만, 그 감사범위는 국가위임사무와 국가가 보조금 등 예산을 지원하는 사업으로 한다.

ㄷ. (○) 국정감사 및 조사에 관한 법률 제3조 제1항 참조.

> **국정감사 및 조사에 관한 법률 제3조(국정조사)** ① 국회는 재적의원 4분의 1 이상의 요구가 있는 때에는 특별위원회 또는 상임위원회로 하여금 국정의 특정사안에 관하여 국정조사(이하 "조사"라 한다)를 하게 한다.

ㄹ. (✕) 국회에서 허위의 진술을 한 증인을 위증죄로 처벌하는 구 '국회에서의 증언·감정 등에 관한 법률' 제14조 제1항 본문 중 증인에 관한 부분이 진술거부권을 제한하는지 여부(소극): 국회증언감정법상의 증인의 경우 진술거부권을 고지받을 권리가 인정되지 않으므로, 청구인이 진술거부권을 고지받지 않았다고 하더라도 심판대상조항이 헌법상 진술거부권을 제한한다고 볼 수 없다(헌재 2015.09.24. 2012헌바410).

ㅁ. (✕) 국회에서의 증언·감정 등에 관한 법률 제4조 참조.

> **국회에서의 증언·감정 등에 관한 법률 제4조(공무상 비밀에 관한 증언·서류등의 제출)** ① 국회로부터 공무원 또는 공무원이었던 사람이 증언의 요구를 받거나, 국가기관이 서류등의 제출을 요구받은 경우에 증언할 사실이나 제출할 서류등의 내용이 직무상 비밀에 속한다는 이유로 증언이나 서류등의 제출을 거부할 수 없다. 다만, 군사·외교·대북 관계의 국가기밀에 관한 사항으로서 그 발표로 말미암아 국가안위에 중대한 영향을 미칠 수 있음이 명백하다고 주무부장관(대통령 및 국무총리의 소속기관에서는 해당 관서의 장)이 증언 등의 요구를 받은 날부터 5일 이내에 소명하는 경우에는 그러하지 아니하다.
> ② 국회가 제1항 단서의 소명을 수락하지 아니할 경우에는 본회의 의결로, 폐회 중에는 해당 위원회의 의결로 국회가 요구한 증언 또는 서류등의 제출이 국가의 중대한 이익을 해친다는 취지의 국무총리의 성명을 요구할 수 있다.

③ 국무총리가 제2항의 성명 요구를 받은 날부터 7일 이내에 그 성명을 발표하지 아니하는 경우에는 증언이나 서류등의 제출을 거부할 수 없다.

정답 ③

문 46
24년 6월 모의시험

예산에 관한 설명 중 옳은 것(○)과 옳지 않은 것(×)을 올바르게 조합한 것은?

ㄱ. 정부는 예산안을 국회에 제출한 후 부득이한 사유로 인하여 그 내용의 일부를 수정하고자 하는 때에는 국무회의의 심의를 거쳐 대통령의 승인을 얻은 수정예산안을 국회에 제출할 수 있다.
ㄴ. 새로운 회계연도가 개시될 때까지 예산안이 의결되지 못한 경우라도 정부는 이미 예산으로 승인된 사업의 계속을 위한 경비에 대해서는 국회에서 예산안이 의결될 때까지 아직 의결되지 못한 그 예산안에 따라 집행할 수 있다.
ㄷ. 국회는 정부의 동의 없이 정부가 제출한 지출예산 각항의 금액을 증가할 수는 없지만, 새 비목은 설치할 수 있다.
ㄹ. 정부는 법령에 따라 국가가 지급하여야 하는 지출이 증가하여 이미 확정된 예산에 변경을 가할 필요가 있는 경우 추가경정예산안을 편성할 수 있는데, 국회에서 추가경정예산안이 확정되기 전에 이를 미리 배정하거나 집행할 수 없다.
ㅁ. 예산결산특별위원회의 위원 수는 50명으로 하고 국회의장은 교섭단체 소속 의원 수의 비율과 상임위원회 위원 수의 비율에 따라 각 교섭단체 대표의원의 요청으로 위원을 선임한다.

① ㄱ(×), ㄴ(○), ㄷ(×), ㄹ(×), ㅁ(×)
② ㄱ(○), ㄴ(×), ㄷ(×), ㄹ(×), ㅁ(○)
③ ㄱ(×), ㄴ(×), ㄷ(○), ㄹ(○), ㅁ(×)
④ ㄱ(○), ㄴ(×), ㄷ(×), ㄹ(○), ㅁ(○)
⑤ ㄱ(○), ㄴ(○), ㄷ(○), ㄹ(×), ㅁ(○)

MGI Point 예산 ★★

- 정부는 예산안을 국회에 제출한 후 부득이한 사유로 인하여 그 내용의 일부를 수정하고자 하는 때에는 국무회의의 심의를 거쳐 대통령의 승인을 얻은 수정예산안을 국회에 제출 가능
- 새로운 회계연도가 개시될 때까지 예산안이 의결되지 못한 때에는 정부는 국회에서 예산안이 의결될 때까지 다음의 목적을 위한 경비는 전년도 예산에 준하여 집행 가능
- 국회는 정부의 동의 없이 정부가 제출한 지출예산 각항의 금액을 증가하거나 새 비목을 설치할 수 없음
- 정부는 법령에 따라 국가가 지급하여야 하는 지출이 증가하여 이미 확정된 예산에 변경을 가할 필요가 있는 경우 추가경정예산안을 편성 가능, 국회에서 추가경정예산안이 확정되기 전에 이를 미리 배정하거나 집행 불가능
- 예산결산특별위원회의 위원 수는 50명, 국회의장은 교섭단체 소속 의원 수의 비율과 상임위원회 위원 수의 비율에 따라 각 교섭단체 대표의원의 요청으로 위원 선임

ㄱ. (○) 국가재정법 제35조 참조.

> **국가재정법 제35조(국회제출 중인 예산안의 수정)** 정부는 예산안을 국회에 제출한 후 부득이한 사유로 인하여 그 내용의 일부를 수정하고자 하는 때에는 국무회의의 심의를 거쳐 대통령의 승인을 얻은 수정예산안을 국회에 제출할 수 있다.

ㄴ. (X) 헌법 제54조 참조.

> **헌법 제54조** ③ 새로운 회계연도가 개시될 때까지 예산안이 의결되지 못한 때에는 정부는 국회에서 예산안이 의결될 때까지 다음의 목적을 위한 경비는 전년도 예산에 준하여 집행할 수 있다.
> 1. 헌법이나 법률에 의하여 설치된 기관 또는 시설의 유지·운영
> 2. 법률상 지출의무의 이행
> 3. 이미 예산으로 승인된 사업의 계속

ㄷ. (X) 헌법 제57조 참조.

> **헌법 제57조** 국회는 정부의 동의 없이 정부가 제출한 지출예산 각항의 금액을 증가하거나 새 비목을 설치할 수 없다.

ㄹ. (○) 국가재정법 제89조 제1항, 제2항 참조.

> **국가재정법 제89조(추가경정예산안의 편성)** ① 정부는 다음 각 호의 어느 하나에 해당하게 되어 이미 확정된 예산에 변경을 가할 필요가 있는 경우에는 추가경정예산안을 편성할 수 있다.
> 1. 전쟁이나 대규모 재해(「재난 및 안전관리 기본법」 제3조에서 정의한 자연재난과 사회재난의 발생에 따른 피해를 말한다)가 발생한 경우
> 2. 경기침체, 대량실업, 남북관계의 변화, 경제협력과 같은 대내·외 여건에 중대한 변화가 발생하였거나 발생할 우려가 있는 경우
> 3. 법령에 따라 국가가 지급하여야 하는 지출이 발생하거나 증가하는 경우
> ② 정부는 국회에서 추가경정예산안이 확정되기 전에 이를 미리 배정하거나 집행할 수 없다.

ㅁ. (○) 국회법 제45조 제2항 참조.

> **국회법 제45조(예산결산특별위원회)** ② 예산결산특별위원회의 위원 수는 50명으로 한다. 이 경우 의장은 교섭단체 소속 의원 수의 비율과 상임위원회 위원 수의 비율에 따라 각 교섭단체 대표의원의 요청으로 위원을 선임한다.

문 47

23년 8월 모의시험

예산과 재정에 관한 설명 중 옳은 것은?

① 정부는 대통령의 승인을 얻은 예산안을 회계연도 개시 120일 전까지 국회에 제출하여야 하고, 정부는 예산안을 국회에 제출한 후 부득이한 사유로 인하여 그 내용의 일부를 수정하고자 하는 때에는 국무회의의 심의를 거쳐 대통령의 승인을 얻은 수정예산안을 국회에 제출할 수 있다.

② 새로운 회계연도가 개시될 때까지 예산안이 의결되지 못한 경우, 정부는 국회에서 예산안이 의결될 때까지 법령에 의하여 설치된 기관 또는 시설의 유지·운영 목적을 위한 경비는 전년도 예산에 준하여 집행할 수 있다.
③ 국채를 모집하였거나 예산 외에 국가의 부담이 될 계약을 체결한 때에는 정부는 지체없이 국회의 승인을 얻어야 한다.
④ 국회는 정부의 동의 없이 정부가 제출한 지출예산 각항의 금액을 증감하거나 새 비목을 설치할 수 없다.
⑤ 국회의장이 각 교섭단체 대표의원과 합의한 경우를 제외하고, 국회 위원회는 예산안의 심사를 매년 12월 30일까지 마쳐야 하는데, 위원회가 예산안에 대하여 12월 30일까지 심사를 마치지 아니하였을 때에는 그 다음 날에 위원회에서 심사를 마치고 바로 본회의에 부의된 것으로 본다.

MGI Point 예산·재정 ★★

- 정부가 대통령의 승인을 얻은 예산안
  - 회계연도 개시 120일 전까지 국회에 제출하여야
  - 예산안을 국회에 제출한 후 부득이한 사유로 그 내용의 일부를 수정하고자 하는 때에는 국무회의의 심의를 거쳐 대통령의 승인을 얻은 수정예산안을 국회에 제출 可
- 준예산 ⇨ 헌법이나 법률에 의하여 설치된 기관 또는 시설의 유지·운영 목적을 위한 경비
- 예비비 ⇨ 정부는 미리 국회의 의결을 얻어야 ○
- 국회가 정부가 제출한 지출예산 각항의 금액을 증가하거나 새 비목을 설치하는 경우 ⇨ 정부의 동의 要
- 국회위원회는 예산안 심사를 매년 11월 30일까지 마쳐야, 그 때까지 심사를 마치지 아니하였을 때에는 그 다음 날에 위원회에서 심사를 마치고 바로 본회의에 부의된 것으로 봄

① (○) 국가재정법 제33조, 제35조 참조.

> **국가재정법 제33조(예산안의 국회제출)** 정부는 제32조의 규정에 따라 대통령의 승인을 얻은 예산안을 회계연도 개시 120일 전까지 국회에 제출하여야 한다.
> **국가재정법 제35조(국회제출 중인 예산안의 수정)** 정부는 예산안을 국회에 제출한 후 부득이한 사유로 인하여 그 내용의 일부를 수정하고자 하는 때에는 국무회의의 심의를 거쳐 대통령의 승인을 얻은 수정예산안을 국회에 제출할 수 있다.

② (X) 헌법 제54조 제3항 제1호 참조.

> **헌법 제54조** ③ 새로운 회계연도가 개시될 때까지 예산안이 의결되지 못한 때에는 정부는 국회에서 예산안이 의결될 때까지 다음의 목적을 위한 경비는 전년도 예산에 준하여 집행할 수 있다.
> 1. 헌법이나 법률에 의하여 설치된 기관 또는 시설의 유지·운영

③ (X) 헌법 제58조 참조.

> **헌법 제58조** 국채를 모집하거나 예산 외에 국가의 부담이 될 계약을 체결하려 할 때에는 정부는 미리 국회의 의결을 얻어야 한다.

④ (X) 헌법 제57조 참조.

> 헌법 제57조 국회는 정부의 동의 없이 정부가 제출한 지출예산 각항의 금액을 증가하거나 새 비목을 설치할 수 없다.

⑤ (X) 국회법 제85조의3 제1항, 제2항 참조.

> 국회법 제85조의3(예산안 등의 본회의 자동 부의 등) ① 위원회는 예산안, 기금운용계획안, 임대형 민자사업 한도액안(이하 "예산안등"이라 한다)과 제4항에 따라 지정된 세입예산안 부수 법률안의 심사를 매년 11월 30일까지 마쳐야 한다.
> ② 위원회가 예산안등과 제4항에 따라 지정된 세입예산안 부수 법률안(체계·자구 심사를 위하여 법제사법위원회에 회부된 법률안을 포함한다)에 대하여 제1항에 따른 기한까지 심사를 마치지 아니하였을 때에는 그 다음 날에 위원회에서 심사를 마치고 바로 본회의에 부의된 것으로 본다. 다만, 의장이 각 교섭단체 대표의원과 합의한 경우에는 그러하지 아니하다.

정답 ①

문 48

21년 8월 모의시험

국회의 재정권에 관한 설명 중 옳은 것은?

① 국회는 정부의 동의 없이 정부가 제출한 지출예산 각항의 금액을 삭감할 수 없다.
② 정부는 국채를 모집하거나 예산 외에 국가의 부담이 될 계약을 체결한 경우에는 즉시 국회의 승인을 얻어야 한다.
③ 세입과는 달리 세출을 위해서는 예산에 계상(計上)되어 있으면 족하고, 별도로 법률의 근거를 요하지 않는다.
④ 대통령은 국회에서 통과된 예산안을 국회에 환부하여 재심의를 요구하는 거부권을 행사할 수 있다.
⑤ 정부는 감사원의 검사를 거친 결산을 국회에 제출해야 하며, 국회에 제출된 결산은 예산안과 마찬가지로 소관 상임위원회와 예산결산특별위원회의 심사를 거쳐 본회의의 의결을 거쳐야 한다.

MGI Point 국회의 재정권 ★★

- 국회는 정부의 동의 없이 정부가 제출한 지출예산 각항의 금액을 증가하거나 새 비목 설치 ×
  cf. 국회는 정부의 동의 없이 정부제출예산 삭감 ○
- 정부가 국채모집 또는 예산외 국가에 부담이 될 계약 체결시 ⇨ 미리 국회의 의결 要
- 세입과 세출 모두 예산에 계상하는 외 법률의 근거 要 ⇨ 예산과 법률은 상호불변관계 및 상호구속관계 ○
- 대통령은 국회에서 통과된 예산안을 국회에 환부하여 재심의 요구하는 거부권 행사 不可
- 감사원은 세입·세출의 결산을 매년 검사하여 대통령과 차년도 국회에 보고 ⇨ 국회는 결산을 소관 상임위원회에 회부 ⇨ 예산결산특별위원회에 회부 ⇨ 그 심사가 끝난 후 본회의에 부의

① (X) 헌법 제57조 참조. ▶삭감에 대해서는 따로 규정하고 있지 않음

> 헌법 제57조 국회는 정부의 동의없이 정부가 제출한 지출예산 각항의 금액을 증가하거나 새 비목을 설치할 수 없다.

② (X) 헌법 제58조 참조.

> 헌법 제58조 국채를 모집하거나 예산외에 국가의 부담이 될 계약을 체결하려 할 때에는 정부는 미리 국회의 의결을 얻어야 한다.

③ (X) 세출예산과 법률이 불일치할 수 있는 원인은 예산과 법률이 상호불변관계 및 상호구속관계에 있기 때문이다. 즉 예산과 법률은 별개의 국법형식으로 성질·성립절차·효력이 상이하기 때문에 예산을 가지고 법률을 변경할 수 없고, 법률을 가지고 예산을 변경할 수 없다는 점에서는 상호불변관계에 있다. 이러한 상호불변관계로 인해 예산에는 지출이 계상되어 있어도 그 지출을 명하거나 인정하는 법률이 없는 경우에는 정부는 지출을 할 수 없고, 법률에 의하여 지출이 인정되고 명령되었다 하더라도 그 지출의 실행에 필요한 예산이 없으면 마찬가지로 정부는 지출을 할 수 없게 된다는 점에서 상호구속관계가 발생한다. … 법률이 있는데 예산이 없다면 정부는 예비비제도와 추가경정예산제도에 의하여 불일치를 조정하여야 한다. … 예산은 있는데 법률이 없는 경우에는 정부는 법률안을 국회에 제출하여 의결을 구할 필요가 있고, 국회는 필요한 법률을 제정하여 불일치를 조정할 수 있다. 그러나 국회가 예산안을 의결했기 때문에 그에 따른 법률을 제정해야하는 정치적 의무를 부담한다고 볼 수 있지만 법적 의무까지 인정된다고 보기는 어렵다(김유향, 기본강의 헌법 전정 제7판, p.1251~1252). 국가재정법 제17조 참조.

> 국가재정법 제17조(예산총계주의) ① 한 회계연도의 모든 수입을 세입으로 하고, 모든 지출을 세출로 한다.
> ② 제53조에 규정된 사항을 제외하고는 세입과 세출은 모두 예산에 계상하여야 한다.

④ (X) 헌법 제53조 제2항 참조. ▶대통령은 법률과 달리 확정된 본예산에 대해서는 재의를 요구(거부권 행사)할 수 없음

> 헌법 제53조 ② 법률안에 이의가 있을 때에는 대통령은 제1항의 기간내에 이의서를 붙여 국회로 환부하고, 그 재의를 요구할 수 있다. 국회의 폐회중에도 또한 같다.

⑤ (O) 헌법 제99조, 국회법 제84조 참조.

> 헌법 제99조 감사원은 세입·세출의 결산을 매년 검사하여 대통령과 차년도국회에 그 결과를 보고하여야 한다.
> 국회법 제84조(예산안·결산의 회부 및 심사) ① 예산안과 결산은 소관 상임위원회에 회부하고, 소관 상임위원회는 예비심사를 하여 그 결과를 의장에게 보고한다. 이 경우 예산안에 대해서는 본회의에서 정부의 시정연설을 듣는다.
> ② 의장은 예산안과 결산에 제1항의 보고서를 첨부하여 이를 예산결산특별위원회에 회부하고 그 심사가 끝난 후 본회의에 부의한다. 결산의 심사 결과 위법하거나 부당한 사항이 있는 경우에 국회는 본회의 의결 후 정부 또는 해당 기관에 변상 및 징계조치 등 그 시정을 요구하고, 정부 또는 해당 기관은 시정 요구를 받은 사항을 지체 없이 처리하여 그 결과를 국회에 보고하여야 한다.

 ⑤

문 49

20년 8월 모의시험

국회의 예산안 심의와 관련된 설명으로 옳지 않은 것을 모두 고른 것은?

ㄱ. 국회는 정부의 동의 없이 정부가 제출한 지출예산 각항의 금액을 증가하거나 새 비목을 설치할 수 없다.

ㄴ. 의안에 대한 수정동의 중, 예산안에 대한 수정동의는 그 안을 갖추고 이유를 붙여 30명 이상의 찬성 의원과 연서하여 미리 의장에게 제출하여야 한다.
ㄷ. 새로운 회계연도가 개시될 때까지 예산안이 의결되지 못한 때에는 정부는 국회에서 예산안이 의결될 때까지 가예산을 편성하여 국회의 의결을 얻어 집행할 수 있다.
ㄹ. 한 회계연도를 넘어 계속하여 지출할 필요가 있을 때에는 정부는 연한을 정하여 계속비로서 국회의 의결을 얻어야 한다.
ㅁ. 헌법은 정부가 회계연도마다 예산안을 편성하여 회계연도 개시 100일전까지 국회에 제출하고, 국회가 회계연도 개시 30일전까지 이를 의결하도록 규정하고 있다.

① ㄱ, ㄴ, ㄷ ② ㄱ, ㄴ, ㄹ ③ ㄱ, ㄹ, ㅁ
④ ㄴ, ㄷ, ㅁ ⑤ ㄷ, ㄹ, ㅁ

MGI Point 국회의 예산안 심의 ★★

- 국회는 정부의 동의 없이 정부가 제출한 지출예산 각항의 금액을 증가하거나 새 비목 설치 ×
- 의안에 대한 수정동의 : 의원 30인 이상의 찬성자와 연서하여 미리 의장에게 제출 要
  예산안에 대한 수정동의 : 의원 50인 이상의 찬성 要
- 준예산
  - 회계년도 개시까지 예산이 성립하지 않은 경우 전년도 예산에 준하여 집행
  - 헌법 제54조의 규정된 목적에 해당하는 경우에 한하여 지출
    ① 헌법이나 법률에 의하여 설치된 기관 또는 시설의 유지, 운영
    ② 법률상 지출의무의 이행
    ③ 이미 예산으로 승인된 사업의 계속
- 계속비
  - 한 회계연도를 넘어 계속 지출할 필요가 있을 때에는 정부는 연한을 정하여 계속비로서 국회의 의결 要
  - 연한은 원칙적으로 5년 이내
- 정부의 국회에 대한 예산안 제출시기 ⇨ 회계연도 개시 90일 전까지
  국회의 예산안 의결시기 ⇨ 회계연도 개시 30일 전까지

ㄱ. (○) 헌법 제57조 참조.

> **헌법 제57조** 국회는 정부의 동의없이 정부가 제출한 지출예산 각항의 금액을 증가하거나 새 비목을 설치할 수 없다.

ㄴ. (X) 국회법 제95조 제1항 참조.

> **국회법 제95조(수정동의)** ① 의안에 대한 수정동의(修正動議)는 그 안을 갖추고 이유를 붙여 30명 이상의 찬성 의원과 연서하여 미리 의장에게 제출하여야 한다. 다만, 예산안에 대한 수정동의는 의원 50명 이상의 찬성이 있어야 한다.

ㄷ. (X) 헌법 제54조 제3항 참조.

> **헌법 제54조** ③ 새로운 회계연도가 개시될 때까지 예산안이 의결되지 못한 때에는 정부는 국회에서 예산안이 의결될 때까지 다음의 목적을 위한 경비는 전년도 예산에 준하여 집행할 수 있다.
> 1. 헌법이나 법률에 의하여 설치된 기관 또는 시설의 유지·운영
> 2. 법률상 지출의무의 이행
> 3. 이미 예산으로 승인된 사업의 계속

ㄹ. (○) 헌법 제55조 제1항 참조.

> 헌법 제55조 ① 한 회계연도를 넘어 계속하여 지출할 필요가 있을 때에는 정부는 연한을 정하여 계속비로서 국회의 의결을 얻어야 한다.

ㅁ. (X) 헌법 제54조 제2항 참조.

> 헌법 제54조 ② 정부는 회계연도마다 예산안을 편성하여 회계연도 개시 90일 전까지 국회에 제출하고, 국회는 회계연도 개시 30일 전까지 이를 의결하여야 한다.

정답 ④

문 50
20년 6월 모의시험

국가의 재정에 관한 설명 중 옳은 것(○)과 옳지 않은 것(×)을 올바르게 조합한 것은? (다툼이 있는 경우 판례에 의함)

> ㄱ. 한 회계연도를 넘어 계속하여 지출할 필요가 있을 때에는 정부는 연한을 정하여 계속비로서 국회의 의결을 얻어야 하며, 예비비는 항목별로 국회의 의결을 얻어야 한다.
> ㄴ. 정부는 예산안을 국회에 제출한 후 부득이한 사유로 인하여 그 내용의 일부를 수정하고자 하는 때에는 국무회의의 심의를 거쳐 대통령의 승인을 얻은 수정예산안을 국회에 제출할 수 있다.
> ㄷ. 부담금은 조세에 대한 관계에서 어디까지나 예외적으로만 인정되어야 하며, 어떤 공적 과제에 관한 재정조달을 조세로 할 것인지 아니면 부담금으로 할 것인지에 관하여 입법자의 자유로운 선택권을 허용하여서는 안 된다.
> ㄹ. 새로운 회계연도가 개시될 때까지 예산안이 의결되지 못한 때에는 정부는 국회에서 예산안이 의결될 때까지 법령상 지출의무의 이행을 위한 경비는 전년도 예산에 준하여 집행할 수 있다.

① ㄱ(×), ㄴ(×), ㄷ(○), ㄹ(○)
② ㄱ(○), ㄴ(×), ㄷ(○), ㄹ(○)
③ ㄱ(×), ㄴ(○), ㄷ(×), ㄹ(○)
④ ㄱ(○), ㄴ(×), ㄷ(○), ㄹ(×)
⑤ ㄱ(×), ㄴ(○), ㄷ(○), ㄹ(×)

MGI Point 국가의 재정 ★★

- 계속비에 대한 절차요건
  - 정부는 연한을 정하여 국회의 의결을 얻어야 함
  - 연한은 원칙적으로 5년 이내
- 예비비에 대한 절차요건
  - 예비비 : '총액으로' 국회의결을 얻어야 함

- 예비비의 지출 : 차기국회의 승인
- 정부는 예산안을 국회에 제출한 후 일부 수정하고자 하는 때 ⇨ 국무회의의 심의를 거쳐 대통령의 승인을 얻은 수정예산안을 국회에 제출 可
- 부담금 ⇨ 조세에 대한 관계에서 예외적으로만 인정 ○
  공적과제에 대한 재정조달을 조세로 할 것인지 부담금으로 할 것인지 여부 ⇨ 입법자의 자유로운 선택권 ×
- 준예산
  - 회계년도 개시까지 예산이 성립하지 않은 경우 전년도 예산에 준하여 집행
  - 헌법 제54조의 규정된 목적에 해당하는 경우에 한하여 지출
    ① 헌법이나 법률에 의하여 설치된 기관 또는 시설의 유지, 운영
    ② 법률상 지출의무의 이행
    ③ 이미 예산으로 승인된 사업의 계속

ㄱ. (X) 헌법 제55조 참조.

> 헌법 제55조 ② 예비비는 총액으로 국회의 의결을 얻어야 한다. 예비비의 지출은 차기국회의 승인을 얻어야 한다.

ㄴ. (○) 국가재정법 제35조 참조.

> 국가재정법 제35조(국회제출 중인 예산안의 수정) 정부는 예산안을 국회에 제출한 후 부득이한 사유로 인하여 그 내용의 일부를 수정하고자 하는 때에는 국무회의의 심의를 거쳐 대통령의 승인을 얻은 수정예산안을 국회에 제출할 수 있다.

ㄷ. (○) 부담금은 조세에 대한 관계에서 어디까지나 예외적으로만 인정되어야 하며, 어떤 공적 과제에 관한 재정조달을 조세로 할 것인지 아니면 부담금으로 할 것인지에 관하여 입법자의 자유로운 선택권을 허용하여서는 안 된다. 부담금 납부의무자는 재정조달 대상인 공적 과제에 대하여 일반국민에 비해 '특별히 밀접한 관련성'을 가져야 하며, 부담금이 장기적으로 유지되는 경우에 있어서는 그 징수의 타당성이나 적정성이 입법자에 의해 지속적으로 심사될 것이 요구된다. 다만, 부담금이 재정조달목적뿐 아니라 정책실현 목적도 함께 가지는 경우에는 위 요건들 중 일부가 완화된다(헌재 2004.07.15. 2002헌바42).

ㄹ. (X) 헌법 제54조 제3항 참조.

> 헌법 제54조 ③ 새로운 회계연도가 개시될 때까지 예산안이 의결되지 못한 때에는 정부는 국회에서 예산안이 의결될 때까지 다음의 목적을 위한 경비는 전년도 예산에 준하여 집행할 수 있다.
> 1. 헌법이나 법률에 의하여 설치된 기관 또는 시설의 유지·운영
> 2. 법률상 지출의무의 이행
> 3. 이미 예산으로 승인된 사업의 계속

제❺절 | 국회의원의 헌법상 지위와 특권

문 51
23년 10월 모의시험

국회의원에 관한 설명 중 옳지 않은 것은? (다툼이 있는 경우 판례에 의함)

① 국회의원은 국회 내 의안 처리 과정에서 질의권·토론권 및 표결권을 침해받았음을 이유로 「헌법재판소법」 제68조 제1항에 따른 헌법소원심판을 청구할 수 없다.

② 국회의원을 체포하거나 구금하기 위하여 국회의 동의를 받으려고 할 때에는 관할 법원의 판사는 영장을 발부하기 전에 체포동의 요구서를 국회에 제출하여야 한다.
③ 국회의장이 위원회의 위원을 선임·개선하는 행위는 국회의 자율권에 근거한 행위로서 이러한 행위의 권한 침해 여부를 판단할 때에는 헌법이나 법률을 명백히 위반한 흠이 있는지를 심사하는 것으로 충분하다.
④ 국회의원이 국회 내에서 하는 정부·행정기관에 대한 자료제출의 요구는 그것이 직무상 질문이나 질의를 준비하기 위한 것인 경우에 직무상 발언에 부수하여 행하여진 것으로서 면책특권이 인정되어야 한다.
⑤ 국회의원이 다른 의원의 자격에 대하여 이의가 있을 때에는 30명 이상의 연서로 의장에게 자격심사를 청구할 수 있는데, 본회의에서 자격이 없는 것으로 의결할 때에는 재적의원 3분의 2 이상의 찬성이 있어야 한다.

MGI Point 국회의원 ★★

- 국회의원의 질의권·토론권 및 표결권 침해 이유로 헌법소원심판청구 허용 ×
- 국회의원을 체포·구금하기 위하여 국회의 동의를 받으려고 할 때 ⇨ 관할법원의 판사는 영장을 발부하기 전에 체포동의 요구서를 '정부'에 제출하여야 ○
- 국회의장이 위원회의 위원을 선임·개선하는 행위의 권한 침해 여부 판단 ⇨ 헌법이나 법률을 명백히 위반한 흠이 있는지 여부의 심사로 충분
- 국회의원이 국회 내에서 하는 정부·행정기관에 대한 자료제출의 요구 행위 ⇨ 국회의원 면책특권의 대상이 되는 행위 ○
- 국회의원 자격심사 ⇨ 의원 30명 이상의 연서로 의장에게 자격심사를 청구, 본회의에서 재적의원 3분의 2 이상의 찬성

① (O) 국회의원이 국회 내에서 행하는 질의권·토론권 및 표결권 등은 입법권 등 공권력을 행사하는 국가기관인 국회의 구성원의 지위에 있는 국회의원에게 부여된 권한이지 국회의원 개인에게 헌법이 보장하는 권리 즉 기본권으로 인정된 것이라고 할 수 없으므로, 설사 국회의장의 불법적인 의안처리행위로 헌법의 기본원리가 훼손되었다고 하더라도 그로 인하여 헌법상 보장된 구체적 기본권을 침해당한 바 없는 국회의원인 청구인들에게 헌법소원심판청구가 허용된다고 할 수 없다(헌재 1995.02.23. 90헌마125).

② (X) 국회법 제26조 제1항 참조.

> 국회법 제26조(체포동의 요청의 절차) ① 의원을 체포하거나 구금하기 위하여 국회의 동의를 받으려고 할 때에는 관할법원의 판사는 영장을 발부하기 전에 체포동의 요구서를 정부에 제출하여야 하며, 정부는 이를 수리(受理)한 후 지체 없이 그 사본을 첨부하여 국회에 체포동의를 요청하여야 한다.

③ (O) 국회의장이 위원회의 위원을 선임·개선하는 행위는 국회의 자율권에 근거하여 내부적으로 회의체 기관을 구성·조직하는 것으로서 다른 국가기관의 간섭을 받지 아니하고 광범위한 재량에 의하여 자율적으로 정할 수 있는 고유한 영역에 속한다. 따라서 이 사건 개선행위의 권한 침해 여부를 판단할 때 헌법이나 법률을 명백히 위반한 흠이 있는지를 심사하는 것으로 충분하다(헌재 2020.05.27. 2019헌라1).

④ (O) 면책특권의 대상이 되는 행위는 국회의 직무수행에 필수적인 국회의원의 국회 내에서의 직무상 발언과 표결이라는 의사표현행위 자체에만 국한되지 않고 이에 통상적으로 부수하여 행하여지는 행위까지 포함되므로, 국회의원이 국회의 위원회나 국정감사장에서 국무위원·정부위원 등에 대하여 하는 질문이나 질의는 국회의 입법활동에 필요한 정보를 수집하고 국정통제기능을 수행하기 위한 것이므로 면책특권의 대상이 되는 발언에 해당함은 당연하고, 또한 국회의원이 국회 내에서 하는 정부·행정기관에 대한 자료제출의 요구는 국회의원이 입법 및 국정통제 활동을 수행하기 위하여 필요로 하는 것이므로 그것이 직무상 질

문이나 질의를 준비하기 위한 것인 경우에는 직무상 발언에 부수하여 행하여진 것으로서 면책특권이 인정되어야 한다(대판 1996.11.08. 96도1742).

⑤ (○) 국회법 제138조, 제142조 제3항 참조.

> **국회법 제138조(자격심사의 청구)** 의원이 다른 의원의 자격에 대하여 이의가 있을 때에는 30명 이상의 연서로 의장에게 자격심사를 청구할 수 있다.
> **국회법 제142조(의결)** ③ 본회의는 심사대상 의원의 자격 유무를 의결로 결정하되, 그 자격이 없는 것으로 의결할 때에는 재적의원 3분의 2 이상의 찬성이 있어야 한다.

 ②

문 52

23년 6월 모의시험

국회의원에 관한 설명 중 옳은 것은? (다툼이 있는 경우 판례에 의함)

① 국회의원의 법률안 심의·표결권은 국민에 의하여 선출된 국가기관으로서 국회의원이 그 본질적 임무인 입법에 관한 직무를 수행하기 위하여 보유하는 권한으로서의 성격을 갖고 있으므로 국회의원의 개별적인 의사에 따라 포기할 수 있는 것은 아니다.
② 국회의장이 궐위된 때에는 잔여 임기동안 소속 의원 수가 많은 교섭단체 소속 부의장이 의장의 직무를 대행한다.
③ 경위나 경찰공무원은 국회 안에 현행범인인 국회의원이 있을 때에는 국회의장의 명령 없이 국회의원을 체포할 수 있으며, 체포한 후 의장의 지시를 받아야 한다.
④ 징계대상자로부터 모욕을 당한 국회의원이 징계를 요구할 때에는 국회의원 20명 이상의 찬성으로 그 사유를 적은 요구서를 의장에게 제출하여야 한다.
⑤ 국회의원은 그가 발의한 의안 또는 동의(動議)를 철회할 수 있는데, 의원이 본회의 또는 위원회에서 의제가 된 의안 또는 동의를 철회할 때에는 발의의원 2분의 1 이상이 철회의사를 표시하는 경우에 철회할 수 있다.

> **MGI Point 국회법** ★
> ■ 국회의원의 법률안 심의·표결권은 국회의원의 개별적인 의사에 따라 포기 ×
> ■ 국회의장 궐위시 ⇨ 지체 없이 보궐선거를 실시함
> ■ 국회의원이 현행범인 경우라도 국회 안에 있는 경우 의장의 명령을 받아 의원체포 可
> ■ 국회의원이 징계대상자에 대한 징계요구시 의원20명이상의 찬성 요구 ○
> ⇨ 단 모욕을 당한 의원이 징계요구시 찬성의원 필요×
> ■ 국회의원은 발의한 의안을 철회 可 / 단, 본회의·위원회에서 의제 된 경우 본회의·위원회 동의 받아서 철회 可

① (○) 국회의원의 법률안 심의·표결권은 국민에 의하여 선출된 국가기관으로서 국회의원이 그 본질적 임무인 입법에 관한 직무를 수행하기 위하여 보유하는 권한으로서의 성격을 갖고 있으므로 국회의원의 개별적인 의사에 따라 포기할 수 있는 것은 아니다(헌재 2009.10.29. 2009헌라8,9,10).

② (X)

> 국회법 제16조(보궐선거) 의장 또는 부의장이 궐위된 때나 의장과 부의장이 모두 궐위된 때에는 지체 없이 보궐선거를 실시한다.

③ (X)

> 국회법 제150조(현행범인의 체포) 경위나 경찰공무원은 국회 안에 현행범인이 있을 때에는 체포한 후 의장의 지시를 받아야 한다. 다만, 회의장 안에서는 의장의 명령 없이 의원을 체포할 수 없다.

④ (X)

> 국회법 제156조(징계의 요구와 회부) ③ 의원이 징계대상자에 대한 징계를 요구하려는 경우에는 의원 20명 이상의 찬성으로 그 사유를 적은 요구서를 의장에게 제출하여야 한다.
> ④ 징계대상자로부터 모욕을 당한 의원이 징계를 요구할 때에는 찬성의원을 필요로 하지 아니하며, 그 사유를 적은 요구서를 의장에게 제출한다.

⑤ (X)

> 국회법 제90조(의안·동의의 철회) ① 의원은 그가 발의한 의안 또는 동의(動議)를 철회할 수 있다. 다만, 2명 이상의 의원이 공동으로 발의한 의안 또는 동의에 대해서는 발의의원 2분의 1 이상이 철회의사를 표시하는 경우에 철회할 수 있다.
> ② 제1항에도 불구하고 의원이 본회의 또는 위원회에서 의제가 된 의안 또는 동의를 철회할 때에는 본회의 또는 위원회의 동의(同意)를 받아야 한다.

정답 ①

문 53
22년 10월 모의시험

국회의원의 면책특권에 관한 설명 중 옳지 않은 것은? (다툼이 있는 경우 판례에 의함)

① 국회의원의 면책특권은 국회에서 행한 발언과 표결에 대하여 책임을 면제하는 특권이고, 국회의원의 임기 중은 물론 임기만료 후에도 그 효과가 미친다.
② 면책특권의 대상이 되는 행위는 국회의 직무수행에 필수적인 국회의원의 국회 내에서의 직무상 발언과 표결이라는 의사표현행위 자체에만 국한되지 아니하고 이에 통상적으로 부수하여 행하여지는 행위까지 포함된다.
③ 면책특권은 책임만 면제받을 뿐 위법성은 조각되지 아니하므로 국회의원의 발언·표결을 교사·방조한 자는 민형사상의 책임을 진다.
④ 발언내용이 허위라는 점을 인식하지 못하였다고 하더라도 발언 내용에 다소 근거가 부족하거나 진위 여부를 확인하기 위한 조사를 제대로 하지 않았다면 면책특권의 대상이 된다고 할 수 없다.
⑤ 국회의원이 본회의에서 질문할 원고를 국회의사당 내 기자실에서 사전에 배포한 행위는 면책특권의 대상이 되는 직무부수행위에 해당한다.

> **MGI Point** **국회의원의 면책특권** ★★
>
> - 면책특권은 임기만료 이후에도 적용 ○
> - 면책특권의 대상이 되는 행위 ⇨ 국회의 직무수행에 필수적인 국회의원의 국회 내게서의 직무상 발언과 표결이라는 의사표현행위 자체에만 국한 ×, 통상적으로 부수하여 행하여지는 행위까지 포함 ○
> - 국회의원의 발언·표결을 교사·방조한 자 ⇨ 민·형사상의 책임 有 (∵ 면책특권은 책임만 면제)
> - 발언 내용이 허위라는 점을 인식 × (비록 발언 내용에 다소 근거가 부족하거나 진의 여부를 확인하기 위한 조사를 제대로 하지 않았다고 하더라도, 직무 수행의 일환으로 이루어진 경우) ⇨ 국회의원의 면책특권의 대상 ○
> - 국회의원이 국회본회의에서 질문할 원고를 사전에 배포한 행위는 면책특권의대상이 되는 직무부수행위에 해당

① (○) 면책되는 기간은 재임중에 국한되지 않으므로 임기만료 이후에드 적용된다(김유향, 기본강의 헌법 제7판, p.1310). ▶ 헌법 제45조 참조

> **헌법 제45조** 국회의원은 국회에서 직무상 행한 발언과 표결에 관하여 국회외에서 책임을 지지 아니한다.

② (○), ⑤ (○) [가] 국회의원의 면책특권의 대상이 되는 행위는 직무상의 발언과 표결이라는 의사표현행위 자체에 국한되지 아니하고 이에 통상적으로 부수하여 행하여지는 행위까지 포함하고, 그와 같은 부수행위인지 여부는 결국 구체적인 행위의 목적, 장소, 태양 등을 종합하여 개별적으로 판단할 수밖에 없다. [나] 원고의 내용이 공개회의에서 행할 발언내용이고(회의의 공개성), 원고의 배포시기가 당초 발언하기로 예정된 회의 시작 30분 전으로 근접되어 있으며(시간적 근접성), 원고 배포의 장소 및 대상이 국회의사당 내에 위치한 기자실에서 국회출입기자들만을 상대로 한정적으로 이루어지고(장소 및 대상의 한정성), 원고 배포의 목적이 보도의 편의를 위한 것(목적의 정당성)이라면, 국회의원이 국회본회의에서 질문할 원고를 사전에 배포한 행위는 면책특권의대상이 되는 직무부수행위에 해당한다(대판 1992.09.22. 91도3317).

③ (○) 면책특권은 범죄불성립요건이 아니라 단지 형벌권의 발생을 저지하는 인적 처벌조각사유이므로, 교사하거나 방조한 자는 처벌을 면할 수 없다. 그리고 면책특권에 해당할 경우 책임이 면제되기 때문에 그 행위가 형법상의 범죄를 구성한다 할지라도 소추를 받지 아니한다(김유향, 기본강의 헌법 제7판, p.1310).

④ (X) 법 제45조에서 규정하는 국회의원의 면책특권은 국회의원이 국민의 대표자로서 국회 내에서 자유롭게 발언하고 표결할 수 있도록 보장함으로써 국회가 입법 및 국정통제 등 헌법에 의하여 부여된 권한을 적정하게 행사하고 그 기능을 원활하게 수행할 수 있도록 보장하는 데 그 취지가 있다. 이러한 면책특권의 목적 및 취지 등에 비추어 볼 때, 발언 내용 자체에 의하더라도 직무와는 아무런 관련이 없음이 분명하거나, 명백히 허위임을 알면서도 허위의 사실을 적시하여 타인의 명예를 훼손하는 경우 등까지 면책특권의 대상이 될 수는 없지만, 발언 내용이 허위라는 점을 인식하지 못하였다면 비록 발언 내용에 다소 근거가 부족하거나 진위 여부를 확인하기 위한 조사를 제대로 하지 않았다고 하더라도, 그것이 직무 수행의 일환으로 이루어진 것인 이상 이는 면책특권의 대상이 된다(대판 2007.01.12. 2005다57752).

정답 ④

제3장 대통령과 정부

제❶절 | 대통령

제1항 대통령의 헌법상 지위와 신분관계

문 54 22년 10월 모의시험

대통령에 관한 설명 중 옳은 것을 모두 고른 것은? (다툼이 있는 경우 판례에 의함)

> ㄱ. 대통령의 중요정책의 국민투표부의권은 정치적 남용을 방지할 수 있도록 엄격하게 축소 해석해야 하므로, 특정정책과 대통령의 재신임을 결부시키는 것은 허용되지 않는다.
>
> ㄴ. 선고된 형의 전부를 사면할 것인지 또는 일부만을 사면할 것인지를 결정하는 것은 사면 권자의 전권사항에 속하는 것이고, 징역형의 집행유예에 대한 사면이 병과된 벌금형에도 미치는 것으로 볼 것인지 여부는 사면의 내용에 대한 해석문제에 불과하다.
>
> ㄷ. 중앙선거관리위원회의 9인의 위원은 대통령이 임명하는데, 위원 중 3인은 국회에서 선출하는 자를, 3인은 대법원장이 지명하는 자를 임명한다.
>
> ㄹ. 대통령의 '직책을 성실히 수행할 의무'는 헌법적 의무에 해당하지만, '헌법을 수호해야 할 의무'와는 달리 규범적으로 그 이행이 관철될 수 있는 성격의 의무가 아니므로 원칙적으로 사법적 판단의 대상이 되기는 어렵다.
>
> ㅁ. 대통령의 법률안거부는 법률안이 정부로 이송된 후 20일 이내에, 국무회의의 심의를 거치고, 국무총리와 관계국무위원이 부서한 이의서를 붙여 국회의장에게 환부하여 재의를 요구하는 방법으로 행한다.

① ㄱ, ㄴ, ㄹ   ② ㄱ, ㄹ, ㅁ
③ ㄴ, ㄷ, ㄹ   ④ ㄴ, ㄷ, ㅁ
⑤ ㄷ, ㄹ, ㅁ

MGI Point 대통령 ★★

- 대통령의 국민투표부의권 ⇨ 정치적 남용을 방지하기 위해 엄격한 축소해석 要, 특정정책과 대통령 재신임을 결부 ×
- 징역형의 집행유예에 대한 사면이 병과된 벌금형에도 미치는지 여부 ⇨ 사면내용에 대한 해석문제 ○
- 중앙선거관리위원회의 구성
  - 대통령이 임명하는 3인, 국회에서 선출하는 3인, 대법원장이 지명하는 3인
  - 중앙선거관리위원회 위원장 : 위원 중에서 호선
- 대통령의 성실한 직책수행의무
  - 헌법적 의무 ○
  - but 규범적으로 이행이 관철될 수 있는 성격의 의무 ×, 사법적 판단의 대상 ×
- 대통령 법률안거부 ⇨ 법률안에 이의가 있을 때에는 15일 내 이의서를 붙여 국회로 환부

ㄱ. (○) 헌법 제72조는 "대통령은 필요하다고 인정할 때에는 외교·국방·통일 기타 국가안위에 관한 중요정책을 국민투표에 붙일 수 있다."고 규정하여 대통령에게 국민투표 부의권을 부여하고 있다. 헌법 제72조는 대통령에게 국민투표의 실시 여부, 시기, 구체적 부의사항, 설문내용 등을 결정할 수 있는 임의적인 국민투표발의권을 독점적으로 부여함으로써, 대통령이 단순히 특정 정책에 대한 국민의 의사를 확인하는 것을 넘어서 자신의 정책에 대한 추가적인 정당성을 확보하거나 정치적 입지를 강화하는 등, 국민투표를 정치적 무기화하고 정치적으로 남용할 수 있는 위험성을 안고 있다. 이러한 점을 고려할 때, 대통령의 부의권을 부여하는 헌법 제72조는 가능하면 대통령에 의한 국민투표의 정치적 남용을 방지할 수 있도록 엄격하고 축소적으로 해석되어야 한다. … 대통령은 헌법상 국민에게 자신에 대한 신임을 국민투표의 형식으로 물을 수 없을 뿐만 아니라, 특정 정책을 국민투표에 붙이면서 이에 자신의 신임을 결부시키는 대통령의 행위도 위헌적인 행위로서 헌법적으로 허용되지 않는다. 물론, 대통령이 특정 정책을 국민투표에 붙인 결과 그 정책의 실시가 국민의 동의를 얻지 못한 경우, 이를 자신에 대한 불신임으로 간주하여 스스로 물러나는 것은 어쩔 수 없는 일이나, 정책을 국민투표에 붙이면서 "이를 신임투표로 간주하고자 한다."는 선언은 국민의 결정행위에 부당한 압력을 가하고 국민투표를 통하여 간접적으로 자신에 대한 신임을 묻는 행위로서, 대통령의 헌법상 권한을 넘어서는 것이다. 헌법은 대통령에게 국민투표를 통하여 직접적이든 간접적이든 자신의 신임여부를 확인할 수 있는 권한을 부여하지 않는다(헌재 2004.05.14. 2004헌나1).

ㄴ. (○) 선고된 형의 전부를 사면할 것인지 또는 일부만을 사면할 것인지를 결정하는 것은 사면권자의 전권사항에 속하는 것이고, 징역형의 집행유예에 대한 사면이 병과된 벌금형에도 미치는 것으로 볼 것인지 여부는 사면의 내용에 대한 해석문제에 불과하다 할 것이다(헌재 2000.06.01. 97헌바74).

ㄷ. (X) 헌법 제114조 제2항 참조.

> 헌법 제114조 ② 중앙선거관리위원회는 대통령이 임명하는 3인, 국회에서 선출하는 3인과 대법원장이 지명하는 3인의 위원으로 구성한다. 위원장은 위원중에서 호선한다.

ㄹ. (○) 헌법 제69조는 대통령의 취임선서의무를 규정하면서, 대통령으로서 '직책을 성실히 수행할 의무'를 언급하고 있다. 비록 대통령의 '성실한 직책수행의무'는 헌법적 의무에 해당하나, '헌법을 수호해야 할 의무'와는 달리, 규범적으로 그 이행이 관철될 수 있는 성격의 의무가 아니므로, 원칙적으로 사법적 판단의 대상이 될 수 없다고 할 것이다(헌재 2004.05.14. 2004헌나1).

ㅁ. (X) 헌법 제53조 참조.

> 헌법 제53조 ① 국회에서 의결된 법률안은 정부에 이송되어 15일 이내에 대통령이 공포한다.
> ② 법률안에 이의가 있을 때에는 대통령은 제1항의 기간내에 이의서를 붙여 국회로 환부하고, 그 재의를 요구할 수 있다. 국회의 폐회 중에도 또한 같다.

문 55

22년 8월 모의시험

대통령에 관한 설명 중 옳지 않은 것을 모두 고른 것은? (다툼이 있는 경우 판례에 의함)

ㄱ. 통치행위도 국가권력의 행사인 이상 국민의 기본권적 가치를 실현하기 위한 수단이라는 한계는 반드시 준수되어야 하므로, 국민의 기본권 침해와 직접 관련되는 경우에는 헌법에 위반되는지 여부가 심사될 수 있다.

ㄴ. 국민의 선거에 의하여 취임하는 공무원인 대통령은 정당원이자 선거운동의 주체이므로 「공직선거법」 제9조 제1항이 규정하는 "공무원 기타 정치적 중립을 지켜야 하는 자"에 포함되지 않는다.
ㄷ. 국가나 국가기관은 공권력 행사의 주체이자 기본권의 '수범자'로서 국민의 기본권을 보호하거나 실현해야 할 책임과 의무를 지니고 있으므로 대통령은 자신의 표현의 자유가 침해되었음을 이유로 헌법소원을 제기할 수 있는 청구인적격이 없다.
ㄹ. 대통령의 사면·감형·복권에 관한 권한은 법원이 행한 사법작용의 효력을 제한하는 의미를 갖기 때문에 엄격한 기준과 요건에 따라서만 행사될 수 있지만, 일반사면의 경우를 제외한 일반감형과 일반복권의 경우에는 국회의 동의를 필요로 하지 않는다.

① ㄱ, ㄴ
② ㄴ, ㄷ
③ ㄷ, ㄹ
④ ㄴ, ㄷ, ㄹ
⑤ ㄱ, ㄴ, ㄷ, ㄹ

MGI Point 대통령 ★★

- 통치행위가 국민의 기본권침해와 직접 관련되는 경우 ⇨ 헌법재판소의 심판대상 ○
- 공직선거법 제9조 제1항의 "공무원 기타 정치적 중립을 지켜야 하는 자"의 범위
  ⇨ 대통령 ○, 국회의원·지방의회의원 ×
- 대통령의 사인(私人)으로서의 지위
  - 소속 정당을 위하여 활동할 수 있는 사인으로서의 지위와 관련하여 기본권 주체성 인정 가
  - 사인으로서의 표현의 자유가 제한된 경우 ⇨ 헌법소원심판 청구인적격 ○
- 사면·감형·복권

	대상자	국회동의	형식	효과
일반사면	죄를 범한 자	○	대통령령	- 형선고받은 자 : 형선고효력 소멸 - 형선고받지 않은 자 : 공소권 소멸 - 법원의 면소판결
일반감형	형선고받은 자	×	대통령령	형을 변경
일반복권	일반	×	대통령령	자격 회복

ㄱ. (○) 대통령의 긴급재정경제명령은 국가긴급권의 일종으로서 고도의 정치적 결단에 의하여 발동되는 행위이고 그 결단을 존중하여야 할 필요성이 있는 행위라는 의미에서 이른바 통치행위에 속한다고 할 수 있으나, 통치행위를 포함하여 모든 국가작용은 국민의 기본권적 가치를 실현하기 위한 수단이라는 한계를 반드시 지켜야 하는 것이고, 헌법재판소는 헌법의 수호와 국민의 기본권 보장을 사명으로 하는 국가기관이므로 비록 고도의 정치적 결단에 의하여 행해지는 국가작용이라고 할지라도 그것이 국민의 기본권 침해와 직접 관련되는 경우에는 당연히 헌법재판소의 심판대상이 된다(헌재 1996.02.29. 93헌마186).

ㄴ. (×) 공선법 제9조의 '공무원'이란, 위 헌법적 요청을 실현하기 위하여 선거에서의 중립의무가 부과되어야 하는 모든 공무원 즉, 구체적으로 '자유선거원칙'과 '선거에서의 정당의 기회균등'을 위협할 수 있는 모든 공무원을 의미한다. 그런데 사실상 모든 공무원이 그 직무의 행사를 통하여 선거에 부당한 영향력을 행사할 수 있는 지위에 있으므로, 여기서의 공무원이란 원칙적으로 국가와 지방자치단체의 모든 공무원 즉, 좁은 의미의 직업공무원은 물론이고, 적극적인 정치활동을 통하여 국가에 봉사하는 정치적 공무원을 포함한

다. 다만, 국회의원과 지방의회의원은 정당의 대표자이자 선거운동의 주체로서의 지위로 말미암아 선거에서의 정치적 중립성이 요구될 수 없으므로, 공선법 제9조의 '공무원'에 해당하지 않는다. 따라서 선거에 있어서의 정치적 중립성은 행정부와 사법부의 모든 공직자에게 해당하는 공무원의 기본적 의무이다. 더욱이, 대통령은 행정부의 수반으로서 공정한 선거가 실시될 수 있도록 총괄·감독해야 할 의무가 있으므로, 당연히 선거에서의 중립의무를 지는 공직자에 해당하는 것이고, 이로써 공선법 제9조의 '공무원'에 포함된다(헌재 2004.05.14. 2004헌나1).

ㄷ. (X) [1] 대통령도 국민의 한사람으로서 제한적으로나마 기본권의 주체가 될 수 있는바, 대통령은 소속 정당을 위하여 정당활동을 할 수 있는 사인으로서의 지위와 국민 모두에 대한 봉사자로서 공익실현의 의무가 있는 헌법기관으로서의 지위를 동시에 갖는데 최소한 전자의 지위와 관련하여는 기본권 주체성을 갖는다고 할 수 있다. [2] 표현의 자유가 헌법상 강하게 보장되고 있는 기본권인 점을 고려할 때, 대통령인 청구인도 제한된 범위 내에서는 표현의 자유를 누릴 수 있는 기본권 주체성이 있다고 할 것이다(헌재 2008.01.17. 2007헌마700).

ㄹ. (○) 일반감형과 일반복권은 죄 또는 형의 종류를 정하여 국무회의 심의를 거쳐 대통령령으로 한다(사면법 제8조 참조).

> **헌법 제79조** ① 대통령은 법률이 정하는 바에 의하여 사면·감형 또는 복권을 명할 수 있다.
> ② 일반사면을 명하려면 국회의 동의를 얻어야 한다.
> ③ 사면·감형 및 복권에 관한 사항은 법률로 정한다.
> **사면법 제8조(일반사면 등의 실시)** 일반사면, 죄 또는 형의 종류를 정하여 하는 감형 및 일반에 대한 복권은 대통령령으로 한다. 이 경우 일반사면은 죄의 종류를 정하여 한다.

문 56

21년 6월 모의시험

대통령에 관한 설명 중 옳은 것은?

① 대통령은 국민의 보통·평등·직접·비밀선거에 의하여 선출되지만, 국회의원의 투표에 의해 대통령으로 당선되는 경우도 있다.
② 대통령후보자가 1인일 때에는 그 득표수가 선거권자 총수의 과반수가 아니면 대통령으로 당선될 수 없다.
③ 대통령의 임기가 만료되는 때에는 60일 이내에 그 후임자를 선거하여야 한다.
④ 대통령은 내란 또는 외환의 죄를 범한 경우에도 재직 중에는 형사상의 소추를 받지 아니한다.
⑤ 대통령으로 선거될 수 있으려면 국회의원의 피선거권이 있고 선거일 현재 40세에 달하여야 하나, 국내 거주 요건은 따로 요구되지 않는다.

MGI Point 대통령

- 대통령 선거에서 최고득표자가 2인 이상인 경우 ⇨ 국회 재적과반수 출석한 공개회의에서 다수표 얻은 자 당선
- 대통령선거에서 후보자가 1인 ⇨ 선거권자 총수의 3분의 1 이상의 득표 要
- 대통령 임기만료 70일 내지 40일 前 후임자 선거
- 대통령이 내란 또는 외환의 죄를 범한 경우 ⇨ 재직 중 형사상의 소추 可

■ 대통령의 피선거권 ⇨ 국회의원의 피선거권 有 + 선거일 현재 5년 이상 국내에 거주하고 있는 40세 이상의 국민

① (○), ② (X), ⑤ (X) 헌법 제67조, 공직선거법 제16조 참조.

> 헌법 제67조 ① 대통령은 국민의 보통·평등·직접·비밀선거에 의하여 선출한다.
> ② 제1항의 선거에 있어서 최고득표자가 2인 이상인 때에는 국회의 재적의원 과반수가 출석한 공개회의에서 다수표를 얻은 자를 당선자로 한다.
> ③ 대통령후보자가 1인일 때에는 그 득표수가 선거권자 총수의 3분의 1 이상이 아니면 대통령으로 당선될 수 없다.
> ④ 대통령으로 선거될 수 있는 자는 국회의원의 피선거권이 있고 선거일 현재 40세에 달하여야 한다.
> 공직선거법 제16조(피선거권) ① 선거일 현재 5년 이상 국내에 거주하고 있는 40세 이상의 국민은 대통령의 피선거권이 있다. 이 경우 공무로 외국에 파견된 기간과 국내에 주소를 두고 일정기간 외국에 체류한 기간은 국내 거주기간으로 본다.

③ (X) 헌법 제68조 참조.

> 헌법 제68조 ① 대통령의 임기가 만료되는 때에는 임기만료 70일 내지 40일전에 후임자를 선거한다.
> ② 대통령이 궐위된 때 또는 대통령 당선자가 사망하거나 판결 기타의 사유로 그 자격을 상실한 때에는 60일 이내에 후임자를 선거한다.

④ (X) 헌법 제84조 참조.

> 헌법 제84조 대통령은 내란 또는 외환의 죄를 범한 경우를 제외하고는 재직중 형사상의 소추를 받지 아니한다.

정답 ①

문 57

20년 6월 모의시험

A ~ D와 관련된 설명 중 옳은 것은?

> (가) A는 전시·사변 또는 이에 준하는 국가비상사태에 있어서 병력으로써 군사상의 필요에 응하거나 공공의 안녕질서를 유지할 필요가 있을 때에는 법률이 정하는 바에 의하여 B를 선포할 수 있다.
> (나) A는 내우·외환·천재·지변 또는 중대한 재정·경제상의 위기에 있어서 국가의 안전보장 또는 공공의 안녕질서를 유지하기 위하여 긴급한 조치가 필요하고 C의 집회를 기다릴 여유가 없을 때에 한하여 최소한으로 필요한 재정·경제상의 처분을 하거나 이에 관하여 법률의 효력을 가지는 명령을 발할 수 있다.
> (다) 비상계엄이 선포된 때에는 법률이 정하는 바에 의하여 영장제도, 언론·출판·집회·결사의 자유, D의 권한에 관하여 특별한 조치를 할 수 있다.

① A가 (가)의 권한을 행사하기 위해서는 국무회의 심의를 거쳐야 하나, (나)의 권한을 행사할 때에는 국무회의 심의를 거칠 필요가 없다.
② B를 선포할 때에는 A는 지체없이 C에 통고하여야 한다.
③ C가 재적의원 과반수의 출석과 출석의원 과반수의 찬성으로 B의 해제를 요구한 때에는 A는 B를 해제하여야 한다.

④ D에는 국회와 정부 그리고 법원이 해당된다.
⑤ A가 (나)의 명령을 할 때 C가 폐회 중일 때에는 A는 지체 없이 C에 집회를 요구하여야 한다.

MGI Point 국가긴급권 ★★★

- 긴급명령·긴급재정경제처분 및 명령 또는 계엄과 해제 ⇨ 국무회의 심의 要
- 대통령이 긴급명령과 긴급재정경제명령의 처분 또는 명령을 한 때 ⇨ 지체없이 국회에 보고하여 그 승인 得
- 계엄 : ① 대통령이 ② 전시·사변 또는 이에 준하는 국가비상사태에 있어서, 병력으로써 군사상의 필요에 응하거나 공공의 안녕질서를 유지할 필요가 있을 때에 ③ 법률이 정하는 바에 의하여 선포
  - 선포 ⇨ 국회에 통고(폐회중이면 임시회소집요구)
  - 해제요구 ⇨ 국회 재적의원 과반수의 찬성 要
- 비상계엄 선포 시 ⇨ 법률이 정하는 바에 의하여 ① 영장제도 ② 언론·출판·집회·결사의 자유 ③ 정부나 법원의 권한에 관하여 특별한 조치 可

▶ A: 대통령, B: 계엄, C: 국회, D: 정부나 법원, (가): 계엄, 비상계엄, (나): 긴급명령·긴급재정경제처분 및 명령

(가), (다) 헌법 제77조 제1항, 제3항 참조.

> 헌법 제77조 ① 대통령은 전시·사변 또는 이에 준하는 국가비상사태에 있어서 병력으로써 군사상의 필요에 응하거나 공공의 안녕질서를 유지할 필요가 있을 때에는 법률이 정하는 바에 의하여 계엄을 선포할 수 있다.
> ③ 비상계엄이 선포된 때에는 법률이 정하는 바에 의하여 영장제도, 언론·출판·집회·결사의 자유, 정부나 법원의 권한에 관하여 특별한 조치를 할 수 있다.

(나) 헌법 제76조 제1항 참조.

> 헌법 제76조 ① 대통령은 내우·외환·천재·지변 또는 중대한 재정·경제상의 위기에 있어서 국가의 안전보장 또는 공공의 안녕질서를 유지하기 위하여 긴급한 조치가 필요하고 국회의 집회를 기다릴 여유가 없을 때에 한하여 최소한으로 필요한 재정·경제상의 처분을 하거나 이에 관하여 법률의 효력을 가지는 명령을 발할 수 있다.
> ② 대통령은 국가의 안위에 관계되는 중대한 교전상태에 있어서 국가를 보위하기 위하여 긴급한 조치가 필요하고 국회의 집회가 불가능한 때에 한하여 법률의 효력을 가지는 명령을 발할 수 있다.
> ③ 대통령은 제1항과 제2항의 처분 또는 명령을 한 때에는 지체없이 국회에 보고하여 그 승인을 얻어야 한다.

① (X) 헌법 제89조 참조. ▶ 대통령은 계엄권의 행사 뿐만 아니라 긴급재정경제명령권을 행사하기 위해서도 국무회의 심의를 거쳐야한다.

> 헌법 제89조 다음 사항은 국무회의의 심의를 거쳐야 한다.
> 5. 대통령의 긴급명령·긴급재정경제처분 및 명령 또는 계엄과 그 해제

② (○) 대통령이 계엄을 선포하려면 ㉠ 국무회의의 심의를 거쳐야 하며(헌법 제89조 제5호), ㉡ 문서의 형식으로 하여야 하고(헌법 제82조), ㉢ 국무총리와 관계국무위원의 부서를 거쳐야 한다(헌법 제82조). ㉣ 그리고 지체 없이 국회에 통고하여야 한다(헌법 제77조 제4항). 국회가 폐회 중이면 지체 없이 임시회의 소집을 요구해야 한다(계엄법 제4조 제2항).

③ (X) 국회가 재적의원 과반수의 찬성으로 계엄의 해제를 요구한 때에는 대통령은 이를 해제하여야 한다(헌법 제77조 제5항).

④ (X) 헌법 제77조 3항 참조. ▶ 정부나 법원

⑤ (X) 헌법 제76조 제3항 참조. ▶ 대통령이 긴급명령과 긴급재정경제명령의 처분 또는 명령을 한 때에는 지체없이 국회에 보고하여 그 승인을 얻으면 족하다.

 ②

- 제2항 대통령의 권한과 그에 대한 통제

문 58
23년 10월 모의시험

대통령에 관한 설명 중 옳은 것을 모두 고른 것은? (다툼이 있는 경우 판례에 의함)

ㄱ. 대통령은 계엄을 선포한 때에는 지체없이 국회에 통고하여야 하며, 국회가 재적의원 과반수의 찬성으로 계엄의 해제를 요구한 때에는 대통령은 이를 해제하여야 한다.
ㄴ. 대통령의 개성공단 운영 전면중단 조치는 국가안보와 관련된 대통령의 의사 결정을 포함하고, 그러한 의사 결정은 고도의 정치적 결단을 요하는 문제이므로 그로 인해 기본권 제한이 발생하였더라도 사법심사의 대상이 될 수 없다.
ㄷ. 대통령의 '직책을 성실히 수행할 의무'는 헌법적 의무에 해당하지만, '헌법을 수호해야 할 의무'와는 달리 규범적으로 그 이행이 관철될 수 있는 성격의 의무가 아니므로 원칙적으로 사법적 판단의 대상이 되기 어렵다.
ㄹ. 헌법이 대통령의 불소추특권을 인정하고 있다 하더라도 대통령으로 재직 중인 때에는 내란 또는 외환의 죄를 제외한 범죄에 대하여 공소시효의 진행이 당연히 정지된다고 할 수 없다.
ㅁ. 대통령은 소속 정당원으로서 정치적 의견을 표시할 수 있지만, 국가기관의 신분에서 선거 관련 발언을 하는 경우에는 선거에서의 정치적 중립의무의 구속을 받는다.

① ㄱ, ㄷ
② ㄴ, ㄹ
③ ㄱ, ㄷ, ㅁ
④ ㄱ, ㄹ, ㅁ
⑤ ㄷ, ㄹ, ㅁ

MGI Point 대통령 ★★

- 계엄을 선포한 때 ⇨ 대통령은 지체없이 국회에 통고하여야 ○, 국회가 재적의원 과반수의 찬성으로 계엄의 해제를 요구한 때에는 대통령은 이를 해제 하여야 ○
- 개성공단 전면중단 조치 ⇨ 고도의 정치적 결단을 요하는 문제이지만 헌법소원심판의 대상 가능
- 대통령의 성실한 직책수행의무 ⇨ 헌법적 의무 ○, 사법적 판단의 대상 ×
- 대통령의 내란 또는 외환의 죄를 제외한 범죄를 범한 경우 ⇨ 공소시효의 진행이 당연정지 ○
- 대통령 ⇨ 소속정당의 당원으로서 정치적 의견표명 가능하나 국가기관인 대통령의 신분에서 선거관련 발언을 하는 경우에는 선거에서의 정치적 중립의무의 구속 받음

ㄱ. (○) 헌법 제77조 제4항, 제5항 참조.

> **헌법 제77조** ④계엄을 선포한 때에는 대통령은 지체없이 국회에 통고하여야 한다.
> ⑤국회가 재적의원 과반수의 찬성으로 계엄의 해제를 요구한 때에는 대통령은 이를 해제하여야 한다.

ㄴ. (X) 개성공단 전면중단 조치가 고도의 정치적 결단을 요하는 문제이기는 하나, 조치 결과 개성공단 투자기업인 청구인들에게 기본권 제한이 발생하였고, 국민의 기본권 제한과 직접 관련된 공권력의 행사는 고도의 정치적 고려가 필요한 행위라도 헌법과 법률에 따라 결정하고 집행하도록 견제하는 것이 헌법재판소 본연의 임무이므로, 그 한도에서 헌법소원심판의 대상이 될 수 있다(헌재 2022.01.27. 2016헌마364).

ㄷ. (○) 헌법 제69조는 대통령의 취임선서의무를 규정하면서, 대통령으로서 '직책을 성실히 수행할 의무'를 언급하고 있다. 비록 대통령의 '성실한 직책수행의무'는 헌법적 의무에 해당하나, '헌법을 수호해야 할 의무'와는 달리, 규범적으로 그 이행이 관철될 수 있는 성격의 의무가 아니므로, 원칙적으로 사법적 판단의 대상이 될 수 없다고 할 것이다(헌재 2004.05.14. 2004헌나1).

ㄹ. (X) … 위와 같은 헌법 제84조의 규정취지와 함께 공소시효 제도나 공소시효정지 제도의 본질에 비추어 보면, 비록 헌법 제84조에는 "대통령은 내란 또는 외환의 죄를 범한 경우를 제외하고는 재직중 형사상의 소추를 받지 아니한다"고만 규정되어 있을 뿐 헌법이나 형사소송법 등의 법률에 대통령의 재직중 공소시효의 진행이 정지된다고 명백히 규정되어 있지는 않다고 하더라도, 위 헌법규정은 바로 공소시효진행의 소극적 사유가 되는 국가의 소추권행사의 법률상 장애사유에 해당하므로, 대통령의 재직중에는 공소시효의 진행이 당연히 정지되는 것으로 보아야 한다(헌재 1995.01.20. 94헌마246).

ㅁ. (○) 대통령이 선거에 있어서 정치적 중립성을 유지해야 한다는 요청은 대통령의 정치활동의 금지나 정당정치적 무관심을 요구하는 것이 아니다. 정당활동이 금지되어 있는 다른 공무원과는 달리, 대통령은 정당의 당원이나 간부로서, 정당 내부의 의사결정과정에 관여하고 통상적인 정당 활동을 할 수 있으며, 뿐만 아니라 전당대회에 참석하여 정치적 의견표명을 할 수 있고 자신이 소속된 정당에 대한 지지를 표명할 수 있다. 다만, 대통령이 정치인으로서 표현의 자유를 행사하는 경우에도, 대통령직의 중요성과 자신의 언행의 정치적 파장에 비추어 그에 상응하는 절제와 자제를 하여야 하며, 국민의 시각에서 볼 때, 직무 외에 정치적으로 활동하는 대통령이 더 이상 자신의 직무를 공정하게 수행할 수 없으리라는 인상을 주어서는 안 된다. 더욱이, 대통령의 절대적인 지명도로 말미암아 그의 '사인으로서의 기본권행사'와 '직무범위 내에서의 활동'의 구분이 불명확하므로, 대통령이 사인으로서의 표현의 자유를 행사하고 정당활동을 하는 경우에도 그에게 부과된 대통령직의 원활한 수행과 기능유지 즉, 국민 전체에 대한 봉사자라는 헌법 제7조 제1항의 요청에 부합될 수 있도록 해야 한다. 따라서, 대통령은 국가의 원수 및 행정부 수반으로서의 지위에서 직무를 수행하는 때에는 원칙적으로 정당정치적 의견표명을 삼가야 하며, 나아가, 대통령이 정당인이나 정치인으로서가 아니라 국가기관인 대통령의 신분에서 선거관련 발언을 하는 경우에는 선거에서의 정치적 중립의무의 구속을 받는다(헌재 2004.05.14. 2004헌나1).

정답 ③

문 59

20년 8월 모의시험

대통령의 권한에 관한 설명으로 옳지 않은 것을 모두 고른 것은? (다툼이 있는 경우 판례에 의함)

> ㄱ. 대통령의 긴급재정경제명령 발포행위는 일종의 국가긴급권으로서 대통령의 고도의 정치적 결단을 요하고 가급적 그 결단이 존중되어야 하는 통치행위의 영역에 속하는 것이므로 「헌법재판소법」 제68조 제1항의 헌법소원의 대상이 되지 않는다.
> ㄴ. 대통령의 일반사면은 원칙적으로 형을 선고받은 자에 대하여는 형 선고의 효력이 상실되고, 형을 선고받지 아니한 자에 대하여는 공소권이 상실되는 효과를 발생한다.
> ㄷ. 대통령이 헌법상 국민에게 자신에 대한 신임을 국민투표 형식으로 묻거나 특정 정책을 국민투표에 부치면서 이에 자신의 신임을 결부시키는 것은 위헌적인 행위로서 헌법적으로 허용되지 않는다.
> ㄹ. 대통령은 중앙선거관리위원회 위원 중 3인을 임명하고, 중앙선거관리위원회 위원장을 국회 동의를 얻어 위원 중에서 임명한다.
> ㅁ. 대통령은 국회에 서한으로 의견을 표시할 수는 있으나, 국회에 출석하여 발언할 수는 없다.

① ㄱ, ㄴ, ㄷ ② ㄱ, ㄴ, ㄹ ③ ㄱ, ㄹ, ㅁ
④ ㄴ, ㄷ, ㅁ ⑤ ㄷ, ㄹ, ㅁ

MGI Point 대통령의 권한 ★★

- 대통령의 긴급재정경제명령
  - 고도의 정치적 결단에 의한 국가작용 ⇨ 통치행위 ○
  - 국민의 기본권침해와 직접 관련 ⇨ 헌법재판소의 심판대상 ○
- 일반사면의 효과
  - 형을 선고받은 자 : 형 선고효력 상실
  - 형을 선고받지 않은 자 : 공소권 상실
- 대통령이 자신의 신임을 국민투표 형식으로 묻거나 특정 정책을 국민투표에 부치면서 신임을 결부시키는 행위 ⇨ 헌법 위반 ○
- 중앙선거관리위원회
  - 구성 : 대통령이 임명하는 3인, 국회에서 선출하는 3인과 대법원장이 지명하는 3인
  - 위원장 : 위원 중에서 호선
- 대통령은 국회에 출석하여 발언하거나 서한으로 의견 표시 可

ㄱ. (X) 대통령의 긴급재정경제명령은 국가긴급권의 일종으로서 고도의 정치적 결단에 의하여 발동되는 행위이고 그 결단을 존중하여야 할 필요성이 있는 행위라는 의미에서 이른바 통치행위에 속한다고 할 수 있으나, 통치행위를 포함하여 모든 국가작용은 국민의 기본권적 가치를 실현하기 위한 수단이라는 한계를 반드시 지켜야 하는 것이고, 헌법재판소는 헌법의 수호와 국민의 기본권 보장을 사명으로 하는 국가기관이므로 비록 고도의 정치적 결단에 의하여 행해지는 국가작용이라고 할지라도 그것이 국민의 기본권 침해와 직접 관련되는 경우에는 당연히 헌법재판소의 심판대상이 된다(헌재 1996.02.29. 93헌마186).

ㄴ. (○) 사면법 제5조 참조.

> **사면법 제5조(사면 등의 효과)** ① 사면, 감형 및 복권의 효과는 다음 각 호와 같다.
>   1. 일반사면 : 형 선고의 효력이 상실되며, 형을 선고받지 아니한 자에 대하여는 공소권(公訴權)이 상실된다. 다만, 특별한 규정이 있을 때에는 예외로 한다.

ㄷ. (○) 대통령의 부의권을 부여하는 헌법 제72조는 가능하면 대통령에 의한 국민투표의 정치적 남용을 방지할 수 있도록 엄격하고 축소적으로 해석되어야 한다. 이러한 관점에서 볼 때, 헌법 제72조의 국민투표의 대상인 '중요정책'에는 대통령에 대한 '국민의 신임'이 포함되지 않는다. 선거는 '인물에 대한 결정' 즉, 대의제를 가능하게 하기 위한 전제조건으로서 국민의 대표자에 관한 결정이며, 이에 대하여 국민투표는 직접민주주의를 실현하기 위한 수단으로서 '사안에 대한 결정' 즉, 특정한 국가정책이나 법안을 그 대상으로 한다. 따라서 국민투표의 본질상 '대표자에 대한 신임'은 국민투표의 대상이 될 수 없으며, 우리 헌법에서 대표자의 선출과 그에 대한 신임은 단지 선거의 형태로써 이루어져야 한다. 대통령이 이미 지난 선거를 통하여 획득한 자신에 대한 신임을 국민투표의 형식으로 재확인하고자 하는 것은, 헌법 제72조의 국민투표제를 헌법이 허용하지 않는 방법으로 위헌적으로 사용하는 것이다. 대통령은 헌법상 국민에게 자신에 대한 신임을 국민투표의 형식으로 물을 수 없을 뿐만 아니라, 특정 정책을 국민투표에 붙이면서 이에 자신의 신임을 결부시키는 대통령의 행위도 위헌적인 행위로서 헌법적으로 허용되지 않는다(헌재 2004.05. 14. 2004헌나1).

ㄹ. (X) 헌법 제114조 제2항 참조.

> **헌법 제114조** ② 중앙선거관리위원회는 대통령이 임명하는 3인, 국회에서 선출하는 3인과 대법원장이 지명하는 3인의 위원으로 구성한다. 위원장은 위원중에서 호선한다.

ㅁ. (X) 헌법 제81조 참조.

> **헌법 제81조** 대통령은 국회에 출석하여 발언하거나 서한으로 의견을 표시할 수 있다.

문 60

21년 8월 모의시험

대통령의 법률안거부권에 관한 설명 중 옳지 않은 것은?

① 법률안거부권은 국회의 독점적인 법률제정권에 대한 대통령의 견제수단으로, 이를 통해 국회의 경솔한 입법이나 위헌적인 법률의 제정을 사전에 차단할 수 있다.
② 법률안거부권의 법적 성격은 국회가 재의결할 때까지 법률로서의 확정을 정지시킨다는 점에서 소극적인 정지적(停止的) 거부권으로 이해할 수 있다.
③ 헌법은 대통령이 법률안거부권을 행사할 수 있는 사유를 그 법률안이 헌법에 위반되거나 집행이 불가능한 경우로 한정하고 있다.
④ 헌법은 국회가 폐회 중인 경우에도 대통령이 법률안거부권을 행사하려면 해당 법률안이 정부에 이송된 날부터 15일의 기간 내에 국회로 환부하도록 규정하고 있다.
⑤ 대통령에 의한 재의의 요구가 있을 때에는 국회는 재의에 붙이고, 재적의원 과반수의 출석과 출석의원 3분의 2 이상의 찬성으로 전과 같이 의결하면 그 법률안은 법률로서 확정된다.

> **MGI Point** 대통령의 법률안거부권
> - 국회의 독점적인 법률제정권에 대한 대통령의 견제수단, 경솔한 국회입법에 대한 통제수단으로서도 기능
> - 법적 성격 ⇨ 국회가 재의결할 때까지 법률로서의 확정을 정지시키는 소극적인 정지적 거부권
> - 법률안거부권 행사의 실질적 요건에 대하여 명문의 규정 無
> - 법률안에 이의가 있을 때에는 대통령은 15일 내에 이의서를 붙여 국회로 환부, 국회의 폐회 중에도 동일 ○
> - 재의 요구가 있을 때에는 국회는 재의에 붙이고, 재적의원 과반수의 출석과 출석의원 3분의 2 이상의 찬성으로 전과 같은 의결을 하면 그 법률안은 법률로서 확정 ○

① (○) 법률제정권은 국회의 가장 고전적이고 전통적인 권한이다. 그런데 대통령의 법률안거부권으로 인하여 국회의 법률제정권이 실질적인 제약을 받는다. 그런 점에서 엄격한 권력분립주의를 채택하는 미국 연방헌법에서 법률안거부권을 제도화하였다는 것은 다소 이례적인 일이지만, 국회의 법률제정에 대한 독점권을 방지하려는 취지로 이해할 수 있다. 즉 국회가 법률제정에 대한 독점권을 가지게 될 경우 국회의 전횡으로 인하여 자칫 위헌적인 법률이 제정될 수도 있을 뿐만 아니라, 행정권을 형해화시키는 법률의 제정으로 행정마비현상을 초래할 수도 있기 때문에 대통령의 법률안거부권은 권력견제장치로서의 성격을 가진다. 특히 한국과 같은 단원제 국회에서는 경솔한 국회입법에 대한 통제수단으로서도 기능할 수 있다(성낙인, 헌법학 제18판, p.572).

② (○) 법률안거부권은 국회가 재의결할 때까지 법률로서의 확정을 정지시키는 소극적인 정지적 거부권(停止的 拒否權)으로 보아야 한다(성낙인, 헌법학 제18판, p.572).

③ (X) 법률안거부권 행사의 실질적 요건에 대하여 명문의 규정은 없다. 그러나 제도의 취지에 비추어 볼 때 거부권의 행사에는 정당한 사유와 필요성이 있어야 한다. ① 집행불능의 법률안, ② 국익에 어긋나는 법률안, ③ 위헌적 법률안 등이 그 예이다(성낙인, 헌법학 제18판, p.573).

④ (○), ⑤ (○) 헌법 제53조 참조.

> 헌법 제53조 ① 국회에서 의결된 법률안은 정부에 이송되어 15일 이내에 대통령이 공포한다.
> ② 법률안에 이의가 있을 때에는 대통령은 제1항의 기간내에 이의서를 붙여 국회로 환부하고, 그 재의를 요구할 수 있다. 국회의 폐회중에도 또한 같다.
> ④ 재의의 요구가 있을 때에는 국회는 재의에 붙이고, 재적의원 과반수의 출석과 출석의원 3분의 2 이상의 찬성으로 전과 같은 의결을 하면 그 법률안은 법률로서 확정된다.

문 61
24년 10월 모의시험

포괄위임금지원칙에 관한 설명 중 옳지 않은 것은? (다툼이 있는 경우 판례에 의함)

① 가해학생에 대한 조치별 적용 기준을 대통령령에 위임하도록 규정한 「학교폭력예방 및 대책에 관한 법률」 조항은 포괄위임금지원칙에 위배되지 않는다.

② 의료사고로 인한 한국의료분쟁조정중재원의 손해배상금 대불비용에 충당하기 위한 보건의료기관개설자의 대불비용 부담금에 관하여 필요한 사항을 대통령령에 위임한 「의료분쟁조정법」 조항 중 '그 금액' 부분은 포괄위임금지원칙에 위배되지 않는다.

③ 공무원이 징계처분을 받은 경우 대통령령등으로 정하는 기간 동안 승진임용 및 승급을 제한하는 「국가공무원법」 조항은 포괄위임금지원칙에 위배되지 않는다.

④ 전기판매사업자로 하여금 전기요금에 관한 약관을 작성하여 산업통상자원부장관의 인가를 받도록 한 「전기사업법」 조항 중 '전기요금'에 관한 부분은 포괄위임금지원칙에 위배되지 않는다.
⑤ 대통령령이 정하는 바에 따라 출소 후 7일 이내에 거주예정지 기타 대통령령으로 정하는 사항을 거주예정지 관할경찰서장에게 신고하고, 신고 후 그 정보에 변동이 생길 때마다 변동사항을 신고하도록 정한 「보안관찰법」 조항은 포괄위임금지원칙에 위배되지 않는다.

MGI Point **포괄위임금지원칙** ★★

- 포괄위임금지원칙 위배 ×
  - 가해학생에 대한 조치별 적용기준을 대통령령에 위임한 규정
  - 공무원이 징계처분을 받은 경우 대통령령등으로 정하는 기간 동안 승진임용 및 승급 제한
  - 전기판매사업자가 전기요금약관을 작성하여 산업통산자원부장관의 인가를 받도록 한 것
  - 대통령령이 정하는 바에 따라 출소 후 7일 이내 거주예정지 기타 대통령령으로 정하는 사항을 거주예정지 관할경찰서장에게 신고하고, 신고 후 그 정보에 변동이 생길때마다 변동사항을 신고하도록 정한 「보안관찰법」 조항
- 의료분쟁조정법상 보건의료기관개설자가 부담하는 손해배상금 대불비용에 필요한 사항을 대통령령에 위임한 조항
  ⇨ '그 금액' 부분은 포괄위임금지원칙에 위배 ○ ('납부방법 및 관리 등' 부분은 포괄위임금지원칙 위배 ×)

① (○) 학교폭력은 개인적, 가정적, 사회적 요인 등 다양하고 복합적인 원인에 의하여 발생하고, 학교폭력의 태양이나 정도, 가해학생과 피해학생의 관계 등 또한 매우 다양하여 이를 획일적으로 규율하기가 어렵다. …여러 가지 요소를 종합적으로 고려하여 대통령령에서 규율하도록 하는 것이 피해학생의 보호와 가해학생의 선도 및 교육에 보다 효과적인 방법이 될 수 있다. 그러므로 위임의 필요성이 인정된다. …이 사건 조치별 적용기준 위임규정에 따라 대통령령에 규정될 내용은 자치위원회가 가해학생에 대한 조치의 내용을 정함에 있어 고려하여야 할 학교폭력의 태양이나 정도, 피해학생의 피해 정도나 피해 회복 여부, 가해학생의 태도 등 세부적인 기준에 관한 내용이 규정될 것임을 충분히 예측할 수 있다. 따라서 이 사건 조치별 적용기준 위임규정은 포괄위임금지원칙에 위배되지 않는다(헌재 2023.02.23. 2019헌바93,2019헌바254(병합)).

② (X) (가) 이 사건 위임조항(의료사고 피해구제 및 의료분쟁 조정 등에 관한 법률 제47조 제2항)이 법률유보원칙에 위배되지 않고 이 사건 위임조항 중 '납부방법 및 관리 등' 부분이 포괄위임금지원칙에 위배되지 않는다는 헌법재판소 선례의 결정이유는 이 사건에서 그대로 타당하다. (나) 그러나 다음과 같은 이유에서 이 사건 위임조항 중 '그 금액' 부분은 포괄위임금지원칙에 위배된다.
1) 선례가 근거로 삼은 예측가능성 판단을 이제는 더 이상 유지할 수 없게 되었다. …선례의 예측과는 달리 2018, 2019, 2020년에 보건의료기관개설자에 대한 대불비용 부담금의 추가 징수가 반복되었다. …이 사건 위임조항은 대불비용 부담금의 금액에 관하여 필요한 사항은 대통령령으로 정한다고 규정할 뿐 납부할 부담금의 액수를 어떻게 산정하고 이를 어떤 요건 하에 추가적으로 징수하는지에 관하여 그 대강조차도 정하지 않고 있는 것이다. …2) 반복적인 부담금 추가 징수가 예상되는 상황에서는 '부담금관리 기본법'의 규율대상에서 제외되는 등으로 입법자의 관여가 배제되어 있다 …3) 입법기술상 구체적으로 정하여 위임하는 것이 충분히 가능하다. …예컨대, 전체 대불재원의 잔액을 기준으로 할 것인지, 종별 대불재원의 잔액을 기준으로 할 것인지를 법률에서 정할 수 있고, 나아가 잔액이 얼마나 되었을 때 추가 징수를 할 수 있는지를 이 사건 위임조항에 명시하는 방식으로 구체화하는 것이 가능하다. …이상을 종합하면, 이 사건 위임조항 중 '그 금액' 부분은 대불비용 부담금의 금액에 관하여 아무런 기준 없이 대통령령에 위임하였고, 그 결과 보건의료기관개설자가 대불비용 부담금을 얼마나 부담할 것인지를 행정권의 전적인 재량에 맡긴 것이나 다름없게 되었다. 나아가 행정부의 자의적인 행정입법권 행사에 의하여 국민의 재산권이 침해될 우려도 제기된다. 그렇다면 이 사건 위임조항 중 '그 금액' 부분은 포괄위임금지원칙에 위배된다(헌재 2022.07.21. 2018헌바504).

> **의료사고 피해구제 및 의료분쟁 조정 등에 관한 법률**(2011. 4. 7. 법률 제10566호로 제정된 것) **제47조(손해배상금 대불)** ① 의료사고로 인한 피해자가 다음 각 호의 어느 하나에 해당함에도 불구하고 그에 따른 금원을 지급받지 못하였을 경우 미지급금에 대하여 조정중재원에 대불을 청구할 수 있다. (단서 생략)
> 1. 조정이 성립되거나 중재판정이 내려진 경우 또는 제37조제1항에 따라 조정절차 중 합의로 조정조서가 작성된 경우 (2~3호 생략)
> ② 보건의료기관개설자는 제1항에 따른 손해배상금의 대불에 필요한 비용을 부담하여야 하고, 그 금액과 납부방법 및 관리 등에 관하여 필요한 사항은 대통령령으로 정한다.

③ (O) 이 사건 법률조항(공무원이 징계처분을 받은 경우 대통령령등으로 정하는 기간 동안 승진임용 및 승급을 제한하는 국가공무원법 제80조 제6항 본문)의 문언상 의미와 입법취지 및 관련 조항 전체를 유기적·체계적으로 종합하여 고려하면, 이 사건 법률조항의 위임을 받은 대통령령등에는 강등·정직·감봉·견책이라는 징계의 종류 또는 징계사유에 따라 개별 징계처분의 취지를 담보할 정도의 승진임용 또는 승급 제한기간이 규정될 것을 예측할 수 있다. 위 조항은 포괄위임금지원칙에 위배된다고 할 수 없다(헌재 2022.03.31. 2020헌마211).

④ (O) 전기요금약관에 대한 인가의 구체적인 기준은 전문적·정책적 판단이 가능한 행정부가 수시로 변화하는 상황에 탄력적으로 대응할 수 있도록 하위 법령에 위임할 필요성이 인정되고, 관련 규정을 종합하면 하위 법령에서는 전기의 보편적 공급과 전기사용자의 보호, 물가의 안정이라는 공익을 고려하여 전기요금의 산정 원칙이나 산정 방법 등을 정할 것이라고 충분히 예측할 수 있다. 따라서 심판대상조항(전기요금약관을 작성하여 산업통상자원부장관의 인가를 받도록 한 전기사업법 제16조 제1항 중 '전기요금'에 관한 부분)은 포괄위임금지원칙에 위반되지 아니한다(헌재 2021.04.29. 2017헌가25).

⑤ (O) 변동신고조항(보안관찰법 제6조 제2항 전문)과 관련하여서는, 법 제6조 제1항에서 대상자의 신고사항을 "거주예정지 기타 대통령령으로 정하는 사항"으로만 규정한 것이 구체적 기준을 법률에서 정하지 아니한 채 대통령령에 위임한 것으로 포괄위임금지원칙에 위배되는지 여부를 변동신고조항에 관한 부분에서 먼저 살펴본다. …이러한 예방조치로서의 특성을 감안하면, 사회적 변화에 대응하여 유연하게 대처할 수 있도록 하기 위해 대상자가 신고해야 할 구체적 사항을 하위법령에 위임할 필요성이 인정된다. …변동신고조항 및 법 제6조 제1항에서 정한 신고의무사항은 대상자에게 재범의 위험성이 있는지 판단하기 위한 정보일 것이므로, 법 제6조 제1항에서 대통령령으로 정하도록 위임한 신고사항에는 대상자의 생활환경, 성행 등을 파악하는 데 필요한 직업, 재산, 가족 및 교우관계 등에 관한 정보도 포함될 것임을 충분히 예측할 수 있다. …법 제6조 제1항에서 거주예정지 외에 나머지 사항에 대해 대통령령으로 정하도록 위임하고 있다 하더라도, 변동신고조항이 포괄위임금지원칙에 위배된다고 할 수 없다(헌재 2021.06.24. 2017헌바479).

> **보안관찰법 제6조(보안관찰처분대상자의 신고)** ① 보안관찰처분대상자는 대통령령이 정하는 바에 따라 그 형의 집행을 받고 있는 교도소, 소년교도소, 구치소, 유치장 또는 군교도소(이하 "교도소등"이라 한다)에서 출소 전에 거주예정지 기타 대통령령으로 정하는 사항을 교도소등의 장을 경유하여 거주예정지 관할경찰서장에게 신고하고, 출소 후 7일 이내에 그 거주예정지 관할경찰서장에게 출소사실을 신고하여야 한다. (후문 생략)
> ② 보안관찰처분대상자는 교도소등에서 출소한 후 제1항의 신고사항에 변동이 있을 때에는 변동이 있는 날부터 7일 이내에 그 변동된 사항을 관할경찰서장에게 신고하여야 한다. (후문 생략)

정답 ②

문 62

24년 6월 모의시험

행정입법에 관한 설명 중 옳지 않은 것을 모두 고른 것은? (다툼이 있는 경우 판례에 의함)

> ㄱ. 행정입법의 지체가 위법으로 되어 그에 대한 법적 통제가 가능하기 위해서는 우선 행정청에게 시행명령을 제정·개정할 법적 의무가 있어야 하고, 상당한 기간이 지났음에도 불구하고 명령제정·개정권이 행사되지 않아야 한다.
> ㄴ. 헌법 제75조에 근거한 포괄위임금지원칙은 누구라도 당해 법률로부터 하위법규에 규정될 내용의 대강을 예측할 수 있어야 함을 의미하지만, 위임입법이 대법원규칙인 경우에는 수권법률에서 이 원칙을 준수하여야 하는 것은 아니다.
> ㄷ. 위임입법의 법리는 헌법의 근본원리인 권력분립주의와 의회주의 내지 법치주의에 바탕을 두는 것이기 때문에, 행정부에서 제정된 대통령령에서 규정한 내용이 정당한 것인지 여부와 위임의 적법성은 직접적인 관계가 있다.
> ㄹ. 하위 행정입법의 제정 없이 상위 법령의 규정만으로도 집행이 이루어질 수 있는 경우라면 하위 행정입법을 하여야 할 헌법적 작위의무는 인정되지 아니한다.
> ㅁ. 부령에 의한 재위임은 상위 법령에서 재위임받은 사항에 대하여 그 대강을 정하고 그 중의 특정사항을 범위를 정하여 하위 법령에 다시 위임하는 경우에만 허용된다.

① ㄱ, ㄹ
② ㄴ, ㄷ
③ ㄴ, ㅁ
④ ㄷ, ㄹ
⑤ ㄹ, ㅁ

MGI Point **행정입법** ★★

- 행정입법의 지체가 위법으로 되어 그에 대한 법적 통제가 가능 요건 ⇨ 행정청에게 시행명령을 제정·개정할 법적 의무가 있어야 하고, 상당한 기간이 지났음에도 불구하고 명령제정·개정권이 불행사
- 대법원규칙도 헌법 제75조에 근거한 포괄위임금지원칙 준수 要
- 위임입법의 법리는 헌법의 근본원리인 권력분립주의와 의회주의 내지 법치주의에 바탕 ⇨ 행정부에서 제정된 대통령령에서 규정한 내용이 정당한 것인지 여부와 위임의 적법성은 직접적인 관계 없음
- 하위 행정입법의 제정 없이 상위 법령의 규정만으로도 집행 이루어질 수 있는 경우 ⇨ 하위 행정입법을 하여야 할 헌법적 작위의무 인정 ×
- 부령에 의한 재위임은 상위 법령에서 재위임받은 사항에 대하여 그 대강을 정하고 그 중의 특정사항을 범위를 정하여 하위 법령에 다시 위임하는 경우에만 허용

ㄱ. (○) 행정입법의 지체가 위법으로 되어 그에 대한 법적 통제가 가능하기 위하여는 우선 행정청에게 시행명령을 제정·개정할 법적 의무가 있어야 하고, 상당한 기간이 지났음에도 불구하고 명령제정·개정권이 행사되지 않아야 한다(헌재 2018.05.31. 2016헌마626).

ㄴ. (X) 대법원은 헌법 제108조에 근거하여 입법권의 위임을 받아 규칙을 저정할 수 있다 할 것이고, 헌법 제75조에 근거한 포괄위임금지원칙은 법률에 이미 하위법규에 규정될 내용 및 범위의 기본사항이 구체적으로 규정되어 있어서 누구라도 당해 법률로부터 하위법규에 규정될 내용의 대강을 예측할 수 있어야 함을 의미하므로, 위임입법이 대법원규칙인 경우에도 수권법률에서 이 원칙을 준수하여야 함은 마찬가지이다(헌재 2016.06.30. 2013헌바27).

ㄷ. (X) 위임입법의 법리는 헌법의 근본원리인 권력분립주의와 의회주의 내지 법치주의에 바탕을 두는 것이기 때문에 행정부에서 제정된 대통령령에서 규정한 내용이 정당한 것인지 여부와 위임의 적법성은 직접적인 관계가 없다. 따라서 대통령령으로 규정한 내용이 헌법에 위반될 경우라도 그 대통령령의 규정이 위헌으로 되는 것은 별론으로 하고 그로 인하여 정당하고 적법하게 입법권을 위임한 수권법률조항까지 위헌으로 되는 것은 아니다(헌재 1997.09.25. 96헌바18,97헌바46·47).

ㄹ. (O) 삼권분립의 원칙, 법치행정의 원칙을 당연한 전제로 하고 있는 우리 헌법 하에서 행정권의 행정입법 등 법집행의무는 헌법적 의무라고 보아야 할 것이나, 이는 행정입법의 제정이 법률의 집행에 필수불가결한 경우로서 행정입법을 제정하지 아니하는 것이 곧 행정권에 의한 입법권 침해의 결과를 초래하는 경우를 말하는 것이므로, 만일 하위 행정입법의 제정 없이 상위 법령의 규정만으로도 집행이 이루어질 수 있는 경우라면 하위 행정입법을 하여야 할 헌법적 작위의무는 인정되지 아니한다고 할 것이다(헌재 2018.05.31. 2016헌마626).

ㅁ. (O) 법률에서 위임받은 사항을 전혀 규정하지 않고 재위임하는 것은 복위임금지 원칙에 반할 뿐 아니라 위임명령의 제정 형식에 관한 수권법의 내용을 변경하는 것이 되므로 허용되지 않으나 위임받은 사항에 관하여 대강을 정하고 그 중의 특정사항을 범위를 정하여 하위법령에 다시 위임하는 경우에는 재위임이 허용된다(대판 2015.01.15. 2013두14238).

 ②

문 63
21년 6월 모의시험

행정입법에 관한 설명 중 옳은 것은? (다툼이 있는 경우 판례에 의함)

① 헌법은 국회입법의 원칙을 천명하면서, 법률의 위임을 받아 발할 수 있는 법규명령으로 대통령령, 총리령과 부령 등을 한정적으로 열거하고 있으므로, 법률 또는 그 이하의 입법형식으로써 헌법상 원칙에 대한 예외를 인정하여 고시와 같은 행정규칙에 입법사항을 위임할 수는 없다.

② 법률이 행정부가 아니거나 행정부에 속하지 않는 공법적 기관의 정관에 특정 사항을 정할 수 있다고 위임하는 경우에는 권력분립의 원칙을 훼손할 여지가 있으므로 헌법상의 포괄위임입법금지의 원칙이 적용되어야 한다.

③ 법률조항의 위임에 따라 대통령령으로 규정한 내용이 헌법에 위반되는 경우에는 그로 인하여 해당 대통령령의 모법인 해당 수권(授權) 법률조항도 당연히 위헌이 된다고 보아야 한다.

④ 법률에서 위임받은 사항을 직접 규정하지 않고 재위임하는 것은 복위임금지의 법리에 반할 뿐 아니라 수권법의 내용변경을 초래하므로, 위임받은 사항에 관하여 대강을 정하고 그 중의 특정사항을 범위를 정하여 하위법령에 다시 위임하였다고 하더라도 이러한 재위임은 허용되지 않는다.

⑤ 법률에서 사용된 추상적 용어가 하위법령에 규정될 내용과는 별도로 독자적인 규율 내용을 정하기 위한 것이라면 별도로 명확성 원칙이 문제될 수 있으나, 그 추상적 용어가 하위법령에 규정될 내용의 범위를 구체적으로 정해주기 위한 역할을 하는 경우라면 명확성의 문제는 결국 포괄위임입법금지원칙 위반의 문제로 포섭된다.

> **MGI Point** 행정입법 ★★
>
> - 위임입법의 형식은 예시적 ⇨ 고시형식의 제정방식만으로 국회입법원칙 위반 ×
> - 법률이 행정부에 속하지 않는 공법적 단체의 자치법적 사항을 그 정관으로 정하도록 위임한 경우
>   ⇨ 원칙적으로 포괄위임입법금지원칙 적용 ×
> - 법률조항의 위임에 따라 대통령령으로 규정한 내용이 헌법에 위반될 경우
>   ⇨ 정당하고 적법하게 입법권을 위임한 수권법률까지 위헌 ×
> - 법률에서 위임받은 사항을 전혀 규정하지 않고 재위임하는 경우 ⇨ 복위임금지 원칙 反, 수권법 내용도 변경되므로 허용 ×
>   cf. 위임받은 사항에 관하여 대강을 정하고 그 중 특정사항의 범위를 정하여 하위법령에 다시 위임 ⇨ 재위임 可
> - 법률에서 사용된 추상적 용어가 하위법령에 규정될 내용의 범위를 구체적으로 정해주기 위한 역할을 하는 경우
>   ⇨ 명확성의 문제는 결국 포괄위임 입법금지원칙 위반의 문제로 포섭 ○

① (X) 사회적 변화에 대응한 입법수요의 급증과 종래의 형식적 권력분립주의로는 현대사회에 대응할 수 없다는 기능적 권력분립론을 감안하여 헌법 제40조·제75조·제95조의 의미를 살펴보면, 국회가 입법으로 행정기관에게 구체적인 범위를 정하여 위임한 사항에 관하여는 당해 행정기관이 법 정립의 권한을 갖게 되고, 입법자가 그 규율의 형식도 선택할 수 있다고 보아야 하므로, 헌법이 인정하고 있는 위임입법의 형식은 예시적인 것으로 보아야 한다. 법률이 일정한 사항을 행정규칙에 위임하더라도 그 행정규칙은 위임된 사항만을 규율할 수 있으므로, 국회입법의 원칙과 상치되지 않는다. 다만, 행정규칙은 법규명령과 같은 엄격한 제정 및 개정절차를 필요로 하지 아니하므로, 기본권을 제한하는 내용의 입법을 위임할 때에는 법규명령에 위임하는 것이 원칙이고, 고시와 같은 형식으로 입법위임을 할 때에는 법령이 전문적·기술적 사항이나 경미한 사항으로서 업무의 성질상 위임이 불가피한 사항에 한정된다(헌재 2014.07.24. 2013헌바183).

② (X) 헌법 제75조, 제95조의 문리해석상 및 법리해석상 포괄적인 위임입법의 금지는 법규적 효력을 가지는 행정입법의 제정을 그 주된 대상으로 하고 있다. 위임입법을 엄격한 헌법적 한계 내에 두는 이유는 무엇보다도 권력분립의 원칙에 따라 국민의 자유와 권리에 관계되는 사항은 국민의 대표기관이 정하는 것이 원칙이라는 법리에 기인한 것이다. 즉, 행정부에 의한 법규사항의 제정은 입법부의 권한 내지 의무를 침해하고 자의적인 시행령 제정으로 국민들의 자유와 권리를 침해할 수 있기 때문에 엄격한 헌법적 기속을 받게 하는 것이다. 그런데 법률이 행정부가 아니거나 행정부에 속하지 않는 공법적 기관의 정관에 특정 사항을 정할 수 있다고 위임하는 경우에는 그러한 권력분립의 원칙을 훼손할 여지가 없다. 이는 자치입법에 해당되는 영역이므로 자치적으로 정하는 것이 바람직하다. 따라서 법률이 정관에 자치법적 사항을 위임한 경우에는 헌법 제75조, 제95조가 정하는 포괄적인 위임입법의 금지는 원칙적으로 적용되지 않는다고 봄이 상당하다(헌재 2006.03.30. 2005헌바31).

③ (X) 법률조항의 위임에 따라 대통령령으로 규정한 내용이 헌법에 위반될 경우라도 그 대통령령의 규정이 위헌으로 되는 것은 별론으로 하고 그로 인하여 정당하고 적법하게 입법권을 위임한 수권법률인 이 사건 법률조항까지 위헌으로 되는 것은 아니라고 할 것이다(헌재 2010.12.28. 2009헌바145).

④ (X) 법률에서 위임받은 사항을 전혀 규정하지 않고 재위임하는 것은 복위임금지 원칙에 반할 뿐 아니라 위임명령의 제정 형식에 관한 수권법의 내용을 변경하는 것이 되므로 허용되지 않으나 위임받은 사항에 관하여 대강을 정하고 그 중의 특정사항을 범위를 정하여 하위법령에 다시 위임하는 경우에는 재위임이 허용된다(대판 2015.01.15. 2013두14238).

⑤ (○) 일반적으로 법률에서 일부 내용을 하위법령에 위임하는 경우 위임을 둘러싼 법률규정 자체에 대한 명확성의 문제는, 그 위임규정이 하위법령에 위임하고 있는 내용과는 무관하게 법률 자체에서 해당 부분을 완결적으로 정하고 있는지 여부에 따라 달라진다. 즉 법률에서 사용된 추상적 용어가 하위법령에 규정될 내용과는 별도로 독자적인 규율 내용을 정하기 위한 것이라면 별도로 명확성 원칙이 문제될 수 있으나, 그 추상적 용어가 하위법령에 규정될 내용의 범위를 구체적으로 정해주기 위한 역할을 하는 경우라면 명확성의 문제는 결국 포괄위임 입법금지원칙 위반의 문제로 포섭될 것이다. 그리고 이러한 기준은 조세법

영역에서 명확성원칙의 발현인 과세요건 명확주의와 포괄위임입법금지원칙의 발현인 과세요건법정주의와의 관계에도 그대로 적용될 수 있다(헌재 2015.07.30. 2013헌바204).

정답 ⑤

문 64
21년 10월 모의시험

행정입법에 관한 설명 중 옳은 것은? (다툼이 있는 경우 판례에 의함)

① 기본권을 제한하는 내용의 입법을 위임할 때에는 행정규칙에 위임하는 것이 원칙이고, 고시와 같은 형식으로 입법위임을 할 때에는 법령이 전문적·기술적 사항이나 경미한 사항으로서 업무의 성질상 위임이 불가피한 사항에 한정된다.
② 하위 행정입법의 제정 없이 상위 법령의 규정만으로도 집행이 이루어질 수 있는 경우라도 포괄위임입법금지의 원칙에 따라 하위 행정입법을 하여야 할 헌법적 작위의무가 인정된다.
③ 행정입법의 지체가 위법으로 되어 그에 대한 법적 통제가 가능하기 위하여는 우선 행정청에게 시행명령을 제정·개정할 법적 의무가 있어야 하고, 상당한 기간이 지났음에도 불구하고 명령제정·개정권이 행사되지 않아야 한다.
④ 위임입법의 한계의 법리는 헌법의 근본원리인 권력분립주의와 의회주의 내지 법치주의에 바탕을 두는 것이기 때문에 행정부에서 제정된 대통령령에서 규정한 내용이 정당한지 여부와 직접적으로 관계가 있다.
⑤ 법률에서 사용된 추상적 용어가 하위법령에 규정될 내용의 범위를 구체적으로 정해주기 위한 역할을 하는 경우 포괄위임입법금지원칙 위반의 문제와 별도로 명확성원칙 위반의 문제를 검토해야 한다.

MGI Point 행정입법 ★★

- 기본권 제한하는 내용의 입법을 위임할 때 ⇨ 법규명령에 위임하는 것이 원칙 ○
- 하위 행정입법의 제정 없이 상위 법령의 규정만으로 집행이 가능한 경우
  ⇨ 하위 행정입법을 제정해야 할 헌법적 작위의무 ×
- 행정입법부작위에 대한 헌법소원의 요건
  ㉠ 헌법에서 유래하는 작위의무 ㉡ 상당한 기간 경과 ㉢ 명령제정권 불행사
- 위임입법의 한계의 법리는 권력분립주의, 의회주의 내지 법치주의에 바탕을 두는 것 ⇨ 행정부에서 제정된 대통령령에서 규정한 내용이 정당한지 여부와 직접적 관계 ×
- 법률에서 사용된 추상적 용어가 하위법령에 규정될 내용의 범위를 구체적으로 정해주기 위한 역할을 하는 경우
  ⇨ 명확성의 문제는 포괄위임금지원칙 위반의 문제로 포섭 ○

---

① (X) 사회적 변화에 대응한 입법수요의 급증과 종래의 형식적 권력분립주의로는 현대사회에 대응할 수 없다는 기능적 권력분립론을 감안하여 헌법 제40조·제75조·제95조의 의미를 살펴보면, 국회가 입법으로 행정기관에게 구체적인 범위를 정하여 위임한 사항에 관하여는 당해 행정기관이 법 정립의 권한을 갖게 되고, 입법자가 그 규율의 형식도 선택할 수 있다고 보아야 하므로, 헌법이 인정하고 있는 위임입법의 형식은 예시적인 것으로 보아야 한다. 법률이 일정한 사항을 행정규칙에 위임하더라도 그 행정규칙은 위임된 사항만을 규율할 수 있으므로, 국회입법의 원칙과 상치되지 않는다. 다만, 행정규칙은 법규명령과 같은 엄격한 제

정 및 개정절차를 필요로 하지 아니하므로, 기본권을 제한하는 내용의 입법을 위임할 때에는 법규명령에 위임하는 것이 원칙이고, 고시와 같은 형식으로 입법위임을 할 때에는 법령이 전문적·기술적 사항이나 경미한 사항으로서 업무의 성질상 위임이 불가피한 사항에 한정된다(헌재 2014.07.24. 2013헌바183).

② (X) 삼권분립의 원칙, 법치행정의 원칙을 당연한 전제로 하고 있는 우리 헌법 하에서 행정권의 행정입법 등 법집행의무는 헌법적 의무라고 보아야 할 것이다. 그런데 이는 행정입법의 제정이 법률의 집행에 필수불가결한 경우로서 행정입법을 제정하지 아니하는 것이 곧 행정권에 의한 입법권 침해의 결과를 초래하는 경우를 말하는 것이므로, 만일 하위 행정입법의 제정 없이 상위 법령의 규정만으로도 집행이 이루어질 수 있는 경우라면 하위 행정입법을 하여야 할 헌법적 작위의무는 인정되지 아니한다(헌재 2005.12.22. 2004헌마66).

③ (O) 행정입법의 지체가 위법으로 되어 그에 대한 법적 통제가 가능하기 위하여는 우선 행정청에게 시행명령을 제정·개정할 법적 의무가 있어야 하고, 상당한 기간이 지났음에도 불구하고 명령제정·개정권이 행사되지 않아야 한다(헌재 2018.05.31. 2016헌마626).

④ (X) 이 사건 법률조항이 별도합산과세대상이 되는 구체적 범위를 대통령령으로 정하도록 위임한 것 자체는 정당하고 적법한 입법권의 위임이므로, 재산권 보장 및 평등의 원칙에 반하여 청구인의 기본권을 침해하는 것이 아니고, 위임입법의 법리는 헌법의 근본원리인 권력분립주의와 의회주의 내지 법치주의에 바탕을 두는 것이기 때문에 행정부에서 제정된 대통령령에서 규정한 내용이 정당한 것인지 여부와 위임의 적법성은 직접적인 관계가 없다. 따라서 대통령령으로 규정한 내용이 헌법에 위반될 경우라도 그 대통령령의 규정이 위헌으로 되는 것은 별론으로 하고 그로 인하여 정당하고 적법하게 입법권을 위임한 수권법률조항까지 위헌으로 되는 것은 아니다(헌재 2010.12.28. 2009헌바145).

⑤ (X) 법률에서 사용된 추상적 용어가 하위법령에 규정될 내용과는 별도로 독자적인 규율 내용을 정하기 위한 것이라면 별도로 명확성원칙이 문제될 수 있으나, 그 추상적 용어가 하위법령에 규정될 내용의 범위를 구체적으로 정해주기 위한 역할을 하는 경우라면 명확성의 문제는 결국 포괄위임금지원칙 위반의 문제로 포섭될 것이다(헌재 2019.11.28. 2017헌가23).

   ③

제❷절 | 행정부

ㅡ 제1항 국무총리

문 65

22년 10월 모의시험

국무총리에 관한 설명 중 옳지 않은 것은? (다툼이 있는 경우 판례에 의함)

① 우리나라의 국무총리는 행정에 관한 독자적인 권한을 가지지 못하고 대통령의 명을 받아 행정각부를 통할하는 기관이므로, 행정권 행사에 대한 최후의 결정권자는 대통령이라고 해석하는 것이 타당하다.

② 국무총리가 특별히 위임하는 사무를 수행하기 위하여 부총리를 두며, 국무총리는 중앙행정기관의 장의 명령이나 처분이 위법하다고 인정될 경우에는 직권으로 이를 중지 또는 취소할 수 있다.

③ 법률로 총리령에 위임하려면 헌법 제95조에 명문 규정이 없어도 대통령령에 위임하는 때와 같이 구체적으로 범위를 정하여 위임해야 한다.

④ 국무총리는 국회나 그 위원회에 출석하여 국정처리상황을 보고하거나 의견을 진술하고 질문에 응답할 수 있으며, 국회나 그 위원회의 출석요구가 있을 때에는 국무총리는 국무위원으로 하여금 출석·답변하게 할 수 있다.

⑤ 입법권자는 헌법 제96조에 의하여 법률로써 행정을 담당하는 행정기관을 설치하는 경우 그 기관이 관장하는 사무의 성질에 따라 국무총리가 대통령의 명을 받아 통할할 수 있는 기관으로 할 수도 있고 대통령이 직접 통할하는 기관으로 할 수도 있다.

> **MGI Point** 국무총리 ★★
>
> ■ 국무총리의 지위
>   ▪ 대통령의 첫째가는 보좌기관
>   ▪ 대통령의 명을 받아 행정각부를 통할 ⇨ 독자적인 권한 無
> ■ 중앙행정기관의 장의 명령이나 처분이 위법 또는 부당하다고 인정될 경우
>   ⇨ 국무총리는 대통령의 승인을 받아 이를 중지 또는 취소 可
> ■ 법률로 총리령에 위임하려면 헌법 제95조 명문 규정이 없어도 대통령령에 위임하는 때와 같이 구체적으로 범위를 정하여 위임 要
> ■ 국무총리는 국회나 그 위원회에 출석하여 국정처리상황을 보고하거나 의견을 진술하고 질문에 응답 可
>   ⇨ 국회나 그 위원회의 출석요구가 있을 때에는 국무총리는 국무위원으로 하여금 출석·답변 可
> ■ 입법권자는 헌법 제96조에 의하여 법률로써 행정을 담당하는 행정기관을 설치함에 있어 그 기관이 관장하는 사무의 성질에 따라 국무총리가 대통령의 명을 받아 통할할 수 있는 기관으로 설치할 수도 있고 또는 대통령이 직접 통할하는 기관으로 설치할 수도 있음

① (O) 우리 헌법이 대통령중심제의 정부형태를 취하면서도 국무총리제도를 두게 된 주된 이유가 부통령제를 두지 않았기 때문에 대통령 유고시에 그 권한대행자가 필요하고 또 대통령제의 기능과 능률을 높이기 위하여 대통령을 보좌하고 그 의견을 받들어 정부를 통할·조정하는 보좌기관이 필요하다는 데 있었던 점과 대통령에게 법적 제한 없이 국무총리해임권이 있는 점(헌법 제78조, 제86조 제1항 참조)등을 고려하여 총체적으로 보면 내각책임제 밑에서의 행정권이 수상에게 귀속되는 것과 달리 우리 나라의 행정권은 헌법상 대통령에게 귀속되고, 국무총리는 단지 대통령의 첫째가는 보좌기관으로서 행정에 관하여 독자적인 권한을 가지지 못하고 대통령의 명을 받아 행정각부를 통할하는 기관으로서의 지위만을 가지며, 행정권 행사에 대한 최후의 결정권자는 대통령이라고 해석하는 것이 타당하다고 할 것이다(헌재 1994.04.28. 89헌마221).

② (X) 정부조직법 제18조 제2항 및 제19조 제1항 참조.

> **정부조직법 제18조(국무총리의 행정감독권)** ② 국무총리는 중앙행정기관의 장의 명령이나 처분이 위법 또는 부당하다고 인정될 경우에는 대통령의 승인을 받아 이를 중지 또는 취소할 수 있다.
> **정부조직법 제19조(부총리)** ① 국무총리가 특별히 위임하는 사무를 수행하기 위하여 부총리 2명을 둔다.

③ (O) 헌법 제75조는 대통령에 대한 입법권한의 위임에 관한 규정이지만, 국무총리나 행정각부의 장으로 하여금 법률의 위임에 따라 총리령 또는 부령을 발할 수 있도록 하고 있는 헌법 제95조의 취지에 비추어 볼 때, 입법자는 법률에서 구체적으로 범위를 정하기만 한다면 대통령령 뿐만 아니라 부령에 입법사항을 위임할 수도 있다(헌재 1998.02.17. 97헌마64).

> **헌법 제75조** 대통령은 법률에서 구체적으로 범위를 정하여 위임받은 사항과 법률을 집행하기 위하여 필요한 사항에 관하여 대통령령을 발할 수 있다.
> **헌법 제95조** 국무총리 또는 행정각부의 장은 소관사무에 관하여 법률이나 대통령령의 위임 또는 직권으로 총리령 또는 부령을 발할 수 있다.

④ (○) 헌법 제62조 참조.

> **헌법 제62조** ① 국무총리·국무위원 또는 정부위원은 국회나 그 위원회에 출석하여 국정처리상황을 보고하거나 의견을 진술하고 질문에 응답할 수 있다.
> ② 국회나 그 위원회의 요구가 있을 때에는 국무총리·국무위원 또는 정부위원은 출석·답변하여야 하며, 국무총리 또는 국무위원이 출석요구를 받은 때에는 국무위원 또는 정부위원으로 하여금 출석·답변하게 할 수 있다.

⑤ (○) 입법권자는 헌법 제96조에 의하여 법률로써 행정을 담당하는 행정기관을 설치함에 있어 그 기관이 관장하는 사무의 성질에 따라 국무총리가 대통령의 명을 받아 통할할 수 있는 기관으로 설치할 수도 있고 또는 대통령이 직접 통할하는 기관으로 설치할 수도 있다 할 것이므로 헌법 제86조 제2항 및 제94조에서 말하는 국무총리의 통할을 받는 행정각부는 입법권자가 헌법 제96조의 위임을 받은 정부조직법 제29조 (현행법 제26조)에 의하여 설치하는 행정각부만을 의미한다고 할 것이다(헌재 1994.04.28. 89헌마221).

> **헌법 제96조** 행정각부의 설치·조직과 직무범위는 법률로 정한다.

정답 ②

문 66

22년 8월 모의시험

정부에 관한 설명 중 옳지 않은 것은? (다툼이 있는 경우 판례에 의함)

① 국회는 국무총리나 국무위원에 대한 해임을 건의할 수 있으나, 국회의 해임건의는 아무런 법적 구속력이 없는 단순한 해임건의에 불과하다.
② 헌법 제72조는 대통령에게 국민투표의 실시 여부, 시기, 구체적 부의사항, 설문내용 등을 결정할 수 있는 임의적인 국민투표발의권을 독점적으로 부여하고 있다.
③ 대통령선거에서 최고득표자가 2인 이상인 경우 국회재적의원 과반수가 출석한 공개회의에서 다수표를 얻은 자를 당선인으로 한다.
④ 국회는 국무총리가 그 직무집행에 있어서 헌법이나 법률을 위배한 때, 국회재적의원 3분의 1 이상의 발의와 국회재적의원 과반수의 찬성의 의결로 탄핵소추할 수 있다.
⑤ 국무총리가 사고로 직무를 수행할 수 없는 경우에는 대통령의 지명을 받은 국무위원이 우선적으로 국무총리의 직무를 대행한다.

MGI Point   정부

- 국회는 국무총리나 국무위원의 해임을 건의할 수 있으나, 국회의 해임건의는 법적 구속력 無
- 헌법 제72조 ⇨ 대통령에게 국민투표의 실시 여부, 시기, 구체적 부의사항, 설문내용 등을 결정할 수 있는 임의적인 국민투표발의권을 독점적으로 부여 ○
- 대통령 선거에서 최고득표자가 2인 이상인 경우 ⇨ 국회 재적과반수 출석한 공개회의에서 다수표 얻은 자 당선
- 국무총리에 대한 탄핵소추요건 ⇨ 국회 재적 1/3 발의 + 재적과반수 의결
- 국무총리사고시 직무대행 순서 ⇨ (기획재정부장관)부총리, (교육부장관)부총리, 대통령의 지명받은 국무위원순

① (○) 국회는 국무총리나 국무위원의 해임을 건의할 수 있으나(헌법 제63조), 국회의 해임건의는 대통령을 기속하는 해임결의권이 아니라, 아무런 법적 구속력이 없는 단순한 해임건의에 불과하다. 우리 헌법 내에서 '해임건의권'의 의미는, 임기 중 아무런 정치적 책임을 물을 수 없는 대통령 대신에 그를 보좌하는 국무

총리·국무위원에 대하여 정치적 책임을 추궁함으로써 대통령을 간접적이나마 견제하고자 하는 것에 지나지 않는다. 헌법 제63조의 해임건의권을 법적 구속력 있는 해임결의권으로 해석하는 것은 법문과 부합할 수 없을 뿐만 아니라, 대통령에게 국회해산권을 부여하고 있지 않는 현행 헌법상의 권력분립질서와도 조화될 수 없다(헌재 2004.05.14. 2004헌나1).

② (○) 헌법 제72조는 국민투표에 부쳐질 중요정책인지 여부를 대통령이 재량에 의하여 결정하도록 명문으로 규정하고 있고 헌법재판소 역시 위 규정은 대통령에게 국민투표의 실시 여부, 시기, 구체적 부의사항, 설문내용 등을 결정할 수 있는 임의적인 국민투표발의권을 독점적으로 부여하였다고 하여 이를 확인하고 있다. 따라서 특정의 국가정책에 대하여 다수의 국민들이 국민투표를 원하고 있음에도 불구하고 대통령이 이러한 희망과는 달리 국민투표에 회부하지 아니한다고 하여도 이를 헌법에 위반된다고 할 수 없고 국민에게 특정의 국가정책에 관하여 국민투표에 회부할 것을 요구할 권리가 인정된다고 할 수도 없다(헌재 2005.11.24. 2005헌마579).

③ (○) 헌법 제67조 제2항 참조.

> **헌법 제67조** ① 대통령은 국민의 보통·평등·직접·비밀선거에 의하여 선출한다.
> ② 제1항의 선거에 있어서 최고득표자가 2인 이상인 때에는 국회의 재적의원 과반수가 출석한 공개회의에서 다수표를 얻은 자를 당선자로 한다.

④ (○) 헌법 제65조 참조.

> **헌법 제65조** ① 대통령·국무총리·국무위원·행정각부의 장·헌법재판소 재판관·법관·중앙선거관리위원회 위원·감사원장·감사위원 기타 법률이 정한 공무원이 그 직무집행에 있어서 헌법이나 법률을 위배한 때에는 국회는 탄핵의 소추를 의결할 수 있다.
> ② 제1항의 탄핵소추는 국회재적의원 3분의 1 이상의 발의가 있어야 하며, 그 의결은 국회재적의원 과반수의 찬성이 있어야 한다. 다만, 대통령에 대한 탄핵소추는 국회재적의원 과반수의 발의와 국회재적의원 3분의 2 이상의 찬성이 있어야 한다.

⑤ (X) 정부조직법 제22조 참조.

> **정부조직법 제22조** 국무총리가 사고로 직무를 수행할 수 없는 경우에는 기획재정부장관이 겸임하는 부총리, 교육부장관이 겸임하는 부총리의 순으로 직무를 대행하고, 국무총리와 부총리가 모두 사고로 직무를 수행할 수 없는 경우에는 대통령의 지명이 있으면 그 지명을 받은 국무위원이, 지명이 없는 경우에는 제26조제1항에 규정된 순서에 따른 국무위원이 그 직무를 대행한다.

 ⑤

문 67

22년 6월 모의시험

행정부에 관한 설명 중 옳지 않은 것은? (다툼이 있는 경우 판례에 의함)

① 국무총리는 중앙행정기관의 장의 명령이나 처분이 위법 또는 부당하다고 인정될 경우에는 대통령의 승인을 받아 이를 중지 또는 취소할 수 있다.

② 성질상 정부의 구성단위인 중앙행정기관이라 할지라도, 법률상 그 기관의 장이 국무위원이 아니라든가 또는 국무위원이라 하더라도 그 소관사무에 관하여 부령을 발할 권한이 없는 경우에는 그 기관은 우리 헌법이 규정하는 실정법적 의미의 행정각부로 볼 수 없다.

③ 입법자는 법률에서 구체적으로 범위를 정하기만 한다면 대통령령뿐만 아니라 부령에 입법사항을 위임할 수도 있다.

④ 행정각부의 장의 개념적 요건은 그 소관사무에 관하여 법률이나 대통령령의 위임 또는 직권으로 부령을 발할 수 있는 것으로 족하므로 반드시 국무위원 중에 임명되어야 하는 것은 아니다.
⑤ 우리나라 국무회의는 현행 헌법상 필수기관이기는 하지만, 그 심의결과에 대통령이 법적으로 구속되지 않는 심의기관에 불과하다.

> **MGI Point 행정부** ★★
>
> - 중앙행정기관의 장의 명령이나 처분이 위법 또는 부당하다고 인정될 경우
>   ⇨ 국무총리는 대통령의 승인을 받아 이를 중지 또는 취소 可
> - 법률상 그 기관의 장이 국무위원이 아니라든가 또는 국무위원이라 하더라도 그 소관사무에 관하여 부령을 발할 권한이 없는 경우 ⇨ 그 기관은 우리 헌법이 규정하는 실정법적 의미의 행정각부 ×
> - 입법자는 법률에서 구체적으로 범위를 정하여 대통령령 뿐만 아니라 부령에 입법사항 위임 可
> - 행정각부의 장 ⇨ 국무위원 중에서 국무총리의 제청으로 대통령이 임명 ○
> - 국무회의 ⇨ 헌법상 필수기관 ○, 심의기관 ○

① (○) 정부조직법 제18조 참조.

> **정부조직법 제18조(국무총리의 행정감독권)** ② 국무총리는 중앙행정기관의 장의 명령이나 처분이 위법 또는 부당하다고 인정될 경우에는 대통령의 승인을 받아 이를 중지 또는 취소할 수 있다.

② (○) 법이 "행정부"의 의의에 관하여는 아무런 규정도 두고 있지 않지만, "행정각부의 장(長)"에 관하여는 "제3관 행정각부"의 관(款)에서 행정각부의 장은 국무위원 중에서 임명되며(헌법 제94조) 그 소관사무에 관하여 법률이나 대통령령의 위임 또는 직권으로 부령을 발할 수 있다(헌법 제95조)고 규정하고 있는 바, 이는 헌법이 "행정부"의 의의에 관하여 간접적으로 그 개념범위를 제한한 것으로 볼 수 있다. 즉, 성질상 정부의 구성단위인 중앙행정기관이라 할지라도, 법률상 그 기관의 장(長)이 국무위원이 아니라든가 또는 국무위원이라 하더라도 그 소관사무에 관하여 부령을 발할 권한이 없는 경우에는, 그 기관은 우리 헌법이 규정하는 실정법적(實定法的) 의미의 행정각부로는 볼 수 없다는 헌법상의 간접적인 개념제한이 있음을 알 수 있다(헌재 1994.04.28. 89헌마221).

③ (○) 헌법 제75조는 대통령에 대한 입법권한의 위임에 관한 규정이지만, 국무총리나 행정각부의 장으로 하여금 법률의 위임에 따라 총리령 또는 부령을 발할 수 있도록 하고 있는 헌법 제95조의 취지에 비추어 볼 때, 입법자는 법률에서 구체적으로 범위를 정하기만 한다면 대통령령 뿐만 아니라 부령에 입법사항을 위임할 수도 있다(헌재 1998.02.17. 97헌마64).

④ (×) 헌법 제94조 및 제95조 참조.

> **헌법 제94조** 행정각부의 장은 국무위원 중에서 국무총리의 제청으로 대통령이 임명한다.
> **헌법 제95조** 국무총리 또는 행정각부의 장은 소관사무에 관하여 법률이나 대통령령의 위임 또는 직권으로 총리령 또는 부령을 발할 수 있다.

⑤ (○) 첫째, 국무회의는 헌법상 필수기관이다. 국무회의는 그 설치를 헌법이 명문으로 규정하고 있다는 점에서 헌법상 필수기관에 해당하고, 따라서 헌법개정에 의하지 아니하고는 폐지할 수 없다. 둘째, 국무회의는 심의기관이다. 우리 헌법상에서 국무회의는 제1공화국과 제2공화국(제3차 개정헌법)에서는 의결기관이었으나, 제3공화국 이후에는 의결기관도 자문기관도 아닌 심의기관이다. 이와 같이 국무회의는 심의기관에 지나지 않기 때문에 어떤 정책이 국무회의에서 의결의 형식으로 결정되더라도 이는 심의대상이 된 정책이 議決된 결론과 같이 확정되는 것이 아니며 대통령을 구속하는 것도 아니다(정회철, 기본강의 헌법 개정7판, p.1231).

헌법 제88조 ① 국무회의는 정부의 권한에 속하는 중요한 정책을 심의한다.

정답 ④

문 68
21년 10월 모의시험

국무총리에 관한 설명으로 옳은 것은?

① 국무총리는 중앙행정기관의 장의 명령이나 처분이 위법 또는 부당하다고 인정될 경우에는 대통령의 승인을 받아 이를 중지 또는 취소할 수 있다.
② 국무총리는 군사에 관한 사항을 제외하고는 대통령의 국법상의 행위에 관한 모든 문서에 부서하는 권한을 가진다.
③ 헌법재판소는 대통령이 국회의 동의 없이 국무총리를 임명하였다면 그 임명행위는 명백히 헌법에 위배되고, 이러한 법리는 국무총리 대신 국무총리 '서리'라는 이름으로 임명하였다고 하여 달라지는 것이 아니라고 하였다.
④ 국무총리가 사고로 직무를 수행할 수 없는 경우에는 대통령의 지명에 따라 그 지명을 받은 국무위원, 지명이 없는 경우에는 「정부조직법」제26조제1항에 규정된 순서에 따른 국무위원이 그 직무를 대행한다.
⑤ 1952년 제1차 개헌으로 국무총리 제도가 폐지된 적이 있다.

MGI Point 국무총리 ★★

- 중앙행정기관의 장의 명령이나 처분이 위법 또는 부당하다고 인정될 경우 ⇨ 국무총리는 대통령의 승인을 받아 이를 중지 또는 취소 可
- 국무총리의 부서 권한 ⇨ 군사에 관한 사항을 포함한 대통령의 국법상의 행위에 관한 모든 문서 (헌법 제82조)
- 대통령이 국회의 동의 없이 국무총리 서리 임명 ⇨ 국회의원이 심의·표결권 침해 이유로 권한쟁의심판 청구 不可
- 국무총리의 직무대행 : 부총리(기획재정부장관이 겸임하는 부총리 → 교육부장관이 겸임하는 부총리) ⇨ 대통령의 지명이 있으면 지명받은 국무위원 ⇨ 대통령의 지명이 없으면 정부조직법이 정한 순서에 따른 국무위원 순
- 1954년 제2차 개정헌법에서 국무총리제 폐지 (국무위원에 대한 개별적 불신임제 도입)

① (○) 정부조직법 제18조 참조.

정부조직법 제18조(국무총리의 행정감독권) ① 국무총리는 대통령의 명을 받아 각 중앙행정기관의 장을 지휘·감독한다.
② 국무총리는 중앙행정기관의 장의 명령이나 처분이 위법 또는 부당하다고 인정될 경우에는 대통령의 승인을 받아 이를 중지 또는 취소할 수 있다.

② (X) 헌법 제82조 참조.

헌법 제82조 대통령의 국법상 행위는 문서로써 하며, 이 문서에는 국무총리와 관계 국무위원이 부서한다. 군사에 관한 것도 또한 같다.

③ (X) 대통령이 국회의 동의를 얻지 아니하고 국무총리서리를 임명한 행위가 국회에 대한 관계에서 국무총리의 임명에 관한 국회의 동의권을 침해한 것인지의 여부는 별론으로 하고, 국회의원인 청구인들과의

관계에서 국무총리 임명동의안에 관한 청구인들의 심의·표결권한의 행사를 불가능하게 하거나 방해함으로써 그 권한을 침해할 가능성이 있다고 볼 수 없다(헌재 1998.07.14. 98헌라1). ▶ 관여재판관의 과반수인 5인이 이유를 달리하나 결론에 있어 각하의견이어서 심판청구를 각하한 사례로, 지문은 재판관 김문희, 재판관 이재화, 재판관 한대현의 인용의견

> 헌법 제86조 ① 국무총리는 국회의 동의를 얻어 대통령이 임명한다.

④ (X) 정부조직법 제22조 참조.

> 정부조직법 제22조(국무총리의 직무대행) 국무총리가 사고로 직무를 수행할 수 없는 경우에는 기획재정부장관이 겸임하는 부총리, 교육부장관이 겸임하는 부총리의 순으로 직무를 대행하고, 국무총리와 부총리가 모두 사고로 직무를 수행할 수 없는 경우에는 대통령의 지명이 있으면 그 지명을 받은 국무위원이, 지명이 없는 경우에는 제26조 제1항에 규정된 순서에 따른 국무위원이 그 직무를 대행한다.

⑤ (X) 제2차 개헌(사사오입 개헌)의 주된 내용은 초대 대통령에 한하여 삼선제한(三選制限)을 철폐하고 무제한 입후보를 허용하며, 주권의 제약영토변경을 위한 개헌은 국민투표에 붙이며, 국무총리제를 폐지하고 국무위원에 대한 개별적 불신임제(제2차 개정헌법 제70조의2)를 채택하며, 대통령 궐위시에는 부통령이 그 지위를 승계하며, 경제체제를 자유경제체제로 전환하는 것이었다(한수웅, 헌법학 제7판, p.85).

정답 ①

문 69

20년 10월 모의시험

국무총리에 관한 설명으로 옳지 않은 것은? (다툼이 있는 경우 판례에 의함)

① 국무총리의 권한과 위상은 기본적으로 지리적인 소재지와는 직접적으로 관련이 없으며, 대통령과 국무총리가 서울이라는 하나의 도시에 소재하고 있어야 한다는 관습헌법의 존재를 인정할 수 없다.
② 대통령이 해외 순방 중인 경우는 '사고'에 해당되므로, 대통령의 해외 순방 중 국무총리가 주재한 국무회의에서 이루어진 정당해산심판청구서 제출안에 대한 의결은 위법하지 아니하다.
③ 각 중앙행정기관의 장을 지휘·감독하는 차상급중앙행정관청인 국무총리는 중앙행정기관의 장의 명령이나 처분이 위법 또는 부당하다고 인정할 때에는 직권으로 이를 중지하거나 취소할 수 있는 권한을 가진다.
④ 대통령은 국무총리의 국무위원에 대한 해임건의에 기속되지 않을 뿐만 아니라, 국회의 국무위원에 대한 해임건의에도 기속되지 않는다.
⑤ 국무총리와 부총리가 모두 사고로 직무를 수행할 수 없는 경우에는 대통령의 지명이 있으면 그 지명을 받은 국무위원이, 지명이 없는 경우에는 「정부조직법」에 규정된 순서에 따른 국무위원이 그 직무를 대행한다.

MGI Point 국무총리 ★★

- 국무총리의 권한과 위상은 기본적으로 지리적인 소재지와 직접적 관련 ×
  대통령과 국무총리가 하나의 도시에 소재하고 있어야 한다는 관습헌법 존재 ×
- 대통령의 직무상 해외 순방 중 국무총리가 주재한 국무회의에서 이루어진 정당해산심판청구서 제출안 ⇨ 적법

- 국무총리는 중앙행정기관의 장의 명령이나 처분이 위법 또는 부당하다고 인정될 경우
  ⇨ '대통령의 승인' 받아 중지 또는 취소 可
- 국무총리의 국무위원에 대한 해임건의 ⇨ 대통령 기속 ×
  국회의 국무총리나 국무위원에 대한 해임건의 ⇨ 대통령 기속 ×
- 국무총리와 부총리가 모두 사고로 직무 수행이 불가능한 경우 국무총리 직무대행
  - 대통령의 지명이 있는 경우 ⇨ 그 지명을 받은 국무위원이 대행
  - 지명이 없는 경우 ⇨ 「정부조직법」에 규정된 순서에 따른 국무위원이 대행

① (○) 이 사건 법률은 행정중심복합도시의 건설과 중앙행정기관의 이전 및 그 절차를 규정한 것으로서 이로 인하여 대통령을 중심으로 국무총리와 국무위원 그리고 각부 장관 등으로 구성되는 행정부의 기본적인 구조에 어떠한 변화가 발생하지 않는다. 또한 국무총리의 권한과 위상은 기본적으로 지리적인 소재지와는 직접적으로 관련이 있다고 할 수 없다. 나아가 청구인들은 대통령과 국무총리가 서울이라는 하나의 도시에 소재하고 있어야 한다는 관습헌법의 존재를 주장하나 이러한 관습헌법의 존재를 인정할 수 없다(헌재 2005.11.24. 2005헌마579).

② (○) 대통령은 국무회의의 의장으로서 회의를 소집하고 이를 주재하지만 대통령이 사고로 직무를 수행할 수 없는 경우에는 국무총리가 그 직무를 대행할 수 있고, 대통령이 해외 순방 중인 경우는 '사고'에 해당되므로, 대통령의 직무상 해외 순방 중 국무총리가 주재한 국무회의에서 이루어진 정당해산심판청구서 제출안에 대한 의결은 위법하지 아니하다(헌재 2014.12.19. 2013헌다1).

③ (X) 정부조직법 제18조 참조.

> 정부조직법 제18조(국무총리의 행정감독권) ① 국무총리는 대통령의 명을 받아 각 중앙행정기관의 장을 지휘·감독한다.
> ② 국무총리는 중앙행정기관의 장의 명령이나 처분이 위법 또는 부당하다고 인정될 경우에는 대통령의 승인을 받아 이를 중지 또는 취소할 수 있다.

④ (○) 국회는 국무총리나 국무위원의 해임을 건의할 수 있으나(헌법 제63조), 국회의 해임건의는 대통령을 기속하는 해임결의권이 아니라, 아무런 법적 구속력이 없는 단순한 해임건의에 불과하다(헌재 2004.05.14. 2004헌나1). ▶국무총리의 국무위원해임건의에 대하여 대통령은 법적으로 구속될 필요가 없다는 것이 통설이다(성낙인, 헌법학 제18판, p.623).

> 헌법 제63조 ① 국회는 국무총리 또는 국무위원의 해임을 대통령에게 건의할 수 있다.
> 헌법 제87조 ③ 국무총리는 국무위원의 해임을 대통령에게 건의할 수 있다.

⑤ (○) 정부조직법 제22조 참조.

> 정부조직법 제22조(국무총리의 직무대행) 국무총리가 사고로 직무를 수행할 수 없는 경우에는 기획재정부장관이 겸임하는 부총리, 교육부장관이 겸임하는 부총리의 순으로 직무를 대행하고, 국무총리와 부총리가 모두 사고로 직무를 수행할 수 없는 경우에는 대통령의 지명이 있으면 그 지명을 받은 국무위원이, 지명이 없는 경우에는 제26조 제1항에 규정된 순서에 따른 국무위원이 그 직무를 대행한다.
> 정부조직법 제26조(행정각부) ① 대통령의 통할하에 다음의 행정각부를 둔다.
> 1. 기획재정부 2. 교육부 3. 과학기술정보통신부 4. 외교부 5. 통일부 6. 법무부 7. 국방부 8. 행정안전부 9. 국가보훈부 10. 문화체육관광부 11. 농림축산식품부 12. 산업통상자원부 13. 보건복지부 14. 환경부 15. 고용노동부 16. 여성가족부 17. 국토교통부 18. 해양수산부 19. 중소벤처기업부

정답 ③

문 70
20년 6월 모의시험

국무총리제도에 관한 설명 중 옳은 것을 모두 고른 것은? (다툼이 있는 경우 판례에 의함)

> ㄱ. 1919. 9. 11. 대한민국임시헌법은 명문으로 국무총리제도를 규정하였다.
> ㄴ. 국무총리는 대통령의 명을 받아 각 중앙행정기관의 장을 지휘·감독하지만, 중앙행정기관의 장의 명령이나 처분이 위법 또는 부당하다고 인정될 경우 이를 중지 또는 취소함에는 대통령의 승인을 요하지 않는다.
> ㄷ. 현행 헌법상 국무총리는 대통령의 첫째가는 보좌기관으로서 행정에 관하여 독자적인 권한을 가지지 못하고, 대통령의 명을 받아 행정각부를 통할하는 기관으로서의 지위만을 가진다.
> ㄹ. 1948년 헌법 이래 국무총리는 대통령이 사고로 인하여 직무를 수행할 수 없을 때 행해지는 권한의 대행에서 제1순위 권한대행권자의 지위에 있어 왔다.
> ㅁ. 현행 헌법상 국무총리의 통할을 받는 행정각부에 모든 행정기관이 포함된다고 볼 수 없으므로, 국무총리의 통할을 받지 아니하는 대통령직속기관을 설치하는 것은 헌법에 위배되지 않는다.

① ㄱ, ㄴ, ㄷ ② ㄱ, ㄴ, ㄹ ③ ㄱ, ㄷ, ㅁ
④ ㄴ, ㄹ, ㅁ ⑤ ㄷ, ㄹ, ㅁ

MGI Point 국무총리제도 ★★

- 대한민국임시헌법에 명문으로 국무총리제도를 규정 ○
- 중앙행정기관의 장의 명령이나 처분이 위법 또는 부당하다고 인정될 경우 대통령의 승인을 받아 이를 중지 또는 취소 可
- 대통령의 첫째가는 보좌기관으로서 대통령의 명을 받아 각 중앙행정기관의 장을 지휘·감독 ⇨ 독자적인 권한 無
- 제헌헌법부터 현행헌법에 이르기까지 제2차 개정헌법을 제외하고는 계속하여 국무총리제 有
  (제2차 개정헌법을 제외하고는 대통령이 사고로 인하여 직무를 수행할 수 없을 때 행해지는 권한대행에서 제1순위)
- 국무총리의 통할을 받는 행정각부에 모든 행정기관이 포함 × ⇨ 국무총리의 통할을 받지 아니하는 대통령직속기관 설치 可

ㄱ. (○) 대한민국임시헌법 제37조 참조.

> **대한민국임시헌법 제37조** 국무총리와 각부총장과 노동국총판을 국무원이라 칭하며 임시대통령을 보좌하며 법률 급 명령에 의하여 주관행정사무를 집행함.

ㄴ. (X) 정부조직법 제18조 참조.

> **정부조직법 제18조(국무총리의 행정감독권)** ① 국무총리는 대통령의 명을 받아 각 중앙행정기관의 장을 지휘·감독한다.
> ② 국무총리는 중앙행정기관의 장의 명령이나 처분이 위법 또는 부당하다고 인정될 경우에는 대통령의 승인을 받아 이를 중지 또는 취소할 수 있다.

ㄷ. (○), ㅁ. (○) 우리 헌법이 대통령중심제의 정부형태를 취하면서도 국무총리제도를 두게 된 주된 이유가 부통령제를 두지 않았기 때문에 대통령 유고시에 그 권한대행자가 필요하고 또 대통령제의 기능과 능률을 높이기 위하여 대통령을 보좌하고 그 의견을 받들어 정부를 통할·조정하는 보좌기관이 필요하다는 데 있었던 점과 대통령에게 법적 제한 없이 국무총리해임권이 있는 점(헌법 제78조, 제86조 제1항 참조)등을

고려하여 총체적으로 보면 내각책임제 밑에서의 행정권이 수상에게 귀속되는 것과는 달리 우리 나라의 행정권은 헌법상 대통령에게 귀속되고, 국무총리는 단지 대통령의 첫째가는 보좌기관으로서 행정에 관하여 독자적인 권한을 가지지 못하고 대통령의 명을 받아 행정각부를 통할하는 기관으로서의 지위만을 가지며, 행정권 행사에 대한 최후의 결정권자는 대통령이라고 해석하는 것이 타당하다고 할 것이다. 이와 같은 헌법상의 대통령과 국무총리의 지위에 비추어 보면 국무총리의 통할을 받는 행정각부에 모든 행정기관이 포함된다고 볼 수 없다 할 것이다. 헌법 제86조 제2항에서 "국무총리는 대통령을 보좌하며 행정에 관하여 대통령의 명을 받아 행정각부를 통할한다"라고, 헌법 제94조에서 "행정각부의 장은 국무위원 중에서 국무총리의 제청으로 대통령이 임명한다"라고 각 규정하고 있고 한편 헌법은 제4장 제2절 제3관에서 별도로 행정각부에 관한 규정을 두면서 제96조로서 "행정각부의 설치·조직과 직무범위는 법률로 정한다"라고 규정하고 있는바, 결국 입법권자는 헌법 제96조에 의하여 법률로써 행정을 담당하는 행정기관을 설치함에 있어 그 기관이 관장하는 사무의 성질에 따라 국무총리가 대통령의 명을 받아 통할하는 기관으로 설치할 수도 있고 또는 대통령이 직접 통할하는 기관으로 설치할 수도 있다 할 것이므로 헌법 제86조 제2항과 제94조에서 말하는 행정각부는 입법권자가 헌법 제96조에 의하여 법률로써 행정기관 중 국무총리의 통할을 받도록 설치한 행정각부만을 의미한다고 할 것이다(헌재 1994.04.28. 89헌마221).

ㄹ. (X) 제2차 개헌(1954) 헌법 제52조 참조. ▶ 제헌헌법부터 현행헌법에 이르기까지 제2차개정헌법을 제외하고는 계속하여 국무총리제를 두었다(김유향, 기본강의헌법 전정 7판, p.1386).

> **1954년 헌법 제52조** 대통령이 사고로 인하여 직무를 수행할 수 없을 때에는 부통령이 그 권한을 대행하고 대통령, 부통령 모두 사고로 인하여 그 직무를 수행할 수 없을 때에는 법률이 정하는 순위에 따라 국무위원이 그 권한을 대행한다.

> **헌법 제71조** 대통령이 궐위되거나 사고로 인하여 직무를 수행할 수 없을 때에는 국무총리, 법률이 정한 국무위원의 순서로 그 권한을 대행한다.

문 71

22년 6월 모의시험

국무회의와 국무위원에 관한 설명 중 옳은 것은? (다툼이 있는 경우 판례에 의함)

① 국무회의는 구성원 과반수의 출석으로 개의하고 출석구성원 과반수의 찬성으로 의결한다.
② 국회의원은 국무위원의 직을 겸하는 경우 상임위원의 직을 사임하여야 한다.
③ 국무위원은 정무직으로 하며 의장에게 의안을 제출하고 국무회의 소집을 요구할 수 있다.
④ 국무회의의 구성원이 아닌 국무조정실장·국가보훈처장·인사혁신처장·법제처장·식품의약품안전처장 그 밖에 법률로 정하는 공무원은 필요한 경우 국무회의에 출석은 할 수 있으나 발언은 할 수 없다.
⑤ 파병 정책을 심의·의결한 국무회의 의결이 그 자체로 국민에 대하여 직접적인 법률효과를 발생시키는 행위인 이상 헌법재판소법 제68조 제1항에서 말하는 넓은 의미의 공권력의 행사에 해당한다.

MGI Point 국무회의·국무위원 ★★

- 국무회의 의사정족수·의결정족수 ⇨ 구성원 과반수의 출석으로 개의 + 출석구성원 3분의 2 이상의 찬성으로 의결
- 국회의원은 국무위원 직을 겸직 可
- 국무위원의 지위·권한 ⇨ 정무직, 의장에게 의안을 제출하고 국무회의 소집 요구 可
- 국무회의 구성원 ⇨ 법률이 정하는 국무회의 구성원이 아닌 공무원도 필요한 경우 출석하여 발언 可
- 파견정책을 심의·의결한 국무회의 의결 ⇨ 헌법재판소법 제68조 제1항에서 말하는 공권력의 행사에 해당 ×

① (X) 국무회의규정 제6조 제1항 참조.

> 국무회의규정 제6조(의사정족수 및 의결정족수 등) ① 국무회의는 구성원 과반수의 출석으로 개의(開議)하고, 출석구성원 3분의 2 이상의 찬성으로 의결한다.

② (X) 국회법 제29조 제1항 참조. ▶ 국회의원은 국무위원 직을 겸직할 수 있다.

> 국회법 제29조(겸직 금지) ① 의원은 국무총리 또는 국무위원 직 외의 다른 직을 겸할 수 없다. 다만, 다음 각 호의 어느 하나에 해당하는 경우에는 그러하지 아니하다.

③ (○) 정부조직법 제12조 제3항 참조.

> 정부조직법 제12조(국무회의) ③ 국무위원은 정무직으로 하며 의장에게 의안을 제출하고 국무회의의 소집을 요구할 수 있다.

④ (X) 국무회의 규정 제8조 제2항 참조.

> 국무회의 규정 제8조(배석 등) ① 국무회의에는 대통령비서실장, 국가안보실장, 대통령비서실 정책실장, 국무조정실장, 국가보훈처장, 인사혁신처장, 법제처장, 식품의약품안전처장, 공정거래위원회위원장, 금융위원회위원장, 과학기술혁신본부장, 통상교섭본부장 및 서울특별시장이 배석한다. 다만, 의장이 필요하다고 인정하는 경우에는 중요 직위에 있는 공무원을 배석하게 할 수 있다.
> ② 의장이 필요하다고 인정할 때에는 중앙행정기관인 청(廳)의 장으로 하여금 소관 사무와 관련하여 국무회의에 출석하여 발언하게 하거나 관계 전문가를 참석하게 하여 의견을 들을 수 있다.

⑤ (X) … 이 사건에서 심판의 대상이 되는 국무회의의 이 사건 파병동의안 의결이 이러한 공권력의 행사인지의 점에 관하여 살피건대, 국군을 외국에 파견하려면, 대통령이 국무회의의 심의를 거쳐 국회에 파병동의안 제출, 국회의 동의(헌법 제60조 제2항), 대통령의 파병결정, 국방부장관의 파병 명령, 파견 대상 군 참모총장의 구체적, 개별적 인사명령의 절차를 거쳐야 하는바, 이러한 절차에 비추어 파병은 대통령이 국회의 동의를 얻어 파병 결정을 하고, 이에 따라 국방부장관 및 파견 대상 군 참모총장이 구체적, 개별적인 명령을 발함으로써 비로소 해당 국민, 즉 파견 군인 등에게 직접적인 법률효과를 발생시키는 것이고, 대통령이 국회에 파병동의안을 제출하기 전에 대통령을 보좌하기 위하여 파병 정책을 심의, 의결한 국무회의의 의결은 국가기관의 내부적 의사결정행위에 불과하여 그 자체로 국민에 대하여 직접적인 법률효과를 발생시키는 행위가 아니므로 헌법재판소법 제68조 제1항에서 말하는 공권력의 행사에 해당하지 아니한다(헌재 2003.12.18. 2003헌마225).

정답 ③

문 72

24년 10월 모의시험

정부에 관한 설명 중 옳지 않은 것은? (다툼이 있는 경우 판례에 의함)

① 헌법에 열거된 헌법기관 이외에는 법률에 의하더라도 대통령직속의 행정기관을 설치할 수 없다거나 모든 행정기관은 헌법상 열거된 경우 외에는 반드시 국무총리의 통할을 받아야 한다고 말할 수는 없다.

② 법률전문가이자 인권옹호기관인 검사로 하여금 제3자의 입장에서 수사기관의 강제수사 남용을 통제하는 취지에서 영장신청권이 헌법에 도입된 것으로 해석되므로, 이로부터 헌법상 검사의 수사권까지 도출된다고 보기 어렵다.

③ 고위공직자범죄수사처는 행정업무를 수행하면서도 입법부·행정부·사법부 어디에도 속하지 않는 기관으로, 이는 그 업무의 특수성에서 기인하는 것이다.

④ 수사 및 소추는 우리 헌법상 본질적으로 행정에 속하는 사무이므로, 수사권 및 소추권은 특별한 사정이 없는 한 대통령을 수반으로 하는 행정부에 부여된 헌법상 권한이긴 하지만, 그러한 권한이 행정부 중 특정 국가기관에 전속적으로 부여된 것으로 해석할 헌법상 근거는 없다.

⑤ 고위공직자범죄수사처의 권한 행사에 대해서는 여러 기관으로부터의 통제가 이루어질 수 있으므로, 단순히 수사처가 독립된 형태로 설치되었다는 이유만으로 권력분립원칙에 위반된다고 볼 수 없다.

MGI Point 정부, 고위공직자범죄수사처, 수사권 ★★

- 헌법에 열거된 헌법기관 이외에는 법률에 의하여도 대통령 직속 행정기관 설치할 수 없다거나, 반드시 국무총리 통할을 받아야 한다고 할 수 ×
- 수사권 및 소추권
  - 수사권 및 소추권은 특별한사정 없는 한 '대통령을 수반으로 하는 행정부'에 부여된 헌법상권한 ○
  - 수사권 및 소추권이 '어느 특정국가기관'에 전속적 부여 ×
  - 영장신청권 조항에서 헌법상 검사의 수사권 도출 ×
- 고위공직자범죄수사처
  - 행정부 소속 ○ (행정각부·기존 행정조직 소속 ×)
  - 고위공직자범죄수사처가 독립된 형태로 설치되었다는 이유만으로 권력분립원칙 위반 ×

① (○) 비록 국무총리가 헌법상의 정부의 제2인자인 지위에 있다고 하더라도 그 사실만으로 곧 국무총리의 통할을 받지 않는 행정기관은 법률에 의하더라도 이를 설치할 수 없다든가 또는 모든 행정기관은 헌법상 예외적으로 열거된 경우 등 이외에는 반드시 국무총리의 통할을 받아야 한다고는 볼 수 없고, 이는 그 기관이 관장하는 사무의 성질에 따라 국무총리가 대통령의 명을 받아 통할할 수 있는 기관으로 설치할 수도 있고 또는 대통령이 직접 통할하는 기관으로 설치할 수도 있다 할 것이다(헌재 1994.04.28. 89헌마86).

② (○), ④ (○) 이 사건 법률개정행위는 검사의 수사권 및 소추권을 조정·배분하는 내용을 담고 있으므로, 해당 수사권 및 소추권이 검사의 '헌법상 권한'인지 아니면 '법률상 권한'인지 문제 된다. 수사 및 소추는 우리 헌법상 본질적으로 행정에 속하는 사무이므로, 특별한 사정이 없는 한 '대통령을 수반으로 하는 행정부'(헌법 제66조 제4항)에 부여된 '헌법상 권한'이다. 그러나 수사권 및 소추권이 행정부 중 어느 '특정 국가기관'에 전속적으로 부여된 것으로 해석할 헌법상 근거는 없다(④). 이에 헌법재판소는, 행정부 내에서 수사권 및 소추권의 구체적인 조정·배분은 헌법사항이 아닌 '입법사항'이므로, 헌법이 수사권 및 소추권을

행정부 내의 특정 국가기관에 독점적·배타적으로 부여한 것이 아님을 반복적으로 확인한 바 있다(94헌바2, 2007헌마1468, 2017헌바196, 2020헌마264등). …이에 영장신청의 신속성·효율성 측면이 아니라, 법률전문가이자 인권옹호기관인 검사로 하여금 제3자의 입장에서 수사기관의 강제수사 남용을 통제하는 취지에서 영장신청권이 헌법에 도입된 것으로 해석되므로, 헌법상 검사의 영장신청권 조항에서 '헌법상 검사의 수사권'까지 도출된다고 보기 어렵다(②) (헌재 2023.03.23. 2022헌라4).

③ (X), ⑤ (O) (1)고위공직자범죄수사처(이하 '수사처')가 수행하는 수사와 공소제기 및 유지는 우리 헌법상 본질적으로 행정에 속하는 사무에 해당하는 점, 수사처의 구성에 대통령의 실질적인 인사권이 인정되고, 수사처장은 소관 사무와 관련된 안건이 상정될 경우 국무회의에 출석하여 발언할 수 있으며 그 소관 사무에 관하여 독자적으로 의안을 제출할 권한이 있는 것이 아니라 법무부장관에게 의안의 제출을 건의할 수 있는 점 등을 종합하면, 수사처는 직제상 대통령 또는 국무총리 직속기관 내지 국무총리의 통할을 받는 행정각부에 속하지 않는다고 하더라도 대통령을 수반으로 하는 행정부에 소속되고 그 관할권의 범위가 전국에 미치는 중앙행정기관으로 보는 것이 타당하다(③). (2)수사처가 중앙행정기관임에도 불구하고 기존의 행정조직에 소속되지 않고 대통령과 기존행정조직으로부터 구체적인 지휘·감독을 받지 않는 형태로 설치된 것은 수사처 업무의 특수성에서 기인한 것인바 …수사처가 대부분의 고위공직자들을 대상으로 수사 등을 담당하므로 정치적 중립성과 직무의 독립성이 매우 중요한 점 등을 고려한 것이다. (3)수사처의 권한 행사에 대해서는 여러 기관으로부터의 통제가 이루어질 수 있으므로, 단순히 수사처가 독립된 형태로 설치되었다는 이유만으로 권력분립원칙에 위반된다고 볼 수 없다(⑤). (헌재 2021.01.28. 2020헌마264,681(병합)).

 ③

문 73

21년 8월 모의시험

행정부에 관한 설명 중 옳지 않은 것은?

① 행정각부간의 권한의 획정, 행정각부의 중요한 정책의 수립과 조정은 국무회의의 심의사항이다.
② 국무위원은 국무회의의 구성원으로서 국무회의 의안 제출권, 국법상 행위에 대한 부서권, 국회 출석·발언권 등을 가진다.
③ 국무위원은 국무총리의 제청으로 대통령이 임명하며, 군인도 현역을 면한 후에는 국무위원으로 임명될 수 있다.
④ 법무부장관은 검찰사무의 최고 감독자로서 일반적으로 검사를 지휘·감독하고, 구체적 사건에 대하여는 검찰총장만을 지휘·감독한다.
⑤ 행정각부의 장은 소관사무에 관하여 법률이나 대통령령의 위임이 있을 때에 한하여 부령을 발할 수 있다.

MGI Point 행정부

- 국무회의의 심의사항 : 행정각부간의 권한의 획정, 행정각부의 중요한 정책의 수립과 조정 등
- 국무위원의 권한 ⇨ 국무회의 의안제출권, 국법상 행위에 대한 부서권, 국회출석발언권 등 가짐
- 국무위원은 국무총리의 제청으로 대통령이 임명, 군인도 현역을 면한 후 국무위원으로 임명 可

- 법무부장관은 일반적으로 검사를 지휘·감독, 구체적 사건에 대하여 검찰총장만을 지휘·감독 ○
- 행정각부의 장은 소관사무에 관하여 법률이나 대통령령의 위임 또는 '직권'으로 부령 可

① (○) 헌법 제89조 참조.

> **헌법 제89조** 다음 사항은 국무회의의 심의를 거쳐야 한다.
> 1. 국정의 기본계획과 정부의 일반정책
> 2. 선전·강화 기타 중요한 대외정책
> 3. 헌법개정안·국민투표안·조약안·법률안 및 대통령령안
> 4. 예산안·결산·국유재산처분의 기본계획·국가의 부담이 될 계약 기타 재정에 관한 중요사항
> 5. 대통령의 긴급명령·긴급재정경제처분 및 명령 또는 계엄과 그 해제
> 6. 군사에 관한 중요사항
> 7. 국회의 임시회 집회의 요구
> 8. 영전수여
> 9. 사면·감형과 복권
> 10. 행정각부 간의 권한의 획정
> 11. 정부안의 권한의 위임 또는 배정에 관한 기본계획
> 12. 국정처리상황의 평가·분석
> 13. 행정각부의 중요한 정책의 수립과 조정
> 14. 정당해산의 제소
> 15. 정부에 제출 또는 회부된 정부의 정책에 관계되는 청원의 심사
> 16. 검찰총장·합동참모의장·각군참모총장·국립대학교총장·대사 기타 법률이 정한 공무원과 국영기업체 관리자의 임명
> 17. 기타 대통령·국무총리 또는 국무위원이 제출한 사항

② (○) 국무회의 규정 제3조, 헌법 제82조, 국회법 제121조 참조.

> **국무회의 규정 제3조(의안 제출)** ① 대통령·국무총리 또는 국무위원은 「대한민국헌법」 제89조 및 법령에 규정된 국무회의의 심의사항을 의안으로 제출한다.
> **헌법 제82조** 대통령의 국법상 행위는 문서로써 하며, 이 문서에는 국무총리와 관계 국무위원이 부서한다. 군사에 관한 것도 또한 같다.
> **국회법 제121조(국무위원 등의 출석 요구)** ① 본회의는 의결로 국무총리, 국무위원 또는 정부위원의 출석을 요구할 수 있다. 이 경우 그 발의는 의원 20명 이상이 이유를 구체적으로 밝힌 서면으로 하여야 한다.
> ② 위원회는 의결로 국무총리, 국무위원 또는 정부위원의 출석을 요구할 수 있다. 이 경우 위원장은 의장에게 그 사실을 보고하여야 한다.
> ③ 제1항이나 제2항에 따라 출석 요구를 받은 국무총리, 국무위원 또는 정부위원은 출석하여 답변을 하여야 한다.

③ (○) 헌법 제87조 제1항, 제4항 참조.

> **헌법 제87조** ① 국무위원은 국무총리의 제청으로 대통령이 임명한다.
> ④ 군인은 현역을 면한 후가 아니면 국무위원으로 임명될 수 없다.

④ (○) 검찰청법 제8조 참조.

> **검찰청법 제8조(법무부장관의 지휘·감독)** 법무부장관은 검찰사무의 최고 감독자로서 일반적으로 검사를 지휘·감독하고, 구체적 사건에 대하여는 검찰총장만을 지휘·감독한다.

⑤ (X) 헌법 제95조 참조.

> **헌법 제95조** 국무총리 또는 행정각부의 장은 소관사무에 관하여 법률이나 대통령령의 위임 또는 직권으로 총리령 또는 부령을 발할 수 있다.

정답 ⑤

- 제2항 국무위원·행정각부의 장·국무회의·자문기관
- 제3항 감사원

문 74
23년 10월 모의시험

감사원에 관한 설명 중 옳은 것은?

① 감사위원은 감사원장의 제청으로 국회의 동의를 얻어 대통령이 임명하고, 그 임기는 4년으로 하며, 1차에 한하여 중임할 수 있다.
② 감사위원이 금고 이상의 형의 선고를 받았을 경우에는 감사위원회의의 의결을 거쳐 감사원장의 제청으로 대통령이 퇴직을 명한다.
③ 감사위원회의는 감사원장을 포함한 감사위원 전원으로 구성하며, 재적 감사위원 과반수 출석과 출석 감사위원 과반수 찬성으로 의결한다.
④ 「감사원법」은 국회, 법원, 헌법재판소, 중앙선거관리위원회에 소속한 공무원을 직무 감찰 대상에서 제외하는 것으로 규정하고 있다.
⑤ 감사원의 감사 결과 부당하다고 인정되는 사실이 있을 때에도 감사원은 해당 기관의 장에게 시정을 요구할 수 있고, 이 경우 시정 요구를 받은 해당 기관의 장은 감사원이 정한 날까지 이를 이행하여야 한다.

MGI Point 감사원 ★★

- 감사위원 ⇨ 감사원장의 제청으로 대통령이 임명, 임기는 4년, 1차에 한하여 중임 가능
- 감사위원의 당연퇴직 사유 ⇨ 탄핵결정이나 금고 이상의 형의 선고를 받았을 때
- 감사위원회의 ⇨ 원장을 포함한 감사위원 전원으로 구성, 재적 감사위원 과반수의 찬성으로 의결
- 감사위원의 직무감찰에서 제외되는 공무원 ⇨ 국회·법원 및 헌법재판소에 소속한 공무원
- 감사원은 감사 결과 위법·부당하다고 인정되는 사실이 있을 때 소속 장관·감독기관의 장·해당 기관의 장에게 시정·주의 등 요구 가능, 요구가 있으면 소속 장관·감독기관의 해당 기관의 장은 감사원이 정한 날까지 이를 이행 하여야 ○

① (X) 헌법 제98조 참조. 감사위원 임명절차는 감사원장과는 달리 국회 동의가 불필요하다.

> **헌법 제98조** ① 감사원은 원장을 포함한 5인 이상 11인 이하의 감사위원으로 구성한다.
> ② 원장은 국회의 동의를 얻어 대통령이 임명하고, 그 임기는 4년으로 하며, 1차에 한하여 중임할 수 있다.
> ③ 감사위원은 원장의 제청으로 대통령이 임명하고, 그 임기는 4년으로 하며, 1차에 한하여 중임할 수 있다.

② (X) 감사원법 제8조 참조.

> **감사원법 제8조 (신분보장)** ① 감사위원은 다음 각 호의 어느 하나에 해당하는 경우가 아니면 본인의 의사에 반하여 면직되지 아니한다.
> 1. 탄핵결정이나 금고 이상의 형의 선고를 받았을 때
> 2. 장기(長期)의 심신쇠약으로 직무를 수행할 수 없게 된 때
> ② 제1항 제1호의 경우에는 당연히 퇴직되며, 같은 항 제2호의 경우에는 감사위원회의의 의결을 거쳐 원장의 제청으로 대통령이 퇴직을 명한다.

③ (X) 감사원법 제11조 참조.

> **감사원법 제11조(의장 및 의결)** ① 감사위원회의는 원장을 포함한 감사위원 전원으로 구성하며, 원장이 의장이 된다.
> ② 감사위원회의는 재적 감사위원 과반수의 찬성으로 의결한다.

④ (X) 감사원법 제24조 제3항 참조.

> **감사원법 제24조(감찰 사항)** ① 감사원은 다음 각 호의 사항을 감찰한다.
> 1. 「정부조직법」 및 그 밖의 법률에 따라 설치된 행정기관의 사무와 그에 소속한 공무원의 직무
> 2. 지방자치단체의 사무와 그에 소속한 지방공무원의 직무
> 3. 제22조제1항제3호 및 제23조제7호에 규정된 자의 사무와 그에 소속한 임원 및 감사원의 검사대상이 되는 회계사무와 직접 또는 간접으로 관련이 있는 직원의 직무
> 4. 법령에 따라 국가 또는 지방자치단체가 위탁하거나 대행하게 한 사무와 그 밖의 법령에 따라 공무원의 신분을 가지거나 공무원에 준하는 자의 직무
> ② 제1항제1호의 행정기관에는 군기관과 교육기관을 포함한다. 다만, 군기관에는 소장급 이하의 장교가 지휘하는 전투를 주된 임무로 하는 부대 및 중령급 이하의 장교가 지휘하는 부대는 제외한다.
> ③ 제1항의 공무원에는 국회·법원 및 헌법재판소에 소속한 공무원은 제외한다.

⑤ (○) 감사원법 제33조 참조.

> **감사원법 제33조(시정 등의 요구)** ① 감사원은 감사 결과 위법 또는 부당하다고 인정되는 사실이 있을 때에는 소속 장관, 감독기관의 장 또는 해당 기관의 장에게 시정·주의 등을 요구할 수 있다.
> ② 제1항의 요구가 있으면 소속 장관, 감독기관의 장 또는 해당 기관의 장은 감사원이 정한 날까지 이를 이행하여야 한다.

 ⑤

문 75

22년 6월 모의시험

감사원에 관한 설명 중 옳은 것은?

① 대통령 소속하의 합의제 기관인 감사원이 헌법기관으로 처음 규정된 것은 제2공화국 1960년 개정헌법부터이다.
② 감사원장이 사고로 인하여 직무를 수행할 수 없을 때에는 감사위원 중 연장자가 그 직무를 대행한다.
③ 감사원장은 국회 인사청문특별위원회의 인사청문을 거쳐 임명되지만, 감사위원은 국회의 인사청문을 거치지 않고 임명된다.

④ 감사위원회의는 감사원장을 포함한 감사위원 전원으로 구성하며, 감사위원회의 의결은 재적 감사위원 3분의 2 이상의 찬성을 얻어야 한다.
⑤ 감사위원이 장기(長期)의 심신쇠약으로 직무를 수행할 수 없게 된 때에는 감사위원회의의 의결 없이 원장의 제청으로 대통령이 퇴직을 명한다.

> **MGI Point 감사원** ★★
>
> - 감사원 ⇨ 대통령 소속하의 합의제 기관, 1962년 제5차 개정헌법에서 최초로 규정
> - 감사원장의 궐위·사고시 감사원장의 권한 대행
>   ⇨ 최장기간 재직한 감사위원, 재직기간이 같은 감사위원이 2명 이상인 경우에는 연장자
> - 감사원장의 임명 : 인사청문특별위원회 절차 要 / 감사위원의 임명 : 인사청문 절차 不要
> - 감사위원회 구성, 의결정족수 ⇨ 원장을 포함한 감사위원 전원으로 구성 / 재적 감사위원 과반수의 찬성으로 의결
> - 감사위원의 퇴직
>   - 탄핵결정이나 금고 이상의 형의 선고를 받았을 때 : 당연퇴직
>   - 장기의 심신쇠약으로 직무를 수행할 수 없게 된 때 : 감사위원회의의 의결을 거쳐 원장의 제청으로 대통령이 퇴직을 명

① (X) 1962년 제5차 개정헌법 제92조 참조.

> **1962년 제5차 개정헌법 제92조** 국가의 세입·세출의 결산, 국가 및 법률에 정한 단체의 회계 검사와 행정기관 및 공무원의 직무에 관한 감찰을 하기 위하여 대통령 소속하에 감사원을 둔다.

② (X) 감사원법 제4조 제3항 참조.

> **감사원법 제4조(원장)** ③ 원장이 궐위(闕位)되거나 사고(事故)로 인하여 직무를 수행할 수 없을 때에는 감사위원으로 최장기간 재직한 감사위원이 그 권한을 대행한다. 다만, 재직기간이 같은 감사위원이 2명 이상인 경우에는 연장자가 그 권한을 대행한다.

③ (○) 국회법 제46조의3 제1항 및 국회법 제65조의2 제2항 참조. ▶ 감사원장은 국회법 제46조의3 제1항 제1호에 의하여 임명절차상 인사청문특별위원회의 대상으로 규정되어 있다. 반면, 감사위원은 임명절차상 국회법 제46조의3에 의한 인사청문특별위원회 뿐만 아니라 국회법 제65조의2에 의한 상임위원회 인사청문회의 대상으로도 규정되어 있지 않다.

> **국회법 제46조의3(인사청문특별위원회)** ① 국회는 다음 각 호의 임명동의안 또는 의장이 각 교섭단체 대표의원과 협의하여 제출한 선출안 등을 심사하기 위하여 인사청문특별위원회를 둔다. 다만, 「대통령직 인수에 관한 법률」 제5조제2항에 따라 대통령당선인이 국무총리 후보자에 대한 인사청문의 실시를 요청하는 경우에 의장은 각 교섭단체 대표의원과 협의하여 그 인사청문을 실시하기 위한 인사청문특별위원회를 둔다.
>   1. 헌법에 따라 그 임명에 국회의 동의가 필요한 대법원장·헌법재판소장·국무총리·감사원장 및 대법관에 대한 임명동의안
>
> **국회법 제65조의2(인사청문회)** ② 상임위원회는 다른 법률에 따라 다음 각 호의 어느 하나에 해당하는 공직후보자에 대한 인사청문 요청이 있는 경우 인사청문을 실시하기 위하여 각각 인사청문회를 연다.
>   1. 대통령이 임명하는 헌법재판소 재판관, 중앙선거관리위원회 위원, 국무위원, 방송통신위원회 위원장, 국가정보원장, 공정거래위원회 위원장, 금융위원회 위원장, 국가인권위원회 위원장, 고위공직자범죄수사처장, 국세청장, 검찰총장, 경찰청장, 합동참모의장, 한국은행 총재, 특별감찰관 또는 한국방송공사 사장의 후보자
>   2. 대통령당선인이 「대통령직 인수에 관한 법률」 제5조제1항에 따라 지명하는 국무위원 후보자
>   3. 대법원장이 지명하는 헌법재판소 재판관 또는 중앙선거관리위원회 위원의 후보자

④ (X) 감사원법 제11조 참조.

> **감사원법 제11조(의장 및 의결)** ① 감사위원회의는 원장을 포함한 감사위원 전원으로 구성하며, 원장이 의장이 된다.
> ② 감사위원회의는 재적 감사위원 과반수의 찬성으로 의결한다.

⑤ (X) 감사원법 8조 제2항 참조.

> **감사원법 8조(신분보장)** ① 감사위원은 다음 각 호의 어느 하나에 해당하는 경우가 아니면 본인의 의사에 반하여 면직되지 아니한다.
>   1. 탄핵결정이나 금고 이상의 형의 선고를 받았을 때
>   2. 장기(長期)의 심신쇠약으로 직무를 수행할 수 없게 된 때
> ② 제1항제1호의 경우에는 당연히 퇴직되며, 같은 항 제2호의 경우에는 감사위원회의의 의결을 거쳐 원장의 제청으로 대통령이 퇴직을 명한다.

정답 ③

문 76
21년 8월 모의시험

감사원에 관한 설명 중 옳지 않은 것은?

① 감사원은 대통령에 소속하되, 직무에 관하여는 독립의 지위를 가진다.
② 감사원은 감사원장을 포함한 7명의 감사위원으로 구성된다.
③ 국회는 의결로 감사원에 대하여 「감사원법」에 따른 감사원의 직무 범위에 속하는 사항 중 사안을 특정하여 감사를 요구할 수 있다. 이 경우 감사원은 감사 요구를 받은 날부터 3개월 이내에 감사 결과를 국회에 보고하여야 한다.
④ 감사원은 지방자치단체의 사무와 그에 소속한 지방공무원의 직무에 대해서도 감찰할 수 있다.
⑤ 감사에 관한 절차, 감사원의 내부 규율과 감사사무 처리에 관한 감사원의 규칙제정권은 헌법에 명시되어 있다.

> **MGI Point 감사원** ★★
> - 대통령 소속, 직무에 관하여는 독립의 지위
> - 감사원의 구성
>   - 헌법 제98조 제1항 : 원장 포함 5인 이상 11인 이하의 감사위원
>   - 감사원법 제3조 : 원장 포함 7인의 감사위원
> - 감사원에 대한 감사 요구
>   - 국회는 감사원법에 따른 감사원의 직무 범위에 속하는 사항 중 사안을 특정하여 감사 요구 가
>   - 감사원은 감사 요구를 받은 날부터 3개월 이내 감사 결과를 국회에 보고
> - 감사원법상 감찰사항에 지방자치단체의 사무와 그에 소속한 지방공무원의 직무도 포함 ○
> - 감사에 관한 절차, 감사원의 내부규율과 감사사무 처리에 관한 규칙 제정 ⇨ 헌법이 아닌 감사원법에 규정

① (○) 감사원법 제2조 참조.

> **감사원법 제2조(지위)** ① 감사원은 대통령에 소속하되, 직무에 관하여는 독립의 지위를 가진다.

② (○) 헌법 제98조 및 감사원법 제3조 참조.

> **헌법 제98조** ① 감사원은 원장을 포함한 5인 이상 11인 이하의 감사위원으로 구성한다.
> **감사원법 제3조(구성)** 감사원은 감사원장(이하 "원장"이라 한다)을 포함한 7명의 감사위원으로 구성한다.

③ (○) 국회법 제127조의2 참조.

> **국회법 제127조의2(감사원에 대한 감사 요구 등)** ① 국회는 의결로 감사원에 대하여 「감사원법」에 따른 감사원의 직무 범위에 속하는 사항 중 사안을 특정하여 감사를 요구할 수 있다. 이 경우 감사원은 감사 요구를 받은 날부터 3개월 이내에 감사 결과를 국회에 보고하여야 한다.

④ (○) 감사원법 제24조 참조.

> **감사원법 제24조(감찰 사항)** ① 감사원은 다음 각 호의 사항을 감찰한다
> 2. 지방자치단체의 사무와 그에 소속한 지방공무원의 직무

⑤ (X) 감사원법 제52조 참조. ▶ 감사원법에 감사원의 규칙제정권이 있으며 헌법에는 규정되어 있지 않음

> **감사원법 제52조(감사원규칙)** 감사원은 감사에 관한 절차, 감사원의 내부 규율과 감사사무 처리에 관한 규칙을 제정할 수 있다.

정답 ⑤

제❸절 ▎선거관리위원회

문 77
24년 6월 모의시험

선거관리위원회에 관한 설명 중 옳은 것은? (다툼이 있는 경우 판례에 의함)

① 중앙선거관리위원회는 대통령이 임명하는 3인, 국회에서 선출하는 3인과 대법원장이 지명하는 3인의 위원으로 구성하며, 위원장은 국회의 동의를 얻어 대통령이 임명한다.
② 각급선거관리위원회의 위원장·상임위원·부위원장이 모두 사고가 있을 때에는 위원 중 연장자가 위원장의 직무를 대행한다.
③ 각급선거관리위원회의 소관사무에 선거관리사무·국민투표관리사무·정당사무는 포함되나, 주민투표사무는 포함되지 않는다.
④ 「공직선거법」은 각급선거관리위원회 위원·직원이 선거범죄를 조사함에 있어서 피조사자에게 자료제출의무를 부과하고 이에 위반하여 허위의 자료를 제출한 경우 형사처벌을 규정하고 있는 바, 이 규정에 의한 자료제출요구는 형벌에 의한 불이익이라는 심리적·간접적 강제수단을 통하여 진실한 자료를 제출하도록 하는 강제처분을 수반하는 것으로 영장주의의 적용대상이다.
⑤ 구·시·군선거관리위원회 위원의 임기는 3년으로 하되, 한 차례만 연임할 수 있다.

> **MGI Point** 선거관리위원회 ★★
>
> - 중앙선거관리위원회는 대통령이 임명하는 3인, 국회에서 선출하는 3인과 대법원장이 지명하는 3인의 위원으로 구성, 위원장은 위원 중에서 호선
> - 각급선거관리위원회의 위원장·상임위원·부위원장이 모두 사고가 있을 때 ⇨ 위원 중에서 임시위원장을 호선하여 위원장의 직무를 대행하게 함
> - 각급선거관리위원회의 소관사무에 선거관리사무·국민투표관리사무·정당사무·주민투표사무 포함 ○
> - 공직선거법 상 각급선거관리위원회 위원·직원이 선거범죄를 조사함에 있어서 피조사자에게 자료제출의무를 부과하고 이에 위반하여 허위의 자료를 제출한 경우 형사처벌 규정 중 자료제출요구 ⇨ 영장주의의 적용대상 ×
> - 구·시·군선거관리위원회 위원의 임기는 3년으로 하되 한 차례만 연임 가능 ○

① (X) 헌법 제114조 제2항 참조.

> **헌법 제114조** ② 중앙선거관리위원회는 대통령이 임명하는 3인, 국회에서 선출하는 3인과 대법원장이 지명하는 3인의 위원으로 구성한다. 위원장은 위원 중에서 호선한다.

② (X) 선거관리위원회법 제5조 제5항 참조.

> **선거관리위원회법 제5조(위원장)** ⑤위원장이 사고가 있을 때에는 상임위원 또는 부위원장이 그 직무를 대행하며 위원장·상임위원·부위원장이 모두 사고가 있을 때에는 위원중에서 임시위원장을 호선하여 위원장의 직무를 대행하게 한다.

③ (X) 주민투표법 제3조 제1항 참조.

> **주민투표법 제3조(주민투표사무의 관리)** ① 주민투표사무는 이 법에 특별한 규정이 있는 경우를 제외하고는 특별시·광역시·특별자치시·도 또는 특별자치도(이하 "시·도"라 한다)는 시·도선거관리위원회가, 시·군 또는 구(자치구를 말하며, 이하 "시·군·구"라 한다)는 구·시·군선거관리위원회가 관리한다.

④ (X) … 심판대상조항에 의한 자료제출요구는 그 성질상 대상자의 자발적 협조를 전제로 할 뿐이고 물리적 강제력을 수반하지 아니한다. 심판대상조항은 피조사자로 하여금 자료제출요구에 응할 의무를 부과하고, 허위 자료를 제출한 경우 형사처벌하고 있으나, 이는 형벌에 의한 불이익이라는 심리적, 간접적 강제수단을 통하여 진실한 자료를 제출하도록 함으로써 조사권 행사의 실효성을 확보하기 위한 것이다. 이와 같이 심판대상조항에 의한 자료제출요구는 행정조사의 성격을 가지는 것으로 수사기관의 수사와 근본적으로 그 성격을 달리하며, 청구인에 대하여 직접적으로 어떠한 물리적 강제력을 행사하는 강제처분을 수반하는 것이 아니므로 영장주의의 적용대상이 아니다(헌재 2019.09.26. 2016헌바381).

⑤ (○) 선거관리위원회법 제8조 참조.

> **선거관리위원회법 제8조(위원의 임기)** 각급선거관리위원회위원의 임기는 6년으로 한다. 다만, 구·시·군선거관리위원회 위원의 임기는 3년으로 하되, 한 차례만 연임할 수 있다.

정답 ⑤

문 78

23년 8월 모의시험

선거관리위원회에 관한 설명 중 옳은 것(○)과 옳지 않은 것(×)을 올바르게 조합한 것은?

> ㄱ. 중앙선거관리위원회는 대통령이 임명하는 3인, 국회에서 선출하는 3인과 대법원장이 지명하는 3인의 위원으로 구성되며, 위원은 국회 인사청문특별위원회의 인사청문을 거쳐 임명·선출 또는 지명된다.
> ㄴ. 법관과 법원공무원 및 교육공무원 이외의 공무원은 각급선거관리위원회의 위원이 될 수 없다.
> ㄷ. 중앙선거관리위원회는 법령의 범위 안에서 선거관리·국민투표관리 또는 정당사무에 관한 규칙을 제정할 수 있으며, 법령에 저촉되지 아니하는 범위 안에서 내부규율에 관한 규칙을 제정할 수 있다.
> ㄹ. 지역선거구 국회의원선거에 있어서 선거의 효력에 관하여 이의가 있는 선거인·정당(후보자를 추천한 정당에 한한다) 또는 후보자는 선거일부터 30일 이내에 중앙선거관리위원회 위원장을 피고로 하여 대법원에 소를 제기할 수 있다.
> ㅁ. 국공립대학과 사립대학에서 대학의 장 후보자를 추천할 때 해당 대학 교원의 합의된 방식과 절차에 따라 직접선거로 선정하는 경우, 해당 대학은 선거관리에 관하여 그 소재지를 관할하는 구·시·군선거관리위원회에 선거관리를 위탁하여야 한다.

① ㄱ(×), ㄴ(○), ㄷ(×), ㄹ(×), ㅁ(×)
② ㄱ(○), ㄴ(○), ㄷ(×), ㄹ(×), ㅁ(×)
③ ㄱ(×), ㄴ(×), ㄷ(○), ㄹ(○), ㅁ(×)
④ ㄱ(○), ㄴ(×), ㄷ(×), ㄹ(×), ㅁ(○)
⑤ ㄱ(○), ㄴ(○), ㄷ(×), ㄹ(○), ㅁ(×)

MGI Point 선거관리위원회 ★★

- 대통령이 임명·대법원장이 지명하는 중앙선거관리위원회 위원의 인사청문 ⇨ 상임위원회
  국회에서 선출하는 중앙선거관리위원회 위원의 인사청문 ⇨ 인사청문특별위원회
- 법관과 법원공무원 및 교육공무원 이외의 공무원 ⇨각급선거관리위원회의 위원이 될 수 없음
- 중앙선거관리위원회의 선거관리·국민투표관리 또는 정당사무에 관한 규칙 제정 ⇨ '법령'의 범위 안에서
  내부규율에 관한 규칙 제정 ⇨ '법률'에 저촉되지 아니하는 범위 안에서
- 국회의원선거에 있어서 선거의 효력에 관하여 이의가 있는 선거인·정당(후보자를 추천한 정당에 한한다) 또는 후보자의 선거소송 피고 ⇨ 당해 선거구선거관리위원회위원장 ○
- 대학(공립대학 제외)의 장 후보자 추천시 해당 대학 '교원, 직원 및 학생'의 합의된 방식과 절차에 따라 직접선거로 선정하는 경우 ⇨ 구·시·군선거관리위원회에 선거관리 위탁의무 ○

ㄱ. (×) 중앙선거관리위원회 위원 중 국회에서 선출하는 3인은 인사청문특별위원회의 인사청문을 거치고, 대통령이 임명하는 3인과 대법원장이 지명하는 3인은 소관 상임위원회의 인사청문을 거친다. 국회법 제46조의3 제1항 제2호, 제65조의2 제2항 제1호·3호 참조.

제46조의3(인사청문특별위원회) ① 국회는 다음 각 호의 임명동의안 또는 의장이 각 교섭단체 대표의원과 협의하여 제출한 선출안 등을 심사하기 위하여 인사청문특별위원회를 둔다. 다만, 「대통령직 인수에 관한 법률」 제5조제2항에 따라 대통령당선인이 국무총리 후보자에 대한 인사청문의 실시를 요청하는 경우에 의장은 각 교섭단체 대표의원과 협의하여 그 인사청문을 실시하기 위한 인사청문특별위원회를 둔다.
1. 헌법에 따라 그 임명에 국회의 동의가 필요한 대법원장·헌법재판소장·국무총리·감사원장 및 대법관에 대한 임명동의안
2. 헌법에 따라 국회에서 선출하는 헌법재판소 재판관 및 중앙선거관리위원회 위원에 대한 선출안

국회법 제65조의2(인사청문회) ② 상임위원회는 다른 법률에 따라 다음 각 호의 어느 하나에 해당하는 공직후보자에 대한 인사청문 요청이 있는 경우 인사청문을 실시하기 위하여 각각 인사청문회를 연다.
1. 대통령이 임명하는 헌법재판소 재판관, 중앙선거관리위원회 위원, 국무위원, 방송통신위원회 위원장, 국가정보원장, 공정거래위원회 위원장, 금융위원회 위원장, 국가인권위원회 위원장, 고위공직자범죄수사처장, 국세청장, 검찰총장, 경찰청장, 합동참모의장, 한국은행 총재, 특별감찰관 또는 한국방송공사 사장의 후보자
2. 대통령당선인이 「대통령직 인수에 관한 법률」 제5조제1항에 따라 지명하는 국무위원 후보자
3. 대법원장이 지명하는 헌법재판소 재판관 또는 중앙선거관리위원회 위원의 후보자

ㄴ. (○) 선거관리위원회법 제4조 제6항 참조.

선거관리위원회법 제4조(위원의 임명 및 위촉) ⑥ 법관과 법원공무원 및 교육공무원 이외의 공무원은 각급선거관리위원회의 위원이 될 수 없다.

ㄷ. (X) 헌법 제114조 제6항 참조.

헌법 제114조 ⑥중앙선거관리위원회는 법령의 범위 안에서 선거관리·국민투표관리 또는 정당사무에 관한 규칙을 제정할 수 있으며, 법률에 저촉되지 아니하는 범위 안에서 내부규율에 관한 규칙을 제정할 수 있다.

ㄹ. (X) 공직선거법 제222조 제1항 참조.

공직선거법제222조(선거소송) ① 대통령선거 및 국회의원선거에 있어서 선거의 효력에 관하여 이의가 있는 선거인·정당(후보자를 추천한 정당에 한한다) 또는 후보자는 선거일부터 30일 이내에 당해 선거구선거관리위원회위원장을 피고로 하여 대법원에 소를 제기할 수 있다.

ㅁ. (X) 설문은 다음과 같은 두 가지 측면에서 옳지 못하다고 할 수 있다. (1)국립사립대학과 달리 공립대학은 그 장의 임용 후보자의 추천에 있어서 선거관리의 선거관리위원회 위탁의무 규정을 배제하고 있다(교육공무원법 제24조 제1항 본문, 제24조의3 제1항 참조). 그런데 설문에서는 위탁의무 주체를 '국공립대학'이라고 하고 있다. (2)국립사립대학의 장 후보자를 선정할 때는, 해당 대학 교원, 직원 및 학생이 합의된 방식과 절차에 따른 선정 방법을 따를 수 있는데(동법 제24조 제3항 제2호), 그에 따라 추천 방식·절차가 직접선거로 합의된 경우 해당 대학은 선거관리위원회에 선거관리를 위탁하여야 한다(동법 제24조의3 제1항). 그러나 설문에서는 합의 주체를 '교원, 직원 및 학생'이 아닌 '교원'으로 한정하고 있다.

교육공무원법 제24조(대학의 장의 임용) ① 대학(「고등교육법」 제2조 각 호의 학교를 말하되, 공립대학은 제외한다. 이하 이 조, 제24조의2, 제24조의3 및 제25조부터 제27조까지에서 같다)의 장은 해당 대학의 추천을 받아 교육부장관의 제청으로 대통령이 임용한다. (단서 생략)
② 제1항 본문에 따른 대학의 장의 임용추천을 위하여 대학에 대학의 장 임용추천위원회(이하 "추천위원회"라 한다)를 둔다.
③ 추천위원회는 해당 대학에서 정하는 바에 따라 다음 각 호의 어느 하나의 방법에 따라 대학의 장 후보자를 선정하여야 한다.
2. 해당 대학 교원, 직원 및 학생의 합의된 방식과 절차에 따른 선정
교육공무원법 제24조의3(대학의 장 후보자 추천을 위한 선거사무의 위탁) ① 대학의 장 후보자를 추천할 때 제24

조제3항제2호에 따라 해당 대학 교원, 직원 및 학생의 합의된 방식과 절차에 따라 직접선거로 선정하는 경우 해당 대학은 선거관리에 관하여 그 소재지를 관할하는 「선거관리위원회법」에 따른 구·시·군선거관리위원회 (이하 "구·시·군선거관리위원회"라 한다)에 선거관리를 위탁하여야 한다.

정답 ①

문 79 22년 6월 모의시험

선거관리위원회에 관한 설명 중 옳지 않은 것은? (다툼이 있는 경우 판례에 의함)

① 중앙선거관리위원회는 법령의 범위 안에서 선거관리·국민투표관리 또는 정당사무에 관한 규칙을 제정할 수 있으며, 법률에 저촉되지 아니하는 범위안에서 내부규율에 관한 규칙을 제정할 수 있다.
② 각급선거관리위원회는 선거인명부의 작성등 선거사무와 국민투표사무에 관하여 관계 행정기관에 필요한 지시를 할 수 있으며, 그 지시를 받은 당해 행정기관은 이에 응하여야 한다.
③ 중앙선거관리위원회위원은 탄핵 또는 금고 이상의 형의 선고에 의하지 아니하고는 파면되지 아니한다.
④ 법관과 교육공무원 이외의 공무원은 각급선거관리위원회의 위원이 될 수 없다.
⑤ 중앙선거관리위원회는 대통령이 임명하는 3인, 국회에서 선출하는 3인과 대법원장이 지명하는 3인의 위원으로 구성되며, 위원장은 위원 중에서 호선한다.

MGI Point 선거관리위원회 ★★

- 중앙선거관리위원회의 규칙제정권
  - 법령의 범위 안에서 선거관리·국민투표관리 또는 정당사무에 관한 규칙 제정
  - 법률에 저촉되지 아니하는 범위 안에서 내부규율에 관한 규칙 제정
- 각급 선거관리위원회의 권한 ⇨ 인명부의 작성 등 선거사무와 국민투표사무에 관하여 관계 행정기관에 필요한 지시 可, 지시를 받은 당해 행정기관은 이에 응할 의무 有
- 중앙선거관리위원회 위원의 신분보장 ⇨ 탄핵 또는 금고 이상의 형의 선고에 의하지 아니하고는 파면되지 아니함
- 각급 선거관리위원회 위원 ⇨ 법관과 법원공무원 및 교육공무원 이외의 공무원은 각급선거관리위원회의 위원이 될 수 없음
- 중앙선거관리위원회의 구성
  - 위원장 ⇨ 위원중에서 호선
  - 위원 ⇨ 대통령이 임명하는 3인, 국회에서 선출하는 3인과 대법원장이 지명하는 3인의 위원으로 구성

① (○) 헌법 제114조 제6항 참조.

헌법 114조 ⑥ 중앙선거관리위원회는 법령의 범위 안에서 선거관리·국민투표관리 또는 정당사무에 관한 규칙을 제정할 수 있으며, 법률에 저촉되지 아니하는 범위 안에서 내부규율에 관한 규칙을 제정할 수 있다.

② (○) 헌법 제115조 참조.

헌법 제115조 ① 각급 선거관리위원회는 선거인명부의 작성 등 선거사무와 국민투표사무에 관하여 관계 행정기관에 필요한 지시를 할 수 있다.
② 제1항의 지시를 받은 당해 행정기관은 이에 응하여야 한다.

③ (○), ⑤ (○) 헌법 제114조 제2항, 제5항 참조.

> **헌법 제114조** ① 선거와 국민투표의 공정한 관리 및 정당에 관한 사무를 처리하기 위하여 선거관리위원회를 둔다.
> ② 중앙선거관리위원회는 대통령이 임명하는 3인, 국회에서 선출하는 3인과 대법원장이 지명하는 3인의 위원으로 구성한다. 위원장은 위원 중에서 호선한다.
> ③ 위원의 임기는 6년으로 한다.
> ④ 위원은 정당에 가입하거나 정치에 관여할 수 없다.
> ⑤ 위원은 탄핵 또는 금고 이상의 형의 선고에 의하지 아니하고는 파면되지 아니한다.

④ (X) 선거관리위원회법 제4조 제6항 참조.

> **선거관리위원회법 제4조(위원의 임명 및 위촉)** 법관과 법원공무원 및 교육공무원 이외의 공무원은 각급선거관리위원회의 위원이 될 수 없다.

정답 ④

제4장 법원

제❶절 사법권의 독립

문 80
21년 10월 모의시험

사법권의 독립에 관한 설명 중 옳은 것은? (다툼이 있는 경우 판례에 의함)

① 파산절차 중 법원의 파산관재인의 선임 및 직무감독권한은 사법의 본질적 사항은 아니므로, 법률로 선임 및 직무감독권한의 일부를 제한한다고 하여 사법의 본질을 훼손하는 것이라고 단정할 수는 없다.
② 대법원에 두는 양형위원회는 위원장 1명과 13명의 위원으로 구성하되, 위원장이 아닌 위원 중 1명은 상임위원으로 한다.
③ 사법권의 독립을 위하여 현행「법원조직법」은 대법관후보추천위원회의 구성에 있어서 행정부 소속 공무원을 배제하고 있다.
④ 대법관회의는 대법관 전원의 3분의 2 이상의 출석과 출석인원 과반수의 찬성으로 의결하며, 의장은 의결에서 표결권을 갖지 아니한다.
⑤ '법관이 그 품위를 손상하거나 법원의 위신을 실추시킨 경우'를 법관에 대한 징계사유로 규정하고 있는 구「법관징계법」제2조 제2호는 명확성의 원칙에 위배된다.

MGI Point 사법권의 독립 ★★

- 파산관재인 선임 및 직무감독에 관한 사항 ▷ 사법의 본질적 사항 ×, 이에 대한 입법형성권의 행사는 사법권 침해 ×
- 대법원 양형위원회 ▷ 위원장 1명을 "포함한" 13명의 위원으로 구성, 위원장이 아닌 위원 중 1명은 상임위원
- 대법관후보추천위원회의 구성에 행정부 소속 공무원 포함 가
- 대법관회의는 대법관 전원의 3분의 2 이상의 출석 + 출석인원 과반수의 찬성으로 의결, 의장도 의결에서 표결권 有

■ 법관이 그 품위를 손상하거나 법원의 위신을 실추시킨 경우를 법관에 대한 징계사유로 규정한 구 『법관징계법』 조항
  ⇨ 명확성원칙 위반 ✕

① (○) '파산관재인의 선임 및 직무감독에 관한 사항'은 대립당사자간의 법적 분쟁을 사법적 절차를 통하여 해결하는 전형적인 사법권의 본질에 속하는 사항이 아니며, 따라서 입법자에 의한 개입여지가 넓으므로, 그러한 입법형성권 행사가 자의적이거나 비합리적이 아닌 한 사법권을 침해한다고 할 수 없다(헌재 2001.03.15. 2001헌가1).

② (X) 법원조직법 제81조의2 및 제81조의3 제1항 참조.

> 법원조직법 제81조의2(양형위원회의 설치) ① 형을 정할 때 국민의 건전한 상식을 반영하고 국민이 신뢰할 수 있는 공정하고 객관적인 양형을 실현하기 위하여 대법원에 양형위원회(이하 "위원회"라 한다)를 둔다.
> 법원조직법 제81조의3(위원회의 구성) ① 위원회는 위원장 1명을 포함한 13명의 위원으로 구성하되, 위원장이 아닌 위원 중 1명은 상임위원으로 한다.

③ (X) 법원조직법 제41조의2 참조.

> 법원조직법 제41조의2(대법관후보추천위원회) ① 대법원장이 제청할 대법관 후보자의 추천을 위하여 대법원에 대법관후보추천위원회(이하 "추천위원회"라 한다)를 둔다.
> ② 추천위원회는 대법원장이 대법관 후보자를 제청할 때마다 위원장 1명을 포함한 10명의 위원으로 구성한다.
> ③ 위원은 다음 각 호에 해당하는 사람을 대법원장이 임명하거나 위촉한다.
>   1. 선임대법관
>   2. 법원행정처장
>   3. 법무부장관
>   4. 대한변호사협회장
>   5. 사단법인 한국법학교수회 회장
>   6. 사단법인 법학전문대학원협의회 이사장
>   7. 대법관이 아닌 법관 1명
>   8. 학식과 덕망이 있고 각계 전문 분야에서 경험이 풍부한 사람으로서 변호사 자격을 가지지 아니한 사람 3명. 이 경우 1명 이상은 여성이어야 한다.

④ (X) 법원조직법 제16조 제2항 및 제3항 참조.

> 법원조직법 제16조(대법관회의 구성과 의결방법) ② 대법관회의는 대법관 전원의 3분의 2 이상의 출석과 출석인원 과반수의 찬성으로 의결한다.
> ③ 의장은 의결에서 표결권을 가지며, 가부동수일 때에는 결정권을 가진다.

⑤ (X) 구 법관징계법 제2조 제2호가 '품위 손상', '위신 실추'와 같은 추상적인 용어를 사용하고 있기는 하나, 수범자인 법관이 구체적으로 어떠한 행위가 이에 해당하는지를 충분히 예측할 수 없을 정도로 그 적용범위가 모호하다거나 불분명하다고 할 수 없고, 법관이 사법부 내부 혁신 등을 위한 표현행위를 하였다는 것 자체가 위 법률조항의 징계사유가 되는 것이 아니라, 표현행위가 이루어진 시기와 장소, 표현의 내용 및 방법, 행위의 상대방 등 제반 사정을 종합하여 볼 때 법관으로서의 품위를 손상하거나 법원의 위신을 실추시킨 행위에 해당하는 경우에 한하여 징계사유가 되는 것이므로, 구 법관징계법 제2조 제2호는 그 적용범위가 지나치게 광범위하거나 포괄적이어서 법관의 표현의 자유를 과도하게 제한한다고 볼 수 없어 과잉금지원칙에 위배되지 아니한다(헌재 2012.02.23. 2009헌바34).

정답 ①

문 81
21년 8월 모의시험

사법권에 관한 설명 중 옳은 것을 모두 고른 것은? (다툼이 있는 경우 판례에 의함)

> ㄱ. 특수강도의 기회에 피해자를 강제추행한 자에 대하여 특단의 사정이 없는 한 집행유예를 선고하지 못하도록 한 것은, 법률상 감경사유가 경합되거나 법률상 감경사유와 작량감경사유가 경합되는 경우 집행유예가 가능하므로, 법관의 양형결정권을 침해한다고 할 수 없다.
> ㄴ. 우리 헌법은 권력 상호간의 견제와 균형을 위하여 명시적으로 규정한 예외를 제외하고는 입법부에게 사법작용을 수행할 권한을 부여하지 않고 있다는 점에 비추어 볼 때, 법원으로 하여금 증거조사도 하지 말고 형을 선고하도록 한 법률조항은 헌법이 정한 입법권의 한계를 유월하여 사법작용을 침해하는 것이다.
> ㄷ. 헌법 제107조 제3항은 행정심판에 사법절차가 '준용'될 것을 요구하고 있으므로 사법절차적 요소를 엄격히 갖춰야 할 필요는 없다고 하더라도 적어도 사법절차의 본질적 요소를 전혀 구비하지 아니하고 있다면 헌법 제107조 제3항에 위반된다고 할 것이다.
> ㄹ. 헌법 제106조 법관의 신분보장 규정은 헌법 제105조 제4항 법관정년제 규정과 조화롭게 해석하여야 할 것이고, 따라서 정년제를 전제로 재직 중인 법관은 탄핵 또는 금고 이상의 형의 선고에 의하지 아니하고는 파면되지 아니하며 징계처분에 의하지 아니하고는 정직·감봉 기타 불리한 처분을 받지 아니한다고 해석하여야 하고, 그러한 해석 하에서는 헌법 제105조 제4항에 따라 입법자가 「법원조직법」 제45조 제4항에서 법관의 정년을 정한 것은 위 신분보장 규정에 위배되지 않는다.

① ㄴ
② ㄱ, ㄷ
③ ㄴ, ㄹ
④ ㄱ, ㄷ, ㄹ
⑤ ㄱ, ㄴ, ㄷ, ㄹ

MGI Point 사법권 ★

- 특수강도의 기회에 피해자를 강제추행한 자에 대하여 특단의 사정이 없는 한 집행유예를 선고하지 못하도록 한 것
  ⇨ 법관의 양형결정권 침해 ✕
- 법원으로 하여금 증거조사도 하지 말고 형을 선고하도록 하는 법률을 제정한 것 ⇨ 사법작용의 영역 침범 ○
- 행정심판에 관한 헌법 제107조 제3항 '사법절차 준용'의 의미 ⇨ 사법절차적 요소를 엄격히 갖춰야 할 필요없지만 사법절차의 본질적 요소를 전혀 구비하지 아니하고 있다면 '준용'의 요구 反, 헌법 위반 ○
- 헌법상의 법관신분보장규정과 법관정년제규정은 병렬적 관계로 조화롭게 해석
  ⇨ 법원조직법에서 법관의 정년을 정한 것은 신분보장규정 위반 ✕

ㄱ. (○) 입법자는 특수강도의 기회에 피해자를 강제추행한 자에 대하여 특단의 사정이 없는 한 집행유예를 선고하지 못하도록 입법적 결단을 내린 것인데 위 결단이 자의적이라 보기 어렵고, 법률상 감경사유가 경합되거나 법률상 감경사유와 작량감경사유가 경합되는 경우 집행유예가 가능하므로 이 사건 조항이 법관의 양형결정권을 침해한다고 할 수 없다(헌재 2010.07.29. 2009헌바350).

ㄴ. (○) 특조법 제7조 제6항, 제7항 본문은 궐석한 피고인은 변호인 또는 보조인도 공판절차에 출석시킬 수 없고, 법원은 최초의 공판기일에 공소사실의 요지와 검사의 의견만을 듣고 증거조사도 없이 결심하여 피고인에 대한 형을 선고하도록 규정하였다. … 특조법 제7조 제7항 본문은 나아가 헌법 제101조 제1항에 의해 부여된 법원의 사법권을 과도하게 제약하고 있다. 사법(司法)의 본질은 법 또는 권리에 관한 다툼이

있거나 법이 침해된 경우에 독립적인 법원이 원칙적으로 직접 조사한 증거를 통한 객관적 사실인정을 바탕으로 법을 해석·적용하여 유권인 판단을 내리는 작용이라 할 것이다. 그런데 특조법 제7조 제7항이 특정 사안에 있어 법관으로 하여금 증거조사에 의한 사실판단도 하지말고, 최초의 공판기일에 공소사실과 검사의 의견만을 듣고 결심하여 형을 선고하라는 것은 입법에 의해서 사법의 본질적인 중요부분을 대체시켜 버리는 것에 다름 아니어서 우리 헌법상의 권력분립원칙에 어긋나는 것이다. 우리 헌법은 권력 상호 간의 견제와 균형을 위하여 명시적으로 규정한 예외를 제외하고는 입법부에게 사법작용을 수행할 권한을 부여하지 않고 있다. 그런데도 입법자가 법원으로 하여금 증거조사도 하지 말고 형을 선고하도록 하는 법률을 제정한 것은 헌법이 정한 입법권의 한계를 유월하여 사법작용의 영역을 침범한 것이라고 할 것이다. 따라서 특조법 제7조 제7항 본문은 사법권의 법원에의 귀속을 명시한 헌법 제101조 제1항에도 위반된다(헌재 1996.01.25. 95헌가5). ▶헌법재판소법 제45조 단서에 따라 반국가행위자의처벌에관한특별조치법 법률 전부에 대하여 위헌선언한 사례

ㄷ. (○) 헌법 제107조 제3항은 "재판의 전심절차로서 행정심판을 할 수 있다. 행정심판의 절차는 법률로 정하되, 사법절차가 준용되어야 한다"고 규정하고 있으므로, 입법자가 행정심판을 전심절차가 아니라 종심절차로 규정함으로써 정식재판의 기회를 배제하거나, 어떤 행정심판을 필요적 전심절차로 규정하면서도 그 절차에 사법절차가 준용되지 않는다면 이는 헌법 제107조 제3항/ 나아가 재판청구권을 보장하고 있는 헌법 제27조에도 위반된다. 여기서 말하는 "사법절차"를 특징지우는 요소로는 판단기관의 독립성·공정성, 대심적(對審的) 심리구조, 당사자의 절차적 권리보장 등을 들 수 있으나, 위 헌법조항은 행정심판에 사법절차가 "준용"될 것만을 요구하고 있으므로 위와 같은 사법절차적 요소를 엄격히 갖춰야 할 필요는 없다고 할지라도, 적어도 사법절차의 본질적 요소를 전혀 구비하지 아니하고 있다면 "준용"의 요구에마저 위반된다(헌재 2000.06.01. 98헌바8).

ㄹ. (○) 헌법규정 사이의 우열관계, 헌법규정에 대한 위헌성판단을 인정하지 아니하고 있으므로, 그에 따라 헌법 제106조 법관의 신분보장 규정은 헌법 제105조 제4항 법관정년제 규정과 병렬적 관계에 있는 것으로 보아 조화롭게 해석하여야 할 것이고, 따라서, 정년제를 전제로 그 재직 중인 법관은 탄핵 또는 금고 이상의 형의 선고에 의하지 아니하고는 파면되지 아니하며, 징계처분에 의하지 아니하고는 정직, 감봉 기타 불리한 처분을 받지 아니한다고 해석하여야 하고, 그러한 해석하에서는 헌법 제105조 제4항에 따라 입법자가 법관의 정년을 결정한 이 사건 법률조항은 그것이 입법자의 입법재량을 벗어나지 않고 기본권을 침해하지 않는 한 헌법에 위반된다고 할 수 없고, 위에서 본 바와 같이 그 입법 자체가 평등권, 직업선택의 자유나 공무담임권 등 기본권을 침해하였다고 볼 수 없어, 결국 신분보장 규정에도 위배된다고 할 수 없다(헌재 2002.10.31. 2001헌마557).

정답 ⑤

문 82

20년 6월 모의시험

사법절차에 관한 설명 중 옳지 않은 것만을 모두 고른 것은?

ㄱ. 헌법은 행정심판에 관하여 규정을 두고 있지 않지만 행정심판의 특성상 그 절차에서는 사법절차가 준용되어야 한다.
ㄴ. 명령 또는 규칙이 헌법에 위반된다고 인정하는 경우뿐 아니라 명령 또는 규칙이 법률에 위반된다고 인정하는 경우에도 대법원의 심판권은 대법관 전원의 3분의 2 이상의 합의체에서 행사한다.

ㄷ. 상급법원 재판에서의 판단은 동종 사건에 관하여 하급심을 기속한다.
ㄹ. 계엄지역에서는 법무부장관이 지정하는 군사법원이 「계엄법」에 따른 재판권을 가진다.

① ㄱ, ㄴ ② ㄷ, ㄹ ③ ㄱ, ㄷ, ㄹ
④ ㄴ, ㄷ, ㄹ ⑤ ㄱ, ㄴ, ㄷ, ㄹ

MGI Point 사법절차 ★★

- 행정심판의 절차 ⇨ 사법절차 준용 ○
- 대법원의 전원합의체 심판대상
    - 명령 또는 규칙이 헌법·법률에 위반된다고 인정하는 경우
    - 종전에 대법원에서 판시한 헌법·법률·명령 또는 규칙의 해석 적용에 관한 의견을 변경할 필요 有
    - 부에서 재판하는 것이 적당하지 아니하다고 인정하는 경우
- 상급심 재판의 기속력 ⇨ 해당 사건에 관하여 하급심을 기속 ○
- 계엄지역의 관할 ⇨ 계엄지역에서는 국방부장관이 지정하는 군사법원이 계엄법에 따른 재판권 ○

ㄱ. (X) 헌법 제107조 제3항 참조.

> **헌법 제107조** ③ 재판의 전심절차로서 행정심판을 할 수 있다. 행정심판의 절차는 법률로 정하되, 사법절차가 준용되어야 한다.

ㄴ. (O) 법원조직법 제7조 제1항 참조.

> **법원조직법 제7조(심판권의 행사)** ① 대법원의 심판권은 대법관 전원의 3분의 2 이상의 합의체에서 행사하며, 대법원장이 재판장이 된다. 다만, 대법관 3명 이상으로 구성된 부(部)에서 먼저 사건을 심리(審理)하여 의견이 일치한 경우에 한정하여 다음 각 호의 경우를 제외하고 그 부에서 재판할 수 있다.
> 1. 명령 또는 규칙이 헌법에 위반된다고 인정하는 경우
> 2. 명령 또는 규칙이 법률에 위반된다고 인정하는 경우
> 3. 종전에 대법원에서 판시(判示)한 헌법·법률·명령 또는 규칙의 해석 적용에 관한 의견을 변경할 필요가 있다고 인정하는 경우
> 4. 부에서 재판하는 것이 적당하지 아니하다고 인정하는 경우

ㄷ. (X) 법원조직법 제8조 참조. ▶ 우리 사법제도는 선례구속의 원칙을 도입하지 않고 있으므로 상급법원 재판에서의 판단은 동종사건이 아닌, 해당 사건에 관하여만 하급심을 기속

> **법원조직법 제8조(상급심 재판의 기속력)** 상급법원 재판에서의 판단은 해당 사건에 관하여 하급심을 기속한다.

ㄹ. (X) 군사법원법 제12조 참조.

> **군사법원법 제12조(계엄지역의 관할)** 계엄지역에서는 국방부장관이 지정하는 군사법원이 「계엄법」에 따른 재판권을 가진다.

정답 ③

문 83
22년 8월 모의시험

현행 헌법과 법률상 법원에 관한 설명 중 옳은 것을 모두 고른 것은? (다툼이 있는 경우 판례에 의함)

> ㄱ. 특별법원이란 헌법이 정하는 사법권 독립의 요건을 갖추지 아니한 예외법원과 대법원을 최종심으로 하지 않는 모든 법원을 말하는 것으로, 이러한 특별법원의 설치는 원칙적으로 금지된다.
> ㄴ. 법관은 탄핵결정이나 징역 이상의 형의 선고에 의하지 아니하고는 파면되지 아니하며, 징계처분에 의하지 아니하고는 정직(停職)·감봉 또는 불리한 처분을 받지 아니한다.
> ㄷ. 공적 자금이 지원된 금융기관이 파산한 경우 의무적으로 5년간 한시적 파산관재인으로 예금보험공사를 선임해야 하는 반면, 법원의 파산법상의 해임권이 배제되었다 해도 불합리한 사법권의 제한은 아니다.
> ㄹ. 재판의 심리와 판결은 공개한다. 다만, 심리는 국가의 안전보장, 안녕질서 또는 선량한 풍속을 해칠 우려가 있는 경우에는 결정으로 공개하지 아니할 수 있지만 이 결정은 이유를 밝혀 선고해야 한다.
> ㅁ. 국민참여재판은 법정형이 사형·무기 등 일정형량 이상인 1심 중요 형사사건을 대상으로 하며, 대상 사건 피고인의 의사와는 무관하게 법원이 필요하다고 인정하는 경우에 이루어진다.

① ㄱ, ㄷ
② ㄴ, ㄷ
③ ㄷ, ㄹ
④ ㄱ, ㄷ, ㄹ
⑤ ㄴ, ㄹ, ㅁ

MGI Point 현행 헌법과 법률상 법원 ★★

- **특별법원**: 헌법에 규정된 법관자격을 가지고 있지 아니한 자가 재판을 담당하거나 그 재판에 대한 대법원에의 상고가 인정되지 아니하는 법원을 의미, 군사법원과 같이 헌법이 직접 규정하고 있는 것을 제외하고는 법률로써도 설치 불가
- **법관의 신분보장**
  - 탄핵결정이나 금고 이상의 형의 선고에 의하지 아니하고는 파면 ×
  - 징계처분에 의하지 아니하고는 정직(停職)·감봉 또는 불리한 처분 ×
- 공적 자금이 지원된 금융기관이 파산한 경우 의무적으로 5년간 한시적 파산관재인으로 예금보험공사를 선임해야 하는 반면, 법원의 파산법상의 해임권이 배제되었다 해도 불합리한 사법권의 제한 ×
- 재판의 심리와 판결 ⇨ 공개주의, 심리는 국가의 안전보장 또는 안녕질서를 방해하거나 선량한 풍속을 해할 염려가 있을 경우 법원의 결정으로 비공개 가능하지만 이 결정의 이유를 밝혀야 함
- 국민참여재판 대상에 해당하더라도 피고인이 재판을 원하지 않는 경우 ⇨ 국민참여재판 대상 ×

ㄱ. (○) 특별법원이란 예외법원설(다수설)에 의하면 헌법에 규정된 법관자격을 가지고 있지 아니한 자가 재판을 담당하거나 그 재판에 대한 대법원에의 상고가 인정되지 아니하는 법원, 즉 예외법원을 특별법원이라 한다. … 특별법원을 예외법원으로 파악하는 경우에 이러한 특별법원이 우리 헌법상 인정될 것인가가 문제된다. 그런데 헌법 제101조 제1항은 「사법권은 법관으로 구성된 법원에 속한다」라고 하고, 제2항은 「법원은 최고법원인 대법원과 각급법원으로 조직된다」라고 하고 있기 때문에, 모든 재판은 법관에 의한 것이라야 할 뿐 아니라 대법원을 최종심으로 하는 것이라야 한다. 따라서 예외법원으로서의 특별법원은 군사법원과 같이 헌법이 직접 규정하고 있는 것을 제외하고는 법률로써도 설치할 수 없다고 본다(정회철, 기본헌법 강의 개정7판, p.1268).

ㄴ. (X) 법원조직법 제46조 참조.

> **법원조직법 제46조(법관의 신분보장)** ① 법관은 탄핵결정이나 금고 이상의 형의 선고에 의하지 아니하고는 파면되지 아니하며, 징계처분에 의하지 아니하고는 정직(停職)·감봉 또는 불리한 처분을 받지 아니한다.

ㄷ. (○) 이 사건 조항은 현재의 경제상황에서 금융기관의 도산이 갖는 경제적 파급효과의 심각성 및 금융기관에 투입된, 국민의 부담이거나 부담으로 귀결될 수 있는 수많은 공적자금의 신속하고 효율적인 회수의 필요성이 인정되므로 정당한 입법목적을 지니며, 예금보험공사('예보')측을 금융기관에 대한 파산관재인으로 선임하면, 예보가 지닌 금융경제질서의 안정을 위한 공적 기능의 과제와 그 의사결정과 업무수행에 관한 정부의 참여와 감독을 고려할 때, 보다 효율적이고 신속한 공적자금의 회수에 기여할 것이라고 인정될 수 있다. 그러므로 이 사건 조항은 객관적으로 자의적인 것이라거나 비합리적인 것이라 볼 수 없다. 한편 입법자는 입법과정에서 "공적자금의 효율적 회수가 필요한 때"라는 요건을 추가하여 법원의 재량 여지를 두었을 뿐만 아니라 5년간 한시적으로 적용하게 하였다. 또한 이 사건 조항이 예보가 파산관재인이 될 경우 파산법상의 법원의 해임권 등을 배제하고 있으나, 예금자보호법상 예보의 의사결정과정, 파산관리절차에 관한 지휘체계, 예보에 대한 국가기관의 감독장치, 이 사건 조항의 입법목적과 내용 등을 고려할 때, 그러한 감독권 배제가 자의적이거나 불합리하게 법원의 사법권을 제한한 것이라 보기 어렵다(헌재 2001. 03.15. 2001헌가1).

ㄹ. (○) 법원조직법 제57조 참조.

> **법원조직법 제57조(재판의 공개)** ① 재판의 심리와 판결은 공개한다. 다만, 심리는 국가의 안전보장, 안녕질서 또는 선량한 풍속을 해칠 우려가 있는 경우에는 결정으로 공개하지 아니할 수 있다.
> ② 제1항 단서의 결정은 이유를 밝혀 선고한다.

ㅁ. (X) 국민의 형사재판 참여에 관한 법률 제5조 참조.

> **국민의 형사재판 참여에 관한 법률 제5조(대상사건)** ① 다음 각 호에 정하는 사건을 국민참여재판의 대상사건(이하 "대상사건"이라 한다)으로 한다.
> 1. 「법원조직법」 제32조제1항(제2호 및 제5호는 제외한다)에 따른 합의부 관할 사건
> 2. 제1호에 해당하는 사건의 미수죄·교사죄·방조죄·예비죄·음모죄에 해당하는 사건
> 3. 제1호 또는 제2호에 해당하는 사건과 「형사소송법」 제11조에 따른 관련 사건으로서 병합하여 심리하는 사건
> ② 피고인이 국민참여재판을 원하지 아니하거나 제9조제1항에 따른 배제결정이 있는 경우는 국민참여재판을 하지 아니한다.

정답 ④

문 84

24년 10월 모의시험

법원에 관한 설명 중 옳지 않은 것은? (다툼이 있는 경우 판례에 의함)

① 행정심판절차에 사법절차가 준용되지 않는다 하더라도 임의적 전치제도로 규정함에 그치고 있다면 헌법에 위반된다 할 수 없다.
② 대법원이 법관에 대한 징계처분 취소청구소송을 단심으로 재판하는 경우에는 사실확정도 대법원의 권한에 속하므로 법관에 의한 사실확정의 기회가 박탈되었다고 볼 수 없다.
③ 「상고심절차에 관한 특례법」상 심리불속행제도에서 형사소송을 제외한 것은 평등원칙에 위배된다.

④ 양형은 일반적으로 선고시점의 피고인의 신분을 주요 고려 요소로 반영할 수 있어야 하므로 현역병이 그 신분취득 전에 저지른 범죄에 대해서 군사법원의 재판을 받도록 하는 것은 합리적인 이유가 있다.

⑤ 소송비용에 관한 사항이 소송에 관한 절차에 관련된 사항인지 여부와 관계없이, 소송을 대리한 변호사에게 당사자가 지급하였거나 지급할 보수는 대법원규칙이 정하는 금액의 범위 안에서 소송비용으로 인정한다고 규정한 「민사소송법」 조항은 헌법 제108조에 위반된다고 볼 수는 없다.

> **MGI Point 법원** ★★
> - 행정심판 절차가 사법절차 준용하지 않더라도, 임의적 전치제도에 불과하면 헌법위반 ✕
> - 대법원이 법관징계처분 취소청구소송을 단심재판하는 경우 ⇨ 사실확정 대법원의 권한 ○, 사실확정의 기회 박탈 ✕
> - 상고심절차에 관한 특례법상 심리불속행제도에 형사소송 제외 ⇨ 평등원칙 위배 ✕
> - 양형은 일반적으로 선고시점의 피고인 신분 반영 할 수 있어야 함
>   ⇨ 현역병이 그 신분취득 전에 저지른 범죄에 군사법원의 재판은 합리적 이유 ○
> - 소송비용에 관한 사항이 소송절차에 관련된 사항인지와 관계없이 대법원규칙에 의임 ⇨ 헌법 제108조 위반 ✕

① (○) 헌법 제107조 제3항은 "재판의 전심절차로서 행정심판을 할 수 있다. 행정심판의 절차는 법률로 정하되, 사법절차가 준용되어야 한다"고 규정하고 있다. 이 헌법조항은 행정심판절차의 구체적 형성을 입법자에게 맡기고 있지만, 행정심판은 어디까지나 재판의 전심절차로서만 기능하여야 한다는 점과 행정심판절차에 사법절차가 준용되어야 한다는 점은 헌법이 직접 요구하고 있으므로 여기에 입법적 형성의 한계가 있다. 따라서 입법자가 행정심판을 전심절차가 아니라 종심절차로 규정함으로써 정식재판의 기회를 배제하거나, 어떤 행정심판을 필요적 전심절차로 규정하면서도 그 절차에 사법절차가 준용되지 않는다면 이는 헌법 제107조 제3항, 나아가 재판청구권을 보장하고 있는 헌법 제27조에도 위반된다 할 것이다. 반면 어떤 행정심판절차에 사법절차가 준용되지 않는다 하더라도 임의적 전치제도로 규정함에 그치고 있다면 위 헌법조항에 위반된다 할 수 없다. 그러한 행정심판을 거치지 아니하고 곧바로 행정소송을 제기할 수 있는 선택권이 보장되어 있기 때문이다(헌재 2000.06.1. 98헌바8).

② (○) 구 법관징계법 제27조는 법관에 대한 대법원장의 징계처분 취소청구소송을 대법원에 의한 단심재판에 의하도록 규정하고 있는바, …대법원이 법관에 대한 징계처분 취소청구소송을 단심으로 재판하는 경우에는 사실확정도 대법원의 권한에 속하여 법관에 의한 사실확정의 기회가 박탈되었다고 볼 수 없으므로, 헌법 제27조 제1항의 재판청구권을 침해하지 아니한다(헌재 2012.02.23. 2009헌바34).

③ (✕) 원래 심리불속행제도는 민사소송법상의 남상고를 여과하기 위하여 민사소송에 국한됐던 상고허가보다 그 범위를 확대하여 입법화한 것인데, 형사사건을 특례법 제7조의 준용범위에서 제외한 것은 심리불속행제도의 이러한 입법연혁적 측면뿐 아니라 피고인의 신체의 자유에 영향을 미치는 형사소송의 특성상 남상고의 억제보다는 신중한 사건처리가 요구된다는 점 등이 고려된 결과이므로, 심리불속행의 준용범위를 규정한 특례법 제7조에서 형사소송이 제외된 것에는 충분히 합리성이 있다고 할 것이다(헌재 2007.07.26. 2006헌마551,2007헌마88,255(병합)).

④ (○) 군인신분 취득 전에 범한 죄에 대하여 군사법원에서 재판을 받도록 하는 것은 합리적인 이유가 있다. 또한, 형사재판에 있어 범죄사실의 확정과 책임은 행위 시를 기준으로 하지만, 재판권 유무는 원칙적으로 재판 시점을 기준으로 해야 하며, 형사재판은 유죄인정과 양형이 복합되어 있는데 양형은 일반적으로 재판받을 당시, 즉 선고시점의 피고인의 군인신분을 주요 고려 요소로 해 군의 특수성을 반영할 수 있어야 하므로, 이러한 양형은 군사법원에서 담당하도록 하는 것이 타당하다. 나아가 군사법원의 상고심은 대법원

에서 관할하고 군사법원에 관한 내부규율을 정함에 있어서도 대법원이 종국적인 관여를 하고 있으므로 이 사건 법률조항이 군사법원의 재판권과 군인의 재판청구권을 형성함에 있어 그 재량의 헌법적 한계를 벗어났다고 볼 수 없다(헌재 2009.07.30. 2008헌바162).

⑤ (O) 헌법이 위임입법의 형태로 제75조와 제95조에서 열거하고 있는 대통령령, 총리령 또는 부령 등의 행정입법은 예시적인 것으로 보아야 한다. 따라서 법률은 헌법 제108조에서 열거하고 있는 사항은 물론, 열거하고 있지 않은 사항에 대해서도 이를 대법원규칙에서 정하도록 위임할 수 있으므로, 소송비용에 관한 사항이 소송절차에 관련된 사항인지와 관계없이 심판대상조항이 이를 대법원규칙에 위임하였다 하여 헌법 제108조를 위반한다고 볼 수는 없다(헌재 2016.06.30. 2013헌바370등).

정답 ③

문 85

24년 8월 모의시험

법원에 관한 설명 중 옳지 않은 것은? (다툼이 있는 경우 판례에 의함)

① 판사의 근무성적평정에 관한 사항을 대법원규칙으로 정하도록 위임한 「법원조직법」 조항은 포괄위임금지원칙에 위배된다고 볼 수 없다.
② 「법원조직법」에 근거하여 마련된 대법원 양형위원회의 양형기준은 법관이 합리적인 양형을 정하는 데 참고할 수 있는 구체적이고 객관적인 기준으로서 법적 구속력을 가지는 것은 아니다.
③ 상고심으로부터 사건을 환송받은 법원은 그 사건을 재판함에 있어서 상고법원이 파기이유로 한 사실상 및 법률상의 판단에 대하여 환송 후의 심리과정에서 새로운 증거가 제시되어 판단의 기초가 된 증거관계에 변동이 생기지 않는 한 이에 기속된다.
④ 법관은 탄핵 또는 금고 이상의 형의 선고에 의하지 아니하고는 파면되지 아니하며 징계처분에 의하지 아니하고는 해임·정직·감봉 기타 불리한 처분을 받지 아니한다.
⑤ 법관 임기제는 사법의 독립성과 책임성의 조화를 위해 법관의 민주적 정당성을 소멸시키는 '일상적 수단'인 반면, 법치주의의 특별한 보장자로서 국회와 헌법재판소가 역할을 분담하는 탄핵제도는 고위공직자에게 부여된 민주적 정당성을 박탈함으로써 헌법을 수호하는 '비상적 수단'이다.

> **MGI Point 법원**
>
> ■ 판사의 근무성적평정에 관한 사항을 대법원규칙으로 정하도록 위임한 「법원조직법」 조항은 포괄위임금지원칙에 위배 ×
> ■ 법원조직법에 근거하여 마련된 대법원 양형위원회의 양형기준은 법관이 합리적인 양형을 정하는 데 참고할 수 있는 구체적이고 객관적인 기준으로서 법적 구속력 없음
> ■ 상고심으로부터 사건을 환송받은 법원은 그 사건을 재판함에 있어 상고법원이 파기이유로 한 사실상 및 법률상의 판단에 대해 환송 후의 심리과정에서 새로운 증거가 제시되어 판단의 기초가 된 증거관계에 변동이 생기지 않는 한 이에 기속 ○
> ■ 법관은 탄핵결정·금고이상의 형의 선고에 의하지 아니하고는 파면되지 아니하며 징계처분에 의하지 아니하고는 정직·감봉 또는 불리한 처분을 받지 아니함
> ■ 법관 임기제는 사법의 독립성과 책임성의 조화를 위해 법관의 민주적 정당성을 소멸시키는 일상적 수단 / 탄핵제도는 고위공직자에게 부여된 민주적 정당성을 박탈함으로써 헌법을 수호하는 비상적 수단

① (O) 입법권이 사법권에 간섭하는 것을 최소화하여 사법의 자주성과 독립성을 보장한다는 측면과 사법권의 적절한 행사에 요구되는 판사의 근무와 관련하여 내용적·절차적 사항에 관해 전문성을 가지고 재판 실

무에 정통한 사법부 스스로 근무성적평정에 관한 사항을 정하도록 할 필요성에 비추어 보면, 판사의 근무성적평정에 관한 사항을 하위법규인 대법원규칙에 위임할 필요성을 인정할 수 있다. 또한 관련조항의 해석과 판사에 대한 연임제 및 근무성적평정제도의 취지 등을 고려할 때, 이 사건 근무평정조항에서 말하는 '근무성적평정에 관한 사항'이란 판사의 연임 등 인사관리에 반영시킬 수 있는 것으로 사법기능 및 업무의 효율성을 위하여 판사의 직무수행에 요구되는 것, 즉 직무능력과 자질 등과 같은 평가사항, 평정권자 및 평가방법 등에 관한 사항임을 충분히 예측할 수 있으므로 이 사건 근무평정조항은 포괄위임금지원칙에 위배된다고 볼 수 없다(헌법재판소 2016. 9. 29. 선고 2015헌바331 결정).

② (○) 법원조직법 제81조의2 이하의 규정에 의하여 마련된 대법원 양형위원회의 양형기준은 법관이 합리적인 양형을 정하는 데 참고할 수 있는 구체적이고 객관적인 기준으로 마련된 것이다(같은 법 제81조의6 제1항 참조). 위 양형기준은 법적 구속력을 가지지 아니하고(같은 법 제81조의7 제1항 단서), 단지 위와 같은 취지로 마련되어 그 내용의 타당성에 의하여 일반적인 설득력을 가지는 것으로 예정되어 있으므로 법관의 양형에 있어서 그 존중이 요구되는 것일 뿐이다(대법원 2009. 12. 10. 선고 2009도11448 판결).

③ (○) 상고심으로부터 사건을 환송받은 법원은 그 사건을 재판함에 있어서 상고법원이 파기이유로 한 사실상 및 법률상의 판단에 대하여 환송후의 심리과정에서 새로운 주장이나 입증이 제출되어 기속적 판단의 기초가 된 사실관계에 변동이 생기지 아니하는 한 이에 기속을 받는다(대법원 1991. 4. 12. 선고 91다2113 판결).

④ (X) 법원조직법 제46조 제1항 참조.

> **법원조직법 제46조 (법관의 신분보장)** ① 법관은 탄핵결정·금고이상의 형의 선고에 의하지 아니하고는 파면되지 아니하며, 징계처분에 의하지 아니하고는 정직·감봉 또는 불리한 처분을 받지 아니한다.
> ② 법관의 보수는 직무와 품위에 상응하도록 따로 법률로 정한다.

⑤ (○) 법관 임기제는 사법의 독립성과 책임성의 조화를 위해 법관의 민주적 정당성을 소멸시키는 '일상적 수단'이다. 반면, 법치주의의 특별한 보장자로서 국회와 헌법재판소가 역할을 분담하는 탄핵제도는 고위공직자에게 부여된 민주적 정당성을 박탈함으로써 헌법을 수호하는 '비상적 수단'이다(전원재판부 2021헌나1, 2021. 10. 28.).

정답 ④

문 86

21년 6월 모의시험

법원에 관한 설명 중 옳지 않은 것은?

① 대법원장과 대법관이 아닌 법관은 대법관회의의 동의를 얻어 대법원장이 임명한다.
② 대법관의 수는 대법원장을 포함하여 14명으로 한다.
③ 대법관회의는 대법관 전원의 3분의 2 이상의 출석과 출석인원 과반수의 찬성으로 의결하며, 가부동수(可否同數)일 때에는 의장이 결정권을 가진다.
④ 비상계엄하의 군사재판은 군인·군무원의 범죄나 군사에 관한 간첩죄에 대하여 사형을 선고하는 경우에는 단심으로 할 수 있다.
⑤ 재판의 심리와 판결은 공개한다. 다만, 심리는 국가의 안전보장, 안녕질서 또는 선량한 풍속을 해칠 우려가 있는 경우에는 결정으로 공개하지 아니할 수 있다.

> **MGI Point 법원**
>
> - 대법원장과 대법관이 아닌 법관은 대법관회의의 동의를 얻어 대법원장이 임명
> - 대법관의 수는 대법원장을 포함하여 14명
> - 대법관회의 ⇨ 대법관 전원의 3분의 2 이상의 출석과 출석인원 과반수의 찬성으로 의결, 의장은 가부동수일 경우 결정권 有
> - 비상계엄하의 군사재판은 군인·군무원의 범죄나 군사에 관한 간첩죄의 경우와 초병·초소·유독음식물공급·포로에 관한 죄 중 법률이 정한 경우에 한하여 단심으로 可 ⇨ 사형을 선고한 경우에는 해당 ×
> - 재판의 심리와 판결 ⇨ 공개주의, 단 심리는 국가의 안전보장 또는 안녕질서를 방해하거나 선량한 풍속을 해할 염려가 있을 경우 법원의 결정으로 비공개 可

① (○) 헌법 제104조 참조.

> **헌법 제104조** ③ 대법원장과 대법관이 아닌 법관은 대법관회의의 동의를 얻어 대법원장이 임명한다.

② (○) 법원조직법 제4조 참조.

> **법원조직법 제4조(대법관)** ② 대법관의 수는 대법원장을 포함하여 14명으로 한다.

③ (○) 법원조직법 제16조 참조.

> **법원조직법 제16조(대법관회의의 구성과 의결방법)** ② 대법관회의는 대법관 전원의 3분의 2 이상의 출석과 출석인원 과반수의 찬성으로 의결한다.
> ③ 의장은 의결에서 표결권을 가지며, 가부동수일 때에는 결정권을 가진다.

④ (✕) 헌법 제110조 참조.

> **헌법 제110조** ④ 비상계엄하의 군사재판은 군인·군무원의 범죄나 군사에 관한 간첩죄의 경우와 초병·초소·유독음식물공급·포로에 관한 죄중 법률이 정한 경우에 한하여 단심으로 할 수 있다. 다만, 사형을 선고한 경우에는 그러하지 아니하다.

⑤ (○) 헌법 제109조 참조.

> **헌법 제109조** 재판의 심리와 판결은 공개한다. 다만, 심리는 국가의 안전보장 또는 안녕질서를 방해하거나 선량한 풍속을 해할 염려가 있을 때에는 법원의 결정으로 공개하지 아니할 수 있다.

 ④

제❷절 ❘ 법원의 조직과 권한

문 87
24년 6월 모의시험

법원에 관한 설명 중 옳은 것은? (다툼이 있는 경우 판례에 의함)

① 명령 또는 규칙이 헌법에 위반된다고 인정하는 경우 대법원의 심판권은 대법관 전원의 3분의 2 이상의 합의체에서 행사하나, 명령 또는 규칙이 법률에 위반된다고 인정하는 경우 대법관 3명 이상으로 구성된 부(部)에서 사건을 심리하여야 한다.
② 대법관으로 구성된 대법관회의는 대법원장이 의장이 되며, 대법관 전원의 3분의 2 이상의 출석과 출석인원 과반수의 찬성으로 의결한다.

③ 경비계엄 하에서 군사재판은 군인·군무원의 범죄나 군사에 관한 간첩죄, 초병·초소·유독음식물공급·포로에 관한 죄의 경우에 단심으로 할 수 있다.
④ 약식절차에 따른 심판이더라도 법원이 양형기준을 벗어난 판결을 하는 경우에는 판결서에 양형의 이유를 적어야 한다.
⑤ 대법관의 정년 연장은 법률 개정으로 가능하나, 대법관의 수를 변경하기 위해서는 헌법을 개정하여야 한다.

MGI Point 법원

- 대법원의 심판권은 대법관 전원의 3분의 2 이상의 합의체에서 행사 ⇨ 명령 또는 규칙이 헌법에 위반된다고 인정하는 경우, 명령 또는 규칙이 법률에 위반된다고 인정하는 경우
- 대법관회의 ⇨ 대법원장이 의장, 대법관 전원의 3분의 2 이상의 출석과 출석인원 과반수의 찬성으로 의결
- 비상계엄 하에서 군사재판은 군인·군무원의 범죄나 군사에 관한 간첩죄, 초병·초소·유독음식물공급·포로에 관한 죄의 경우에 단심 가능
- 약식절차에 따른 심판은 법원이 양형기준을 벗어난 판결을 하는 경우에도 판결서에 양형의 이유 적을 필요 ×
- 대법관의 정년 연장, 대법관의 수 변경은 법률변경으로도 가능

① (X) 법원 조직법 제7조 제1호, 제2호 참조.

> **법원 조직법 제7조(심판권의 행사)** ① 대법원의 심판권은 대법관 전원의 3분의 2 이상의 합의체에서 행사하며, 대법원장이 재판장이 된다. 다만, 대법관 3명 이상으로 구성된 부(部)에서 먼저 사건을 심리(審理)하여 의견이 일치한 경우에 한정하여 다음 각 호의 경우를 제외하고 그 부에서 재판할 수 있다.
> 1. 명령 또는 규칙이 헌법에 위반된다고 인정하는 경우
> 2. 명령 또는 규칙이 법률에 위반된다고 인정하는 경우

② (O) 법원조직법 제16조 제1항, 제2항 참조.

> **법원조직법 제16조**(대법관회의의 구성과 의결방법) ① 대법관회의는 대법관으로 구성되며, 대법원장이 그 의장이 된다.
> ② 대법관회의는 대법관 전원의 3분의 2 이상의 출석과 출석인원 과반수의 찬성으로 의결한다.
> ③ 의장은 의결에서 표결권을 가지며, 가부동수(可否同數)일 때에는 결정권을 가진다.

③ (X) 헌법 제110조 제4항 참조.

> **헌법 제110조** ④ 비상계엄하의 군사재판은 군인·군무원의 범죄나 군사에 관한 간첩죄의 경우와 초병·초소·유독음식물공급·포로에 관한 죄 중 법률이 정한 경우에 한하여 단심으로 할 수 있다. 다만, 사형을 선고한 경우에는 그러하지 아니하다.

④ (X) 대법원 양형위원회 설치의 목적, 구성, 업무내용, 양형기준을 설정·변경하면서 준수하여야 하는 여러 원칙 및 고려사항, 양형기준의 효력 등에 관한 각 규정의 내용 및 그 입법 경위 등을 종합하면, 법관은 양형을 할 때에 위와 같은 양형기준을 존중하여야 하고, 법원은 약식절차 또는 즉결심판절차에 의하여 심판하는 경우가 아닌 한, 양형기준을 벗어난 판결을 함에 따라 판결서에 양형의 이유를 기재하여야 하는 경우에는 위와 같은 양형기준의 의의, 효력 등을 감안하여 당해 양형을 하게 된 사유를 합리적이고 설득력 있게 표현하는 방식으로 그 이유를 기재하여야 한다(대판 2010.12.09. 2010도7410,2010전도44).

⑤ (X) 법원 조직법 제4조 제2항 참조. 대법관 수는 법률개정으로도 변경가능하다.

> 법원조직법 제4조(대법관) ① 대법원에 대법관을 둔다.
> ② 대법관의 수는 대법원장을 포함하여 14명으로 한다.

정답 ②

문 88

23년 8월 모의시험

법원에 관한 설명 중 옳은 것은?

① 명령·규칙이 헌법에 위반된다고 인정하는 경우뿐 아니라 명령·규칙이 법률에 위반된다고 인정하는 경우에도 대법원의 심판권은 대법관 전원의 3분의 2 이상의 합의체에서 행사한다.
② 상급법원의 재판에 있어서의 판단은 동종 사건에 관하여 하급심을 기속하는 것이므로 하급심은 사실판단이나 법률판단에 있어서 상급심의 선례를 존중하여야 한다.
③ 법관에 대한 징계처분에는 정직·감봉·견책의 세 종류가 있으며, 징계처분에 대하여 불복하려는 경우에는 징계처분이 있음을 안 날부터 30일 이내에 전심 절차를 거치지 아니하고 대법원에 징계처분의 취소를 청구하여야 한다.
④ 대법관의 수를 변경하기 위해서는 헌법을 개정하여야 한다.
⑤ 재판의 심리와 판결은 공개하나, 심리와 판결은 국가의 안전보장 또는 안녕질서를 방해하거나 선량한 풍속을 해할 염려가 있을 때에는 법원의 결정으로 공개하지 아니할 수 있다.

MGI Point 법원 ★★

- 대법관 전원의 3분의 2 이상의 합의체에서 대법원의 심판권 ⇨ 헌법·법률에 위반된다고 인정하는 경우
- 하급심을 기속하는 상급법원 재판에서의 판단 ⇨ 해당 사건에 관하여
- 법관에 대한 징계절차에 대한 불복절차 ⇨ 처분이 있음을 안 날부터 14일 이내에 전심절차를 거치지 아니하고 대법원에 징계등 처분의 취소를 청구
- 대법관의 수의 변경 ⇨ 법률개정만으로도 가능
- 국가의 안전보장 또는 안녕질서를 방해하거나 선량한 풍속을 해할 염려가 있을 때에는 법원의 결정으로 비공개 대상 ⇨ 법원의 심리

---

① (O) 법원조직법 제7조 제1항 참조.

> 법원조직법 제7조(심판권의 행사) ① 대법원의 심판권은 대법관 전원의 3분의 2 이상의 합의체에서 행사하며, 대법원장이 재판장이 된다. 다만, 대법관 3명 이상으로 구성된 부(部)에서 먼저 사건을 심리(審理)하여 의견이 일치한 경우에 한정하여 다음 각 호의 경우를 제외하고 그 부에서 재판할 수 있다.
> 1. 명령 또는 규칙이 헌법에 위반된다고 인정하는 경우
> 2. 명령 또는 규칙이 법률에 위반된다고 인정하는 경우

② (X) 법원조직법 제8조 참조.

> 법원조직법 제8조(상급심 재판의 기속력) 상급법원 재판에서의 판단은 해당 사건에 관하여 하급심(下級審)을 기속(羈束)한다.

③ (X) 법관징계법 제27조 참조.

> **법관징계법 제27조(불복절차)** ① 피청구인이 징계등 처분에 대하여 불복하려는 경우에는 징계등 처분이 있음을 안 날부터 14일 이내에 전심(前審) 절차를 거치지 아니하고 대법원에 징계등 처분의 취소를 청구하여야 한다.
> ② 대법원은 제1항의 취소청구사건을 단심(單審)으로 재판한다.

④ (X) 법원조직법 제4조 제2항 참조. 대법관의 수는 헌법이 아닌 법원조직법에 규정되어 대법관의 수의 변경은 법률개정만으로도 가능하다.

> **법원조직법 제4조(대법관)** ① 대법원에 대법관을 둔다.
> ② 대법관의 수는 대법원장을 포함하여 14인으로 한다.

⑤ (X) 헌법 제109조 참조.

> **헌법 제109조** 재판의 심리와 판결은 공개한다. 다만, 심리는 국가의 안전보장 또는 안녕질서를 방해하거나 선량한 풍속을 해할 염려가 있을 때에는 법원의 결정으로 공개하지 아니할 수 있다.

정답

문 89
22년 10월 모의시험

사법권에 관한 설명 중 옳지 않은 것은? (다툼이 있는 경우 판례에 의함)

① 파산관재인의 선임 및 직무감독에 관한 사항은 파산재단에 속하는 재산을 환가하여 이를 파산채권자에게 분배하는 등 직무를 담당할 파산관재인을 선임하고 감독하는 일이므로 사법의 본질적 사항은 아니어서 입법자는 이에 관해 보다 폭 넓은 입법형성권을 가진다.

② 일체의 법률적 쟁송을 심리·재판하는 작용인 사법작용은 헌법 그 자체에 의한 유보가 없는 한 오로지 대법원을 최고법원으로 하는 법원만이 담당할 수 있으므로, 행정심판은 어디까지나 법원에 의한 재판의 전심절차로서만 기능하여야 한다.

③ 헌법상의 영장주의는 구속의 개시시점에 한하지 않고 구속영장의 효력을 계속 유지할 것인지 취소 또는 실효시킬 것인지의 여부도 사법권 독립의 원칙에 의하여 신분이 보장되는 법관의 판단에 의하여만 결정되어야 한다는 것을 의미하고, 그 밖에 검사나 다른 국가기관의 의견에 의하여 좌우되도록 하는 것은 헌법상의 적법절차의 원칙에 위배된다.

④ 대법원의 명령·규칙에 대한 최종심사권은 구체적인 소송사건에서 명령·규칙의 위헌 여부가 재판의 전제가 되었을 경우 헌법재판소에 제청할 것 없이 대법원이 최종적으로 심사할 수 있다는 것을 의미하며, 명령·규칙 그 자체에 의하여 직접 기본권이 침해된 경우에도 동일하게 적용되어 대법원의 전속적 최종심이 인정된다.

⑤ 입법자가 행정심판을 종심절차로 규정하여 정식재판기회를 배제하거나 어떤 행정심판을 필요적 전심절차로 규정하면서 그 절차에 사법절차를 준용하도록 하지 않는다면, 이는 행정심판에 관한 헌법 제107조 제3항과 재판청구권을 보장하는 헌법 제27조에 위반된다.

> **MGI Point** 사법권 ★★
>
> - 파산관재인 선임 및 직무감독에 관한 사항 ▷ 사법의 본질적 사항 ×, 이에 대한 입법형성권의 행사는 사법권 침해 ×
> - 사법작용은 헌법 그 자체에 의한 유보가 없는 한 오로지 대법원을 최고법원으로 하는 법원만이 담당
>   ▷ 행정심판은 법원에 의한 재판의 전심절차로서만 기능
> - 영장주의 : 구속영장 효력의 유지·정지 또는 실효 여부도 오직 법관의 판단에 의하여 결정되어야 함
> - 명령·규칙에 대한 대법원의 최종심사권에 대한 헌법재판소의 태도
>   - 구체적인 소송사건에서 재판의 전제가 되었을 경우 대법원이 최종적으로 심사할 수 있다는 의미
>   - 명령·규칙 그 자체에 의하여 직접 기본권이 침해되었음을 이유로 하는 경우 ▷ 헌법소원심판 청구 可
> - 행정심판을 종심절차로 규정하여 정식재판기회를 배제 or 필요적 전심절차로 규정하여 사법절차가 준용되지 않는 경우
>   ▷ 헌법 제107조 제3항 행정심판전치주의와 헌법 제27조 재판청구권 침해 ○

① (○) '파산관재인의 선임 및 직무감독에 관한 사항'은 대립당사자간의 법적 분쟁을 사법적 절차를 통하여 해결하는 전형적인 사법권의 본질에 속하는 사항이 아니며, 따라서 입법자에 의한 개입여지가 넓으므로, 그러한 입법형성권 행사가 자의적이거나 비합리적이 아닌 한 사법권을 침해한다고 할 수 없다(헌재 2001.03.15. 2001헌가1).

② (○) 헌법 제101조 제1항은 "사법권은 법관으로 구성된 법원에 속한다"고 규정하고 있고 헌법 제107조 제3항 제1문은 "재판의 전심절차로서 행정심판을 할 수 있다"고 규정하고 있다. 이는 우리 헌법이 국가권력의 남용을 방지하고 국민의 자유와 권리를 확보하기 위한 기본원리로서 채택한 3권분립주의의 구체적 표현으로서 일체의 법률적 쟁송을 심리 재판하는 작용인 사법작용은 헌법 그 자체에 의한 유보가 없는 한 오로지 대법원을 최고법원으로 하는(헌법 제101조 제2항) 법원만이 담당할 수 있고 또 행정심판은 어디까지나 법원에 의한 재판의 전심절차로서만 기능하여야 함을 의미한다(헌재 2000.02.24. 99헌바17·18·19(병합)).

③ (○) 헌법에 명문으로 규정된 영장주의는 구속의 개시시점에 한하지 않고 구속영장의 효력을 계속 유지할 것인지 아니면 취소 또는 실효시킬 것인지의 여부도 사법권 독립의 원칙에 의하여 신분이 보장되고 있는 법관의 판단에 의하여만 결정되어야 한다는 것을 의미하고 그 밖에 검사나 다른 국가기관의 의견에 의하여 좌우되도록 하는 것은 헌법상의 적법절차의 원칙에 위배된다(헌재 1992.12.24. 92헌가8).

④ (X) 헌법 제107조 제2항이 규정한 명령·규칙에 대한 대법원의 최종심사권이란 구체적인 소송사건에서 명령·규칙의 위헌여부가 재판의 전제가 되었을 경우 법률의 경우와는 달리 헌법재판소에 제청할 것 없이 대법원이 최종적으로 심사할 수 있다는 의미이며, 명령·규칙 그 자체에 의하여 직접 기본권이 침해되었음을 이유로 하여 헌법소원심판을 청구하는 것은 위 헌법규정과는 아무런 상관이 없는 문제이다. 따라서 입법부·행정부·사법부에서 제정한 규칙이 별도의 집행행위를 기다리지 않고 직접 기본권을 침해하는 것일 때에는 모두 헌법소원심판의 대상이 될 수 있는 것이다(헌재 1990.10.15. 89헌마178).

> **헌법 제107조** ① 법률이 헌법에 위반되는 여부가 재판의 전제가 된 경우에는 법원은 헌법재판소에 제청하여 그 심판에 의하여 재판한다.
> ② 명령·규칙 또는 처분이 헌법이나 법률에 위반되는 여부가 재판의 전제가 된 경우에는 대법원은 이를 최종적으로 심사할 권한을 가진다.

⑤ (○) 헌법 제107조 제3항은 "재판의 전심절차로서 행정심판을 할 수 있다. 행정심판의 절차는 법률로 정하되, 사법절차가 준용되어야 한다"고 규정하고 있다. 이 헌법조항은 행정심판절차의 구체적 형성을 입법자에게 맡기고 있지만, 행정심판은 어디까지나 재판의 전심절차로서만 기능하여야 한다는 점과 행정심판절차에 사법절차가 준용되어야 한다는 점은 헌법이 직접 요구하고 있으므로 여기에 입법적 형성의 한계가 있다. 따라서 입법자가 행정심판을 전심절차가 아니라 종심절차로 규정함으로써 정식재판의 기회를 배제하거나, 어떤 행정심판을 필요적 전심절차로 규정하면서도 그 절차에 사법절차가 준용되지 않는다면 이는 헌법 제107조 제3항, 나아가 재판청구권을 보장하고 있는 헌법 제27조에도 위반된다 할 것이다(헌재 2000.06.01. 98헌바8).

정답 ④

문 90
20년 10월 모의시험

법원에 관한 설명으로 옳지 않은 것을 모두 고른 것은? (다툼이 있는 경우 판례에 의함)

> ㄱ. 특수법원이란 헌법이 정하는 사법권독립의 요건을 갖추지 아니한 예외법원과 대법원을 최종심으로 하지 않는 모든 법원을 말하는 것으로, 이러한 특수법원의 설치는 원칙적으로 금지된다.
> ㄴ. 대법원장은 해당 국가기관의 파견요청이 있고 업무의 성질상 법관을 파견하는 것이 타당하다고 인정되는 경우라면 해당 법관의 동의 여부와 상관없이 사법부 이외의 다른 국가기관에 기간을 정하여 법관을 파견할 수 있다.
> ㄷ. 입법자가 모든 파산절차에서 특정 이해관계인을 법원으로 하여금 파산관재인으로 선임하도록 강요하고 일정한 경우 감독권마저 배제시킨다면, 이는 파산절차의 공평성의 이념에 반하며 이해당사자로부터 중립적인 법원이 행하는 사법권을 훼손하는 것이 될 수 있다.
> ㄹ. 재판청구권은 사건의 경중을 가리지 않고 모든 사건에 대해 대법원을 구성하는 법관에 의한 균등한 재판을 받을 권리를 의미한다거나 또는 상고심재판을 받을 권리를 의미하는 것이 아니다.
> ㅁ. 사형·무기 또는 단기 1년 이상의 징역 또는 금고에 해당하는 사건은 피고인이 국민참여재판을 원하지 않더라도 국민참여재판의 대상이 될 수 있다.

① ㄱ, ㄴ, ㄹ
② ㄱ, ㄴ, ㅁ
③ ㄱ, ㄷ, ㅁ
④ ㄴ, ㄷ, ㄹ
⑤ ㄷ, ㄹ, ㅁ

MGI Point 법원 ★★

■ 특별법원의 개념(성낙인, 헌법학 제18판, p.703 ~ 709)

학설	설치 근거	내용	헌재 입장
특수법원설	법률	법관의 자격을 가진 자가 재판 담당하고 대법원 상고가 인정되어도 관할이 한정되고 그 대상이 특수하면 특별법원 (특수법원 = 특별법원) ex. 특허법원, 가정법원, 행정법원, 회생법원	⇨ 예외법원설(多·判) ∴ 유일한 특별법원 : 군사법원
예외법원설	헌법	법관의 자격을 가지고 있지 아니한 자가 재판을 담당하거나 대법원 상고가 인정되지 아니하는 법원이 특별법원 (예외법원 = 특별법원) ex. 군사법원	

■ 대법원장의 법관 파견 ⇨ 해당 법관의 동의 要
■ 모든 파산절차에서 입법자가 특정 이해관계인을 법원으로 하여금 파산관재인으로 선임하도록 강요하고 일정한 경우 감독권마저 배제시킬 경우 ⇨ 파산절차의 공평성의 이념에 反, 사법권을 훼손하는 것이 될 수 ○
■ 재판청구권은 모든 사건에 대해 대법원을 구성하는 법관에 의한 균등한 재판을 받을 권리 또는 상고심 재판을 받을 권리 ×
■ 국민참여재판 대상에 해당하더라도 ① 피고인이 재판을 원하지 않거나 ② 법원의 배제결정이 있는 경우
⇨ 국민참여재판 ×

ㄱ. (X) 특수법원이란 법관의 자격을 가진 자가 재판을 담당하고, 최고법원에 상고가 인정되고 있을지라도 그 관할이 한정되고 그 대상이 특수한 법원이다. 특수법원은 우리 헌법 아래에서 법률로써 설치가 가능하다 (성낙인, 헌법학 제18판, p.708).

ㄴ. (X) 법원조직법 제50조 참조.

> 법원조직법 제50조(파견근무) 대법원장은 다른 국가기관으로부터 법관의 파견근무 요청을 받은 경우에 업무의 성질상 법관을 파견하는 것이 타당하다고 인정되고 해당 법관이 파견근무에 동의하는 경우에는 그 기간을 정하여 이를 허가할 수 있다.

ㄷ. (O) 모든 파산절차에서 입법자가 특정 이해관계인을 법원으로 하여금 파산관재인으로 선임하도록 강요하고 일정한 경우 감독권마저 배제시킨다면, 이는 파산절차의 공평성의 이념에 반하며 이해 당사자로부터 중립적인 법원이 행하는 사법권을 훼손하는 것이 될 수도 있다(헌재 2001.03.15. 2001헌가1).

ㄹ. (O) 헌법이 대법원을 최고법원으로 규정하였다고 하여 대법원이 곧바로 모든 사건을 상고심으로서 관할하여야 한다는 결론이 당연히 도출되는 것은 아니며, "헌법과 법률이 정하는 법관에 의하여 법률에 의한 재판을 받을 권리"가 사건의 경중을 가리지 않고 모든 사건에 대하여 대법원을 구성하는 법관에 의한 균등한 재판을 받을 권리를 의미한다거나 상고심재판을 받을 권리를 의미하는 것이라고 할 수는 없다(헌재 2008.05.29. 2007헌마1408).

ㅁ. (X) 국민의 형사재판 참여에 관한 법률 제5조 제2항 참조.

> 국민의 형사재판 참여에 관한 법률 제5조(대상사건) ① 다음 각 호에 정하는 사건을 국민참여재판의 대상사건(이하 "대상사건"이라 한다)으로 한다.
> 1. 「법원조직법」 제32조제1항(제2호 및 제5호는 제외한다)에 따른 합의부 관할 사건
> ② 피고인이 국민참여재판을 원하지 아니하거나 제9조 제1항에 따른 배제결정이 있는 경우는 국민참여재판을 하지 아니한다.
>
> 법원조직법 제32조(합의부의 심판권) ① 지방법원과 그 지원의 합의부는 다음의 사건을 제1심으로 심판한다.
> 1. 합의부에서 심판할 것으로 합의부가 결정한 사건
> 2. 민사사건에 관하여는 대법원규칙으로 정하는 사건
> 3. 사형, 무기 또는 단기 1년 이상의 징역 또는 금고에 해당하는 사건. 다만, 다음 각 목의 사건은 제외한다.

제5장 헌법재판소

제❶절 ㅣ 헌법재판소 일반론

문 91
24년 10월 모의시험

헌법재판소 결정의 효력에 대한 설명 중 옳은 것은? (다툼이 있는 경우 판례에 의함)

① 법률의 위헌 여부에 대한 헌법재판소의 결정은 법원과 그 밖의 국가기관 및 지방자치단체를 기속한다.
②「헌법재판소법」에 따르면 헌법재판소가 위헌으로 결정한 법률조항은 위헌결정이 선고된 다음날부터 효력을 상실한다.
③ 형벌조항에 대한 위헌결정은 소급하여 효력을 상실하지만, 해당 법률조항에 대해 종전에 합헌으로 결정한 사건이 있는 경우에는 그 결정이 있었던 날로 소급하여 효력을 상실한다.

④ 헌법재판소는 형벌조항에 대해서도 잠정적용 헌법불합치 결정을 선고하지만, 대법원은 형벌조항에 대한 헌법불합치결정을 단순위헌결정과 같이 취급한다.
⑤ 권한쟁의심판에서 청구인의 권한침해를 인정하는 경우 헌법재판소는 권한침해의 원인이 된 피청구인의 처분을 취소하여야 한다.

MGI Point 헌법재판소 결정의 효력 ★★★

- 법률의 위헌 '여부'에 대한 결정 ⇨ 기속력 × (위헌결정은 기속력 ○, 합헌결정은 기속력 ×)
- 위헌으로 결정된 법률조항 ⇨ '그 결정이 있는 날'부터 효력 상실
- 형벌조항에 대한 위헌결정은 소급하여 효력 상실
  ⇨ 해당 법률조항에 종전에 합헌 결정한 사건이 있는 경우 '그 결정이 있는 날의 다음날' 소급하여 효력 상실
- 헌법재판소는 형벌조항에 대해서도 잠정적용 헌법불합치 결정을 선고하지만, 대법원은 형벌조항에 대한 헌법불합치결정을 단순위헌결정과 같이 취급 ○
- 권한쟁의심판에서 처분의 권한침해 인정시 ⇨ 취소 또는 무효확인 여부 헌법재판소 재량

① (X) 법률의 위헌결정이 법원과 그 밖의 국가기관 및 지방자치단체를 기속할 뿐, 합헌결정은 기속력이 인정되지 않는다. 따라서 위헌 '여부'에 대한 결정에 기속력이 인정된다는 설문은 타당하지 않다(헌법재판소법 제47조 제1항 참조). ▶ 합헌결정의 기속력 인정여부와 관련해서, 헌법재판소는 이미 합헌으로 선언한 법률에 대하여 다시 위헌법률심판제청신청을 하여도 적법한 것으로 보고, 합헌결정 이후에 다시금 합헌결정을 하거나 또는 새로이 위헌결정을 하는 등 합헌결정의 기속력을 인정하지 않는 입장이다(강성민, 2023 SIGNATURE 헌법 제6판, P.865).

> **헌법재판소법 제47조(위헌결정의 효력)** ① 법률의 위헌결정은 법원과 그 밖의 국가기관 및 지방자치단체를 기속(羈束)한다.

② (X) 헌법재판소법 제47조 제2항 참조.

> **헌법재판소법 제47조(위헌결정의 효력)** ② 위헌으로 결정된 법률 또는 법률의 조항은 그 결정이 있는 날부터 효력을 상실한다.

③ (X) 헌법재판소법 제47조 제3항 단서 참조.

> **헌법재판소법 제47조(위헌결정의 효력)** ③ 제2항에도 불구하고 형벌에 관한 법률 또는 법률의 조항은 소급하여 그 효력을 상실한다. 다만, 해당 법률 또는 법률의 조항에 대하여 종전에 합헌으로 결정한 사건이 있는 경우에는 그 결정이 있는 날의 다음 날로 소급하여 효력을 상실한다.

④ (○) 헌법재판소는 "집회 및 시위에 관한 법률(2007.5.11. 법률제8424호로 전부개정된 것) 제11조 제1호 중 '국회의사당'에 관한 부분 및 제23조 중 제11조 제1호 가운데 '국회의사당'에 관한 부분은 모두 헌법에 합치되지 아니한다.", "위 법률조항은 2019. 12. 31.을 시한으로 개정될 때까지 계속 적용한다."라는 헌법불합치 결정을 선고하였고[헌재 2018.05.31. 2013헌바322등, 이하 '이 사건 헌법불합치결정'이라 하고, 위 법률조항을 '이 사건 법률조항'이라 한다], 국회는 2019. 12. 31.까지 이 사건 법률조항을 개정하지 않았다. ▶ 헌법재판소는 형벌조항에 대한 잠정적용 헌법불합치 결정을 선고하였다.
헌법재판소의 헌법불합치결정은 헌법과 헌법재판소법이 규정하고 있지 않은 변형된 형태이지만 법률조항에 대한 위헌결정에 해당한다(대판 2009.01.15. 2004도7111, 헌재 2004.05.27. 2003헌가1,004헌가4 등 참조). 집시법 제23조 제3호는 집시법 제11조를 위반할 것을 구성요건으로 규정하고 있고, 집시법 제24조 제5호는 집시법 제20조 제2항, 제1항과 결합하여 집시법 제11조를 구성요건으로 삼고 있다(헌재 2018.06.28. 2015헌가28,2016헌가5 참조). 결국 집시법 제11조 제1호는 집시법 제23조 제3호 또는 집

시법 제24조 제5호와 결합하여 형벌에 관한 법률조항을 이루게 되므로, 이 사건 헌법불합치결정은 형벌에 관한 법률조항에 대한 위헌결정이라 할 것이다. 그리고 헌법재판소법 제47조 제3항 본문에 따라 형벌에 관한 법률조항에 대하여 위헌결정이 선고된 경우 그 조항은 소급하여 효력을 상실하므로, 법원은 당해 조항이 적용되어 공소가 제기된 피고사건에 대하여 형사소송법 제325조 전단에 따라 무죄를 선고하여야 한다(대판 2011.06.23. 2008도7562 전합 등 참조)(대판 2020.08.20. 2019도519). ▶ 대법원은 위의 형벌조항에 대한 헌법불합치결정을 단순위헌과 같이 취급하여, 위헌결정 된 형벌조항의 소급 무효에 따라 피고인에게 무죄를 선고하였다(2004도7111 판례는 적용중지 헌법불합치결정에 관하여 같은 논리로 무죄).

⑤ (X) 권한쟁의심판에서 청구인의 권한이 침해되었다고 확인될 경우, 헌법재판소법 제66조 제2항에서 그 원인이 되는 피청구인의 처분을 취소하거나 그 무효를 확인할 것인지 여부에 대하여 헌법재판소에 재량을 부여한 취지는, 권한쟁의심판이 헌법적 권한질서의 객관적 확인이라는 객관적 쟁송의 성격과 침해된 청구인의 권한을 구제하는 주관적 쟁송의 성격을 동시에 지니고 있음을 반영하여, 헌법재판소로 하여금 권한쟁의심판제도의 기초가 되는 권력분립원리의 실질적 실현에 가장 적합한 결정을 하도록 하기 위함이라고 할 것이다. 따라서 권한쟁의심판에서 피청구인의 처분으로 인하여 청구인의 권한이 침해된 것으로 확인하는 경우 그러한 처분의 무효를 확인할 것인지 여부는, 권한 침해 사유의 헌법적 중대성, 침해된 청구인의 권한과 그 원인이 된 피청구인의 처분이 헌법적 권한질서 내에서 가지는 의미, 권한쟁의심판의 결정을 통하여 달성될 수 있는 헌법적 권한질서 회복의 이익 등을 종합적으로 고려하여 판단하여야 할 것이다(헌재 2020.05.27. 2019헌라6,2020헌라1(병합)). ▶ '권한의 유무 및 범위'에 관하여는 헌재법 제66조 제1항에 의하여 헌법재판소가 필요적으로 판단해야하지만, 동조 제2항은 헌법재판소에게 재량을 부여하고 있으므로, 재판부의 재량에 따라 제2항에 의한 주문이 필요하다고 판단되면 제1항의 주문에 '부가적으로' 처분의 취소나 무효확인 할 수 있다(한수웅, 헌법학 제7판, P.1512)

> 헌법재판소법 제66조(결정의 내용) ① 헌법재판소는 심판의 대상이 된 국가기관 또는 지방자치단체의 권한의 유무 또는 범위에 관하여 판단한다.
> ② 제1항의 경우에 헌법재판소는 권한침해의 원인이 된 피청구인의 처분을 취소하거나 그 무효를 확인할 수 있고, 헌법재판소가 부작위에 대한 심판청구를 인용하는 결정을 한 때에는 피청구인은 결정 취지에 따른 처분을 하여야 한다.

문 92

24년 10월 모의시험

헌법재판소에 대한 설명 중 옳지 않은 것은?

① 헌법재판소는 9인의 재판관으로 구성되며 재판관은 대통령이 임명한다.
② 헌법재판소장은 대통령이 재판관 중에서 국회의 동의를 얻어 임명하며 임기는 6년이다.
③ 임기 중 재판관이 결원된 경우 결원된 날부터 30일 이내에 후임자를 임명하여야 한다.
④ 재판관 7명이 사건을 심리하는 경우에도 종전에 판시한 헌법 또는 법률의 해석 적용에 관한 의견을 변경하기 위해서는 6명 이상의 찬성이 있어야 한다.
⑤ 심판에 관여한 재판관은 심판의 유형에 관계없이 모두 결정서에 의견을 표시하여야 한다.

> **MGI Point** 헌법재판소 ★★
>
> - 헌법재판소 ⇨ 9인의 재판관으로 구성하며, 재판관은 대통령이 임명
> - 헌법재판소장 ⇨ 국회의 동의를 얻어 재판관 중에서 대통령이 임명
>   ⇨ 임기 규정 없으며, 관행으로써 헌법재판관의 잔여임기
> - 임기 중 재판관이 결원된 경우에는 결원된 날부터 30일 이내에 후임자를 임명하야 함
> - 재판관 7명이 사건을 심리하는 경우에도, 헌재 판례 변경시 6인의 찬성 필요
> - 심판에 관여한 재판관은 심판의 유형에 관계없이 모두 결정서에 의견 표시 ○

① (○) 헌법 제111조 제2항 참조.

> 헌법 제111조 ② 헌법재판소는 법관의 자격을 가진 9인의 재판관으로 구성하며, 재판관은 대통령이 임명한다.
> ③ 제2항의 재판관중 3인은 국회에서 선출하는 자를, 3인은 대법원장이 지명하는 자를 임명한다.

② (X) 헌법재판소장은 국회의 동의를 얻어 재판관 중에서 대통령이 임명한다(헌법 제111조 제4항). 그러나, 헌법은 헌법재판관에 대한 임기만 규정하고, 헌법재판소장에 대한 임기를 규정하고 있지 않다. 따라서 헌법재판소장의 임기는 헌법재판관 임기 내의 '잔여 임기'인지, 헌법재판소장이 된 시점부터 연장되는 '6년'인지에 대하여 학설대립이 있고, 관행으로써 헌법재판소장 스스로 헌법재판관의 잔여임기만을 역임하여 해결하고 있다(제112조 제1항 참조).

> 헌법 제111조 ④ 헌법재판소의 장은 국회의 동의를 얻어 재판관 중에서 대통령이 임명한다.
> 헌법 제112조 ① 헌법재판소 재판관의 임기는 6년으로 하며, 법률이 정하는 바에 의하여 연임할 수 있다.

③ (○) 헌법재판소법 제6조 제4항 참조.

> 헌법재판소법 제6조(재판관의 임명) ④ 임기 중 재판관이 결원된 경우에는 결원된 날부터 30일 이내에 후임자를 임명하여야 한다.

④ (○) 헌법재판소법 제23조 제1항, 제2항 단서 및 제2호 참조.

> 헌법재판소법 제23조(심판정족수) ① 재판부는 재판관 7명 이상의 출석으로 사건을 심리한다.
> ② 재판부는 종국심리(終局審理)에 관여한 재판관 과반수의 찬성으로 사건에 관한 결정을 한다. 다만, 다음 각 호의 어느 하나에 해당하는 경우에는 재판관 6명 이상의 찬성이 있어야 한다.
> 1. 법률의 위헌결정, 탄핵의 결정, 정당해산의 결정 또는 헌법소원에 관한 인용결정(認容決定)을 하는 경우
> 2. 종전에 헌법재판소가 판시한 헌법 또는 법률의 해석 적용에 관한 의견을 변경하는 경우

⑤ (○) 헌법재판소법 제36조 제3항 참조.

> 헌법재판소법 제36조(종국결정) ③ 심판에 관여한 재판관은 결정서에 의견을 표시하여야 한다.

문 93
24년 6월 모의시험

헌법재판소 재판관에 관한 설명 중 옳지 않은 것은?

① 재판관은 헌법재판소장의 제청으로 국회의 동의를 얻어 대통령이 임명한다.
② 재판관의 임기는 6년이고 연임할 수 있으며, 재판관의 정년은 70세이다.

③ 재판관의 임기가 만료되는 경우에는 임기만료일까지 후임자를 임명해야 한다.
④ 임기 중 재판관이 결원된 경우에는 결원된 날부터 30일 이내에 후임자를 임명해야 한다.
⑤ 국회에서 선출한 재판관이 국회의 폐회 중에 그 정년이 도래한 경우에는 국회는 다음 집회가 개시된 후 30일 이내에 후임자를 선출해야 한다.

> **MGI Point 헌법재판소 재판관** ★★
> - 헌법재판관 임명 ⇨ 9인 재판관중 3인은 국회에서 선출하는 자를 3인은 대법원장이 지명하는 자를 대통령이 임명 함
> - 헌법재판관의 임기는 6년이고 연임할 수 있으며 재판관의 정년은 70세
> - 헌법재판관의 임기가 만료되는 경우에는 임기만료일까지 후임자를 임명 要
> - 임기 중 헌법재판관이 결원된 경우에는 결원된 날부터 30일 이내에 후임자를 임명 要
> - 국회 선출 재판관이 국회의 폐회 중에 그 정년이 도래시 국회는 다음 집회가 개시된 후 30일 이내에 후임자를 선출 要

① (X) 헌법 111조 제2항, 제3항 참조.

> **헌법 111조** ② 헌법재판소는 법관의 자격을 가진 9인의 재판관으로 구성하며, 재판관은 대통령이 임명한다.
> ③ 제2항의 재판관중 3인은 국회에서 선출하는 자를, 3인은 대법원장이 지명하는 자를 임명한다.

② (○) 헌법재판소법 제7조 참조.

> **헌법재판소법 제7조(재판관의 임기)** ① 재판관의 임기는 6년으로 하며, 연임할 수 있다.
> ② 재판관의 정년은 70세로 한다.

③ (○), ④ (○), ⑤ (○) 헌법재판소법 제6조 제3항, 제4항, 제5항 참조.

> **헌법재판소법 제6조(재판관의 임명)** ③ 재판관의 임기가 만료되거나 정년이 도래하는 경우에는 임기만료일 또는 정년도래일까지 후임자를 임명하여야 한다.
> ④ 임기 중 재판관이 결원된 경우에는 결원된 날부터 30일 이내에 후임자를 임명하여야 한다.
> ⑤ 제3항 및 제4항에도 불구하고 국회에서 선출한 재판관이 국회의 폐회 또는 휴회 중에 그 임기가 만료되거나 정년이 도래한 경우 또는 결원된 경우에는 국회는 다음 집회가 개시된 후 30일 이내에 후임자를 선출하여야 한다.

 ①

문 94
24년 6월 모의시험

헌법재판에 관한 설명 중 옳은 것을 모두 고른 것은? (다툼이 있는 경우 판례에 의함)

ㄱ. 「헌법재판소법」 제68조 제1항에 따른 헌법소원심판에서도 가처분의 필요성은 있을 수 있고, 달리 가처분을 허용하지 아니할 상당한 이유를 찾아볼 수 없으므로 「헌법재판소법」 제68조 제1항에 따른 헌법소원심판 청구사건에서도 가처분이 허용된다.

ㄴ. 승소자의 당사자비용을 그 상대방인 패소자에게 반드시 부담시켜야만 하는 「민사소송법」과 「행정소송법」의 소송비용에 관한 규정들을 헌법소원심판절차에서 준용하더라도, 이는 헌법재판의 성질에 반한다고 볼 수 없다.

ㄷ. 위헌법률심판절차에 있어서는 대립 당사자 개념을 상정할 수 없을 뿐만 아니라, 보조참가인에게 이른바 참가적 효력을 미치게 할 필요성이 존재한다고 볼 수도 없기 때문에, 보조참가를 규정하고 있는 「민사소송법」 규정은 위헌법률심판의 성질상 준용하기 어렵다.

ㄹ. 헌법적 가치질서를 수호·유지하기 위한 쟁송으로서 공익적 성격이 강하게 띠는 권한쟁의심판에 있어서는 소의 취하에 관한 「민사소송법」 규정의 준용이 배제되어야 하므로, 비록 청구인이 권한쟁의심판청구를 취하하였다 하더라도 그 심판절차는 종료되지 않는다.

① ㄱ, ㄷ
② ㄱ, ㄹ
③ ㄴ, ㄷ
④ ㄴ, ㄷ, ㄹ
⑤ ㄱ, ㄴ, ㄷ, ㄹ

MGI Point 헌법재판 ★★

- 헌법재판소법 제68조 제1항에 따른 헌법소원심판 청구사건에서도 가처분 허용 ○
- 승소자의 당사자비용을 그 상대방인 패소자에게 반드시 부담시켜야만 하는 민사소송법과 행정소송법의 소송비용에 관한 규정들을 헌법소원심판절차에서 준용 ×
- 보조참가를 규정하고 있는 민사소송법 규정은 위헌법률심판의 성질상 준용 ×
- 청구인이 권한쟁의심판청구를 취하한 경우 권한쟁의심판절차는 종료 ○

ㄱ. (○) 헌법재판소법은 명문의 규정을 두고 있지는 않으나, 같은 법 제68조 제1항 헌법소원심판절차에서도 가처분의 필요성이 있을 수 있고 또 이를 허용하지 아니할 상당한 이유를 찾아볼 수 없으므로, 가처분이 허용된다.(헌재 2000.12.08. 2000헌사471).

ㄴ. (X) 이러한 헌법재판의 정의나 헌법소원심판이 수행하는 객관적인 헌법질서에 관한 수호·유지기능, 그리고 헌법소원심판의 직권주의적 성격과 심판비용의 국가부담 원칙, 변호사강제주의, 국선대리인제도 등에 관한 헌법재판소법의 규정 내용 등을 종합하여 보면, 당사자비용을 제외한 심판비용을 국가가 모두 부담하는 헌법소원심판절차에서 청구인이 승소하였는지 아니면 패소하였는지를 구분하지 않고 승소자의 당사자비용을 그 상대방인 패소자에게 반드시 부담시켜야만 하는 민사소송법과 행정소송법의 소송비용에 관한 규정들을 준용하는 것은 헌법재판의 성질에 반한다고 보아야 한다(헌재 2015.05.28. 2012헌사496).

ㄷ. (○) 규범통제절차인 헌법재판소법 제41조 제1항에 의한 위헌법률심판 사건에서 민사소송과 유사한 대립 당사자 개념을 상정하기 어려운 점 등에 비추어보면, 보조참가를 규정하고 있는 민사소송법 제71조는 위헌법률심판의 성질상 준용하기 어렵다. 그렇다면 이 사건 보조참가신청인의 보조참가 신청은 위헌법률심판의 성질에 반하여 준용되지 아니하는 민사소송법 제71조에 근거한 것으로서 허용되지 아니한다(헌재 2020.03.26. 2016헌가17, 2017헌가20, 2018헌바392(병합)).

ㄹ. (X) 이 사건 권한쟁의심판절차는 청구인들의 심판청구의 취하로 2001. 5. 8. 종료되었음이 명백하므로, 헌법재판소로서는 이 사건 권한쟁의심판청구가 적법한 것인지 여부와 이유가 있는 것인지 여부에 대하여 더 이상 판단할 수 없게 되었다(헌재 2001.06.28. 2000헌라1).

정답 ①

문 95
_{22년 8월 모의시험}

헌법재판에 관한 설명 중 옳지 않은 것은? (다툼이 있는 경우 판례에 의함)

① 헌법재판소법은 위헌법률심판과 헌법소원심판에 관해서만 명문으로 재심 규정을 두고 있다.
② 헌법재판의 심판비용은 국가가 부담하며, 여기에는 재판수수료와 헌법재판소가 심판 등을 위하여 지출하는 비용인 재판비용뿐 아니라 변호사강제주의에 따른 변호사보수 등 당사자 비용도 포함된다.
③ 청구인이 권한쟁의심판절차 계속 중 국회의원직을 상실하는 경우 국회의원의 법률안 심의·표결권 등은 성질상 일신전속적인 것으로서 승계되거나 상속될 수 있는 것이 아니므로 헌법재판소는 심판절차종료선언을 하여야 한다.
④ 헌법재판소는 청구인의 심판청구서에 기재된 피청구인이나 청구취지에 구애됨이 없이 청구인의 주장요지를 종합적으로 판단해야 하며 청구인이 주장하는 침해된 기본권과 침해의 원인이 되는 공권력을 직권으로 조사하여 피청구인과 심판대상을 확정하여 판단해야 한다.
⑤ 180일의 심판기간은 개별사건의 특수성 및 현실적인 제반여건을 불문하고 모든 사건에 있어서 공정하고 적정한 헌법재판을 하는 데 충분한 기간이라고는 볼 수 없고 심판기간 경과 시의 제재 등 특별한 법률효과의 부여를 통하여 심판기간의 준수를 강제하는 규정을 두지 않고 있으므로 이를 규정한 헌법재판소법 조항은 훈시적 규정이다.

MGI Point | 헌법재판 ★★

- 헌법재판소의 결정에 대한 재심 허용여부 ⇨ 헌법재판소법은 위헌법률심판과 헌법소원심판에 관해서만 명문으로 규정 有
- 국가가 부담하는 헌법재판의 심판비용에 변호사강제주의에 따른 변호사보수 등의 당사자비용은 포함 ×
- 국회의원의 법률안 심의·표결권 등은 성질상 일신전속적인 것으로서 승계되거나 상속 不可
  ⇨ 권한쟁의심판절차 계속 중 청구인이 국회의원직을 상실한 경우 ⇨ 심판절차 종료 ○
- 헌법소원재판에 있어서 피청구인과 심판대상의 확정
  - 심판청구서에 기재된 피청구인이나 청구취지에 상관없이 청구인의 주장요지를 종합적으로 판단 要
  - 청구인이 주장하는 침해된 기본권과 침해의 원인이 되는 공권력을 직권으로 조사 可
- 헌법재판의 심판기간 180일 (현재법 제38조 본문) ⇨ 훈시규정으로 해석, 신속한 재판을 받을 권리 침해 ×

---

① (○) 헌법재판소법 제47조 및 제75조 참조.

> **헌법재판소법 제47조(위헌결정의 효력)** ③ 제2항에도 불구하고 형벌에 관한 법률 또는 법률의 조항은 소급하여 그 효력을 상실한다. 다만, 해당 법률 또는 법률의 조항에 대하여 종전에 합헌으로 결정한 사건이 있는 경우에는 그 결정이 있는 날의 다음 날로 소급하여 효력을 상실한다.
> ④ 제3항의 경우에 위헌으로 결정된 법률 또는 법률의 조항에 근거한 유죄의 확정판결에 대하여는 재심을 청구할 수 있다.
> ⑤ 제4항의 재심에 대하여는 「형사소송법」을 준용한다.
> **헌법재판소법 제75조(인용결정)** ⑦ 제68조제2항에 따른 헌법소원이 인용된 경우에 해당 헌법소원과 관련된 소송사건이 이미 확정된 때에는 당사자는 재심을 청구할 수 있다.
> ⑧ 제7항에 따른 재심에서 형사사건에 대하여는 「형사소송법」을 준용하고, 그 외의 사건에 대하여는 「민사소송법」을 준용한다.

② (X) 헌법재판의 심판비용을 국가가 부담하는 것은 헌법재판이 헌법을 보호하고, 권력을 통제하며, 기본권을 보호하는 등의 기능을 하는 객관적 소송이기 때문인데, 국가가 부담하는 심판비용에 변호사보수와 같이 청구인 등이 소송수행을 위하여 스스로 지출하는 비용인 당사자비용도 포함된다고 볼 경우에는 헌법재판청

구권의 남용을 초래하여 헌법재판소의 운영에 따른 비용을 증가시키고 다른 국민이 헌법재판소를 이용할 기회를 침해할 수 있으며 헌법재판소법에 국선대리인 제도를 함께 규정할 필요도 없었을 것이므로, 국가가 부담하는 심판비용에는 재판수수료와 헌법재판소가 심판 등을 위하여 지출하는 비용인 재판비용만 포함되고, 변호사강제주의에 따른 변호사보수 등의 당사자비용은 포함되지 아니한다(헌재 2015.05.28. 2012헌사496).

③ (○) 청구인 박○은은 권한쟁의심판절차가 계속 중이던 2015. 12. 24. 국회의원직을 상실하였는바, 국회의원의 법률안 심의·표결권 등은 성질상 일신전속적인 것으로서 승계되거나 상속될 수 있는 것이 아니므로 이 사건 심판청구는 위 청구인의 국회의원직 상실과 동시에 당연히 그 심판절차가 종료되었다(헌재 2016.04.28. 2015헌라5).

④ (○) 헌법재판소는 청구인의 심판청구서에 기재된 피청구인이나 청구취지에 구애됨이 없이 청구인의 주장요지를 종합적으로 판단하여야 하며 청구인이 주장하는 침해된 기본권과 침해의 원인이 되는 공권력을 직권으로 조사하여 피청구인과 심판대상을 확정하여 판단하여야 한다(헌재 1993.05.13. 91헌마190).

⑤ (○) 헌법재판이 국가작용 및 사회 전반에 미치는 파급효과 등의 중대성에 비추어 볼 때, 180일의 심판기간은 개별사건의 특수성 및 현실적인 제반여건을 불문하고 모든 사건에 있어서 공정하고 적정한 헌법재판을 하는 데 충분한 기간이라고는 볼 수 없고, 심판기간 경과 시의 제재 등 특별한 법률효과의 부여를 통하여 심판기간의 준수를 강제하는 규정을 두지 아니하므로, 심판대상조항은 헌법재판의 심판기간에 관하여 지침을 제시하는 훈시적 규정이라 할 것이다(헌재 2009.07.30. 2007헌마732).

> **헌법재판소법 제38조(심판기간)** 헌법재판소는 심판사건을 접수한 날로부터 180일 이내에 종국결정의 선고를 하여야 한다. 다만, 재판관의 궐위로 7인의 출석이 불가능한 때에는 그 궐위된 기간은 심판기간에 이를 산입하지 아니한다.

문 96

22년 8월 모의시험

헌법재판소의 결정에 관한 설명 중 옳지 않은 것은? (다툼이 있는 경우 판례에 의함)

① 「헌법재판소법」 제68조 제1항 헌법소원심판에서 8인의 재판관 중 4인의 재판관이 각하 의견이고 4인의 재판관이 위헌 의견인 경우 헌법재판소는 심판청구를 각하하여야 한다.
② 위헌법률심판에서 결정주문을 뒷받침하는 결정이유에 대하여 기속력을 인정한다고 하더라도, 이를 위해서는 적어도 그 이유에 대하여 관여 재판관 과반수의 찬성이 있어야 한다.
③ 「헌법재판소법」은 위헌법률심판의 위헌결정, 권한쟁의심판의 결정 그리고 헌법소원심판의 인용결정에 대하여 기속력을 인정하고 있다.
④ 법원의 제청·헌법소원의 청구 등을 통하여 헌법재판소에 법률의 위헌결정을 위한 계기를 부여한 당해사건뿐 아니라 따로 위헌제청신청을 아니하였지만 당해 법률 또는 법률의 조항이 재판의 전제가 되어 법원에 계속 중인 사건에 대하여도 위헌결정의 소급효가 인정된다.
⑤ 헌법소원심판에서의 가처분 결정과 권한쟁의심판에서의 가처분 결정은 의결정족수가 동일하다.

MGI Point 헌법재판소의 결정

- 헌재법 제68조 제1항 헌법소원심판에서 8인의 재판관 중 4인의 재판관이 각하 의견이고 4인의 재판관이 위헌 의견인 경우 ⇨ 헌법재판소는 심판청구를 각하 ○
- 헌법재판소법 제47조 제1항 및 제75조 제1항에 규정된 법률의 위헌결정 및 헌법소원 인용결정의 기속력

> ⇨ 결정이유에까지 기속력을 인정하더라도 결정주문을 뒷받침하는 결정이유에 대하여 적어도 위헌결정의 정족수인 재판관 6인 이상의 찬성 要
> ■ 헌재법은 위헌법률심판의 위헌결정, 권한쟁의심판의 결정, 헌법소원심판의 인용결정에 대한 기속력을 명문으로 규정 ○
> ■ 위헌결정의 시간적 효력 범위
>   • 원칙 : '장래효'로 규정
>   • 예외적으로 소급효가 인정되는 경우 ⇨ ① 위헌결정을 위한 계기를 부여한 사건(당해 사건) ② 위헌결정이 있기 전에 이와 동종의 위헌 여부에 관하여 헌법재판소에 위헌제청을 하였거나 법원에 위헌제청신청을 한 사건(동종사건) ③ 따로 위헌제청신청을 아니하였지만 당해 법률조항이 재판의 전제가 되어 법원에 계속중인 사건(병행사건) ④ 위헌결정 이후에 제소된 사건(일반사건)이라도 구체적 타당성의 요청이 현저하고 소급효의 부인이 정의와 형평에 반하는 경우
> ■ 헌법재판의 가처분 인용 요건
>   • 원칙 : 전원재판부에서 관장, 7인 이상 출석 및 과반수의 찬성
>   • 본안심판이 부적법하거나 이유 없음이 명백하지 않을 것

① (○) 소송요건의 선순위성은 소송법의 확고한 원칙으로 헌법소원심판에서 본안판단으로 나아가기 위해서는 적법요건이 충족되었다는 점에 대한 재판관 과반수의 찬성이 있어야 한다. 따라서 청구인 이○○ 등의 화해권유 부작위의 위헌확인을 구하는 심판청구가 적법성을 충족한 것인지에 대해 어떠한 견해도 과반수에 이르지 아니한 이상, 헌법재판소는 심판청구를 각하하여야 한다(헌재 2021.09.30. 2016헌마1034).
  ▶ 재판관 4인이 각하의견, 재판관 4인이 위헌의견인 경우, 심판청구를 각하한 사례

② (X) 헌법재판소법 제47조 제1항 및 제75조 제1항에 규정된 법률의 위헌결정 및 헌법소원 인용결정의 기속력과 관련하여, 입법자인 국회에게 기속력이 미치는지 여부, 나아가 결정주문뿐 아니라 결정이유에까지 기속력을 인정할지 여부는 헌법재판소의 헌법재판권 내지 사법권의 범위와 한계, 국회의 입법권의 범위와 한계 등을 고려하여 신중하게 접근할 필요가 있다. 설령 결정이유에까지 기속력을 인정한다고 하더라도, 결정주문을 뒷받침하는 결정이유에 대하여 적어도 위헌결정의 정족수인 재판관 6인 이상의 찬성이 있어야 할 것이고(헌법 제113조 제1항 및 헌법재판소법 제23조 제2항 참조), 이에 미달할 경우에는 결정이유에 대하여 기속력을 인정할 여지가 없는데, 헌법재판소가 2006. 5. 25. '안마사에 관한 규칙'(2000. 6. 16. 보건복지부령 제153호로 개정된 것) 제3조 제1항 제1호와 제2호 중 각 "앞을 보지 못하는" 부분에 대하여 위헌으로 결정한 2003헌마715등 사건의 경우 그 결정이유에서 비맹제외기준이 과잉금지원칙에 위반한다는 점과 관련하여서는 재판관 5인만이 찬성하였을 뿐이므로 위 과잉금지원칙 위반의 점에 대하여 기속력이 인정될 여지가 없다(헌재 2008.10.30. 2006헌마1098).

③ (○) 헌법재판소법 제47조, 제67조, 제75조 참조.

> **헌법재판소법 제47조(위헌결정의 효력)** ① 법률의 위헌결정은 법원과 그 밖의 국가기관 및 지방자치단체를 기속한다.
> **헌법재판소법 제67조(결정의 효력)** ① 헌법재판소의 권한쟁의심판의 결정은 모든 국가기관과 지방자치단체를 기속한다.
> **헌법재판소법 제75조(인용결정)** ① 헌법소원의 인용결정은 모든 국가기관과 지방자치단체를 기속한다.

④ (○) 헌법재판소에 의하여 위헌으로 선고된 법률 또는 법률의 조항이 제정 당시로 소급하여 효력을 상실하는가, 아니면 장래를 향하여 효력을 상실하는가의 문제는 특단의 사정이 없는 한 헌법적합성의 문제라기보다는 입법자가 법적 안정성과 개인의 권리구제 등 제반이익을 비교형량하여 가면서 결정할 입법정책의 문제라는 전제하에, 형벌법규를 제외하고는 법적 안정성을 더 높이 평가하는 방안을 선택한 입법자의 판단이 헌법에 위반되지 아니한다고 하면서, 다만 효력이 다양할 수밖에 없는 위헌결정의 특수성 때문에 예외적으로 부분적인 소급효를 인정하여야 한다는 취지를 수차례 밝힌 바 있다. 그리고 예외적으로 소급효를 인정하여야 하는 범위에 관하여, 첫째, 구체적 규범통제의 실효성 보장의 견지에서 법원의 제청ㆍ헌법소원의 청구 등을 통하여 헌법재판소에 법률의 위헌결정을 위한 계기를 부여한 당해 사건, 위헌결정이 있기 전에 이와 동종의 위헌 여부에 관하여 헌법재판소에 위헌제청을 하였거나 법원에 위헌제청신청을 한 경우의 당해 사건, 그리고 따로 위헌제청신청을 아니하였지만 당해 법률 또는 법률의 조항이 재판의

전제가 되어 법원에 계속중인 사건에 대하여는 소급효를 인정하여야 하고, 둘째, 당사자의 권리구제를 위한 구체적 타당성의 요청이 현저한 반면에 소급효를 인정하여도 법적 안정성을 침해할 우려가 없으며, 나아가 구법에 의하여 형성된 기득권자의 이득이 해쳐질 사안이 아닌 경우로서 소급효의 부인이 오히려 정의와 형평 등 헌법적 이념에 심히 배치되는 때에도 소급효를 인정할 수 있다는 입장이다(헌재 2013.06.27. 2010헌마535).

⑤ (○) 헌법재판소법 제22조 제1항, 제23조 참조. ▶가처분 역시 헌법재판소의 '결정'에 속하므로 가처분 인용여부를 결정하기 위해서는 본안결정과 동일하게 헌법재판소법 제23조 제1항이 적용되어 재판관 7인 이상의 출석을 요함

> **헌법재판소법 제22조(재판부)** ① 이 법에 특별한 규정이 있는 경우를 제외하고는 헌법재판소의 심판은 재판관 전원으로 구성되는 재판부에서 관장한다.
> **헌법재판소법 제23조(심판정족수)** ① 재판부는 재판관 7명 이상의 출석으로 사건을 심리한다
> ② 재판부는 종국심리에 관여한 재판관 과반수의 찬성으로 사건에 관한 결정을 한다. 다만, 다음 각 호의 어느 하나에 해당하는 경우에는 재판관 6명 이상의 찬성이 있어야 한다.
> 1. 법률의 위헌결정, 탄핵의 결정, 정당해산의 결정 또는 헌법소원에 관한 인용결정을 하는 경우
> 2. 종전에 헌법재판소가 판시한 헌법 또는 법률의 해석 적용에 관한 의견을 변경하는 경우
> **헌법재판소법 제40조(준용규정)** ① 헌법재판소의 심판절차에 관하여는 이 법에 특별한 규정이 있는 경우를 제외하고는 헌법재판의 성질에 반하지 아니하는 한도에서 민사소송에 관한 법령을 준용한다.

정답 ②

문 97
21년 10월 모의시험

헌법재판에서의 심판청구 및 취하에 관한 설명 중 옳지 <u>않은</u> 것을 모두 고른 것은? (다툼이 있는 경우 판례에 의함)

> ㄱ. 헌법재판소에의 심판청구는 심판절차별로 정하여진 청구서를 헌법재판소에 제출함으로써 하나, 위헌법률심판에서는 법원의 제청서, 탄핵심판에서는 국회의 소추의결서의 정본으로 청구서를 갈음한다.
> ㄴ. 헌법소원심판이 헌법재판소에 계속중인 사건에 대하여 당사자는 다시 동일한 헌법소원심판을 청구할 수 없다.
> ㄷ. 하나의 헌법소원으로 「헌법재판소법」 제68조 제1항에 의한 청구와 「헌법재판소법」 제68조 제2항에 의한 청구를 함께 병합하여 청구할 수 없다.
> ㄹ. 권한쟁의심판은 개인의 주관적 권리구제를 목적으로 삼는 것이 아니라 헌법적 가치질서를 보호하는 객관적 기능을 수행하는 것이므로, 청구인이 심판청구를 취하한다고 하더라도 심판절차는 종료되지 않는다.
> ㅁ. 피청구인의 기망에 의하여 청구인이 헌법소원심판청구를 취하한 경우, 청구인은 이를 취소할 수 있다.

① ㄱ, ㄴ, ㄹ
② ㄱ, ㄴ, ㅁ
③ ㄱ, ㄷ, ㅁ
④ ㄴ, ㄷ, ㄹ
⑤ ㄷ, ㄹ, ㅁ

> **MGI Point** 헌법재판의 심판청구 및 취하 ★★
>
> - 심판청구는 심판절차별로 정해진 청구서를 헌법재판소에 제출 ○
>   ⇨ 위헌법률심판은 법원의 제청서, 탄핵심판은 국회의 소추의결서의 정본으로 갈음
> - 헌법재판소에 계속중인 사건에 대하여 당사자는 다시 동일한 헌법소원심판 청구 ×
> - 하나의 심판청구로 헌재법 제68조 제1항 헌법소원심판청구와 동조 제2항에 의한 헌법소원심판청구 병합 제기 可
> - 권한쟁의심판청구 취하시 심판절차 종료 ⇨ 권한쟁의심판의 공익적 성격만을 이유로 심판청구의 취하를 배제하는 것은 타당 ×
> - 피청구인의 기망에 의하여 청구인이 헌법소원심판청구 취하한 경우 ⇨ 취소 不可

ㄱ. (○) 헌법재판소법 제26조 제1항 참조.

> **헌법재판소법 제26조(심판청구의 방식)** ① 헌법재판소에의 심판청구는 심판절차별로 정하여진 청구서를 헌법재판소에 제출함으로써 한다. 다만, 위헌법률심판에서는 법원의 제청서, 탄핵심판에서는 국회의 소추의결서의 정본으로 청구서를 갈음한다.

ㄴ. (○) 헌법재판소법 제40조 제1항 전문에 의하면 헌법재판소의 심판절차에 관하여는 헌법재판의 성질에 반하지 아니하는 한도에서 민사소송에 관한 법령이 준용되므로, 이 사건 헌법소원심판청구에도 중복제소를 금지하고 있는 민사소송법 제259조가 준용된다. 따라서 이미 헌법소원심판이 계속 중인 사건에 대하여는 당사자는 다시 동일한 헌법소원심판을 청구할 수 없다고 해석하여야 한다(헌재 2021.02.09. 2021헌마96).

ㄷ. (X) 헌법재판소법 제68조 제1항에 의한 헌법소원과 헌법재판소법 제68조 제2항에 의한 헌법소원은 비록 그 요건과 대상은 다르다고 하더라도 헌법재판소라는 동일한 기관에서 재판을 받고, 개인에 의한 심판청구라는 헌법소원의 측면에서는 그 성질이 동일한 점, 헌법재판소 판례 중에는 헌법재판소법 제68조 제2항의 헌법소원 절차에서 청구변경의 방법으로 예비적 청구를 헌법재판소법 제68조 제2항에 의한 청구에서 위 법 제68조 제1항에 의한 청구로 변경하는 것을 허용한 예(헌재 2007.10.25. 2005헌바68), 법원에 위헌법률심판제청신청을 한 적이 없는 청구인의 헌법소원심판청구를 헌법재판소법 제68조 제1항에 의한 헌법소원심판청구로 본 예(헌재 2007.11.29. 2005헌바12), 헌법재판소법 제68조 제1항에 의한 헌법소원심판청구와 위 제68조 제2항에 의한 헌법소원심판청구를 병합하여 심판한 예(헌재 2003.10.30. 2001헌마700, 2003헌바11(병합))가 있는 점, 헌법재판소가 헌법재판소 사건의 접수에 관한 규칙에 의하여 헌법재판소법 제68조 제1항의 헌법소원사건의 사건부호를 '헌마'로, 헌법재판소법 제68조 제2항의 헌법소원사건의 사건부호를 '헌바'로 달리 부여하고 있지만 이는 편의적인 것에 불과한 점, 만약 이를 허용하지 않을 경우 당사자는 관련청구소송을 하나는 헌법재판소법 제68조 제1항에 의한 헌법소원으로, 다른 하나는 헌법재판소법 제68조 제2항에 의한 헌법소원으로 제기하여야 하는데 이는 소송경제에 반하는 점 등을 살펴볼 때, 하나의 헌법소원으로 헌법재판소법 제68조 제1항에 의한 청구와 헌법재판소법 제68조 제2항에 의한 청구를 함께 병합하여 제기함이 가능하다고 할 것이다(헌재 2010.03.25. 2007헌마933).

ㄹ. (X) 헌법재판소법 제40조 제1항은 "헌법재판소의 심판절차에 관하여는 이 법에 특별한 규정이 있는 경우를 제외하고는 민사소송에 관한 법령의 규정을 준용한다. 이 경우 탄핵심판의 경우에는 형사소송에 관한 법령을, 권한쟁의심판 및 헌법소원심판의 경우에는 행정소송법을 함께 준용한다"고 규정하고, 같은 조 제2항은 "제1항 후단의 경우에 형사소송에 관한 법령 또는 행정소송법이 민사소송에 관한 법령과 저촉될 때에는 민사소송에 관한 법령은 준용하지 아니한다"고 규정하고 있다. 그런데 헌법재판소법이나 행정소송법에 권한쟁의심판청구의 취하와 이에 대한 피청구인의 동의나 그 효력에 관하여 특별한 규정이 없으므로, 소의 취하에 관한 민사소송법 제239조는 이 사건과 같은 권한쟁의심판절차에 준용된다 … 비록 권한쟁의심판이 개인의 주관적 권리구제를 목적으로 삼는 것이 아니라 헌법적 가치질서를 보호하는 객관적 기능을 수행하는 것이고, 특히 국회의원의 법률안에 대한 심의·표결권의 침해 여부가 다투어진 이 사건 권한쟁의심판의 경우에는 국회의원의 객관적 권한을 보호함으로써 헌법적 가치질서를 수호·유지하기 위한 쟁송으로서 공익적 성격이 강하다고는 할 것이다. 그러나 법률안에 대한 심의·표결권의 행사 여부가

국회의원 스스로의 판단에 맡겨져 있는 사항일 뿐만 아니라, 그러한 심의·표결권이 침해당한 경우에 권한쟁의심판을 청구할 것인지 여부도 국회의원의 판단에 맡겨져 있어서 심판청구의 자유가 인정되고 있는 만큼, 권한쟁의심판의 공익적 성격만을 이유로 이미 제기한 심판청구를 스스로의 의사에 기하여 자유롭게 철회할 수 있는 심판청구의 취하를 배제하는 것은 타당하지 않다(헌재 2001.06.28. 2000헌라1).

ㅁ. (X) 헌법소원심판청구의 취하는 청구인이 제기한 심판청구를 철회하여 심판절차의 계속을 소멸시키는 청구인의 헌법재판소에 대한 소송행위이고 소송행위는 일반 사법상의 행위와는 달리 내심의 의사보다 그 표시를 기준으로 하여 그 효력 유무를 판정할 수밖에 없는 것인바, 청구인의 주장대로 청구인이 피청구인의 기망에 의하여 이 사건 헌법소원심판청구를 취하하였다고 가정하더라도 이를 무효라 할 수도 없고, 청구인이 이를 임의로 취소할 수도 없다(헌재 2005.03.31. 2004헌마911).

 ⑤

문 98

20년 8월 모의시험

헌법재판절차에 관한 설명으로 옳지 않은 것은? (다툼이 있는 경우 판례에 의함)

① 각종 심판절차에서 당사자인 국가기관 또는 지방자치단체는 변호사 또는 변호사의 자격이 있는 소속 직원을 대리인으로 선임하여 심판을 수행하게 할 수 있다.
② 변호사의 자격이 없는 사인인 청구인이 한 헌법소원심판청구나 주장 등 심판수행은 변호사인 대리인이 추인한 경우에 한하여 적법한 헌법소원심판청구와 심판수행으로서의 효력이 있고 헌법소원심판대상이 된다.
③ 변호사인 대리인에 의해 헌법소원심판의 청구가 이루어졌으나 그 청구 이후 심리과정에서 대리인이 사임하고 다른 대리인을 선임하지 않았다면, 기왕의 대리인에 의하여 수행된 소송행위 자체로서 재판성숙단계에 이르렀다 하더라도 그 소송행위는 무효가 된다.
④ 재판관에게 공정한 심판을 기대하기 어려운 사정이 있는 경우 당사자는 기피신청을 할 수 있으나, 변론기일에 출석하여 본안에 관한 진술을 한 때에는 기피신청을 할 수 없다.
⑤ 헌법재판소는 헌법재판사건의 심판기간을 180일로 정한 「헌법재판소법」 제38조 본문을 헌법재판의 심판기간에 관하여 지침을 제시하는 훈시적 규정으로 해석하고 있다.

 헌법재판절차

- 각종 심판절차에서 국가기관 또는 지자체가 당사자인 경우 ➡ 변호사 또는 변호사의 자격이 있는 소속직원을 대리인으로 선임, 심판 수행 可
- 변호사 자격이 없는 사인인 청구인이 한 헌법소원심판 청구나 주장 등 심판수행 ➡ 변호사인 대리인이 추인한 경우에만 적법한 효력 有
- 헌법소원심판청구 후 청구인의 대리인인 변호사가 사임한 경우 ➡ 재판성숙단계이면 기왕의 대리인의 소송행위 무효 ×
- 당사자의 기피 신청 ➡ 변론기일에 출석하여 본안에 관한 진술을 한 때에는 不可
- 헌법재판의 심판기간 180일(헌재법 제38조 본문) ➡ 훈시규정

① (○) 헌법재판소법 제25조 제2항 참조.

> 헌법재판소법 제25조 (대표자·대리인) ② 각종 심판절차에 있어서 당사자인 국가기관 또는 지방자치단체는 변호사 또는 변호사의 자격이 있는 소속직원을 대리인으로 선임하여 심판을 수행하게 할 수 있다.

② (○) 변호사 자격이 없는 사인인 청구인이 한 헌법소원심판 청구나 주장 등 심판수행은 변호사인 대리인이 추인한 경우에만 적법한 헌법소원심판 청구와 심판수행으로서의 효력이 있고 헌법소원심판대상이 된다(헌재 1992.06.26. 89헌마132).

③ (X) 헌법재판소법 제25조 제3항의 취지는 재판의 본질을 이해하지 못하고 재판자료를 제대로 정리하여 제출할 능력이 없는 당사자를 보호해 주며 사법적 정의의 실현에 기여하려는데 있다고 할 것이고 청구인의 헌법재판청구권을 제한하려는 데 그 본래의 목적이 있는 것이 아니므로 변호사인 대리인에 의한 헌법소원심판청구가 있었다면 그 이후 심리과정에서 대리인이 사임하고 다른 대리인을 선임하지 않았더라도 청구인이 그 후 자기에게 유리한 진술을 할 기호를 스스로 포기한 것에 불과할 뿐, 헌법소원심판청구를 비롯하여 기왕의 대리인에 의하여 수행된 소송행위 자체로서 재판성숙단계에 이르렀다면 기왕의 대리인의 소송행위가 무효로 되는 것은 아니라고 할 것이다(헌재 1992.04.14. 91헌마156).

④ (○) 헌법재판소법 제24조 제3항 참조.

> 헌법재판소법 제24조 (제척·기피 및 회피) ③ 재판관에게 심판의 공정을 기대하기 어려운 사정이 있는 경우에는 당사자는 기피신청을 할 수 있다. 다만, 변론기일에 출석하여 본안에 관한 진술을 한 때에는 그러하지 아니하다.

⑤ (○) 헌법재판이 국가작용 및 사회 전반에 미치는 파급효과 등의 중대성에 비추어 볼 때, 180일의 심판기간은 개별사건의 특수성 및 현실적인 제반여건을 불문하고 모든 사건에 있어서 공정하고 적정한 헌법재판을 하는 데 충분한 기간이라고는 볼 수 없고, 심판기간 경과 시의 제재 등 특별한 법률효과의 부여를 통하여 심판기간의 준수를 강제하는 규정을 두지 아니하므로, 심판대상조항은 헌법재판의 심판기간에 관하여 지침을 제시하는 훈시적 규정이라 할 것이다(헌재 2009.07.30. 2007헌마732).

> 헌법재판소법 제38조(심판기간) 헌법재판소는 심판사건을 접수한 날로부터 180일 이내에 종국결정의 선고를 하여야 한다. 다만, 재판관의 궐위로 7인의 출석이 불가능한 때에는 그 궐위된 기간은 심판기간에 이를 산입하지 아니한다.

정답 ③

문 99
24년 8월 모의시험

헌법재판에 관한 설명 중 옳은 것은? (다툼이 있는 경우 판례에 의함)

① 행정처분의 주체인 행정청도 근거법률의 위헌 여부에 대한 심판의 제청을 신청할 수 있고 「헌법재판소법」 제68조 제2항의 헌법소원을 제기할 수 있다.
② 국회의원이 의정활동의 목적으로 교원노조 가입자 명단을 자신의 인터넷 홈페이지에 올리려는 것을 금지하는 것은 국회의원의 권한에 대한 침해가능성이 인정된다.
③ 헌법소원심판을 청구하려는 자가 변호사를 대리인으로 선임할 자력이 없는 경우에는 헌법재판소에 국선대리인을 선임하여 줄 것을 신청할 수 있으며, 헌법재판소는 그 심판청구가 명백히 부적법하지 않는 한 국선대리인 선정을 거부할 수 없다.

④ 탄핵심판에서는 소수의견을 공표할 수 있으나 공표할 의무는 없으므로 심리에 관여한 재판관은 반대의견을 공표하지 않을 수 있다.
⑤ 정당해산심판에서는 「헌법재판소법」에 규정이 있는 경우를 제외하고는 정당해산심판의 성질에 반하지 않는 한도에서 행정소송에 관한 법령을 준용한다.

MGI Point 헌법재판 ★★

- 행정처분의 주체인 행정청은 근거법률의 위헌 여부에 대한 심판의 제청 신청할 수 있고, 헌법재판소법 제68조 제2항의 헌법소원 제기 가능
- 국회의원이 의정활동의 목적으로 교원노조 가입자 명단을 자신의 인터넷 홈페이지에 올리려는 것을 금지하는 것은 국회의원의 권한에 대한 침해가능성 없음
- 헌법소원심판을 청구하려는 자가 변호사를 대리인으로 선임할 자력이 없는 경우에는 헌법재판소에 국선대리인 선임하여 줄 것을 신청 가능, 심판청구가 명백히 부적법하거나 이유 없는 경우 또는 권리의 남용이라고 인정되는 경우에는 헌법재판소는 국선대리인을 선정하지 아니할 수 있음
- 탄핵심판사건에 관해서도 소수의견 공표 의무가 있음

① (○) 헌법재판소법 제68조 제2항에 의한 헌법소원심판은 구체적 규범통제의 헌법소원으로서 기본권의 침해가 있을 것을 그 요건으로 하고 있지 않을 뿐만 아니라 행정처분에 대한 소송절차에서는 그 근거법률의 헌법적합성까지도 심판대상으로 되는 것이므로, 행정처분의 주체인 행정청도 헌법의 최고규범력에 따른 구체적 규범통제를 위하여 근거법률의 위헌 여부에 대한 심판의 제청을 신청할 수 있고, 헌법재판소법 제68조 제2항의 헌법소원을 제기할 수 있다(헌재 2008.04.24. 2004헌바44).

② (X) 권한쟁의심판에서 다툼의 대상이 되는 권한이란 헌법 또는 법률이 특정한 국가기관에 대하여 부여한 독자적인 권능을 의미하므로, 국가기관의 모든 행위가 권한쟁의심판에서 의미하는 권한의 행사가 될 수는 없으며, 국가기관의 행위라 할지라도 헌법과 법률에 의해 그 국가기관에게 부여된 독자적인 권능을 행사하는 경우가 아닌 때에는 비록 그 행위가 제한을 받더라도 권한쟁의심판에서 말하는 권한이 침해될 가능성은 없는바, 특정 정보를 인터넷 홈페이지에 게시하거나 언론에 알리는 것과 같은 행위는 헌법과 법률이 특별히 국회의원에게 부여한 국회의원의 독자적인 권능이라고 할 수 없고 국회의원 이외의 다른 국가기관은 물론 일반 개인들도 누구든지 할 수 있는 행위로서, 그러한 행위가 제한된다고 해서 국회의원의 권한이 침해될 가능성은 없다(헌재 2010.07.29. 2010헌라1).

③ (X) 헌법재판소법 제70조 제3항 참조.

> 헌법재판소법 제70조(국선대리인) ③ 헌법재판소는 제1항의 신청이 있는 경우 또는 제2항의 경우에는 헌법재판소규칙으로 정하는 바에 따라 변호사 중에서 국선대리인을 선정한다. 다만, 그 심판청구가 명백히 부적법하거나 이유 없는 경우 또는 권리의 남용이라고 인정되는 경우에는 국선대리인을 선정하지 아니할 수 있다.

④ (X) 헌법재판소법 제36조 제3항 참조.

> 구 헌법재판소법(2005. 7. 29. 법률 제7622호로 일부개정되기 전의 것) 제36조(종국결정) ③ 법률의 위헌심판, 권한쟁의심판 및 헌법소원심판에 관여한 재판관은 결정서에 의견을 표시하여야 한다.
> 헌법재판소법 제36조(종국결정) ③ 심판에 관여한 재판관은 결정서에 의견을 표시하여야 한다.

> **참조판례** 헌법재판소법 제34조 제1항에 의하면 헌법재판소 평의는 공개하지 아니하도록 되어 있다. …탄핵심판사건에 관해서도 재판관 개개인의 개별적 의견 및 그 의견의 수 등을 결정문에 표시할 수는 없다(헌법재판소 2004.05.14. 2004헌나). ▶ 2005. 7. 29. 헌법재판소법 제36조 제3항 개정 전에는 탄핵심판사건에 있어서는 재판관에게 소수의견 공표 권리가 없다는 판례가 있었던 반면(2004헌나1), 개정 후에는 소수의견 공표 의무가 있다.

⑤ (X) 헌법재판소법 제40조 제1항 참조.

> **헌법재판소법 제40조(준용규정)** ① 헌법재판소의 심판절차에 관하여는 이 법에 특별한 규정이 있는 경우를 제외하고는 헌법재판의 성질에 반하지 아니하는 한도에서 민사소송에 관한 법령을 준용한다. 이 경우 탄핵심판의 경우에는 형사소송에 관한 법령을 준용하고, 권한쟁의심판 및 헌법소원심판의 경우에는 「행정소송법」을 함께 준용한다.
> ② 제1항 후단의 경우에 형사소송에 관한 법령 또는 「행정소송법」이 민사소송에 관한 법령에 저촉될 때에는 민사소송에 관한 법령은 준용하지 아니한다.

정답

문 100
20년 6월 모의시험

헌법재판에 관한 설명 중 옳은 것은? (다툼이 있는 경우 판례에 의함)

① 헌법소원심판절차에서 청구인이 승소하였는지 아니면 패소하였는지를 구분하지 않고 승소자의 당사자비용을 그 상대방인 패소자에게 부담시켜야 하는 「민사소송법」과 「행정소송법」의 소송비용에 관한 규정들을 준용하는 것은 헌법재판의 성질에 반하지 않는다.
② 위헌법률심판과 헌법소원심판은 서면심리에 의하되, 재판부는 필요하다고 인정하는 경우에는 변론을 열어 당사자, 이해관계인, 그 밖의 참고인의 진술을 들을 수 있다.
③ 헌법소원심판에서의 가처분결정은 다투어지는 '공권력 행사 또는 불행사'의 효력을 정지시켜야 할 긴급한 필요가 있어야 한다는 것이 그 핵심적 요건이 된다 할 것이므로, 본안심판이 부적법하거나 이유 없음이 명백한 경우에도 가처분의 요건은 충족된다.
④ 헌법소원심판의 모든 결정은 모든 국가기관과 지방자치단체를 기속한다.
⑤ 헌법재판소가 잘못 기재된 사실조회 결과를 근거로 하여 적법한 사전구제절차를 거친 불기소처분취소에 대한 헌법소원심판청구를 각하하였더라도, 이에 대한 재심청구는 법적 안정성 측면에서 허용되지 않는다.

MGI Point 헌법재판 ★★★

- 당사자비용을 제외한 심판비용을 국가가 모두 부담하는 헌법소원심판절차에서 청구인의 승소 및 패소를 구분하지 않고 승소자의 당사자비용을 그 상대방인 패소자에게 부담시켜야 하는 「민사소송법」과 「행정소송법」의 소송비용에 관한 규정 준용 ⇨ 헌법재판의 성질에 反
- 심리방식
  - 탄핵심판, 정당해산심판, 권한쟁의심판 : 구두변론
  - 위헌법률심판, 헌법소원심판 : 서면심리가 원칙 / 다만, 재판부가 필요성 인정시 구두변론 可
- 「헌재법」 제68조 제1항 헌소에서의 가처분 요건
  ① '공권력 행사 또는 불행사'의 현상을 유지시킴으로 인해 생길 회복하기 어려운 손해를 예방할 필요성
  ② 그 효력을 정지시켜야 할 긴급한 필요

③ 본안심판이 부적법하거나 이유 없음이 명백하지 않을 것
④ 가처분 인용 후 종국결정에서 청구가 기각 시의 불이익보다 가처분 기각 후 청구인용 시 불이익이 더 클 것
- 헌법소원의 인용결정은 모든 국가기관과 지방자치단체를 기속
- 헌법재판소가 적법한 사전구제절차를 거친 불기소처분취소 청구를, 잘못 기재된 사실조회 결과를 근거로 각하한 경우
  ⇨ 재심사유에 해당 ○

① (X) 헌법재판의 정의나 헌법소원심판이 수행하는 객관적인 헌법질서에 관한 수호·유지기능, 그리고 헌법소원심판의 직권주의적 성격과 심판비용의 국가부담 원칙, 변호사강제주의, 국선대리인제도 등에 관한 헌법재판소법의 규정 내용 등을 종합하여 보면, 당사자비용을 제외한 심판비용을 국가가 모두 부담하는 헌법소원심판절차에서 청구인이 승소하였는지 아니면 패소하였는지를 구분하지 않고 승소자의 당사자비용을 그 상대방인 패소자에게 반드시 부담시켜야만 하는 민사소송법과 행정소송법의 소송비용에 관한 규정들을 준용하는 것은 헌법재판의 성질에 반한다(헌재 2015.05.28. 2012헌사496).

② (○) 헌법재판소법 제30조 제2항 참조.

> 헌법재판소법 제30조(심리의 방식) ① 탄핵의 심판, 정당해산의 심판 및 권한쟁의의 심판은 구두변론에 의한다.
> ② 위헌법률의 심판과 헌법소원에 관한 심판은 서면심리에 의한다. 다만, 재판부는 필요하다고 인정하는 경우에는 변론을 열어 당사자, 이해관계인, 그 밖의 참고인의 진술을 들을 수 있다.
> ③ 재판부가 변론을 열 때에는 기일을 정하여 당사자와 관계인을 소환하여야 한다.

③ (X) 헌법재판소법 제40조 제1항에 따라 준용되는 행정소송법 제23조 제2항의 집행정지규정과 민사소송법 제714조의 가처분규정에 비추어 볼 때, 이와 같은 가처분결정은 헌법소원심판에서 다루어지는 '공권력 행사 또는 불행사'의 현상을 그대로 유지시킴으로 인하여 생길 회복하기 어려운 손해를 예방할 필요가 있어야 하고 그 효력을 정지시켜야 할 긴급한 필요가 있어야 한다는 것 등이 그 요건이 된다 할 것이므로, 본안심판이 부적법하거나 이유없음이 명백하지 않는 한, 위와 같은 가처분의 요건을 갖춘 것으로 인정되고, 이에 덧붙여 가처분을 인용한 뒤 종국결정에서 청구가 기각되었을 때 발생하게 될 불이익과 가처분을 기각한 뒤 청구가 인용되었을 때 발생하게 될 불이익에 대한 비교형량을 하여 후자의 불이익이 전자의 불이익보다 크다면 가처분을 인용할 수 있는 것이다(헌재 2000.12.08. 2000헌사471).

④ (X) 헌법재판소법 제75조 제1항 참조.

> 헌법재판소법 제75조(인용결정) ① 헌법소원의 인용결정은 모든 국가기관과 지방자치단체를 기속한다.

⑤ (X) 청구인이 적법한 사전구제절차를 거쳐 불기소처분의 취소를 구하는 헌법소원심판청구를 하였음에도, 본안 판단을 하지 아니한 채 착오로 잘못 기재된 사실조회 결과를 근거로 적법한 사전구제절차를 거치지 아니한 것으로 잘못 판단하여 각하하는 결정을 한 경우, 이러한 재심 대상결정에는 헌법재판소법 제40조 제1항에 의하여 준용되는 민사소송법 제451조 제1항 제9호의 '판결에 영향을 미칠 중요한 사항에 관하여 판단을 누락한 때'에 준하는 재심사유가 있다(헌재 2011.02.24. 2008헌아4).

문 101

22년 6월 모의시험

헌법재판에 있어서 가처분에 관한 설명 중 옳지 않은 것은? (다툼이 있는 경우 판례에 의함)

① 법령의 위헌확인을 구하는 헌법소원심판에서의 가처분은, 비록 일반적인 보전의 필요성이 인정된다고 하더라도 공공복리에 중대한 영향을 미칠 우려가 있을 때에는 인용되지 않는다.

② 가처분이 인용되기 위하여는 본안심판이 부적법하거나 이유없음이 명백하지 않아야 한다.
③ 「헌법재판소법」은 탄핵심판, 정당해산심판과 권한쟁의심판에서 가처분에 관한 규정을 두고 있다.
④ 헌법재판소는 「헌법재판소법」 제68조 제2항의 헌법소원심판에서 당해 헌법소원심판이 있을 때까지 그 헌법소원의 전제가 된 민사소송절차의 일시정지를 구하는 가처분신청을 이유 없다고 기각하였다.
⑤ 국무총리서리 임명행위의 효력정지 및 직무집행정지 가처분사건에서 가처분의 피신청인은 본안의 피청구인과 일치하지 않았다.

MGI Point 가처분 ★★

- 법령의 위헌확인을 청구하는 헌법소원심판에서의 가처분
  ⇨ 보전의 필요성이 인정된다고 하더라도 공공복리에 중대한 영향을 미칠 우려가 있을 때에는 인용 ×
- 가처분의 인용 ⇨ 본안심판이 부적법하거나 이유없음이 명백하지 않아야 함
- 헌법재판소법상 가처분 명문 규정 ⇨ 정당해산심판, 권한쟁의심판
- 가처분신청을 기각한 예
  - 헌법재판소법 제68조 제2항에 의한 헌법소원에서 당해 소원의 심판이 있을 때까지 그 소원의 전제가 된 민사소송절차의 일시정지를 구하는 가처분신청
  - 국무총리서리 임명행위의 효력정지 및 직무집행정지를 구하는 가처분신청 (본 사건에서 가처분의 피청구인은 본안의 피청구인과 일치 ×)

① (○) 헌법재판소법 제40조 제1항에 따라 준용되는 행정소송법 제23조 제2항의 집행정지규정과 민사소송법 제714조의 가처분규정에 의하면, 법령의 위헌확인을 청구하는 헌법소원심판에서의 가처분은 위헌이라고 다투어지는 법령의 효력을 그대로 유지시킬 경우 회복하기 어려운 손해가 발생할 우려가 있어 가처분에 의하여 임시로 그 법령의 효력을 정지시키지 아니하면 안될 필요가 있을 때 허용되고, 다만 현재 시행되고 있는 법령의 효력을 정지시키는 것일 때에는 그 효력의 정지로 인하여 파급적으로 발생되는 효과가 클 수 있으므로 비록 일반적인 보전의 필요성이 인정된다고 하더라도 공공복리에 중대한 영향을 미칠 우려가 있을 때에는 인용되어서는 안될 것이다(헌재 2002.04.25. 2002헌사129).

② (○) … 그러므로 헌법재판소법 제40조 제1항에 따라 준용되는 행정소송법 제23조 제2항의 집행정지규정과 민사소송법 제714조의 가처분규정에 비추어 볼 때, 이와 같은 가처분결정은 헌법소원심판에서 다투어지는 '공권력 행사 또는 불행사'의 현상을 그대로 유지시킴으로 인하여 생길 회복하기 어려운 손해를 예방할 필요가 있어야 하고 그 효력을 정지시켜야 할 긴급한 필요가 있어야 한다는 것 등이 그 요건이 된다 할 것이므로, 본안심판이 부적법하거나 이유없음이 명백하지 않는 한, 위와 같은 가처분의 요건을 갖춘 것으로 인정되고, 이에 덧붙여 가처분을 인용한 뒤 종국결정에서 청구가 기각되었을 때 발생하게 될 불이익과 가처분을 기각한 뒤 청구가 인용되었을 때 발생하게 될 불이익에 대한 비교형량을 하여 후자의 불이익이 전자의 불이익보다 크다면 가처분을 인용할 수 있는 것이다(헌재 2000.12.08. 2000헌사471).

③ (X) 헌법재판소법 제57조, 제65조 참조.

> **헌법재판소법 제57조(가처분)** 헌법재판소는 정당해산심판의 청구를 받은 때에는 직권 또는 청구인의 신청에 의하여 종국결정의 선고 시까지 피청구인의 활동을 정지하는 결정을 할 수 있다.
> **헌법재판소법 제65조(가처분)** 헌법재판소가 권한쟁의심판의 청구를 받았을 때에는 직권 또는 청구인의 신청에 의하여 종국결정의 선고 시까지 심판 대상이 된 피청구인의 처분의 효력을 정지하는 결정을 할 수 있다.

④ (○) 헌법재판소법 제68조 제2항에 의한 헌법소원에서 당해 소원의 심판이 있을 때까지 그 소원의 전제가 된 민사소송절차의 일시정지를 구하는 가처분신청을 이유 없다 하여 기각한 사례이다(헌재 1993.12.20. 93헌사81).
⑤ (○) 국무총리서리 임명행위의 효력정지 및 직무집행정지를 구하는 가처분신청은 기각한다(헌재 1998.07. 14. 98헌사31). ▶ 대통령의 국무총리서리임명에 관한 권한쟁의심판사건에서 피청구인은 대통령이었으나 국무총리임명행위의 효력정지 및 직무집행정지를 구하는 가처분신청 사건에서의 피신청인은 대통령과 국무총리서리이다.

정답 ③

문 102

20년 10월 모의시험

헌법재판에서의 재심과 가처분에 관한 설명으로 옳지 않은 것은? (다툼이 있는 경우 판례에 의함)

① 「헌법재판소법」 제68조 제1항의 헌법소원 중 법령에 대한 헌법소원 심판절차에서는 그 인용결정이 일반적 기속력과 대세적·법규적 효력을 가지기 때문에 원칙적으로 재심을 허용하지 아니함으로써 얻을 수 있는 법적 안정성의 이익이 재심을 허용함으로써 얻을 수 있는 구체적 타당성의 이익보다 높으므로 그 성질상 재심을 허용할 수 없다.
② 위헌으로 결정된 법률 또는 법률의 조항이 「헌법재판소법」 제47조 제3항 단서에 의하여 종전의 합헌결정이 있는 날의 다음 날로 소급하여 효력을 상실하는 경우 합헌결정이 있는 날의 다음 날 이후에 유죄판결이 선고되어 확정되었다면, 비록 범죄행위가 그 이전에 행하여졌더라도 그 판결에 대하여 재심을 청구할 수 있다.
③ 정당해산심판절차에서는 재심을 허용하지 아니함으로써 얻을 수 있는 법적 안정성의 이익이 재심을 허용함으로써 얻을 수 있는 구체적 타당성의 이익보다 더 크므로 재심이 허용되지 않는다.
④ 법령의 위헌확인을 청구하는 「헌법재판소법」 제68조 제1항에 의한 헌법소원심판에서의 가처분은 위헌이라고 주장되는 법령의 효력을 그대로 유지시킬 경우 회복하기 어려운 손해가 발생할 우려가 있어 가처분에 의하여 임시로 그 법령의 효력을 정지시키지 아니하면 안 될 필요가 있을 때 허용된다.
⑤ 권한쟁의심판에서의 가처분결정은 가처분을 인용한 뒤 종국결정에서 청구가 기각되었을 때 발생하게 될 불이익과 가처분을 기각한 뒤 청구가 인용되었을 때 발생하게 될 불이익에 대한 비교형량의 결과 후자의 불이익이 전자의 불이익보다 큰 때에 한하여 허용될 수 있다.

MGI Point 헌법재판에서의 재심과 가처분 ★★

- 헌재법 제68조 제1항에 의한 헌법소원에 대한 재심 허용여부
  - 권리구제형 헌법소원 ⇨ 재심 ○
  - 법령에 대한 헌법소원 ⇨ 재심 ×
- 위헌으로 결정된 법률 또는 법률의 조항이 헌재법 제47조 제3항 단서에 의하여 종전의 합헌결정이 있는 날의 다음 날로 소급하여 효력을 상실하는 경우 ⇨ 합헌결정이 있는 날의 다음 날 이후에 유죄판결이 선고되어 확정되었다면, 비록 범죄행위가 그 이전에 행하여졌더라도 그 판결에 대하여 재심 청구 가
- 정당해산심판절차 ⇨ 재심 ○
- 법령의 위헌확인을 청구하는 헌법재판소법 제68조 제1항에 의한 헌법소원심판에서의 가처분
  - 명문 ×, but 허용 ○

- 요건 ⇨ 위헌이라 주장되는 법령의 효력을 그대로 유지시킬 경우 회복하기 어려운 손해가 발생할 우려가 있어 가처분에 의하여 임시로 그 법령의 효력을 정지시키지 아니하면 안 될 필요가 있을 것
- 가처분 인용 후 본안청구 기각 시 불이익 < 가처분 기각 후 본안 청구인용 시 불이익 ⇨ 가처분 허용 ○

① (○) 헌법재판소는 "제68조 제1항에 의한 헌법소원 중 '행정작용에 속하는 공권력 작용을 대상으로 하는 권리구제형 헌법소원'의 경우 그 결정의 효력이 원칙적으로 당사자에게만 미치기 때문에 법령에 대한 헌법소원과는 달리 일반법원의 재판과 같이 민사소송법의 재심에 관한 규정을 준용하여 재심을 허용함이 상당하다"고 판시한 바 있다(헌재 2001.09.27. 2001헌아3). 그런데 헌법재판소법 제68조 제1항에 의한 헌법소원 중 법령에 대한 헌법소원은 그 결정의 효력이 당사자에게만 미치는데 그치지 아니한다는 점에서 행정작용에 속하는 공권력 작용을 대상으로 하는 권리구제형 헌법소원의 경우와 분명히 구별된다. 즉 이 경우 헌법재판소의 인용(위헌)결정은 위헌법률심판의 경우와 마찬가지로 이른바 일반적 기속력과 대세적·법규적 효력을 가지는 것이므로, 동법 제68조 제1항에 의한 법령에 대한 헌법소원은 그 효력 면에서 동법 제68조 제2항의 헌법소원과 유사한 성질을 지니고 있다. 따라서 그 결정에 대한 재심절차의 허용여부를 공권력의 작용을 대상으로 하는 권리구제형 헌법소원절차와 같이 보는 것은 타당하다고 할 수 없다(헌재 2002.09.19. 2002헌아5).

② (○) 헌법재판소법 제47조 제4항에 따라 재심을 청구할 수 있는 '위헌으로 결정된 법률 또는 법률의 조항에 근거한 유죄의 확정판결'이란 헌법재판소의 위헌결정으로 인하여 같은 조 제3항의 규정에 의하여 소급하여 효력을 상실하는 법률 또는 법률의 조항을 적용한 유죄의 확정판결을 의미한다. 따라서 위헌으로 결정된 법률 또는 법률의 조항이 같은 조 제3항 단서에 의하여 종전의 합헌결정이 있는 날의 다음 날로 소급하여 효력을 상실하는 경우 합헌결정이 있는 날의 다음 날 이후에 유죄판결이 선고되어 확정되었다면, 비록 범죄행위가 그 이전에 행하여졌더라도 그 판결은 위헌결정으로 인하여 소급하여 효력을 상실한 법률 또는 법률의 조항을 적용한 것으로서 '위헌으로 결정된 법률 또는 법률의 조항에 근거한 유죄의 확정판결'에 해당하므로 이에 대하여 재심을 청구할 수 있다(대결 2016.11.10. 2015모1475).

③ (X) 정당해산심판은 원칙적으로 해당 정당에게만 그 효력이 미치며, 정당해산결정은 대체정당이나 유사정당의 설립까지 금지하는 효력을 가지므로 오류가 드러난 결정을 바로잡지 못한다면 장래 세대의 정치적 의사결정에까지 부당한 제약을 초래할 수 있다. 따라서 정당해산심판절차에서는 재심을 허용하지 아니함으로써 얻을 수 있는 법적 안정성의 이익보다 재심을 허용함으로써 얻을 수 있는 구체적 타당성의 이익이 더 크므로 재심을 허용하여야 한다(헌재 2016.05.26. 2015헌아20).

④ (○) 헌법재판소법은 명문의 규정을 두고 있지는 않으나, 같은 법 제68조 제1항 헌법소원심판절차에서도 가처분의 필요성이 있을 수 있고 또 이를 허용하지 아니할 상당한 이유를 찾아볼 수 없으므로, 가처분이 허용된다. … 위 가처분의 요건은 헌법소원심판에서 다투어지는 '공권력 행사 또는 불행사'의 현상을 그대로 유지시킴으로 인하여 생길 회복하기 어려운 손해를 예방할 필요가 있어야 한다는 것과 그 효력을 정지시켜야 할 긴급한 필요가 있어야 한다는 것 등이 된다. 따라서 본안심판이 부적법하거나 이유없음이 명백하지 않는 한, 위와 같은 가처분의 요건을 갖춘 것으로 인정되면, 가처분을 인용한 뒤 종국결정에서 청구가 기각되었을 때 발생하게 될 불이익과 가처분을 기각한 뒤 청구가 인용되었을 때 발생하게 될 불이익을 비교형량하여 후자가 전자보다 큰 경우에, 가처분을 인용할 수 있다. … 사법시험령 제4조 제3항이 효력을 유지하면, 신청인들은 곧 실시될 차회 사법시험에 응시할 수 없어 합격기회를 봉쇄당하는 돌이킬 수 없는 손해를 입게 되어 이를 정지시켜야 할 긴급한 필요가 인정되는 반면 효력정지로 인한 불이익은 별다른 것이 없으므로, 이 사건 가처분신청은 허용함이 상당하다(헌재 2000.12.08. 2000헌사471).

⑤ (○) 권한쟁의심판에서의 가처분결정은 … 헌법재판소가 직권 또는 청구인의 신청에 따라 심판대상이 된 피청구기관의 처분의 효력을 정지하는 가처분신청은 본안사건이 부적법하거나 이유없음이 명백하지 않는 한, 가처분을 인용한 뒤 종국결정에서 청구가 기각되었을 때 발생하게 될 불이익과 가처분을 기각한 뒤 청

구가 인용되었을 때 발생하게 될 불이익에 대한 비교형량을 하는 것이 가장 중요한 요건이 될 수밖에 없고 이 비교형량의 결과 후자의 불이익이 전자의 불이익보다 큰 때에 한하여 가처분결정을 허용할 수 있는 것이다(헌재 1999.03.25. 98헌사98).

 ③

문 103

23년 10월 모의시험

헌법재판의 재심에 관한 설명 중 옳은 것은? (다툼이 있는 경우 판례에 의함)

① 정당해산심판사건에 있어서 제소된 정당의 해산결정에 대하여 재심에 의한 불복방법이 허용된다면, 해산된 정당의 부활에 따라 막대한 법률관계의 혼란이 초래될 수 있으므로 정당해산심판절차에서는 재심이 허용되어서는 안 된다.
② 「헌법재판소법」 제68조 제1항에 따른 헌법소원 중 행정작용에 속하는 공권력 작용을 대상으로 하는 심판절차에서는 「헌법재판소법」 제40조에 의해 준용되는 「민사소송법」상 재심에 관한 규정에 따라 재심이 허용된다고 할 수 없다.
③ 「헌법재판소법」 제68조 제1항에 따른 헌법소원 중 법령에 대한 헌법소원심판절차에서는 그 인용결정이 일반적 기속력과 대세적·법규적 효력을 가지므로 그 성질상 재심을 허용할 수 없다.
④ 「헌법재판소법」 제68조 제2항에 따른 헌법소원심판에 있어서는 재심을 허용함으로써 얻을 수 있는 구체적 타당성의 이익이 재심을 허용하지 아니함으로써 얻을 수 있는 법적 안정성의 이익보다 크므로, 해당 헌법소원심판사건에서 선고한 헌법재판소의 결정에 대한 불복방법으로 재심을 허용함이 타당하다.
⑤ 행정작용에 속하는 공권력의 작용에 대한 권리구제형 헌법소원심판절차에 있어서 '헌법재판소의 결정에 영향을 미칠 중대한 사항에 관하여 판단을 유탈한 때'를 재심사유로 허용하는 것은 헌법재판의 성질에 반하므로, 「민사소송법」 규정을 준용하여 '판단유탈'을 재심사유로 허용하여서는 안 된다.

> **MGI Point** 헌법재판의 재심 ★★
>
> ■ 헌법재판의 재심 허용 ○
>   ▪ 정당해산심판
>   ▪ 헌재법 제68조 제1항 헌법소원 중 행정작용에 속하는 공권력 작용을 대상으로 하는 심판절차
>   ▪ 권리구제형 헌법소원 중 행정작용에 속하는 공권력 작용에 대한 심판절차에서 판단유탈을 재심사유로 하는 것
> ■ 헌법재판의 재심 허용 ×
>   ▪ 헌재법 제68조 제1항 헌법소원 중 법령에 대한 심판절차
>   ▪ 헌재법 제68조 제2항 헌법소원

① (×), ② (×), ③ (○) 헌법재판소법 제68조에 따른 헌법소원 중 법령에 대한 헌법소원 심판절차에서는 그 인용결정이 위헌법률심판의 경우와 마찬가지로 일반적 기속력과 대세적·법규적 효력을 가지기 때문에 원칙적으로 재심을 허용하지 아니함으로써 얻을 수 있는 법적 안정성의 이익이 재심을 허용함으로써 얻을 수 있는 구체적 타당성의 이익보다 높으므로 그 성질상 재심을 허용할 수 없다(③). 반면, 헌법재판소법 제68조 제1항에 따른 헌법소원 중 행정작용에 속하는 공권력 작용을 대상으로 하는 심판절차에서는, 그 결정의 효력이 원칙적으로 소송당사자 사이에서만 미치기 때문에 재심을 허용함이 상당하다(②). 정당해산심판은 일반적 기속력과 대세적·법규적 효력을 가지는 법령에 대한 헌법재판소의 결정과 달리 원칙적으로 해당 정

당에게만 그 효력이 미친다. 또 정당해산결정은 해당 정당의 해산에 그치지 않고 대체정당이나 유사정당의 설립까지 금지하는 효력을 가지므로, 오류가 드러난 결정을 바로잡지 못한다면 현 시점의 민주주의가 훼손되는 것에 그치지 않고 장래 세대의 정치적 의사결정에까지 부당한 제약을 초래할 수 있다. 따라서 정당해산심판절차에서는 재심을 허용하지 아니함으로써 얻을 수 있는 법적 안정성의 이익보다 재심을 허용함으로써 얻을 수 있는 구체적 타당성의 이익이 더 크므로 재심을 허용하여야 한다(①). 한편, 이 재심절차에서는 원칙적으로 민사소송법의 재심에 관한 규정이 준용된다(헌재 2016.05.26. 2015헌아20).

④ (X) 헌법재판소법 제68조 제2항에 의한 헌법소원에 있어서 그 인용결정은 위헌법률심판의 경우와 마찬가지로 일반적 기속력과 대세적·법규적 효력을 가지며, 위헌법률심판을 구하는 헌법소원에 대한 헌법재판소의 결정에 대하여는 재심을 허용하지 아니함으로써 얻을 수 있는 법적 안정성의 이익이 재심을 허용함으로써 얻을 수 있는 구체적 타당성의 이익보다 훨씬 높을 것으로 쉽사리 예상할 수 있으므로 헌법재판소의 이러한 결정에는 재심에 의한 불복방법이 그 성질상 허용될 수 없다고 보는 것이 상당하다(헌재 2006.09.26. 2006헌아37).

⑤ (X) 공권력의 작용에 대한 권리구제형 헌법소원심판절차에 있어서 '헌법재판소의 결정에 영향을 미칠 중대한 사항에 관하여 판단을 유탈한 때'를 재심사유로 허용하는 것이 헌법재판의 성질에 반한다고 볼 수는 없으므로, 민사소송법 제422조 제1항 제9호를 준용하여 "판단유탈"도 재심사유로 허용되어야 한다(헌재 2001.09.27. 2001헌아3).

정답 ③

문 104

23년 10월 모의시험

위헌결정의 효력에 관한 설명 중 옳은 것을 모두 고른 것은? (다툼이 있는 경우 판례에 의함)

ㄱ. 위헌으로 결정된 법률 또는 법률의 조항이 종전의 합헌결정이 있는 날의 다음 날로 소급하여 효력을 상실하는 경우 합헌결정이 있는 날의 다음 날 이후에 유죄판결이 선고되어 확정되었다면, 비록 범죄행위가 그 이전에 행하여졌더라도 그 판결은 위헌결정으로 인하여 소급하여 효력을 상실한 법률 또는 법률의 조항을 적용한 것으로서 '위헌으로 결정된 법률 또는 법률의 조항에 근거한 유죄의 확정판결'에 해당하므로 이에 대하여 재심을 청구할 수 있다.

ㄴ. 위헌결정의 소급효와 관련하여 형벌에 관한 법률조항이라 하더라도 불처벌의 특례를 규정한 법률조항에 대한 위헌결정에 대해서는 소급효가 인정되지 않는다.

ㄷ. 위헌결정이 있기 전에 이와 동종의 위헌 여부에 관하여 헌법재판소에 위헌제청을 하였거나 법원에 위헌제청신청을 한 경우의 당해 사건에 대하여는 구체적 규범통제의 실효성의 보장의 견지에서 위헌결정의 소급효가 인정된다.

ㄹ. 당사자의 권리구제를 위한 구체적 타당성의 요청이 현저한 반면에 소급효를 인정하여도 법적 안정성을 침해할 우려가 없고 구법에 의하여 형성된 기득권자의 이득이 해쳐질 사안이 아닌 경우로서 소급효를 인정하지 않는 것이 오히려 정의와 형평 등 헌법적 이념에 심히 배치되는 때에 한해서는, 위헌결정 이후에 당해 법률 또는 법률의 조항이 재판의 전제가 되어 제소된 일반사건에도 위헌결정의 소급효가 인정된다.

① ㄱ, ㄹ　　　　　　　② ㄴ, ㄷ
③ ㄱ, ㄴ, ㄷ　　　　　④ ㄴ, ㄷ, ㄹ
⑤ ㄱ, ㄴ, ㄷ, ㄹ

> **MGI Point** 위헌결정의 효력 ★★
>
> ■ 위헌으로 결정된 법률 또는 법률의 조항이 같은 조 제3항 단서에 의하여 종전의 합헌결정이 있는 날의 다음 날로 소급하여 효력을 상실하는 경우 합헌결정이 있는 날의 다음 날 이후에 유죄판결이 선고되어 확정된 경우 ⇨ 확정된 유죄판결에 대한 재심청구 허용 ○
> ■ 위헌결정의 소급효 인정 × ⇨ 형벌에 관한 것이기는 하지만 불처벌의 특례를 규정한 법률조항에 대한 위헌결정
> ■ 위헌결정의 소급효 인정 ○
>   • 위헌결정이 있기 전에 이와 동종의 위헌 여부에 관하여 헌법재판소에 위헌여부심판제청을 하였거나 법원에 위헌여부심판제청신청을 한 경우
>   • 구체적 규범통제의 실효성을 보장할 필요가 있는 경우 또는 당사자의 권리구제를 위한 구체적 타당성의 요청이 현저한 반면 소급효를 인정해도 법적 안정성을 침해할 우려가 없는 경우

ㄱ. (○) 헌법재판소법 제47조 제4항에 따라 재심을 청구할 수 있는 '위헌으로 결정된 법률 또는 법률의 조항에 근거한 유죄의 확정판결'이란 헌법재판소의 위헌결정으로 인하여 같은 조 제3항의 규정에 의하여 소급하여 효력을 상실하는 법률 또는 법률의 조항을 적용한 유죄의 확정판결을 의미한다. 따라서 위헌으로 결정된 법률 또는 법률의 조항이 같은 조 제3항 단서에 의하여 종전의 합헌결정이 있는 날의 다음 날로 소급하여 효력을 상실하는 경우 합헌결정이 있는 날의 다음 날 이후에 유죄판결이 선고되어 확정되었다면, 비록 범죄행위가 그 이전에 행하여졌더라도 그 판결은 위헌결정으로 인하여 소급하여 효력을 상실한 법률 또는 법률의 조항을 적용한 것으로서 '위헌으로 결정된 법률 또는 법률의 조항에 근거한 유죄의 확정판결'에 해당하므로 이에 대하여 재심을 청구할 수 있다(헌재 2016.11.10. 2015모1475).

ㄴ. (○) 특례법 제4조 제1항은 비록 형벌에 관한 것이기는 하지만 불처벌의 특례를 규정한 것이어서 위 법률조항에 대한 위헌결정의 소급효를 인정할 경우 오히려 형사처벌을 받지 않았던 자들에게 형사상의 불이익이 미치게 되므로 이와 같은 경우까지 헌법재판소법 제47조 제2항 단서의 적용범위에 포함시키는 것은 그 규정취지에 반하고, 따라서 위 법률조항이 헌법에 위반된다고 선고되더라도 형사처벌을 받지 않았던 자들을 소급하여 처벌할 수 없다(헌재 1997.01.16. 90헌마110·136(병합)).

ㄷ. (○), ㄹ. (○) …그렇지만 효력이 다양할 수밖에 없는 위헌결정의 특수성 때문에 예외적으로 부분적인 소급효의 인정을 부인해서는 안 될 것이다. 첫째, 구체적 규범통제의 실효성의 보장의 견지에서 법원의 제청·헌법소원의 청구 등을 통하여 헌법재판소에 법률의 위헌결정을 위한 계기를 부여한 당해 사건, 위헌결정이 있기 전에 이와 동종의 위헌 여부에 관하여 헌법재판소에 위헌제청을 하였거나 법원에 위헌법률심판제청신청을 한 경우의 당해 사건, 그리고 따로 위헌법률심판제청신청을 아니하였지만 당해 법률 또는 법률의 조항이 재판의 전제가 되어 법원에 계속 중인 사건에 대하여는 소급효를 인정하여야 할 것이다(ㄷ). 둘째, 당사자의 권리구제를 위한 구체적 타당성의 요청이 현저한 반면에 소급효를 인정하여도 법적 안정성을 침해할 우려가 없고 나아가 구법에 의하여 형성된 기득권자의 이득이 해쳐질 사안이 아닌 경우로서 소급효의 부인이 오히려 정의와 형평 등 헌법적 이념에 심히 배치되는 때에도 소급효를 인정할 수 있다(ㄹ)(헌재 1993.05.13. 92헌가10등).

> **참조판례** 대법원 역시 비형벌법규에 대한 위헌결정의 효력은 위헌제청을 한 당해사건, 위헌결정이 있기 전에 이와 동종의 위헌 여부에 관하여 헌법재판소에 위헌여부심판제청을 하였거나 법원에 위헌여부심판제청신청을 한 동종사건과 따로 위헌제청신청은 아니하였지만 당해 법률 또는 법률 조항이 재판의 전제가 되어 법원에 계속 중인 병행사건뿐만 아니라, 위헌결정 이후에 위와 같은 이유로 제소된 일반사건에도 미치지만, 법적

안정성의 유지나 당사자의 신뢰보호를 위하여 불가피한 경우에는 위헌결정의 소급효를 제한할 수 있다고 판단하였다(대판 2005.11.10. 2005두5628 참조).

정답 ⑤

문 105
21년 6월 모의시험

헌법재판소 결정의 효력에 관한 설명 중 옳지 않은 것은? (다툼이 있는 경우 판례에 의함)

① 헌법재판소 결정의 기속력은 모든 국가기관이 헌법재판소의 구체적인 결정에 따라야 하고, 그들이 장래에 어떤 처분이나 조치를 할 때 헌법재판소의 결정을 존중하고 이를 실현하는 방향으로 행동할 것을 요청하나, 결정의 주체인 헌법재판소에는 미치지 아니한다.
② 「헌법재판소법」에 의하면, 위헌법률심판에서의 모든 결정은 법원과 그 밖의 국가기관 및 지방자치단체를 기속한다.
③ 구체적 규범통제의 실효성 보장의 견지에서 법원의 제청, 헌법소원의 청구 등을 통하여 헌법재판소에 법률의 위헌결정을 위한 계기를 부여한 당해 사건, 위헌결정이 있기 전에 이와 동종의 위헌 여부에 관하여 헌법재판소에 위헌제청을 하였거나 법원에 위헌제청신청을 한 경우의 당해 사건, 그리고 따로 위헌제청신청을 아니하였지만 당해 법률 또는 법률의 조항이 재판의 전제가 되어 법원에 계속 중인 사건에 대해서는 위헌결정의 소급효가 인정된다.
④ 위헌법률심판은 법원이 헌법재판소에 제청하는 것으로서 당해 사건의 당사자는 위헌법률심판사건의 당사자라고 할 수 없어 재판을 받은 당사자에게 인정되는 특별한 불복절차인 재심을 청구할 수 있는 지위 내지 적격을 갖지 못하므로, 위헌법률심판에 관한 헌법재판소의 결정에 대하여 재심을 청구할 수 없다.
⑤ 불처벌의 특례를 규정한 법률조항은 형벌에 관한 것이기는 하지만, 위헌결정의 소급효를 인정할 경우 오히려 형사처벌을 받지 않았던 자들에게 형사상의 불이익이 미치게 되므로 해당 법률조항에 대해서는 위헌결정의 소급효가 인정되지 않는다.

MGI Point 헌법재판소 결정의 효력 ★★★

- **헌법재판소 결정의 기속력**
  - 모든 국가기관과 지방자치단체를 구속 ⇨ 헌법재판소의 결정에 따라야 함
  - 장래에 어떠한 처분을 할 경우 헌법재판소의 결정을 존중하여야 한다는 결정준수의무 + 동일한 사정에서 동일한 이유에 근거한 동일 내용의 공권력의 행사 또는 불행사가 금지된다는 반복금지의무
- **위헌법률심판의 기속력** : 법률의 '위헌결정'은 법원 기타 국가기관 및 지방자치단체를 기속
- **위헌결정의 시간적 효력 범위**
  - 원칙 : '장래효'로 규정
  - 예외적으로 소급효가 인정되는 경우 ⇨ ① 위헌결정을 위한 계기를 부여한 사건(당해 사건) ② 위헌결정이 있기 전에 이와 동종의 위헌 여부에 관하여 헌법재판소에 위헌제청을 하였거나 법원에 위헌제청신청을 한 사건(동종사건) ③ 따로 위헌제청신청을 아니하였지만 당해 법률조항이 재판의 전제가 되어 법원에 계속중인 사건(병행사건) ④ 위헌결정 이후에 제소된 사건(일반사건)이라도 구체적 타당성의 요청이 현저하고 소급효의 부인이 정의와 형평에 반하는 경우
- 위헌법률심판제청에 관한 헌법재판소의 결정에 대해 위헌법률심판제청신청인은 재심청구 불가
- 형벌 규정의 불처벌 특례규정에 관한 위헌결정 ⇨ 소급효 ×

① (○) 법률의 위헌결정은 법원과 그 밖의 국가기관 및 지방자치단체를 기속하며, 권한쟁의심판의 결정과 헌법소원의 인용결정은 모든 국가기관과 지방자치단체를 기속한다. 이에 따라 헌법재판소도 이미 내린 결정을 임의로 변경할 수 없다. 기판력이 원칙적으로 당사자 사이에서만 효력이 미치는 것인 반면, 기속력은 모든 국가기관과 지방자치단체를 구속한다는 점에서 헌법재판의 기속력은 헌법소송의 특징이라 할 수 있다. 기속력은 모든 국가기관과 지방자치단체가 헌법재판소의 결정에 다라야 하며, 장래에 어떠한 처분을 할 경우 헌법재판소의 결정을 존중하여야 한다는 결정준수의무와 동일한 사정에서 동일한 이유에 근거한 동일 내용의 공권력의 행사 또는 불행사가 금지된다는 반복금지의무를 그 내용으로 한다(성낙인, 헌법학, p.774). 헌법재판소법 제47조, 제67조, 제75조 참조. ▶ … 헌법재판소 자신에게도 이러한 기속력이 미치므로 헌법재판소는 이미 내린 결정을 임의로 변경할 수 없다. 다만 헌법재판소법 제23조 제2항 제2호에 의하여 판례 변경을 통하여 자신의 결정을 변경할 수 있을 뿐이다(성낙인, 헌법학, p.800). 헌법재판소 결정의 기속력에 대하여 '헌법재판소 자신을 포함'한 모든 국가기관과 지방자치단체를 구속한다고 해석한다면 1번 지문의 정오에 대한 논란의 소지가 있다.

> **헌법재판소법 제47조(위헌결정의 효력)** ① 법률의 위헌결정은 법원과 그 밖의 국가기관 및 지방자치단체를 기속한다.
> **헌법재판소법 제67조(결정의 효력)** ① 헌법재판소의 권한쟁의심판의 결정은 모든 국가기관과 지방자치단체를 기속한다.
> **헌법재판소법 제75조(인용결정)** ① 헌법소원의 인용결정은 모든 국가기관과 지방자치단체를 기속한다.

② (X) 헌법재판소법 제47조 제1항 참조. ▶ 위헌법률심판에서의 모든 결정이 아니라 법률의 '위헌결정'이 법원과 그 밖의 국가기관 및 지방자치단체를 기속함

③ (○) … 이에 대하여 우리 재판소는, 헌법재판소에 의하여 위헌으로 선고된 법률 또는 법률의 조항이 제정 당시로 소급하여 효력을 상실하는가, 아니면 장래를 향하여 효력을 상실하는가의 문제는 특단의 사정이 없는 한 헌법적합성의 문제라기보다는 입법자가 법적 안정성과 개인의 권리구제 등 제반이익을 비교형량하여 가면서 결정할 입법정책의 문제라는 전제하에, 형벌법규를 제외하고는 법적 안정성을 더 높이 평가하는 방안을 선택한 입법자의 판단이 헌법에 위반되지 아니한다고 하면서, 다만 효력이 다양할 수밖에 없는 위헌결정의 특수성 때문에 예외적으로 부분적인 소급효를 인정하여야 한다는 취지를 수차례 밝힌 바 있다. 그리고 예외적으로 소급효를 인정하여야 하는 범위에 관하여, 첫째, 구체적 규범통제의 실효성 보장의 견지에서 법원의 제청·헌법소원의 청구 등을 통하여 헌법재판소에 법률의 위헌결정을 위한 계기를 부여한 당해 사건, 위헌결정이 있기 전에 이와 동종의 위헌 여부에 관하여 헌법재판소에 위헌제청을 하였거나 법원에 위헌제청신청을 한 경우의 당해 사건, 그리고 따로 위헌제청신청을 아니하였지만 당해 법률 또는 법률의 조항이 재판의 전제가 되어 법원에 계속중인 사건에 대하여는 소급효를 인정하여야 하고, 둘째, 당사자의 권리구제를 위한 구체적 타당성의 요청이 현저한 반면에 소급효를 인정하여도 법적 안정성을 침해할 우려가 없으며, 나아가 구법에 의하여 형성된 기득권자의 이득이 해쳐질 사안이 아닌 경우로서 소급효의 부인이 오히려 정의와 형평 등 헌법적 이념에 심히 배치되는 때에도 소급효를 인정할 수 있다는 입장이다(헌재 2013.06.27. 2010헌마535).

④ (○) 위헌법률심판의 제청은 법원이 헌법재판소에 대하여 하는 것이기 때문에 당해사건에서 법원으로 하여금 위헌법률심판을 제청하도록 신청을 한 사람은 위헌법률심판사건의 당사자라고 할 수 없다. 원래 재심은 재판을 받은 당사자에게 이를 인정하는 특별한 불복절차이므로 청구인처럼 위헌법률심판이라는 재판의 당사자가 아닌 사람은 그 재판에 대하여 재심을 청구할 수 있는 지위 내지 적격을 갖지 못한다(헌재 2004.09.23. 2003헌아61).

⑤ (○) 특별법 제4조 제1항은 비록 형벌에 관한 것이기는 하지만 불처벌의 특례를 규정한 것이어서 위 법률조항에 대한 위헌결정의 소급효를 인정할 경우 오히려 형사처벌을 받지 않았던 자들에게 형사상의 불이익이 미치게 되므로 이와 같은 경우까지 헌법재판소법 제47조 제2항 단서의 적용범위에 포함시키는 것은 그 규정취지에 반하고, 따라서 위 법률조항이 헌법에 위반된다고 선고되더라도 형사처벌을 받지 않았던 자들을 소급하여 처벌할 수 없다(헌재 1997.01.16. 90헌마110).

정답 ②

문 106

20년 6월 모의시험

헌법재판소의 위헌결정의 효력에 관한 설명 중 옳은 것만을 모두 고른 것은? (다툼이 있는 경우 판례에 의함)

ㄱ. 노동단체의 정치자금기부를 금지한 「정치자금법」 조항이 위헌 결정되고, 이후 국회가 법개정을 통하여 누구든지 단체와 관련된 자금으로 정치자금을 기부할 수 없도록 한 조항을 신설한 것은 노동단체의 표현의 자유의 본질적 내용을 침해한다는 점에서 종전에 위헌 결정된 법률조항의 반복입법에 해당한다.

ㄴ. 헌법재판소가 공무원의 '신분이나 직무상 의무'와 관련이 없는 범죄의 경우도 퇴직급여의 감액사유로 삼는 것은 헌법에 합치되지 않는다고 선언한 후, 국회가 법률개정을 통해 '직무관련성이 없는 고의범'은 여전히 퇴직급여 감액사유로 규정하더라도, 이는 공무원의 법령준수의무, 청렴의무, 품위유지의무 등에 비추어 위 헌법불합치결정의 취지에 반한다고 볼 수 없다.

ㄷ. 종전에 합헌으로 결정한 사건이 있는 형벌조항에 대하여 위헌결정이 선고된 경우, 그 합헌결정이 있는 날의 다음 날로 소급하여 효력을 상실하도록 하는 것은 재심청구 및 형사보상청구에 따른 국가의 재정적 부담을 줄이기 위해 일부 피고인들의 무죄판결을 받을 기회를 박탈하는 것으로 평등원칙에 위반된다.

ㄹ. 형벌 규정의 불처벌 특례에 대해 위헌결정을 한 경우, 그 소급효를 인정한다면 오히려 형사처벌을 받지 않았던 자들에게 형사상의 불이익이 미치게 된다는 점에서 소급효를 인정할 수 없다.

ㅁ. 헌법재판소 결정에 따르면, 비(非)형벌 규정에 대한 위헌결정 이후에 제소된 일반사건이라도 구체적 타당성의 요청이 현저하고 소급효의 부인이 정의와 형평에 반하는 경우에는 예외적으로 소급효를 인정할 수 있다.

① ㄱ, ㄴ, ㄷ ② ㄱ, ㄹ, ㅁ ③ ㄴ, ㄹ, ㅁ
④ ㄱ, ㄴ, ㄷ, ㄹ ⑤ ㄴ, ㄷ, ㄹ, ㅁ

> **MGI Point** 위헌결정의 효력 ★★★
>
> - 누구든지 단체와 관련된 자금으로 정치자금을 기부할 수 없도록 하는 조항 신설
>   - 헌법재판소가 위헌결정한 노동단체의 '정치자금 기부 금지'규정의 반복입법에 해당 ×
>   - 노동단체의 표현의 자유의 본질적 내용 침해 ×
> - '공무원의 직무와 관련이 없는 고의범'을 퇴직급여의 감액사유에서 제외 × ⇨ 헌법불합치결정의 취지에 반하지 ×
> - 종전에 합헌으로 결정한 사건이 있는 형벌조항에 대하여 위헌결정이 선고된 경우, 그 합헌결정이 있는 날의 다음 날로 소급하여 효력을 상실하도록 한 조항 ⇨ 평등원칙 위반 ×
> - 형벌 규정의 불처벌 특례규정에 관한 위헌결정 ⇨ 소급효 ×
> - 형벌법규 이외에 위헌결정의 소급효가 예외적으로 인정되는 경우
>   ⅰ) 위헌결정의 계기를 부여한 당해사건
>   ⅱ) 위헌결정 전에 동종의 위헌여부에 관하여 위헌제청 또는 위헌제청신청을 한 사건
>   ⅲ) 위헌제청신청을 아니하였지만 당해 법률·법률조항이 재판의 전제가 되어 법원에 계속 중인 사건
>   ⅳ) 위헌결정 후 제소한 일반사건 중 구체적 타당성의 요청이 현저한 반면, 소급효 부인이 정의와 형평에 반하는 사건

ㄱ. (X) 어떤 법률조항이 위헌 결정된 법률조항의 반복입법에 해당하는지 여부는 입법목적이나 동기, 입법당시의 시대적 배경 및 관련조항들의 체계 등을 종합하여 실질적 동일성이 있는지 여부에 따라 판단하여야 할 것인바, 이 사건 기부금지 조항은 그 규율영역이 위헌 결정된 법률조항과 전적으로 동일한 경우에 해당하지 않고, 노동단체에 대한 차별적 규제의 의도가 전혀 존재하지 않는다는 점에서 종전에 헌법재판소가 위헌 결정(95헌마154)한 '노동단체의 정치자금 기부 금지' 규정의 반복입법에 해당하지 않는다. … 한편 단체의 정치적 의사표현은 그 방법에 따라 정당·정치인이나 유권자의 선거권 행사에 심대한 영향을 미친다는 점에서 그 방법적 제한의 필요성이 매우 크고, 이 사건 기부금지 조항은 단체의 정치적 의사표현 자체를 금지하거나 그 내용에 따라 규제하도록 한 것이 아니라, 개인과의 관계에서 불균형적으로 주어지기 쉬운 '자금'을 사용한 방법과 관련하여 규제를 하는 것인바, 정치적 표현의 자유의 본질을 침해하는 것이라고 볼 수 없다(헌재 2010.12.28. 2008헌바89).

ㄴ. (O) 헌법재판소는 2005헌바33 결정에서 구 공무원연금법(1995. 12. 29. 법률 제5117호로 개정되고, 2009. 12. 31. 법률 제9905호로 개정되기 전의 것) 제64조 제1항 제1호(이하 '구법조항'이라 한다)가 공무원의 '신분이나 직무상 의무'와 관련이 없는 범죄의 경우도 퇴직급여의 감액사유로 삼는 것이 퇴직공무원들의 기본권을 침해한다고 판시하였는데, 공무원의 직무와 관련이 없는 범죄라 할지라도 고의범의 경우에는 공무원의 법령준수의무, 청렴의무, 품위유지의무 등을 위반한 것으로 볼 수 있으므로 이를 퇴직급여의 감액사유에서 제외하지 아니하더라도 위 결정의 취지에 반한다고 볼 수 없다(헌재 2016.06.30. 2014헌바365).

ㄷ. (X) 헌법재판소가 당대의 법 감정과 시대상황을 고려하여 합헌이라는 유권적 확인을 하였다면, 그러한 사실 자체에 대하여 법적 의미를 부여하고 그것을 존중할 필요가 있다. 헌법재판소가 특정 형벌법규에 대하여 과거에 합헌결정을 하였다는 것은, 적어도 그 당시에는 당해 행위를 처벌할 필요성에 대한 사회구성원의 합의가 유효하다는 것을 확인한 것이므로, 합헌결정이 있었던 시점 이전까지로 위헌결정의 소급효를 인정할 근거가 없다. … 심판대상조항은 현재의 상황에서는 위헌이더라도 과거의 어느 시점에서 합헌결정이 있었던 형벌조항에 대하여는 위헌결정의 소급효를 제한함으로써 그동안 쌓아 온 규범에 대한 사회적인 신뢰와 법적 안정성을 확보하는 것이 중요하다는 입법자의 결단에 따라 위헌결정의 소급효를 제한한 것이므로, 이러한 소급효 제한이 불합리하다고 보기는 어렵다. 결국 심판대상조항이 종전에 합헌결정이 있었던 형벌법규의 경우 위헌결정의 소급효를 제한하여 합헌결정이 없었던 경우와 달리 취급하는 것에는 합리적 이유가 있으므로 평등원칙에 위배된다고 보기 어렵다(헌재 2016.04.28. 2015헌바216).

▸ 2014. 5. 20. 법률 제12597호로 개정된 헌법재판소법 제47조 제3항 단서 위헌소원 사건

> **헌법재판소법 제47조 (위헌결정의 효력)** ③ 제2항에도 불구하고 형벌에 관한 법률 또는 법률의 조항은 소급하여 그 효력을 상실한다. 다만, 해당 법률 또는 법률의 조항에 대하여 종전에 합헌으로 결정한 사건이 있는 경우에는 그 결정이 있는 날의 다음 날로 소급하여 효력을 상실한다.

ㄹ. (O) 특례법 제4조 제1항은 비록 형벌에 관한 것이기는 하지만 불처벌의 특례를 규정한 것이어서 위 법률조항에 대한 위헌결정의 소급효를 인정할 경우 오히려 형사처벌을 받지 않았던 자들에게 형사상의 불이익이 미치게 되므로 이와 같은 경우까지 헌법재판소법 제47조 제2항 단서의 적용범위에 포함시키는 것은 그 규정취지에 반하고, 따라서 위 법률조항이 헌법에 위반된다고 선고되더라도 형사처벌을 받지 않았던 자들을 소급하여 처벌할 수 없다(헌재 1997.01.16. 90헌마110).

ㅁ. (O) 우리의 입법자는 헌법재판소법 제47조 제2항 본문의 규정을 통하여 형벌법규를 제외하고는 법적 안정성을 더 높이 평가하는 방안을 선택하였는바, 이에 의하여 구체적 타당성이나 평등의 원칙이 완벽하게 실현되지 않는다고 하더라도 헌법상 법치주의의 원칙의 파생인 법적 안정성 내지 신뢰보호의 원칙에 의하여 정당화된다 할 것이고, 특단의 사정이 없는 한 이로써 헌법이 침해되는 것은 아니라 할 것이다. … 그렇지만 효력이 다양할 수밖에 없는 위헌결정의 특수성 때문에 예외적으로 부분적인 소급효의 인정을 부인해서는 안 될 것이다. 첫째, 구체적 규범통제의 실효성의 보장의 견지에서 법원의 제청·헌법소원 청구 등을 통하여 헌법재판소에 법률의 i) 위헌결정을 위한 계기를 부여한 당해 사건, ii) 위헌결정이 있기 전에 이와 동종의 위헌여부에 관하여 헌법재판소에 위헌제청을 하였거나 법원에 위헌제청신청을 한 경우

의 당해 사건, iii) 그리고 따로 위헌제청신청을 아니하였지만 당해 법률 또는 법률의 조항이 재판의 전제가 되어 법원에 계속 중인 사건에 대하여는 소급효를 인정하여야 할 것이다. 둘째, iv) 당사자의 권리구제를 위한 구체적 타당성의 요청이 현저한 반면에 소급효를 인정하여도 법적 안정성을 침해할 우려가 없고 나아가 구 법에 의하여 형성된 기득권자의 이득이 해쳐질 사안이 아닌 경우로서 소급효의 부인이 오히려 정의와 평등 등 헌법적 이념에 심히 배치되는 때에도 소급효를 인정할 수 있다. 어떤 사안이 후자와 같은 테두리에 들어가는가에 관하여는 본래적으로 규범통제를 담당하는 헌법재판소가 위헌선언을 하면서 직접 그 결정주문에서 밝혀야 할 것이나, 직접 밝힌 바 없으면 그와 같은 경우에 해당하는가의 여부는 일반법원이 구체적 사건에서 해당 법률의 연혁·성질·보호법익등을 검토하고 제반이익을 형량해서 합리적·합목적적으로 정하여 대처할 수밖에 없을 것으로 본다(헌재 1993.05.13. 92헌가10).

정답 ③

제❷절 ▎위헌법률심판

문 107
24년 10월 모의시험

위헌법률심판에 관한 설명 중 옳은 것은? (다툼이 있는 경우 판례에 의함)

① 관습법의 성립에는 국회의 관여가 없고 법률을 보충하는 효력이 있을 뿐이므로 위헌법률심판의 대상이 될 수 없다.
② 법무부장관은 위헌법률심판에서 당해사건 재판의 유형과 종류를 불문하고 당해사건의 당사자가 아닌 경우에도 문제된 법률조항의 위헌 여부에 대한 의견서를 제출할 수 있다.
③ 당해사건이 확정된 형사판결의 재심 개시 여부를 판단하는 재판인 경우 재판의 전제성이 인정되기 위해서는 재심청구에 대한 심판 또는 본안사건에 대한 심판 중 어느 하나의 심판에 적용되는 법률조항이어야 한다.
④ 무죄 판결이 선고된 때에는 구속영장이 효력을 잃는 것으로 규정한 「형사소송법」 조항은 그 형사재판에 있어서 재판의 전제성이 인정되지 않는다.
⑤ 일정한 성범죄로 형을 선고받아 확정된 자는 그 형의 집행을 종료한 날부터 10년 동안 의료기관을 개설하거나 그 기관에 취업할 수 없도록 한 법률조항의 경우 그 성범죄에 대한 형사재판에 있어서 주문이나 결론에 영향을 미치지는 못하지만 그 법률조항으로 인해 재판의 효력에 관한 법률적 의미가 달라지므로 재판의 전제성이 인정된다.

MGI Point 위헌법률심판 ★★

- 헌법재판소의 위헌법률심판 대상성
    - 관습법, 유신헌법상 긴급조치 ⇨ 헌재 인정 / 대법 부정
    - 헌법 제76조 긴급명령 ⇨ 헌재·대법 인정
- 법무부장관은 재판의 유형과 종류 불문하고 당자가 아님에도 ⇨ 문제된 법률조항의 위헌 여부에 대한 의견서를 제출 可
- 확정된 형사판결의 재심 개시 여부 재판시 재판의 전제성
    ⇨ '재심의 청구에 대한 심판'의 재판의 전제가 되어야 함 ○ / '본안사건에 대한 심판'의 재판의 전제 ×
- 무죄 판결이 선고된 때에는 구속영장이 효력을 잃는 것으로 규정한 형사소송법 조항
    ⇨ 그 형사재판에 있어서 재판의 전제성 ○

■ 일정한 성범죄로 형이 확정된 자는 형집행 종료시부터 10년 동안 의료기관 개설·그 기관 취업 불가 조항
  ⇨ 그 성범죄의 형사재판에 있어서 재판의 전제성 ×

① (X) 호주가 사망한 경우 딸에게 분재청구권을 인정하지 아니한 구 관습법(이하 '이 사건 관습법'이라 한다)이 헌법재판소법 제68조 제2항에 의한 헌법소원심판의 대상이 되는지 여부(적극) : 법률과 동일한 효력을 갖는 조약 등을 위헌법률심판의 대상으로 삼는 것은 헌법을 최고규범으로 하는 법질서의 통일성과 법적 안정성을 확보할 수 있을 뿐만 아니라, 합헌적인 법률에 의한 재판을 가능하게 하여 궁극적으로는 국민의 기본권 보장에 기여할 수 있다. 그런데 이 사건 관습법은 민법 시행 이전에 상속을 규율하는 법률이 없는 상황에서 재산상속에 관하여 적용된 규범으로서 비록 형식적 의미의 법률은 아니지만 실질적으로는 법률과 같은 효력을 갖는 것이므로 위헌법률심판의 대상이 된다(헌재 2013.02.28. 2009헌바129).

> **비교판례** [관습법에 대한 대법원의 견해]
> 헌법 제111조 제1항 제1호 및 헌법재판소법 제41조 제1항에서 규정하는 위헌심사의 대상이 되는 법률은 국회의 의결을 거친 이른바 형식적 의미의 법률을 의미하고, 또한 민사에 관한 관습법은 법원에 의하여 발견되고 성문의 법률에 반하지 아니하는 경우에 한하여 보충적인 법원(法源)이 되는 것에 불과하여(민법 제1조) 관습법이 헌법에 위반되는 경우 법원이 그 관습법의 효력을 부인할 수 있으므로, 결국 관습법은 헌법재판소의 위헌법률심판의 대상이 아니라 할 것이다(대결 2009.05.28. 2007카기134).

② (O) 헌법재판소법 제44조 참조.

> **헌법재판소법 제44조(소송사건 당사자 등의 의견)** 당해 소송사건의 당사자 및 법무부장관은 헌법재판소에 법률의 위헌 여부에 대한 의견서를 제출할 수 있다.

③ (X) 재심의 청구를 받은 법원은 재심의 심판에 들어가기 전에 먼저 재심의 청구가 이유 있는지 여부를 가려 이를 기각하거나 재심개시의 결정을 하여야 하고, 재심개시의 결정이 확정된 뒤에 비로소 재심대상인 사건에 대하여 다시 심판을 하게 되는 등 형사소송법은 재심의 절차를 '재심의 청구에 대한 심판'과 '본안사건에 대한 심판'이라는 두 단계 절차로 구별하고 있다. 그러므로 당해 재심사건에서 아직 재심개시결정이 확정된 바 없는 이 사건의 경우 심판청구가 적법하기 위해서는 이 사건 법률조항의 위헌 여부가 '본안사건에 대한 심판'에 앞서 '재심의 청구에 대한 심판'의 전제가 되어야 하는데, '재심의 청구에 대한 심판'은 원판결에 형사소송법 제420조 각 호, 헌법재판소법 제47조 제3항 소정의 재심사유가 있는지 여부만을 우선 심리하여 재판할 뿐이어서, 원판결에 적용된 법률조항일 뿐 '재심의 청구에 대한 심판'에 적용되는 법률조항이라고 할 수 없는 이 사건 법률조항에 대해서는 재판의 전제성이 인정되지 않는다(헌재 2011.02.24. 2010헌바98).

④ (X) 이 사건 심판의 대상은 형사소송법(1954.9.23.제정 법률 제341호) 제331조 "무죄, 면소, 형의 면제, 형의 선고유예, 형의 집행유예, 공소기각 또는 벌금이나 과료를 과하는 판결이 선고된 때에는 구속영장은 효력을 잃는다. 단 검사로부터 사형, 무기 또는 10년 이상의 징역이나 금고의 형에 해당한다는 취지의 의견진술이 있는 사건에 대하여는 예외로 한다."의 규정 중 단서의 규정이 헌법에 위반되는지 여부이다. …법 제331조 단서규정의 위헌여부는 제청법원이 검사로부터 장기 10년의 징역형 등에 해당한다는 취지의 의견진술이 있느냐 없느냐 여하에 따라 관련사건의 그 재판주문을 결정하고 기판력의 내용을 형성하는 그 자체에 직접 영향을 주는 것은 아니라 할지라도 그 재판의 밀접 불가결한 실질적 효력이 달라지는 구속영장의 효력에 관계되는 것이어서 재판의 내용이나 효력 중에 어느 하나라도 그에 관한 법률적 의미가 전혀 달라지는 경우에 해당하는 것이므로 재판의 전제성이 있다고 할 것이다(헌재 1992.12.24. 92헌가8).

⑤ (X) 성인대상 성범죄로 형을 선고받아 확정된 자는 그 형의 집행을 종료한 날부터 10년 동안 의료기관을 개설하거나 위 기관에 취업할 수 없도록 한 '아동·청소년의 성보호에 관한 법률'(2012. 12. 18. 법률 제11572호로 전부개정된 것) 제56조 제1항 제12호 중 '성인대상 성범죄로 형을 선고받아 확정된 자'에 관한 부분이 당해사건인 성폭력 범죄에 대한 형사재판에서 재판의 전제가 되는지 여부(소극) : 심판대상조항은

형사소송인 당해사건에서 형벌의 근거조항으로서 직접 적용되는 조항이 아니라, 당해사건의 유죄판결이 확정되고 난 후 그 유죄판결에 기초하여 부과되는 새로운 제재의 근거조항일 뿐이므로, 심판대상조항은 그 위헌 여부로 재판의 주문이 달라지거나 재판의 내용과 효력에 관한 법률적 의미가 달라지는 경우라고 보기 어려워 재판의 전제성이 없다(헌재 2016.03.31. 2015헌가8).

정답 ②

문 108
23년 8월 모의시험

위헌법률심판에 관한 설명 중 옳지 않은 것을 모두 고른 것은? (다툼이 있는 경우 판례에 의함)

> ㄱ. 6명의 재판관이 출석하여 단순위헌의견 4인, 헌법불합치의견 1인, 각하의견 1인인 경우에 주문은 합헌으로 결정된다.
> ㄴ. 법원이 법률의 위헌 여부 심판을 헌법재판소에 제청한 때에는 당해 소송사건의 재판은 헌법재판소의 위헌 여부의 결정이 있을 때까지 정지되지만, 법원이 직권으로 위헌법률심판제청을 한 경우 재판정지기간은 「형사소송법」 제92조 제1항과 제2항의 피고인의 구속기간에 산입한다.
> ㄷ. 헌법재판소는 관습법과 헌법 제76조 긴급명령 그리고 유신헌법상의 긴급조치가 헌법재판소의 위헌법률심판의 대상이 된다고 하고 있으나, 대법원은 관습법과 헌법 제76조 긴급명령 그리고 유신헌법상의 긴급조치가 헌법재판소의 위헌법률심판의 대상이 되지 않는다고 보고 있다.
> ㄹ. 당해 사건에서 당사자가 법원에 위헌법률심판제청신청을 하지 아니한 법률 조항에 대해서는 법원이 위헌법률심판제청을 할 수 없다.
> ㅁ. 위헌법률심판제청은 법원만이 할 수 있으므로, 여기에서 말하는 법원은 「법원조직법」상의 법원만을 의미한다.

① ㄱ, ㄴ, ㄷ
② ㄴ, ㄷ, ㅁ
③ ㄱ, ㄴ, ㄹ, ㅁ
④ ㄱ, ㄷ, ㄹ, ㅁ
⑤ ㄱ, ㄴ, ㄷ, ㄹ, ㅁ

MGI Point 위헌법률심판 ★★

- 헌법재판소 심판정족수 ⇨ 7명
- 법원의 위헌법률심판 제청시 재판정지기간 ⇨ 형사소송법 제92조제1항·제2항 피고인의 구속기간은 산입 ×
- 헌법재판소의 위헌법률심판 대상성
  - 관습법, 유신헌법상 긴급조치 ⇨ 헌재 인정 / 대법 부정
  - 헌법 제76조 긴급명령 ⇨ 헌재·대법 인정
- 당사자에 의한 위헌법률심판제청신청이 없어도, 법원 직권에 의한 위헌법률심판제청 가
- 위헌법률심판제청 법원 ⇨ 군사법원 포함

ㄱ. (X) 헌법재판소의 심판은 헌법소원심판 사건의 사전심사를 제외하고는 원칙적으로 재판관 전원으로 구성되는 단일의 전원재판부에서 관장한다(헌법재판소법 제22조 제1항, 제72조). 그런데 전원재판부는 재판

관 7명 이상의 출석으로 사건을 심리하여야 하므로(헌법재판소법 제23조 제1항), 재판관 3명 이상이 궐위되거나 직무를 집행할 수 없는 경우에는 심리정족수 미달로 헌법저판을 할 수 없게 된다(헌재 2016. 11.24. 2015헌마902 참조).

> **헌법재판소법 제23조(심판정족수)** ① 재판부는 재판관 7명 이상의 출석으로 사건을 심리한다.

> **참조판례** 헌법재판소는 재판부는 재판관 7명 이상의 출석으로 사건을 심리한다고 규정한 헌법재판소법 제23조 제1항 중 헌법재판소 재판관이 임기만료로 퇴직하여 재판관의 공석 상태가 된 경우에 적용되는 부분의 효력은 헌법재판소 2024헌마900 헌법소원심판청구사건의 종국결정 선고 시까지 이를 정지한다는 결정을 선고하였다. …3명의 재판관 퇴임이 임박한 만큼 손해를 방지할 긴급한 필요도 인정된다. …7명의 심리정족수에 대한 직무대행제도와 같은 제도적 보완장치도 전무하다. 결국 이 사건에서 가처분을 인용한 뒤 종국에서 청구가 기각되었을 때 발생하게 될 불이익보다 가처분을 기각한 뒤 청구가 인용되었을 때 발생하게될 불이익이 더 크다(헌재 2024.10.14. 2024헌사1250 효력정지가처분신청 인용).

ㄴ. (X) 헌법재판소법 제42조 제2항 참조.

> **헌법재판소법 제42조(재판의 정지 등)** ① 법원이 법률의 위헌 여부 심판을 헌법재판소에 제청한 때에는 당해 소송사건의 재판은 헌법재판소의 위헌 여부의 결정이 있을 때까지 정지된다. 다만, 법원이 긴급하다고 인정하는 경우에는 종국재판 외의 소송절차를 진행할 수 있다.
> ② 제1항 본문에 따른 재판정지기간은 「형사소송법」 제92조제1항·제2항 및 「군사법원법」 제132조제1항·제2항의 구속기간과 「민사소송법」 제199조의 판결 선고기간에 산입하지 아니한다.

ㄷ. (X) '관습법'과 '유신헌법상 긴급조치'가 헌법재판소 위헌법률심판의 대상인지 여부에 대해, 헌법재판소는 법률의 효력을 근거로 위헌법률심판 대상성을 긍정하지만, 대법원은 형식적 의미의 법률만을 위헌법률심판 대상으로 인정하여 부정한다. 그러나 대법원도 '형식적 의미의 법률은 아니지만, 법률적 효력을 가지는 것으로서 국회의 승인이나 동의를 요하는'것은 위헌법률심판 대상으로 인정하므로 결국 '헌법 제76조 긴급명령'은 대법원도 헌법재판소 위헌법률심판의 대상성을 인정한다고 본다. 아래 판례 참조.

> **판례 [관습법에 대한 헌법재판소의 견해]**
> 법률과 동일한 효력을 갖는 조약 등을 위헌법률심판의 대상으로 삼는 것은 헌법을 최고규범으로 하는 법질서의 통일성과 법적 안정성을 확보할 수 있을 뿐만 아니라, 합헌적인 법률에 의한 재판을 가능하게 하여 궁극적으로는 국민의 기본권 보장에 기여할 수 있다. 그런데 이 사건 관습법은 민법 시행 이전에 상속을 규율하는 법률이 없는 상황에서 재산상속에 관하여 적용된 규범으로서 비록 형식적 의미의 법률은 아니지만 실질적으로는 법률과 같은 효력을 갖는 것이므로 위헌법률심판의 대상이 된다(헌재 2013.02.28. 2009헌바129).
> **[관습법에 대한 대법원의 견해]**
> 헌법 제111조 제1항 제1호 및 헌법재판소법 제41조 제1항에서 규정하는 위헌심사의 대상이 되는 법률은 국회의 의결을 거친 이른바 형식적 의미의 법률을 의미하고, 또한 민사에 관한 관습법은 법원에 의하여 발견되고 성문의 법률에 반하지 아니하는 경우에 한하여 보충적인 법원(法源)이 되는 것에 불과하여(민법 제1조) 관습법이 헌법에 위반되는 경우 법원이 그 관습법의 효력을 부인할 수 있으므로, 결국 관습법은 헌법재판소의 위헌법률심판의 대상이 아니라 할 것이다(대결 2009.05.28. 2007카기134).
> **[헌법 제76조 등, 유신헌법상 긴급조치에 관한 헌법재판소의 견해]**
> 일정한 규범이 위헌법률심판 또는 헌법재판소법 제68조 제2항에 의한 헌법소원심판의 대상이 되는 '법률'인지 여부는 그 제정 형식이나 명칭이 아니라 그 규범의 효력을 기준으로 판단하여야 한다. 따라서 헌법이 법률과 동일한 효력을 가진다고 규정한 긴급재정경제명령(제76조 제1항) 및 긴급명령(제76조 제2항)은 물론, 헌법상 형식적 의미의 법률은 아니지만 국내법과 동일한 효력이 인정되는 '헌법에 의하여 체결·공포된 조약과 일반적으로 승인된 국제법규'(제6조)의 위헌 여부의 심사권한도 헌법재판소에 전속된다고 보아야 한다.

…국민의 기본권을 직접적으로 제한하는 내용이 포함된 '이 사건 긴급조치들'(유신헌법상 긴급조치)의 효력을 법률보다 하위에 있는 것이라고 보기도 어렵다. 결국 이 사건 긴급조치들은 최소한 법률과 동일한 효력을 가지는 것으로 보아야 하고, 따라서 그 위헌 여부 심사권한도 헌법재판소에 전속한다(헌재 2013.03.21. 2010헌바70,132,170(병합)).

[유신헌법상 긴급조치에 관한 대법원의 견해]

현행 헌법 제107조 제1항과 제111조 제1항 제1호의 각 헌법규정에 의하면, 위헌심사의 대상이 되는 '법률'이라 함은 '국회의 의결을 거친 이른바 형식적 의미의 법률'을 의미하고, 위헌심사의 대상이 되는 규범이 형식적 의미의 법률이 아닌 때에는 그와 동일한 효력을 갖는 데에 국회의 승인이나 동의를 요하는 등 국회의 입법권 행사라고 평가할 수 있는 실질을 갖춘 것이어야 한다. '유신헌법' 제53조 제3항은 …국회의 동의 내지 승인 등을 얻도록 하는 규정을 두고 있지 아니하고, 실제로 국회에서 긴급조치를 승인하는 등의 조치가 취하여진 바도 없다. 따라서 유신헌법에 근거한 긴급조치는 국회의 입법권 행사라는 실질을 전혀 가지지 못한 것으로서, 헌법재판소의 위헌심판대상이 되는 '법률'에 해당한다고 할 수 없고, 긴급조치의 위헌 여부에 대한 심사권은 최종적으로 대법원에 속한다(대판 2010.12.16. 2010도5986(전합)).

ㄹ. (X) 헌법재판소법 제41조 참조.

헌법재판소법 제41조(위헌 여부 심판의 제청) ① 법률이 헌법에 위반되는지 여부가 재판의 전제가 된 경우에는 당해 사건을 담당하는 법원(군사법원을 포함한다. 이하 같다)은 직권 또는 당사자의 신청에 의한 결정으로 헌법재판소에 위헌 여부 심판을 제청한다.

ㅁ. (X) 법원조직법이 아닌 헌법상 특별법원으로 예외적으로 인정된 군사법원도 제청권이 있다(한수웅, 헌법학 제7판, P.1413, 법문사(2017)).

정답 ⑤

문 109
23년 6월 모의시험

헌법재판의 적법요건에 관한 설명 중 옳은 것을 모두 고른 것은? (다툼이 있는 경우 판례에 의함)

ㄱ. 헌법소원심판은 사인만이 청구할 수 있으므로 행정청은 「헌법재판소법」 제68조 제2항에 따른 헌법소원심판을 청구할 수 없다.
ㄴ. 확정된 유죄판결에서 처벌의 근거가 된 법률조항은 재심의 개시 여부를 결정하는 재판에서는 재판의 전제성이 인정되지 않고, 재심의 개시 결정 이후의 '본안사건에 대한 심판'에 있어서만 재판의 전제성이 인정된다.
ㄷ. 행정처분의 제소기간이 경과한 후에 그 행정처분을 다투는 경우, 헌법재판소의 위헌결정이 있더라도 그 처분은 취소될 수 없기 때문에 처분의 근거법률에 대한 위헌법률심판에서는 재판의 전제성이 인정될 수 없다.
ㄹ. 위헌법률심판제청신청은 당해사건의 당사자만 할 수 있다고 봄이 상당하고, 형사재판의 경우 피고인이 아닌 고소인은 형사재판의 당사자라고 볼 수 없으므로, 위헌법률심판제청신청을 할 수 있는 자에 해당하지 않는다.

① ㄱ, ㄴ
② ㄷ, ㄹ
③ ㄱ, ㄴ, ㄷ
④ ㄴ, ㄷ, ㄹ
⑤ ㄱ, ㄴ, ㄷ, ㄹ

> **MGI Point** 재판의 전제성 ★★
>
> - 행정청은 헌법소원심판 청구 可
> - 확정된 유죄판결에서 처벌의 근거가 된 법률조항의 재판의 전제성은
>   ① 재심의 개시 여부 결정하는 재판에서 재판의 전제성 ×, ② 본안사건에 대한 심판에서 재판의 전제성 ○
> - 행정처분의 제소기간 경과 이후 행정처분을 다투는 경우, 위헌결정이 있더라도 위헌법률심판에서 재판의 전제성 인정 ×
> - 위헌법률심판제청의 원고적격은 당해사건의 당사자만 可, 피고인 아닌 고소인은 원고적격 ×

ㄱ. (X) 헌법재판소법 제68조 제2항에 의한 헌법소원심판은 구체적 규범통제의 헌법소원으로서 기본권의 침해가 있을 것을 그 요건으로 하고 있지 않을 뿐만 아니라 행정처분에 대한 소송절차에서는 그 근거법률의 헌법적합성까지도 심판대상으로 되는 것이므로, 행정처분의 주체인 행정청도 헌법의 최고규범력에 따른 구체적 규범통제를 위하여 근거법률의 위헌 여부에 대한 심판의 제청을 신청할 수 있고, 헌법재판소법 제68조 제2항의 헌법소원을 제기할 수 있다(헌재 2008.04.24. 2004헌바44).

ㄴ. (○) 형사소송법 제420조, 헌법재판소법 제47조 제4항 등에 의하면 재심은 반드시 법률에서 정한 일정한 사유가 있는 경우에만 청구할 수 있고, 재심의 청구를 받은 법원은 재심의 심판에 들어가기 전에 먼저 재심의 청구가 이유 있는지 여부를 가려 이를 기각하거나 재심개시의 결정을 하여야 하며, 재심개시의 결정이 확정된 뒤에 비로소 법원은 재심대상인 사건에 대하여 그 심급에 따라 다시 심판을 하게 된다. 그러므로 확정된 유죄판결에서 처벌의 근거가 된 법률조항은 재심의 개시 여부를 결정하는 재판에서는 재판의 전제성이 인정되지 않고, 재심의 개시 결정 이후의 '본안사건에 대한 심판'에 있어서만 재판의 전제성이 인정된다(헌재 2016.03.31. 2015헌가36).

ㄷ. (○) 행정처분의 근거법률이 헌법에 위반된다는 사정은 헌법재판소의 위헌결정이 있기 전에는 객관적으로 명백한 것이라고 할 수는 없으므로, 특별한 사정이 없는 한 그러한 하자는 행정처분의 취소사유에 해당할 뿐 당연무효사유는 아니다. 제소기간이 경과한 뒤에는 행정처분의 근거 법률이 위헌임을 이유로 무효확인소송 등을 제기하더라도 행정처분의 효력에는 영향이 없으며, 그 하자가 당연무효사유가 아닌 한 후행처분에 승계되는 것이 아니다. 따라서 처분의 근거가 된 법률조항의 위헌 여부에 따라 당해 사건 재판의 주문이 달라지거나 재판의 내용과 효력에 관한 법률적 의미가 달라지는 경우로 볼 수 없으므로 재판의 전제성이 인정되지 아니한다(헌재 2014.03.27. 2011헌바232).

ㄹ. (○) 헌법재판소법 제41조 제1항 및 법 제68조 제2항 전문을 해석하면 위헌심판 제청신청은 당해 사건의 당사자만 할 수 있다고 봄이 상당하고, 형사재판의 경우 피고인이 아닌 고소인은 형사재판의 당사자라고 볼 수 없으므로, 위헌제청신청을 할 수 있는 자에 해당하지 않는다 따라서 타인의 위증사건에서 단순히 고소인의 지위에 있는 자가 청구한 헌법소원심판청구는 헌법재판소법 제68조 제2항의 요건을 갖추지 못하여 부적법하다(헌재 2010.03.30. 2010헌바102).

 ④

문 110

22년 8월 모의시험

다음 사례에 관한 설명 중 옳지 않은 것은? (다툼이 있는 경우 판례에 의함)

> 가. 甲은 도로교통법위반(음주운전)죄로 4회 처벌받은 전력이 있는데, 2019. 8. 17. 혈중알코올농도 0.065%의 술에 취한 상태로 승용차량을 운전함으로써 「도로교통법」 제44조 제1항을 2회 이상 위반하였다는 공소사실로 기소되어 대구지방법원에서 재판을 받게 되었다.

나. 甲은 위 재판 계속 중 2회 이상 음주운전을 가중처벌하는 구 「도로교통법」 제148조의2 제1항에 대하여 위헌법률심판제청신청을 하였으나, 2019. 11. 7. 위 법원으로부터 위 공소사실에 대하여 징역 1년을 선고받는 한편, 위헌법률심판제청신청에 대하여 각하(「도로교통법」 제148조의2 제1항 중 '제44조 제2항' 부분)및 기각(각하된 부분을 제외한 나머지 부분)결정을 받게 되자, 2019. 11. 18. 「헌법재판소법」 제68조 제2항 헌법소원심판을 청구하였다.

[심판대상조항]
구「도로교통법」(2018. 12. 24. 법률 제16037호로 개정되고, 2020. 6. 9. 법률 제17371호로 개정되기 전의 것)
제148조의2(벌칙) ① 제44조 제1항 또는 제2항을 2회 이상 위반한 사람(자동차등 또는 노면전차를 운전한 사람으로 한정한다)은 2년 이상 5년 이하의 징역이나 1천만 원 이상 2천만 원 이하의 벌금에 처한다.

[관련조항]
「도로교통법」(2018. 3. 27. 법률 제15530호로 개정된 것)
제44조(술에 취한 상태에서의 운전 금지) ① 누구든지 술에 취한 상태에서 자동차등, 노면전차 또는 자전거를 운전하여서는 아니 된다.

① 심판대상조항 중 '위반'은 그 위반사실에 대하여 형의 선고나 유죄의 확정판결이 있어야 하는 것을 의미하는지가 불분명하므로 죄형법정주의 명확성 원칙에 위반된다.
② 심판대상조항은 가중요건이 되는 과거 위반행위와 처벌대상이 되는 재범 음주운전행위 사이에 아무런 시간적 제한을 두지 않고, 과거 위반전력, 혈중알코올농도 수준 등에 비추어 보호법익에 미치는 위험이 비교적 낮은 유형의 재범 음주운전행위도 일률적으로 2년 이상의 징역 또는 1천만 원 이상의 벌금으로 처벌하도록 하고 있어 책임과 형벌 간의 비례원칙에 위반된다.
③ 심판대상조항이 2회 이상 음주운전을 한 음주운전 재범자를 가중처벌하도록 한 것은 교통과 관련된 안전을 확보하고 국민의 생명·신체와 재산을 보호하기 위한 입법이었다.
④ 甲은 당해사건의 항소심절차에서 동일한 사유를 이유로 심판대상조항에 대한 위헌법률심판제청신청을 할 수 없다.
⑤ 甲이 당해사건 소송절차에서 전부무죄판결을 받지 않는 이상 당해사건 소송이 확정되더라도 헌법재판소는 재판의 전제성을 인정하여 심판대상조항에 대한 위헌여부를 판단할 수 있다.

MGI Point 위헌법률심판과 위헌심사형 헌법소원 ★★★

■ 舊 도로교통법 제148조의2(벌칙)
  • 심판대상조항 중 '2회 위반' 규정 ⇨ 죄형법정주의의 명확성원칙에 위배 ×
  • 심판대상조항의 가중요건이 되는 과거 위반행위와 처벌대상이 되는 재범 음주운전행위 사이 아무런 시간적 제한도 두지 않고, 위험도의 구별도 없이 일률적으로 처벌하도록 한 부분 ⇨ 책임과 형벌 간의 비례원칙에 위반 ○
  • 심판대상조항이 2회 이상 음주운전을 한 음주운전 재범자를 가중처벌 하도록 한 것
    ⇨ 교통과 관련된 안전을 확보하고 국민의 생명·신체와 재산을 보호하기 위한 입법 ○
■ 법률의 위헌여부심판의 제청신청이 기각된 때
  • 당해 사건의 소송절차에서 동일한 사유를 이유로 다시 위헌여부심판의 제청 신청 불가

- 「당해 사건의 소송절차」 ⇨ 당해 사건의 상소심 소송절차 포함
- 헌재법 제68조 제2항에 의한 헌법소원심판의 청구
  - 동법 제41조 제1항에 의한 법률의 위헌여부심판의 제청신청을 법원이 각하 또는 기각한 경우에만 허용
  - 이 경우 재판이 정지되지 않아 당해 소송사건이 확정될 수 있으므로 위헌제청신청시 계속중이면 可

① (X) 심판대상조항의 문언, 입법목적과 연혁, 관련 규정과의 관계 및 법원의 해석 등을 종합하여 볼 때, 심판대상조항에서 '제44조 제1항을 2회 이상 위반한 사람'이란 '2006. 6. 1. 이후 도로교통법 제44조 제1항을 위반하여 술에 취한 상태에서 운전을 하였던 사실이 인정되는 사람으로서, 다시 같은 조 제1항을 위반하여 술에 취한 상태에서 운전한 사람'을 의미함을 충분히 알 수 있으므로, 심판대상조항은 죄형법정주의의 명확성원칙에 위배된다고 할 수 없다(헌재 2021.11.25. 2019헌바446).

② (○), ③ (○) 심판대상조항은 도로교통법 제44조 제1항의 음주운전 금지규정을 반복하여 위반한 반규범적 행위에 대한 책임을 형량에 반영하여 재범 음주운전에 대한 처벌을 강화하고자 한 규정이고, 교통안전을 해치며 국민의 생명·신체·재산을 반복하여 위험에 처하게 하는 반복적 음주운전을 엄히 처벌해야 함에는 이견이 있을 수 없다. 그런데 심판대상조항은 그 구성요건을 '제44조 제1항을 2회 이상 위반'한 경우로 규정함으로써 가중요건이 되는 과거 음주운전 금지규정 위반행위와 처벌대상이 되는 재범 음주운전 금지규정 위반행위 사이에 아무런 시간적 제한이 없고, 과거 위반행위가 형의 선고나 유죄의 확정판결을 받은 전과일 것을 요구하지도 않는다. 과거 위반행위가 예컨대 10년 이상 전에 발생한 것이라면, 처벌대상이 되는 음주운전이 재범에 해당된다고 하더라도 그것이 교통법규에 대한 준법정신이나 안전의식이 현저히 부족한 상태에서 이루어진 반규범적 행위라거나 사회구성원에 대한 생명·신체 등을 '반복적으로' 위협하는 행위라고 평가하기 어려워 이를 일반적 음주운전 금지규정 위반행위와 구별하여 가중처벌할 필요성이 있다고 보기 어렵다. … 그러나 심판대상조항은 교통의 안전이나 사람의 생명·신체·재산 등 보호법익에 미치는 위험 정도가 비교적 낮은 유형의 재범 음주운전행위, 예컨대 10년 이상이 지난 과거에 단 1회 음주운전 금지의무를 위반한 전력이 있는 사람이 다시 0.03%의 혈중알코올농도 상태에서 운전한 경우도 법정형의 하한인 2년 이상의 징역 또는 1천만원 이상의 벌금을 기준으로 처벌하도록 하고 있다. … 따라서 심판대상조항이 구성요건과 관련하여 아무런 제한도 두지 않은 채 법정형의 하한을 징역 2년, 벌금 1천만 원으로 정한 것은, 음주운전 금지의무 위반 전력이나 혈중알코올농도 수준 등을 고려할 때 비난가능성이 상대적으로 낮은 음주운전 재범행위까지 가중처벌 대상으로 하면서 법정형의 하한을 과도하게 높게 책정하여 죄질이 비교적 가벼운 행위까지 지나치게 엄히 처벌하도록 한 것이므로, 책임과 형벌 사이의 비례성을 인정하기 어렵다. … 그러므로 심판대상조항은 책임과 형벌 간의 비례원칙에 위반된다(헌재 2021.11.25. 2019헌바446).

④ (○) 헌법재판소법 제68조 제2항 후문은 당사자가 당해 사건의 소송절차에서 동일한 사유를 이유로 다시 위헌법률심판을 제청신청할 수 없다고 규정하고 있다. 여기서 당해 사건의 소송절차란 당해 사건의 상소심 소송절차는 물론 대법원에 의해 파기환송되기 전후의 소송절차를 모두 포함한다(헌재 2013.06.27. 2011헌바247).

⑤ (○) 헌재법 제68조 제2항의 위헌심사형 헌법소원의 경우에는 재판이 정지되지 않아 당해 소송사건이 확정될 수 있으므로 위헌제청신청시에 계속 중이면 된다(김유향, 기본강의 헌법 전정7판, p.1534). 재판의 '전제성'이라 함은, 첫째 구체적인 사건이 법원에 계속 중이어야 하고, 둘째 위헌여부가 문제되는 법률이 당해 소송사건의 재판과 관련하여 적용되는 것이어야 하며, 셋째 그 법률이 헌법에 위반되는지의 여부에 따라 당해 사건을 담당한 법원이 다른 내용의 재판을 하게 되는 경우를 말한다(정회철, 기본강의 헌법 제7판, p.1360). 법원이 '다른 내용의' 재판을 하게 되는 경우라 함은 원칙적으로 제청법원이 심리중인 당해 사건의 재판의 결론이나 주문에 어떠한 영향을 줄 뿐만 아니라, 문제된 법률의 위헌여부가 비록 재판의 주문 자체에는 아무런 영향을 주지 않는다고 하더라도 재판의 결론을 이끌어내는 이유를 달리하는데 관련되어 있거나 또는 재판의 내용과 효력에 관한 법률적 의미가 전혀 달라지는 경우도 포함된다(정회철, 기본강의 헌법 제7판, p.1368). ▶ 사안의 경우 甲이 전부무죄판결을 받지 않는 이상 '그 법률이 헌법에 위반되는지 여부에 따라 당해

사건을 담당한 법원이 다른 내용의 재판을 하게 되는 경우에 해당'하며, '위헌제청 시에 구체적인 사건이 법원에 계속중'이었으므로, 재판의 전제성이 인정하여 심판대상조항에 대한 위헌여부를 판단할 수 있다.

> **판례** 헌법재판소법 제41조 제1항은 "법률이 헌법에 위반되는 여부가 재판의 전제가 된 때에는 당해 사건을 담당하는 법원은 직권 또는 당사자의 신청에 의한 결정으로 헌법재판소에 위헌여부의 심판을 제청한다"라고 규정하고 있고, 동법 제68조 제2항은 "제41조 제1항에 의한 법률의 위헌여부심판의 제청신청이 기각된 때에는 그 신청을 한 당사자는 헌법재판소에 헌법소원심판을 청구할 수 있다"라고 규정하고 있으므로, 동법 제68조 제2항에 의한 헌법소원심판의 청구는 동법 제41조 제1항에 의한 법률의 위헌여부심판의 제청신청을 법원이 각하 또는 기각한 경우에만 허용된다(헌재 1999.04.29. 98헌바29).

정답 ①

문 111   21년 10월 모의시험

위헌법률심판에 관한 설명 중 옳지 않은 것을 모두 고른 것은? (다툼이 있는 경우 판례에 의함)

> ㄱ. 헌법 제107조 제1항, 「헌법재판소법」 제41조, 제43조 등의 규정취지는 법원은 문제되는 법률조항이 담당법관 스스로의 법적 견해에 의하여 단순한 의심을 넘어서 위헌의 확신이 있는 경우에만 위헌여부심판을 제청하라는 취지이다.
> ㄴ. 제청된 법률의 위헌여부가 법원이 앞으로 진행될 소송절차와 관련한 중요한 문제점을 선행결정해야 하는지 여부의 판단에 영향을 주는 경우도 재판의 전제성이 있다.
> ㄷ. 「형사소송법」에 의하여 법원이 행하는 증거채부결정은 당해 소송사건을 종국적으로 종결시키는 재판은 아니라고 하더라도, 그 자체가 법원의 의사결정으로서 헌법 제107조 제1항과 「헌법재판소법」 제41조 제1항에 규정된 재판에 해당한다.
> ㄹ. 정당한 사유 없이 예비군 훈련을 받지 아니한 사람을 처벌하는 「향토예비군설치법」 및 「예비군법」 조항에 대한 법원의 위헌법률심판제청은, 대법원이 진정한 양심에 따른 예비군 훈련 거부가 위 조항들의 '정당한 사유'에 해당한다고 판단하였다고 하더라도, 헌법적 해명의 필요성이 있는 이상 재판의 전제성이 인정된다.

① ㄱ, ㄷ   ② ㄱ, ㄹ   ③ ㄴ, ㄷ
④ ㄱ, ㄴ, ㄹ   ⑤ ㄴ, ㄷ, ㄹ

MGI Point **위헌법률심판**   ★★

- 법원은 "합리적 위헌의 의심"이 있는 경우 위헌법률심판제청 可
- 법률의 위헌 여부가 법원이 앞으로 진행될 소송절차와 관련한 중요한 문제점을 선행결정해야 하는지 판단에 영향을 주는 경우 ⇨ 재판의 전제성 有 (헌재법 제41조 제1항의 '다른 내용의 재판을 하게 되는 경우'에 포함)
- 증거채부 결정은 그 자체가 법원의 의사결정
  ⇨ 헌법 제107조 제1항과 헌재법 제41조 제1항 및 제68조 제2항에 규정된 '재판'에 해당 ○
- 정당한 이유 없이 예비군 훈련을 받지 않은 사람을 처벌하는 향토예비군설치법 및 예비군법
  - 대법원은 진정한 양심에 따른 예비군 훈련 거부는 심판대상조항의 '정당한 사유'에 해당한다고 판단 ○
  - 이러한 경우 법원의 위헌법률심판제청은 재판의 전제성 ×

ㄱ. (X) 헌법 제107조 제1항, 헌법재판소법 제41조, 제43조 등의 규정취지는 법원은 문제되는 법률조항이 담당법관 스스로의 법적 견해에 의하여 단순한 의심을 넘어선 합리적 위헌의 의심이 있으면 위헌여부심판을 제청을 하라는 취지이고, 헌법재판소로서는 제청법원의 이 고유판단을 될 수 있는 대로 존중하여 제청신청을 받아들여 헌법판단을 하는 것이다(헌재 1993.12.23. 93헌가2).

ㄴ. (O) 법률이 위헌으로 심판되는 여부가 법원이 앞으로 진행될 소송절차와 관련한 중요한 문제점을 선행결정하여야 하는 여부의 판단에 영향을 주는 경우도 헌법재판소법 제41조 제1항에서 요구하는 "재판"의 전제성이 있다고 보아야 할 것인바, 이 사건의 경우 국가를 당사자로 하는 소송에서 인지를 첨부하지 아니하도록 규정한 인지첨부및공탁제공에관한특례법 제2조의 위헌 여부는 앞으로 진행될 항고심절차에 관련하여 인지보정명령을 내릴 수 있는 여부의 중요한 문제를 선행결정하여야 하는 법원의 판단에 영향을 주는 것이므로 위 법률규정의 위헌여부는 원심법원(이 사건 제청법원)이 국가에 대하여 인지첨부를 명하는 보정명령을 내리는 재판 여부에 대하여 전제성이 있다고 보아야 한다(헌재 1994.02.24. 91헌가3).

ㄷ. (O) 재판의 전제성에서 "재판"이라 함은 판결·결정·명령 등 그 형식 여하와 본안에 관한 재판이거나 소송절차에 관한 재판이거나를 불문하며(헌법재판소 1994. 2. 24. 선고, 91헌가3 결정 참조), 심급을 종국적으로 종결시키는 종국재판뿐만 아니라 중간재판도 이에 포함된다고 하겠다. 법관이 법원으로서 어떠한 의사결정을 하여야 하고 그 때 일정한 법률조항의 위헌여부에 따라 그 의사결정의 결론이 달라질 경우에는, 우선 헌법재판소에 그 법률에 대한 위헌여부의 심판을 제청한 뒤 헌법재판소의 심판에 의하여 재판하여야 한다는 것이 법치주의의 원칙과 헌법재판소에 위헌법률심판권을 부여하고 있는 헌법 제111조 제1항 제1호 및 헌법 제107조 제1항의 취지에 부합하기 때문이다. 그러므로 법 제295조에 의하여 법원이 행하는 증거채부결정도 당해 소송사건을 종국적으로 종결시키는 재판은 아니라고 하더라도, 그 자체가 법원의 의사결정으로서 헌법 제107조 제1항과 헌법재판소법 제41조 제1항 및 제68조 제2항에 규정된 재판에 해당된다고 할 것이다(헌재 1996.12.26. 94헌바1).

ㄹ. (X) 대법원은 진정한 양심에 따른 예비군 훈련 거부는 심판대상조항의 '정당한 사유'에 해당한다고 판단하였다. 그렇다면 진지한 양심의 결정에 따라 예비군 훈련을 거부하는 사람에 대한 처벌 문제는 심판대상조항의 위헌 여부가 아니라 법원의 구체적 판단에 달린 문제로 남게 되었다. 제청법원들은 제청신청인들이 진정한 양심에 따른 예비군 훈련 거부자에 해당하는지 여부를 심리하고 이를 바탕으로 정당한 사유의 존부를 가려 유·무죄 판결을 하면 되므로, 이 사건 위헌법률심판제청은 '심판대상조항이 헌법에 위반되는지 여부에 따라 당해 사건을 담당하는 법원이 다른 내용의 재판을 하게 되는 경우'에 해당한다고 볼 수 없다. 따라서 이 사건 위헌법률심판제청은 재판의 전제성 요건을 충족하지 못하여 부적법하다(헌재 2021.02.25. 2013헌가13,2017헌가6(병합)).

정답 ②

문 112
22년 10월 모의시험

재판의 전제성에 관한 설명 중 옳은 것을 모두 고른 것은? (다툼이 있는 경우 판례에 의함)

ㄱ. 헌법재판소법 제41조 제1항에서 말하는 "재판"은 본안에 관한 재판을 말하고 소송절차에 관한 재판은 포함하지 않는다.

ㄴ. 헌법재판소에서의 판단을 구하여 제청한 법률조문의 위헌여부가 현재 제청법원이 심리 중인 해당사건의 재판결과에 어떠한 영향을 준다는 점단으로는 재판의 전제성을 인정하기 어렵고, 제청신청인의 권리에 영향이 있어야 재판의 전제성이 인정된다.

ㄷ. 행정처분에 대한 쟁송기간이 경과한 뒤에 그 무효확인소송을 제기하고서, 그 행정처분의 근거가 된 법률에 대한 위헌결정을 구하는 헌법재판소법 제68조 제2항 헌법소원심판을 청구한 경우에는 그 법률에 대한 위헌결정이 행정처분의 효력에 영향을 미칠 여지가 없어 재판의 전제성이 인정되지 않는다.

ㄹ. 확정된 유죄판결에서 처벌의 근거가 된 법률조항은 '재심의 청구에 대한 심판' 즉, 재심의 개시 여부를 결정하는 재판에서는 재판의 전제성이 인정되지 않고, 재심개시결정이 확정된 이후의 '본안사건에 대한 심판'에 있어서만 재판의 전제성이 인정될 수 있으므로, 재심개시결정 없이 위헌제청 되거나 재심개시결정과 동시에 또는 그 이후에 위헌제청 되었다고 하더라도 그 재심개시결정이 상급심에서 취소된 경우에는 원칙적으로 재판의 전제성이 인정되지 아니한다.

① ㄱ, ㄴ
② ㄱ, ㄹ
③ ㄷ, ㄹ
④ ㄱ, ㄴ, ㄷ
⑤ ㄴ, ㄷ, ㄹ

MGI Point   재판의 전제성　★★★

- 「재판」의 의미
  - 판결·결정·명령 등 그 형식 여하와 본안에 관한 재판이거나 소송절차에 관한 재판이거나를 불문
  - 종국판결뿐만 아니라 중간재판도 포함
- 「재판의 전제성」의 의미
  ⇨ 그 법률이 헌법에 위반되는지의 여부에 따라 당해 사건을 담당한 법원이 다른 내용의 재판을 하게 되는 경우
- 「다른 내용의 재판」을 하게 되는 경우의 의미
  - 재판의 결론이나 주문에 영향을 주는 경우
  - 재판의 결론을 이끌어내는 이유를 달리하는데 관련된 경우
  - 재판의 내용과 효력에 관한 법률적 의미가 달라지는 경우
- 행정처분의 근거 법률이 헌법에 위반된다는 사정
  - 헌법재판소의 위헌결정이 있기 전에는 특별한 사정이 없는 한 그 하자는 행정처분의 취소사유 ○, 당연무효사유 ×
  - 제소기간이 경과한 뒤에 행정처분의 근거 법률이 위헌임을 이유로 무효확인소송 등을 제기하더라도 행정처분의 효력에는 영향 ×, 재판의 전제성 인정 ×
- 재심의 개시결정 없이 위헌제청이 되거나 재심의 개시결정과 동시에 또는 그 이후에 위헌제청이 되었더라도 그 재심의 개시결정이 상급심에서 취소된 경우 ⇨ 원칙적으로 재판의 전제성 인정 ×

ㄱ. (X) 헌법재판소법 제41조 제1항은 "법률이 헌법에 위반되는 여부가 재판의 전제가 된 때에는 당해 사건을 담당하는 법원은 직권 또는 당사자의 신청에 의한 결정으로 헌법재판소에 위헌여부의 심판을 제청한다."라고 규정하고 있으므로, 법률에 대한 위헌제청이 적법하기 위해서는 법원에 계속중인 구체적인 사건에 적용할 법률이 헌법에 위반되는 여부가 재판의 전제로 되어야 한다. 여기서 "재판"이라 함은 판결·결정·명령 등 그 형식 여하와 본안에 관한 재판이거나 소송절차에 관한 재판이거나를 불문하며, 심급을 종국적으로 종결시키는 종국재판뿐만 아니라 중간재판도 이에 포함된다(헌재 2001.06.28. 99헌가14).

ㄴ. (X) 위헌법률심판제청이 적법하기 위하여서는 문제된 법률의 위헌 여부가 재판의 전제가 되어야 한다. 재판의 전제성이라 함은 그 법률이 헌법에 위반되는지의 여부에 따라 당해 사건을 담당한 법원이 다른 내용의 재판을 하게 되는 경우를 말한다. 여기서 "다른 내용의" 재판을 하게 되는 경우라 함은 원칙적으로 제청법원이 심리중인 당해 사건의 재판의 결론이나 주문에 어떠한 영향을 주는 것뿐만이 아니라, 문제된 법률의 위헌 여부가 비록 재판의 주문 자체에는 아무런 영향을 주지 않는다고 하더라도 재판의 결론을 이끌

어내는 이유를 달리 하는데 관련되어 있거나 또는 재판의 내용과 효력에 관한 법률적 의미가 전혀 달라지는 경우를 뜻한다(헌재 2002.11.28. 2001헌가28).

ㄷ. (○) 행정처분의 근거법률이 헌법에 위반된다는 사정은 헌법재판소의 위헌결정이 있기 전에는 객관적으로 명백한 것이라고 할 수는 없으므로 특별한 사정이 없는 한 그러한 하자는 행정처분의 취소사유에 해당할 뿐 당연무효사유는 아니고, 제소기간이 경과한 뒤에는 행정처분의 근거 법률이 위헌임을 이유로 무효확인소송 등을 제기하더라도 행정처분의 효력에는 영향이 없음이 원칙이다. 따라서 처분의 근거가 된 법률조항의 위헌 여부에 따라 당해 사건 재판의 주문이 달라지거나 재판의 내용과 효력에 관한 법률적 의미가 달라지는 경우로 볼 수 없으므로 재판의 전제성이 인정되지 아니한다(헌재 2014.01.28. 2011헌바38).

ㄹ. (○) 형사소송법은 재심의 절차를 '재심의 청구에 대한 심판'과 '본안사건에 대한 심판'이라는 두 단계 절차로 구별하고 있다. 따라서 확정된 유죄판결에서 처벌의 근거가 된 법률조항은 '재심의 청구에 대한 심판' 즉, 재심의 개시 여부를 결정하는 재판에서는 재판의 전제성이 인정되지 않고, 재심의 개시 결정이 확정된 이후의 '본안사건에 대한 심판'에 있어서만 재판의 전제성이 인정되므로, 재심의 개시결정 없이 위헌제청이 되거나 재심의 개시결정과 동시에 또는 그 이후에 위헌제청이 되었다고 하더라도 그 재심의 개시결정이 상급심에서 취소된 경우에는 원칙적으로 재판의 전제성이 인정되지 아니한다(헌재 2016.03.31. 2015헌가36).

  ③

문 113 21년 8월 모의시험

위헌법률심판 및 「헌법재판소법」 제68조 제2항의 헌법소원심판에 관한 설명 중 옳은 것은? (다툼이 있는 경우 헌법재판소 판례에 의함)

① 위헌법률심판제도는 국회의 입법권을 통제하기 위한 것이므로, 국회가 제정한 형식적 의미의 법률이 아니라 법원 판결에 의하여 법률과 같이 재판규범으로 적용되어 온 관습법은 위헌법률심판의 대상이 되지 않는다.
② 지방자치단체의 조례는 법률이 아니므로 어떠한 경우에도 위헌법률심판이나 「헌법재판소법」 제68조 제2항에 따른 헌법소원심판의 대상이 될 수 없다.
③ 명령·규칙은 위헌제청의 대상이 되지 않으나, 법률과 시행령·규칙이 결합하여 전체로서 하나의 완결된 법적 효력을 발휘할 경우에는 법률과 시행령·규칙 등 규범 일체가 예외적으로 위헌법률심판의 대상이 될 수 있다.
④ 「헌법재판소법」 제68조 제2항에 의하면 당해 법원에 의해 위헌법률심판제청신청이 기각된 법률조항에 대해서 헌법소원심판을 청구할 수 있으므로, 당해 법원이 재판의 전제성을 부정하여 각하한 조항에 대해서는 위 헌법소원심판청구가 허용되지 않는다.
⑤ 재판의 전제성은 법원에 의한 법률의 위헌심판제청 당시에만 있으면 되고, 헌법재판소의 위헌법률심판의 시점에도 충족되어야 하는 것은 아니다.

> **MGI Point** 위헌법률심판 및 헌재법 제68조 제2항의 헌법소원심판 ★★
>
> - 재판규범으로 적용된 관습법 ⇨ 위헌법률심판의 대상 ○
> - 헌재법 제68조 제2항 헌법소원 심판대상 ⇨ 재판의 전제가 되는 형식적 의미의 '법률' 및 그와 동일한 효력을 가진 명령
>   ∴ 지방자치단체의 조례 ×
> - 법률과 시행령이 결합하여 전체로서 하나의 완결된 법규적 효력을 가질 경우 ⇨ 법률의 위임에 의한 시행령 등 하위법규의 위헌성을 문제삼아 법률의 위헌심판제청 허용 ×
> - 헌재법 제68조 제2항에 의한 헌법소원심판의 청구 ⇨ 동법 제41조 제1항에 의한 법률의 위헌여부심판의 제청신청을 법원이 각하 또는 기각한 경우에만 허용 ○
> - 재판의 전제성 요구시점
>   - 원칙 : 제청시 분만 아니라 심판시에도 충족될 것 要
>   - 예외 : 제청 후 사정변경으로 재판의 전제성이 소멸한 경우에도 객관적 헌법질서 수호·유지를 위하여 심판의 필요성 인정시 ⇨ 위헌제청의 적법성 인정 可

① (X) 헌법 제111조 제1항 제1호, 제5호 및 헌법재판소법 제41조 제1항, 제68조 제2항은 위헌심판의 대상을 '법률'이라고 규정하고 있는데, 여기서 '법률'이라고 함은 국회의 의결을 거친 형식적 의미의 법률뿐만 아니라 법률과 같은 효력을 갖는 조약 등도 포함되므로, 법률과 같은 효력을 가지는 이 사건 관습법도 헌법소원심판의 대상이 되고, 단지 형식적 의미의 법률이 아니라는 이유로 그 예외가 될 수는 없다(헌재 2020.10.29. 2017헌바208).

② (○) 헌법재판소법 제68조 제2항에 의한 헌법소원의 대상은 당해 사건의 재판의 전제가 되는 '법률'인 것이므로 지방자치단체의 조례는 그 대상이 될 수 없다(헌재 1998.10.15. 96헌바77).

③ (X) 우리헌법 제107조 제2항에 의하여 명령·규칙·처분의 위헌, 위법 심사권은 대법원을 최종심으로 하는 각급 법원에 부여되어 있는 이상, 구체적 사건에 있어서 당해 법률 또는 법률조항의 의미·내용과 적용범위가 어떠한 것인지를 정하는 권한 곧 법령의 해석·적용 권한은 전적으로 대법원을 최고법원으로 하는 법원에 전속하므로 법원이 스스로 재판의 전제되는 당해 시행령·규칙·처분의 위헌 여부를 판단하면 되는 것이고, 법률과 시행령이 결합하여 전체로서 하나의 완결된 법규적 효력을 가질 경우 당해 법률을 형식적 위헌심사의 대상으로 상정하고 실질적으로는 법률의 위임에 의한 시행령 등 하위법규의 위헌성을 문제삼아 위헌심판제청을 하는 것은 허용되지 아니한다(광주고법 2001.03.15. 2001아2).

> **헌법 제107조** ② 명령·규칙 또는 처분이 헌법이나 법률에 위반되는 여부가 재판의 전제가 된 경우에는 대법원은 이를 최종적으로 심사할 권한을 가진다.

> **판례** 헌법재판소법 제68조 제2항의 규정에 의한 헌법소원심판청구는 법률이 헌법에 위반되는 여부가 재판의 전제가 되는 때에 당사자가 위헌제청신청을 하였음에도 불구하고 법원이 이를 배척하였을 경우에 법원의 제청에 갈음하여 당사자가 직접 헌법재판소에 헌법소원의 형태로서 심판청구를 하는 것이므로 그 심판의 대상은 재판의 전제가 되는 법률인 것이지 대통령령이나 시행규칙은 될 수 없다(헌재 1998.06.25. 95헌바24).

④ (X) 헌법재판소법 제41조 제1항은 "법률이 헌법에 위반되는 여부가 재판의 전제가 된 때에는 당해 사건을 담당하는 법원은 직권 또는 당사자의 신청에 의한 결정으로 헌법재판소에 위헌여부의 심판을 제청한다"라고 규정하고 있고, 동법 제68조 제2항은 "제41조 제1항에 의한 법률의 위헌여부심판의 제청신청이 기각된 때에는 그 신청을 한 당사자는 헌법재판소에 헌법소원심판을 청구할 수 있다"라고 규정하고 있으므로, 동법 제68조 제2항에 의한 헌법소원심판의 청구는 동법 제41조 제1항에 의한 법률의 위헌여부심판의 제청신청을 법원이 각하 또는 기각한 경우에만 허용된다(헌재 1999.04.29. 98헌바29).

⑤ (X) 재판의 전제성은 법률의 위헌여부심판제청시만 아니라 심판시에도 갖추어져야 함이 원칙이다(헌재 1993.12.23. 93헌가2).

정답 ②

문 114
24년 6월 모의시험

「헌법재판소법」 제68조 제2항에 따른 헌법소원심판에 관한 설명 중 옳지 않은 것은? (다툼이 있는 경우 헌법재판소의 판례에 의함)

① 일정한 규범이 「헌법재판소법」 제68조 제2항에 따른 헌법소원심판의 대상이 되는 '법률'인지 여부는 그 제정 형식이나 명칭이 아니라 그 규범의 효력을 기준으로 판단하여야 한다.
② 「헌법재판소법」 제68조 제2항에 따른 헌법소원심판의 대상은 '법률'이지 '법률의 해석'이 아니므로 법률조항 자체의 위헌판단을 구하는 것이 아니라 '법률조항을 …으로(이라고) 해석하는 한 위헌'이라고 청구하는 소위 한정위헌청구는 원칙적으로 부적법하다.
③ 위헌법률심판 제청신청에 대한 당해 법원의 기각결정의 대상이 되는 조항이 아니라고 하더라도 당해 조항이 명시적으로 제청신청을 한 조항과 필연적 연관관계를 맺고 있어서 당해 법원이 묵시적으로 제청신청된 것으로 판단한 것으로 볼 수 있는 경우에는 「헌법재판소법」 제68조 제2항에 따른 헌법소원심판의 대상이 될 수 있다.
④ 「헌법재판소법」 제68조 제2항에 따른 헌법소원심판 청구인이 당해 사건인 형사사건에서 무죄의 확정판결을 받은 경우에도 헌법재판소는 헌법질서의 수호·유지 및 관련 당사자의 권리구제를 위하여 재판의 전제성을 인정한 경우가 있다.
⑤ 당해 사건 재판에서 승소판결을 받았다고 하더라도 그 판결이 확정되지 아니한 이상 상소절차에서 그 주문이 달라질 수 있으므로, 청구인이 파기환송 전 항소심에서 승소판결을 받았다는 사정만으로는 재판의 전제성이 부정된다고 할 수 없다.

MGI Point 「헌법재판소법」 제68조 제2항 따른 헌법소원심판 ★★

- 헌법재판소법 제68조 제2항에 따른 헌법소원심판의 대상이 되는 법률인지 여부는 그 제정 형식이나 명칭이 아니라 그 규범의 효력을 기준으로 판단 要
- 한정위헌결정을 구하는 한정위헌청구는 원칙적으로 적법 ○
- 위헌제청신청을 기각 또는 각하한 법원이 위 조항을 실질적으로 판단하였거나 위 조항이 명시적으로 위헌제청신청을 한 조항과 필연적 연관관계를 맺고 있어서 법원이 위 조항을 묵시적으로나마 위헌제청신청으로 판단을 하였을 경우에는 헌법재판소법 제68조 제2항의 헌법소원으로서 적법 ○
- 헌법재판소법 제68조 제2항에 따른 헌법소원심판 청구인이 당해 사건인 형사사건에서 무죄의 확정판결을 받은 경우 ⇨ 헌법재판소는 헌법질서의 수호·유지 및 관련 당사자의 권리구제를 위하여 재판의 전제성을 인정한 경우도 有

① (○) 법원의 제청에 의한 위헌법률심판 또는 헌법재판소법 제68조 제2항에 따른 헌법소원심판의 대상이 되는 '법률'이 국회의 의결을 거친 이른바 형식적 의미의 법률을 의미하는 것에는 아무런 의문이 있을 수 없다. 그 밖에 형식적 의미의 법률은 아니나 국회의 동의를 얻어 체결되고 법률과 같은 효력을 가지는 조약 등 '형식적 의미의 법률과 동일한 효력'을 갖는 규범들도 여기에 포함된다. 이때 '형식적 의미의 법률과 동일한 효력'이 있느냐 여부는 그 규범의 명칭이나 형식에 구애받지 않고 법률적 효력의 유무에 따라 판단하여야 한다(헌재 2016.04.28. 2013헌바396, 2014헌바394(병합)).

② (X) 법률의 의미는 결국 개별·구체화된 법률해석에 의해 확인되는 것이므로 법률과 법률의 해석을 구분할 수는 없고, 재판의 전제가 된 법률에 대한 규범통제는 해석에 의해 구체화된 법률의 의미와 내용에 대한 헌법적 통제로서 헌법재판소의 고유권한이며, 헌법합치적 법률해석의 원칙상 법률조항 중 위헌성이 있는 부분에 한정하여 위헌결정을 하는 것은 입법권에 대한 자제와 존중으로서 당연하고 불가피한 결론이므로, 이러한 한정위헌결정을 구하는 한정위헌청구는 원칙적으로 적법하다고 보아야 한다(헌재 2012.12.27. 2011헌바117).

③ (○) 헌법재판소법 제68조 제2항의 헌법소원은 법률의 위헌여부심판의 제청신청을 하여 그 신청이 기각된 때에만 청구할 수 있는 것이므로, 청구인이 특정 법률조항에 대한 위헌여부심판의 제청신청을 하지 않았고 따라서 법원의 기각결정도 없었다면 비록 헌법소원심판청구에 이르러 위헌이라고 주장하는 법률조항에 대한 헌법소원은 원칙적으로 심판청구요건을 갖추지 못하여 부적법한 것이나, 예외적으로 위헌제청신청을 기각 또는 각하한 법원이 위 조항을 실질적으로 판단하였거나 위 조항이 명시적으로 위헌제청신청을 한 조항과 필연적 연관관계를 맺고 있어서 법원이 위 조항을 묵시적으로나마 위헌제청신청으로 판단을 하였을 경우에는 헌법재판소법 제68조 제2항의 헌법소원으로서 적법한 것이다(헌재 2005.02.24. 2004헌바24).

④ (○) 당해 사건에서 무죄판결이 선고되거나 재심청구가 기각되어 원칙적으로는 재판의 전제성이 인정되지 아니할 것이나, 긴급조치의 위헌 여부를 심사할 권한은 본래 헌법재판소의 전속적 관할 사항인 점, 법률과 같은 효력이 있는 규범인 긴급조치의 위헌 여부에 대한 헌법적 해명의 필요성이 있는 점, 당해 사건의 대법원판결은 대세적 효력이 없는 데 비하여 형벌조항에 대한 헌법재판소의 위헌결정은 대세적 기속력을 가지고 유죄 확정판결에 대한 재심사유가 되는 점, 유신헌법 당시 긴급조치 위반으로 처벌을 받게 된 사람은 재판절차에서 긴급조치의 위헌성을 다툴 수조차 없는 규범적 장애가 있었던 점 등에 비추어 볼 때, 예외적으로 헌법질서의 수호·유지 및 관련 당사자의 권리구제를 위하여 재판의 전제성을 인정함이 상당하다(헌재 2013.03.21. 2010헌바132).

⑤ (○) 당해 사건 재판에서 청구인이 승소판결을 받아 그 판결이 확정된 경우 청구인은 재심을 청구할 법률상 이익이 없고, 심판대상조항에 대하여 위헌결정이 선고되더라도 당해 사건 재판의 결론이나 주문에 영향을 미칠 수 없으므로 그 심판청구는 재판의 전제성이 인정되지 아니하나, 당해 사건에 관한 재판에서 승소판결을 받았다고 하더라도 그 판결이 확정되지 아니한 이상 상소절차에서 그 주문이 달라질 수 있으므로, 파기환송 전 항소심에서 승소판결을 받았다는 사정만으로는 법률조항의 위헌 여부에 관한 재판의 전제성이 부정된다고 할 수 없다(헌재 2013.06.27. 2011헌바247).

정답 ②

제3절 │ 헌법소원심판

- 제1항 제68조 제1항에 의한 헌법소원

문 115
23년 10월 모의시험

「헌법재판소법」 제68조 제1항에 따른 헌법소원심판에 관한 설명 중 옳지 않은 것을 모두 고른 것은? (다툼이 있는 경우 판례에 의함)

ㄱ. 헌법소원심판 청구 당시 공포되기만 하고 아직 시행되지는 않은 법률도 그 법률이 효력 발생하기 이전에 이미 청구인들의 권리관계가 침해될 수 있고 현재의 시점에서 청구인들이 불이익을 입게 될 수도 있다는 것을 충분히 예측할 수 있는 경우에는 기본권침해의 현재성이 인정된다.

ㄴ. 행정부에서 제정한 시행령이나 시행규칙 및 사법부에서 제정한 규칙 등은 그에 대한 최종적인 위헌·위법심사권이 대법원에 있으므로, 그것들이 별도의 집행행위를 기다리지 않고 직접 기본권을 침해하는 것일 때에도 「헌법재판소법」 제68조 제1항에 따른 헌법소원심판의 대상이 될 수 없다.

ㄷ. 진정사건에 대한 국가인권위원회의 각하 및 기각결정에 대한 헌법소원 심판청구는 행정심판이나 행정소송 등의 사전 구제절차를 모두 거치지 않은 이상 보충성 요건을 충족하지 못한다.

ㄹ. 입법을 하였으나 그 입법이 불완전한 부진정입법부작위로 인한 기본권 침해의 경우에는 불완전한 입법이 아닌 입법부작위를 이유로 「헌법재판소법」 제68조 제1항에 따른 헌법소원심판을 청구할 수 있다.

ㅁ. 법령에 대한 헌법소원에 있어서 집행행위에는 행정부의 입법작용도 포함되므로, 법률조항이 그 규정의 구체화를 위하여 하위규범의 시행을 예정하고 있다면 청구인이 그 법률조항의 의회유보원칙의 위배 또는 포괄위임금지원칙의 위배를 다투고 있는 경우에도 그 법률조항에 대해서는 기본권침해의 직접성이 인정되지 않는다.

① ㄱ, ㅁ
② ㄴ, ㄷ
③ ㄱ, ㄷ, ㄹ
④ ㄴ, ㄹ, ㅁ
⑤ ㄴ, ㄷ, ㄹ, ㅁ

MGI Point 헌법소원심판(헌재법 제68조 제1항) ★★

- 법규범이 일반적 효력을 발생하기 전이라도 공포되어 있는 경우 불이익을 입게 될 수도 있다는 것을 현재의 시점에서 충분히 예측할 수 있는 때 ⇨ 헌법소원심판 청구의 현재성 요건 충족 ○
- 별도의 집행행위를 기다리지 않고 직접 기본권을 침해하는 것일 경우 입법부에서 제정한 법률, 행정부에서 제정한 시행령이나 시행규칙 및 사법부에서 제정한 규칙 등 ⇨ 헌법소원심판 청구의 대상 ○
- 진정에 대한 국가인권위원회의 각하 및 기각결정에 대한 헌법소원청구 ⇨ 보충성 요건을 충족하지 못하여 부적법
- 부진정 입법부작위로 인한 기본권 침해인 경우 ⇨ 그 불완전한 법규 자체를 대상으로 하여 입법부작위를 이유로 헌법재판소법 제68조 제1항에 따른 헌법소원심판 청구는 불가능
- 법령조항이 그 규정의 구체화를 위하여 하위규정의 시행을 예정하고 있는 경우에도 권리제한·의무부과가 법률 자체에서 직접 이루어지는 경우 ⇨ 헌법소원심판 청구의 직접성 요건 충족 ○

ㄱ. (○) 법규범이 일반적 효력을 발생하기 전이라도 공포되어 있는 경우에 그 법규범에 대하여 헌법소원을 제기할 수 있는가. 이와 관련하여 우리 재판소는 서울대학교 신입생선발입시안에 대한 헌법소원에서 "현재 고등학교에서 일본어를 배우고 있는 청구인들은 서울대학교 대학별 고사의 선택과목에서 일본어가 제외되어 있는 그 입시요강으로 인하여 94학년도 또는 95학년도에 서울대학교 일반계열 입학을 지원할 경우 불이익을 입게 될 수도 있다는 것을 현재의 시점에서 충분히 예측할 수 있는 이상 기본권침해의 현재성을 인정하여 헌법소원심판청구의 이익을 인정하는 것이 옳다."고 판시하였다(헌재 1992.10.01. 92헌마68,76(병합) 참조). 이 사건 법률은 1994.8.3. 법률 제4774호로 공포되었고 1995.1.1.부터 시행된다. 이 사건 법률이 시행되면 즉시 중원군은 폐지되고 충주시에 흡수되므로, 이 사건 법률이 효력발생하기 이전에 이미 청구인들의 권리관계가 침해될 수도 있다고 보여지고 현재의 시점에서 청구인들이 불이익을 입게 될 수도 있다는 것을 충분히 예측할 수 있으므로 기본권침해의 현재성이 인정된다(헌재 1994.12.29. 94헌마201).

ㄴ. (X) 헌법 제107조 제2항이 규정한 명령·규칙에 대한 대법원의 최종심사권이란 구체적인 소송사건에서 명령·규칙의 위헌여부가 재판의 전제가 되었을 경우 법률의 경우와는 달리 헌법재판소에 제청할 것 없이 대법원의 최종적으로 심사할 수 있다는 의미이며, 헌법 제111조 제1항 제1호에서 법률의 위헌여부심사권을 헌법재판소에 부여한 이상 통일적인 헌법해석과 규범통제를 위하여 공권력에 의한 기본권침해를 이유로 하는 헌법소원심판청구사건에 있어서 법률의 하위법규인 명령·규칙의 위헌여부심사권이 헌법재판소의 관할에 속함은 당연한 것으로서 헌법 제107조 제2항의 규정이 이를 배제한 것이라고는 볼 수 없다. 그러므로 법률의 경우와 마찬가지로 명령·규칙 그 자체에 의하여 직접 기본권이 침해되었음을 이유로 하여 헌법

소원심판을 청구하는 것은 위 헌법 규정과는 아무런 상관이 없는 문제이다. 그리고 헌법재판소법 제68조 제1항이 규정하고 있는 헌법소원심판의 대상으로서의 "공권력"이란 입법·사법·행정 등 모든 공권력을 말하는 것이므로 입법부에서 제정한 법률, 행정부에서 제정한 시행령이나 시행규칙 및 사법부에서 제정한 규칙 등은 그것들이 별도의 집행행위를 기다리지 않고 직접 기본권을 침해하는 것일 때에는 모두 헌법소원심판의 대상이 될 수 있는 것이다(헌재 1990.10.15. 89헌마178).

ㄷ. (○) 국가인권위원회는 법률상의 독립된 국가기관이고, 피해자인 진정인에게는 국가인권위원회법이 정하고 있는 구제조치를 신청할 법률상 신청권이 있는데 국가인권위원회가 진정을 각하 및 기각결정을 할 경우 피해자인 진정인으로서는 자신의 인격권 등을 침해하는 인권침해 또는 차별행위 등이 시정되고 그에 따른 구제조치를 받을 권리를 박탈당하게 되므로, 진정에 대한 국가인권위원회의 각하 및 기각결정은 피해자인 진정인의 권리행사에 중대한 지장을 초래하는 것으로서 항고소송의 대상이 되는 행정처분에 해당하므로, 그에 대한 다툼은 우선 행정심판이나 행정소송에 의하여야 할 것이다. 따라서 이 사건 심판청구는 행정심판이나 행정소송 등의 사전 구제절차를 모두 거친 후 청구된 것이 아니므로 보충성 요건을 충족하지 못하였다(헌재 2015.03.26. 2013헌마214등).

ㄹ. (X) 헌법소원은 헌법재판소법 제68조 제1항에 규정한 바와 같이 공권력의 불행사에 대하여서도 청구할 수 있지만, 입법부작위에 대한 헌법소원은 원칙적으로 인정될 수 없고, 다만 헌법에서 기본권 보장을 위해 명시적인 입법위임을 하였음에도 입법자가 이를 이행하지 않거나, 헌법해석상 특정인에게 구체적인 기본권이 생겨 이를 보장하기 위한 국가의 행위의무 내지 보호의무가 발생하였음이 명백함에도 입법자가 아무런 입법조치를 취하지 않고 있는 경우에만 예외적으로 인정될 수 있다는 것이 헌법재판소의 확립된 판례이다. 그리고 기본권 보장을 위한 법규정이 불완전하여 보충을 요하는 경우에는 그 불완전한 법규 자체를 대상으로 하여 그것이 헌법위반이라는 적극적인 헌법소원을 청구함은 별론으로 하고, 입법부작위를 헌법소원의 대상으로 삼을 수는 없는 것이다(헌재 1999.01.28. 97헌마9).

ㅁ. (X) 청구인의 주장은 법 제42조는 구성요건에 관한 기본사항에 관하여 구체적인 기준이나 범위를 정하지 않고 위임하였기 때문에 포괄위임금지원칙에 반하고 죄형법정주의에 위배된다. 또한 시행령 제21조 제2항 역시 '전자적 표시'라는 불명확한 개념을 사용하고, 그 구체적인 방법은 다시 포괄적으로 위임하고 있으므로 명확성 원칙과 포괄위임금지원칙에 반한다는 것이다. … 이 조항은 "… 청소년유해매체물을 제공하고자 하는 자는 대통령령이 정하는 표시방법에 따라 당해 정보가 청소년유해매체물임을 표시하여야 한다."고 규정하는데, 청소년유해매체물의 표시방법을 하위규범인 대통령령에 위임하고 있어 직접성 요건이 흠결된 것이 아닌가 하는 의문이 제기될 수 있다. 그러나 이 조항은 청소년유해매체물의 표시의무를 부과하면서 다만 그 구체적인 방법을 대통령령에게 위임하고 있는 것이므로, '표시의무의 부과'라는 금지의무의 설정이 동 법률조항에서 직접 이루어지고 있다는 관점에서 볼 때, 동 조항은 직접 기본권(표현의 자유)을 제한하고 있는 것이므로 '직접성'이 인정된다(헌재 2004.01.29. 2001헌마894).

정답 ④

문 116

23년 8월 모의시험

대통령은 북한의 계속되는 핵실험으로 인해 남북협력사업인 개성공단의 운영을 즉시 전면 중단하기로 결정하고, 통일부장관은 대통령의 지시에 따라 철수계획을 마련하여 관련 기업인들에게 통보한 다음 개성공단 전면중단 성명을 발표하고, 이에 대응한 북한의 조치에 따라 2016. 2. 10. 개성공단에 체류 중인 국민들 전원을 대한민국 영토 내로 귀환하도록 한 일련의 행위로 이루어진 개성공단 전면중단 조치(이하 '이 사건 중단조치'라고 함)를 취하였다. 이에 개성공단에 입주한 투자기업 A와 A에게 생산부품을 납품하는 협력기업 B는 「헌법재판소법」 제68조 제1항에 따른 헌법소원심판을 청구하였다. 이에 관한 설명 중 옳은 것은? (다툼이 있는 경우 판례에 의함)

① 이 사건 중단조치가 국가안보와 관련된 고도의 정치적 결단을 요하는 문제이기는 하나, 모든 국가작용은 헌법과 법률에 근거하여 이루어져야 하는 만큼 국민의 기본권을 침해하지 않는다 하더라도 사법적 판단의 대상이 된다.
② A는 이 사건 중단조치로 인하여 다른 집행행위의 매개 없이 직접 그리고 현재 개성공단 내에서 위와 같은 협력사업 활동이 제한되고 있으므로 기본권 침해의 자기관련성이 인정되나, B는 직접적·법적으로 기본권 침해가 있는 것으로 볼 수 없어 자기관련성이 인정되지 않는다.
③ 대통령은 헌법 제66조에 따라 헌법상 국가의 독립, 영토의 보전, 국가의 계속성과 헌법을 수호할 책무를 지고, 조국의 평화적 통일을 위한 성실한 의무를 지며, 국가의 원수이자 행정부의 수반으로서 모든 행정에 대한 지휘, 감독권을 가지지만 이러한 일반적인 헌법규정을 이 사건 중단조치의 헌법적 근거로 보기는 어렵다.
④ 이 사건 중단조치는 A의 직업선택의 자유에 의해 보장되는 기업경영 내지 영업의 자유를 제한하지만 이 사건 중단조치로 인해 개성공단에서 생산한 제품을 처분하지 못함에 따르는 경제적 소득의 감소는 반사적 이익에 불과하다는 점에서 재산권을 제한하지 않는다.
⑤ 이 사건 중단조치는 개성공단의 운영 중단이라는 대통령의 정책 결정을 포함하고 있는바, 국제 공조 하에 북한 핵개발을 저지하기 위한 제재조치로서 개성공단 운영을 중단하는 것은 국가 안보와 관련된 중요한 대외정책의 결정이므로 반드시 국무회의의 심의를 거쳐야 한다.

MGI Point 헌법소원 ★

- 고도의 정치적 결단 요하는 사항이, 국민의 기본권 침해와 직접 관련되는 경우 ⇨ 사법적 심사 대상 ○
- 직접적인 침해가 있는 투자기업은 자기관련성이 인정 ○, 그렇지 아니한 협력기업은 자기관련성 x
- 개성공단 전면중단 조치와 관련하여 헌법 제66조는 근거성이 인정 ○
- 개성공단에서 생산한 제품을 반출하여 처분하지 못하게 된 것 ⇨ 재산권 제한 ○
- 개성공단 전면중단 조치는 국무회의 심의대상 x

① (X) 우리 헌법의 기본원리인 법치주의의 원리상 대통령, 국회 기타 어떠한 공권력도 법의 지배를 받아야 하고, 모든 국가작용은 국민의 기본권적 가치를 실현하기 위한 수단이라는 데에서 나오는 한계를 반드시 지켜야 하며, 헌법재판소는 헌법의 수호와 국민의 기본권 보장을 사명으로 하는 국가기관이므로, 비록 고도의 정치적 결단에 의하여 행해지는 국가작용이라고 할지라도 그것이 국민의 기본권침해와 직접 관련되는 경우에는 당연히 헌법재판소의 심판대상이 될 수 있다(헌재 2022.01.27. 2016헌마364).

② (○) 타인에 대한 공권력의 작용이 단지 간접적, 사실적 또는 경제적인 이해관계로만 관련된 제3자에게는 자기관련성이 인정되지 않는다(헌재 2014.08.28. 2012헌마776; 헌재 2019.11.28. 2016헌마40 참조). … 투자기업인 청구인들은 남북교류협력법에 따라 협력사업 승인을 받은 후 개성공단 내에 자회사 또는 영업소를 설립하여 운영해 온 국내 모기업으로서, 이 사건 중단조치로 인하여 다른 집행행위의 매개 없이 직접 그리고 현재 개성공단 내에서 위와 같은 협력사업 활동이 제한되고 있으므로, 기본권침해의 자기관련성, 직접성 및 현재성이 인정된다. …협력기업인 청구인들은 개성공업지구 투자기업 등과 거래하던 국내기업으로 이 사건 중단조치의 직접적인 상대방이 아니고, 이 사건 중단조치로 개성공업지구 투자기업 등이 받은 영향으로 말미암아 영업이익이 감소되는 피해를 보았다 하더라도, 그것은 간접적·경제적 이해관계에 불과할 뿐 직접적·법적으로 기본권 침해가 있는 것으로 보기는 어렵다. 따라서 협력기업인 청구인들은 이 사건 중단조치에 관한 자기관련성이 인정되지 않으므로, 위 청구인들의 이 사건 헌법소원 심판청구는 부적법하다(헌재 2022.01.27. 2016헌마364).

③ (×) 개성공단 전면중단 조치는 국제평화를 위협하는 북한의 핵무기 개발을 경제적 제재조치를 통해 저지하려는 국제적 합의에 이바지하기 위한 조치로서, 통일부장관의 조정명령에 관한 '남북교류협력에 관한 법률' 제18조 제1항 제2호, 대통령의 국가의 계속성 보장 책무, 행정에 대한 지휘·감독권 등을 규정한 헌법 제66조, 정부조직법 제11조 등이 근거가 될 수 있으므로, 헌법과 법률에 근거한 조치로 보아야 한다(헌재 2022.01.27. 2016헌마364).

④ (×) 영업의 자유를 장소적으로 제한받게 됨으로써 청구인들은 개성공단 내에서 기업활동을 위해 이용권 등을 확보한 토지, 건물을 사용, 수익할 수 없게 되었고, 개성공단에 설치, 반입한 생산설비, 원·부자재를 사용하거나 개성공단에서 생산한 제품을 반출하여 처분하지 못하게 되었으므로, 이 사건 중단조치로 인하여 청구인들의 재산권도 제한된다고 볼 수 있다(헌재 2022.01.27. 2016헌마364).

⑤ (×) 개성공단 전면중단 조치는 국가안보와 관련된 조치로서, 현지 체류 국민들의 신변안전을 위해 최대한 기밀로 유지하면서 신속하게 처리할 필요가 있었다. 위 조치과정에서 국가안보에 관한 필수 기관이 참여하는 국가안전보장회의 상임위원회의 협의를 거쳤고, '남북교류협력에 관한 법률'이 규정하는 조정명령이 국무회의를 사전 절차로 요구하지 않으며, 관련 기업인들과의 간담회가 개최되기도 하였으므로, 조치의 특성, 절차 이행으로 제고될 가치, 국가작용의 효율성 등의 형량에 따른 필수적 절차는 거친 것으로 보아야 한다. 따라서 국무회의 심의, 이해관계자에 대한 의견청취절차 등을 거치지 않았더라도 개성공단 전면중단 조치가 적법절차원칙을 위반하여 개성공단 투자기업인 청구인들의 영업의 자유와 재산권을 침해한다고 볼 수 없다(헌재 2022.01.27. 2016헌마364).

 정답 ②

문 117

23년 6월 모의시험

헌법소원심판에 관한 설명 중 옳지 않은 것은? (다툼이 있는 경우 판례에 의함)

① 2016년 대통령의 개성공단 전면중단 조치는 고도의 정치적 결단을 요하는 문제이기는 하나, 조치 결과 개성공단 투자기업인 청구인들에게 기본권 제한이 발생하였고 해당 조치가 헌법과 법률에 따라 결정·집행되도록 견제하는 것이 헌법재판소 본연의 임무이므로, 그 한도에서는 「헌법재판소법」 제68조 제1항에 따른 헌법소원심판의 대상이 될 수 있다.

② 조례는 「헌법재판소법」 제68조 제1항에 따른 헌법소원심판의 대상이 될 수는 있으나, 「헌법재판소법」 제68조 제2항에 따른 헌법소원심판의 대상이 될 수는 없다.

③ 공권력의 불행사로 인한 기본권침해는 그 불행사가 계속되는 한 기본권침해의 부작위가 계속된다고 할 것이므로, 공권력의 불행사에 대한「헌법재판소법」제68조 제1항에 따른 헌법소원심판은 그 불행사가 계속되는 한 기간의 제약 없이 적법하게 청구할 수 있다.
④ 헌법소원심판이 청구되면 헌법재판소는 청구인의 심판청구서에 기재된 청구취지에 구애됨이 없이 청구인의 주장요지를 종합적으로 판단하여야 하며, 청구인이 주장하는 침해된 기본권과 침해의 원인이 되는 공권력을 직권으로 조사하여 피청구인과 심판대상을 확정하여 판단하여야 한다.
⑤「헌법재판소법」제68조 제1항에 따른 헌법소원을 인용할 때, 헌법재판소는 공권력의 행사 또는 불행사가 위헌인 법률 또는 법률 조항에 기인한 것이라고 하더라도 인용결정에서 해당 법률 또는 법률 조항에 대하여 위헌임을 선고할 수 없다.

MGI Point 헌법소원 ★★

- 개성공단 전면중단 조치는 헌법소원심판의 대상 ○
- 조례가 헌법소원심판의 대상인지 여부 : §68①의 헌법소원 대상 ○, §68②의 헌법소원 대상 ×
- 공권력의 불행사로 인한 기본권침해는 불행사가 계속되는 한 기간 제약 없이 헌법소원심판 청구 可
- 헌법소원심판 청구시 심판청구예의 기재 여부와 관계없이 법원이 직권으로 피청구인과 심판대상을 특정하여 판단 ○
- §68①의 헌법소원심판 청구를 인용할 때, 공권력의 행사 또는 불행사가 위헌인 법률조항에 기인한 경우
  ⇨ 인용결정에 해당 법률 또는 법률 조항에 대하여 위헌 선고 可

① (○) 개성공단 전면중단 조치가 고도의 정치적 결단을 요하는 문제이기는 하나, 조치 결과 개성공단 투자기업인 청구인들에게 기본권 제한이 발생하였고, 국민의 기본권 제한과 직접 관련된 공권력의 행사는 고도의 정치적 고려가 필요한 행위라도 헌법과 법률에 따라 결정하고 집행하도록 견제하는 것이 헌법재판소 본연의 임무이므로, 그 한도에서 헌법소원심판의 대상이 될 수 있다(헌재 2022.01.27. 2016헌마364).

② (○) 조례는 지방자치단체가 그 자치입법권에 근거하여 자주적으로 지방의회의 의결을 거쳐 제정한 법규이기 때문에 조례 자체로 인하여 직접 그리고 현재 자기의 기본권을 침해받은 자는 그 권리구제의 수단으로서 조례에 대한 헌법소원을 제기할 수 있다. 헌법재판소법 제68조 제2항에 의한 헌법소원의 대상은 당해 사건의 재판의 전제가 되는 '법률'인 것이므로 지방자치단체의 조례는 그 대상이 될 수 없다(헌재 1998.10.15. 96헌바77).

③ (○) 공권력의 불행사로 인한 기본권침해는 그 불행사가 계속되는 한 기본권침해의 부작위가 계속된다고 할 것이므로 공권력의 불행사에 대한 헌법소원은 그 불행사가 계속되는 한 기간의 제약없이 적법하게 청구할 수 있다(헌재 2002.07.18. 2000헌마707).

④ (○) 헌법재판소는 청구인의 심판청구서에 기재된 피청구인이나 청구취지에 구애됨이 없이 청구인의 주장요지를 종합적으로 판단하여야 하며 청구인이 주장하는 침해된 기본권과 침해의 원인이 되는 공권력을 직권으로 조사하여 피청구인과 심판대상을 확정하여 판단하여야 한다(헌재 1993.05.13. 91헌마190).

⑤ (X) 헌법재판소법 제75조 제5항 참조.

> **헌법재판소법 제75조(인용결정)** ② 제68조제1항에 따른 헌법소원을 인용할 때에는 인용결정서의 주문에 침해된 기본권과 침해의 원인이 된 공권력의 행사 또는 불행사를 특정하여야 한다.
> ⑤ 제2항의 경우에 헌법재판소는 공권력의 행사 또는 불행사가 위헌인 법률 또는 법률의 조항에 기인한 것이라고 인정될 때에는 인용결정에서 해당 법률 또는 법률의 조항이 위헌임을 선고할 수 있다.

정답 ⑤

문 118
22년 8월 모의시험

헌법소원심판의 적법요건에 관한 설명 중 옳지 않은 것은? (다툼이 있는 경우 판례에 의함)

① 국회가 의결하여 정부에 이송된 법률안에 대하여 「헌법재판소법」 제68조 제1항 헌법소원심판을 청구한 경우, 법률안이 그대로 공포되었다면 공포되기 전에 헌법소원심판을 청구하였다 하더라도 헌법소원의 대상성이 인정된다.

② 정당은 「헌법재판소법」 제68조 제1항 헌법소원심판을 청구할 수 있으나, 권한쟁의심판의 당사자능력은 인정되지 않는다.

③ 기본권침해의 직접성에서 말하는 집행행위에는 입법행위도 포함되므로 법률규정이 그 규정의 구체화를 위하여 하위규범의 시행을 예정하고 있는 경우에는 당해 법률규정의 직접성은 부인된다.

④ 공판정에서 「헌법재판소법」 제68조 제2항 헌법소원심판 청구인이 출석한 가운데 재판서에 의하여 위헌법률심판제청신청을 기각하는 취지의 주문을 낭독하는 방법으로 재판의 선고를 하였고 이후 기각 결정문을 송달받았다면, 「헌법재판소법」 제68조 제2항 헌법소원심판 청구기간의 기산일은 위헌법률심판제청신청 기각 결정문을 송달받은 날이다.

⑤ 권리보호이익이라는 「헌법재판소법」 제68조 제1항 헌법소원심판의 적법요건은 「헌법재판소법」 제40조 제1항에 의하여 준용되는 민사소송법 내지 행정소송법 규정들에 대한 해석상 인정되는 일반적인 소송원리이지 「헌법재판소법」 제68조 제1항의 '기본권의 침해를 받은'이라는 부분의 해석에서 직접 도출되는 것은 아니다.

MGI Point — 헌법소원심판의 적법요건

- 공포 전 법률에 대한 헌법소원 ⇨ 심판청구 후 유효하게 공포·시행된 경우 헌법소원의 대상성 인정 ○
- 정당은 헌재법 제68조 제1항 헌법소원심판 청구 可, 권한쟁의심판의 당사자능력은 인정 ✕
- 법률에 대한 헌법소원에서 기본권침해의 직접성
  - 법률 또는 법률조항이 구체적인 집행행위를 예정하고 있는 경우 원칙적으로 기본권 침해의 직접성 ✕
  - 집행행위에는 입법행위도 포함 ⇨ 법률 규정이 구체화를 위하여 하위규범의 시행을 예정하고 있는 경우 당해 법률 규정의 직접성은 부인
- 헌법재판소법 제68조 제2항에 의한 헌법소원심판 청구기간
  - 위헌 여부 심판의 제청신청을 기각하는 결정을 통지받은 날부터 30일 이내 청구 要
  - 법원이 공판정에서 청구인이 출석한 가운데 위헌법률심판제청신청을 기각한다는 내용의 판결을 선고를 한 경우 ⇨ 청구인은 이를 통하여 위헌법률심판 제청신청에 대한 기각 결정을 통지받았다고 봄
- 헌법소원심판에 있어서 권리보호이익 ⇨ 헌법재판소법 제68조 제1항 소정의 '기본권의 침해를 받은'이라는 부분의 해석에서 직접 도출 ✕, 헌재법 제40조 제1항에 의하여 준용되는 민사소송법 내지 행정소송법 규정들에 대한 해석상 인정되는 일반적인 소송원리 ○

---

① (○) 법률안은 대통령이 거부권을 행사하지 않는 한 정부에 이송된 후 15일 이내에 공포하여야 하고 만일 공포하지 않는다면 법률로서 확정되는 바(헌법 제53조 제5항), 법률안이 거부권 행사에 의하여 최종적으로 폐기되었다면 모르되, 그렇지 아니하고 공포되었다면 법률안은 그 동일성을 유지하여 법률로 확정되는 것이라고 보아야 한다. 나아가, 우리 재판소가 위헌제청 당시 존재하지 아니하였던 신법의 경과규정까지 심판대상을 확장하였던 선례(헌재 2000.08.31. 97헌가12)에 비추어 보면, 심판청구 후에 유효하게 공포·시행되었고 그 법률로 인하여 평등권 등 기본권을 침해받게 되었다고 주장하는 이상 청구 당시의 공포 여부를 문제삼아 헌법소원의 대상성을 부인할 수는 없다(헌재 2001.11.29. 99헌마494).

② (○) 정당설립의 자유는 비록 헌법 제8조 제1항 전단에 규정되어 있지만 국민 개인과 정당의 '기본권'이라 할 수 있고, 당연히 이를 근거로 하여 헌법소원심판을 청구할 수 있다(헌재 2006.03.30, 2004헌마246). 정당은 국민의 자발적 조직으로, 그 법적 성격은 일반적으로 사적·정치적 결사 내지는 법인격 없는 사단으로서 공권력의 행사 주체로서 국가기관의 지위를 갖는다고 볼 수 없다. 정당이 국회 내에서 교섭단체를 구성하고 있다고 하더라도, 헌법은 권한쟁의심판청구의 당사자로서 국회의원들의 모임인 교섭단체에 대해서 규정하고 있지 않고, 교섭단체의 권한 침해는 교섭단체에 속한 국회의원 개개인의 심의·표결권 등 권한 침해로 이어질 가능성이 높아 그 쟁의를 해결할 적당한 기관이나 방법이 없다고 할 수 없다. 따라서 정당은 헌법 제111조 제1항 제4호 및 헌법재판소법 제62조 제1항 제1호의 '국가기관'에 해당한다고 볼 수 없으므로, 권한쟁의심판의 당사자능력이 인정되지 아니한다(헌재 2020.05.27. 2019헌라6).

③ (○) 법률 또는 법률조항 자체가 헌법소원의 대상이 될 수 있으려면 구체적인 집행행위를 기다리지 아니하고 그 법률 또는 법률조항에 의하여 직접, 현재, 자기의 기본권을 침해받아야 하는 바, 위에서 말하는 집행행위에는 입법행위도 포함되므로 법률 규정이 그 규정의 구체화를 위하여 하위규범의 시행을 예정하고 있는 경우에는 당해 법률 규정의 직접성은 부인된다(헌재 1996.02.29. 94헌마213).

④ (X) 공판정에서 청구인이 출석한 가운데 재판서에 의하여 위헌법률심판제청신청을 기각하는 취지의 주문을 낭독하는 방법으로 재판의 선고를 한 경우, 청구인은 이를 통하여 위헌법률심판제청신청에 대한 기각 결정을 통지받았다고 보아야 하므로 그로부터 30일이 경과한 후 제기된 헌법소원 심판청구는 청구기간을 경과한 것으로서 부적법하다(헌재 2018.08.30. 2016헌바316).

> 헌법재판소법 제69조(청구기간) ② 제68조제2항에 따른 헌법소원심판은 위헌 여부 심판의 제청신청을 기각하는 결정을 통지받은 날부터 30일 이내에 청구하여야 한다.

⑤ (○) 권리보호이익 내지 소의 이익은, 국가적·공익적 입장에서는 무익한 소송제도의 이용을 통제하는 원리이고, 당사자의 입장에서는 소송제도를 이용할 정당한 이익 또는 필요성을 말하는 것으로, '이익 없으면 소 없다'라는 법언이 지적하듯이 소송제도에 필연적으로 내재하는 요청이다. 따라서 권리보호이익이라는 헌법소원심판의 적법요건은 헌법재판소법 제40조 제1항에 의하여 준용되는 민사소송법 내지 행정소송법 규정들에 대한 해석상 인정되는 일반적인 소송원리이지 헌법재판소법 제68조 제1항 소정의 '기본권의 침해를 받은'이라는 부분의 해석에서 직접 도출되는 것은 아니다(헌재 2001.09.27. 2001헌마152).

 정답 ④

문 119

22년 6월 모의시험

헌법소원심판의 적법요건에 관한 설명 중 옳은 것을 모두 고른 것은? (다툼이 있는 경우 판례에 의함)

> ㄱ. 대통령기록물 소관 기록관이 대통령기록물을 중앙기록물관리기관으로 이관하는 행위는 「대통령기록물관리에 관한 법률」에 따른 대통령기록물 관리업무 수행 기관의 변경행위로서, 법률이 정하는 권한분장에 따라 업무수행을 하기 위한 국가기관 사이의 내부적·절차적 행위에 불과하므로 「헌법재판소법」 제68조 제1항에 따른 헌법소원심판의 대상이 되는 공권력의 행사에 해당한다고 볼 수 없다.
> ㄴ. 2021학년도 대학입학전형기본사항 중 재외국민 특별전형 지원자격 가운데 학생의 부 또는 모인 해외근무자와 그 배우자가 학생과 함께 해외에 체류하여야 한다는 부분은 학부모에 대한 기본권침해의 자기관련성이 인정된다.

ㄷ. 당해사건이 부적법한 것이어서 법률의 위헌여부를 따져 볼 필요조차 없이 각하를 면할 수 없는 것일 때에는 「헌법재판소법」 제68조 제2항에 따른 헌법소원심판 청구는 적법요건인 재판의 전제성을 흠결한다.
ㄹ. 법률의 시행일 이후 일정한 유예기간을 두고 있는 법령의 경우, 「헌법재판소법」 제68조 제1항에 따른 헌법소원심판의 청구기간의 기산점은 그 법률의 시행일이다.
ㅁ. 법률조항이 당해 사건의 재판에 직접 적용되지는 않더라도, 그 위헌여부에 따라 당해 사건의 재판에 직접 적용되는 법률조항의 위헌여부가 결정되거나, 당해 재판의 결과가 좌우되는 경우 등 양 규범 사이에 내적 관련이 인정된다면 재판의 전제성을 인정할 수 있다.

① ㄱ, ㄴ, ㄹ
② ㄱ, ㄴ, ㅁ
③ ㄱ, ㄷ, ㅁ
④ ㄴ, ㄷ, ㄹ
⑤ ㄷ, ㄹ, ㅁ

MGI Point 헌법소원심판의 적법요건 ★★

- 대통령기록물 소관 기록관이 대통령기록물을 중앙기록물관리기관으로 이관하는 행위 ⇨ 공권력의 행사에 해당 ×
- 2021학년도 대학입학전형기본사항 중 재외국민 지원자격 가운데 학생의 부 또는 모인 해외근무자와 그 배우자가 학생과 함께 해외 체류하여야 한다는 부분 ⇨ 학부모에 대한 기본권침해의 자기관련성 ×
- 헌법소원심판청구의 청구기간 기산점
  - 법령의 시행과 동시에 기본권침해를 받은 경우 ⇨ 그 법령의 시행시
  - 법령이 시행된 후에 해당하는 사유가 발생하여 기본권의 침해를 받게 된 경우 ⇨ 그 사유의 발생시
  - 유예기간이 규정된 경우
    ⇨ 종전의 '유예기간과 관계없이 법령시행일'에서 '시행유예기간 경과일'로 변경 (헌재 2017헌마479)
- 재판의 전제성 충족 여부
  - 당해사건이 부적법한 것이어서 법률의 위헌 여부를 따져 볼 필요조차 없이 각하를 면할 수 없는 경우 ⇨ ×
  - 법률조항이 당해 사건의 재판에 간접 적용되더라도 그 위헌여부에 따라 당해 사건의 재판에 직접 적용되는 법률조항의 위헌여부가 결정되거나, 당해 재판의 결과가 좌우되는 경우 등 양 규범 사이에 내적 관련이 인정되는 경우 ⇨ ○

ㄱ. (○) 이 사건 이관행위는 '대통령기록물관리에 관한 법률'(이하 '대통령기록물법'이라 한다)에 따른 대통령기록물 관리업무 수행 기관의 변경행위로서, 법률이 정하는 권한분장에 따라 업무수행을 하기 위한 국가기관 사이의 내부적·절차적 행위에 불과하므로 헌법소원심판의 대상이 되는 공권력의 행사에 해당한다고 볼 수 없다(헌재 2019.12.27. 2017헌마359·853(병합)).

ㄴ. (X) 이 사건 전형사항으로 인해 재외국민 특별전형 지원을 제한받는 사람은 각 대학의 2021학년도 재외국민 특별전형 지원(예정)자이다. 학부모인 청구인의 부담은 간접적인 사실상의 불이익에 해당하므로, 이 사건 전형사항으로 인한 기본권침해의 자기관련성이 인정되지 않는다(헌재 2020.03.26. 2019헌마212).

ㄷ. (○) 당해사건이 부적법한 것이어서 법률의 위헌 여부를 따져 볼 필요조차 없이 각하를 면할 수 없는 것일 때에는 위헌법률심판제청신청은 적법요건인 재판의 전제성을 흠결한 것으로서 각하될 수밖에 없고 이러한 경우에는 헌법재판소법 제68조 제2항에 의한 헌법소원심판을 청구할 수 없다(헌재 2013.08.20. 2013헌바215).

ㄹ. (X) 시행유예기간 경과일을 청구기간의 기산점으로 보더라도 청구기간이 무한히 확장되는 것이 아니라 시행유예기간 경과일로부터 1년이 지나면 헌법소원심판을 청구할 수 없으므로 법적안정성을 확보할 수

있는 점, 시행유예기간 동안에도 현재성 요건의 예외에 따라 적법하게 헌법소원심판을 청구할 수 있고, 이와 같이 시행유예기간 동안에 헌법소원심판청구를 허용하더라도 아직까지 법령의 효력이 발생하기 전인 이상 그로 인하여 헌법소원심판청구의 대상이 된 법령의 법적안정성이 곧바로 저해되지는 않는 점을 아울러 고려하면, 시행유예기간 경과일을 청구기간의 기산점으로 해석함으로써 헌법소원심판청구권 보장과 법적안정성 확보 사이의 균형을 달성할 수 있다(헌재 2020.04.23. 2017헌마479). ▶ 종래 이와 견해를 달리하여, 법령의 시행일 이후 법령에 규정된 일정한 기간이 경과한 후에 비로소 법령의 적용을 받는 청구인들에 대한 헌법재판소법 제68조 제1항의 규정에 의한 법령에 대한 헌법소원심판 청구기간의 기산점을 법령의 시행일이라고 판시한 우리 재판소 결정들은 (헌재 93헌마198, 헌재 98헌마480, 헌재 2002헌마516, 헌재 2010헌마45, 헌재 2009헌마285, 헌재 2011헌마372 등) 이 결정의 취지와 저촉되는 범위 안에서 변경

ㅁ. (○) 법률조항이 당해 사건의 재판에 간접 적용되더라도, 그 위헌여부에 따라 당해 사건의 재판에 직접 적용되는 법률조항의 위헌여부가 결정되거나, 당해 재판의 결과가 좌우되는 경우 등 양 규범 사이에 내적 관련이 인정된다면 재판의 전제성을 인정할 수 있다(헌재 2021.05.27. 2019헌바332).

문 120
24년 8월 모의시험

「헌법재판소법」제68조 제1항에 의한 헌법소원심판에 관한 설명 중 옳은 것은? (다툼이 있는 경우 판례에 의함)

① 공법상 영조물에 해당하는 국립대학교는 헌법소원심판의 청구인능력이 없으므로 국립대학교의 기본권침해가 문제되는 경우에는 국립대학교 총장이 청구인으로서 헌법소원심판을 제기하여야 한다.
② 법원의 재판은 「헌법재판소법」에 의해 헌법소원의 대상에서 제외되며 헌법재판소가 위헌으로 결정한 법령을 적용함으로써 국민의 기본권을 침해한 재판에 한하여 헌법소원의 대상이 될 수 있다.
③ 교육부장관이 국립대학교 총장에게 학칙의 시정을 요구하면서 그에 따르지 않을 경우 일정한 불이익조치를 예정하고 있다면 교육부장관의 시정요구는 일종의 행정지도에 해당하여 공권력의 행사에 해당되지 않는다.
④ 헌법소원은 다른 법률에 구제절차가 있는 경우 그 절차를 모두 거친 후에 청구할 수 있는데, 공권력행사로 발생한 손해나 손실에 대한 손해배상청구 또는 손실보상청구는 다른 법률에서 정한 구제절차에 해당하지 않는다.
⑤ 법률이 시행일을 규정하면서 특정 조항의 적용에 관해서는 시행일 이후 일정한 유예기간을 두고 있는 경우, 법률조항으로 인한 기본권침해는 법률의 시행일에 이미 확정되었으므로 헌법소원심판을 위한 청구기간의 기산점은 법률의 시행일이다.

MGI Point 헌법재판소법 제68조 제1항에 의한 헌법소원심판 ★★

- 공법상 영조물에 해당하는 국립대학교는 대학의 자율권의 주체로서 헌법소원심판의 청구인능력 인정 ○
- 법원의 재판은 「헌법재판소법」에 의해 헌법소원의 대상에서 제외되며 헌법재판소가 위헌으로 결정한 법령을 적용함으로써 국민의 기본권을 침해한 재판뿐만 아니라 '법률에 대한 위헌결정의 기속력에 반하는 재판'도 헌법소원의 대상 인정 ○
- 교육인적자원부장관의 대학총장들에 대한 이 사건 학칙시정요구는 헌법소원의 대상이 되는 공권력의 행사임 ○
- 손해배상청구나 손실보상청구는 헌법재판소법 제68조 제1항 단서에서 말하는 다른 법률에 의한 구제절차에 해당 ×

■ 법률이 시행일을 규정하면서 특정 조항의 적용에 관해서는 시행일 이후 일정한 유예기간을 두고 있는 경우 헌법소원심판을 위한 청구기간의 기산점은 시행유예기간 경과일임

① (X) 헌법 제31조 제4항이 규정하는 교육의 자주성 및 대학의 자율성은 헌법 제22조 제1항이 보장하는 학문의 자유의 확실한 보장을 위해 꼭 필요한 것으로서 대학에 부여된 헌법상 기본권인 대학의 자율권이므로, 국립대학인 청구인도 이러한 대학의 자율권의 주체로서 헌법소원심판의 청구인능력이 인정된다(헌재 2015.12.23. 2014헌마1149).

② (X) 헌법재판소는 헌재 1997.12.24. 96헌마172등 결정에서 "헌법재판소법 제68조 제1항 본문의 '법원의 재판'에 헌법재판소가 위헌으로 결정한 법령을 적용함으로써 국민의 기본권을 침해한 재판도 포함되는 것으로 해석하는 한도 내에서, 헌법재판소법 제68조 제1항은 헌법에 위반된다."라고 하여 2011.4.5. 법률 제10546호로 개정되기 전 구법 제68조 제1항에 대하여 한정위헌결정을 선고하였다. … 위 결정의 근본취지는 헌법재판소의 기속력 있는 위헌결정에 반하여 국민의 기본권을 침해하는 법원의 재판에 대하여는 헌법재판소가 최종적으로 다시 심사함으로써 헌법의 최고규범성을 수호하고 헌법이 헌법재판소에 부여한 법률에 대한 위헌법률심사권을 회복해야 한다는 것이다. 하지만, 앞서 본 바와 같이 한정위헌결정은 법률에 대한 위헌심사의 결과로서 법률조항 중 특정의 영역에 적용되는 부분은 위헌이라는 것을 뜻하고, 한정위헌결정의 경우 헌법재판소가 주문에서 해당 법률조항 중 적용이 배제된다고 밝힌 부분에 한하여 법원을 비롯하여 모든 국가기관 및 지방자치단체에도 위헌결정의 기속력이 미치므로, 법 제68조 제1항 본문의 '법원의 재판' 중 종전의 한정위헌결정(2016헌마33)으로 효력을 상실한 부분은 헌법재판소의 위헌결정의 기속력에 반하는 재판 중 '헌법재판소가 위헌으로 결정한 법령을 적용함으로써 국민의 기본권을 침해한 재판' 부분에 국한된다. 따라서 법 제68조 제1항 본문이 정하는 재판소원금지의 적용 영역에서 '법률에 대한 위헌결정의 기속력에 반하는 재판' 부분을 모두 제외하기 위해서는 이 사건 재판소원금지조항 중 해당 부분에 대한 별도의 위헌결정이 필요하다. 그렇다면 이 사건 재판소원금지조항 가운데 '법률에 대한 위헌결정의 기속력에 반하는 재판' 부분은 헌법에 위반된다(헌재 2022.06.30. 2014헌마760, 2014헌마763(병합)). ▶ 헌법재판소가 위헌으로 결정한 법령을 적용함으로써 '국민의 기본권을 침해한 재판'뿐만 아니라 '법률에 대한 위헌결정의 기속력에 반하는 재판'도 헌법소원의 대상으로 인정하였다.

③ (X) 교육인적자원부장관의 대학총장들에 대한 이 사건 학칙시정요구는 고등교육법 제6조 제2항, 동법시행령 제4조 제3항에 따른 것으로서 그 법적 성격은 대학총장의 임의적인 협력을 통하여 사실상의 효과를 발생시키는 행정지도의 일종이지만, 그에 따르지 않을 경우 일정한 불이익조치를 예정하고 있어 사실상 상대방에게 그에 따를 의무를 부과하는 것과 다를 바 없으므로 단순한 행정지도로서의 한계를 넘어 규제적·구속적 성격을 상당히 강하게 갖는 것으로서 헌법소원의 대상이 되는 공권력의 행사라고 볼 수 있다(헌재 2003.06.26. 2002헌마337, 2003헌마7·8(병합)).

④ (O) 피청구인은 헌법재판소법 제68조 제1항 단서에서 헌법소원심판은 다른 법률에 의한 구제절차가 있는 경우 그 절차를 모두 거친 후가 아니면 청구할 수 없다고 규정하고 있는바, 청구인은 권리구제절차의 하나인 국가배상청구나 손실보상청구절차를 사전에 거치지 않았으므로 이 사건 심판청구는 부적법하여 각하되어야 한다고 주장하므로 살펴건대 헌법재판소법 제68조 제1항 단서에서 말하는 다른 법률에 의한 구제절차는 공권력의 행사 또는 불행사를 직접 대상으로 하여 그 효력을 다툴 수 있는 권리구제절차를 의미하는 것이지 사후적·보충적 구제수단인 손해배상청구나 손실보상청구를 의미하는 것이 아니므로 이 점에 관한 피청구인의 주장도 역시 이유 없다(헌재 1993.05.13. 92헌마297).

⑤ (X) 시행유예기간 경과일을 청구기간의 기산점으로 보더라도 청구기간이 무한히 확장되는 것이 아니라 시행유예기간 경과일로부터 1년이 지나면 헌법소원심판을 청구할 수 없으므로 법적안정성을 확보할 수 있는 점, 시행유예기간 동안에도 현재성 요건의 예외에 따라 적법하게 헌법소원심판을 청구할 수 있고, 이와 같이 시행유예기간 동안에 헌법소원심판청구를 허용하더라도 아직까지 법령의 효력이 발생하기 전인 이상 그로 인하여 헌법소원심판청구의 대상이 된 법령의 법적안정성이 곧바로 저해되지는 않는 점을 아울러 고

려하면, 시행유예기간 경과일을 청구기간의 기산점으로 해석함으로써 헌법소원심판청구권 보장과 법적안정성 확보 사이의 균형을 달성할 수 있다(헌재 2020.04.23. 2017헌마479).

정답 ④

문 121
21년 10월 모의시험

「변호사시험법」은 변호사시험의 응시기간과 응시횟수를 법학전문대학원의 석사학위를 취득한 달의 말일 또는 취득예정기간 내 시행된 시험일부터 5년 내에 5회로 제한하고(이하, '이 사건 한도조항'), 다만 병역의무의 이행만을 위 응시기간제한의 예외로 인정하고 있다(이하, '이 사건 예외조항'). 청구인들은 위 조항들에 대하여 「헌법재판소법」 제68조 제1항에 따른 헌법소원심판을 청구하였다. 이에 관한 설명 중 옳지 않은 것을 모두 고른 것은? (다툼이 있는 경우 판례에 의함)

> ㄱ. 법학전문대학원 졸업자로서 아직 변호사시험 응시가 가능한 청구인 甲의 이 사건 한도조항에 대한 심판청구는 기본권침해의 현재성 요건을 갖추었다.
> ㄴ. 변호사시험에 합격한 청구인 乙의 이 사건 한도조항에 대한 심판청구는 기본권침해의 자기관련성 요건을 갖추었다.
> ㄷ. 2021년도 제10회 변호사시험에 불합격함으로써 더 이상 변호사시험에 응시할 수 없게 된 청구인 丙이 제10회 변호사시험 합격자발표일로부터 1년을 경과하여 제기한 이 사건 한도조항에 대한 심판청구는 청구기간을 준수하지 못하였다.
> ㄹ. 2021년도 제10회 변호사시험에 응시하지 아니함으로써 더 이상 변호사시험에 응시할 수 없게 된 청구인 丁이 제10회 변호사시험 접수일 마지막 날 또는 변호사시험 시행일 첫날로부터 90일을 경과하였지만 아직 1년을 경과하지 않은 때 제기한 이 사건 한도조항에 대한 심판청구는 청구기간을 준수하지 못하였다.
> ㅁ. 2021년도 제10회 변호사시험에 불합격함으로써 더 이상 변호사시험에 응시할 수 없게 된 청구인 戊가 이 사건 예외조항에 관한 기본권침해사유를 구체적으로 소명하지 않은 채 제기한 이 사건 예외조항에 대한 심판청구는 기본권침해의 자기관련성 요건을 갖추었다.

① ㄱ, ㄴ, ㄹ
② ㄱ, ㄴ, ㅁ
③ ㄱ, ㄷ, ㅁ
④ ㄴ, ㄷ, ㄹ
⑤ ㄷ, ㄹ, ㅁ

MGI Point 변호사시험법에 대한 헌재법 제68조 제1항 헌법소원의 적법요건 ★★★

- 현재성 요건 흠결 ⇨ 변호사시험에 응시할 기회가 남아있는 청구인인 경우
- 자기관련성 요건 흠결
  - 변호사시험에 응시하여 합격한 청구인인 경우
  - 예외조항(병역의무이행만을 응시기간제한의 예외로 인정)이 자신들의 기본권을 어떻게 침해하고 있는지에 관하여 최소한의 구체적인 소명이 없는 경우
- 청구기간을 경과하여 제기된 것으로서 부적법한 경우
  - 변호사시험의 합격자발표일로부터 1년 경과 후 한도조항에 대해 심판청구한 경우
  - 변호사시험에 응시하지 아니함으로써 한도조항이 적용된 경우 당해 변호사시험의 접수일 마지막 날 또는 당해 변호사시험의 시행일 첫날로부터 90일 경과 후에 심판청구

⇨ 청구기간(사유 있음 안 날부터 90일 이내, 그 사유가 있는 날부터 1년 이내) 준수 要

▶ 헌재 2020.09.24. 2018헌마739·975·1051(병합)사건을 지문화한 문제이다.

ㄱ. (X) 변호사시험에 응시할 기회가 남아있는 청구인들에게는 이 사건 한도조항에 따른 기본권제한이 현실화되지 아니하였으므로, 위 청구인들(지문의 청구인 甲)의 이 부분 심판청구는 현재성 요건을 갖추지 못하여 부적법하다.

ㄴ. (X) 변호사시험에 응시하여 합격한 청구인(지문의 청구인 乙)은 이 사건 한도조항으로 인하여 어떠한 기본권제한을 받고 있다고 볼 수 없다. 위 청구인의 이 부분 심판청구는 자기관련성 요건을 갖추지 못하여 부적법하다.

ㄷ. (O) 청구인 서○○, 전○○은 2013년 법학전문대학원을 졸업하여 석사학위를 취득하고, 2013년도 제2회 변호사시험부터 2017년도 제6회 변호사시험에 모두 응시하였으나 불합격함으로써 이 사건 한도조항에 따라 더 이상 변호사시험에 응시할 수 없게 되었다. 그렇다면 위 청구인들이 이 사건 한도조항에 의하여 기본권제한을 받게 된 때는 위 청구인들이 마지막으로 응시한 2017년도 제6회 변호사시험의 합격자발표가 있었던 2017. 4. 14.이라고 할 것이다. 그런데 위 청구인들의 이 사건 한도조항에 대한 심판청구는 이로부터 1년이 경과하였음이 역수상 명백한 2018. 7. 17.에야 이루어졌으므로, 이는 청구기간을 경과하여 제기된 것으로서 부적법하다. 따라서 청구인 丙은 청구기간을 준수하지 못하였다.

헌법재판소법 제69조(청구기간) ① 제68조제1항에 따른 헌법소원의 심판은 그 사유가 있음을 안 날부터 90일 이내에, 그 사유가 있는 날부터 1년 이내에 청구하여야 한다. 다만, 다른 법률에 따른 구제절차를 거친 헌법소원의 심판은 그 최종결정을 통지받은 날부터 30일 이내에 청구하여야 한다.
② 제68조제2항에 따른 헌법소원심판은 위헌 여부 심판의 제청신청을 기각하는 결정을 통지받은 날부터 30일 이내에 청구하여야 한다.

ㄹ. (O) 기록에 따르면 청구인 손○○이 2013년에 법학전문대학원을 졸업하여 2014년도 제3회 변호사시험에 응시하였으나 불합격한 사실, 위 청구인이 2015년도 제4회 변호사시험부터 2018년도 제7회 변호사시험까지 응시하지 아니한 사실이 인정된다. 위 청구인은 위 제7회 변호사시험에 응시하지 아니함으로써 비로소 이 사건 한도조항의 적용을 받게 되었다 할 것이고, 위 청구인은 위 제7회 변호사시험의 접수일 마지막 날인 2017. 11. 2. 또는 아무리 늦어도 위 제7회 변호사시험의 시행일 첫날인 2018. 1. 9.에는 이 사건 한도조항으로 인하여 변호사시험에 더 이상 응시할 수 없음을 알았다고 할 것이다. 그런데 위 청구인의 이 부분 심판청구는 위 2018. 1. 9.로부터 90일이 경과하였음이 역수상 명백한 2018. 7. 17.에야 이루어졌으므로, 이는 청구기간을 경과하여 제기된 것으로서 부적법하다. 따라서 청구인 丁은 청구기간을 준수하지 못하였다.

ㅁ. (X) 2018헌마739 사건 청구인들은 모두 이 사건 한도조항뿐만 아니라 이 사건 예외조항에 대해서도 헌법소원심판을 청구하고 있다. 그런데 위 청구인들 중 청구인 배○○, 김□□, 이○○를 제외한 나머지 청구인들 12명은 자신들에 관한 아무런 예외사유를 소명하지 아니한 채(지문의 청구인 戊), 단지 이 사건 한도조항 및 이 사건 예외조항이 그 자체로 자신들의 직업의 자유 등을 침해한다고만 주장하고 있다. 이처럼 이 사건 예외조항이 자신들의 기본권을 어떻게 침해하고 있는지에 관하여 위 청구인들의 최소한의 구체적인 소명이 있다고 볼 수 없는 이상, 위 청구인들의 이 사건 예외조항에 대한 심판청구는 기본권침해의 자기관련성 요건을 갖추지 못하였다고 볼 수밖에 없다(헌재 2020.09.24. 2018헌마739·975·1051(병합)).

정답 ②

문 122

21년 6월 모의시험

「헌법재판소법」 제68조 제1항의 헌법소원심판의 적법요건에 관한 설명 중 옳지 않은 것을 모두 고른 것은? (다툼이 있는 경우 헌법재판소 판례에 의함)

> ㄱ. 「헌법재판소법」 제68조 제1항의 헌법소원심판은 원칙적으로 자신의 기본권을, 현재, 직접 침해당한 경우라야 제기할 수 있는 것으로, 제3자는 특별한 사정이 없는 한 기본권 침해의 자기관련성이 인정되지 아니하는바, 태아의 성별정보에 대한 접근을 방해받지 아니할 권리와 관련하여 태아의 부(父)가 제기한 헌법소원심판은 기본권 침해의 자기관련성을 인정할 수 없어 부적법하다.
>
> ㄴ. 고소 또는 고발을 한 사실이 없는 청구인이 장차 언젠가는 「형사소송법」의 규정으로 인하여 권리침해를 받을 우려가 있다고 하더라도 그러한 권리침해의 우려는 단순히 장래 잠재적으로 나타날 수도 있는 것에 불과하여 기본권 침해의 현재성을 구비하였다고 할 수 없다.
>
> ㄷ. 교도소장의 이송처분에 대하여 행정심판 내지 행정소송으로 다투지 아니한 채 제기한 헌법소원심판청구는 보충성의 원칙에 위배되어 부적법하다.
>
> ㄹ. 부진정입법부작위에 대하여 재판상 다툴 경우에는 입법부작위에 대한 헌법소원심판을 청구할 것이 아니라 존재하는 불완전, 불충분한 법률조항 자체가 헌법위반이라는 적극적인 헌법소원심판을 청구하여야 하고, 「헌법재판소법」 제69조 제1항 청구기간의 적용을 받는다.
>
> ㅁ. 법령이 시행과 관련하여 유예기간을 둔 경우에는 부칙에 의한 유예기간과 관계없이 그 법령 시행일에 기본권 침해를 받은 것으로 보아야 한다.

① ㄱ, ㅁ
② ㄱ, ㄴ, ㄷ
③ ㄱ, ㄹ, ㅁ
④ ㄴ, ㄷ, ㄹ
⑤ ㄴ, ㄷ, ㅁ

MGI Point | **헌재법 제68조 제1항 헌법소원심판의 적법요건** ★★★

- 태아의 성별정보에 대한 접근을 방해받지 아니할 권리 ⇨ 태아의 부가 제기한 헌법소원심판은 기본권 침해의 자기관련성 인정 ○
- 고소 또는 고발하지 않은 청구인이 장래 잠재적으로 나타날 수 있는 권리침해의 우려에 대하여 헌법소원심판 청구 ⇨ 권리침해의 현재성이 없는 경우 ○
- 교도소장의 이송처분 ⇨ 구제절차로서 행정심판 내지 행정소송으로 다투지 아니한 헌법소원은 보충성 원칙에 위배 ○
- 부진정 입법부작위는 그 불완전한 입법규정 자체가 헌법위반이라는 적극적인 헌법소원을 제기 ⇨ 헌재법 제69조 제1항 소정의 청구기간의 적용 ○
- 유예기간을 두고 있는 법령에 대한 헌법소원의 청구기간 기산점 ⇨ 종전의 '유예기간과 관계없이 법령시행일'에서 '유예기간 경과일'로 변경 ○

ㄱ. (X) 헌법재판소법 제68조 제1항에 의하면 헌법소원심판은 공권력의 행사 또는 불행사로 인하여 헌법상 보장된 기본권을 침해받은 자가 청구하여야 한다고 규정하고 있는바, 여기에서 기본권을 침해받은 자라 함은 공권력의 행사 또는 불행사로 인하여 자기의 기본권이 현재 그리고 직접적으로 침해받은 자를 의미하며 단순히 간접적, 사실적 또는 경제적인 이해관계가 있을 뿐인 제3자는 이에 해당하지 않는다. 청구인

은 산모 본인은 아니나 앞으로 태어날 태아의 부로서 가족 구성원의 한사람이고, 산모와 똑같이 태아를 양육할 친권자가 될 자이므로 태아의 성별에 대해 직접 이해관계가 있는 자라고 할 것이다. 그런데 이 사건 규정은 산모뿐만 아니라 그 가족에 대해서도 태아 성별의 고지를 금지하여 태아의 부가 태아의 성별 정보에 접근하는 것을 방해하고 있는바, 이는 태아의 부의 기본권을 직접 침해하고 있다고 할 것이므로 청구인은 이 사건 규정에 대하여 자기관련성이 인정된다(헌재 2008.07.31. 2005헌바90).

ㄴ. (○) 법률에 대하여 바로 헌법소원을 제기하려면 우선 청구인 스스로가 당해 규정에 관련되어야 할 뿐만 아니라 당해 규정에 의해 현재 권리침해를 받아야 한다는 것을 요건으로 하는바, 청구인이 고소 또는 고발을 한 사실은 없고 단순히 장래 잠재적으로 나타날 수 있는 권리침해의 우려에 대하여 헌법소원심판을 청구한 것에 불과하다면 본인의 관련성과 권리침해의 현재성이 없는 경우에 해당하여 부적법하다(헌재 1989.07.21. 89헌마12).

ㄷ. (○) 교도소장의 이송처분에 대하여는 그 구제절차로서 행정심판 내지 행정소송으로 다툴 수 있으므로 위 구제절차를 거치지 아니한 헌법소원심판청구는 부적법하다(헌재 1992.06.19. 92헌마110).

ㄹ. (○) 부진정 입법부작위, 즉 결함이 있는 입법권의 행사에 대하여 재판상 다툴 경우에는 입법부작위 위헌 확인의 심판청구가 아니라 그 불완전한 입법규정 자체가 헌법위반이라는 적극적인 헌법소원을 제기하여야 할 것이고, 이 때에는 헌법재판소법 제69조 제1항 소정의 청구기간의 적용을 받는다(헌재 2009.01.13. 2008헌마746).

> 헌법재판소법 제69조(청구기간) ① 제68조 제1항에 따른 헌법소원의 심판은 그 사유가 있음을 안 날부터 90일 이내에, 그 사유가 있는 날부터 1년 이내에 청구하여야 한다. 다만, 다른 법률에 따른 구제절차를 거친 헌법소원의 심판은 그 최종결정을 통지받은 날부터 30일 이내에 청구하여야 한다.

ㅁ. (X) 유예기간을 경과하기 전까지 청구인들은 이 사건 보호자동승조항에 의한 보호자동승의무를 부담하지 않는다. 이 사건 보호자동승조항이 구체적이고 현실적으로 청구인들에게 적용된 것은 유예기간을 경과한 때부터라 할 것이므로, 이때부터 청구기간을 기산함이 상당하다. 종래 이와 견해를 달리하여, 법령의 시행일 이후 일정한 유예기간을 둔 경우 이에 대한 헌법소원심판 청구기간의 기산점을 법령의 시행일이라고 판시한 우리 재판소 결정들은, 이 결정의 취지와 저촉되는 범위 안에서 변경한다(헌재 2020.04.23. 2017헌마479).

정답 ①

문 123

20년 10월 모의시험

「헌법재판소법」 제68조 제1항에 의한 헌법소원심판에 관한 설명으로 옳은 것을 모두 고른 것은? (다툼이 있는 경우 판례에 의함)

> ㄱ. 법률 조항의 구체화를 위해 시행령의 시행을 예정하고 있는 경우에는 법률 조항의 직접성이 부인될 수 있지만, 청구인이 그 법률조항의 포괄위임입법금지의 원칙 위반 여부를 다투고 있는 경우에는 그 법률조항의 위헌성 여부에 대해서도 위헌성을 심사할 수 있다.
> ㄴ. 청구인이 형벌 조항을 위반하여 기소된 경우에는 법원의 재판과정에서 곧바로 법원에 해당 조항의 위헌 여부에 관한 판단을 구할 수 있었다고 하더라도, 그러한 절차가 존재한다는 사정만으로 기본권 침해의 직접성을 부정할 수는 없다.
> ㄷ. 벌칙·과태료조항의 전제가 되는 구성요건 조항이 별도로 규정되어 있는 경우에, 벌칙·과태료조항에 대하여는 청구인이 그 법정형 또는 행정질서벌이 그 자체가 위헌임을 주장하고 있지 않는 한 직접성을 인정할 수 없다.

ㄹ. 법규범이 집행행위를 예정하고 있더라도 그 내용이 집행행위 이전에 이미 국민의 법적 지위를 결정적으로 정하는 것이어서 국민의 권리관계가 집행행위의 유무나 내용에 의하여 좌우될 수 없을 정도로 확정된 상태라면 그 법규범의 권리침해의 직접성은 인정되어야 한다.

① ㄱ, ㄷ
② ㄴ, ㄹ
③ ㄱ, ㄴ, ㄷ
④ ㄱ, ㄷ, ㄹ
⑤ ㄴ, ㄷ, ㄹ

MGI Point 헌재법 제68조 제1항에 의한 헌법소원심판 ★★★

- **법률조항의 구체화를 위해 시행령의 시행을 예정하고 있는 경우**
  - 원칙 : 법률조항의 직접성 부인
  - 수권 조항과 시행령조항이 서로 불가분의 관계를 이루면서 전체적으로 하나의 규율 내용을 형성, 서로 분리하여 규율 내용의 전체를 파악하기 어려운 경우
    ⇨ 수권 조항과 시행령조항 모두 불가분의 일체로서 기본권 침해의 직접성 인정 ○
  - 그 법률조항의 포괄위임입법금지의 원칙 위반 여부를 다투고 있는 경우 ⇨ **볍률조항의 위헌성 심사 可**
- **형벌규정에 대한 헌법소원청구의 직접성 인정 여부**
  - 제재수단으로서 형벌 또는 행정벌 등을 부과할 것을 정한 경우(위배 전) ⇨ 직접성 ○
  - 형벌조항을 위반하여 기소된 후 ⇨ 직접성 ×
- **벌칙·과태료 조항의 전제가 되는 구성요건조항이 별도로 규정되어 있는 경우**
  ⇨ (법정형 또는 행정질서벌이 체계정당성에 어긋난다거나 과다하다는 등 그 자체가 위헌임을 주장하지 않는 한) 직접성 인정 ×
- **법규범이 집행행위를 예정하고 있더라도** ① 법규범의 내용이 집행행위 이전에 이미 국민의 권리관계를 직접 변동시키거나 ② 국민의 법적 지위를 결정적으로 정하는 것이어서 국민의 권리관계가 집행행위의 유무나 내용에 의하여 좌우될 수 없을 정도로 확정된 상태인 경우 ⇨ 권리침해의 직접성 인정 ○

ㄱ. (○) 이 사건 법률조항은 총포와 아주 비슷하게 보이는 모의총포의 소지 등을 금지하면서 모의총포의 범위에 관한 구체적 기준을 하위 법령인 대통령령에서 정하도록 위임하고 있는바, 모의총포 소지 등의 금지의무는 이 사건 법률조항 자체에서 나오고 관련 대통령령인 이 사건 시행령조항은 모의총포의 구체적 범위에 관한 기준을 정할 뿐이어서, 모의총포 소지에 관련한 기본권제한은 이 사건 법률조항과 이 사건 시행령조항이 함께 적용될 때 비로소 구체화될 수 있다. 따라서 이 사건 법률조항과 이 사건 시행령조항은 서로 불가분의 관계를 이루면서 전체적으로 하나의 규율 내용을 형성하고 있고 서로 분리하여서는 규율 내용의 전체를 파악하기 어려운 경우에 해당한다 할 것이므로, 이 사건 법률조항은 이 사건 시행령조항과 불가분의 일체로서 기본권침해의 직접성을 갖추었다고 할 것이다. … 이 사건 법률조항이 포괄위임입법 금지의 원칙이나 죄형법정주의의 명확성 원칙에 위배되어 청구인들의 기본권을 침해한다고 볼 수 없다(헌재 2009.09.24. 2007헌마949).

ㄴ. (X) 이 사건 시행령조항은 형벌조항의 구성요건 일부를 규정하고 있는 조항으로서, 검사의 기소와 법원의 재판을 통한 형벌의 부과라는 구체적 집행행위가 예정되어 있으므로, 원칙적으로 기본권 침해의 직접성을 인정할 수 없다. 나아가 집행기관인 검사나 법원이 이 사건 시행령만을 적용하여 기소나 재판을 할 수 없고 형벌조항인 '특정범죄 가중처벌 등에 관한 법률' 제4조, 형법 제129조 등을 함께 적용하여 기소 또는 재판을 하여야 할 것이므로, '법령이 일의적이고 명백한 것이어서 집행기관의 심사와 재량의 여지없이 법령에 따라 집행행위를 하여야 하는 경우'에 해당하지 아니하고, 청구인이 이 사건 시행령조항을 위반하여 기소된 이상 재판과정에서 곧바로 법원에 이 사건 시행령조항의 위헌 여부에 관한 판단을 구할 수 있었을 것이므로, '구제절차가 없거나 있다고 하더라도 권리구제의 기대가능성이 없는 경우'라고 볼 수도 없어, 이 사건 시행령조항은 기본권 침해의 직접성을 인정할 수 있는 예외적인 경우에 해당하지 않는다(헌

재 2016.11.24. 2013헌마403). ▶지문은 반대의견이다.

> **판례** 재판관 박한철, 재판관 이정미, 재판관 김이수, 재판관 안창호의 반대의견
> … 또한 청구인이 기소된 이상, 재판 과정에서 곧바로 법원에 이 사건 시행령조항에 대한 위헌심사를 구할 수 있었다고 하더라도, 그러한 절차가 존재한다는 사정만으로 이 사건 시행령조항이 그 자체로 직접 기본권 제한 효과를 발생시킨다는 점이 달라지지는 않는다. 헌법재판소는 일찍이 명령·규칙에 대한 헌법소원을 인정해 오고 있고, 특히 심판대상이 형벌조항인 경우에는 그 위헌성이 확인될 경우 당해사건에서만 무죄를 선고하는 데 그칠 것이 아니라 일반 국민의 기본권 침해상태를 제거해 줄 필요성이 크다고 할 것이므로, 법원에 의한 위헌심사가 가능하다는 이유만으로 이 사건 시행령조항에 대하여 직접성을 인정할 필요가 없다는 다수의견에는 찬성할 수 없다(헌재 2016.11.24. 2013헌마403).

ㄷ. (○) 벌칙·과태료 조항의 전제가 되는 구성요건조항이 별도로 규정되어 있는 경우에, 벌칙·과태료 조항에 대하여는 청구인들이 그 법정형 또는 행정질서벌이 체계정당성에 어긋난다거나 과다하다는 등 그 자체가 위헌임을 주장하지 않는 한 직접성을 인정할 수 없다(헌재 2017.10.12. 2017헌마1064).

ㄹ. (○) 법률 또는 법률조항 자체가 헌법소원의 대상이 되기 위해서는 구체적인 집행행위를 기다리지 아니하고 그 법률 또는 법률조항에 의하여 직접 기본권을 침해받아야 하고, 여기서 말하는 기본권 침해의 직접성이란 집행행위에 의하지 아니하고 법률 그 자체에 의해 직접 자유의 제한, 의무의 부과, 권리 또는 법적 지위의 박탈이 생긴 경우를 뜻한다. 그러나 법규범이 집행행위를 예정하고 있더라도 법규범의 내용이 집행행위 이전에 이미 국민의 권리관계를 직접 변동시키거나 국민의 법적 지위를 결정적으로 정하는 것이어서 국민의 권리관계가 집행행위의 유무나 내용에 의하여 좌우될 수 없을 정도로 확정된 상태라면 그 법규범의 권리침해의 직접성이 인정된다(헌재 2008.06.26. 2005헌마173).

 ④

문 124

22년 10월 모의시험

헌법소원심판의 청구기간에 관한 설명 중 옳지 않은 것을 모두 고른 것은? (다툼이 있는 경우 판례에 의함)

> ㄱ. 헌법재판소법 제68조 제2항 헌법소원에서 심판청구가 청구인에 대한 위헌제청신청기각결정 송달일로부터 30일이 경과한 후에 이루어진 경우, 청구인이 그 결정 송달일로부터 30일 이내에 국선대리인선임신청을 하였다면 그 이후 국선대리인이 선임되었다 하더라도 청구기간은 준수된 것이다.
> ㄴ. 부진정 입법부작위에 대한 헌법재판소법 제68조 제1항 헌법소원심판은 부진정입법부작위가 계속되는 한 기본권침해가 계속된다고 할 것이므로 기간의 제약 없이 적법하게 청구할 수 있다.
> ㄷ. 헌법재판소법 제68조 제1항 헌법소원심판 청구기간의 기산점인 "사유가 있음을 안 날"이라 함은 법령의 제정 등 공권력의 행사에 의한 기본권침해의 사실관계를 안 날을 뜻하는 것이 아니라, 법률적으로 평가하여 그 위헌성 때문에 헌법소원의 대상이 됨을 안 날을 뜻하는 것이다.
> ㄹ. 심판청구가 교환적으로 변경된 경우 청구기간의 준수 여부는 그 청구변경서가 제출된 때를 기준으로 판단되어야 한다.

① ㄱ, ㄴ
② ㄱ, ㄹ
③ ㄴ, ㄷ
④ ㄱ, ㄷ, ㄹ
⑤ ㄴ, ㄷ, ㄹ

> **MGI Point** 헌법소원심판의 청구기간 ★★★
>
> ■ 헌재법 제68조 제2항에 의한 헌법소원에서 국선대리인선임신청이 있는 경우의 청구기간
>   ⇨ 국선대리인의 선임신청이 있는 경우 그 신청이 있는 날이 기준 ○
> ■ 부진정 입법부작위는 그 불완전한 입법규정 자체가 헌법위반이라는 적극적인 헌법소원을 제기
>   ⇨ 헌재법 제69조 제1항 소정의 청구기간의 적용 ○
> ■ 헌법소원청구기간의 기산점인 '사유가 있음을 안 날' ⇨ 사실관계 ○, 법적 평가 ×
> ■ 청구를 추가적으로 변경한 경우 ⇨ 청구변경서를 제출한 때를 기준으로 청구기간 준수여부를 판단 ○

ㄱ. (○) 헌법재판소법 제70조 참조.

> **헌법재판소법 제70조(국선대리인)** ① 헌법소원심판을 청구하려는 자가 변호사를 대리인으로 선임할 자력(資力)이 없는 경우에는 헌법재판소에 국선대리인을 선임하여 줄 것을 신청할 수 있다. 이 경우 제69조에 따른 청구기간은 국선대리인의 선임신청이 있는 날을 기준으로 정한다.
> **헌법재판소법 제69조(청구기간)** ② 제68조제2항에 따른 헌법소원심판은 위헌 여부 심판의 제청신청을 기각하는 결정을 통지받은 날부터 30일 이내에 청구하여야 한다.

ㄴ. (X) 부진정 입법부작위, 즉 결함이 있는 입법권의 행사에 대하여 재판상 다툴 경우에는 입법부작위 위헌확인의 심판청구가 아니라 그 불완전한 입법규정 자체가 헌법위반이라는 적극적인 헌법소원을 제기하여야 할 것이고, 이 때에는 헌법재판소법 제69조 제1항 소정의 청구기간의 적용을 받는다(헌재 2009.01.13. 2008헌마746).

> **헌법재판소법 제69조(청구기간)** ① 제68조 제1항에 따른 헌법소원의 심판은 그 사유가 있음을 안 날부터 90일 이내에, 그 사유가 있는 날부터 1년 이내에 청구하여야 한다. 다만, 다른 법률에 따른 구제절차를 거친 헌법소원의 심판은 그 최종결정을 통지받은 날부터 30일 이내에 청구하여야 한다.

ㄷ. (X) 헌법소원청구기간의 기산점인 "사유가 있음을 안 날"이라 함은 법령의 제정 등 공권력의 행사에 의한 기본권침해의 사실관계를 안 날을 뜻하는 것이지, 법률적으로 평가하여 그 위헌성 때문에 헌법소원의 대상이 됨을 안 날을 뜻하는 것은 아니다(헌재 1993.11.25. 89헌마36).

ㄹ. (○) 청구인이 당해사건의 소송절차에서 토지수용법 제71조 제1항 및 공공용지의취득및손실보상에관한특례법 제9조 제1항 중 각 " …… 지급하고" 부분에 대한 위헌여부심판의 제청신청을 하였다가, 제청신청의 대상을 앞서 본 공공용지의취득및손실보상에관한특례법 제9조 제1항의 " …… 지급하고" 부분과 같은 조 제2항의 "전부" 부분에 대한 위헌여부심판의 제청신청으로 교환적으로 변경하자, 당해사건의 수소법원도 위 변경된 제청신청을 심판의 대상으로 삼아 결정하였다면, 토지수용법 제71조 제1항 중 " …… 지급하고" 부분에 대한 위헌여부심판의 제청신청은 신청의 교환적 변경으로 인하여 취하되었으므로, 위 조항을 대상으로 한 심판청구 부분은 그 심판청구요건을 갖추지 못하여 부적법하다. … 헌법재판소법 제68조 제1항 소정의 헌법소원심판청구를 추가적으로 변경하였다면 변경에 의한 신청구는 그 청구변경서를 제출한 때에 제기한 것이라 볼 것이므로, 이 시점을 기준으로 하여 청구기간의 준수 여부를 가려야 한다(헌재 1998.09.30. 96헌바88). ▶ 소의 교환적 변경은 신청구의 추가적 병합과 구청구의 취하의 결합형태

정답 ③

제❹절 ❙ 권한쟁의심판

문 125
24년 10월 모의시험

권한쟁의심판에 관한 설명 중 옳은 것은? (다툼이 있는 경우 판례에 의함)

① 헌법재판소는 국회의원이 국회의 권한침해를 주장하며 제기한 권한쟁의심판에 대해 제3자 소송담당은 법률의 규정이 있는 경우에만 허용된다고 보아 청구인적격을 부인하였다.
② 권한쟁의심판의 대상이 되는 처분은 「행정소송법」이 정하고 있는 처분보다 넓은 개념으로서 대통령령을 제정하는 행위나 법률안을 제출하는 행위도 권한쟁의심판의 대상이 되는 처분에 포함된다.
③ 권한쟁의심판으로 다투고자 하는 처분이 「행정소송법」상 기관소송의 대상이 되는 경우에는 기관소송을 통해 다툴 수 있으므로 권한쟁의심판을 청구할 수 없다.
④ 권한쟁의심판에서 가처분이 허용되는지에 대해 「헌법재판소법」이 명시적으로 규정하고 있지 않지만 헌법재판소는 직권 또는 청구인의 신청에 의하여 종국결정의 선고 시까지 심판대상이 된 피청구인의 처분의 효력을 정지하는 결정을 할 수 있는 것으로 보고 있다.
⑤ 권한쟁의심판은 그 사유가 있음을 안 날부터 90일 이내, 그 사유가 있은 날부터 1년 이내에 청구하여야 한다.

MGI Point   권한쟁의심판   ★★★

- 국회의원이 국회의 권한침해 주장하며 권한쟁의심판 제기시
  ⇨ 제3자소송담당은 법률의 규정이 있는 경우에만 허용 ⇨ 청구인적격 ×
- 정부의 법률안 제출행위 ⇨ 권한쟁의심판의 대상인 처분 ×
- 처분이 「행정소송법」상 기관소송의 처분성 있더라도 ⇨ 헌재 관장사항이면 기관소송 ×
  ⇨ 권한쟁의심판 청구 ○ (권한쟁의심판에 보충성 ×)
- 「헌법재판소법」상 권한쟁의심판의 가처분 명시적 규정 ○
  ⇨ 직권 또는 청구인의 신청에 의하여, 종국결정의 선고 시까지, 피청구인의 처분의 효력을 정지
- 권한쟁의심판 청구기간 ⇨ 그 사유가 있음을 안 날부터 '60일' 이내, 그 사유가 있은 날부터 '180일' 이내

---

① (○) 권한쟁의심판에서 국회의원이 국회의 권한침해를 주장하여 심판청구를 하는 이른바 '제3자 소송담당'을 허용하는 명문의 규정이 없고, 다른 법률의 준용을 통해서 이를 인정하기도 어려운 현행법 체계 하에서, 국회의 의사가 다수결로 결정되었음에도 다수결의 결과에 반하는 소수의 국회의원에게 권한쟁의심판을 청구할 수 있게 하는 것은 다수결의 원리와 의회주의의 본질에 어긋날 뿐만 아니라, 국가기관이 기관 내부에서 민주적인 토론을 통해 기관의 의사를 결정하는 대신 모든 문제를 사법적 수단에 의해 해결하려는 방향으로 남용될 우려도 있다. 따라서 '제3자 소송담당'이 허용되지 않는 현행법 하에서 국회의 구성원인 국회의원은 국회의 조약 체결·비준 동의권 침해를 주장하는 권한쟁의심판에서 청구인적격이 없다(헌재 2015.11.26. 2013헌라3).
② (X) 헌법재판소법 제61조 제2항에 따라 권한쟁의심판을 청구하려면 피청구인의 처분 또는 부작위가 존재하여야 하고, 여기서 "처분"이란 법적 중요성을 지닌 것에 한하므로, 청구인의 법적 지위에 구체적으로 영향을 미칠 가능성이 없는 행위는 "처분"이라 할 수 없어 이를 대상으로 하는 권한쟁의심판청구는 허용되지 않는다. 정부가 법률안을 제출하였다 하더라도 그것이 법률로 성립되기 위해서는 국회의 많은 절차를 거

처야 하고, 법률안을 받아들일지 여부는 전적으로 헌법상 입법권을 독점하고 있는 의회의 권한이다. 따라서 정부가 법률안을 제출하는 행위는 입법을 위한 하나의 사전 준비행위에 불과하고, 권한쟁의심판의 독자적 대상이 되기 위한 법적 중요성을 지닌 행위로 볼 수 없다(헌재 2005.12.22. 2004헌라3).

③ (X) 행정소송법은 헌법재판소의 관장사항으로 되는 사항을 기관소송의 대상에서 제외하고 있는데(행정소송법 제3조 제4호), 이러한 현행 법률 체계 역시 권한쟁의심판에 관한 헌법재판소의 원칙적 관할권에 기초한 것이다. …헌법재판소법은 권리구제를 위한 헌법소원에 대해서 보충성을 요구하고 있다(헌법재판소법 제68조 제1항). 그러나 권한쟁의심판의 경우 헌법재판소법 등 실정법상 보충성을 요하는 규정이 존재하지 아니하며, 앞서 살핀 헌법재판소의 원칙적 관할권을 고려하면 항고소송 등 법원의 재판과 관련하여 권한쟁의심판에 불문의 보충성원칙을 적용해 관할권 행사를 제약해야 할 필요성도 인정되지 않는다(헌재 2020.09.24. 2016헌라1). ▶ 설문은 권한쟁의심판에 기관소송의 보충성이 요구된다고 하는 것이므로 타당하지 않다.

> **행정소송법 제3조(행정소송의 종류)** 행정소송은 다음의 네가지로 구분한다. (1~3호 생략)
> 4. 기관소송: 국가 또는 공공단체의 기관상호간에 있어서의 권한의 존부 또는 그 행사에 관한 다툼이 있을 때에 이에 대하여 제기하는 소송. 다만, 헌법재판소법 제2조의 규정에 의하여 헌법재판소의 관장사항으로 되는 소송은 제외한다.

④ (X) 헌법재판소법 제65조 참조. 헌법재판소법은 권한쟁의심판의 가처분을 명시적으로 규정하고 있다.

> **헌법재판소법 제65조(가처분)** 헌법재판소가 권한쟁의심판의 청구를 받았을 때에는 직권 또는 청구인의 신청에 의하여 종국결정의 선고 시까지 심판 대상이 된 피청구인의 처분의 효력을 정지하는 결정을 할 수 있다.

⑤ (X) 헌법재판소법 제63조 제1항 참조.

> **헌법재판소법 제63조(청구기간)** ① 권한쟁의의 심판은 그 사유가 있음을 안 날부터 60일 이내에, 그 사유가 있은 날부터 180일 이내에 청구하여야 한다.
> ② 제1항의 기간은 불변기간으로 한다.

정답 ①

문 126

권한쟁의심판에 관한 설명 중 옳은 것을 모두 고른 것은? (다툼이 있는 경우 판례에 의함)

ㄱ. 지방자치단체의 의결기관인 지방의회와 해당 지방자치단체의 집행기관인 지방자치단체장 간의 내부적 분쟁은 지방자치단체 상호간의 권한쟁의심판의 범위에 속하지 않는다.
ㄴ. 「국회법」 제57조의2에 근거한 안건조정위원회 위원장은 「국회법」상 소위원회의 위원장으로서 헌법 제111조 제1항 제4호 및 「헌법재판소법」 제62조 제1항 제1호의 '국가기관'에 해당한다고 볼 수 없으므로, 권한쟁의심판의 당사자가 될 수 없다.
ㄷ. 경상남도 도지사가 경상남도 교육청 소속 학교들에 대하여 무상급식 지원실태에 대한 감사계획을 통보한 행위에 대하여 경상남도 교육감이 청구한 권한쟁의심판은 헌법재판소가 관장하는 권한쟁의심판의 종류에 해당되지 않는다.
ㄹ. 국회의원의 심의·표결권은 국회의 대내적인 관계에서는 물론이고 다른 국가기관과의 대외적인 관계에서도 침해될 수 있다.

① ㄱ, ㄴ
② ㄱ, ㄹ
③ ㄴ, ㄷ
④ ㄱ, ㄴ, ㄷ
⑤ ㄴ, ㄷ, ㄹ

> **MGI Point** 권한쟁의심판 ★★
>
> ■ 헌법재판소법 제62조 권한쟁의심판의 범위에 속하지 않아 부적법한 경우
>   • 지방의회와 지방자치단체장 간의 내부적 분쟁
>   • 안건조정위원회의 위원장(국회법 제57조의2)
>   • 지방자치단체와 교육감 간의 내부적 분쟁
> ■ 국회의원의 심의·표결권 ⇨ 다른 국가기관과의 대외적인 관계에서는 침해될 수 없음

ㄱ. (○) 헌법 제111조 제1항 제4호는 지방자치단체 상호간의 권한쟁의에 관한 심판을 헌법재판소가 관장하도록 규정하고 있고, 헌법재판소법 제62조 제1항 제3호는 이를 구체화하여 헌법재판소가 관장하는 지방자치단체 상호간의 권한쟁의심판을 ① 특별시·광역시·도 또는 특별자치도 상호간의 권한쟁의심판, ② 시·군 또는 자치구 상호간의 권한쟁의심판, ③ 특별시·광역시·도 또는 특별자치도와 시·군 또는 자치구간의 권한쟁의심판 등으로 규정하고 있다. 이처럼 헌법재판소가 담당하는 지방자치단체 상호간의 권한쟁의심판의 종류는 헌법 및 법률에 의하여 명확하게 규정되어 있는바, 지방자치단체 '상호간'의 권한쟁의심판에서 말하는 '상호간'이란 '서로 상이한 권리주체간'을 의미한다(헌재 2010.04.29. 2009헌라11; 헌재 2016.06.30. 2014헌라1). …지방자치단체의 의결기관인 지방의회와 지방자치단체의 집행기관인 지방자치단체장 간의 내부적 분쟁은 헌법재판소법에 의하여 헌법재판소가 관장하는 지방자치단체 상호간의 권한쟁의심판의 범위에 속하지 아니하고, 달리 헌법재판소법 제62조 제1항 제1호의 국가기관 상호간의 권한쟁의심판이나 같은 법 제62조 제1항 2호의 국가기관과 지방자치단체 상호간의 권한쟁의심판에 해당한다고 볼 수도 없다(헌재 2018.07.26. 2018헌라1).

> **참조판례** 지방자치단체의 의결기관인 지방의회를 구성하는 지방의회 의원과 그 지방의회의 대표자인 지방의회 의장 간의 권한쟁의심판은 헌법 및 헌법재판소법에 의하여 헌법재판소가 관장하는 지방자치단체 상호간의 권한쟁의심판의 범위에 속한다고 볼 수 없으므로 부적법하다(헌재 2010.04.29. 2009헌라11).
> ▶ 지방의회 의원과 지방의회 의장 간의 내부적 분쟁 역시 권한쟁의심판의 범위에 속하지 않는다.

ㄴ. (○) 헌법재판소법 제62조 제1항 제1호가 비록 국가기관 상호간의 권한쟁의심판을 '국회, 정부, 법원 및 중앙선거관리위원회 상호간의 권한쟁의심판'이라고 규정하고 있다고 할지라도 이 법률조항의 문언에 얽매여 곧바로 이들 기관 외에는 권한쟁의심판의 당사자가 될 수 없다고 단정할 수는 없고, 헌법 제111조 제1항 제4호에서 말하는 국가기관의 의미와 권한쟁의심판의 당사자가 될 수 있는 국가기관의 범위는 결국 헌법해석을 통하여 확정하여야 할 문제이다. … 헌법 제62조는 '국회의 위원회'(이하 '위원회'라 한다)를 명시하고 있으나 '국회의 소위원회'(이하 '소위원회'라 한다)를 명시하지 않고 있다. 소위원회는 국회법에 설치근거를 두고 있는데, 국회법 제57조 제1항은 위원회로 하여금 '소관 사항을 분담·심사하기 위하여' 또는 '필요한 경우 특정한 안건의 심사를 위하여' 소위원회를 둘 수 있도록 하고 있고, 같은 조 제4항은 소위원회의 활동을 위원회가 의결로 정하는 범위로 한정하고 있다. 이처럼 국회법 제57조를 설치근거로 하고, 또한 그 설치·폐지 및 권한이 원칙적으로 위원회의 의결에 따라 결정될 뿐인 소위원회는 위원회의 부분기관에 불과하여 헌법에 의하여 설치된 국가기관에 해당한다고 볼 수 없다. 소위원회가 설치된 뒤에야 비로소 존재할 수 있는 그 소위원회 위원장 또한 헌법에 의하여 설치된 국가기관에 해당한다고 볼 수 없다. 따라서 안건조정위원회의 위원장은 국회법 제57조의 소위원회 위원장과 마찬가지로 헌법에 의하여 설치된 국가기관에 해당한다고 볼 수 없다(헌재 2020.05.27. 2019헌라5).

ㄷ. (○) 청구인이 피청구인의 위 감사계획 통보 행위가 청구인의 학교급식에 대한 감사 권한을 침해하였다고 주장하며, 2014. 11. 14. 이 사건 권한쟁의심판을 청구한 사안에서 … '국가기관'의 경우에는 헌법 자체에 의하여 그 종류나 범위를 확정할 수 없고 달리 헌법이 법률로 정하도록 위임하지도 않았기 때문에 헌법재판소법 제62조 제1항 제1호가 규정하는 '국회, 정부, 법원 및 중앙선거관리위원회'를 국가기관의 예시에 불과한 것이라고 해석할 필요가 있었던 것과는 달리, '지방자치단체'의 경우에는 지방자치단체 상호간의 권한쟁의심판을 규정하고 있는 헌법재판소법 제62조 제1항 제3호를 예시적으로 해석할 필요성 및 법적 근거가 없다. 결국 시·도의 교육·학예에 관한 집행기관인 교육감과 해당 지방자치단체 사이의 내부적 분쟁과 관련된 이 사건 심판청구는 헌법 제111조 제1항 제4호 및 헌법재판소법 제62조 제1항 제3호의 지방자치단체 상호간의 권한쟁의심판에 해당한다고 볼 수 없다(헌재 2016.06.30. 2014헌라1).

ㄹ. (X) 국회의 동의권이 침해되었다고 하여 동시에 국회의원의 심의·표결권이 침해된다고 할 수 없고, 또 국회의원의 심의·표결권은 국회의 대내적인 관계에서 행사되고 침해될 수 있을 뿐 다른 국가기관과의 대외적인 관계에서는 침해될 수 없는 것이므로, 국회의원들 상호 간 또는 국회의원과 국회의장 사이와 같이 국회 내부적으로만 직접적인 법적 연관성을 발생시킬 수 있을 뿐이고 대통령 등 국회 이외의 국가기관과 사이에서는 권한침해의 직접적인 법적 효과를 발생시키지 아니한다. 따라서 피청구인인 대통령이 국회의 동의 없이 조약을 체결·비준하였다 하더라도 국회의 조약 체결·비준에 대한 동의권이 침해될 수는 있어도 국회의원인 청구인들의 심의·표결권이 침해될 가능성은 없다(헌재 2016.04.28. 2015헌라5).

문 127

22년 10월 모의시험

권한쟁의심판에 관한 설명 중 옳지 않은 것은? (다툼이 있는 경우 판례에 의함)

① 국회 상임위원회가 그 소관에 속하는 의안, 청원 등을 심사하는 권한은 법률상 부여된 위원회의 고유한 권한이므로, 국회 상임위원회 위원장이 위원회를 대표해서 의안을 심사하는 권한이 국회의장으로부터 위임된 것임을 전제로 한 국회의장에 대한 심판청구는 피청구인적격이 없는 자를 상대로 한 청구로서 부적법하다.
② 시·도의 교육·학예에 관한 집행기관인 교육감과 해당 지방자치단체 사이의 내부적 분쟁과 관련된 심판청구는 지방자치단체 상호간의 권한쟁의심판에 해당하지 않는다.
③ 권한쟁의심판청구는 피청구인의 처분 또는 부작위가 헌법에 의하여 부여받은 청구인의 권한을 침해하였거나 침해할 현저한 위험이 있는 경우에만 할 수 있고, 법률에 의하여 부여받은 청구인의 권한을 침해하는 경우에는 할 수 없다.
④ 권한쟁의심판절차에 관하여는 헌법재판소법에 특별한 규정이 있는 경우를 제외하고는 헌법재판의 성질에 반하지 아니하는 한도에서 민사소송에 관한 법령과 행정소송법을 함께 준용하는데, 행정소송법이 민사소송에 관한 법령에 저촉될 때에는 민사소송에 관한 법령은 준용하지 아니한다.
⑤ 피청구인의 부작위에 의하여 청구인의 권한이 침해당하였다고 주장하는 권한쟁의심판은 피청구인에게 헌법상 또는 법률상 유래하는 작위의무가 있음에도 불구하고 피청구인이 그러한 의무를 다하지 아니한 경우에 허용된다.

> **MGI Point** **권한쟁의심판** ★★
>
> - 국회 상임위원회가 그 소관에 속하는 의안, 청원 등을 심사하는 권한
>   - 법률상 부여된 위원회의 고유한 권한
>   - 국회 상임위원회 위원장이 위원회를 대표해서 의안을 심사하는 권한이 국회의장으로부터 위임된 것임을 전제로 한 국회의장에 대한 심판청구 ⇨ 피청구인적격이 없는 자를 상대로 한 청구로서 부적법
> - 시·도의 교육·학예에 관한 교육감과 지방자치단체 사이의 내부적 분쟁 ⇨ 권한쟁의심판 ×
> - 권한쟁의심판은 피청구인의 처분 또는 부작위가 헌법 또는 법률에 의하여 부여받은 청구인의 권한을 침해하였거나 침해할 현저한 위험이 있는 경우에만 청구 可
> - 권한쟁의심판절차
>   - 헌재법에 특별한 규정이 있는 경우를 제외하고는 헌법재판의 성질에 반하지 아니하는 한도에서 민사소송에 관한 법령과 행정소송법을 함께 준용
>   - 행정소송법이 민사소송에 관한 법령에 저촉될 때에는 민사소송에 관한 법령 준용 ×
> - 권한쟁의심판의 적법요건으로서의 피청구인의 부작위
>   ⇨ 헌법상 또는 법률상의 작위의무가 있는데도 불구하고 이를 이행하지 아니하는 것

① (○) 국회 상임위원회가 그 소관에 속하는 의안, 청원 등을 심사하는 권한은 법률상 부여된 위원회의 고유한 권한이므로, 국회 상임위원회 위원장이 위원회를 대표해서 의안을 심사하는 권한이 국회의장으로부터 위임된 것임을 전제로 한 국회의장에 대한 이 사건 심판청구는 피청구인적격이 없는 자를 상대로 한 청구로서 부적법하다(헌재 2010.12.28. 2008헌라7).

② (○) 시·도의 교육·학예에 관한 집행기관인 교육감과 해당 지방자치단체 사이의 내부적 분쟁과 관련된 이 사건 심판청구는 헌법 제111조 제1항 제4호 및 헌법재판소법 제62조 제1항 제3호의 지방자치단체 상호간의 권한쟁의심판에 해당한다고 볼 수 없다(헌재 2016.06.30. 2014헌라1).

③ (X) 헌법재판소법 제61조 참조.

> **헌법재판소법 제61조(청구 사유)** ② 제1항의 심판청구는 피청구인의 처분 또는 부작위가 헌법 또는 법률에 의하여 부여받은 청구인의 권한을 침해하였거나 침해할 현저한 위험이 있는 경우에만 할 수 있다.

④ (○) 헌법재판소법 제40조 참조.

> **헌법재판소법 제40조(준용규정)** ① 헌법재판소의 심판절차에 관하여는 이 법에 특별한 규정이 있는 경우를 제외하고는 헌법재판의 성질에 반하지 아니하는 한도에서 민사소송에 관한 법령을 준용한다. 이 경우 탄핵심판의 경우에는 형사소송에 관한 법령을 준용하고, 권한쟁의심판 및 헌법소원심판의 경우에는 「행정소송법」을 함께 준용한다.
> ② 제1항 후단의 경우에 형사소송에 관한 법령 또는 「행정소송법」이 민사소송에 관한 법령에 저촉될 때에는 민사소송에 관한 법령은 준용하지 아니한다.

⑤ (○) 권한쟁의심판은 피청구인의 처분이나 부작위로 인하여 청구인의 권한이 침해당하였거나 침해당할 현저한 위험이 있는 경우에 청구할 수 있음은 위에서 본 바와 같고, 피청구인의 부작위에 의하여 청구인의 권한이 침해당하였다고 주장하는 권한쟁의심판은 피청구인에게 헌법상 또는 법률상 유래하는 작위의무가 있음에도 불구하고 피청구인이 그러한 의무를 다하지 아니한 경우에 허용된다(헌재 1998.07.14. 98헌라3).

 ③

문 128
21년 10월 모의시험

권한쟁의심판에 관한 설명 중 옳지 않은 것을 모두 고른 것은? (다툼이 있는 경우 판례에 의함)

> ㄱ. 지방자치단체의 의결기관인 지방의회와 지방자치단체의 집행기관인 지방자치단체장 간의 내부적 분쟁은 지방자치단체 상호간의 권한쟁의심판의 범위에 속하지 않는다.
> ㄴ. 「국회법」제57조의2에 근거한 안건조정위원회 위원장은 「국회법」상 소위원회의 위원장으로서 헌법 제111조 제1항 제4호 및 「헌법재판소법」제62조 제1항 제1호의 '국가기관'에 해당한다고 볼 수 없으므로, 권한쟁의심판의 당사자가 될 수 없다.
> ㄷ. 화성시와 수원시 관할 구역에 걸쳐 있는 수원 군 공항에 대해 국방부장관이 수원시장만의 이전건의에 기초하여 「군 공항 이전 및 지원에 관한 특별법」에 따라 화성시 특정 지역을 수원 군 공항의 예비이전후보지로 선정한 것은 화성시의 자치권한을 침해할 가능성이 있다.
> ㄹ. 경상남도 도지사가 경상남도 교육청 소속 학교들에 대하여 무상급식 지원실태에 대한 감사계획을 통보한 행위에 대하여 경상남도 교육감이 청구한 권한쟁의심판은 헌법재판소가 관장하는 권한쟁의심판의 종류에 해당되지 않는다.
> ㅁ. 국회의원의 심의·표결권은 국회의 대내적인 관계에서는 물론이고 다른 국가기관과의 대외적인 관계에서도 침해될 수 없다.

① ㄱ, ㄹ
② ㄷ, ㅁ
③ ㄱ, ㄴ, ㄷ
④ ㄴ, ㄷ, ㄹ
⑤ ㄷ, ㄹ, ㅁ

MGI Point 권한쟁의심판 ★★

- 지방자치단체의 의결기관과 집행기관 사이의 내부적 분쟁 ⇨ 헌법재판소가 관장하는 권한쟁의심판 범위에 속하지 ×
- 안건조정위원회의 위원장은 헌법 제111조 제1항 4호 및 헌재법 제62조 제1항 제1호의 국가기관에 해당 ×
  ⇨ 권한쟁의심판의 당사자능력 × (∵ 국회 상임위원회 위원장은 인정 ○, 국회 소위원회 위원장은 ×)
- 권한쟁의 요건인 권한의 침해 또는 침해위험의 가능성에서 '권한'의 개념 ⇨ 자치사무 ○ (∴ 국가사무인 군 공항 이전사업은 지방자치단체의 자치권한을 침해하였다거나 침해할 현저한 위험 ×)
- 헌법재판소법 제62조 제1항 제3호가 정하는 지방자치단체 상호간의 권한쟁의심판의 종류
  - 예시적 ×
  - 교육감과 해당 지방자치단체 사이의 내부적 분쟁과 관련한 권한쟁의심판청구 ⇨ 부적법
- 국회의원의 심의·표결권 침해가능성 유무 ⇨ 국회의 대내적 관계에서 침해가능할 뿐, 다른 국가기관과의 대외적 관계에서는 침해 不可

ㄱ. (○) 헌법 제111조 제1항 제4호는 지방자치단체 상호간의 권한쟁의에 관한 심판을 헌법재판소가 관장하도록 규정하고 있고, 헌법재판소법 제62조 제1항 제3호는 이를 구체화하여 헌법재판소가 관장하는 지방자치단체 상호간의 권한쟁의심판을 ① 특별시·광역시·도 또는 특별자치도 상호간의 권한쟁의심판, ② 시·군 또는 자치구 상호간의 권한쟁의심판, ③ 특별시·광역시·도 또는 특별자치도와 시·군 또는 자치구간의 권한쟁의심판 등으로 규정하고 있다. 지방자치단체의 의결기관인 지방의회와 지방자치단체의 집행기관인 지방자치단체장 간의 내부적 분쟁은 지방자치단체 상호간의 권한쟁의심판의 범위에 속하지 아니하고, 달리 국가기관 상호간의 권한쟁의심판이나 국가기관과 지방자치단체 상호간의 권한쟁의심판에

해당한다고 볼 수도 없다. 따라서 지방자치단체의 의결기관과 지방자치단체의 집행기관 사이의 내부적 분쟁과 관련된 심판청구는 헌법재판소가 관장하는 권한쟁의심판에 속하지 아니하여 부적법하다(헌재 2018.07.26. 2018헌라1).

ㄴ. (○) 헌법 제62조는 '국회의 위원회'(이하 '위원회'라 한다)를 명시하고 있으나 '국회의 소위원회'(이하 '소위원회'라 한다)를 명시하지 않고 있다. 소위원회는 국회법에 설치근거를 두고 있는데, 국회법 제57조 제1항은 위원회로 하여금 '소관 사항을 분담·심사하기 위하여' 또는 '필요한 경우 특정한 안건의 심사를 위하여' 소위원회를 둘 수 있도록 하고 있고, 같은 조 제4항은 소위원회의 활동을 위원회가 의결로 정하는 범위로 한정하고 있다. 이처럼 국회법 제57조를 설치근거로 하고, 또한 그 설치·폐지 및 권한이 원칙적으로 위원회의 의결에 따라 결정될 뿐인 소위원회는 위원회의 부분기관에 불과하여 헌법에 의하여 설치된 국가기관에 해당한다고 볼 수 없다. 따라서 소위원회가 설치된 뒤에야 비로소 존재할 수 있는 그 소위원회 위원장 또한 헌법에 의하여 설치된 국가기관에 해당한다고 볼 수 없다. 안건조정위원회는 국회법에 그 구성 요건 및 활동기간 등에 관한 별도의 조항을 두고 있으나, 역시 헌법이 아닌 국회법에 설치근거가 있고, 소위원회가 필요한 경우 특정한 안건의 심사를 위하여 설치될 수 있는 것과 마찬가지로 안건조정위원회도 이견을 조정할 필요가 있는 안건을 심사하기 위하여 위원회 재적위원 3분의 1의 요구에 따라 임의로 설치되는 점에 비추어 볼 때, 위원회의 부분기관인 것은 다른 소위원회와 같다(국회법 제57조의2 제1항 참조). 또한, 안건조정위원회의 위원장도 안건조정위원회가 구성된 뒤에야 비로소 조정위원 중에서 선출된다(국회법 제57조의2 제5항 참조). 따라서 안건조정위원회의 위원장은 국회법 제57조의 소위원회 위원장과 마찬가지로 헌법에 의하여 설치된 국가기관에 해당한다고 볼 수 없다(헌재 2020.05.27. 2019헌라5). ▶ 안건조정위원회 위원장은 국회법상 소위원회의 위원장으로서 헌법상 '국가기관'에 해당한다고 볼 수 없으므로, 위 사건의 청구는 권한쟁의심판의 당사자가 될 수 없는 안건조정위원회 위원장을 대상으로 하는 청구로서 부적법하다고 판단한 사례

ㄷ. (X) 청구인은 이 사건 처분으로 인해 자치권한이 침해되었다고 주장하므로, 청구인이 관할구역 내에서 이 사건 공항의 예비이전후보지 선정사무와 관련된 자치권한을 가지는지에 관하여 살펴본다. 자치사무는 지역의 이익에 관한 사무로 지역적 특성에 따라 달리 다루어야 할 필요성이 있는 사무임에 반하여(지방자치법 제9조 제2항 참조), 국가사무는 국가적 이익에 관한 사무로 국가의 존립에 필요하거나 전국적인 통일을 기할 필요성이 있는 사무 등을 일컫는다(지방자치법 제11조 참조). 만약 이 사건 공항의 예비이전후보지 선정사무가 국가사무에 해당한다면, 이 사건 처분으로 인해 청구인의 자치권에 대한 침해가 발생한다고 보기 어려울 것이다. 그런데 국방과 같이 국가의 존립에 필요한 사무는 국가사무에 해당하는데(지방자치법 제11조 제1호), 이 사건 공항의 예비이전후보지 선정사업(혹은 더 나아가 군 공항 이전 사업)도 국방에 관한 사무이므로 그 성격상 국가사무임이 분명하다. 군공항이전법도 피청구인에게 군 공항 예비이전후보지를 선정할 수 있는 권한을 부여하여(군공항이전법 제4조 제2항 참조) 그 사무의 권한과 책임을 피청구인에게 귀속시키고 있으므로, 이 사건 공항의 예비이전후보지 선정사업(혹은 더 나아가 군 공항 이전사업)이 국가사무임을 전제로 하고 있다. 따라서 국가사무인 군 공항 이전사업이 청구인의 의사를 고려하지 않고 진행된다고 하더라도 이로써 지방자치단체인 청구인의 자치권한을 침해하였다거나 침해할 현저한 위험이 있다고 보기 어렵다(헌재 2017.12.28. 2017헌라2).

ㄹ. (○) 헌법 제111조 제1항 제4호는 지방자치단체 상호간의 권한쟁의에 관한 심판을 헌법재판소가 관장하도록 규정하고 있고, 지방자치단체 '상호간'의 권한쟁의심판에서 말하는 '상호간'이란 '서로 상이한 권리주체간'을 의미한다. 그런데 '지방교육자치에 관한 법률'은 교육감을 시·도의 교육·학예에 관한 사무의 '집행기관'으로 규정하고 있으므로, 교육감과 해당 지방자치단체 상호간의 권한쟁의심판은 '서로 상이한 권리주체간'의 권한쟁의심판청구로 볼 수 없다. 나아가 헌법은 '국가기관'과는 달리 '지방자치단체'의 경우에는 그 종류를 법률로 정하도록 규정하고 있으며(헌법 제117조 제2항), 지방자치법은 지방자치단체의 종류를 특별시, 광역시, 특별자치시, 도, 특별자치도와 시, 군, 구로 정하고 있고(지방자치법 제2조 제1항), 헌법재판소법은 이를 감안하여 권한쟁의심판의 종류를 정하고 있다. 즉, 지방자치법은 헌법의 위임을 받아 지방자치단체의 종류를 규정하고 있으므로, 지방자치단체 상호간의 권한쟁의심판을 규정하는 헌

법재판소법 제62조 제1항 제3호를 예시적으로 해석할 필요성 및 법적 근거가 없다. 따라서 시·도의 교육·학예에 관한 집행기관인 교육감과 해당 지방자치단체 사이의 내부적 분쟁과 관련된 심판청구는 헌법재판소가 관장하는 권한쟁의심판에 속하지 아니한다(헌재 2016.06.30. 2014헌라1).

ㅁ. (X) 국회의원의 심의·표결권은 국회의 대내적인 관계에서 행사되고 침해될 수 있을 뿐 다른 국가기관과의 대외적인 관계에서는 침해될 수 없는 것이므로, 국회의원들 상호간 또는 국회의원과 국회의장 사이와 같이 국회 내부적으로만 직접적인 법적 연관성을 발생시킬 수 있을 뿐이고 대통령 등 국회 이외의 국가기관과 사이에서는 권한침해의 직접적인 법적 효과를 발생시키지 아니한다. 따라서 피청구인 대통령이 국회의 동의 없이 조약을 체결·비준하였다 하더라도 국회의원인 청구인들의 심의·표결권이 침해될 가능성은 없다(헌재 2007.07.26. 2005헌라8).

정답 ②

문 129
21년 8월 모의시험

다음 사례에 관한 설명 중 옳은 것은? (다툼이 있는 경우 판례에 의함)

> 대한민국 정부는 2014. 5. 20. 동맹관계에 있는 A국 정부와 「중동 전쟁 파병에 관한 협정」(이하 '파병협정'이라 한다)을 체결하였다. 그런데 파병협정을 체결한 사실은 2014. 8. 9.이 되어서야 국내에 알려졌고, 야당은 우리나라의 안보와는 아무런 상관도 없는 중동 전쟁에 전투병력을 파병하는 것에 대하여 강력하게 반발하였다. 2014. 8. 12. 야당 소속 국회의원 丙은 파병협정의 체결 전에 미리 국회의 동의를 얻어야 하는데도 그러한 절차를 거치지 않았기 때문에 그 체결은 무효라고 주장하였다. 대통령 甲은 2014. 8. 18. 국회에 파병협정에 대한 비준동의안을 제출하면서 국회의장 乙에게 신속한 처리를 요청하였다. 乙은 2014. 8. 20. 열린 국회 본회의에서 파병협정 비준동의안의 처리를 시도하였으나, 야당 의원들의 실력 저지로 인하여 표결을 하지 못하였다. 甲은 A국 정부로부터 파병협정에 따른 전투병력의 파견을 거듭 재촉받자 시간적인 여유가 없다고 판단하고, 국회의 동의 없이 2014. 8. 30. 국군의 전투병력을 중동 지역에 파견하는 결정(이하 '파병결정'이라 한다)을 내렸다. 丙은 甲의 파병결정으로 국회의 권한이 침해되었다며 국회가 甲을 상대로 권한쟁의심판을 청구해야 한다고 주장하였다. 하지만 국회의 과반 의석을 갖고 있는 여당은 이에 반대하였다. 丙은 2014. 10. 31. 甲을 상대로 권한쟁의심판을 청구하였다.

① 丙은 국회의 동의권한 침해를 주장하며 국회를 대신하여 권한쟁의심판을 청구할 수 있으므로, 사례에서 丙의 권한쟁의심판청구는 적법하다.
② 丙은 파병결정에 관한 국회의 동의안에 대한 자신의 심의·표결권 침해를 이유로 권한쟁의심판을 청구할 수 있으므로, 사례에서 丙의 권한쟁의심판청구는 적법하다.
③ 丙은 파병결정에 관한 국회의 동의권한 침해에 대하여는 甲을 상대로, 파병결정에 관한 국회의 동의안에 대한 심의·표결권 침해에 대하여는 乙을 상대로 권한쟁의심판을 청구하여야 丙의 청구가 모두 적법하여 본안판단을 받을 수 있다.
④ 국회의원의 의안에 대한 심의·표결권한은 국회 내에서 국회의장에 의하여 침해될 수 있음은 별론으로 하고 대외적으로 대통령에 의하여 침해될 수는 없으므로, 사례에서 헌법재판소는 丙의 甲에 대한 권한쟁의심판청구를 각하하여야 한다.

⑤ 헌법재판소 판례의 반대의견에 의하면, 丙이 국회의 동의권한 침해를 이유로 甲을 상대로 제기한 권한쟁의심판청구는 국회를 위한 것으로서 적법하므로 본안판단에 나아가야 한다.

> **MGI Point** 권한쟁의심판 ★★
>
> ■ 헌법재판소는「제3자 소송담당」부정 ⇨ 국회의원이 국회의 권한 침해를 주장하는 권한쟁의심판청구 불가
>   ■ 국회의원이 국회의 조약 체결·비준 동의권 침해를 주장하는 권한쟁의심판 ⇨ 청구인적격 ×
>   ■ 국회의원의 심의·표결권 침해를 이유로 권한쟁의심판청구 ⇨ 부적법 각하 ○
> ■ 파병결정에 대한 국회 동의권 침해에 대하여 국회의원이 대통령을 상대로 한 권한쟁의 청구는 부적법 각하 ○
>   ⇨ 국회의원의 심의·표결권은 국회의 대외적인 관계에서 행사·침해 불가
> ■ 헌법재판소 반대의견 : 국회의원이 대통령을 상대로 국회동의 권한 침해를 이유로 한 권한쟁의 청구는 국회의원의 심의·표결권 보장을 위한 것

① (X), ② (X), ③ (X), ④ (O) 권한쟁의심판에서 국회의원이 국회의 권한침해를 주장하여 심판청구를 하는 이른바 '제3자 소송담당'을 허용하는 명문의 규정이 없고, 다른 법률의 준용을 통해서 이를 인정하기도 어려운 현행법 체계 하에서, 국회의 의사가 다수결로 결정되었음에도 다수결의 결과에 반하는 소수의 국회의원에게 권한쟁의심판을 청구할 수 있게 하는 것은 다수결의 원리와 의회주의의 본질에 어긋날 뿐만 아니라, 국가기관이 기관 내부에서 민주적인 토론을 통해 기관의 의사를 결정하는 대신 모든 문제를 사법적 수단에 의해 해결하려는 방향으로 남용될 우려도 있다. 따라서 '제3자 소송담당'이 허용되지 않는 현행법 하에서 국회의 구성원인 국회의원은 국회의 조약 체결·비준 동의권 침해를 주장하는 권한쟁의심판에서 청구인적격이 없다. 국회의원의 심의·표결권은 국회의 대내적인 관계에서 행사되고 침해될 수 있을 뿐 다른 국가기관과의 대외적인 관계에서는 침해될 수 없는 것이므로, 대통령 등 국회 이외의 국가기관과의 사이에서는 권한침해의 직접적인 법적 효과를 발생시키지 아니한다. 따라서 피청구인 대통령이 조약 체결·비준에 대한 국회의 동의를 요구하지 않았다고 하더라도 국회의원인 청구인들의 심의·표결권이 침해될 가능성은 없다(헌재 2015.11.26. 2013헌라3).

> **판례** 국회의 동의권과 국회의원의 심의·표결권은 비록 국회의 동의권이 개별 국회의원의 심의·표결절차를 거쳐 행사되기는 하지만 그 권한의 귀속주체가 다르고, 또 심의·표결권의 행사는 국회의 의사를 형성하기 위한 국회 내부의 행위로서 구체적인 의안 처리와 관련하여 각 국회의원에게 부여되는데 비하여, 동의권의 행사는 국회가 그 의결을 통하여 다른 국가기관에 대한 의사표시로서 행해지며 대외적인 법적 효과가 발생한다는 점에서 구분된다. 따라서 국회의 동의권이 침해되었다고 하여 동시에 국회의원의 심의·표결권이 침해된다고 할 수 없고, 또 국회의원의 심의·표결권은 국회의 대내적인 관계에서 행사되고 침해될 수 있을 뿐 다른 국가기관과의 대외적인 관계에서는 침해될 수 없는 것이므로, 국회의원들 상호간 또는 국회의원과 국회의장 사이와 같이 국회 내부적으로만 직접적인 법적 연관성을 발생시킬 수 있을 뿐이고 대통령 등 국회 이외의 국가기관과 사이에서는 권한침해의 직접적인 법적 효과를 발생시키지 않는다. 그렇다면 정부가 국회의 동의 없이 예산 외에 국가의 부담이 될 계약을 체결하였다 하더라도 국회의 동의권이 침해될 수는 있어도 국회의원인 청구인들 자신의 심의·표결권이 침해될 가능성은 없다고 할 것이다. 따라서 청구인들의 이 부분 심판청구도 부적법하다(헌재 2008.01.17. 2005헌라10).

⑤ (X) 국회의원 丙이 국회의 동의권한 침해를 이유로 대통령 甲을 상대로 제기한 권한쟁의심판청구는 丙의 심의·표결권을 위한 것이라는 헌법재판소의 판례의 반대의견이 있다.

> **판례** 국회법 제93조는 모든 안건을 심의함에 있어 질의·토론을 거치도록 하고 특히 위원회 심사를 거치지 아니한 안건에 대하여는 국회의 의결로도 질의·토론 과정을 생략할 수 없도록 하고 있는데, 피청구인은 이 사건 의안들에 관하여 질의·토론 신청이 있었는지 여부를 확인하거나 언급도 하지 아니한 채 질의·토론 과정

을 생략하고 곧바로 표결처리에 나아감으로써 질의·토론의 기회를 실질적으로 보장하지 않았으므로, 이 사건 의안들을 심의·표결하는 과정에서 국회법 제93조를 위반하였다. 따라서 피청구인의 이 사건 가결선포행위는 헌법상 보장된 청구인들의 심의·표결권을 침해한 것이다(헌재 2012.02.23. 2010헌라5,6(병합)).
▶ 재판관 이강국, 재판관 김종대, 재판관 송두환의 권한침해확인청구 부분에 관한 반대의견

정답 ④

문 130
20년 10월 모의시험

권한쟁의심판에 관한 설명으로 옳은 것을 모두 고른 것은? (다툼이 있는 경우 판례에 의함)

ㄱ. 교육·학예에 관한 지방자치단체의 사무에 관한 분쟁이 발생한 경우에는 교육감이 지방자치단체 상호간의 권한쟁의심판의 당사자가 되므로, 교육감과 해당 지방자치단체 사이의 내부적 분쟁도 권한쟁의심판의 대상이 된다.

ㄴ. 지방자치단체가 자신의 권한의 침해를 이유로 권한쟁의심판을 제기하는 경우 당사자는 지방자치단체가 되므로, 지방자치단체의 장은 국가위임 사무에 대해 국가기관의 지위에서 처분을 행한 경우에도 권한쟁의 심판청구의 당사자가 될 수 없다.

ㄷ. 국가와 지방자치단체 간의 권한쟁의심판에 있어서 해양수산부장관도 헌법과 「정부조직법」에 의하여 행정 각부를 구성하는 국가기관으로서 독자적인 권한을 부여받고 있으므로 권한쟁의심판의 당사자능력이 인정된다.

ㄹ. 법률의 제·개정 행위를 다투는 권한쟁의심판의 경우에는 국회가 피청구인적격을 가지므로, 국회의원들이 국회의장 및 국회 기획재정위원회 위원장에 대하여 제기한 「국회법」 개정행위에 대한 심판청구는 피청구인적격이 없는 자를 상대로 한 청구로서 부적법하다.

① ㄱ, ㄴ
② ㄱ, ㄹ
③ ㄴ, ㄷ
④ ㄴ, ㄹ
⑤ ㄷ, ㄹ

MGI Point 권한쟁의심판 ★★★

- 헌법재판소법 제62조 제1항 제3호가 정하는 지방자치단체 상호간의 권한쟁의심판의 종류
  - 예시적 ×
  - 교육감과 해당 지방자치단체 사이의 내부적 분쟁과 관련한 권한쟁의심판청구 ⇨ 부적법
- 지방자치단체의 장의 당사자능력
  - 원칙: 당사자능력 ×
  - 예외: 국가위임사무에 대해 국가기관의 지위에서 처분 ⇨ 당사자능력 ○
- 해양수산부장관은 헌법과 정부조직법에 의하여 행정 각부를 구성하는 국가기관, 항만에 관한 사무를 관장하는 권한 有
  ⇨ 권한쟁의심판의 당사자능력 ○, 당사자적격 인정 ○
- 법률의 제·개정 행위를 다투는 권한쟁의심판
  - 국회는 피청구인적격 ○
  - 국회의장 및 국회 기획재정위원회 위원장은 피청구인적격 ×

ㄱ. (X) 헌법 제111조 제1항 제4호는 지방자치단체 상호간의 권한쟁의에 관한 심판을 헌법재판소가 관장하도록 규정하고 있고, 지방자치단체 '상호간'의 권한쟁의심판에서 말하는 '상호간'이란 '서로 상이한 권리주체간'을 의미한다. 그런데 '지방교육자치에 관한 법률'은 교육감을 시·도의 교육·학예에 관한 사무의 '집행기관'으로 규정하고 있으므로, 교육감과 해당 지방자치단체 상호간의 권한쟁의심판은 '서로 상이한 권리주체간'의 권한쟁의심판청구로 볼 수 없다. 나아가 헌법은 '국가기관'과는 달리 '지방자치단체'의 경우에는 그 종류를 법률로 정하도록 규정하고 있으며(헌법 제117조 제2항), 지방자치법은 지방자치단체의 종류를 특별시, 광역시, 특별자치시, 도, 특별자치도와 시, 군, 구로 정하고 있고(지방자치법 제2조 제1항), 헌법재판소법은 이를 감안하여 권한쟁의심판의 종류를 정하고 있다. 즉, 지방자치법은 헌법의 위임을 받아 지방자치단체의 종류를 규정하고 있으므로, 지방자치단체 상호간의 권한쟁의심판을 규정하는 헌법재판소법 제62조 제1항 제3호를 예시적으로 해석할 필요성 및 법적 근거가 없다. 따라서 시·도의 교육·학예에 관한 집행기관인 교육감과 해당 지방자치단체 사이의 내부적 분쟁과 관련된 심판청구는 헌법재판소가 관장하는 권한쟁의심판에 속하지 아니한다(헌재 2016.06.30. 2014헌라1).

ㄴ. (X) 권한쟁의 심판청구는 헌법과 법률에 의하여 권한을 부여받은 자가 그 권한의 침해를 다투는 헌법소송으로서 이러한 권한쟁의심판을 청구할 수 있는 자에 대하여는 헌법 제111조 제1항 제4호와 헌법재판소법 제62조 제1항 제3호가 정하고 있는바, 이에 의하면 지방자치단체의 장은 원칙적으로 권한쟁의 심판청구의 당사자가 될 수 없다. 다만 지방자치단체의 장이 국가위임 사무에 대해 국가기관의 지위에서 처분을 행한 경우에는 권한쟁의 심판청구의 당사자가 될 수 있다(헌재 2006.08.31. 2003헌라1).

ㄷ. (O) 피청구인 해양수산부장관은 헌법과 정부조직법에 의하여 행정 각부를 구성하는 국가기관으로서 항만에 관한 사무를 관장하는 권한을 가지고 있고, 항만구역 내외의 항만시설을 지정·고시할 수 있으며, 그 소속 중앙항만정책심의회에서 항만구역의 지정 및 조정에 관한 사항 등을 심의하게 할 수 있는 등 이 사건 명칭결정 권한에 관하여 적절한 관련성을 가지고 있으므로 이 사건 권한쟁의심판의 당사자능력은 물론 당사자적격도 인정된다. 반면, 피청구인 부산지방해양수산청장은 해양수산부장관의 명을 받아 소관사무를 통할하고 소속공무원을 지휘·감독하는 자로서 지방에서의 해양수산부장관의 일부 사무를 관장할 뿐, 항만에 관한 독자적인 권한을 가지고 있지 못할 뿐만 아니라, 부산지방해양수산청장 명의의 이 사건 고시도 해양수산부장관이 중앙항만정책심의회의 심의를 거쳐 결정한 사항을 구 항만법 제71조의 위임에 따라 외부에 알린 것에 지나지 않으므로 이 사건 권한쟁의심판사건에서 피청구인으로서의 당사자능력이나 적격을 갖추지 못하였다고 할 것이다(헌재 2008.03.27. 2006헌라1). ▶ 이 사건은 경상남도와 경상남도 진해시가 부산광역시와 경상남도 일대에 건설되는 신항만의 명칭을 놓고 해양수산부장관과 부산지방해양수산청장을 상대로 제기한 권한쟁의심판사건으로, 헌법재판소는 부산지방해양수산청장은 권한쟁의심판청구의 당사자능력 및 당사자적격이 없고, 해양수산부장관이 이 사건 신항만의 명칭을 '신항'으로 결정한 것은 청구인들의 권한을 침해할 가능성이 없다는 이유로 부적법 각하 결정을 선고

ㄹ. (O) 법률의 제·개정 행위를 다투는 권한쟁의심판의 경우에는 국회가 피청구인적격을 가지므로, 청구인들이 국회의장 및 기재위 위원장에 대하여 제기한 이 사건 국회법 개정행위에 대한 심판청구는 피청구인적격이 없는 자를 상대로 한 청구로서 부적법하다(헌재 2016.05.26. 2015헌라1).

정답 ⑤

문 131
24년 8월 모의시험

권한쟁의심판의 당사자에 대한 설명 중 옳은 것(○)과 옳지 않은 것(×)을 올바르게 조합한 것은? (다툼이 있는 경우 판례에 의함)

ㄱ. 지방의회 의원과 지방의회 의장 간의 권한쟁의심판은 헌법재판소가 관장하는 지방자치단체 상호간의 권한쟁의심판의 범위에 속한다고 볼 수 없으므로 부적법하다.

ㄴ. 지방자치단체는 지방자치단체의 사무에 관한 권한이 침해되거나 침해될 우려가 있는 때에 한하여 권한쟁의심판을 청구할 수 있으므로, 국가기관의 사무가 법령에 의해 지방자치단체의 장에게 위임된 기관위임사무에 대한 권한쟁의심판은 지방자치단체의 권한에 속하지 아니하는 사무에 관한 것으로서 부적법하다.

ㄷ. 국회의 소위원회는 헌법에 의하여 설치된 국가기관에 해당하지 않고 위원회의 부분기관에 불과하여 권한쟁의심판의 당사자가 될 수 없고, 소위원회의 위원장 역시 권한쟁의심판의 당사자능력이 없다.

ㄹ. 정당은 국회 내에서 교섭단체를 구성하고 있는 경우에도 헌법과 「헌법재판소법」이 규정하고 있는 국가기관에 해당한다고 볼 수 없으므로 권한쟁의심판의 당사자능력이 인정되지 아니한다.

ㅁ. 헌법상 국가에게 부여된 임무 또는 의무를 수행하고 그 독립성이 보장된 국가기관이라고 하더라도 그 설치의 근거가 헌법이 아닌 법률에 있는 경우에는 권한쟁의심판의 당사자능력이 없다.

① ㄱ(○), ㄴ(×), ㄷ(×), ㄹ(○), ㅁ(○)
② ㄱ(○), ㄴ(×), ㄷ(○), ㄹ(×), ㅁ(×)
③ ㄱ(×), ㄴ(○), ㄷ(○), ㄹ(×), ㅁ(×)
④ ㄱ(×), ㄴ(○), ㄷ(×), ㄹ(○), ㅁ(○)
⑤ ㄱ(○), ㄴ(○), ㄷ(○), ㄹ(○), ㅁ(○)

MGI Point 권한쟁의심판의 당사자 ★★

- 지방의회 의원과 지방의회 의장 간의 권한쟁의심판은 헌법재판소가 관장하는 지방자치단체 상호간의 권한쟁의심판의 범위에 속한다고 볼 수 없으므로 부적법
- 국가기관의 사무가 법령에 의해 지방자치단체의 장에게 위임된 기관위임사무에 대한 권한쟁의심판은 지방자치단체의 권한에 속하지 아니하는 사무에 관한 것으로서 부적법
- 국회의 소위원회, 소위원회의 위원장 ⇨ 권한쟁의심판의 당사자능력 ×
- 정당은 국회 내에서 교섭단체를 구성하고 있는 경우에도 ⇨ 국가기관 × 권한쟁의심판의 당사자능력 ×
- 헌법상 국가에게 부여된 임무 또는 의무를 수행하고 그 독립성이 보장된 국가기관이라고 하더라도 그 설치의 근거가 헌법이 아닌 법률에 있는 경우에는 권한쟁의심판의 당사자능력 ×

ㄱ. (○) 헌법 제111조 제1항 제4호는 지방자치단체 상호간의 권한쟁의에 관한 심판을 헌법재판소가 관장하도록 규정하고 있고, 헌법재판소법 제62조 제1항 제3호는 이를 구체화하여 헌법재판소가 관장하는 지방자치단체 상호간의 권한쟁의심판의 종류를 ① 특별시·광역시 또는 도 상호간의 권한쟁의심판, ② 시·군 또는 자치구 상호간의 권한쟁의심판, ③ 특별시·광역시 또는 도와 시·군 또는 자치구간의 권한쟁의심판 등으로 규정하고 있는바, 지방자치단체의 의결기관인 지방의회를 구성하는 지방의회 의원과 그 지방의회의 대표자인 지방의회 의장 간의 권한쟁의심판은 헌법 및 헌법재판소법에 의하여 헌법재판소가 관장하는 지방자치단체 상호간의 권한쟁의심판의 범위에 속한다고 볼 수 없으므로 부적법하다(헌법재판소 2010.04.29. 선고 2009헌라11 전원재판부).

ㄴ. (○) 도시계획사업실시계획인가사무는 시장·군수에게 위임된 기관위임사무로서 국가사무라고 할 것이므로, 청구인의 이 사건 심판청구 중 인가처분에 대한 부분은 지방자치단체의 권한에 속하지 아니하는 사무에 관한 것으로서 부적법하다고 할 것이다(헌법재판소 1999.07.22. 선고 98헌라4 전원재판부).

ㄷ. (○) 소위원회에 관하여는 국회법 제57조 제8항에 따라 위원회에 관한 조항이 준용되지만, 이에 따라 소위원회 위원장에게 인정되는 권한은 주로 소위원회 내에서의 권한일 뿐이고, 소위원회 위원장이 그 소위원회를 설치한 위원회의 위원장과의 관계에서 어떠한 법률상 권한을 가진다고 보기도 어렵다. 앞서 본 바와 같이 소위원회는 그 설치·폐지 및 권한이 위원회의 의결에 따라 결정되는 위원회의 부분기관에 불과하므로, 위원회와 그 부분기관인 소위원회 사이의 쟁의 또는 위원회 위원장과 소속 소위원회 위원장과의 쟁의가 발생하더라도 이는 위원회에서 해결될 수 있다. 따라서 위와 같은 쟁의를 해결할 적당한 기관이나 방법이 없다고 할 수 없다. 이상과 같은 점들을 종합하면, 소위원회 위원장은 헌법 제111조 제1항 제4호 및 헌법재판소법 제62조 제1항 제1호의 '국가기관'에 해당한다고 볼 수 없으므로, 권한쟁의심판에서의 청구인능력이 인정되지 않는다. 그렇다면 이 사건 소위원회 위원장으로서 청구인이 제기한 이 사건 심판청구는 청구인능력이 없는 자가 제기한 것으로서 부적법하다(헌법재판소 2020. 5. 27. 선고 2019헌라4 전원재판부).

ㄹ. (○) 국회법 제33조 제1항 본문은 정당이 교섭단체가 될 수 있다고 규정하고 있다. 교섭단체는 국회의 원활한 운영을 위하여 소속의원의 의사를 수렴·집약하여 의견을 조정하는 교섭창구의 역할을 하는 조직이다. 국회법상 교섭 단체의 대표의원은 국회 내부의 기관 구성에 참여하거나, 의사와 관련하여 합의권이나 협의권 등 각종 권한을 부여받는바, 이는 교섭단체의 권한을 대표의원을 통해서 행사하는 것으로 볼 수 있다. 그러나 헌법은 권한쟁의심판청구의 당사자로 국회의원들의 모임인 교섭단체에 대해서 규정하고 있지 않다. 국회는 교섭단체와 같이 국회의 내부 조직을 자율적으로 구성하고 그에 일정한 권한을 부여할 수 있으나(헌재 2003. 10. 30. 2002헌라1 참조), 헌법은 국회의원들이 교섭단체를 구성하여 활동하는 것까지 예정하고 있지 아니하다. 교섭단체가 갖는 권한은 원활한 국회 의사진행을 위하여 국회법에서 인정하고 있는 권한일 뿐이다. 또한 교섭단체의 권한 침해는 교섭단체에 속한 국회의원 개개인의 심의·표결권 등 권한 침해로 이어질 가능성이 높은바, 교섭단체와 국회의장 등 사이에 분쟁이 발생하더라도 국회의원과 국회의장 등 사이의 권한쟁의심판으로 해결할 수 있다. 따라서 위와 같은 분쟁을 해결할 적당한 기관이나 방법이 없다고 할 수 없다. 이러한 점을 종합하면, 교섭단체는 그 권한침해를 이유로 권한쟁의심판을 청구할 수 없다. 위에서 본 바와 같이, 정당은 사적 결사와 국회 교섭단체로서의 이중적 지위를 가지나, 어떠한 지위에서든 헌법 제111조 제1항 제4호 및 헌법재판소법 제62조 제1항 제1호의 '국가기관'에 해당한다고 볼 수 없으므로, 권한쟁의심판의 당사자능력이 인정되지 아니한다(헌법재판소 2020. 5. 27. 선고 2019헌라6, 2020헌라1(병합) 전원재판부 등).

ㅁ. (○) 권한쟁의심판은 국회의 입법행위 등을 포함하여 권한쟁의 상대방의 처분 또는 부작위가 헌법 또는 법률에 의하여 부여받은 청구인의 권한을 침해하였거나 침해할 현저한 위험이 있는 때 제기할 수 있는 것인데, 헌법상 국가에게 부여된 임무 또는 의무를 수행하고 그 독립성이 보장된 국가기관이라고 하더라도 오로지 법률에 설치근거를 둔 국가기관이라면 국회의 입법행위에 의하여 존폐 및 권한범위가 결정될 수 있으므로 이러한 국가기관은 '헌법에 의하여 설치되고 헌법과 법률에 의하여 독자적인 권한을 부여받은 국가기관'이라고 할 수 없다. 즉, 청구인이 수행하는 업무의 헌법적 중요성, 기관의 독립성 등을 고려한다고 하더라도, 국회가 제정한 국가인권위원회법에 의하여 비로소 설립된 청구인은 국회의 위 법률 개정행위에 의하여 존폐 및 권한범위 등이 좌우되므로 헌법 제111조 제1항 제4호 소정의 헌법에 의하여 설치된 국가기관에 해당한다고 할 수 없다. 결국, 권한쟁의심판의 당사자능력은 헌법에 의하여 설치된 국가기관에 한정하여 인정하는 것이 타당하므로, 법률에 의하여 설치된 청구인에게는 권한쟁의심판의 당사자능력이 인정되지 아니한다(헌법재판소 2010. 10. 28. 선고 2009헌라6 전원재판부).

정답 ⑤

제5절 | 탄핵심판

문 132

24년 8월 모의시험

탄핵심판에 관한 설명 중 옳은 것은? (다툼이 있는 경우 판례에 의함)

① 탄핵소추를 받은 자는 탄핵소추가 의결된 때부터 탄핵심판에 대한 헌법재판소의 결정이 있을 때까지 그 권한 행사가 정지된다.
② 적법절차원칙은 모든 국가작용에 대해 적용되는 헌법원칙이므로 피청구인의 직무를 정지시키는 효력이 있는 국회의 탄핵소추절차에도 적용된다.
③ 탄핵심판의 인용 요건인 "탄핵심판 청구가 이유 있는 경우"란 피청구인이 직무집행에 있어서 헌법이나 법률을 위반한 사실이 인정되는 경우를 말한다.
④ 「헌법재판소법」은 피청구인이 결정 선고 전에 해당 공직에서 파면되었을 때에는 헌법재판소가 심판청구를 기각하여야 한다고 규정하고 있다.
⑤ 탄핵결정에 의하여 파면된 사람은 결정 선고가 있은 날부터 5년이 지나지 아니하면 공무원이 될 수 없으므로, 탄핵심판 중 피청구인이 임기만료로 퇴직한 경우에도 심판의 이익은 인정된다.

MGI Point | 탄핵심판 ★★

- 탄핵소추를 받은 자는 소추의결서가 송달되는 시점에 권한행사가 정지됨
- 적법절차의 원칙을 국가기관에 대하여 헌법을 수호하고자 하는 탄핵소추절차에는 직접 적용할 수 없음
- 탄핵사유인 '탄핵심판청구가 이유 있는 경우'는 피청구인이 '그 직무집행에 있어서 헌법이나 법률을 위배한 때'로서 '파면을 정당화할 정도로 중대한 헌법이나 법률 위배가 있는 때'를 의미함
- 헌법재판소법은 피청구인이 결정 선고 전에 해당 공직에서 파면되었을 때에는 헌법재판소가 심판청구를 기각하여야 한다고 규정함
- 탄핵심판 중 피청구인이 임기만료로 퇴직한 경우 심판의 이익 소멸함

---

① (X) 국회법 제134조 제2항 참조. 의결된 때가 아닌 소추의결서가 송달되었을 때 권한행사가 정지된다.

> **국회법 제134조(소추의결서의 송달과 효과)** ① 탄핵소추가 의결되었을 때에는 의장은 지체 없이 소추의결서 정본(正本)을 법제사법위원장인 소추위원에게 송달하고, 그 등본(謄本)을 헌법재판소, 소추된 사람과 그 소속 기관의 장에게 송달한다.
> ② 소추의결서가 송달되었을 때에는 소추된 사람의 권한 행사는 정지되며, 임명권자는 소추된 사람의 사직원을 접수하거나 소추된 사람을 해임할 수 없다.

② (X) 적법절차원칙이란, 국가공권력이 국민에 대하여 불이익한 결정을 하기에 앞서 국민은 자신의 견해를 진술할 기회를 가짐으로써 절차의 진행과 그 결과에 영향을 미칠 수 있어야 한다는 법원리를 말한다. 그런데 이 사건의 경우, 국회의 탄핵소추절차는 국회와 대통령이라는 헌법기관 사이의 문제이고, 국회의 탄핵소추의결에 의하여 사인으로서의 대통령의 기본권이 침해되는 것이 아니라, 국가기관으로서의 대통령의 권한행사가 정지되는 것이다. 따라서 국가기관이 국민과의 관계에서 공권력을 행사함에 있어서 준수하여야 할 법원칙으로서 형성된 적법절차의 원칙을 국가기관에 대하여 헌법을 수호하고자 하는 탄핵소추절차에는 직접 적용할 수 없다고 할 것이고, 그 외 달리 탄핵소추절차와 관련하여 피소추인에게 의견진술의 기회를 부여할 것을 요청하는 명문의 규정도 없으므로, 국회의 탄핵소추절차가 적법절차원칙에 위배되었다는 주장은 이유 없다(헌법재판소 2004. 5. 14. 선고 2004헌나1 전원재판부).

③ (X), ⑤ (X) 헌법재판소법 제53조 제1항이 규정한 탄핵사유인 '탄핵심판청구가 이유 있는 경우'는 피청구인이 '그 직무집행에 있어서 헌법이나 법률을 위배한 때'로서 '파면을 정당화할 정도로 중대한 헌법이나 법

률 위배가 있는 때'이다(③). 헌법재판소는 대통령의 경우 파면을 정당화할 수 있는 헌법이나 법률 위배의 중대성을 판단하는 기준을 탄핵심판절차가 헌법을 수호하기 위한 제도라는 관점에서 나오는 '손상된 헌법질서를 회복'한다는 측면과 '국민의 신임, 즉 민주적 정당성을 임기 중 박탈'한다는 측면에서 찾는다. … 위에서 살펴본 헌법 및 헌법재판소법 등 규정의 문언과 취지에 비추어 보면, 탄핵심판청구가 이유 있는 경우에는 헌법재판소가 피청구인을 해당 공직에서 파면하는 결정을 선고하도록 되어 있는데, 이를 위해서는 탄핵결정 선고 당시 피청구인이 해당 공직을 보유하는 것이 반드시 요구된다는 점이 명백히 확인된다. 기록에 의하면, 국회는 2021. 2. 4. 피청구인에 대한 탄핵소추를 의결한 후 같은 날 헌법재판소에 탄핵심판청구를 하였고, 그 무렵 소추의결서가 송달되어 피청구인의 법관으로서의 권한 행사가 정지되었으며, 2021. 2. 28. 임기만료로 피청구인이 2021. 3. 1. 법 관직에서 퇴직함에 따라 더 이상 해당 공직을 보유하지 않게 된 사실이 인정되므로, 피청구인이 임기만료 퇴직으로 법관직을 상실함에 따라 이 사건에서 본안심리를 마친다 해도 공직을 박탈하는 파면결정 자체가 불가능한 상태가 되었음이 분명하다. 따라서 탄핵심판절차의 헌법수호기능으로서 손상된 헌법질서의 회복 수단인 '공직 박탈'의 관점에서 볼 때 이 사건 탄핵심판의 이익을 인정할 수 없다. 뿐만 아니라 피청구인이 임기만료 퇴직으로 법관직을 상실함으로써 피청구인에게 부여되었던 민주적 정당성은 이미 상실되었고, 해당 공직에 새로운 공직자를 취임시킴으로써 민주적 정당성을 회복하는 절차도 예정되어 있으므로, 탄핵심판절차의 헌법수호기능으로서 '민주적 정당성의 박탈'의 관점에서 보더라도 탄핵심판에 따른 파면결정을 통해 공직의 상실과 회복에 기여하는 역할을 수행할 필요가 없어졌다. '민주적 정당성이 훼손된 상태를 회복하는 기능'을 통한 권력분립원칙의 실현이라는 관점에서도 탄핵제도라는 '비상적 수단'이 더 이상 기능할 여지가 없어 이 사건 탄핵심판의 이익은 인정할 수 없다(⑤). 결국 헌법 및 헌법재판소법 등 규정의 문언과 취지 및 탄핵심판절차의 헌법수호기능을 종합적으로 감안하더라도 이 사건 탄핵심판의 이익은 인정할 수 없으므로 이 사건 탄핵심판청구를 각하해야 한다(헌법재판소 2021. 10. 28. 선고 2021헌나1 전원재판부 결정).

> **헌법재판소법 제50조(권한 행사의 정지)** 탄핵소추의 의결을 받은 사람은 헌법재판소의 심판이 있을 때까지 그 권한 행사가 정지된다.

④ (○) 헌법재판소법 제53조 제2항 참조.

> **헌법재판소법 제53조(결정의 내용)** ① 탄핵심판 청구가 이유 있는 경우에는 헌법재판소는 피청구인을 해당 공직에서 파면하는 결정을 선고한다.
> ② 피청구인이 결정 선고 전에 해당 공직에서 파면되었을 때에는 헌법재판소는 심판청구를 기각하여야 한다.

 ④

문 133
24년 6월 모의시험

탄핵심판에 관한 설명 중 옳은 것을 모두 고른 것은? (다툼이 있는 경우 판례에 의함)

> ㄱ. 탄핵심판의 이익이란 탄핵심판청구가 이유 있는 경우에 피청구인을 해당 공직에서 파면하는 결정을 선고할 수 있는 가능성을 상정하여 탄핵심판의 본안심리에 들어가 그 심리를 계속할 이익이다.
> ㄴ. 피청구인이 탄핵심판절차 계속 중 임기 만료로 퇴직하였다면 피청구인을 파면할 수 없어 목적 달성이 불가능하므로 심판의 이익은 소멸한다.

ㄷ. 탄핵심판은 헌법의 규범력을 확보하기 위한 것이므로, 심판이익의 존부에 대한 판단까지 포함하여 그 결정의 내용이 기본권 보장이나 권력분립의 측면에서도 헌법질서에 부합할 것을 요구받는다.

ㄹ. 탄핵결정은 공직으로부터 파면함에 그친다고 규정한 헌법 조항과 탄핵심판 청구가 이유 있는 경우에 피청구인을 해당 공직에서 파면하는 결정을 선고하도록 하는 「헌법재판소법」 조항은 헌법재판소가 탄핵결정을 선고할 때 피청구인이 해당 공직에 있음을 전제로 하고 있다.

① ㄱ, ㄴ
② ㄷ, ㄹ
③ ㄱ, ㄴ, ㄷ
④ ㄴ, ㄷ, ㄹ
⑤ ㄱ, ㄴ, ㄷ, ㄹ

MGI Point 탄핵심판 ★★

- 탄핵심판의 이익 ⇨ 탄핵심판청구가 이유 있는 경우에 피청구인을 해당 공직에서 파면하는 결정을 선고할 수 있는 가능성을 상정하여 탄핵심판의 본안심리에 들어가 그 심리를 계속할 이익 ○
- 피청구인이 탄핵심판절차 계속 중 임기 만료로 퇴직한 경우 탄핵심판의 이익은 소멸 함
- 탄핵심판은 헌법의 규범력을 확보하기 위한 것이므로 심판이익의 존부에 대한 판단까지 포함하여 그 결정의 내용이 기본권 보장이나 권력분립의 측면에서도 헌법질서에 부합할 것을 要
- 헌법재판소법 탄핵결정 선고 조항은 헌법재판소가 탄핵결정을 선고할 때 피청구인이 해당공직에 있음을 전제로 함

※ 헌재 2021.10.28. 2021헌나1 헌재결정 내용을 개별 지문화 한 문제이다.

ㄱ. (○), ㄴ. (○), ㄷ. (○), ㄹ. (○) 탄핵심판의 이익이란 탄핵심판청구가 이유 있는 경우에 피청구인을 해당 공직에서 파면하는 결정을 선고할 수 있는 가능성을 상정하여 탄핵심판의 본안심리에 들어가 그 심리를 계속할 이익이다(ㄱ). 이것은 본안판단에 나아가는 것이 탄핵심판절차의 목적에 기여할 수 있는지 여부에 관한 문제이다. 이를 통해 무익한 탄핵심판절차의 진행이 통제되고, 탄핵심판권 행사의 범위와 한계가 설정된다. 탄핵심판절차는 파면결정을 선고함으로써 헌법의 규범력을 확보하기 위한 수단이므로, 파면을 할 수 없어 목적 달성이 불가능하면 심판의 이익은 소멸한다. … 앞서 본 바와 같이 헌법과 헌법재판소법 등에 의하면, 탄핵심판의 이익을 인정하기 위해서는 탄핵결정 선고 당시까지 피청구인이 '해당 공직을 보유하는 것'이 필요하다(ㄹ). 그런데, 이 사건에서, 국회는 2021. 2. 4. 피청구인에 대한 탄핵소추를 의결한 후 같은 날 헌법재판소에 탄핵심판청구를 하였고, 피청구인은 2021. 2. 28. 임기만료로 2021. 3. 1. 법관의 직에서 퇴직하여 더 이상 해당 공직을 보유하지 않게 되었다. 피청구인이 임기만료 퇴직으로 법관직을 상실함에 따라 본안심리를 마친다 해도 파면결정이 불가능해졌으므로, 공직 박탈의 관점에서 심판의 이익을 인정할 수 없다(ㄴ). 임기만료라는 일상적 수단으로 민주적 정당성이 상실되었으므로, 민주적 정당성의 박탈의 관점에서도, 탄핵이라는 비상적인 수단의 역할 관점에서도 심판의 이익을 인정할 수 없다. 결국 이 사건 심판청구는 탄핵심판의 이익이 인정되지 아니하여 부적법하므로 각하해야 한다. 탄핵심판은 헌법의 규범력을 확보하기 위한 것이므로, 심판이익의 존부에 대한 판단까지 포함하여 그 결정의 내용이 기본권 보장이나 권력분립의 측면에서도 헌법질서에 부합할 것을 요구받는다(ㄷ) (헌재 2021.10.28. 2021헌나1).

정답 ⑤

문 134

22년 8월 모의시험

탄핵심판에 관한 설명 중 옳은 것은? (다툼이 있는 경우 판례에 의함)

① 국회 본회의가 탄핵소추안을 법제사법위원회에 회부하기로 의결하지 아니한 경우에는 본회의에 보고된 때부터 24시간 이후 48시간 이내에 탄핵소추 여부를 무기명투표로 표결하며, 이 기간 내에 표결하지 아니한 탄핵소추안은 폐기된 것으로 본다.
② 국가기관이 국민에 대하여 공권력을 행사할 때 준수하여야 하는 법원칙으로 형성된 적법절차원칙은 국가기관에 대하여 헌법을 수호하고자 하는 탄핵소추절차에 직접 적용할 수 없다.
③ 헌법 제65조는 대통령이 '그 직무집행에 있어서 헌법이나 법률을 위배한 때'를 탄핵사유로 규정하고 있고, 여기서 말하는 '헌법'은 명문의 헌법규정을 의미하며 헌법재판소의 결정에서 확인된 불문헌법은 포함된다고 볼 수 없다.
④ 탄핵심판 청구가 이유 있는 경우에는 헌법재판소는 피청구인을 해당 공직에서 파면하는 결정을 선고하고, 피청구인이 결정 선고 전에 해당 공직에서 파면되었을 때에는 헌법재판소는 심판청구를 각하하여야 한다.
⑤ 헌법재판소는 원칙적으로 국회의 소추의결서에 기재된 소추사유에 의하여 구속을 받지 않으므로 소추의결서에 기재되지 아니한 소추사유도 판단의 대상으로 삼을 수 있다.

MGI Point 탄핵심판 ★★

- 국회 본회의가 탄핵소추안을 법제사법위원회에 회부하기로 의결하지 아니한 경우
  - 본회의에 보고된 때부터 24시간 이후 72시간 이내 탄핵소추 여부를 무기명투표로 표결
  - 이 기간 내에 표결하지 아니한 탄핵소추안은 폐기된 것으로 봄
- 적법절차의 원칙은 국가기관이 국민과의 관계에서 공권력 행사시 준수해야 할 법원칙 ⇨ 탄핵소추절차에 직접 적용 ✕
- 탄핵사유로서 '직무집행에 있어서 헌법이나 법률을 위배한 때'에서의 헌법
  ⇨ 명문의 헌법규정 + 헌법재판소의 결정에 의하여 형성·확립된 불문헌법 포함
- 탄핵심판 청구가 이유 있는 경우
  - 헌법재판소는 피청구인을 해당 공직에서 파면하는 결정을 선고
  - 청구인이 결정선고 전 해당 공직에서 파면되었을 때 ⇨ 헌법재판소는 탄핵심판청구를 기각 ○
- 탄핵심판절차에서의 헌법재판소에 의한 판단의 대상
  - 헌법재판소는 국회의 탄핵소추의결서에 기재된 소추사유에 구속 ○
  - 탄핵소추의결서에서 그 위반을 주장하는 '법규정의 판단'에 관하여 원칙적으로 구속 ✕

① (✕) 국회법 제130조 참조.

> **국회법 제130조(탄핵소추의 발의)** ① 탄핵소추가 발의되었을 때에는 의장은 발의된 후 처음 개의하는 본회의에 보고하고, 본회의는 의결로 법제사법위원회에 회부하여 조사하게 할 수 있다.
> ② 본회의가 제1항에 따라 탄핵소추안을 법제사법위원회에 회부하기로 의결하지 아니한 경우에는 본회의에 보고된 때부터 24시간 이후 72시간 이내에 탄핵소추 여부를 무기명투표로 표결한다. 이 기간 내에 표결하지 아니한 탄핵소추안은 폐기된 것으로 본다.

② (○) 적법절차원칙이란, 국가공권력이 국민에 대하여 불이익한 결정을 하기에 앞서 국민은 자신의 견해를 진술할 기회를 가짐으로써 절차의 진행과 그 결과에 영향을 미칠 수 있어야 한다는 법원리를 말한다. 그런데 이 사건의 경우, 국회의 탄핵소추절차는 국회와 대통령이라는 헌법기관 사이의 문제이고, 국회의 탄핵소추의결에 의하여 사인으로서의 대통령의 기본권이 침해되는 것이 아니라, 국가기관으로서의 대통령

의 권한행사가 정지되는 것이다. 따라서 국가기관이 국민과의 관계에서 공권력을 행사함에 있어서 준수해야 할 법원칙으로서 형성된 적법절차의 원칙을 국가기관에 대하여 헌법을 수호하고자 하는 탄핵소추절차에는 직접 적용할 수 없다고 할 것이고, 그 외 달리 탄핵소추절차와 관련하여 피소추인에게 의견진술의 기회를 부여할 것을 요청하는 명문의 규정도 없으므로, 국회의 탄핵소추절차가 적법절차원칙에 위배되었다는 주장은 이유 없다(헌재 2004.05.14. 2004헌나1).

③ (X) 헌법은 탄핵사유를 "헌법이나 법률에 위배한 때"로 규정하고 있는데, '헌법'에는 명문의 헌법규정뿐만 아니라 헌법재판소의 결정에 의하여 형성되어 확립된 불문헌법도 포함된다. '법률'이란 단지 형식적 의미의 법률 및 그와 등등한 효력을 가지는 국제조약, 일반적으로 승인된 국제법규 등을 의미한다(헌재 2004.05.14. 2004헌나1).

④ (X) 헌법재판소법 제53조 참조.

> 헌법재판소법 제53조(결정의 내용) ① 탄핵심판 청구가 이유 있는 경우에는 헌법재판소는 피청구인을 해당 공직에서 파면하는 결정을 선고한다.
> ② 피청구인이 결정 선고 전에 해당 공직에서 파면되었을 때에는 헌법재판소는 심판청구를 기각하여야 한다.

⑤ (X) 헌법재판소는 사법기관으로서 원칙적으로 탄핵소추기관인 국회의 탄핵소추의결서에 기재된 소추사유에 의하여 구속을 받는다. 따라서 헌법재판소는 탄핵소추의결서에 기재되지 아니한 소추사유를 판단의 대상으로 삼을 수 없다. 그러나 탄핵소추의결서에서 그 위반을 주장하는 '법규정의 판단'에 관하여 헌법재판소는 원칙적으로 구속을 받지 않으므로, 청구인이 그 위반을 주장한 법규정 외에 다른 관련 법규정에 근거하여 탄핵의 원인이 된 사실관계를 판단할 수 있다. 또한, 헌법재판소는 소추사유의 판단에 있어서 국회의 탄핵소추의결서에서 분류된 소추사유의 체계에 의하여 구속을 받지 않으므로, 소추사유를 어떠한 연관관계에서 법적으로 고려할 것인가의 문제는 전적으로 헌법재판소의 판단에 달려있다(헌재 2004.05.14. 2004헌나1).

정답 ②

문 135
21년 8월 모의시험

탄핵심판제도에 관한 설명 중 옳지 않은 것은? (다툼이 있는 경우 판례에 의함)

① 국회의 의사자율권 등에 비추어 볼 때 국회가 탄핵소추사유에 대하여 별도의 조사를 하지 않은 채 탄핵소추안을 의결하였다고 하여 그 의결이 헌법이나 법률을 위반한 것이라고 볼 수 없다.

② 탄핵소추안을 각 소추사유별로 나누어 발의할 것인지 아니면 여러 소추사유를 포함하여 하나의 안으로 발의할 것인지는 소추안을 발의하는 의원들의 자유로운 의사에 달린 것이므로, 대통령이 헌법이나 법률을 위배한 사실이 여러 가지일 때 그 중 한 가지 사실만으로도 충분히 파면결정을 받을 수 있다고 판단되면 그 한 가지 사유만으로 탄핵소추안을 발의할 수 있다.

③ 대통령의 성실한 직책수행의무는 헌법적 의무에 해당하나, 헌법을 수호해야 할 의무와는 달리 규범적으로 그 이행이 관철될 수 있는 성격의 의무가 아니므로, 원칙적으로 사법적 판단의 대상이 될 수 없다.

④ 여러 개의 탄핵사유가 포함된 하나의 탄핵소추안이 발의되어 안건 수정 없이 그대로 본회의에 상정된 경우에, 국회의장은 '표결할 안건의 제목을 선포'할 권한만 있는 것이지, 직권으로 탄핵소추안에 포함된 개개 소추사유를 분리하여 여러 개의 탄핵소추안으로 만든 다음 이를 각각 표결에 부칠 수는 없다.

⑤ 헌법재판소는 탄핵소추의결서에서 국회가 그 위반을 주장하는 법규정의 판단에 관하여 원칙적으로 구속을 받으므로, 국회가 그 위반을 주장한 법규정 외에 다른 관련 법규정에 근거하여 탄핵의 원인이 된 사실관계를 판단할 수 없다.

> **MGI Point 탄핵심판제도** ★★
> - 국회가 탄핵소추사유에 대하여 별도의 조사를 하지 않고 탄핵소추안을 의결한 경우 ⇨ 위법 ×
> - 헌법이나 법률을 위배한 사실이 여러 가지일 때 그 중 한 가지 사실만으로도 충분히 파면 결정을 받을 수 있다고 판단 ⇨ 그 한 가지 사유만으로 탄핵소추안 발의 可 (∵ 탄핵소추안을 각 소추사유별로 나누어 발의할 것인지 여러 소추사유를 포함하여 하나의 안으로 발의할 것인지는 의원들의 자유의사에 달린 것)
> - 대통령의 성실한 직책수행의무 ⇨ 헌법적 의무 ○, But 사법적 판단의 대상 ×
> - 여러 개 탄핵사유가 포함된 하나의 탄핵소추안을 마련한 다음 발의하고 안건 수정 없이 그대로 본회의에 상정된 경우 ⇨ 국회의장이 탄핵소추안에 포함된 개개 소추사유를 분리하여 여러 개의 탄핵소추안으로 만든 다음 이를 각각 표결에 부치는 것은 不可
> - 헌법재판소는 탄핵소추의결서에 기재된 소추사유에 의하여 구속 ○ ⇨ But 국회가 위반을 주장한 법규정 외에 다른 관련 법규정에 근거하여 탄핵의 원인이 된 사실관계 판단 可

① (○), ② (○), ④ (○) 국회의 의사절차에 헌법이나 법률을 명백히 위반한 흠이 있는 경우가 아니면 국회 의사절차의 자율권은 권력분립의 원칙상 존중되어야 하고, 국회법 제130조 제1항은 탄핵소추의 발의가 있을 때 그 사유 등에 대한 조사 여부를 국회의 재량으로 규정하고 있으므로, 국회가 탄핵소추사유에 대하여 별도의 조사를 하지 않았다거나 국정조사결과나 특별검사의 수사결과를 기다리지 않고 탄핵소추안을 의결하였다고 하여 그 의결이 헌법이나 법률을 위반한 것이라고 볼 수 없다. … 탄핵소추안을 각 소추사유별로 나누어 발의할 것인지 아니면 여러 소추사유를 포함하여 하나의 안으로 발의할 것인지는 소추안을 발의하는 의원들의 자유로운 의사에 달린 것이다. 대통령이 헌법이나 법률을 위배한 사실이 여러 가지일 때 그 중 한 가지 사실만으로도 충분히 파면 결정을 받을 수 있다고 판단되면 그 한 가지 사유만으로 탄핵소추안을 발의할 수도 있고, 여러 가지 소추사유를 종합할 때 파면할 만하다고 판단되면 여러 가지 소추사유를 함께 묶어 하나의 탄핵소추안으로 발의할 수도 있다. 이 사건과 같이 국회 재적의원 과반수에 해당하는 171명의 의원이 여러 개 탄핵사유가 포함된 하나의 탄핵소추안을 마련한 다음 이를 발의하고 안건 수정 없이 그대로 본회의에 상정된 경우에는 그 탄핵소추안에 대하여 찬반 표결을 하게 된다. 그리고 본회의에 상정된 의안에 대하여 표결절차에 들어갈 때 국회의장에게는 '표결할 안건의 제목을 선포'할 권한만 있는 것이지(국회법 제110조 제1항), 직권으로 이 사건 탄핵소추안에 포함된 개개 소추사유를 분리하여 여러 개의 탄핵소추안으로 만든 다음 이를 각각 표결에 부칠 수는 없다(헌재 2017.03.10. 2016헌나1).

③ (○) 헌법 제69조는 대통령의 취임선서의무를 규정하면서, 대통령으로서 '직책을 성실히 수행할 의무'를 언급하고 있다. 비록 대통령의 '성실한 직책수행의무'는 헌법적 의무에 해당하나, '헌법을 수호해야 할 의무'와는 달리, 규범적으로 그 이행이 관철될 수 있는 성격의 의무가 아니므로, 원칙적으로 사법적 판단의 대상이 될 수 없다고 할 것이다(헌재 2004.05.14. 2004헌나1).

⑤ (X) 헌법재판소는 사법기관으로서 원칙적으로 탄핵소추기관인 국회의 탄핵소추의결서에 기재된 소추사유에 의하여 구속을 받는다. 따라서 헌법재판소는 탄핵소추의결서에 기재되지 아니한 소추사유를 판단의 대상으로 삼을 수 없다. 그러나 탄핵소추의결서에서 그 위반을 주장하는 '법규정의 판단'에 관하여 헌법재판소는 원칙적으로 구속을 받지 않으므로, 청구인이 그 위반을 주장한 법규정 외에 다른 관련 법규정에 근거하여 탄핵의 원인이 된 사실관계를 판단할 수 있다(헌재 2004.05.14. 2004헌나1).

정답 ⑤

문 136

21년 6월 모의시험

정당해산심판에 관한 설명 중 옳지 않은 것은? (다툼이 있는 경우 판례에 의함)

① 정당대표나 주요 당직자 등의 공식적 발언, 정당의 기관지나 선전자료와 같은 간행물, 정당의 의사결정과정에서 일정한 영향력을 가지거나 정당의 이념으로부터 영향을 받은 당원들의 행위 등도 정당의 목적을 파악하는 자료로 사용될 수 있다.

② 정당해산심판절차에서는 재심을 허용하지 아니함으로써 얻을 수 있는 법적 안정성의 이익보다 재심을 허용함으로써 얻을 수 있는 구체적 타당성의 이익이 더 크므로 재심을 허용하여야 한다.

③ 정당해산심판절차에서는 정당해산심판의 성질에 반하지 않는 한도에서 「헌법재판소법」 제40조에 따라 민사소송에 관한 법령이 준용될 수 있지만, 민사소송에 관한 법령이 준용되지 않아 법률의 공백이 생기는 부분에 대하여는 헌법재판소가 정당해산심판의 성질에 맞는 절차를 창설할 수 있다.

④ '정당의 목적이나 활동이 민주적 기본질서에 위배될 때'라는 헌법 제8조 제4항의 정당해산 요건이 충족되면, 헌법재판소는 해당 정당의 위헌적 문제성을 해결할 수 있는 다른 대안적 수단이 있는 경우라 하더라도 강제적 정당해산결정을 할 수 있다.

⑤ 대통령이 사고로 직무를 수행할 수 없는 경우에는 국무총리가 그 직무를 대행할 수 있고, 대통령이 해외 순방 중인 경우는 '사고'에 해당되므로, 대통령의 직무상 해외 순방 중 국무총리가 주재한 국무회의에서 이루어진 정당해산심판청구서 제출안에 대한 의결은 적법하다.

MGI Point 정당해산심판 ★★

- 정당대표나 주요 당직자 등의 공식적 발언, 정당의 기관지나 선전자료와 같은 간행물, 정당의 의사결정과정에서 일정한 영향력을 가지거나 정당의 이념으로부터 영향을 받은 당원들의 행위 등 ⇨ 정당의 목적을 파악하는 데에 도움 ○
- 재심을 허용하지 아니함으로써 얻을 수 있는 법적 안정성의 이익보다 재심을 허용함으로써 얻을 수 있는 구체적 타당성의 이익이 더 큼 ⇨ 재심을 허용하여야 함
- 소송절차 일반에 준용되는 절차법으로서 민사소송에 관한 법령을 준용 ⇨ 법률의 공백이 생기는 부분에 대하여는 헌법재판소가 정당해산심판의 성질에 맞는 절차를 창설 可
- 정당해산제도의 최후수단적 성격과 보충적 성격 : 헌법 제8조 제4항의 요건이 구비된 경우에도 다른 대안적 수단이 없고 정당해산결정을 통하여 얻을 수 있는 사회적 이익이 큰 경우에 한하여 可
- 대통령의 해외 순방 중 국무총리가 주재한 국무회의에서 이루어진 정당해산심판청구서 제출안에 대한 의결 ⇨ 위법 ×

① (○) '정당의 목적'이란, 어떤 정당이 추구하는 정치적 방향이나 지향점 혹은 현실 속에서 구현하고자 하는 정치적 계획 등을 통칭한다. 이는 주로 정당의 공식적인 강령이나 당헌의 내용을 통해 드러나겠지만, 그밖에 정당대표나 주요 당직자 등의 공식적 발언, 정당의 기관지나 선전자료와 같은 간행물, 정당의 의사결정과정에서 일정한 영향력을 가지거나 정당의 이념으로부터 영향을 받은 당원들의 행위 등도 정당의 목적을 파악하는 데에 도움이 될 수 있다. 만약 정당의 진정한 목적이 숨겨진 상태라면 이 경우에는 강령 이외의 자료를 통해 진정한 목적을 파악해야 한다(헌재 2014.12.19. 2013헌다1).

② (○) 정당해산심판은 원칙적으로 해당 정당에게만 그 효력이 미치며, 정당해산결정은 대체정당이나 유사정당의 설립까지 금지하는 효력을 가지므로 오류가 드러난 결정을 바로잡지 못한다면 장래 세대의 정치적 의사결정에까지 부당한 제약을 초래할 수 있다. 따라서 정당해산심판절차에서는 재심을 허용하지 아니함

으로써 얻을 수 있는 법적 안정성의 이익보다 재심을 허용함으로써 얻을 수 있는 구체적 타당성의 이익이 더 크므로 재심을 허용하여야 한다. 한편, 이 재심절차에서는 원칙적으로 민사소송법의 재심에 관한 규정이 준용된다(헌재 2016.05.26. 2015헌아20). ▶ 정당해산결정에 대한 재심 청구는 원칙적으로 허용되지만, 옛 통진당이 낸 재심 청구사유는 적법한 것이 아니라는 취지

③ (O) 청구인은, 사적 이익의 조정과 분쟁 해결을 목적으로 하여 당사자들 사이의 상대적 진실을 확정하는 민사소송절차에 따라 증거조사가 이루어질 경우 실체적 진실이 아닌 사실관계에 기초하여 정당해산 여부가 판단될 염려가 크므로, 적어도 증거조사와 사실인정에 대하여는 형사소송법이 준용되어야 한다고 주장한다. 그러나 증거조사와 사실인정에 관한 민사소송법의 규정을 적용함으로써 실체적 진실과 다른 사실관계가 인정될 수 있는 규정은 헌법과 정당을 동시에 보호하는 정당해산심판의 성질에 반하는 것으로 준용될 수 없을 것이다. 또 민사소송에 관한 법령의 준용이 배제되어 법률의 공백이 생기는 부분에 대하여는 헌법재판소가 정당해산심판의 성질에 맞는 절차를 창설하여 이를 메울 수밖에 없다. 이와 같이 법률의 공백이 있는 경우 정당 해산심판제도의 목적과 취지에 맞는 절차를 창설하여 실체적 진실을 발견하고 이에 근거하여 헌법정신에 맞는 결론을 도출해내는 것은 헌법이 헌법재판소에 부여한 고유한 권한이자 의무이다(헌재 2014.02.27. 2014헌마7).

> **헌법재판소법 제40조(준용규정)** ① 헌법재판소의 심판절차에 관하여는 이 법에 특별한 규정이 있는 경우를 제외하고는 헌법재판의 성질에 반하지 아니하는 한도에서 민사소송에 관한 법령을 준용한다. 이 경우 탄핵심판의 경우에는 형사소송에 관한 법령을 준용하고, 권한쟁의심판 및 헌법소원심판의 경우에는 「행정소송법」을 함께 준용한다.

④ (X) 강제적 정당해산은 헌법상 핵심적인 정치적 기본권인 정당활동의 자유에 대한 근본적 제한이므로, 헌법재판소는 이에 관한 결정을 할 때 헌법 제37조 제2항이 규정하고 있는 비례원칙을 준수해야만 한다. 따라서 헌법 제8조 제4항의 명문규정상 요건이 구비된 경우에도 해당 정당의 위헌적 문제성을 해결할 수 있는 다른 대안적 수단이 없고, 정당해산결정을 통하여 얻을 수 있는 사회적 이익이 정당해산결정으로 인해 초래되는 정당활동 자유 제한으로 인한 불이익과 민주주의 사회에 대한 중대한 제약이라는 사회적 불이익을 초과할 수 있을 정도로 큰 경우에 한하여 정당해산결정이 헌법적으로 정당화될 수 있다(헌재 2014.12.19. 2013헌다1).

⑤ (O) 대통령은 국무회의 의장으로서 회의를 소집하고 이를 주재하지만 대통령이 사고로 직무를 수행할 수 없는 경우에는 국무총리가 그 직무를 대행할 수 있고, 대통령이 해외 순방 중인 경우는 '사고'에 해당되므로, 대통령의 직무상 해외 순방 중 국무총리가 주재한 국무회의에서 이루어진 정당해산심판청구서 제출안에 대한 의결은 위법하지 아니하다(헌재 2014.12.19. 2013헌다1).

정답 ④

문 137

20년 8월 모의시험

정당해산심판과 탄핵심판에 관한 설명으로 옳지 않은 것을 모두 고른 것은? (다툼이 있는 경우 판례에 의함)

> ㄱ. 헌법 제8조 제4항은 정당해산심판의 사유를 정당의 목적이나 활동이 민주적 기본질서에 심각한 위험을 초래하는 경우로 한정하지 않고 있으므로, 정당의 목적이나 활동이 민주적 기본질서에 단순히 저촉되는 때에도 그 정당은 해산될 수 있다.
> ㄴ. 헌법재판소의 해산결정으로 해산되는 정당 소속 국회의원의 의원직 상실은 정당해산심판제도의 본질로부터 인정되는 기본적 효력으로 보아야 하므로, 정당해산결정에 의하여 해산된 정당에 소속된 국회의원은 의원직을 상실한다.

ㄷ. 공무원 징계의 경우 징계사유의 특정은 그 대상이 되는 비위사실을 다른 사실과 구별할 정도로 기재하면 충분한 것과 마찬가지로, 탄핵소추사유도 그 대상 사실을 다른 사실과 명백하게 구분할 수 있을 정도의 구체적 사정이 기재되면 충분하다.

ㄹ. 헌법재판소는 사법기관으로서 탄핵소추의결서에서 그 위반을 주장하는 '법규정의 판단'에 관하여 원칙적으로 구속을 받으므로, 청구인이 그 위반을 주장한 법규정 외에 다른 관련 법규정에 근거하여 탄핵의 원인이 된 사실관계를 판단할 수 없다.

ㅁ. 탄핵심판에 있어서 피청구인이 결정 선고 전에 해당 공직에서 파면되었을 때에는 헌법재판소는 심판청구를 각하하여야 한다.

① ㄱ, ㄴ, ㄷ
② ㄱ, ㄴ, ㄹ
③ ㄱ, ㄹ, ㅁ
④ ㄴ, ㄷ, ㅁ
⑤ ㄷ, ㄹ, ㅁ

MGI Point 정당해산심판, 탄핵심판 ★★★

- 정당의 목적이나 활동이 민주적 기본질서에 대한 단순한 위반·저촉 ⇨ 헌법 제8조 제4항의 「민주적 기본질서의 위배」 ×
- 정당해산결정이 선고되는 경우 ⇨ 그 정당 소속 국회의원의 의원직은 당선 방식 불문하고 모두 상실
- 탄핵소추사유는 그 대상 사실을 다른 사실과 명백하게 구분할 수 있을 정도의 구체적 사정이 기재되면 충분
- 탄핵의 원인 판단 ⇨ 탄핵소추의결서에서 주장한 법규정 외에 다른 관련 법규정에 근거하여 판단 可
- 탄핵결정 선고 전에 피청구인이 파면된 경우 ⇨ 헌법재판소는 탄핵심판청구를 '기각'

ㄱ. (X) 헌법 제8조 제4항은 정당해산심판의 사유를 "정당의 목적이나 활동이 민주적 기본질서에 위배될 때"로 규정하고 있는데, 여기서 말하는 민주적 기본질서의 '위배'란, 민주적 기본질서에 대한 단순한 위반이나 저촉을 의미하는 것이 아니라, 민주사회의 불가결한 요소인 정당의 존립을 제약해야 할 만큼 그 정당의 목적이나 활동이 우리 사회의 민주적 기본질서에 대하여 실질적인 해악을 끼칠 수 있는 구체적 위험성을 초래하는 경우를 가리킨다(헌재 2014.12.19. 2013헌다1).

ㄴ. (O) 헌법재판소의 해산결정으로 정당이 해산되는 경우에 그 정당 소속 국회의원이 의원직을 상실하는지에 대하여 명문의 규정은 없으나, 정당해산심판제도의 본질은 민주적 기본질서에 위배되는 정당을 정치적 의사형성과정에서 배제함으로써 국민을 보호하는 데에 있는데 해산정당 소속 국회의원의 의원직을 상실시키지 않는 경우 정당해산결정의 실효성을 확보할 수 없게 되므로, 이러한 정당해산제도의 취지 등에 비추어 볼 때 헌법재판소의 정당해산결정이 있는 경우 그 정당 소속 국회의원의 의원직은 당선 방식을 불문하고 모두 상실되어야 한다(헌재 2014.12.19. 2013헌다1).

ㄷ. (O) 탄핵심판은 고위공직자가 권한을 남용하여 헌법이나 법률을 위반하는 경우 그 권한을 박탈함으로써 헌법질서를 지키는 헌법재판이고(헌재 2004.05.14. 2004헌나1), 탄핵결정은 대상자를 공직으로부터 파면함에 그치고 형사상 책임을 면제하지 아니한다(헌법 제65조 제4항)는 점에서 탄핵심판절차는 형사절차나 일반 징계절차와는 성격을 달리 한다. 헌법 제65조 제1항이 정하고 있는 탄핵소추사유는 '공무원이 그 직무집행에 있어서 헌법이나 법률을 위배한' 사실이고, 여기에서 법률은 형사법에 한정되지 아니한다. 그런데 헌법은 물론 형사법이 아닌 법률의 규정이 형사법과 같은 구체성과 명확성을 가지지 않은 경우가 많으므로 탄핵소추사유를 형사소송법상 공소사실과 같이 특정하도록 요구할 수는 없고, 소추의결서에는 피청구인이 방어권을 행사할 수 있고 헌법재판소가 심판대상을 확정할 수 있을 정도로 사실관계를 구체적으로 기재하면 된다고 보아야 한다. 공무원 징계의 경우 징계사유의 특정은 그 대상이 되는 비위사실을 다른 사실과 구별될 정도로 기재하면 충분하므로(대판 2005.03.24. 2004두14380), 탄핵소추사유도 그 대상 사실을 다른 사실과 명백하게 구분할 수 있을 정도의 구체적 사정이 기재되면 충분하다(헌재 2017.03.10. 2016헌나1).

ㄹ. (X) 헌법재판소는 사법기관으로서 원칙적으로 탄핵소추기관인 국회의 탄핵소추의결서에 기재된 소추사유에 의하여 구속을 받는다. 따라서 헌법재판소는 탄핵소추의결서에 기재되지 아니한 소추사유를 판단의 대상으로 삼을 수 없다. 그러나 탄핵소추의결서에서 그 위반을 주장하는 '법규정의 판단'에 관하여 헌법재판소는 원칙적으로 구속을 받지 않으므로, 청구인이 그 위반을 주장한 법규정 외에 다른 관련 법규정에 근거하여 탄핵의 원인이 된 사실관계를 판단할 수 있다. 또한, 헌법재판소는 소추사유의 판단에 있어서 국회의 탄핵소추의결서에서 분류된 소추사유의 체계에 의하여 구속을 받지 않으므로, 소추사유를 어떠한 연관관계에서 법적으로 고려할 것인가의 문제는 전적으로 헌법재판소의 판단에 달려있다(헌재 2004.05.14. 2004헌나1).

ㅁ. (X) 헌법재판소법 제53조 제2항 참조.

> **헌법재판소법 제53조(결정의 내용)** ① 탄핵심판 청구가 이유 있는 경우에는 헌법재판소는 피청구인을 해당 공직에서 파면하는 결정을 선고한다.
> ② 피청구인이 결정 선고 전에 해당 공직에서 파면되었을 때에는 헌법재판소는 심판청구를 기각하여야 한다.

정답 ③

제❻절 | 정당해산심판

문 138

정당해산심판에 관한 설명 중 옳은 것은? (다툼이 있는 경우 판례에 의함)

① 정당이 헌법재판소의 결정으로 해산된 때에는 해산된 정당의 강령과 동일한 정당을 창당하지 못하고, 헌법재판소의 결정에 의하여 해산된 정당의 명칭과 유사한 명칭은 정당의 명칭으로 다시 사용하지 못한다.
② 헌법재판소는 정당해산심판의 청구를 받은 때에는 청구인의 신청에 의하여 종국결정의 선고 시까지 피청구인의 활동을 정지하는 결정을 할 수 있고, 직권으로는 할 수 없다.
③ 헌법재판소는 헌법재판소의 해산결정에 따른 정당의 강제해산의 경우, 그 정당 소속 국회의원과 지방의회의원은 의원직을 상실한다고 하였다.
④ 누구든지 헌법재판소의 결정에 따라 해산된 정당의 목적을 달성하기 위한 집회 또는 시위를 주최하여서는 안 되며, 그러한 집회 또는 시위를 할 것을 선전하거나 선동하여서도 안 된다.
⑤ 정당의 해산을 명하는 헌법재판소의 결정은 중앙선거관리위원회가 「국회법」에 따라 집행한다.

> **MGI Point 정당해산심판** ★★
> ■ 헌법재판소의 결정으로 해산된 정당 ⇨ '동일하거나 유사한' 강령으로 정당을 창당 불가, 해산된 정당의 명칭과 '같은' 명칭으로 다시 사용 불가
> ■ 헌법재판소가 정당해산심판의 청구를 받은 때 ⇨ 직권에 의한 집행정지 가능
> ■ 헌법재판소 해산결정에 따른 정당 강제해산의 경우
>   ▪ 해산된 정당 소속 국회의원의 의원직은 당선 방식을 불문하고 모두 상실 ○
>   ▪ 해산된 정당 소속 지방의회의원의 의원직은 상실 ×
> ■ 누구든지 헌법재판소의 결정에 따라 해산된 정당의 목적을 달성하기 위한 집회·시위 주최 불가 선전·선동 불가
> ■ 정당 해산을 명하는 헌법재판소의 결정 ⇨ 중앙선거관리위원회가 정당법에 따라 집행

① (X) 정당법 제40조, 제41조 제2항 참조.

> **정당법 제40조(대체정당의 금지)** 정당이 헌법재판소의 결정으로 해산된 때에는 해산된 정당의 강령(또는 기본정책)과 동일하거나 유사한 것으로 정당을 창당하지 못한다.
> **정당법 제41조(유사명칭 등의 사용금지)** ②헌법재판소의 결정에 의하여 해산된 정당의 명칭과 같은 명칭은 정당의 명칭으로 다시 사용하지 못한다.

② (X) 헌법재판소법 제57조 참조.

> **헌법재판소법 제57조(가처분)** 헌법재판소는 정당해산심판의 청구를 받은 때에는 직권 또는 청구인의 신청에 의하여 종국결정의 선고 시까지 피청구인의 활동을 정지하는 결정을 할 수 있다.

③ (X) 헌법재판소의 해산결정으로 정당이 해산되는 경우에 그 정당 소속 국회의원이 의원직을 상실하는지에 대하여 명문의 규정은 없으나, 정당해산심판제도의 본질은 민주적 기본질서에 위배되는 정당을 정치적 의사형성과정에서 배제함으로써 국민을 보호하는 데에 있는데 해산정당 소속 국회의원의 의원직을 상실시키지 않는 경우 정당해산결정의 실효성을 확보할 수 없게 되므로, 이러한 정당해산제도의 취지 등에 비추어 볼 때 헌법재판소의 정당해산결정이 있는 경우 그 정당 소속 국회의원의 의원직은 당선 방식을 불문하고 모두 상실되어야 한다(헌재 2014.12.19. 2013헌다1). 헌법재판소의 위헌정당 해산결정에 따라 해산된 정당 소속 비례대표 지방의회의원 甲이 공직선거법 제192조 제4항에 따라 지방의회의원직을 상실하는지가 문제 된 사안에서, 공직선거법 제192조 제4항은 소속 정당이 헌법재판소의 정당해산결정에 따라 해산된 경우 비례대표 지방의회의원의 퇴직을 규정하는 조항이라고 할 수 없어 甲이 비례대표 지방의회의원의 지위를 상실하지 않았다고 본 원심판단을 정당하다고 한 사례(대판 2021.04.29. 2016두39825).

④ (O) 집회 및 시위에 관한 법률 제5조 참조.

> **집회 및 시위에 관한 법률 제5조(집회 및 시위의 금지)** ① 누구든지 다음 각 호의 어느 하나에 해당하는 집회나 시위를 주최하여서는 아니 된다.
> 1. 헌법재판소의 결정에 따라 해산된 정당의 목적을 달성하기 위한 집회 또는 시위
> 2. 집단적인 폭행, 협박, 손괴(損壞), 방화 등으로 공공의 안녕 질서에 직접적인 위협을 끼칠 것이 명백한 집회 또는 시위
> ② 누구든지 제1항에 따라 금지된 집회 또는 시위를 할 것을 선전하거나 선동하여서는 아니 된다.

⑤ (X) 헌법재판소법 제60조 참조.

> **헌법재판소법 제60조(결정의 집행)** 정당의 해산을 명하는 헌법재판소의 결정은 중앙선거관리위원회가 「정당법」에 따라 집행한다.

정답 ④